MTI

U0711686

黄皮书
翻译硕士（MTI）

汉语写作与百科知识
真题解析及习题详解

第 **9** 版

真题分册

编著 ◎ 翻译硕士考试研究中心

编委 ◎ 高金金 冯嘉慧 崔栋洁

中国政法大学出版社

2025 · 北京

图书在版编目（CIP）数据

翻译硕士（MTI）汉语写作与百科知识真题解析及习题详解 ／ 翻译硕士考试研究中心编著. -- 北京：中国政法大学出版社，2025. 5. -- ISBN 978-7-5764-1940-5

Ⅰ. H315.9-44

中国国家版本馆 CIP 数据核字第 2025HB1794 号

出　版　者	中国政法大学出版社
地　　　址	北京市海淀区西土城路 25 号
邮寄地址	北京 100088 信箱 8034 分箱　邮编 100088
网　　　址	http://www.cuplpress.com（网络实名：中国政法大学出版社）
电　　　话	010-58908285(总编室) 58908433（编辑部） 58908334(邮购部)
承　　　印	河北燕山印务有限公司
开　　　本	787mm×1092mm　1/16
印　　　张	26
字　　　数	610 千字
版　　　次	2025 年 5 月第 1 版
印　　　次	2025 年 5 月第 1 次印刷
定　　　价	99.80 元（全 2 册）

MTI 备考，认准"翻硕黄皮书"！

（一）"翻硕黄皮书"由来

翻译硕士（MTI）是国务院学位委员会于2007年增设的学位类型。由于其发展势头强劲、就业空间较大，已吸引众多学子加入 MTI 考研大军行列。为了帮助数万学子圆"翻硕梦"，我们自2011年起就致力于翻译硕士真题的研究，因为我们深知：得真题者得高分。2013年，《翻译硕士（MTI）汉语写作与百科知识真题解析及习题详解》终于破茧而出、成功面世！

自2013年出版以来，《翻译硕士（MTI）汉语写作与百科知识真题解析及习题详解》历经2次革新，终于在2014年确定了其"黄皮书"的风格，它也被众多学子亲切地称为"翻硕黄皮书"！黄皮书风格确定后，我们每隔一年都会进行完善和创新，推出新版"翻硕黄皮书"。

（二）"翻硕黄皮书"MTI 考生人手必备

《翻译硕士（MTI）汉语写作与百科知识真题解析及习题详解》自出版以来，每一版都广受好评，销量也一直稳居"翻硕真题书"之首。这些都归因于其强大的内容体系以及丰厚的增值服务。与同类图书相比，"翻硕黄皮书"遥遥领先！

> 备考 MTI，必用"翻硕黄皮书"！
> 这已是每一位 MTI 考研学子的"备考铁律"和"上岸经验"！

作为翻硕真题书的领头羊，我们始终以打造最权威、最全面、最详尽的真题书为宗旨，每年选取各个院校的最新真题作为研究对象，书中每道试题的答案和解析都由名校任教老师亲自执笔编写，几易其稿，只为追求完美，为考生提供一本最值得信赖的真题书！

（三）"第9版"重大升级

为进一步满足广大学子的备考需求，在第8版的基础上，我们再次对"翻硕黄皮书"进行了全新升级，具体如下所示：

1. 收录更多热门院校

第9版在保留第8版部分知名院校的基础上，新增收录了"上海外国语大学""中国社会科学院大学""中央财经大学""首都经济贸易大学"等部分国内热门报考院校，收录范围更广泛，共计40所院校，帮助考生解决备考 MTI 时遇到的"真题难求"的问题。

2. 囊括更多优质真题

第9版的收录真题题量高达160套，其中纸质真题50套，在线题库110套，题量创历史新高，方便考生大量刷题，通过刷题熟悉目标院校的考试风格，掌握448科目的考试重点。

3. 精选近年最新真题

①纸质真题：主要收录2022~2024年真题，真题更新率约70%，覆盖考试重点，帮助考生掌握考试方向。

②在线题库：主要收录2018~2021年真题，方便考生随时随地进行刷题，提高备考效率。

（温馨小贴士：扫描封面二维码，并且输入下方刮刮卡兑换码，即可获取本书题库真题）

4. 精讲每道题目解析

①百科知识类：

• 词条解析更全面：详尽阐述词条基本定义及其相关核心内容（如背景、特点、影响等），构建立体化的知识框架；

• 选择题解析更清晰：正确选项采用上色、加粗处理，同时予以细致解读；干扰项仅加粗处理，并指出其错误原因。整体视觉效果更突出，便于考生快速定位，提高复习效率；

• 脚注信息更权威：针对容易引起歧义的内容，广泛参考专业书籍、学术期刊及权威网站资料，确保信息的准确性和可信度；

• 诗词默写注明出处：让考生在学习诗词的同时，也能了解其文化背景和文学价值。

②文章写作类：

• 谋篇布局指导：提供了详细的谋篇布局策略，帮助考生理解题目要求，构建合理的文章结构；

• 参考范文展示：每道写作题均附有精心挑选的参考范文，范文不仅语言流畅、逻辑清晰，还体现了不同风格和技巧的运用，为考生提供了丰富的写作素材和灵感来源。

（四）使用建议

1. 规划复习节奏：制定科学合理的复习计划，明确各阶段目标，确保复习有序推进。

2. 系统知识梳理：搭配《百科知识词条词典》（第5版），全面深入学习相关知识点。

3. 真题实战演练：使用纸质真题限时自测，多轮练习把握院校考风；碎片时间刷电子题库，强化巩固。

方便考生在备考过程中交流互动，第9版还为广大考生提供了一个交流平台，即"学习交流QQ群"。此外，考生如在使用黄皮书过程中遇到问题，也可向群内老师咨询。

（温馨小贴士：扫描封底二维码进群/添加封面QQ群号码进群）

考研之路虽漫漫，但好在我们坚定地踏上了这趟征程，追梦MTI的每一步都是我们为信仰而努力的见证，相信各位同学一定会通过努力实现自己的梦想！前路漫漫亦灿灿，追光者必定光芒万丈！Fighting~

编　者

第 ❶ 章　应试指南

第 ❷ 章　名校历年真题

外语类院校

＊因本书收录内容篇幅有限，部分年份试题以题库形式呈现，方便学生补充学习。

综合类院校

- **苏州大学**

  2022 年全日制翻译硕士专业学位（MTI） 研究生入学考试试题 / 见题库
  2021 年全日制翻译硕士专业学位（MTI） 研究生入学考试试题 / 见题库
  2020 年全日制翻译硕士专业学位（MTI） 研究生入学考试试题 / 见题库

- **重庆大学**

  2022 年全日制翻译硕士专业学位（MTI） 研究生入学考试试题 / 见题库
  2021 年全日制翻译硕士专业学位（MTI） 研究生入学考试试题 / 见题库
  2020 年全日制翻译硕士专业学位（MTI） 研究生入学考试试题 / 见题库

- **山东大学**

  2022 年全日制翻译硕士专业学位（MTI） 研究生入学考试试题 / 见题库
  2021 年全日制翻译硕士专业学位（MTI） 研究生入学考试试题 / 见题库
  2019 年全日制翻译硕士专业学位（MTI） 研究生入学考试试题 / 见题库

- **复旦大学**

  2022 年全日制翻译硕士专业学位（MTI） 研究生入学考试试题 / 见题库
  2021 年全日制翻译硕士专业学位（MTI） 研究生入学考试试题 / 见题库

- **天津大学**

  2022 年全日制翻译硕士专业学位（MTI） 研究生入学考试试题 / 见题库
  2021 年全日制翻译硕士专业学位（MTI） 研究生入学考试试题 / 见题库

- **南昌大学**

  2022 年全日制翻译硕士专业学位（MTI） 研究生入学考试试题 / 见题库
  2021 年全日制翻译硕士专业学位（MTI） 研究生入学考试试题 / 见题库

- **西南大学**

  2022 年全日制翻译硕士专业学位（MTI） 研究生入学考试试题 / 见题库
  2021 年全日制翻译硕士专业学位（MTI） 研究生入学考试试题 / 见题库

- **西北大学**

  2022 年全日制翻译硕士专业学位（MTI） 研究生入学考试试题 / 见题库
  2021 年全日制翻译硕士专业学位（MTI） 研究生入学考试试题 / 见题库

- **中南大学**

  2022 年全日制翻译硕士专业学位（MTI） 研究生入学考试试题 / 见题库
  2020 年全日制翻译硕士专业学位（MTI） 研究生入学考试试题 / 见题库

- **四川大学**

  2022 年全日制翻译硕士专业学位（MTI） 研究生入学考试试题 / 见题库
  2019 年全日制翻译硕士专业学位（MTI） 研究生入学考试试题 / 见题库

- **湖南大学**

  2022 年全日制翻译硕士专业学位（MTI） 研究生入学考试试题 / 见题库
  2019 年全日制翻译硕士专业学位（MTI） 研究生入学考试试题 / 见题库

政法类院校

财经类院校

第 1 章
应试指南

第一节　《汉语写作与百科知识》考试大纲①

一、考试目的

汉语写作与百科知识考试是全日制翻译硕士专业学位（MTI）研究生入学考试的专业基础课考试科目，其目的是考查学生是否具备进行 MTI 学习所要求达到的汉语水平。

二、考试的性质与范围

本考试是测试考生百科知识和汉语写作水平的尺度参照性水平考试。考试范围包括本大纲规定的百科知识和汉语写作水平。

三、考试基本要求

（1）具备一定中外文化以及政治、经济、法律等方面的背景知识。
（2）具有较强的现代汉语基本功。
（3）具备较强的现代汉语写作能力。

四、考试形式

本考试采取客观试题与主观试题相结合、单项技能测试与综合技能测试相结合的方法，强调考生的百科知识和汉语写作能力。各语种考生统一用汉语答题。试题分类参见"考试内容一览表（见表 1-1）"。

---

① 全国翻译硕士专业学位教育指导委员会编：《全日制翻译硕士专业学位（MTI）研究生入学考试指南》，外语教学与研究出版社 2009 年版。

五、考试内容

本考试包括三个部分：百科知识、应用文写作、命题作文。总分 150 分。

（一）百科知识

1. 考试要求

要求考生对中外文化、国内国际政治、经济、法律以及中外人文、历史、地理等方面有一定的了解。

2. 题型

要求考生解释出现在不同主题的短文中涉及上述内容的 25 个名词。每个名词 2 分，总分 50 分。考试时间为 60 分钟。

（二）应用文写作

1. 考试要求

该部分要求考生根据所提供的信息和场景写出一篇 450 字左右的应用文，体裁包括说明书、会议通知、商务信函、备忘录、广告等，要求言简意赅，凸显专业性、技术性和实用性。

2. 题型

试卷提供应用文写作的信息、场景及写作要求，由考生根据提示写作。共计 40 分。考试时间为 60 分钟。

（三）命题作文

1. 考试要求

考生应能根据所给题目及要求写出一篇不少于 800 字的现代汉语作文。体裁可以是说明文、议论文或应用文。要求文字通顺、用词得体、结构合理、文体恰当、文笔优美。

2. 题型

试卷给出情景和题目，考生根据提示写作。共计 60 分。考试时间为 60 分钟。

（四）答题和计分

要求考生用钢笔或圆珠笔在答题卷上作答。

表 1–1 《汉语写作与百科知识》考试内容一览表

序号	考试内容	题型及题量	分值/分	时间/分钟
1	百科知识	25 个词语解释	50	60
2	应用文写作	一篇应用文体文章，约 450 个汉字	40	60
3	命题作文	一篇现代汉语文章，约 800 个汉字	60	60
共计	—	—	150	180

第二节　答题技巧点拨

一、百科知识

（一）百科知识常考题型（见表 1-2）

表 1-2　百科知识常考题型

题型	出题方式	真题举例
独立词条式	直接给出名词，要求考生解释	保护主义、世贸组织、"星火"计划
组合词条式	给出一段话或一个句子，要求解释其中画线的词语	唐诗前承魏晋，后启宋元，是中国古典诗歌的巅峰。唐前期，经**初唐四杰**和陈子昂等人的提倡和锤炼，唐诗尽扫六朝萎靡，一改粉黛铅华，从黄老玄学走向山水田园，从感物伤怀走向练达人生。
选择式	独立选择式：直接给出选择题，要求选出正确答案 组合选择式：给出一段话，下设几个选择题，要求选出每题的正确答案 （分为独立式和组合式两种，一般常考独立式）	独立选择式： 欧洲"启蒙运动"的代表人物及其著作对应正确的一项是（　）。 A. 洛克——《利维坦》 B. 孟德斯鸠——《论法的精神》 C. 狄德罗——《哲学通信》 D. 伏尔泰——《百科全书》
简答题	给出问题，让考生回答	福建历史上出现了很多伟大的翻译家，如严复、冰心、林语堂等。请简要介绍作为翻译家的林语堂。
填空题	题目中留出空格，填入相符合的内容。所填内容一般是一个词语或者一个短语	严复翻译了英国生物学家_____的《天演论》。该书的问世在当时产生了巨大的社会反响。

（二）百科知识答题技巧点拨

百科知识部分共占 50 分，多数学校以选择题和名词解释题的形式出现，也有部分学校（如厦门大学）以问答题的形式出现。这部分要求考生对中外文化、国内国际政治、经济、法律以及中外人文、历史、地理等方面有一定的了解。不管是选择题、名词解释题，还是问答题，只要掌握了一定的答题技巧，都能达到事半功倍的效果。下面以名词解释题的答题技巧为例做一下讲解。

解答名词解释题要遵循两条原则：①结合考题所给出的材料，紧扣材料进行解释；②加入自己对相关知识的理解。一般来说，名词解释主要分为七类：地名、人名、历史事件、组织机构、重大节日、文献著作以及谚语俗语。

1. 地名

关于地名的解释，主要对其地理位置、历史地位、历史沿革和现今发展状况做出解释。中国地名和外国地名的解释，其答题思路大致相同。比如西雅图，有可能试题中给出的背景材料是一段关于奥林匹克山的材料。也许一些考生只知道西雅图是美国的城市，也有一些考生看过影片《西雅图夜未眠》。我们将已知的信息结合材料信息，就可以对其进行解释了。例如，西雅图位于美国本土 48 个州中的华盛顿州，是美国西北部的重要城市和海港。其东部有奥林匹克山，西部有卡斯克德山，已有 150 年的发展历史，一直以来给人以浪漫多情的印象，好莱坞电影《西雅图夜未眠》播放之后更是如此。对于中国地名，我们则更侧重于其历史地位。如，长安是汉唐的都城，是陆上丝绸之路的起点，现名西安，是今陕西省省会。

2. 人名

一般考查的人物都是著名的历史人物或当今国内外的重要人物。解释人名需要列明其姓名（包括字、号）、所属时代、所从事的工作、有什么样的贡献等。如果是作家，要写出他的代表作；如果是思想家，要写出他的思想观点；如果是政治家，则要答出他的政治主张。例如，屈原，战国末期楚国人，杰出的政治家和爱国诗人，名平，字原，丹阳人，代表作品包括《离骚》《天问》《九歌》《九章》等。屈原是中国文学史上第一位伟大的爱国诗人，其作品开创了我国诗歌的浪漫主义先河。在政治上，屈原主张对内举贤任能，修明法度，对外联齐抗秦。

3. 历史事件

要求答出"时、地、人、事"，即定义、时间及时代背景、代表人物、历史贡献、历史意义等。例如，雅尔塔会议：1945 年 2 月，苏、美、英三国首脑斯大林、罗斯福、丘吉尔在雅尔塔举行会议。会议主要讨论和决定了关于彻底战胜德国和处理战后德国的问题；关于战后建立联合国的问题以及欧洲战争结束三个月后苏联参加对日作战的问题。

4. 组织机构

主要对其机构名称、成立时间、总部地址、主要职能等进行解释说明。例如，谷歌是一家美国上市公司，于 1998 年 9 月以私有股份公司的形式创立，总部位于美国加利福尼亚州山景城，公司主要业务都基于互联网搜索引擎"谷歌"。谷歌目前被公认为是全球规模最大的搜索引擎，它提供简单易用的免费服务。再如，IMF 是国际货币基金组织（International Monetary Fund）的简称，它是根据 1944 年 7 月在布雷顿森林会议上签订的《国际货币基金协定》，于 1945 年 12 月 27 日在华盛顿成立的组织。它与世界银行同时成立，并被列为世界两大金融机构之一，其职责是监察货币汇率和各国贸易情况、提供技术和资金援助，确保全球金融制度正常运作。其总部设在华盛顿。

5. 重大节日

主要写出其具体日期、节日的来历、别称、纪念方式等。例如，春节，即农历新年，俗称过年，一般指除夕和正月初一。但在民间，传统意义上的春节是指从腊月初八的腊祭、腊月二十三、腊月二十四的祭灶一直到正月十五，其中以除夕和正月初一为高潮。春节历史悠久，起源于殷商时期年头岁尾的祭神祭祖活动。在春节期间，中国的汉族和很多少数民族要举行各种活动以示庆祝。这些活动均以祭祀神佛、祭奠祖先、除旧布新、祈求丰年为主要内容，活动丰富多彩，带有浓郁的民族特色。

6. 文献著作

主要写明文献著作的作者、成文年代、别名、主要内容、历史意义等。例如，《古兰经》是伊斯兰教的经典。它是穆罕默德在其 23 年的传教过程中陆续宣布的"安拉启示"的汇集。"古兰"一词系阿拉伯语 Quran 的音译，意为"宣读""诵读"或"读物"，复述真主的话语之意。再如，《道德经》，又称《道德真经》《老子》《五千言》《老子五千文》，是中国古代先秦诸子分家前的一部著作，为其时诸子所共仰，传说是春秋时期的老子（李耳）所撰，是道家哲学思想的重要来源。《道德经》分为上、下两篇，上篇称《德经》，下篇称《道经》，不分章，后分为 81 章，上篇《道经》从第 1 章到 37 章，下篇《德经》从第 38 章至第 81 章。它是中国历史上首部完整的哲学著作。

7. 谚语俗语

主要写出它的本义、喻义和起源。例如，"大意失荆州"是"粗心大意、骄傲轻敌"的意思。三国时期，诸葛亮派关羽镇守荆州。关羽出兵攻打曹操，孙权乘虚而袭荆州，导致荆州失陷。现比喻"因疏忽大意而导致失败或造成损失"。

对于百科知识的复习，考生平时应当注重积累，可利用网络、报刊、电视、广播等渠道储备知识。要根据学校的参考书目复习，其中，《中国文化读本》是必读书籍。此外，考生在答题时要注意名词解释部分的要求，有些学校限定了名词解释的答题字数。

二、应用文写作

（一）应用文写作常考题型（见表 1-3）

表 1-3　应用文写作常考题型

文体	出题方式	真题举例
通知	创设情境，让考生根据情境作答	天津外国语大学 2019 年 国际关系学院 2019 年
商务信函	创设情境，让考生根据情境作答	湖南大学 2015 年
演讲稿	创设情境，让考生根据情境作答	青岛大学 2016 年 暨南大学 2020 年
私人信函	创设情境，让考生根据情境作答	扬州大学 2019 年 中山大学 2018 年
广告	创设情境，让考生根据情境作答	北京第二外国语学院 2019 年 浙江工商大学 2020 年 北京外国语大学 2019 年
说明书	创设情境，让考生根据情境作答	华南理工大学 2017 年
报告	创设情境，让考生根据情境作答	宁波大学 2020 年 中南大学 2014 年 扬州大学 2018 年

（二）应用文写作技巧点拨

应用文写作部分要求考生根据试题提供的信息和场景写一篇450字左右的应用文，体裁一般包括产品说明书、商务信函、广告、邀请函、演讲稿、合同等，要求言简意赅。相对于百科知识而言，这部分准备起来较为容易。

应用文写作格式相对固定，有一些常用句型和格式化的套语，用词比较规范、准确和严谨。考生在备考时要侧重了解、掌握常见应用文的基本格式、构成要素和结构特点，再结合各院校给出的指定参考书目，多看范文模板，多练习。

（三）应用文各种文体写作模板

1. 书信

（1）称呼：第一行顶格写，后用冒号。

（2）正文：另起一行空两格。一般先写问候语，再写主要内容。

（3）结尾：写祝颂语。"祝""此致"等词语需独占一行，空两格写。"敬礼"等用语要另起一行，顶格写。

（4）署名：另起一行，写在右侧。

（5）日期：另起一行，写在署名之下。

（6）用语要简洁得体、条理清晰，有真情实感。

×××（称呼得体，顶格）：

　　您（你们）好！（空两格）

　　××××××××××××××××（正文内容）×××××××××××××××××××××××

××××××××××××××××××××。

　　此致（空两格）

敬礼（顶格）

（身份）：×××（署名）

××××年××月××日（日期）

---

2. 通知

（1）标题：第一行居中写明"通知"或"关于××的通知"。

（2）称呼：换行顶格写明被通知方的名称，后用冒号。

（3）正文：另起一行空两格写通知内容，如会议通知包括会议内容、时间、地点、出席对象和有关准备事项等。

（4）署名：正文下一行的右下方写发出通知的单位或组织。

（5）日期：另起一行，写在署名之下。

（关于××的）通知

×××（顶格写出通知对象的名称）：

　　××××××（正文内容）××××××××××××××××××××××××××××××

××××。

发出单位（加盖公章）

××××年××月××日

---

3. 启事

（1）标题：第一行居中写明"××启事"。

（2）正文：另起一行空两格写启事内容，交代有关事情的原委和目的，提出要求和希望，说明有关注意事项及办理程序等。

（3）署名。

（4）日期。

×××启事

　　××××××××××××××××××（正文内容）×××××××××××××××××××××××××××××××。

×××（署名）
××××年××月××日

---

4. 调查报告

从外部形式看，调查报告由标题、前言、主体、结语四个部分组成。

（1）标题。

① 单标题：

a. 公式化写法：调查对象+调查课题+文体名称，基本格式为"××关于××××的调查报告""关于××××的调查报告""××××调查"等。

b. 常规文章标题法：方式灵活多样，包括陈述式、提问式等。

② 双标题：由正、副标题组成，正标题一般采用常规文章标题写法，副标题则多采用公式化写法。正标题陈述调查报告的主要结论或提出中心问题，副标题标明调查的对象、范围、问题。

（2）前言。

一般要根据主体部分组织材料的结构顺序来安排。前言起到画龙点睛的作用，要精练、概括、直切主题。

（3）主体。

这是调查报告最主要的部分。这部分详述调查研究的基本情况、做法、经验以及分析调查研究材料中得出的各种具体认识、观点和基本结论。

（4）结语。

结语的写法较多，可以提出解决问题的方法、对策或下一步改进工作的建议；也可以总结全文的主要观点，进一步深化主题；或提出问题，引发人们的进一步思考；或展望前景，发出号召。

关于×××的调查报告

　　××××××××××××××××××××××××××××（前言部分写明调查的起因或目的、时间和地点、对象或范围、经过与方法以及人员组成等调查本身的情况，从中引出中心问题或基本结论）×××××。

　　××××××××××××××××××××××××××（主体部分详细论述调查研究的基本情况、做法、经验以及分析调查研究材料中得出的各种具体认识、观点和基本结论）×××××××××××××××××××××××××。

　　×××××××××（结语，提出解决问题的方法、对策或下一步改进工作的建议）。

---

5. 说明书

说明书的特性：①实用性；②科学性；③突出特点，强调特征；④用语通俗简明。

说明书是一种实用性说明文体，常用于对工农业产品销售、书籍资料出版及电影戏剧演出等的说明介绍。说明书有两种形式：条款式和短文式。

（1）条款式。

这里详细介绍商品说明书的写法。它分成若干个部分，将有关商品的规格、构造、主要性能和指标参数、保养方法、维修保修方式等逐一分条列项介绍给消费者。常用的家用电器说明书多采用这种方式。

> 品牌名＋产品名称＋文种
>
> 开头：简要概括产品情况。
>
> 主体：详细介绍产品相关知识，一般采用条款式写法，包括：
>
> 1. 产品的性能和特点。
> 2. 产品的原料组成或基本结构。
> 3. 产品的使用方法。
> 4. 产品的保养与维修。
> 5. 注意事项，如运输、保存、禁忌等。
>
> 落款：厂名、厂址、电话、账号。

（2）短文式。

主要用于介绍戏剧、影视、书籍的主要故事情节。短文式说明书内容多为介绍性说明。一般由标题、引言、正文、结尾四部分组成。

> 标题：采用直陈的形式，简洁明确
>
> 引言：开门见山，直接披露主题或交代原因、意义、背景、概况等。
>
> 正文：写法自由灵活。通过通俗的讲解、叙述向读者介绍说明的内容；可按照时间、空间、程序的顺序进行介绍。
>
> 结尾：采用归纳总结或自然结尾的形式。一般既要与开头照应，又要点出主题。

三、命题作文

（一）文体要求及出题方式（见表1-4）

表1-4　命题作文文体要求及出题方式

文体要求	出题方式	真题举例
限定文体	给出材料和作文题目，要求按限定的文体来写作	北京外国语大学2011年："谈韬略"，议论文 华南理工大学2013年："我最喜爱的电子词典"，说明文
不限文体	给出材料和作文题目（有时不给题目），要求按所给材料自由作文	南京大学2010年："论通俗文化现象"，文体不限 广东外语外贸大学2010年：材料作文，文体不限

（二）命题作文写作技巧点拨

1. 命题作文备考流程（见图 1-1）

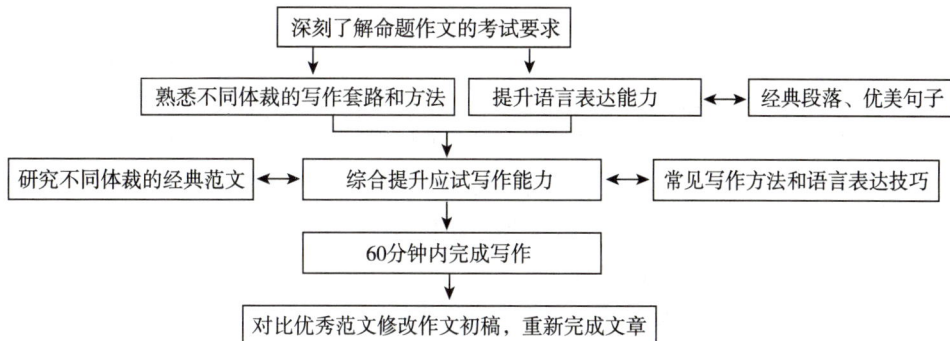

图 1-1 命题作文备考流程

2. 命题作文写作三大步骤

（1）第一步：认真审题，明确题意。

仔细弄清题目的要求、重点和范围，明确文章的中心思想，这是写好作文最关键的一步。

（2）第二步：确定中心，选好材料。

在弄清题目的要求、重点和范围后，考生就要认真回忆与这个题目有关的材料，看看哪些是自己最熟悉、最有新意的，再围绕中心，选择最能表达中心的材料。

（3）第三步：列好提纲，确定详略。

确定中心，选好材料后，就得列一个详细的写作计划，明确先写什么，再写什么，最后写什么。那些与中心关系密切的内容，要详写，那些与中心关系不大的内容，可以略写。提纲好比建造楼房的图纸，有了好的图纸，造出的楼房才能坚固美观。

（三）议论文写作模板

作为最能体现一个人思辨能力的文体，议论文一直以来都受到考官的青睐，MTI "汉语写作与百科知识"的作文也不例外。那么，考生如何树立良好的议论文结构意识，形成清晰的议论文写作思路呢？下面介绍一种议论文写作的常用方法，考生可以把它看作议论文写作的模板，按这个方法进行练习。

1. 定题

题目一定要反映出文章的体裁，切不可起一些类似散文或者记叙文的题目。

题目一般有两种写法：一种是指明文章论述范围，比如《论友爱》《谈理想》《说勇气》等；另一种是题目即论点，这种写法很特别也很醒目，多数情况下效果很好，会给阅卷人一种紧扣论点的感觉，比如《让纪念闪耀理性的光辉》《把自信写在万里云天》《用爱雕琢心中的天使》等。

2. 第一段：引出论点

开头一般是引述材料或叙述某一现象或事实。

如果是给出材料的议论文，则须将该段材料的字数压缩为 80 字左右，以提醒阅卷人考生具备概括材料的语言能力。

如果是话题作文，则可谈论一些与下文论点有关的现象或事实，不宜超过 80 字。此段结尾可以用一句设问（论点作为回答）引出下一段论点。

3. 第二段：点明论点

第二段为论点段。论点必须独占一段。一定要拟出观点明确的论点句，并在文中分三处重现。

这是一个最简单但也是最有效的方法，考生一定要切记。凡是试图让阅卷人费力寻找论点甚至让阅卷人自己归纳论点的作文，绝没有什么好的结果，及格就算是比较走运的了。论点宁可不新颖，也绝对不要有争议，更不能出现立场上的错误，实在没有高水平的认识，可以选用大众化但没有错误的论点，与报纸上的新闻论调一致是一个可以遵循的简单原则。一败涂地的作文中有相当一部分是由于刻意追求标新立异和哗众取宠，从而写出了一些引起争议甚至极端错误的论点，这样的教训是非常深刻的。

4. 第三段至第五段：论述分论点，用论据进行论证

有必要的话，可以多写一段，为分论点论述。

这三段每段开头均为一个分论点，这三个分论点之间可以有两种关系：一种是平行扩展关系，比如一篇谈论尊老爱幼的文章，分论点可以是：

① 我国自古就有尊老爱幼的优良传统。

② 当今社会依然提倡尊老爱幼。

③ 世界各国都把尊老爱幼当作一种道德准则。

这三个分论点从古今中外各个方面论述了论点，它们之间是平行关系。

另一种关系是递进关系，同样以尊老爱幼为例，分论点可以是：

① 尊老爱幼是个人道德水准高低的体现。

② 尊老爱幼是社会风气好坏的体现。

③ 尊老爱幼是人类文明进步与否的体现。

这种设置分论点的方法依照从个人到社会再到人类的层次递进，体现了清晰的逻辑和思路，给人一种认识水平很高的感觉。强烈推荐考生在作文中使用递进方式设置分论点。分论点最好使用统一的句式，形成排比。

每段的分论点写完后，就进入使用论据进行论证的阶段。论证方法无非有事实论证、引用论证、比喻论证等几种。考生可以写一些事例作为事实论证，引用相关的名人名言作为引用论证。每段论证中一定要有自己的论述，这一点非常重要，否则很容易被认为是堆砌事例和名言，论证也显得毫无说服力。

5. 第六段：辩证总结或联系现实生活、回扣材料

第六段是所谓辩证总结段或联系现实生活、回扣材料段。

这一段可以从反面进行议论，以体现考生具有辩证思维的能力，不必过多，几十字即可，防止将论点极端化以后出现漏洞。比如，论点如果是"人必须学会自信"，那么有人也许会抬杠说自负也是自信，所以这一段必须指出，我们要自信但是绝对不能将自信和自负混为一谈，这样一来，文章就显得严谨，给阅卷人以好的印象。

这一段也可以联系现实生活，指出论点在现实中的指导意义，更可以联系时事，给人一种眼界开阔、关心国家大事的感觉。比如，还是以谈自信为例，这一段就可以写自信在学习与交往中的意义。

如果是材料作文，可以在这一段回扣材料，做总结性的分析议论。

辩证段与联系现实生活段也可以分开两段写，切不可过于拘泥。

6. 第七段：收尾

可以以抒情句式发出鼓励或者号召。比如：让我们将尊老爱幼的传统美德发扬光大吧！

下面以"尊老爱幼"话题为例，总结上述议论文的写作方法：

① 第一段：引出论点。引述材料或叙述这一现象和事实。

② 第二段：点明论点。论点必须独占一段。

③ 第三至第五段：论述分论点，用论据进行论证。

这三段每段开头均为一个分论点，这三个分论点之间可以有两种关系：一种是平行扩展关系，如：

a. 我国自古就有尊老爱幼的优良传统。

b. 当今社会依然提倡尊老爱幼。

c. 世界各国都把尊老爱幼当作一种道德准则。

另一种关系是递进关系，如：

a. 尊老爱幼是个人道德水准高低的体现。

b. 尊老爱幼是社会风气好坏的体现。

c. 尊老爱幼是人类文明进步与否的体现。

④ 第六段：辩证总结或联系生活、回扣材料。可以指出论点在现实中的指导意义，也可以联系时事。

⑤ 第七段：收尾。可以以抒情句式发出鼓励或者号召。如：让我们将尊老爱幼的传统美德发扬光大吧！

至此，一篇规范的议论文就算写好了。

总之，要写好议论文，考生在平时就要做到以下三点：

一是多记诵名人名言与伟人事迹，记得越多考场上越能应对自如；

二是提高驾驭语言的能力，少写乃至不写错别字，保持卷面整洁；

三是提高认识水平和思想境界。

当然，这绝非一朝一夕之功，实乃经年累月之力。

最后澄清一点，此模板只是工具，帮助考生发挥出正常水平而已，而真正提高作文水平是绝对无模板可套、无捷径可走的，只有勤学苦练这一条路。

第 2 章
名校历年真题

※ 外 语 类 院 校 ※

北京外国语大学 *

2024 年全日制翻译硕士专业学位（MTI）研究生入学考试试题

科目名称：<u>汉语写作与百科知识</u>　　　科目代码：<u>448</u>

考试时间：<u>3 小时</u>　　　　　　　　满分：<u>150 分</u>

第一部分　百科知识（每小题 5 分，共 50 分）

1. 纪传体　　　　　2.《理想国》　　　　3. 客家
4. 书院　　　　　　5. 哥白尼　　　　　　6. 爵士乐
7. 人工智能　　　　8. 薛定谔的猫　　　　9. 蒙太奇
10. 奥运会

第二部分　应用文写作（40 分）

北京外国语大学英语学院王明教授要举办学术讲座。

请写一份海报，内容包括讲座性质、举办时间及地点等，不少于 400 字。

第三部分　现代汉语写作（60 分）

有鸟焉，其名为鹏，背若泰山，翼若垂天之云，抟扶摇羊角而上者九万里，绝云气，负青天，然后图南，且适南冥也。斥鴳笑之曰："彼且奚适也？我腾跃而上，不过数仞而下，翱翔蓬蒿之间，此亦飞之至也。而彼且奚适也？"

——庄子《逍遥游》

根据以上材料，写一篇议论文，不少于 800 字。

2023 年全日制翻译硕士专业学位（MTI）研究生入学考试试题

科目名称：　汉语写作与百科知识　　　　科目代码：　448　

考试时间：　3 小时　　　　　　　　　满分：　150 分　

第一部分　百科知识（每小题 5 分，共 50 分）

1. 百家争鸣
2. 汉赋四大家
3. 中学为体，西学为用
4. 《汉谟拉比法典》
5. 万圣节
6. 鲁滨逊
7. 《伤寒杂病论》
8. 义学
9. 缪斯
10. 盛唐气象

第二部分　应用文写作（40 分）

北京外国语大学学生会将举办新春联欢会，线上线下同步进行，需要招募服务志愿者。

请拟一则招募志愿者的通知，不少于 400 字。

第三部分　现代汉语写作（60 分）

有人说"字如其人，文如其人"，也有人说"字未必如其人，文未必如其人"。蔡京是个伟大的书法家，但是个大奸臣，艺术作品的格调不能与人品等同。

根据以上材料，写一篇议论文，不少于 800 字。

2022 年全日制翻译硕士专业学位（MTI）研究生入学考试试题

科目名称：　汉语写作与百科知识　　　　科目代码：　448　

考试时间：　3 小时　　　　　　　　　满分：　150 分　

第一部分　百科知识（每小题 5 分，共 50 分）*

1. 靖康之耻
2. 于连
3. 四大名著
4. 《过零丁洋》
5. 吴哥王朝
6. 三通
7. 四大石窟
8. 伯罗奔尼撒战争
9. 碳中和
10. 陶谢

第二部分　应用文写作（40 分）

北京外国语大学学生会将于 2022 年 12 月出版一本《青春北外》学生文集。

请写一份征稿启事，内容包括征稿目的、征稿内容、发稿方式等，不少于 400 字。

---

* 2022 年北京外国语大学的名词解释数量由 25 个变更为 10 个

第三部分 现代汉语写作（60分）

27岁的牛顿，当他被选为英国皇家学会的会员，并被聘为剑桥大学数学系教授的时候，全世界的目光都注视着这颗光彩夺目的新星。当牛顿走上大学讲台的时候，他非常激动，他含泪说："在我的研究过程中，始终坚持这样一个信念——我要寻找的，一定能找到它。"

牛顿是一位伟大的科学家，但也是一位富有想象力的诗人。他仰观天象，发现一件怪事：不同的光线有不同的折射度。"我要找到它！"他心里这样想，于是，他对光线反复研究，最后终于设计制造了一架反射望远镜。他研究白色光线，怀疑它不过是光谱中各种颜色的混合物。他又想："我要找到它！"不断地怀疑、不断地寻找，构成了牛顿痛苦和幸福的一生。

根据以上材料，写一篇议论文，不少于800字。

广东外语外贸大学 *

2024 年全日制翻译硕士专业学位（MTI）研究生入学考试试题

科目名称：　汉语写作与百科知识　　　　　科目代码：　448

考试时间：　3 小时　　　　　　　　　　　满分：　150 分

第一部分　百科知识

请用汉语简要解释以下段落中下划线部分的名词（每小题 2.5 分，共 50 分）

【1】**人工智能**，通过自然语言处理技术，能完成一些人类心智不能完成的工作。【2】**神经网络**可以被训练来解决各种任务，如图像分类、语音识别和自然语言处理等。【3】**信息空间**的不断拓展，使得人类能够更深入地理解和利用数据。许多人工智能的广泛应用，借助了哲学思想。人工智能时代需要它自己的【4】**笛卡尔**和【5】**康德**，来解释我们创造了什么及其对人类有何意义。

【6】**社会存在**是【7】**社会形态**的基础，而【8】**意识形态**则是人们对社会存在的理解和价值观念的体现。【9】**唯物史观**认为社会形态的变革是由社会存在的发展引起的，而意识形态则在这一过程中起着重要作用。【10】**精神文化**是意识形态在文化领域的具体表现，包括艺术、文学、宗教、道德等方面的精神创造和文化传承。因此，社会存在、社会形态、意识形态、唯物史观和精神文化相互联系，共同构成了社会的本质和发展的动力。

【11】**文艺复兴**是欧洲历史上的一次重要时期，它既是【12】**基督教**文化的复兴，也是【13】**人文主义**思潮的兴起。基督教作为欧洲主要宗教，对文艺复兴时期的艺术、文学和哲学产生了深远影响。人文主义强调人的尊严和价值，倡导以人为中心的思想体系。在这一时期，【14】**人际伦理**和【15】**民族认同**也占据重要位置。

在西方人眼里，中国人的生活渗透了【16】**儒家思想**，儒家俨然成为一种宗教。而事实上，儒家思想并不比柏拉图或【17】**亚里士多德思想**更像宗教。【18】**四书**在中国人心目中诚然具有《圣经》在西方人心目中的那种地位，但四书中没有上帝创世，也没有天堂地狱。宇宙是人类生存的背景，是人生戏剧演出的舞台，【19】**宇宙论**就是这样兴起的。思考本身就是知识，【20】**知识论**就是由此而兴起的。

第二部分　应用文写作（40 分）

根据以下材料，以广州市增城区人民政府的名义，撰写一篇向上级汇报情况的公文。

要求：（1）准确选择发文机关和主送机关；　　（2）正确选择文种；

　　　　（3）内容完整，格式齐全规范；　　　　（4）适当推理，做出合理添加。

* 该院校题目均为回忆版，若与真题有出入，请以真题为准。

"周末到增城"再掀粤港澳大湾区微旅游风潮

中新网广东新闻10月14日电（张璐）为打造粤港澳大湾区人实现生活一小时回归自然的城市文旅品牌，广州增城13日举办"周末到增城"品牌战略发布会，同时首批推出以"文青潮玩"为主题的5条文旅线路。

广州增城区副区长张英智表示，增城具有荔枝文化、果香文化、乡村文艺等多元文化，生态自然风光美丽。2023年中秋国庆8天假期，增城区累计接待游客约244万人次，日均接待游客30万人次，吃住行游购娱6大类服务的累计旅游收入总金额近14亿元，再创新高。

活动现场，广州市增城区文化广电旅游体育局发布了涵盖10个主题、50条路线的"周末到增城"品牌战略计划。其中，首批发布的5条文旅线路以"文青潮玩"为主题，面向对于文化、艺术、创意和个性化有所追求的当代年轻人，吸引年轻人周末来到增城微旅游，享受田园风光与乡村音乐的美妙之旅。

在活动主办地的"千年古镇"正果镇，8组音乐人嘉宾作为"增城文艺民宿体验官"，带着音乐走进彼岸云水间民宿和从心隐艺术设计轻奢的两间文艺民宿。殷宁、黄鹤两位器乐演奏家通过二胡、古筝为大家带来古典旋律，中国爵士口琴手龙登杰、六甲番乐队主唱李四顺、西班牙民谣风格组合PRECHORUS TRIO乐队纷纷献艺。

广州市增城区文化广电旅游体育局有关负责人表示，这次"周末到增城"品牌战略推广的首批"文青潮玩"主题文旅线路，是基于粤港澳大湾区的经济发展和消费升级大势，发挥"绿美增城"和"文艺增城"的品牌优势，打造增城城市文旅发展的差异化和唯一性。

第三部分　现代汉语写作（60分）

根据以下材料，写一篇文章。题目自拟，体裁不限（诗歌、戏剧除外），不少于1 000字。

材料一 人工智能飞速发展，掀起了新一轮产业革命。人工智能时代的到来，标志着我们生活、工作和科技交互方式的重大转变。人工智能已经渗透到我们日常生活的各个方面，正在重塑未来，将我们引向一个前所未有的创新和可能性的时代。

材料二 人工智能的快速发展，为我们的工作效率和生活品质带来了巨大的提升，它可以帮助我们高效地完成工作任务，节省我们的时间和精力。同时，人工智能的快速发展，带来了商业经济，大幅提升了经济发展的效率和速度。然而，人工智能崛起给社会带来了巨大机遇的同时，也引发了一些值得深思的关注和挑战。一个主要关注点是对就业的潜在影响，人工智能造成大量人员失业，挤兑就业空间。人工智能系统的普及和广泛应用，也带来了安全隐患和风险，如数据隐私泄露等。

材料三 人工智能涵盖了多个核心领域，推动了其快速发展和应用，主要领域有：智能医疗、教育、金融、自然语言处理、机器翻译、无人驾驶汽车、智能安防、计算机视觉、电子商务等。

2023 年全日制翻译硕士专业学位（MTI）研究生入学考试试题

科目名称：汉语写作与百科知识　　　　科目代码：　448

考试时间：3 小时　　　　　　　　　　满分：　150 分

第一部分　百科知识

请用汉语简要解释以下段落中下划线部分的名词（每小题 2.5 分，共 50 分）

【1】中国式现代化坚持把马克思主义基本原理同中国现代化具体实际相结合、同中华优秀传统文化相结合，准确把握【2】共产党执政规律、【3】社会主义建设规律、【4】人类社会发展规律，借鉴吸收人类一切优秀文明成果，既是中国的又是世界的，既立足时代又引领时代，对当今世界开创现代化模式新图景、重塑现代化建设新格局、创造【5】人类文明新形态、开辟社会主义发展新境界具有示范性引领性意义。

如今，要推动中华文化走出去，必须重视文化产业的发展，设计并制造具有【6】中国元素的【7】文化产品，体现【8】中式美学的魅力。同时，也不能忽视科学技术的影响力。要重视互联网对文化传播的作用，推动具有【9】中华文化意象的【10】网络文学不断发展，从而促进中华优秀传统文化传承。

语言是人类最重要的交际工具，是人们进行沟通的主要表达方式，是人们保存和传递人类文明成果的重要媒介。语言是文化的重要组成部分，没有语言就不可能有文化。只有了解并利用好语言的指向性、语言的描述性、【11】语言的传播性、【12】语言的逻辑性、【13】语言的交际性、【14】语言的民族性、【15】语言的传承性等语言的特性，我们才能把文化一代代传承下去。

跨文化交流既涉及国家文化结构，又涉及国家间各层次的交往。国家文化可以分为三个层次：高层文化、民间文化以及深层文化。其中，高层文化包括【16】教育、【17】文学、【18】艺术、【19】宗教和【20】哲学。民间文化主要指一个民族的风俗习惯、生活方式（衣食住行）和人际间的行为模式，深层文化则反映人们的价值、道德、文化观、心理结构和思维方式。

第二部分　应用文写作（40 分）

根据以下材料，以国家卫生健康委员会的名义，撰写一篇向上级汇报情况的公文。

要求：（1）准确选择发文机关和主送机关；　　（2）正确选择文种；

（3）内容完整，格式齐全规范；　　（4）适当推理，做出合理添加。

新华社北京 8 月 31 日电（记者帅才、田晓航）国家卫生健康委公布的最新数据显示，超过 2.26 亿名老年人完成了新冠病毒疫苗全程接种。专家建议符合条件的人群尤其是老年人尽快接种新冠病毒疫苗。

国内部分地区新冠肺炎感染者的基因测序结果显示，病毒分别属于奥密克戎变异株的多个不同亚分支。病毒学专家表示，新冠病毒持续变异，与此前流行的奥密克戎毒株相比，传播力和致病力并未减弱，对老年人和基础病人群仍具较大威胁。

中国疾控中心免疫规划首席专家王华庆说，目前我国使用的疫苗在预防重症和死亡方面效果是显著且明确的。建议符合条件的老年人尽快接种疫苗，按照规定间隔完成加强针接种。

国家卫生健康委公布的数据显示，截至今年 8 月 9 日，31 个省（自治区、直辖市）和新疆生产建设兵团累计报告接种新冠病毒疫苗超 34 亿剂次，已完成全程接种人数达 12.68 亿，完成加强免疫接种人数达 8.2 亿；60 岁以上人口接种覆盖人数超过 2.38 亿，完成全程接种人数超过 2.26 亿，完成加强免疫接种人数超过 1.76 亿。

记者了解到，为了提高老年人疫苗接种率，多地采取了积极措施。北京市东城区为老年人开设了疫苗接种专场；上海市各区在开放社区接种门诊的基础上提供养老机构、重点社区上门服务等多种形式的接种服务；湖南疾控部门联合医疗机构通过安排流动接种车、开通绿色通道、组织人员陪护等方式，为老年人接种提供便利。

第三部分 现代汉语写作（60 分）

根据以下材料，写一篇文章。题目自拟，体裁不限（散文、小说、剧本皆可），不少于 1 000 字。

材料一 每年的 5 月 21 日是世界文化多样性促进对话和发展日，该国际日旨在庆祝世界文化的丰富多样，弘扬跨文化对话在实现和平与可持续发展中的重要作用。世界文化多样性促进对话和发展日是宣扬文化、突显文化多样性在促进包容和推动积极变革方面的重要性的契机。同时，这也是庆祝文化的丰富形式的机会——从有形和无形，到创意产业，到文化表达的多样性——并思考这些形式如何促进对话和相互理解，如何惠及可持续发展中的社会、环境和经济领域。

材料二 全球化主要是经济意义上的全球化，虽然这种全球化，并不一定带来文化的"全球化"，但必然导致文化的聚合化，进而导致文化全球化，作为一种客观趋势，不是任何外力可以操控的，它使得人类具有一种全新的全球意识。文化全球化的同时，还出现了同质化。然而仅仅看到全球文化的同质化是不够的，文化也出现了异质化。比如韩国以综艺电视剧为主打、日本以动漫游戏为主要产业、欧美剧集电影游戏席卷全球，中国在多文化产业探索发力。每个国家的文化都朝着不同的方向发展，不同国家受众对相同文化的解读也存在差异。三年多以来，疫情危机带来了文化多样性的危机。博物馆和世界遗产地的关闭以及各种节日、音乐会、庆典的取消，让文化界陷入极为不确定的状态，而作为文化多样性命脉的独立创作者尤其面临威胁。

2022 年全日制翻译硕士专业学位（MTI）研究生入学考试试题

科目名称：__汉语写作与百科知识__   科目代码：__448__
考试时间：__3 小时__   满分：__150 分__

第一部分 百科知识（每小题 2.5 分，共 50 分）

1. 新冠肺炎
2. 病毒污名化
3. 溯源政治化
4. 免疫鸿沟
5. 命运共同体
6. 数字经济
7. 长江经济带
8. 创新驱动发展战略
9. 蛟龙号
10. 天眼
11. 世界观
12. 社会知识
13. 社会意识
14. 社会科学
15. 方法论
16. 构词法
17. 许慎
18. 词源学
19. 双声
20. 联绵词

第二部分　应用文写作（40分）

根据以下材料，以商务部的名义，撰写一篇公文。

要求：（1）准确选择发文机关和主送机关；　（2）正确选择文种；

（3）内容完整，格式齐全规范；　（4）适当推理，做出合理添加。

近日，商务部印发《关于做好今冬明春蔬菜等生活必需品市场保供稳价工作的通知》，部署各地深入贯彻落实党中央、国务院决策部署，保障今冬明春广大人民群众生活必需品供应充足，切实做好市场保供稳价工作。

通知强调，各地商务主管部门要紧紧围绕保供稳价工作目标，压实"菜篮子"市长负责制，细化工作措施；强化横向协作与纵向联动，加强与有关部门的工作协调，形成工作合力；建立完善省际间和本地区联保联供机制，健全有关工作方案，根据形势及时开展跨区域调运；加强市场运行监测，每日跟踪蔬菜、肉类等重点生活必需品供求和价格变化情况，及时预测，及早预警。

通知要求，各地支持鼓励大型农产品流通企业与蔬菜、粮油、畜禽养殖等农产品生产基地建立紧密合作关系，签订长期供销协议；耐储蔬菜要提前采购，锁定货源，做好本地菜与客菜之间，北菜与南菜之间、设施菜与露天菜之间的梯次轮换和衔接供应；健全完备本地肉类储备规模及管理制度；北方省份要按时完成本年度冬春蔬菜储备计划，南方省份要根据自身情况建立完善蔬菜储备；及时投放肉类、蔬菜等生活必需品储备，补充市场供应；鼓励家庭根据需要储存一定数量的生活必需品，满足日常生活和突发情况的需要；加强应急投放网络建设，优化应急投放集散地和投放网点，确保投放渠道畅通有效；充分利用大型连锁商贸企业网络优势，保障在重要时段和紧急情况下商贸供应网络正常运营；及时发布商品市场供求和价格信息，稳定社会预期；在疫情防控采取封闭管理措施情况下，要迅速公布保供网点货源、地址、联系方式等信息，满足居民在突发事件情况下生活必需品采购需求；强化岗位责任制，严格落实24小时值班和领导带班制度，确保通信联络畅通；加强督促检查，加大排查巡查力度，及时发现问题并采取有效措施。

第三部分　现代汉语写作（60分）

根据以下材料，写一篇文章。题目自拟，体裁不限（小说、诗歌、戏剧皆可），不少于1 000字。

材料一　文旅产业指的是与人的休闲生活、文化行为、体验需求密切相关的领域，主要是以旅游业、娱乐业、服务业和文化产业为龙头形成的经济形态和产业系统。据预测，文化休闲、娱乐活动、旅游业将成为移动互联网之后，下一个经济大潮，并席卷世界各地。如何实现文旅产业的发展，中国正在积极探索。

材料二　文旅产业的发展可以拉动经济，形成持续不断的消费热点，同时对促进就业也有积极作用。文化旅游及其跨界融合是一个深度和广度前所未有的融合，它不仅包括文旅融合、文旅科技融合，也包括线上线下的融合，即"文化、旅游、科技、互联网平台（旅游营销与旅游电商等）"的深度融合。

上海外国语大学*

2024 年全日制翻译硕士专业学位（MTI）研究生入学考试试题

科目名称： 汉语写作与百科知识　　　　科目代码： 448

考试时间： 3 小时　　　　　　　　满分： 150 分

一、语句解释（每小题 6 分，共 30 分）

1. 工欲善其事，必先利其器。
2. 知之为知之，不知为不知，是知也。
3. 不积跬步，无以至千里；不积小流，无以成江海。
4. 海内存知己，天涯若比邻。
5. 观一叶而知秋，道不远人即为此。

二、简答题（共 30 分）

1. 中国在哪一年恢复了在联合国的合法席位？（3 分）
2. 联合国有多少个会员国？联合国安理会常任理事国是哪几个国家？（5 分）
3. 列出巴西、瑞士、伊朗、澳大利亚和南非的首都。（10 分）
4. 中国的陆地接壤国中，中国与哪些国家没有划定完整的陆地边界线？（2 分）
5. 列举世界五大主要货币。（10 分）

三、论述题（20 分）

谈谈你对欧盟的了解。

四、作文（共 70 分）

1. 中国早在 20 世纪 50 年代就提出了国际关系基本准则，即"互相尊重主权和领土完整、互不侵犯、互不干涉内政、平等互利、和平共处"，后来被称为和平共处五项原则。谈谈你对和平共处五项原则的理解。（400 字，30 分）

2. 为什么当今时代气候变化会成为热门话题？（500 字，40 分）

---

*该院校题目均为回忆版，若与真题有出入，请以真题为准。

2023年全日制翻译硕士专业学位（MTI）研究生入学考试试题

科目名称：<u>汉语写作与百科知识</u>　　科目代码：<u>448</u>
考试时间：<u>3小时</u>　　　　　　　　满分：<u>150分</u>

一、名词解释（每小题5分，共30分）

1. 内卷　　　　　2. 美联储　　　　　3. 文明冲突论
4. 安倍晋三　　　5. 全国统一大市场　6. 大翻译运动

二、论述题（每小题20分，共40分）

1. 连日来，郑智化与张学友两位老牌歌手突然被推上了舆论风口浪尖，前者为自己的歌词被修改而气愤不已，后者为自己的发言被曲解而颇感无奈。透过两档风波，我们又一次感受到了如今网络氛围中的某种怪诞。

从郑智化到张学友，两档风波本不相干，却暴露出一个共同的问题：我们的社会上特别是网络空间里，有一股不好的风气，有时候过于敏感、爱搞极化，以"正能量"之名行"高级黑"之实。

——《北京日报》

请评论这一现象。

2. 如果谁想用文学来粉饰现实，如果用文学来赞美某一个社会，我觉得这个作品的质量，是很值得怀疑的。

我有一种偏见，觉得文学艺术，它永远不是唱赞歌的工具。文学艺术就是应该暴露黑暗，揭示社会的黑暗，揭示社会的不公正，也包括揭示人类心灵深处的阴暗面，揭示人性中恶的成分。

——莫言

请谈谈你的看法。

三、用白话文翻译全文，并根据文章主题撰写500字评论（40分）

战国策·齐负郭之民有孤狐咺者

齐负郭之民有孤狐咺者，正议闵王，斮之檀衢，百姓不附。齐孙室子陈举直言，杀之东闾，宗族离心。司马穰苴为政者也，杀之，大臣不亲。以故燕举兵，使昌国君将而击之。齐使向子将而应之。齐军破，向子以舆一乘亡。达子收余卒，复振，与燕战，求所以偿者，闵王不肯与，军破走。

王奔莒，淖齿数之曰："夫千乘、博昌之间，方数百里，雨血沾衣，王知之乎？"王曰："不知。""嬴、博之间，地坼至泉，王知之乎？"王曰："不知。""人有当阙而哭者，求之则不得，去之则闻其声，王知之乎？"王曰："不知。"淖齿曰："天雨血沾衣者，天以告也；地坼至泉者，地以告也；人有当阙而哭者，人以告也。天地人皆以告矣，而王不知戒焉，何得无诛乎？"于是杀闵王于鼓里。

太子乃解衣免服，逃太史之家为溉园。君王后，太史氏女，知其贵人，善事之。田单以即墨之破亡余卒，破燕兵，绐骑劫，遂以复齐，遽迎太子于莒，立之以为王。襄王即位，君王后以为后，生齐王建。

四、作文（40分）

衡量一间学校的三个标准*

各位先生、各位同学：

在每学期开学典礼和结业礼中，我总讲一些关于半年来学校的进步，和对下半年的希望。此即我常所讲之回顾与前瞻。

今天我的讲题，可称为："衡量一间学校的三个标准"。我将把此三个标准来衡量我们新亚之已往。

衡量一间学校的第一个标准是物质上的，包括建筑和设备，那是具体摆在那里，可以与人共见的。

……

衡量一间学校的第二个标准，我们要问那间学校拥有多少教授和开设几多课程？乃至这间学校的学生在学业上的成就究如何？

……

可是我们评论一间学校，仍有第三标准，这就是我们校歌里所唱的"新亚精神"。所谓精神，这标准则更是难说了。

……

这是我今天特别提出来勉励大家，要能共同向往去追求的。

根据以上材料，以"衡量一所学校需要什么样的标准"为主题，写一篇文章，不少于800字。

---

* 本篇文章为钱穆于1963年新亚书院春季开学典礼上的讲话，全文参见 https://m.thepaper.cn/baijiahao_14888440，最后访问日期：2025年4月30日。

西安外国语大学*

2024 年全日制翻译硕士专业学位（MTI）研究生入学考试试题

科目名称：　汉语写作与百科知识　　　科目代码：　448

考试时间：　3 小时　　　　　　　　满分：　150 分

第一部分　百科知识（每小题 2 分，共 50 分）

1. 诸子百家	2. 自媒体	3. 数字经济
4. 互联互通	5. ChatGPT	6. 强基计划
7. 二八定律	8. 西学东渐	9. 玄武门之变
10. 《荷马史诗》	11. 福建舰	12. 启蒙运动
13. 碎片化	14. 多边主义	15. 乡村振兴战略
16. 特殊教育	17. 刁斗	18. 瘦金体
19. 七国集团	20. 六艺	21. 琉璃厂
22. 金石学	23. 弱冠	24. APEC
25. 实证主义		

第二部分　应用文写作（40 分）

写一篇毕业典礼的讲话稿，不少于 450 字。

第三部分　现代汉语写作（60 分）

大学真儒耻小成，一源体用要流行。当知万物备於我，真自修身至治平。

——陈普《论语·君子不器》

根据以上材料，写一篇关于"君子不器"的论说文，不少于 800 字。

2023 年全日制翻译硕士专业学位（MTI）研究生入学考试试题

科目名称： 汉语写作与百科知识　　　　科目代码：　448
考试时间： 3 小时　　　　　　　　　满分：　150 分

第一部分　百科知识（每小题 2 分，共 50 分）

1. 四书五经　　　　　　2. 三省六部　　　　　　3. 内卷
4. 人类命运共同体　　　5. 元宇宙　　　　　　　6. 日内瓦
7. 万里悲秋常作客，百年多病独登台　　　　　　8. 一带一路
9. 非物质文化遗产　　　10. 探月工程　　　　　　11. 清洁能源
12. 一国两制　　　　　　13. 白皮书　　　　　　　14. 方舱医院
15. 端午节　　　　　　　16. 马可·波罗　　　　　17. 踔厉奋发
18. 京剧　　　　　　　　19. 礼器　　　　　　　　20. 九州
21. 新石器时代　　　　　22. 文艺复兴　　　　　　23. 和谐共生
24. 出口退税　　　　　　25. 写意

第二部分　应用文写作（40 分）

写一篇针对大学生的讲话稿，提倡文化开放交流与国际教育合作，不少于 450 字。

第三部分　现代汉语写作（60 分）

曾子曰："士不可以不弘毅，任重而道远……"

——《论语·泰伯篇》

根据以上材料，写一篇关于"历史使命、坚持奋斗、人生价值"等方面的论说文，不少于 800 字。

2022 年全日制翻译硕士专业学位（MTI）研究生入学考试试题

科目名称：__汉语写作与百科知识__　　科目代码：__448__
考试时间：__3 小时__　　　　　　　　满分：__150 分__

第一部分　百科知识（每小题 2 分，共 50 分）

1. 国内国际双循环	2. 遍插茱萸少一人的"插"	3. 靡不有初，鲜克有终
4. 清明节	5. 碳中和	6. 非物质文化遗产
7. 民国纪年	8. 民主党派	9. 生物修复
10. 散点透视	11. 表意文字	12. 埃德加·斯诺
13. 门扉	14. 祖庭	15. 玄鸟
16. 灸法	17. 明器	18. 涌泉
19. 五伦	20. 青衣	21. 埙
22. 鸿胪寺	23. 金字塔的"金"字	24. 大秦国
25. 蟠螭纹		

第二部分　应用文写作（40 分）

写一篇领导人讲话稿，提倡保护生物多样性，不少于 450 字。

第三部分　现代汉语写作（60 分）

大学之道，在明明德，在亲民，在止于至善。人无德不立，国无德不兴。社会主义核心价值观本质是一种德行。

根据以上材料，写一篇关于"社会主义核心价值观对个人和国家的重要性"的论说文，不少于 800 字。

※ 综 合 类 院 校 ※

暨南大学

2024 年全日制翻译硕士专业学位（MTI）研究生入学考试试题

科目名称：<u>汉语写作与百科知识</u>　　科目代码：<u>448</u>
考试时间：<u>3 小时</u>　　　　　　　满分：<u>150 分</u>

第一部分　百科知识（"百科知识"分为两部分，共 50 分）

一、选择题：从四个选项中选择正确的一项（每小题 1 分，共 25 分）

1. 1964 年(　　)发表《林纾的翻译》一文，提出："文学翻译的最高标准是'化'"。"化境"是指艺术上臻于精妙超凡之境，以言翻译，大概就是得心应手、至善至美。
　　A. 钱钟书　　　　B. 谭嗣同　　　　C. 严复　　　　D. 郭沫若

2. 印度人(　　)不但一生从事创作，写了 50 余部诗集、12 部中长篇小说、100 余篇短篇小说，而且还创作了 2 000 余首优美的歌曲，其中一首被定为今日印度的国歌。
　　A. 泰戈尔　　　　B. 果戈理　　　　C. 甘地　　　　D. 阿兰达蒂

3. 中篇小说《伊豆的舞女》是日本作家(　　)的作品，借此他成为当年日本文坛的风云人物。
　　A. 大江健三郎　　B. 川端康成　　　C. 小林多喜二　　D. 井上靖

4. 《不列颠百科全书》介绍说："他是 20 世纪前半个世纪中的最杰出的东方学家，也是将东方文种译为英文的最杰出的翻译家。……他是一位诗人和诗歌的创新者。"此人就是(　　)。
　　A. 亚瑟·韦利　　B. 爱德华兹　　　C. 劳费尔　　　　D. 庞德

5. (　　)是 20 世纪英国最伟大的哲学家、思想家、数学家和逻辑学家，他提出了"中立一元论"的学说，并撰写了大量的哲学著作。
　　A. 罗素　　　　　B. 杜威　　　　　C. 笛卡尔　　　　D. 休谟

6. 在下面的四部作品中，哪一部**不是**杰克·伦敦的著作？(　　)
　　A.《马丁·伊登》　B.《白牙》　　　C.《野性的呼唤》　D.《嘉莉妹妹》

7. 梁启超翻译的很多小说用的都是(　　)，与林纾和严复的古奥的译文形成了鲜明的对比，具有很强的文学感染力。
　　A. 白话文　　　　B. 文言文　　　　C. 方言　　　　　D. 北京话

8. 莫扎特生前**未完成**的作品是(　　)。
　　A.《卡农》　　　　B.《婚礼进行曲》　C.《安魂曲》　　　D.《欢乐颂》

9. 1936~1939 年西班牙内战期间，在共和国后方活动的叛徒、间谍和破坏分子等反革命分子被统称为(　　)。
　　A. 第五纵队　　　B. 纳粹　　　　　C. 骷髅会　　　　D. 山口组

10. 美国规定公民具有合法持有枪支权利的法律文件是宪法(　　)。

    A. 第一修正案　　　　　B. 第二修正案　　　　　C. 第三修正案　　　　　D. 第四修正案

11. 《秋声赋》的作者是(　　)。

    A. 欧阳修　　　　　　　B. 王安石　　　　　　　C. 曾巩　　　　　　　　D. 苏轼

12. 张炎《词源》中提到"如七宝楼台……碎拆下来，不成片段"风格的作家是(　　)。

    A. 晏殊　　　　　　　　B. 王沂孙　　　　　　　C. 姜夔　　　　　　　　D. 吴文英

13. 下列元杂剧中**不属于**"四大爱情剧"的是(　　)。

    A.《梧桐雨》　　　　　B.《倩女离魂》　　　　C.《西厢记》　　　　　D.《墙头马上》

14. 《板桥杂记》的作者是(　　)。

    A. 钱谦益　　　　　　　B. 郑板桥　　　　　　　C. 余怀　　　　　　　　D. 张岱

15. 认为通过念诵"阿弥陀佛"即可往生极乐世界的佛教宗派是(　　)。

    A. 净土宗　　　　　　　B. 律宗　　　　　　　　C. 禅宗　　　　　　　　D. 唯识宗

16. 以下理学流派**不属于**北宋的是(　　)。

    A. 濂学　　　　　　　　B. 关学　　　　　　　　C. 洛学　　　　　　　　D. 闽学

17. (　　)立儒学、玄学、史学、文学四馆，相当于大学下属的四个系科。

    A. 宋文帝　　　　　　　B. 唐太宗　　　　　　　C. 隋炀帝　　　　　　　D. 宋太祖

18. "别子为祖，继别为宗，继祢者为小宗。有百世不迁之宗，有五世则迁之宗。百世不迁者，别子之后也。"(《礼记·大传》) 材料反映的政治制度是(　　)。

    A. 禅让制　　　　　　　B. 宗法制　　　　　　　C. 分封制　　　　　　　D. 郡县制

19. "iu、ui"的声调应该标在(　　)。

    A. i 上　　　　　　　　　　　　　　　　B. "iu"标在 i 上，"ui"标在 u 上

    C. u 上　　　　　　　　　　　　　　　　D. "iu"标在 u 上，"ui"标在 i 上

20. "中国企业频频海外抄底，德国造面临中国造挑战。"这句话用的辞格是(　　)。

    A. 比喻　　　　　　　　B. 借代　　　　　　　　C. 夸张　　　　　　　　D. 双关

21. 日本的四大岛中，纬度最高、与琉球群岛相距最近的分别是(　　)。*

    A. 本州岛、四国岛　　　　　　　　　　　B. 道岛、九州岛

    C. 九州岛、四国岛　　　　　　　　　　　D. 本州岛、道岛

22. 在第二次世界大战中向日本投放原子弹时期的美国总统是谁？(　　)

    A. 杜鲁门　　　　　　　　　　　　　　　B. 艾森豪威尔

    C. 尼克松　　　　　　　　　　　　　　　D. 罗斯福

23. 柔道的特长表现是什么？(　　)

    A. 以柔克刚　　　　　　B. 刚柔并进　　　　　　C. 以刚克柔　　　　　　D. 亦刚亦柔

24. 日本人当今最喜欢的运动是什么？(　　)

    A. 棒球　　　　　　　　B. 游泳　　　　　　　　C. 足球　　　　　　　　D. 篮球

25. 位于道和本州之间的海峡是(　　)。*

    A. 濑户海　　　　　　　B. 朝鲜海峡　　　　　　C. 津轻海峡　　　　　　D. 宗谷海峡

---

* 第21题选项中的"道岛"指"北海道岛"，题目来源于暨南大学研究生院官网真题。

* 第25题题干中的"道"指"北海道岛"，选项中的"濑户海"指"濑户内海"，题目来源于暨南大学研究生院官网真题。

二、名词解释题：简要解释下列文章片段中下划线部分的名词与术语（每小题5分，共25分）

翻译家说

索提里斯·查理克亚斯：

在翻译【1】《论语》的过程中，我试图将孔子与柏拉图、亚里士多德等西方哲学家的论述相对照，用希腊读者耳熟能详的理论对《论语》中异曲同工的哲学思想进行阐释。例如，对于【2】"中庸"一词的深层含义介绍，我引用了亚里士多德《尼各马可伦理学》中的"中道观"和柏拉图在《理想国》中的"中道生活"等概念予以诠释，让希腊读者可以更为顺畅地阅读和理解。

在翻译中国【3】道家重要典籍《列子》的过程中，我发现道家思想对探索人与自然的关系有诸多启迪，对于当今人类应对全球问题有着积极意义。

文洁若：

翻译没有捷径，只有平时多看书，勤学苦练。《尤利西斯》是乔伊斯的代表作，作为【4】意识流小说，其文体、语言等都很难处理，全书夹杂着德文、意大利文、西班牙文、法文等多国语言，有时一句话就包含了希腊文、拉丁文、梵文。除此之外，作者还经常使用方言、古语以及生僻词，为翻译工作带来不少难度。为此，我和萧乾合译时读了很多书，一边看一边摘抄，对做好翻译帮助很大。

林少华：

迄今为止，厚厚薄薄大大小小加起来，我翻译的书起码有一百本了。翻译过的作家有夏目漱石、芥川龙之介、谷崎润一郎、小林多喜二、太宰治、川端康成、井上靖和渡边淳一、片山恭一等十几位。以作品言之，《我是猫》《罗生门》《金阁寺》《雪国》《在世界中心呼唤爱》分外受到认可与好评。当然最有影响的是【5】村上春树作品系列，包括《挪威的森林》在内，由我独立翻译的有四十三本，与人合译的有两本。

第二部分　应用文写作（40分）

从19世纪末中国"睁眼看世界"伊始，翻译活动就担当起了开启民智、救亡图存的历史使命，而老一辈翻译家们身上那种历史担当精神与家国情怀更是与生俱来。

假如你是即将代表自己学校参加演讲大赛的选手，请撰写一篇题为"AI时代翻译工作者的使命与担当"的演讲稿。

要求：450—500字；视角独特，见解精辟，发人深思，语言表达形象、生动，富有感染力。

（不得透露本人的真实姓名或单位名称，否则试卷以零分记）

第三部分　现代汉语写作（60分）

阅读宋代词人蒋捷的《虞美人·听雨》：

少年听雨歌楼上，红烛昏罗帐。壮年听雨客舟中，江阔云低、断雁叫西风。而今听雨僧庐下，鬓已星星也。悲欢离合总无情，一任阶前、点滴到天明。　　——蒋捷《虞美人·听雨》

请以本词《虞美人·听雨》中的意象与情绪为引子，将之演绎为一篇抒情作品（抒情故事或抒情散文均可），作品标题自拟。

要求：1 000—1 200字；视角独特，想象丰富，意境玄远，形象鲜明，心境跃然，语言优美自然。

2023 年全日制翻译硕士专业学位（MTI）研究生入学考试试题

科目名称：<u>汉语写作与百科知识</u>　　　　科目代码：<u>448</u>

考试时间：<u>3 小时</u>　　　　　　　　满分：<u>150 分</u>

第一部分　百科知识（"百科知识"分为两部分，共 50 分）

一、选择题：从四个选项中选择正确的一项（每小题 1 分，共 25 分）

1. 20 世纪初，随着新式学堂的建立而兴起的歌唱文化是(　　)，一般指学堂开设的音乐课或为学堂唱歌而编创的歌曲。
   A. 学堂乐歌　　　　B. 歌剧　　　　　C. 学校歌曲　　　　D. 诗歌

2. 2001 年 10 月，我国在上海成功举办(　　)第九次领导人非正式会议，为促进亚太地区经济的恢复和发展产生积极影响。
   A. 上海合作组织　　　　　　　　　B. 亚太经济合作组织
   C. 中国—东盟自由贸易区　　　　　D. 东南亚国家联盟

3. 诗句"蓬莱文章建安骨，中间小谢又清发"中的"小谢"是指(　　)。
   A. 谢朓　　　　　　B. 谢安　　　　　C. 谢灵运　　　　　D. 谢道蕴

4. 中国电视(　　)于 1983 年创办，是国家级的唯一以观众投票为主评选产生的电视艺术大奖。
   A. 白玉兰奖　　　　B. 飞天奖　　　　C. 金鹰奖　　　　　D. 华表奖

5. 人为万物之灵，就是因为与其他动物相比，人有高度发达的(　　)。
   A. 手　　　　　　　B. 眼睛　　　　　C. 脚　　　　　　　D. 大脑

6. 秦统一全国后，统一的标准文字是(　　)。
   A. 大篆　　　　　　B. 小篆　　　　　C. 金文　　　　　　D. 隶书

7. 一次完整的体育健身活动包括三个重要部分，依照活动的先后顺序应为(　　)。
   A. 准备活动—放松活动—基本活动　　B. 准备活动—基本活动—放松活动
   C. 放松活动—准备活动—基本活动　　D. 基本活动—准备活动—放松活动

8. 古代西方医学的鼻祖是(　　)。
   A. 欧里庇得斯　　　B. 希波克拉底　　C. 希罗多德　　　　D. 苏格拉底

9. 中国古代"四大发明"中，为哥伦布、麦哲伦实现远洋航行提供重要技术保证的是(　　)。
   A. 造纸术　　　　　B. 印刷术　　　　C. 火药　　　　　　D. 指南针

10. 古代中医治疗学基础《伤寒杂病论》的作者是(　　)。
    A. 华佗　　　　　　B. 张仲景　　　　C. 扁鹊　　　　　　D. 李时珍

11. (　　)是现代经济学最有影响的经济学家之一，他创立的宏观经济学与弗洛伊德所创的精神分析法和爱因斯坦发现的相对论一起并称为二十世纪人类知识界的三大革命。
    A. 约翰·斯图亚特·穆勒　　　　　B. 亚当·斯密
    C. 约翰·梅纳德·凯恩斯　　　　　D. 弥尔顿·弗里德曼

12. "玉壶买春，赏雨茅屋。坐中佳士，左右修竹。白云初晴，幽鸟相逐。眠琴绿阴，上有飞瀑。落花无言，人淡如菊。书之岁华，其曰可读。"以上是司空图对何种诗歌艺术风格和美学意境的描述？(　　)
    A. 悲慨　　　　　　B. 雄浑　　　　　C. 典雅　　　　　　D. 纤秾

13. 中国作家协会的前身是 1949 年 7 月 23 日成立的中华全国文学工作者协会，第一任主席是（　　）。

    A. 茅盾　　　　　　　B. 巴金　　　　　　　C. 郁达夫　　　　　　D. 沈从文

14. 1960 年 11 月 5 日，中国仿制的第一枚近程导弹"（　　）"发射成功。

    A. 飞龙一号　　　　　B. 凯山一号　　　　　C. 东风一号　　　　　D. 海鹰一号

15. "山郡逢春复乍晴，陂塘分出几泉清？郭边万户皆临水，雪后千峰半入城。"此诗描写的城市是（　　）。

    A. 杭州　　　　　　　B. 成都　　　　　　　C. 济南　　　　　　　D. 泉州

16. 到 2021 年，已有 27 名日本人获得了诺贝尔奖（包括 2 名*美籍日裔诺贝尔奖获得者）。2021 年诺贝尔物理学奖被授予日本出身的美籍普林斯顿大学高级研究员（　　）、克劳斯·哈塞尔曼和乔治·帕里西，以表彰他们"对于我们对复杂物理系统的理解"所做出的开创性贡献。

    A. 赤崎勇　　　　　　B. 真锅淑郎　　　　　C. 中村修二　　　　　D. 天野浩

17. 市面上流行的 2004 版日元上印的人物肖像都是思想家、科学家、作家、教育家。日本近代著名的启蒙思想家、明治时期杰出的教育家、日本著名私立大学庆应义塾大学的创立者，被誉为"日本近代教育之父"的是（　　）。日本人认为他是日本强大的、最重要的人物，因而将他放在了最大的钱币 1 万日元大钞上。

    A. 樋口一叶　　　　　B. 野口英世　　　　　C. 福泽谕吉　　　　　D. 新渡户稻造

18. 韩愈在《听颖师弹琴》一诗中写道："划然变轩昂，勇士赴敌场。浮云柳絮无根蒂，天地阔远随飞扬。"这种将本来诉之听觉的音乐转化为视觉形象的修辞现象叫（　　）。

    A. 粘连*　　　　　　B. 顶针　　　　　　　C. 通感　　　　　　　D. 回环

19. "玉壶买春，赏雨茅屋。坐中佳士，左右修竹。白云初晴，幽鸟相逐。眠琴绿阴，上有飞瀑。落花无言，人淡如菊。书之岁华，其曰可读。"以上是司空图对何种诗歌艺术风格和美学意境的描述？（　　）*

    A. 悲慨　　　　　　　B. 雄浑　　　　　　　C. 典雅　　　　　　　D. 纤秾

20. （　　）是印度现存最古老的诗集。编订年代可能在公元前 1500 年左右。本诗集共有诗 1 028 首，内容丰富，包括上古的神话传说，祭祀的颂歌，以及巫术的咒语，更多的是一些劳动歌谣、生活歌谣等。

    A.《梨俱吠陀》　　　B.《奥义书》　　　　C.《摩诃婆罗多》　　D.《罗摩衍那》

21. （　　）是德国哲学家、社会理论家，法兰克福学派第二代的代表人物。主要著作有《公众社会的结构变化》（1962）、《知识与旨趣》（1968）、《走向理性社会》（1968）、《晚期资本主义的合法性问题》（1973）、《重建历史唯物主义》（1976）、《交往行为的理论》（1981）。

    A. 卢卡奇　　　　　　B. 阿多诺　　　　　　C. 哈贝马斯　　　　　D. 霍克海默尔

22. （　　）是一种光度小、体积小、密度极大的恒星。密度可以达到 30 000g/cm³ 至 1 000 万 g/cm³。如天狼乙星，直径只有太阳的 0.0073 倍，质量为太阳的 1.053 倍。

    A. 中子星　　　　　　B. 白矮星　　　　　　C. 超新星　　　　　　D. 巨红星*

---

* 第 16 题题干中的"27 名""2 名"应分别为"28 名""3 名"，题目来源于暨南大学研究生院官网真题。

* 第 18 题选项中的"粘连"应为"拈连"，题目来源于暨南大学研究生院官网真题。

* 第 19 题与第 12 题重复，题目来源于暨南大学研究生院官网真题。

* 第 22 题选项中的"巨红星"应为"红巨星"，题目来源于暨南大学研究生院官网真题。

23. （　　）包括三叠、侏罗、白垩 3 个纪。
    A. 古生代　　　　　　B. 中生代　　　　　　C. 元古代　　　　　　D. 太古代
24. 以下关于巴赫的描述**不正确**的选项是（　　）。
    A. 德国作曲家。毕生致力于音乐创作和演奏，对西洋近代音乐发展深有影响，被尊为"音乐之父"。
    B. 在作曲方面，大胆革新，有独创性，丰富了旋律、节奏、和声、衬腔复调音乐，使波兰音乐提高到欧洲音乐艺术最高水平。
    C. 著名作品包括《勃兰登堡协奏曲》《平均律钢琴曲集》等。
    D. 巴洛克音乐的集大成者，作品多以复调写成。
25. 下列项目被列为世界文化遗产的是（　　）。
    A. 开平碉楼与村落　　B. 南越王墓　　　　　C. 镇海楼　　　　　　D. 南海神庙

二、名词解释题：简要解释下列文章片段中下划线部分的名词与术语（每小题 5 分，共 25 分）

中国思想界要深入了解日本文化，就必须摆脱《菊与刀》所预设的那种"看西洋镜"的猎奇心态，而要严肃地将日本文化研究视为普遍意义上的人类文明研究的某个特例。

比如，切入日本文化的视角可以是哲学性质的，这里所说的"哲学"特别是指日本在明治维新后形成的以"京都学派"为代表的日本哲学。简要地说，京都学派哲学的本质，便是用日本思想家当时刚学会的欧洲哲学（特别是德国哲学）的术语与论证方式，将东方佛教（如天台宗、净土宗、【1】禅宗等等）的思想予以重新阐发的哲学形态。其在西方哲学史中最接近的形态乃是叔本华哲学，因为叔本华哲学的本质也是用【2】康德哲学术语完成了对于佛教与【3】印度教思想的重述。

尽管京都学派的思想家们还是习惯于用日语写作，但基于如下理由，他们的哲学框架依然是具有普遍性的：日本哲学家所借用的欧洲哲学的话语体系是具有普遍性的；日本哲学家从欧洲传统借用的哲学论证方式（包括基于【4】形式逻辑与基于黑格尔式的辩证逻辑的论证方式）也是具有普遍性的；日本哲学家所试图为之辩护的基于"无"或是"空"的佛教立场也依然是具有普遍性的。

日本哲学家的特殊之处，便在于他们将上述这些彼此差异的要素有机融合在了一起，最终造就了一些东西合璧的新哲学理论，如西田几多郎的场所哲学、九鬼周造的偶然性哲学等。

与之相比，这种"以西方哲学为皮，以东方思想为馅"的哲学研究路径，无论在西方哲学还是在中国哲学中都是比较少见的，在西方哲学中，唯一与京都学派构成应和的便是叔本华；而在二十世纪的中国哲学史中，以牟宗三为代表的【5】新儒家对于西方哲学资源的吸取，其实也并没有达到"按照西方哲学的学术规范彻底改变东方哲学的外观"的地步。另外需要注意的是，京都学派所完成的这些哲学成果并不仅仅是针对日本文化的，而是具有一种"站在日本文化的基点上拥抱人类文明"的思想企图。

第二部分　应用文写作（40 分）

请仔细阅读作家铁凝的短篇小说片段，以"《哦，香雪！》赏析"为题，在对作品进行真切审美体验基础上写一篇文学作品赏析短文。

要求：450—500 字；条理清晰，情感真挚，语言流畅自然。

哦，香雪！

作者：铁凝

如果不是有人发明了火车，如果不是有人把铁轨铺进深山，你怎么也不会发现台儿沟这个小村。它和它的十几户乡亲，一心一意掩藏在大山那深深的皱褶里，从春到夏，从秋到冬，默默地接受着大山任意给予的温存和粗暴。

然而，两根纤细、闪亮的铁轨延伸过来了。它勇敢地盘旋在山腰，又悄悄地试探着前进，弯弯曲曲，曲曲弯弯，终于绕到台儿沟脚下，然后钻进幽暗的隧道，冲向又一道山梁，朝着神秘的远方奔去。

不久，这条线正式营运，人们挤在村口，看见那绿色的长龙一路呼啸，挟带着来自山外的陌生、新鲜的清风，擦着台儿沟贫弱的脊背匆匆而过。

记不清从什么时候起，列车的时刻表上，还是多了"台儿沟"这一站。台儿沟上了列车时刻表，每晚七点钟，由首都方向开往山西的这列火车在这里停留一分钟。

七点钟，火车喘息着向台儿沟滑过来，接着一阵空哐乱响，车身震颤一下，才停住不动了。姑娘们心跳着涌上前去，像看电影一样，挨着窗口观望。只有香雪躲在后面，双手紧紧捂着耳朵。看火车，她跑在最前边；火车来了，她却缩到最后去了。她有点害怕它那巨大的车头，车头那么雄壮地吐着白雾，仿佛一口气就能把台儿沟吸进肚里。它那撼天动地的轰鸣也叫她感到恐惧。在它跟前，她简直像一叶没根的小草。

哦，五彩缤纷的一分钟，你饱含着台儿沟的姑娘们多少喜怒哀乐！

日久天长，这五彩缤纷的一分钟，竟变得更加五彩缤纷起来，就在这一分钟里，她们开始挎上装满核桃、鸡蛋、大枣的长方形柳条篮子，站在车窗下，抓紧时间跟旅客和和气气地做买卖。她们踮着脚尖，双臂伸得直直的，把整筐的鸡蛋、红枣举上窗口，换回台儿沟少见的挂面、火柴，以及属于姑娘们自己的发卡、香皂。有时，有人还会冒着回家挨骂的风险，换回花色繁多的纱巾和能松能紧的尼龙袜。

香雪平时话不多，胆子又小，但做起买卖却是姑娘中最顺利的一个。旅客们爱买她的货，因为她是那么信任地瞧着你，那洁如水晶的眼睛告诉你，站在车窗下的这个女孩子还不知道什么叫受骗。她还不知道怎么讲价钱，只说："你看着给吧。"你望着她那洁净得仿佛一分钟前才诞生的面孔，望着她那柔软得宛若红缎子似的嘴唇，心中会升起一种美好的感情。你不忍心跟这样的小姑娘耍滑头，在她面前，再爱计较的人也会变得慷慨大度。

有时她也抓空儿向他们打听外面的事，打听北京的大学要不要台儿沟人，打听什么叫"配乐诗朗诵"（那是她偶然在同桌的一本书上看到的）。有一回她向一位戴眼镜的中年妇女打听能自动开关的铅笔盒，还问到它的价钱。谁知没等人家回话，车已经开动了。她追着它跑了好远，当秋风和车轮的呼啸一同在她耳边鸣响时，她才停下脚步意识到，自己的行为是多么可笑啊。

台儿沟没有学校，香雪是台儿沟唯一考上初中的人。她每天上学要到十五里以外的公社。公社中学里的女同学不少，但她们的言谈举止，一个眼神，一声轻轻的笑，好像都是为了叫香雪意识到，她是小地方来的，穷地方来的。她们故意一遍又一遍地问她："你们那儿一天吃几顿饭？"她不明白她们的用意，每次都认真地回答："两顿。"然后又友好地瞧着她们反问道："你们呢？""三顿！"她们每次都理直气壮地回答。"你上学怎么不带铅笔盒呀？"她们又问。"那不是吗？"香雪指指桌角。

其实，她们早知道桌角那只小木盒就是香雪的铅笔盒，但她们还是做出吃惊的样子。每到这时，香雪的同桌就把自己那只宽大的泡沫塑料铅笔盒摆弄得哒哒乱响。这是一只可以自动合上的铅笔盒，很久以后，香雪才知道它所以能自动合上，是因为铅笔盒里包藏着一块不大不小的吸铁石。香雪的心再也不能平静了，她好像忽然明白了同学对她的再三盘问，明白了台儿沟是多么贫穷。她第一次意识到这是不光彩的，因为贫穷，同学才敢一遍又一遍地盘问她。她盯住同桌那只铅笔盒，猜测它来自遥远的大城市，猜测它的价值肯定非同寻常。三十个鸡蛋换得来吗？还是四十个、五十个？

深秋，山风渐渐凛冽了，天也黑得越来越早。香雪在车站卖东西的时候发现了渴望已久的东西——一只铅笔盒，一只装有吸铁石的自动铅笔盒。它和她离得那样近，如果不是隔着玻璃，她一伸手就可以摸到。冲动之中，香雪跃上了踏板。她打算以最快的速度跑进车厢，以最快的速度用鸡蛋换回铅笔盒。这时，车身忽然悸动了一下，接着，车门被人关上了。

伴着香雪和女伴们焦急的呼喊声，列车无情地载着香雪一路飞奔，台儿沟刹那间就被抛在后面了。下一站叫西山口，西山口离台儿沟三十里。

三十里，对于火车、汽车真的不算什么，西山口在旅客们闲聊之中就到了。这里上车的人不少，下车的只有一位旅客，那就是香雪，她胳膊上少了那只篮子，她把它塞到那个女学生座位下面了。

在车上，当她红着脸告诉女学生，想用鸡蛋和她换铅笔盒时，女学生不知怎么的也红了脸。她一定要把铅笔盒送给香雪，还说她住在学校吃食堂，鸡蛋带回去也没法吃。她怕香雪不信，又指了指胸前的校徽，上面果真有"矿冶学院"几个字。香雪却觉着她在哄她，难道除了学校她就没家吗？香雪一面摆弄着铅笔盒，一面想着主意。台儿沟再穷，她也从没白拿过别人的东西。就在火车停顿前发出的几秒钟的震颤里，香雪还是猛然把篮子塞到女学生的座位下面，迅速离开了。

列车很快就从西山口车站消失了，留给她的又是一片空旷。一阵寒风扑来，吸吮着她单薄的身体。她把滑到肩上的围巾紧裹在头上，缩起身子在铁轨上坐了下来。

一轮满月升起来了，照亮了寂静的山谷，灰白的小路，照亮了秋日的败草，粗糙的树干，还有一丛丛荆棘、怪石，还有漫山遍野那树的队伍，还有香雪手中那只闪闪发光的小盒子。

她这才想到把它举起来仔细端详。她想，为什么坐了一路火车，竟没有拿出来好好看看？现在，在皎洁的月光下，她看清了它是淡绿色的，盒盖上有两朵洁白的马蹄莲。她小心地把它打开，又学着同桌的样子轻轻一拍盒盖，"哒"的一声，它便合得严严实实。她又打开盒盖，觉得应该立刻装点东西进去。她从兜里摸出一只盛擦脸油的小盒放进去，又合上了盖子。只有这时，她才觉得这铅笔盒真属于她了，真的。她又想到了明天，明天上学时，她多么盼望她们会再三盘问她啊！

台儿沟在哪儿？她向前望去，她看见迎面有一颗颗黑点在铁轨上蠕动。再近一些她才看清，那是人，是迎着她走过来的人群。第一个是凤娇，凤娇身后是台儿沟的姐妹们。

香雪想快点跑过去，但腿为什么变得异常沉重？她站在枕木上，回头望着笔直的铁轨，铁轨在月亮的照耀下泛着清淡的光，它冷静地记载着香雪的路程。她忽然觉得心头一紧，不知怎么的就哭了起来，那是欢乐的泪水，满足的泪水。面对严峻而又温厚的大山，她心中升起一种从未有过的骄傲。她用手背抹净眼泪，拿下插在辫子里的那根草棍儿，然后举起铅笔盒，迎着对面的人群跑去。

山谷里突然爆发了姑娘们欢乐的呐喊，她们叫着香雪的名字，声音是那样奔放、热烈；她们笑着，笑得是那样不加掩饰，无所顾忌。古老的群山终于被感动得颤栗了，它发出宽亮低沉的回音，和她们共同欢呼着。

哦，香雪！香雪！

（原文发表于《青年文学》1982年第五期，有删改）

第三部分　现代汉语写作（60分）

《老子·道篇》曰：五色令人目盲；五音令人耳聋；五味令人口爽；驰骋畋猎，令人心发狂；难得之货，令人行妨。是以圣人为腹不为目，故去彼取此。

——《老子·道篇》第十二章

现代社会声色犬马等外界诱惑对于人的消极影响随处可见，到底一个社会进步到完全能满足人的欲望是幸运还是大不幸呢？在亚里士多德眼中，人生的目标就是"幸福"，但这种"幸福"并不能与世俗享乐和感官享受画等号。

请根据以上材料，围绕老子之名言，以"诱惑与本心"为题写一篇议论文。

要求：1 000—1 200字；思路开阔，不落窠臼，层次分明，说理透辟，语言流畅自然。

2022 年全日制翻译硕士专业学位（MTI）研究生入学考试试题

科目名称：<u>汉语写作与百科知识</u>　　科目代码：<u>448</u>

考试时间：<u>3小时</u>　　满分：<u>150分</u>

第一部分　百科知识（"百科知识"分为两部分，共50分）

一、选择题：从四个选项中选择正确的一项（每小题1分，共25分）

1. "世界环境日"是在每年的哪一天？（　　）
　A. 6月5日　　B. 7月5日　　C. 8月5日　　D. 9月5日

2. 君主专制中央集权是中国古代政治制度的重要特点，最早在哪个朝代确立？（　　）
　A. 周朝　　B. 秦朝　　C. 汉朝　　D. 唐朝

3. 有人这样描述一位航海家："他把欧洲强盗带到了美洲，掠夺了美洲财富，是一个恶魔；但他'发现'了新大陆，使落后的美洲走向文明，同时也是一个功臣。"这里的"他"（　　）。
　A. 曾到达了非洲最南端的"好望角"　　B. 向东航行后横渡印度洋到达印度
　C. 坚信地圆学说并三次横渡大西洋　　D. 完成了人类史上第一次环球航行

4. 法国著名昆虫学家、动物行为学家、生物学家、科普作家让–亨利·卡西米尔·法布尔，被世人称为"昆虫界的荷马""昆虫界的(　　)"。
　A. 维吉尔　　B. 修昔底德　　C. 托尔斯泰　　D. 柏拉图

5. 下列词语中，有错别字的一项是（　　）。
　A. 啜泣 暗哑 齐心协力 迥乎不同　　B. 撺掇 崔巍 歇斯底里 销声匿迹
　C. 悲怆 睥睨 粗制滥造 味同嚼腊　　D. 禁锢 帷幕 吹毛求疵 通宵达旦

6. 下列词语中，粗体字的读音都相同的一项是（　　）。
　A. 和**煦**/酬**和**　诓骗/热泪盈**眶**　　B. 遗**骸**/惊**骇**　拜**谒**/**竭**尽全力
　C. **狩**猎/墨**守**成规　归**省**/不**省**人事　　D. 喷**薄**/厚积**薄**发　殚精竭虑/**箪**食壶浆

7. 下列句子表达有误的一项是（　　）。
　A. 习近平主席在"一带一路"高峰论坛上强调，"一带一路"建设不是另起炉灶、推倒重来，而是实现战略对接、优势互补。
　B. 古诗是中华民族文化中的瑰宝，它短小精悍，字不虚设但言简义丰，意境深美。

C. "二十四节气"被国际气象界誉为"中国第五大发明"。在中国北方，很多农村居民可能不知道一些现代节日，但是对于"二十四节气"却耳熟能详。

D. 2019 年度淄博市青少年"中国达人"挑战赛决赛在张店区举行，比赛内容涵盖中华传统哲学、史学、文学、服饰、饮食、建筑等多个方面，可谓琳琅满目。

8. 下列句子中，**没有**语病的一项是（　　　）。

A. "大国工匠年度人物"评选活动自 2018 年 6 月启动以来，全国各地工会、社会各界人士和广大职工广泛参与、积极响应。

B. 大学生要提升文学素养，养成爱读书，尤其是读经典名著，让书香浸润心灵。

C. 从中国的简帛、埃及的莎草纸、欧洲的羊皮卷到今天的电子屏，人类的阅读载体不断演进，但人们对阅读的热爱，对精神世界的守望却从未改变。

D. 善待自然就是善待自己，自然生态环境保护得好决定着灾害发生时损失的大小。

9. （　　　）被后人推崇为我国养蚕取丝的创始人。

A. 黄帝　　　　　　B. 尧帝　　　　　　C. 仓颉　　　　　　D. 嫘祖

10. 以下故事情节都出自中国古典名著《水浒传》，哪个情节与鲁智深**无关**？（　　　）

A. 火烧草料场　　B. 大闹野猪林　　C. 倒拔垂杨柳　　D. 拳打镇关西

11. 下面哪个国家号称"骑在羊背上的国家"？（　　　）

A. 新西兰　　　　B. 澳大利亚　　　C. 荷兰　　　　　D. 阿根廷

12. 以下哪部作品不是莎士比亚四大悲剧之一？（　　　）

A.《哈姆雷特》　　B.《奥赛罗》　　　C.《第十二夜》　　D.《麦克白》

13. 中国女科学家屠呦呦因为哪一项研究而分享 2015 年诺贝尔医学奖？（　　　）

A. 牛胰岛素结晶　B. 抗生素青霉素　C. 抗疟新药青蒿素　D. 麻风病疫苗

14. 森林与海洋还有（　　　）并称为地球最重要的三大生态系统。

A. 湿地　　　　　B. 草原　　　　　C. 湖泊　　　　　D. 沼泽

15. 在我国古代所说的一个时辰相当于现在几个小时？（　　　）

A. 1 小时　　　　B. 2 小时　　　　C. 3 小时　　　　D. 4 小时

16. 我国的根本政治制度是（　　　）。

A. 人民代表大会制度　　　　　　　B. 人民民主专政制度

C. 社会主义制度　　　　　　　　　D. 全民所有制

17. 宏观经济学的中心理论是（　　　）。

A. 价格决定理论　B. 薪水决定理论　C. 国民收入决定理论　D. 汇率决定理论

18. 20 世纪 90 年代初，三位日本及日裔美国科学家制造出高效蓝光二极管即 LED 灯，从根本上改变了人类照明技术。2014 年，瑞典皇家科学院将 2014 年诺贝尔物理学奖授予这三位科学家。以下哪一位诺贝尔物理学奖获得者**不在**这一年的获奖者之列？（　　　）

A. 赤崎勇　　　　B. 真锅淑郎　　　C. 中村修二　　　D. 天野浩

19. 以小说《伊豆的舞女》（1926）、《雪国》（1948）、《古都》（1962）等著称的日本作家（　　　），因"以非凡的敏锐表现了日本人的精神特质"，夺得了 1968 年诺贝尔文学奖。获奖词是"由于他高超的叙事性作品以非凡的敏锐表现了日本人精神特质"。

A. 夏目簌石*　　　B. 村上春树　　　C. 大江健三郎　　D. 川端康成

————————————

*第 19 题选项中的"夏目簌石"应为"夏目漱石"，题目来源于暨南大学研究生院官网真题。

20. 我们现在日常使用的很多东西都是日本人首先发明的。以下哪一项**不是**日本人首先发明的？（　　）

    A. 电饭煲   B. 卡拉 OK   C. 复印机   D. 全自动麻将机

21. 在国民收入核算体系中，测定一定时期所有最终产品和劳务的最后货币量的是（　　）。

    A. 国民收入   B. 可支配收入总和   C. 国民生产净值   D. 国内生产总值

22. 建筑是一个民族传统文化的缩影。建于公元 1 世纪，是柱式建筑与拱门建筑结合的典范之作，这一建筑是（　　）。

    A. 帕特农神庙   B. 罗马竞技场   C. 麦加清真寺   D. 巴黎圣母院

23. 先秦时代，教育内容以"六艺"为主，下列**不属于**"六艺"的是（　　）。

    A. 射   B. 御   C. 礼   D. 武

24. （　　）是波兰著名钢琴家、作曲家，在钢琴演奏方面自成风格，以委婉如歌、精致典雅为特征，素有"钢琴诗人"之称；在作曲方面，他大胆革新，有独创性，丰富了旋律、节奏、和声、衬腔复调音乐，使波兰音乐提高到欧洲音乐艺术最高水平。

    A. 贝多芬   B. 舒伯特   C. 莫扎特   D. 肖邦

25. 马斯洛将人类的需求由低到高依次分为五个不同的层次，其中最高的层次是（　　）。

    A. 受尊敬的需要，包括地位、荣誉和财富等

    B. 社会需要，包括人际交往

    C. 自我实现的需要，包括获得成就和实现理想

    D. 安全需要，包括生命、职业和财产的安全及保障

二、名词解释题：简要解释下列文章片段中下划线部分的名词与术语（每小题 5 分，共 25 分）

    西方哲学批量涌入中国造成思想史上难得一见的景观：无论哪个时代的西方哲学，对于中国全都具有当代性。当然，中国会按照西方时间表对西方哲学进行排序，但在中国时间表里，从希腊、中世纪、【1】**文艺复兴**、启蒙运动、现代或后现代乃至当代的西方哲学，全都具有中国当地时间的当代性。在中国时间里，西方时间性被压缩空间性，被压平的西方时间呈现为一个丰富到拥挤的思想空间，于是形成所有西方思想都被赋予当代性而成为平行选项的奇观。

    西方思想两次涌入中国，一次是晚清到上世纪 30 年代，另一次是上世纪 80 年代到今天。批量涌入意味着西方长时间积累的思想同时到达中国，于是具有同时到港的当代性，对于中国都同样具有取经价值。以第二次批量涌入为例，其中虽有部分西方思想在第一次涌入时曾经到达，却在中断后卷土重来而再次具有新意。从希腊哲学到康德和黑格尔，从法兰克福学派到【2】**结构主义**和存在主义、从古典自由主义到保守主义，从尼采到海德格尔，从现象学到解释学，从维特根斯坦到分析哲学和科学哲学，在 80 年代同时涌入，接着在 90 年代又涌入【3】**后现代主义**、后殖民主义、新自由主义、社群主义、激进左派、福柯、德里达、哈贝马斯和罗尔斯等等。到 2000 年后，西方思想就几乎现场同步涌入中国了。80—90 年代涌入的西方思想跨度极大，几乎是整个西方哲学史。这个时间变空间的奇观形成了应有尽有的思想市场。

    【4】**柏拉图**、亚里士多德、康德、黑格尔、海德格尔等经典理论因地位重要而有着持久的吸引力，但并非所有经典都得到平等重视，其中可见中国偏好。马克思、康德、尼采、海德格尔和罗尔斯获得了最为持久而广泛的支持，但也有阶段性热点，近十多年来的新热点是法式哲学（不限于法国），然而怀疑论、英国哲学、分析哲学、休谟和维特根斯坦则一直被相对冷遇，尤其是分析哲学，与【5】**儒家**和玄学传统大相径庭，素为中国学者所不喜。

第二部分　应用文写作（40 分）

孔子曾说："见义不为，无勇也。"但孔子又说："君子有三畏：畏天命，畏大人，畏圣人之言。小人不知天命而不畏也，狎大人，侮圣人之言。"

请你以"勇与畏"为题，写一篇短评，阐述"维护正义之勇"与"敬畏自然法则"之间的关系。

要求：400—500 字；观点明确，论证充分，说理透辟。

第三部分　现代汉语写作（60 分）

阅读以下材料后作文。

1. 孟子曰："孔子登东山而小鲁，登泰山而小天下。故观于海者难为水，游于圣人之门者难为言。观水有术，必观其澜。日月有明，容光必照焉。流水之为物也，不盈科不行；君子之志于道也，不成章不达。"

——《孟子·尽心上》

2. 愿中国青年都摆脱冷气，只是向上走，……此后如竟没有炬火：我便是唯一的光。倘若有了炬火，出了太阳，我们自然心悦诚服的消失，不但毫无不平，而且还要随喜赞美这炬火或太阳；因为他照了人类，连我都在内。

尼采说："真的，人是一个浊流。应该是海了，能容这浊流使他干净。"

"咄，我教你们超人：这便是海，在他这里，能容下你们的大侮蔑。"（《札拉图如是说》的《序言》第三节）

——鲁迅《随感录四十一》片段，1919 年

请根据阅读材料，以"日月有明，容光必照"为题作文，体裁不限，议论、抒情、叙事均可。

要求：1 000—1 200 字；思路开阔，视角独特，语言流畅自然。

中山大学*

2024 年全日制翻译硕士专业学位（MTI）研究生入学考试试题

科目名称：___汉语写作与百科知识___　　　　科目代码：___448___
考试时间：___3 小时___　　　　　　　　　　满分：___150 分___

第一部分　百科知识（"百科知识"分为三部分，共 70 分）

一、选择题（每小题 2 分，共 20 分）

1. 《荷塘月色》是现代文学家(　　)创作的散文。
　 A. 朱自清　　　　　　B. 郁达夫　　　　　C. 徐志摩　　　　　D. 梁实秋
2. 西南联大是抗战时期的特殊产物，却成为中国高等教育史上的一个传奇。当初的西南联大**不包括**(　　)。
　 A. 北京大学　　　　　B. 清华大学　　　　C. 燕京大学　　　　D. 南开大学
3. 以下选项中，(　　)**不发**源于吴语区。
　 A. 评弹　　　　　　　B. 越剧　　　　　　C. 相声　　　　　　D. 昆曲
4. 以下鲁迅的著作中，以北京为背景的是(　　)。
　 A.《祝福》　　　　　 B.《一件小事》　　 C.《阿 Q 正传》　　 D.《故乡》
5. 小说(　　)创作于明代。
　 A.《红楼梦》　　　　 B.《儒林外史》　　 C.《镜花缘》　　　 D.《金瓶梅》
6. 以下事件发生在广州的是(　　)。
　 A. 中共一大　　　　　B. 中共三大　　　　C. 八七会议　　　　D. 中共七大
7. 以下作品中，(　　)是泰戈尔的作品。
　 A.《花间集》　　　　 B.《园丁集》　　　 C.《神曲》　　　　 D.《草叶集》
8. 北宋张择端的《清明上河图》描绘的是(　　)的繁华景象。
　 A. 西安　　　　　　　B. 开封　　　　　　C. 洛阳　　　　　　D. 南京
9. 在(　　)发表的相关文件中，明确规定了日本侵占的中国东北各省、台湾和澎湖列岛必须在战后归还中国。
　 A. 开罗会议　　　　　B. 德黑兰会议　　　C. 雅尔塔会议　　　D. 波茨坦会议
10. 以下**不属于**先秦时期思想的是(　　)。
　　 A. 心外无物　　　　 B. 齐物　　　　　　C. 兼爱非攻　　　　D. 性善论

二、古诗词默写（每小题 2 分，共 20 分）

　 1. 三人行，必有我师焉。_____，其不善者而改之。
　 2. 念天地之悠悠，_____。

――――――――――――――

*该院校题目均为回忆版，若与真题有出入，请以真题为准。

3. 烈士暮年，_____。

4. _____，直挂云帆济沧海。

5. 岂曰无衣？_____。

6. 魏武挥鞭，_____。

7. 生年不满百，_____。

8. _____，生男埋没随百草。

9. 撑着油纸伞，独自/彷徨在悠长、悠长/又寂寥的雨巷，/我希望逢着/一个丁香一样地/
_____。

10. _____，哀民生之多艰。

三、名词解释（请从以下 10 个名词中选择 6 个进行解释。每小题 5 分，共 30 分）

1. 楚辞　　　　　　　　2. 唐三彩　　　　　　　3. 元曲四大家

4. 不结盟运动　　　　　5. 黄花岗起义　　　　　6. 福岛核事故

7. 沙特伊朗"北京和解"　8. 魔幻现实主义　　　　9.《富春山居图》

10. 鉴真东渡

第二部分　应用文写作（20 分）

中山大学戏曲社 2023 年 12 月 29 日 15：00—18：00 在文科楼 308 室召开本年度招新暨迎春戏曲演唱会。写一则启事，具体时间、地点、内容及安排自拟，不少于 400 字。

第三部分　现代汉语写作（60 分）

樊锦诗，女，汉族，1938 年 7 月出生于北平，浙江杭州人，中共党员，敦煌研究院名誉院长、研究馆员，兰州大学兼职教授、敦煌学专业博士生导师，长江文明考古研究院名誉院长。樊锦诗择一事、终一生，把敦煌文化遗产保护、研究、弘扬、管理工作当作终身事业，在敦煌莫高窟永久保存与永续利用等方面作出重大贡献，被誉为"敦煌的女儿"。

当代人该怎样找到心灵归处？根据以上材料，以"我心归处"为题，写一篇议论文，不少于 1 000 字。

2023 年全日制翻译硕士专业学位（MTI）研究生入学考试试题

科目名称：　汉语写作与百科知识　　　　科目代码：　448
考试时间：　3 小时　　　　　　　　　　满分：　150 分

第一部分 百科知识（"百科知识"分为三部分，共 70 分）

一、选择题（每小题 2 分，共 20 分）

1. 中山大学广州校区南校园康乐园与（　　）有关。

　A. 扬雄　　　　　　B. 孙中山　　　　　　C. 谢灵运　　　　　D. 李鸿章

2. 以下哪一项是广东特色？（　　）

　A. 昆曲　　　　　　B. 粤剧　　　　　　　C. 杨柳青年画　　　D. 评弹

3. 以下人物中，（　　）是非广东籍人。

  A. 孙中山　 B. 梁启超　 C. 黄兴　 D. 张九龄

4. 以下哪一个国家**不**讲西班牙语？（　　）

  A. 玻利维亚　 B. 墨西哥　 C. 巴西　 D. 阿根廷

5. 以下哪一项**不是**伊丽莎白二世女王在位期间发生的？（　　）

  A. 西印度群岛联邦成立　 B. 印度独立

  C. 香港回归　 D. 苏伊士运河战争爆发

6. "桃花扇底送南朝"中的"南朝"是指（　　）。

  A. 南唐　 B. 南宋　 C. 南明　 D. 南陈

7. 美国总统（　　）在任期间完成了阿富汗撤军。

  A. 奥巴马　 B. 小布什　 C. 特朗普　 D. 拜登

8. 以下哪一句诗词描绘的是春季？（　　）

  A. 桃之夭夭，灼灼其华　 B. 蒹葭苍苍，白露为霜

  C. 七月流火，九月授衣　 D. 雨雪瀌瀌，见晛曰消

9. 以下哪一项是苏联时期的作品？（　　）

  A.《战争与和平》　B.《父与子》　C.《静静的顿河》　D.《樱桃园》

10. 以下事件发生时间最晚的是？（　　）

  A. 英国玫瑰战争　B. 英法百年战争　C. 第一次鸦片战争　D. 拿破仑一世称帝

二、古诗词默写（每小题 2 分，共 20 分）

  1. 昔我往矣，_____。

  2. 待到山花烂漫时，_____。

  3. 长太息以掩涕兮，_____。

  4. 呼儿将出换美酒，_____。

  5. _____，忽如远行客。

  6. 明月装饰了你的窗子，_____。

  7. 别有幽愁暗恨生，_____。

  8. 帘卷西风，_____。

  9. 一腔热血勤珍重，_____。

  10. 人生自古谁无死？_____。

三、名词解释（请从以下 10 个名词中选择 6 个进行解释。每小题 5 分，共 30 分）

  1. 克什米尔　 2. 杂文　 3. 狂飙突进运动

  4. 三苏　 5. 排华运动　 6. 碳中和

  7. 小提琴协奏曲《梁山伯与祝英台》　 8. 美墨战争

  9. 杨宪益和戴乃迭　 10. 莫高窟

第二部分　应用文写作（20 分）

  写一封邀请函，邀请历史学界、教育学界等其他领域学者参加唐国安逝世 110 周年纪念会，不少于 400 字。

第三部分 现代汉语写作（60 分）

写一篇缅怀唐国安先生的演讲稿，不少于 1 000 字。

2022 年全日制翻译硕士专业学位（MTI）研究生入学考试试题

科目名称： 汉语写作与百科知识   科目代码： 448

考试时间： 3 小时   满分： 150 分

第一部分 百科知识（"百科知识"分为三部分，共 70 分）

一、选择题（每小题 2 分，共 20 分）

1. 岭南**不包括**以下哪个地方？（ ）

     A. 广东   B. 广西   C. 海南   D. 福建

2. 以下成语所描述的事件中，哪一个**不是**发生于魏晋南北朝时期？（ ）

     A. 封狼居胥   B. 山水方滋   C. 投鞭断流   D. 草木皆兵

3. "内库烧为锦绣灰，天街踏尽公卿骨"的作者是什么流派？（ ）

     A. 花间派   B. 朦胧派   C. 豪放派   D. 婉约派

4. 《牡丹亭》中的"少俊"指的是( )。*

     A. 柳梦梅   B. 张生

5. 以下事件发生时间最晚的是？（ ）

     A. 英国《大宪章》颁布   B. 大航海时代

     C. 英法百年战争爆发   D. 靖康之变

6. "山寺月中寻桂子，郡亭枕上看潮头，何日更重游？"此诗描写的城市是( )。

     A. 杭州   B. 苏州   C. 西安   D. 成都

7. 伏尔泰根据元杂剧改编创作了( )。

     A. 《中国孤儿》   B. 《微型巨人》   C. 《图兰朵》   D. 《蝴蝶夫人》

8. 美国在哪一年正式以立法形式就《排华法案》道歉？（ ）

     A. 2012 年   B. 2021 年   C. 2020 年   D. 1882 年

9. 以下哪位作家**没有**来过中国？（ ）

     A. 马克·吐温   B. 毛姆   C. 泰戈尔   D. 萧伯纳

10. 美国目前**没有**退出以下哪个协定？（ ）

     A. 《巴黎协定》   B. 《开放天空条约》

     C. 《伊朗核问题协议》   D. 《反导条约》

二、古诗词默写（每小题 2 分，共 20 分）

     1. 知我者，谓我心忧；不知我者，_____。

     2. 浮云蔽白日，_____。

---

* 第 4 题选项不全，但不影响正确选项作答。

3. ＿＿＿＿＿＿＿＿＿＿＿，春风送暖入屠苏。

4. 竹杖芒鞋轻胜马，谁怕？＿＿＿＿＿＿＿＿＿＿＿。

5. 休言女子非英物，＿＿＿＿＿＿＿＿＿＿＿。

6. ＿＿＿＿＿＿＿＿＿＿＿，此恨绵绵无绝期。

7. 最是人间留不住，＿＿＿＿＿＿＿＿＿＿＿。

8. 怅寥廓，问苍茫大地，＿＿＿＿＿＿＿＿＿＿＿？

9. 九州生气恃风雷，＿＿＿＿＿＿＿＿＿＿＿。

10. ＿＿＿＿＿＿＿＿＿＿＿，万方多难此登临。

三、名词解释（请从以下 10 个名词中选择 6 个进行解释。每小题 5 分，共 30 分）

1. 格义　　　　　　2. 临川四梦　　　　　3. 戊戌政变

4. 列传　　　　　　5. 沙基惨案　　　　　6. 珠海横琴自贸区

7. 晚清四大谴责小说　8. 《理想国》　　　　9. 马戛尔尼使团访华

10. 拉丁美洲文学爆炸

第二部分　应用文写作（20 分）

写一封邀请函，邀请学长参加中山大学"思想交流与中国近代商业发展"研讨会并致辞，不少于 400 字。

第三部分　现代汉语写作（60 分）

翻译在文化交流中起到了重要作用，以"翻译与异域思想"为题，写一篇文章，体裁不限（诗歌除外），不少于 1 000 字。

南开大学*

2024 年全日制翻译硕士专业学位（MTI）研究生入学考试试题

科目名称：　汉语写作与百科知识　　　科目代码：　448
考试时间：　3 小时　　　　　　　　　　满分：　150 分

第一部分　百科知识（每小题 2 分，共 50 分）

1. 夏目漱石	2.《封神演义》	3. 李霁野
4. 白马寺	5. 悬空寺	6. 齐白石
7. 徐悲鸿	8. 赛珍珠	9. 加缪
10.《伤寒杂病论》	11. 国子监	12. 阿姆斯特丹
13.《魔戒》	14. 天一阁	15. 五台山
16.《列子》	17. 梁启超	18.《飞鸟集》
19. 大雁塔	20. 柏林墙	21. 卧龙凤雏
22. 南北朝	23. 门神	24. 鸭绿江
25. 什刹海		

第二部分　应用文写作（40 分）

为美化天津环境，营造良好旅游氛围，以迎接十一黄金周。请给旅游企业及其从业人员写一封倡议书，不少于 450 字。

第三部分　现代汉语写作（60 分）

"科技改变世界，人文塑造人类。"

根据以上材料，写一篇议论文，题目自拟，不少于 800 字。

2023 年全日制翻译硕士专业学位（MTI）研究生入学考试试题

科目名称：　汉语写作与百科知识　　　科目代码：　448
考试时间：　3 小时　　　　　　　　　　满分：　150 分

第一部分　百科知识（第小题 2 分，共 50 分）

1.《格萨尔王传》	2. 李商隐	3. 闻一多
4. 女娲	5. 班昭	6. 信陵君
7. 卢沟桥事变	8. 歌德	9. 伏尔泰

---

* 该院校题目均为回忆版，若与真题有出入，请以真题为准。

10. 贞观之治　　　　11. 商鞅变法　　　　12. 重庆大足石刻

13. 夜郎自大　　　　14. 玛雅文明　　　　15. 张伯苓

16. 蔡元培　　　　　17.《山海经》　　　　18.《西厢记》

19.《左传》　　　　20.《清明上河图》　　21.《源氏物语》

22.《玉台新咏》　　23.《古诗十九首》　　24.《大唐西域记》

25.《十日谈》

第二部分　应用文写作（40 分）

天津市将开展国际旅游美食展览会，号召外语专业学生积极参与志愿者活动。请写一封倡议书，不少于 450 字。

第三部分　现代汉语写作（60 分）

"知止而后有定，定而后能静，静而后能安，安而后能虑，虑而后能得。"

根据以上材料，写一篇议论文，题目自拟，不少于 800 字。

2022 年全日制翻译硕士专业学位（MTI）研究生入学考试试题

科目名称：<u>汉语写作与百科知识</u>　　科目代码：<u>448</u>

考试时间：<u>3 小时</u>　　　　　　满分：<u>150 分</u>

第一部分　百科知识（每小题 2 分，共 50 分）

1. 国际话语权　　　　2. "硬核"话语　　　　3. "双减"政策

4. 杂交水稻　　　　　5. 延庆（地名）　　　　6. 冰壶

7.《文心雕龙》　　　　8.《左传》　　　　　　9. 九州

10. 朱熹　　　　　　　11.《二十四诗品》　　　12.《沧浪诗话》

13. 建安风骨　　　　　14. 梅尧臣　　　　　　15. 郑人买履

16. 厚德载物　　　　　17. 戊戌六君子　　　　18. 黄宗羲

19. 碳中和　　　　　　20. 藏富于民　　　　　21.《太平广记》

22. 复工复产　　　　　23. 融媒体　　　　　　24. 命运共同体

25. 双循环

第二部分　应用文写作（40 分）

某科技股份有限公司开发了一套新的翻译系统。该系统整合人工智能技术，录入大量语料库，支持 50 种语言互译。请为该翻译系统写一篇广告文案，不少于 450 字。

第三部分　现代汉语写作（60 分）

"君子和而不同，小人同而不和。"

根据以上材料，写一篇议论文，题目自拟，不少于 800 字。

中国社会科学院大学

2024 年全日制翻译硕士专业学位（MTI）研究生入学考试试题

科目名称：汉语写作与百科知识 　　科目代码：448

考试时间：3 小时 　　　　　　　　满分：150 分

一、名词解释（每小题 2 分，共 50 分）

1. 李清照	2. 十字军东征	3. 刚健有为
4. 七曜（七政）	5. 温室效应	6. 中美三个联合公报
7. "四个意识"	8. 建安风骨	9. 得陇望蜀
10. 北大西洋公约组织	11.《儒林外史》	12. 五岳
13. 君主立宪制	14.《万历十五年》	15. 工具型翻译
16. 刑罚	17. 杨宪益	18. 社会达尔文主义
19. 恩格尔系数	20. 常春藤联盟	21. 冰上丝绸之路
22. 二十四史	23. 普利策奖	24.《时空画师》
25. 张大千		

二、应用文写作（40 分）

请根据以下要求撰写一篇英语演讲比赛新闻稿，不少于 400 字。

要求：1. 内容充实，文字通畅，用词准确，结构合理，格式规范；

　　　2. 请用××替代所有与个人和高校相关的信息；

　　　3. 新闻稿需包含标题、正文、落款等要素。

三、命题作文（60 分）

"君子务本，本立而道生。"

围绕这句话，请以"立本论"为题，写一篇议论文，不少于 800 字。

2023 年全日制翻译硕士专业学位（MTI）研究生入学考试试题

科目名称：<u>汉语写作与百科知识</u>　　　　科目代码：　<u>448</u>
考试时间：<u>3 小时</u>　　　　　　　　　　满分：　<u>150 分</u>

一、名词解释（每小题 2 分，共 50 分）

1. 小篆	2. 清代科举	3. 耶路撒冷
4. 乔叟	5.《世说新语》	6. 梅雨
7. "四个自信"	8. 个人可支配收入	9. 主刑
10. 翻译征服论	11. 比特币	12. 生态文明
13. 三权分立 *	14. 碳中和	15. 非物质文化遗产
16. 家国同构	17. 许渊冲	18. 沉没成本
19. 特洛伊之战	20. 三省六部	21. 两河流域
22. 紧急避险	23. 超导材料	24. 五音（五声）
25.《资治通鉴》		

二、应用文写作（40 分）

请以某大学教授的身份为一名大四学生写一封申请另一高校暑期夏令营的推荐信，不少于 400 字。

要求：1. 内容充实，文字通畅，用词准确，结构合理，格式规范；

2. 请用××替代所有与个人和高校相关的信息。

三、命题作文（60 分）

近年来，"躺平""内卷"成为青年人中的流行语。对比以下两幅图片，以"45°人生"为题写一篇议论文，不少于 800 字。

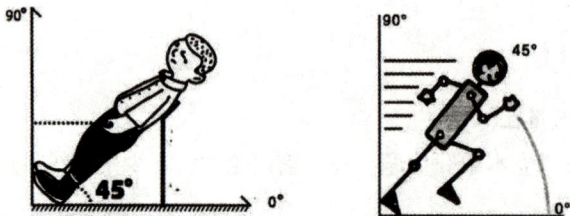

＊因知识点更新，"三权分立"说法与现行情况不符，故本书将该题目解析予以删除。

宁波大学 *

2024 年全日制翻译硕士专业学位（MTI）研究生入学考试试题

科目名称：__汉语写作与百科知识__　　　科目代码：__448__
考试时间：__3 小时__　　　　　　　　满分：__150 分__

第一部分　百科知识（每小题 2 分，共 50 分）

1. 文艺复兴　　　　　2. 工业革命　　　　　3. 殖民主义

4. 意识形态　　　　　5. 市民社会　　　　　6. 梁武帝

7. 隋文帝　　　　　　8. 北魏　　　　　　　9. 北齐

10. 鲜卑　　　　　　 11. 江南　　　　　　 12. 六典

13. 道法自然　　　　 14. 生态文明　　　　 15.《吕氏春秋》

16. 基因　　　　　　 17. 君子　　　　　　 18. 古希腊神话

19. 西方文明　　　　 20. 柏拉图　　　　　 21. 伊斯兰教

22. 以人民为中心的发展思想　　　　　　　 23. 全球治理体系

24. 自然法则　　　　 25. 亚投行

第二部分　应用文写作（40 分）

写一篇"关于规范教学区车辆行驶"的通知，不少于 500 字。

第三部分　现代汉语写作（60 分）

老一辈翻译家中，虽有家境优渥、德高望重的知名人士，但同样存在着许多默默无闻的耕耘者。他们在历史上着墨不多，很多人不知道他们背后的付出和奉献，就这样熬过了生活的艰辛。

以"在历史和生活中深潜"为题，写一篇议论性散文，不少于 800 字。

＊该院校题目均为回忆版，若与真题有出入，请以真题为准。

2023 年全日制翻译硕士专业学位（MTI）研究生入学考试试题

科目名称：__汉语写作与百科知识__　　　　科目代码：__448__
考试时间：__3 小时__　　　　　　　　　　满分：__150 分__

第一部分　百科知识（每小题 2 分，共 50 分）

1. 西方中心论	2. 文明冲突论	3. 零和博弈
4. 丛林法则	5. 全人类共同价值	6. 文化自觉
7. 五行	8.《中庸》	9. 民本
10. 韩愈	11. 会试	12. 翰林院
13. 巡抚	14. 科技革命	15. 宇观
16. 竞争优势	17. 新常态	18. 粗放型经济增长方式
19. 国家战略	20. 温室气体	21. 顶层设计
22. 清洁能源	23. 碳达峰	24. 曾国藩
25. 经学		

第二部分　应用文写作（40 分）

写一篇"扶残助残"倡议书，不少于 500 字。

第三部分　现代汉语写作（60 分）

少年司马光砸缸救人，不拘常规；成年后却谨慎行事，政治上保守持重，反对王安石变法未果，遂全力修史，著成《资治通鉴》。

根据司马光的人生经历，写一篇议论性散文，不少于 800 字。

2022 年全日制翻译硕士专业学位（MTI）研究生入学考试试题

科目名称：　汉语写作与百科知识　　　　科目代码：　448
考试时间：　3 小时　　　　　　　　　　满分：　150 分

第一部分　百科知识（每小题 2 分，共 50 分）

1. 新冠肺炎	2. GDP	3. 住房公积金
4. 存量	5. 理雅各	6. 太平天国
7. 产业重构	8. 抗日战争	9. 走私
10. 对外贸易	11. 商品	12. 维多利亚城
13. 东印度公司	14. 官僚资本主义	15. 香港公民教育委员会
16. 半殖民地半封建社会	17. 工业革命	18. 世俗教育
19. 北伐战争	20. 新民主主义革命	21. 弘忍
22. 曹溪	23.《六祖坛经》	24.《金刚经》
25. 坐禅		

第二部分　应用文写作（40 分）

中国××股份公司于×年×月×日至×日派专员赴××国××地，了解××工程价格索赔案的谈判结果。现根据指示，向其上级部门中国××办公室提交《关于××工程价格索赔案谈判结果的报告》，内容涵盖谈判过程、结果、索赔原因以及今后工作建议等内容。

以"中国××股份公司"的名义，起草一份说明情况的答复性报告，不少于 500 字。

要求：内容完整，格式齐全规范。

注意：报告中须有标题、发文字号、正文、结尾语、落款、公章、年月日等公文格式要素。

第三部分　现代汉语写作（60 分）

围绕"玄奘西天取经对我们从事翻译事业的启示"，写一篇议论性散文，不少于 800 字。

扬州大学

2024 年全日制翻译硕士专业学位（MTI）研究生入学考试试题

科目名称：__汉语写作与百科知识__   科目代码：__448__
考试时间：__3 小时__   满分：__150 分__

第一部分　百科知识（每小题 2 分，共 50 分）

1. 中国与埃及、（　　）、印度共称四大"文明古国"。
   A. 希腊　　　　　　　B. 罗马　　　　　　　C. 巴比伦　　　　　　D. 阿拉伯
2. 高山族是中国的 56 个民族之一，主要生活在（　　）。
   A. 新疆　　　　　　　B. 西藏　　　　　　　C. 海南　　　　　　　D. 台湾
3. "胡音胡骑与胡妆，五十年来竞纷泊"最有可能描绘的是中国的哪个时期？（　　）
   A. 汉初　　　　　　　B. 魏晋　　　　　　　C. 盛唐　　　　　　　D. 元初
4. （　　）记录了明末清初的生产新技术*，是一部称誉海外的工艺学百科全书。
   A.《农政全书》　　　B.《天工开物》　　　C.《册府元龟》　　　D.《梦溪笔谈》
5. 下列汉语外来词中来自梵语的是（　　）。
   A. 和尚　　　　　　　B. 琵琶　　　　　　　C. 骆驼　　　　　　　D. 苜蓿
6. 现代汉语普通话有"阴平、阳平、上声、（　　）"四个声调。
   A. 下声　　　　　　　B. 入声　　　　　　　C. 去声　　　　　　　D. 出声
7. 南宋（　　）在《统天历》中将岁实精确到 365.2425 日，是世界历法史上一项惊人成就。
   A. 石申　　　　　　　B. 杨忠辅　　　　　　C. 一行和尚　　　　　D. 祖冲之
8. 关汉卿、马致远、（　　）、郑光祖等四人被后人称为"元曲四大家"。
   A. 白朴　　　　　　　B. 王实甫　　　　　　C. 纪君祥　　　　　　D. 杨显之
9. 中国古代所谓"廿四史"中**不包括**（　　）。
   A.《后汉书》　　　　B.《北齐书》　　　　C.《金史》　　　　　D.《清史》
10. 英国史学家汤因比认为，全世界只有（　　）的文化体系长期延续发展而从未中断。
    A. 希腊　　　　　　　B. 英国　　　　　　　C. 中国　　　　　　　D. 埃及
11. 短语"孩子脾气"属于（　　）结构。
    A. 联合　　　　　　　B. 主谓　　　　　　　C. 中补　　　　　　　D. 偏正
12. 状态形容词不能受程度副词修饰，不能以"AABB"的形式重叠。下列选项中哪一个**不属**
    于状态形容词？（　　）
    A. 雪白　　　　　　　B. 炽热　　　　　　　C. 笔直　　　　　　　D. 冷静
13. 下列句子中，哪一句包含"移就"修辞格？（　　）
    A. 我笑得那大树折断了腰。
    B. 陪伴她们的只是七弦琴和寂寞的梧桐树。
    C. 我到城里工作一转眼已经六年了。
    D. 肥壮而显得挺大方的蒲公英开了。

---

* 第 4 题题干中的"明末清初的生产新技术"应为"明朝中叶以前的各项生产技术"，题目来源于扬州大学研究生院
官网真题。

14. The island of Great Britain is made up of England, Scotland and ( ).

    A. Northern Ireland   B. Essex   C. Wales   D. Sussex

15. The Parliament of the United Kingdom usually assembles at the place of ( ) twice a year.

    A. Palace of Westminster   B. Whitehall

    C. 10 Downing Street   D. Buckingham Palace

16. The verse of "Shall I compare thee to a summer's day?" comes from the sonnet of ( ).

    A. John Keats   B. Robert Burns

    C. William Wordsworth   D. William Shakespeare

17. Which of the following writers did **NOT** belong to Romanticism? ( )

    A. Keats   B. Shelley   C. Wordsworth   D. Defoe

18. In Britain, the great majority of parents send their children to ( ).

    A. private schools   B. independent schools

    C. state schools   D. public schools

19. In Britain, for church goers, it is ( ) that is the most important Christian festival.

    A. Easter   B. Christmas   C. Boxing Day   D. Guy Fawkes Night

20. James Joyce is a(n) ( ) novelist noted for his works of fiction such as *Ulysses* (1922) and *Finnegans Wake* (1939).

    A. British   B. Irish   C. American   D. Greek

21. Maori, the indigenous Polynesian people, can mostly be found in ( ).

    A. Britain   B. America   C. Ireland   D. New Zealand

22. The capital of New Zealand is ( ), located in the extreme south of North Island.

    A. Lexington   B. Wellington   C. Canberra   D. Dublin

23. The United States of America as an independent country has a history of more than ( ) hundred years.

    A. two   B. three   C. four   D. five

24. Joe Biden, the 46th president of the United States, is a member of ( ) Party.

    A. Republican   B. Conservative   C. Democratic   D. Liberal

25. The National Flag of Canada is also known as the ( ) Leaf Flag.

    A. Fig   B. Fir   C. Maple   D. Birch

第二部分　应用文写作（40分）

城市烈性犬伤人事件时有所闻。怎样避免这样的情况发生？

请以一名公民的身份写一封不少于400字的倡议书。

文中严禁出现任何与考生真实身份相关的信息。

第三部分　现代汉语写作（60分）

请以"如何通过国际传播塑造可信、可爱和可敬的中国形象"为主题，自拟题目，写一篇不少于800字的议论文。

文中严禁出现任何与考生真实身份相关的信息。

2023 年全日制翻译硕士专业学位（MTI）研究生入学考试试题

科目名称：汉语写作与百科知识 科目代码：448
考试时间：3 小时 满分：150 分

第一部分 百科知识（每小题 2 分，共 50 分）

1. "文化"一词在中国语言系统中古已有之。"物相杂，故曰文""男女构精，万物化生"出自下列选项中哪一部作品？（ ）
   A.《易·系辞下》 B.《礼记·乐记》 C.《论语·雍也》 D.《尚书·舜典》

2. 中国的地势自西而东层层下降，形成"三大阶梯"。青藏高原以东、以北，至大兴安岭、（ ）、伏牛山*、雪峰山一线为第二阶梯。
   A. 秦岭 B. 中条山 C. 泰山 D. 太行山

3. 封邦建国制，简称封建，即今人所说的分封制，始于（ ）。
   A. 秦朝 B. 周朝 C. 汉朝 D. 唐朝

4. 发现于浙江的良渚文化属于（ ）时代的文化遗址。
   A. 旧石器 B. 新石器 C. 青铜器 D. 铁器

5. "覆压三百余里，隔离天日"描写的是（ ）的宏大规模。
   A. 阿房宫 B. 秦始皇兵马俑 C. 圆明园 D. 长安城

6. 下列选项中不属于"五经"的是（ ）。
   A.《诗》 B.《书》 C.《礼》 D.《乐》

7. 标举"天理"的理学的建构是（ ）文化最重要的标志。
   A. 汉代 B. 唐代 C. 宋代 D. 明代

8. 春秋*时（ ）为了提高军队战斗力，改"博衣大带"的华夏服式为上衣下裤的"胡服"。
   A. 赵武灵王 B. 齐威王 C. 楚庄王 D. 秦穆公

9. 公元 701 年*，日本国皇都迁移到奈良，奈良的建造完全模仿（ ）样式。
   A. 唐洛阳城 B. 唐开封城 C. 唐燕京城 D. 唐长安城

10. 现代汉语普通话有（ ）个声母。
    A. 21 B. 33 C. 25 D. 39

11. 现代汉语普通话有四个声调，**不包括**下列选项中的哪一个？（ ）
    A. 阴平 B. 阳平 C. 去声 D. 入声

12. 今天所能见到的最早的汉字是（ ）。
    A. 石鼓文 B. 籀文 C. 金文 D. 甲骨文

13. 中国古代教育中的"六艺"是指礼、乐、（ ）、御、书、数。
    A. 易 B. 祭 C. 射 D. 诗

14. Which of the following does **NOT** belong to the Island of Great Britain? ( )
    A. England B. Wales C. Scotland D. Northern Ireland

15. The first English permanent settlement in North America was founded in 1607 in ( ).
    A. Virginia B. New Hampshire C. New England D. Massachusetts

---

* 第 2 题题干中的"伏牛山"应为"巫山"，题目来源于扬州大学研究生院官网真题。

* 第 8 题题干中的"春秋"应为"春秋战国"，题目来源于扬州大学研究生院官网真题。

* 第 9 题题干中的"701 年"应为"710 年"，题目来源于扬州大学研究生院官网真题。

16. It is commonly known that (　　) is the national sport of England.

    A. cricket　　　　　B. football　　　　　C. rugby　　　　　D. tennis

17. Joseph Biden, the President of the United States, is a (　　).

    A. Democrat　　　　B. Whig　　　　　C. Republican　　　　D. Tory

18. In the year of 2022, (　　) became the latest head of state of the United Kingdom.

    A. Elizabeth II　　　B. Rishi Sunak　　　C. Elizabeth Truss　　D. Charles III

19. One of the most compelling books in American literature, *Walden* is written by (　　).

    A. Ralph Waldo Emerson　　　　　　B. Bertrand Russell

    C. Jean-Jacques Rousseau　　　　　　D. Henry David Thoreau

20. In the United Kingdom, (　　) is the source of real political power with a democratically elected body of 650 members.

    A. the Senate　　　　　　　　　　　B. the House of Representatives

    C. the House of Commons　　　　　　D. the House of Lords

21. American public schools are the schools supported by (　　).

    A. taxpayers　　　　B. private funds　　C. churches　　　D. wealthy benefactors

22. Established in 1167, (　　) is the oldest university in the United Kingdom.

    A. Oxford University　　　　　　　　B. Cambridge University

    C. the University of Edinburgh　　　　D. the University of London

23. Often depicted as a "Melting Pot", the United States is indeed a nation of (　　).

    A. technology　　　　B. influence　　　C. immigrants　　　D. puritans

24. "Shall I compare thee to a summer's day?" comes from the sonnet of (　　).

    A. Francesco Petrarca　　　　　　　　B. William Shakespeare

    C. Robert Burns　　　　　　　　　　D. William Wordsworth

25. In the year of 2016, the Nobel Laureate in Literature was awarded to a composer and singer, who is (　　).

    A. Michael Jackson　　B. Elvis Presley　　C. Bob Dylan　　　D. Celine Dion

第二部分　应用文写作（40 分）

    家庭或个人养狗的话题是一个社会热点话题，比如遛狗不牵绳和随处大小便的问题亟待规范，该怎样合理解决这些问题？

    请以一名公民的身份写一封不少于400字的倡议书。

    文中严禁出现任何与考生真实身份相关的信息。

第三部分　现代汉语写作（60 分）

    习近平总书记号召"用海外读者乐于接受的方式、易于理解的语言，讲述好中国故事，传播好中国声音，努力成为增信释疑、凝心聚力的桥梁纽带"。

    请自拟题目，写一篇不少于800字的议论文，论述"讲述好中国故事，传播好中国声音"与"用海外读者乐于接受的方式、易于理解的语言"之间的关系。

    文中严禁出现任何与考生真实身份相关的信息。

2022 年全日制翻译硕士专业学位（MTI）研究生入学考试试题

科目名称：<u>汉语写作与百科知识</u>　　　科目代码：<u>448</u>
考试时间：<u>3 小时</u>　　　　　　　　满分：<u>150 分</u>

第一部分　百科知识（每小题 2 分，共 50 分）

1. 《黄帝内经》全面奠定了中医理论的基础，其中的核心理论**不包括**(　　)。
　A. 阴阳五行说　　　B. 经络学说　　　C. 天人学说　　　D. 形神合一说

2. 原始儒学的经典包括《诗》《书》《礼》《乐》《易》《春秋》，称为六经，其中(　　)**没有**
　流传下来。
　A.《春秋》　　　　B.《诗》　　　　　C.《乐》　　　　　D.《易》

3. 二战后，美国凭借占绝对优势的综合国力取得霸主地位，逐步建立了以(　　)为核心的
　国际金融体系。
　A. 布雷顿森林体系　　　　　　　　　B. 关贸总协定
　C. 联合国　　　　　　　　　　　　　D. 北大西洋公约组织

4. 秦始皇为加强中央集权统治，在文化上，一方面实行"书同文"，另一方面又在(　　)。虽
　在短时间内加强了思想控制，但却毁灭了古代许多重要的典籍，造成文化史上难以弥补的
　损失。
　A. 车同轨　　　　　B. 修建长城　　　C. 焚书坑儒　　　D. 寻觅仙药

5. 祖冲之，我国历史上伟大的数学家，他第一次把圆周率的数值，准确到小数点后的(　　)
　位数字，比欧洲要早 1 100 多年。
　A. 一　　　　　　　B. 三　　　　　　C. 五　　　　　　D. 七

6. (　　)的《齐民要术》是我国现存的一部最早、最完整的农书，也是世界农学史上的优秀
　著作之一。
　A. 仓颉　　　　　　B. 毕昇　　　　　C. 贾思勰　　　　D. 祖冲之

7. 北魏地理学家郦道元，著有(　　)，收集有关水道变迁、山陵城邑、建筑名胜、珍物异事
　等项的文记，详为叙述，使地理著作进入到一个新的阶段。
　A.《水经注》　　　B.《山海经》　　　C.《石鼓文》　　　D.《徐霞客游记》

8. 王羲之是东晋时期的著名书法家，有"书圣"之称。以下哪一部不是他的作品？(　　)
　A.《兰亭序》　　　B.《快雪时晴帖》　C.《十八帖》　　　D.《黄庭经》

9. 魏晋时期清谈家称(　　)三本为"三玄"，所以"玄学"之名由此而来。
　A.《论语》《孟子》《荀子》　　　　　B.《周易》《老子》《庄子》
　C.《韩非子》《周书》《周易》　　　　D.《老子》《大学》《中庸》

10. 孟子是我国古代著名的(　　)，被认为是孔子学说的正宗继承者，与孔子并称为"孔孟"，
　　尊为"亚圣"。
　　A. 思想家、政治家、美学家　　　　　B. 思想家、政治家、小说家
　　C. 思想家、政治家、教育家　　　　　D. 思想家、哲学家、修辞学家

11. 苏轼是我国宋代著名的词人、文学家、书画家，"唐宋八大家"之一。他写的词笔力纵横、
　　豪迈奔放，对后世影响很大，故被尊为"(　　)"。
　　A. 圣人　　　　　　B. 神人　　　　　C. 诗圣　　　　　D. 词圣

12. 曲圣关汉卿是元代杂剧作家。以下哪一部**不**是他的作品？（　　）

　　A. 《单刀会》　　　　　B. 《拜月亭》　　　　　C. 《窦娥冤》　　　　　D. 《赵氏孤儿》

13. （　　）是我国古代著名的茶叶专家，著有《茶经》3 卷，属于世界上第一部茶叶专著，从而开茶叶研究的先河，被后人誉为"茶神"或"茶圣"。

　　A. 陆羽　　　　　　　B. 李时珍　　　　　　C. 炎帝　　　　　　D. 李龟年

14. IPR stands for intellectual property rights, which does **NOT** include (　　).

　　A. patent　　　　　　B. trade mark　　　　　C. invention　　　　　D. copyright

15. In response to Francis Fukuyama's 1992 book (　　), Samuel P. Huntington published his well-known *The Clash of Civilization*.

　　A. *The Ugly American*　　　　　　　　B. *The Ugly Chinese*

　　C. *On China*　　　　　　　　　　　　D. *The End of History and the Last Man*

16. As an Austrian physician and neurologist as well as the father of psychoanalysis, Sigmund Freud contributed all the following **except** (　　).

　　A. sexual theory　　　　　　　　　　B. social contract

　　C. interpretation of dreams　　　　　　D. Oedipus Complex

17. D. H. Lawrence is an English novelist, poet, and essayist, and he is the author of all **but** (　　).

　　A. *The Red Letter* *　　　　　　　　B. *Sons and Lovers*

　　C. *Women in Love*　　　　　　　　　D. *Lady Chatterley's Lover*

18. As a result of the Treaty of Versailles, the sovereignty of China's Shandong Province was changed hand from (　　) to Japan.

　　A. Russia　　　　　　B. the United States　　C. Germany　　　　D. France

19. Which of the following Japanese cities was bombed during the Second World War? (　　)

　　A. Tokyo　　　　　　B. Hiroshima　　　　　C. Fukuoka　　　　D. Osaka

20. Which of the following is **NOT** true of the Enlightenment Movement? (　　)

　　A. The Age of Reason.　　　　　　　　B. The Age of Faith.

　　C. Originated from France.　　　　　　D. During the second half of the 18th century.

21. The author of the statement "Man was born free, and everywhere he is in chains." is (　　).

　　A. Rousseau　　　　　B. Voltaire　　　　　C. Montesquieu　　　　D. Diderot

22. Wolfgang von Goethe is famous for all the following **except** (　　).

　　A. Rococo Art　　　　　　　　　　　B. *The Sorrows of Young Werther*

　　C. *Faust*　　　　　　　　　　　　　D. *Wilhelm Meister's Travels* *

23. Which of the following is **NOT** among the world major religions? (　　)

　　A. Taoism　　　　　　B. Judaism　　　　　C. Islam　　　　　　D. Christianity

24. Which of the following is **NOT** true of Alexander the Great? (　　)

　　A. A pupil of Aristotle.　　　　　　　B. Son of Philip II.

　　C. Not interested in literature.　　　　D. Fearless and brave.

25. All of the following are great tragedy dramatists in ancient Greece **except** (　　).

　　A. Aeschylus　　　　　B. Sophocles　　　　　C. Euripides　　　　D. Aristophanes

---

* 第 17 题选项中的 "*The Red Letter*" 应为 "*The Scarlet Letter*"，题目来源于扬州大学研究生院官网真题。

* 第 22 题选项中的 "*Wilhelm Meister's Travels*" 德语名为 "*Wilhelm Meisters Wanderjahre*"。

第二部分　应用文写作（40分）

习近平总书记指出，网络文明是新形势下社会文明的重要内容，是建设网络强国的重要领域，号召网络平台、社会组织、广大网民等发挥积极作用，共同推进文明办网、文明用网、文明上网，以时代新风塑造和净化网络空间，共建网上美好精神家园。

请以一名公民的身份写一封不少于400字的倡议书。

文中严禁出现任何与考生真实身份相关的信息。

第三部分　现代汉语写作（60分）

习近平总书记号召讲好中国故事，传播好中国声音，展示真实、立体、全面的中国，这是加强我国国际传播能力建设的重要任务。

请自拟题目，写一篇不少于800字的议论文。

文中严禁出现任何与考生真实身份相关的信息。

国际关系学院

2024 年全日制翻译硕士专业学位（MTI）研究生入学考试试题

科目名称：汉语写作与百科知识　　　　科目代码：448
考试时间：3 小时　　　　　　　　　满分：150 分

【A 卷】

一、解词题（解释有下划线的名词，每小题 2 分，共 50 分）

1. 类书是辑录各个门类或某一门类的资料，经过编排供人查阅的工具书。比如《艺文类聚》即为非常有影响的一部。

2. 在中国古代所有的信仰中，天地被认为是最神圣的，故合称**皇天后土**。

3. 为了显示帝王至高无上的地位和领有天下的威严，宫殿的建筑设计特别追求高大、雄伟、壮丽，比如有名的**汉三宫**。

4. 至两汉时代，赋一跃成为主要的文学形式，并且达到鼎盛阶段。比如**汉赋四大家**的作品，极尽铺张排陈之能事，可为其代表。

5. 中国的戏曲经历了漫长的发展过程，元有杂剧，明有传奇，**《长生殿》**是清初戏剧的杰出代表。

6. **青铜器时代**是人类发展史上的普遍现象，中国也不例外。中国青铜器约略可以分成形成期、兴盛期和衰落期。

7. 宋代绘画艺术进入新的境界，开辟了新的天地，**四君子画**大为流行，代表画家有文同、苏轼、郑思肖、杨无咎等。

8. 商周时期是青铜器极度兴盛的时代，主要分为礼器、乐器、兵器和杂器，其中乐器中最突出的就是**编钟**。

9. 文房四宝是中国古代文人必备的工具，其中砚既具适用性*，也有艺术性，在砚发展的过程中，有**中国四大名砚**之说。

10. 世界饮茶发源于中国，中国人的饮茶方式随历史的发展而变化，唐代时的**茶圣**对茶颇有造诣，他注重茶的意趣而非功用，写成了中国最早的一部茶叶专著。

11. 丧葬是人类生活中的一件大事，在不同时代不同地区有不同的丧葬方式，比如我国古代有一种葬法叫**悬棺葬**。

12. 古代中外文化交流依赖于道路的开通，汉代向西开通的**丝绸之路**就是中西贸易往来和文化交流的重要通道。

---

*第 9 题题干中的"适用性"应为"实用性"，题目来源于国际关系学院纸质版真题。

13. 黄河哺育了中华文明，中国的**七大古都**有五个位于黄河流域。

14. 行政区划是国家行政管理的区域性组织系统，**行省制**是重要的一种。

15. 根据考古结果，专家们把中国古代文明的起源分成许多区系，其中的**四大区域**说，可供我们参考。

16. 春秋时期，为了争夺土地及其它资源，诸侯国之间不断发动战争，互相称霸，形成"春秋无义战"的局面，出现**"春秋六强"**。

17. 西晋灭亡后中国分为南北两部分，南方是以建康为中心的东晋，北方则是历史上所称的**五胡**十六国。

18. 《**荷马史诗**》是古希腊文学的重要代表。

19. 在**达·芬奇**所有绘画作品中，最为人称道的是一幅肖像画《蒙娜丽莎》。

20. 德国基督教修士马丁·路德宗教改革的中心思想是**"因信称义"**。

21. **莫扎特**在 10 岁前后已在欧洲享有盛名，被称为"音乐神童"。

22. 柏拉图代表作是《**理想国**》。

23. **狄更斯**作为著名的小说家，代表作有《大卫·科波菲尔》《双城记》等。

24. **黑格尔**是古典哲学的集大成者，建立了客观唯心主义体系，其中包括逻辑学、自然哲学和精神哲学三部分。

25. **弗洛伊德**的精神分析学说对西方产生了广泛的影响。

二、应用写作题（40分）

2024 年是中华人民共和国成立 75 周年。为庆祝祖国华诞，国际关系学院团委将于 2024 年 9 月举行以"请党放心，强国有我"为主题的演讲比赛。

请以参赛人身份撰写一篇演讲稿，要求格式明确，450 字左右。

三、命题作文（60分）

社会学家费孝通先生曾提出十六字"箴言"，即"各美其美，美人之美，美美与共，天下大同"。习近平总书记也曾指出："我们应该推动不同文明相互尊重、和谐共处，让文明交流互鉴成为增进各国人民友谊的桥梁、推动人类社会进步的动力、维护世界和平的纽带"，"在构建人类命运共同体理念指引下，中国推动不同文明交流对话，共建美美与共的世界文明百花园。"

材料中的"美美与共"，引发了你怎样的联想和思考？请结合不同文明之间的交流与对话，自选角度，自拟题目，写一篇文章，文体不限，不少于 800 字。

【B卷】

一、解词题（解释有下划线的名词，每小题 2 分，共 50 分）

1. 类书是辑录各个门类或某一门类的资料，经过编排供人查阅的工具书。比如《**太平御览**》即为非常有影响的一部。

2. 在中国古代的所有信仰中，天地被认为是最神圣的。中国古代祭祀天地的仪式很多，但以**封禅**最为隆重。

3. 为了显示帝王至高无上的地位和领有天下的威严，宫殿的建筑设计特别追求高大、雄伟、壮丽，比如有名的<u>唐三宫</u>。

4. 明代流行的戏曲形式是传奇，它是在南方流行的"南戏"的基础上发展起来的。明代戏曲的代表著作有高则诚的《琵琶记》和<u>四大传奇</u>。

5. 中国的戏曲在经历了漫长的发展过程之后，到元代形成元杂剧，繁荣兴盛的元杂剧，是中国文学史上的瑰宝。元代前期的<u>《西厢记》</u>是著名的戏曲作品。

6. 魏晋南北朝时候佛教流行，文人士大夫普遍心理趋向避世，山水画和山水画理论都发展起来，东晋时的顾恺之被称为<u>三绝</u>，对后世有很大影响。

7. 贾宝玉、林黛玉是中国古典小说中经典的形象，是<u>《红楼梦》</u>中塑造的典型人物。

8. 中国文化传承依靠独具特色的汉字与图书，文人对文化的传承必然要用到<u>文房四宝</u>。

9. 中国饮茶史上的大事，是唐代出现<u>《茶经》</u>。

10. 丧葬是人类生活中的一件大事，在不同时代不同地区有不同的丧葬方式，比如我国古代有一种葬法叫<u>石棺葬</u>。

11~12. 中国地域辽阔，民族众多，历史上形成的传统节日多达数百个。<u>上元节</u>和<u>乞巧节</u>就是中国传统节日中非常重要的两个。

13. 汉武帝派张骞出使西域，开辟了一条中西交通的丝绸之路，其实除了这条陆上丝绸之路，汉代还有一条<u>**海上丝绸之路**</u>。

14. 行政区划是国家行政管理的区域性组织系统，<u>**郡县制**</u>是重要的一种。

15. 中国文化的起源就在中华大地上，中华文明绵延不绝，经历了漫长的发展阶段，其中<u>**新石器时代**</u>就是早期文明发展的一个重要时期。

16. 春秋时期，为了争夺土地及其它资源，诸侯国之间不断发动战争，互相称霸，形成"春秋无义战"的局面，出现<u>**"春秋五霸"**</u>。

17. 以韩、赵、魏三家分晋为起点，中国历史进入战国时代，封建制度已基本确立。许多小诸侯国被大国吞并，形成<u>**"战国七雄"**</u>。

18. 柏拉图的学生<u>**亚里士多德**</u>提出"吾爱吾师，吾更爱真理"的师道观。

19. 意大利文艺复兴时期最伟大的雕塑家<u>**米开朗基罗**</u>创作的典范雕塑作品是《大卫》和《摩西》。

20. 加尔文神学思想的核心是<u>**"预定论"**</u>。

21. <u>**《伪君子》**</u>是一部揭露宗教伪善的著名戏剧。

22. <u>**歌德**</u>是德国历史上最伟大的文学家之一。

23. <u>**巴尔扎克**</u>被视为19世纪法国最伟大的作家，代表作为《人间喜剧》。

24. 美国历史上曾发生过一次重要战争，参战双方均为美国军队，史称：<u>**南北战争**</u>。

25. <u>**《共产党宣言》**</u>第一次较为完整系统地阐述了马克思主义的基本原理，标志着科学社会主义的正式诞生。

二、应用写作题（40 分）

　　2024 年 9 月 10 日是我国第 40 个教师节，具有重要的纪念意义，国际关系学院将举行隆重的纪念活动，并表彰一批从教三十周年、为教育事业发展做出重要贡献的教师。

　　请以学生代表的身份，以"感恩"为主题撰写一篇演讲稿，要求格式明确，450 字左右。

三、命题作文（60分）

《礼记·大学》中记载："苟日新，日日新，又日新。"习近平总书记也曾指出："创新是一个民族进步的灵魂，是一个国家兴旺发达的不竭动力，也是中华民族最深沉的民族禀赋。在激烈的国际竞争中，惟创新者进，惟创新者强，惟创新者胜。"

材料中关于创新的论述，引发了你怎样的联想和思考？请结合国家发展与民族复兴，自选角度，自拟题目，写一篇文章，文体不限，不少于800字。

2023年全日制翻译硕士专业学位（MTI）研究生入学考试试题

科目名称：__汉语写作与百科知识__   科目代码：__448__
考试时间：__3小时__   满分：__150分__

一、解词题（解释有下划线的名词，每小题2分，共50分）

1~2. 关于中华民族的始祖，在中国历史上有很多传说和零星的记载。春秋战国以后人们尊奉几位可以称王称帝的人物为__三皇__、__五帝__，他们是历代王朝所崇祀的对象。

3~4. 我国现存最早的汉字是__甲骨文__和__金文__。

5. 人们对汉字的研究，早在先秦时代就开始了。东汉的许慎总结前人成就写成《说文解字》一书，系统分析了汉字的六种结构，学术上称为__六书__。

6. 孔子的思想核心可以归纳为一个__仁__字，其意义几乎包括了一切美德。

7. __玄学__对中国文学艺术产生了深刻的影响。

8. 佛教在中国的传播发展留下了石窟艺术，其中最有名的是__四大石窟__。

9. 中国古代教育以国学而论，包括德、行、艺、仪四个方面，具体内容被称为__六艺__。

10. 中国医学源远流长，名医辈出，__孙思邈__就是其中非常杰出的一位。

11~12. 史书记载的中国历史名桥有__灞桥__、赵州桥和__卢沟桥__。

13. 中国是诗的国度，诗歌在中国文学史上占了突出的地位，《诗经》的影响百代不衰。

14. 中国戏曲在经历了漫长的发展过程之后，到元代形成元杂剧，__元曲四大家__是当时戏剧家的杰出代表。

15~17. 中国古代的家庭教育是学校教育的补充，《颜氏家训》在塑造人们的文化心理、维护社会稳定方面起到积极的作用。旧时家庭教育的启蒙教材有《三字经》等，之后可学习"__四书__""__五经__"。

18~19. 荷马史诗《伊利亚特》以希腊英雄__阿喀琉斯__的愤怒为楔入点，集中地描写了战争最后几十天发生的事件。

20~21. 交响曲《欢乐颂》和芭蕾舞曲《天鹅湖》都是西方音乐史上的经典之作。

22~23. __伽利略__对现代科学思想的发展做出了重大贡献，在他去世的1642年*，17世纪科学革命的顶峰人物__牛顿__诞生。

24~25. 18世纪末，打击宿敌英国和援助__美国独立战争__的巨额债务使法国政府财政枯竭，__路易十六__不得不呼吁召开三级会议以解决财政危机。

---

* 第22~23题题干中的"在他去世的1642年"应为"在他去世的第二年，即1643年"，题目来源于国际关系学院纸质版真题。

二、应用写作题（40 分）

国际关系学院 2021 年 6 月 15 日举办了 2021 届本科及研究生线上毕业典礼，邀请所有家长参加。

请以校长办公室秘书的身份，拟写一份以校长名义发出的致全体家长的邀请函。要求题目、正文、落款、日期各项齐全，正文应包括线上参会具体要求等事项，450 字左右。

三、命题作文（60 分）

无锡东林书院有明东林党领袖顾宪成所撰的一副对联："风声雨声读书声，声声入耳；家事国事天下事，事事关心。"

根据你的理解，自拟标题，写一篇议论文。要求语言流畅，富于文采，观点明确，有说服力，不少于 800 字。

2022 年全日制翻译硕士专业学位（MTI）研究生入学考试试题

科目名称：　汉语写作与百科知识　　　　科目代码：　448
考试时间：　3 小时　　　　　　　　　　满分：　150 分

一、解词题（每小题 2 分，共 50 分）

1. 八音	2. 七音	3. 五脏
4. 五兽	5. 五礼	6. 元亮酒
7. "掌万民之判"的"判"	8. 传奇	9. 四大徽班
10. 风骚	11. 大小晏	12. 话本
13. 先秦散文	14. 文以载道	15. 大小欧阳
16. 瘦金体	17. 楷书四大家	18. 《奥德赛》
19. 《俄狄浦斯王》	20. 古罗马共和国时期	21. 古罗马帝国时期
22. 雅典娜	23. 阿佛洛狄忒	24. 法国大革命
25. 《人权宣言》		

二、应用写作题（40 分）

国际关系学院团委学生会拟于 2022 年 3 月举办"我和我的祖国"校级摄影大赛。

请以团委学生会的名义，拟写一篇请示，请求批准并给予经费支持。主送机关为国际关系学院，要求相关信息齐备，内容应当包括标题、发文字号、主送机关、正文和发文机关名称与日期，450 字左右。

三、命题作文（60 分）

以"我的网络生活"为副标题，主标题自拟，写一篇散文，要求夹叙夹议，不少于 800 字。

※ 财 经 类 院 校 ※

中央财经大学

2024 年全日制翻译硕士专业学位（MTI）研究生入学考试试题

科目名称：<u>汉语写作与百科知识</u>   科目代码：<u>448</u>
考试时间：<u>3 小时</u>   满分：<u>150 分</u>

一、名词解释（每小题 8 分，共 40 分）

1. 美国"西进运动"   2. 新左派   3. 公文的策令性
4. 中国当代文化的"三元会通"   5. 血缘宗法制度

二、简答题（每小题 10 分，共 50 分）

1. 简述美国"迷惘的一代"作家的创作特点。
2. 简述地理大发现对欧洲文明进程的巨大影响。
3. 简述公文语言表述的庄重性。
4. 简述盛唐气象的体现和成因。
5. 简述中国戏曲的基本特征。

三、阅读下面的材料，并回答问题（30 分）

无论如何，我们是企图用诸如此类的方式，来说明几位青年作家的品质，这种品质使他们的作品和他们前辈的著作迥然相异，而詹姆斯·乔伊斯先生，是这批青年作家中的佼佼者。他们力求更加接近生活，更真诚地、更确切地把引起他们兴趣的、感动他们的东西保存下来。为了做到这一点，他们甚至不惜抛弃一般小说家所遵循的大部分常规。让我们按照那些原子纷纷坠落到人们心灵上的顺序把它们记录下来；让我们来追踪这种模式，不论从表面上看来它是多么不连贯、多么不一致；按照这种模式，每一个情景或细节都会在思想意识中留下痕迹。让我们不要想当然地认为，在公认为重大的事情中比通常以为渺小的事情中含有更为丰富充实的生活。无论什么人，只要他阅读过《一个青年艺术家的肖像》，或者阅读过《小评论》杂志上现在刊登的、更为有趣得多的那部作品《尤利西斯》，他就会甘冒风险提出一些诸如此类的理论，来说明乔伊斯先生的意图。从我们这方面来说，眼前只有一个不完整的片段就妄加议论，是要担点风险，而不是确有把握的。然而，不论全书的整个意图是什么，它毫无疑问是极端真诚的；而按此意图创造出来的成果，虽然我们可能认为它晦涩难解或令人不快，却无可否认是重要的。和我们称之为物质主义者的那些人相反，乔伊斯先生是精神主义者。他不惜任何代价来揭示内心火焰的闪光，那种内心的火焰所传递的信息在头脑中一闪而过，为了把它记载保存下来，乔伊斯先生鼓足勇气，把似乎是外来的偶然因素统统扬弃，不论它是可能性、连贯性，还是诸如此类的路标，许多世代以来，当读者需要想象他摸不到、看不见的东西时，这种路标就成了支撑其想象力的支柱。例如，在公墓中的那个场面，它那辉煌的光彩，它那粗俗的气氛，它的不连贯性，它像电光一般突然闪现出来的重大意义，毫无疑问确实接近于内心活动的本质。无论如何，只要你初次阅读它，就难以不把它誉为杰作。如果我们所要求的是生活的本来面目，那么我们在这儿的确找到了它……我们是否可以用这种感觉来进行类比：我们觉得自己待在一间狭窄而明亮的房间里，感到局促闭塞而不是开阔自由，因为我们不仅受到作家思想上的而且也受到他写作方式上的限制……

——弗吉尼亚·伍尔夫《论现代小说》

阅读上述材料，谈谈你对伍尔夫这段文字的理解，并结合重要的英国现代主义作家及其作品，论述英国现代主义文学的创作特点及成就。

四、论述题（30 分）

以自然观、家庭观、国家关系观等为例，论述中国文化和西方文化的基本差异之处。

2023 年全日制翻译硕士专业学位（MTI）研究生入学考试试题

科目名称：<u>汉语写作与百科知识</u>　　　科目代码：　<u>448</u>
考试时间：<u>3 小时</u>　　　　　　　　满分：　<u>150 分</u>

一、名词解释（每小题 8 分，共 40 分）

1. 艾略特的《荒原》　　2. 德国的"狂飙突进运动"　　3. 马克思的异化理论
4. 礼治精神　　　　　　5. 新闻类文章

二、简答题（每小题 10 分，共 50 分）

1. 简述 18 世纪美国革命的意义和影响。
2. 简述法国现代诗人波德莱尔的象征主义"应和论"。
3. 简述大众文化的特点。
4. 简述汉代儒学家对儒学的第一次改造。
5. 简述公文领导与指导作用与文艺类文章的区别。

三、阅读下面的材料，并回答问题（30 分）

材料一：文学者，随时代而变迁者也。一时代有一时代之文学。周秦有周秦之文学，汉魏有汉魏之文学，唐宋元明有唐宋元明之文学。此非吾一人之私言，乃文明进化之公理也。……吾每谓今日之文学，其足与世界"第一流"文学比较而无愧色者，独有白话小说（我佛山人，南亭亭长，洪都百炼生三人而已）一项。……今人犹有鄙夷白话小说为文学小道者。不知施耐庵曹雪芹吴趼人皆文学正宗，而骈文律诗乃真小道耳。……然以今世历史进化论的眼光观之，则白话文学为中国文学之正宗，又为将来文学必用之利器，可断言也。

——胡适：《文学改良刍议》

材料二：吾苟偷庸懦之国民，畏革命如蛇蝎，故政治界虽经三次革命，而黑暗未尝稍减。其原因之小部分，则为三次革命，皆虎头蛇尾，未能充分以鲜血洗净旧污；其大部分，则为盘踞吾人精神界根深蒂固之伦理道德文学艺术诸端，莫不黑幕层张，垢污深积，并此虎头蛇尾之革命而未有焉。……元、明剧本，明、清小说，乃近代文学之粲然可观者。惜为妖魔所厄，未及出胎，竟而流产，以至今日中国之文学，委琐陈腐，远不能与欧洲比肩。……若施耐庵，若曹雪芹诸人之姓名，几不为国人所识。……际兹文学革新之时代，凡属贵族文学，古典文学，山林文学，均在排斥之列。……此种文学，盖与吾阿谀夸张虚伪迂阔之国民性，互为因果。今欲革新政治，势不得不革新盘踞于运用此政治者精神界之文学。

——陈独秀：《文学革命论》

结合材料内容，根据所学知识，请你谈谈白话文取代文言文的原因。

四、论述题（30分）

以维多利亚时期的重要作家和作品为例，论述英国现实主义小说在19世纪的发展。

2022年全日制翻译硕士专业学位（MTI）研究生入学考试试题

科目名称：汉语写作与百科知识　　科目代码：448
考试时间：3小时　　满分：150分

一、名词解释（每小题8分，共40分）

1. 意识流小说　　2. 五四运动　　3. 新柏拉图主义
4. 消极浪漫主义　　5. 发布性公告

二、简答题（每小题10分，共50分）

1. 简述公文写作的常见问题。
2. 简述新古典主义产生的原因。
3. 简述中国文化的基本特性和核心精神。
4. 简述儒家的理想人格。
5. 简述存在主义哲学的主要内容。

三、阅读下面的材料，并回答问题（30分）

莎士比亚超越所有作家之上，至少超越所有近代作家之上，是独一无二的自然诗人；他是一位向他的读者举起风俗习惯和生活的真实镜子的诗人。他的人物不受特殊地区的世界上别处没有的风习惯的限制；也不受学业或职业的特殊性的限制，这种特殊性只能在少数人身上发生作用；他的人物更不受一时风尚或暂时流行的意见所具有的偶然性所限制；他们是共同人性的真正儿女，是我们的世界永远会供给，我们的观察永远会发现的一些人物。他的剧中角色行动和说话都是受了那些具有普遍性的感情和原则影响的结果，这些感情和原则能够震动各式各样人们的心灵，并且使生活的整个有机体继续不停地运动。在其他诗人们的作品里，一个人物往往不过是单个人；在莎士比亚的作品里，他通常代表一个类型。

正是从这样广阔的设计范围里读者才获得这么多的教益。正是由于这个原因才使得莎士比亚的剧本充满了实用的格言和处世的道理。关于欧里庇得斯有人曾经说过他的每一行诗都是一条箴言；关于莎士比亚我们也可以说，从他的作品里可以搜集出来整套的公民的和家庭的智慧。虽然如此，但他真正的长处并不表现在个别章节的华丽，而表现在他的情节的发展和他的对话的进行；假若有人企图用挑选出来的某些引文来推荐他，将会像赫罗克里斯故事里的那个学究一样难以达到目的。这个学究想要卖掉他的房子，便把他房上的一块砖放在口袋里，带在身上作为样品，以便向人推荐。

——塞缪尔·约翰逊：《〈莎士比亚戏剧集〉序言》（1765）

阅读上述材料，结合莎士比亚的戏剧作品，谈谈你对莎士比亚戏剧的理解。

四、论述题（30 分）

比较当代学校教育体制、教育内容和形式与中国古代教育的不同，并论述导致这些差异的多种原因。

首都经济贸易大学

2024 年全日制翻译硕士专业学位（MTI）研究生入学考试试题

科目名称：__汉语写作与百科知识__　　　科目代码：__448__
考试时间：__3 小时__　　　满分：__150 分__

第一部分　百科知识（每小题 2 分，共 50 分）

1. 太康体　　　　　　2. 奥本海默　　　　　3. 爱默生
4. "罢黜百家，独尊儒术"　5. 杜丽娘　　　　　6. 虚拟经济
7.《活着》　　　　　　8. 鲁迅　　　　　　9. 三吏三别
10. "六书"造字法　　11. 上巳节　　　　　12. 无为
13.《青春之歌》　　　14. 法家　　　　　　15. 辜鸿铭
16.《儒林外史》　　　17. 哈马斯　　　　　18. ChatGPT
19. 辛亥革命　　　　　20.《刀锋》　　　　　21. 一带一路
22. 村上春树　　　　　23. 豫剧　　　　　　24.《荒原狼》
25. 赋比兴

第二部分　应用文写作（40 分）

本月 25 号首都经济贸易大学外国语学院将举办一次"人工智能时代的语言学研究"的主题学术研讨会。

请模拟情景，代首都经济贸易大学外国语学院写一则会议通知。字数：450 字左右。

第三部分　命题作文（60 分）

新一波全球化浪潮正在世界范围内兴起并迅速波及世界各国。不同之处在于，上世纪 80 年代后期兴起的全球化浪潮主要是经济上的全球化，其波及路径自然从发达的西方国家向发展中的东方国家辐射，当下的全球化浪潮则更是一种文化上的双向辐射。习近平总书记也曾强调："要更好推动中华文化走出去，以文载道、以文传声、以文化人，向世界阐释推介更多具有中国特色、体现中国精神、蕴藏中国智慧的优秀文化。"

请围绕全球化时代的中国文化海外传播，写一篇文章，题目自拟。字数：800 字左右。

2023 年全日制翻译硕士专业学位（MTI）研究生入学考试试题

科目名称：__汉语写作与百科知识__　　　科目代码：__448__
考试时间：__3 小时__　　　满分：__150 分__

第一部分　百科知识（每小题 2 分，共 50 分）

1. 三星堆遗址　　　　2.《齐物论》　　　　3. 基督教
4. 金声玉振　　　　　5. 慕课　　　　　　6.《孙子兵法》
7. 唐三彩　　　　　　8. 四书五经　　　　9. 五伦

10. 阳春白雪　　　11. 甲骨文　　　12. 《醉翁亭记》
13. 开元盛世　　　14. 普洱茶　　　15. 泉州
16. 冰墩墩　　　　17. 针灸　　　　18. 樊锦诗
19. 《汉谟拉比法典》　20. 十字军东征　21. 《永乐大典》
22. 吴哥窟　　　　23. 元宇宙　　　24. 数字经济
25. 碳中和

第二部分　应用文写作（40分）

受疫情影响，××大学研究生新生不能按时入学报到。

请代××大学写一封致研究生新生的信，告知暂缓入学以及临时上网课等事宜。字数：450字左右。

第三部分　命题作文（60分）

诗人北岛有一首一字短诗：网（《生活》）。的确，网是一个非常宽泛的话题，有有形的网也有无形的网。我们生活在形形色色的网中，你对此也一定深有体会。

请以"网"为题，写一篇议论文。字数：800字左右。

2022年全日制翻译硕士专业学位（MTI）研究生入学考试试题

科目名称：汉语写作与百科知识　　科目代码：448
考试时间：3小时　　　　　　　　满分：150分

第一部分　百科知识（每小题2分，共50分）

1. 小篆　　　　　2. 殷墟　　　　　3. 红山文化
4. 光武中兴　　　5. 魏晋风度　　　6. 汉赋
7. 唐传奇　　　　8. 遣唐使　　　　9. 《通典》
10. 千里江山图　　11. 北洋水师　　　12. 秦岭
13. 伊犁将军　　　14. 三希堂　　　　15. 日月潭
16. 饭圈文化　　　17. 博物馆　　　　18. 龙井茶
19. 《美的历程》　20. 吴哥窟　　　　21. 硅谷
22. 白色污染　　　23. "我思故我在"　24. 大唐不夜城
25. 二十四节气

第二部分　应用文写作（40分）

请为北京冬奥会写一则公益广告文案。字数：450字左右。

第三部分　命题作文（60分）

在突如其来的新冠疫情面前，海外留学生的表现多种多样：有的靠父母买天价机票辗转回国；有的惶恐不安，度日如年；有的做好防护，潜心学习，拿到了进一步深造的offer或找到了心仪的工作……

请以"每临大事需静气"为题，写一篇议论文。字数：800字左右。

对外经济贸易大学

2024 年全日制翻译硕士专业学位（MTI）研究生入学考试试题

科目名称： 汉语写作与百科知识　　　　科目代码： 448

考试时间： 3 小时　　　　　　　　　　满分： 150 分

一、单项选择题（每小题 2 分，共 30 分）

1. 汉乐府的最大特点就是叙事性，即"缘事而发"，长篇叙事诗(　　)可以说是汉代乐府的杰出代表。

A.《长恨歌》　　　B.《孔雀东南飞》　　　C.《琵琶行》　　　D.《木兰诗》

2. 婉约派是中国宋词流派之一。其特点主要是内容侧重儿女风情，结构深细缜密，音律婉转和谐，语言圆润清丽，有一种柔婉之美。代表作家包括(　　)。

A. 晏殊、欧阳修　　　　　　　　　B. 李清照、苏轼

C. 辛弃疾、周邦彦　　　　　　　　D. 张孝祥、陈亮

3. "竹林七贤"是指(　　)的嵇康、阮籍、山涛、阮咸、向秀、刘伶、王戎七位文士。他们经常在竹林里携手共游，开怀畅饮，高谈阔论，所以被人们称为"竹林七贤"。

A. 唐朝　　　B. 汉朝　　　C. 魏晋时期　　　D. 宋朝

4. 春秋战国时期著名的思想家、教育家、军事家(　　)提出了检验认识真伪的标准，即三表："上本之于古者圣王之事"，"下原察百姓耳目之实"，"废以为刑政，观其中国家百姓人民之利"。他引领的学派创建了中国第一个逻辑思想体系。

A. 孟子　　　B. 荀子　　　C. 庄子　　　D. 墨子

5. "三口一杯"是(　　)人民在接待客人时最为主要的一种礼节。在喝酒的时候，他们的约定风俗是：客人先喝一口，主人立刻倒酒斟满杯子，客人再喝第二口，然后主人再斟满，客人接着喝第三口，主人则最后一次斟满。此后，客人就得把满杯酒一口喝干了。这样做的话，主人才会觉得客人看得起他，而客人喝的酒越多，说明主人的酒酿得越好，主人就会越高兴。

A. 蒙古族　　　B. 满族　　　C. 藏族　　　D. 维吾尔族

6. 以下选项中，(　　)表达了诚挚的友谊可以超越时空界限的哲理。

A. 旧时王谢堂前燕，一枝红杏出墙来。　　B. 海内存知己，天涯若比邻。

C. 杨花落尽子规啼，闻道龙标过五溪。　　D. 相逢意气为君饮，系马高楼垂柳边。

7. 2004 年，中国正式开展月球探测工程，并命名为"(　　)"，分为"无人月球探测""载人登月"和"建立月球基地"三个阶段。

A. 天问工程　　　B. 嫦娥工程　　　C. 玉兔工程　　　D. 神州工程

8. 下列说法正确的一项是(　　)。

A. 唐代长安城以南北走向的朱雀门大街为中轴，分长安城为东西两部分，东为长安县，西为万年县。

B. 指南针是利用磁极确定方向的工具，明代开始用于航海业，大大促进了海上交通和造船业的发展。

C. 郦道元的《梦溪笔谈》是一部涉及历史、物理、天文、地理、冶金等方面的百科全书式的科技作品。

D. 宋代理学可以说是儒学发展的最高形态，又被称作宋学、道学或新儒学。

9. 以下选项，**不符合**我国儒家伦理价值体系中的"和合观"的一项是(　　)。

A. 求同存异 　　　　　　　　　　 B. 睦邻、安邻、富邻

C. 协和万邦 　　　　　　　　　　 D. 以邻为壑

10. "古之欲明明德于天下者，先治其国。欲治其国者，先齐其家。欲齐其家者，先修其身。欲修其身者，先正其心。欲正其心者，先诚其意。欲诚其意者，先致其知。"这段文字出自(　　)。

A.《论语》先进篇 　　　　　　　　 B.《大学》诚意章

C.《大学》明德章 　　　　　　　　 D.《中庸》天命章

11. (　　)是 12 至 15 世纪流行于欧洲的一种新型建筑艺术，建筑外形高而直尖，显得巍峨飞耸，直刺青天，具有强烈的向上动势。代表建筑有法国的巴黎圣母院、德国的科隆教堂、英国的林肯教堂、意大利的米兰教堂等。

A. 洛可可建筑 　　 B. 文艺复兴建筑 　　 C. 罗马式建筑 　　 D. 哥特式建筑

12. (　　)发源于几内亚的深山丛林里，最后注入大西洋几内亚湾。它的两岸富含金矿资源，孕育了西部非洲古老的文明，被称为西非的"母亲河"。

A. 尼罗河 　　　　 B. 尼日尔河 　　　 C. 刚果河 　　　　 D. 赞比西河

13. (　　)来自法语，是一种用来装饰巴洛克式花园里洞穴的奇形怪状的贝壳和石头。作为一种独特的艺术风格，它强调自然、浪漫、轻盈和优雅的特点。

A. 巴洛克 　　　　 B. 洛可可 　　　　 C. 哥特式 　　　　 D. 拜占庭

14. 以下选项中，(　　)**不属于**法兰克福学派代表人物。

A. 霍克海默尔 　　 B. 马尔库塞 　　　 C. 康德 　　　　　 D. 哈贝马斯

15. (　　)是 20 世纪 60 年代拉丁美洲小说创作中出现的一个流派。这一词最早被应用到拉丁美洲的文学上，则是哥伦比亚作家加西亚·马尔克斯于 1967 年出版的长篇小说《百年孤独》。

A. 魔幻现实主义 　 B. 超现实主义 　　 C. 表现主义 　　　 D. 象征主义

二、简答题（每小题 10 分，共 20 分）

1. 中国古典小说《三国演义》呈现了三国时期人物群像图。请选择该小说中的一位主要人物，简要介绍其生平故事和人物性格，字数为 200 字左右。

2. 简要介绍 20 世纪五六十年代美国黑人民权运动的代表人物与主要事件，字数为 200 字左右。

三、应用文写作（40 分）

2022 年，ChatGPT 的横空出世引发了社会各界的广泛讨论。2023 年，国家网信办联合其他相关部委公布了《生成式人工智能服务管理暂行办法》，旨在促进生成式人工智能在我国的健康发展和规范应用。某学术期刊拟举办一次主题为"生成式人工智能在教育领域的发展与应用"的论坛，诚邀相关领域的学生、学者参与。

请你以主办方的身份，为该论坛撰写一份征稿启事。

要求：500 字以上；文笔流畅，语体风格得当，符合征稿启事体例，需要包括论坛的基本信息、指导思想、主旨目的、主要议题等，结构完整，条理清晰，层次分明。

四、命题作文（60分）

一些人追求职场完美主义，无论在事业上取得多大的成功都认为是不够的。过度沉迷于职场上的成功，会付出沉重的健康和社会代价，比如成为工作狂魔、焦虑、抑郁、离婚率上升等。人们在反思并试图改变这种思维模式和工作方式，然而想兼顾工作/生活的平衡与体面的收入也并非易事。

请以"我看职场成功文化"为题写一篇议论文，分析导致这一社会文化现象的原因，并提出你的应对主张。

要求：800字以上；观点明确，逻辑合理，行文严谨，体现思考深度。

2023年全日制翻译硕士专业学位（MTI）研究生入学考试试题

科目名称： 汉语写作与百科知识　　　　科目代码： 448
考试时间： 3小时　　　　　　　　　满分： 150分

一、单项选择题（每小题2分，共30分）

1. 《孟子·梁惠王下》中有如下文字"今王鼓乐于此，百姓闻王钟鼓之声、管籥之音，举疾首蹙頞*而相告曰：'吾王庶几无疾病与，何以能鼓乐也？'……此无他，与民同乐也。今王与百姓同乐，则王矣！"。这段话体现儒家（　　）的基本政治思想。
   A. 礼法　　　　　　B. 仁政　　　　　　C. 教化　　　　　　D. 孝悌
2. 意大利文艺复兴时期的伟大艺术家（　　）因"圣母子"题材的绘画作品而闻名于世。
   A. 拉斐尔　　　　B. 达·芬奇　　　　C. 米开朗基罗　　　D. 提香
3. 十七世纪下半叶，在前人工作的基础上，科学家牛顿和数学家（　　）分别在自己的国度里独自研究，并从各自不同的角度发明了微积分。
   A. 笛卡尔　　　　B. 莱布尼兹　　　　C. 哥白尼　　　　D. 开普勒
4. "洛阳纸贵"通常用于形容文学作品脍炙人口，指（　　）写成（　　）之后，喜欢这部作品的人竞相抄阅，以至洛阳的纸张供不应求，全城纸价大幅度上涨的典故。
   A. 左思；《三都赋》　　　　　　　　B. 曹植；《洛神赋》
   C. 王羲之；《兰亭集序》　　　　　　D. 王勃；《滕王阁序》
5. "原来就是无材补天，幻形入世，蒙茫茫大士、渺渺真人携入红尘，历尽离合悲欢、炎凉世态的一段故事"。这段文字出自以下哪部作品？（　　）
   A. 《牡丹亭》　　　B. 《镜花缘》　　　C. 《老残游记》　　　D. 《红楼梦》
6. 公元前三千年后半期至公元前十二世纪，在爱琴海区域出现了欧洲最早的奴隶制文明，被称为爱琴文化，又因其区域文化中心位置而被称为（　　）。
   A. 爱琴海—希腊文化　　　　　　　B. 爱琴海—米诺斯文化
   C. 爱琴海—小亚细亚文化　　　　　D. 克里特—迈锡尼文化
7. 以下哪句诗句中**没有**词类活用现象？（　　）
   A. 春风又绿江南岸，明月何时照我还？　　B. 感时花溅泪，恨别鸟惊心。
   C. 山光悦鸟性，潭影空人心。　　　　　　D. 烽火连三月，家书抵万金。

*第1题题干中的"举疾首蹙頞"应为"举欣欣然有喜色"，题目来源于对外经济贸易大学纸质版真题。

8. 两宋期间曾爆发多次瘟疫，为治疗瘟疫印制了大量宋朝以前的医书，当时可以参考的医书是(　　)。

    A. 《本草纲目》　　　　　　　　　　B. 《天工开物》

    C. 《伤寒杂病论》　　　　　　　　　D. 《农政全书》

9. 在《毛泽东选集》第二卷中，毛泽东指出，孙中山的新三民主义"同共产主义在中国民主革命阶段的政纲，基本上是相同的"。以下哪一项**不是**新三民主义与当时的中国共产党政纲的相同之处？(　　)

    A. 以对内"实行各民族一律平等"、对外"免除帝国主义之侵略"为民族革命的基本任务。

    B. 反对国家政权"成为压迫平民之工具"，建立"为一般平民所共有，非少数人所得而私"的制度。

    C. 以"推翻帝制，建立民国，改良社会"、"颠倒君主政体"为根本。

    D. 以"耕者有其田"为中心，平均地权，节制私人资本。

10. 以下哪个句子的修辞类型与其他句子**不同**？(　　)

    A. 童年是一幅画，少年是一篇诗，青年是一首歌。

    B. 远处绵延的山脉作了城市的绿色屏障。

    C. 他眼中的世界成了一张五彩的画卷。

    D. 她深吸一口气，努力让脸上不出现冷霜。

11. 以下哪一句的核心思想**不包含**"天人合一""了解自身以了解天道"的理念？(　　)

    A. "尽其心者，知其性也；知其性，则知天矣。"

    B. "夫大人者，与天地合其德，与日月合其明，与四时合其序，与鬼神合其吉凶。"

    C. "天地与我并生，而万物与我为一。"

    D. "天尊地卑，乾坤定矣；卑高以陈，贵贱位矣。"

12. 拉斐尔绘于1508—1511年间的《雅典学院》表现了希腊主要哲学家的形象。居画面中心的柏拉图指向天，以此表示他所信奉的(　　)；他身旁的亚里士多德则指向地，表明他的(　　)倾向。

    A. 哲学论，形而上学　　　　　　　　B. 神迹论，世俗论

    C. 理念论，经验论　　　　　　　　　D. 先验论，实证论

13. "除了纵欲和酗酒，他们的一切享乐都被剥夺了，可是他们每天都在工作中弄得筋疲力尽，这就刺激他们经常去毫无节制地沉湎于唯一能办到的这两种享乐。如果这一切还不足以毁灭他们，他们也会在危机时期失业。这时，他们保留下来不多的东西也要被剥夺得干干净净。"这段话出自(　　)所著的(　　)。

    A. 塞缪尔·斯迈尔斯，《自助》

    B. 弗里德里希·恩格斯，《英国工人阶级状况》

    C. 弗洛拉·特里斯坦，《工人同盟》

    D. 约翰·桑福德，《妇女的社会和家庭特征》

14. 文艺复兴运动在欧洲广泛传播的原因**不包括**(　　)。

    A. 意大利文人、学者等对文艺复兴思想的传播。

    B. 印刷机的发明加快了图书的发行和流通。

    C. 欧洲北部各国天主教教会的全力支持。

    D. 欧洲北部各国经济的发展。

15. 法国启蒙思想家孟德斯鸠在《论法的精神》中总结了自己的历史和政治思想。在对这部著作主要观点的表述中，以下哪一句是**错误**的？（　　）

A. 主张三权分立，使之相互监督、制约，以避免暴政。

B. 强调地理因素对社会文化和政体的决定性作用。

C. 提出三种基本的国家形式，分别是共和政体、君主政体和民主政体。

D. 推崇英国的君主制，主张立法权、行政权和司法权分属不同机构。

二、简答题（每小题 10 分，共 20 分）

1. 简述夏洛蒂·勃朗特作品《简·爱》的主要内容和主题，字数为 200 字左右。

2. 简述孔子思想"仁"的含义，字数为 200 字左右。

三、应用文写作（40 分）

近年来，国家大力倡导绿色低碳循环发展经济，"碳达峰""碳中和""碳足迹"等术语概念已逐渐成为流行语汇的一部分，生态保护思想和绿色发展理念也得到了广泛的关注。为进一步加深民众对于"绿色低碳"理念的认知，某社区居委会拟举办一次宣传活动。

请你以主办方的身份，面向社区居民，撰写一份"绿色低碳生活"倡议书。

要求：500 字以上；文笔流畅，语体风格得当，符合倡议书格式体例，内容充实，条理清晰，层次分明。

四、命题作文（60 分）

近年来，教育内卷成为全社会普遍关注的话题。一方面，由学科培训、超前学习、分数通胀、非理性竞争等因素造成的内卷是中小学及高等教育中不争的事实。但另一方面，对教育内卷的反思也衍生出了"躺平"等颇具争议性的理念，"卷"一词似乎也从描述某种不合理现象的名词泛化为指代一切努力、进取、竞争的动词，因而有了"你卷你的，我躺我的"等说法。

请以"内卷的出路"为题写一篇议论文，针对如何改善教育内卷这一问题，阐述你的观点。

要求：800 字以上；主题明确，结构合理，言之有物，语言流畅。

2022 年全日制翻译硕士专业学位（MTI）研究生入学考试试题

科目名称：<u>汉语写作与百科知识</u>　　　　科目代码：<u>448</u>

考试时间：<u>3 小时</u>　　　　满分：<u>150 分</u>

一、单项选择题（每小题 2 分，共 30 分）

1. 以下诗句中，（　　）表现了刘邦维护天下统一的远大政治抱负，以及为国事忧虑的复杂心情。

A. 四十年来家国，三千里地山河。

B. 老骥伏枥，志在千里。

C. 冲天香阵透长安，满城尽带黄金甲。

D. 大风起兮云飞扬，威加海内兮归故乡，安得猛士兮守四方！

2. 《漂流三部曲》是指(　　)的(　　)。作为新文学初期的小说创作，这种自叙传抒情小说范式在新旧小说的转型过程中具有积极的开拓和创新意义。

  A. 茅盾；《幻灭》《动摇》《追求》   B. 曹禺；《雷雨》《日出》《原野》

  C. 郭沫若；《歧路》《炼狱》《十字架》 D. 巴金；《家》《春》《秋》

3. 战国时期公孙龙是逻辑学家，他所提出的"(　　)"，体现了辩证法中矛盾的特殊性和普遍性的关系。

  A. 白马非马   B. 庖丁解牛   C. 杯弓蛇影   D. 察见渊鱼

4. 《三十六计》是中国古代兵家计谋的总结和军事谋略的宝贵遗产，是体现我国古代卓越军事思想的一部兵书，下列成语属于《三十六计》中的计谋的是(　　)。

  A. 反戈一击   B. 指桑骂槐   C. 引人入胜   D. 过河拆桥

5. "赋""比""兴"是《诗经》的三种主要表现手法。宋代朱熹的解释比较有代表性。他指出："赋者，敷陈其事而直言之者也"；"比者，以彼物比此物也"；"兴者，先言他物以引起所咏之词也"。以下哪段诗句使用了"兴"的手法？(　　)

  A. 硕鼠硕鼠，无食我黍！三岁贯女，莫我肯顾。

  B. 死生契阔，与子成说。执子之手，与子偕老。

  C. 风雨凄凄，鸡鸣喈喈。既见君子，云胡不夷。

  D. 采采芣苢，薄言采之。采采芣苢，薄言有之。

6. 东汉是中国历史上继秦朝、西汉、新朝之后的大一统王朝，与西汉合称汉朝。东汉初年，社会出现了比较安定的局面，经济得到恢复和发展，历史上把这一时期称为(　　)。

  A. 永元之隆   B. 光武中兴   C. 明章之治   D. 永嘉南渡

7. 南京曾有过多个名称，如金陵、建业、建康、秣陵、白下、升州、江宁、集庆、应天、天京等。金陵、建康至今仍被人们作为南京的别称在使用，而南京这一名称的得来则是在(　　)。

  A. 宋朝   B. 元朝   C. 明朝   D. 清朝

8. 王国维在《人间词话》中说："古今之成大事业、大学问者，必经过三种之境界。'昨夜西风凋碧树。独上高楼，望尽天涯路'，此第一境也；'衣带渐宽终不悔，为伊消得人憔悴'，此第二境也；'众里寻他千百度，蓦然回首，那人却在灯火阑珊处'，此第三境也。"最后一句引自辛弃疾的(　　)。

  A. 《永遇乐·京口北固亭怀古》   B. 《水龙吟·登建康赏心亭》

  C. 《青玉案·元夕》   D. 《西江月·夜行黄沙道中》

9. 欧洲18世纪启蒙运动期间，法国哲学家(　　)把历史看成理性与迷信的斗争过程，反对只记载帝王活动的编年史著，力主将人类社会生活的各个方面都纳入史学研究的范畴。他著有《风俗论》《路易十四时代》等，被西方学术界称为"文化史之父"。

  A. 卢梭   B. 狄德罗   C. 孟德斯鸠   D. 伏尔泰

10. (　　)是计算机领域的国际最高奖，被誉为"计算机界的诺贝尔奖"。

  A. 菲尔兹奖   B. 普利策奖   C. 图灵奖   D. 泰勒环境成就奖

11. 英国著名的散文家、哲学家弗朗西斯·培根，也是实验科学的创始人、近代归纳法的创始人，有"现代科学之父"之称。以下哪个选项是他的主要成就之一？(　　)

  A. 提出唯物主义经验论的基本原则 B. 将法律分为自然法和人为法

  C. 发表了《纯粹理性批判》   D. 提出了普遍怀疑的主张

12. 美国作家（　　）的作品（　　），是一部反奴隶制长篇小说。这部小说中关于非裔美国人和美国奴隶制度的观点曾对美国产生过深远的影响，并在某种程度上激化了导致美国内战的地区局部冲突。
   A. 斯蒂芬·克莱恩；《红色英勇勋章》　　　　B. 马克·吐温；《艰苦岁月》
   C. 哈里特·斯托；《汤姆叔叔的小屋》　　　　D. 路易莎·梅·奥尔科特；《小妇人》

13. 果戈理是十九世纪的俄国作家。他的（　　）是俄国批判现实主义文学发展的基石，也是其现实主义创作发展的顶峰。小说描写的中心人物是专营骗术的商人。
   A.《罪与罚》　　　　B.《高老头》　　　　C.《死魂灵》　　　　D.《小公务员之死》

14. 表现主义绘画是20世纪初期兴起于欧洲的艺术潮流，强调表现艺术家的主观情感和自我感受，对客观形态的处理夸张、变形乃至怪诞。代表画作有挪威画家（　　）的（　　）。
   A. 米罗；《哈里昆的狂欢》　　　　　　　　B. 蒙克；《呐喊》
   C. 莫罗；《在希律王前舞蹈的莎乐美》　　　D. 毕加索；《亚威农少女》

15. 在希腊神话中，（　　）是奥林匹斯十二主神之一，是商业、旅者、小偷和畜牧之神，也是众神的使者，主要服务于宙斯。
   A. 阿波罗　　　　B. 阿瑞斯　　　　C. 赫尔墨斯　　　　D. 波塞冬

二、简答题（每小题 10 分，共 20 分）

1. 简述 20 世纪初中国新文化运动的主要主张，字数为 200 字左右。
2. 选择一部莎士比亚的悲剧，简述其主要内容和主题，字数为 200 字左右。

三、应用文写作（40 分）

　　职业选择和就业前景关乎每一位年轻人的未来。在我国，加强就业创业教育，普及大学生职业生涯规划知识，引导广大学生树立正确的成才观与就业观，早已成为高等教育的重要命题。某市教育委员会拟主办一场"大学生职业规划大赛"，邀请本市各高校在读学生参加。

　　请你以主办方身份，撰写一份大赛邀请函。

　　要求：500 字以上；文笔流畅，风格得体，需要包括大赛指导思想、宗旨目的、重要意义、赛事基本情况与流程介绍等，结构完整，符合邀请函体例，条理清晰，层次分明。

四、命题作文（60 分）

　　新冠疫情的爆发既带来了公共卫生、社会治理等方面的危机，也促成了经济、教育等诸多领域对新模式、新契机的探索，其影响遍及社会生活的方方面面。疫情的传播及防控无疑也对社会交往产生了极大的影响。

　　请以"疫情背景下的社会交往"为题写一篇议论文，探讨疫情对社交心理、社交行为、社交模式等方面的影响，体现你的观察与思考。

　　要求：800 字以上；主题明确，结构合理，言之有物，语言流畅。

※ 师 范 类 院 校 ※

东北师范大学

2023年全日制翻译硕士专业学位（MTI）研究生入学考试试题

科目名称：__汉语写作与百科知识__　　科目代码：__448__
考试时间：__3小时__　　满分：__150分__

第一部分　百科知识

请简要解释以下段落中下划线部分的知识点（每小题3分，共45分）

1. 剖析战乱中的人性是**张爱玲**散文的又一个**重要内容**。张爱玲对人性的看法是偏向于恶的，她更多地描写了现世生活中鲜活的人性世界和人性体验，并毫不隐瞒地袒露了自己的冷漠无情。

2. **莽原社**于1925年4月24日成立于北京，是一个文化社团。

3. 清光绪十九年（1893年）10月18日，**梁漱溟**生于北京，先祖为元世祖五子忽哥赤，故入籍河南开封。6岁，入中西小学堂。8岁后，先后就读于公立小学堂、蒙养学堂。13岁，考入地安门外顺天中学学堂。

4. 1949年1月，美国同意**东京证券交易所**重新开业。随着日本战后经济的恢复和发展，东京证券交易所也发展繁荣起来。

5. 根据工作职责，中共中央台湾工作办公室、**国务院台湾事务办公室**设11个职能局和机关党委，分别是：秘书局、综合局、研究局、新闻局、经济局、港澳涉台事务局、交流局、联络局、法规局、投诉协调局、政党局，机关党委（人事局）。

6. 公元前100年7月13日，**恺撒**生于罗马。其父担任过财政官、大法官等职务，还曾出任过小亚细亚的总督。母亲奥莱莉娅来自奥莱利·科塔家族。

7. 文艺复兴时期，欧洲文学的主流是**人文主义文学**。人文主义文学常常采用方言、俗语进行写作，为各国民族语言和民族文学的形成树立了典范。

8. **智者学派**以人和人类社会为探索的主题，研究人类、反思人类自己。他们以人类的眼光去考察和认识社会、政治和法律问题，关注人与人之间的关系、社会组织、风俗习惯和伦理规范等等。

9. 英国圣公会牧师怀特菲尔德对**大觉醒运动**也有重大影响。1735年，他在英国曾参加卫斯理的福音奋兴运动，1739年~1741年间在北美布道，从新英格兰到佐治亚沿着大西洋沿岸巡回布道达18 000次，引起极大轰动。

10. 在《联合国宪章起草文件》的文献中详细记录了《联合国宪章》诞生的全过程。这份文献总共分为 3 本，第一本为索引，其他两本则记录了从 1945 年 4 月到 6 月之间，包括中、英、美、苏在内的 50 个联合国初始成员国在旧金山举行会议，讨论通过《联合国宪章》的过程。

11. 元阳梯田，位于云南省红河州元阳县的哀牢山南部，是哈尼族人世世代代留下的杰作。元阳梯田是**红河哈尼梯田**的核心区。

12. 被**举孝廉**后的任用升迁情况，在中央以郎署为主，再迁为尚书、侍御史、侍中、中郎将等官；在地方的则为令、长、丞，再迁为太守、刺史。

13. 从清末建筑河南汴洛铁路以来，在洛阳北郊邙山等地之唐墓中，先后发掘为数颇多之三彩器与俑像。**唐三彩**不论其形制与色彩之施化，均具极高之艺术意匠，乃引起日本、欧美各国人士之注目，而以高价购藏，从此唐三彩遂被列入世界艺术之一部分。

14. 各学派的人物针对一些社会问题四处游说，推行自己的政治主张，或著书立说，人们的思想空前活跃，在中国文化史上形成了一个空前繁荣的局面。**诸子百家**的学术观点反映在他们的文学作品中也随之形成了不同的学术和文学派别。

15. 通过有个性的人物对话塑造了鲜明的人物形象，是《**孔雀东南飞**》最大的艺术成就。在贯穿全篇的对话中，可以看到，刘兰芝对仲卿、对焦母、对小姑、对自己的哥哥和母亲讲话时的态度与语气各不相同，正是在这种不同中可以感受到她那勤劳、善良、备受压迫而又富于反抗精神的、外柔内刚的个性。

第二部分　应用文写作（45 分）

　　某学术团体决定召开一次全国性学术研讨会，请虚拟会议议题、内容，写一封致有关专家学者的邀请函。要求字数不少于 400 字。

第三部分　命题作文（60 分）

　　面对突发的新冠肺炎疫情，国家坚持人民至上、生命至上，果断采取防控措施，全国人民紧急行动。人们居家隔离，取消出访和聚会；娱乐、体育场所关闭；政务服务网上办理；学校开学有序推迟；公共服务场所设置安全"一米线"。防疫拉开了人们的距离。与此同时，城乡社区干部、志愿者站岗值守，防疫消杀，送菜购药，缓解燃眉之急；医学专家实时在线，科学指导，增强抗疫信心；快递员顶风冒雨，在城市乡村奔波；司机夜以继日，保障物资运输；教师坚守岗位，网上传道授业；新闻工作者深入一线，传递温情和力量。抗疫密切了人们的联系。

　　请综合以上材料，以"疫情中的距离与联系"为主题，写一篇不少于 800 字的文章。除诗歌外，体裁不限。

2022 年全日制翻译硕士专业学位（MTI）研究生入学考试试题

科目名称：<u>汉语写作与百科知识</u>　　　科目代码：　<u>448</u>
考试时间：<u>3 小时</u>　　　　　　　　　满分：　<u>150 分</u>

第一部分　百科知识（每小题 2 分，共 50 分）

1. 柴可夫斯基　　　　2. 特别提款权　　　　3. 绿色 GDP
4. 纵横家　　　　　　5.《周易》　　　　　　6. 三一律
7.《茶花女》　　　　　8. 以人为本　　　　　9. 丹霞地貌
10. 亚当·斯密　　　　11. 多米诺骨牌　　　12. "两学一做"
13. 著作权　　　　　　14. "985 工程"　　　15. 两岸三通
16. 中国知网　　　　　17. 知行合一　　　　18. 犹太教
19. 玛雅文明　　　　　20. "僵尸企业"　　　21. 精卫填海
22. 启蒙运动　　　　　23. 殷墟　　　　　　24. 新型城镇化
25. 常春藤联盟

第二部分　应用文写作（40 分）

　　某高校举行 100 周年校庆纪念大会，其中一项内容是校友代表致辞。请以校友代表的身份写一篇发言稿。要求字数不少于 400 字。

第三部分　命题作文（60 分）

　　国家主席习近平于 2014 年 5 月 4 日考察了北京大学。他说："千磨万击还坚劲，任尔东西南北风"。实现我们的发展目标，实现中国梦，必须增强道路自信、理论自信，制度自信。
　　请根据材料，谈谈你的感悟与思考。写一篇不少于 800 字的论说文章。

湖南师范大学

2023 年全日制翻译硕士专业学位（MTI）研究生入学考试试题

科目名称：<u>汉语写作与百科知识</u>　　科目代码：<u>448</u>
考试时间：<u>3 小时</u>　　　　　　　满分：<u>150 分</u>

第一部分　百科知识（"百科知识"分为两部分，共 50 分）

一、单项选择（每小题 2 分，共 20 分）

1. 《天工开物》是我国最早的工艺百科全书，它的作者是明朝的(　　)。
   A. 徐霞客　　　　　B. 沈括　　　　　C. 郦道元　　　　　D. 宋应星
2. 科举制度是中国古代特有的选官制度，它正式开始于(　　)。
   A. 汉朝　　　　　　B. 隋朝　　　　　C. 唐朝　　　　　　D. 宋朝
3. 莎士比亚四大悲剧中，哪部又称《王子复仇记》？(　　)
   A. 《奥赛罗》　　　B. 《哈姆莱特》　C. 《麦克白斯》　　D. 《李尔王》
4. 耄耋之年指的是(　　)。
   A. 五六十岁　　　　B. 六七十岁　　　C. 七八十岁　　　　D. 八九十岁
5. "天下兴亡，匹夫有责"是哪位思想家的名言？(　　)
   A. 黄宗羲　　　　　B. 顾炎武　　　　C. 王夫之　　　　　D. 王充
6. 提出"若使天下兼相爱，国与国不相攻，……则天下治"的先秦思想家是(　　)。
   A. 老子　　　　　　B. 孔子　　　　　C. 墨子　　　　　　D. 孟子
7. 被西方称为"物理学之父"，并且提出"只要给我一个支点，就能撬动整个地球"的名言的物理学家是(　　)。
   A. 亚里士多德　　　B. 阿基米德　　　C. 伽利略　　　　　D. 开普勒
8. 在古希腊神话中，爱与美的女神是(　　)。
   A. 缪斯　　　　　　B. 赫拉　　　　　C. 雅典娜　　　　　D. 阿芙洛狄特
9. 铅笔有软硬之分，用英文字母来表示，下列符号哪个表示较硬？(　　)
   A. "2H"　　　　　　B. "HB"　　　　　C. "B"　　　　　　D. "2B"
10. 三原色指的是(　　)。
    A. 红、黄、蓝　　　B. 红、黄、黑　　C. 黑、白、红　　　D. 白、黄、蓝

二、名词解释（每小题 3 分，共 30 分）

1. 苏轼　　　　　　2. 福克纳　　　　　3. 《本草纲目》
4. 《巴黎圣母院》　5. 金砖国家　　　　6. 俄狄浦斯情结
7. 世界观　　　　　8. 绿色发展　　　　9. 一带一路
10. 双减

第二部分 应用文写作（40分）

某学校需要招聘校史馆兼职讲解员，请你写一份申请书，向学校申请这一岗位。请注意身份、语言表达和格式方面的要求。（400字左右）

第三部分 现代汉语写作（60分）

请以"不忘初心"为题，写一篇现代文，体裁不限（诗歌、戏剧除外），立意不限，但须主题鲜明积极，内容充实。（800字左右）

2022年全日制翻译硕士专业学位（MTI）研究生入学考试试题

科目名称：<u>汉语写作与百科知识</u>　　　科目代码：<u>448</u>
考试时间：<u>3小时</u>　　　　　　　　满分：<u>150分</u>

第一部分 百科知识（"百科知识"分为两部分，共50分）

一、单项选择（每小题2分，共20分）

1. 神舟十三号载人飞船于北京时间10月16日0时23分发射，飞行乘组由航天员（　　）组成。
   A. 刘洋、景海鹏和陈冬　　　　　　B. 翟志刚、王亚平和叶光富
   C. 刘洋、刘伯明和汤洪波　　　　　D. 聂海胜、张晓光和王亚平

2. 据目前的研究，（　　）不属于禽流感感染的渠道。
   A. 密切接触感染的禽类　　　　　　B. 受病毒污染的水
   C. 人与人之间传播　　　　　　　　D. 经过呼吸道传播

3. （　　），北京证券交易所在北京金融街正式开市。
   A. 2021年11月15日上午9时30分　　B. 2021年10月8日上午9时30分
   C. 2021年8月8日上午9时30分　　　D. 2021年9月15日上午9时30分

4. 1964年中国重大的科技成果是（　　）。
   A. 第一颗原子弹爆炸　　　　　　　B. 第一颗人造卫星升天
   C. 第一颗氢弹爆炸　　　　　　　　D. 第一颗导弹发射

5. 名画《清明上河图》画的是哪个季节？（　　）
   A. 春　　　　　B. 夏　　　　　C. 秋　　　　　D. 冬

6. 世界上最大的洋流是（　　）。
   A. 墨西哥湾暖流　　　　　　　　　B. 佛罗里达暖流
   C. 西风漂流　　　　　　　　　　　D. 加利福利亚寒流*

7. 我国森林覆盖率最高的省是（　　）省。
   A. 浙江　　　　B. 福建　　　　C. 吉林　　　　D. 四川

---

* 第6题选项中的"加利福利亚寒流"应为"加利福尼亚寒流"，题目来源于湖南师范大学纸质版真题。

8. 国家公务员制度起源于( )。

   A. 美国雇员制   B. 法国议会制

   C. 英国文官制   D. 德国武官制

9. 世界贸易组织（简称 WTO），成立于( )，总部位于瑞士日内瓦莱蒙湖畔。

   A. 1996 年   B. 1995 年   C. 1992 年   D. 1994 年

10. 下列哪个动物没有声带？( )

   A. 大象   B. 猴子   C. 熊猫   D. 长颈鹿

二、名词解释（每小题 3 分，共 30 分）

   1. 元宇宙   2.《上海公报》   3. 碳中和

   4.《三国演义》   5. 郭嵩焘   6. 巴尔扎克

   7. 奥古斯都·恺撒   8. 联合国安理会   9. 核酸检测

   10. 异化翻译

第二部分 应用文写作（40 分）

   李明和奶奶乘高铁出行，在车上奶奶突发心脏病，情况危急，列车工作人员给予及时帮助，奶奶经医院抢救转危为安。

   请你以李明的身份给列车组写一封感谢信。请注意身份、内容和格式等方面的要求。（400字左右）

第三部分 现代汉语写作（60 分）

   请以"合作共赢"为题，写一篇现代文，体裁不限（诗歌、戏剧除外），立意不限，但须主题鲜明积极，内容充实。（800 字左右）

※ 理 工 类 院 校 ※

北京邮电大学

2024 年全日制翻译硕士专业学位（MTI）研究生入学考试试题

科目名称：<u>汉语写作与百科知识</u>　　　科目代码：<u>448</u>
考试时间：<u>3 小时</u>　　　　　　　　满分：<u>150 分</u>

一、选择题及下划线名词解释（每小题 2 分，共 50 分）

1. 汉字中的"老"是(　　)。
   A. 象形字　　　　　　　B. 会意字　　　　　　　C. 形声字

2. 《雁塔圣教序》亦称《慈恩寺圣教序》，是唐代褚遂良的(　　)代表作品。
   A. 草书　　　　　　　　B. 行书　　　　　　　　C. 楷书

3. 对元音［o］和［u］在发音上的某些特点的描述，正确的是(　　)。
   A. 两个元音的舌位都靠前
   B. 两个元音的舌位高低相同
   C. 两个元音都是圆唇

4. 以下词语中属于一个语素的是(　　)。
   A. 青山　　　　　　　　B. 明月　　　　　　　　C. 琵琶

5. "(　　)"是中国核电走向世界的"国家名片"，是中国核电创新发展的重大标志性成果。
   A. 华龙一号　　　　　　B. 玉龙二号　　　　　　C. 蛟龙一号

6. 2023 年 9 月 3 日是中国人民抗日战争暨世界反法西斯战争胜利(　　)纪念日。
   A. 78 周年　　　　　　　B. 85 周年　　　　　　　C. 60 周年

7. (　　)是指能够以自由状态存在的最小物质组成部分。
   A. 分子　　　　　　　　B. 原子　　　　　　　　C. 粒子

8. 中国的十二时辰以(　　)为首。
   A. 寅时　　　　　　　　B. 子时　　　　　　　　C. 申时

9. 宋陆游《游锦屏山谒少陵祠堂》中有诗句："涉江亲到锦屏上，却望城郭如丹青"。此处
   "丹青"指(　　)。
   A. 画家　　　　　　　　B. 颜料　　　　　　　　C. 图画

10. PPI 和 CPI 是一个类型的指数，都可以用来观察经济的通胀水平。CPI 是(　　)。
    A. 股票价格指数　　　　B. 消费者物价指数　　　C. 生产者物价指数

11. 作为宋元中国的世界海洋商贸中心的泉州入选<u>世界遗产</u>名录。

12. 2023 年 4 月，科学家发现首个有两套<u>脱氧核糖核酸</u>的动物——黄疯蚁。

13. **大汶口文化**被认为是华北地区古代文明发展的重要奠基。它对华北地区以及整个中国古代文明的发展产生了深远的影响。

14. 《周礼·保氏》中指出了君子**六艺**："养国子以道，乃教之六艺。"

15. 《流浪地球》被网友称为"**硬核**国产科幻片"。

16. 第 20 届**香格里拉对话会**于 2023 年 6 月 2 日至 4 日在新加坡举行。

17. 中国遥感应用协会发布《中国遥感应用事业发展蓝皮书（2023）》称，截至 6 月底，中国发射各型**遥感卫星**近 300 颗。

18~19. 中国人民银行决定于 9 月 15 日下调金融机构**存款准备金率** 0.25 个百分点（不含已执行 5%存款准备金率的金融机构），以巩固经济回升向好基础，保持流动性合理充裕。本次下调后，金融机构**加权**平均存款准备金率约为 7.4%。

20. 浙江中医药大学附属第三医院在杭州亚运会主媒体中心中医药文化体验馆开展"中医推拿主题日"活动，由 8 位医生组成的"推拿天团"为国内外媒体工作者提供推拿服务、八段锦练习、**穴位**养生小妙招等。

21. 突发事件**网络舆情**给高校安全稳定带来严峻挑战。如何有效应对突发事件网络舆情成为提升高校治理能力亟需解决的问题。

22. 针对当前网络安全形势，网站经营者要及时填补服务器系统的**漏洞**，通过官方渠道和正规途径获取软件。

23~24. 暑假一开始，一位小学五年级的学生家长在微信**朋友圈**里晒了一则班主任写的"**打油诗**"评语，引起许多家长与网友的好评。

25. 《中国人工智能大模型地图研究报告》显示，从全球已发布的**大模型**分布看，中国和美国大幅领先，超过全球总数的 80%。其中，参数在十亿规模以上的大模型，中国已发布 79 个。

二、应用文写作（40 分）

　　为了丰富留学生的生活，引导留学生深入体验中华传统文化，下个月某大学对外汉语中心将要组织全体留学生去故宫参观。你是中心的教学助理，负责此次活动的策划。请写明实践目的、时间、地点、参加人员、活动的具体安排和流程、安全保障预案和注意事项等。

　　根据上面的文字说明，写一份 450 字左右的活动策划方案。

　　要求：内容具体，结构清晰，格式标准。

三、命题作文（60 分）

　　北宋理学家程颐曰："不偏之谓中，不易之谓庸。中者，天下之正道，庸者，天下之定理。"

　　请根据这句话的意义，自拟题目写一篇 800 字左右的文章。

　　要求：思路清晰，文字通顺，用词得体，结构合理，文笔优美。

2023 年全日制翻译硕士专业学位（MTI）研究生入学考试试题

科目名称：<u>汉语写作与百科知识</u>　　科目代码：　<u>448</u>

考试时间：<u>3 小时</u>　　　　　　　满分：　<u>150 分</u>

一、选择题及下划线名词解释（每小题 2 分，共 50 分）

1. 声调的基本性质是由（　　）决定的。
   A. 音高　　　　　　　　　B. 音强　　　　　　　　　C. 音色

2. 汉语音节结构的特点是（　　）。
   A. 每个音节都有声母、韵母和声调
   B. 韵母可以没有韵头、韵尾
   C. 音节中可以有两个辅音音素

3. 现在我们常用"阳春白雪"和"下里巴人"指代高雅和通俗的文艺作品，请问这两个成语最初指的是（　　）。
   A. 书法　　　　　　　　　B. 绘画　　　　　　　　　C. 音乐

4. "美"字最初的含义是（　　）。
   A. 肥美的大羊
   B. 戴着头饰站立的人
   C. 土地里生长的花朵

5. 宣纸得名于它的（　　）。
   A. 用途　　　　　　　　　B. 材质　　　　　　　　　C. 产地

6. 2021 年中国首辆火星车"（　　）"驶离着陆平台，开始巡视探测，传回火星表面影像。
   A. 火星号　　　　　　　　B. 祝融号　　　　　　　　C. 火神号

7. （　　）的穿透能力最强。
   A. α 射线　　　　　　　　B. β 射线　　　　　　　　C. γ 射线

8. "（　　）"是中国儒家学派道德规范的最高准则。
   A. 礼　　　　　　　　　　B. 仁　　　　　　　　　　C. 信

9. 重阳节这天登山时人们会将（　　）佩戴在手臂上或磨碎放在香袋里。
   A. 艾蒿　　　　　　　　　B. 茱萸　　　　　　　　　C. 青蒿

10. 世界上最长的河流是（　　）。
    A. 尼罗河　　　　　　　　B. 亚马逊河　　　　　　　C. 长江

11. "**凡尔赛文学**"一词成为最近两年的流行热频词语。

12. "**五音**"是整个中国传统音乐的基本形态。《淮南子》言："音之数不过五，而五音之变不可胜听也。"

13. 今年诺贝尔物理学奖颁发给在**量子纠缠**实验方面有重要贡献的三名科学家。

14. **博鳌亚洲论坛**2022 年年会新闻发布会在北京举行，国家主席习近平应邀以视频方式出席开幕式并发表主旨演讲。

15. 习近平总书记 2020 年在浙江考察时指出，让城市更聪明一些、更智慧一些，是推动城市治理体系和治理能力现代化的必由之路，前景广阔。《"十四五"数字经济发展规划》提出，深化新型**智慧城市**建设，推动城市数据整合共享和业务协同，提升城市综合管理服务能力。

16. **比兴**是中国诗歌中的一种传统表现手法。

17. 在人们生活中扮演着重要角色的糖大致可分为**单糖**、双糖和多糖。

18. 此化学反应在药物开发、**DNA** 定位和创造新材料等方面被广泛使用。

19. 马里奥·莫利纳在加州大学伯克利分校工作时发现了**氟利昂**是如何破坏臭氧层的。

20. 在世界各国各民族中都普遍有**图腾**存在。

21. 今年**梅雨**期结束后，由于降水量较少，多地发生了伏秋连旱。

22. 上述**检测**既有定性也有定量，有助于确定**抗原**或抗体的存在。

23. 《支持外贸稳定发展若干政策措施》明确，要出台进一步支持跨境电商**海外仓**发展的政策措施，加快出台便利跨境电商出口退换货的税收政策。

24. 全球范围内曾多次爆发**金融危机**，波及范围巨大，影响深远。

25. 在我国久远的品茶历史中留存下来大量的茶文化书籍，其中尤以《**茶经**》最为著名。

二、应用文写作（40 分）

近期有很多同学反映：校园内共享单车的数量越来越多，有些车辆停放不规范，特别是各个教学楼前乱停现象严重，还有单车和汽车混停的问题。学生会的同学们希望发动全体师生的力量，共同维护校园整洁环境。你是一名校学生会的成员，此次倡议书由你负责撰写。请写明在什么情况下，为了什么目的而发出什么倡议，倡议的条款、意义和作用，以及倡议者的希望和决心。

根据上面的文字说明，写一份 450 字左右的倡议书。

要求：内容具体，结构清晰，格式标准。

1. 标题　　　　　　　　2. 称呼　　　　　　　　3. 正文

4. 署名及日期（署名请以×××表示，不得使用真实姓名）

三、命题作文（60 分）

《老子》第二章中说道："天下皆知美之为美，斯恶已，皆知善之为善，斯不善已。故有无相生，难易相成，长短相形，高下相倾，音声相和，前后相随。"

请根据这句话的意义，自拟题目写一篇 800 字左右的文章。

要求：主题明确，思路清晰，文字通顺，用词得体，结构合理，文笔优美。

2022年全日制翻译硕士专业学位（MTI）研究生入学考试试题

科目名称：<u>汉语写作与百科知识</u>　　　　科目代码：<u>448</u>

考试时间：<u>3小时</u>　　　　　　　　　满分：<u>150分</u>

一、选择题及下划线名词解释（每小题2分，共50分）

1. 下列词组，成分间关系**不同**于其他两项的是(　　)。
   A. 个人电脑　　　　　B. 学习编程　　　　　C. 修理汽车

2. 我们常说的"四书五经"，以下**不属于**"五经"的是(　　)。
   A.《诗经》　　　　　B.《礼记》　　　　　C.《大学》

3. 最小的语音单位是(　　)。
   A. 音位　　　　　　　B. 音素　　　　　　　C. 音节

4. 从汉字结构来说，以下是合体字的是(　　)。
   A. 工　　　　　　　　B. 休　　　　　　　　C. 大

5. 中国古代历法有"天干地支"的划分，其中"十二地支"中，位于"未"之前的是(　　)。
   A. 申　　　　　　　　B. 戌　　　　　　　　C. 午

6. 将中国古代戏剧创作推向高峰的传奇戏剧《牡丹亭》，其作者是(　　)。
   A. 汤显祖　　　　　　B. 关汉卿　　　　　　C. 柳梦梅

7. (　　)是中国元代伟大的水利家，他的设计与施工解决了元大都的漕运饮水问题。
   A. 郭守敬　　　　　　B. 徐光启　　　　　　C. 李冰

8. 俗称三月三的中国传统节日是(　　)。
   A. 寒食节　　　　　　B. 寒衣节　　　　　　C. 上巳节

9. 中国上古三大奇书是指《山海经》(　　)和《黄帝内经》。
   A.《周易》　　　　　B.《史记》　　　　　C.《论语》

10. 用于衡量天体之间的距离的长度单位是(　　)。
    A. 公里　　　　　　　B. 纳米　　　　　　　C. 光年

11. **声调**是汉语音节中不可缺少的组成部分之一。

12. 词除了有理性意义之外，有时候还带着某种附属色彩，其中最重要的是**感情色彩**和语体色彩。

13. "**复工复产**"是国家语言资源监测与研究中心发布的"2020年度中国媒体十大新词语"之一。

14. 汉字是意音文字，和**表音文字**相比，它难学、难写、难认、难记。

15. 根据《周礼》，周王官学要求学生掌握"**六艺**"。

16.《**史记**》的写法被中国历代王朝纳为正式的历史写作手法。

17~18. "**双碳**"下，以**光伏**为代表的新能源产业将迎来新机遇。

19. 在金融监管部门的引导下，**信托**行业将继续顺应经济社会发展的新形势，发挥信托制度在国民经济中的重要作用。

20~21.《**齐民要术**》一书中记载了许多利用食盐制作不同酱菜的方法，如用甜酱、酱油等加工的酱菜，**酒糟**做的糟菜，糖蜜做的甜酱菜等。

22~23. <u>皮影戏</u>里不只有中国民间传统艺术，也有启发科研人员探寻光影世界微观成像的灵感。如果把细胞比作皮影，把成像<u>芯片</u>比作幕布，那么用光将细胞投影到芯片上，就相当于将皮影投影到幕布上，所见即所得。

24~25. 在海南<u>热带雨林</u>国家公园，森林覆盖率高达95.85%，涵盖了海南岛95%以上的<u>原始森林</u>和55%以上的天然林。

二、应用文写作（40分）

你是一名在校大学生。你所在的城市将要举办一场大型体育赛事，现在正召集赛会志愿者。赛会志愿者的服务大体包括对外联络服务、竞赛运行服务、场馆运行服务、安保服务、交通服务等。你非常希望能够成为赛会志愿者，所以要写一份自荐信给赛会组织者。

根据上面的文字说明，写一份450字左右的自荐信。

要求：内容具体，结构清晰，格式标准。

1. 标题　　　　　　　2. 称呼　　　　　　　3. 正文

4. 署名及日期（署名请以×××表示，不得使用真实姓名）

三、命题作文（60分）

请以"勇气"为题写一篇800字左右的文章。

要求：思路清晰，文字通顺，用词得体，结构合理，文笔优美。

西安邮电大学

2024 年全日制翻译硕士专业学位（MTI）研究生入学考试试题

科目名称：汉语写作与百科知识　　　　科目代码：448
考试时间：3 小时　　　　　　　　　满分：150 分

一、名词解释题（每小题 4 分，共 40 分）

1. 中国式现代化　　　2. 宗法制　　　　3.《兰亭集序》

4. 四大名绣　　　　　5.《红楼梦》　　　6.《巨人传》

7. 启蒙运动　　　　　8. 无罪推定　　　9. 相对论

10. 第一次工业革命

二、名词填空题（每小题 2 分，共 30 分）

1. 横渠四句，是指北宋关学大家（1）_____ 的名言，即："为天地立心，为生民立命，（2）_____，（3）_____"。当代哲学家冯友兰将其称作"横渠四句"。由于其言简意宏，一直被人们传颂不衰。

2. 二十四史是中国古代各朝撰写的二十四部正史的总称，均以（4）_____ 体编撰。其中前四史的文学、史学价值更高。前四史是《史记》、《汉书》、（5）_____、（6）_____ 的合称，作者分别是（7）_____、（8）_____、范晔、陈寿。

3. 中国的历史名桥有西安东郊的（9）_____，古人在此折柳送别；河北赵县的（10）_____，是全世界最早的敞肩拱桥；北京的（11）_____，"七七事变"在此发生。

4. 汉字是以（12）_____ 为基础的文字，汉字创造的方法中，有一类是纯粹的符号；有一类是（13）_____ 字，通过两个或两个以上的象形符号来表达意思（如"信"）；还有一类是（14）_____ 字，就是通过在象形基础上强调某一点来表达意思（如"刃"）；至于占汉字八成以上的（15）_____ 字，由声符和形符两部分组成。

三、应用文写作（30 分）

为深度融入共建"一带一路"大格局，打造内陆改革开放高地，推动形成以国内大循环为主体、国内国际双循环的新发展格局，西安已成功举办七届丝绸之路国际博览会。

西安不仅是古代丝绸之路的起点，也是当今中国高等教育资源强地。因此，大会组委会拟在全市高校中选拔 100 名大学生志愿者参与下届会议的组织与筹备工作。

请你以校学生会名义面向全校学生写一份志愿者招募倡议书。

要求：结构完整，要素完备，格式规范，语言流畅，字数在 450 字左右。

四、命题作文（50 分）

就在近日，网络上又流行开了一个新词，叫做"45°人生"。

所谓"45°人生"，指的是一种介于"内卷"和"躺平"之间的生活状态。最初是很多年轻网友拿来自我调侃的话。他们把人生比作一个 90 度的直角，向上是奋力一击的追求，拼命内卷；向下是颓废懒散后的妥协，躺平摆烂。

而"45°"则是卡在中间最让人感到尴尬的位置，网友吐槽说："卷又卷不动，躺又躺不平，摆又摆不烂"。 （《扬子晚报》，2023-4-15）

请结合上述材料，以"'45 度人生'之我见"为题写一篇议论文。

要求：观点鲜明，思路清晰，逻辑严密，论证详实，语言生动，字数不少于 800 字。

2023 年全日制翻译硕士专业学位（MTI）研究生入学考试试题

科目名称： 汉语写作与百科知识 　　科目代码： 448
考试时间： 3 小时 　　满分： 150 分

一、名词解释题（每小题 4 分，共 40 分）

1. 六经　　　　　　2. 乐府　　　　　　3. 修己慎独
4. 经史子集　　　　5. 气韵生动　　　　6. 《清明上河图》
7. 江南三大名楼　　8. 莫高窟　　　　　9. 金砖国家
10. 禅宗

二、名词填空题（每小题 2 分，共 30 分）

1. 世界上早期的文字主要有三种：苏美尔和（1）_____人的楔形文字、（2）_____人的图画文字以及（3）_____。

2. 楷书四大家指（4）_____、（5）_____、（6）_____、（7）_____。

3. （8）_____是中国最早的一部诗歌总集。（9）_____是中国最早的一首长篇抒情诗。（10）_____和（11）_____合称"乐府双璧"。（12）_____和（13）_____被称为"小李杜"。

4. 电子信息技术是电子技术、（14）_____技术与（15）_____技术的综合，它是一门随着微电子、计算机以及其他相关技术的发展而发展起来的，涉及信息的获取、存储、传递与处理等新的综合技术。

三、应用文写作（30 分）

某翻译公司需要招聘合同翻译译员：

（1）公司主要从事会议口译、学术文本英汉互译、合同翻译等。

（2）对合同翻译译员的基本要求：具有高度的责任心；具有一定的中外文水平；具有必要的专业知识；具有翻译理论知识和实践经验。

请根据提示写一则招聘广告。

要求：结构完整，要素完备，格式规范，语言流畅，字数在 450 字左右。

四、命题作文（50 分）

党的十八大以来，以习近平同志为核心的党中央高度重视推动中华文化"走出去"。《中华人民共和国国民经济和社会发展第十四个五年规划和 2035 年远景目标纲要》提出，积极发展对外文化贸易，开拓海外文化市场，鼓励优秀传统文化产品和影视剧、游戏等数字文化产品"走出去"，加强国家文化出口基地建设。　　　　　　　　　　　（《光明日报》，2022-7-7）

请以"论中国文化走出去"为题，写一篇议论文。

要求：观点鲜明，思路清晰，逻辑严密，论证详实，语言生动，字数不少于 800 字。

中国石油大学（华东）

2023 年全日制翻译硕士专业学位（MTI）研究生入学考试试题

科目名称：<u>汉语写作与百科知识</u>　　　科目代码：<u>448</u>
考试时间：<u>3 小时</u>　　　　　　　　满分：<u>150 分</u>

第一部分　百科知识（"百科知识"分为两部分，共 50 分）

一、单项选择：从四个选项中选择正确的一项（每小题 1 分，共 20 分）

1. 四大美女享有"闭月羞花之貌，沉鱼落雁之容"的美誉，其中"落雁"指的是(　　)。
   A. 昭君　　　　　　B. 西施　　　　　　C. 杨贵妃　　　　　　D. 貂蝉

2. (　　)被誉为"俄罗斯文学之父""俄国诗歌的太阳""青铜骑士"。
   A. 普希金　　　　　　　　　　　　B. 莱蒙托夫
   C. 托尔斯泰　　　　　　　　　　　D. 罗蒙诺索夫

3. 战国思想家荀子提出"天地合而万物生，阴阳接而变化起""天行有常，不为尧存，不为桀亡"。这种哲学观点属于(　　)。
   A. 形而上学唯物主义　　　　　　　B. 朴素唯物主义
   C. 历史唯物主义　　　　　　　　　D. 辩证唯物主义

4. (　　)的发表标志着马克思主义的诞生。
   A.《共产党宣言》　　　　　　　　　B.《资本论》
   C.《自然辩证法》　　　　　　　　　D.《工人联合会》

5. (　　)是书法史上的一次革命，不但使汉字趋于方正楷模，而且在笔法上也突破了单一的中锋运笔，为以后各种书体流派奠定了基础。
   A. 小篆　　　　　　B. 楷书　　　　　　C. 隶书　　　　　　D. 行书

6. (　　)描绘了北宋时期都城东京的状况，主要是汴京以及汴河两岸的自然风光和繁荣景象，是中国十大传世名画之一，属国宝级文物。
   A.《清明上河图》　　　　　　　　　B.《金明池争标图》
   C.《东京梦华录》　　　　　　　　　D.《游春图》

7. (　　)是魏源编著的影响较大的一部作品，他提出了"师夷长技以制夷"的思想。
   A.《圣武记》　　　　　　　　　　　B.《海国图志》
   C.《皇朝经世文编》　　　　　　　　D.《默觚》

8. (　　)位于河南登封市境内，自古代起，它就是中国宗教、文化活动的重要地区，其中最著名的是少林寺。
   A. 衡山　　　　　　B. 华山　　　　　　C. 恒山　　　　　　D. 嵩山

9. 西藏有三大特产，统称"藏北三宝"。下列不属于"藏北三宝"的是(　　)。
   A. 藏羊　　　　　　　　　　　　　B. 冬虫夏草
   C. 牦牛　　　　　　　　　　　　　D. 酥油草

10. "两不愁三保障"是国家在易地扶贫搬迁中提出的主要目标。其中"两不愁"指不愁吃、不愁穿。下列**不属于**"三保障"范畴的是(　　)。

A. 住房安全保障 　　　　　　　　　B. 义务教育保障

C. 基本医疗保障 　　　　　　　　　D. 家庭收入保障

11. 下面哪个新提法源于党的二十大报告?(　　)

A. 中国式现代化 　　　　　　　　　B. 科学发展观

C. 核心价值观 　　　　　　　　　　D. 总体国家安全观

12. (　　)是指以低于面额的价格出售新股,即按面额打一定折扣后发行股票。

A. 溢价发行 　　　　　　　　　　　B. 公开发行

C. 平价发行 　　　　　　　　　　　D. 低价发行

13. (　　)指国债券面上不附有息票,发行时按规定的折扣率,以低于债券面值的价格发行,到期按面值支付本息的国债。

A. 地方政府债券 　　　　　　　　　B. 贴现国债

C. 附息国债 　　　　　　　　　　　D. 企业债券

14. 沈括所著的(　　),是一部涉及古代中国自然科学、工艺技术及社会历史现象的综合性笔记体著作。英国科学史家称之为"中国科学史上的里程碑"。

A. 《天工开物》　　B. 《永乐大典》　　C. 《梦溪笔谈》　　D. 《四库全书》

15. 现代汉语中"自然"这个词是对西方文字的翻译,古代汉语里并没有"自然"这个独立的词汇。古代汉语中"自然"最早出现在(　　),是一个形容性的词组。

A. 《墨经》　　　　B. 《道德经》　　　C. 《韩非子》　　　D. 《春秋》

16. 二战期间,美国研制原子弹并用于实践;1946 年美国投入使用的第一台电子计算机,最初是用来计算炮弹弹道的;德国人研制成功远程液体燃料火箭,是用于空袭英国的。以上事实说明(　　)。

A. 科技革命是战争爆发的导火索

B. 科技是决定战争胜负的关键

C. 二战加速了第三次科技革命的到来

D. 第三次科技革命加速了二战的爆发

17. (　　)是中国历史上著名的以少胜多、以弱胜强的战役之一,是三国时期"三大战役"中最为著名的一场,也是在长江流域进行的大规模江河作战,为而后三国鼎立奠定了基础。

A. 官渡之战　　　　B. 夷陵之战　　　　C. 濮阳之战　　　　D. 赤壁之战

18. 我国的(　　)备受关注,其重要的原因在于它能够减少人员的使用,探寻更多的情报,甚至还能执行一些危险性比较大的打击性任务。

A. 超音速飞机　　　B. 歼-20　　　　　C. 航空母舰　　　　D. 军用无人机

19. 某晚,李某回家途中见两男子欺负一女子,即上前制止。其中一男殴打李某,李某被迫还手。此时,便衣警察黄某路过,见状抓住李的肩膀,但黄未表明其身份。李某误以为黄某是对方的帮手,便拔刀刺伤黄某后逃跑。李某的行为属于(　　)。

A. 正当防卫　　　　B. 紧急避险　　　　C. 妨碍公务　　　　D. 故意伤害

20. 北宋沈括《图画歌》云:"江南董源僧巨然,淡墨轻岚为一体",这里指的是中国哪种绘画艺术?(　　)

A. 帛画　　　　　　B. 木简画　　　　　C. 漆画　　　　　　D. 水墨画

二、名词解释：请用一句话给下列名词下定义，每题答案 15—50 字（每小题 2 分，共 30 分）

1. 意识流小说　　　　2. 量子纠缠　　　　3. 诉讼时效

4. 法定继承　　　　　5. 莫高窟　　　　　6. 通货紧缩

7. 人口红利　　　　　8. 借壳上市　　　　9. 著作权

10. 法定继承*　　　　11. 京剧　　　　　 12. 空巢老人

13. PM2.5　　　　　　14. 懂王　　　　　 15. 偷袭珍珠港

第二部分　应用文写作（40 分）

请为学生双代会起草一篇研究生代表提案。

要求：300—500 字；格式规范，问题精准，方案可行，言简意赅，避免假大空。

第三部分　命题作文（60 分）

请以"活在当下"为题，写一篇文章。

要求：不少于 800 字；文字通顺，结构合理，逻辑严谨，文体恰当，用词得体，文笔优美。

---

* 第 10 题与第 4 题重复，题目来源于中国石油大学（华东）纸质版真题。

MTI

黄皮书
翻译硕士（MTI）

汉语写作与百科知识
真题解析及习题详解

第 9 版

解析分册

编著 ◎ 翻译硕士考试研究中心

编委 ◎ 高金金 冯嘉慧 崔栋洁

中国政法大学出版社

2025 · 北京

目录

政 法 类 院 校

财 经 类 院 校

※ 外 语 类 院 校 ※

北京外国语大学

2024 年全日制翻译硕士专业学位（MTI）研究生入学考试试题

参考答案

第一部分　百科知识

1. **纪传体**：纪传体是西汉史学家司马迁开创的一种史书编纂体例。《史记》是纪传体的典范，确立了"本纪"记帝王、"世家"记诸侯、"列传"记其他代表人物、"表"列年表、"书"记典章制度的体例框架。纪传体的特点是以人物传记为中心，辅以本纪、列传、表、书等形式，全面记录历史事件和人物活动。纪传体后成为历代官修正史的主要编纂方式，如《汉书》《后汉书》等"二十四史"均沿用此体例。

2. **《理想国》**：《理想国》又译作《国家篇》《共和国》，是古希腊哲学家柏拉图创作的哲学对话体著作。全书共 10 卷，通过苏格拉底与他人的对话，阐述了对于理想国家的构想。书中构建的理想国是一个由哲学家治理的正义国家，分为统治者、卫士、劳动者"三个阶层"，以智慧、勇敢、节制、正义作为"四大美德"。其中，统治者和卫士阶层分别负责制定和执行法律，劳动者阶层负责提供国家所需的物质资源。《理想国》的思想广博精深，涉及哲学、文艺、伦理、教育、政治等多方面内容，对西方哲学的发展产生了重要影响。

3. **客家**：客家是中国汉族民系之一，主要分布于广东、福建、江西、台湾等南方省份以及东南亚国家。客家人的祖先多为中原汉人，因战乱南迁，形成独特的移民文化。客家文化强调宗族观念，重视教育。其代表性民居建筑为围屋和土楼。客家方言保留了大量古汉语特征，是汉语方言的重要分支。客家菜（盐焗鸡等）是中华饮食文化菜系的重要组成部分。历史上涌现了许多杰出的客家人物（叶剑英等），对中国近现代史产生了重要影响。

4. **书院**：书院是中国封建社会特有的、相对独立于官学之外的民间教育组织和学术研究机构，通常由著名学者创建或主持。书院最早出现在唐朝，盛行于宋朝，废止于清朝。书院的主要功能包括教学、研究和藏书等。中国著名的四大书院包括河南商丘的应天书院、湖南长沙的岳麓书院、江西庐山的白鹿洞书院、河南登封的嵩阳书院。

5. **哥白尼**：哥白尼是文艺复兴时期波兰著名的天文学家、数学家，近代天文学革命的奠基人。他提出"日心说"，认为太阳是宇宙的中心，地球和其他行星绕太阳运转。其代表作有《天体运行论》等。哥白尼的"日心说"推动了天文学的发展，改变了人类对宇宙的认知，为后来的科学革命奠定了基础。

6. **爵士乐**：爵士乐是 19 世纪末 20 世纪初起源于美国南部城市新奥尔良的一种音乐形式。它融合了布鲁斯、拉格泰姆等音乐元素。其特点是即兴演奏、节奏多样化、和声结构复杂。爵士乐的主要风格有摇摆乐、冷爵士等。相关代表人物有路易斯·阿姆斯特朗、杜克·艾灵顿等。爵士乐是音乐史上的重要流派，深刻影响了流行音乐和摇滚乐的发展。

7. **人工智能**：人工智能（AI）是计算机科学的一个分支，是研究、开发用于模拟、延伸和扩展人的智能的新的技术科学。AI 的核心技术包括机器学习、自然语言处理、计算机视觉等。AI 的发展经历了符号主义、连接主义和深度学习等阶段，近年来因大数据和算力的提升取得突破性进展，广泛应用于医疗、交通、教育等多个行业，如自动驾驶、医学诊断等。然而，AI 也引发伦理、就业等社会问题，需在技术发展与规范管理之间寻求平衡。

8. **薛定谔的猫**：薛定谔的猫是奥地利物理学家埃尔温·薛定谔于 1935 年提出的量子力学思想实验。实验中，一只猫被置于封闭箱子中，箱内有一个由放射性元素控制的毒气装置。若元素衰变，毒气释放，猫死亡；否则，猫存活。根据量子力学，元素处于衰变与未衰变的叠加态，因此猫也处于"既死又活"的叠加态，直到打开箱子观测为止。该实验凸显了微观粒子行为与宏观世界直观经验的矛盾，引发了关于量子测量和观测者效应的哲学讨论。

9. **蒙太奇**：蒙太奇源于法语中的建筑学术语，意为"构成""装配"，后指电影艺术中的一种表现手法，指通过剪辑将不同的分切镜头、声音、场景组合在一起，形成新的意义或情感效果。蒙太奇具有叙事和表意两大功能，可分为叙事蒙太奇、表现蒙太奇、理性蒙太奇三类。蒙太奇是影视创作中的重要表现手段，影响了现代视觉传达的多个领域。

10. **奥运会**：奥运会全称奥林匹克运动会，是国际奥林匹克委员会主办的全球规模最大、影响力最广的综合性体育赛事。奥运会起源于古希腊，分为夏季奥运会、冬季奥运会、残奥会等，原则上每四年举办一届，会期不超过 16 日。奥运会强调公平竞争，比赛项目涵盖田径、游泳、体操等多种运动。中国于 2008 年首次举办奥运会（北京奥运会）。

第二部分　应用文写作

【构思谋篇】

撰写学术讲座海报时，需明确其基本格式：标题醒目，正文内容清晰，落款规范。标题需突出讲座主题和吸引力，如"年度学术盛宴"；正文部分依次介绍主讲人背景、讲座性质、时间、地点和举办单位，语言应简洁有力，兼具宣传效果；落款注明主办单位和日期。

【参考范文】

【北外英院】年度学术盛宴——英语教学与跨文化交流前沿

北京外国语大学英语学院诚邀您参加由王明教授主讲的学术讲座！王明教授是北京外国语大学英语学院的资深教授，长期致力于英语语言文学研究，尤其在英美文学经典解读与语言学理论探索领域取得了卓越成就。他的研究视角独特，学术成果多次发表于国际顶级期刊，深受学界同仁的推崇与尊敬。此次讲座将为您带来一场思想碰撞与智慧交融的学术盛宴！

讲座性质：本次讲座将深入探讨英语语言的发展与演变，聚焦全球化背景下英语作为国际交流语言的角色与影响。王明教授将分享其最新研究成果，涵盖英美文学经典解读、英语语言学前沿理论探索等方面。本次讲座还设有互动环节，以激发听众对英语教学与跨文化交流的深入思考与讨论。

举办时间：2023 年 12 月××日（星期五）下午 2：00—4：00

举办地点：北京外国语大学阿语楼国会厅

举办单位：北京外国语大学英语学院

走进英语文学的世界，感受跨文化交流的魅力！聆听王明教授的精彩讲座，探索英语文学研究的无限可能！敬请莅临，开启您的学术之旅！

北京外国语大学英语学院

2023 年 11 月××日

第三部分　现代汉语写作

【构思谋篇】

题干材料出自庄子的《逍遥游》，借鹏与斥鷃飞翔高度的不同来隐喻人与人之间"认知和追求的差异"。行文时可以肯定斥鷃知足常乐的生活态度；也可以赞赏鹏的远大志向，批判斥鷃认知的狭隘；还可以尊重二者的差异，主张不同的生活态度并无高下之分，都有其存在的合理性。范文选择第三种论点：开头引入寓言，点明鹏与斥鷃的对比，提出认知与追求的差异问题；正文首先分析鹏的远大志向，接着探讨斥鷃的知足常乐，最后结合现实，论述认知与追求差异的合理性，强调尊重不同选择的重要性；结尾升华主题，呼吁在差异中实现自我价值。

【参考范文】

鹏之志与斥鷃之笑：尊重认知与追求的差异

在庄子的《逍遥游》中，鹏与斥鷃的寓言故事展示了两种截然不同的生活态度和价值观。鹏，志向远大，背负青天，扶摇直上九万里；而斥鷃，则知足常乐，满足于蓬蒿之间。这两种生活态度，反映了认知与追求的差异，两者都有其存在的合理性和价值。

鹏，背部宽广如泰山，翅膀如同覆盖天际的云彩。它能够借助风力，扶摇直上九万里高空，穿越云层，覆盖青天。它渴望探索未知的世界，这种追求是对身体的挑战，更是一种精神上的超越。它象征着那些心怀远大理想的勇者。秦皇汉武，志在天下一统，威加四海。他们有鹏之志，内修政治，外御强敌，开疆拓土，奠定大国根基。虽身处封建王朝，其视野与志向却远超时代局限，为华夏文明的传承与发展立下不朽功勋。

然而，并非所有生命都能理解鹏的志向。斥鷃，作为另一个角色，对鹏的壮举表示了嘲笑。它认为，鹏的飞行过于夸张，而自己只需要轻轻一跃，便能在低空飞翔，无需付出那么多努力。它满足于现状，不愿冒险，无法理解鹏为何要追求如此高远的目标。这种知足常乐的心态，虽然看似平淡无奇，但却能让人在纷繁复杂的世界中保持一颗平静的心。

这种差异，不仅仅存在于寓言故事中，更广泛地存在于我们的现实生活中。每个人由于成长环境、性格特点等因素的不同，对于认知与追求的水平也各不相同。有些人像鹏一样，心怀壮志，勇于探索未知；而有些人则像斥鷃一样，珍惜眼前的幸福和美好。

我们应该认识到，认知与追求的差异并不意味着优劣之分。对于那些像鹏一样心怀壮志的人，我们应该给予鼓励和支持。他们的追求，不仅是对自我的挑战，更是对社会的贡献。而对于那些像斥鷃一样满足于现状的人，我们也应该给予理解和尊重。他们的选择，或许源于对生活的不同理解，或许源于对现实的无奈妥协。鹏不应该因为自己的飞翔能力而轻视斥鷃，斥鷃也不应该因为自己的局限而嘲笑鹏的远大志向。每个人都有自己的生活态度和价值观，都有权利选择自己的道路。

综上所述，鹏与斥鷃的故事不仅是对飞翔的隐喻，也是对人生志向和视野的深刻反思。它告诉我们，无论是追求高远的目标，还是满足于现状，都应该尊重差异，并且在自己的位置上尽力而为。这样，无论是鹏还是斥鷃，都能在适合自己的天空飞翔，实现自己的价值。

2023 年全日制翻译硕士专业学位（MTI）研究生入学考试试题

参考答案

第一部分　百科知识

1. **百家争鸣**：百家争鸣是指春秋战国时期不同学派思想交锋、互相争鸣、竞相发展的学术局面。"百家"是泛指，意为数量多，主要学派有儒家、道家、墨家、法家、阴阳家、杂家、名家、纵横家、兵家、农家、医家、小说家十二家，其中前四家影响较大。百家争鸣促进了思想解放和文化繁荣，为后世中国哲学、政治和社会思想的发展奠定了重要基础。

2. **汉赋四大家**：汉赋四大家是汉代辞赋创作的四位杰出代表，包括司马相如、扬雄、班固和张衡。这四位大家的作品对当世与后世文坛都产生了深远影响。

   司马相如，字长卿，是西汉时期著名的辞赋家、政治家，被誉为"赋圣""辞宗"。他的辞赋作品铺陈华丽、气势恢宏、辞藻优美。其辞赋代表作有《上林赋》《长门赋》等。

   扬雄，字子云，是西汉时期著名的辞赋家、哲学家、思想家。他的辞赋作品风格典雅凝练，兼具哲理深度和艺术美感。其辞赋代表作有《甘泉赋》《羽猎赋》等。

   班固，字孟坚，是东汉时期著名的辞赋家、史学家，与其父班彪、其妹班昭并称"三班"。他的辞赋作品展现了宏大的历史视野和深厚的文学功底。其辞赋代表作有《两都赋》《幽通赋》等。班固继承父志撰史，他是《汉书》的主要编纂者，开创了断代史的先河。

   张衡，字平子，是东汉时期著名的辞赋家、科学家。他的辞赋作品打破了传统汉赋堆砌文字的旧习，直抒胸臆。其辞赋代表作有《二京赋》《归田赋》等。他精天文历算，不仅创制了浑天仪、地动仪和指南车等多种天文、地理观测仪器，还创立了系统完整的天文学说，开辟了古代地震学研究的新领域。其天文著作有《灵宪》等。

3. **中学为体，西学为用**："中学为体，西学为用"简称"中体西用"，是指以中国传统文化为根本，以西方科学技术为辅助，实现国家自强。这一概念的雏形由清末思想家冯桂芬于1861 年在《校邠庐抗议》中提出（"中国之伦常名教为原本，辅以诸国富强之术"），后由张之洞在《劝学篇》中系统阐述，并被洋务派采用，作为洋务运动的指导思想。"中学"即以三纲八目为核心的儒家学说，是立国之本；"西学"即清末在中国传播的近代西方先进科技，是强国之器。这一思想强调在维护中国传统伦理道德和封建统治的基础上，吸收学习西方的先进技术和知识，以应对内忧外患的局势并巩固封建统治。这一思想在洋务运动中发挥了重要作用，推动了中国近代化的初步探索，但也因过于保守而受到批评，成为近代中国思想文化转型中的重要议题。

4. **《汉谟拉比法典》**：《汉谟拉比法典》是古巴比伦国王汉谟拉比颁布的法律汇编，是最具代表性的楔形文字法典，也是迄今世界上最早的一部较为完备的成文法典。该法典由序言、正文和结语三部分组成。序言和结语约占全部篇幅的五分之一，辞藻华丽，主要是对国王的赞美之词。正文包括 282 条法律，内容涵盖刑事、民事、贸易、婚姻、继承、租佃关系、债权债务、审判制度以及对奴隶的处罚等。《汉谟拉比法典》维护奴隶主阶级的利益，有利于巩固奴隶制经济的发展，对当时的巴比伦社会起到了非常重要的作用。①

---

① "汉谟拉比法典"，载北京法院网 https://bjgy.bjcourt.gov.cn/article/detail/2011/09/id/883452.shtml，最后访问日期：2025 年 4 月 30 日。

5. **万圣节**：万圣节又称诸圣节，是西方国家的传统节日，节期为每年的 11 月 1 日。在西方观念中，人们相信死去的亡魂会在万圣节前夜重返人间。因此在万圣节前夕（即 10 月 31 日），人们便会打扮成鬼怪的样子将鬼魂吓走，孩子们也会化妆成可爱的鬼怪向邻居索要糖果。

6. **鲁滨逊**：鲁滨逊是英国作家笛福所著长篇小说《鲁滨逊漂流记》中的主人公。他在航海时遭遇风暴，流落荒岛，凭借过人的智慧及出众的生存技能在荒岛度过了 28 年后才重返英国。鲁滨逊是智慧与毅力的化身，也是英国资产阶级积累原始资本时勇于冒险的象征。

7. **《伤寒杂病论》**：《伤寒杂病论》是东汉医学家张仲景所著的中医学经典著作。全书包括伤寒和杂病两个部分，后来原书失散，西晋王叔和等人将其整编为《伤寒论》和《金匮要略》。书中系统论述了外感热病（伤寒）和各类内科杂病的病因、病机、诊断和治疗方法，创立了"六经辨证"理论体系，奠定了中医辨证施治的基础。书中还记载了大量经典方剂，如桂枝汤、麻黄汤等，至今仍广泛应用于临床。《伤寒杂病论》是中国第一部理法方药完备、理论联系实际的临床医学典籍，价值巨大，对后世医学产生了深远影响。

8. **义学**：义学又称义塾，是中国古代一种由民间或官方资助的免费教育机构，旨在为贫困家庭的子女提供基础教育。义学原是古代宗族针对本族子弟设立的启蒙教育机构，至明清时，受教育对象从本族子弟与富家子弟扩展为广大贫寒子弟。清朝义学的发展扩大了蒙学教育范围。义学是中国古代教育体系的重要组成部分，其教学内容以儒家经典为主，包括"四书五经"等，同时注重道德教化。义学的兴起弥补了官学资源的不足，促进了教育的普及，推动了地方文化的繁荣和社会风气的改善。

9. **缪斯**：缪斯是古希腊神话中掌管艺术与科学的九位女神的统称，她们是主神宙斯和记忆女神谟涅摩叙涅的女儿。每位缪斯分别负责不同的领域：卡利俄佩（史诗）、克利俄（历史）、欧忒耳佩（抒情诗与音乐）、忒耳普西科瑞（舞蹈）、厄剌托（爱情诗）、墨尔波墨涅（悲剧）、塔利亚（喜剧）、波吕许谟尼亚（严肃的颂歌）和乌拉尼亚（天文）。缪斯被视为艺术家、诗人和学者的灵感源泉，常被描绘为手持乐器或书卷的形象。古希腊艺术家常在创作前祈求缪斯的庇佑，以获取灵感和智慧。

10. **盛唐气象**：盛唐气象是指唐朝鼎盛时期（尤其是开元、天宝年间）所展现出的繁荣、开放、自信的文化与社会风貌。这一时期，唐朝经济繁荣，国力强盛，文化开放，兼收并蓄，形成了海纳百川的文化精神。都城长安成为世界性大都市，吸引了大量外来文化，同时唐朝也积极输出中华文化，形成了双向互动的文化交流。科举制度的完善打破了门阀世族的垄断，激发了社会各阶层的创造力。儒、道、佛三教并行，佛教本土化进程加快，形成了多元化的文化格局。唐诗达到中国诗歌史的顶峰，涌现出李白、杜甫等伟大诗人，书法、绘画等艺术形式也取得了辉煌成就。盛唐气象不仅体现在物质繁荣上，更体现在文化自信、开放包容的精神风貌中。

第二部分　应用文写作

【构思谋篇】

　　撰写志愿者招募通知时，需明确其基本格式。标题应简洁明了，突出活动主题，如"新春联欢会志愿者招募通知"。正文内容清晰，依次介绍活动背景、招募条件、工作内容、工作时间及地点、报名方式和志愿者福利，语言应简洁有力，兼具宣传效果。需要注意的是，题目中提及晚会需要线上线下结合，所以在工作内容中要涉及摄像以及直播。落款注明通知发布者与日期。

【参考范文】

关于"春到神州 福佑中华"2023年新春联欢会招募志愿者的通知

一元复始万象新，九州同庆惠风畅。新春佳节将至，为进一步弘扬"奉献、友爱、互助"的志愿服务精神，校学生会、校义工联号召北外师生积极参加新春联欢会志愿服务活动，以真情服务暖人心、筑同心，过平安年、祥和年、幸福年。

一、招募条件

1. 具备较高的责任意识和服务意识，具有良好的心理素质及人际沟通能力；

2. 能熟练运用、调试线上直播设备，以确保联欢会的现场直播顺利进行；

3. 服从主办方的调动安排，在工作时间内尽职尽责。

二、工作内容

1. 秩序维护组：负责活动现场的观众引导、咨询答复工作，确保观众文明、有序观看；

2. 化妆服饰组：负责主持人和演员的妆容以及服装搭配；

3. 设备调试组：负责摄像以及线上新春联欢会的直播工作；

4. 场地协助组：处理突发状况等服务内容。

三、工作时间及地点

服务时间：2023年1月××日

集合地点：东校区千人礼堂

四、报名方式

访问网址××并填写登记个人基本信息，登记后，请保持个人通信工具畅通，等待工作人员联系。

五、志愿者福利

1. 每位志愿者将获得北京外国语大学2023年春节联欢晚会志愿者证书；

2. 享受一张赠票，附带奖券，可参与抽奖；

3. 当天工作餐。

特此通知。

北京外国语大学学生会

2022年12月××日

第三部分 现代汉语写作

【构思谋篇】

题干材料探讨了"字和文是否如其人"这一话题的争议，行文时可以选择其中任意一种观点，只要言之有理即可。需要注意的是，在写这类观点选择型文章时，需要秉持明确的一方观点并展开贴合观点的论证描述，不要模棱两可。范文开篇点明"字和文未必如其人"的核心论点。正文结合实际分为两种情况：一是通过蔡京、李绅等历史人物，论述艺术成就与人品道德的不对等；二是以余华、苏童为例，分析作品风格与作者本人形象的反差。结尾总结全文，强调仅通过作品无法全面了解一个人，呼吁透过现象看本质。

【参考范文】

字和文未必如其人

古人素有"字如其人，文如其人"之说，但随着人们对于人性以及艺术认识的深入，也有人提出"字未必如其人，文未必如其人"的说法。我更倾向于后者。"字和文未必如其人"的情况有很多，这里主要讨论两种：一种是艺术造诣与人品不对等，另一种是作品风格与作者本人有反差。

纵观历史，不难发现一些艺术成就斐然，人品道德上却备受诟病的例子。大书法家蔡京便是其中典型。北宋时期，书法家排序为"米、蔡、苏、黄"，这里的"蔡"原本指的就是蔡京。北宋灭亡后，蔡京因其奸邪之行被载入了《宋史》的《奸臣传》中，后世恶其为人，就将宋四家之一的位置，替换成了蔡襄。文学领域也有这样的例子。提及李绅，我们最初的印象往往源自那首脍炙人口的《悯农》，这首诗在我们人生启蒙阶段教会我们珍惜粮食。《悯农》是李绅在青年时目睹农民整日劳作而不得温饱时，以同情、愤慨的心情写下的。但是当他步入仕途，飞黄腾达之后，却忘记了《悯农》中的初心与情怀，逐渐变成一个生活奢靡、滥施淫威的腐官腐吏。据闻，李绅一餐的耗费就高达几百乃至上千贯。在李绅治下，当地百姓纷纷离家逃难，以求安宁。诗人元稹以其悼亡诗《离思》中的名句"曾经沧海难为水，除却巫山不是云"，细腻地描绘了对亡妻矢志不渝的爱恋与痛心疾首的怀念，令读者为之动容。然而，就是这样一位写了五首《离思》和三首《遣悲怀》来悼亡妻子的深情诗人，却在为亡妻守制期间就纳妾，这一行为与他笔下的感人诗句形成了鲜明对比。

"字和文未必如其人"的另一种体现是作品风格与作者本人的形象有所反差。综艺节目《我在岛屿读书》中的常驻嘉宾余华、苏童，就是此类情况的代表。以往，作家隐于作品之后，读者仅凭文字媒介去感知、了解他们。而这档节目让作家走到台前，展现了作品背后的真实个体。这一转变，不禁让许多人都惊叹于作品与作家本人之间的巨大反差。以余华为例，他的作品风格以苦难和宿命为主题，如《活着》《兄弟》等作品都深刻反映了人生的艰辛和无奈。因此，许多读者曾误以为，余华是一个古板严肃、悲观沉默的人。但是通过节目中的访谈和互动，大家看到的余华是一个乐观开朗、幽默风趣的"老顽童"。同样，苏童的作品也展现出了相似的反差。他的《妻妾成群》《红粉》等作品，讲述的都是女性的故事。读者通常会惊讶于他对女性隐秘复杂心理状态的把握。不少人误以为，他是一位女性作家，但实际上文笔如此细腻的人却是一位生活并不精致的中年男性。

其实"字和文未必如其人"的情况有很多，这里只是简单地从这两个方面陈述，如果我们想去了解一个人，仅仅靠其书法、文章等作品是远远不够的，我们需要透过这些表面现象看本质。

2022 年全日制翻译硕士专业学位（MTI）研究生入学考试试题

参考答案

第一部分　百科知识

1. **靖康之耻**：靖康之耻又称靖康之变、靖康之乱，是指金军攻破东京（今河南开封）掠走宋徽宗、宋钦宗，北宋灭亡的事件。靖康二年（1127 年），金兵在开封城内大肆劫掠，俘虏了宋徽宗、宋钦宗父子及大量赵氏皇族、朝臣等数千人，并掠走宫廷仪仗、典籍、乐器以及大批珍宝等。这一事件标志着北宋的终结和南宋的开始。靖康之耻不仅是军事上的失败，更是政治、文化和民族尊严的巨大打击，暴露了北宋朝廷的腐败和军事软弱。

2. **于连**：于连是法国作家司汤达的代表作《红与黑》中的主人公。他出身贫寒，但天资聪颖、野心勃勃，渴望通过个人奋斗改变命运。于连的性格复杂，既有对贵族社会的憎恨与反抗，又有对权力和地位的渴望。他凭借才华和一些不光彩的手段先后赢得了市长夫人和贵族小姐的爱情，试图跻身上流社会，但最终因枪击市长夫人而被判处死刑。于连的形象是 19 世纪法国社会阶层矛盾的缩影，他的悲剧人生揭露了封建贵族阶级和天主教的反动本质，充分显示了复辟王朝的黑暗和腐朽。

3. **四大名著**：四大名著是中国古典文学中最具代表性的四部经典长篇小说，包括《红楼梦》《西游记》《水浒传》和《三国演义》。四大名著是中国文学的巅峰之作，蕴含着丰富的文化内涵和深刻的社会意义，在中国文学史上具有极高的地位。

　　《红楼梦》又名《石头记》，是一部章回体长篇小说。学者们认为前 80 回为清代作家曹雪芹所著，后 40 回为清代作家高鹗所续写。小说以四大家族——贾、史、王、薛的兴衰演变为背景，以贾宝玉、林黛玉、薛宝钗为主要人物，描述了他们之间的爱情婚姻悲剧。《红楼梦》展现了复杂的人性和社会矛盾，反映了封建社会的没落，有力地抨击了清代封建制度的腐败与黑暗。

　　《西游记》是中国古代第一部浪漫主义章回体长篇神魔小说。一般认为作者是明代小说家吴承恩。小说描述了唐僧师徒四人到西天取经，一路上斩妖除魔，经历九九八十一难，取得真经的故事。《西游记》融合了神话、宗教、寓言等多种元素，语言幽默生动，情节奇幻曲折，既充满想象力，又蕴含深刻的人生哲理和社会批判。

　　《水浒传》是一部描写农民起义的长篇章回体白话小说。一般认为作者是元末明初的小说家施耐庵。小说以北宋末年宋江起义为背景，描述了 108 位各有特色的好汉聚义梁山、团结起来奋起抗争的故事。《水浒传》歌颂了起义英雄敢于斗争的反抗精神以及除暴安良的社会理想，也在一定程度上揭示了农民起义的社会根源以及起义失败的内在历史原因。

　　《三国演义》又名《三国志通俗演义》，是元末明初小说家罗贯中所著的一部长篇章回体历史演义小说。小说以三国时期的历史为背景，以东汉末年黄巾起义为起点，刻画了曹操、刘备、孙权等人物，完整描述了魏、蜀、吴三个国家的兴起、发展和灭亡的故事。《三国演义》展现了权谋与战争的宏大场面，深刻反映了人性的复杂与历史的兴衰。

4. **《过零丁洋》**：《过零丁洋》是南宋大臣、诗人文天祥被元军俘虏后所创作的一首七言律诗。全诗内容为"辛苦遭逢起一经，干戈寥落四周星。山河破碎风飘絮，身世浮沉雨打萍。惶恐滩头说惶恐，零丁洋里叹零丁。人生自古谁无死？留取丹心照汗青。"诗歌首联回顾了作者的生平经历；颔联和颈联表达了作者对当前时局的认知，使用比喻修辞描述了国家危亡和个人坎坷的命运；尾联收束全篇，表达了作者视死如归、舍生取义的决心。全诗表现了诗人赤诚的爱国热情。

5. **吴哥王朝**：吴哥王朝是柬埔寨历史上最辉煌的时代，存在于公元 9 世纪至 15 世纪。该王朝由阇耶跋摩二世建立，历经 34 代国王，至蓬黑阿·亚特迁都金边后正式结束。吴哥王朝以其辉煌的建筑和艺术成就闻名，尤其是吴哥窟，作为世界上最大的宗教建筑群，被誉为古代东方四大奇迹之一。吴哥王朝的主体民族为高棉人，起初信奉印度教，后改信大乘佛教。吴哥王朝奠定了柬埔寨的文字和宗教基础，还影响了老挝等国家。

6. **三通**：三通全称两岸"三通"，是指台湾海峡两岸（中国大陆与台湾地区）之间全面双向的直接通邮、通商和通航。这一概念最早由全国人大常委会于 1979 年在《告台湾同胞书》中提出，旨在促进两岸经济文化交流与合作，推动和平统一进程。2009 年 8 月 31 日，两岸"三通"基本实现，[①] 标志着两岸关系进入新的历史阶段。两岸"三通"的实施极大便利了两岸人员往来、货物运输和信息传递，促进了两岸经济的深度融合与发展。

7. **四大石窟**：四大石窟是中国古代佛教艺术的杰出代表，包括龙门石窟、麦积山石窟、云冈石窟、敦煌莫高窟。四大石窟是古代雕塑、绘画和建筑艺术的集大成者，反映了佛教在中国的传播与发展，以及中外文化的交流与融合。

龙门石窟是中国佛教艺术的巅峰之作，位于中国河南省洛阳市。它开凿于北魏孝文帝迁都洛阳之际（5 世纪），现存窟龛 2 300 余座，造像 10 万余尊，碑刻题记 2 800 余品。其雕刻技艺精湛，融合了印度、中亚和中国传统艺术风格，展现了佛教文化的传播与本土化过程。龙门石窟以卢舍那大佛最为著名，体现了唐代艺术的辉煌成就。石窟中大量的实物形象和文字资料从不同侧面反映了中国古代政治、经济、宗教、文化等许多领域的发展变化，被誉为"中国石刻艺术的最高峰"。2000 年 11 月，龙门石窟被联合国教科文组织正式批准列入《世界遗产名录》。[②]

麦积山石窟是中国早期佛教艺术的重要遗存，位于中国甘肃省天水市。它开凿于十六国后秦时期（4 世纪），现存洞窟 221 个，各类造像 3 938 件，壁画近千平方米。其造像风格多样，从北魏的雄浑到唐宋的细腻，展现了佛教艺术的演变历程。麦积山石窟以泥塑艺术著称，被誉为"东方雕塑陈列馆"，其独特的艺术风格和保存完好的文物对研究中国古代宗教、艺术和历史具有重要价值。[③] 2014 年 6 月，麦积山石窟作为"丝绸之路：长安—天山廊道的路网"的组成部分被联合国教科文组织正式批准列入《世界遗产名录》。

---

① "新闻背景：两岸'三通'进程大事记"，载中国政府网 https://www.gov.cn/jrzg/2013-12/14/content_2547693.htm，最后访问日期：2025 年 4 月 30 日。

② "走进洛阳市龙门石窟景区（河南）"，载中国网 http://jilu.china.com.cn/2024-11/06/content_42956986.htm，最后访问日期：2025 年 4 月 30 日。

③ "麦积山石窟：中华文明突出特性具体而微的代表"，载麦积山石窟网 https://www.mjssk.cn/ht/desc?id=482&prevPage=grottoArchaeology，最后访问日期：2025 年 4 月 30 日。

云冈石窟是中国早期佛教艺术的杰出代表，位于中国山西省大同市。它开凿于北魏时期（4世纪），现存主要洞窟45个，大小造像5.9万余尊。其雕刻技艺精湛，融合了印度、中亚和中国传统艺术风格，展现了佛教文化的传播与本土化过程。云冈石窟以"昙曜五窟"最为著名，造像气势恢宏，体现了北魏皇室的宗教热情和艺术成就。2001年12月，云冈石窟被联合国教科文组织正式批准列入《世界遗产名录》。①

敦煌莫高窟是世界上规模最大、内容最丰富、保存最完整的佛教艺术宝库，位于中国甘肃省敦煌市。它开凿于前秦建元二年（公元366年），后经历代增修，现存洞窟700多个，壁画4.5万多平方米，彩塑2 000余身。莫高窟融合了印度、中亚和中国艺术风格，展现了佛教文化的传播与演变，被誉为"东方艺术宝库"。其藏经洞出土的文献和艺术品对研究古代丝绸之路文化、宗教和历史具有重要价值。1987年12月，敦煌莫高窟被联合国教科文组织正式批准列入《世界遗产名录》。②

8. **伯罗奔尼撒战争**：伯罗奔尼撒战争是指以雅典为首的提洛同盟和以斯巴达为首的伯罗奔尼撒联盟之间的一场战争。战争的根源是雅典与斯巴达在政治、经济和文化上的竞争与对立。雅典以海军优势著称，推行民主制；斯巴达则以陆军强大，实行寡头政治。这场战争最终以斯巴达获胜告终。伯罗奔尼撒战争导致希腊城邦的衰落，深刻影响了古希腊的政治格局和文化发展。

9. **碳中和**：碳中和是指二氧化碳净零排放，即由个人或团体直接或间接产生的二氧化碳排放量，可以与植树造林等方式所吸收的量相抵消中和，最终实现温室气体"零排放"的效果。③根据中共中央、国务院印发的《关于完整准确全面贯彻新发展理念做好碳达峰碳中和工作的意见》，我国计划在2060年，全面建立绿色低碳循环发展的经济体系和清洁低碳安全高效的能源体系，实现碳中和目标。"碳中和"目标的实现需要政府、企业和公众的共同努力，通过发展可再生能源、推广绿色技术和倡导低碳生活方式，促进经济社会的可持续发展。

10. **陶谢**：陶谢是诗人陶渊明和谢灵运的并称。陶渊明又名潜，字元亮，号"五柳先生"，私谥"靖节"，是东晋著名诗人、文学家，被誉为"隐逸诗人之宗"。陶渊明以田园诗著称，其诗风质朴自然，内容多描写田园生活和隐逸情趣。其代表作有《归园田居》《饮酒》组诗等。谢灵运，名公义，是东晋至南朝宋时期著名的诗人、文学家、佛学家。谢灵运以山水诗闻名，其诗风清新秀丽，注重描绘自然景物的细节，开创了中国山水诗的先河。其代表作有《登池上楼》《山居赋》等。

第二部分　应用文写作

【构思谋篇】

题干要求写一篇《青春北外》学生文集的征稿启事。标题直接写明即可。正文部分依次介绍征稿目的、参赛对象、征稿内容、征稿要求、投稿方式、结果查询和注意事项，语言应简洁有力，兼具宣传效果。最后写上署名和日期。

---

① "云冈石窟概况"，载云冈石窟网 https://www.yungang.org/dzb/detail/580.html？_isa=1，最后访问日期：2025年4月30日。

② "世界文化遗产——莫高窟"，载敦煌研究院网 https://www.dha.ac.cn/info/1018/1107.htm，最后访问日期：2025年4月30日。

③ "世界环境日'双碳'科普‖带你解读'双碳'——'碳达峰''碳中和'"，载 http://www.zhzx.cgs.gov.cn/xxfw02/dxkp/202206/t20220607_701520.html，最后访问日期：2025年4月30日。

【参考范文】

《青春北外》征稿启事

为了进一步充盈校园文化生活，营造更加浓厚的文学氛围，并为热爱文学的青年学子搭建一个交流互动的平台，北京外国语大学学生会计划于 2022 年 12 月出版一本《青春北外》学生文集。现面向全校同学征集优秀稿件，欢迎广大文学爱好者积极参与！

一、参赛对象

校内学生，本科生、研究生皆可。

二、征稿内容

主题为"青春北外"，注意将"青春""北外"两个关键词相结合，要求主题明确、结构清晰、不限体裁。可以结合北外多语种、多文化的特色，分享你对不同文化的体验和感悟，展现跨文化交流的魅力。

三、征稿要求

1. 稿件应为原创作品，未在其他出版物上发表过；

2. 内容积极向上，符合社会主义核心价值观；

3. 字数控制在 1 000—2 000 字之间，诗歌可适当放宽标准；

4. 请在稿件末尾附上作者姓名、学号、联系方式及简短的个人简介。

四、投稿方式

投稿人员可直接登录"青春北外"官方网站进行投稿，也可以通过"青春北外"公众号参与投稿。所有投稿文章将由专业教师团队进行统一评审。入选文章将编入预定于 2022 年 12 月出版的《青春北外》学生文集。对于成功入选的作者，我们不仅将赠送精美的《青春北外》文集纪念册，还会为其开放加入文学社的宝贵机会。

五、结果查询

投稿人员可在 11 月 28 日登录"青春北外"官网查询入选名单。

六、其他注意事项

1. 请投稿人员注意投稿截止时间为 2022 年 11 月 10 日 24 时，到截止时间投稿系统将自动关闭，不再接收任何稿件。

2. 咨询方式：电话×××××××；QQ 群×××××××。

特此通知。

北京外国语大学学生会

2022 年 10 月××日

第三部分　现代汉语写作

【构思谋篇】

题干材料讲述了与牛顿相关的两件事：一是他担任剑桥大学数学系教授时的讲话；二是他找寻光线秘密的经历。这两件事反映出牛顿作为科学家"追寻真理"的精神品质。范文据此以"大胆猜想，执着追寻"为主题展开论述，通过牛顿、爱因斯坦和邓稼先的实例，展现了科学家在猜想与追寻中取得的成就，强调了这一精神在科学研究中的关键作用。写作过程中需要注意，例子选取要突出文章核心论点，以免偏题。

【参考范文】

大胆猜想，执着追寻

在科学的浩瀚星空中，无数先驱以他们的智慧和勇气，点亮了探索未知的灯塔。牛顿的故事，是关于信念与实践的赞歌，他用自己的经历告诉我们：大胆猜想是科研的启明星，而执着追寻则是通往真理的必经之路。在这条光辉的道路上，许多科学家都如他一般，诠释了这一精神的内核。

爱因斯坦，这位相对论的奠基人，他的成就源自对宇宙本质的大胆猜想以及对科研真理的反复求证。他在提出狭义相对论这一革命性理论后，并未满足于此，而是进一步探索，试图将万有引力也纳入这一理论的框架之中。然而，他很快发现狭义相对论仅适用于匀速运动的情况，无法全面解释万有引力的存在。面对这一挑战，爱因斯坦并未退缩，而是持续寻找新的突破点。一次乘坐电梯的经历促发了其灵感，使他产生了一个大胆的猜想，即广义等效原理。但是，这一猜想在当时对牛顿的经典物理学提出了严峻的挑战，因此受到了业界的质疑。为了验证自己的猜想，爱因斯坦于1915年提出引力场方程，并尝试以"太阳"作为实验对象，但却受限于强烈的光线影响而无从下手。直到1919年，英国皇家天文学会抓住了日全食的时机，对太阳进行检测之后，才验证了爱因斯坦的理论。这一发现不仅证明了爱因斯坦广义相对论的正确性，还补充了牛顿的万有引力理论。

将目光投向国内，邓稼先，这位"两弹一星"元勋，他的事迹同样是"大胆猜想，执着追寻"的典范。面对国外的技术封锁和国内的艰苦条件，邓稼先毅然决然地投身于核武器的研发工作。尽管处境如此艰难，科学家们也并未产生畏难情绪，只着重想着一件事：中国人要造出属于自己的原子弹。没有先进的实验设备，没有充足的参考资料，其他国家用计算机运算得出来的数字，我们只能没日没夜地用算盘计算。然而，最终得出的数据与苏联留下的数据残片并不一致。在反复核算后，邓稼先大胆猜测苏联的数据有错，最终事实也证明了他的猜想是正确的。中国的第一颗原子弹最终于1964年10月16日在新疆罗布泊爆炸成功，打破了西方对中国的技术封锁。

从爱因斯坦到邓稼先，他们的故事跨越时空，却共同书写了科学探索的壮丽篇章。大胆猜想，是科学精神的火花，它激发了人类探索未知的勇气；而执着追寻，则是将这火花转化为现实力量的关键，它要求我们在面对困难和挑战时，保持不屈不挠的毅力。在当今这个科技日新月异的时代，我们更应继承和发扬这种精神，敢于想象，勇于实践，用我们的智慧和汗水，为人类进步贡献自己的力量。

广东外语外贸大学

2024 年全日制翻译硕士专业学位（MTI）研究生入学考试试题

参考答案

第一部分　百科知识

1. **人工智能**：人工智能（AI）是计算机科学的一个分支，是研究、开发用于模拟、延伸和扩展人的智能的新的技术科学。AI 的核心技术包括机器学习、自然语言处理、计算机视觉等。AI 的发展经历了符号主义、连接主义和深度学习等阶段，近年来因大数据和算力的提升取得突破性进展，广泛应用于医疗、交通、教育等多个行业，如自动驾驶、医学诊断等。然而，AI 也引发伦理、就业等社会问题，需在技术发展与规范管理之间寻求平衡。

2. **神经网络**：神经网络是一种模拟生物神经系统工作原理的运算模型。它由大量相互联接的节点层（神经元）组成，通过学习和训练调整神经元之间的联接权重，可以实现对数据的分类、预测和决策。神经网络分为输入层、隐藏层和输出层。神经网络具有强大的自适应学习能力和非线性映射能力，广泛应用于人工智能、机器学习和数据分析等领域，推动了自动驾驶、语音识别等技术的发展，是现代科技的重要支柱之一。

3. **信息空间**：信息空间是指由信息、数据及其交互关系构成的虚拟环境，与物质空间、精神空间并称"三元空间"。信息空间是信息的存在形式和表现方式，涵盖互联网、数据库、通信网络等信息载体。信息空间是一个动态开放的多维复杂系统，具有信息量大、传播速度快、交互性强等特点，支持全球范围内的实时信息共享与交流。随着信息技术的发展，信息空间不断扩展，推动了数字经济、人工智能和物联网等领域的创新。然而，信息空间也面临信息安全、隐私保护和数据治理等挑战，需要加强管理和技术保障，以实现其可持续发展。

4. **笛卡尔**：笛卡尔是 17 世纪法国著名的数学家、哲学家和物理学家，被誉为"解析几何之父""近代哲学之父"。他发明了"坐标系"，创立了解析几何，将代数与几何结合，为微积分的发展奠定了基础。他主张二元论和理性主义，提出了"普遍怀疑"的观点和"我思故我在"的哲学命题。他将坐标几何学应用到光学研究上，首次对光的折射定律提出了理论论证。其代表作有《方法论》《几何》《屈光学》《哲学原理》等。笛卡尔的思想对数学、哲学和自然科学产生了深远影响，推动了欧洲启蒙运动的发展。

5. **康德**：康德是 18 世纪德国著名的哲学家、启蒙思想家，德国古典唯心主义哲学的奠基人。他结合了笛卡尔的理性主义与培根的经验主义，主张知识来源于经验与理性的结合，被认为是继苏格拉底、柏拉图和亚里士多德后，西方最具影响力的思想家之一。康德的核心思想包括"先验哲学"和"道德律令"，强调人类知识的局限性和道德自律的重要性。他提出了"批判哲学"，主要著作包括"三大批判"，即《纯粹理性批判》《实践理性批判》和《判断力批判》，这三部作品分别系统阐述了他的认识论、伦理学和美学思想。康德的哲学思想对启蒙运动产生了深远影响。

6. **社会存在**：社会存在是指社会物质生活条件的总和，主要包括自然地理环境、人口因素和物质生产方式。社会存在和社会意识之间存在辩证关系：社会存在决定社会意识，社会意识是社会存在的反映，并反作用于社会存在。[①] 社会存在强调物质生产活动在社会生活中的基础性作用，认为经济关系是社会结构的核心。社会存在与生产力、生产关系密切相关，其变化推动社会形态的演变。这一概念揭示了社会发展的客观规律，为理解历史唯物主义和社会变革提供了理论基础，是马克思主义分析社会现象的重要工具。

7. **社会形态**：社会形态是关于社会运动的具体形式、发展阶段和不同质态的范畴，指在一定历史阶段中，由经济基础（生产力和生产关系）和上层建筑（政治、法律、文化等）构成的社会整体结构。社会形态包括社会的经济形态、政治形态、意识形态。社会形态的发展遵循从原始社会、奴隶社会、封建社会到资本主义社会、共产主义社会的演变规律，其根本动力是生产力与生产关系、经济基础与上层建筑的矛盾运动。社会形态具有自身的更替特性——统一性和多样性、必然性和选择性、前进性和曲折性。[②] 这一概念揭示了社会发展的客观规律，为分析社会历史变迁提供了科学框架，是理解社会变革和社会发展规律的重要工具。

8. **意识形态**：意识形态又称观念上层建筑，是指反映特定社会群体（一定经济关系、政治关系，以及一定阶级或社会集团）利益和价值观的思想体系，通常包括政治法律思想、道德、艺术、宗教、哲学等观念。[③] 意识形态是上层建筑的重要组成部分，由经济基础决定并反作用于经济基础。它不是人脑中固有的，而是受思维能力、环境、信息、价值取向等因素影响的。意识形态具有阶级性，通常为统治阶级服务，用于维护其统治地位和社会秩序。意识形态是社会现实的反映，对于理解社会权力结构、文化传播和政治斗争具有重要意义。

9. **唯物史观**：唯物史观又称历史唯物主义，是指马克思主义哲学中关于人类社会发展一般规律的理论。它是科学的社会历史观，是认识、改造社会的科学方法论。唯物史观强调：物质决定意识；社会的政治经济基础决定着上层建筑的性质；社会历史的发展是由阶级之间的斗争推动的。唯物史观揭示了社会发展的根本动力，奠定了社会主义从空想变成科学的基石。

10. **精神文化**：精神文化是指人类在社会实践中创造的思想、价值观、艺术、宗教、哲学等各种意识观念形态的总和。其核心功能在于满足人们的精神需求，提升社会凝聚力，促进文化认同和价值共识。精神文化通过语言、教育等方式传承和发展，塑造社会成员的思想和行为模式。根据不同的领域，精神文化可划分为民族精神文化、企业精神文化、学校精神文化等。精神文化是物质文明的观念意识体现，是推进物质文化发展的内在动力，反映了一个社会的精神面貌和文明程度。

11. **文艺复兴**：文艺复兴指 14 世纪至 16 世纪发生在欧洲的思想解放文化运动。它起源于意大利，后扩展至整个欧洲。它的本质是新兴资产阶级在复兴古希腊、古罗马古典文化的名义下，发起的弘扬资产阶级思想文化的反封建运动。文艺复兴强调人文主义，主张以人为本，重视人的价值与尊严。相关代表人物有"文坛三杰"但丁、彼特拉克、薄伽丘，"美术三杰"达·芬奇、拉斐尔、米开朗基罗等。文艺复兴在文学、艺术、科学等领域取得了巨大成就，推动了欧洲从中世纪向近代社会的过渡，为后来的启蒙运动和科学革命奠定了基础。

① 《马克思主义基本原理》，高等教育出版社 2023 年版，第 125~129 页。
② 《马克思主义基本原理》，高等教育出版社 2023 年版，第 146~149 页。
③ 《马克思主义基本原理》，高等教育出版社 2023 年版，第 127~137 页。

12. **基督教**：基督教是信奉耶稣基督为救世主的一神论宗教，也是世界上信徒最多的宗教。该教派起源于公元1世纪巴勒斯坦地区的犹太教，与佛教、伊斯兰教并称为世界三大宗教。其核心教义包括信仰上帝（三位一体：圣父、圣子、圣灵）、耶稣基督的救赎以及死后复活与永生。基督教分为天主教、东正教和新教三大流派，各派在教义、仪式和组织形式上有所差异。该教派的启示性经典文献为《圣经》（又称《新旧约全书》），圣地为耶路撒冷。其宗教节日有圣诞节、复活节、感恩节等。基督教对西方文化、艺术、法律和哲学产生了深远影响，其传播范围遍及全球。

13. **人文主义**：人文主义是文艺复兴时期新兴资产阶级在反封建反教会斗争中形成的思想体系。它主张以人为本，重视人的价值与尊严。它提倡理性思考、个性解放和世俗生活，反对中世纪神学对人的束缚；提倡宽容，反对暴力；提倡自由平等，反对等级观念。人文主义推动了文学、艺术、科学和教育的发展，对后来的启蒙运动和现代民主思想产生了深远影响。

14. **人际伦理**：人际伦理是指人与人之间在交往中应遵循的道德规范和行为准则。它强调尊重、诚信、责任和互助等核心价值，要求个体在互动中考虑他人利益，实现权利与义务的平衡。人际伦理涵盖家庭、职场、社交等多个领域，是社会秩序和道德建设的基础。其重要性在于促进社会信任、减少冲突、增强凝聚力，维护社会关系的和谐与公正。人际伦理的研究和实践对于构建和谐社会、提升社会文明水平具有重要意义。

15. **民族认同**：民族认同是指个体或群体基于共同的历史、文化、语言和宗教等要素，所产生的对自身所属民族的归属感和认同感。它是民族凝聚力和文化传承的重要基础，能够增强民族成员的团结意识和集体荣誉感。民族认同既包括对民族传统的继承，也涉及在现代社会中的适应与发展。其重要性在于维护民族文化多样性，促进社会稳定与和谐。民族认同的研究对于理解民族关系、文化冲突和社会整合具有重要意义。

16. **儒家思想**：儒家思想是由孔子创立并经过后世发展的中国传统思想体系。其价值理念包括"仁""义""礼""智""信"等。儒家思想注重以人为本，主张实行仁政，强调道德教化和社会责任。汉武帝时期实行"罢黜百家，独尊儒术"的政策，儒家思想也因此成为统治阶级的正统思想。儒家思想的代表人物有孔子、孟子、荀子等。相关经典著作有"四书"《大学》《中庸》《论语》《孟子》，"五经"《诗经》《尚书》《礼记》《周易》《春秋》等。儒家思想在中国历史上长期占据主导地位，对政治、教育、文化和社会制度产生了深远影响。

17. **亚里士多德思想**：亚里士多德思想是由古希腊哲学家亚里士多德创立的哲学思想体系，涵盖逻辑学、形而上学、伦理学、政治学和自然科学等领域。亚里士多德创立了形式逻辑，提出三段论推理方法。他探讨了"存在"的本质，提出"四因说"（质料因、形式因、动力因、目的因）。他主张"中庸之道"，强调通过习惯和教育来培养美德。他认为人是政治动物，提倡城邦治理，强调公共利益。他注重通过观察和经验获取知识，提出"自然目的论"。亚里士多德思想对西方哲学和科学产生了深远影响，奠定了多学科的理论基础。

18. **四书**：四书是中国儒家学派的经典著作，包括《大学》《中庸》《论语》《孟子》。南宋后，四书成为官学书籍和科举指定书目，对历代文教产生了极大影响。四书详细记录了我国早期思想文化发展史上的历史资料和重要思想，在我国儒学发展史乃至文化发展史上都占据着相当重要的位置。

《大学》原属《礼记》第四十二篇，相传为春秋战国时期曾子所作，系统阐述了儒家修身治国的理念。其核心思想为"三纲领"和"八条目"："三纲领"即"明明德""亲民""止于至善"；"八条目"即"格物""致知""诚意""正心""修身""齐家""治国""平天下"。它强调个人修养与社会责任的统一，认为修身是治国平天下的基础。

《中庸》原属《礼记》第三十一篇，相传为战国时期儒家学派子思（孔子之孙）所作，主要阐述儒家的伦理思想和治国理念。其核心思想是"中庸之道"，即追求不偏不倚、恰到好处的行为哲学，强调个人修养与社会和谐的平衡。

《论语》是一部语录汇编文集，由孔子的弟子及其再传弟子编纂而成，记录了孔子及其弟子的言行。其核心思想包括"仁""礼""孝"等，主张以仁为本，通过礼制规范行为，实现社会和谐。

《孟子》是一部语录汇编文集，由战国时期思想家孟子及其弟子共同编撰而成，记录了孟子的思想和言论。其核心思想包括"性善论""仁政"和"民贵君轻"等，主张人性本善，提倡施行仁政，以民为本。

19. **宇宙论**：宇宙论是研究宇宙起源、结构、演化和最终命运的理论体系。宇宙论通过天文观测、数学方法和物理实验，探讨宇宙的整体性质及其规律，旨在揭示宇宙的本质和演化过程，为人类理解自身在宇宙中的位置提供科学依据。相关主要理论有大爆炸理论、稳恒态宇宙论、宇宙膨胀理论等。宇宙论涉及物理学、天文学和哲学等领域，推动了现代科学的发展，深刻影响了人类对自然和存在的认知。

20. **知识论**：知识论是研究知识的本质、起源、范围和有效性的理论体系。知识论探讨了人类如何获得知识、知识的可靠性及其界限等核心问题。相关主要理论有经验主义、理性主义和康德的综合观等（经验主义强调感官经验，理性主义注重理性推理）。知识论为哲学和其他学科提供了认识论基础，有助于各学科方法论的发展，以便理解人类认知的机制和局限。

第二部分 应用文写作

【构思谋篇】

根据题干要求，文种确定为报告（上行文，适用于向上级机关汇报工作、反映情况、答复询问）。此类公文格式要求严格：标题由"发文机关+事由+文种"构成（如《广州市增城区人民政府关于"周末到增城"文旅品牌活动开展情况的报告》），居中排布；主送机关为上级政府（如"广州市人民政府"），居左顶格；正文需包含导语（简要说明汇报背景）、主体（分条陈述活动成效、具体措施、数据支撑等）、结尾（总结意义或提出建议）以及结束语（如"特此报告"或"以上报告，请指正/审阅/审核"），正文均首行缩进2字符；最后标注发文机关（广州市增城区人民政府）和日期。现实应用的报告文件中，版头部分通常还需标注发文机关标志（发文机关全称或者规范化简称+"文件"）、发文字号（〔年份全称〕+发文顺序号）、密级和保密期限等。

【参考范文】

广州市增城区人民政府
关于"周末到增城"品牌战略发布会及文旅线路推广情况的报告

广州市人民政府：

为积极响应广州市政府关于打造粤港澳大湾区文旅品牌的工作部署，我区于2023年10月13日成功举办"周末到增城"品牌战略发布会，现就相关情况汇报如下：

一、活动背景与目的

本次"周末到增城"品牌战略的发布，旨在依托增城独特的文化资源和生态环境，推出一系列符合现代年轻人审美和消费习惯的文旅产品，进一步激活区域旅游市场。

二、活动基本情况

（一）品牌定位：该战略设计了10个主题、50条特色文旅线路，旨在打造"一小时回归自然"的湾区微旅游目的地。

（二）主要内容：首批推出的5条"文青潮玩"主题线路，精选了增城区内最具代表性的自然景观、历史文化遗址、艺术创意空间等，结合现代休闲方式，为游客提供了丰富多样的旅游选择。

（三）特色亮点：特别邀请8组音乐人嘉宾担任"文艺民宿体验官"，他们分别入驻了彼岸云水间民宿和从心隐艺术设计轻奢民宿，通过音乐演出、互动交流等形式，为游客带来了别开生面的文艺体验。

三、取得成效

（一）经济效益：中秋国庆期间接待游客244万人次，旅游收入14亿元。

（二）品牌影响：吸引湾区年轻群体关注，提升"绿美增城"知名度。

（三）文化价值：融合荔枝文化、乡村文艺等特色资源。

四、下一步计划

未来，我区将继续深化"周末到增城"品牌建设，不断丰富文旅产品线，提升服务质量，加强市场推广，努力将增城打造成为粤港澳大湾区内知名的微旅游目的地，为推动区域经济社会发展作出更大贡献。

特此报告，请审阅。

附件：

1. "周末到增城"品牌战略计划详细内容
2. 首批"文青潮玩"主题文旅线路介绍

广州市增城区人民政府
2023年10月××日

第三部分　现代汉语写作

【构思谋篇】

题干给出三则材料：材料一讨论了人工智能对社会生活的影响；材料二阐述了人工智能带来的效率提升与就业冲击等双重效应；材料三列举了人工智能在医疗、金融等领域的应用场景。据此，可从以下方向构思文章：（1）AI技术赋能各行业的创新实践（如医疗诊断、智能教育等）；（2）技术革新与社会治理的平衡（就业结构调整、隐私保护等）；（3）AI伦理与法律规制的前沿探讨；（4）中国在AI发展中的战略定位等。范文开篇点明AI时代机遇与挑战并存的辩证关系；接着从医疗、教育、金融等领域具体阐述AI带来的革新机遇；然后分析就业替代、数据安全等现实挑战；进而从个人、政府、企业三个层面提出应对策略；最后升华主题，呼吁共建人机和谐的未来。全文遵循"现象分析—利弊论证—对策建议"的递进逻辑，通过具体领域案例支撑论点，形成完整的论证闭环。

【参考范文】

辩证看待人工智能时代的机遇与挑战

在21世纪的今天，人工智能的发展如同一股不可阻挡的潮流，不仅引领了新一轮的产业革命，而且重塑着我们生活、工作与科技交互的方式，引领我们迈向充满无限可能的新时代。然而，在这一路高歌猛进的背后，是机遇与挑战交织的复杂图景，唯有以辩证的眼光去看待，才能在这智能时代共筑美好未来。

在这个时代，人工智能已经渗透到我们日常生活的各个方面，涵盖多个核心领域。在医疗健康领域，AI辅助诊断、基因编辑等技术的进步，有望攻克疾病难题，延长人类寿命。教育行业引入智能化教学，实现了因材施教，打破了地域限制，让更多孩子享有优质教育资源。金融科技则利用大数据分析，为用户提供个性化的理财建议，降低了金融服务门槛。然而，AI的潜力远远不止于此，其在自然语言处理、无人驾驶、智能安保等领域的突破，预示着更多未知领域的待开发，为人类带来无限遐想。

AI的快速发展极大地提升了我们的工作效率和生活品质。在商业经济领域，AI的应用大幅提升了经济发展的效率和速度，它能够帮助我们高效地完成工作任务，节省宝贵的时间和精力。然而，正如一枚硬币的两面，AI的崛起也带来了一系列值得深思的关注和挑战。大量重复性、规律性的工作岗位被智能机器取代，失业潮的阴霾笼罩在部分人群头顶，就业空间遭受前所未有的挤兑。而且，随着人工智能系统的普及应用，数据隐私泄露等安全隐患犹如悬在头顶的达摩克利斯之剑，时刻威胁着人们的生活。若缺乏有效监管，极可能导致个人信息泄露，甚至更严重的网络犯罪。

我们应该如何应对人工智能时代的机遇和挑战呢？从个人层面而言，我们要提升自身素养，培养批判性思维、创新能力和复杂问题解决能力等人工智能难以企及的能力，使自己在时代浪潮中具备不可替代的价值。科研人员应秉持伦理道德底线，让人工智能的发展遵循人类的价值观和道德准则。在社会层面，政府和企业应承担起相应责任。政府要完善法律法规，加强对人工智能发展的监管，制定数据安全标准和隐私保护政策，严厉打击非法利用人工智能技术的行为，为人工智能的健康发展筑牢制度防线。同时，加大对教育和培训的投入，帮助失业人员重新掌握适应新时代需求的技能，拓宽就业渠道，缓解就业压力，构建人机和谐共生的就业生态。企业在追求技术创新和商业利益的同时，要将社会责任扛在肩上，注重人工智能产品的安全性和可靠性测试，确保技术造福人类而非危害社会。

人工智能时代的大幕已经拉开，我们站在时代的十字路口，只有辩证地看待人工智能时代的机遇与挑战，才能以智慧驾驭科技之力，以勇气直面挑战，以责任引领发展，才能在这汹涌浪潮中驶向光明的未来，让人工智能成为人类进步的璀璨星辰，而非吞噬希望的黑洞。

2023 年全日制翻译硕士专业学位（MTI）研究生入学考试试题

参考答案

第一部分　百科知识

1. **中国式现代化**：中国式现代化是指中国共产党领导的社会主义现代化，既有各国现代化的共同特征，更有基于自己国情的中国特色。中国式现代化是人口规模巨大的现代化，是全体人民共同富裕的现代化，是物质文明和精神文明相协调的现代化，是人与自然和谐共生的现代化，是走和平发展道路的现代化。中国式现代化为人类实现现代化提供了新的选择，充分证明了科学社会主义的真理性。[①] 中国式现代化摒弃了西方以资本为中心的现代化、两极分化的现代化、物质主义膨胀的现代化、对外扩张掠夺的现代化老路，展现了社会主义现代化的本质属性和根本追求，是对世界现代化理论和实践的丰富和发展。[②]

2. **共产党执政规律**：共产党执政规律是指反映共产党作为马克思主义政党在长期执政过程中应该遵循的执政理念和执政方略，应该采取的执政体制和执政方式，应该巩固的执政基础和执政资源，应该创造的执政条件和执政环境等。其核心内容包括：坚持党的领导，确保党始终总揽全局、协调各方；坚持以人民为中心，实现好、维护好、发展好最广大人民的根本利益；坚持科学、民主、依法治国，推进国家治理体系和治理能力现代化；坚持全面从严治党，保持党的先进性和纯洁性。[③] 这些规律是共产党执政的科学指导，是实现国家长治久安和社会主义事业发展的根本保证。

3. **社会主义建设规律**：社会主义建设规律是指揭示"什么是社会主义、怎样建设社会主义"这个根本问题的规律性认识，包括社会主义的发展道路、发展阶段、发展战略、发展动力、发展方式、发展环境、发展力量等。[④] 其核心内容包括：坚持社会主义本质，解放和发展生产力，逐步实现共同富裕；坚持人民主体地位，保障人民当家作主；坚持改革开放，推动经济、政治、文化、社会、生态全面协调发展；坚持党的领导，确保社会主义事业正确方向；坚持理论联系实际，不断推进马克思主义中国化时代化。这些规律是社会主义建设的科学指导，是实现国家繁荣富强和社会全面进步的根本保证。

4. **人类社会发展规律**：人类社会发展规律是指关于人类社会历史运动的普遍规律，决定着人类历史发展的基本趋势。[⑤] 其核心内容包括：生产力与生产关系的矛盾运动推动社会变革，经济基础决定上层建筑，社会形态依次从原始社会、奴隶社会、封建社会、资本主义社会向共产主义社会演进；人民群众是历史的创造者，阶级斗争是阶级社会发展的直接动力；科学技术是社会进步的重要推动力。这些规律揭示了人类社会发展的内在逻辑，为认识和改造世界提供了科学依据。

[①] 《马克思主义基本原理》，高等教育出版社 2023 年版，第 320 页。
[②] 王公龙："中国式现代化的伟大创造及其重大贡献"，载《解放日报》2022 年 10 月 31 日，第 7 版。
[③] 何毅亭："深化'三大规律'认识的新飞跃"，载《中国纪检监察报》2022 年 1 月 27 日，第 8 版。
[④] 何毅亭："深化'三大规律'认识的新飞跃"，载《中国纪检监察报》2022 年 1 月 27 日，第 8 版。
[⑤] 何毅亭："深化'三大规律'认识的新飞跃"，载《中国纪检监察报》2022 年 1 月 27 日，第 8 版。

5. **人类文明新形态**：人类文明新形态内生于中国式现代化道路，是中国特色社会主义在实践探索中形成的物质文明、政治文明、精神文明、社会文明、生态文明整体协调和全面发展的新型文明形态。在物质文明上，人类文明新形态表现为坚持解放生产力和发展生产力相统一、坚持以公有制为主体与多种所有制共同发展相统一等。在制度文明上，人类文明新形态表现为坚持中国共产党的领导、人民当家作主、依法治国的有机统一。在精神文明上，人类文明新形态表现为坚持以马克思主义为指导，传统文明与现代文明相统一、民族精神与时代精神相结合等。在社会文明上，人类文明新形态表现为以保障和改善民生为导向、不断推进国家治理体系和治理能力现代化等。在生态文明上，人类文明新形态表现为坚持人与自然和谐共生、节约资源与保护环境有机结合等。[①] 人类文明新形态之所以"新"，是因为它超越了资本主义文明形态，实现了中华文明的复兴，改变了"东方从属于西方"的世界历史进程。人类文明新形态丰富和发展了马克思主义关于人类文明发展的理论，超越了文明隔阂、文明冲突和文明优越，塑造了世界文明新格局，为全球治理和文明进步提供了新思路。[②]

6. **中国元素**：中国元素是指由中国人创造、传承，可以反映中国传统文化、人文精神和民俗心理，具有中国民族特色的符号、意象或风俗习惯。中国元素包括：（1）中国固有元素，如中国的民族、气候等；（2）中国传统元素，如书法、园林、中秋节、长城等；（3）中国现代元素，如航天精神，红船精神等。中国元素是中华文化的重要载体，具有鲜明的民族特色和文化价值，广泛应用于艺术、设计、影视等领域，成为传播中国文化的重要媒介。

7. **文化产品**：文化产品是指以文化为核心内容，通过创意、生产、传播和消费等环节形成的物质或精神产品。文化产品具有丰富的文化内涵，体现特定文化价值观、历史传统或艺术表达，并通过创新思维和艺术加工赋予独特价值。其形式多样，涵盖文学、影视、音乐、戏剧、游戏、设计等领域，既具有市场价值，可通过商业化运作实现经济效益，又承担着传播文化、教育大众、促进文化交流与认同的社会功能。文化产品是文化产业的重要组成部分，既是文化传承的载体，也是经济增长的动力。

8. **中式美学**：中式美学是指以中国传统文化为基础，体现中华民族独特审美观念和艺术风格的美学体系。中式美学强调"天人合一"的自然和谐，注重含蓄意境与留白，追求"言有尽而意无穷"的艺术效果。其形式讲究对称均衡，体现中庸思想，同时融合山水、花鸟、书法、园林等传统符号，以及儒家、道家、禅宗的哲学内涵，展现朴素、简约、深邃的美学境界。中式美学广泛应用于绘画、建筑、设计、文学等领域，是中华文化的重要体现，具有深远的世界影响力。

9. **中华文化意象**：中华文化意象是指中国文化中具有特定象征意义和文化内涵的形象、符号或场景。它们通过文学、艺术、民俗等形式传承，反映了中华民族的价值观、审美观和哲学思想。常见的意象包括"梅兰竹菊"（四君子，象征高洁品格）、"月亮"（象征思乡、团圆）、"龙"（象征权力、祥瑞）等。这些意象承载着中华民族特定的思想观念和哲学理念，对中国人的审美观念、思维方式和文化认同感产生了深远的影响，是中华文化中不可或缺的重要组成部分。

---

① "正确认识和把握人类文明新形态"，载人民网 http://theory.people.com.cn/n1/2021/0910/c148980-32223600.html，最后访问日期：2025 年 4 月 30 日。

② "深刻理解人类文明新形态"，载人民网 http://theory.people.com.cn/n1/2022/1205/c40531-32580707.html，最后访问日期：2025 年 4 月 30 日。

10. 网络文学：网络文学是指以互联网为创作和传播平台，通过数字化形式呈现的文学作品。网络文学体裁多样，包括散文、诗歌、小说等，其中小说最为常见。其特点是创作门槛低、传播速度快、互动性强，题材广泛，包括玄幻、言情、科幻等。网络文学的发展得益于互联网技术的普及，形成了独特的创作生态和商业模式，如付费阅读、IP 改编等。相关作品有《鬼吹灯》《斗破苍穹》等。网络文学不仅丰富了文学形式，也对传统文学和大众文化产生了深远影响。

11. 语言的传播性：语言的传播性是指语言在不同个体、群体之间传递信息、思想和文化的特性。语言的传播性体现在：语言可以跨越时间限制，通过口头传承、文字记录、电子媒介传播等方式代代相传，保留历史文化信息；可以突破地域限制，通过人口迁移、贸易等途径在空间上扩散，形成方言或通用语；依赖社会群体存在和发展，会随社会变迁而演变。语言的传播性是文化传承与交流的基础，促进了人类社会的联系与发展，是语言作为交际工具的重要体现。

12. 语言的逻辑性：语言的逻辑性是指语言在表达思想时遵循逻辑规律，确保信息清晰、连贯和合理的特性。语言的逻辑性体现在：语言概念明确（词语含义清晰）、结构严谨（句法规则规范）、推理合理（论证过程符合逻辑）以及表达一致（前后内容无矛盾）。语言的逻辑性使信息传递准确高效，避免歧义和误解，是有效沟通和理性思维的基础，是语言作为思维工具的重要体现。

13. 语言的交际性：语言的交际性是指语言作为交流沟通的工具，能够实现信息传递、情感表达和社会互动的特性。语言的交际性体现在：语言涉及交流双方的互动；会受到交际语境的影响；具有明确的交际目的或意图。语言的交际性使人们能够建立联系、分享知识和协调行动，是社会生活和文化传承的基础，是语言的社会功能的体现。

14. 语言的民族性：语言的民族性是指语言与特定民族的历史、文化、思维方式和生活方式紧密相连的特性。语言的民族性体现在：语言反映民族的文化传统和价值观；语言随民族发展而演变；语言体现民族的思维方式；语言是民族身份的重要标志。语言的民族性使语言成为民族文化的重要组成部分，既是民族交流的工具，也是民族精神和文化传承的载体。

15. 语言的传承性：语言的传承性是指语言在代际传递中保存和发展文化、知识和经验的特性。语言的传承性体现在：语言随时代演变而保留延续其核心要素；语言记录和传播文化；语言辅助知识传授过程；语言促进社会联系和认同。语言的传承性使文化得以延续，知识得以积累，是社会稳定和发展的重要基础，体现了语言作为文化载体的持久性和生命力，对文明传承具有重要意义。

16. 教育：教育有广义和狭义之分。广义的教育是指有目的的促进人的知识技能，影响人的思想品德，增强人的体质的活动。狭义的教育即学校教育，是教育者根据一定社会现实和未来的需要，遵循受教育者身心发展的规律，有目的、有计划、有组织地引导受教育者主动地学习，积极进行经验的改组和改造，培养德智体美劳全面发展的社会主义事业的建设者和接班人，促使他们提高素质、健全人格的一种活动。教育形式多样，包括学校教育、家庭教育和社会教育，是推动社会进步和文明传承的重要途径。它体现了社会对个体发展的关注，是实现个人潜能和社会和谐的基础。

17. **文学**：文学是以语言文字为工具，通过艺术化的表达方式反映社会生活、情感和思想的文化形式。文学包括诗歌、小说、散文、戏剧等多种体裁，注重语言的美感和表现力。文学可以表达作者的情感与思考，引发读者的共鸣，传达深刻的思想和价值观，承载民族和时代的文化精神。文学是人类精神生活的重要组成部分，在文化传承、思想交流和社会发展中发挥着重要作用。

18. **艺术**：艺术是通过创造性手段表达思想、情感和现实的方式。艺术以独特的构思和表现方式，追求美感与情感共鸣，反映社会生活和个人体验。它是认识世界和改造世界的独特方式，属于人类意识形态范畴，往往通过艺术家传递情感和观念，提供给观众以别样的审美感受，从而丰富人们的精神世界，传递价值观。常见的艺术表现形式有绘画、舞蹈和音乐等。艺术在人类精神生活中占据重要地位，对社会发展和文明进步具有深远影响。

19. **宗教**：宗教是人类社会发展到一定阶段出现的一种特殊的社会意识形态和社会文化历史现象。这种意识形态超乎客观世界和科学自然而存在，为某些特定的有组织群体所信仰尊崇，通常具备教义、仪式、道德规范和组织体系等。其主要功能包括提供精神寄托、解释世界本质、规范行为准则以及凝聚社会群体。宗教通过神话、经典和仪式传递价值观，影响个体的思想与行为，同时塑造社会文化和历史进程。世界上影响广远的宗教有佛教、基督教、伊斯兰教等。

20. **哲学**：哲学是世界观和方法论的有机统一，是认识世界和改造世界的客观理论体系。哲学有三大核心的基本问题，分别为存在、知识和价值：存在关注世界、宇宙以及所有事物的存在基础和原因；知识涉及知识的本质、起源、范围和有效性；价值关注道德、伦理和人生价值的探索。哲学通过理性分析和批判性思维，试图揭示普遍规律和终极意义，为人类提供世界观和方法论指导。哲学流派众多，包括古希腊哲学、唯物主义哲学、唯心主义哲学、经验主义哲学、理性主义哲学等。哲学推动了思想进步，深刻影响科学、宗教、艺术等领域，是人类文明的重要组成部分。

第二部分　应用文写作

【构思谋篇】

　　根据题干要求，文种确定为报告（上行文，适用于向上级机关汇报工作、反映情况、答复询问）。此类公文格式要求严格：标题由"发文机关+事由+文种"构成（如《国家卫生健康委员会关于老年人新冠病毒疫苗接种工作情况的报告》），居中排布；主送机关为上级单位（如"国务院"），居左顶格；正文需包含工作背景、接种成效、存在问题及下一步计划等要素以及结束语（如"特此报告"），正文均首行缩进2字符；最后标注发文机关（国家卫生健康委员会）和成文日期，居右。全文需注意数据准确性、措施具体性、表述简洁性，将新闻报道内容转化为规范的公文表述。

【参考范文】

国家卫生健康委员会

关于老年人新冠病毒疫苗接种情况的报告

国务院：

　　为全面贯彻落实党中央、国务院关于疫情防控工作的决策部署，切实做好老年人新冠病毒疫苗接种工作，现将有关工作情况汇报如下：

一、当前疫情形势与疫苗接种必要性

近期基因测序结果显示，国内部分地区新冠肺炎感染者病毒属于奥密克戎变异株的多个不同亚分支。专家研判，变异株传播力和致病力未减弱，对老年人和基础病人群威胁较大。中国疾控中心专家表示，我国现有疫苗在预防重症和死亡方面效果显著。

二、疫苗接种工作成效

截至 2022 年 8 月 9 日，全国累计报告接种新冠病毒疫苗超过 34 亿剂次，其中全程接种人数达 12.68 亿，加强免疫接种人数达 8.2 亿。在老年人疫苗接种方面，60 岁以上人口接种覆盖人数超过 2.38 亿，全程接种人数超过 2.26 亿，加强免疫接种人数超过 1.76 亿。

三、主要工作措施

（一）优化接种服务：北京市东城区开设老年人接种专场，上海市提供养老机构上门服务，湖南省安排流动接种车、开通绿色通道。

（二）加强科普宣传：组织专家开展疫苗接种科普，消除老年人接种顾虑。

（三）完善保障机制：建立接种异常反应监测和处置机制，确保接种安全。

四、存在问题

（一）受限于医疗资源分布不均和宣传覆盖不足等因素，部分偏远地区和农村地区的老年人接种率相对较低。

（二）部分老年人对疫苗接种仍存在顾虑，特别是高龄人群和患有多种基础疾病的老年人，对疫苗安全性和有效性的认识有待提高。

五、下一步工作计划

国家卫生健康委员会将继续加强与各部门的协调配合，加大对老年人新冠病毒疫苗接种工作的宣传力度，提高公众对疫苗接种重要性的认识。同时，将进一步优化接种服务流程，提高接种效率和质量，确保符合条件的老年人应接尽接、能接快接。

特此报告，请国务院对我们的工作给予指导和支持。

国家卫生健康委员会

2022 年 9 月 ×× 日

第三部分　现代汉语写作

【构思谋篇】

题干给出两则材料：材料一聚焦文化多样性的价值，强调跨文化对话对世界和平与可持续发展的意义；材料二则辩证分析全球化背景下文化发展的同质化与异质化并存现象，以及疫情对文化多样性的冲击。据此，可从以下方向构思文章：（1）文化多样性的当代价值（如促进理解、丰富人类文明）；（2）全球化与本土化的张力（同质化趋势下的文化异质表现）；（3）数字时代文化传播的新形态（如流媒体平台如何重塑文化消费）等。范文开篇点明全球化背景下文化发展的主题；接着分三个层面展开论述——先分析全球化带来的文化交融现象，再辩证探讨同质化与异质化并存的现状，继而论述文化对经济发展的促进作用；随后转向疫情对文化多样性的冲击与机遇；最后回归主题，呼吁守护文化多样性。全文通过"现象描述—辩证分析—现实观照—价值升华"的脉络，将文化多样性、全球化、疫情冲击等材料要点有机串联，形成完整的论证闭环。

【参考范文】

文化的交响曲：多样性与全球化的和鸣

文化多样性是人类文明的瑰宝。我们既要珍视跨文化对话的价值，也要直面全球化浪潮下文化发展的复杂态势。当经济全球化推动文化交融的同时，同质化与异质化并存的矛盾日益凸显；而新冠疫情的突然来袭，更让文化多样性的保护面临前所未有的考验。在这个特殊的历史节点，重新思考文化多样性的价值与未来显得尤为重要。

经济全球化浪潮下，文化交融已成不可逆转的趋势，如同江河汇流，不同地域的文化元素相互交融、渗透。好莱坞电影风靡全球，韩流文化席卷亚洲，日本动漫以独特的风格走向世界，中国的传统文化元素频频亮相国际舞台。这些文化现象正重塑着人类的认知版图。在这场跨文化对话中，不同文明相互借鉴、彼此滋养，既拓展了全球视野，又催生出新的文化形态。这种交融不仅让世界变得更加紧密相连，更让我们在差异中发现了共通的人文价值与审美追求。

然而，全球化浪潮下的文化发展呈现出复杂的辩证关系。表面上看，文化全球化可能导致同质化倾向，但实质上却催生了更加丰富的文化异质性。各国文化产业各具特色：韩国以综艺电视剧见长，日本专注动漫游戏产业，欧美主导影视娱乐市场，中国则在多元文化领域持续发力。更值得注意的是，同一文化产品在不同文化语境中往往被赋予独特解读——一部好莱坞电影在中国观众眼中可能蕴含着不同于西方观众的深层意义，这种解读差异恰恰彰显了文化多样性的生命力。文化全球化非但没有抹平差异，反而在交流中激发了新的文化创造力。

文化发展是否可以推动经济繁荣呢？答案是肯定的，文化发展与经济繁荣实则是相辅相成的关系。文化多样性不仅丰富了人类精神世界，更为可持续发展注入新动能。我们看到，传统文化与现代创意碰撞产生的文创产品、特色旅游等新兴产业，正在成为经济增长的新引擎。文化如同一座无形的桥梁，连接着社会、环境与经济各个领域，创造出独特的综合价值。这种文化经济效应在各国实践中已得到充分印证。年轻一代更应把握机遇，深入挖掘文化多样性的潜在价值，推动文化创意与传统产业的深度融合，让文化成为驱动可持续发展的持久动力。

维护文化多样性之路并非坦途，也会有一些不可抗力的出现。突如其来的新冠疫情就是一场严峻考验。全球博物馆闭馆、艺术节取消、遗产地关闭，文化生态遭受重创，独立创作者更是首当其冲——失去展示平台，创作陷入困境。然而，危机中孕育着转机：数字平台让文化以新形式延续，线上展览、虚拟音乐会突破时空限制；抗疫主题创作在全球涌现，通过诗歌、绘画、音乐等载体，传递着人类共通的情感与信念。这场危机印证了文化的顽强生命力——即使面临巨大挑战，文化多样性仍能找到新的表达方式，在逆境中焕发新生。

人类文明的舞台上，从来没有独奏者的位置，每一种文化都是这场永恒交响乐中不可或缺的独特声部。面对全球化浪潮，我们既要拥抱文化交融带来的丰富可能，更要守护文化多样性的珍贵火种。唯有在相互尊重、平等对话的基础上，才能让不同文明和谐共鸣，共同谱写人类命运共同体的华彩乐章。让我们携手努力，使文化多样性成为促进世界和平与可持续发展的不竭动力，让人类文明在交流互鉴中永葆生机活力。

2022 年全日制翻译硕士专业学位（MTI）研究生入学考试试题

参考答案

第一部分　百科知识

1. **新冠肺炎**：新冠肺炎正式名称为 2019 冠状病毒病（Corona Virus Disease 2019, COVID-19)①，是一种由新型冠状病毒引发的急性感染性肺部炎症。新冠肺炎疫情于 2019 年 12 月在湖北省武汉市首次大规模爆发。其主要症状包括咽干、咽喉疼痛、咳嗽、发热、乏力，严重时可导致肺炎、呼吸衰竭甚至死亡。其主要传播途径为直接传播、气溶胶传播和接触传播。疫情防控措施包括佩戴口罩、保持社交距离、接种疫苗等。2020 年 3 月，世界卫生组织确认该肺炎具备大流行特征。新冠肺炎全球大流行对公共卫生、经济和社会生活产生了深远影响，推动了疫苗研发和国际合作，是 21 世纪重大全球健康危机之一。

2. **病毒污名化**：病毒污名化是指将某种病毒或疾病与特定国家、地区、民族或群体不当关联，导致歧视、排斥、偏见甚至谩骂、攻击的社会现象。例如，在新冠肺炎疫情期间，某些媒体或公众将病毒称为"某国病毒"，引发了对相关群体的排斥和污名化。病毒污名化会加剧社会分裂，妨碍国际合作与疫情防控。世界卫生组织呼吁，疾病命名应避免使用地理方位、人名、动物或食物种群以及涉及文化、人口、工业或职业和可煽动过度恐慌的术语，以便科学、团结应对全球公共卫生危机。

3. **溯源政治化**：溯源政治化是指将病毒或疾病的科学溯源研究过程与政治目的挂钩，利用溯源议题进行政治操弄和舆论攻击的行为。例如，在新冠肺炎疫情期间，某些国家或势力将病毒溯源问题政治化，试图借此抹黑他国、推卸责任或谋取地缘政治利益。这种做法违背科学原则，破坏国际抗疫合作，严重影响疫情防控。世界卫生组织强调，病毒溯源应基于科学和专业精神，避免政治化干扰。

4. **免疫鸿沟**：免疫鸿沟是指不同国家或地区在疫苗接种率和免疫覆盖率上的显著差距。这种差距通常由经济、资源分配、医疗基础设施等因素导致。一些国家将疫苗合作政治化，通过囤积疫苗和出口管制，阻碍疫苗、诊疗、联防联控等方面的全球合作，使得大部分发展中国家难以获得疫苗，加剧了全球疫苗供给不平衡以及公共卫生风险。消除免疫鸿沟是全球健康公平的重要目标。

5. **命运共同体**：命运共同体指政治上互信、经济上互补、人文上互融的三位一体的联合，是符合历史大势和应对当前复杂国际局势的重要方式和国家间关系的重要目标。命运共同体包括五个方面的主要内涵，即"政治上讲信修睦、经济上合作共赢、安全上守望相助、文化上心心相印、对外关系上开放包容"。②这一战略构想强调各国应超越意识形态和发展阶段差异，通过合作应对全球性挑战，实现共同发展与繁荣。命运共同体不仅反映中国的利益诉求更兼顾地区内国家的关切，倡导多边主义和平等对话，为全球治理提供了新思路。

---

① "世卫组织命名新型冠状病毒引发的疾病：2019 冠状病毒病"，载中国网 http://guoqing.china.com.cn/2020-02/12/content_75696681.htm，最后访问日期：2025 年 4 月 30 日。

② "命运共同体的理论意义与实践推动"，载中国共产党新闻网 http://theory.people.com.cn/n1/2016/0615/c40531-28446144.html，最后访问日期：2025 年 4 月 30 日。

6. 数字经济：数字经济是指以数字技术为核心驱动力，通过互联网、大数据、人工智能等技术手段，推动经济活动数字化、网络化和智能化的新型经济形态。数字经济的典型代表有"新零售"等。数字经济的发展拉近了供应商与消费者的距离，大大降低成本；使交易更加高效化和透明化；增加了各类贸易主体参与全球贸易并从中获利的机会。数字经济涵盖电子商务、云计算、智能制造等领域，已成为全球经济增长的重要引擎。

7. 长江经济带：长江经济带是指以长江为纽带，覆盖上海、江苏、浙江、安徽、江西、湖北、湖南、重庆、四川、云南、贵州11个省市，横跨我国东中西三大区域，具有独特区位优势和广阔发展空间的经济发展区域。长江经济带是中国重要的经济区域之一，旨在优化产业布局、加强交通互联、保护生态环境，推动东中西三大区域协同发展。长江经济带发展战略是党中央作出的重大决策，是关系国家发展全局的重大战略。

8. 创新驱动发展战略：创新驱动发展战略在党的十八大上提出，是中央在新的发展阶段确立的立足全局、面向全球、聚焦关键、带动整体的国家重大发展战略。[①] 该战略强调以科技创新为核心，驱动产业升级和经济结构优化。创新驱动发展战略旨在通过创新提升全要素生产率，推动经济增长由要素驱动向创新驱动转变，提高社会生产力和综合国力，实现可持续发展。

9. 蛟龙号：蛟龙号是一艘由中国自行设计、自主研发的作业型深海载人潜水器，也是国家高技术研究发展计划（863计划）中的一个重大研究专项。蛟龙号最大下潜深度达7 062米，标志着中国深海探测技术的重大突破。其主要任务包括深海资源勘探、生物多样性调查、地质环境研究等。蛟龙号具备稳定的操控性能和先进的科学仪器，为深海科学研究提供了重要平台，提升了中国在国际深海领域的影响力，是中国海洋科技实力的重要象征。

10. 天眼：天眼，即中国天眼，学名为500米口径球面射电望远镜（Five-hundred-meter Aperture Spherical radio Telescope, FAST），是由中国科学院国家天文台主导建设的、具有我国自主知识产权、全球最大的单口径射电望远镜。它位于贵州省黔南布依族苗族自治州平塘县，口径达500米，具有高灵敏度和强探测能力，主要用于观测宇宙中的中性氢、脉冲星、星际分子等，以探索宇宙起源和演化。该射电望远镜由以南仁东为代表的天文学家于1994年提出构想，历时22年，于2016年9月落成启用。中国天眼的建成标志着中国在天文观测领域的重大突破，为全球天文学研究提供了重要工具，提升了中国在科技领域的国际地位。

11. 世界观：世界观又称宇宙观，是指一个人对世界的基本看法和根本观点。它包括对自然、社会、人生、价值、历史等问题的总体认知和价值判断。世界观的基本问题是精神和物质、思维和存在的关系问题。根据对这两者关系的不同回答，可将其划分为两种根本对立的世界观基本类型，即唯心主义世界观和唯物主义世界观。世界观受文化、教育、经历等因素影响，决定人们的行为方式和价值取向。不同的世界观可能引发不同的思维模式和行为选择，是指导人类实践的重要思想基础。

---

① "中共中央 国务院印发《国家创新驱动发展战略纲要》"，载中国政府网 https://www.gov.cn/zhengce/2016-05/19/content_5074812.htm，最后访问日期：2025年4月30日。

12. **社会知识**：社会知识是指人们对社会现象、社会关系及社会运行规律等的认识和理解。它包括社会学、经济学、政治学等多学科的理论与实践经验，涵盖社会结构、文化习俗、制度规范等内容。社会知识通过教育、传播和实践积累，帮助个体适应社会生活，促进社会和谐与发展。它是人类认识社会、改造社会的重要工具，对个体成长和社会进步具有深远影响。

13. **社会意识**：社会意识是社会存在的反映，是社会生活的精神方面。根据主体不同，可分为个体意识与群体意识。根据层次不同，可分为社会心理和社会意识形式。其中，社会心理以感性认识为主，表现为低层次、自发性、不系统、不定型的感知、情绪、心态、习俗等；社会意识形式以理性认识为主，表现为高层次、自觉性、系统化、相对稳定的政治法律思想、道德、艺术、宗教等。社会意识具有相对独立性：其发展与社会存在不完全同步，内部各形式相互影响且具历史继承性，并能动地反作用于社会存在。①

14. **社会科学**：社会科学是指以人类社会及其活动为研究对象的科学体系，旨在揭示各种社会现象的本质及其发展规律。它可以是研究社会现象各学科的总体，也可以是其中任一门学科，通常包括人类学、社会学、心理学、政治学、经济学等。社会科学的研究成果为政策制定、社会管理和社会发展提供理论依据和实践指导，对促进社会进步和人类福祉具有重要意义。

15. **方法论**：方法论主要解决"怎么办"的问题，是对人们认识世界、改造世界的一系列具体方法的系统研究与理论总结。它包括科学研究方法、思维方法、实践方法等，涉及逻辑推理、实证分析、系统思维等多种工具和原则。方法论是哲学研究的重要内容，强调方法的科学性、系统性和适用性，是连接理论与实践的重要桥梁。

16. **构词法**：构词法是指语素组合成词的方式和规则，主要研究词的结构、形成过程及其规律。常用构词法主要有合成法（词汇组合）、转化法（词性转换）、派生法（添加词缀）等。构词法是语言学研究的重要内容，反映语言的创造性和系统性。掌握构词法有助于理解词汇意义、扩大词汇量，对语言学习及翻译实践具有重要指导作用。

17. **许慎**：许慎，字叔重，是东汉时期著名的经学家、文字学家，被誉为"字圣"。他编撰的《说文解字》是中国第一部系统分析汉字字形、考究字源的字典，开创了汉字学研究的新纪元。《说文解字》采用"六书"理论（象形、指事、会意、形声、转注、假借）解释汉字构造，对后世汉字研究、文字学发展及文化传承产生了深远影响。许慎的贡献奠定了汉字学的基础，是中华文化的重要遗产。

18. **词源学**：词源学是研究词汇起源、历史演变及其意义发展的语言学分支。词源学的研究方法包括比较语言学、历史语言学等，涉及语音规律、词形变化及语义演变等内容。词源学对理解语言发展、文化传承及词汇教学具有重要意义。

19. **双声**：双声是汉语音韵学术语，指两个汉字的声母相同。例如，"亲情"（普通话读音为 qīn qíng）中的"亲"和"情"声母均为"q"。双声是汉语语音修辞的一种形式，常见于古代诗歌、对联及成语中，能够增强语言的韵律感和音乐美。双声对研究汉语语音规律、文学创作及语言教学具有重要价值。

20. **联绵词**：联绵词又称联绵字，是词汇学术语，指由两个音节联缀成义而不能拆开解释的词。例如"枇杷""骆驼"即为联绵词。联绵词在语音上常表现为双声（声母相同）或叠韵（韵母相同），具有独特的韵律美。联绵词的研究对理解汉语词汇结构、语音规律及文化内涵具有重要意义。

---

① 《马克思主义基本原理》，高等教育出版社 2023 年版，第 127~132 页。

第二部分　应用文写作

【构思谋篇】

根据题干要求，文种确定为通知（适用于批转下级机关、转发上级机关和不相隶属机关的公文，传达要求下级机关办理和需要有关单位周知或者执行的事项），本题属于下行文。此类公文格式要求规范：标题由"发文机关+事由+文种"构成（如《商务部关于做好今冬明春生活必需品保供稳价工作的通知》），居中排布；主送机关为各省、自治区、直辖市商务主管部门，居左顶格；正文需包含发文依据、工作部署、具体要求等要素以及结束语（如"特此通知"），正文均首行缩进 2 字符；结尾标注发文机关（商务部）和成文日期。需注意政策表述的权威性、措施的可操作性及格式的规范性，将材料内容转化为行政指令性表述。

【参考范文】

商务部

关于做好今冬明春蔬菜等生活必需品市场保供稳价工作的通知

各地商务主管部门：

为深入贯彻落实党中央、国务院关于保障和改善民生的重要决策部署，保障今冬明春广大人民群众生活必需品供应充足、价格稳定，现就有关事项通知如下：

一、总体要求

各地商务主管部门要紧紧围绕保供稳价工作目标，坚持以人民为中心的发展思想，压实"菜篮子"市长负责制，建立健全联保联供机制，切实保障蔬菜、肉类等重点生活必需品市场供应，维护正常市场秩序。

二、重点工作

（一）强化市场监测预警：每日跟踪重点生活必需品供求和价格变化；完善预测预警机制，及时研判市场走势。

（二）保障市场供应：推动产销对接，支持大型流通企业与生产基地建立长期合作关系；做好蔬菜梯次轮换，统筹本地菜与客菜、北菜与南菜供应；健全肉类储备制度，确保储备规模达标。

（三）完善应急体系：优化应急投放网络，畅通投放渠道；制定封闭管理情况下的保供预案；发挥连锁商贸企业网络优势。

三、保障措施

（一）加强组织领导：建立跨部门协调机制；落实 24 小时值班和领导带班制度。

（二）强化监督检查：加大市场巡查力度；及时发现问题并整改。

（三）做好宣传引导：及时发布市场信息；引导家庭合理储备。

各地商务主管部门要提高政治站位，细化实施方案，于 11 月 30 日前将落实情况报我部。

特此通知。

商务部

2021 年 11 月××日

第三部分　现代汉语写作

【构思谋篇】

题干给出两则材料：材料一阐述了文旅产业的内涵和发展前景；材料二强调了文旅产业对经济、就业的正向作用及其多维度融合特征。据此，可从以下方向构思文章：（1）文旅产业的经济价值（如拉动消费、促进就业）；（2）产业融合创新（如"文化+旅游+科技"的跨界实践）；（3）数字化转型（线上平台与线下体验的结合）；（4）中国特色发展路径探索（如传统文化资源的旅游开发）等。范文开篇提出文旅产业作为绿色朝阳产业的重要性及发展关键；主体部分从三个维度，结合实例陈述有关文旅产业发展的实践方法；结尾总结观点，强调三方面协同发力。全文通过"理念阐释—案例佐证—对策建议"的递进逻辑，将理论分析与实践案例有机结合，探讨文旅产业新发展。

【参考范文】

文旅产业新发展

在低碳经济时代，文旅产业已逐渐成为众多国家优先发展的"绿色朝阳产业"，成为推动经济发展和促进就业的重要引擎。中国要实现文旅产业的高质量发展，必须树立"以文塑旅，以旅彰文"的理念，大力推动传统文化与现代科技的深度融合，协同各个领域一体式发展。

首先，"以文塑旅，以旅彰文"的理念重构是文旅产业发展的思想基础。文旅产业的本质属性在于其文化内核，而非简单的观光旅游。当代文旅产业应当超越传统旅游的物理空间局限，着力构建满足人们精神文化需求的"生活形态生态系统"。例如，当人们渴望追寻诗与远方的生活时，云南大理便成为首选之地。在苍山洱海的怀抱中，人们得以远离尘世喧嚣，体验诗意生活。正是旅游者的这种深层次内心需求，才使得云南地区的特色民宿、民谣艺术、民俗产品等一系列文旅产业应运而生、链条式蓬勃发展。无论是文化旅游项目，还是传统旅游项目，其核心与灵魂均在于文化。因此我们应以文化为基石，用创意手法去塑造、包装旅游，使其更具吸引力；同时，也要借助旅游的力量，去彰显、传承文化魅力。让文旅产业焕发新的生机与活力。

其次，数字技术赋能是推动文旅产业转型升级的关键动力。在数字经济时代，传统文化资源需要通过现代科技手段实现创新性转化。以湖北省武汉市的光影演艺《夜上黄鹤楼》为例，该项目将黄鹤楼公园作为舞台载体，围绕城市独有的历史文化，采用声、光、电、舞、美、化结合的多种艺术手段，通过高科技光影技术，成功打造了"夜武汉"的新地标。同样地，法国的狂人国主题乐园也是以一场演艺秀起家，并不断发展成为大型沉浸式主题乐园。通过VR技术、3D投影等方式，营造出几乎真实的沉浸式环境，巧妙地实现了传统文化与现代科技的有机结合。这样做不仅能够丰富游客的旅游体验，还能为文旅产业带来新的发展机遇。

第三，产业融合发展是文旅经济持续增长的重要保障。文旅产业具有强大的关联带动效应，应当充分发挥其"接二连三"的产业特性。具体而言，可以通过"文旅+农业"发展乡村旅游和农产品文创，通过"文旅+制造"开发特色工艺品，通过"文旅+科技"培育数字文化新业态。这种多产业协同的发展模式，既能延伸文旅产业链，又能促进传统产业转型升级，形成良性互动的产业生态。

当前，中国文旅产业正处于提质增效的关键阶段。要实现高质量发展，就必须坚持文化为魂、科技为翼、融合为径的发展思路，构建具有中国特色的现代文旅产业体系。这不仅是产业发展的内在要求，更是满足人民日益增长的美好生活需要的必然选择。

上海外国语大学

2024 年全日制翻译硕士专业学位（MTI）研究生入学考试试题

参考答案

一、语句解释

1. **工欲善其事，必先利其器**：该语句出自《论语·卫灵公》，意思是：工匠要想做好工作，必须事先使工具锋利。这句话告诉我们，想要成功，事先一定要做好充分的准备。

2. **知之为知之，不知为不知，是知也**：该语句出自《论语·为政》，意思是：知道就是知道，不知道就是不知道，这才是真正的智慧。这句话告诉我们，学习和生活中真正的智慧在于保持谦虚和实事求是的态度。

3. **不积跬步，无以至千里；不积小流，无以成江海**：该语句出自《荀子·劝学》，意思是：不积累一步半步的行程，就无法到达千里之远；不积累细小的水流，就无法形成江河大海。这句话告诉我们，只有做事脚踏实地，坚持不懈，才能够达成最终的目标。

4. **海内存知己，天涯若比邻**：该语句出自唐代诗人王勃的《送杜少府之任蜀州》，意思是：只要四海之内有知心朋友，即使远在天涯海角，也感觉像近邻一样亲近。这句话告诉我们，真正的友谊是永恒的，可以超越时空的界限，给人以无限慰藉。

5. **观一叶而知秋，道不远人即为此**：该语句中的"一叶知秋"出自《淮南子·说山》，"道不远人"出自《中庸》，整句意思是：通过观察树叶的变化，就能感知到秋天来了，这就是"道"的体现，"道"离我们并不遥远，与我们的日常生活紧密相连。这句话告诉我们，世界是普遍联系且有规律的，通过观察细微的线索就能够推断出整体的真实情况。

二、简答题

1. 中国在 1971 年恢复了在联合国的合法席位。

2. （截至 2024 年）联合国有 193 个会员国。联合国安全理事会（联合国安理会）共有 15 个理事国，其中常任理事国有 5 个，分别为：英国（大不列颠及北爱尔兰联合王国）、俄罗斯（俄罗斯联邦）、法国（法兰西第五共和国）、美国（美利坚合众国）和中国（中华人民共和国）。

3. 巴西的首都为巴西利亚（Brasilia）；瑞士的首都为伯尔尼（Bern）；伊朗的首都为德黑兰（Tehran）；澳大利亚的首都为堪培拉（Canberra）；南非有 3 个首都，分别为行政首都茨瓦内（Tshwane，原名比勒陀利亚 Pretoria），立法首都开普敦（Cape Town），司法首都布隆方丹（Bloemfontein）。

4. 中国陆地与 14 个国家接壤，分别为朝鲜、俄罗斯、蒙古、哈萨克斯坦、吉尔吉斯斯坦、塔吉克斯坦、阿富汗、巴基斯坦、印度、尼泊尔、不丹、缅甸、老挝和越南。目前，中国与印度、不丹尚未划定完整的陆地边界线。

5. 世界五大主要货币分别为美元（USD）、欧元（EUR）、日元（JPY）、英镑（GBP）和人民币（CNY）。

三、论述题

欧盟全称欧洲联盟（European Union，EU），是由 27 个欧洲国家组成的政治经济联盟，旨在促进成员国之间的经济一体化、政治合作与社会发展。

欧盟的总部位于比利时首都布鲁塞尔。盟旗以蓝色为背景，上有 12 颗等间隔分布的金色五星构成的圆环。盟歌为贝多芬第九交响曲中《欢乐颂》的主旋律。其主要机构有欧洲理事会、欧盟理事会、欧盟委员会、欧洲议会等，主要职能涵盖立法、政策制定和对外关系。

欧盟的成立背景可追溯至二战后欧洲国家为维护和平与繁荣而推动的合作。从最初的欧洲煤钢共同体，到欧洲经济共同体，再到欧洲共同体，欧盟的前身逐渐发展壮大。1993 年，《欧洲联盟条约》（又称《马斯特里赫特条约》）的生效标志着欧盟的正式诞生，它标志着欧洲一体化进程进入了一个新的阶段。

欧盟主要政策有经济一体化政策、共同外交与安全政策等。经济一体化政策旨在促进成员国之间的贸易和投资，实现资源的优化配置和经济的共同发展。共同外交与安全政策旨在提升欧盟在国际事务中的影响力和话语权，维护欧洲的安全和稳定。此外，欧盟还实行货币联盟政策，成员国使用统一货币（欧元），这进一步促进了欧盟内部的经济一体化和贸易自由化。

欧盟作为国际事务中的重要力量，在推动全球化进程和维护多边主义方面发挥着关键作用。尽管面临英国脱欧带来的制度性挑战、成员国间经济发展水平不平衡等结构性难题，它仍是区域合作与全球治理的典范，对世界和平与发展具有重要意义。

四、作文

1

【构思谋篇】

题干要求撰写一篇关于"和平共处五项原则"的论述性文章。构思时可从以下方向展开：（1）追溯和平共处五项原则的发展历程；（2）逐项解读和平共处五项原则的内涵及其相互关系；（3）结合国际热点分析和平共处五项原则的现实指导意义等。范文采用"历史—理论—实践—展望"的递进式框架，结合典型案例（如中印边界谈判、万隆会议等）论证其实践价值，既展现和平共处五项原则的历史价值，又彰显其时代意义。

【参考范文】

和平共处五项原则：历久弥新的国际关系准则

20 世纪 50 年代，中国提出"互相尊重主权和领土完整、互不侵犯、互不干涉内政、平等互利、和平共处"五项原则，为国际关系确立了基本准则。这一原则的提出，源于二战后新兴独立国家维护主权的共同诉求，体现了中国对公平正义国际秩序的追求。

从理论内涵看，和平共处五项原则构建了完整的国际关系伦理体系。"互相尊重主权"是基础，"互不侵犯"是底线，"互不干涉内政"体现包容，"平等互利"追求共赢，"和平共处"是最终目标。这五项原则环环相扣，共同维护国际关系的稳定发展。

在实践层面，和平共处五项原则展现出强大生命力。1954 年中印协定首次将和平共处五项原则写入国际文件；1955 年万隆会议上，和平共处五项原则成为广大发展中国家的共同主张。近年来，在"一带一路"建设中，中国始终坚持共商共建共享原则，正是和平共处五项原则在新时期的生动实践。

当前世界面临单边主义、保护主义挑战，和平共处五项原则的时代价值更加凸显。它不仅是处理国与国关系的黄金准则，更为构建人类命运共同体提供了重要思想基础。面向未来，国际社会应共同践行和平共处五项原则，推动建立更加公正合理的国际秩序。

2

【构思谋篇】

题干要求阐述气候变化成为全球热议话题的原因。构思时可从以下方向展开：（1）极端天气事件频发（澳大利亚山火、北美飓风等）直观展现了气候危机的紧迫性；（2）科学认知提升（如IPCC第六次评估报告）推动气候问题从科学议题转变为公共议题；（3）国际政治博弈（如碳中和目标引发全球产业革命）使气候问题成为国际关系的核心议题；（4）社交媒体放大了公众的环保焦虑，推动气候议题进入主流话语体系。这些因素共同促使气候变化从专业领域走向全球热点。范文采用"现象—原因+影响—对策"三维框架展开，以极端天气事件等具体现象切入，系统论证气候变化议题升温的深层动因。

【参考范文】

气候变化：全球治理的紧迫议题

当澳大利亚山火持续燃烧210天，当格陵兰岛单日融冰量突破80亿吨，这些触目惊心的现象昭示着气候变化已从未来预警演变为现实危机。根据世界气象组织数据，2023年全球平均气温较工业化前升高1.4℃，创下有记录以来新高。气候变化的严峻性，使其成为21世纪最受关注的全球议题。

科学认知的突破是推动气候议题升温的关键因素。IPCC第六次评估报告明确指出，人类活动导致全球变暖。研究显示，若温升突破1.5℃临界点，全球将面临不可逆转的生态灾难。这些科学共识通过数字化传播迅速转化为公众认知，引发社会共识。

国际政治博弈赋予气候议题特殊重要性。发达国家与发展中国家在"共同但有区别的责任"原则下展开激烈角力。2023年迪拜气候大会上，关于损失与损害基金的谈判陷入僵局，反映出气候议题已成为国际关系的重要变量。同时，碳中和目标下的技术竞争日益激烈，全球已有数百个国家承诺碳中和目标，绿色产业革命正在重塑全球经济格局。

面对挑战，国际社会已建立多边应对机制。《巴黎协定》搭建了全球气候治理框架，绿色技术创新加速推进。中国提出的"双碳"（碳中和、碳达峰）目标展现了负责任大国担当，其可再生能源装机容量已占全球比重近40%，为全球减排作出实质贡献。

2023 年全日制翻译硕士专业学位（MTI）研究生入学考试试题

参考答案

一、名词解释

1. **内卷**：内卷一词来源于学术界，常用作"内卷化"，原指某种文化模式或社会结构在发展到一定阶段后停滞不前，转而向内复杂化、精细化，但未产生实质性进步的现象。现作为网络流行语，表示非理性的内部竞争或"被自愿"竞争，多用于描述个体或群体为争夺有限资源而不断投入更多努力，却未能提升整体效益的情况。例如，教育领域的"内卷"表现为学生过度竞争，导致学习负担加重但教育质量未显著提高。内卷现象反映了资源分配不均和发展瓶颈问题，需通过制度优化和创新突破来解决。

2. **美联储**：美联储全称美国联邦储备系统，是美国国会于 1913 年授权成立的中央银行体系。其主要职能包括制定货币政策、维护金融稳定、监管金融机构、提供支付清算服务等。美联储通过调整利率、公开市场操作等手段调控经济，影响通货膨胀、就业和经济增长。美联储是全球最具影响力的中央银行之一，其政策对国际经济金融具有重大影响。

3. **文明冲突论**：文明冲突论是由美国学者塞缪尔·亨廷顿创立的理论。该理论认为冷战后世界冲突的主要根源不再是意识形态或经济矛盾，而是不同文明之间的文化差异。他将世界划分为西方文明、伊斯兰文明、中华文明等，并预言文明间的断层线将成为未来冲突的主战场。该理论强调文化认同的重要性，但也因忽视文明内部的多样性和合作可能性而引发争议。文明冲突论对国际关系研究产生了深远影响，引起了学术界甚至政界的广泛关注与讨论。

4. **安倍晋三**：安倍晋三是日本自由民主党籍政治家，曾担任第 90 任、第 96—98 任日本首相，是日本历史上任期最长的首相。任职期间，他推行"安倍经济学"，通过货币宽松、财政刺激和结构性改革，推动日本经济转向复苏态势。他积极推进战略外交，加强美日同盟，推动修宪以扩大日本军事能力。2022 年 7 月，他在竞选活动中遇刺身亡。安倍晋三对日本内政外交产生了深远影响，是 21 世纪日本政坛的重要人物。

5. **全国统一大市场**：全国统一大市场是指通过打破地域壁垒、优化资源配置、统一市场规则，在全国范围内形成高效规范、公平竞争、充分开放的市场格局。其目标是消除地方保护主义和市场分割，促进商品要素资源的自由流动，提升市场运行效率和经济活力。这一举措有助于推动国内大循环为主体、国内国际双循环相互促进的新发展格局，为经济高质量发展提供支撑，是中国深化改革开放、构建现代化经济体系的重要战略。

6. **大翻译运动**：大翻译运动是指恶意截取中文社交媒体上的一些过激言论及负面评论，将其翻译为多国语言，并通过推特等海外社交平台，向境外受众传递带有明显反华倾向的诱导性信息的网络"翻译"活动。其本质上是一场以"翻译"为名的去中心化反华运动，参与者多有明显反华倾向。该运动刻意放大并标签化负面言论，试图将个别声音代表整个民族或国家的态度，带有明显的诱导性。其目的在于通过歪曲事实，抹黑中国形象，制造国际反华情绪。该运动不仅传播范围广，从英文扩展到韩文、日文等，还极具隐蔽性，往往打着翻译的旗号，实则传播极端观点。大翻译运动损害了中国在国际社会的形象，甚至可能引发反华情绪，对海外华人安全与利益构成威胁。为应对这一挑战，政府应加强网络监管，及时处理极端言论；公众也应提高网络素养，不轻信和传播未经证实的信息。

二、论述题（答案不唯一，仅供参考）

1. 郑智化与张学友两位歌手的风波，反映了网络环境中存在的敏感化和极端化现象。

网络空间的匿名性使得部分网民缺乏责任感，容易发表极端言论。部分网民倾向于情绪化表达，追求"流量至上"，忽视事实和理性。此外，对"正能量"的片面理解导致对多元声音的压制，甚至演变为"高级黑"，最终让涉事相关方"伤痕累累"。这样极端化、过度敏感化的网络环境极易引发对立情绪，让某些别有用心之人有机可乘，故意发表不实的煽动性言论。

为应对此现象，营造健康、和谐的网络环境，我们应当：加强网络素养教育，提高网民信息辨别和批判性思维能力；完善平台监管机制，网络平台应加强内容审核，防止断章取义和恶意炒作；依法治理网络空间，严厉打击恶意传播虚假信息和极端言论的行为。

2. 莫言的观点强调了文学的社会批判功能。我认为这种观点是有道理的，但文学的价值不仅限于此。批判与赞美都是文学的表达方式，关键在于作品是否真实、深刻、动人。

文学是社会现实的反映。通过揭示社会不公和人性阴暗面，文学能够引发读者思考，推动社会进步。如鲁迅的《呐喊》和加缪的《局外人》，这些作品通过暴露黑暗，揭示了人类社会的复杂性，激发了人们对正义与公平的追求。

然而，文学的赞美同样有其价值。文学作品可以通过展现人性光辉和社会进步，传递希望和力量。例如，海明威的《老人与海》赞美了人类的坚韧精神，激励了无数读者。

批判与赞美并非对立，而是相辅相成的。过度强调批判可能忽视文学的多元功能，导致作品失去平衡与深度。我们应保持开放包容的心态，尊重每一位作家的创作选择和艺术追求。

三、用白话文翻译全文，并根据文章主题撰写500字评论（答案不唯一，仅供参考）

【翻译】

齐国都城附近有个叫狐咺的百姓靠城墙而居，因直言批评齐闵王，被处死在檀街，导致百姓离心。宗室子弟陈举因直言进谏被闵王杀于东闾，从此齐国宗族不再支持闵王。贤臣司马穰苴被杀后，大臣们纷纷疏远闵王。燕国趁机派昌国君（乐毅）率军攻齐。齐将触子战败乘车逃亡，达子重整残兵再战，请求赏赐士卒，被闵王拒绝，最终齐军再次兵败。

闵王逃到莒地，被楚将淖齿质问："千乘、博昌地区血雨沾衣，赢、博之间的大地裂至涌出泉水，宫门前有哭声却找不到人，这些警示，大王都知道吗？"闵王皆答不知。淖齿说："天地人都在警告，大王却不醒悟，怎能不亡？"于是在鼓里杀死闵王。

太子换下衣饰，隐姓埋名逃到太史家当园丁。太史之女（后为君王后）看出他身份不凡，暗中照顾。后来田单用即墨残兵大破燕军，用计策骗过了燕将骑劫，迎回太子在莒地即位，是为齐襄王，娶太史之女为后，生下齐王建。

【评论】

《战国策·齐负郭之民有狐咺者》一文，不仅是对齐国历史的一次回顾，更是对后世君主的一种警示。它告诉我们，君主若不能虚心纳谏、广开言路，终将陷入孤立无援的境地；国家若不能政治清明、法治昌明，终将走向衰败与灭亡。

自古以来，刚愎自用、一意孤行的君王往往难逃悲惨结局。商纣王因无视比干的忠言而国破家亡，项羽因孤傲自负最终在乌江自刎，齐闵王因以自我为中心导致众叛亲离，这些皆是君王闭目塞听、拒绝批评的典型例证。与之形成鲜明对比的是，历史上那些能够虚心纳谏的君王，如《邹忌讽齐王纳谏》中广开言路的齐王、善于倾听的唐太宗，以及知错就改、愿意自省的刘邦，他们皆因能够诚恳接受臣子的建议，而实现了政治上的清明与国家的强盛。

"以古为镜，可以知兴替；以人为镜，可以明得失。"历史长河如同一面明镜，映照出过往王朝的兴衰更替，也提醒着我们从先人的智慧中汲取力量，避免重蹈覆辙。自我认知常如雾里看花，朦胧而难以真切把握，此时他人的客观评判便如同拨云见日之光，能揭示我们难以自察的瑕疵与不足，有利于我们更好地了解自己。因此，我们应怀着谦逊的态度听取他人意见，了解自己潜在的不足与缺陷，有则改之，无则加勉，不断自我完善，方能收获成长与圆满。

四、作文

【构思谋篇】

题干材料指出衡量一所学校有物质条件、学术水平和精神气象三个标准。行文时可采用"总—分—总"结构。开头简要引入钱穆先生提出的三大标准，点明其重要性。正文分三段，分别阐述三个标准：物质条件是基础，学术水平是核心，精神气象是灵魂，每段结合钱穆的观点分析其作用。结尾总结三者关系，强调学校的真正价值在于物质、学术与精神的平衡发展。

【参考范文】

衡量学校价值的三大标准

钱穆先生在新亚学院 1963 年春季开学典礼上提出了衡量一所学校的三个标准：物质条件、学术水平和精神气象。这三个标准不仅适用于新亚学院，也为衡量任何一所学校的价值提供了重要的参考框架。

首先，物质条件是衡量一所学校的基础标准。学校的建筑、设备、图书馆、实验室等硬件设施是学校发展的物质保障。新亚学院从最初的简陋校舍到逐步建成三期校舍，物质条件得到了显著改善。然而，物质条件虽然重要，但它并非决定学校价值的核心因素。即使没有宏伟的建筑，只要学校能够提供良好的学习环境，依然可以成为一所优秀的学校。因此，物质条件的完善固然重要，但它只是学校发展的起点，而非终点。

其次，学术水平是衡量一所学校的核心标准。学校的教授阵容、课程设置以及学生的学术成就是学术水平的重要体现。新亚学院在教授选聘上非常严格，注重教授的学术背景和研究能力。同时，学校的课程设置也在不断丰富，从最初的简陋课程发展到涵盖文、商、理等多个学科的完整体系。学术水平的高低直接决定了学校的教育质量和学术影响力。然而，学术水平的提升并非一蹴而就，它需要长期的积累和不懈的努力。学术进步是学校发展的关键，必须时刻保持警惕，避免自满和停滞。

最后，精神气象是衡量一所学校的最高标准。学校的精神气象体现在师生的精神风貌、学校的文化氛围以及学生的理想追求上。新亚学院的精神气象体现在学生对人生理想的追求和对学术的热爱上。一所优秀的学校不仅应该传授知识，更应该培养学生的精神境界和人格修养。这种精神气象是学校区别于其他机构的独特标志，也是学校长期发展的内在动力。

综上所述，衡量一所学校的标准不仅包括物质条件和学术水平，更重要的是学校的精神气象。物质条件是基础，学术水平是核心，而精神气象则是学校的灵魂。一所优秀的学校应该在物质条件上不断改善，在学术水平上追求卓越，在精神气象上培养高尚的理想和人格。只有在这三个方面都取得平衡和进步，学校才能真正成为培养人才、传承文化、推动社会进步的重要力量。

西安外国语大学

2024 年全日制翻译硕士专业学位（MTI）研究生入学考试试题

参考答案

第一部分 百科知识

1. **诸子百家**：诸子百家是指先秦时期涌现的各种思想流派及其代表人物。"百家"是泛指，意为数量多，主要学派有儒家（孔子、孟子）、道家（老子、庄子）、墨家（墨子）、法家（韩非子）、阴阳家、杂家、名家、纵横家、兵家、农家、医家、小说家十二家，其中前四家影响较大。诸子百家各抒己见，围绕政治、伦理、社会等问题展开辩论，形成多元的思想体系与"百家争鸣"的学术局面，为后世中国哲学和社会思想的发展奠定了重要基础。

2. **自媒体**：自媒体是指个人或团体通过互联网平台（微博、微信公众号、抖音、小红书、知乎等）自主创作、发布和传播信息的媒体形式。其特点是门槛低、传播快、互动性强，内容涵盖文字、图片、视频等多种形式。自媒体打破了传统媒体的垄断，赋予普通人表达和传播的权利，但也存在信息质量参差不齐、虚假信息泛滥等问题。自媒体已成为信息传播的重要渠道，对社会舆论、文化传播和商业推广产生了深远影响。

3. **数字经济**：数字经济是指以数字技术为核心驱动力，通过互联网、大数据、人工智能等技术手段，推动经济活动数字化、网络化和智能化的新型经济形态。数字经济的典型代表有"新零售"等。数字经济的发展拉近了供应商与消费者的距离，大大降低成本；使交易更加高效化和透明化；增加了各类贸易主体参与全球贸易并从中获利的机会。数字经济涵盖电子商务、云计算、智能制造等领域，已成为全球经济增长的重要引擎。

4. **互联互通**：互联互通指通过信息技术和基础设施实现人、物、数据和服务的全面连接与共享。在数字经济背景下，互联互通是推动数字化转型的关键，涵盖互联网、物联网、5G 通信等技术。它打破了地域和行业壁垒，促进了资源高效配置、信息快速流通和经济协同发展。互联互通提升了社会生产效率和生活便利性，是数字经济时代的重要特征和发展动力。

5. **ChatGPT**：ChatGPT 是由美国 OpenAI 公司开发的一种基于人工智能的自然语言处理模型。该模型于 2022 年 11 月上线，两个月后模型月活跃用户数突破 1 亿。ChatGPT 通过大量数据训练及深度学习技术，能够理解和生成自然语言文本，实现对话、问答、翻译等多种功能。其特点是交互性强、响应速度快，但也存在数据隐私和伦理风险等问题。ChatGPT 代表了人工智能技术的重大进步，对未来的社会、经济和文化产生了深远影响。

6. **强基计划**：强基计划全称基础学科招生改革试点，是中国教育部于 2020 年启动的一项高等教育改革计划。截至 2024 年，强基计划招生院校共有 39 所，包括北京大学、清华大学、中国人民大学等。该计划旨在选拔和培养有志于服务国家重大战略需求、综合素质优秀或基础学科拔尖的学生，重点支持数学、物理、化学、生物、历史、哲学、古文字学等基础学科领域。强基计划通过高考成绩和高校自主考核相结合的方式选拔学生，录取后实行小班化、导师制培养模式，注重本硕博衔接培养，为国家科技创新和人才储备提供支撑。

7. **二八定律**：二八定律又称关键少数法则、帕累托法则，是由意大利经济学家帕累托提出的定律。该定律表明，投入与产出、努力与收获、原因与结果之间，普遍存在着不平衡关系：一般情况下，约80%的结果往往由20%的关键因素决定。例如，20%的人可能掌握了社会80%的财富。二八定律广泛应用于经济学、管理学、社会学等领域，强调抓住关键少数的重要因素，以最小的投入获得最大收益，以实现高效资源配置。

8. **西学东渐**：西学东渐是指明末清初至近代以来，西方科学技术、思想文化及学术成果逐步传入中国的历史过程。这一过程可以分为三个阶段：（1）鸦片战争至洋务运动期间，主要学习西方的科学技术；（2）戊戌变法至辛亥革命期间，主要学习西方的政治制度；（3）民国初年至五四运动期间，西学东渐达到高潮，主要学习西方的思想文化。[1] 西学东渐主要通过传教士、贸易往来和留学生等渠道实现，代表人物包括利玛窦、严复、徐光启、孙中山等。西学东渐涵盖天文、数学、医学、哲学等领域，推动了中国近代化的进程，促进了中西文化交流，为中国近代社会变革和思想启蒙奠定了基础。

9. **玄武门之变**：玄武门之变是指李世民于唐武德九年（公元626年）发动的一场重大政治事件。秦王李世民为争夺皇位，在长安城皇宫的玄武门附近设伏，杀死了太子李建成和齐王李元吉，随后逼迫其父唐高祖李渊退位，自己登基为唐太宗（年号"贞观"）。这一事件标志着李世民成功夺取政权，反映了唐朝初期皇室内部的权力斗争，对唐朝政治格局和历史发展产生了深远影响。

10. **《荷马史诗》**：《荷马史诗》是古希腊文学的经典作品，相传由盲诗人荷马创作，包括两部长篇叙事史诗《伊利亚特》和《奥德赛》。《伊利亚特》以英雄阿喀琉斯的愤怒为主线，讲述了特洛伊战争第十年51天内发生的故事；《奥德赛》讲述了英雄奥德修斯在特洛伊战争结束后历经艰险、漂泊十年最终返乡的故事。作为西方文学的奠基之作，《荷马史诗》反映了古希腊的社会、宗教和文化，对后世文学、艺术和哲学产生了深远影响。

11. **福建舰**：福建舰全称中国人民解放军海军福建舰，是中国完全自主设计建造的第三艘航空母舰，也是中国首艘采用电磁弹射技术的航空母舰。该舰于2022年6月在上海江南造船厂下水，2024年5月完成首次航行试验任务。福建舰采用平直通长飞行甲板设计，满载排水量超过8万吨，可搭载多种舰载机，大幅提升了中国海军的远洋作战能力。福建舰的建造标志着中国航母技术的重大突破，进一步增强了中国海军的综合实力，对维护国家海洋权益及地区和平稳定具有重要意义。

12. **启蒙运动**：启蒙运动又称理性时代，是17世纪末至18世纪末欧洲资产阶级和人民大众反封建专制制度、反宗教蒙昧主义的思想文化解放运动。它兴起于西欧，很快发展至欧洲大多数国家，并影响到全世界，但其中心在法国。启蒙运动涉及宗教、哲学、经济、文学等各个方面，提倡人权反对神权，提倡民主反对专制，提倡科学反对迷信，提倡理性主义反对盲从权威。这一时期的代表人物有伏尔泰、卢梭、孟德斯鸠、狄德罗、康德等。启蒙运动推动了政治制度的变革，促进了民主、法治和自由市场的形成。同时，它也推动了科学和教育的发展，为现代科学的兴起和知识的传播创造了条件。

---

[1] "近代西学东渐三个阶段及其社会影响"，载中华文史网 http://www.historychina.net/sxwh/355862.shtml，最后访问日期：2025年4月30日。

13. **碎片化**：碎片化是指信息、时间、注意力等被分割成零散、不连贯的状态。例如，人们通过社交媒体、短视频等平台只能获取部分零散的信息，导致信息呈现碎片化的特点。碎片化现象影响人们的深度思考和学习能力，但也提高了信息获取的便捷性。这一概念广泛应用于传播学、社会学等领域，反映了现代社会的快节奏和多元化特征。

14. **多边主义**：多边主义是指多个国家或行为体通过国际组织、条约或协商机制，共同参与解决全球性或区域性问题的理念与实践。其核心是通过合作与对话，实现利益平衡与全球治理，强调规则、平等和协商一致。多边主义在联合国、世界贸易组织等国际机构中得到体现，是应对安全危机、贸易争端等全球挑战的重要方式。它反对单边主义和霸权主义，倡导国际合作与共赢，是维护国际秩序与和平发展的关键原则。

15. **乡村振兴战略**：乡村振兴战略在党的十九大上提出，是新时代我国"三农"工作的总抓手。该战略以产业兴旺、生态宜居、乡风文明、治理有效、生活富裕为总要求，旨在解决城乡发展不平衡问题，推动农业农村现代化。[①] 战略内容包括发展乡村产业、改善基础设施、保护生态环境、传承乡土文化、提升治理能力等。通过政策支持、资金投入和科技创新，乡村振兴战略致力于实现农业强、农村美、农民富的目标，促进城乡融合发展，为全面建设社会主义现代化国家奠定基础。

16. **特殊教育**：特殊教育是指运用特殊的教学方式和手段，对有特殊需求的学生（如智力障碍、听力障碍、视力障碍、自闭症等）进行的一种教育形式。与普通教育不同的是，特殊教育不仅教授知识技能，还关注学生生理的缺陷和心理层面的问题。其目标是通过个性化教学计划、专门的教学方法和辅助工具，帮助这些学生克服学习障碍，发展潜能，融入社会。特殊教育强调因材施教，注重学生的身心发展和社会适应能力，通常由经过专业培训的教师实施。它是教育公平的重要体现，旨在为所有学生提供平等的教育机会，促进社会包容与多元化发展。

17. **刁斗**：刁斗又称金柝、焦斗，是中国古代的军用器具。其形状类似小锅，通常由铜或铁制成，底部有三足，可悬挂或放置，还有可以握的手柄。该器具用途多样，白天用于热水烧饭，夜间用于敲击巡逻。刁斗在古代军队中具有重要功能，既是实用工具，也是军事文化的象征，体现了古代战争中的智慧与组织能力。

18. **瘦金体**：瘦金体是宋徽宗赵佶所创的一种楷书字体。该字体笔画细瘦挺拔，转折处棱角分明，整体结构疏朗有致，遒劲灵动。相关代表作有《楷书千字文》《夏日诗帖》《秾芳诗帖》等。这些作品展现了宋徽宗高超的书法技艺，具有极高的艺术审美价值，是后世书法爱好者学习的典范。瘦金体的出现丰富了中国书法的艺术表现形式，对后世书法艺术的发展产生了深远影响。

19. **七国集团**（Group of Seven，G7）是由全球七个主要工业国家组成的政治经济合作论坛，成员包括美国、英国、法国、德国、日本、意大利和加拿大七个发达国家。G7成立于20世纪70年代，旨在协调成员国的经济政策，应对全球经济、政治问题和其他方面的挑战。G7通过定期峰会讨论全球经济、政治、安全等议题，其决策对全球经济治理具有重要影响。尽管G7的影响力因新兴经济体的崛起而有所减弱，但它仍是发达国家协调立场、维护共同利益的重要平台。

---

① "把乡村振兴战略作为新时代'三农'工作总抓手"，载中国政府网 https://www.gov.cn/xinwen/2019-06/01/content _5396595.htm，最后访问日期：2025年4月30日。

20. 六艺：六艺是中国古代贵族教育体系中的六种技能。它起源于周代，包括礼、乐、射、御、书、数。"礼"指礼仪规范，即吉礼、凶礼、军礼、宾礼、嘉礼；"乐"指音乐、舞蹈等；"射"指射箭技术；"御"指驾驭马车的技术；"书"指书法、绘画等；"数"指算术和天文历法等。六艺不仅是古代教育的核心内容，也是儒家文化的重要组成部分，体现了德智体美全面发展的教育理念，对后世中国文化、教育和价值观的形成产生了深远影响。

21. 琉璃厂：琉璃厂是位于中国北京和平门外的一条著名文化街，因明清时期为宫廷烧制琉璃瓦的窑厂而得名。如今，琉璃厂以经营古籍、字画、文房四宝等传统文化用品闻名，是北京重要的文化地标之一。这里汇聚了众多老字号书店、古玩店和艺术品店，吸引了大量文化爱好者、收藏家和游客。琉璃厂不仅是中国传统文化的重要展示窗口，也是文人雅士交流的场所，体现了北京深厚的历史文化底蕴。

22. 金石学：金石学被视为是考古学的前身，是中国古代一门研究青铜器等文物的学科。其主要研究对象包括青铜器、石刻碑碣、印章等，重点在于解读铭文内容，考证历史、文字、典章制度等。相关代表人物有欧阳修、赵明诚等。金石学的研究方法注重实物与文献结合，为后世历史学、考古学、文字学等提供了珍贵资料。

23. 弱冠：弱冠出自《礼记·曲礼上》，是中国古代对男子20岁的称谓。古代男子20岁时举行冠礼，戴上象征成人的帽子，表示从少年步入成年，可以承担社会责任。弱冠不仅是一个年龄标志，也体现了古代社会对礼仪和人生阶段的重视。

24. APEC：APEC 是 Asia-Pacific Economic Cooperation 的缩写，表示亚太经济合作组织（简称亚太经合组织），指的是亚太地区重要的经济合作论坛。该论坛于 1989 年成立，总部位于新加坡，现有 21 个成员国。1991 年 11 月，中国以主权国家的身份，中国台北和香港（1997年 7 月 1 日起改为"中国香港"）以地区经济名义正式加入亚太经合组织。[①] APEC 的宗旨是促进亚太地区的经济一体化、贸易自由化和可持续发展。APEC 强调相互尊重、平等互利、自主自愿、协商一致的原则，致力于减少贸易壁垒，加强经济技术合作，提升区域经济活力。它是亚太地区最具影响力的经济合作组织之一，对全球经济增长和区域稳定具有重要意义。

25. 实证主义：实证主义又称实证哲学，是由法国哲学家奥古斯特·孔德创设的哲学流派。该流派兴起于 19 世纪，主张知识应基于观察、实验和事实，而非形而上学或主观臆测。实证主义认为哲学的任务就是现象研究，主张通过对现象的归纳来获得科学规律。它拒绝探讨无法验证的抽象问题，注重经验与逻辑的结合。实证主义对自然科学、社会科学及现代科学方法论产生了深远影响，但也因忽视价值判断和主观体验而受到批评。

第二部分　应用文写作

【构思谋篇】

　　题干要求撰写一篇毕业典礼演讲致辞。格式上需包含标题、称谓（如"尊敬的校领导、老师们，亲爱的同学们"）和正文。范文内容构思以"感恩—回顾过往—展望未来"为主线，先作简要身份介绍，然后依次分板块表达对老师教诲的感恩，对往昔成长的回顾，对毕业生活的展望。全文需采用口语化书面语体，平衡情感温度与思想深度，适当运用排比、设问等修辞增强感染力，结尾需有号召力和仪式感。

---

① "中国与亚太经合组织的关系"，载 https://www.gov.cn/xinwen/2015-11/18/content_5014164.htm，最后访问日期：2025 年 4 月 30 日。

【参考范文】

毕业典礼讲话稿

尊敬的校领导、老师们，亲爱的同学们：

大家好！

今天，我们齐聚一堂，共同见证我们人生中的重要时刻——毕业典礼。作为本届毕业生的一员，我十分荣幸能站在这里，代表全体同学发表毕业感言。

首先，请允许我代表所有毕业生，向辛勤培育我们的老师们致以最崇高的敬意和最诚挚的感谢，感谢您们在过去的日子里的悉心教导和无私付出。是您们的辛勤耕耘，点亮了我们知识的灯塔，指引我们前进的方向。您们的教导与关爱，如同春雨滋润心田，给予我们无限的力量与勇气。

回首往昔，时光荏苒，转眼间四年大学生涯已悄然落幕。这段岁月，我们共同见证了彼此的成长，从青涩到成熟，从懵懂到自信。我们曾在图书馆的灯光下埋头苦读，曾在实验室的仪器前反复试验，曾在运动场上挥洒汗水，曾在社团活动中展现风采……每一张笑脸，每一次挑战，都成为了我们生命中不可磨灭的记忆。感谢亲爱的同学们，是你们的陪伴，让这段旅程不再孤单。我们一起奋斗的日夜，分享的喜怒哀乐，都是青春最真挚的写照。

此刻，我们即将告别这片熟悉的校园，开启人生的新篇章。未来机遇与挑战并存，等待着我们去发现、去征服。让我们带着母校赋予的知识与智慧，以自信的姿态，迈向未知的世界。不管未来的路有多远，有多难，都请坚信，青春的步伐永远不会停止，理想的火焰永远不会熄灭。只要我们心中有梦，脚下有力，就没有到达不了的远方。

最后，我想对同学们说：无论未来我们身在何方，从事何种职业，都要铭记母校的教诲和老师的期望。让我们带着满满的信心和勇气，迎接属于我们的未来！

谢谢大家！祝愿我们的母校越办越好，祝愿老师们身体健康，工作顺利！祝愿同学们前程似锦，梦想成真！

第三部分　现代汉语写作

【构思谋篇】

题干材料为宋代诗人陈普的一首古诗，阐释了"君子不器"的深层内涵：批判拘泥专业技能的"小成"，强调知行合一、全面发展，达成个人与社会的统一。据此，可从以下主题方向展开论述：（1）专业局限性的批判（如"小成"之弊在现代教育中的体现）；（2）通才培养的价值（以达·芬奇、苏轼等跨界人才为例）；（3）"体用流行"的实践路径（如清华"中西融汇、古今贯通、文理渗透"的教育理念）等。范文采用"破立结合"的论证结构，结合钱伟长弃文从理等案例，既剖析"君子不器"的传统智慧，又观照当代教育中的"工具人"现象，最终落脚于全面发展对构建人类命运共同体的现代意义。

【参考范文】

君子不器：论通才修养与人生格局

陈普的诗句犹如一剂清醒良方，在专业分工日益细密的今天，"大学真儒耻小成"的训诫更显振聋发聩。真正的儒者之学，绝非囿于一技一艺的"小成"，而是追求"一源体用"的贯通之境。这种"君子不器"的理想人格，在当代社会依然闪耀着智慧的光芒。

专业主义的泛滥造就了现代社会的"器化"危机。某高校曾对毕业生进行跟踪调查，发现那些仅专注于单一技能的学生，在职业发展五年后普遍遭遇瓶颈；而那些注重跨学科学习的学生，则展现出更强的适应能力。这印证了孔子所警示的困境：当人沦为特定功能的"器"，其发展潜力必将受限。法国思想家福柯在《规训与惩罚》中以监狱为例，揭示现代社会如何通过专业分工将人规训为各种"器"，这种异化现象在当今职场中愈发明显。工程师只懂代码不问伦理，医生只重技术不察人情，教师只授知识不育人格，这些都是"器化"危机的现实写照。

"一源体用要流行"指明了破局之道。以钱伟长先生为例，这位文史天才在抗战爆发后毅然转学物理，他说："国家的需要就是我的专业。"正是这种超越专业局限的视野，让他在力学、数学等多个领域取得开创性成就。同样，明代医药学家李时珍编撰《本草纲目》时，不仅精通医术（用），更融会贯通了农学等知识（体），实现了"体用流行"的学术境界。这些例证表明，真正的创新往往诞生于专业藩篱被打破之时。

从"修身"到"治平"的实践路径，为"君子不器"提供了当代诠释。在抗疫斗争中，钟南山院士不仅以其专业医术救治病患，更以其人文关怀安定民心；张文宏医生用通俗易懂的语言普及防疫知识，展现了学者服务社会的担当。这些事例生动诠释了：当代君子既要是专业领域的"专家"，也要是心系天下的"通人"。

站在文明转型的十字路口，重提"君子不器"不仅是对传统的回归，更是对未来的预见。它启示我们：教育的终极目的不是制造工具，而是培养完整的人。当我们以"万物备于我"的胸怀拥抱世界，以"修齐治平"的担当砥砺前行，方能真正突破"器"的桎梏，成就君子之风。

2023年全日制翻译硕士专业学位（MTI）研究生入学考试试题

参考答案

第一部分　百科知识

1. **四书五经**：四书五经是中国儒家学派的经典著作，包括"四书"《大学》《中庸》《论语》《孟子》和"五经"《诗经》《尚书》《礼记》《周易》《春秋》。南宋后，四书成为官学书籍和科举指定书目，对历代文教产生了极大影响。四书五经详细记录了我国早期思想文化发展史上的历史资料和重要思想，在我国儒学发展史乃至文化发展史上都占据着相当重要的位置。

《大学》原属《礼记》第四十二篇，相传为春秋战国时期曾子所作，系统阐述了儒家修身治国的理念。其核心思想为"三纲领"和"八条目"："三纲领"即"明明德""亲民""止于至善"；"八条目"即"格物""致知""诚意""正心""修身""齐家""治国""平天下"。它强调个人修养与社会责任的统一，认为修身是治国平天下的基础。

《中庸》原属《礼记》第三十一篇，相传为战国时期儒家学派子思（孔子之孙）所作，主要阐述儒家的伦理思想和治国理念。其核心思想是"中庸之道"，即追求不偏不倚、恰到好处的行为哲学，强调个人修养与社会和谐的平衡。

《论语》是一部语录汇编文集，由孔子的弟子及其再传弟子编纂而成，记录了孔子及其弟子的言行。其核心思想包括"仁""礼""孝"等，主张以仁为本，通过礼制规范行为，实现社会和谐。

《孟子》是一部语录汇编文集，由战国时期思想家孟子及其弟子共同编撰而成，记录了孟子的思想和言论。其核心思想包括"性善论""仁政"和"民贵君轻"等，主张人性本善，提倡施行仁政，以民为本。

《诗经》又称《诗》，是中国第一部诗歌总集。它收录了自西周初年至春秋中叶大约500年间的诗歌，共计311篇（包括6篇笙诗）。《诗经》中的诗，是配乐演唱的歌词，按不同乐调可分风、雅、颂三类，诗中多用赋、比、兴等修辞手法。

《尚书》又称《书》或《书经》，是中国第一部古典散文集，也是最早的历史文献汇编。它记录了古代各朝代君王和大臣的言论、政令、历史事件等，内容涵盖了政治、军事、经济、文化等多个方面。

《礼记》又称《礼》《小戴礼记》，相传为西汉礼学家戴圣所编，成书于战国至秦汉年间。书中记录了先秦的礼制礼仪，是研究中国古代社会、文物制度、典礼、祭祀、教育、音乐和儒家学说的重要参考书。

《周易》又称《易》《易经》，是中国古代重要的哲学典籍，被誉为"五经"之首。书中记录了古代中国智者们根据观察天象和社会变迁总结出的卜筮方法，以阴阳两种元素的对立统一去描述世间万物的变化，体现了中国古典文化的哲学观和宇宙观。

《春秋》又称《春秋经》，是中国现存最早的编年体史书，相传由孔子根据鲁国国史删订而成。书中记载了从鲁隐公元年（公元前722年）至鲁哀公十四年（公元前481年），共242年的史实。其记言叙事的语言凝练而意含褒贬，后人称这种记事手法为"春秋笔法""微言大义"。

2. **三省六部**：三省六部是隋唐至明清时期中央行政机构的核心制度。三省指中书省、门下省、尚书省：中书省负责草拟、颁发皇帝的诏令；门下省负责审议；尚书省负责执行政务。六部指吏部、礼部、兵部、刑部、工部、户部，分别负责官员任免、礼仪典章、军事要务、法律典狱、水利工程、财政赋税等职责。三省六部制体现了权力分工与制衡，提高了行政效率，是中国古代政治制度成熟的标志，对后世官制发展产生了深远影响。

3. **内卷**：内卷一词来源于学术界，常用作"内卷化"，原指某种文化模式或社会结构在发展到一定阶段后停滞不前，转而向内复杂化、精细化，但未产生实质性进步的现象。现作为网络流行语，表示非理性的内部竞争或"被自愿"竞争，多用于描述个体或群体为争夺有限资源而不断投入更多努力，却未能提升整体效益的情况。例如，教育领域的"内卷"表现为学生过度竞争，导致学习负担加重但教育质量未显著提高。内卷现象反映了资源分配不均和发展瓶颈问题，需通过制度优化和创新突破来解决。

4. **人类命运共同体**：人类命运共同体是中国提出的全球治理理念。该理念强调世界各国相互依存、休戚与共，应通过合作应对全球性挑战。该理念倡导平等、包容、共赢的国际关系，反对单边主义和霸权主义，主张构建持久和平、普遍安全、共同繁荣、开放包容、清洁美丽的世界。人类命运共同体理念体现了中国对全球治理的贡献，旨在推动国际社会携手共建更加公平合理的世界秩序，促进人类共同发展。

5. **元宇宙**：元宇宙概念最早出自科幻小说《雪崩》，是一个虚拟与现实融合的数字世界，通过虚拟现实（VR）、增强现实（AR）和互联网技术构建。用户可以在元宇宙中进行社交、娱乐、工作、交易等活动，体验沉浸式互动。元宇宙整合了区块链、人工智能等技术，具有去中心化、持久性和经济系统等特征。元宇宙被视为互联网的下一代形态，可能对经济、文化、社会产生深远影响，但也面临技术、伦理和隐私等挑战。

6. **日内瓦**：日内瓦是瑞士联邦的第二大城市，被誉为"和平之都"。它是众多国际组织的总部所在地，包括联合国欧洲总部、世界卫生组织、红十字国际委员会等。日内瓦也是全球外交和谈判的重要中心，许多国际会议和条约在此签署。此外，日内瓦以其高质量的生活、丰富的文化遗产和美丽的自然风光吸引着全球游客。作为国际事务和全球治理的重要枢纽，日内瓦在世界政治、经济和文化中具有重要地位。

7. **万里悲秋常作客，百年多病独登台**：该语句出自唐代诗人杜甫的《登高》。"万里"表示远离家乡，"常作客"凸显诗人长期漂泊的无奈，"百年"为"暮年"之意，"独登台"表明诗人无人陪伴的凄凉境遇。该语句的意思是：身在故乡万里之外，我感伤着秋景和常年漂泊的异乡生活；年老多病的我今日独自登上高台。诗句语言凝练，表达了诗人漂泊异乡、孤独多病的悲凉情感，体现了杜甫晚年生活的困顿与对国家命运的忧虑。

8. **一带一路**：一带一路全称"丝绸之路经济带"和"21世纪海上丝绸之路"，是中国于2013年提出的国际经济合作倡议。"丝绸之路经济带"是在"古丝绸之路"概念基础上形成的一个新的经济发展区域。"21世纪海上丝绸之路"则是发展面向南海、太平洋和印度洋的战略合作经济带。"一带一路"的目标是加强亚欧非大陆及沿线国家的互联互通，促进经济合作与文化交流，实现共同发展、互利共赢。该倡议涵盖多个领域，如交通、能源、金融等，已吸引众多国家参与。"一带一路"推动了中国与世界的深度融合，也为全球经济复苏和区域合作提供了新动力。

9. **非物质文化遗产**：非物质文化遗产是指各族人民世代相传并视为其文化遗产组成部分的各种传统文化表现形式，以及与传统文化表现形式相关的实物和场所。包括：（1）传统口头文学以及作为其载体的语言；（2）传统美术、书法、音乐、舞蹈、戏剧、曲艺和杂技；（3）传统技艺、医药和历法；（4）传统礼仪、节庆等民俗；（5）传统体育和游艺；（6）其他非物质文化遗产。[①] 联合国教科文组织通过《保护非物质文化遗产公约》推动其保护与传承。中国也积极保护和弘扬非物质文化遗产，如京剧、端午节等，以维护文化多样性。

10. **探月工程**：探月工程是指利用航天器对月球进行的各种探测活动的总称，旨在获取月球表面三维立体影像、分析月面有用元素含量和物质类型的分布特点、探测月壤特性以及探测地月空间环境等。2004 年，中国探月工程（又称"嫦娥工程"）正式开展。中国探月工程初期规划为"绕月探测""落月探测"和"月球样品取样返回"三期。后续在此基础上启动第四期，旨在实现月球南极的探测和建立月球科研站。2007 年，"嫦娥一号"成功发射，标志着中国成为世界上第五个成功发射月球探测器的国家。中国探月工程推动了中国航天技术的发展，为人类探索月球积累了宝贵经验，提升了中国在国际航天领域的地位。

11. **清洁能源**：清洁能源又称绿色能源，是指在生产和使用过程中对环境影响较小、碳排放较低的能源。狭义的清洁能源指的是可再生能源，如太阳能、风能、水能、生物质能、地热能、氢能等。广义的清洁能源还包括了天然气、清洁煤等非可再生能源。清洁能源的开发和利用正逐步替代传统化石能源，推动能源结构转型，是应对气候变化、减少环境污染的重要途径。中国积极发展清洁能源，通过政策支持和技术创新，致力于实现"双碳"目标，为全球绿色发展贡献力量。

12. **一国两制**：一国两制即"一个国家，两种制度"，是中国为实现国家统一提出的政治制度构想。其核心是：在一个中国的前提下，坚持国家主体实行社会主义制度，台湾、香港以及澳门保持原本的资本主义制度长期不变，享有高度自治权，但外交和国防事务由中央政府负责。这一伟大构想最早针对台湾问题提出，后应用于香港（1997 年 7 月 1 日）和澳门（1999 年 12 月 20 日）。这一制度体现了中国在维护国家统一的同时，尊重地区差异的灵活性和包容性。

13. **白皮书**：白皮书是以白色封面装帧的官方报告书或指导性文件，通常由政府、议会等官方权威机构发布，用于阐述某些问题的立场、政策或解决方案。白皮书行文规范、文字简练，内容详实，通常包含大量的数据，旨在提供专业分析和指导。白皮书广泛应用于政治、经济、科技等领域，如政策解读、技术规范、行业报告等。白皮书的发布体现了透明度和专业性，对推动政策实施和行业发展具有重要作用。

14. **方舱医院**：方舱医院指的是新冠肺炎疫情爆发后，快速、大量、集中收治新冠肺炎轻症患者及无症状感染者的建筑及其配套设施。[②] 方舱医院起源于军事需求，原为解放军野战机动医疗系统的一种，现已扩展应用到公共卫生领域，用于应对大规模公共卫生紧急事件。它是由医疗功能单元、病房单元、技术保障单元等若干可移动模块系统构成的卫生装备，具有紧急救治、外科处置、临床检验等多方面功能。与一般性医院相比，方舱医院有机动性好、环境适应性强等优点，能够适应若干突发性医学救援工作。

---

① "中华人民共和国非物质文化遗产法"，载中国政府网 https://www.gov.cn/flfg/2011-02/25/content_1857449.htm，最后访问日期：2025 年 4 月 30 日。

② "关于印发方舱医院设计导则（试行）的通知"，载中华人民共和国中央人民政府网 https://www.gov.cn/zhengce/zhengceku/2022-08/12/content_5705168.htm，最后访问日期：2025 年 4 月 30 日。

15. **端午节**：端午节又称龙舟节、端阳节，是中华民族重要的传统节日之一，节期为每年的农历五月初五。端午节的主要习俗包括拴五色线、佩戴香囊、吃粽子、喝雄黄酒、插艾蒿、挂菖蒲、划龙舟、拜神祭祖、祭祀屈原、纪念伍子胥等。2006 年 5 月，国务院批准将其列入首批《国家级非物质文化遗产名录》。2009 年 9 月，端午节被联合国教科文组织正式批准列入《人类非物质文化遗产代表作名录》。

16. **马可·波罗**：马可·波罗是意大利著名的旅行家。他于 1271 年随家人前往中国，历时四年抵达元朝大都（今北京），受到元世祖忽必烈的接见。马可·波罗在中国生活 17 年，游历多地。回到威尼斯后，他口述见闻，由鲁斯蒂谦执笔写出了《马可·波罗游记》，书中详细描述了中国的繁荣与文化。该书激起了欧洲人对东方的向往，对新航路的开辟产生了重大影响。

17. **踔厉奋发**：踔厉奋发是一个成语，出自韩愈的《柳子厚墓志铭》。"踔"指跳跃，"厉"指锋利、高扬，"奋发"意为振作精神。该成语常用于形容个人或集体在困难面前毫不退缩，积极进取的精神风貌。它体现了中华民族自强不息、勇于拼搏的传统美德，常用于激励人们追求目标、克服困难，具有积极向上的文化内涵。

18. **京剧**：京剧又称平剧、京戏，是中国影响力最大的传统戏曲剧种之一，被称为"国剧"。京剧起源于清乾隆年间，融合了徽剧、昆曲等艺术形式。其特点包括程式化的表演、独特的唱腔、丰富的脸谱和精美的服饰。京剧表演讲究"唱、念、做、打"，角色分为生、旦、净、丑四大行当。著名的京剧传统剧目有《打渔杀家》《贵妃醉酒》《空城计》等。京剧旦角的四大流派为梅派、程派、荀派、尚派，他们的创始人梅兰芳、程砚秋、荀慧生、尚小云均为著名京剧表演艺术家，被称为"京剧四大名旦"。2010 年 11 月，京剧被联合国教科文组织正式批准列入《人类非物质文化遗产代表作名录》。

19. **礼器**：礼器最早出现于原始社会晚期，是中国古代用于祭祀、征伐、宴飨及丧葬等礼仪活动的器具。礼器是权力、地位和文化的象征，其形制、纹饰和使用规范体现了古代礼制和社会等级制度。常见的礼器有青铜器、玉器、陶器等。礼器在考古学和历史研究中具有重要价值，反映了古代社会的政治、宗教和文化特征。

20. **九州**：九州出自先秦典籍《尚书·禹贡》，是汉族先民自古以来的民族地域概念。九州即汉族原居地划分的九个区域，分别是冀州、兖州、青州、徐州、扬州、荆州、豫州、梁州和雍州。九州不仅是地理区划，也象征着古代中国的疆域范围和文化统一。这一概念体现了古人对国家治理和地理认知的智慧，对后世行政区划和文化认同产生了深远影响。

21. **新石器时代**：新石器时代是考古学上人类史前文化的重要阶段，是石器时代的最后一个阶段。因人类社会存在着不同的发展进程，各地新石器时代所涵盖的年代范围也各不相同。大致而言，新石器时代开始于约 1 万多年前，结束于距今 5 000 多年至 2 000 多年不等。新石器时代的主要特征是磨制石器的制造与广泛使用、陶器的发明以及农业和畜牧业的兴起。新石器时代标志着人类从狩猎采集向定居农业社会的过渡，出现了村落和早期社会组织，如河姆渡文化、仰韶文化、半坡文化、良渚文化等。

22. **文艺复兴**：文艺复兴指 14 世纪至 16 世纪发生在欧洲的思想解放文化运动。它起源于意大利，后扩展至整个欧洲。它的本质是新兴资产阶级在复兴古希腊、古罗马古典文化的名义下，发起的弘扬资产阶级思想文化的反封建运动。文艺复兴强调人文主义，主张以人为本，重视人的价值与尊严。相关代表人物有"文坛三杰"但丁、彼特拉克、薄伽丘，"美术三杰"达·芬奇、拉斐尔、米开朗基罗等。文艺复兴在文学、艺术、科学等领域取得了巨大成就，推动了欧洲从中世纪向近代社会的过渡，为后来的启蒙运动和科学革命奠定了基础。

23. **和谐共生**：和谐共生是指不同生物、群体或系统之间通过相互协调、平衡发展，实现共同生存与繁荣的状态。这一理念强调人与自然、人与人、人与社会之间的和谐关系，倡导尊重多样性、包容差异、追求可持续发展。和谐共生不仅是生态学的重要原则，也是人类社会发展的目标，体现了对和平、合作与共赢的追求，对构建和谐社会和推动全球治理具有重要意义。

24. **出口退税**：出口退税是指国家为鼓励出口，对出口商品已征收的国内间接税款（如生产和流通环节依税法缴纳的增值税、消费税等）部分或全部退还给出口企业的政策。这一措施旨在降低出口成本，提升本国商品在国际市场的竞争力，促进对外贸易发展。出口退税是国际贸易中的常见做法，有助于平衡国内税收与国际贸易利益，对推动经济增长具有积极作用。

25. **写意**：写意俗称粗笔，是中国传统艺术的重要表现手法，尤其在绘画和书法中广泛应用。它强调通过简练、概括的笔触表达创作者的思想情感和意境，而非拘泥于物象的细致刻画。写意注重"神似"而非"形似"，追求艺术的内在精神与气韵生动。与工笔画的精细写实不同，写意画以自由洒脱、含蓄隽永为特点，对后世艺术创作产生了深远影响。

第二部分 应用文写作

【构思谋篇】

题干要求撰写一篇面向大学生的演讲稿。格式上需包含标题、称谓（如"亲爱的同学们"）和正文。范文内容构思以"时代背景—成果展示—行动建议"为主线，以具体数据和典型案例为支撑展示国际教育成果，最终落脚于培养全球胜任力的时代要求。全文需采用口语化书面语体，强化互动性表达，结尾需有号召力和仪式感。

【参考范文】

在开放中成长：致新时代的大学生

亲爱的同学们：

站在这个全球化的时代节点，我们每个人都是文明交流的使者。今天，我想与大家探讨一个关乎未来的话题：如何在文化开放与国际教育合作中实现自我成长。

近年来，我们见证了令人振奋的国际交流成果。仅过去一年，我校就与37所世界一流高校建立了合作关系。美国宾夕法尼亚州立大学的史密斯教授带来的创新思维课程，日本熊本大学山本团队分享的科研方法，都在校园里激起了智慧的火花。更令人自豪的是，我校学子在国际学术会议上发表的论文数量同比增长了45%，这些数字背后，是无数跨越国界的智慧碰撞。

在这样的时代背景下，我特别想与大家分享三个成长建议：

第一，培养"望远镜思维"。不仅要读懂《论语》，也要理解柏拉图；既要熟悉唐诗宋词，也要欣赏莎士比亚。科学研究表明，具有多元文化背景的学生，创新能力要高出普通学生约32%。

第二，掌握"语言密码"。语言不只是工具，更是思维的载体。我校外语学院的××同学，因为精通阿拉伯语，在迪拜世博会期间促成了多项文化交流项目，这就是语言的力量。

第三，勇敢"走出去"。去年参加交换项目的同学中，有83%表示这段经历改变了他们的认知方式。正如留学剑桥的××同学所说："在异国图书馆熬夜的日子，让我真正理解了世界的多样性。"

同学们，人类文明就像一座百花园，每朵花都有自己的芬芳。让我们以开放包容的胸怀，在国际教育的舞台上绽放青春的光彩！期待在未来的世界舞台上，看到你们自信的身影！

第三部分　现代汉语写作

【构思谋篇】

题干材料出自《论语》，强调知识分子应当志向远大、意志坚韧，因其肩负重任且前路漫长。据此，可从以下主题方向展开论述：（1）历史使命的薪火相传（如钱学森、黄大年等科技工作者接续奋斗）；（2）当代青年在乡村振兴（如大学生村官）、科研攻关（如北斗团队）中的"弘毅"实践；（3）"躺平"现象与"任重道远"精神的时代碰撞等。范文以"诠释概念—历史传承—当代实践—个人成长—时代担当"为逻辑主线，开篇阐释"弘毅"精神的核心内涵，继而通过范仲淹、詹天佑等历史案例展现其文化根基，再以北斗团队、黄文秀等新时代典型论证其现实意义，接着用张桂梅、华为研发团队等事例说明对个人发展的价值，最后落脚于青年一代的时代责任。

【参考范文】

树大志勇奋斗，立潮头担使命

曾子"士不可以不弘毅，任重而道远"的箴言，历经两千余年仍振聋发聩。这句话深刻揭示了知识分子的精神品格：既要志向远大，又要意志坚定。在实现中华民族伟大复兴的新征程上，这一古训依然具有重要的现实意义。

回望历史，弘毅精神铸就了中华文明的脊梁。北宋名臣范仲淹自幼家境贫寒，每天仅以粥充饥，却仍坚持苦读，最终提出"先天下之忧而忧，后天下之乐而乐"的为政理念。近代铁路工程师詹天佑在修建京张铁路时，面对外国工程师"能修此路之中国工程师尚未出世"的嘲讽，带领团队攻克一个个技术难关，最终提前两年完成工程，创造了中国铁路史上的奇迹。这些先贤用行动证明：弘毅精神是推动民族进步的重要力量。

在新时代，弘毅精神展现出新的时代价值。北斗三号卫星首席总设计师谢军带领团队突破数百项关键技术，最终实现北斗系统全球组网。在脱贫攻坚一线，黄文秀放弃大城市工作机会，主动请缨到贫困村担任第一书记，带领村民发展特色产业，使全村贫困发生率大幅降低。这些新时代奋斗者用实际行动诠释了弘毅精神的当代内涵。

弘毅精神对个人成长至关重要。"燃灯校长"张桂梅扎根云南贫困山区教育一线 40 余年，身患多种疾病仍坚持每天清晨 5 点起床，陪伴学生们晨读，累计帮助 1 800 多名山区女孩考入大学。华为公司面对芯片断供危机，研发人员夜以继日攻关，用三年时间完成 13 000 多颗器件的替代开发，实现自主可控。这些事例生动说明：唯有保持坚定意志，才能成就非凡事业。

当前，我们正处在民族复兴的关键时期。面对复杂的国际环境和艰巨的发展任务，更需要弘扬弘毅精神。作为新时代青年，我们既要树立"为中华之崛起而读书"的远大志向，又要培养"千磨万击还坚劲"的顽强意志。在科技创新前沿，要勇攀高峰；在基层服务一线，要脚踏实地。唯有将个人理想融入国家发展，才能在实现人生价值的同时，为民族复兴贡献力量。

弘毅精神不是空洞的口号，而是需要付诸实践的行动指南。它要求我们既要看到任重道远，又要保持坚持不懈的奋斗姿态。让我们以弘毅精神为引领，在各自岗位上勇担使命、砥砺前行，共同谱写中华民族伟大复兴的新篇章。

2022 年全日制翻译硕士专业学位（MTI）研究生入学考试试题

参考答案

第一部分　百科知识

1. **国内国际双循环**：国内国际双循环是指中国在经济发展中同时利用两个市场（国内和国际市场）、两种资源（国内和国外资源），形成国民经济良性循环的新发展格局。国内大循环通过扩大内需、优化供给、完善产业链，增强经济内生动力；国际循环则通过深化对外开放、加强国际合作，提升全球资源配置能力。双循环战略旨在应对外部环境变化，增强经济韧性和竞争力，推动高质量发展。构建"国内国际双循环"新发展格局需要综合发力，既注重国内市场潜力，又保持全球合作，为中国经济可持续发展提供了新路径。

2. **遍插茱萸少一人的"插"**：该语句出自唐代诗人王维的《九月九日忆山东兄弟》，"插"字本义为"将长形或片状物体放进、挤入、刺入其他物品中"，此处的"插"指在头上或衣服上插戴茱萸。茱萸是一种植物，时人认为其有辟邪、祈福的作用。重阳节时，人们将茱萸插戴在头上或制成香囊佩戴在身上，有消灾避难、避免瘟疫的寓意。在本句中，"插"不仅表示动作，还承载着丰富的情感内涵，寄托了诗人对家乡、亲人的眷恋与思念。

3. **靡不有初，鲜克有终**：该语句出自《诗经·大雅·荡》。"靡"表示"无"，"初"表示"开始"，"鲜"表示"很少"，"克"表示"能够"。该语句的意思是：凡事都有开端，但很少有人能够坚持到最后。这句话强调了持之以恒的重要性，告诫人们做事要善始善终。

4. **清明节**：清明节最早是中国二十四节气中一个重要的农事节令，后演化为祭祀的节日，是中国传统节日之一。其节期并不固定，在仲春与暮春之交，农历春分后第 15 日。清明节的主要习俗包括吃寒食（青团）、禁火、扫墓祭祖、踏青郊游等，还会开展诸如放风筝、斗鸡、打马球、荡秋千等体育活动。2006 年 5 月，国务院批准将其列入首批《国家级非物质文化遗产名录》。2016 年 11 月，作为"二十四节气"之一，清明节被联合国教科文组织正式批准列入《人类非物质文化遗产代表作名录》。

5. **碳中和**：碳中和是指二氧化碳净零排放，即由个人或团体直接或间接产生的二氧化碳排放量，可以与植树造林等方式所吸收的量相抵消中和，最终实现温室气体"零排放"的效果。[①] 根据中共中央、国务院印发的《关于完整准确全面贯彻新发展理念做好碳达峰碳中和工作的意见》，我国计划在 2060 年，全面建立绿色低碳循环发展的经济体系和清洁低碳安全高效的能源体系，实现碳中和目标。"碳中和"目标的实现需要政府、企业和公众的共同努力，通过发展可再生能源、推广绿色技术和倡导低碳生活方式，促进经济社会的可持续发展。

6. **非物质文化遗产**：非物质文化遗产是指各族人民世代相传并视为其文化遗产组成部分的各种传统文化表现形式，以及与传统文化表现形式相关的实物和场所。包括：（1）传统口头文学以及作为其载体的语言；（2）传统美术、书法、音乐、舞蹈、戏剧、曲艺和杂技；（3）传统技艺、医药和历法；（4）传统礼仪、节庆等民俗；（5）传统体育和游艺；（6）其他非物质文化遗产。[②] 联合国教科文组织通过《保护非物质文化遗产公约》推动其保护与传承。中国也积极保护和弘扬非物质文化遗产，如京剧、端午节等，以维护文化多样性。

[①] "世界环境日'双碳'科普ⅠⅠ带你解读'双碳'——'碳达峰''碳中和'"，载 http://www.zhzx.cgs.gov.cn/xxfw02/dxkp/202206/t20220607_701520.html，最后访问日期：2025 年 4 月 30 日。

[②] "中华人民共和国非物质文化遗产法"，载中国政府网 https://www.gov.cn/flfg/2011-02/25/content_1857449.htm，最后访问日期：2025 年 4 月 30 日。

7. **民国纪年**：民国纪年是中华民国时期曾使用的纪年方式，标志着清朝统治的结束和共和政体的开始。该纪年法于 1912 年（中华民国成立年份）开始使用，1949 年（中华人民共和国建立年份）在中国大陆停止使用，但中国台湾地区至今仍沿用。记录时以 1912 年为民国元年，1913 年为民国 2 年，依次后推。民国纪年是中国近代历史的重要标志，反映了政治制度的变迁。

8. **民主党派**：民主党派是中华人民共和国政党中，除执政党中国共产党以外的八个参政党的统称。这八个民主党派分别是中国国民党革命委员会（简称民革）、中国民主同盟（简称民盟）、中国民主建国会（简称民建）、中国民主促进会（简称民进）、中国农工民主党（简称农工党）、中国致公党、九三学社和台湾民主自治同盟（简称台盟）。这些党派成立于 20 世纪，代表不同社会阶层和群体的利益，接受中国共产党的领导，通过政治协商、参政议政和民主监督，参与国家政治生活。中国共产党与民主党派实行"长期共存、互相监督、肝胆相照、荣辱与共"的方针，体现了中国特色的多党合作和政治协商制度。

9. **生物修复**：生物修复是在人为干预下利用微生物、植物或动物的新陈代谢活动，降解、转化或去除环境中污染物的技术。其原理是通过生物的自然能力，修复受污染的土壤、水体或空气。生物修复具有成本低、环境友好、可持续等优点，广泛应用于石油污染、重金属污染和有机污染物治理等领域。常见的生物修复方法包括植物修复、微生物修复等。这一技术为环境保护和生态恢复提供了有效手段，是绿色科技的重要组成部分。

10. **散点透视**：散点透视是绘画、造型艺术领域的专业术语，在中国传统绘画中得到广泛应用。它通过多个视点观察和描绘景物，打破单一视角的限制，使画面呈现出流动的空间感和时间感。散点透视强调"远近高低各不同"，画家可以根据需要自由调整景物的位置和比例，营造出"移步换景"的效果。这种技法在山水画中尤为常见，体现了中国艺术注重意境和主观表达的特点，与西方焦点透视形成鲜明对比。

11. **表意文字**：表意文字是一种以象征性的书写符号直接表达语言意义的文字系统。表意文字的每个字符通常代表一个词或语素，不直接表示发音，而是通过形象或象征传达含义。典型的表意文字有汉字、古埃及象形文字、苏美尔人的楔形文字等。表意文字具有高度的形象性和象征性，但学习难度较大。

12. **埃德加·斯诺**：埃德加·斯诺是美国著名记者、作家。他于 1928 年来到中国，担任多家欧美报社的驻华记者。1933 年至 1935 年间，他同时兼任了北平燕京大学（现北京大学）新闻系教师。他于 1936 年访问陕北苏区，采访了毛泽东等中共领导人，撰写了《红星照耀中国》（又名《西行漫记》），首次向世界客观介绍了中国共产党和红军的事迹。斯诺的作品打破了西方对中国的偏见，促进了国际社会对中国革命的了解，在中美文化交流史上具有重要地位。

13. **门扉**：门扉是指房屋或建筑物的门扇部分。它通常由木材、金属或其他材料制成，具有开启和关闭的功能。门扉的设计与装饰可以反映主人的经济状况、审美品位，同时承载着丰富的文化内涵和民族情趣。门扉不仅是建筑的重要组成部分，也常被赋予象征意义，如"门扉紧闭"代表拒绝或封闭，"敞开大门"则象征欢迎与开放。

14. **祖庭**：祖庭是指某一宗派或学派创始人最初讲学、传道或开创基业的地方。一般认为，儒教祖庭位于洛阳周公庙，释教（佛教）祖庭位于洛阳白马寺，道教祖庭位于洛阳上清宫。祖庭不仅是宗派或学派的精神象征，也是后人追本溯源、传承文化的重要场所，承载着深厚的历史记忆和文化价值。

15. **玄鸟**：玄鸟是中国古代神话传说中的神鸟。"玄"在古汉语中表示"深黑色"，象征神秘。《诗经·商颂·玄鸟》中记载："天命玄鸟，降而生商，宅殷土芒芒"。玄鸟被描述为商朝的图腾象征，与商朝起源紧密相连。它在古代神话中象征天命、吉祥，常作为祭祀、祈福和驱邪仪式的关键元素。它也是重要的文化意象，在古代文学、壁画、雕塑作品中常有出现，反映了古代文化的深厚底蕴和象征意义。

16. **灸法**：灸法是中医传统疗法之一，指借灸火的热力和药物的作用，对腧穴或病变部位进行温热性刺激，以达到温通经络、调和气血、防治疾病目的的一种方法。灸法在临床上具有重要作用，可以温经散寒，扶阳固脱，消瘀散结，防病保健，引热外行。常用灸法可分为艾灸法和非艾灸法：艾灸法又可细分为艾炷灸、艾条灸、温针灸、温灸器灸；非艾灸法可细分为灯火灸、天灸。① 灸法的理论基础源于中医的经络学说和阴阳平衡理论，是中医药文化的重要组成部分。

17. **明器**：明器有两种意义：（1）古代专为随葬而制作的器物，也称冥器；（2）古代诸侯受封时，帝王赏赐的礼器宝物。明器使用历史悠久，中国古代明器制度萌芽于旧石器时代晚期。最初的明器通常是墓主生前所用的器物，后来逐渐演变为陶土、木头、金属、纸等材质仿制的模型，仿制模型包括日用器物，人物、畜禽，车船、建筑物、兵器等。明器使用有严明的等级规制。社会阶级越高，明器的数量越多、质量越好；反之则越少、越差。

18. **涌泉**：涌泉具有多重含义。（1）字面意义上，涌泉可指泉水由下向上冒出的自然现象。（2）中医针灸学中，涌泉即涌泉穴，是一个重要穴位。它位于足底屈足卷趾时足心最凹陷中，约在第2、3趾蹼缘与足跟连线的前1/3与后2/3交点凹陷中，属于足少阴肾经。该穴位常用于针灸和按摩，具有滋阴降火、引火归元的功效，主治头痛、眩晕、失眠等症。（3）在某些文学作品中，涌泉也被用来比喻情感的涌动和流露。

19. **五伦**：五伦出自《孟子·滕文公上》，指的是中国古代封建社会推崇的五种人伦关系及其道德准则，分别是"父子有亲，君臣有义，夫妇有别，长幼有序，朋友有信"。"父子有亲"代表家庭中的直系血缘关系，强调父子之间的亲情责任。"君臣有义"代表国家政治中的上下级关系，强调君臣之间的道义忠诚。"夫妇有别"代表婚姻关系中的男女双方，强调夫妻之间的挚爱而又内外有别。"长幼有序"代表家庭中的平辈血缘关系，强调兄弟之间的和睦礼让。"朋友有信"代表社会交往中的友情关系，强调朋友之间的诚信互助。五伦体现了古代社会对和谐人际关系的追求，对中华文化和社会结构产生了深远影响，至今仍在伦理道德教育中具有重要参考价值。

20. **青衣**：青衣是中国传统戏剧（如京剧、昆曲）中的一种旦角角色。北方剧种多称青衣，南方剧种多称正旦。因所扮演的角色常常穿黑色褶子（古代称黑色为"青"）的衣物而得名。青衣扮演的角色一般是端庄沉静、严肃正派的成年女性。青衣的表演以唱功为主，注重细腻的情感表达，动作幅度较小，行动比较稳重。青衣角色在戏曲中具有重要地位，其表演艺术体现了中国传统美学中的含蓄与典雅，是戏曲文化的重要组成部分。

21. **埙**：埙是一种罐体气鸣吹孔乐器，是中国最为古老的吹奏乐器之一。埙的历史可追溯至新石器时代，古时多由陶土烧制、石制或骨制，现代多为木制。其外形为圆形或椭圆形，顶部有吹孔，侧面有若干音孔。其音色浑厚低沉，常用于表现古朴、哀婉的情感。它在古代祭祀、礼仪中扮演重要角色，体现了中华民族深厚的音乐文化底蕴。

---

① 梁繁荣、王华主编：《针灸学》，中国中医药出版社2016年版，第147~152页。

22. 鸿胪寺：鸿胪寺，九寺之一，是中国古代官署机构。它始设于北齐，历代多沿置，唐代时职能达到顶峰，宋代以后逐渐衰落，明清时期被并入礼部。鸿胪寺主要负责外交事务与朝会礼仪，包括接待外国使节、安排朝贡仪式等。鸿胪寺的设立体现了古代中国对外交与礼仪的重视，是研究中国古代外交制度的重要参考。

23. 金字塔的"金"字："金"字本义表示"金属""货币"，此处的"金"并非其本义，而是具有象形意义，表示金字塔形状与汉字"金"在结构上的相似性。金字塔是古埃及文明的代表性建筑，其外观通常呈棱锥体，四面三角形从底部向上汇聚于一点，形似汉字"金"的上半部分"人"字形结构。"金"字形象地描述了金字塔的外观特征，体现了汉字象形与表意的特点。

24. 大秦国：大秦国见于《后汉书》等史籍，是中国古代对罗马帝国及近东地区的称呼。汉代通过丝绸之路与罗马帝国建立了间接的贸易和文化联系，大秦国以其富庶和文明著称。这一名称反映了古代中国对遥远西方国家的认知与想象，是中西文化交流的重要历史见证。大秦国的记载不仅丰富了古代中国的地理知识，也为研究早期欧亚大陆的文明互动提供了宝贵资料。

25. 蟠螭纹：蟠螭纹是中国古代青铜器和玉器上常见的传统装饰纹样。其图案以盘曲的螭龙为主体，螭龙无角，身形蜿蜒，常以对称或连续的形式装饰于器物表面，寓意吉祥与权力。蟠螭纹不仅体现了古代工匠的高超技艺，也反映了当时的社会文化与审美观念，是研究中国古代艺术与礼制的重要实物资料。

第二部分　应用文写作

【构思谋篇】

　　题干要求撰写一篇领导人讲话稿，属于正式场合的政策性演讲文稿。格式上需包含标题、称谓（如"各位同仁、朋友们"）和正文。范文内容构思以"全球认知—中国实践—未来行动"为主线，以科学数据凸显问题紧迫性，以典型案例展现实践成果，最后提出系统解决方案。全文需保持权威而不失亲和的政策话语风格。

【参考范文】

共建地球生命共同体

各位来宾，同志们，朋友们：

　　今天，我们齐聚一堂，共同探讨生物多样性保护这一重大课题。地球是我们共同的家园，保护生物多样性不仅关系生态安全，更关乎人类永续发展。

　　首先，我们必须清醒认识到，全球生物多样性正面临前所未有的危机。根据联合国《全球生物多样性展望》报告显示，近百万种动植物物种面临灭绝威胁。在中国，尽管我们已建立各级各类自然保护地近万个，但生物多样性保护形势依然严峻。

　　中国始终是生物多样性保护的坚定行动派。过去十年，我国自然保护地面积增长，大熊猫、朱鹮等珍稀物种种群数量稳步回升，展现了人与自然和谐共处的中国智慧。

　　面向未来，我们要重点做好以下工作：

　　第一，完善生物多样性保护体系。加快构建以国家公园为主体的自然保护地体系，实施重要生态系统保护和修复重大工程。

　　第二，推动绿色发展转型。建立生态产品价值实现机制，让保护者受益、使用者付费、破坏者赔偿。

第三，深化国际合作交流。认真履行《生物多样性公约》，积极参与全球生物多样性治理。

保护生物多样性功在当代、利在千秋。让我们携手努力，共同建设人与自然和谐共生的美丽家园，为子孙后代留下丰富的生物资源和良好的生态环境！

第三部分　现代汉语写作

【构思谋篇】

题干材料从《大学》"明德"思想出发，强调德行对个人和国家的重要性，并将社会主义核心价值观定位为新时代的德行准则。据此，可从以下主题方向展开论述：（1）社会主义核心价值观如何塑造现代公民品格（杭州"最美妈妈"展现的友善力量）；（2）社会主义核心价值观对社会风气的引领作用（疫情期间各地志愿者彰显"互助"精神）；（3）传统美德与社会主义核心价值观的创造性转化（"民本"思想与民主价值观）等。范文以"概念阐释—个人层面—国家层面—价值升华"为逻辑主线，以古训点明德行对个人和国家的重要性，引出社会主义核心价值观的统领地位，接着从个人和国家两个维度展开论述，分别用典型事例论证社会主义核心价值观的实践价值，最后强调社会主义核心价值观对民族复兴的引领作用。

【参考范文】

做有德之人，建有德之国

"大学之道，在明明德"的古训告诉我们，德行是立身之本，也是立国之基。社会主义核心价值观作为新时代的德行准则，对个人成长和国家发展都具有重要意义。

社会主义核心价值观从国家、社会、个人三个层面提出了明确要求。在国家层面，我们追求富强、民主、文明、和谐；在社会层面，倡导自由、平等、公正、法治；在个人层面，强调爱国、敬业、诚信、友善。这24个字不是空洞的口号，而是实实在在的行动指南。

做有德之人，当以社会主义核心价值观为人生航标。年过八旬的"诚信奶奶"陈金英，用多年辛勤摆摊积攒的微薄收入坚持偿还巨额债务，用最朴实的行动诠释了"言必信，行必果"的诚信美德；张桂梅老师扎根滇西山区数十载，历尽艰辛创办全国第一所免费女子高中，帮助数千名山区女孩通过知识改变命运，以无私的奉献彰显了教育工作者最崇高的敬业精神。这些普通人的故事告诉我们，践行社会主义核心价值观不需要惊天动地的壮举，而是体现在日常生活的点点滴滴中。青年时期是价值观形成的关键阶段，树立正确的价值观，不仅关乎个人的前途命运，更决定着整个社会的道德水准。

建有德之国，需以社会主义核心价值观为精神支柱。在脱贫攻坚伟大实践中，无数驻村干部告别城市舒适生活，长期扎根贫困地区，与当地群众同吃同住同劳动，用智慧与汗水浇灌脱贫致富的希望之花。黄文秀放弃优越的工作机会，主动到贫困村担任第一书记，带领村民发展特色产业，使全村实现脱贫。在科技创新领域，科研工作者们秉持爱国情怀与创新精神，突破一个又一个技术壁垒，实现了多项重大科技突破，为国家发展提供了强有力的科技支撑。这些成就背后，是爱国、敬业等社会主义核心价值观的支撑。

社会主义核心价值观凝结着全体人民共同的精神追求，承载着一个民族、一个国家的价值体系。它既传承了"仁者爱人"的传统美德，又赋予了"和谐共处"的时代内涵；既强调个人的道德自律，又注重社会的公平正义。在这个价值多元的时代，我们更需要以社会主义核心价值观为引领，做有德之人，建有德之国，共同谱写民族复兴的新篇章。

※ 综 合 类 院 校 ※

暨南大学

2024 年全日制翻译硕士专业学位（MTI）研究生入学考试试题

参考答案

第一部分　百科知识

一、选择题

1. A

1964 年，中国现代著名学者、作家**钱钟书**发表《林纾的翻译》一文。文章系统评析了晚清翻译家林纾的翻译实践与特点：（1）肯定了林译作品的"诱导"功能，认为林纾通过典雅文言将西方文学引入中国，激发了当时读者对异域文学的兴趣；（2）客观分析了翻译中"讹"的必然性，指出林纾因语言隔阂导致的误译和创造性叛逆，是跨文化转换中的普遍现象；（3）提出"化境"理论，将林纾成功实现中西文学融合的译作视为文学翻译的理想境界，即完全消弭翻译痕迹的艺术转化。

谭嗣同是晚清时期的维新派领袖，维新变法失败后英勇就义。**严复**是近代著名翻译家和思想家，曾提出"信、达、雅"的翻译标准。**郭沫若**是现代文学家、历史学家，曾提出"风韵译"的诗歌翻译标准。

2. A

印度著名诗人、文学家、哲学家**泰戈尔**一生从事创作。其作品语言优美深邃，主题涵盖自然、爱情、生命与宗教等。其代表作有诗集《吉檀迦利》《飞鸟集》《园丁集》，长篇小说《沉船》，短篇小说《河边的台阶》，歌曲《人民的意志》（1950 年被定为印度国歌）等。他的作品融合印度传统文化与西方现代思想，对中国现代文学产生了深远影响。

果戈理是俄国批判现实主义作家，其代表作有《死魂灵》《钦差大臣》等。**甘地**是印度民族解放运动的领袖，以"非暴力不合作运动"闻名。**阿兰达蒂**是印度知名女作家，凭借代表作《微物之神》获得"布克奖"（当代英语小说界的最高奖项）。

3. B

《伊豆的舞女》是日本作家**川端康成**于 1926 年发表的中篇小说。小说以第一人称讲述了一名高中生（主人公）在伊豆旅行途中邂逅一位年轻舞女的故事，描绘了二人之间朦胧而纯洁的情感。作品以细腻的笔触刻画了自然景色与人物心理，展现了青春、孤独与淡淡的哀愁，体现了川端康成对传统美学的追求。该小说奠定了川端康成的文学地位，并被多次改编为电影，影响深远。

大江健三郎是日本作家，曾于 1994 年获诺贝尔文学奖，其代表作有《个人的体验》《万延元年的足球队》等。**小林多喜二**是日本作家，其代表作有《蟹工船》《在外地主》等。**井上靖**是日本作家、诗人和社会活动家，其代表作有《楼兰》《敦煌》等。

4. A

题干中描述的"他"是**亚瑟·韦利**。亚瑟·韦利是 20 世纪英国著名的汉学家、翻译家、诗人，被誉为现代英国介绍中国和日本文学最有成就者。他精通多种语言（汉文、满文、蒙文、梵文、日文和西班牙文等），以将东方文种译为英文闻名。其译文流畅优美，兼具学术性与文学性，相关译作有《诗经》（*The Book of Songs*）、《论语》（*The Analects of Confucius*）等。他的翻译与研究促进了中西文化交流。

乔纳森·爱德华兹是美国著名神学家，也是北美殖民地"大觉醒运动"的领袖。**劳费尔**是美籍德国藏学家、东方学家，对东亚的语言文化颇有研究，其代表作有《中国伊朗编》等。**埃兹拉·庞德**是美国著名诗人、文学评论家，意象派诗歌运动的代表人物之一。

5. A

罗素是 20 世纪英国最伟大的哲学家、思想家、数学家和逻辑学家，分析哲学的主要创始人之一，1950 年诺贝尔文学奖获得者。他提出了"中立一元论"学说，认为经验世界的本质既非物质也非心灵，而是由一种更基本的"中立"元素构成。该学说试图解决心物二元论的难题，强调通过逻辑分析理解世界。罗素撰写了大量哲学著作，包括《西方哲学简史》等。他的思想对 20 世纪哲学、数学及社会领域产生了深远影响。

约翰·杜威是 19 世纪末至 20 世纪美国著名的哲学家、心理学家、教育家。**勒内·笛卡尔**是 17 世纪法国著名的哲学家、数学家、物理学家。**大卫·休谟**是 18 世纪苏格兰著名的哲学家、经济学家、历史学家。

6. D

《**嘉莉妹妹**》是美国现实主义作家西奥多·德莱塞创作的长篇小说，不是杰克·伦敦的著作。杰克·伦敦是美国著名现实主义作家。他的作品多以冒险、自然和生存为主题，描绘人与自然的斗争，充满力量与野性之美。其代表作有《马丁·伊登》《白牙》《野性的呼唤》等。

7. A

梁启超翻译的很多小说用的都是**白话文**。梁启超是中国近代思想家、政治家、文学家，戊戌变法领袖之一。他是"公车上书"的主要参与者之一，倡导变法维新，主张学习西方政治制度与思想，推动中国的现代化进程。他在文学、史学、哲学等领域均有建树，提倡"诗界革命"与"小说界革命"，推动白话文运动，主张用通俗易懂的语言传播新思想。他积极从事翻译活动，译介作品主要集中在政治、哲学和社会科学领域，旨在引进西方思想以推动中国社会变革。其译作有《哀希腊》《佳人奇遇》等。与林纾和严复的文雅、古奥（古老深奥）的文言文翻译风格相比，梁启超的翻译更具文学感染力。

8. C

莫扎特生前未完成的作品是《**安魂曲**》。莫扎特是奥地利作曲家，维也纳古典乐派代表人物之一。他的音乐以旋律优美、结构严谨、情感丰富著称。他一生创作了 600 多部作品，涵盖交响曲、歌剧、协奏曲等多种体裁。其代表作有《降 E 大调第三十九交响曲》《费加罗的婚礼》《D 大调第四小提琴协奏曲》等。《安魂曲》是莫扎特的最后一部作品，在创作这部作品时他已病重，仅完成了部分乐章，其余部分由其学生苏斯迈尔根据其留下的手稿续成。

《**卡农**》全称《D 大调卡农与吉格》，是德国作曲家约翰·帕赫贝尔的作品。《**婚礼进行曲**》有两首：一首是德国作曲家理查德·瓦格纳创作的作品，常用于婚礼入场；另一首是德国作曲家费利克斯·门德尔松的作品，常用于婚礼退场。《**欢乐颂**》是德国作曲家贝多芬第九交响曲的第四乐章。

9. A

西班牙内战（1936—1939）期间，在共和国后方活动的叛徒、间谍和破坏分子等反革命分子被统称为**第五纵队**。这些反革命分子通常与外部敌人里应外合，从事渗透、情报收集或制造混乱等活动。"第五纵队"作为内奸或潜伏敌对势力的代名词，广泛用于政治、军事和历史领域。

纳粹全称民族社会主义德意志工人党，是由阿道夫·希特勒领导的极右翼法西斯政党。**骷髅会**是美国耶鲁大学的一个秘密精英社团。**山口组**是日本规模最大的黑帮组织。

10. B

美国规定公民具有合法持有枪支权利的法律文件是宪法**第二修正案**。宪法第二修正案是美国《权利法案》的重要组成部分。该修正案于1791年通过，明确规定：人民持有和携带武器的权利不得侵犯。该修正案的制定背景是为了保障公民自卫权和防止政府暴政，但其解释和适用在当代美国社会引发广泛争议，支持者认为它是个人权利的核心保障，反对者则指出其助长了枪支暴力问题。

美国宪法**第一修正案**明确规定：国会不得制定法律限制宗教信仰自由、言论自由、出版自由、集会自由以及向政府请愿的权利。美国宪法**第三修正案**明确规定：在和平时期未经房主同意军队不得驻扎在私人住宅中。美国宪法**第四修正案**明确规定：政府在进行搜查或扣押时，必须基于正当理由并获得司法部门签发的搜查令。

11. A

《秋声赋》的作者是北宋文学家**欧阳修**。该篇赋文以"秋声"为线索，运用比喻、拟人等修辞手法，生动描绘了秋风的萧瑟、秋叶的凋零以及秋夜的寂寥，营造出一种凄凉而深远的意境。作者借秋声反思人生，表达了对仕途坎坷、年华老去的无奈与忧思。

王安石是北宋文学家，其代表作有《泊船瓜洲》等。**曾巩**是北宋文学家，其代表作有《墨池记》等。**苏轼**是北宋文学家，其代表作有《水调歌头·明月几时有》等。

12. D

张炎在《词源》中形容南宋词人**吴文英**（字君特，号梦窗）的词风"如七宝楼台，眩人眼目，碎拆下来，不成片段"。这一评价肯定了吴文英词作的华丽与精巧，也指出其词句结构松散的局限性。吴文英的词以婉约风格著称，语言秾丽典雅，善于运用典故和修辞，注重音律美和意境营造，内容多描写男女爱情、离别愁绪及个人身世之感。其代表作有《风入松·听风听雨过清明》《唐多令·惜别》等。

北宋词人**晏殊**的作品以婉约细腻、温润秀洁著称。南宋词人**王沂孙**的作品以咏物词见长，风格较为含蓄深沉。南宋词人**姜夔**的作品以清空骚雅、冷峻孤峭著称。他们的词风均不符合"七宝楼台"的形容。

13. A

《梧桐雨》（全称《唐明皇秋夜梧桐雨》）是元代剧作家白朴创作的悲剧，不属于元杂剧"四大爱情剧"。元杂剧的"四大爱情剧"是指元代四部以爱情为主题的经典杂剧，包括关汉卿的《拜月亭》、白朴的《墙头马上》、郑光祖的《倩女离魂》和王实甫的《西厢记》。这些作品以细腻的情感描写和曲折的故事情节著称，展现了元代社会对爱情与婚姻的思考，对后世戏曲文学产生了深远影响。

14. C

笔记体散文集《板桥杂记》的作者是明末清初文学家**余怀**。书中主要记载了明末南京秦淮河畔的风月场所、歌妓文化及社会风貌，同时也流露出对明亡清兴的历史感慨与怀旧之情。《板桥杂记》是研究明末清初社会文化的重要文献，也是中国古代笔记文学中的经典之作。

钱谦益是明末清初文学家，其代表作有《初学集》《有学集》等。**郑板桥**是清代书画家、文学家，擅长画兰、竹等。**张岱**是明末清初文学家，其代表作有《陶庵梦忆》《西湖梦寻》等。

15. A

认为通过念诵"阿弥陀佛"即可往生极乐世界的佛教宗派是**净土宗**。佛教宗派是佛教在发展过程中因教义、修行方法或地域文化差异而形成的不同流派。佛教最初分为上座部和大众部，后逐渐发展出大乘佛教与小乘佛教两大体系。大乘佛教中又衍生出净土宗、律宗、禅宗、唯识宗、华严宗等主要宗派。各宗派在佛学理论、修行实践和文化传承上各具特色。例如，净土宗主张念佛往生，**律宗**主张研习和传持戒律，**禅宗**主张"明心见性"，**唯识宗**主张万法唯识，华严宗主张圆融无碍。佛教宗派的形成与发展反映了佛教在不同历史时期和文化背景下的适应与创新，对佛教思想的传播与多样化起到了重要作用。

16. D

闽学是南宋时期以朱熹为代表的理学流派，不属于北宋。闽学因主要活动于福建（古称闽）地区而得名。闽学继承并发展了北宋二程（程颢、程颐）的理学思想，强调"理"是宇宙万物的根本规律，主张"存天理，灭人欲"，提倡通过道德修养和格物致知来达到天人合一的境界。朱熹是闽学的集大成者，其著作《四书章句集注》成为后世科举考试的标准教材。闽学在南宋时期占据思想界主导地位，深刻影响了后世的政治、教育和社会伦理。

濂学是北宋时期由周敦颐创立的理学流派。**关学**是北宋时期由张载创立的理学流派。**洛学**是北宋时期由程颢、程颐创立的理学流派。

17. A

宋文帝立儒学、玄学、史学、文学四馆。宋文帝刘义隆是南朝宋的第三位皇帝，其治世称"元嘉之治"。他重视农业生产，减轻赋税，整顿吏治，使社会经济得到恢复和发展。他提倡文化教育，设立了儒学、玄学、史学和文学四馆，分别研究和传授儒家经典、玄学思想、历史典籍以及文学艺术，推动了南朝文化的繁荣。

唐太宗时期国子监下设六学（国子学、太学、四门学、律学、书学、算学）。**隋炀帝**时期改国子寺为国子监，在国子监中设有国子学、太学、四门学、书学、算学，在大理寺还设律学。**宋太祖**时期政权初立，仅设国子监，学生名额甚少，且只收七品以上官员子弟。

18. B

题干材料反映的政治制度是**宗法制**。"别子为祖"指嫡长子以外的儿子（别子）分出去另立新宗，成为新家族的始祖；"继别为宗"表示别子的后代继承其宗族地位；"继祢者为小宗"指非嫡长子的后代形成小宗，地位低于大宗。"百世不迁之宗"指嫡长子一脉的大宗地位永久不变，而"五世则迁之宗"指小宗在五代之后需重新调整宗族关系。宗法制是中国古代以血缘关系为基础的社会组织制度，核心是以父系家族为中心，通过嫡长子继承制维系家族权力与财产传承。其特点是等级分明、尊卑有序，强调家族内部的凝聚力和宗法伦理。

禅让制是君主将帝位让贤于有德之人，而非传位于子孙的政权更替制度。**分封制**是君主将土地和人民分封给宗室成员、功臣或贵族，以巩固中央政权的政治制度。**郡县制**是中央集权体制下，郡、县二级政权的地方行政制度的总称。

19. D

"**iu**" 的声调应该**标在 u 上**，"**ui**" 的声调应该**标在 i 上**。根据汉语拼音声调标注规则，复韵母的声调通常标注在发音较为响亮、时长较长的主要元音上。但"iu"和"ui"是特殊的复韵母，其声调总是标注在最后一个元音上。例如，xiù（秀）和 suí（随）。

20. B

题干语句用的辞格是**借代**。借代是一种修辞手法，通过借用与事物密切相关或具有代表性的特征、标志等来代替事物本身，以达到简洁、形象或强调的效果。借代可分为部分代整体、具体代抽象等多种形式，其作用在于增强语言的表现力和感染力，使表达更加生动、凝练。题干语句中："海外抄底"用"抄底"这一股市术语借指中国企业以低价收购海外资产或企业；"德国造"和"中国造"用"造"借代"制造"或"产品"，分别指代德国制造的产品和中国制造的产品。

比喻是一种修辞手法，通过将两种本质不同但具有相似点的事物进行比较，以形象生动的方式说明或描述某一事物。**夸张**是一种修辞手法，通过有意夸大或缩小事物的特征或程度，以达到强调、渲染或幽默的表达效果。**双关**是一种修辞手法，利用词语的多义性或谐音关系，使一句话同时表达两层或多层含义，以达到幽默、讽刺或含蓄的效果。

21. B

日本的四大岛中，纬度最高、与琉球群岛相距最近的分别是**道岛、九州岛**。日本的四大岛是指日本列岛中的四个主要岛屿，包括本州岛、北海道岛、九州岛和四国岛。**本州岛**位于日本中部，是日本最大的岛屿，也是政治、经济和文化中心，东京、大阪等主要城市均位于此。**北海道岛**位于日本北部，是四大岛中纬度最高的岛屿，以自然风光和农业著称。**九州岛**位于日本西南部，与琉球群岛相距最近（隔海相望），是日本古代文化的发源地之一。**四国岛**位于日本西南部，面积最小，以历史遗迹和宗教文化闻名。四大岛共同构成了日本国土的主体，其地理位置、气候条件和资源分布对日本的经济、文化和社会发展产生了深远影响。

22. A

在第二次世界大战中向日本投放原子弹时期的美国总统是**杜鲁门**。杜鲁门是美国第 33 任总统，其任期是 1945 年 4 月至 1953 年。1945 年 8 月，他批准了对日本广岛和长崎的原子弹投放。这一决定旨在加速日本投降，结束战争。广岛的原子弹于 8 月 6 日投下，长崎的原子弹于 8 月 9 日投下。日本在 8 月 15 日宣布无条件投降，第二次世界大战正式结束。杜鲁门的这一决策对战争进程和国际政治格局产生了深远影响，同时也引发了关于核武器使用伦理的长期争议。

艾森豪威尔是美国第 34 任总统，其任期是 1953 年至 1961 年。**尼克松**是美国第 37 任总统，其任期是 1969 年至 1974 年。西奥多·**罗斯福**（老罗斯福）是美国第 26 任总统，其任期是 1901 年至 1909 年；富兰克林·**罗斯福**（小罗斯福）是美国第 32 任总统，其任期是 1933 年至 1945 年 4 月。

23. A

柔道的特长表现是**以柔克刚**。柔道是起源于日本的一项现代武术和竞技体育项目。柔道由嘉纳治五郎于 1882 年创立，强调以柔克刚、借力打力，通过技巧而非蛮力制服对手。柔道技术包括投技（摔法）、寝技（地面控制）和绞技（锁喉）等，注重礼仪、自律和精神修养。1964 年 5 月，柔道成为奥运会正式比赛项目，现已在全球广泛普及。柔道不仅是一项竞技运动，更是一种培养身体协调性、意志力和道德修养的综合教育方式，体现了日本传统文化的精髓。

24. A

根据尼尔森《球迷洞察报告》，日本人当今最喜欢的运动是**棒球**。棒球是一项以击球、跑垒和投球为核心的团队球类运动。棒球比赛在两队之间进行，每队9人，通过击球手击球后跑垒得分，防守方则通过接球和触杀阻止对方得分。棒球以其复杂的战术和规则著称，强调团队合作与个人技术的结合。二战后，受西方文化影响，棒球运动在日本得到快速发展，对日本的体育产业和大众娱乐产生了深远影响。

25. C

津轻海峡是位于日本北海道岛和本州岛之间的海峡。该海峡连接日本海与太平洋，是日本重要的海上交通要道。该海峡建有青函隧道（世界最长的海底隧道），极大地方便了陆路交通。津轻海峡以丰富的渔业资源和复杂的水文条件著称，冬季常受强风和海浪影响，航行条件较为严峻。它在日本交通、渔业和国防中具有重要的战略和经济价值。

濑户内海位于日本本州岛、四国岛和九州岛之间。**朝鲜海峡**位于朝鲜半岛东南部与日本九州岛、本州岛之间。**宗谷海峡**位于北海道岛和库页岛（俄称萨哈林岛）之间。

二、名词解释题

1. 《论语》：《论语》是儒家经典"四书"之一，是一部语录汇编文集，由孔子的弟子及其再传弟子编纂而成，记录了孔子及其弟子的言行。其核心思想包括"仁""礼""孝"等，主张以仁为本，通过礼制规范行为，实现社会和谐。南宋后，《论语》成为官学书籍和科举指定书目，对历代文教产生了极大影响。《论语》详细记录了我国早期思想文化发展史上的历史资料和重要思想，在我国儒学发展史乃至文化发展史上都占据着相当重要的位置。

2. 中庸：中庸出自《论语·雍也》，是儒家思想的核心概念之一，指不偏不倚、恰到好处的处世态度和行为准则。孔子在《论语》中提出"中庸之为德也，其至矣乎"，强调中庸是最高道德境界。中庸并非简单的折中，而是追求事物内在的平衡与和谐，避免极端和偏激。中庸思想对中国传统文化、伦理观念和社会行为产生了深远影响，是中国古代社会治理和个人修养的重要指导原则。

3. 道家：道家是由老子创立的学术流派，也是先秦时期诸子百家学派之一，与儒家、释家并称为中国传统文化的三大支柱。道家主张"道法自然"，强调顺应自然规律，追求无为而治的生活态度以及"逍遥游"的人生境界。该学派的代表人物有老子、庄子等。该学派的经典著作有《道德经》《庄子》等。道家注重个人修养，提倡返璞归真、超越物欲，对中国哲学、文学、艺术及宗教（如道教）产生了深远影响。

4. 意识流小说：意识流小说是20世纪初兴起于西方的一种现代主义小说流派。此类小说以描写人物内心意识活动为核心，打破传统的时间顺序和逻辑叙事结构，采用自由联想、内心独白和时间跳跃等手法，模仿人类思维的跳跃性和非连贯性，展现人物复杂多变的心理状态。其特点是淡化情节，注重主观感受和潜意识流动，语言风格多具跳跃性和碎片化。相关代表作家有詹姆斯·乔伊斯（《尤利西斯》）、弗吉尼亚·伍尔夫（《到灯塔去》）和马塞尔·普鲁斯特（《追忆似水年华》）等。意识流小说通过深入挖掘人物的潜意识，展现了人类心理的复杂性和多样性，对现代文学产生了深远影响。

5. 村上春树：村上春树是日本当代著名作家。他的作品融合了现实与幻想，常以孤独、疏离和寻找自我为主题，语言简洁而富有诗意。其代表作有《且听风吟》《挪威的森林》《海边的卡夫卡》等，这些小说在全球范围内广受欢迎，被翻译成多种语言。村上春树的作品多次获得国际文学奖项，具有极高的文学价值。

第二部分　应用文写作

【构思谋篇】

根据题干要求，构思时应立足翻译学科本质，既要回望严复等先贤"译以载道"的传统，又要前瞻性地思考人机协作的未来图景。范文开头从历史背景引入，点明翻译工作者的传统使命；正文从"文化的守护者""创新的推动者"两个角度，分别阐述 AI 时代翻译工作者的使命与担当；结尾总结全文，号召翻译工作者继承传统、开拓未来。演讲稿语言需生动形象（可运用比喻、排比等修辞），通过独特视角引发听众思考。

【参考范文】

AI 时代翻译工作者的使命与担当

尊敬的评委老师，亲爱的同学们：

大家好！今天我演讲的题目是《AI 时代翻译工作者的使命与担当》。

从 19 世纪末中国"睁眼看世界"伊始，严复、林纾等老一辈翻译家，以笔为剑，将西方的科学、民主思想引入中国，唤醒了无数沉睡的心灵。他们的翻译不仅是语言的转换，更是思想的启蒙，是民族复兴的火种。

今天，我们身处 AI 时代，机器翻译的迅猛发展让许多人开始质疑：翻译工作者是否还有存在的价值？然而，我想说，AI 时代的翻译工作者，不仅没有被淘汰，反而肩负着更为重要的使命与担当。

AI 时代的翻译工作者是文化的守护者。机器翻译可以快速处理大量文本，但它无法理解文化的深层内涵。一句"落霞与孤鹜齐飞，秋水共长天一色"，机器或许能译出字面意思，却难以传达其中的诗意与意境。翻译工作者正是要在 AI 无法触及的领域，守护文化的灵魂，让不同文明之间的对话更加深刻、更加动人。

AI 时代的翻译工作者是创新的推动者。AI 技术为翻译提供了强大的工具，但如何运用这些工具，如何将技术与人文结合，正是我们这一代翻译工作者的责任。我们要以开放的心态拥抱技术，同时以批判的眼光审视技术，推动翻译事业的创新发展。

同学们，AI 时代的翻译工作者，既是传统的继承者，也是未来的开拓者。我们要以老一辈翻译家的家国情怀为榜样，以 AI 技术为助力，肩负起新时代的使命与担当。

谢谢大家！

第三部分　现代汉语写作

【构思谋篇】

题干材料以"听雨"为线索，通过三个典型场景展现人生不同阶段的心境变化：少年歌楼听雨的旖旎浪漫、壮年客舟听雨的漂泊孤寂、暮年僧庐听雨的淡然超脱。构思时可以：（1）以"雨"为叙事主线，通过三个时空片段的蒙太奇拼接，展现人物一生的心路历程；（2）将词中意象（歌楼、客舟、僧庐）具象化为三个重要物件，通过它们的变迁折射人物命运；（3）聚焦"僧庐听雨"这一场景，以倒叙手法回忆前两个人生阶段，形成强烈对比。范文开头引入词作，点明"雨"作为贯穿全文的意象象征，连接少年、壮年、老年三个人生阶段；正文分别描写少年听雨的纯真与憧憬、壮年听雨的漂泊与坚韧、老年听雨的宁静与超脱，通过细腻的场景描写和情感刻画，展现人物的成长与蜕变；结尾升华主题，表达对生命的感悟与敬畏。

【参考范文】

雨声里的生命之歌：从《虞美人·听雨》感悟人生旅程

在宋代词人蒋捷的笔下，《虞美人·听雨》不仅是一幅幅细腻入微的雨中画卷，更是一曲深沉而悠长的生命之歌。它以雨为媒介，将人生的三个阶段——少年、壮年、老年，巧妙地串联在一起，描绘出一幅幅生动而富有哲理的人生图景。

曾几何时，少年蒋捷站在雕梁画栋的歌楼上，手执书卷，目光却不由自主地穿透了纸背，与窗外的细雨相遇。那时的雨，温柔细腻，如同少年心中的梦想，纯净而热烈。红烛摇曳，罗帐轻垂，雨声在歌楼的灯火中起舞，与少年的欢笑交织成一首未完的诗篇。每一滴雨珠，都像是少年心中跃动的音符，谱写着对未来的无限向往与美好憧憬。雨声，成了少年心中最动听的旋律，它陪伴着少年度过了无数个欢乐与宁静的夜晚，也见证了他从青涩走向成熟的每一步。

然而，时光荏苒，转眼间，蒋捷已不再是那个歌楼上的少年。他踏上了旅途，成为了一名漂泊的游子，客居舟中，面对着浩渺的江面和低垂的云层，心中涌动的情感远比这雨更加复杂。雨，依旧在下，却不再是当年的温柔模样。它伴随着西风，携带着几分凉意与孤寂，打湿了船帆，也打湿了游子的衣襟。在江阔云低、断雁叫西风的凄清画面中，壮年的蒋捷学会了沉默与坚韧，也学会了在孤独中寻找自我。雨，成了他心灵的慰藉，也是他漂泊旅途中不可或缺的伴侣。在雨的洗礼下，他更加深刻地体会到了人生的酸甜苦辣与悲欢离合。

当蒋捷再次聆听雨声时，已是在一座古旧的僧庐之下。此时的他，鬓发已斑白，眼中闪烁着历经沧桑后的淡然与智慧。雨，依旧不紧不慢地落下，滴落在青石板上，发出悠长而深远的回响。这声音，仿佛穿越了时空的界限，将少年的纯真、壮年的奋斗与此刻的宁静串联在一起，构成了一首完整的生命之歌。在雨声中，蒋捷回首往昔，那些曾经的欢笑与泪水、成功与失败、相聚与离别，都已化作了眼前的雨珠，无声地融入大地，成为生命的一部分。他明白，无论是少年的纯真、壮年的奋斗还是此刻的宁静与超脱，都是生命不可或缺的篇章。雨，不再是简单的自然现象，它是生命的导师、时间的低语、灵魂的归宿。在僧庐之下，蒋捷静静地坐着，任由雨声敲打着心房，也敲打着岁月的痕迹。他学会了与雨共存，学会了在雨的洗礼中寻找内心的平静与超脱。

从歌楼上的少年到客舟中的游子，再到僧庐下的智者，蒋捷用一生的时间聆听雨声、感悟生命。雨，作为贯穿全文的意象，不仅见证了蒋捷的成长与变化，更映射出每个人生命中不可或缺的成长与经历。在这雨声中，我们仿佛能听到自己内心的声音，感受到时间的流逝以及生命那份不屈不挠的力量。雨是生命的洗礼，也是灵魂的滋养。它让我们在喧嚣的世界中找到一片属于自己的宁静之地；让我们在岁月的长河中学会珍惜、学会感恩、学会与过去和解、学会与未来相拥。

雨声里的生命之歌，在蒋捷的笔下悠扬响起。这首生命之歌，是对人生旅程的深刻感悟，也是对生命意义的无尽探索。它告诉我们，无论身处何种境遇，都要保持一颗平静而坚韧的心，去迎接生命中的每一个挑战与机遇。因为，正是这些挑战与机遇，构成了我们丰富多彩的人生篇章。

2023 年全日制翻译硕士专业学位（MTI）研究生入学考试试题

参考答案

第一部分　百科知识

一、选择题

1. A

学堂乐歌是 20 世纪初随着中国新式学堂的建立而兴起的一种歌唱文化（音乐形式）。它一般指学堂开设的音乐课或为学堂唱歌而编创的歌曲，主要用于学校教育和文化启蒙。其特点是主要采用西方音乐曲调，配以中文歌词，内容多反映爱国思想、科学精神和道德教育。相关代表人物有沈心工（《黄河》）、李叔同（《春游》）等。学堂乐歌丰富了学校音乐课程，为中国近代音乐的转型奠定了基础。

歌剧是一种融合音乐、戏剧、舞蹈和舞台美术的综合艺术形式，与学堂歌唱文化无关。**学校歌曲**指校园内创作或流传的歌曲，与学堂歌唱文化有一定联系，但不特指 20 世纪初随学堂建立而兴起的歌唱文化。**诗歌**是一种高度凝练的文学体裁，与学堂歌唱文化无关。

2. B

2001 年 10 月，我国在上海成功举办亚太经济合作组织第九次领导人非正式会议。亚太经济合作组织（Asia-Pacific Economic Cooperation，APEC）简称亚太经合组织，指的是亚太地区重要的经济合作论坛。该论坛于 1989 年成立，总部位于新加坡，现有 21 个成员国。1991 年 11 月，中国以主权国家的身份，中国台北和香港（1997 年 7 月 1 日起改为"中国香港"）以地区经济名义正式加入亚太经合组织。① APEC 的宗旨是促进亚太地区的经济一体化、贸易自由化和可持续发展。APEC 强调相互尊重、平等互利、自主自愿、协商一致的原则，致力于减少贸易壁垒，加强经济技术合作，提升区域经济活力。它是亚太地区最具影响力的经济合作组织之一，对全球经济增长和区域稳定具有重要意义。

上海合作组织是一个区域性政府间国际组织，于 2001 年 6 月成立，旨在加强成员国在安全、经济、文化等领域的合作，维护地区稳定与和平。**中国—东盟自由贸易区**是中国与东盟十国组建的自由贸易区，于 2010 年 1 月正式全面启动，旨在加强双方的经贸合作关系。**东南亚国家联盟**简称东盟，是集合十个东南亚区域国家（文莱、柬埔寨、印度尼西亚、老挝、马来西亚、缅甸、菲律宾、新加坡、泰国、越南）的政府间国际组织，于 1967 年 8 月成立，旨在促进东南亚地区的经济增长、社会进步和文化发展。

3. A

题干诗句中的"小谢"是指谢朓。题干诗句出自唐代诗人李白的《宣州谢朓楼饯别校书叔云》，诗中的"小谢"指的是南朝齐时期的诗人谢朓（字玄晖）。谢朓与谢灵运同族，两人并称"二谢"，且谢朓年代较晚，故称"小谢"。谢朓是山水诗的代表人物，其诗风清新自然，对唐代诗歌产生了重要影响。该联诗句中，"蓬莱文章"借指友人李云的作品，"建安骨"赞其文风刚健；"小谢清发"则是李白以谢朓清新自然的诗风自况，暗示自己与古人一脉相承的文学追求。

---

① "中国与亚太经济组织的关系"，载 https：//www.gov.cn/xinwen/2015-11/18/content_5014164.htm，最后访问日期：2025 年 4 月 30 日。

4. C

中国电视**金鹰奖**于 1983 年创办，是中国电视剧领域的国家级奖项。金鹰奖由中国文学艺术界联合会和中国电视艺术家协会联合主办。该奖项每两年举办一次，设有最佳电视剧、最佳导演、最佳演员等多个奖项，旨在表彰优秀的电视剧作品和从业人员。金鹰奖以观众投票和专家评审相结合的方式评选，兼具专业性和大众性，是中国电视剧行业最具影响力和权威性的奖项之一，对推动中国电视剧艺术的发展起到了重要作用。

白玉兰奖创办于 1986 年，是中国电视剧领域的国际性奖项。**飞天奖**创办于 1980 年，是中国电视剧领域的政府奖。**华表奖**创办于 1994 年，是中国电影领域的政府奖。

5. D

人为万物之灵，就是因为与其他动物相比，人有高度发达的**大脑**。这使得人类在认知、创造和适应环境等方面具有显著优势。人类大脑的复杂性体现在以下几个方面：（1）人类具备高度抽象思维和逻辑推理能力，能够进行复杂的科学研究和艺术创作；（2）语言能力的发达使人类能够传递和积累知识，形成文化和社会；（3）人类具备自我意识和反思能力，能够规划未来并调整行为。这些特质使人类成为地球上最具智慧和创造力的物种，能够改造自然、建立文明，并不断探索未知领域。

6. B

秦统一全国后，统一的标准文字是**小篆**。小篆又称秦篆，是中国古代汉字书体之一。该字体是大篆籀文的简化形式，由秦朝丞相李斯主持规范，作为官方标准字体推广使用。小篆字形规整匀称，线条圆润流畅，结构严谨，具有高度的艺术性和规范性。秦始皇通过"书同文"政策，结束了战国时期"文字异形"的局面。这一举措不仅促进了政令的传达和文化的交流，也为后世隶书、楷书等字体的发展奠定了基础。

大篆是中国古代汉字书体之一，广义上指小篆之前的文字体系，包括甲骨文、金文、籀文等，狭义上特指西周晚期至秦统一前的籀文体系。**金文**又称钟鼎文，是中国古代汉字书体之一，是铸刻在青铜器上的文字。**隶书**又称佐书，是中国古代汉字书体之一，起源于秦朝，成熟于汉代，由小篆简化演变而来。

7. B

根据国家体育总局发布的《全民健身指南》，一次完整的体育健身活动包括三个重要部分，依照活动的先后顺序应为**准备活动—基本活动—放松活动**。（1）准备活动是指主要体育健身活动开始前的各种身体练习。时间一般为 5~10 分钟，主要进行适量的有氧运动和各种牵拉练习。（2）基本活动是体育锻炼的主要运动形式。持续时间一般为 30~60 分钟，主要包括有氧运动、力量练习、球类运动、中国传统运动健身方式等。（3）放松活动是指主要运动健身活动后进行的各种身体活动，主要包括行走（或慢跑）等小强度活动和各种牵拉练习。①

8. B

古代西方医学的鼻祖是**希波克拉底**。希波克拉底是古希腊著名医生，被西方誉为"医学之父"。他提出"四体液学说"，主张疾病源于自然因素而非神鬼作祟，强调观察与经验在医学中的重要性。其著作《希波克拉底文集》奠定了西方医学理论基础，《希波克拉底誓言》至今仍是医德规范的典范。

欧里庇得斯是古希腊悲剧作家。**希罗多德**是古希腊作家、历史学家，被誉为"历史之父"。**苏格拉底**是古希腊哲学家。

---

① "《全民健身指南》解读"，载国家体育总局官网 https：//www.sport.gov.cn/n315/n331/n405/c819327/content.html，最后访问日期：2025 年 4 月 30 日。

9. D

中国古代"四大发明"中，为哥伦布、麦哲伦实现远洋航行提供重要技术保证的是**指南针**。中国的四大发明是指造纸术、印刷术、火药和指南针。**造纸术**由东汉蔡伦改进，促进了知识的传播与保存。**印刷术**始于东汉灵帝时期的"拓印"，隋唐时期出现雕版印刷，北宋毕昇发明活字印刷，极大提高了书籍出版效率。**火药**起源于炼丹术，后广泛应用于军事和民用领域。指南针最早用于宋代航海，推动了地理大发现和全球贸易。四大发明体现了中国古代科技的卓越成就，为世界科技进步和文明发展作出了重要贡献。

10. B

《伤寒杂病论》的作者是东汉医学家**张仲景**。全书包括伤寒和杂病两个部分，后来原书失散，西晋王叔和等人将其整编为《伤寒论》和《金匮要略》。书中系统论述了外感热病（伤寒）和各类内科杂病的病因、病机、诊断和治疗方法，创立了"六经辨证"理论体系，奠定了中医辨证施治的基础。书中还记载了大量经典方剂，如桂枝汤、麻黄汤等，至今仍广泛应用于临床。《伤寒杂病论》是中国第一部理法方药完备、理论联系实际的临床医学典籍，价值巨大，对后世医学产生了深远影响。

华佗是东汉医学家，以外科手术和麻沸散的发明闻名，代表作有《青囊书》等。**扁鹊**是春秋战国时期的医学家，以精湛的医术和对病理的独到见解著称，代表作有《难经》等。**李时珍**是明代医药学家，代表作有《本草纲目》等。

11. C

约翰·梅纳德·凯恩斯（英国）是现代经济学最有影响的经济学家之一，被誉为"宏观经济学之父"。他提出了"凯恩斯主义"经济理论，主张政府通过财政和货币政策干预经济，以应对经济衰退和失业问题。他还参与了布雷顿森林体系的设计，为国际货币基金组织和世界银行的成立奠定了基础。其代表作有《就业、利息和货币通论》《货币改革论》等。

约翰·斯图亚特·穆勒是19世纪英国著名的经济学家、哲学家、心理学家，最早将实证主义思想从欧洲大陆传播到英国。**亚当·斯密**是18世纪英国著名的经济学家、作家、哲学家，被誉为"现代经济学之父"。**弥尔顿·弗里德曼**是20世纪美国著名的经济学家，以主张自由放任资本主义而闻名。

12. C

题干诗句出自唐代诗论家司空图的《二十四诗品》，是对**典雅**诗歌艺术风格和美学意境的描述。司空图通过自然景物与人文情境的结合，展现了典雅风格的核心特征：清新脱俗、宁静淡泊、含蓄隽永。诗中"玉壶""茅屋""修竹""飞瀑"等意象，营造出高洁闲适的氛围；"落花无言，人淡如菊"则体现了典雅风格中内敛、含蓄的美学追求。

《二十四诗品》中，对悲慨风格的描述为"大风卷水，林木为摧……"；对雄浑风格的描述为"大用外腓，真体内充……"；对纤秾风格的描述为"采采流水，蓬蓬远春……"。

13. A

中国作家协会的前身是中华全国文学工作者协会，第一任主席是**茅盾**（1949—1984年底）。中国作家协会简称中国作协，是中国共产党领导的、中国各民族作家自愿结合的专业性人民团体。其主要职责包括组织文学评奖（如茅盾文学奖、鲁迅文学奖）、开展文学交流、培养文学人才以及维护作家权益等。中国作协下设多个专业委员会和刊物，如《人民文学》《文艺报》等，是中国文学创作与批评的重要平台。

巴金、郁达夫、沈从文均为中国现代作家，其中巴金曾担任中国作协第二任主席。

14. C

1960 年 11 月 5 日，中国仿制的第一枚近程导弹"**东风一号**"发射成功。"东风一号"的研制与发射是中国国防科技工业发展的重要里程碑，体现了中国在尖端科技领域的自主创新能力，对提升国家战略威慑力和国防实力具有重要意义。

"**飞龙一号**"是新中国成立后自制的第一架水上飞机。"**凯山一号**"是中高空防空导弹。"**海鹰一号**"是飞航式反舰导弹。

15. C

题干诗句出自清代诗人王士禛的《初春济南作》，描写的城市是**济南**。诗中"山郡"（群山环绕的城邑）、"陂塘分出几泉清"（池塘分出多股清泉）、"郭边万户皆临水"（城郭傍水而居）、"雪后千峰半入城"（群山映雪，仿佛融入城中）等意象，均符合济南"泉城"的特色。济南城内遍布趵突泉、黑虎泉等名泉，大明湖水域广阔，千佛山与城相依，形成泉水丰沛、山水相依的地理风貌。

16. B

2021 年诺贝尔物理学奖被授予日裔美籍科学家**真锅淑郎**、德国科学家克劳斯·哈塞尔曼和意大利科学家乔治·帕里西。真锅淑郎和克劳斯·哈塞尔曼因为"建立地球气候的物理模型，量化其可变性并可靠地预测全球变暖"共享了一半奖金。乔治·帕里西因为"发现了从原子到行星尺度的物理系统中无序和涨落之间的相互影响"获得了另一半奖金。

日本科学家**赤崎勇、天野浩**以及日裔美籍科学家**中村修二**因为"发明新型节能光源（蓝色发光二极管）"共同获得了 2014 年诺贝尔物理学奖。

17. C

福泽谕吉是日本近代著名的启蒙思想家、明治时期杰出的教育家，日本庆应义塾大学的创立者，被誉为"日本近代教育之父"。他的肖像被印在 1984 和 2004 年版的 1 万日元纸币上。他提倡西方科学与民主思想，主张"脱亚入欧"，推动日本社会的现代化改革。其代表作有《文明论概略》等。

樋口一叶是日本女作家，她的肖像被印在 2004 年版的 5 千日元纸币上。**野口英世**是日本著名的细菌学家、生物学家，他的肖像被印在 2004 年版的 1 千日元纸币上。**新渡户稻造**是日本农学家、教育家，他的肖像被印在 1984 年版的 5 千日元纸币上。

18. C

题干诗句中，将本来诉之听觉的音乐转化为视觉形象的修辞现象叫**通感**。诗中通过视觉化的"敌场勇士""浮云柳絮"等意象，将琴声的激昂与飘渺转化为可感的画面，实现了由听觉到视觉的感官互通。通感是古诗词中常见的修辞手法，通过一种感官的描写来表现另一种感官的体验，常用于增强表达效果。

拈连是一种修辞手法，指利用上下文的语义关联，将适用于前文的词语巧妙地用于后文（如"蜜蜂酿蜜，又酿出了生活的甜美"）。**顶针**是一种修辞手法，指在连续的句子或短语中，前一句的结尾与后一句的开头使用相同的字或词（如"归来见天子，天子坐明堂"）。**回环**是一种修辞手法，指通过词语或句子的循环往复排列，形成首尾相接的语言结构（如"人人为我，我为人人"）。

19. C

题干诗句出自唐代诗论家司空图的《二十四诗品》，是对**典雅**诗歌艺术风格和美学意境的描述。解析同第 12 题。

20. A

《梨俱吠陀》（全名《梨俱吠陀本集》）是印度现存最古老的诗集（宗教文献），约成书于公元前 1500 年。全书以梵文写成，包含 1 028 首赞美诗，主要歌颂自然神祇，如因陀罗、阿耆尼等，反映了早期雅利安人的宗教信仰和社会生活。《梨俱吠陀》是研究古印度文化、语言和宗教的珍贵资料，对后世印度文学、哲学和宗教产生了深远影响。

《奥义书》是印度最经典的哲学著作，成书于公元前 10 世纪至公元前 5 世纪之间。**《摩诃婆罗多》**是古印度两大梵文史诗之一，成书于公元前 4 世纪至公元 4 世纪之间。**《罗摩衍那》**是古印度两大梵文史诗之一，成书于公元前 6 世纪至公元 2 世纪之间。

21. C

哈贝马斯是德国哲学家、社会理论家，法兰克福学派第二代的代表人物。他提出"交往行为理论"，强调通过理性沟通达成社会共识，主张公共领域的自由讨论是民主社会的基础。其代表作有《公众社会的结构变化》《知识与旨趣》等。哈贝马斯的思想体系横跨哲学、社会学、政治学等领域，对现代性批判及社会民主理论影响深远。

卢卡奇是匈牙利哲学家、文学批评家，其代表作有《心灵与形式》等，与法兰克福学派无直接关联。**阿多诺**是德国哲学家、社会学家，法兰克福学派第一代的代表人物，其代表作有《否定的辩证法》等。**霍克海默尔**（霍克海默）是德国第一位社会哲学教授，法兰克福学派的创始人，其代表作有《理性之蚀》等。

22. B

白矮星是一种光度小、体积小、密度极大的恒星。恒星的演化生命周期始于星际云气（由气体和尘埃组成）的引力坍缩，形成原恒星。当核心温度达到氢核聚变条件时，恒星进入主序星阶段，以氢聚变为主要能源。中小质量的恒星（如太阳）在耗尽氢燃料后膨胀为红巨星，外层物质抛散，核心坍缩为白矮星，最终冷却为黑矮星。大质量恒星在耗尽氢燃料后膨胀为红超巨星，经历超新星爆发，核心可能形成中子星或黑洞。[1] 恒星演化过程揭示了宇宙中物质的循环与能量的转化，是天体物理学研究的重要内容。

中子星是大质量恒星演化到末期形成的一种极端致密天体，是目前发现的除黑洞外密度最大的星体，通常达到每立方厘米几亿吨。**超新星**是大质量恒星在演化末期经历的一种剧烈爆炸现象，而不是一种常态的恒星类型，其光度极大。**红巨星**是中小质量恒星耗尽核心的氢燃料后膨胀而成的一种天体，它们光度强、体积大。

23. B

中生代包括三叠、侏罗、白垩 3 个纪。地质年代是用来描述地球历史事件的时间单位。它包含两方面含义：其一是指各地质事件发生的先后顺序，称为相对地质年代；其二是指各地质事件发生的距今年龄，称为绝对地质年代（同位素地质年龄）。根据地层自然形成的先后顺序，地质学家和古生物学家将地层分为 5 代 12 纪：早期的**太古代**和**元古代**（元古代在中国含有 1 个震旦纪），以后的**古生代**、中生代和新生代。古生代分为寒武纪、奥陶纪、志留纪、泥盆纪、石炭纪和二叠纪，共 6 个纪；中生代分为三叠纪、侏罗纪和白垩纪，共 3 个纪；新生代分为第三纪、第四纪，其中第三纪又分为古近纪和新近纪。[2]

---

① 载 https://hello-astronomy.com/basic/planets_and_stars/，最后访问日期：2025 年 4 月 30 日。

② "地质年代是如何划分的"，载地质调查科普网 https://www.china-shj.org.cn/dqbk-dqyh-dznd/2024/03/08/detail_2024030816461.html，最后访问日期：2025 年 4 月 30 日。

24. B

约翰·塞巴斯蒂安·巴赫是巴洛克时期**德国**著名的**作曲家**。他毕生致力于音乐创作和演奏，对西洋近代音乐发展深有影响，被尊为"音乐之父"。他是**巴洛克音乐的集大成者**，作品多以复调写成，融合了宗教与世俗元素。在作曲方面，他将复调音乐推向巅峰，使**德国（而非波兰）音乐**提高到欧洲音乐艺术最高水平。其**著名代表作品包括**《勃兰登堡协奏曲》《平均律钢琴曲集》《马太受难曲》等。

25. A

开平碉楼与村落被列为世界文化遗产。开平碉楼与村落位于中国广东省江门市开平市，是独具特色的乡土建筑群。碉楼融合了中国传统建筑与西方建筑风格，多为多层塔楼式结构，兼具居住与防御功能；村落布局以碉楼为中心，体现了中国传统家族观念与防御需求。2007 年 6月，开平碉楼与村落被联合国教科文组织正式批准列入《世界遗产名录》。开平碉楼与村落是文化交融与乡土建筑的杰出代表，具有重要的历史、艺术和科学价值。

南越王墓位于广东省广州市越秀区，是西汉前期南越国第二代王赵眜的陵墓，于 1996 年被列为第四批全国重点文物保护单位。**镇海楼**[①]位于广东省广州市越秀区，是广州标志性建筑之一，于 2013 年被列为第七批全国重点文物保护单位。**南海神庙**位于广东省广州市黄埔区，是中国现存历史最悠久、规制最完整、规模最宏大的海神庙，于 2013 年被列为第七批全国重点文物保护单位。它们均未被列为世界文化遗产。

二、名词解释题

1. 禅宗：禅宗是中国佛教的重要宗派之一。它起源于古印度，菩提达摩是中国禅宗初祖[②]，后由六祖慧能发扬光大。禅宗以"明心见性"为核心思想，强调见性成佛，反对繁琐的经典研习和仪式。其经典文献有《六祖坛经》《金刚经》等。禅宗的祖庭有河南郑州少林寺、安徽岳西二祖寺、安徽潜山三祖寺、湖北黄梅四祖寺、五祖寺和广东韶关南华寺。禅宗对中国哲学、文学、艺术等产生了深远影响。

2. 康德：康德是 18 世纪德国著名的哲学家、启蒙思想家，德国古典唯心主义哲学的奠基人。他结合了笛卡尔的理性主义与培根的经验主义，主张知识来源于经验与理性的结合，被认为是继苏格拉底、柏拉图和亚里士多德后，西方最具影响力的思想家之一。康德的核心思想包括"先验哲学"和"道德律令"，强调人类知识的局限性和道德自律的重要性。他提出了"批判哲学"，主要著作包括"三大批判"，即《纯粹理性批判》《实践理性批判》和《判断力批判》，这三部作品分别系统阐述了他的认识论、伦理学和美学思想。康德的哲学思想对启蒙运动产生了深远影响。

3. 印度教：印度教起源于古印度吠陀文化，是世界主要宗教之一。该教派信奉多神论，主要神祇有梵天、毗湿奴和湿婆。印度教主张轮回、业报和解脱，强调祭祀、修行和社会等级制度（种姓制度）。其经典文献有《吠陀》《奥义书》等。印度教对印度文化、艺术和社会结构产生了深远影响，其哲学思想和宗教实践传播至全球，成为东方宗教文化的重要组成部分。

---

① 镇海楼是一个多义项，可指广州镇海楼、福州镇海楼、香港镇海楼、宁波镇海楼等。由于该题目其他干扰项均属广东省，此处以广州镇海楼做解析。

② "禅宗的创立与起源考辨"，载中国社会科学报 http://sspress.cssn.cn/2011n/7y/26_32224/d9b_32233/201508/t20150827_2662741.shtml，最后访问日期：2025 年 4 月 30 日。

4. **形式逻辑**：形式逻辑是研究推理形式和思维规律的学说。它在狭义上主要指演绎逻辑（从一般到特殊），广义上还包括归纳逻辑（从特殊到一般）。形式逻辑主要关注命题之间的逻辑关系，而非具体内容。它依靠概念、判断、推理和论证反映事物本质，通过符号化和形式化的方法分析思维结构，确保推理的有效性。形式逻辑以亚里士多德提出的"三段论"为代表性推理方法，还包括三个重要定律（同一律、矛盾律、排中律）。形式逻辑在哲学、数学、计算机科学、语言学等领域有广泛应用，是培养严谨思维和科学推理能力的重要工具。

5. **新儒家**：新儒家是20世纪以来在传统儒家思想基础上发展起来的现代学术流派，旨在回应西方文化的冲击并复兴儒家传统。新儒家强调儒家思想在现代社会中的价值，重新诠释"仁""礼""中庸"等核心理念，并试图将其与民主、科学等现代观念相结合。其代表人物包括梁漱溟、熊十力、牟宗三和杜维明等。新儒家推动了中国传统文化的现代化转型，还在全球范围内促进了儒家思想的传播与研究。

第二部分　应用文写作

【构思谋篇】

题干要求赏析文学作品《哦，香雪！》，构思时可以从人物、意象、环境、主题等方面加以叙述。范文主要聚焦"火车"与"铅笔盒"两大核心意象，剖析其象征意义，并从细节描写切入，分析香雪纯真又自尊的立体形象，通过台儿沟的变化，探讨改革开放初期城乡文明碰撞的主题。

【参考范文】

《哦，香雪！》赏析

铁凝的《哦，香雪！》以细腻的笔触描绘了改革开放初期山村少女香雪与外界文明的初次相遇。小说通过"一分钟"的火车停靠，展现了传统与现代、封闭与开放之间的微妙碰撞。

作品最动人的是香雪对知识的纯真渴望。那只自动铅笔盒不仅是文具，更是外部世界的象征。香雪用一篮子鸡蛋换取铅笔盒的执着，折射出农村孩子对现代文明的向往。铁凝巧妙地将铅笔盒与月光并置描写，让这个普通的物件焕发出诗意的光芒，暗示知识将照亮香雪的人生道路。

小说中的火车意象极具张力。它既是现代文明的使者，又是打破山村宁静的闯入者。香雪对火车既恐惧又向往的矛盾心理，生动展现了改革开放初期农村人的普遍心态。而最终香雪勇敢地踏上火车，完成了一次心灵的飞跃。

铁凝的叙述饱含温情却不失深刻。她通过香雪与同学们的对比，揭示了城乡差距的现实问题；又通过香雪换铅笔盒的经历，展现了农村人自尊自爱的品格。小说结尾处姑娘们的欢呼与群山的回响，构成了一曲动人的生命赞歌。

这篇小说以细腻的笔触记录了一个时代的剪影。香雪的故事告诉我们：文明的进步需要开放，更需要保持本真的品格。

第三部分　现代汉语写作

【构思谋篇】

题干材料以《道德经》第十二章关于感官欲望的论述为核心，结合亚里士多德的幸福观，探讨现代社会物质诱惑与精神本心的关系。行文时应突破简单说教，从哲学、心理学、社会学等多维度剖析物质丰裕时代的精神困境，体现思辨深度与独立见解。范文开篇以现代生活场景切入，引出物质丰裕与精神迷失的悖论；主体部分首先剖析现代社会诱惑机制的特征与危害，继而通过东西方哲学智慧阐释欲望的本质，再以历史人物案例论证本心守护的可能；最后提出数字化时代的应对策略，并升华至物质与精神平衡的文明高度。

【参考范文】

诱惑与本心

在商场橱窗的霓虹闪烁中，在手机屏幕的信息洪流里，现代人正经历着一场前所未有的精神考验。老子"五色令人目盲"的警示，揭示了一个永恒命题：当物质丰裕到可以满足各种欲望时，人类反而可能陷入更深的迷失。这种悖论式的困境，促使我们重新审视"诱惑与本心"这一命题。

现代社会的诱惑机制已发展至前所未有的精密程度。广告工业精心设计的欲望叙事，社交媒体刻意营造的焦虑氛围，消费主义编织的成功幻象，构成了一个巨大的诱惑矩阵。神经科学研究表明，频繁的多巴胺刺激会导致大脑奖赏回路敏感度下降，这正是老子所言的神经学解释。在这个意义上，物质丰裕非但没有带来预期的幸福，反而制造了更深的匮乏感。

然而，简单地否定欲望并非解决之道。亚里士多德认为，真正的幸福是灵魂按照德性而进行的活动。宋代大儒朱熹提出的"存天理，灭人欲"，实际上是要消除过度欲望，而非否定合理需求。这提示我们，问题的关键不在于欲望本身，而在于欲望的质与度。明代思想家王阳明在龙场悟道后提出的"致良知"说，正是要人在纷繁世相中找回本心的明觉。

历史长河中，那些在诱惑面前守住精神高地的人格外耀眼。陶渊明"不为五斗米折腰"的选择，不仅是对官场腐败的拒绝，更是对精神自由的捍卫；邓稼先放弃国外优渥条件回国效力的决定，展现的是超越物质考量的价值追求。这些事例揭示了一个深刻道理：抵制诱惑的能力，源于对本心的坚守。心理学家米哈里·契克森米哈赖提出的"心流"理论表明，当人全身心投入有价值的活动时，反而能获得最持久的满足感。

在数字化时代，守护本心需要新的智慧。首先，要培养"媒介素养"，识破商业社会制造的虚假需求；其次，要建立"意义过滤器"，以价值标准审视各种机会；最后，要修炼"精神免疫力"，通过经典阅读、艺术欣赏等活动滋养心灵。就像禅宗强调的"明心见性"，在纷扰世界中保持觉知，才是应对诱惑的根本之道。

站在文明发展的维度看，物质丰富与精神升华本不该是非此即彼的选择。理想的状态或许是：物质发展为精神生活提供基础，而精神追求又为物质发展指引方向。这种动态平衡，正是中国古代"义利之辨"的当代启示：唯有明白什么是真正重要的，才能在物质丰裕的时代保持精神的清明。

2022 年全日制翻译硕士专业学位（MTI）研究生入学考试试题

参考答案

第一部分　百科知识

一、选择题

1. A

"世界环境日"是在每年的 **6 月 5 日**。世界环境日是联合国于 1972 年设立的全球性环境保护宣传日。该节日旨在提高全球公众的环保意识，推动各国政府和社会各界采取行动保护环境。每年的世界环境日都会根据当年的环境热点问题，有针对性地制定主题。1974 年世界环境日主题为"只有一个地球（Only one Earth）"。2024 年世界环境日以"我们的土地，我们的未来，我们是#恢复一代（Our land. Our Future. We are #Generation Restoration）"为口号，聚焦土地恢复、遏制荒漠化、增强抗旱能力。

2. B

君主专制中央集权最早出现在战国时期，但真正确立是在**秦朝**。君主专制是一种以君王为核心的政治制度，强调皇权至高无上，君主拥有绝对的权力和决策力，主要表现在皇位世袭制和终身制。中央集权处理的是中央与地方的关系，即国家的政治权力集中在中央政府，地方政权的权力受到中央的严格控制和监督，在军事、经济、政治等方面的决定均服从中央。君主专制中央集权制度在秦朝正式确立，一直延续到清朝。

3. C

题干材料中的"他"是哥伦布，他**坚信地圆学说并三次横渡大西洋**。哥伦布是意大利探险家、航海家，大航海时代的主要人物之一。他因在西班牙王室支持下探索新航路而闻名。他坚信地圆学说，认为通过向西航行可以到达亚洲，但他实际上到达了美洲大陆，以为美洲就是印度，把当地土著称为印第安人。哥伦布的探险活动促进了全球贸易和文化交流，但也引发了殖民扩张和原住民文化的衰落。

葡萄牙航海家迪亚士曾**到达"好望角"**（非洲最南端是厄加勒斯角）。葡萄牙航海家达·伽马**向东航行后横渡印度洋到达印度**。葡萄牙航海家麦哲伦**完成了人类历史上第一次环球航行**。

4. A

让-亨利·卡西米尔·法布尔是法国著名昆虫学家、动物行为学家、生物学家、作家，被誉为"昆虫界的荷马""昆虫界的**维吉尔**"。他之所以获此美誉，是因为他在昆虫学研究中的卓越贡献和文学成就。他的代表作《昆虫记》以生动的语言和细致的观察记录了多种昆虫的生活习性、繁殖方式和生存策略。书中以人性观照虫性，以虫性反映社会人生，将科学性与文学性完美结合，被誉为"昆虫的史诗"，对后世昆虫学研究和科普文学产生了深远影响。

修昔底德是古希腊历史学家，被誉为"历史科学"之父，其代表作有《伯罗奔尼撒战争史》等。**托尔斯泰**是俄国作家，被誉为"俄国革命的镜子"，其代表作有《战争与和平》等。**柏拉图**是古希腊哲学家，其代表作有《理想国》等。

5. C

有错别字的词语是**味同嚼腊**。"腊"是错别字，正确写法应为"蜡"。"味同嚼蜡"形容吃东西像嚼蜡一样，没有一点儿味，多指说话或文章枯燥无味。

6. D

词语"喷薄/厚积薄发"中的粗体字读音均为 bó，"殚精竭虑/箪食壶浆"中的粗体字读音均为 dān。

词语"和煦/酬和"中的粗体字读音分别为 hé、hè，"诓骗/热泪盈眶"中的粗体字读音分别为 kuāng、kuàng。词语"遗骸/惊骇"中的粗体字读音分别为 hái、hài，"拜谒/竭尽全力"中的粗体字读音分别为 yè、jié。词语"狩猎/墨守成规"中的粗体字读音分别为 shòu、shǒu，"归省/不省人事"中的粗体字读音均为 xǐng。

7. D

选项 D 的句子中，"琳琅满目"一词表达有误，其使用不符合语境。"琳琅满目"通常用于形容珍贵或精美的物品很多，而此句中描述的是比赛内容的多样性，故不恰当。

8. C

选项 C 的句子没有语病。选项 A 的句子语序不当，"广泛参与、积极响应"应改为"积极响应、广泛参与"，以符合逻辑顺序。选项 B 的句子成分残缺，缺少与动词"养成"搭配的宾语，可改为"养成爱读书的习惯"。选项 D 的句子搭配不当，"保护得好"对应的是一种结果，而"损失的大小"却是两种结果，前后不匹配，可改为"保护得好坏"。

9. D

嫘祖被后人推崇为我国养蚕取丝的创始人。嫘祖是中国古代神话人物，相传为黄帝的元妃，被誉为"蚕神"。据传她发明了养蚕缫丝技术，教民种桑养蚕、织布制衣，推动了中国古代丝绸产业的发展。

黄帝是中国古代传说中的三皇之一，被视为中华民族的始祖之一，与炎帝并称"炎黄"。相传他统一了黄河流域的部落，建立起一个相对稳定的部落联盟，还创制了衣冠服饰制度，建造了宫室房屋，制造了车船，发明了弓箭，为华夏文明的发展奠定基础。尧帝是中国古代传说中的五帝之一，帝喾之子。相传他以禅让制传位给舜，注重民生，推动了农业发展和社会进步。仓颉是中国古代传说中的文字创始人。据传他通过观察自然万物和鸟兽足迹，创造了最早的汉字，结束了结绳记事的时代，开启了中华文明的文字记载历史。

10. A

《水浒传》中，火烧草料场的情节与鲁智深无关。火烧草料场情节出自《水浒传》第十回，与陆虞候有关。林冲因被高俅陷害，被发配至沧州看守大军草料场。受高俅指使，陆虞候设计火烧草料场，欲在夜里将林冲烧死。但林冲因草房坍塌无法居住，当晚在山神庙过夜，因而逃脱性命。林冲明白事情原委后，将陆虞候等人杀死，无奈上了梁山。

大闹野猪林情节出自《水浒传》第八回，与鲁智深有关。林冲被发配到沧州的路上，陆虞候买通押送人员，让他们途中加害林冲。押送人员在野猪林绑住林冲，准备用水火棍打杀他。危急关头，一直在暗地里跟着的鲁智深及时出现，大闹野猪林救下林冲。之后，鲁智深亲自护送林冲安全到达沧州。倒拔垂杨柳情节出自《水浒传》第七回，与鲁智深有关。鲁智深在大相国寺看守菜园子时，泼皮们偷菜闹事被鲁智深制服。第二天，几个泼皮带了酒菜请鲁智深吃饭，以此赔礼道歉。泼皮们吃饭时因嫌树上的鸟吵，准备搬掉鸟巢，鲁智深直接脱掉外套，将碗口大的杨柳连根拔起，惊呆众人。拳打镇关西情节出自《水浒传》第三回，与鲁智深有关。鲁智深听闻金氏父女被地方恶霸郑屠（绰号镇关西）欺压，决定出手相助。他先是故意激怒镇关西，随后在动手时三拳将镇关西打死。

11. B

澳大利亚号称是"骑在羊背上的国家"。澳大利亚草原辽阔，气候适宜，利于绵羊的繁殖生长，是世界最大的羊毛生产和出口国之一。

新西兰以乳制品生产和出口著称。**荷兰**以风车、郁金香和乳制品产业闻名。**阿根廷**以牛肉和大豆出口为主。

12. C

《**第十二夜**》与《威尼斯商人》《仲夏夜之梦》《皆大欢喜》并称莎士比亚四大喜剧，不是莎士比亚四大悲剧之一。莎士比亚的四大悲剧是西方戏剧文学的巅峰之作，包括《**哈姆雷特**》《**奥赛罗**》《**李尔王**》和《**麦克白**》。这些作品通过复杂的人物塑造和深刻的心理描写，探讨了人性中的欲望、野心、嫉妒与复仇等主题，展现了人类命运的悲剧性，表现出莎士比亚对人本精神和人文理想的深入思考。《哈姆雷特》揭示了犹豫与复仇的冲突，《奥赛罗》探讨了嫉妒与信任的毁灭性，《李尔王》展现了权力与亲情的纠葛，《麦克白》刻画了野心与罪恶的代价。四大悲剧的共同点之一是主人公都因受到文明启蒙而充满斗志，但又因时代和自身局限，在斗争中以失败告终。

13. C

中国女科学家屠呦呦因为"发现**抗疟新药青蒿素**"与爱尔兰科学家威廉·坎贝尔、日本科学家大村智共同分享了 2015 年诺贝尔医学奖。其中，屠呦呦获得一半奖金，坎贝尔和大村智因为"发现阿维菌素"共享另外一半奖金。屠呦呦是首位获得诺贝尔科学奖项的中国本土科学家，青蒿素的发现挽救了全球数百万疟疾患者的生命，为全球抗疟事业作出了巨大贡献。

牛胰岛素结晶由以钮经义为代表的研究团队于 1965 年首次人工合成，这使得我国成为了世界上第一个人工合成牛胰岛素结晶的国家。**抗生素青霉素**由英国细菌学家弗莱明于 1928 年首先发现。**麻风病**是由麻风杆菌感染引起的慢性传染性细菌疾病，目前没有有效的针对性疫苗，但可以采用联合化学药物方案、免疫疗法等进行治疗。

14. A

森林、海洋和**湿地**并称为地球最重要的三大生态系统。森林生态系统被誉为"地球之肺"，是以木本植物为主的生物群落。它是地球上物质和能量的交换站，可以起到保持水土、涵养水源、防风固沙、调节气候等作用。海洋生态系统被誉为"地球之心"，由海洋中的生物群落及其生存环境构成。它是最大的生态系统，对于调节气候、维持地球生态平衡至关重要。湿地生态系统被誉为"地球之肾"，通常指陆地和水域的交界处，且水位要接近或处于地表。它具有涵养水源、维护碳循环的作用，对保护生物多样性有深远意义。

15. B

古代所说的一个时辰相当于现在的 **2 小时**。古代纪时常用十二地支命名：子时对应夜半时分，即现在的 23 点至凌晨 1 点；丑时对应鸡鸣时分，即现在的凌晨 1 点至 3 点；以此类推。

16. A

人民代表大会制度是中国的根本政治制度。全国人民代表大会是最高国家权力机关，地方各级人民代表大会是地方国家权力机关。人大代表由民主选举产生，代表人民行使国家权力。这一制度体现了"一切权力属于人民"的宪法原则，确保人民当家作主。人民代表大会制度通过民主集中制的运作方式，实现了国家权力的统一和高效运行，是中国社会主义民主政治的重要体现，为国家治理体系和治理能力现代化提供了制度保障。

人民民主专政制度是指工人阶级领导的，以工农联盟为基础的，对人民实行民主和对敌人实行专政的国家制度。**社会主义制度**是以生产资料公有制为基础，以实现共同富裕为目标的政治经济制度。**全民所有制**是社会主义公有制的一种形式，指生产资料归全体人民共同所有，由国家代表人民行使所有权和管理权。

17. C

国民收入决定理论是宏观经济学的中心理论。该理论主要研究一个国家在一定时期内总收入（如 GDP）的决定因素及其变动规律。国民收入是衡量经济活动总量和居民收入水平的重要指标，反映了经济的生产效率和分配状况，通过总需求与总供给的平衡决定。凯恩斯主义强调有效需求对国民收入的决定作用，认为通过财政和货币政策可以调节经济波动；而古典经济学则认为市场机制能够自动实现充分就业和收入均衡。国民收入决定理论为政府制定经济政策提供了理论依据，对理解经济运行和调控具有重要意义。

价格决定理论是微观经济学的核心理论之一，主要研究商品和服务价格的形成机制。其核心观点认为，价格由供给和需求的相互作用决定：当供给大于需求时，价格下降；当需求大于供给时，价格上升。**薪水决定理论**（工资决定理论）是劳动经济学的重要理论之一，主要研究工资水平的形成机制。其核心观点认为，薪水由劳动力市场的供给与需求决定：劳动力的供给取决于劳动者的数量和质量，需求则取决于企业的生产需求和劳动生产率。**汇率决定理论**是国际金融学的核心理论之一，主要研究汇率水平的形成机制。其核心观点认为，汇率由外汇市场的供给与需求决定：供给取决于出口和资本流入，需求取决于进口和资本流出。

18. B

2014 年诺贝尔物理学奖获得者不包括**真锅淑郎**。日裔美籍科学家真锅淑郎、德国科学家克劳斯·哈塞尔曼和意大利科学家乔治·帕里西共同获得了 2021 年诺贝尔物理学奖。真锅淑郎和克劳斯·哈塞尔曼因为"建立地球气候的物理模型，量化其可变性并可靠地预测全球变暖"共享了一半奖金。乔治·帕里西因为"发现了从原子到行星尺度的物理系统中无序和涨落之间的相互影响"获得了另一半奖金。

日本科学家**赤崎勇、天野浩**以及日裔美籍科学家**中村修二**因为"发明新型节能光源（蓝色发光二极管）"共同获得了 2014 年诺贝尔物理学奖。

19. D

日本作家**川端康成**夺得 1968 年诺贝尔文学奖。他是首位获此殊荣的日本作家，也是日本"新感觉派"文学的代表作家之一。其获奖作品包括《雪国》《千只鹤》和《古都》，这些小说以细腻的笔触描绘了日本传统文化与自然之美，展现了人性的复杂与孤独。川端康成的作品融合了古典美学与现代意识，体现了日本文学独特的"物哀"精神。他的获奖不仅标志着日本文学在国际文坛的地位得到认可，也促进了东西方文化的交流与理解，对世界文学的发展产生了深远影响。

日本作家**夏目漱石**未曾获得诺贝尔文学奖，其代表作有《我是猫》《心》等。日本作家**村上春树**未曾获得诺贝尔文学奖，其代表作有《且听风吟》《挪威的森林》等。日本作家**大江健三郎**以长篇小说《个人的体验》《万延元年的足球队》获得 1994 年诺贝尔文学奖。

20. C

复印机由美国人切斯特·卡尔森于 1938 年发明，不是日本人首先发明的。

电饭煲由日本人井深大的东京通讯工程公司在 20 世纪 50 年代发明。**卡拉 OK** 由日本人井上大佑于 1971 年发明。**全自动麻将机**由日本人于 1976 年发明。

21. D

国民收入核算体系中，**国内生产总值**（Gross Domestic Product，GDP）用于测定（一个国家或地区）一定时期内所有最终产品和劳务的最后货币量（市场价值的总和）。GDP 是衡量国家或地区经济状况和发展水平的重要指标。GDP 的计算方法包括生产法、收入法和支出法，通常以年度或季度为单位统计。它涵盖消费、投资、政府支出和净出口四个部分，是评估经济健康状况、制定经济政策和进行国际比较的重要依据。GDP 的增长通常被视为经济发展的标志，但其局限性在于无法反映收入分配、环境成本和生活质量等因素。因此在分析经济发展时需结合其他指标综合考量。

国民收入是指一个国家或地区在一定时期内所有生产要素（劳动、资本、土地等）通过生产活动所获得的收入总和，包括工资、利润、利息和租金等。它是衡量经济活动总量和居民收入水平的重要指标，反映了经济的生产效率和分配状况。国民收入通常与国内生产总值（GDP）和国民生产净值（NNP）相关联。国民收入在评估经济发展水平、制定收入分配政策和分析居民生活水平方面具有重要参考价值。

可支配收入总和是指一个国家或地区在一定时期内居民个人和家庭在缴纳所得税、社会保险费等强制性支出后，实际可用于消费和储蓄的收入总和。它是衡量居民经济福利和生活水平的重要指标，反映了居民的实际购买力和消费能力。可支配收入总和的计算公式为：国民收入−税收−社会保险费+转移支付。这一指标在分析居民消费行为、制定社会保障政策和评估经济公平性方面具有重要参考价值。

国民生产净值（Net National Product，NNP）是指一个国家或地区在一定时期内生产的最终产品和劳务的市场价值减去固定资产折旧后的净值。NNP 反映了经济活动的净产出，更准确地衡量了经济的实际增长和可持续性。其计算公式为：NNP＝GDP−固定资产折旧。NNP 考虑了生产过程中资本的损耗，在评估经济健康水平和制定长期经济政策时具有重要参考价值，但无法全面反映收入分配、环境成本和生活质量等因素。

22. B

罗马竞技场是建于公元 1 世纪的圆形露天剧场，世界文化遗产之一，被誉为"世界新七大奇迹"之一。它位于意大利罗马市中心，主要用于角斗士比赛和野兽狩猎表演。其设计采用柱式建筑与环形拱门结合的风格，体现了古罗马工程技术的先进性。罗马竞技场是古罗马帝国权力和文化的象征，对后世建筑和体育场馆设计产生了深远影响。

帕特农神庙建于公元前 5 世纪，采用多立克柱式建筑风格。**麦加清真寺**（麦加大清真寺）始建于 7 世纪，历经多次扩建和修缮，采用传统伊斯兰建筑风格。**巴黎圣母院**（巴黎圣母院大教堂）始建于 12 世纪，完工于 14 世纪，采用哥特式建筑风格。

23. D

武不属于"六艺"。"六艺"是中国古代贵族教育体系中的六种技能。它起源于周代，包括**礼**、**乐**、**射**、**御**、**书**、**数**。"礼"指礼仪规范，即吉礼、凶礼、军礼、宾礼、嘉礼；"乐"指音乐、舞蹈等；"射"指射箭技术；"御"指驾驭马车的技术；"书"指书法、绘画等；"数"指算术和天文历法等。六艺不仅是古代教育的核心内容，也是儒家文化的重要组成部分，体现了德智体美全面发展的教育理念，对后世中国文化、教育和价值观的形成产生了深远影响。

24. D

肖邦是波兰著名的钢琴家、作曲家，被誉为"钢琴诗人"。他的作品紧扣波兰人民的生活和历史，融入独具特色的民族元素，曲调热情奔放，充满浪漫主义色彩。其代表作品有《降 E 大调华丽大圆舞曲》《降 E 大调夜曲》《C 小调革命练习曲》等。

贝多芬是德国作曲家，维也纳古典乐派代表人物之一。舒伯特是奥地利作曲家，早期浪漫主义音乐的代表人物。莫扎特是奥地利作曲家，维也纳古典乐派代表人物之一。

25. C

马斯洛需求层次理论中，最高的层次是自我实现的需要。该理论由美国心理学家亚伯拉罕·马斯洛在 1943 年提出，将人类需求由低到高分为五个层次：生理需求、**安全需求、社交需求、尊重需求**和自我实现需求。该理论认为，需求从低到高依次满足，低层次需求满足后才会追求高层次需求。生理需求是维持生存的最基本需求，包括衣食住行等基本生存条件；安全需求涉及稳定和安全的环境，包括生命、职业和财产的安全及保障等；社交需求强调建立（归属感和爱等）情感，包括人际交往等；尊重需求关注自尊和他人的认可，包括地位、荣誉和财富等；自我实现需求注重发挥实现自我潜能，包括获得成就和实现理想等。这一理论揭示了人类行为和心理活动的普遍规律，在心理学、管理学和教育学等领域广泛应用。

二、名词解释题

1. **文艺复兴**：文艺复兴指 14 世纪至 16 世纪发生在欧洲的思想解放文化运动。它起源于意大利，后扩展至整个欧洲。它的本质是新兴资产阶级在复兴古希腊、古罗马古典文化的名义下，发起的弘扬资产阶级思想文化的反封建运动。文艺复兴强调人文主义，主张以人为本，重视人的价值与尊严。相关代表人物有"文坛三杰"但丁、彼特拉克、薄伽丘，"美术三杰"达·芬奇、拉斐尔、米开朗基罗等。文艺复兴在文学、艺术、科学等领域取得了巨大成就，推动了欧洲从中世纪向近代社会的过渡，为后来的启蒙运动和科学革命奠定了基础。

2. **结构主义**：结构主义是 20 世纪中叶兴起的一种跨学科方法论体系。该理论强调通过分析事物的内在结构来理解其本质和功能。其核心观点认为，任何现象都是由深层结构决定的，这些结构遵循特定的规则和逻辑。结构主义在语言学、人类学、文学批评等领域有重要影响，代表人物有索绪尔、列维-斯特劳斯等。结构主义为理解复杂系统提供了新的视角，但也因忽视历史和个人能动性而受到批评。

3. **后现代主义**：后现代主义是 20 世纪中叶兴起的一种世界性文化、艺术和哲学思潮。后现代主义源于现代主义，"后"既指时间上的先后，又指思想观念上的变化与超越。后现代主义质疑现代主义的理性、进步和普遍真理观念，强调多样性、相对性和不确定性。其核心特征包括解构宏大叙事、颠覆传统权威、关注边缘话语和多元文化。后现代主义在文学、建筑、艺术和哲学等领域均有深远影响，代表人物有德里达、福柯、利奥塔等。后现代主义为理解复杂多元的当代社会提供了新视角，但也因缺乏明确立场和过度相对主义而受到批评。

4. **柏拉图**：柏拉图是古希腊哲学家，苏格拉底的学生和亚里士多德的老师，西方哲学的奠基人之一。他提出了"理念论"，认为现实世界是理念世界的投影，真理存在于超越感官的理性领域。他的哲学体系博大精深，涉及本体论、认识论以及伦理学、教育学和政治学等多个方面。其代表作《理想国》探讨了正义、政治和哲学教育，提出了哲学家治理的理想国家模型。他的对话体写作方式和哲学思想对西方哲学、政治学和伦理学产生了深远影响。

5. **儒家**：儒家是由孔子创立的学术流派，也是先秦时期诸子百家学派之一，与释家、道家并称为中国传统文化的三大支柱。其价值理念包括"仁""义""礼""智""信"等。儒家注重以人为本的思想，主张实行仁政，强调道德教化和社会责任。汉武帝时期实行"罢黜百家，独尊儒术"的政策，儒家思想也因此成为统治阶级的正统思想。该学派的代表人物有孔子、孟子、荀子等。该学派的经典著作有"四书"《大学》《中庸》《论语》《孟子》，"五经"《诗经》《尚书》《礼记》《周易》《春秋》等。儒家思想在中国历史上长期占据主导地位，对政治、教育、文化和社会制度产生了深远影响。

第二部分　应用文写作

【构思谋篇】

　　题干材料通过孔子关于"勇"与"畏"的两组论述，探讨勇气与敬畏的辩证关系。行文时可结合孔子思想分析二者相辅相成的关系，体现对正义与自然法则的深刻理解。范文采用"设问—阐释—升华"的三段式结构：开篇以孔子名言引出"勇与畏"的辩证关系命题；主体部分先阐释"维护正义之勇"的历史传承与现实意义，再论证其与"敬畏自然"的内在统一性；结尾升华至人格修养层面，阐明二者相辅相成的深层关系。

【参考范文】

勇与畏

　　孔子曾言："见义不为，无勇也。"然而，他又曾提及"君子有三畏"，这不禁令人思索："勇"与"畏"二者，是否真的相互矛盾？实则不然，此处所言"勇"，乃是指维护正义之勇；而"畏"，则是对自然法则的深深敬畏。二者非但不冲突，反而相辅相成，维护正义之勇更能激发人们对自然法则的敬畏之心。

　　维护正义之勇，乃是在面对不公之事时，敢于挺身而出，仗义执言。百年之前，先辈们便已展现出面对丑恶现实、敢于斗争的非凡魄力。闻一多先生曾在公开演讲中声嘶力竭地疾呼："正义是杀不完的！"鲁迅先生亦曾告诫青年，要让中国成为一个敢于发声、充满生机的国度。百年后的今日，我们更应承袭先辈之志，勇于正视现实，敢于为不义之事挺身而出。

　　或许有人会问，维护正义之勇，是否会让人失去对自然法则的敬畏之心？维护正义，实则是捍卫他人的生命与财产安全，而自然界的万物，亦同为地球之瑰宝，它们同样拥有生存的权利。我们岂能因一己之私，而剥夺其他生命的生存之权？维护正义之勇，从另一角度而言，正是对正义的坚守、对生命的尊重。这种"畏"，绝非畏缩不前、胆小怯懦，而是源自心底的敬畏，是对世间万物的深切尊重。

　　愿我们每个人都能兼具"勇"与"畏"之品质。勇，非逞一时之勇，更非征服天地、驯服自然的愚昧之举；畏，亦非畏首畏尾、裹足不前，而是对天地自然、对世间万物的敬畏之心。

第三部分　现代汉语写作

【构思谋篇】

　　题干材料通过孟子"登高望远"的哲理和鲁迅"摆脱冷气"的呼吁，探讨精神境界与人格成长的主题。行文时可结合古今思想资源（儒家、尼采哲学等），体现对当代青年精神成长的思考。范文开篇以具象的自然体验引出主题，点明孟子名言与鲁迅、尼采思想的共通性；主体部分从"精神攀登"和"光明普照"两个维度展开，前者通过登山隐喻阐释精神成长过程，后者以光照意象论述精神影响力的扩展；结尾回归现实意义，提出精神成长的双重路径。

【参考范文】

日月有明，容光必照

　　站在泰山之巅俯瞰齐鲁大地，或是伫立海边凝望浩瀚波涛，这样的体验往往能让人获得超越日常的精神领悟。孟子用"日月有明，容光必照"这一自然现象，精妙地揭示了精神境界与生命格局的内在关联——心灵的高度决定了视野的广度，而真正的光明必然惠及四方。这种思想与鲁迅"摆脱冷气"的呐喊、尼采"超人"的哲思遥相呼应，共同构成了一个关于精神成长的永恒命题。

　　精神高度的获得，需要持续向上的攀登。孟子以登山为喻，"登东山而小鲁，登泰山而小天下"，揭示了眼界与境界的辩证关系。宋代大儒朱熹一生追求"格物致知"，晚年仍感叹"为学如登山，步步踏实"，正是这种攀登精神的写照。明代徐霞客三十余年跋山涉水，不仅丈量了大地，更开拓了心灵的疆域。这些追寻者告诉我们：精神视野的拓展，从来不是一蹴而就的顿悟，而是"不盈科不行"的持续积累。就像现代登山者在征服物理高峰的同时，也在挑战自我的精神高度。

　　真正的光明，必然具有普照的胸怀。鲁迅笔下"唯一的光"与尼采所说的"超人"之海，都指向这种既自立又利他的精神品质。唐代诗人杜甫在"安得广厦千万间"的呼号中，展现的是推己及人的博大胸怀；北宋范仲淹"先天下之忧而忧，后天下之乐而乐"的襟怀，更是儒家"容光必照"精神的生动诠释。这种精神高度不是孤芳自赏的独善其身，而是如日月般无私照耀的担当。当代"燃灯校长"张桂梅扎根山区教育，用生命之光照亮无数女孩的人生，正是这种精神的当代传承。

　　在价值多元的今天，这种精神照亮更具现实意义。当"内卷"催生焦虑，"躺平"成为选项时，我们更需要孟子式的精神攀登。考古学家樊锦诗在敦煌的坚守，科学家南仁东为"天眼"的奉献，都告诉我们：唯有志存高远，才能超越世俗纷扰。同时，鲁迅式的"发光"意识也尤为珍贵——每个普通人都可以成为照亮他人的光源，就像"最美逆行者"们在疫情中展现的凡人微光。这种既向上攀登又向外照耀的双重维度，构成了完整的精神成长路径。

　　从孟子的高山仰止，到鲁迅的热忱呼唤，再到尼采的超人理想，人类对精神高度的追求从未停歇。在这个充满挑战的时代，我们更需要领悟"日月有明，容光必照"的深意：既要如登山者般不断超越自我，也要如日月般无私照耀他人。唯有如此，个体生命才能成就其最大格局，人类文明才能持续向上发展。让我们以攀登者的姿态提升自我，以发光者的胸怀温暖世界，在各自的领域里践行这份古老而常新的智慧。

中山大学

2024 年全日制翻译硕士专业学位（MTI）研究生入学考试试题

参考答案

第一部分　百科知识

一、选择题

1. A

《荷塘月色》是现代文学家（散文家、诗人和学者）**朱自清**创作的散文。文章以清华园荷塘为背景，通过细腻的景物描写（如荷叶、月光、树影的动静结合）和委婉的情感抒发，展现了作者对宁静生活的向往和追求精神超脱的心境。其艺术特色体现在：（1）白话文的诗意化表达；（2）情景交融的意境营造；（3）含蓄隽永的语言风格。朱自清的散文以清新质朴的文风和真挚的情感表达著称，《荷塘月色》《背影》《匆匆》等名篇被誉为"白话美文的典范"，入选多个版本中学语文教材，对中国现代散文发展有深远影响。

郁达夫是中国现代作家，其代表作有《沉沦》《故都的秋》等。**徐志摩**是中国现代诗人、作家、散文家，其代表作有《再别康桥》《翡冷翠的一夜》等。**梁实秋**是中国现代散文家、文学批评家、翻译家，其代表作有散文集《雅舍小品》、译作《莎士比亚全集》等。

2. C

抗战时期成立的西南联大不包括**燕京大学**。西南联大全称国立西南联合大学，是抗日战争时期由国立**北京大学**、国立**清华大学**和私立**南开大学**联合组建的一所临时综合性大学，被誉为"中国教育史上的珠穆朗玛峰"。该联校的前身为 1937 年成立的国立长沙临时大学，后因长沙连遭轰炸，于 1938 年西迁至昆明，改称国立西南联合大学。在极端艰苦的条件下，西南联大汇聚了大批学术精英，培养了杨振宁、李政道等众多杰出人才。其"刚毅坚卓"的校训体现了师生在战乱中坚持学术研究和爱国救亡的精神。西南联大是中国近代高等教育的象征，为中国现代学术和文化的发展作出了重要贡献。

3. C

相声不发源于吴语区。相声是一种民间说唱曲艺。它发源于华北地区（北京为主），流行于北方地区，以说、学、逗、唱为主要表演手段。其特点是通过幽默诙谐的语言和夸张的表演，讽刺社会现象、反映生活百态。相声通常由两人合作表演，分为"逗哏"和"捧哏"，代表演员有侯宝林、马三立等。

吴语是汉语方言之一。它主要分布于中国上海、江苏南部、浙江北部等地，以上海话为代表。吴语保留了古汉语的许多语音和词汇特点，具有独特的音韵系统。其方言文化丰富，包括评弹、越剧、昆曲等艺术形式。吴语不仅是长三角地区的重要交际工具，也是研究汉语演变和方言文化的重要资源。近年来，随着普通话的推广，吴语的使用范围有所缩小，但其文化价值和语言特色仍受到广泛关注和保护。

评弹是苏州评话和弹词的总称，是采用吴语徒口讲说表演的传统曲艺形式，发源于江苏苏州（吴语区）。**越剧**是中国传统戏曲剧种，发源于浙江嵊州（吴语区）。**昆曲**又称昆腔、昆剧，是中国传统戏曲剧种，发源于江苏昆山（吴语区）。

4. B

中国现代作家鲁迅的短篇小说**《一件小事》**以北京为背景。小说收录于《呐喊》集，以第一人称为视角，讲述了一位人力车夫撞到人，尽管现场没有其他人看到，但还是冒着被人讹诈的情况去帮助老人的故事。小说语言简练，情节平淡却寓意深刻，展现了车夫的诚实与"我"的自省，揭示了知识分子的道德反思与社会责任感，体现了鲁迅对人性与社会现实的深刻洞察。

鲁迅的短篇小说**《祝福》**收录于《彷徨》集，以鲁镇（虚构地名，映射绍兴）为背景，讲述了祥林嫂悲惨的一生。鲁迅的中篇小说**《阿Q正传》**收录于《呐喊》集，以辛亥革命前后的江南农村未庄为背景，讲述了贫苦农民阿Q的悲剧人生。鲁迅的短篇小说**《故乡》**收录于《呐喊》集，以作者1919年回乡（从北京返回绍兴）的真实经历为素材，用返乡者的视角表现故乡体验和对传统乡村的文化价值判断。

5. D

《金瓶梅》创作于明代。《金瓶梅》是明代章回体长篇白话世情小说，作者署名兰陵笑笑生。小说以《水浒传》中西门庆、潘金莲的故事为线索，通过描写市井生活和人性的复杂，展现了明代社会的风貌。其语言生动细腻，人物刻画鲜明，被誉为中国古代世情小说的巅峰之作。《金瓶梅》在中国文学史上占有重要地位，对后世文学创作产生了深远影响，但因内容涉及情色描写，长期被视为禁书。

《红楼梦》又名《石头记》，是一部章回体长篇小说。学者们认为前80回为清代作家曹雪芹所著，后40回为清代作家高鹗所续写。**《儒林外史》**是清代作家吴敬梓创作的章回体长篇讽刺小说。**《镜花缘》**是清代作家李汝珍创作的章回体长篇小说。

6. B

中共三大于1923年6月在广东广州召开。会议确立了与国民党建立统一战线的策略，通过了《关于国民运动及国民党问题的议决案》，决定共产党员以个人身份加入国民党，推动国共合作。中共三大为第一次国共合作奠定了基础，对推动中国革命进程具有重要意义。会议还选举了新的中央领导机构，进一步健全了党的组织体系。中共三大是中国共产党早期探索革命道路的重要里程碑，标志着党在策略和组织上的成熟。

中共一大于1921年7月23日至8月初在上海法租界望志路106号（现兴业路76号）召开，最后一天转移至浙江嘉兴南湖，会议标志着中国共产党的正式成立。**八七会议**于1927年8月7日在湖北汉口召开，会议批判了陈独秀的右倾机会主义错误，提出了"枪杆子里出政权"的重要论断。**中共七大**于1945年4月23日至6月11日在延安杨家岭中央大礼堂召开，会议确立了毛泽东思想为党的指导思想，通过了新党章，选举了新的中央委员会。

7. B

《园丁集》是印度诗人泰戈尔创作的英文抒情诗集。该诗集出版于1913年，收录85首散文诗。诗歌主题涵盖爱情、自然、生命和神性等，融合了印度传统哲学与西方浪漫主义风格，语言优美，意境深邃，充满了象征主义色彩。《园丁集》是世界文学中东方智慧与诗歌艺术的典范之作，对现代诗歌和文学创作产生了深远影响。其翻译版本众多，在中国以冰心的汉译版本广为流传，促进了中印文化交流。

《花间集》是五代后蜀文学家赵崇祚编选的词集。**《神曲》**是意大利诗人但丁创作的长篇叙事史诗。**《草叶集》**是美国诗人沃尔特·惠特曼创作的诗集。

8. B

《清明上河图》是北宋画家张择端创作的一幅绢本长卷风俗画，描绘了清明时节汴京（今<u>河南开封</u>）的繁华景象。画作以细腻的笔触和散点透视构图法，展现了城市风貌、市井生活和自然景观。画中人物众多，场景生动，细节丰富，被视为中国古代风俗画的巅峰之作。《清明上河图》具有极高的艺术价值，为研究宋代社会、经济和文化提供了珍贵资料，对后世艺术创作产生了深远影响。

9. A

开罗会议发表了《开罗宣言》，明确要求日本归还侵占的中国领土。开罗会议是第二次世界大战期间美国、英国和中国参与的重要国际会议，于 1943 年 11 月 22 日至 26 日在埃及开罗举行。会议核心成果为《开罗宣言》，明确要求战后日本归还窃取的中国领土（包括东北各省、台湾、澎湖列岛），并保证朝鲜独立。开罗会议是中国首次以大国身份参与国际会议，标志着中国国际地位的提升，为战后国际秩序重建奠定了基础。

德黑兰会议是二战期间美国、英国和苏联参与的重要国际会议，于 1943 年 11 月 28 日至 12 月 1 日在伊朗德黑兰举行。会议商讨了对德作战计划及战后安排：决定开辟欧洲第二战场（诺曼底登陆）；战后成立维护和平的国际组织；初步划定战后势力范围。该会议巩固了反法西斯同盟，加速了战争进程，对战后国际秩序形成具有决定性影响。

雅尔塔会议是二战期间美国、英国和苏联参与的重要国际会议，于 1945 年 2 月 4 日至 11 日在苏联克里米亚半岛举行。会议确立了战后德国分区占领政策，决定了苏联对日作战条件（包括获得中国领土权益），通过了联合国组织方案。该会议构建了战后雅尔塔体系，重塑世界格局，但部分秘密协定损害中国主权，对国际关系产生了深远影响。

波茨坦会议是二战期间美国、英国和苏联参与的重要国际会议，于 1945 年 7 月 17 日至 8 月 2 日在德国波茨坦举行。会议通过了《波茨坦公告》，敦促日本无条件投降；确立了对德国管制的政治经济原则。会议期间苏联与西方盟国分歧显现，标志着战时同盟关系开始转向冷战对峙，对战后欧洲格局形成具有决定性影响。

10. A

心外无物不属于先秦时期思想。"心外无物"是明代哲学家王阳明提出的心学核心命题，是对宋代哲学家陆九渊心学思想的继承与发展，属于宋明理学体系。这一命题认为宇宙万物皆不能脱离心而独立存在，强调主体意识的绝对性，对后世哲学、文学等产生了深远影响。

齐物是先秦时期道家学派代表人物庄子的思想。**兼爱非攻**是先秦时期墨家学派代表人物墨子的思想。**性善论**是先秦时期儒家学派代表人物孟子的思想。

二、古诗词默写

1. 三人行，必有我师焉，<u>择其善者而从之</u>，其不善者而改之。（出自《论语·述而》）
2. 念天地之悠悠，<u>独怆然而涕下</u>。（出自唐代陈子昂的《登幽州台歌》）
3. 烈士暮年，<u>壮心不已</u>。（出自东汉曹操的《步出夏门行·龟虽寿》）
4. <u>长风破浪会有时</u>，直挂云帆济沧海。（出自唐代李白的《行路难·其一》）
5. 岂曰无衣？<u>与子同袍/与子同泽/与子同裳</u>。（出自《诗经·秦风·无衣》）
6. 魏武挥鞭，<u>东临碣石有遗篇</u>。（出自近现代毛泽东的《浪淘沙·北戴河》）
7. 生年不满百，<u>常怀千岁忧</u>。（出自《古诗十九首·生年不满百》）
8. <u>生女犹得嫁比邻</u>，生男埋没随百草。（出自唐代杜甫的《兵车行》）

9. 撑着油纸伞，独自/彷徨在悠长、悠长/又寂寥的雨巷，/我希望逢着/一个丁香一样地/结着愁怨的姑娘。（出自现代戴望舒的《雨巷》）

10. 长太息以掩涕兮，哀民生之多艰。（出自战国时期屈原的《离骚》）

三、名词解释

1. **楚辞**：楚辞又称骚体，是中国战国时期楚国诗人屈原创作的一种诗歌体裁。其特点是语言华丽、想象丰富、情感强烈，多采用神话传说和象征手法，表达个人理想与现实的冲突。楚辞突破了《诗经》四言体的限制，句式灵活多变，开创了浪漫主义诗歌的先河，对后世诗歌、辞赋和文学创作产生了深远影响。

2. **唐三彩**：唐三彩是唐代盛行的一种低温釉陶器。它的釉彩鲜艳多样，因陶器以黄、绿、白三色为主，故名"三彩"。它的制作工艺复杂，以含高岭土的白色黏土为坯体，经两次烧制而成。它的造型生动逼真，题材丰富，包括人物、动物、器皿等，反映了唐代社会生活和审美趣味。唐三彩是中国陶瓷史上的重要成就，对后世陶瓷艺术产生了深远影响。

3. **元曲四大家**：元曲四大家是指元代四位杰出的杂剧作家，包括关汉卿、白朴、马致远和郑光祖。他们的作品题材广泛，语言通俗生动，情节曲折动人，代表了元代杂剧的最高成就，对中国戏曲文学的发展产生了深远影响。

    关汉卿，号已斋，其代表作有《窦娥冤》《救风尘》等。

    白朴，字太素，号兰谷，其代表作有《墙头马上》《梧桐雨》等。

    马致远，号东篱，其代表作有《天净沙·秋思》《汉宫秋》等。

    郑光祖，字德辉，其代表作有《倩女离魂》《辅成王周公摄政》等。

4. **不结盟运动**：不结盟运动是冷战时期由发展中国家于1961年9月发起成立的松散国际组织。其核心原则包括不加入任何军事集团、支持民族独立、反对殖民主义和种族主义。作为发展中国家的重要国际平台，不结盟运动在维护世界和平、促进国际关系民主化和推动全球治理改革方面发挥了重要作用，至今仍是国际政治中的重要力量。

5. **黄花岗起义**：黄花岗起义又称广州起义，是由孙中山领导的同盟会于1911年4月在广州发动的反清武装起义。此次起义旨在推翻清朝统治，建立民主共和国。起义由黄兴等人指挥，但因准备不足和清军镇压而失败，86名革命党人牺牲，其中72人合葬于黄花岗（原名红花岗），史称"黄花岗七十二烈士"。黄花岗起义是辛亥革命的重要组成部分，体现了革命党人为民族独立和民主自由献身的精神，对中国近代史产生了深远影响。

6. **福岛核事故**：福岛核事故是指福岛第一核电站、福岛第二核电站因受地震海啸影响导致的核泄漏事件。此次事件发生于2011年3月11日，由东日本大地震引发的海啸导致。海啸破坏了核电站的冷却系统，导致反应堆熔毁和放射性物质泄漏，事故等级被定为最高的7级。福岛核事故是继切尔诺贝利核事故后最严重的核灾难，对当地环境、经济和居民健康造成了长期影响。事故暴露了核能管理的风险，引发全球对核能安全的重新审视，促使许多国家调整能源政策，推动了可再生能源和核安全技术的发展。

7. **沙特伊朗"北京和解"**：沙特伊朗"北京和解"是指在中国斡旋下，沙特阿拉伯和伊朗两国于2023年3月达成协议，同意恢复外交关系并重新开放使馆。这一和解结束了双方长达七年的断交状态，标志着中东地区地缘政治格局的重要转变。中国作为调解方，展现了其在中东事务中的外交影响力，也为全球和平与稳定作出了贡献。沙特伊朗和解有助于缓解地区紧张局势，对中东和平与发展具有重要意义。

8. **魔幻现实主义**：魔幻现实主义是 20 世纪中叶盛行于拉丁美洲的一种文学流派。其特点是将奇幻元素融入现实背景，打破现实与幻想的界限，通过夸张、象征和神话手法揭示社会现实和人性的复杂性。相关代表作有加西亚·马尔克斯的《百年孤独》等。魔幻现实主义丰富了文学表现手法，为受众提供了独特的审美体验，推动了拉美文学的崛起，对世界文学产生了深远影响。

9. **《富春山居图》**：《富春山居图》是元代画家黄公望创作的纸本水墨画，被誉为"画中之兰亭"，"中国十大传世名画"之一。该画作以浙江富春江为背景，采用长卷形式，描绘了江南山水的秀丽景色。其构图疏密有致，笔墨苍润浑厚，展现了画家对自然的深刻观察和艺术造诣。《富春山居图》是中国山水画的巅峰之作，对后世绘画艺术产生了深远影响。

10. **鉴真东渡**：鉴真东渡是指唐代高僧鉴真历经六次尝试，最终成功抵达日本传播佛教的历史事件。鉴真在日本传授戒律、建筑、医学和文化，推动了日本佛教的规范化发展，并主持修建了唐招提寺。他的东渡促进了中日文化交流，对日本的文化、艺术和宗教产生了深远影响。

第二部分　应用文写作

【构思谋篇】

题干要求为中山大学戏曲社撰写一则活动启事，启事需包含活动背景、具体安排、参与方式等要素，语言需兼具正式性和吸引力，以有效传达信息并激发参与兴趣。范文开篇点明活动主旨，引出时间地点等核心信息；主体部分按时间顺序分三个环节详述活动内容（展演—招新—体验），每个环节下设具体项目；后续补充报名方式和参与福利。

【参考范文】

中山大学戏曲社 2023 年度招新暨迎春戏曲演唱会启事

岁末将至，雅韵迎新。中山大学戏曲社诚邀您共赴一场传统与现代交融的戏曲盛宴！为弘扬国粹艺术，促进校园美育发展，兹定于 2023 年 12 月 29 日下午 15：00—18：00 在文科楼 308 室举办年度招新暨迎春戏曲演唱会。

一、戏曲展演（15：00—16：30）

经典剧目联演：京剧《贵妃醉酒》、昆曲《牡丹亭》选段；

创新戏曲表演：戏曲与现代舞跨界融合；

社员才艺展示：戏曲唱腔、身段基本功展演。

二、迎新纳才（16：30—17：30）

招新说明会：戏曲社年度活动规划介绍；

新老社员交流：戏曲艺术研讨；

现场报名通道：支持扫码即时报名。

三、互动体验（17：30—18：00）

戏曲化妆体验区；水袖功体验教学；戏曲知识趣味问答。

四、报名须知

表演报名：12 月 20 日前提交节目视频至 xiqu@ mail. sysu. edu. cn；

志愿者招募：12 月 20 日前发送简历至上述邮箱；

观众预约：扫描二维码登记（限 200 人）。

五、特别福利

参与者可获得精美戏曲文创礼品；表现优异者可获推荐参加省级戏曲比赛；现场抽奖环节赠送戏曲名家签名专辑。

让我们在辞旧迎新之际，共同守护传统文化瑰宝！

中山大学戏曲社

2023 年 12 月 1 日

第三部分　现代汉语写作

【构思谋篇】

题干材料通过樊锦诗的生平事迹，展现了一位文化守护者"择一事终一生"的精神品格。行文时需围绕"专业坚守与精神归宿"的关系展开论述，立足材料又不囿于材料，从个体案例升华至普遍价值。范文开篇以时代困惑引出"心灵归处"的命题，通过樊锦诗案例提出"热爱与责任"的核心论点；主体部分从"热爱指引"和"责任升华"两个维度展开论证，既有个案深度剖析又有群体事例佐证；结尾升华至生命意义层面，强调个人价值与时代责任的统一。

【参考范文】

我心归处

在这个价值多元、选择纷繁的时代，越来越多的人开始追问：何处才是心灵的归处？"敦煌的女儿"樊锦诗用她数十载的坚守告诉我们：真正的归处，是热爱与责任的交汇点。从青春年少到白发苍苍，她将一生奉献给敦煌莫高窟的保护与研究，在茫茫大漠中找到了生命的支点。这启示我们：当代人要找到心灵归处，既需要发自内心的热爱，更需要超越自我的责任担当。

热爱是指引心灵的北极星。1958 年，年轻的樊锦诗考入北京大学考古专业，从此与敦煌结下不解之缘。在随后的六十年里，她放弃了与家人团聚的机会，忍受着大漠的孤寂与艰苦，只为守护那些历经千年的壁画与雕塑。正如她所说："我这一生就做了一件事，就是守护、研究、弘扬世界文化遗产——敦煌莫高窟，这是最大的幸福。"这种专注与坚守，源于对事业的纯粹热爱。在当代社会，这样的例子并不鲜见：故宫的"文物医生"们用数十年时间修复一件文物，非遗传承人穷尽一生钻研一门技艺，科学家在实验室里度过无数个不眠之夜……正是这份热爱，让他们在平凡中见伟大，在坚持中得心安。

然而，仅有热爱还不足以成就永恒的价值。樊锦诗的可贵之处，在于她将个人热爱升华为文化传承的责任。她不仅潜心研究，更着眼长远：推动"数字敦煌"工程，让千年艺术得以永续保存；促进国际合作，让敦煌文化走向世界；培养年轻学者，让研究事业后继有人。她说："作为一名管理者，是个人写文章重要，还是敦煌研究院、敦煌莫高窟重要？当然是后者。"这种超越个人得失的格局，将小我融入大我的担当，正是当代人最需要的精神品质。在抗击疫情中逆行出征的医护人员，在脱贫攻坚一线挥洒汗水的基层干部，在科技前沿攻坚克难的科研工作者……他们都用自己的行动诠释着：真正的归处，永远与时代责任相连。

　　寻找心灵归处，本质上是在寻找生命的意义坐标。敦煌莫高窟历经千年沧桑，见证了无数像樊锦诗这样的守护者。他们或许没有惊天动地的壮举，却在日复一日的坚守中，找到了安身立命的精神家园。当代青年要找到自己的"敦煌"，不必拘泥于形式，关键在于将个人志趣与时代需要相结合。可以是扎根基层服务群众，可以是专注科研突破瓶颈，也可以是传承文化守护记忆。只要心怀热爱，肩扛责任，就能在浮躁的社会中守住内心的宁静。

　　从北大未名湖到敦煌莫高窟，樊锦诗走过了大半个中国，却始终没有离开心灵的归处。她的故事告诉我们：在这个快速变化的时代，唯有将热爱化作责任，让责任承载热爱，才能找到真正的心灵归宿。这或许就是给当代人最好的启示：去爱，去担当，心安之处即是吾乡。

2023年全日制翻译硕士专业学位（MTI）研究生入学考试试题

参考答案

第一部分　百科知识

一、选择题

1. C

中山大学康乐园与**谢灵运**有关。谢灵运是东晋至南朝宋时期著名的诗人、文学家、佛学家。他出身显赫，少年时袭封康乐公，后被贬至广州，其居住的地区被称为"康乐村"。这一地区于1904年成为岭南大学的校址，现为中山大学广州校区南校园。康乐园以其独特的红砖绿瓦建筑和优美的自然景观著称，融合了中西建筑风格。康乐园不仅是中山大学师生学习生活的场所，也是广州市的文化地标，承载着深厚的历史和人文价值。

扬雄是西汉时期著名的辞赋家、哲学家、思想家，与中山大学康乐园的命名无关。**孙中山**是中国近代伟大的民主革命先行者，中山大学是以孙中山先生的名讳命名的，但中山大学康乐园与孙中山无关。**李鸿章**是晚清政治家、外交家，与中山大学康乐园的命名无关。

2. B

粤剧是广东特色。粤剧是以粤语方言演唱的戏曲剧种。该剧种发源于广东佛山，流行于珠江三角洲以粤语为主的地区。粤剧大约起源于清代初年，当时陆路交通并不发达，戏班以水路往来。由于戏班戏船的船身均漆上红油，所以粤戏艺人亦被称为"红船子弟"。粤剧唱腔优美，表演细腻，以梆子、二黄为主。相关代表剧目有《帝女花》《紫钗记》等。2009年9月，粤剧被联合国教科文组织正式批准列入《人类非物质文化遗产代表作名录》。

昆曲又称昆腔、昆剧，是中国传统戏曲剧种，发源于江苏昆山。**杨柳青年画**全称杨柳青木板年画，是中国民间木版印绘制品，发源于天津。**评弹**是苏州评话和弹词的总称，是采用吴语徒口讲说表演的传统曲艺形式，发源于江苏苏州。

3. C

黄兴是湖南省长沙府善化县（今湖南长沙县）人，非广东籍人。黄兴是中国近代民主革命家，辛亥革命的领导人之一。他早年留学日本，与孙中山共同筹建同盟会，推动反清革命。黄兴参与策划并领导了多次武装起义，为辛亥革命的成功奠定了基础，为推翻清朝统治作出了重要贡献。

孙中山是中国近代伟大的民主革命先行者，广东省广州府香山县（今广东中山市）人。**梁启超**是中国近代思想家、政治家、文学家，广东省广州府新会县（今广东江门市）人。**张九龄**是唐代名相，韶州曲江（今广东韶关市）人。

4. C

巴西是南美洲最大的国家，其官方语言为葡萄牙语，不讲西班牙语。西班牙语是世界第二大母语语种，属于印欧语系罗曼语族。其特点是语音、语法规则严谨，名词有阴阳性之分。西班牙语是欧盟等国际组织的官方语言，在西班牙、拉丁美洲大部分国家广泛使用。

玻利维亚是南美洲的国家，其官方语言为西班牙语和克丘亚语、阿依马拉语等36种印第安民族语言。**墨西哥**是北美洲的国家，主要使用语言为西班牙语。**阿根廷**是南美洲的国家，其官方语言为西班牙语。

5. B

印度独立不是伊丽莎白二世女王在位期间（1952 年至 2022 年）发生的。印度独立是指 1947 年 8 月 15 日印度从英国殖民统治中获得独立的历史事件。经过长期的民族独立运动，尤其是甘地领导的"非暴力不合作运动"，英国被迫同意印度独立。独立后，印度分为印度和巴基斯坦两个自治领，后分别成为共和国。印度独立是 20 世纪民族解放运动的重要里程碑，标志着英国殖民体系的瓦解。

西印度群岛联邦于 1958 年 1 月 3 日成立。香港于 1997 年 7 月 1 日回归中国。苏伊士运河战争于 1956 年 10 月 29 日爆发。

6. C

"桃花扇底送南朝"出自《桃花扇》，其中"南朝"是指南明。南明政权是明朝灭亡后，明朝宗室和遗臣在南方建立的多个抗清政权的统称。《桃花扇》是清代剧作家孔尚任创作的传奇剧本，讲述了才子侯方域与名妓李香君的爱情故事。"桃花扇底送南朝"是剧中名句，通过"桃花扇"（定情信物）与"南朝"（南明政权）的意象叠加，以儿女之情写兴亡之叹，暗示个人命运与国家存亡的纠缠。

南唐是五代十国时期（唐代之后）的一个割据政权。南宋是北宋灭亡后，在江南地区建立的政权。南陈是南北朝时期（隋代之前）的一个政权。

7. D

美国总统拜登在任期间（第 46 任，在任时间 2021 年 1 月至 2025 年 1 月）完成了阿富汗撤军。阿富汗撤军是指 2021 年 8 月美国从阿富汗撤出军事力量，结束长达 20 年的阿富汗战争。撤军行动导致阿富汗政府迅速垮台，塔利班重新掌权，阿富汗面临严重的政治不确定性，地区安全形势复杂化。阿富汗撤军改变了中亚地缘政治格局，对美国的国际信誉和全球反恐战略产生了深远影响，成为 21 世纪国际关系的重要转折点。

奥巴马是第 44 任美国总统，在任时间为 2009 年至 2017 年。小布什是第 43 任美国总统，在任时间为 2001 年至 2009 年。特朗普是第 45、47 任美国总统，在任时间为 2017 年至 2021 年、2025 年至今。

8. A

"桃之夭夭，灼灼其华"出自《诗经·周南·桃夭》，描绘的是春季桃花盛开的美丽景象。

"蒹葭苍苍，白露为霜"出自《诗经·秦风·蒹葭》，描绘的是深秋时节芦苇茂盛生长的景象。"七月流火，九月授衣"出自《诗经·豳风·七月》，描绘的是夏去秋来古代农耕社会的生活节奏。"雨雪瀌瀌，见晛曰消"出自《诗经·小雅·角弓》，描绘的是冬季下雪以及阳光出现后雪迅速消融的景象。

9. C

《静静的顿河》是苏联时期（1922 年至 1991 年）的作品。它是前苏联作家肖洛霍夫创作的长篇小说。小说分为四部，分别发表于 1928 年、1929 年、1933 年和 1940 年。小说通过主人公格里高利·梅列霍夫的视角，描写了 1912 年至 1922 年间顿河地区哥萨克人在革命和内战中的命运，展现了哥萨克社会的变迁和个人在历史洪流中的挣扎。作品以其宏大的叙事结构、深刻的人性描写和对历史事件的真实反映，获得了 1965 年诺贝尔文学奖。

《战争与和平》是俄国作家列夫·托尔斯泰于 1863 年至 1869 年创作的长篇小说。《父与子》是俄国作家屠格涅夫于 1862 年发表的长篇小说。《樱桃园》是俄国剧作家契诃夫于 1902 年至 1903 年创作的戏剧。

10. C

以下事件发生时间最晚的是**第一次鸦片战争**。第一次鸦片战争是指 1840 年至 1842 年英国为打开中国市场、保护鸦片贸易而对中国发动的侵略战争。战争起因于清政府禁烟政策与英国商人的利益冲突，以英国胜利告终。1842 年，双方签订《南京条约》，中国割让香港岛、开放五口通商并赔款。第一次鸦片战争标志着中国近代史的开端，使中国沦为半殖民地半封建社会，同时也激发了中国人民的反侵略意识和自强运动。这场战争对中国的政治、经济和社会产生了深远影响，是近代中外关系的重要转折点。

英国玫瑰战争发生在 1455 年至 1485 年。**英法百年战争**爆发于 1337 年，结束于 1453 年，持续时间长达 116 年。**拿破仑一世**于 1804 年称帝。

二、古诗词默写

1. 昔我往矣，<u>杨柳依依</u>。（出自《诗经·小雅·采薇》）

2. 待到山花烂漫时，<u>她在丛中笑</u>。（出自近现代毛泽东的《卜算子·咏梅》）

3. 长太息以掩涕兮，<u>哀民生之多艰</u>。（出自战国时期屈原的《离骚》）

4. 呼儿将出换美酒，<u>与尔同销万古愁</u>。（出自唐代李白的《将进酒》）

5. <u>人生天地间</u>，忽如远行客。（出自《古诗十九首·青青陵上柏》）

6. 明月装饰了你的窗子，<u>你装饰了别人的梦</u>。（出自现代卞之琳的《断章》）

7. 别有幽愁暗恨生，<u>此时无声胜有声</u>。（出自唐代白居易的《琵琶行》）

8. 帘卷西风，<u>人比黄花瘦</u>。（出自宋代李清照的《醉花阴·薄雾浓云愁永昼》）

9. 一腔热血勤珍重，<u>洒去犹能化碧涛</u>。（出自近现代秋瑾的《对酒》）

10. 人生自古谁无死？<u>留取丹心照汗青</u>。（出自南宋文天祥的《过零丁洋》）

三、名词解释

1. 克什米尔：克什米尔全称查谟和克什米尔，是南亚次大陆北部的一个地区。该地区东与中国新疆维吾尔自治区和西藏自治区交界，西邻巴基斯坦，南接印度，北与阿富汗的瓦罕走廊接壤。克什米尔的地形以高原和山地为主。该地区宗教构成复杂，主要居民为穆斯林，但也有印度教徒和佛教徒。该地区地理位置重要，其领土争端问题源于 1947 年印巴分治，至今仍是印巴冲突的核心议题，现由印度、巴基斯坦和中国分别控制。克什米尔问题不仅影响地区稳定，也牵动国际关系，是南亚地缘政治的重要焦点之一。

2. 杂文：杂文是指除诗、赋、赞、颂、箴、诔诸体以外，一种以议论为主的文学体裁。这一体裁形式自由，内容广泛，兼具文学性和思想性。其特点是通过短小精悍的文字，对社会现象、文化问题或人生哲理进行评论和反思，语言犀利幽默，富有批判性和启发性。鲁迅是中国现代杂文的奠基人，其作品如《拿来主义》《论雷峰塔的倒掉》等，展现了杂文的独特魅力。杂文是社会批判和文化传播的有效工具，对现代文学和思想启蒙产生了深远影响。

3. 狂飙突进运动：狂飙突进运动得名于剧作家克林格的剧本《狂飙突进》，是 18 世纪德国文学界的一场思想文化解放运动。其核心思想是反对封建专制，追求个性解放和民族统一，强调情感、自然和创造力。相关代表作有歌德的《少年维特的烦恼》、席勒的《阴谋与爱情》等，作品多表现对社会的不满和对自由的向往。狂飙突进运动为德国浪漫主义文学奠定了基础，推动了德国民族意识的觉醒，对欧洲文学和文化产生了深远影响，是德国文学史上的重要转折点。

4. 三苏：三苏是北宋文学家苏洵及其子苏轼、苏辙三人的并称。三苏的文学成就对后世产生了深远影响。

苏洵，字明允，号老泉，是北宋著名文学家。他以散文见长，文章风格雄健，逻辑严密，多探讨历史和政治问题。其代表作有《六国论》《权书》等。

苏轼，字子瞻，号东坡居士，是北宋著名文学家、书画家。其诗文豪放洒脱，词作开创豪放派。其代表作有《赤壁赋》《念奴娇·赤壁怀古》等。

苏辙，字子由，号颍滨遗老，是北宋著名文学家、政治家。他以政论文和散文著称，文章气势汪洋且醇厚温润，深刻分析了历史和政治问题，体现了对现实的关切和批判精神。其代表作有《黄州快哉亭记》《老子解》等。

5. 排华运动：排华运动是 19 世纪中叶至 20 世纪初美国针对华人移民的歧视和排斥行为。其背景是华人劳工大量涌入，引发当地社会对经济竞争和文化差异的不满。排华运动表现为暴力袭击、立法限制（如美国的《排华法案》）和社会排斥，导致华人移民权益受损，生活条件恶化。这一运动是国际移民史上的重要事件，反映了种族歧视和排外情绪，对华人社群造成了深远影响，也促使华人团结抗争，争取平等权利。

6. 碳中和：碳中和是指二氧化碳净零排放，即由个人或团体直接或间接产生的二氧化碳排放量，可以与植树造林等方式所吸收的量相抵消中和，最终实现温室气体"零排放"的效果。[①] 根据中共中央、国务院印发的《关于完整准确全面贯彻新发展理念做好碳达峰碳中和工作的意见》，我国计划在 2060 年，全面建立绿色低碳循环发展的经济体系和清洁低碳安全高效的能源体系，实现碳中和目标。"碳中和"目标的实现需要政府、企业和公众的共同努力，通过发展可再生能源、推广绿色技术和倡导低碳生活方式，促进经济社会的可持续发展。

7. 小提琴协奏曲《梁山伯与祝英台》：小提琴协奏曲《梁山伯与祝英台》简称《梁祝》，是中国作曲家何占豪和陈钢于 1959 年以越剧《梁山伯与祝英台》为题材创作的小提琴协奏曲。这一曲子融合了西方协奏曲形式与中国传统音乐元素，具有浓郁的民族风格，旋律优美，情感真挚，展现了爱情的悲剧美。该曲是中国小提琴音乐的经典之作，在国内外广为流传，被誉为"东方的罗密欧与朱丽叶"。

8. 美墨战争：美墨战争是 19 世纪美洲地缘政治的重要事件，指 1846 年至 1848 年美国与墨西哥之间爆发的一场争夺领土控制权的战争。此次战争起因于领土争端和美国扩张主义。战争以美国胜利告终，双方签订《瓜达卢佩—伊达尔戈条约》，墨西哥割让包括加利福尼亚、新墨西哥在内的 200 多万平方公里土地。美墨战争使美国领土大幅扩张，奠定了其西进运动的基础，但也加剧了南北矛盾，为后来的南北战争埋下伏笔。对墨西哥而言，战争导致领土丧失和国家衰落，成为其历史上的重大创伤。

9. 杨宪益和戴乃迭：杨宪益是中国著名翻译家、文学家和学者，其妻子戴乃迭是英国汉学家。两人合作翻译了大量中国古典文学和现代文学作品，如《红楼梦》《鲁迅选集》等，将中国文学引介到英语世界。他们的翻译以忠实原文、语言流畅著称，既保留了原作的文学价值，又使其易于被英语读者接受。杨宪益和戴乃迭是翻译界的典范夫妻，是 20 世纪中外文化交流的重要使者，其翻译作品在国际上享有盛誉，推动了中国文学的全球化传播。

---

① "世界环境日'双碳'科普 | | 带你解读'双碳'——'碳达峰''碳中和'"，载 http://www.zhzx.cgs.gov.cn/xxfw02/dxkp/202206/t20220607_701520.html，最后访问日期：2025 年 4 月 30 日。

10. **莫高窟**：莫高窟是世界上规模最大、内容最丰富、保存最完整的佛教艺术宝库，位于中国甘肃省敦煌市。它开凿于前秦建元二年（公元 366 年），后经历代增修，现存洞窟 700 多个，壁画 4.5 万多平方米，彩塑 2 000 余身。莫高窟融合了印度、中亚和中国艺术风格，展现了佛教文化的传播与演变，被誉为"东方艺术宝库"。其藏经洞出土的文献和艺术品对研究古代丝绸之路文化、宗教和历史具有重要价值。1987 年 12 月，敦煌莫高窟被联合国教科文组织正式批准列入《世界遗产名录》。①

第二部分 应用文写作

【构思谋篇】

题干要求撰写一篇邀请函，邀请对象为历史学、教育学等多领域学者，旨在纪念唐国安逝世 110 周年。行文时需格式规范，内容完整，措辞恰当。范文开篇点明会议主题、时间地点等核心信息；主体部分依次介绍纪念对象的历史地位、会议宗旨、研讨议题、日程安排、参与方式和会务保障；结尾表达诚挚邀请。

【参考范文】

唐国安先生逝世 110 周年纪念会邀请函

尊敬的各位专家学者：

清华大学谨定于 2023 年 8 月 23 日上午 9 时，在清华大学校史馆多功能厅举办"唐国安先生逝世 110 周年纪念研讨会"，诚邀您拨冗莅临。

唐国安先生是我国近代著名教育家、外交家，清华学堂（清华大学前身）首任正监督。作为中国近代教育事业的开拓者，唐先生毕生致力于教育改革，在清华初创时期确立了"自强不息、厚德载物"的办学理念，为清华乃至中国现代高等教育的发展奠定了重要基础。今年正值唐先生逝世 110 周年，举办此次纪念研讨会，旨在缅怀先贤功绩，探讨其教育思想，弘扬其爱国精神。

本次研讨会将围绕以下议题展开深入讨论：

唐国安教育思想研究；清末民初教育转型与发展；中西文化教育交流史；清华早期办学历史研究；近代知识分子与教育救国。

会议日程安排如下：

上午 9：00—9：30，嘉宾签到；

9：30—10：00，开幕式及致辞；

10：00—12：00，主题发言；

下午 14：00—17：00，分组研讨；

17：00—17：30，闭幕总结。

我们诚挚邀请历史学、教育学、文化研究等领域的专家学者参与研讨。如您有意作专题发言，请于 7 月 30 日前将发言题目及 500 字摘要发送至会议邮箱：tang110th@ tsinghua.edu.cn。参会回执敬请于 8 月 10 日前反馈。

---

① "世界文化遗产——莫高窟"，载敦煌研究院网 https://www.dha.ac.cn/info/1018/1107.htm，最后访问日期：2025 年 4 月 30 日。

本次会议将为与会学者提供：

会议期间工作餐；会议论文集；清华校史研究资料；外地学者住宿协助。

谨此奉邀，期待您的参与，共同探讨唐国安先生的教育遗产及其当代价值。

清华大学校史研究会

唐国安先生纪念活动筹备组

2023 年 7 月 15 日

第三部分　现代汉语写作

【构思谋篇】

　　题干要求撰写一篇缅怀唐国安先生的纪念性演讲稿，行文时需包含对唐国安教育成就的评价、精神品格的颂扬及其当代价值的阐述，语言需庄重真挚兼具感染力，结构上应包含开场致意、主体内容和总结号召等完整环节。范文采用"追忆—颂扬—传承"的三段式结构：开篇以纪念意义切入，奠定缅怀基调；主体部分从教育实践、人格魅力、思想价值三个维度，通过具体事例展现唐国安先生的历史贡献和精神品格；结尾升华至当代启示，号召传承先辈精神。

【参考范文】

缅怀先贤，继往开来——在唐国安先生逝世 110 周年纪念会上的演讲

尊敬的各位来宾、同仁：

　　今天，我们怀着无比崇敬的心情，共同纪念中国近代教育先驱、清华学堂首任监督唐国安先生。110 年岁月沧桑，先生的教育精神依然熠熠生辉，照亮着我们前行的道路。

　　唐国安先生，广东香山人，是中国近代教育史上的一座丰碑。作为第二批留美幼童，他虽因清政府政策变动未能完成耶鲁大学学业，却以其开阔的国际视野和深厚的爱国情怀，为中国教育现代化作出了不可磨灭的贡献。

　　先生最令人敬仰的，是他开创性的教育实践。在主持庚款留美事务期间，他精心选拔、悉心培养了大批留学生。这些学子学成归国后，梅贻琦、胡适、竺可桢等一代大家相继执掌中国高等学府，成为中国现代化建设的栋梁之材。先生以其远见卓识，搭建了中西文化交流的桥梁，开创了中国高等教育的新纪元。

　　1912 年出任清华学堂监督后，先生更展现出卓越的教育家品格。他扩校园、筹经费、改学制，在任期内为清华发展奠定了坚实基础。尤为感人的是，先生亲自护送首批留学生赴美，逐一考察各校教学情况，确保学子们得到最适合的教育。这种"视学生如子弟"的仁爱之心，至今令人动容。

　　先生的人格魅力同样令人景仰。教育家陈鹤琴曾深情回忆："他是一个基督徒，待人非常诚恳，办事非常热心。"先生逝世时，中外各界人士自发吊唁，美国驻华使节、教职工代表等纷纷前来致哀，足见其人格感召力。这种光明磊落、大公无私的品格，正是当代教育工作者最应传承的精神财富。

　　今天，我们缅怀唐国安先生，更要思考其教育思想的当代价值。先生倡导的"中西并重"理念，启示我们要扎根中国大地办教育，同时吸收世界先进经验；先生坚持的"因材施教"原则，提醒我们要尊重教育规律，注重个性化培养；先生践行的"教育救国"理想，激励我们要胸怀"国之大者"，培养担当民族复兴大任的时代新人。

作为新时代的教育工作者，我们要继承先生开放包容的胸怀，推动教育创新发展；要弘扬先生诲人不倦的精神，培养更多栋梁之才；要学习先生鞠躬尽瘁的品格，为教育事业奉献智慧与热忱。在建设教育强国的新征程上，我们要以先生为榜样，将个人理想融入国家发展，用教育的力量助推民族复兴。

先生虽逝，精神永存。让我们铭记先生教诲，传承先生遗志，不忘初心，砥砺前行，共同谱写中国教育的新篇章！让唐国安先生的教育理想在新时代绽放更加绚丽的光彩！

谢谢大家！

2022 年全日制翻译硕士专业学位（MTI）研究生入学考试试题

参考答案

第一部分　百科知识

一、选择题

1. D

　　岭南不包括**福建**。岭南又称岭表、岭外，是中国地理文化区域，泛指五岭（大庾岭、骑田岭、都庞岭、萌渚岭、越城岭）以南的地区。现今的岭南主要包括**广东**、**广西**和**海南**等地（华南区域范围）。岭南气候温暖湿润，物产丰富，文化多元，融合了中原文化与百越文化。其语言以粤语为主，饮食、建筑和艺术独具特色，如粤菜、骑楼和粤剧等。岭南地区自古以来是海上丝绸之路的重要枢纽，对中外文化交流发挥了重要作用。近代以来，岭南成为中国改革开放的前沿，经济和文化发展迅速，具有重要的历史和现实意义。

2. A

　　成语**封狼居胥**所描述的事件不是发生于魏晋南北朝（三国两晋南北朝）时期。封狼居胥是一个源于中国古代典故的成语，出自西汉史学家司马迁的《史记·卫将军骠骑列传》。该典故与西汉名将霍去病有关，他在狼居胥山（今蒙古国境内）举行祭天仪式，以纪念漠北之战中对匈奴的重大胜利。封狼居胥象征汉朝对北方游牧民族的军事胜利和边疆稳定，体现了古代中国的军事荣耀和边疆开拓精神，后常用于形容建功立业、开疆拓土的壮举。

　　山水方滋是一个源于中国古代典故的成语，出自（魏晋南北朝）南朝梁时期刘勰的《文心雕龙·明诗》。该典故描述了魏晋南北朝时期山水诗画开始兴起并繁荣发展的现象。**投鞭断流**是一个源于中国古代典故的成语，出自唐代房玄龄等人合著的《晋书·苻坚载记》。该典故与（东晋十六国）前秦皇帝苻坚有关，他南征东晋时，自信满满，声称"投鞭于江，足断其流"，意指其军队人数众多，足以阻断长江水流。**草木皆兵**是一个源于中国古代典故的成语，出自唐代房玄龄等人合著的《晋书·苻坚载记》。该典故与前秦皇帝苻坚有关，他在淝水之战中惨败，因极度恐惧而将风吹草动误认为敌军来袭。

3. A

　　"内库烧为锦绣灰，天街踏尽公卿骨"出自《秦妇吟》，其作者是晚唐**花间派**词人韦庄。花间派得名于后蜀文学家赵崇祚所编的词集《花间集》，是晚唐五代时期的一个词派。其题材内容多描写闺阁生活和男女情爱，风格婉约柔美，语言华丽细腻。代表人物有温庭筠、韦庄等。花间派是中国词史上的重要流派，其词作对宋代婉约词的发展产生了重要影响。尽管其题材较为狭窄，但在艺术表现和情感刻画上达到了较高水平，为后世词人提供了丰富的创作借鉴。

　　朦胧派（朦胧诗派）得名于一篇诗评《令人气闷的"朦胧"》，此类诗歌内容往往具有反叛性，揭示社会现实和人性，多用象征、隐喻等修辞手法，代表人物有舒婷、北岛等。**豪放派**是宋词流派之一，其作品风格气势恢宏、情感奔放、风格豪迈，代表人物有苏轼、辛弃疾等。**婉约派**是宋词流派之一，其作品风格细腻婉转、含蓄柔美，代表人物有李清照、欧阳修等。

4. A

《牡丹亭》中的"少俊"指的是**柳梦梅**。《牡丹亭》全称《牡丹亭还魂记》，是明代剧作家汤显祖创作的传奇剧本（昆剧），与《西厢记》《长生殿》《桃花扇》并称"中国四大古典戏剧"。剧本讲述了南安太守杜宝之女杜丽娘与秀才柳梦梅之间超越生死的爱情故事。杜丽娘在梦中与柳梦梅相爱，但在现实中却无法寻得爱人，因此抑郁而终。三年后杜丽娘化身魂魄寻到柳梦梅，并得到柳梦梅帮助复生，最终收获家人祝福，两人结为佳偶。《牡丹亭》通过梦境与现实的交织，展现了生死不渝的爱情主题。其语言优美，情节奇幻，情感真挚，具有浓厚的浪漫主义色彩。它是中国古典戏曲的巅峰之作，对后世文学、戏剧和艺术产生了深远影响。

张生是元代剧作家王实甫创作的杂剧《西厢记》中的男主人公。

5. B

以下事件发生时间最晚的是**大航海时代**。大航海时代又称地理大发现，指 15 世纪至 17 世纪欧洲国家通过海上探险和殖民扩张，开辟新航路、发现新大陆的历史时期。其背景是欧洲对东方香料和财富的渴望，以及航海技术的进步。重要事件包括哥伦布发现美洲新大陆（1492 年）、达·伽马开辟印度航线（1497 年至 1498 年）和麦哲伦环球航行（1519 年至 1522 年）。大航海时代推动了全球贸易和文化交流，促进了资本主义的兴起，但也导致了殖民扩张和原住民文化的毁灭。

英国**《大宪章》**（《自由大宪章》）颁布于 1215 年。**英法百年战争爆发**于 1337 年，结束于 1453 年，持续时间长达 116 年。**靖康之变**发生于北宋靖康二年（1127 年）。

6. A

题干诗句出自唐代现实主义诗人白居易的《忆江南三首·其二》，描写的城市是**杭州**。诗中"山寺"（灵隐寺、天竺寺）、"郡亭"（唐代杭州官署建筑）、"潮头"（钱塘江大潮）均为杭州地理标志，与白居易曾任杭州刺史的经历相印证，表达了诗人对杭州的怀念与向往，展现了杭州的自然风光和文化魅力。

7. A

伏尔泰根据元杂剧《赵氏孤儿》的法文译本改编创作了剧本**《中国孤儿》**。元代剧作家纪君祥以《史记》为蓝本，创作了杂剧《赵氏孤儿》。后传教士马若瑟将其翻译为法语，使得《赵氏孤儿》成为 18 世纪第一部被翻译到欧洲的中国传统戏剧。伏尔泰据此改编了五幕剧《中国孤儿》，并于 1755 年首演。伏尔泰的改编保留了原剧的核心情节，但加入了启蒙思想元素，强调理性和道德的力量。剧本通过中国故事批判了欧洲社会的专制和愚昧，体现了伏尔泰对东方文化的推崇和对启蒙思想的宣扬。

《微型巨人》是伏尔泰创作的一部短篇小说。**《图兰朵》**是意大利著名作曲家贾科莫·普契尼根据童话《杜兰铎的三个谜》改编创作的歌剧。**《蝴蝶夫人》**是贾科莫·普契尼、雷基·伊利卡和乔赛普·贾科萨根据小说《蝴蝶夫人》《菊子夫人》改编创作的歌剧。

8. A

美国在 **2012 年**正式以立法形式就《排华法案》道歉。《排华法案》是美国于 1882 年通过的一项歧视性法律。该法案禁止华人劳工入境，并拒绝已在美国的华人入籍，是美国历史上首次针对特定族群的移民限制法案。其背景是 19 世纪中叶华人劳工大量涌入美国，引发当地社会对经济竞争和文化差异的不满。《排华法案》加剧了对华人的歧视和排斥，导致华人社群权益受损。该法案直至 1943 年才被废除。2011 年 10 月，美国参议院通过 201 号决议案（《排华法案》道歉议案）。2012 年 6 月，美国众议院全票表决通过《排华法案》道歉案，美国正式以立法形式就《排华法案》道歉。

9. A

美国作家、演说家**马克·吐温**没有来过中国。

英国作家**毛姆**于 1919 年至 1920 年间来访中国。印度诗人**泰戈尔**于 1924 年来访中国。英国现代剧作家萧伯纳于 1933 年来访中国。

10. A

美国目前没有退出《巴黎协定》。《巴黎协定》是 2015 年 12 月在巴黎气候变化大会上通过的一项全球性气候协议。其核心目标是将全球平均气温较工业化前水平升幅控制在 2 摄氏度以内，并努力控制在 1.5 摄氏度以内。协定要求各国提交自主减排目标，并定期更新和报告进展。《巴黎协定》标志着全球气候治理的新阶段，体现了国际合作应对气候变化的共识。美国奥巴马政府在 2016 年签署该协定，特朗普政府在 2017 年宣布退出（2020 年正式退出），拜登政府上台后，于 2021 年重新加入了《巴黎协定》。

《**开放天空条约**》是 1992 年由北约和前华约成员国签署的一项军控协议。美国特朗普政府在 2020 年退出该条约，俄罗斯随后也宣布退出，导致条约效力受到严重削弱。《**伊朗核问题协议**》正式名称为《联合全面行动计划》，是 2015 年伊朗与六国（美国、英国、法国、俄罗斯、中国和德国）达成的一项国际协议。美国特朗普政府在 2018 年单方面退出该协议。《**反导条约**》全称《限制反弹道导弹系统条约》，是 1972 年美国与前苏联签署的一项双边军控协议。美国小布什政府在 2001 年单方面退出该条约。

二、古诗词默写

1. 知我者，谓我心忧；不知我者，<u>谓我何求</u>。（出自《诗经·王风·黍离》）

2. 浮云蔽白日，<u>游子不顾反</u>。（出自《古诗十九首·行行重行行》）

3. <u>爆竹声中一岁除</u>，春风送暖入屠苏。（出自宋代王安石的《元日》）

4. 竹杖芒鞋轻胜马，谁怕？<u>一蓑烟雨任平生</u>。（出自宋代苏轼的《定风波·莫听穿林打叶声》）

5. 休言女子非英物，<u>夜夜龙泉壁上鸣</u>。（出自近现代秋瑾的《鹧鸪天·祖国沉沦感不禁》）

6. <u>天长地久有时尽</u>，此恨绵绵无绝期。（出自唐代白居易的《长恨歌》）

7. 最是人间留不住，<u>朱颜辞镜花辞树</u>。（出自近现代王国维的《蝶恋花·阅尽天涯离别苦》）

8. 怅寥廓，问苍茫大地，<u>谁主沉浮</u>？（出自近现代毛泽东的《沁园春·长沙》）

9. 九州生气恃风雷，<u>万马齐喑究可哀</u>。（出自清代龚自珍的《己亥杂诗·其二百二十》）

10. <u>花近高楼伤客心</u>，万方多难此登临。（出自唐代杜甫的《登楼》）

三、名词解释

1. **格义**：格义是中国古代佛教传播初期的一种解释方法。"格"有"对比""量度"之意，"义"即"名称"或"概念"。格义即指用中国传统文化中的概念和思想来转译阐释佛教教义。这一方法在魏晋南北朝时期尤为盛行，通过将佛教术语与儒家、道家思想类比，促进了佛教的本土化。由于格义也存在曲解佛教原意的风险，后逐渐被更精确的翻译和解释方法取代。格义是佛教中国化过程中的重要阶段，对中印文化交流和中国思想史产生了深远影响。

2. **临川四梦**：临川四梦又称玉茗堂四梦，是明代剧作家汤显祖创作的四部传奇剧本的统称，包括《牡丹亭》《紫钗记》《南柯记》和《邯郸记》。这些作品以梦境为线索，探讨了爱情、人生和社会等主题，语言优美，情节奇幻，情感真挚，具有浓厚的浪漫主义色彩。临川四梦是中国古典戏曲的巅峰之作，对后世文学、戏剧和艺术产生了深远影响。

《牡丹亭》讲述了南安太守杜宝之女杜丽娘与秀才柳梦梅之间超越生死的爱情故事。杜丽娘在梦中与柳梦梅相爱，但在现实中却无法寻得爱人，因此抑郁而终。三年后杜丽娘化身魂魄寻找柳梦梅，并得到柳梦梅帮助复生，最终收获家人祝福，两人结为佳偶。

《紫钗记》讲述了才子李益与霍王府小姐霍小玉之间跌宕起伏的爱情故事。两人因元宵夜拾得紫玉钗而结缘，定情后李益高中状元却遭权贵卢太尉陷害，被迫前往边疆。小玉不明真相，误以为李益负心。在侠士黄衫客的帮助下，两人最终化解误会，共谐连理。

《南柯记》讲述了淳于棼梦入蝼蚁国（大槐安国）担任南柯郡太守的奇幻故事。淳于棼在梦中被招为大槐安国的驸马，后又被任命为南柯郡太守。在任期间，他政绩卓著，南柯郡百姓安居乐业。公主病故后，淳于棼被召回京，升任左丞相。但因右丞相的嫉妒和谗言，最终被遣送回乡。淳于棼醒来后，发现梦中所历之事与古槐树下蚁穴中的情形一一吻合，顿悟人生如梦。

《邯郸记》讲述了吕洞宾度化卢生的故事。卢生幼读诗书，才高识广，渴望功名却屡试不第。吕洞宾赠送他一个磁枕入梦，卢生在梦中经历了从建功立业到出将入相的人生巅峰，但醒来后却发现这一切都是虚幻的。卢生就此顿悟，跟随吕洞宾修仙学道。

3. **戊戌政变**：戊戌政变是 1898 年（农历戊戌年，清光绪二十四年）9 月 21 日发生于清政府统治集团内部的一场政治斗争。斗争双方为以慈禧太后为首的保守派和清朝光绪帝支持的维新派。维新派以康有为、梁启超为代表，主张变法图强，推行新政。但因新政触及保守派利益，遭到其强烈反对，为了阻止戊戌变法（又称维新变法），保守派向维新派人士发动宫廷政变。政变以慈禧太后重新掌权临朝训政、光绪帝被软禁、支持变法的官员被罢免、维新派人士被杀或流亡告终。除京师大学堂外，新政所有成果均被废除。戊戌政变标志着"百日维新"的失败，使清朝错失了改革自强的机会，加剧了清政府内部的矛盾和危机，对中国近代史产生了深远的影响。

4. **列传**：列传源于司马迁撰写的《史记》，是中国古代纪传体史书的一种体例。列传主要记载除帝王诸侯以外其他各方面代表人物的生平事迹和少数民族的传记。它通过具体人物的故事反映历史事件和社会风貌，具有生动的叙事性和深刻的思想性。相关作品有《史记》中的《伯夷列传》《孟尝君列传》《廉颇蔺相如列传》等。这一体例为后世史书所沿用，对历史研究和文学创作产生了深远影响。

5. **沙基惨案**：沙基惨案是指 1925 年 6 月 23 日发生在广州沙基的流血事件。当时，广州各界（工人、农民、学生、青年军人及其他群众等）为声援上海五卅运动举行示威游行，游行队伍经过沙基时，遭到沙面租界军警开枪镇压，造成 50 余人死亡，170 余人受重伤，轻伤不计其数。[①] 沙基惨案是继五卅惨案后外国列强镇压中国反帝运动的又一次暴行，激起了中国人民反抗帝国主义压迫的决心，对中国的民族觉醒和革命进程产生了深远影响。

6. **珠海横琴自贸区**：珠海横琴自贸区位于中国广东省珠海市横琴岛，是 2015 年中共中央政治局审议通过的广东自由贸易试验区之一。其定位为促进澳门经济适度多元发展的新载体、新高地，重点发展旅游休闲健康、商务金融服务、文化科教和高新技术等产业。[②] 横琴自贸区通过制度创新和开放政策，吸引了大量企业和投资，促进了区域经济合作，为中国自贸区的发展提供了经验，是新时代改革开放的重要试验田。

---

① 龙新民主编：《中国共产党历史重要事件辞典》，中共党史出版社、党建读物出版社 2019 年版，第 29 页。

② "国务院关于印发中国（广东）自由贸易试验区总体方案的通知"，载中华人民共和国中央人民政府网 https://www.gov.cn/zhengce/content/2015-04/20/content_9623.htm，最后访问日期：2025 年 4 月 30 日。

7. **晚清四大谴责小说**：晚清四大谴责小说是晚清时期四部以批判社会现实为主题的小说，包括李宝嘉的《官场现形记》、吴趼人的《二十年目睹之怪现状》、刘鹗的《老残游记》和曾朴的《孽海花》。这些小说通过揭露官场腐败、社会黑暗和人性的扭曲，反映了晚清社会的种种弊端，具有强烈的批判性和现实意义。四大谴责小说是中国近代文学的重要成就，为研究晚清社会提供了珍贵资料，对后世文学创作产生了深远影响。

《官场现形记》是李宝嘉创作的中国近代第一部在报刊上连载、直面社会且取得轰动效应的长篇小说。小说共六十回，描写了30多个相对独立的官场故事，塑造了一群丑态百出的官员形象，抨击了封建社会的官僚制度和腐朽的政治体制。

《二十年目睹之怪现状》是吴趼人创作的一部带有自传色彩的长篇小说。小说共一百零八回，以主人公"九死一生"二十年间的人生经历为主线，描写了他从为父奔丧开始，到经商失败结束期间遇到的种种怪现状，如官场腐败、商场欺诈、科场舞弊等，展现了封建社会的腐朽与堕落。

《老残游记》是刘鹗创作的长篇小说。小说共二十回，以江湖郎中老残的游历为主线，记述了他在各地的见闻和感想，以独特的视角揭露了"清官""能吏"的残酷虐政，批判了所谓"清廉"幌子下草菅人命、鱼肉百姓的行为。

《孽海花》是金松岑和曾朴共同创作的长篇小说。小说共三十五回，前六回由金松岑撰写，其余为曾朴续写。全书以苏州状元金雯青和名妓傅彩云的经历为线索，展现了同治初年至甲午战争三十年间中国社会政治文化生活的历史变迁。书中刻画了封建知识分子与官僚士大夫的虚伪造作和庸腐无能，具有强烈的时代感。

8. **《理想国》**：《理想国》又译作《国家篇》《共和国》，是古希腊哲学家柏拉图创作的哲学对话体著作。全书共10卷，通过苏格拉底与他人的对话，阐述了对于理想国家的构想。书中构建的理想国是一个由哲学家治理的正义国家，分为统治者、卫士、劳动者"三个阶层"，以智慧、勇敢、节制、正义作为"四大美德"。其中，统治者和卫士阶层分别负责制定和执行法律，劳动者阶层负责提供国家所需的物质资源。《理想国》的思想广博精深，涉及哲学、文艺、伦理、教育、政治等多方面内容，对西方哲学的发展产生了重要影响。

9. **马戛尔尼使团访华**：马戛尔尼使团访华是乾隆五十八年（1793年）英国派遣乔治·马戛尔尼率领的使团访问清朝的外交事件。使团借为乾隆帝贺寿的名义访问中国，旨在开拓中国市场，扩大贸易。英国使团提出了六项要求，其中既有意图改善贸易关系的合理诉求，也带有殖民扩张的侵略性内容。但由于两国的政治、经济以及文化传统不同，双方政府为了维护本国利益各不相让，清政府对这些要求均予以坚决拒绝，最终外交谈判失败。马戛尔尼使团访华暴露了清朝的闭关锁国政策和与西方国家的巨大差距，成为近代中西关系的重要转折点。这一事件预示了鸦片战争的爆发，反映了中国在全球化初期的困境，对近代中外关系产生了深远影响。

10. **拉丁美洲文学爆炸**：拉丁美洲文学爆炸是指20世纪60年代至70年代拉丁美洲国家涌现出大量优秀文学作品的现象。这一时期的作品特点是融合魔幻现实主义，反对侵略与独裁，批判社会黑暗。相关代表作有阿根廷作家胡利奥·科塔萨尔的《跳房子》、墨西哥小说家卡洛斯·富恩特斯的《阿尔特米奥·克罗斯之死》、哥伦比亚小说家加西亚·马尔克斯的《百年孤独》、秘鲁作家马里奥·略萨的《城市与狗》等。拉丁美洲文学爆炸为世界文学注入了新的活力，推动了文学形式的创新和全球化传播。

第二部分　应用文写作

【构思谋篇】

　　题干要求撰写一封邀请函，邀请对象为学长身份，活动主题为"思想交流与中国近代商业发展"研讨会。行文时需包含活动背景、时间地点、致辞邀请等基本信息，语言需体现尊重与诚意，突出学长的专业资历与活动契合度，格式规范。范文开篇以正式称谓和会议主旨切入，表明邀请意向；主体部分依次说明研讨议题、被邀请人资质、会议具体安排和参会要求；结尾以联络信息和诚挚邀请收束。

【参考范文】

"思想交流与中国近代商业发展"研讨会邀请函

尊敬的×××学长台鉴：

　　中山大学历史学院谨定于2021年12月16日在本校永芳堂举办"思想交流与中国近代商业发展"学术研讨会。素仰学长在中国近代经济史研究领域造诣精深，特诚邀您拨冗莅临并作主旨致辞。

　　本次研讨会将重点探讨：

　　近代商业思想转型与传播；粤港澳大湾区商业历史脉络；民族工商业发展路径；中外商业文化交流。

　　作为我校杰出校友，您在近代商业研究领域的卓越成就，与本次会议主题高度契合。您的学术见解必将为与会学者带来重要启发。

　　会议具体安排如下：

　　时间：2021年12月16日9：00—17：00；

　　地点：中山大学南校园永芳堂二楼报告厅；

　　致辞时段：开幕式（9：30—10：00）

　　烦请于12月10日前确认参会意向，并将致辞提纲发送至会务邮箱。会议将为您安排接送及住宿事宜。

　　联系人：王老师

　　联系电话：020-8411××××

　　电子邮箱：history_sysu@mail.sysu.edu.cn

　　随函附上会议议程及回执表。殷切期盼您的光临指导！

中山大学历史学院

2021年11月20日

第三部分　现代汉语写作

【构思谋篇】

　　题干要求撰写一篇议论文，探讨翻译在跨文化思想传播中的桥梁作用。行文时需结合具体案例说明翻译如何促进异域思想的传播与接受，体现对翻译跨文化价值的思考。范文开篇点明翻译在文明交流中的桥梁作用；主体部分从思想传播、文化交流、文化变异三个维度展开论述，结合佛经翻译、西学东渐等典型案例；结尾升华至全球化语境下的翻译使命。

【参考范文】

翻译与异域思想

在人类文明发展的历史长河中，翻译始终扮演着不可或缺的角色。作为连接不同文化的纽带，翻译不仅是语言的转换，更是思想的传递与文明的对话。从古丝绸之路上的商旅译员，到当代全球化背景下的专业译者，翻译工作始终在促进异域思想的传播与本土文化的革新中发挥着关键作用。

翻译的首要价值在于打破思想传播的时空界限。佛教在中国的传播历程就是最好的例证。从东汉时期《四十二章经》的译介，到唐代玄奘大师西行取经并主持译场，翻译使得印度佛教思想得以在中国落地生根。这些译经活动不仅引入了"涅槃""轮回"等新概念，更通过"格义"等方法，实现了佛教思想与中国传统文化的创造性融合。值得注意的是，佛经翻译并非简单的语言转换，而是包含着深刻的文化调适与思想重构。鸠摩罗什在翻译《金刚经》时，就巧妙地运用老庄哲学的术语来阐释佛教义理，这种文化适应性的翻译策略大大促进了佛教思想的中国化进程。

翻译在促进文化双向交流方面同样功不可没。明清之际，利玛窦等传教士将《几何原本》等西方科学著作译为中文，同时又把《论语》《孟子》等中国经典介绍到欧洲，开创了中西文化交流的新纪元。这种双向翻译不仅带来了知识的革新，更促成了思维方式的转变。徐光启与利玛窦合译《几何原本》时创造的"点""线""面"等术语，至今仍是数学教育的基础词汇。而在18世纪的欧洲，儒家经典的翻译引发了启蒙思想家们的浓厚兴趣，伏尔泰等人都曾从中汲取思想养分。这种通过翻译实现的文化对话，充分展现了跨语际交流的深远意义。

然而，翻译过程中的文化过滤与思想变异现象也值得深入探讨。严复翻译《天演论》时，将"evolution"译为"天演"而非直译"进化"，就是基于当时中国社会文化语境的创造性选择。这种译法虽然不完全忠实于原文，却更易于为中国知识界所接受，最终使进化论思想在中国产生了深远影响。同样，林纾翻译西方小说时采用的文言文表达，庞德翻译中国诗歌时的意象派风格，都体现了翻译过程中的文化适应与创造性转化。这些案例表明，优秀的翻译往往需要在忠实与创造之间找到平衡点。

在当代全球化语境下，翻译的文化桥梁作用更加凸显。一方面，中国典籍的外译让世界更好地理解东方智慧，《道德经》的数百种外文译本就是明证；另一方面，外国学术著作的译介也为中国学界提供了重要参考。但值得注意的是，翻译活动中的权力关系与文化政治因素不容忽视。萨义德在《东方学》中揭示的西方对东方的知识建构，提醒我们要警惕翻译过程中可能存在的文化霸权问题。

作为跨文化交流的实践者，译者肩负着特殊的文化使命。他们不仅要精通双语，更要深谙双文化；不仅要传递信息，更要促进理解；不仅要忠实原作，更要考虑接受语境。在"一带一路"倡议深入推进的今天，我们更需要培养具有文化自觉意识的翻译人才，通过高质量的翻译促进文明互鉴，让异域思想在交流中焕发新的生命力。

回望历史，从佛经翻译到西学东渐，翻译始终是人类突破认知边界、拓展思想视野的重要途径。面向未来，在构建人类命运共同体的进程中，翻译必将持续发挥其独特的文化价值，成为促进不同文明对话、推动人类思想进步的重要力量。

南开大学

2024 年全日制翻译硕士专业学位（MTI）研究生入学考试试题

参考答案

第一部分　百科知识

1. **夏目漱石**：夏目漱石是日本作家。他的作品融合了西方文学技巧与日本传统文化，擅长运用对句、迭句等表达方式，尤为擅长描写人物的心理。其代表作有《我是猫》《心》等。夏目漱石在日本近代文学史上占据重要地位，其肖像被印在 1984 年版的 1 千元日元纸币上。

2. **《封神演义》**：《封神演义》又称《封神榜》，相传是明代许仲琳创作的长篇神魔小说。小说以商周交替为背景，描写了姜子牙辅佐周武王姬发率领各诸侯国伐纣、封神的故事。小说融合了历史、神话和民间传说，情节奇幻，语言生动，塑造了众多神魔形象。《封神演义》是研究中国古代神话和民间文化的重要文献，对后世文学、戏剧和艺术产生了深远影响。

3. **李霁野**：李霁野原名李继业，是中国现代著名的翻译家、教育家、作家。他翻译了大量苏俄文学作品，推动了"南开翻译学派"的发展。他长期任教于南开大学，培养了大批翻译人才。其代表作有散文集《温暖集》、译著《简·爱》等。

4. **白马寺**：白马寺是中国最早的佛教寺院，被誉为中国佛教的"释源""祖庭"。它位于中国河南省洛阳市，始建于东汉永平十一年（公元 68 年）。寺院坐北朝南，为中轴对称格局。其建筑风格融合了中印文化，寺内保存有大量珍贵文物和佛教典籍，对佛教在中国的传播和发展产生了深远影响。

5. **悬空寺**：悬空寺是中国现存最早、保存最完好的木构摩崖建筑组群。它位于中国山西省大同市浑源县，始建于北魏时期。悬空寺以其独特的建筑风格和险峻的地理位置闻名，唐代诗人李白曾盛赞其"壮观"，徐霞客曾惊叹其为"天下巨观"。其建筑风格融合了佛教、道教和儒家文化，整体依山而建，以木结构支撑，悬挂于峭壁之上，距离地面约 60 米高。寺内保存有大量珍贵文物和雕塑，是研究中国古代建筑和宗教文化的重要遗址。

6. **齐白石**：齐白石是中国近现代著名书画家、篆刻家。其艺术风格融合了传统文人画与民间艺术，笔法简练，色彩鲜明，充满生活气息。其代表作有《虾》《蛙声十里出山泉》等。齐白石的艺术成就推动了中国画的现代化，其作品具有极高的艺术价值和市场价值。

7. **徐悲鸿**：徐悲鸿原名徐寿康，是中国现代著名画家、美术教育家。他自幼同父亲学习诗文绘画，长大后远赴日本和法国攻读美术。其艺术风格融合了中西绘画技法，注重写实主义绘画，展现了强烈的民族精神和时代气息。他致力于美术教育，曾任中央美术学院院长，培养了大批艺术人才。他的绘画作品类型多样，包含油画、中国画等。其代表作有《奔马》《九方皋》等。他的艺术成就和教育理念对中国现代美术的发展产生了深远影响。

8. **赛珍珠**：赛珍珠是美国女作家。她出生于美国弗吉尼亚州一个传教士家庭，后随父母来到中国，在中国生活数十年。她的作品深刻反映了中国农民的生活和社会变迁，促进了西方对中国的了解。其代表作《大地》获得了 1932 年普利策小说奖和 1938 年诺贝尔文学奖，使她成为首位获得诺贝尔文学奖的美国女性作家。

9. 加缪：加缪全名阿尔贝·加缪，是法国著名的作家、哲学家，"荒诞哲学"的代表人物之一。他的作品语言简洁有力，情节生动，揭示了人类存在的荒诞性以及社会对个体的压迫。他提出了"西西弗斯神话"的哲学隐喻，主张在荒诞中寻找反抗和自由。其代表作有《局外人》《鼠疫》《西西弗的神话》等。加缪获得了1957年诺贝尔文学奖，其思想和文学成就对20世纪哲学和文学产生了深远影响。

10. 《伤寒杂病论》：《伤寒杂病论》是东汉医学家张仲景所著的中医学经典著作。全书包括伤寒和杂病两个部分，后来原书失散，西晋王叔和等人将其整编为《伤寒论》和《金匮要略》。书中系统论述了外感热病（伤寒）和各类内科杂病的病因、病机、诊断和治疗方法，创立了"六经辨证"理论体系，奠定了中医辨证施治的基础。书中还记载了大量经典方剂，如桂枝汤、麻黄汤等，至今仍广泛应用于临床。《伤寒杂病论》是中国第一部理法方药完备、理论联系实际的临床医学典籍，价值巨大，对后世医学产生了深远影响。

11. 国子监：国子监是中国古代封建社会的最高学府和教育管理机构。西晋设国子学，北齐改为国子寺，隋代改为国子监，后历代沿袭，至清末废除。其主要职能是培养官员、编纂典籍和主持科举考试。国子监学生称"监生"，多为贵族子弟，学习内容以儒家经典为主。北京的国子监主体建筑群保存完好，现为重要文化遗产。国子监是中国古代教育制度的象征，对文化传承和人才培养产生了深远影响，是研究中国古代教育和文化的重要机构。

12. 阿姆斯特丹：阿姆斯特丹地处荷兰西部的北荷兰省，是荷兰首都，也是荷兰最大的城市。阿姆斯特丹属温带海洋性气候，是欧洲最宜居城市之一。作为欧洲重要的金融和文化中心，阿姆斯特丹拥有丰富的文化遗产，如梵高博物馆等。阿姆斯特丹港口和机场设施发达，是全球重要的贸易和物流枢纽。其开放的社会政策和多元文化氛围吸引了大量国际游客和移民。

13. 《魔戒》：《魔戒》又译作《指环王》，是英国作家约翰·罗纳德·瑞尔·托尔金创作的长篇奇幻小说。全书分为三部分，包括《护戒同盟》《双塔奇兵》《王者归来》。小说以中土世界为背景，讲述了霍比特人弗罗多摧毁魔戒、对抗黑暗势力的史诗冒险。其世界观宏大，人物众多，情节复杂，融合了神话、历史和语言学的深度创作。《魔戒》现已被翻译为六十多种语言，并被改编成电影，对影视、游戏和流行文化产生了深远影响。

14. 天一阁：天一阁是中国现存最古老的私人藏书楼。它位于中国浙江省宁波市海曙区，由明朝兵部右侍郎范钦主持建造。阁中古籍收藏丰富，藏书涵盖经史子集，尤以地方志和科举文献为特色。天一阁对文献保存和文化传承作出了重要贡献，现为全国重点文物保护单位，是研究中国古代文化和藏书史的重要基地。

15. 五台山：五台山得名于五座台状山峰，是中国佛教四大名山之首，也是文殊菩萨的道场。它位于中国山西省忻州市五台县，以其悠久的佛教历史、壮阔的自然风光和丰富的文化遗产闻名。五台山现存47座保存完整的佛寺建筑，如显通寺、塔院寺等。其建筑风格融合了汉、藏、蒙等多种文化，保存了大量珍贵文物和佛教典籍。五台山是佛教信徒的朝圣地，对研究中国佛教史和建筑艺术具有重要意义。2009年6月，五台山被联合国教科文组织正式批准列入《世界遗产名录》。

16. 《列子》：《列子》又称《冲虚真经》，是中国古代道家学派的经典著作，与《老子》《庄子》并称道家三大经典。相传为战国时期道家学派代表人物列御寇所著。全书内容以寓言故事为主，探讨了自然、人生和宇宙的哲理，强调顺应自然、无为而治的思想。书中寓言如"愚公移山""杞人忧天"等广为流传，具有深刻的哲学意义和文学价值。《列子》是中国古代哲学的重要文献，对后世文学和思想产生了深远影响。

17. **梁启超**：梁启超是中国近代思想家、政治家、文学家，戊戌变法领袖之一。他是"公车上书"的主要参与者之一，倡导变法维新，主张学习西方政治制度与思想，推动中国的现代化进程。他在文学、史学、哲学等领域均有建树，提倡"诗界革命"与"小说界革命"，推动白话文运动，主张用通俗易懂的语言传播新思想。他积极从事翻译活动，译介作品主要集中在政治、哲学和社会科学领域，旨在引进西方思想以推动中国社会变革。其译作有《哀希腊》《佳人奇遇》等。

18. **《飞鸟集》**：《飞鸟集》是印度诗人泰戈尔于 1916 年出版的英文诗集。其中收录了 320 余首短诗，内容以自然、爱情和人生哲理为主题，语言简洁优美，意境深邃，充满了哲思和人文关怀。其翻译版本众多，在中国以郑振铎和冰心翻译的汉译版本广为流传，促进了中印文化交流，对现代诗歌和文学产生了深远影响。

19. **大雁塔**：大雁塔又称大慈恩寺塔，位于中国陕西省西安市雁塔区大慈恩寺内，是中国著名旅游风景名胜。它始建于唐代永徽三年（652 年），塔高 64 米，七层方形砖塔，是唐代佛教建筑的杰出代表。塔内保存有佛经、碑刻等大量珍贵文物，对研究唐代历史、宗教和艺术具有重要价值。2014 年 6 月，大雁塔作为"丝绸之路：长安—天山廊道的路网"中的一处遗址点被联合国教科文组织正式批准列入《世界遗产名录》。

20. **柏林墙**：柏林墙正式名称为反法西斯防卫墙，是指冷战期间德意志民主共和国（简称"民主德国""东德"）政府修建的一道隔离墙。其修建目的为阻止东德居民逃往德意志联邦共和国（简称"联邦德国""西德"）。墙体全长约 155 公里，将柏林分为东柏林和西柏林两部分，成为东西两方意识形态对立的象征。柏林墙修建材料主要为砖石、铁丝网，配备有瞭望塔和警卫，试图彻底切断东德、西德之间的联系。1989 年，随着东欧剧变和东德政局的动荡，柏林墙被推倒，标志着冷战的结束和德国统一的开始。

21. **卧龙凤雏**：卧龙凤雏是一个源于中国古代典故的成语，出自《三国演义》。其中"卧龙"指诸葛亮，"凤雏"指庞统，二人均为刘备的重要谋士，以智慧和谋略闻名。这一成语是中国古代评价杰出人才的比喻，体现了古人对智慧和才能的推崇，在后世文学作品中广泛使用。如今"卧龙凤雏"已演变为网络热词，有时用来调侃那些看似平凡但实则拥有巨大潜力的人，或者在某些语境下用来形容队友表现糟糕。

22. **南北朝**：南北朝是中国古代历史上一个分裂动荡的时期，分为南朝和北朝。南朝承自东晋，由汉族建立，包括南朝宋、南朝齐、南朝梁、南朝陈四朝，均以建康（今江苏南京）为都；北朝承自十六国，由鲜卑族建立，包括北魏、东魏、西魏、北齐、北周五朝。南北朝时期重大事件频发，如北魏统一北方、河阴之变、孝文帝改革等，这些事件深刻影响了当时的政治格局。同时，南北朝时期文化繁荣，南朝诗歌、文学、艺术成就显著，北朝则在佛教和石窟艺术方面有着独特贡献。这一时期在科技方面也取得了众多进步，如数学家祖冲之计算出圆周率小数点后七位数字，农学家贾思勰创作《齐民要术》等。南北朝虽政权更迭频繁，但也在民族融合、文化科技等方面留下了深刻的印记。

23. **门神**：门神是中国传统文化中守护门户的神祇，通常以画像的形式贴于大门两侧，用以驱邪避灾、保佑家宅平安。门神的起源可追溯至先秦时期，后逐渐形成固定的形象，常见的门神组合包括秦琼和尉迟恭，或神荼和郁垒。门神画像多采用鲜艳的色彩和威严的姿态，象征力量与正义，是中国年画艺术的重要组成部分。每逢春节，贴门神是民间重要的习俗之一，体现了人们对平安吉祥的美好祈愿。门神文化不仅反映了中国古代的宗教信仰和民俗传统，也承载了丰富的艺术价值和历史内涵。

24. **鸭绿江**：鸭绿江是中国与朝鲜的界河。它发源于长白山南麓，流向西南，最终注入黄海西朝鲜湾。其名字由来众说纷纭，一说因其水色深绿而得名，一说因两条支流"鸭江"和"绿江"汇入而合称为"鸭绿江"。鸭绿江干流全长约795公里，流域面积约6万平方公里，其中中国境内约占一半。鸭绿江沿岸风景秀丽，自然资源丰富，沿江建有多个口岸，是中朝两国经济、文化交流的重要纽带。它在历史上是重要的交通要道，尤其在抗美援朝战争期间，成为中朝两国的战略通道，具有重要的军事和政治意义。

25. **什刹海**：什刹海因周边原有十座寺庙而得名，是位于北京市西城区的湖泊景区。它由前海、后海和西海三个相连的弓形湖泊组成，水域总面积约33公顷。其周边保存了大量明清时期的古建筑，包括王府、胡同和四合院，展现了老北京的传统风貌。什刹海以其优美的自然风光、丰富的文化底蕴和独特的民俗活动吸引着众多游客，并于2009年被评为国家4A级旅游景区。

第二部分　应用文写作

【构思谋篇】

题干要求撰写一篇倡议书，行文时需突出黄金周期间旅游服务的重要性，动员旅游从业者共同营造良好旅游环境。范文开篇点明黄金周旅游服务的重要性并提出倡议；主体部分从"环境营造—服务质量—文明引导—特色创新"四个维度展开具体倡议，每项均采用条款式说明；结尾发出行动号召。

【参考范文】

致天津旅游企业及从业人员的倡议书

亲爱的旅游行业同仁：

金秋十月，我们即将迎来"十一"黄金周旅游高峰。作为天津旅游行业的参与者，我们肩负着展示城市形象、服务八方游客的重要使命。为此，我们向全市旅游企业及从业人员发出如下倡议：

一、营造整洁优美的旅游环境

加强景区、酒店等场所的卫生清洁工作，落实垃圾分类处理；

定期检查维护旅游设施设备，确保安全完好；

做好绿化美化工作，营造舒适宜人的游览环境。

二、提供优质专业的旅游服务

严格遵守服务标准，做到诚信经营、明码标价；

加强员工培训，提升导游讲解、酒店接待等专业服务水平；

完善应急预案，及时妥善处理游客投诉与突发情况。

三、倡导文明健康的旅游风尚

积极开展文明旅游宣传引导；

劝阻游客不文明行为，维护景区良好秩序；

推广"无痕旅游"理念，减少一次性用品使用。

四、打造特色创新的旅游体验

深入挖掘天津历史文化资源，丰富旅游产品内涵；

开发特色旅游线路，展现天津独特魅力；

运用智慧科技手段，提升游客体验感。

让我们以饱满的热情、专业的服务和真诚的微笑，迎接每一位来津游客，让天津的历史文化、城市风貌通过我们的服务得到完美呈现！

天津旅游业协会

2023 年 9 月 20 日

第三部分　现代汉语写作

【构思谋篇】

题干要求撰写一篇议论文。行文时需自拟题目，阐释科技发展与人文精神的协同关系，体现对人类文明发展的思考。范文开篇以科技人文交融现象切入，提出"双螺旋结构"核心隐喻；主体部分通过三个维度展开论证——先论述科技改变物质世界的双重性，再阐释人文塑造精神世界的永恒价值，继而展现二者融合的创新成果；结尾立足全球视野，提出协同发展建议。

【参考范文】

科技与人文：文明发展的双螺旋

当人工智能开始创作诗歌，当数字技术重现敦煌壁画，我们见证了科技与人文交融的奇妙反应。这两种看似迥异的力量，实则是推动人类文明进步的双螺旋结构——科技拓展了人类的实践能力，人文则守护着文明的价值内核。唯有二者协同共进，方能实现真正的文明跃升。

科技之光重塑着世界的物质基础。从石器打磨到航天探索，科技创新不断突破人类认知的边界。都江堰水利工程将"道法自然"的智慧转化为灌溉系统，滋养出"天府之国"的富庶；袁隆平的杂交水稻技术，让"禾下乘凉梦"照进现实。这些突破印证了：知识就是力量。但科技若失去人文引领，就会如同脱缰野马。核技术既能为城市供电，也可摧毁文明；算法既能精准服务，也可能制造偏见。科技需要人文的导航，才能确保其造福人类的初衷。

人文之魂铸就着文明的精神品格。从《论语》的仁爱思想到《世界人权宣言》的普世价值，人文精神构建了社会的道德坐标。敦煌壁画历经千年风沙，依然传递着美的震撼；莎士比亚戏剧穿越时空，持续引发人性共鸣。在基因编辑、人工智能等新技术层出不穷的今天，人文精神更显珍贵。当 AlphaGo 战胜人类棋手时，我们依然为李世石的优雅风度喝彩；当 ChatGPT 模仿创作时，我们依然珍视那些浸润生命体验的原创。人文赋予科技以温度，让理性闪耀人性的光辉。

二者的融合催生着文明的创新突破。达·芬奇将解剖学知识与艺术创作完美结合，留下了永恒的微笑；乔布斯把书法美学融入科技产品，重新定义了人机交互。当代中国，"数字故宫"让文物焕发新生，"天工开物"展览用科技诠释传统智慧。这些实践表明：当科技与人文相遇，既能拓展认知疆域，又能丰富精神世界。

当今世界正处于文明转型的关键期。面对气候变化、贫富差距等全球性挑战，我们更需要科技与人文的协同发力。要培养兼具逻辑思维与人文情怀的新型人才，要建立科技创新的人文评估机制，要让科技成果转化为普惠福祉。历史告诉我们：单轮难行远，双翼始高飞。唯有让科技与人文这对文明的双螺旋紧密缠绕，人类才能绘就更加美好的未来图景。

2023 年全日制翻译硕士专业学位（MTI）研究生入学考试试题

参考答案

第一部分　百科知识

1. **《格萨尔王传》**：《格萨尔王传》是一部藏族说唱体长篇英雄史诗，被誉为"东方的荷马史诗"，与蒙古族的《江格尔》、柯尔克孜族的《玛纳斯》并称中国三大英雄史诗。该史诗篇幅浩大，共 120 多卷，100 多万诗行。书中主要讲述了格萨尔王不畏强暴，降妖除魔并统一部落的英雄事迹。其语言生动，融合了神话、历史和民间传说，讴歌了正义终将战胜邪恶、光明终将掩盖黑暗的斗争精神。史诗通过口耳相传，流传于青藏高原的藏族、蒙古族等民族，是研究藏族历史、文化和宗教的重要文献。

2. **李商隐**：李商隐，字义山，是晚唐著名诗人，与杜牧并称"小李杜"，与温庭筠并称"温李"。其诗作风格婉约含蓄，语言华丽，意境朦胧，善于运用典故和象征手法。其代表作有《锦瑟》《无题》《夜雨寄北》等。李商隐的诗歌情感细腻，思想深刻，对后世诗词创作产生了深远影响。

3. **闻一多**：闻一多是中国近代诗人、学者和爱国民主人士。他是中国民主同盟的领导人之一，因反对国民党专制而被暗杀。他倡导新格律诗，其诗作语言凝练，情感深沉，体现了对民族命运的关切。他致力于古典文学研究，尤其在《楚辞》和《诗经》领域有重要贡献。其代表作有《红烛》《死水》等。闻一多的文学成就和爱国精神对现代文学和民主运动产生了深远影响。

4. **女娲**：女娲是中国古代神话中的创世女神，被尊为大地之母。相传她人首蛇身，用黄土造人，炼石补天，创造了人类和世界秩序。与女娲相关的神话故事在《山海经》《淮南子》等古籍中均有详细记载，流传最广的神话故事是"女娲补天"和"女娲造人"，反映了古人对生命起源和自然力量的崇拜。她开世造物的伟大形象体现了母系社会的文化遗存，对研究中国古代宗教、哲学和文化具有重要价值。

5. **班昭**：班昭，字惠班，是东汉史学家，被誉为"天下第一才女"。她是史学家班彪的女儿，班固和班超的妹妹，自幼接受良好的教育，才华横溢。她续写了《汉书》中的《百官公卿表》和《天文志》，为史学作出了重要贡献。她在文学创作方面也成绩斐然，代表作有《东征赋》《女诫》等，其中《女诫》阐述女性道德和行为规范，对后世女性教育产生了深远影响。班昭是古代女性学者的杰出代表，其成就体现了古代女性的智慧和才华。

6. **信陵君**：信陵君，名魏无忌，是战国时期魏国贵族，与孟尝君田文、平原君赵胜、春申君黄歇并称"战国四公子"。他为人宽仁，礼贤下士，门下食客三千，包括侯嬴、朱亥等贤士。信陵君曾策划"窃符救赵"，成功解邯郸之围，展现了卓越的政治和军事才能。信陵君是战国时期的重要政治人物，也是中国历史上礼贤下士的典范，其事迹在《史记》中有详细记载，体现了战国时期贵族的风范和智慧。

7. **卢沟桥事变**：卢沟桥事变又称七七事变，是 1937 年 7 月 7 日日本军队在北平西南卢沟桥附近制造的军事冲突。事变中，日军以士兵失踪为借口，要求进入宛平城搜查，遭拒后炮轰县城，中国守军奋起抵抗。卢沟桥事变标志着全面抗日战争的爆发，激起了全国抗日救亡运动，促使国共第二次合作，形成了抗日民族统一战线。这一事件是中国近代史的重要转折点，对世界反法西斯战争产生了深远影响，是中华民族抗战精神的象征。

8. 歌德：歌德是 18 世纪至 19 世纪德国著名的诗人、作家、思想家，魏玛古典主义代表人物之一。他的作品以深刻的人性描写和哲学思考著称，涵盖了诗歌、小说、戏剧和散文等多种体裁，充满了狂飙突进运动的反叛精神，反映了启蒙运动、古典主义和浪漫主义的思想。其代表作有《浮士德》《少年维特的烦恼》《威廉·迈斯特的漫游年代》等。歌德是德国文学的巅峰代表，对世界文学产生了深远影响。

9. 伏尔泰：伏尔泰是 18 世纪法国著名的哲学家、文学家、启蒙思想家，启蒙运动的代表人物之一，被誉为"法兰西思想之王""欧洲的良心""文化史之父"。他主张开明的君主政治，批判宗教迷信和封建专制，强调理性、自由和平等。他把历史看成理性与迷信的斗争过程，反对只记载帝王活动的编年史著，力主将人类社会生活的各个方面都纳入史学研究的范畴。其代表作有《风俗论》《路易十四时代》《哲学通信》等。伏尔泰的思想推动了现代民主和法治的发展，为法国大革命奠定了理论基础。

10. 贞观之治：贞观之治是唐太宗李世民在位期间开创的盛世，以其年号"贞观"命名。这一时期政治清明，经济繁荣，文化昌盛，被誉为中国古代治世的典范。唐太宗重用贤臣如魏征、房玄龄，推行均田制、科举制等政策，重视发展生产，促进了社会稳定和发展。贞观之治奠定了唐朝的强盛基础，对后世政治制度和文化产生了深远影响，是中国历史上著名的盛世之一。

11. 商鞅变法：商鞅变法是战国时期商鞅在秦国主持进行的一系列政治、经济和社会改革。其主要内容包括：废除井田制，推行土地私有；建立郡县制，加强中央集权；实行军功爵制，奖励耕战；统一度量衡，促进经济发展。商鞅变法以法治为核心，强调"以刑去刑"，通过严刑峻法确保改革实施。这些措施极大地增强了秦国的国力，为后来的统一六国奠定了基础。商鞅变法是中国古代历史上一次深刻的变革，对后世政治制度和社会发展产生了深远影响。

12. 重庆大足石刻：重庆大足石刻是重庆市大足区境内石窟寺及石窟造像的总称。大足石刻始建于唐代，兴盛于宋代。石刻群包括北山、宝顶山、南山等 70 余处，造像 5 万余尊，其营造风格融合了佛教、道教和儒家文化，展现了宗教与世俗生活的融合。① 其雕刻技艺精湛，尤以千手观音和释迦牟尼涅槃像最为著名。大足石刻是中国石窟艺术的巅峰之作，是研究古代宗教、文化和艺术的重要实物资料，具有极高的历史、艺术和科学价值。1999 年 12 月，重庆大足石刻中的北山、宝顶山、南山、石篆山、石门山五处摩崖造像被联合国教科文组织正式批准列入《世界遗产名录》。

13. 夜郎自大：夜郎自大是一个源于中国古代典故的成语，出自《史记·西南夷列传》。该典故与夜郎国国王有关，他因地域闭塞而妄自尊大，误以为自己的国家是天下最大的。该成语比喻人因见识短浅、盲目自大而高估自己，常用于批评那些无知却自负的人或行为。

14. 玛雅文明：玛雅文明得名于印第安玛雅人，是美洲古代印第安人文明的杰出代表，与印加文明、阿兹特克文明并称为"美洲三大文明"。玛雅文明主要分布于今天的墨西哥、危地马拉、洪都拉斯和伯利兹等地。玛雅文明处于新石器时代，其发展可分为前古典期、古典期和后古典期三个历史阶段，其中古典期（约公元 250 年至公元 900 年）为其鼎盛时期。玛雅文明的政治制度以城邦为基础；社会结构复杂，分为贵族、祭司、平民和奴隶等阶层。玛雅文明以发达的农业、天文、数学和建筑闻名，创造了精确的历法系统和独特的象形文字。其宗教信仰以多神崇拜为主，注重祭祀和仪式。尽管玛雅文明在后期逐渐衰落，但其文化遗产对后世产生了深远影响。

---

① "大足石刻景区"，载重庆市人民政府网 https://www.cq.gov.cn/zjcq/cycq/zmjd/zqaaaaajjq/202312/t20231226_12744569.html，最后访问日期：2025 年 4 月 30 日。

15. 张伯苓：张伯苓，名寿春，是中国近代著名的爱国教育家，南开系列学校的创办者之一。他与严修共同创办南开中学堂，后开办南开大学，倡导"允公允能，日新月异"的校训，注重德智体美劳全面发展。张伯苓推行现代教育理念，强调爱国主义和科学精神，培养了大批杰出人才。他在抗战期间坚持办学，为中国教育事业的发展作出了卓越贡献。张伯苓的教育思想和实践对中国近现代教育产生了深远影响。

16. 蔡元培：蔡元培，字鹤卿，是中国近代著名教育家、思想家、政治家、革命家，曾任北京大学校长，被誉为"中国现代教育之父"。他倡导"思想自由，兼容并包"的办学理念，推动北京大学成为新文化运动的中心。他主张教育救国，提倡美育、德育与智育并重，强调学术独立和科学精神。他参与创建中央研究院，推动中国现代科学事业的发展。蔡元培的教育思想和实践对中国近现代教育、文化和科学产生了深远影响，是近代中国教育改革的重要推动者之一。

17. 《山海经》：《山海经》是一部中国古代神话小说专集，也是一部地理志怪典籍，约成书于战国时期至汉代之间，作者不详。全书共 18 卷，分为《山经》和《海经》两部分，记录了各种山川地理、水域海洋的地理特征及其相关的神话传说和奇特生物，保存了包括夸父逐日、精卫填海、大禹治水等不少脍炙人口的传说故事，兼具地理学、民俗学和神话学的价值。《山海经》以其丰富的想象力和独特的叙事风格，展现了古人对自然与未知世界的探索，对后世文学、艺术和宗教产生了深远影响。

18. 《西厢记》：《西厢记》全称《崔莺莺待月西厢记》，是元代剧作家王实甫创作的杂剧，与《牡丹亭》《长生殿》《桃花扇》并称"中国四大古典戏剧"。该剧讲述了书生张生与相国小姐崔莺莺在普救寺相遇相爱的故事，通过侍女红娘的巧妙帮助，二人最终冲破礼教束缚，终成眷属。《西厢记》语言优美，情节曲折，人物形象鲜明，尤其是红娘的形象极具魅力。该剧在中国戏曲史上占有重要地位，对后世文学、戏剧和艺术产生了深远影响。

19. 《左传》：《左传》原名《左氏春秋》，汉代时改称《春秋左氏传》《春秋内传》《左氏》，是中国第一部叙事完备的编年体史书，被誉为先秦散文的"叙事之最"。相传该书为春秋时期鲁国史官左丘明所著，与《春秋公羊传》《春秋谷梁传》并称"春秋三传"。全书共 35 卷，主要内容是以史实为《春秋》作注解，记述了自鲁隐公元年（公元前 722 年）至鲁哀公二十七年（公元前 468 年）之间各诸侯国的政治、军事、外交等重大事件。《左传》补充了《春秋》的简略记载，通过具体史实和人物言行，展现了春秋时期的社会风貌和思想文化，对后世史学、文学和政治思想产生了深远影响。

20. 《清明上河图》：《清明上河图》是北宋画家张择端创作的一幅绢本长卷风俗画，被视为中国古代风俗画的巅峰之作。画作以细腻的笔触和散点透视构图法，描绘了清明时节汴京（今河南开封）的繁华景象，展现了城市风貌、市井生活和自然景观。画中人物众多，场景生动，细节丰富。《清明上河图》具有极高的艺术价值，为研究宋代社会、经济和文化提供了珍贵资料，对后世艺术创作产生了深远影响。

21. 《源氏物语》：《源氏物语》是日本平安时代女作家紫式部创作的长篇叙事小说。全书共 54 回，以皇子光源氏的爱情和生活为主线，描绘了平安时代贵族社会的风俗、情感、朝代变迁和权力斗争。作品语言优美，心理描写细腻，塑造了光源氏及众多女性的鲜明形象，展现了日本古典文学的独特魅力。《源氏物语》对日本文学产生了深远影响，为研究平安时代的社会、文化和女性地位提供了重要资料。

22. 《玉台新咏》：《玉台新咏》是南朝梁陈时期文学家徐陵编选的一部诗歌总集。书中收录了汉代至梁代的诗歌 760 余首，内容以爱情、闺怨和宫廷生活为主，多为五言诗。该书是继《诗经》《楚辞》之后第三部诗歌总集，对研究中国古代诗歌发展史和女性文学具有重要意义。

23. 《古诗十九首》：《古诗十九首》收录于《文选》，是汉代文人创作的五言组诗，被誉为"五言之冠冕"。这些诗歌内容多描写游子思乡、闺怨离别和人生感慨，语言质朴自然，情感真挚深沉，艺术风格含蓄隽永。相关代表作有《行行重行行》《青青河畔草》等。《古诗十九首》对后世五言诗的发展产生了深远影响，是中国古代诗歌史上的重要里程碑，也是研究汉代文学和社会生活的重要资料。

24. 《大唐西域记》：《大唐西域记》是唐代高僧玄奘口述、弟子辩机撰写的一部地理历史著作，是中国古代地理学和佛教史学的经典之作。全书共 12 卷，记载了玄奘西行求法途经的 110 个国家和传闻的 28 个城邦地区的风土人情、地理环境、宗教文化和政治经济状况。该书语言简洁，内容详实，是研究 7 世纪中亚和南亚历史地理的重要文献，具有极高的史料价值和学术意义，为佛教传播史和中西文化交流提供了珍贵资料。

25. 《十日谈》：《十日谈》是意大利文艺复兴时期先驱、人文主义学者薄伽丘创作的短篇作品，被誉为欧洲文学史上第一部现实主义巨著。小说由 100 个故事组成，以 10 名青年在佛罗伦萨郊外躲避瘟疫时轮流讲述故事为框架，故事内容多取材于西方的寓言、传说和东方民间故事集，涵盖爱情、机智、讽刺和冒险等主题，反映了 14 世纪意大利社会的风俗与价值观。《十日谈》语言生动，情节幽默，批判了教会的虚伪和封建道德的束缚，体现了人文主义思想。该书是文艺复兴时期的重要文学经典，对后世文学创作产生了深远影响。

第二部分　应用文写作

【构思谋篇】

　　题干要求撰写一篇倡议书，动员外语专业学生发挥语言优势参与"国际旅游美食展览会"志愿服务。范文采用"倡议背景—价值阐释—收益说明—执行细则"的递进式结构：开篇以展会国际影响力为引，激发参与热情；主体分三层展开——先立足专业优势阐明角色定位，再以成长收益增强吸引力，最后明确服务内容与报名流程；结尾以号召性语言强化行动力。

【参考范文】

关于天津市国际旅游美食展览会志愿者招募的倡议书

亲爱的同学们：

　　金秋十月，天津将迎来 2022 年国际旅游美食展览会。作为展示天津城市形象、促进国际文化交流的重要平台，本次展会预计将吸引来自 30 余个国家和地区的参展商及游客。为此，我们诚挚邀请全市外语专业学子加入志愿者队伍，用专业所长服务盛会，展现天津青年的风采！

　　一、作为外语专业学生，你们具备独特的优势：

　　（1）语言桥梁：运用英语、日语、韩语等专业技能，为国际嘉宾提供翻译服务；

　　（2）文化使者：向世界友人介绍天津美食文化，讲述中国故事；

（3）形象大使：以专业素养和热情服务，展现天津国际化都市形象。

二、参与本次志愿服务，你将获得：

（1）实践平台：将课堂所学应用于真实跨文化交际场景；

（2）能力提升：锻炼组织协调、应急处理等综合素质；

（3）国际视野：近距离接触多元文化，拓展全球化思维；

（4）服务认证：获得组委会颁发的志愿服务证书。

三、服务内容涵盖：

外宾接待与引导；展会信息咨询；活动协调支持；文化讲解服务。

四、报名须知：

报名时间：即日起至 9 月 20 日；

报名方式：扫描下方二维码进入报名系统；

选拔流程：简历筛选→面试→培训→上岗；

服务时间：2022 年 10 月 10 日—10 月 15 日。

让我们携手并肩，以专业服务助力展会成功举办，用青春热情妆点城市名片！期待你的加入！

（附：报名二维码）

天津市国际旅游美食展览会组委会

2022 年 9 月 10 日

第三部分　现代汉语写作

【构思谋篇】

题干材料强调"知止"到"有得"的递进式修养过程，阐释个人成长与境界提升的内在逻辑——唯有明确目标（知止），方能心定神静，进而深思熟虑、终有所获。文章应立足传统哲学，探讨这一修养范式对现代人治学、处世的意义。范文开篇以《大学》名言切入，点明其当代价值；主体部分按照"知止—定—静—安—虑—得"的内在逻辑展开论述，每个环节都结合历史典故与现代案例进行双重论证；结尾升华至文明对话层面，强调修身智慧的现实意义。

【参考范文】

知止有方：论儒家修身智慧的当代价值

《大学》有言："知止而后有定，定而后能静，静而后能安，安而后能虑，虑而后能得。"这短短二十余字，勾勒出一条由目标确立到收获成就的完整修养路径。在信息爆炸、价值多元的当代社会，这种层层递进的修身之道，恰如一副应对现代性焦虑的精神良方。

"知止"是修养的起点，更是人生的航标。北宋思想家张载"为天地立心，为生民立命"的宏愿，支撑他创立关学学派；近代实业家张謇"实业救国"的志向，指引他创办大生纱厂等数十家企业。这些先贤皆因明确的人生坐标而免于随波逐流。当代青年更需懂得：在纷繁的选择面前，唯有确立清晰的价值坐标，方能在"乱花渐欲迷人眼"的时代保持定力。这种"定"不是固步自封，而是对初心的坚守，如同北斗七星恒常指引方向，让追梦者在变革浪潮中不失其所。

由"定"入"静"，实为现代人亟需修习的心法。敦煌莫高窟的壁画修复师们，面对斑驳的千年壁画，需保持"心如止水"的状态，有时数日仅修复巴掌大的面积。这种"静"的功夫，在追求即时满足的今天尤显珍贵。心理学研究表明，深度工作状态下的认知表现是碎片化工作时的五倍。当我们培养出"结庐在人境，而无车马喧"的定静功夫，便能在信息洪流中构筑精神的方舟，为深度思考创造可能。

"安虑得"的进阶过程，展现着儒家智慧的实践理性。钱穆先生著《国史大纲》时，每日严格遵循"晨读—午撰—暮校"的节奏，这种安定有序的状态，使他能在抗战烽火中完成这部传世巨著。当代科研工作者黄大年归国后，带领团队突破"深部探测关键仪器"技术封锁，其成功正源于对每个技术环节的周密考量。这些范例揭示：真正的成就从来不是急功近利的产物，而是"如临深渊，如履薄冰"的审慎结晶。

站在文明对话的高度回望，这套修养体系展现出独特的现代意义。在人工智能重塑人类认知方式的今天，这种始于"知止"、终于"有得"的修养链条，为我们提供了一种对抗浮躁的生存策略。它提醒我们：在这个快速变迁的时代，唯有先确立精神坐标，才能在奔涌向前的时代浪潮中，找到属于自己的航向与节奏。

2022 年全日制翻译硕士专业学位（MTI）研究生入学考试试题

参考答案

第一部分　百科知识

1. **国际话语权**：国际话语权是一种国际权力关系，指一个国际行为主体在国际事务中表达观点、影响决策和塑造规则的能力。它通常以综合国力（经济实力、军事实力、文化软实力、外交能力等）作为基础，反映了一个国际行为主体在整个世界政治经济权力结构中所处的位置及其所产生的影响。[①] 拥有强大国际话语权的国家能够更好地维护自身利益，推动全球议程，塑造国际舆论，在全球治理中掌握更多的主动权、发言权和影响力。近年来，随着多极化趋势的发展，新兴国家通过加强国际合作和文化输出，逐步提升自身的国际话语权，以平衡传统强国的垄断地位。国际话语权的争夺已成为全球治理和国际关系中的重要议题。

2. **"硬核"话语**："硬核"话语是指一种直接、强硬且具有冲击力的表达方式，通常用于表达坚定的立场、态度或观点。其特点是语言简洁有力，逻辑清晰，情感强烈，常带有批判性或对抗性。"硬核"话语在政治、外交、媒体和社交网络中广泛应用，能够迅速吸引注意力并引发讨论，但也可能因过于强硬而引发争议。在当代信息传播中，"硬核"话语成为表达个性和争夺话语权的重要手段，但其使用需注意语境和分寸，以避免不必要的冲突或误解。

3. **"双减"政策**："双减"政策是中国政府于 2021 年 7 月推出的一项教育改革措施，旨在有效减轻义务教育阶段学生过重的作业负担和校外培训负担。政策要求学校减少作业量、提高课堂效率，同时严格规范校外培训机构，禁止学科类培训机构的资本化运作和超前教学。"双减"政策的目标是促进学生全面发展，缓解家长教育焦虑情绪，强化学校教育主阵地作用，深化校外培训机构治理，构建教育良好生态，推动教育公平。该政策实施后，对教育行业、家庭和社会产生了深远影响，成为中国教育改革的重要举措之一。

4. **杂交水稻**：杂交水稻是通过杂交育种技术（选用两个遗传性不同而优良性状可以互相补充的水稻品种进行杂交）培育出的高产水稻品种。中国科学家袁隆平于 20 世纪 70 年代率先成功培育出籼型杂交水稻。杂交水稻具有显著的杂种优势，产量高、抗病性强、适应性广。杂交水稻的推广大幅提高了粮食产量，为解决全球粮食安全问题作出了重要贡献。中国是杂交水稻的主要生产国和推广国，成功研发的杂交水稻有三系杂交水稻、两系杂交水稻、超级杂交稻、第三代杂交水稻。该项技术已传播至亚洲、非洲等多个国家，对世界农业发展和粮食安全产生了深远影响。

5. **延庆**：延庆，古称妫川，是北京市西北部的一个市辖区。它地处燕山山脉与太行山交汇处，是首都生态屏障的重要组成部分。延庆以其丰富的自然景观和文化遗产闻名，拥有八达岭长城、古崖居遗址、龙庆峡风景区、松山自然保护区等著名景点。2019 年，延庆成功举办世界园艺博览会，进一步提升了其国际知名度。作为 2022 年北京冬奥会三大赛区之一，延庆承担了高山滑雪和雪车雪橇项目的比赛，推动了区域基础设施建设和冰雪运动发展。延庆以其独特的生态优势和文化遗产，成为北京重要的旅游和休闲目的地。

[①] "新时代中国国际话语权建构的现状与进路"，载人民论坛网 http://www.rmlt.com.cn/2022/0209/639405.shtml，最后访问日期：2025 年 4 月 30 日。

6. 冰壶：冰壶又称掷冰壶、冰上溜石，是以队为单位在冰上进行的一种投掷性竞赛项目。冰壶起源于苏格兰，现为冬奥会正式比赛项目。比赛在两队之间进行，每队4人，通过投掷冰壶使其尽可能靠近目标圆心（称为"大本营"），以冰壶最终离圆心的远近决定胜负。每队每名队员均有两个冰壶，即每人两次投掷机会。冰壶在滑行过程中，队员可通过刷冰控制其运行轨迹和速度。冰壶运动强调策略、技巧和团队合作，兼具竞技性与趣味性。冰壶不仅是一项体育竞技，更是一种智力与体力的综合较量，展现了冬季运动的独特魅力。

7. 《文心雕龙》：《文心雕龙》是中国南朝梁时期的文学理论家刘勰创作的一部文学理论专著。其书名蕴含深厚的文化内涵："文心"即"言为文之用心"，强调文学创作中的用心与专注；"雕龙"即"雕缛成体，岂取驺奭之群言雕龙"，表示言辞修饰细致，象征着文学语言的精致华美。全书共10卷，50篇，分为上、下两编，系统论述了文学创作的理论与方法，内容涵盖文体分类、创作技巧、文学批评和作家修养等方面。书中提出"神思""风骨"等重要概念，强调文学的社会功能和艺术价值。《文心雕龙》是中国古代文学批评的集大成之作，对后世文学理论和创作产生了深远影响。

8. 《左传》：《左传》原名《左氏春秋》，汉代时改称《春秋左氏传》《春秋内传》《左氏》，是中国第一部叙事完备的编年体史书，被誉为先秦散文的"叙事之最"。相传该书为春秋时期鲁国史官左丘明所著，与《春秋公羊传》《春秋谷梁传》并称"春秋三传"。全书共35卷，主要内容是以史实为《春秋》作注解，记述了自鲁隐公元年（公元前722年）至鲁哀公二十七年（公元前468年）之间各诸侯国的政治、军事、外交等重大事件。《左传》补充了《春秋》的简略记载，通过具体史实和人物言行，展现了春秋时期的社会风貌和思想文化，对后世史学、文学和政治思想产生了深远影响。

9. 九州：九州出自先秦典籍《尚书·禹贡》，是汉族先民自古以来的民族地域概念。九州即汉族原居地划分的九个区域，分别是冀州、兖州、青州、徐州、扬州、荆州、豫州、梁州和雍州。九州不仅是地理区划，也象征着古代中国的疆域范围和文化统一。这一概念体现了古人对国家治理和地理认知的智慧，对后世行政区划和文化认同产生了深远影响。

10. 朱熹：朱熹，字元晦，号晦庵，是南宋著名哲学家、教育家、闽学的主要代表人物。他继承并发展了北宋二程（程颢、程颐）的理学思想，构建了一套完备的客观唯心主义理学体系，强调"理"是宇宙万物的根本规律，主张"存天理，灭人欲"，提倡通过道德修养和格物致知来达到天人合一的境界。他学识广博，涵盖经学、史学、文学乃至自然科学，著有《四书章句集注》《楚辞集注》等重要典籍。朱熹集理学之大成，使理学成为宋代官方意识形态，深刻影响了后世的政治、教育和社会伦理。

11. 《二十四诗品》：《二十四诗品》是唐代诗论家司空图创作的诗歌美学和诗歌理论著作。全书将诗歌的艺术风格和美学意境分为二十四品，如"雄浑""典雅"等。每品以十二句四言诗进行描述，通过对自然景物和意境的描绘，阐发了诗歌的美学特征和艺术境界。《二十四诗品》被视为历代诗话之祖，为后世文学批评和诗歌创作提供了宝贵的借鉴和启示。

12. 《沧浪诗话》：《沧浪诗话》是南宋诗论家严羽创作的诗歌美学和诗歌理论著作。全书系统性、理论性较强，分为《诗辩》《诗体》《诗法》《诗评》《考证》五部分。书中以禅论诗，强调"妙悟"和"兴趣"，主张诗歌创作应追求自然天成、意境深远，反对雕琢和堆砌典故。书中推崇汉魏盛唐诗歌为"第一义"，反对宋诗的议论化、散文化倾向。书中还提出"诗有别材，非关书也"的观点，认为作诗需有天赋和灵感，与读书学问和抽象说理无关。《沧浪诗话》是中国古代文学批评史上的重要文献，在明清时期备受推崇，对后世诗歌理论和创作产生了深远影响。

13. **建安风骨**：建安风骨又称汉魏风骨，是指汉献帝建安年间至魏初这一时期的文学作品中所体现的时代精神和总体风格。其特点是语言浑厚刚健、质朴凝练、清朗遒劲；内容充实，聚焦社会动乱和人民苦难，抒发文人建功立业的理想抱负；情感真挚，既展现雄心傲骨、满腔豪情，又流露出人生短暂、壮志难酬的悲凉与幽怨。相关代表人物有"三曹"（曹操、曹丕、曹植父子），"建安七子"（孔融、陈琳、王粲、徐干、阮瑀、应玚、刘桢）以及蔡琰等人。建安文学以五言诗和辞赋成就最高，代表作有曹操的《短歌行》、曹植的《洛神赋》等。建安风骨继承了汉乐府民歌的现实主义传统，开创了中国文学史上的新篇章，对后世文学创作产生了深远影响。

14. **梅尧臣**：梅尧臣，字圣俞，世称宛陵先生，是北宋著名的现实主义诗人，与欧阳修并称"梅欧"。他主张诗文革新，反对西昆体的浮艳文风，提倡平淡自然的诗风。其诗歌题材新颖广泛，注重写实，既有反映社会现实和民生疾苦的作品，也有描绘个人日常生活的琐碎事物之作。他曾参与编撰《新唐书》，并为《孙子兵法》作注，著有《鲁山山行》《南有嘉茗赋》等作品。他的作品语言质朴，情感真挚，展现了宋代文人的社会关怀和艺术追求，在中国文学史上占有重要地位。

15. **郑人买履**：郑人买履是一个源于中国古代寓言故事的成语，出自《韩非子·外储说左上》。故事讲述郑国人买鞋时只相信量好的尺码而不相信自己的脚，最终未能买到合适的鞋。这一寓言讽刺了那些拘泥于教条、忽视实际情况的人，强调实践和变通的重要性，具有深刻的教育寓意和现实启示。

16. **厚德载物**：厚德载物是一个成语，出自《周易·坤·象》中的"地势坤，君子以厚德载物"。"坤"象征"地"，古人认为大地承载万物，令万物各遂其生。厚德载物意指深厚的德行承载万物，强调道德修养的重要性。该成语体现了中华文化德行为本的思想和海纳百川的兼容精神，鲜明地刻画了中华民族的可贵精神，为中华民族生生不息提供了强大精神支撑。

17. **戊戌六君子**：戊戌六君子是指 1898 年（农历戊戌年，清光绪二十四年）戊戌变法失败后被清政府处决的六位维新派人士，包括谭嗣同、林旭、杨锐、刘光第、杨深秀和康广仁。他们积极参与康有为、梁启超领导的维新变法运动，主张学习西方科技和政治制度，改革清朝的腐朽统治。变法失败后，六君子于 9 月 28 日在北京菜市口被杀害。他们的牺牲激发了更多人对改革和革命的追求，对中国近代历史产生了深远影响。

18. **黄宗羲**：黄宗羲，字太冲，是明末清初著名思想家、史学家，与顾炎武、王夫之并称为"明末清初三大思想家"。他批判君主专制，提出"天下为主，君为客"的民主思想，主张限制君权、重视民本。他主张"工商皆本"，反对重农抑商。他提倡"经世致用"，强调历史研究应服务于现实。其代表作有《明夷待访录》《明儒学案》《宋元学案》等。他的思想对后世启蒙思想和史学发展产生了深远影响。

19. **碳中和**：碳中和是指二氧化碳净零排放，即由个人或团体直接或间接产生的二氧化碳排放量，可以与植树造林等方式所吸收的量相抵消中和，最终实现温室气体"零排放"的效果。[①] 根据中共中央、国务院印发的《关于完整准确全面贯彻新发展理念做好碳达峰碳中和工作的意见》，我国计划在 2060 年，全面建立绿色低碳循环发展的经济体系和清洁低碳安全高效的能源体系，实现碳中和目标。"碳中和"目标的实现需要政府、企业和公众的共同努力，通过发展可再生能源、推广绿色技术和倡导低碳生活方式，促进经济社会的可持续发展。

---

① "世界环境日'双碳'科普‖带你解读'双碳'——'碳达峰''碳中和'"，载 http：//www.zhzx.cgs.gov.cn/xxfw02/dxkp/202206/t20220607_701520.html，最后访问日期：2025 年 4 月 30 日。

20. **藏富于民**：藏富于民是中国古代政治经济思想的重要理念，指将国家财富通过富民政策积累于民间，而非集中于政府。这一思想源于儒家"民本"理念，主张轻徭薄赋、发展生产，使百姓富裕，以民生富足推动生产发展、稳定国家财政收入，从而实现国家长治久安。历史上，管仲、范仲淹等政治家都曾实践这一理念。藏富于民体现了古代治国智慧，对现代经济发展和社会治理具有启示意义，强调通过提升民众生活水平来实现国家繁荣，是中国传统文化中关于经济与民生关系的经典表达。

21. **《太平广记》**：《太平广记》是中国第一部古代文言纪实小说总集。该书由李昉、扈蒙等人于宋太平兴国年间奉宋太宗之命编纂而成，与《太平御览》《文苑英华》《册府元龟》并称"宋四大书"。全书共500卷，收录了汉代至宋初的各类小说、笔记、传记等文献，内容涵盖神仙、鬼怪、异闻、方技、报应等，展现了古代社会的风土人情、文化思想和宗教信仰。《太平广记》保存了大量珍贵的古代文学作品和民间传说，为研究中国古代社会、文化、宗教和民俗提供了重要资料，对后世文学创作和学术研究产生了深远影响。

22. **复工复产**：复工复产是指因特殊原因、特殊时期、非常时期而使全部或大部分企事业单位暂停生产经营活动后，根据国家和地方政府统一指导，在具备安全生产条件下恢复正常生产经营活动。复工复产涵盖了社会生活多方面的恢复，包括人员回到工作岗位、恢复工作，以及生产经营活动恢复到以前的生产状态或产能等。复工复产是维持经济运行的基础，有助于保障生产和就业，维持供应链稳定性，促进经济发展。在安全的前提下，有序推动复工复产对于经济恢复、社会稳定和人民生活都具有重要意义。

23. **融媒体**：融媒体是指利用数字技术将传统媒体（如报纸、广播、电视）与新兴媒体（如互联网、社交媒体、移动应用）进行深度融合，使其在内容、渠道、技术、资源等方面进行全面整合协同，实现"资源通融、内容兼融、宣传互融、利益共融"的新型媒体。融媒体的发展历程可分为三个阶段，从各种形态的媒介只是汇聚在一起的"你就是你，我就是我"阶段，到不同的媒介开始相互融合的"你中有我，我中有你"阶段，再到多种媒介渗透打通，并形成动态化的新形态融媒体的"你就是我，我就是你"阶段。[1] 其核心在于打破媒体形态的界限，通过多平台、多终端的协同运作，提升信息传播的效率和覆盖面。融媒体是媒体发展的新趋势，它改变了传统媒体的生产与传播模式，推动新闻内容的个性化、互动化和实时化，适应现代受众的多样化需求。

24. **命运共同体**：命运共同体指政治上互信、经济上互补、人文上互融的三位一体的联合，是符合历史大势和应对当前复杂国际局势的重要方式和国家间关系的重要目标。命运共同体包括五个方面的主要内涵，即"政治上讲信修睦、经济上合作共赢、安全上守望相助、文化上心心相印、对外关系上开放包容"。[2] 这一战略构想强调各国应超越意识形态和发展阶段差异，通过合作应对全球性挑战，实现共同发展与繁荣。命运共同体不仅反映中国的利益诉求更兼顾地区内国家的关切，倡导多边主义和平等对话，为全球治理提供了新思路。

---

[1] "构建从'相加'到'相融'的现代传播体系"，载中国共产党新闻网 http://theory. people. com. cn/n1/2018/0803/c40531-30204933. html，最后访问日期：2025年4月30日。

[2] "命运共同体的理论意义与实践推动"，载中国共产党新闻网 http://theory. people. com. cn/n1/2016/0615/c40531-28446144. html，最后访问日期：2025年4月30日。

25. **双循环**：双循环意为两个循环体系，即国内国际双循环，是指中国在经济发展中同时利用两个市场（国内和国际市场）、两种资源（国内和国外资源），形成国民经济良性循环的新发展格局。国内大循环通过扩大内需、优化供给、完善产业链，增强经济内生动力；国际循环则通过深化对外开放、加强国际合作，提升全球资源配置能力。双循环战略旨在应对外部环境变化，增强经济韧性和竞争力，推动高质量发展。构建"国内国际双循环"新发展格局需要综合发力，既注重国内市场潜力，又保持全球合作，为中国经济可持续发展提供了新路径。

第二部分　应用文写作

【构思谋篇】

题干材料介绍了某科技公司研发的新型 AI 翻译系统，要求为其撰写一篇广告文案。文案应包含产品亮点介绍、使用场景展示和消费引导等内容，语言需兼具专业性和感染力，以达到产品宣传和市场推广的目的。范文开篇以品牌宣言点明产品价值主张；主体分三个模块展开，先以数据化语言展示核心技术优势，再通过场景化描述呈现使用价值，最后以权威背书强化可信度；结尾通过促销信息和品牌口号促成消费行动。

【参考范文】

全球对话新时代：××智能翻译系统正式发布

语言不应成为沟通的障碍！××科技股份有限公司隆重推出全新 AI 智能翻译系统，开启无障碍全球对话新时代。

一、核心技术突破：

（1）智能翻译引擎：基于深度学习的神经网络技术，实现 50 种语言精准互译；

（2）海量语料支持：整合超过 10 亿条专业语料，覆盖商务、科技、医疗等 18 个专业领域；

（3）实时语音转换：支持语音输入即时翻译，延迟低于 0.5 秒；

（4）语境理解优化：智能识别俚语、方言等特殊表达，准确率达 98.7%。

二、应用场景展示：

（1）国际商务洽谈：打破语言壁垒，助力全球合作；

（2）学术交流会议：精准传递专业术语，促进知识共享；

（3）出境旅游导览：实时翻译菜单、路标，畅游无忧；

（4）跨国远程办公：消除沟通障碍，提升协作效率。

三、品质保证：

本系统已通过 ISO 9001 国际质量认证，并为 2021 年世界人工智能大会指定翻译系统。目前已有包括联合国教科文组织在内的 200 余家国际机构采用我们的翻译解决方案。

现在订购享首月免费试用！访问官网 www.×××.com 或拨打 400-××××××，立即开启您的全球沟通之旅。

让世界听懂你，让你听懂世界！××智能翻译系统，重新定义语言边界。

第三部分　现代汉语写作

【构思谋篇】

　　题干材料探讨了人际交往中的两种对立态度："和而不同"体现君子包容差异、追求和谐共生的智慧；"同而不和"反映小人表面附和、实则不和的虚伪。行文时应立足传统智慧，阐释这一思想对当代人际关系、国际交往等方面的启示价值。范文开篇以《论语》箴言切入，点明其现代意义；主体部分从三个维度展开论证——先阐释"和而不同"作为独立人格的价值坚守，再论述其作为多元包容的交往智慧，最后从个人、社会、国际三个层面分析其现代价值；结尾升华至文明进步高度，强调这一智慧的现实意义。

【参考范文】

和而不同：论君子之道的现代价值

　　"君子和而不同，小人同而不和。"这句箴言，蕴含着中华文明对人际关系的深刻思考。在当今这个价值多元、观点碰撞的时代，这句话所揭示的处世智慧，为我们提供了处理复杂人际关系的重要指引。

　　"和而不同"首先体现为独立人格的坚守。北宋改革家王安石推行新法时，面对昔日挚友欧阳修、司马光的激烈反对，仍坚持"天变不足畏，祖宗不足法"的信念。这种坚守不是固执己见，而是基于对国家命运的深刻思考。正如法国思想家伏尔泰所言："我不同意你的观点，但我誓死捍卫你说话的权利。"真正的君子，能够在尊重差异的前提下保持思想独立。当代社会中，当网络舆论日益极化时，保持独立思考而不随波逐流，这种品质显得尤为珍贵。

　　更深层的"和而不同"，是对多元价值的真诚包容。春秋时期齐国宰相管仲与鲍叔牙的交往堪称典范：管仲曾三战三逃，鲍叔牙却理解他家有老母；后来管仲辅佐公子纠与鲍叔牙支持的公子小白争夺君位失败，鲍叔牙反而向齐桓公推荐管仲为相。这种超越立场的理解，展现了真正的君子之风。在全球化深入发展的今天，不同文明间的交流更需要这种包容智慧。

　　"和而不同"的智慧在当代社会具有多重价值。在个人层面，它教导我们既要保持独立思考，又要学会尊重差异。在社会层面，这种智慧为处理不同群体之间的关系提供了指导。在国际交往中，它强调不同文明之间应该相互尊重、平等相待。

　　从历史发展的角度来看，"和而不同"是推动社会进步的重要力量。文艺复兴时期，欧洲学者们既尊重古典传统，又敢于提出新见解，这种态度推动了近代科学的诞生。中国古代的"百家争鸣"时期，各学派既相互辩难又相互借鉴，创造了灿烂的思想成果。这些历史经验都证明，只有保持"和而不同"的态度，社会才能持续进步。

　　在这个充满差异的世界里，我们更需要发扬"和而不同"的精神。既要像青松般挺立，保持自己的品格；又要如春风般和煦，善待他人。这才是君子之道的真谛，也是解决当代社会诸多矛盾的智慧钥匙。让我们以开放包容的心态面对差异，在保持自我的同时与他人和谐相处，共同创造一个更加美好的世界。

中国社会科学院大学

2024 年全日制翻译硕士专业学位（MTI）研究生入学考试试题

参考答案

一、名词解释

1. **李清照**：李清照，号易安居士，是中国宋代著名的女词人，婉约词派的代表人物之一。她出身于书香门第，早年生活优裕，词风清新婉丽，多描写闺中生活与自然景物；南渡后，因国破家亡，词风转为沉郁悲凉，表达了对故国的思念与个人命运的感慨。其代表作有《声声慢·寻寻觅觅》《如梦令·常记溪亭日暮》等。李清照是中国古代文学史上最具影响力的女性作家之一，对中国古典文学的发展产生了深远影响。

2. **十字军东征**：十字军东征是 11 世纪至 13 世纪，由罗马天主教会发起，欧洲封建领主和骑士参与的一系列针对中东地区的宗教性军事远征行动。东征持续近两百年，旨在夺回被伊斯兰教控制的耶路撒冷及其他圣地，期间建立了多个十字军国家，如耶路撒冷王国等。尽管十字军东征在军事上取得过短暂胜利，但最终未能实现长期占领，反而加剧了基督教与伊斯兰教之间的对立。东征促进了东西方文化、经济的交流，推动了欧洲的商业复兴和城市发展，同时也暴露了教会的腐败与世俗权力的矛盾，对中世纪欧洲的政治、宗教和社会结构产生了深远影响。

3. **刚健有为**：刚健有为是中国传统文化中的重要精神理念，强调刚强坚毅、积极进取的人生态度和行动力。"刚健"指意志坚定、品格坚强，能够面对困难不屈不挠；"有为"指有所作为，勇于承担责任并付诸实践。这一思想源于儒家经典《周易》中的"天行健，君子以自强不息"，体现了中华民族自强不息、奋发向上的精神追求。刚健有为不仅是一种个人修养的目标，也是社会进步的动力，激励人们在面对挑战时保持积极心态，努力实现个人价值与社会价值的统一。

4. **七曜（七政）**：七曜（七政）是中国古代天文学和历法中的重要概念，指日（太阳星）、月（太阴星）以及火星（荧惑星）、水星（辰星）、木星（岁星）、金星（太白星）、土星（镇星）的并称。这一概念源于古人对天体运行的观察，最早可追溯至周朝。七曜不仅用于天文观测和历法编制，还与占星术密切相关。唐代以后，七曜与星期制度结合，分别对应七天，如"日曜日"为星期日，"月曜日"为星期一，这一用法在东亚文化圈中广泛流传。七曜体现了中国古代天文学的成就，同时也反映了古人对自然规律的探索与崇拜，是中华文化中科学与哲学交融的典型例证。

5. **温室效应**：温室效应又称花房效应，是指地球大气层中的温室气体（如二氧化碳、甲烷和水蒸气等）吸收并重新辐射地表释放的热能，从而使地球表面温度升高的自然现象。这一效应原本是维持地球适宜温度的重要机制，但工业革命以来，人类活动导致温室气体浓度急剧增加，加剧了温室效应，引发全球气候变暖。气候变暖导致冰川融化、海平面上升、极端天气频发等一系列环境问题，对生态系统和人类社会构成严重威胁。为应对温室效应，国际社会通过《巴黎协定》等协议，推动减少温室气体排放，发展清洁能源，以实现可持续发展。

6. 中美三个联合公报：中美三个联合公报是中华人民共和国与美利坚合众国政府之间签署的三份重要外交文件，包括 1972 年 2 月签署的《上海公报》、1978 年 12 月发布的《中美建交公报》和 1982 年 8 月签署的《八·一七公报》。这些公报确立了两国关系的基本原则，其中《上海公报》承认一个中国原则，标志着中美关系正常化的开端；《中美建交公报》宣布正式建立外交关系，美国承认中华人民共和国政府是中国的唯一合法政府；《八·一七公报》针对美国对台武器出售问题，强调逐步减少并最终解决这一问题。三个联合公报为中美关系的稳定发展奠定了政治基础，是两国处理双边关系的重要准则，尽管在实际执行中仍存在分歧，但其核心原则至今仍是中美关系的基石。

7. "四个意识"："四个意识"最早在 2016 年 1 月 29 日中共中央政治局会议上提出，是检验党员、干部政治素养的基本标准，包括政治意识、大局意识、核心意识和看齐意识。政治意识强调党员要坚定政治立场，始终保持对党忠诚；大局意识要求从全局角度思考问题，服从党和国家整体利益；核心意识指坚决维护党中央的核心地位和权威，不断增强组织的向心力和凝聚力；看齐意识则要求向党中央看齐，保持思想和行动的高度一致。"四个意识"是新时代加强党的建设的重要内容，旨在增强党的凝聚力和战斗力，确保全党在思想上、政治上、行动上同党中央保持高度一致，为实现中华民族伟大复兴提供坚强政治保证。

8. 建安风骨：建安风骨又称汉魏风骨，是指汉献帝建安年间至魏初这一时期的文学作品中所体现的时代精神和总体风格。其特点是语言浑厚刚健、质朴凝练、清朗遒劲；内容充实，聚焦社会动乱和人民苦难，抒发文人建功立业的理想抱负；情感真挚，既展现雄心傲骨、满腔豪情，又流露出人生短暂、壮志难酬的悲凉与幽怨。相关代表人物有"三曹"（曹操、曹丕、曹植父子），"建安七子"（孔融、陈琳、王粲、徐干、阮瑀、应玚、刘桢）以及蔡琰等人。建安文学以五言诗和辞赋成就最高，代表作有曹操的《短歌行》、曹植的《洛神赋》等。建安风骨继承了汉乐府民歌的现实主义传统，开创了中国文学史上的新篇章，对后世文学创作产生了深远影响。

9. 得陇望蜀：得陇望蜀是一个源于中国古代典故的成语，出自《东观汉记·隗嚣传》。其中，"陇"指甘肃一带，"蜀"指四川地区。该成语原指东汉光武帝刘秀命令将领岑彭在攻占陇右后，继续夺取蜀地，后引申为贪得无厌、不知满足的心理，用以比喻人在取得一定成就后，仍不满足，渴望获得更多。这一成语具有鲜明的警示意义，常用来批评那些贪心不足、欲望无止境的行为。

10. 北大西洋公约组织：北大西洋公约组织简称北约，是指第二次世界大战后由美国联合北美、西欧主要国家为加强防卫协作而创立的国际军事政治集团组织。该组织于 1949 年 4 月正式成立，旨在通过集体防御应对苏联威胁，维护欧洲和北美的安全。北约实行"集体防御"，即对任一成员国的攻击被视为对所有成员国的攻击。冷战期间，北约在遏制苏联扩张和维护西方安全方面发挥了关键作用。冷战结束后，北约通过东扩和转型，继续在全球安全事务中扮演重要角色。北约的建立和运作对国际安全格局和全球战略平衡产生了深远影响。

11. 《儒林外史》：《儒林外史》是清代作家吴敬梓创作的章回体长篇讽刺小说，被誉为中国古代讽刺文学的典范。小说通过描写科举制度下知识分子的生活和命运，揭露了封建社会吏治的腐败和人性的扭曲。其结构独特，采用"连环短篇"形式，人物形象鲜明，语言幽默犀利。《儒林外史》在中国文学史上占有重要地位，对后世文学创作产生了深远影响，是研究清代社会和文化的重要文献。

12. 五岳：五岳是中国五大名山的总称，包括东岳泰山（山东泰安市）、西岳华山（陕西华阴市）、南岳衡山（湖南衡阳市）、北岳恒山（山西大同市）和中岳嵩山（河南登封市）。五岳在中国传统文化中具有崇高的地位，被视为天地交汇的象征，历代帝王常在此举行封禅大典，以祈求国泰民安。五岳以其壮丽的自然景观闻名，还承载了丰富的宗教、文化和历史内涵，是道教和佛教的重要圣地。五岳代表了中国人对自然的崇拜与敬畏，也体现了中华文化中"天人合一"的哲学思想，至今仍是重要的旅游和文化地标。

13. 君主立宪制：君主立宪制是相对于君主专制的一种政治体制。其特点是君主作为国家元首，但其权力受到宪法和议会的限制，实际行政权通常由首相或内阁行使。这一体制起源于英国，是现代民主政治的重要形式之一。君主立宪制通过宪法明确划分君主的象征性角色与政府的实际权力，既保留了历史传统，又实现了民主治理。实行该体制的国家包括英国、日本和瑞典等。君主立宪制在维护国家稳定、平衡传统与现代关系方面具有独特优势，同时也体现了法治和分权原则，是现代政治文明的重要成果。

14. 《万历十五年》：《万历十五年》是美籍华裔历史学家黄仁宇于1981年出版的历史著作。本书以明朝万历十五年（1587年）为切入点，通过对万历皇帝、张居正、海瑞等历史人物的细致分析，揭示了明朝晚期政治、经济和社会制度的深层次问题。书中采用"大历史观"的研究视角，从宏观角度审视微观历史事件，认为明朝的衰落并非偶然，而是制度性问题等多种深层次因素共同作用的必然结果。《万历十五年》以其独特的叙事方式和深刻的历史洞察力，在学术界和公众中引起广泛关注，成为研究中国历史的重要参考书籍。

15. 工具型翻译：工具型翻译是由德国功能翻译学派代表人物克里斯蒂安·诺德提出的以目标语读者需求为导向的翻译策略。该策略强调译文在目标语文化中的功能性和实用性，而非对原文形式的严格忠实。其核心理念是翻译应服务于特定交际目的，译者可根据目标语的文化背景和读者习惯，对原文进行适当调整、删减或重组，以确保译文清晰、流畅并在目标语境中发挥与原文相似的功能。工具型翻译广泛应用于技术文档、广告、说明书等实用文本的翻译中，强调了翻译活动的目的导向和译者主体性，推动了功能主义翻译目的论的发展。

16. 刑罚：刑罚全称刑事处罚，是掌握国家政治的统治阶级为了惩罚犯罪而规定在刑法中的，由专门国家机关适用和执行的最为严厉的强制方法。[①] 其种类包括主刑（如管制、拘役、有期徒刑、无期徒刑和死刑）和附加刑（如罚金、剥夺政治权利和没收财产）。刑罚的适用遵循罪刑法定原则和罪刑相适应原则，即只有法律明文规定的犯罪行为才能受到处罚，且处罚程度应与罪行轻重相适应。现代刑罚制度不仅注重惩罚功能，还强调对犯罪人的教育改造和社会复归，体现了法治精神和人道主义原则。刑罚是法律体系的重要组成部分，对维护社会公平正义及预防犯罪具有重要意义。

17. 杨宪益：杨宪益是中国著名翻译家、文学家和学者。他与妻子戴乃迭（英国汉学家）合作翻译了大量中国古典文学和现代文学作品，如《红楼梦》《鲁迅选集》等，将中国文学引介到英语世界。杨宪益的翻译以忠实原文、语言流畅著称，既保留了原作的文学价值，又使其易于被英语读者接受。杨宪益的翻译实践对中国翻译事业的发展产生了深远影响，是中西文化交流的重要桥梁。

---

① "什么是刑罚？刑罚和行政处罚有什么不同？"，载中国人大网 http://www.npc.gov.cn/zgrdw/npc/flsyywd/flwd/ 2002-04/18/content_292785.htm，最后访问日期：2025年4月30日。

18. 社会达尔文主义：社会达尔文主义是将达尔文的生物进化论应用于社会领域的社会学理论。该理论主张"适者生存"和"自然选择"原则同样适用于人类社会，认为社会竞争和淘汰是推动社会进步的动力，强调个人或群体的成功取决于其适应能力。相关代表人物有英国社会学家赫伯特·斯宾塞、德国唯心主义哲学家朗格等。社会达尔文主义在19世纪至20世纪曾被用来为资本主义自由竞争、殖民扩张和社会不平等辩护，但也因其忽视社会公正和人道主义而受到批评。尽管这一理论在科学界已被质疑，但其思想对现代社会学、经济学和政治学仍有一定影响，同时也引发了关于社会公平与伦理的深刻讨论。

19. 恩格尔系数：恩格尔系数是德国统计学家恩格尔提出的用于衡量人民生活水平的国际通用指标，指家庭或国家消费结构中食品支出占总支出的比例。其计算公式为食品支出除以总支出，结果以百分比表示。恩格尔系数越低，表明生活水平越高，因为家庭可将更多收入用于非食品消费；反之，系数越高，则生活水平越低。根据联合国粮农组织提出的标准，恩格尔系数在59%以上为绝对贫困，50%—59%为勉强度日，40%—50%为小康，30%—40%为富裕，低于30%为最富裕。恩格尔系数是评估经济发展水平和居民生活质量的重要工具，广泛应用于经济学和社会学领域，为制定经济政策和社会福利措施提供参考依据。

20. 常春藤联盟：常春藤联盟是美国东北部八所顶尖私立研究型大学组成的高校联盟。该联盟最初源于体育赛事联盟，后来逐渐成为精英教育的象征。联盟包括哈佛大学、耶鲁大学、普林斯顿大学、宾夕法尼亚大学、达特茅斯学院、布朗大学、哥伦比亚大学和康奈尔大学。这些学校以其悠久的历史、卓越的学术声誉和严格的入学标准闻名于世。常春藤盟校在学术研究、人才培养和社会影响力方面处于全球领先地位，培养了众多政界、商界和学术界的杰出人才，对全球高等教育产生了深远影响。

21. 冰上丝绸之路：冰上丝绸之路是指穿越北极圈，通过北极航道和其他海域，连接北美、东亚和西欧三大经济中心的海运航道。它是中国"一带一路"倡议以及丝绸之路经济带的延伸拓展。北极航道的航程比传统航线更短，可大幅降低运输成本和时间。中国积极推动冰上丝绸之路建设，加强与北极国家的合作，参与北极资源开发、航道利用和环境保护。冰上丝绸之路的开通有助于拓展全球贸易网络，为北极地区的可持续发展提供了新机遇，体现了中国在全球化背景下参与北极治理和推动国际合作的重要角色。

22. 二十四史：二十四史是中国古代二十四部官修正史的总称，记录了从传说中的黄帝时期至明崇祯十七年的历史。这些史书均采用纪传体形式编撰，通过本纪、列传、表、书等形式，全面记载了历代政治、经济、文化、军事等方面的情况。二十四史包括"前四史"《史记》《汉书》《后汉书》《三国志》，"九书二史"《晋书》《宋书》《南齐书》《梁书》《陈书》《魏书》《北齐书》《周书》《隋书》《南史》《北史》，"两旧两新"《旧唐书》《新唐书》《旧五代史》《新五代史》，"元修三史"《宋史》《辽史》《金史》，"元明二史"《元史》《明史》。这些史书保存了丰富的历史资料，体现了中国古代史学的编纂传统和思想观念，对后世历史研究和文学创作产生了深远影响。

23. 普利策奖：普利策奖又称普利策新闻奖，是新闻领域的国际最高奖项，被誉为"新闻界的诺贝尔奖"。该奖项根据匈牙利裔美国报业巨头约瑟夫·普利策的遗愿于1917年设立，旨在表彰在新闻、文学和艺术创作中表现卓越的个人或团队。普利策奖每年由哥伦比亚大学普利策奖评选委员会评选并颁发，奖项分为新闻类和创作类。该奖项以其严格的评选标准和权威性著称，对推动新闻业的专业性和社会责任感具有重要意义。

24. **《时空画师》**：《时空画师》是中国科幻作家海漄创作的一部中短篇科幻小说。小说以北宋名画《千里江山图》的创作为背景，通过科幻手法将历史与未来交织，讲述了画师赵希孟在创作过程中与未来时空的神秘联系。作品融合了历史、艺术、推理与科幻元素，展现了人类对时间、生命和艺术的深刻思考。《时空画师》荣获 2023 年雨果奖最佳短中篇小说奖，体现了中国科幻文学的创新力，向世界展示了中国传统文化的独特魅力。

25. **张大千**：张大千是中国近现代著名的国画大师。他擅长山水、花鸟、人物等多种题材，尤以泼墨泼彩技法闻名，将传统中国画与西方艺术元素相结合，开创了独特的艺术风格。其代表作有《长江万里图》《庐山图》《荷花图》等。张大千在中国画领域成就卓越，致力于推广中国文化，对中外艺术交流作出了重要贡献。

二、应用文写作

【构思谋篇】

题干要求撰写一篇关于英语演讲比赛的新闻稿，行文时需包含比赛背景、参赛情况、比赛过程、获奖名单等核心要素。范文开篇简明扼要交代比赛基本信息（时间、主办方、主题等）；主体部分依次介绍评委阵容、比赛环节设置、选手表现亮点、获奖情况及评委点评；结尾补充赛事后续安排。

【参考范文】

××大学第××届英语演讲比赛圆满落幕

12 月 10 日，由××大学校团委主办、外国语学院承办的第××届英语演讲比赛决赛在××报告厅成功举行。本次比赛以"Speak Your World, Shape Your Future"为主题，吸引了全校××个院系的××名选手参与角逐。

比赛特邀外国语学院××教授、英语系主任××副教授，以及外籍专家××担任评委。决赛分为定题演讲、即兴问答两个环节，选手们围绕"全球视野下的青年责任""跨文化交流的当代价值"等话题展开精彩演讲。

在定题演讲环节，来自××学院的××同学以"数字时代的人文关怀"为题，结合自身经历阐述了技术发展与人际关系的平衡；××学院的××同学则通过"一带一路上的文化对话"的演讲，展现了当代青年的国际视野。即兴问答环节，选手们思维敏捷，对评委提出的社会热点问题给出了独到见解。

经过激烈角逐，××学院的××同学凭借出色的语言表达和深刻的主题阐释荣获特等奖，××学院的××等××名同学分别获一、二、三等奖。外国语学院××院长在颁奖仪式上表示："选手们的表现展现了当代大学生用英语讲好中国故事的能力与担当。"

据悉，本次比赛优胜者将代表学校参加明年举行的××省大学生英语演讲比赛。赛事组织者表示，将继续完善比赛机制，为培养具有国际竞争力的复合型人才搭建平台。

2023 年 12 月 10 日

××大学宣传部

三、命题作文

【构思谋篇】

题干要求以"立本论"为题撰写一篇议论文，行文时可结合历史与现实案例，阐释"立本"对个人成长和社会发展的重要意义。范文开篇以《论语》名句点题，提出"立本"的时代意义；主体部分从"立德修身—制度建设—实践躬行"三个维度展开论述，每个论点均结合历史典范与当代案例；结尾升华主题，呼应开篇。

【参考范文】

立本论

《论语》有言："君子务本，本立而道生。"这八字箴言，不仅揭示了个人成长的规律，更蕴含着文明传承的密码。在这个价值多元、变化迅猛的时代，重提"立本"之道，恰似一剂醒世良方，指引我们在纷繁复杂中把握根本，在瞬息万变中坚守初心。

立本之道，首在立德修身。道德之于人，犹如根基之于树木。东汉名臣杨震面对"暮夜怀金"的诱惑，以"天知、地知、你知、我知"的警句，为后世树立了清廉自守的典范。北宋大儒张载"为天地立心，为生民立命"的宏愿，至今仍在激励着无数仁人志士。反观当下，一些官员在利益诱惑面前丧失原则，一些学者在名利场中迷失方向，究其根本，都是道德根基不牢所致。古人云："德者，才之帅也。"唯有以德立身，方能行稳致远；唯有德才兼备，方可成就大业。

立本之要，重在制度建设。健全的制度是社会运行的基石，是国家长治久安的保障。商鞅"立木建信"的故事告诉我们，确立规则才能赢得信任；唐代三省六部制的创设，为开元盛世奠定了制度基础。今天，我们要推动教育回归育人本质，医疗坚守救死扶伤初心，科技秉持造福人类宗旨。这些领域的健康发展，都需要以完善的制度为保障。制度之本，在于维护公平正义；规则之要，在于保障人民福祉。当制度之根深扎沃土，社会之树方能枝繁叶茂。

立本之基，贵在实践躬行。知行合一是中华文化的优良传统，也是成就事业的根本法则。王阳明龙场悟道，提出"知行合一"的哲学思想，强调真知必须付诸实践；张謇放弃功名，投身实业救国，用行动诠释知识分子的担当。当代企业家任正非带领华为数十年如一日专注通信领域，正是对"本立道生"的生动诠释。这些实践者用行动证明：唯有立足根本，方能成就非凡；唯有持之以恒，才能创造辉煌。

回望中华文明五千年历史长河，那些璀璨的文明成果无不源于对根本的坚守。孔子整理六经，司马迁著《史记》，都是立足根本的典范；李时珍尝百草，徐霞客行万里，皆因坚守初心而成就伟业。他们用毕生心血诠释了一个亘古不变的真理：唯有固本培元，方能继往开来；唯有坚守根本，才能生生不息。

在这个充满机遇与挑战的新时代，让我们共同守护根本，在传承中创新，在坚守中超越。个人要立德修身，社会要完善制度，国家要夯实基础。唯有如此，我们才能在时代大潮中把握方向，在全球化进程中保持定力，为人类文明的发展作出新的贡献。立本而道生，这既是古人的智慧结晶，也是我们面向未来的行动指南。

2023 年全日制翻译硕士专业学位（MTI）研究生入学考试试题

参考答案

一、名词解释①

1. **小篆**：小篆又称秦篆，是中国古代汉字书体之一。该字体是大篆籀文的简化形式，由秦朝丞相李斯在秦始皇统一六国后主持规范，作为官方标准字体推广使用。小篆字形规整匀称，线条圆润流畅，结构严谨，具有高度的艺术性和规范性。小篆在中国书法史上具有重要地位，标志着汉字从象形到符号化的转变，为后世隶书、楷书等字体的发展奠定了基础。

2. **清代科举**：清代科举是选拔官员的主要制度，沿袭自隋唐，至 1905 年废除。科举考试分为童试、乡试（秋闱）、会试（春闱）和殿试四级，内容以儒家经典为主，尤其是四书五经。清代科举在形式上更加严密，但内容僵化，以八股文为考试文体，限制了思想的创新。尽管科举制度为寒门子弟提供了上升通道，但其弊端也日益显现，最终在清末被废除。

3. **耶路撒冷**：耶路撒冷是位于中东地区的一座历史名城，是犹太教、基督教和伊斯兰教三大宗教的圣地。犹太教视其为大卫王建都之地和圣殿所在地；基督教认为耶稣在此受难并复活；伊斯兰教则将其列为麦加、麦地那之后的第三圣地。耶路撒冷历史上多次易主，经历了巴比伦、罗马、阿拉伯、十字军和奥斯曼等统治，留下了丰富的历史遗迹，如哭墙、圣墓教堂和圆顶清真寺。1947 年，联合国决议将其定为国际共管城市，但以色列和巴勒斯坦均宣称对其拥有主权，使其成为中东冲突的核心问题之一。

4. **乔叟**：乔叟是英国著名的诗人、小说家，被誉为"英国诗歌之父"。他使用伦敦方言写作，推动了英国民族语言文学的发展。他的创作融合了现实主义与浪漫主义，反映了中世纪形形色色的社会生活，刻画了英国资本主义初期各阶层人物的思想面貌。其代表作有《坎特伯雷故事集》《公爵夫人之书》《声誉之宫》等。乔叟是英国文学的奠基人，也是欧洲文艺复兴的先驱之一，其作品至今仍被视为世界文学的经典。

5. **《世说新语》**：《世说新语》是中国南朝宋时期文学家刘义庆组织一批文人编撰的一部文言志人小说集。全书分为德行、言语、政事、文学等 36 门类，共 1 130 则故事，生动记载了东汉至东晋年间士族阶层的生活风貌、思想文化和审美趣味。其语言简洁隽永，叙事生动，塑造了众多个性鲜明的历史人物形象，如嵇康、阮籍等，被誉为"名士的教科书"。《世说新语》是中国古代笔记小说的代表作，也是研究魏晋风度和思想文化的重要文献，对后世文学、艺术和哲学产生了深远影响。

6. **梅雨**：梅雨是东亚地区特有的一种气候现象。梅雨主要发生在每年春末夏初（通常为 6 月至 7 月），因正值梅子成熟而得名，梅雨开始称作"入梅"，结束称作"出梅"。梅雨的形成与西太平洋副热带高压和冷空气的交汇有关，表现为持续的阴雨天气，降水量大且分布均匀。梅雨季节空气湿度高，易滋生霉菌，对日常生活和健康有一定影响。梅雨对中国长江中下游地区、日本南部和韩国南部等地的农业生产至关重要，为水稻等作物提供了充足的水分，但同时也可能引发洪涝灾害。

---

① 名词解释部分第 13 题为"三权分立"，因知识点更新，"三权分立"说法与现行情况不符，故本书将该题目解析予以删除。

7. "四个自信"："四个自信"是中国特色社会主义的重大理论创新，包括中国特色社会主义道路自信、理论自信、制度自信和文化自信。道路自信指坚定走中国特色社会主义道路的信念；理论自信强调对中国特色社会主义理论体系的信心；制度自信体现对中国特色社会主义制度的认同；文化自信是对中华优秀传统文化、革命文化和社会主义先进文化的自豪与传承。"四个自信"是习近平新时代中国特色社会主义思想的核心内容，旨在增强全党全国人民的凝聚力和向心力，为实现中华民族伟大复兴提供精神动力和思想保障。

8. 个人可支配收入：个人可支配收入是指个人在一定时期内在缴纳个人所得税、社会保险费等强制性支出后，实际可用于消费和储蓄的收入。它是衡量居民经济福利和生活水平的重要指标，反映了个人或家庭的实际购买力和经济自由度。个人可支配收入的高低直接影响消费能力、储蓄率和生活质量，是经济学研究和政策制定的重要参考数据。提高个人可支配收入有助于促进消费、拉动经济增长，同时也是实现社会公平和共同富裕的重要途径。

9. 主刑：主刑又称基本刑、本刑，是指刑法中规定的对犯罪行为人实施的主要刑罚方法。主刑只能独立适用，不能附加适用，包括管制、拘役、有期徒刑、无期徒刑和死刑五种。管制是最轻的主刑，限制犯罪人一定自由；拘役和有期徒刑分别适用于短期和长期监禁；无期徒刑和死刑则针对严重犯罪。主刑的适用遵循罪刑法定原则和罪刑相适应原则，体现了法律的公正性和严肃性。主刑是刑罚体系的核心，旨在惩罚犯罪、维护社会秩序并预防犯罪，对实现司法正义和社会稳定具有重要意义。

10. 翻译征服论：翻译征服论是德国哲学家尼采提出的翻译观点，强调翻译是一种文化征服和再创造的过程，而非简单的语言转换。该理论主张翻译应突破原文的限制，通过译者的创造性诠释，赋予文本新的生命和意义。这一理论挑战了传统翻译的忠实性原则，强调译者的主体性和翻译的文化功能，对现代翻译理论和实践产生了深远影响。

11. 比特币：比特币是一种基于区块链技术的去中心化数字货币（网络虚拟货币）。这种货币由化名中本聪的人或团队于 2009 年正式推出。比特币通过密码学技术确保交易安全，无需中央银行或中介机构即可实现点对点交易。其供给总量上限为 2 100 万枚，通过"挖矿"过程逐步释放。比特币具有匿名性、全球流通性和抗通胀等特点，但也存在价格波动大、监管不完善等问题。作为最早的加密货币，比特币推动了区块链技术的发展，并在金融、科技等领域引发广泛关注，被视为数字经济时代的重要创新之一。

12. 生态文明：生态文明是人类社会继原始文明、农业文明和工业文明之后的新型文明形态。其核心理念是尊重自然、顺应自然和保护自然，通过绿色发展、循环经济和低碳技术实现经济社会与生态环境的协调统一。生态文明建设包括生态保护、环境治理、资源节约和绿色发展等方面，旨在构建资源节约型、环境友好型社会。中国将生态文明建设纳入国家发展战略，提出"绿水青山就是金山银山"的理念，推动全球生态治理和可持续发展。

14. 碳中和：碳中和是指二氧化碳净零排放，即由个人或团体直接或间接产生的二氧化碳排放量，可以与植树造林等方式所吸收的量相抵消中和，最终实现温室气体"零排放"的效果。[①] 根据中共中央、国务院印发的《关于完整准确全面贯彻新发展理念做好碳达峰碳中和工作的意见》，我国计划在 2060 年，全面建立绿色低碳循环发展的经济体系和清洁低碳安全高效的能源体系，实现碳中和目标。"碳中和"目标的实现需要政府、企业和公众的共同努力，通过发展可再生能源、推广绿色技术和倡导低碳生活方式，促进经济社会的可持续发展。

---

① "世界环境日'双碳'科普 || 带你解读'双碳'——'碳达峰''碳中和'"，载 http://www.zhzx.cgs.gov.cn/xxfw02/dxkp/202206/t20220607_701520.html，最后访问日期：2025 年 4 月 30 日。

15. **非物质文化遗产**：非物质文化遗产是指各族人民世代相传并视为其文化遗产组成部分的各种传统文化表现形式，以及与传统文化表现形式相关的实物和场所。包括：（1）传统口头文学以及作为其载体的语言；（2）传统美术、书法、音乐、舞蹈、戏剧、曲艺和杂技；（3）传统技艺、医药和历法；（4）传统礼仪、节庆等民俗；（5）传统体育和游艺；（6）其他非物质文化遗产。① 联合国教科文组织通过《保护非物质文化遗产公约》推动其保护与传承。中国也积极保护和弘扬非物质文化遗产，如京剧、端午节等，以维护文化多样性。

16. **家国同构**：家国同构是中国传统文化中的重要理念，强调家庭与国家在结构和伦理上的相似性。家庭被视为国家的缩影，国家的治理原则与家庭伦理相通，如"修身齐家治国平天下"体现了个人、家庭与国家的紧密联系。儒家思想认为，孝道是家庭伦理的核心，忠君则是国家伦理的体现，二者相辅相成。家国同构不仅塑造了中国古代社会的治理模式，也深刻影响了中国人的价值观和行为准则。这一理念在现代社会仍具有现实意义，强调个人责任与社会责任的统一，为构建和谐社会提供了文化基础。

17. **许渊冲**：许渊冲是中国著名的翻译家、学者，曾任北京大学教授。他提出诗歌翻译的"三美论"（意美、音美、形美）、"三似论"（形似、意似、神似）、"三化论"（浅化、等化、深化）和"三之论"（知之、乐之、好之）。他的译文既忠实于原文，又注重语言的艺术性，在国内外享有盛誉。他致力于中英、中法文学翻译，尤其擅长古典诗词翻译，代表作有英译本《诗经》《楚辞》《唐诗三百首》等。许渊冲推动了中华文化的国际传播，为翻译理论与实践作出了重要贡献，是中国翻译界的泰斗级人物。

18. **沉没成本**：沉没成本是指已经发生且无法收回的成本，如时间、金钱或资源的投入。在经济学和决策理论中，沉没成本不应影响未来的决策，因为其无法改变。然而，人们常因不愿浪费已投入的资源而继续投入，导致"沉没成本谬误"。例如，继续投资失败项目或坚持无意义的关系。理性决策应基于未来收益和成本，而非过去的投入。理解沉没成本有助于避免情感干扰，提高决策效率，在商业、投资和个人生活中具有重要应用价值。

19. **特洛伊之战**：特洛伊之战是古希腊神话传说中一场著名的战争。据《荷马史诗》记载，战争起因是特洛伊王子帕里斯诱拐斯巴达王后海伦，希腊联军为夺回海伦而围攻特洛伊城。战争持续十年，最终希腊人通过木马计攻陷特洛伊。其主题涉及荣誉、爱情、命运和人性，对西方文学、艺术和文化产生了深远影响。19世纪考古学家在土耳其发现特洛伊遗址，进一步证实了战争的历史背景，使其成为神话与历史交织的经典范例。

20. **三省六部**：三省六部是隋唐至明清时期中央行政机构的核心制度。三省指中书省、门下省、尚书省：中书省负责草拟、颁发皇帝的诏令；门下省负责审议；尚书省负责执行政务。六部指吏部、礼部、兵部、刑部、工部、户部，分别负责官员任免、礼仪典章、军事要务、法律典狱、水利工程、财政赋税等职责。三省六部制体现了权力分工与制衡，提高了行政效率，是中国古代政治制度成熟的标志，对后世官制发展产生了深远影响。

21. **两河流域**：两河流域是指幼发拉底河和底格里斯河之间的区域，位于现今伊拉克和叙利亚一带，是古代美索不达米亚文明的发源地。这一地区因河流冲积形成的肥沃土地，被誉为"新月沃地"，孕育了苏美尔、阿卡德、巴比伦和亚述等文明，对后世法律、宗教、科技和艺术产生了深远影响。两河流域不仅是人类文明的摇篮，也是研究古代社会和文化的重要区域。

---

① "中华人民共和国非物质文化遗产法"，载中国政府网 https://www.gov.cn/flfg/2011-02/25/content_1857449.htm，最后访问日期：2025年4月30日。

22. **紧急避险**：紧急避险是指为了保护国家利益、集体利益或者他人的人身权利和财产权利，在面临即将发生的不法侵害时，为了避免更大的损害而采取的必要紧急措施。在法律上，紧急避险行为通常被视为合法，即使其可能对他人权益造成一定损害，只要行为符合必要性、合理性和适度性原则。例如，为躲避火灾破坏他人财物，或为抢救生命违反交通规则。紧急避险体现了法律对人性化和社会公共利益的考量，旨在平衡个人权益与社会安全。这一概念广泛应用于民法、刑法和行政法等领域，是法律实践中处理紧急情况的重要原则。

23. **超导材料**：超导材料是指在特定低温下电阻为零且具有完全抗磁性的材料。这一现象称为超导效应，由荷兰物理学家海克·卡末林·昂内斯于 1911 年发现。超导材料可分为低温超导材料和高温超导材料：前者具有低临界转变温度，需在液氦温度（约-269℃）下工作，主要为金属、合金、化合物；后者具有高临界转变温度，需在液氮温度（约-196℃）下实现超导，主要为氧化物材料。超导材料在电力传输、磁悬浮、医学成像（如 MRI）和量子计算等领域具有重要应用，能大幅提高能源利用效率和技术性能。超导材料的研究不断突破，成为凝聚态物理和材料科学的前沿领域，对科技进步和产业发展具有深远意义。

24. **五音（五声）**：五音（五声）是中国古代乐理中的五个基本音阶，包括宫、商、角、徵、羽，大致相当于现代音乐简谱中的 1（do）、2（re）、3（mi）、5（sol）、6（la）。五音是构成古代音乐旋律及和声的基础，广泛应用于音乐创作、演奏和礼仪活动中。五音是中国传统音乐文化的重要组成部分，也是研究中国古代音乐史的重要依据。

25. **《资治通鉴》**：《资治通鉴》是北宋史学家司马光主编的一部编年体通史。全书共 294 卷，系统记述了战国至五代十国期间共 1 362 年的政治、军事、经济和文化事件，旨在为统治者提供历史借鉴。《资治通鉴》史料翔实，叙事严谨，语言简练，是中国古代史学的巅峰之作，对后世历史研究和编撰产生了深远影响，也是研究中国古代历史的重要文献。

二、应用文写作

【构思谋篇】

　　题干要求以大学教授身份撰写一封夏令营推荐信，行文时需采用正式推荐信格式，突出学生学术能力与个人特质。范文开篇表明推荐人身份及与被推荐人的关系；主体部分从"学术表现—科研实践—综合素质"三个维度具体阐述学生的优势与特质，每个部分均提供具体数据支撑；结尾重申推荐意愿并提供联系方式。

【参考范文】

暑期夏令营推荐信

尊敬的××大学暑期夏令营组委会：

　　作为××大学××学院教授，本人郑重推荐我院大四学生×××同学参加贵校 2023 年暑期夏令营活动。作为该生《×××》课程授课教师及科研导师，我有幸见证其三年来的成长历程，对其学术潜力和综合素质充满信心。

　　在学术表现方面，×××同学展现出卓越的学习能力。其专业成绩连续三年位列年级前 3%，曾获国家奖学金和校级三好学生称号。在我讲授的《×××》课程中，她完成的《×××》研究报告获得 98 分，展现出扎实的理论功底和独到的分析视角。目前正在指导其开展的毕业论文《×××》研究，已体现出成熟的科研思维。

　　在科研实践方面，×××同学作为核心成员参与了我的国家自然科学基金项目（编号：××），负责×××数据分析工作。她创新性地应用×××算法，将数据处理效率提升 40%，相关成果已投稿至《×××》期刊（第二作者）。此外，她还主持校级大学生创新项目《×××》，项目成果获评优秀结题。

在综合素质方面，×××同学具备突出的领导力和国际视野。作为学院学生会学术部部长，成功策划组织了"×××"学术论坛（参与人数300+）。英语能力优异（雅思为7.5分，CET-6为635分），曾代表学校参加×××国际学术会议并作英文报告。

鉴于×××同学出色的学术背景和科研潜力，我坚信她将成为贵校夏令营的宝贵成员。如需进一步了解该生情况，欢迎随时通过×××@××.edu.cn与我联系。

此致

敬礼!

推荐人：×××（教授）
××年××月××日

三、命题作文

【构思谋篇】

题干要求以"45°人生"为题撰写一篇议论文，行文时需围绕"躺平"与"内卷"的社会现象，辩证思考当代青年的生存状态。题干中包含两幅图片：躺平45°象征消极逃避的生活态度，起跑45°代表积极进取的奋斗姿态，二者形成鲜明对比。范文开篇以两幅45°姿态图片引出当代青年的生存困境；主体部分先分析"躺平45°"的消极抵抗本质及其局限性，再剖析"起跑45°"的奋斗焦虑与异化风险；继而提出"45°人生"的平衡智慧，从时间管理、职业发展和价值取向三个维度阐述具体实践路径；结尾升华主题，强调动态平衡的生活哲学。

【参考范文】

45°人生

社交媒体上流传的两幅45°姿态图片，恰如当代青年的生存隐喻：一幅是慵懒的45°躺平，一幅是蓄势的45°起跑。这两种看似对立的生活态度，实则揭示了现代人面临的普遍困境——在过度竞争与消极逃避之间，我们能否找到第三种可能？45°人生或许正是答案：它既非彻底的躺平，也非盲目的内卷，而是一种张弛有度的生活智慧。

躺平的45°折射出青年对异化竞争的本能抵抗。当加班文化成为职场常态，当年龄焦虑如影随形，部分年轻人选择用降低欲望来对抗系统性压力。这种生存策略虽然能带来短暂的喘息，但长期来看，过度的消极逃避会逐渐消解生命的活力与意义。就像长期停泊的船只终会生锈，完全躺平的人生也会失去前行的动力。

起跑的45°则象征着停不下来的奋斗焦虑。从学生时代的题海战术到职场中的绩效竞赛，这种姿态背后是深深的生存恐惧。不少人陷入这样的循环：用健康换取财富，再用财富修复健康。当奋斗异化为自我剥削，当成功被简化为物质积累，生命的天平必然失衡。

真正的智慧在于把握45°的平衡艺术。这种平衡不是简单的折中，而是对生活节奏的主动掌控。就像优秀的马拉松选手懂得配速，人生也需要在冲刺与调整间找到节奏。我们看到越来越多的年轻人开始尝试新的生活方式：有人选择成为数字游民，在旅行中工作；有人发展多重职业身份，在不同领域寻找价值；还有人践行极简主义，在物质丰裕的时代保持清醒。

这种平衡体现在三个维度：在时间管理上，学会区分重要与紧急；在职业发展上，培养可迁移的核心能力；在价值取向上，建立多元的评价标准。重要的是认识到，人生不是非此即彼的单选题，而是可以不断调整的动态过程。

站在新时代的十字路口，45°人生给予我们重要启示：生命需要进取的锐气，也需要休整的从容。就像冲浪者根据浪涌调整姿态，现代人也需要在变动中寻找自己的最佳角度。这种既不完全躺平也不过度内卷的生活智慧，或许正是应对不确定时代的最好方式——它让我们在保持前进动力的同时，也不失去感受生活美好的能力。

宁波大学

2024 年全日制翻译硕士专业学位（MTI）研究生入学考试试题

参考答案

第一部分　百科知识

1. **文艺复兴**：文艺复兴指 14 世纪至 16 世纪发生在欧洲的思想解放文化运动。它起源于意大利，后扩展至整个欧洲。它的本质是新兴资产阶级在复兴古希腊、古罗马古典文化的名义下，发起的弘扬资产阶级思想文化的反封建运动。文艺复兴强调人文主义，主张以人为本，重视人的价值与尊严。相关代表人物有"文坛三杰"但丁、彼特拉克、薄伽丘，"美术三杰"达·芬奇、拉斐尔、米开朗基罗等。文艺复兴在文学、艺术、科学等领域取得了巨大成就，推动了欧洲从中世纪向近代社会的过渡，为后来的启蒙运动和科学革命奠定了基础。

2. **工业革命**：工业革命是 18 世纪后半叶起源于英国的一系列技术创新、产业升级和社会生产力变革。工业革命主要经历了四个标志性的变革阶段。第一次工业革命始于 18 世纪 60 年代，以蒸汽机的广泛应用为标志，实现了从手工劳动向机器生产的转变。第二次工业革命始于 19 世纪 70 年代，以电力和内燃机的发明应用为标志，推动了社会的工业化进程。第三次工业革命兴起于 20 世纪中期，以电子计算机、网络空间技术等的发展和利用为主要标志，推动了生产自动化、办公自动化和家庭自动化的发展。第四次工业革命始于 21 世纪初，以人工智能、物联网、大数据等新一代信息技术的广泛应用为标志，旨在实现制造业的智能化、网络化和柔性化。工业革命改变了人类社会的生产生活方式，重塑了社会结构和经济格局，推动了资本主义的快速发展和全球联系的加强，是人类历史上一次划时代的飞跃。

3. **殖民主义**：殖民主义是指强国通过军事侵略、政治控制和经济剥削等手段对弱国或地区进行占领、控制和剥削的行为。殖民主义和资本主义在世界历史上同步产生和发展，在不同的资本主义时期，其表现形式也有所不同。欧洲列强如英国、法国、西班牙等通过殖民扩张，掠夺资源、建立贸易垄断并传播自身文化，形成了庞大的殖民帝国。殖民主义改变了全球政治经济格局，导致被殖民地区的文化破坏和社会动荡。二战后，随着民族独立运动的兴起，大多数殖民地获得独立，但殖民主义遗留的经济不平等和文化影响至今仍存。

4. **意识形态**：意识形态又称观念上层建筑，是指反映特定社会群体（一定经济关系、政治关系，以及一定阶级或社会集团）利益和价值观的思想体系，通常包括政治法律思想、道德、艺术、宗教、哲学等观念。[①] 意识形态是上层建筑的重要组成部分，由经济基础决定并反作用于经济基础。它不是人脑中固有的，而是受思维能力、环境、信息、价值取向等因素影响的。意识形态具有阶级性，通常为统治阶级服务，用于维护其统治地位和社会秩序。意识形态是社会现实的反映，对于理解社会权力结构、文化传播和政治斗争具有重要意义。

---

① 《马克思主义基本原理》，高等教育出版社 2023 年版，第 127～137 页。

5. 市民社会：市民社会是指独立于国家政权控制之外的社会经济领域。其核心特征是公民通过自愿参与和集体行动，表达利益诉求、维护权利并推动社会进步。市民社会在现代民主政治中扮演重要角色，通过监督政府、提供公共服务和促进社会对话，增强社会凝聚力和治理效能。市民社会的健康发展有助于平衡国家与市场力量，推动社会公平与正义，是实现民主法治和可持续发展的重要基础。

6. 梁武帝：梁武帝，名萧衍，是南朝梁的开国皇帝，也是南朝在位时间最长的皇帝。他博学多才，精通文学、书法和佛学。他推行文治，重视文化教育，促进了南朝文化的繁荣。然而，他晚年沉迷佛教，疏于朝政，导致国力衰退，最终引发侯景之乱，梁朝走向衰落。梁武帝的统治体现了文治与宗教的复杂交织，对南朝政治、文化和宗教发展产生了深远影响。

7. 隋文帝：隋文帝，名杨坚，是隋朝的开国皇帝。他结束了南北朝长期分裂的局面，统一中国，开创了隋唐盛世的基础。他推行一系列改革，包括确立三省六部制、颁布《开皇律》、实行均田制和租庸调制，加强了中央集权和经济管理。他修建了大运河，促进了南北经济文化交流。然而，其晚年严刑峻法和过度征伐导致社会矛盾加剧。隋文帝的统治为唐朝的繁荣奠定了基础，对中国政治制度和社会发展产生了深远影响。

8. 北魏：北魏是中国南北朝时期由鲜卑族拓跋部建立的北方政权，定都盛乐（今内蒙古和林格尔县）。北魏统一了黄河流域，结束了十六国的分裂局面。北魏孝文帝时期推行汉化改革，迁都洛阳，改鲜卑姓为汉姓，推行三长制、均田制和俸禄制，促进了民族融合与社会经济发展。北魏大力支持佛教，开凿了云冈石窟和龙门石窟，推动了佛教艺术的繁荣。然而，北魏后期因政治腐败和民族矛盾加剧，分裂为东魏和西魏（东魏后被北齐取代，西魏后被北周取代）。北魏的统治对民族融合、文化发展和政治制度创新产生了深远影响，为隋朝统一奠定了基础。

9. 北齐：北齐是中国南北朝时期由鲜卑族建立的北方政权，定都邺城（今河北省临漳县）。北齐在文宣帝高洋时期国力强盛，军事上屡次击败突厥，经济上推行均田制，促进了农业发展。然而，北齐统治者多暴虐荒淫，政治腐败，导致社会矛盾激化，后被北周所灭。北齐短暂而动荡的历史反映了南北朝后期北方政权的复杂局势，为隋朝统一奠定了基础。

10. 鲜卑：鲜卑是中国古代北方的一个游牧民族，是魏晋南北朝时期的重要政治力量。鲜卑族分为多个部落，包括拓跋部、慕容部、宇文部等。其中，拓跋部建立的北魏统一了黄河流域，孝文帝时期推行汉化改革，促进了鲜卑族与汉族的融合。慕容部建立的前燕、后燕等政权也对北方历史产生了重要影响。鲜卑族在军事、政治和文化上对中国历史产生了深远影响，其汉化过程是中华民族多元一体格局形成的重要环节。

11. 江南：江南泛指中国长江以南地区，主要包括江苏南部、浙江、安徽南部、江西、湖南等地。江南地区气候温和，水网密布，土地肥沃，自古以农业发达、经济繁荣著称，被誉为"鱼米之乡"。其文化底蕴深厚，孕育了吴越文化、徽州文化等独特的地域文化，是中华文化的重要发源地之一。历史上，江南多次成为政治、经济和文化中心，尤其在南北朝、南宋时期地位显著。江南以其秀丽的自然风光、精致的园林建筑和丰富的文学艺术成就闻名，是中国传统文化和现代经济发展的重要象征。

12. 六典：六典出自《周礼》，是古代六个方面的国家治理方法，包括治典、教典、礼典、政典、刑典和事典。治典涉及国家行政管理，教典关乎教育制度，礼典规范礼仪与祭祀，政典涉及官员职责，刑典规定法律与刑罚，事典涉及具体事务的执行。六典系统总结了古代治国理政的经验，为后世法典编纂以及行政管理制度建设产生了深远影响。

13. 道法自然：道法自然出自《道德经》，是中国道家哲学的核心思想，意指"道"遵循自然的规律运行，强调万物应顺应自然，无为而治。道家认为，自然界的运行有其内在规律，人类应摒弃人为干预，追求与自然的和谐统一。这一思想体现了中国古代哲学对自然规律的深刻洞察，影响了中国古代的政治、文化和艺术，对现代环境保护和可持续发展理念具有重要启示。

14. 生态文明：生态文明是人类社会继原始文明、农业文明和工业文明之后的新型文明形态。其核心理念是尊重自然、顺应自然和保护自然，通过绿色发展、循环经济和低碳技术实现经济社会与生态环境的协调统一。生态文明建设包括生态保护、环境治理、资源节约和绿色发展等方面，旨在构建资源节约型、环境友好型社会。中国将生态文明建设纳入国家发展战略，提出"绿水青山就是金山银山"的理念，推动全球生态治理和可持续发展。

15. 《吕氏春秋》：《吕氏春秋》是中国战国时期秦国丞相吕不韦主持编纂的一部综合性著作。全书共26卷，分为十二纪、八览、六论，内容涵盖政治、经济、军事、农业和天文等领域。《吕氏春秋》以"兼容并蓄"为特点，以道家思想为主体，兼采其余诸子百家的思想精华，强调实用性和综合性，旨在为秦国统一天下提供理论支持。它是研究战国时期思想和历史的重要文献，对后世政治、文化和学术产生了深远影响。

16. 基因：基因是生物体内控制遗传性状的基本单位，由带有遗传信息的DNA序列构成，位于细胞染色体上。基因通过编码蛋白质决定生物的形态和生理特征。基因的发现和研究始于孟德尔的遗传定律，后经摩尔根、沃森和克里克等科学家的努力，逐步揭示了其结构和功能。基因技术在现代医学、农业和生物工程中广泛应用，如基因治疗、转基因作物和基因编辑。基因研究推动了生命科学的进步，也引发了伦理和社会问题的讨论，是21世纪科技发展的重要领域之一。

17. 君子：君子是中国传统文化中的理想人格典范，主要指品德高尚、行为端正的人。儒家经典《论语》中，孔子多次阐述君子的标准，强调其应具备仁、义、礼、智、信等美德。君子不仅追求个人道德完善，还承担社会责任，以"修身齐家治国平天下"为己任。君子文化体现了中国古代对道德修养和社会责任的重视，对后世伦理观念和社会价值观产生了深远影响。

18. 古希腊神话：古希腊神话是古希腊人关于神、英雄和自然现象的传统故事和传说体系。它源于古老的爱琴文明，通过口头流传及书面整理保存至今，反映了古希腊人的宗教信仰、历史记忆和文化价值观。其主要内容包括奥林匹斯众神的故事、英雄传说以及创世神话等。其主题涉及命运、人性、伦理和自然，至今仍为人们提供丰富的文化启示和艺术灵感。

19. 西方文明：西方文明是指以欧洲和北美为核心的文明体系。其源头可追溯至古希腊、古罗马和基督教文化。古希腊贡献了哲学、民主和科学思想，古罗马奠定了法律和行政管理的基础，基督教则塑造了道德和价值观。中世纪后，文艺复兴、宗教改革和启蒙运动推动了西方文明的现代化进程，工业革命和科技革命进一步确立了其全球影响力。西方文明的核心特征包括理性主义、个人主义、法治精神和市场经济，对全球政治、经济、科技和文化产生了深远影响，是现代世界文明的重要组成部分。

20. 柏拉图：柏拉图是古希腊哲学家，苏格拉底的学生和亚里士多德的老师，西方哲学的奠基人之一。他提出了"理念论"，认为现实世界是理念世界的投影，真理存在于超越感官的理性领域。他的哲学体系博大精深，涉及本体论、认识论以及伦理学、教育学和政治学等多个方面。其代表作《理想国》探讨了正义、政治和哲学教育，提出了哲学家治理的理想国家模型。他的对话体写作方式和哲学思想对西方哲学、政治学和伦理学产生了深远影响。

21. 伊斯兰教：伊斯兰教在中国旧称回教、清真教等，是信奉真主安拉为唯一造物主的一神论宗教。该教派由先知穆罕默德于公元 7 世纪初在阿拉伯半岛创立，与佛教、基督教并称为世界三大宗教。"伊斯兰"系阿拉伯语的音译，原意是"和平""顺从"，伊斯兰教的信徒统称为"穆斯林"。其核心教义包括"五功""六信"："五功"即五项宗教功课，念"清真言"、礼拜、斋戒、天课（慈善捐赠）和朝觐（麦加朝圣）；"六信"即六项信仰内核，信安拉、信天使、信经典、信先知、信后世、信前定。该教派的启示性经典文献为《古兰经》，圣地为麦加、麦地那和耶路撒冷。其宗教节日有开斋节、古尔邦节和圣纪节等。伊斯兰教对阿拉伯文化、法律、艺术和科学产生了深远影响，其传播范围遍及全球。

22. 以人民为中心的发展思想：以人民为中心的发展思想是习近平新时代中国特色社会主义思想的重要内容，强调发展为了人民、发展依靠人民、发展成果由人民共享。这一思想将人民的利益放在首位，注重解决教育、医疗、就业、住房等民生问题，推动社会公平正义和共同富裕。以人民为中心的发展思想不仅是中国经济社会发展的重要指导原则，也是实现中华民族伟大复兴的根本保障。它体现了中国共产党全心全意为人民服务的宗旨，为构建和谐社会和实现可持续发展提供了理论依据和实践路径。

23. 全球治理体系：全球治理体系是指国际社会通过规则、制度和合作机制应对全球性挑战的框架。其内容涵盖政治、经济、环境、安全等领域。其主要机构包括联合国、世界贸易组织、国际货币基金组织等，旨在促进国际合作、维护世界和平与稳定、推动可持续发展。全球治理体系的核心原则是多边主义、平等协商和共同责任，但在实践中面临大国博弈、规则不公和执行不力等挑战。

24. 自然法则：自然法则又称自然规律，是指自然界中普遍存在的客观规律。这些规律是物质所固有的稳定的本质联系，不受个体和社会的主观意志支配，如万有引力、能量守恒和生物进化等。这些规律通过科学观察和实验得以揭示，构成了自然科学的基础。自然法则不仅解释了自然现象的运行机制，也为人类利用自然、改造环境提供了理论依据。

25. 亚投行：亚投行全称亚洲基础设施投资银行（Asian Infrastructure Investment Bank，AIIB），是政府间性质的亚洲区域多边开发机构，也是全球首个由中国倡议设立的多边金融机构。亚投行正式成立于 2015 年，总部设在北京。其主要宗旨是通过投资亚洲地区的基础设施建设，促进区域经济一体化和可持续发展。截至 2024 年，亚投行成员增至 110 个，覆盖全球主要经济体。亚投行的成立体现了中国在全球经济治理中的积极参与，也为发展中国家提供了新的融资渠道和发展机遇。

第二部分　应用文写作

【构思谋篇】

　　题干要求撰写一篇关于规范教学区车辆行驶的管理通知。通知需采用正式通知格式（含标题、主送单位、正文、落款等要素），突出安全管理的必要性和具体实施细则。范文开篇阐明发文目的和依据；主体部分采用条款式结构，依次说明通行管理、行驶规范、停放管理、违规处理和监督实施五大核心内容；结尾提出遵守要求并附示意图。

【参考范文】

关于进一步加强教学区车辆规范管理的通知

校属各单位、全体师生员工：

为进一步优化教学区交通秩序，保障师生安全，营造良好的教学环境，根据《校园交通安全管理条例》相关规定，现就规范教学区车辆管理有关事项通知如下：

一、车辆通行管理

限行时段：工作日 7：30—21：00（寒暑假及节假日除外）；

限行区域：第一教学楼至第五教学楼环形区域（详见附图）；

特许通行：仅限校车、急救车、消防车等特种车辆及经保卫处审批的公务车辆。

二、行驶规范要求

时速限制：所有车辆不得超过 15 公里/小时；

让行规定：遇师生上下课高峰时段（7：50—8：20、11：50—12：20 等）必须停车让行；

禁鸣要求：全天候禁止鸣笛；

灯光使用：夜间须使用近光灯。

三、车辆停放管理

机动车：须停放在划定的蓝色标线车位内；

非机动车：统一停放于各教学楼指定区域；

共享车辆：禁止进入教学区。

四、违规处理办法

首次违规：警告教育并登记备案；

二次违规：暂扣通行权限 3 个工作日；

三次及以上违规：取消本学期车辆入校资格。

五、实施与监督

本通知自 2023 年 9 月 1 日起正式实施，保卫处将安排专人巡查，并启用电子监控设备。

违规举报电话：保卫处交通科×××××××

请各单位切实做好宣传教育，全体师生员工自觉遵守。让我们共同努力，维护安全有序的教学环境。

附件：教学区车辆限行示意图

××大学保卫处

2023 年 8 月 20 日

第三部分　现代汉语写作

【构思谋篇】

题干材料聚焦老一辈翻译家群体中的"无名英雄"，要求以"在历史和生活中深潜"为题撰写一篇议论性散文。文章需通过具体事例展现翻译工作者的精神品格，并引申对当代的启示。范文采用"意象引入—典型例证—精神升华"的散文结构：开篇以泛黄译本为意象，引出"深潜"主题；主体部分通过三个递进层次展开——先以张谷若为例展现深潜者的生命姿态，再以傅雷、朱生豪等为例诠释深潜需要的定力，继而揭示深潜背后的文化敬畏；结尾呼应开篇，将个人感悟升华为时代启示。

【参考范文】

在历史和生活中深潜

书架上那本泛黄的《简·爱》译本，扉页上译者的名字已经模糊不清。这让我想起翻译界流传的一句话："最好的译者，是让人忘记他存在的译者。"在文化交流的长河中，正是这些甘于"深潜"的翻译家，用毕生的寂寞，架起了文明对话的桥梁。

张谷若先生的一生，是这种深潜精神的生动写照。他在战火纷飞的年代里，坚持完成了《还乡》《德伯家的苔丝》等经典译作。没有鲜花掌声，没有优渥条件，有的只是对文字的敬畏。他像一位潜水采珠人，在语言的深海中寻找最贴切的表达，为中文读者呈现原著的精髓。当我们在夏洛蒂·勃朗特笔下的桑菲尔德庄园流连时，很少会想到，是这位默默无闻的译者，用多少个不眠之夜换来如此流畅的阅读体验。

这种深潜需要异于常人的定力。傅雷先生译《约翰·克利斯朵夫》时，为找一个恰当的中文拟声词，能在书房里踱步整日；朱生豪在战火中坚持翻译莎剧，手稿数次被毁又数次重译。还有某位俄语教师，用数十年时间默默重译《战争与和平》，只因觉得现有译本"少了点托尔斯泰笔下泥土的气息"。这些执着的匠人，把生命熬成油灯，照亮了他人阅读的夜晚。

深潜的本质是对文化的敬畏。当我们读着流畅的译本时，很少想到字里行间凝结着多少"痛苦的智慧"。有位翻译狄更斯作品的老先生，为准确传达伦敦贫民窟的俚语，专门去天津码头工人中生活了半年；翻译《源氏物语》的女士，为还原平安时代的风俗，自学了日本古代服饰史。这种近乎偏执的严谨，让异域文字在汉语里获得重生。

如今在流量至上的时代，我们格外需要这种深潜的精神。当网红译者靠着"神翻译"登上热搜时，那些仍在古籍馆核对注疏的学者，那些为某个科技语查阅几十篇论文的译者，依然保持着文化摆渡人的本色。就像深海中的蓝鲸，它们的每一次呼吸都悄无声息，却维系着整个海洋的生态平衡。

合上那本泛黄的《简·爱》，我突然明白：真正的文化传承，从来不是镁光灯下的表演，而是无数深潜者用寂寞换来的永恒。他们沉在历史的最深处，却托起了文明的海平面。在这个追求速成的时代，愿我们都能学会在专业领域深潜，在浮躁中守住那份对文字的虔诚与敬畏。

2023 年全日制翻译硕士专业学位（MTI）研究生入学考试试题

参考答案

第一部分　百科知识

1. **西方中心论**：西方中心论是一种以西方文化、价值观和历史经验为中心的历史叙事和意识形态。这一理论起源于欧洲文艺复兴时期，在殖民主义和全球化过程中得到强化。该理论认为西方文明是人类社会发展的最高阶段和普遍标准，将西方的政治制度、经济模式和文化观念视为全球范本，忽视或贬低非西方文明的价值和贡献。随着全球权力格局的变化和非西方国家的崛起，西方中心论的影响力逐渐减弱，多元共存的全球秩序正在形成。

2. **文明冲突论**：文明冲突论是由美国学者塞缪尔·亨廷顿创立的理论。该理论认为冷战后世界冲突的主要根源不再是意识形态或经济矛盾，而是不同文明之间的文化差异。他将世界划分为西方文明、伊斯兰文明、中华文明等，并预言文明间的断层线将成为未来冲突的主战场。该理论强调文化认同的重要性，但也因忽视文明内部的多样性和合作可能性而引发争议。文明冲突论对国际关系研究产生了深远影响，引起了学术界甚至政界的广泛关注与讨论。

3. **零和博弈**：零和博弈又称零和游戏，是博弈论中的一个概念，指参与各方的利益总和固定，一方的收益必然意味着另一方的损失，双方竞争的结果总和为零。典型的例子包括赌博和下棋。零和博弈反映了资源有限条件下的竞争关系，常用于分析经济、政治和军事领域的冲突与对抗，为理解竞争行为和决策策略提供了重要工具。然而，现实中的许多情境并非严格的零和博弈，合作与共赢往往能带来更大的整体利益。

4. **丛林法则**：丛林法则源自达尔文的生物进化论，是指自然界中弱肉强食、适者生存的竞争规则。这一概念被引申到人类社会，形容无规则、无约束的竞争环境，强调强者支配弱者，忽视道德与法律的约束。然而，现代文明强调法治、合作与公平竞争，丛林法则的适用性受到质疑。这一概念提醒人们在竞争与合作中寻求平衡，以实现社会的可持续发展与和谐共处。

5. **全人类共同价值**：全人类共同价值是指超越国家、民族和文化差异，被全人类普遍认可和追求的价值理念。该理念由习近平主席于 2015 年 9 月 28 日在第七十届联合国大会上提出，包括和平、发展、公平、正义、民主、自由六大要素。和平与发展是各国人民的共同事业，是人类追求一切其他价值目标的基础所在，是增进人民福祉的重要条件；公平正义是各国人民的共同理想，反映在一国内部以及国家间建立良性合理秩序的规范性要求；民主自由是各国人民的共同追求，是共同权利而非某些人的专利，是人类文明进步的重要标志。[①] 全人类共同价值强调在尊重文化多样性的基础上，寻求共识与合作，为实现世界和平与可持续发展提供了价值引领和行动指南。

6. **文化自觉**：文化自觉是指个体或群体对自身文化的深刻认知、认同和反思，包括对其历史渊源、核心价值和发展方向的清醒认识。这一概念由社会学家费孝通于 1997 年在北大社会学人类学研究所开办的第二届社会文化人类学高级研讨班上首次提出。它强调在全球化背景下，既要珍视和传承本土文化，又要开放包容，吸收外来文化的精华。文化自觉有助于增强文化自信，推动文化创新，促进文化多样性保护，在应对文化冲突、构建文化认同和实现文化复兴中具有重要意义。

---

① 寰宇平："为建设一个更加美好的世界提供正确理念指引"，载《人民日报》2023 年 9 月 28 日，第 3 版。

7. **五行**：五行是中国古代哲学中的重要概念，包括金、木、水、火、土五种基本元素，用以解释自然界和人类社会的运行规律。五行理论认为，这五种元素相生相克，形成动态平衡。相生表现为金生水，水生木，木生火，火生土，土生金；相克表现为金克木，木克土，土克水，水克火，火克金。五行学说广泛应用于中医、风水、天文和历法等领域，如中医通过五行解释人体生理和病理，风水利用五行调整环境布局。五行理论不仅是中国传统文化的重要组成部分，也反映了古人对自然规律的深刻洞察，对后世科学和哲学产生了深远影响。

8. **《中庸》**：《中庸》原属《礼记》第三十一篇，是儒家经典"四书"之一，相传为战国时期儒家学派子思（孔子之孙）所作，主要阐述儒家的伦理思想和治国理念。其核心思想是"中庸之道"，即追求不偏不倚、恰到好处的行为哲学，强调个人修养与社会和谐的平衡。南宋后，《中庸》成为官学书籍和科举指定书目，对历代文教产生了极大影响。《中庸》详细记录了我国早期思想文化发展史上的历史资料和重要思想，在我国儒学发展史乃至文化发展史上都占据着相当重要的位置。

9. **民本**：民本是中国古代政治哲学思想的核心理念之一，强调以民为本、治国安民。其源头可追溯至《尚书》中的"民惟邦本"，孟子进一步提出"民为贵，社稷次之，君为轻"，主张统治者应以百姓的福祉为重。民本思想体现了对民众地位和权利的重视，与专制统治形成对比。尽管在古代社会实践中受到局限，但民本思想对中国政治文化产生了深远影响，为后世"以人民为中心"的发展理念提供了历史依据，是中华文化中重要的治国智慧。

10. **韩愈**：韩愈，字退之，是唐代著名的诗人、文学家、思想家，唐宋八大家之一。他倡导古文运动，推崇古体散文，反对骈文的浮华文风，主张"文以载道"，强调文章应具有思想性和社会功能。他的散文雄浑有力，诗歌则以豪放著称。其代表作有《师说》《原道》《早春呈水部张十八员外》等。韩愈是中国文学史上的重要人物，其文学成就和思想贡献对后世影响深远。

11. **会试**：会试又称春闱，是中国古代科举制度中的一级考试。该考试由礼部主持，在京城举行，每三年一次。会试参加者是通过乡试（秋闱）的举人，考试内容以儒家经典为主，尤其是四书五经和策论；会试录取者称为贡士，有资格参加最高级别的殿试。会试是科举制度中选拔人才的关键环节，体现了古代中国对知识和人才的重视。尽管科举制度在清末被废除，但会试作为其重要组成部分，对中国古代教育、政治和文化产生了深远影响。

12. **翰林院**：翰林院是中国古代官署机构之一。该机构始建于唐代，主要负责起草诏书、编纂史书和侍讲经筵。翰林院成员多为科举考试中的佼佼者，称为翰林学士，享有较高的社会地位和政治影响力。宋代以后，翰林院逐渐成为培养高级官员的重要途径，许多宰相和重臣出身翰林。翰林院不仅是中国古代文化和政治的结合点，也是学术研究和文学创作的中心，对古代政治制度和文化发展产生了深远影响。清末，随着科举制度的废除，翰林院也被撤销。

13. **巡抚**：巡抚是中国明清时期的地方行政长官。巡抚主管一省的民政、军政等事务，权力仅次于总督。巡抚由中央直接任命，负责监督地方官员，维护地方稳定，并向朝廷汇报地方情况。巡抚制度的设立加强了中央对地方的控制，但也存在权力过大、腐败等问题。清末，随着新政的实施，巡抚制度逐渐被现代行政体系取代。

14. **科技革命**：科技革命是指由重大科技创新引发的社会经济和生产方式的根本性变革。科技革命主要经历了四个标志性的变革阶段。第一次科技革命始于 18 世纪 60 年代，以蒸汽机的广泛应用为标志，实现了从手工劳动向机器生产的转变。第二次科技革命始于 19 世纪 70 年代，以电力和内燃机的发明应用为标志，推动了社会的工业化进程。第三次科技革命兴起于 20 世纪中期，以电子计算机、网络空间技术等的发展和利用为主要标志，推动了生产自动化、办公自动化和家庭自动化的发展。第四次科技革命始于 21 世纪初，以人工智能、物联网、大数据等新一代信息技术的广泛应用为标志，旨在实现制造业的智能化、网络化和柔性化。科技革命改变了人类社会的生产生活方式，重塑了社会结构和经济格局，推动了资本主义的快速发展和全球联系的加强，是人类历史上一次划时代的飞跃。

15. **宇观**：宇观是指人们用各种波段的天文望远镜及航天飞机上的各种现代宇宙探测仪器能观察到的宇宙尺度。[①] 这一概念由中国天文学家戴文赛于 1962 年在《宇观的物质过程》中首次提出。在宇观尺度范围内，主要研究对象包括星系、恒星、行星和宇宙背景辐射等，主要作用力包括万有引力和电磁作用力等。宇观旨在揭示宇宙的起源、演化、结构和未来发展趋势，对现代宇宙学和天体物理学的研究产生了重要影响。

16. **竞争优势**：竞争优势是指企业在市场竞争中相对于对手所具备的独特优势，能够使其获得更高的市场份额或利润。竞争优势的来源包括成本领先、差异化、技术创新和品牌价值等。竞争优势不仅是企业生存和发展的关键，也是国家经济实力的重要体现。在全球化和数字化的背景下，竞争优势的构建和维护对企业和国家的长远发展具有重要意义。

17. **新常态**：新常态是中国经济进入中高速增长阶段后提出的发展理念。新常态下，我国经济发展表现出速度变化、结构优化、动力转换三大特点，增长速度要从高速转向中高速，发展方式要从规模速度型转向质量效率型，经济结构调整要从增量扩能为主转向调整存量、做优增量并举，发展动力要从主要依靠资源和低成本劳动力等要素投入转向创新驱动。[②] 新常态不仅是中国经济转型的指导方针，也为全球经济治理提供了新思路，体现了中国对经济发展规律的深刻认识和战略调整。

18. **粗放型经济增长方式**：粗放型经济增长方式是指主要依靠资源、资本和劳动力的大量投入以扩大生产规模，从而实现经济增长的模式。其特征是高消耗、高污染和低效率。这种增长方式在经济发展初期能够快速扩大经济规模，但长期来看会导致资源枯竭、环境恶化和经济结构失衡。随着经济发展水平的提高，粗放型增长方式的弊端日益显现，许多国家开始转向集约型增长，注重技术创新、资源节约和环境友好。粗放型经济增长方式的转型是实现可持续发展的关键，也是全球经济发展的重要趋势。

19. **国家战略**：国家战略是指一个国家或政府为实现发展目标和维护国家利益而制定的全局性、长远性、指导性的规划和政策。其涵盖经济、政治、军事、科技、文化等多个领域，旨在提升国家综合实力和国际竞争力。例如，中国的"一带一路"倡议和创新驱动发展战略都是国家战略的体现。国家战略的制定需要考虑国内外环境、资源禀赋和发展阶段，它既是国家发展的行动纲领，也是应对外部挑战和维护国家安全的重要工具。

---

① "物质结构的层次和尺度"，载中国科学院官网 https：//www.cas.cn/xw/zjsd/200203/t20020328_1683660.shtml，最后访问日期：2025 年 4 月 30 日。
② "关于《中共中央关于制定国民经济和社会发展第十三个五年规划的建议》的说明"，载中国共产党新闻网 http：//theory.people.com.cn/n1/2015/1231/c83845-28001269.html，最后访问日期：2025 年 4 月 30 日。

20. **温室气体**：温室气体是指大气中能够吸收并重新辐射地表热能的气体。这些气体在大气中形成类似温室的效果，导致全球气温上升，引发气候变化。温室气体的主要来源包括化石燃料燃烧、农业活动和工业生产。温室气体主要包括二氧化碳、甲烷、氧化亚氮和氟化气体等。为应对气候变化，国际社会通过《巴黎协定》等协议，推动减少温室气体排放，发展清洁能源，以实现可持续发展。

21. **顶层设计**：顶层设计是指从全局和长远角度对系统、项目或政策的各个方面、各个层次、各个要素进行整体规划和设计的思维方式。其核心是通过科学的规划和资源配置，实现目标的最优化和可持续发展。顶层设计强调战略性、系统性和协调性，广泛应用于国家治理、经济改革和科技创新等领域。顶层设计不仅能够避免局部优化导致的整体失衡，还能提高决策的科学性和执行力，是推动复杂系统高效运行的重要工具，对实现长远目标具有关键作用。

22. **清洁能源**：清洁能源又称绿色能源，是指在生产和使用过程中对环境影响较小、碳排放较低的能源。狭义的清洁能源指的是可再生能源，如太阳能、风能、水能、生物质能、地热能、氢能等。广义的清洁能源还包括了天然气、清洁煤等非可再生能源。清洁能源的开发和利用正逐步替代传统化石能源，推动能源结构转型，是应对气候变化、减少环境污染的重要途径。中国积极发展清洁能源，通过政策支持和技术创新，致力于实现"双碳"目标，为全球绿色发展贡献力量。

23. **碳达峰**：碳达峰是指碳排放量达峰，即二氧化碳排放总量在某一个时期达到历史最高值，之后逐步降低。[①] 根据中共中央、国务院印发的《关于完整准确全面贯彻新发展理念做好碳达峰碳中和工作的意见》，我国计划在 2030 年，二氧化碳排放量达到峰值并实现稳中有降。"碳达峰"目标的实现需要政府、企业和公众的共同努力，通过发展可再生能源、推广绿色技术和倡导低碳生活方式，促进经济社会的可持续发展。

24. **曾国藩**：曾国藩，字伯涵，号涤生，是晚清政治家、军事家、文学家、理学家，湘军创始人。他平定太平天国运动，挽救清朝统治。他推动洋务运动，创办江南机器制造总局，引进西方技术。曾国藩的思想和实践对晚清政治、军事和文化产生了深远影响，是研究中国近代史的重要人物。

25. **经学**：经学是中国古代研究和阐释儒家经典的学问，以《诗经》《尚书》等为核心文本，涵盖对经典的训诂注疏、义理阐释等内容。它起源于先秦，兴盛于汉代，汉武帝"罢黜百家，独尊儒术"后成为官方学术，并形成今文经学与古文经学两大流派。经学不仅是传统学术的核心，更深刻影响了中国古代政治、教育、伦理及社会制度，如科举考试以经学为重要内容。历代经学家如郑玄、孔颖达、朱熹等通过注疏阐释经典，使其成为维护封建统治的思想基础。

第二部分 应用文写作

【构思谋篇】

　　题干要求撰写一篇"扶残助残"倡议书。行文时需体现对残疾人权益的尊重与关怀，并动员社会力量参与扶残助残事业。范文开篇以残疾人现状描述切入，点明倡议背景和目的；主

---

① "世界环境日'双碳'科普 ‖ 带你解读'双碳'——'碳达峰''碳中和'"，载 http：//www.zhzx.cgs.gov.cn/xxfw02/dxkp/202206/t20220607_701520.html，最后访问日期：2025 年 4 月 30 日。

体部分从"平等相待—温暖相助—责任共建—发展同行"四个递进维度提出具体倡议，每项均采用条款式说明；结尾升华主题，发出行动号召。

【参考范文】

扶残助残倡议书

亲爱的社会各界朋友们：

　　在我们共同生活的城市中，有数千万残疾人兄弟姐妹。他们或许看不见春天的花朵，听不见夏日的蝉鸣，行动不如常人便利，但他们同样怀揣梦想，渴望平等参与社会生活。值此国际残疾人日来临之际，我们向您发出诚挚倡议：

　　一、以平等之心相待

　　（1）主动学习《残疾人保障法》，增强权益保障意识；

　　（2）公共场合遇到残疾人时，保持自然友善的态度；

　　（3）交流时注意，与轮椅使用者平视，与听障人士面对面。

　　二、以温暖之手相助

　　（1）参与"爱心助行"志愿服务，帮助行动不便者出行；

　　（2）学习基础手语，架起与听障人士沟通的桥梁；

　　（3）加入"有声读物"录制，为视障朋友朗读好书。

　　三、以责任之心共建

　　（1）不占用盲道、无障碍卫生间等专用设施；

　　（2）发现损坏的无障碍设施，及时通过 12345 热线反映；

　　（3）商场、超市等场所请为导盲犬提供通行便利。

　　四、以发展之策同行

　　（1）企事业单位积极开发适合残疾人的工作岗位；

　　（2）商家可设置残疾人专用停车位、服务窗口；

　　（3）学校、培训机构开设残疾人技能培训班。

　　特别提示：

　　帮助前请先询问其是否需要帮助；遇到使用辅助器具的残疾人，不要擅自触碰其器具；与残疾人交流时避免使用"残疾""残废"等不当用语。

　　涓滴之水成海洋，颗颗爱心变希望。让我们从今天开始，从身边做起，用尊重消除隔阂，用关爱温暖人心，共同建设一个更具包容性的美好社会！

××市残疾人联合会

2022 年 12 月 3 日

第三部分　现代汉语写作

【构思谋篇】

　　题干材料以司马光的人生经历为素材，要求撰写一篇议论性散文。行文时需通过司马光的个案，引申对人生智慧、成长规律等普遍性命题的思考。范文开篇以"砸缸"意象切入，总括司马光的人生轨迹；主体部分通过少年（破局智慧）、中年（守成勇气）、晚年（精神超越）三个生命阶段展开辩证分析；结尾将历史启示延伸至当代，升华"破与立"的哲学思考。

【参考范文】

破立之间：司马光的人生辩证法

那口被石块击碎的缸，在历史的回音壁上激荡了千年。七岁的司马光用最直接的方式解救落水同伴时，不会想到这个瞬间将成为解读他一生的重要密码。从砸缸救人的果敢少年，到反对变法的保守重臣，再到埋首著史的睿智老者，司马光的人生轨迹恰似一条蜿蜒的河流，在破与立的辩证中，完成了中国士大夫精神的完整诠释。

少年砸缸的决断里，藏着最本真的治事智慧。当其他孩童面对险境束手无策时，司马光选择打破常规。这块击碎水缸的石头，后来化作他政治生涯中的务实精神。他在《资治通鉴》中虽然批评了商鞅变法的严苛，但也肯定了变法对于秦国的正面价值。而这恰好说明，他注重以实际效果而非教条原则作为判断标准，完美诠释了他的务实品格。

中年的保守姿态实则是深思熟虑的选择。在王安石变法浪潮中，司马光逆流而上的反对，需要比随波逐流更大的勇气。他并非不知变革之需，而是更深谙骤变之害。就像他在《资治通鉴》中反复强调的"渐进改良"思想，这种保守是对社会机体的珍视。当青苗法导致"市易法"困扰民众时，他的反对声中，分明回响着当年砸缸救人的民生关怀。看似矛盾的转变背后，是对"治大国若烹小鲜"的深刻理解。

晚年的史学巨著完成了精神的超越。政治失意后，司马光将数十年光阴倾注于《资治通鉴》的编纂。这部"鉴于往事，有资于治道"的巨著，既是对现实的疏离，更是对理想的坚守。在历史的长廊中，他找到了比政见之争更永恒的战场。那些被精心编排的治乱兴衰，都在诉说着一个真理：真正的改革者，既要敢于打破禁锢生命的缸，也要善于修筑承载文明的长堤。

当代社会同样面临这样的辩证法。在传统与创新的撕扯中，我们既需要砸缸的魄力，也需要修史的定力。看那些科技颠覆者，他们挑战权威时的果敢，何尝不像少年司马光？而那些守护文化根脉的学者，他们的执着又与晚年的司马光遥相呼应。人生的智慧，或许就在于懂得何时该举起石块，何时该握紧史笔。

司马光用一生演绎了中国士人的完整人格——既能雷霆手段破旧局，又能静水深流立新篇。这种破与立的辩证法，至今仍在叩击我们的心灵：真正的成长，是锐气与沉潜的和解，是变革与传承的平衡。在这个急速变化的时代，我们比任何时候都更需要这种完整的精神谱系。

2022 年全日制翻译硕士专业学位（MTI）研究生入学考试试题

参考答案

第一部分　百科知识

1. **新冠肺炎**：新冠肺炎正式名称为 2019 冠状病毒病（Corona Virus Disease 2019，COVID-19）①，是一种由新型冠状病毒引发的急性感染性肺部炎症。新冠肺炎疫情于 2019 年 12 月在湖北省武汉市首次大规模爆发。其主要症状包括咽干、咽喉疼痛、咳嗽、发热、乏力，严重时可导致肺炎、呼吸衰竭甚至死亡。其主要传播途径为直接传播、气溶胶传播和接触传播。疫情防控措施包括佩戴口罩、保持社交距离、接种疫苗等。2020 年 3 月，世界卫生组织确认该肺炎具备大流行特征。新冠肺炎全球大流行对公共卫生、经济和社会生活产生了深远影响，推动了疫苗研发和国际合作，是 21 世纪重大全球健康危机之一。

2. **GDP**：GDP 是 Gross Domestic Product 的缩写，表示国内生产总值，指一个国家或地区在一定时期内所有最终产品和劳务市场价值的总和。GDP 是衡量国家或地区经济状况和发展水平的重要指标。GDP 的计算方法包括生产法、收入法和支出法，通常以年度或季度为单位统计。它涵盖消费、投资、政府支出和净出口四个部分，是评估经济健康状况、制定经济政策和进行国际比较的重要依据。GDP 的增长通常被视为经济发展的标志，但其局限性在于无法反映收入分配、环境成本和生活质量等因素。因此在分析经济发展时需结合其他指标综合考量。

3. **住房公积金**：住房公积金是中国为解决职工住房问题而设立的一项强制性储蓄制度，由职工和用人单位按比例共同缴纳，存入职工个人账户。住房公积金的缴存比例不得低于职工上一年度月平均工资的 5%，原则上不高于 12%。住房公积金可用于购房、建房、租房和还贷等住房相关支出，具有低利率贷款的政策优势。该制度旨在通过积累资金和提供贷款支持，帮助职工改善居住条件，促进住房市场的健康发展。住房公积金已成为中国住房保障体系的重要组成部分，对提高居民住房水平、稳定房地产市场发挥了重要作用。

4. **存量**：存量与"流量"相对，是指某一特定时间点上，过去生产与积累起来的产品、货物、储备、资产负债等的结存数量。在经济学中，存量常用于描述资本、财富或资源的现有规模，如固定资产存量、货币存量等；在环境科学中，存量指某一时点的污染物总量或自然资源储备量。存量是衡量资源状况和经济实力的重要指标，对制定政策和规划发展具有重要参考价值。例如，分析住房存量有助于制定房地产政策，评估环境存量可为生态保护提供依据。存量的管理和优化是实现可持续发展的重要环节。

5. **理雅各**：理雅各是 19 世纪英国汉学家、传教士，儒莲翻译奖的首位获得者，与法国学者顾赛芬、德国学者卫礼贤并称汉籍欧译三大师。他长期在中国传教，曾担任马六甲英华书院院长（书院后迁至香港，更名为英华神学院）。他致力于翻译和研究中国经典，其译本涵盖"四书五经"等主要儒家典籍，附有评述注释，至今被认为是标准译本。其主要译著有《中国经典》五卷八册系列，为西方世界了解中国文化和思想提供了重要窗口。

---

① "世卫组织命名新型冠状病毒引发的疾病：2019 冠状病毒病"，载中国网 http://guoqing.china.com.cn/2020-02/12/content_75696681.htm，最后访问日期：2025 年 4 月 30 日。

6. 太平天国：太平天国是中国清朝晚期由洪秀全领导的农民起义所发展建立的革命政权。该政权定都天京（今江苏南京），存续十四年（1851 年—1864 年），主要领导人有洪秀全（天王）、杨秀清（东王）、萧朝贵（西王）等。太平天国以"拜上帝教"为思想基础，颁布了《天朝田亩制度》和《资政新篇》等纲领性文件，反对封建等级制度，提倡平等思想。然而，由于内部矛盾、军事失误和外部势力的镇压，最终在 1864 年被湘军攻陷后覆灭。太平天国的失败体现了农民阶级革命的局限性，但也动摇了清朝统治，推动了洋务运动的发展。

7. 产业重构：产业重构是指通过调整产业结构、优化资源配置和技术创新，实现产业升级和经济转型的过程。其核心是淘汰落后产能，发展新兴产业，提升产业链附加值。产业重构通常由技术进步、市场需求变化或政策引导推动，如中国的供给侧结构性改革。产业重构能够提高经济效率和竞争力，促进就业和可持续发展。在全球化和数字化的背景下，产业重构已成为各国应对经济挑战、实现高质量发展的重要途径，对经济社会的长远发展具有深远影响。

8. 抗日战争：抗日战争简称抗战，国际上也称作第二次中日战争、日本侵华战争，指的是 20 世纪中期第二次世界大战中，中国抵抗日军侵略的一场民族性的全面战争。抗日战争以 1931 年九一八事变为起点，到 1945 年 9 月 2 日日本代表在投降书上签字截止，历经 14 年之久。相关重要的战役有淞沪会战、太原会战、南京保卫战等。抗日战争捍卫了国家主权和民族独立，对世界反法西斯斗争和战后国际秩序产生了深远影响，是中国近代史上的重要篇章。

9. 走私：走私是指违反《中华人民共和国海关法》及有关法律、行政法规，逃避海关监管，偷逃应纳税款、逃避国家有关进出境的禁止性或限制性管理的行为。[①] 常见走私方式包括通关走私、绕关走私、后续走私、间接走私。走私不仅逃避关税，扰乱市场秩序，还可能危害公共安全和社会稳定。各国通过加强边境检查、完善法律法规和国际合作来打击走私活动。

10. 对外贸易：对外贸易简称外贸，是指一个国家或地区以自己为中心与世界其他国家或地区之间的商品、技术和服务交换活动。对外贸易包括进口和出口两个部分，运进商品或劳务即为进口，运出商品或劳务即为出口。对外贸易是经济增长的重要引擎，能够促进资源优化配置、技术进步和产业升级。各国通过制定关税政策、签订贸易协定和参与国际组织（如 WTO）来规范和发展对外贸易。全球化背景下，对外贸易已成为各国经济的重要组成部分，对促进国际合作、提高生活水平和推动全球经济发展具有重要作用。

11. 商品：商品是指用于交换、能够满足人们某种需求的劳动产品。狭义的商品仅指符合定义的有形产品，广义的商品还包含无形的技术、服务等。商品具有使用价值和价值双重属性：前者是商品的自然属性，指商品能够满足人们某种需求的效用；后者是其社会属性，体现为生产商品所耗费的社会必要劳动时间。商品的生产、流通和消费构成了经济活动的基础，对资源配置、经济增长和社会发展具有重要作用。

12. 维多利亚城：维多利亚城是香港开埠初期发展的核心区域，位于香港岛北部，始建于 1841 年英国殖民时期，以当时英国女王维多利亚命名。该城最初范围包括中环、上环、西环、下环，后逐渐扩展成为香港的政治、经济和文化中心，以其独特的殖民建筑、繁忙的港口和多元文化著称。随着城市发展，"维多利亚城"这一行政名称在香港回归后逐渐被中环、上环等地名取代。维多利亚城见证了香港从渔村到国际大都市的变迁，是研究香港历史和文化的重要窗口。

---

① "《中华人民共和国海关法》对走私行为的规定"，载中国政府网 https：//www.gov.cn/ztzl/djzs/content_476138.htm，最后访问日期：2025 年 4 月 30 日。

13. **东印度公司**：东印度公司并非单一实体，而是泛指欧洲殖民主义国家（英国、荷兰、丹麦、葡萄牙、法国等）在印度及东南亚国家设立的特许贸易公司。这些公司多数于16至19世纪由各自国家政府特许成立，不仅享有对特定区域的贸易垄断权，还进行殖民地统治与资源掠夺。这些公司具备一定的政治和军事权力，可以代表政府订立条约、组建军队、发行货币和发动战争等。其中，最具代表性的是英国东印度公司。该公司成立于1600年，主要从事茶叶、香料和纺织品的买卖，通过军事和政治手段在印度建立殖民统治，成为大英帝国扩张的重要工具。东印度公司对全球贸易、殖民历史和东西方文化交流产生了深远影响，是研究近代世界史的重要课题。

14. **官僚资本主义**：官僚资本主义又称裙带资本主义，是指国家官僚与资本结合，利用政治权力获取经济利益的体制。其特征是官僚通过垄断资源、控制市场和制定政策，将公共权力转化为私人财富，导致腐败和不公平竞争，阻碍市场经济的健康发展。其根源在于权力缺乏有效监督和制衡，导致公共资源被少数人控制。官僚资本主义不仅损害经济效率，还削弱政府公信力，是政治和经济改革的重要挑战，对社会的长远发展具有负面影响。

15. **香港公民教育委员会**：香港公民教育委员会成立于1986年5月，是香港特别行政区政府设立的公营机构。该机构旨在推广公民教育，通过制定政策、开展活动和提供资源，培养市民的国家认同、社会责任和法治意识。香港公民教育委员会在维护国家安全、促进社会和谐和推动青年发展方面发挥了重要作用，是香港特区实施公民教育的重要平台。

16. **半殖民地半封建社会**：半殖民地半封建社会是近代中国的一种特殊社会形态，指19世纪中叶至20世纪中叶中国在列强侵略和封建统治双重压迫下的社会状况。半殖民地指形式上独立，但实际上国家主权部分丧失，在政治、经济、思想等方面均受外国资本控制；半封建指形式上仍是封建统治和自然经济占主导地位，实际上社会已逐渐近代化，封建主义与资本主义并存但资本主义发展不充分。这一社会形态导致中国经济发展停滞、社会矛盾尖锐，推动了中国人民的反抗斗争。直到1949年中华人民共和国的成立，中国人民才彻底摆脱了半殖民地半封建社会的束缚，开始了新的历史征程。

17. **工业革命**：工业革命是18世纪后半叶起源于英国的一系列技术创新、产业升级和社会生产力变革。工业革命主要经历了四个标志性的变革阶段。第一次工业革命始于18世纪60年代，以蒸汽机的广泛应用为标志，实现了从手工劳动向机器生产的转变。第二次工业革命始于19世纪70年代，以电力和内燃机的发明应用为标志，推动了社会的工业化进程。第三次工业革命兴起于20世纪中期，以电子计算机、网络空间技术等的发展和利用为主要标志，推动了生产自动化、办公自动化和家庭自动化的发展。第四次工业革命始于21世纪初，以人工智能、物联网、大数据等新一代信息技术的广泛应用为标志，旨在实现制造业的智能化、网络化和柔性化。工业革命改变了人类社会的生产生活方式，重塑了社会结构和经济格局，推动了资本主义的快速发展和全球联系的加强，是人类历史上一次划时代的飞跃。

18. **世俗教育**：世俗教育与宗教教育相对，是欧洲中世纪的一种注重实用性和多元性的教育体系。这一教育体系主要服务于封建贵族和新兴市民阶层，旨在培养具备世俗知识和技能的实用人才。世俗教育的主要形式包括宫廷学校、骑士教育和城市学校。世俗教育的内容以实用为主，强调以科学知识和人文素养为核心，培养公民的理性思维、社会责任和实践能力。其内容涵盖自然科学、社会科学和人文艺术，旨在促进学生的全面发展和社会适应能力。世俗教育是现代教育体系的基础，强调教育的普世价值，反对宗教教条对教育的干预，推动了教育体系的多元化和实用化，为当时社会的发展和进步做出了重要贡献。

19. **北伐战争**：北伐战争是指在国共两党合作基础上，以国民革命军为主力，以反对帝国主义、封建主义和推翻北洋军阀反动统治为目标的革命武装斗争。战争开始于 1926 年 7 月，结束于 1928 年 12 月，期间的主要战役有汀泗桥战役、贺胜桥战役等。北伐军由广东出发，先后击败吴佩孚、孙传芳和张作霖等军阀，最终占领北京，结束了北洋政府的统治。北伐战争在军事上取得了显著胜利，但在政治上却是失败的。蒋介石等国民党右派势力在帝国主义支持下发动反革命政变，窃取了革命果实，建立了新的军阀统治，导致第一次国共合作破裂。

20. **新民主主义革命**：新民主主义革命是中国共产党领导的革命阶段，旨在推翻帝国主义、封建主义和官僚资本主义的统治，建立人民民主专政的国家。中国的新民主主义革命开始于 1919 年五四运动，基本结束于 1949 年中华人民共和国成立。这一革命可划分为大革命时期、土地革命时期、抗日战争时期、解放战争时期四个阶段。新民主主义革命的特点是由无产阶级领导，具有广泛的群众基础，以马克思主义为指导思想，反对帝国主义、封建主义、官僚资本主义。新民主主义革命的胜利，结束了中国半殖民地半封建社会的历史，也为社会主义建设奠定了基础，是中国现代史上的重要转折点。

21. **弘忍**：弘忍是唐代著名禅宗高僧，禅宗五祖。他是中国禅宗承前启后的关键人物，继承了四祖道信的衣钵，并将禅宗思想发扬光大。他在黄梅五祖寺（东山寺）弘法，培养了大批弟子，其中最著名的是神秀和慧能（他们分别开创了北宗和南宗禅法）。他提倡"守心即佛"的禅修理念，强调心性觉悟的重要性。弘忍是研究禅宗历史的关键人物，其思想和实践在中国佛教史上具有重要地位。

22. **曹溪**：曹溪位于广东省韶关市，是中国禅宗的重要发源地之一，因六祖慧能在此弘法而闻名。慧能在曹溪宝林寺（今南华寺）传授禅法，开创了南宗禅，使曹溪成为禅宗的中心。慧能的禅法强调"顿悟"，主张直指人心、见性成佛，对中国佛教乃至东亚文化产生了深远影响。曹溪南华寺至今保存有慧能真身舍利，是禅宗信徒朝圣的重要场所。

23. **《六祖坛经》**：《六祖坛经》简称《坛经》，是中国禅宗的重要经典。该部经书记录了禅宗六祖慧能的生平事迹和禅法思想，由慧能的弟子法海等人编撰。全书分为十品，核心思想是"顿悟成佛"，强调"直指人心，见性成佛"，主张修行不必拘泥于形式，关键在于觉悟自性。《六祖坛经》是唯一一部由中国僧人撰述而被尊为"经"的佛教典籍，对中国禅宗乃至整个佛教的发展产生了深远影响。其语言通俗易懂，思想深刻，是研究禅宗思想和中国佛教文化的重要文献，也是东亚佛教史上的经典之作。

24. **《金刚经》**：《金刚经》全称《金刚般若波罗蜜经》，是印度大乘佛教般若思想的一部纲领性经典。经书中记录了如来世尊释迦牟尼与长老须菩提等众弟子的问答对话。其核心思想是"性空幻有"，强调一切法无自性，主张破除对相的执着，以达到觉悟的境界。其原书为梵文，传入中国后，自东晋到唐朝共有 6 个汉语译本，以鸠摩罗什所译的版本最受欢迎。《金刚经》语言简练，义理深邃，对中国禅宗和佛教哲学产生了深远影响，是禅宗修行的核心经典之一。

25. **坐禅**：坐禅是佛教禅修的一种重要方法，指通过静坐调息、专注观想以达到心性觉悟的修行方式。其核心在于"止观双修"，"止"即止息杂念，"观"即观照自性。坐禅强调身心合一，通过调节呼吸和姿势，使修行者进入宁静专注的状态，从而领悟佛法真谛。在现代社会，坐禅被广泛应用于心理治疗、压力管理和教育领域，成为提升生活质量、追求内心平静的有效实践方式。无论是宗教修行者还是非宗教人士，都能通过坐禅找到内心的宁静与力量，实现身心和谐。

第二部分　应用文写作

【构思谋篇】

题干要求以"中国××股份公司"名义起草一份关于国际工程索赔谈判结果的报告。行文时需采用完整报告格式（含标题、发文字号等要素），语言严谨规范，突出涉外工程索赔的专业性和处理过程的规范性。范文开篇简明扼要说明报告背景和目的；主体部分采用条款式结构，依次说明谈判基本情况（参与方、进程）、谈判结果（赔偿金额、工期等）、索赔原因（洪灾影响等）和意见建议（经验总结、改进措施）；结尾规范使用报告用语并附相关材料。

【参考范文】

中国××股份公司文件

××股份〔2021〕15 号

关于××工程价格索赔案谈判结果的报告

中国××办公室：

根据相关工作部署，我司于 2021 年 5 月 10 日至 15 日派遣谈判小组赴××国××地，就××铁路工程特大洪灾索赔案进行最终谈判。现将有关情况报告如下：

一、谈判基本情况

（一）参与方：

甲方：××国交通部代表 3 人

乙方：我司谈判组（项目经理 1 人、法律顾问 1 人、造价工程师 1 人）

（二）谈判进程：

5 月 10 日至 12 日：提交索赔申请及证明材料，工期延误损失核算，工程修复费用评估；

5 月 13 日至 15 日：不可抗力认定协商，赔偿金额磋商，签署最终协议。

二、谈判结果

经多轮磋商，双方达成如下协议：确认索赔金额为 USD 3,250,000（原申请 USD 3,800,000）；工期延长 183 天（原申请 210 天）；分两期支付，2021 年 12 月 31 日前完成。

三、索赔主要原因

特大洪灾影响：2020 年 7 月遭遇 50 年一遇洪灾；

工期延误：实际停工 127 天，复工后效率降低 40%；

工程修复：已完工基础工程受损，修复费用 USD 1,850,000。

四、经验与建议

（一）经验总结：

完整的气象记录和现场影像资料为索赔提供有力证据；合同不可抗力条款的明确约定是索赔成功关键。

（二）工作建议：

建立境外项目自然灾害预警机制；完善工程保险投保方案；加强涉外合同不可抗力条款审核；组建专业涉外索赔团队。

此次谈判取得预期成果，特此报告，请批示。

附件：1. 最终协议文本（中英文）；2. 索赔计算明细表；3. 气象灾害证明文件。

中国××股份公司（公章）

2021 年 5 月 20 日

第三部分　现代汉语写作

【构思谋篇】

　　题干要求围绕玄奘西行取经对翻译事业的启示撰写一篇议论性散文。行文时需通过玄奘的个案，探讨翻译工作者的专业精神与文化使命，体现对翻译本质的思考。范文开篇以大雁塔意象切入，引出玄奘取经的文化意义；主体部分通过"求真精神—文化自觉—坚守初心"三个维度展开论述，每个论点均结合玄奘事迹与当代翻译案例；结尾回归大雁塔意象，升华翻译工作的文化使命。

【参考范文】

真经之路：玄奘精神与当代翻译者的文化使命

　　大雁塔的铜铃在风中轻响，那些被玄奘带回长安的贝叶经已在岁月中泛黄。一千四百年前，这位求法者用十九年光阴丈量五万里山河；一千四百年后，他留给翻译工作者的精神遗产依然熠熠生辉。玄奘的西行取经，不仅是一次地理上的远征，更是一场跨越语言与文化的苦旅，为后世翻译者树立了永恒的典范。

　　求真精神是翻译者的根本信条。当玄奘发现中土佛经"义多纰谬"时，毅然选择西行求取真经。在印度那烂陀寺，他花费五年时间精研梵文原典，这种对原义的执着追求，恰是当代翻译者最珍贵的品质。正如翻译家傅雷为传达《约翰·克利斯朵夫》的音乐性，反复研读总谱；许渊冲为译好李白诗歌，深入考据盛唐气象。这种"玄奘式"的严谨，让翻译超越语言转换，成为文明的深度对话。

　　文化自觉是跨越障碍的密钥。玄奘在印度不仅学习佛法，更精通因明学、声明学等当地学问。这种开放包容的态度，启示今天的翻译者必须扎根双向文化土壤。杨宪益夫妇翻译《红楼梦》时，特意保留"太虚幻境"等文化意象；罗新璋译《红与黑》，为传达法语虚拟式的微妙，创造性地运用文言句式。他们如同现代玄奘，在两种文化间架设理解的桥梁。

　　坚守初心是持久战的精神支柱。玄奘归国后十九年译经数千卷，平均每五日完成一卷。这种持之以恒的定力，在浮躁的当下尤为可贵。翻译家草婴耗费二十年完成《托尔斯泰全集》，每日严格限定工作量；王佐良译《莎士比亚十四行诗》，为一个韵脚能推敲半月。这些现代"玄奘"们证明：翻译的圣殿，从来由时间的砖石砌成。

　　站在人工智能时代回望，玄奘的身影愈发清晰。当机器翻译能秒杀万字文献时，我们更需要玄奘式的文化行者——他们懂得，真正的翻译不仅要传递文字，更要传递文字背后的精神世界。就像玄奘带回的不仅是佛经，还有印度的天文、历法、医药知识，今天的翻译者同样肩负着文明互鉴的使命。

　　大雁塔的倒影在暮鼓声中摇曳，仿佛在诉说一个永恒的真理：翻译之道，不在速成，而在深耕；不在表象的更易，而在精神的相通。这条求真之路，从长安延伸到今天，仍需我们怀着同样的虔诚继续前行。在这个语言壁垒日益消弭的时代，玄奘精神提醒我们：真正的翻译，永远是心灵的远征。

2024 年全日制翻译硕士专业学位（MTI）研究生入学考试试题

参考答案

第一部分　百科知识

1. C

中国与埃及、**巴比伦**、印度共称四大"文明古国"。四大"文明古国"通常指古代世界四大文明发源地，包括古埃及、古巴比伦、古印度和中国。古埃及以金字塔和象形文字闻名，古巴比伦以《汉谟拉比法典》和空中花园著称，古印度以佛教和种姓制度影响深远，中国则以儒家文化、四大发明和中央集权制度为特色。这四大文明古国在文字、法律、宗教、科技和政治制度等方面为人类文明奠定了基础，对世界历史和文化产生了深远影响。

2. D

高山族是中国的 56 个民族之一，主要生活在**台湾**（中部山区、东部纵谷平原和兰屿岛），少数散居在福建、浙江省等沿海地区。该民族拥有独特的语言（南岛语系），但没有本民族文字。其民族风俗丰富多样，包括纹面、丰年祭和传统编织工艺等。其社会结构以部落为基础，信仰多神和祖先崇拜。高山族文化是台湾多元文化的重要组成部分，近年来通过文化保护和传承，其传统艺术和习俗得以延续和发展。

3. C

题干诗句出自唐代诗人元稹的《和李校书新题乐府十二首·法曲》，描绘的是中国**盛唐**时期的社会风貌。其中，"胡音"指胡人的音乐，"胡骑"指胡人的马队，"胡妆"则指胡人的服饰和妆容。盛唐时期，由于丝绸之路的繁荣和对外交流的频繁，大量胡人（泛指西域及北方少数民族）来到中原，带来了胡乐、胡舞、胡服等异域文化。这些外来文化与中原文化交融，形成了盛唐开放多元的文化特色。诗句反映了当时胡风盛行的社会现象，展现了盛唐时期中外文化交流的繁荣景象。

4. B

《天工开物》详细记录了明朝中叶以前（农业、手工业、矿业和制造业等领域）的各项生产技术，如纺织、制盐、冶金、陶瓷等，并配有大量插图。《天工开物》是明代科学家宋应星创作的关于农业和手工业的综合性科技著作，被外国学者誉为"中国 17 世纪的工艺百科全书"。该书对研究中国古代科技和经济史具有重要价值，为后世技术传承和创新提供了宝贵资料。

《农政全书》是明代科学家徐光启创作的农业科学著作，系统总结了古代中国的农业生产经验，引用了大量前代农书和西方科学知识，内容涵盖农田水利、作物栽培、畜牧养殖和农具制造等方面。**《册府元龟》**是宋真宗赵恒命王钦若、杨亿等人编纂的一部史学类书，主要辑录了历代典章制度、文献资料和历史事件，内容涵盖历史、政治、经济、文化等领域。**《梦溪笔谈》**是北宋科学家沈括创作的综合性笔记体科学著作，记录了古代中国的科学研究成果以及沈括的见闻思考，内容涵盖自然科学、工艺技术、人文历史、文学艺术等领域。

5. A

"和尚"一词来自梵语"upadhyaya"，意为"亲教师"。在佛教传入中国后，这个词被音译为"和尚"，用来称呼佛教中受过具足戒且德高望重的僧人。和尚在佛教中承担着传法、修行和指导信众的职责，是佛教僧团的重要组成部分。这一词汇的引入和使用，反映了佛教文化对中国语言的深刻影响，也是中外文化交流的重要例证。

"琵琶"一词来自古波斯语。"骆驼"一词来自匈奴语。"苜蓿"一词来自古大宛语。

6. C

现代汉语普通话有"阴平（一声）、阳平（二声）、上声（三声）、去声（四声）"四个声调。其调值分别为：阴平55（高平调，高而平）、阳平35（高升调，由中音升至高音）、上声214（降升调，先降后升）、去声51（全降调，由高音降至低音）。

7. B

南宋天文学家杨忠辅在《统天历》中将岁实精确到365.2425日。《统天历》以365.2425天为一年时长，与现行公历的回归年长度非常接近，体现了极高的精确度。《统天历》采用了先进的天文观测数据和计算方法，对后世历法编制产生了深远影响。

石申是战国时期的天文学家，代表作有《天文》八卷等。一行和尚原名张遂，是唐代的天文学家、数学家，佛教高僧，代表作有《大衍历》等。祖冲之是南北朝时期的数学家、天文学家、科学家，代表作有《大明历》等。

8. A

关汉卿、马致远、白朴、郑光祖被称为"元曲四大家"。他们是元代四位杰出的杂剧作家。其作品题材广泛，语言通俗生动，情节曲折动人，代表了元代杂剧的最高成就。相关代表作有关汉卿的《窦娥冤》《救风尘》，马致远的《天净沙·秋思》《汉宫秋》，白朴的《墙头马上》《梧桐雨》，郑光祖的《倩女离魂》《辅成王周公摄政》等。元曲四大家的创作推动了杂剧艺术的繁荣，对中国戏曲文学的发展产生了深远影响。

王实甫是元代剧作家，代表作有《西厢记》等。纪君祥是元代剧作家，代表作有《赵氏孤儿》等。杨显之是元代剧作家，代表作有《临江驿潇湘秋夜雨》等。

9. D

"廿四史"中不包括《清史》。廿四史又称二十四史，是中国古代二十四部官修正史的总称，记录了从传说中的黄帝时期至明崇祯十七年的历史。这些史书均采用纪传体形式编撰，通过本纪、列传、表、书等形式，全面记载了历代政治、经济、文化、军事等方面的情况。二十四史包括"前四史"《史记》《汉书》《后汉书》《三国志》，"九书二史"《晋书》《宋书》《南齐书》《梁书》《陈书》《魏书》《北齐书》《周书》《隋书》《南史》《北史》，"两旧两新"《旧唐书》《新唐书》《旧五代史》《新五代史》，"元修三史"《宋史》《辽史》《金史》，"元明二史"《元史》《明史》。这些史书保存了丰富的历史资料，体现了中国古代史学的编纂传统和思想观念，对后世历史研究和文学创作产生了深远影响。

10. C

英国史学家阿诺德·汤因比认为，全世界只有中国的文化体系长期延续发展而从未中断。他指出，中国文明之所以能够延续数千年，主要得益于其强大的文化包容性、统一的政治制度以及儒家思想的深远影响。尽管中国历史上经历了多次外族入侵和朝代更迭，但其文化核心始终得以保存和发展，形成了独特的连续性。这一观点强调了中华文明的韧性和适应性，凸显了中国文化在全球文明中的独特地位。

希腊文化体系曾经历多次中断和外族统治，如罗马帝国、拜占庭帝国等时期。**英国**文化体系在形成过程中就受到了罗马文化、日耳曼文化、基督教文化等的影响，后续的发展中也不断吸收和融合新的文化元素和传统。**埃及**文化体系曾经历多次中断和外族统治，如波斯帝国、罗马帝国等时期。

11. D

短语"孩子脾气"属于**偏正**结构，即"孩子（修饰语）+脾气（中心语）"。偏正结构是汉语中一种常见的语法结构。该结构由修饰语和中心语组成，修饰语对中心语进行限定或描述。偏正结构可以是定中结构，如"红色的（修饰语）+苹果（中心语）"；也可以是状中结构，如"慢慢地（修饰语）+走（中心语）"。偏正结构简洁明了，能够准确表达事物的特征或动作的方式，是汉语表达中的重要手段。

联合结构是汉语中一种常见的语法结构。该结构由两个或两个以上并列的成分组成，成分之间通过连词或标点符号连接（也可以直接连接）。联合结构可以是词与词的联合，如"高大"；也可以是短语与短语的联合，如"读书写字"；还可以是句子与句子的联合，如"他喜欢跑步，也喜欢游泳"。

主谓结构是句子中最基本的语法结构。该结构由主语和谓语两部分组成。主语是句子的主体，表示动作的执行者或状态的承担者；谓语则描述主语的动作或状态。主谓结构可以独立成句，如"他（主语）+跑步（谓语）"；也可以作为复杂句的一部分，如"我（主语）+喜欢（谓语）+躺在床上看书"。

中补结构是汉语中一种常见的语法结构。该结构由中心语和补语组成，补语对中心语进行补充说明，通常表示结果、程度或状态。中补结构可以是动补结构，如"打扫（中心语）+干净（补语）"；也可以是形补结构，如"高兴（中心语）+极了（补语）"。

12. D

"**冷静**"不属于状态形容词。形容词可分为性质形容词和状态形容词两类。性质形容词是形容词的简单形式或基本形式，用于描述中心词（事物或人）固有的、稳定的性质或特征。例如，"高""漂亮""冷静"等。性质形容词多数可以受程度副词修饰，如"很漂亮""很冷静"。其重叠形式多为"AABB"式，如"漂漂亮亮"。状态形容词是形容词的复杂形式，用于描述中心词在某个时间段的某种状态。状态形容词一般不能受程度副词修饰，因其本身往往带有某种程度意义，如"**雪白**""**炽热（火热）**""**笔直**""**冰凉**""**血红**""**黑乎乎**"等。其重叠形式多为"ABAB"式，如"雪白雪白"。

13. B

句子"**陪伴她们的只是七弦琴和寂寞的梧桐树**"中包含"移就"修辞格。移就是指当两个事物（甲和乙）相关联时，把原本属于形容甲事物的修饰语（通常是形容词）移用来修饰乙事物，以增强表达效果或突出某种特征。在本句中，"寂寞"一词原本用于形容"她们"的情感状态，但在这里被移用来修饰"梧桐树"，以衬托人的孤单寂寥。

句子"**我笑得那大树折断了腰**"中使用夸张修辞手法，将"笑"的力度和效果极度放大，以至于连大树都被"折断了腰"，以表现笑声的强烈和感染力。句子"**我到城里工作一转眼已经六年了**"中并未使用修辞格，只是通过"一转眼"强调时间流逝的迅速。句子"**肥壮而显得挺大方的蒲公英开了**"中使用拟人修辞手法，用"大方"修饰"蒲公英"，赋予植物以人的性格特征，增强句子的生动性和形象性。

14. C

大不列颠岛（The island of Great Britain）由英格兰（England）、苏格兰（Scotland）和威尔士（Wales）三个地区共同构成。该岛屿是欧洲最大的岛屿，也是世界第九大岛，其总面积约20.9万平方千米，构成英国领土的主体部分。其地形多样，北部为苏格兰高地，中部有奔宁山脉，东南部以平原为主，气候温和多雨。大不列颠岛在历史上经历了罗马统治、盎格鲁—撒克逊移民、诺曼征服等重要事件，工业革命后成为世界工业中心，现今仍是英国政治、经济和文化的中心，也是全球重要的金融、教育和旅游目的地。

北爱尔兰（**Northern Ireland**）位于爱尔兰岛，不属于大不列颠岛。埃塞克斯（**Essex**）是英国英格兰地区的郡。萨塞克斯（**Sussex**）是英国英格兰地区的郡。

15. A

英国议会（Parliament of the United Kingdom）通常每年在威斯敏斯特宫（**Palace of Westminster**）开会两次（第一会期从3月末至8月初结束，第二会期从10月底至12月圣诞节前结束）。威斯敏斯特宫又称议会大厦（Houses of Parliament），是英国议会的所在地，位于英国伦敦泰晤士河畔。其历史可追溯至11世纪，现存建筑主要为19世纪重建，以标志性的大本钟和维多利亚塔闻名。宫殿为哥特复兴式建筑群，内部设有上议院（红色装饰）和下议院（绿色装饰）。威斯敏斯特宫既是英国政治权力中心，也是英国历史和文化的重要象征，1987年被列为世界文化遗产。

白厅（**Whitehall**）是英国伦敦威斯敏斯特市的一条重要街道，位于威斯敏斯特宫和特拉法加广场之间。该街道得名于原白厅宫（1698年焚毁），现街道两侧集中了国防部、外交部等主要政府机构。作为英国行政中枢，白厅常被用作英国政府的代称。

唐宁街10号（**10 Downing Street**）是英国首相的官方官邸和办公场所，位于伦敦威斯敏斯特市白厅旁的唐宁街，1937年起正式成为首相官邸。该建筑为乔治亚风格，外观朴素，黑色砖墙配以黑色大门。建筑内部设有首相办公室、内阁会议室及私人居所。作为英国行政权力中心，这里见证了丘吉尔等重要历史人物的执政历程，其门前各国领导人到访等场景常通过媒体传播全球。

白金汉宫（**Buckingham Palace**）是英国君主在伦敦的官方寝宫和办公场所，位于伦敦威斯敏斯特市内，1837年维多利亚女王即位后正式成为王宫。宫殿以新古典主义风格为主，拥有700多个房间，以中央阳台、维多利亚女王纪念碑及皇家卫队换岗仪式闻名。宫内设有国事厅、皇家画廊及花园，用于国事访问等官方活动。作为英国君主制的象征，其屋顶王室旗帜的升降标志着君主是否在宫，每年夏季王宫部分区域对外开放参观，是伦敦重要旅游景点与英国政治文化地标。

16. D

题干诗句"Shall I compare thee to a summer's day"出自英国剧作家、诗人威廉·莎士比亚（**William Shakespeare**）的《第18号十四行诗》（*Sonnet 18*）。这首诗是莎士比亚最著名的十四行诗之一，创作于16世纪末。诗中将所爱之人比作夏日，赞美其美丽与永恒，超越了自然界的短暂与变幻。这首诗以其优美的语言和深刻的情感，成为英国文学史上的经典之作，广泛传诵和研究。莎士比亚的十四行诗共154首，以其丰富的主题和精湛的艺术技巧，对后世诗歌创作产生了深远影响。

约翰·济慈（**John Keats**）是英国浪漫主义诗人，以写抒情诗和叙事诗闻名，其代表作有《夜莺颂》等。罗伯特·彭斯（**Robert Burns**）是苏格兰的农民诗人，以其民歌和爱国诗歌而著称，其代表作有《友谊地久天长》等。威廉·华兹华斯（**William Wordsworth**）是英国浪漫主义诗人，以描写自然和人生为主题，其代表作有《孤独的收割人》等。

17. D

笛福（**Defoe**）不属于浪漫主义流派（Romanticism）。丹尼尔·笛福是英国现实主义作家，被誉为"欧洲小说之父"。笛福的作品以生动的叙事和对社会现实的深刻洞察著称，反映了 18 世纪英国社会的变迁和资本主义的兴起。其代表作有《鲁滨逊漂流记》等。他的创作对英国小说的发展产生了深远影响，是启蒙时代文学的重要代表之一。

济慈（**Keats**）是英国浪漫主义诗人，以写抒情诗和叙事诗闻名，其代表作有《夜莺颂》等。雪莱（**Shelley**）是英国浪漫主义诗人，以歌颂自然、倡导自由与爱及表达革命理想闻名，其代表作有《西风颂》等。华兹华斯（**Wordsworth**）是英国浪漫主义诗人，以描写自然和人生为主题，其代表作有《孤独的收割人》等。

18. C

在英国，大多数父母会将孩子送到公立学校（**state schools**）。英国的公立学校是指由政府资助和管理的学校，面向所有适龄学生提供免费教育。这些学校包括小学、中学和学院，遵循国家课程设置，注重学术成绩和学生的全面发展。公立学校通常规模较大，学生背景多样，教育资源相对均衡。尽管在设施和师资方面可能不如私立学校，但许多公立学校仍保持着较高的教育水平。公立学校是英国教育体系的主体，承担着普及教育和促进社会公平的重要职责，对英国社会和教育发展具有深远影响。英国的公立学校因为学校规模较大、教育资源丰富、设备齐全，科技、文体以及社会活动丰富而深受英国家长欢迎。据统计，每年约有 93% 的英国学生就读于公立学校。

英国的私立学校（**private schools** 或 **independent schools**）是指由私人或机构运营、不受政府资助的学校，涵盖从幼儿园到高中的各个阶段。这些学校以高质量的教育和丰富的资源著称，提供小班教学、个性化辅导和多样化的课外活动。英国的公学（**public schools**）是指历史悠久、以培养精英人才为目标的私立中学，如伊顿公学、哈罗公学等。

19. A

在英国，对于常去教堂做礼拜的人而言，复活节（**Easter**）是最重要的基督教节日。[①] 复活节是为了纪念耶稣基督的复活，节期为每年春分月圆后的第一个星期日（通常在 3 月 22 日至 4 月 25 日之间）。这一节日是基督教信仰的核心，象征着生命的重生和希望的复兴。复活节期间，基督教徒会举行教堂礼拜、复活节彩蛋活动和节日游行等传统仪式。从宗教意义上看，复活节在基督教中的地位极为核心，是英国基督教徒最重要的宗教节日。

圣诞节（**Christmas**）是基督教纪念耶稣基督诞生的节日，节期为每年的 12 月 25 日。其核心意义在于庆祝救世主的降生，象征希望与和平。圣诞节期间，信徒参加教堂礼拜，家庭团聚，互赠礼物，装饰圣诞树和悬挂圣诞袜。圣诞节兼具宗教神圣性与世俗欢庆性，英国等国家将其列为法定假日。

节礼日（**Boxing Day**）是部分英联邦地区的传统节日，节期为每年的 12 月 26 日，即圣诞节的次日庆祝。其起源与中世纪仆人收到雇主礼物盒的习俗有关，现已成为购物促销的重要日子，许多商家在这一天推出大幅折扣活动。此外，家庭聚会和慈善捐赠也是节礼日的传统活动。

盖伊·福克斯之夜（**Guy Fawkes Night**）是英国的传统节日，节期为每年的 11 月 5 日，旨在纪念 1605 年盖伊·福克斯策划的"火药阴谋"失败。节日期间，人们点燃篝火，燃放烟花，并制作盖伊·福克斯的假人焚烧，象征对叛国行为的惩罚。

---

① 朱永涛、王立礼主编：《英语国家社会与文化入门上册》，高等教育出版社 2011 年版，第 155 页。

20. B

詹姆斯·乔伊斯（James Joyce）是爱尔兰的（**Irish**）现实主义小说家，后现代文学奠基者之一。他的作品具有复杂的语言结构、丰富的象征意义、创新的叙事技巧和深刻的心理描写。其代表作有《尤利西斯》《都柏林人》《芬尼根守灵夜》等。他的作品及"意识流"思想对世界文坛都产生了深远影响。

21. D

毛利人（Maori）是波利尼西亚人（Polynesian people）的一支，主要生活在新西兰（**New Zealand**）。毛利文化以部落为基础，注重家族和社区联系，其传统艺术包括木雕、纹身和战舞（哈卡舞）。毛利语是新西兰的官方语言之一。19世纪欧洲殖民后，毛利人经历了土地流失和文化冲击，但通过《怀唐伊条约》等法律，逐步恢复了部分权利和文化地位。毛利文化对新西兰的国家认同和社会多元性具有重要影响，是新西兰文化遗产的重要组成部分。

22. B

惠灵顿（**Wellington**）是新西兰的首都，位于北岛（North Island）南端，是新西兰的政治、文化和经济中心之一。该市以风景优美、气候温和著称，三面环山，一面靠海，拥有天然良港。惠灵顿是新西兰议会、政府机构和外交使团的所在地，也是电影制作和创意产业的中心，因《指环王》等电影的拍摄而闻名。其文化氛围浓厚，拥有众多博物馆、艺术馆和剧院。惠灵顿以其独特的地理位置、丰富的文化遗产和活跃的城市生活，成为新西兰最具吸引力的城市之一。

莱克星顿（**Lexington**）是美国的一个小镇。堪培拉（**Canberra**）是澳大利亚的首都。都柏林（**Dublin**）是爱尔兰共和国的首都。

23. A

美利坚合众国（United States of America）作为一个独立的国家存在已有200多年（more than **two** hundred years）的历史。美利坚合众国简称美国，是北美洲的联邦制国家，世界第三大人口国和第四大面积国。美国首都为华盛顿哥伦比亚特区。美国原为印第安人聚居地。15世纪末，西班牙、荷兰、法国、英国等开始向北美移民。1775年爆发独立战争。1776年7月4日，《独立宣言》在费城通过，美国正式诞生。[①] 其政治制度以联邦制为特色，宪法为最高法律。美国是多元文化社会，以"美国梦"和自由民主价值观闻名。

24. C

乔·拜登（Joe Biden）是美国第46任总统（在任时间2021年1月至2025年1月），美国民主（**Democratic**）党籍政治家。他毕业于雪城大学法学院，1972年当选参议员，成为美国历史上最年轻的参议员之一。拜登在参议院任职36年，曾任外交关系委员会主席，参与制定多项重要法案。2009年至2017年，他担任巴拉克·奥巴马的副总统，主导了《平价医疗法案》的推动。拜登的政治生涯以温和务实著称，致力于弥合国内分歧和恢复美国的国际领导地位。

共和（**Republican**）党是美国两大主要政党之一，与民主党轮流执政，著名共和党美国总统有亚伯拉罕·林肯等。保守（**Conservative**）党是英国主要政党之一，前身为托利党，与工党轮流执政，著名保守党英国首相有温斯顿·丘吉尔等。自由（**Liberal**）党是英国历史上的主要政党之一，前身为辉格党，20世纪初部分成员并入工党，著名自由党英国首相有威廉·格莱斯顿等。

---

① "美国概况"，载中国人大网 http：//www.npc.gov.cn/zgrdw/npc/wbgwyz/wsgz/2009-08/31/content_1516751.htm，最后访问日期：2025年4月30日。

25. C

加拿大国旗又称枫叶旗（Maple Leaf Flag）。国旗整体呈长方形，长宽比为 2：1。旗面正中为白色正方形，内有一片红色枫树叶，两侧为两个相等的红色竖长方形。红色象征勇气和力量，白色代表和平与纯洁，枫叶则是加拿大的国家象征，体现了加拿大的自然环境和民族文化。

第二部分 应用文写作

【构思谋篇】

题干以城市烈性犬伤人事件为背景，要求以普通公民身份撰写一篇倡议书，呼吁文明养犬、预防犬只伤人事件。范文开头点明烈性犬伤人问题的严重性，提出倡议；正文分三部分，分别从"养犬人的责任意识""政府与社区的管理措施"和"公众安全意识的提升"三个方面展开论述，提出具体建议；结尾呼吁市民共同行动，共建和谐城市。全文语言简洁有力，既突出问题的紧迫性，又提供切实可行的解决方案，具有较强的号召力和实用性。

【参考范文】

倡议书：文明养犬，共建和谐城市

尊敬的市民朋友们：

近年来，城市烈性犬伤人事件频发，严重威胁了市民的人身安全和社会秩序。为此，我向全体市民发出倡议：文明养犬，共建和谐城市。

首先，养犬人应增强责任意识。养犬不仅是个人爱好，更是一份社会责任。养犬人应严格遵守相关法律法规，为犬只办理登记、接种疫苗，并定期进行健康检查。对于烈性犬，养犬人更应加强管理，避免其进入公共场所，或在必要时为其佩戴嘴套、牵引绳等防护措施。只有养犬人自觉履行责任，才能从源头上减少犬只伤人的风险。

其次，加强犬只管理，完善法律法规。政府部门应进一步完善犬只管理的相关法律法规，明确烈性犬的饲养标准和限制区域，加大对违规养犬行为的处罚力度。同时，社区和物业管理部门也应积极参与，加强对小区内犬只的管理，及时劝阻不文明养犬行为，确保公共环境的安全与和谐。

最后，提高公众安全意识，普及科学养犬知识。市民应增强自我保护意识，尤其是老人和儿童，应避免与陌生犬只接触。社会各界应广泛宣传科学养犬知识，帮助市民了解犬只的行为特点，掌握与犬只相处的正确方法。只有公众具备足够的安全意识和知识，才能有效减少犬只伤人的可能性。

市民朋友们，文明养犬不仅是对他人安全的负责，更是对城市文明的贡献。让我们从自身做起，从现在做起，共同为建设一个安全、和谐、文明的城市而努力！

此致

敬礼！

一名普通市民
2023 年 10 月××日

第三部分　现代汉语写作

【构思谋篇】

　　题干要求围绕"国际传播与中国形象塑造"撰写一篇议论文。文章需立足国际传播规律，结合中国实际，展现对国家形象建设的思考。范文开头点明国家形象塑造的重要性，提出"可信、可爱、可敬"三个关键词；正文分三部分，分别从"可信""可爱""可敬"三个维度展开论述，结合具体案例说明如何通过国际传播实现目标；结尾总结全文，强调讲好中国故事的重要性，呼吁通过真实、文化和责任塑造国家形象。

【参考范文】

讲好中国故事，塑造可信、可爱、可敬的国家形象

　　在全球化日益深入的今天，国家形象的塑造已成为国际竞争的重要软实力之一。中国作为世界第二大经济体，如何在复杂的国际舆论环境中塑造可信、可爱、可敬的国家形象，是当前国际传播的重要课题。讲好中国故事，展现真实、立体、全面的中国，是实现这一目标的关键。

　　首先，可信是塑造国家形象的基础。可信的国家形象建立在真实、透明的信息传播之上。近年来，中国在国际传播中注重用事实和数据说话，通过发布权威信息、回应国际关切，逐步打破了西方媒体对中国的一些偏见和误解。例如，在新冠疫情期间，中国及时向世界分享抗疫经验和数据，赢得了国际社会的广泛认可。未来，我们应继续加强对外传播的透明度，主动回应国际社会的疑问，用事实和逻辑赢得信任。此外，我们还可以通过国际合作项目，如"一带一路"倡议，展示中国的发展成就和合作诚意，进一步增强国际社会对中国的信任。

　　其次，可爱是塑造国家形象的情感纽带。可爱的国家形象需要通过文化、艺术和人文交流来传递。中国的传统文化、现代艺术和民间故事，都是塑造可爱形象的重要资源。近年来，李子柒等自媒体人通过短视频向世界展示中国乡村生活的美好，赢得了全球观众的喜爱。这种"润物细无声"的文化传播方式，能够跨越语言和文化的障碍，让世界感受到中国的温度与魅力。未来，我们应鼓励更多民间力量参与国际传播，用多样化的方式展现中国的可爱之处。

　　最后，可敬是塑造国家形象的精神内核。可敬的国家形象不仅体现在经济实力和科技成就上，更体现在对全球责任的担当上。中国提出的"一带一路"倡议、积极参与全球气候治理、推动构建人类命运共同体等举措，展现了负责任大国的形象。未来，我们应继续在国际事务中发挥建设性作用，用实际行动赢得世界的尊重。

　　总之，塑造可信、可爱、可敬的中国形象，需要我们从真实、文化和责任三个维度入手。通过讲好中国故事，展现一个真实、立体、全面的中国，我们不仅能够提升国家的国际影响力，还能为世界的和平与发展贡献中国智慧和中国力量。

2023 年全日制翻译硕士专业学位（MTI）研究生入学考试试题

参考答案

第一部分　百科知识

1. A

　　题干语句出自《易·系辞下》。"物相杂，故曰文"强调事物的多样性和相互作用是"文"的本质，体现了宇宙万物的复杂性与和谐；"男女构精，万物化生"通过男女结合繁衍后代的比喻，说明阴阳交合是万物化生而成的根本动力。这两句话从哲学层面揭示了"文"与"化"的本质："文"是多样性与秩序的体现，"化"是生成与发展的过程。它们共同构成了"文化"一词的核心内涵，即人类在多样性与互动中创造、传承和发展的精神与物质成果。

2. D

　　青藏高原以东、以北，至大兴安岭、**太行山**、巫山、雪峰山一线为第二阶梯。中国的地势自西而东层层下降，形成"三大阶梯"。第一阶梯主体为青藏高原，平均海拔 4 000 米以上，被称为"世界屋脊"。第一、二阶梯分界线为昆仑山脉—阿尔金山脉—祁连山脉—横断山脉。第二阶梯从青藏高原外缘向北、东延伸，主体包括内蒙古高原、黄土高原、云贵高原以及准噶尔盆地、四川盆地、塔里木盆地，海拔 1 000 至 2 000 米。第二、三阶梯分界线为大兴安岭—太行山脉—巫山—雪峰山。第三阶梯主体包括东部平原和丘陵地带，海拔多在 500 米以下。[①]这种阶梯状地势对中国气候、河流分布和经济发展产生了深远影响，如长江、黄河等主要河流自西向东流经三大阶梯，形成了丰富的水资源和农业条件。

　　秦岭是中国重要的山脉之一，横亘于陕西省南部，是长江与黄河流域的分水岭，也是中国南北地理、气候和文化的分界线。**中条山**是太行山脉的南延部分，位于山西省南部。**泰山**是中国五大名山之一，位于山东省泰安市。

3. B

　　城邦建国制（分封制）是中国古代的一种政治制度，始于**周朝**。该制度主要盛行于周朝，其核心是将土地和人民分封给宗室、功臣和贵族，建立诸侯国，以巩固中央政权。诸侯在封地内享有自治权，但需向周天子朝贡和服役。分封制初期有效维护了周朝的统治，但后期诸侯势力膨胀，导致春秋战国时期的割据和战乱。**秦朝**统一六国后，分封制被郡县制取代。

4. B

　　良渚文化是中国**新石器**时代晚期的文化遗址。新石器时代是考古学上人类史前文化的重要阶段，是石器时代的最后一个阶段。因人类社会存在着不同的发展进程，各地新石器时代所涵盖的年代范围也各不相同。大致而言，新石器时代开始于约 1 万多年前，结束于距今 5 000 多年至 2 000 多年不等。新石器时代的主要特征是磨制石器的制造与广泛使用、陶器的发明以及农业和畜牧业的兴起。新石器时代标志着人类从狩猎采集向定居农业社会的过渡，出现了村落和早期社会组织，如河姆渡文化、仰韶文化、半坡文化、良渚文化等。

　　其中，良渚文化距今约 5 300 年至 4 300 年，主要分布于长江下游的太湖流域，以浙江杭州良渚古城遗址为中心。该文化以精美的玉器、发达的农业和复杂的社会结构闻名，出土的玉琮、玉璧等礼器体现了高度的工艺水平和宗教礼仪。2019 年 7 月，良渚古城遗址被列入《世界遗产名录》。

---

① "中国地势三级阶梯示意在线地图"，载 https://www.osgeo.cn/map/mb976，最后访问日期：2025 年 4 月 30 日。

旧石器时代是人类历史的早期阶段，距今约 250 万年至 1 万年，以打制石器为主要工具特征。这一时期人类以狩猎、采集为生，过着游群生活，逐渐掌握了用火技术。旧石器时代分为早、中、晚三期，晚期出现了骨器和装饰品。著名的旧石器时代遗址有中国的周口店北京猿人遗址和法国的拉斯科洞穴壁画。

青铜器时代是人类历史的重要阶段，介于新石器时代和铁器时代之间，约始于公元前 3000 年。这一时期以青铜器的广泛使用为标志，青铜是铜与锡的合金，硬度高且易于铸造。青铜器时代的社会分工更加明确，农业、手工业和贸易得到发展，城市和国家逐渐形成。著名的青铜器文化有中国商周文明、美索不达米亚文明和古埃及文明。

铁器时代是人类历史的重要阶段，始于公元前 1200 年左右，以铁器的广泛使用为标志。铁器硬度高、资源丰富，逐渐取代了青铜器，推动了农业、手工业和军事技术的进步。这一时期，社会分工更加细化，城市和国家进一步发展，贸易和文化交流更加频繁。著名的铁器时代文化有中国春秋战国时期、欧洲的凯尔特文明和西亚的亚述帝国。

5. A

题干语句出自唐代诗人杜牧的《阿房宫赋》，描写的是阿房宫的宏大规模和壮丽景象。阿房宫是秦始皇统一六国后修建的宫殿，位于今陕西省西安市，以其庞大的建筑群和奢华的设计闻名。据史料记载，阿房宫规模宏大，建筑连绵不绝，覆盖范围极广，体现了秦朝的强盛和秦始皇的雄心。

秦始皇兵马俑是秦始皇陵的陶俑陪葬。圆明园是清朝时期的皇家园林。长安城是唐朝的首都。

6. D

《乐》不属于"五经"。五经是中国儒家学派的经典著作，包括《诗》《书》《礼》《易》《春秋》。五经详细记录了我国早期思想文化发展史上的历史资料和重要思想，在我国儒学发展史乃至文化发展史上都占据着相当重要的位置。

7. C

标举"天理"的理学的建构是宋代文化最重要的标志。理学又称道学，是宋代儒家思想的主流。它以儒家思想为核心，融合了佛、道两家的某些观念，强调"理"是宇宙万物的根本规律，主张"存天理，灭人欲"，提倡通过道德修养和格物致知来达到天人合一的境界。相关代表人物有程颢、程颐、朱熹等。宋代理学推动了儒家思想的复兴，为中国封建社会后期的思想文化奠定了理论基础。

汉代以儒学为主流思想。唐代文化繁荣，但理学尚未建构完成。明代理学继承并发扬宋代理学。

8. A

赵武灵王（战国时期赵国国君）为了提高军队战斗力，推行"胡服骑射"改革，改"博衣大带"的华夏服式为上衣下裤的"胡服"。这一改革不仅使赵国军队更加灵活机动，适应骑射作战，还促进了中原文化与北方游牧文化的融合。赵武灵王的改革增强了赵国的军事实力，使其在战国时期成为强国之一。胡服骑射不仅是中国古代军事史上的重要事件，也反映了文化交融对社会变革的推动作用，是研究战国时期历史和文化的重要课题。

齐威王是战国时期齐国（田齐）国君。楚庄王是春秋时期楚国国君。秦穆公是春秋时期秦国国君。没有记载表明三人曾推行过服饰方面的改革。

9. D

公元 710 年，日本国皇都迁移到平城京（今奈良），奈良的建造完全模仿**唐长安城**的样式。这一时期正值日本奈良时代，日本积极吸收唐朝的文化、制度和技术。奈良城以唐长安城为蓝本，采用棋盘式布局建造。奈良不仅是日本的政治中心，也是佛教文化的传播中心，东大寺和唐招提寺等建筑深受唐朝影响。

10. A

现代汉语普通话有 **21** 个声母。现代汉语普通话是以北京语音为标准音，以北方话为基础方言，以典范的现代白话文著作作为语法规范的汉民族共同语。普通话有 21 个声母、**39 个**韵母和 4 个声调，语音系统规范明确。作为中国官方语言和联合国工作语言之一，普通话广泛应用于教育、媒体、政府和日常交流中。

11. D

现代汉语普通话的声调不包括**入声**。普通话有"**阴平**（一声）、**阳平**（二声）、上声（三声）、**去声**（四声）"四个声调。其调值分别为：阴平 55（高平调，高而平）、阳平 35（高升调，由中音升至高音）、上声 214（降升调，先降后升）、去声 51（全降调，由高音降至低音）。

12. D

今天所能见到的最早的汉字是**甲骨文**（契文）。甲骨文是商朝晚期刻写在龟甲和兽骨上的文字，主要用于占卜和记事。该文字主要发现于河南安阳殷墟，其内容涉及祭祀、战争、农业和天象等，反映了商代的社会生活和文化信仰。甲骨文是迄今为止发现的最早的成熟汉字体系，字形古朴，结构复杂，为研究汉字的起源和演变提供了珍贵资料。甲骨文的发现证实了商朝的历史真实性，也推动了古文字学和商代史的研究。

石鼓文是刻在十枚鼓形石头上的古代文字，现藏于北京故宫博物院。其书刻年代约为春秋战国时期，发现于唐代。石鼓文书刻内容为歌颂秦国国君猎祭活动的 10 首四言诗。石鼓文是籀文的典型代表，字形介于金文和小篆之间，笔画圆润，结构规整。**籀文**得名于《史籀篇》，是中国古代汉字书体之一。籀文流行于西周晚期至春秋时期，是金文向小篆过渡的中间形态，字形比金文更加规整，笔画、结构更加对称。籀文主要用于青铜器铭文和石刻，内容多为祭祀、赏赐和记事。**金文**又称钟鼎文，是中国古代汉字书体之一，是铸刻在青铜器上的文字。金文始于商朝晚期，至西周时期逐渐规范化、整齐化、稳定化，秦汉时期逐渐被篆书、隶书等书体所替代。

13. C

中国古代（贵族）教育中的"六艺"是指礼、乐、**射**、御、书、数六种技能。"礼"指礼仪规范，即吉礼、凶礼、军礼、宾礼、嘉礼；"乐"指音乐、舞蹈等；"射"指射箭技术；"御"指驾驭马车的技术；"书"指书法、绘画等；"数"指算术和天文历法等。六艺不仅是古代教育的核心内容，也是儒家文化的重要组成部分，体现了德智体美全面发展的教育理念，对后世中国文化、教育和价值观的形成产生了深远影响。

14. D

大不列颠岛（the Island of Great Britain）不包括北爱尔兰（**Northern Ireland**）。大不列颠岛由英格兰（**England**）、苏格兰（**Scotland**）和威尔士（**Wales**）三个地区共同构成。该岛屿是欧洲最大的岛屿，也是世界第九大岛，其总面积约 20.9 万平方千米，构成英国领土的主体部分。其地形多样，北部为苏格兰高地，中部有奔宁山脉，东南部以平原为主，气候温和多雨。大不列颠岛在历史上经历了罗马统治、盎格鲁—撒克逊移民、诺曼征服等重要事件，工业革命后成为世界工业中心，现今仍是英国政治、经济和文化的中心，也是全球重要的金融、教育和旅游目的地。

15. A

1607 年，英国在北美大陆弗吉尼亚（**Virginia**）洲建立了第一个永久定居点（詹姆斯敦）。这一定居点由伦敦公司资助，旨在寻找黄金和开辟贸易路线。尽管初期面临饥荒、疾病和与土著居民的冲突，詹姆斯敦最终成为英国第一个成功的北美殖民地，为后来的 13 个殖民地奠定了基础。詹姆斯敦的建立标志着英国在北美殖民活动的开始，对美国的形成和北美历史产生了深远影响。

新罕布什尔（**New Hampshire**）是美国新英格兰区域的一个州，曾是 13 个英属北美殖民地之一。新英格兰（**New England**）是美国东北部的一个地理文化区域，包括缅因州、佛蒙特州、新罕布什尔州、马萨诸塞州（麻省）、罗得岛州、康涅狄格州。马萨诸塞（**Massachusetts**）是美国新英格兰区域的一个州，曾是 13 个英属北美殖民地之一。

16. A

板球（**cricket**）是英格兰的国球。板球比赛通常在椭圆形球场上进行，两队各 11 名球员，以击球和投球为主要对抗形式。板球不仅是英国文化的重要组成部分，还通过殖民扩张传播到印度、澳大利亚、南非等国家，成为全球流行的运动。板球比赛规则复杂，注重策略和团队合作，体现了英国的传统精神和体育文化。

足球（**football**）是巴西的国球。英式橄榄球（**rugby**）起源于英国，但并非英国国球。网球（**tennis**）未被官方指定为国球，但在法国、澳大利亚等欧美国家很受欢迎。

17. A

美国（第 46 任）总统约瑟夫·拜登（Joseph Biden）是一名民主党人（**Democrat**）。他毕业于雪城大学法学院，1972 年当选参议员，成为美国历史上最年轻的参议员之一。拜登在参议院任职 36 年，曾任外交关系委员会主席，参与制定多项重要法案。2009 年至 2017 年，他担任巴拉克·奥巴马的副总统，主导了《平价医疗法案》的推动。拜登的政治生涯以温和务实著称，致力于弥合国内分歧和恢复美国的国际领导地位。

辉格党（**Whig**）是英国历史上的主要政党之一，于 17 世纪末成立，18 世纪与托利党轮流执政，19 世纪中叶演变为自由党，20 世纪初部分成员并入工党，著名辉格党英国首相有罗伯特·沃波尔等。共和党（**Republican**）是美国两大主要政党之一，与民主党轮流执政，著名共和党美国总统有亚伯拉罕·林肯等。托利党（**Tory**）是英国历史上的主要政党之一，于 17 世纪末成立，18 世纪与辉格党轮流执政，19 世纪中叶演变为保守党，著名托利党英国首相有乔治·坎宁等。

18. D

2022 年，查尔斯三世（**Charles III**）成为英国最新一任国家元首。查尔斯三世是英国历史上在位时间最长的王储，在其母亲伊丽莎白二世女王去世后继承王位。他的继位标志着英国进入一个新的君主时代。查尔斯三世在继位前长期致力于环境保护、慈善事业和文化推广，其继位后继续关注气候变化和社会公益。作为英国和英联邦国家的象征性元首，查尔斯三世的角色不仅是国家统一的象征，也在一定程度上影响着英国的社会和文化发展。

伊丽莎白二世（**Elizabeth II**）是英国历史上在位时间最长的君主（在位时间为 1952 年至 2022 年）。里希·苏纳克（**Rishi Sunak**）是第 57 任英国首相（在位时间为 2022 年至 2024 年）。伊丽莎白·特拉斯（**Elizabeth Truss**）是第 56 任英国首相（在位时间为 2022 年 9 月至 2022 年 10 月）。

19. D

散文集《瓦尔登湖》（*Walden*）的作者是亨利·戴维·梭罗（**Henry David Thoreau**）。书中记录了梭罗在瓦尔登湖畔独居两年的生活体验，探讨了自然、简朴生活和个人自由等主题。梭罗通过亲近自然和反思社会，提出了"简单生活"和"公民不服从"的理念，对后来的环境保护运动和社会改革产生了深远影响。

拉尔夫·沃尔多·爱默生（**Ralph Waldo Emerson**）是美国著名文学家、思想家、诗人，其代表作有《论自然》等。伯特兰·罗素（**Bertrand Russell**）是英国著名哲学家、思想家、数学家和逻辑学家，其代表作有《西方哲学简史》等。让-雅克·卢梭（**Jean-Jacques Rousseau**）是法国著名哲学家、教育家、文学家、启蒙思想家，其代表作有《社会契约论》《爱弥儿》等。

20. C

在英国，下议院（**the House of Commons**）是真正的政治权力来源。英国议会（Parliament of the United Kingdom）是英国的最高立法机构，由下议院、上议院和君主组成。下议院由通过普选的 650 名议员组成，负责制定法律、监督政府和批准财政预算。下议院议员通过多数党选举产生首相，首相则组建内阁行使行政权力。作为英国政治体系的核心，下议院对国家的立法、行政和财政政策具有决定性影响。上议院（**the House of Lords**）由贵族、主教和王室后裔组成，成员非选举产生，其主要职能是审议和修正下议院通过的法案。上议院无权否决下议院的决定，但可以通过延迟法案或提出修正案影响立法进程。君主是议会的象征性组成部分，负责签署法案和主持议会开幕仪式。

美国国会（Congress of the United States）是美国的最高立法机构，由参议院和众议院组成。参议院（**the Senate**）有 100 名议员，每州 2 名，任期 6 年，其主要职能包括审议和通过法案、批准国际条约和确认总统提名的高级官员及法官。参议院议长由副总统兼任，但在投票平局时才行使表决权。众议院（**the House of Representatives**）有 435 名议员，按各州人口比例分配，任期 2 年，其主要职能包括提出和通过法案、批准财政预算和启动弹劾程序。众议院议长由多数党选举产生，是国会中的重要政治人物。国会通过的法案需经总统签署生效，总统可行使否决权，但国会可以三分之二多数推翻否决。

21. A

美国公立学校的资金来源于纳税人（**taxpayers**）。美国公立学校是由政府资助和管理的教育机构，面向所有适龄学生提供免费教育。其资金主要来自地方、州和联邦政府的税收，遵循州教育部门制定的课程标准。公立学校涵盖从幼儿园到高中的各个阶段，注重学术成绩和学生的全面发展。尽管在资源和设施方面存在地区差异，但公立学校承担着普及教育和促进社会公平的重要职责。公立学校是美国教育体系的主体，对培养公民素质、推动社会进步和实现教育平等具有深远影响。

私人资金（**private funds**）、教堂（**churches**）、富有的赞助者（**wealthy benefactors**）通常是美国私立学校的资金来源。

22. A

牛津大学（**Oxford University**）是英国最古老的大学。早在 1096 年，就已有人在牛津讲学授课。1167 年，英王亨利二世禁止英国学生前往巴黎大学求学，促使更多学者聚集牛津，逐渐形成了学术社区（牛津大学）。1209 年，因与当地居民的冲突，部分学者迁至剑桥，促成了剑桥大学（**Cambridge University**）的建立。

爱丁堡大学（**the University of Edinburgh**）成立于 1583 年。伦敦大学（**the University of London**）成立于 1836 年。

23. C

美国是一个移民（**immigrants**）国家，被称为"大熔炉（Melting Pot）"。自 17 世纪欧洲殖民者抵达北美以来，美国吸引了来自世界各地的移民，包括非洲、亚洲、拉丁美洲和欧洲。移民带来了多样的文化、语言和传统，逐渐融合成独特的美国文化。"大熔炉"这一比喻强调了不同文化在美国社会中的交融与共存，但也受到"沙拉碗"等新比喻的挑战，后者更强调文化的多元性和独立性。移民不仅塑造了美国的人口结构，也推动了其经济、科技和文化的发展，是美国国家认同和历史的重要组成部分。

24. B

题干诗句"Shall I compare thee to a summer's day"出自英国剧作家、诗人威廉·莎士比亚（**William Shakespeare**）的《第 18 号十四行诗》（*Sonnet 18*）。这首诗是莎士比亚最著名的十四行诗之一，创作于 16 世纪末。诗中将所爱之人比作夏日，赞美其美丽与永恒，超越了自然界的短暂与变幻。这首诗以其优美的语言和深刻的情感，成为英国文学史上的经典之作，广泛传诵和研究。莎士比亚的十四行诗共 154 首，以其丰富的主题和精湛的艺术技巧，对后世诗歌创作产生了深远影响。

弗朗西斯科·彼特拉克（**Francesco Petrarca**）是意大利的诗人、学者，以人文主义创作见长，其代表作有《歌集》等。罗伯特·彭斯（**Robert Burns**）是苏格兰的农民诗人，以其民歌和爱国诗歌而著称，其代表作有《友谊地久天长》等。威廉·华兹华斯（**William Words-worth**）是英国浪漫主义诗人，以描写自然和人生为主题，其代表作有《孤独的收割人》等。

25. C

2016 年诺贝尔文学奖被授予美国作曲家、歌手鲍勃·迪伦（**Bob Dylan**），以表彰他"在伟大的美国民谣传统中创造出新的诗歌意境"。他的作品融合了民谣、摇滚和诗歌，反映了社会变革和个人自由的主题。其代表作有《像一块滚石》（*Like a Rolling Stone*）等。迪伦是首位获得诺贝尔文学奖的音乐人，这一决定引发了广泛讨论，但也体现了文学形式的多样性和跨界艺术的融合。迪伦的获奖不仅是对其艺术成就的认可，也拓宽了诺贝尔文学奖的边界。

迈克尔·杰克逊（**Michael Jackson**）是美国流行歌手、舞者。埃尔维斯·普雷斯利（**Elvis Presley**）又称"猫王"，是美国摇滚乐男歌手、演员。席琳·迪翁（**Celine Dion**）是加拿大籍法裔流行乐女歌手、影视演员。三人均未曾获得诺贝尔文学奖。

第二部分　应用文写作

【构思谋篇】

题干材料围绕城市养犬管理问题，要求以普通公民身份撰写一篇倡议书，倡导文明养犬行为规范。文章需体现公民责任意识，提出可操作的文明养犬建议。范文采用"问题—倡议—呼吁"的三段式结构：开篇直指当前不文明养犬现象及其社会影响；主体部分从"责任养犬人""公德好邻居""文明践行者"三个递进维度提出具体倡议，每点均采用条款式说明；结尾升华主题，发出行动号召。

【参考范文】

<h3 align="center">文明养犬，从我做起——致全体养犬市民的倡议书</h3>

亲爱的市民朋友们：

近年来，随着养犬家庭增多，不文明养犬行为引发的矛盾日益突出。作为一名普通市民，我深切感受到不牵绳遛狗、犬只随地便溺等问题给社区生活带来的困扰。为共建和谐宜居的城市环境，我向广大养犬人士发出以下倡议：

一、做负责任的养犬人

（1）外出遛犬时务必使用牵引绳，大型犬请佩戴嘴套；

（2）随身携带拾便袋，及时清理爱犬排泄物；

（3）定期为爱犬接种疫苗，办理养犬登记证。

二、做有公德心的好邻居

（1）主动避让老人、孕妇、儿童等特殊群体；

（2）制止爱犬持续吠叫，维护邻里安宁；

（3）在电梯等密闭空间，请将爱犬抱在怀中。

三、做文明养犬的践行者

（1）学习科学养犬知识，参加养犬培训课程；

（2）遇到怕犬人士时，主动解释并保持距离；

（3）发现不文明养犬行为，友善提醒劝导。

市民朋友们，文明养犬不仅体现个人素质，更关乎城市形象。让我们从今天做起，从自身做起，用行动证明：爱它，就请文明养它！相信通过每个人的努力，我们一定能创造人犬和谐共处的美好环境。

一名普通市民

2022 年××月××日

第三部分　现代汉语写作

【构思谋篇】

题干材料聚焦于"讲述好中国故事，传播好中国声音"这一核心任务，并强调达成此任务需借助"海外读者乐于接受的方式、易于理解的语言"这一重要手段。行文时需以议论文文体呈现，通过理论阐述、事例分析等方式，准确把握两者关系，立意清晰明确。范文开篇点明"传中国之音"与"以适配之语"紧密相连的关系及重要意义；主体部分辩证论述两者关系，并辅以相关例证（美食文化、抗疫故事）；结尾总结二者关系，强调要以适配之语架起传播之桥，让中国声音、故事在全球传播。

【参考范文】

<h3 align="center">以适配之语，传中国之音</h3>

习近平总书记号召"用海外读者乐于接受的方式、易于理解的语言，讲述好中国故事，传播好中国声音"，这一要求深刻指明了两者紧密相连、互为依托的关系，是提升中国国际传播效能的关键指引。

　　用海外读者乐于接受的方式、易于理解的语言，是讲述好中国故事、传播好中国声音的"敲门砖"。在全球化的今天，不同国家和民族有着不同的文化背景、思维方式和价值观念。若在对外传播中，仍采用国内惯用的表达方式和语言风格，海外读者往往会产生理解障碍，甚至引发误解。只有采用他们熟悉和喜爱的方式、通俗易懂的语言，才能让中国故事跨越文化鸿沟，真正走进他们的内心世界。以中国的美食文化传播为例，纪录片《舌尖上的中国》以生动的画面和富有感染力的叙事，展现美食背后的人文故事和地域文化，在海外播出后引发强烈反响，让世界各地的观众对中国美食文化有了全新认识和浓厚兴趣。

　　讲述好中国故事、传播好中国声音，则是用海外读者乐于接受的方式、易于理解的语言的目的和归宿。我们采用合适的传播方式和语言，并非迎合海外受众而放弃自身立场和观点，而是为了更好地向世界展示真实、立体、全面的中国。通过讲述中国故事，我们可以向海外受众传递中国的发展理念、外交政策和人文精神，增进他们对中国的理解和认同。比如，在抗击新冠疫情的过程中，我们通过新闻报道、专家访谈等多种形式，用海外读者能够理解的语言和方式，讲述了中国抗疫的艰辛历程和伟大成就，让海外受众看到了中国在疫情防控中的卓越表现以及中国人民团结友爱和无私奉献的精神，从而提升了中国的国际形象和影响力。

　　为了实现二者的有机结合，我们需要不断创新传播理念和方法。一方面，要加强国际传播人才队伍建设，培养一批既懂中国文化又熟悉海外文化、既具备扎实的专业知识又掌握多种传播技能的复合型人才。另一方面，要充分利用新媒体技术，拓展传播渠道和平台。通过短视频等新媒体平台，以更加生动、形象、互动的方式讲述中国故事，传播中国声音。

　　"讲述好中国故事，传播好中国声音"与"用海外读者乐于接受的方式、易于理解的语言"如同鸟之双翼、车之两轮，共同推动着中国国际传播事业不断向前发展。我们要以适配之语，架起传播之桥，让中国声音在世界舞台上更加响亮，让中国故事在全球范围内广泛传播。

2022 年全日制翻译硕士专业学位（MTI）研究生入学考试试题

参考答案

第一部分 百科知识

1. D

《黄帝内经》全面奠定了中医理论的基础，其核心理论不包括**形神合一说**。《黄帝内经》是我国现存最早的一部系统性的理论医著，也是传统医学四大经典著作之一，被称为"医之始祖""医家之宗"，现收藏于广州神农草堂中医药博物馆。全书共 18 卷，分为《素问》和《灵枢》两部分：《素问》侧重于人体生理、病理、疾病治疗原则等基本理论，而《灵枢》偏重于人体解剖、脏腑经络、腧穴针灸等理论。中医学五大核心理论——**阴阳五行学说**、脏象学说、**经络学说**、形神学说和**天人学说**，均肇始于此书。[①]《黄帝内经》是中国传统医学的瑰宝，对于中医理论体系的形成和发展起到了至关重要的作用，对于现代中医临床实践和医学研究仍然具有重要的指导意义。

2. C

六经中没有流传下来的是《乐》。《乐》（《乐经》）相传为周公所作，主要记载古代的音乐理论，通过音乐陶冶性情、教化民众，达到"移风易俗"的目的。《乐经》在战国时代失传，但其思想散见于《礼记·乐记》等文献中，对后世音乐、礼仪和文化产生了深远影响。

3. A

二战后，美国建立了以**布雷顿森林体系**为核心的国际金融体系。1944 年，44 个盟国代表在美国新罕布什尔州布雷顿森林镇召开会议，确立了以美元为中心的国际货币体系。其主要内容包括：美元与黄金挂钩（35 美元兑换 1 盎司黄金），其他各国货币与美元挂钩，实行固定汇率制度；成立国际货币基金组织和国际复兴开发银行（世界银行前身）两大国际金融机构，以促进国际金融稳定和经济重建。布雷顿森林体系的建立，暂时结束了战前货币金融领域的混乱局面，推动了全球经济复苏和贸易增长，但 1971 年因美元危机而解体。

二战后，美国建立了以**关贸总协定**（GATT）为核心的国际贸易体系。1947 年，23 个国家在日内瓦签署《关税及贸易总协定》，旨在通过降低关税和消除贸易壁垒，促进全球贸易自由化和经济复苏。GATT 通过多轮贸易谈判，逐步扩大了其规则范围和成员国数量。1995 年，GATT 被世界贸易组织（WTO）取代，但其基本原则得以延续。

联合国是指第二次世界大战后由主权国家组成的最具普遍性、权威性和代表性的政府间国际组织。该组织于 1945 年成立，旨在维护国际和平与安全、促进国际合作与发展、保护人权与基本自由。截至 2024 年，联合国有 193 个会员国，总部位于纽约，目前采用中文、英文、法文等六种正式语言。联合国设有六个主要机构，包括联合国大会、安全理事会、经济及社会理事会、托管理事会、国际法院和秘书处。

二战后，美国建立了以**北大西洋公约组织**（NATO）为核心的国际安全体系。1949 年，美国联合北美、西欧主要国家在华盛顿签署《北大西洋公约》，旨在通过集体防御应对苏联威胁，维护欧洲和北美的安全。NATO 实行"集体防御"，即对任一成员国的攻击被视为对所有成员国的攻击。冷战期间，NATO 在遏制苏联扩张和维护西方安全方面发挥了关键作用。冷战结束后，NATO 通过东扩和转型，继续在全球安全事务中扮演重要角色。

---

① 张岱年、方克立主编：《中国文化概论》，北京师范大学出版社 2004 年版，第 130 页。

4. C

在文化上，秦始皇一方面实行"书同文"，另一方面又在**焚书坑儒**。秦始皇统一了文字、货币、度量衡和法律制度，促进了全国的文化和经济交流。但他又下令焚烧除医药、卜筮、种树之书以外的百家之言，并坑杀了数百名儒生和方士，以压制异见和巩固思想控制。这一政策虽然加强了中央集权，但也导致了文化资源的损失和知识分子的反抗。

车同轨是秦始皇为了加强中央集权统治而实施的措施，旨在统一全国车轮间距标准，使车辆能在同一轨道上顺畅行驶。这一举措促进了交通便利，推动了商业繁荣和经济发展，与古代典籍的毁灭无关。**修建长城**是秦始皇为了抵御北方游牧民族（主要是匈奴）的侵扰而实行的措施。在冷兵器时代，长城作为一道坚固的防御工事，有效阻挡了游牧民族对中原农耕文明的骚扰，有利于维护国家政权稳定，与古代典籍的毁灭无关。**寻觅仙药**是秦始皇为了追求长生不老而采取的行动。他派遣了许多方士（如徐福）出海寻找仙药。这一行为反映了其晚年对权力、生命的过度迷信和依赖，与古代典籍的毁灭无关。

5. D

祖冲之是南北朝时期著名的数学家、天文学家、科学家，他第一次把圆周率的数值，准确到小数点后的**七位数字**。他著有《缀术》一书，于公元 480 年左右率先算出圆周率在 3.1415926 和 3.1415927 之间。这一成就比欧洲早了近一千年，显示了古代中国数学的高度发展。他曾设计制造过指南车、千里船、水碓磨等工具。他还编制了《大明历》，改进了天文计算方法。祖冲之的贡献为后世科学研究提供了重要基础。

6. C

北魏农学家**贾思勰**所著的《齐民要术》是一部综合性农学著作，是我国现存的一部最早、最完整的农书。全书共 10 卷，系统总结了 6 世纪以前黄河中下游地区劳动人民的农业生产经验，内容涵盖耕作、种植、养殖、农产品加工和农业工具等方面。书中不仅详细记录了北方旱作农业的技术，还强调了因地制宜和精耕细作的原则。作为中国古代农业科学的经典著作，《齐民要术》对后世农业技术和经济发展产生了深远影响，是研究中国古代农业史和科技史的重要文献。

仓颉发明了原始象形文字。**毕昇**发明了活字印刷术。**祖冲之**著有《缀术》《大明历》等。

7. A

北魏地理学家郦道元，著有《水经注》。这本书是中国古代最全面、系统的综合性地理著作。《水经注》共 40 卷，以《水经》为纲，详细记载了全国 1 000 多条河流的水道、源头、流向及沿岸的历史遗迹、神话传说、人物掌故等，内容涵盖自然地理和人文地理。郦道元通过实地考察和文献考证，使《水经注》成为研究中国古代地理、水利、交通、经济、历史和文化的重要资料，对后世地理学发展产生了深远影响，是中华文化遗产的重要组成部分。

《山海经》是一部中国古代神话小说专集，也是一部地理志怪典籍，约成书于战国时期至汉代之间，作者不详。该书分为《山经》和《海经》两部分，记录了各种山川地理、水域海洋的地理特征及其相关的神话传说和奇特生物，保存了包括夸父逐日、精卫填海、大禹治水等不少脍炙人口的传说故事。《石鼓文》是刻在十枚鼓形石头上的古代文字，现藏于北京故宫博物院。其书刻年代约为春秋战国时期，发现于唐代，作者不详。石鼓文书刻内容为歌颂秦国国君猎祭活动的 10 首四言诗。《徐霞客游记》是明代地理学家徐霞客创作的一部散文游记专集。该书以日记形式记录了作者游历过程中的见闻，对各地地貌、地质、水文、气候、植物、民俗等现象均做了详实记录。

8. C

《十八帖》不是王羲之的作品。王羲之，字逸少，是东晋时期著名的书法家，被誉为"书圣"。他自幼酷爱书法，精研体势，自成一家，擅长隶、草、楷、行各体，尤以行书著称。王羲之的书法平和自然，笔势委婉含蓄，遒美健秀。其代表作有草书《十七帖》、行书**《兰亭序》**《快雪时晴帖》、楷书**《黄庭经》**。其中，《兰亭序》被誉为"天下第一行书"，是中国书法史上的经典之作。

9. B

魏晋时期清谈家称《周易》《老子》《庄子》为"三玄"，玄学之名由此而来。玄学是魏晋时期出现的哲学思潮，融合了道家思想和儒家经典，探讨宇宙本源、人生意义和社会治理等深奥问题。而"三玄"则是这一时期玄学的核心经典著作。清谈家通过研读、讨论《周易》《老子》《庄子》，推动了玄学的兴起和发展。玄学强调"以无为本"，主张顺应自然、超越世俗，追求精神自由，对当时的哲学、文学和艺术产生了深远影响。

《周易》又称《易》《易经》，记录了古代中国智者们根据观察天象和社会变迁总结出的卜筮方法，以阴阳两种元素的对立统一去描述世间万物的变化，体现了中国古典文化的哲学观和宇宙观。《老子》又称《道德经》，主张"道法自然""无为而治"，强调顺应自然规律，追求内心的平和与自由。《庄子》又称《南华经》，通过寓言和哲理故事，倡导"以道为本""自由逍遥""齐物"等核心思想。

《论语》《孟子》《荀子》均为儒家经典。《韩非子》是法家经典，《周书》是官修正史。《大学》《中庸》均为儒家经典。

10. C

孟子（名轲，字子舆）是我国古代（战国时期）著名的**思想家、政治家、教育家**。他是儒家学派的重要代表人物之一，被尊为"亚圣"，与孔子并称"孔孟"。他主张"人性本善""义重于利"；提倡"仁政""民贵君轻""以民为本"；重视教育的作用，提出"得天下英才而教育之"的理念。其代表作有《孟子》，是儒家经典"四书"之一。孟子的思想对儒家学说和中国传统文化的发展产生了深远影响。

11. D

苏轼（字子瞻，号东坡居士）是北宋著名的词人，文学家、书画家，"唐宋八大家"之一，被尊为**"词圣"**。其诗文豪放洒脱，题材广泛，突破了传统婉约词的局限，开创了豪放词派。其代表作有《念奴娇·赤壁怀古》等。他擅长书法，尤以行书著称，与黄庭坚、米芾、蔡襄并称"宋四家"。其画作以墨竹、枯木怪石为主，注重意境表达。他在政治上主张改革，但因反对王安石变法中的激进措施而屡遭贬谪。虽然仕途坎坷，但他始终保持着豁达乐观的人生态度，其作品常表现出对人生、自然的深刻思考，体现了儒、释、道思想的融合。

12. D

《赵氏孤儿》不是关汉卿的作品，而是元代剧作家纪君祥创作的杂剧。关汉卿，号已斋，是元代著名杂剧作家、散曲作家，被誉为"曲圣"，与白朴、马致远、郑光祖并称"元曲四大家"。他的作品题材广泛，既有历史故事，也有现实题材，尤其擅长描写社会底层人物的生活和命运，塑造了众多鲜明的艺术形象。其作品内容多反映社会现实和人性善恶，语言通俗生动，情节曲折感人。其杂剧代表作有**《单刀会》《拜月亭》《窦娥冤》《救风尘》**等。关汉卿的杂剧在艺术上融合了诗词、音乐和表演，推动了杂剧艺术的繁荣，对中国戏曲文学的发展产生了深远影响。

13. A

陆羽（名疾，字鸿渐）是我国古代（唐代）著名的茶叶专家、茶学家，被誉为"茶神""茶圣"。其所著《茶经》是世界上第一部系统论述茶叶种植、采摘、制作和饮用的专著，奠定了茶学的基础。《茶经》分为 3 卷，详细介绍了茶的起源、种类、器具和冲泡方法，强调茶的自然属性和养生价值。陆羽的茶学思想对后世茶文化的发展产生了深远影响，推动了茶从药用、食用到饮用的转变。

李时珍是明代著名的医药学家，他编写了《本草纲目》。炎帝又称神农，是中国古代传说中的三皇之一，被视为农业和医药的始祖，相传他发明了农耕技术，教导人们种植五谷，并尝百草以辨别药性，奠定了中医药的基础。李龟年是唐代著名的乐师，以音乐才华著称。

14. C

IPR 表示知识产权（intellectual property rights），不包括发明权（**invention**）。知识产权是自然人、法人或其他组织对其智力劳动成果、商业和其他特定相关客体等所依法享有的占有、使用、处分和收益的权利。[①] 常见的知识产权包括商标权（**trade mark**）、专利权（**patent**）、著作权（**copyright**）等（商标权和专利权统称为工业产权，著作权又称版权）。知识产权一般具有如下特征：（1）专有性，为权力主体所独有；（2）地域性，只在其依法取得的地域内受法律保护；（3）时间性，其受保护期限是有限的；（4）无形性，其权力客体不是有形物质，而是无形财产；（5）双重性，具有人身权和财产权双重属性；（6）可转让性，其具有价值和使用价值，可以通过许可、转让等方式进行交易。

15. D

日裔美籍政治学者弗朗西斯·福山（Francis Fukuyama）于 1992 年发表《历史的终结及最后之人》（*The End of History and the Last Man*），对此塞缪尔·亨廷顿（Samuel P. Huntington）持不同看法并出版《文明的冲突》（*The Clash of Civilization*）以作回应。《历史的终结及最后之人》以黑格尔的哲学理念为依据，提出"历史终结论"和"最后之人"的概念。"历史终结论"即自由民主制度可能是人类政治制度发展的最终形式，其他意识形态在与自由民主的竞争中已经失败。"最后之人"表示在这一制度下，人们追求物质满足和个人幸福，失去征服欲和宏伟志愿，导致精神上的空虚。

《丑陋的美国人》（*The Ugly American*）由美国作家威廉·莱德勒与尤金·伯迪克合著。《丑陋的中国人》（*The Ugly Chinese*）由中国台湾作家柏杨所著。《论中国》（*On China*）由美国外交家亨利·基辛格所著。

16. B

西格蒙德·弗洛伊德（Sigmund Freud）没有提出社会契约论（**social contract**），社会契约论是由法国启蒙思想家让-雅克·卢梭（Jean-Jacques Rousseau）提出的。弗洛伊德是奥地利心理学家，精神分析学派的创始人。他的主要理论思想有：（1）精神层次理论，人的精神活动（欲望、冲动等）会在不同的意识层次（意识、前意识和潜意识）中进行；（2）人格结构理论，人格（本我、自我和超我）是一种控制行为模式的内部心理机制；（3）人格发展理论，即性心理期发展论（**sexual theory**），分为口唇期、肛门期、性器期、潜伏期、生殖期五大阶段，在性器期容易出现恋母情结（**Oedipus Complex**）；（4）精神分析疗法，包括自由联想、释梦（**interpretation of dreams**）、移情等。其代表作有《梦的解析》《精神分析引论》等。

---

① "什么是知识产权？"，载中国法院网 https://www.chinacourt.org/article/detail/2023/04/id/7252731.shtml，最后访问日期：2025 年 4 月 30 日。

17. A

戴维·赫伯特·劳伦斯（D. H. Lawrence）的作品不包括《红字》（*The Scarlet Letter*），《红字》是美国浪漫主义作家霍桑（Hawthorne）创作的长篇小说。劳伦斯是英国小说家、诗人、散文家。他的作品以细腻的心理描写和大胆的主题著称，尽管因涉及性描写而一度被禁，但其文学价值逐渐被认可。其代表作有《儿子与情人》（*Sons and Lovers*）、《恋爱中的女人》（*Women in Love*）和《查泰莱夫人的情人》（*Lady Chatterley's Lover*）、《虹》（*The Rainbow*）等。劳伦斯是现代主义文学的重要代表，对 20 世纪文学和文化产生了深远影响。

18. C

根据《凡尔赛条约》（Treaty of Versailles），中国山东省的主权由德国（**Germany**）移交给了日本。《凡尔赛条约》全称《协约国和参战各国对德和约》，是第一次世界大战后，战胜国（协约国）与战败国（同盟国）于 1919 年 6 月 28 日在法国巴黎凡尔赛宫签署的和平条约。条约规定：（1）德国及其盟国应承担战争责任并支付赔款；（2）限制德国的军事力量；（3）德国割让约 13.5% 的领土给邻国，并放弃全部海外殖民地。中国作为战胜国理应收回战前德国在中国山东的一切权益，包括铁路、矿山、电讯设备以及胶州湾地区的租借地等。但该条约却将上述权益转让给日本，严重侵犯中国的领土主权和民族尊严。《凡尔赛条约》对德国及国际秩序产生了深远的影响，但其严苛条款加剧了德国国内的民族主义情绪，为第二次世界大战的爆发埋下了伏笔。

19. B

日本广岛（**Hiroshima**）和长崎（Nagasaki）在第二次世界大战（the Second World War）期间受到原子弹轰炸。1945 年，第二次世界大战即将结束，日本政府故意拖延无条件投降的时间。美国为迫使日本尽早投降，在 8 月 6 日和 9 日分别用原子弹轰炸广岛和长崎。8 月 15 日，日本宣布无条件投降。

东京（**Tokyo**）、福冈（**Fukuoka**）、大阪（**Osaka**）在二战期间并未遭受原子弹轰炸。

20. B

启蒙运动（Enlightenment Movement）不是信仰时代（**The Age of Faith**）。启蒙运动又称理性时代（**The Age of Reason**），是 17 世纪末至 18 世纪末（**During the second half of the 18th century**）欧洲资产阶级和人民大众反封建专制制度、反宗教蒙昧主义的思想文化解放运动。它兴起于西欧，很快发展至欧洲大多数国家，并影响到全世界，但其中心在法国（**Originated from France**）。启蒙运动涉及宗教、哲学、经济、文学等各个方面，提倡人权反对神权，提倡民主反对专制，提倡科学反对迷信，提倡理性主义反对盲从权威。这一时期的代表人物有伏尔泰、卢梭、孟德斯鸠、狄德罗、康德等。启蒙运动推动了政治制度的变革，促进了民主、法治和自由市场的形成。同时，它也推动了科学和教育的发展，为现代科学的兴起和知识的传播创造了条件。

21. A

题干语句出自法国启蒙思想家卢梭（**Rousseau**）的《社会契约论》。"人生而自由，却无处不在枷锁中（Man was born free, and everywhere he is in chains）"揭示了卢梭对人类社会现状的批判，他认为人生而自由平等，但进入社会后受到法律、制度和权力的束缚。他主张"天赋人权"和"人民主权"，政府权力应来自人民契约。

伏尔泰（**Voltaire**）是法国著名的哲学家、文学家、启蒙思想家。孟德斯鸠（**Montesquieu**）是法国著名的法学家、政治哲学家、启蒙思想家。狄德罗（**Diderot**）是法国著名的哲学家、作家、启蒙思想家。

22. A

约翰·沃尔夫冈·冯·歌德（Johann Wolfgang von Goethe）**不**以洛可可艺术风格（**Rococo Art**）著称。歌德是 18 世纪至 19 世纪德国著名的诗人、作家、思想家，魏玛古典主义代表人物之一。他的作品以深刻的人性描写和哲学思考著称，涵盖了诗歌、小说、戏剧和散文等多种体裁，充满了狂飙突进运动的反叛精神，反映了启蒙运动、古典主义和浪漫主义的思想。其代表作有《浮士德》（*Faust*）、《少年维特的烦恼》（*The Sorrows of Young Werther*）、《威廉·迈斯特的漫游年代》（*Wilhelm Meister's Travels*）等。歌德是德国文学的巅峰代表，对世界文学产生了深远影响。

23. A

世界主要宗教通常包括基督教（**Christianity**）、伊斯兰教（**Islam**）、佛教（Buddhism）、印度教（Hinduism）和犹太教（**Judaism**），**不**包括道教（**Taoism**）。世界主要宗教在全球范围内拥有广泛的信徒和深远的文化影响。道教是中国本土宗教，虽然在中国及东亚地区有重要影响，但其信徒数量和全球影响力相对较小，因此不被列为世界主要宗教之一。道教以"道"为核心思想，强调自然和谐与个人修炼，对中国哲学、文学和艺术产生了深远影响。

24. C

关于亚历山大大帝（Alexander the Great），描述**不**正确的是：他对文学不感兴趣（**Not interested in literature**）。亚历山大大帝，即亚历山大三世，是马其顿王国（亚历山大帝国）的国王，也是世界古代史上杰出的军事家、政治家。他是马其顿国王腓力二世之子（**Son of Philip II**），师从古希腊著名哲学家亚里士多德（**A pupil of Aristotle**），对文学和艺术有着浓厚的兴趣，酷爱《荷马史诗》。他具备卓越的军事才能和勇敢无畏（**Fearless and brave**）的性格，率领军队征服了波斯帝国、埃及等地，建立了庞大的亚历山大帝国。他推动了古希腊文化的传播发展，鼓励民族间通婚，倡导民族平等，对人类社会文化的进展产生了重大影响。

25. D

古希腊的著名悲剧作家**不**包括阿里斯托芬（**Aristophanes**）。阿里斯托芬是古希腊著名的喜剧作家，其代表作有《云》《鸟》等，以讽刺社会和政治著称。

埃斯库罗斯（**Aeschylus**）、索福克勒斯（**Sophocles**）、欧里庇得斯（**Euripides**）三人并称"古希腊三大悲剧作家"。他们的作品如《俄瑞斯忒亚》《俄狄浦斯王》和《美狄亚》是西方戏剧的经典。

第二部分　应用文写作

【构思谋篇】

题干材料强调网络文明的重要性，要求围绕"网络文明建设"撰写一篇倡议书。行文时需结合各方责任，提出具体倡议，展现对营造良好网络环境的思考与呼吁。范文开篇点明网络带来的便利与现存的不良现象，以对比手法引出网络文明建设的重要性；主体部分从规范网络行为、提升网络素养、维护网络安全三个维度展开具体倡议，细化具体行动要求；结尾将个人行动与集体愿景相结合，进一步强化倡议。

【参考范文】

共建网上美好家园倡议书

各位网民朋友们：

当下，网络已深度嵌入我们的生活，为我们带来诸多便利。但网络空间并非一片净土，虚假信息、网络暴力等不良现象时有出现，污染着网络环境。习近平总书记强调，网络文明是新形势下社会文明的重要内容，是建设网络强国的重要领域。为此，我倡议大家携手共建网上美好家园。

其一，规范网络行为，共筑文明秩序。网络虽虚拟，行为却有责。我们要遵守法律法规与网络道德，坚决抵制低俗、暴力等不良信息，不发布、不传播有害言论。与人交流时，做到文明用语、理性探讨，尊重他人观点，不恶意攻击谩骂，让网络交流充满善意与温暖。

其二，提升网络素养，净化网络生态。网络信息繁杂，我们要主动学习，增强辨别能力，不盲目跟风，不轻信谣言。积极传播正能量，分享有益、有价值的内容，用优秀的文化和思想感染他人，为网络空间注入更多清流。

其三，维护网络安全，坚守诚信底线。网络安全关乎你我他，我们要提高安全意识，保护好个人隐私，不随意点击不明链接、下载未知软件。同时，坚守诚信原则，不造谣、不信谣、不传谣，共同维护网络信息的真实可靠。

网络空间是我们共同的精神家园，让我们行动起来，从自身做起，文明办网、用网、上网，以时代新风塑造和净化网络空间，共建美好网上家园！

一名普通公民

2021 年 12 月 ×× 日

第三部分　现代汉语写作

【构思谋篇】

题干材料指出加强我国国际传播能力建设的重要性，要求写一篇议论文。行文时需立足国际传播规律，结合中国实际，提出讲好中国故事的具体路径。范文开篇以文化传播现象切入，提出构建国际传播新范式的核心论点；主体部分从传播主体、表达形式、实践支撑三个创新维度展开论证；结尾立足传播新趋势，提出人才培养与体系建设建议。

【参考范文】

融通中外的叙事之道——新时代中国国际传播的路径探索

当《流浪地球 2》在全球斩获票房佳绩，当 TikTok 上"发现中国"话题播放量突破百亿次，我们见证了新时代中国故事的传播魅力。在文明交流与意识形态博弈并存的时代，如何突破"他塑"困境，向世界展现真实、立体、全面的中国？这需要构建兼具民族特色与世界情怀的传播新范式。

以多元主体构建传播矩阵。传统的单一官方叙事已难以适应分众化传播趋势。要形成"官方引领—民间参与—外媒合作"的立体传播格局：外交部发言人的权威阐释、李子柒的生活叙事、外国网红的中国见闻，共同构成多维度的中国镜像。中国援非医疗队队员用短视频记录诊疗日常，这些"白衣外交官"的第一视角，比任何宣传片都更具说服力。当每个中国人都成为国家故事的讲述者，就能形成传播的乘数效应。

以创新表达突破文化隔阂。《三体》通过科幻叙事让全球读者理解中国哲学,《只此青绿》用舞蹈语汇激活千年画卷。这些成功案例揭示:要善于将"中国内容"转化为"世界语言"。北京冬奥会开幕式上,各国运动员在《让世界充满爱》的旋律中携手入场,这个充满人类共通情感的设计,让"美美与共"的理念不言自明。真正的传播不是强加于人,而是在共情中实现价值认同。

以实践成果彰显大国担当。中国参与全球治理的实践,本身就是最好的国际传播。从达沃斯论坛上的"世界经济风向标",到 RCEP 构建的区域合作新范式;从"一带一路"的基建奇迹,到全球发展倡议的落地实施,中国始终以行动诠释责任。疫情期间向数百个国家提供疫苗援助,这种"雪中送炭"的义举,胜过千言万语的说教。实践表明,当中国方案切实解决全球性问题时,国际社会自然会投下信任票。

当前,国际传播已进入"内容为王,渠道制胜"的新阶段。我们要培养更多精通"跨文化密码"的传播人才,打造更多既有中国底蕴又有世界情怀的文化产品,构建既坚守立场又开放包容的话语体系。当官方叙事与民间表达相得益彰,当传统智慧与现代文明交相辉映,中国故事必将绽放更加绚丽的光彩,为人类文明进步贡献独特力量。

国际关系学院

2024 年全日制翻译硕士专业学位（MTI）研究生入学考试试题

参考答案

【A 卷】

一、解词题

1. 《艺文类聚》：《艺文类聚》是唐代欧阳询、陈叔达等人编纂的一部官修类书，也是我国现存最早且保存相对完整的一部大型类书，与《北堂书钞》《初学记》《白氏六帖》并称"唐代四大类书"。全书共 100 卷，分类详实，引文丰富，内容涵盖天文、地理、人事、器物等方面，辑录了大量古代文献和典故。《艺文类聚》是研究唐代以前文化、历史和社会的重要参考，也是类书编纂的典范，对后世文献整理和学术研究产生了深远影响。

2. 皇天后土：皇天后土是中国古代对天地神灵的尊称，常用于祭祀和誓词中。"皇天"指至高无上的天神，象征天命和正义；"后土"指大地之神，象征生育和滋养。这一概念体现了古人对自然和宇宙的敬畏，反映了天人合一的思想。"皇天后土"具有深远的文化意义，在文学、艺术、宗教、哲学和社会习俗中均有广泛体现。

3. 汉三宫：汉三宫又称汉家宫阙，指西汉时期长安城内的三座主要宫殿，包括未央宫、长乐宫和建章宫。未央宫是皇帝处理政务和居住的地方，长乐宫为太后居所，建章宫则用于祭祀和庆典。这三座宫殿规模宏大，建筑精美，体现了汉代皇权的威严和文化的繁荣。汉三宫遗址现位于陕西省西安市，是中华文化遗产的重要组成部分，对研究中国古代建筑、宫廷制度和社会生活具有重要意义。

4. 汉赋四大家：汉赋四大家是汉代辞赋创作的四位杰出代表，包括司马相如、扬雄、班固和张衡。这四位大家的作品对当世与后世文坛都产生了深远影响。

　　司马相如，字长卿，是西汉时期著名的辞赋家、政治家，被誉为"赋圣""辞宗"。他的辞赋作品铺陈华丽、气势恢宏、辞藻优美。其辞赋代表作有《上林赋》《长门赋》等。

　　扬雄，字子云，是西汉时期著名的辞赋家、哲学家、思想家。他的辞赋作品风格典雅凝练，兼具哲理深度和艺术美感。其辞赋代表作有《甘泉赋》《羽猎赋》等。

　　班固，字孟坚，是东汉时期著名的辞赋家、史学家，与其父班彪、其妹班昭并称"三班"。他的辞赋作品展现了宏大的历史视野和深厚的文学功底。其辞赋代表作有《两都赋》《幽通赋》等。班固继承父志撰史，他是《汉书》的主要编纂者，开创了断代史的先河。

　　张衡，字平子，是东汉时期著名的辞赋家、科学家。他的辞赋作品打破了传统汉赋堆砌文字的旧习，直抒胸臆。其辞赋代表作有《二京赋》《归田赋》等。他精天文历算，不仅创制了浑天仪、地动仪和指南车等多种天文、地理观测仪器，还创立了系统完整的天文学说，开辟了古代地震学研究的新领域。其天文著作有《灵宪》等。

5. 《长生殿》：《长生殿》是清代剧作家洪昇创作的传奇剧本，与《西厢记》《牡丹亭》《桃花扇》并称"中国四大古典戏剧"。剧本以安史之乱为背景，通过细腻的情感描写和复杂的政治冲突，讲述了唐明皇与杨贵妃的爱情悲剧，展现了个人命运与历史洪流的交织。《长生殿》语言优美，结构严谨，被誉为清代传奇剧的巅峰之作，对后世戏剧创作和文化研究产生了深远影响。

6. 青铜器时代：青铜器时代是人类历史的重要阶段，介于新石器时代和铁器时代之间，约始于公元前3000年。这一时期以青铜器的广泛使用为标志，青铜是铜与锡的合金，硬度高且易于铸造。青铜器时代的社会分工更加明确，农业、手工业和贸易得到发展，城市和国家逐渐形成。著名的青铜器文化有中国商周文明、美索不达米亚文明和古埃及文明。青铜器时代为人类文明的进步奠定了基础，是研究古代社会和技术发展的重要阶段。

7. 四君子画：四君子画又称国画四君子，是中国传统绘画中的经典题材，包括梅、兰、竹、菊四种植物主题。因为"梅兰竹菊"都具有高风亮节的品格和飘逸清雅的姿态，常以君子为喻。梅花傲雪凌霜，象征坚韧不拔；兰花幽雅高洁，代表谦逊内敛；竹子虚心有节，体现正直不屈；菊花隐逸坚贞，寓意淡泊名利。四君子画起源于宋代，兴盛于元明清，成为文人画的重要题材。其艺术风格以简洁、写意为主，注重笔墨情趣和意境表达。四君子画体现了中国文人的精神追求，对研究中国传统文化具有重要意义。

8. 编钟：编钟是中国古代的一种打击乐器，由一系列大小不同的铜钟组成，按音高顺序悬挂在钟架上。编钟起源于商周，盛行于春秋战国时期，主要用于宫廷祭祀和礼仪活动。其音色清脆悦耳，音域宽广，能够演奏复杂的旋律。编钟是古代音乐艺术的代表，体现了青铜铸造和音律学的高度成就。著名的曾侯乙编钟出土于湖北随州，是研究古代音乐、科技和文化的重要文物。

9. 中国四大名砚：中国四大名砚指端砚、歙砚、洮砚和澄泥砚，分别产自广东肇庆市、安徽歙县、甘肃卓尼县和山西新绛县。端砚石质细腻温润，致密坚实，易于发墨且不易干；歙砚坚润如玉，色泽青莹，纹理细密；洮砚石质坚且细腻，色泽碧绿；澄泥砚以黄河渍泥烧制而成，具有陶瓷感。四大名砚不仅是文房四宝的重要组成部分，也是中国传统文化和工艺的象征。其制作工艺精湛，兼具实用与艺术价值，对研究中国古代文化和工艺美术具有重要意义。

10. 茶圣：茶圣是对唐代茶叶专家、茶学家陆羽（名疾，字鸿渐）的尊称，因其著作《茶经》被誉为世界上第一部系统论述茶叶种植、采摘、制作和饮用的专著而得名。陆羽在《茶经》中详细介绍了茶的起源、种类、器具和冲泡方法，强调茶的自然属性和养生价值。陆羽的茶学思想对后世茶文化的发展产生了深远影响，推动了茶从药用、食用到饮用的转变。

11. 悬棺葬：悬棺葬是中国古代南方少数民族的一种特殊丧葬方式，常见于长江流域和西南地区，尤以福建武夷山和四川珙县的悬棺最为著名。悬棺葬通常将已故之人的棺木放置于崖壁的洞穴里或木架上，以避免野兽侵扰和洪水淹没。这一葬俗体现了古人对死后世界的独特观念和精湛的工程技术，对研究中国古代文化和历史具有重要价值。

12. 丝绸之路：丝绸之路是古代连接中国与西域各国的贸易和文化交流通道。该通道最早由汉代张骞和班超出使西域时开辟，其主线从长安（今西安）出发，向西经河西走廊至敦煌后，分为南北两线（北线经现在的吐鲁番、库车等地，南线经现在的若羌、和田等地），在木鹿城（今土库曼斯坦）汇合，延伸至中亚、西亚和地中海地区。丝绸之路不仅是丝绸、瓷器、茶叶等商品的贸易通道，还促进了宗教、艺术、科技和思想的传播。丝绸之路对东西方文明的交流与融合产生了深远影响，也是"一带一路"倡议的历史渊源。

13. 七大古都：七大古都是指中国历史上曾作为国家政治、经济和文化中心的七座城市，包括西安、洛阳、南京、北京、开封、杭州和安阳。西安是十三朝古都，洛阳为九朝古都，南京是六朝古都，北京为元、明、清三朝都城，开封是北宋都城，杭州为南宋都城，安阳是商朝晚期都城。七大古都见证了中国历史的变迁和文明的传承，拥有丰富的文化遗产和历史遗迹，是中华文明的重要象征。

14. 行省制：行省制是中国元朝为加强中央集权、巩固统治而创立的地方行政制度。该制度将全国划分为若干行省，由中央直接派遣官员管理，行省下设州、县等，形成层级分明的行政体系。行省制加强了中央对地方的控制，提高了行政效率，为明清两代所沿用。这一制度是中国古代政治制度的重要创新，对研究元朝及后世的地方行政体制具有重要价值。

15. 四大区域：四大区域是中国古代文明起源的重要区系划分，包括黄河流域文化区、长江流域文化区、珠江流域文化区以及北方和东北文化区。黄河流域文化区以仰韶文化和龙山文化为代表；长江流域文化区以良渚文化和河姆渡文化为特色；珠江流域文化区以石峡遗址著称；北方和东北文化区以红山文化闻名。四大区域的划分揭示了中国古代文明的多样性和复杂性，为研究中华文明的起源和发展提供了重要依据。

16. "春秋六强"："春秋六强"指春秋时期先后崛起的六个诸侯国，包括齐国、晋国、楚国、秦国、吴国、越国。齐桓公以"尊王攘夷"为旗号，率先称霸；晋文公通过城濮之战确立霸权；楚庄王问鼎中原，成为南方霸主；秦穆公称霸西戎；吴王阖闾和夫差通过军事扩张一度强盛；越王勾践卧薪尝胆，灭吴国后称霸东南。"春秋六强"的争霸推动了政治、军事和文化的变革，促进了各地区的交流与融合，为战国时期的统一奠定了基础。

17. 五胡：五胡指西晋末年至南北朝时期活跃于中国北方的五个少数民族，包括匈奴、羯、鲜卑、羌、氐。这些民族趁西晋内乱南下，先后建立了十六个政权，史称"五胡十六国"。五胡的南下不仅导致了西晋的灭亡，也推动了北方地区的民族融合和文化交流。尽管五胡政权多短命，但其对政治制度、军事组织和文化的贡献为后来的北魏统一北方奠定了基础。

18. 《荷马史诗》：《荷马史诗》是古希腊文学的经典作品，相传由盲诗人荷马创作，包括两部长篇叙事史诗《伊利亚特》和《奥德赛》。《伊利亚特》以英雄阿喀琉斯的愤怒为主线，讲述了特洛伊战争第十年51天内发生的故事；《奥德赛》讲述了英雄奥德修斯在特洛伊战争结束后历经艰险、漂泊十年最终返乡的故事。作为西方文学的奠基之作，《荷马史诗》反映了古希腊的社会、宗教和文化，对后世文学、艺术和哲学产生了深远影响。

19. 达·芬奇：达·芬奇是意大利文艺复兴时期的全才，集画家、科学家、发明家和工程师于一身，与米开朗基罗、拉斐尔并称"美术三杰"。其代表作《蒙娜丽莎》和《最后的晚餐》被誉为艺术史上的杰作，以精湛的技艺和深刻的人文精神闻名。他在解剖学、工程学和自然科学领域也有重要贡献，留下了大量手稿和设计图。他的跨学科研究和创新精神体现了文艺复兴时期的人文主义思想，对后世艺术、科学和文化产生了深远影响。

20. "因信称义"："因信称义"是德国宗教改革家马丁·路德神学思想的核心教义。该教义主张人得救不是依靠行为或教会的仪式，而是通过信仰和上帝的恩典。这一思想挑战了天主教会的权威，强调《圣经》是信仰的唯一依据，信徒可以直接与上帝沟通。路德的"因信称义"理论奠定了信义宗（路德宗）的神学基础，是基督教神学的重要转折点，引发了宗教改革运动，推动了欧洲社会的思想解放和政治变革。

21. 莫扎特：莫扎特是奥地利作曲家，维也纳古典乐派代表人物之一。他的音乐以旋律优美、结构严谨、情感丰富著称。他一生创作了 600 多部作品，涵盖交响曲、歌剧、协奏曲等多种体裁。其代表作有《降 E 大调第三十九交响曲》《费加罗的婚礼》《D 大调第四小提琴协奏曲》等。《安魂曲》是莫扎特的最后一部作品，在创作这部作品时他已病重，仅完成了部分乐章，其余部分由其学生苏斯迈尔根据其留下的手稿续成。

22. 《理想国》：《理想国》又译作《国家篇》《共和国》，是古希腊哲学家柏拉图创作的哲学对话体著作。全书共 10 卷，通过苏格拉底与他人的对话，阐述了对于理想国家的构想。书中构建的理想国是一个由哲学家治理的正义国家，分为统治者、卫士、劳动者"三个阶层"，以智慧、勇敢、节制、正义作为"四大美德"。其中，统治者和卫士阶层分别负责制定和执行法律，劳动者阶层负责提供国家所需的物质资源。《理想国》的思想广博精深，涉及哲学、文艺、伦理、教育、政治等多方面内容，对西方哲学的发展产生了重要影响。

23. 狄更斯：狄更斯是英国维多利亚时期的批判现实主义作家。他的作品多关注底层人民的生活，揭露工业革命时期的社会问题。其写作风格幽默而富有同情心，人物形象鲜明，情节曲折动人。其代表作有《双城记》《雾都孤儿》《远大前程》等。狄更斯的作品在英国文学史上占有重要地位，对后世文学和社会改革产生了深远影响。

24. 黑格尔：黑格尔是德国古典哲学的集大成者、客观唯心主义者。他提出"正—反—合"的辩证法，认为历史和精神的发展是通过矛盾和对立的解决实现的。他强调绝对精神的自我实现，认为国家和历史是理性发展的体现。其代表作有《精神现象学》《法哲学原理》等。黑格尔的哲学体系复杂而深刻，对马克思主义、存在主义和现代哲学产生了深远影响。

25. 弗洛伊德：弗洛伊德是奥地利心理学家，精神分析学派的创始人。他的主要理论思想有：（1）精神层次理论，人的精神活动（欲望、冲动等）会在不同的意识层次（意识、前意识和潜意识）中进行；（2）人格结构理论，人格（本我、自我和超我）是一种控制行为模式的内部心理机制；（3）人格发展理论，即性心理期发展论，分为口唇期、肛门期、性器期、潜伏期、生殖期五大阶段，在性器期容易出现恋母情结；（4）精神分析疗法，包括自由联想、释梦、移情等。其代表作有《梦的解析》《精神分析引论》等。弗洛伊德的理论对心理学、文学、艺术和社会科学产生了深远影响。

二、应用写作题

【构思谋篇】

题干要求以"请党放心，强国有我"为主题撰写一篇演讲稿。行文时可选取的写作主题有：（1）科技创新与青年担当（如航天、人工智能等领域青年人才的贡献）；（2）文化自信与时代使命（如传承中华优秀传统文化、增强国际话语权）；（3）基层奉献与青春力量（如大学生支教、乡村振兴中的青年身影）等。范文开头以庄重的节日致辞切入，通过回顾新中国成立 75 年来的奋斗历程，展现党的领导和人民奋斗的伟大成就，结合国际关系学院的专业特色，从宏观历史叙事聚焦到青年学子的具体使命，强调在全球化背景下维护国家利益、传播中国声音的重要性。撰写此类演讲稿时，语言要有号召力，适当运用排比、反问等修辞；结构要层次分明，避免空泛议论。

【参考范文】

请党放心，强国有我

尊敬的评委老师们，亲爱的同学们：

大家好！

我是来自国际关系学院××学院××专业的一名参赛学生。在庆祝新中国成立75周年的庄严时刻，能够站在这里，以"请党放心，强国有我"为主题发表演讲，我倍感荣幸与自豪。

75年风雨兼程，75年砥砺奋进。从战火纷飞的革命年代到繁荣昌盛的新时代，中国共产党带领中国人民谱写了气壮山河的奋斗史诗。今天的中国，正以昂扬的姿态屹立于世界东方。这辉煌成就的背后，是一代代共产党人的无私奉献，是亿万中华儿女的接续奋斗。

作为新时代的青年学子，我们既是历史的见证者，更应是未来的开创者。"请党放心，强国有我"这八个字，承载着我们对祖国的庄严承诺。在国际关系学院求学的日子里，我深刻认识到：当今世界正经历百年未有之大变局，中国青年更应胸怀"国之大者"。我们要以专业知识为盾，以外交智慧为剑，在国际舞台上讲好中国故事，传播中国声音。

同学们，青春因报国而绚丽，人生因担当而精彩。让我们以"功成不必在我"的精神境界和"功成必定有我"的历史担当，在实现中华民族伟大复兴的征程上，书写属于我们这一代人的青春华章！

我的演讲到此结束，谢谢大家！

三、命题作文

【构思谋篇】

题干材料以"美美与共"的文明观为核心，强调不同文明应当相互尊重、和谐共处，倡导在保持文明多样性的基础上，通过对话交流实现共同发展，构建人类命运共同体。行文时可选取的写作主题有：（1）探讨"文明共情"如何消弭认知鸿沟，分析"一带一路"建设中跨文化沟通的典型案例；（2）研究影视作品的文化改编现象，如迪士尼《花木兰》对中国故事的再创作，讨论跨文化传播中的尊重与创新边界等。范文开篇以费孝通名言点题，提出"文明如花，共赏共生"的核心论点；随后按照"各美其美""美人之美""美美与共"三个递进式分论点，先论证不同文明的独特性价值，再阐述中国唐代文明的包容性智慧，最后落脚文明互鉴的当代实践意义（吴哥窟修复）；结尾将文明对话提升至人类命运共同体高度。

【参考范文】

文明如花：共赏方能各放异彩

费孝通先生的"各美其美，美人之美，美美与共，天下大同"道出了文明相处的真谛。人类文明如同花园中的百花，牡丹不必羡慕玫瑰的娇艳，兰花无需模仿向日葵的灿烂，唯有各自保持独特之美，又能欣赏他者之美，方能构成一幅和谐共生的文明图景。历史告诉我们，文明因交流而多彩，因互鉴而丰富，任何试图以一种文明取代或压制其他文明的企图，最终都会导致人类精神世界的贫瘠与枯萎。

"各美其美"是文明自信的根基。古希腊文明在哲学、艺术上的成就，中华文明在伦理、工艺上的贡献，印度文明在宗教、数学上的创造，无不彰显着各自独特的价值。意大利文艺复兴时期的艺术家们从古希腊罗马文化中汲取营养，却并未简单复制古典形式，而是创造了全新的艺术风格。达·芬奇、米开朗基罗等大师既尊重传统，又勇于创新，使佛罗伦萨成为人类艺术的巅峰之地。这种对自身文化价值的坚守与发扬，正是文明得以延续的根本。

"美人之美"体现的是文明的包容胸襟。盛唐时期的长安城，波斯商人、日本遣唐使、西域乐师与中原士人比邻而居，佛教与儒家思想相互激荡。唐太宗说："自古皆贵中华，贱夷狄，朕独爱之如一。"这种开放包容的态度，使唐代文明达到了空前繁荣。日本遣唐使将中国的律令制度、天文历法带回日本，与本土文化融合，推动了日本社会的发展。文明如水，善下而不争，唯有虚怀若谷，才能汲取他者之长。

当今世界，"美美与共"已成为文明相处的必然选择。丝绸之路上的驼铃声虽已远去，但文明交流的渠道比历史上任何时候都更加宽广。中国提出的"一带一路"倡议，不是要输出某种单一文明模式，而是搭建不同文明对话的平台。在柬埔寨吴哥窟的保护修复中，中国专家采用"最小干预"原则，既运用现代技术，又尊重原有建筑风格与文化内涵，使这一文明瑰宝得以延续其独特魅力。这种文明互鉴的实践，正是构建人类命运共同体的生动写照。

文明如水，柔而有力；文明如光，和而不同。面对百年未有之大变局，我们更需要超越文明优越论与文明冲突论的窠臼，以平等、开放、包容的态度促进不同文明交流互鉴。当每一种文明都能自信地绽放独特光彩，又能真诚欣赏其他文明之美时，人类才能共同绘制出一幅文明百花园的壮丽画卷，实现"天下大同"。

【B卷】

一、解词题

1. **《太平御览》**：《太平御览》是北宋李昉、扈蒙等人奉宋太宗之命编纂的一部官修类书，与《太平广记》《文苑英华》《册府元龟》并称"宋四大书"。全书共1 000卷，分类详实，引文丰富，内容涵盖天文、地理、人事、器物等方面，辑录了大量古代文献和典故。《太平御览》是研究宋代以前文化、历史和社会的重要参考，也是类书编纂的典范，对后世文献整理和学术研究产生了深远影响。

2. **封禅**：封禅是中国古代帝王举行的祭祀天地的最高仪式。古人认为泰山最高、离天最近，故封禅大典一般在泰山举行，象征君权神授和国泰民安。"封"是在泰山顶设坛祭天，"禅"是在泰山附近的小山上祭地。这一仪式始于秦始皇，后为历代帝王所沿用，以显示其统治的合法性和功绩。封禅不仅是宗教仪式，也是政治象征，体现了古代中国的宇宙观和皇权文化，对中华文明的发展产生了深远影响。

3. **唐三宫**：唐三宫指唐代长安城内的三座主要宫殿，包括太极宫、大明宫和兴庆宫。太极宫是唐初皇帝处理朝政的地方，大明宫自唐高宗起成为皇帝处理政务和居住的主要场所，兴庆宫则是皇家园林和宴会之地。这三座宫殿规模宏大，建筑精美，体现了唐代皇权的威严和文化的繁荣。唐三宫是唐代政治和文化的象征，对研究中国古代建筑、宫廷制度和社会生活具有重要意义。其遗址现位于陕西省西安市，是中华文化遗产的重要组成部分，对后世宫殿建筑和城市规划产生了深远影响。

4. **四大传奇**：四大传奇指明代四部传奇剧本，包括《荆钗记》《白兔记》《杀狗记》《拜月亭记》。《荆钗记》讲述了王十朋和钱玉莲不畏权贵、生死不渝的爱情故事；《白兔记》以白兔为线索，讲述了刘知远和李三娘的悲欢离合；《杀狗记》讲述了杨月真为劝诫丈夫孙华改过自新，设计杀狗并假扮命案，最终使孙华醒悟的故事；《拜月亭记》讲述了金国战乱时期，王瑞兰与蒋世隆在拜月亭相遇并相爱的故事。这四部作品情节曲折，语言优美，思想深刻，展现了明代社会的风貌和文人的思想情感。四大传奇推动了明代戏曲艺术的繁荣，也对后世文学和戏剧产生了深远影响。

5. 《西厢记》：《西厢记》全称《崔莺莺待月西厢记》，是元代剧作家王实甫创作的杂剧，与《牡丹亭》《长生殿》《桃花扇》并称"中国四大古典戏剧"。该剧讲述了书生张生与相国小姐崔莺莺在普救寺相遇相爱的故事，通过侍女红娘的巧妙帮助，二人最终冲破礼教束缚，终成眷属。《西厢记》语言优美，情节曲折，人物形象鲜明，尤其是红娘的形象极具魅力。该剧在中国戏曲史上占有重要地位，对后世文学、戏剧和艺术产生了深远影响。

6. 三绝：三绝是对东晋画家顾恺之的赞誉，指其"画绝、才绝、痴绝"。"画绝"指其绘画技艺高超，代表作有《女史箴图卷》和《洛神赋图》，注重神韵和意境，总结了"传神写照"的艺术理念；"才绝"指其文学才华出众，擅长诗文；"痴绝"则形容其性格率真，不拘小节。顾恺之的艺术成就对后世绘画和文学产生了深远影响，是研究中国古代艺术史和文化史的重要人物。

7. 《红楼梦》：《红楼梦》又名《石头记》，是一部章回体长篇小说，中国四大名著之一。学者们认为前80回为清代作家曹雪芹所著，后40回为清代作家高鹗所续写。小说以四大家族——贾、史、王、薛的兴衰演变为背景，以贾宝玉、林黛玉、薛宝钗为主要人物，描述了他们之间的爱情婚姻悲剧。《红楼梦》展现了复杂的人性和社会矛盾，反映了封建社会的没落，有力地抨击了清代封建制度的腐败与黑暗。

8. 文房四宝：文房四宝指中国古代文人书房中必备的四种工具，包括笔、墨、纸、砚。笔以湖笔为代表，墨以徽墨为佳，纸以宣纸闻名，砚以端砚和歙砚最为珍贵。文房四宝不仅是书写和绘画的工具，也是中国传统文化和艺术的象征，体现了文人的审美情趣和精神追求。其制作工艺精湛，兼具实用与艺术价值，对书法、绘画和文学的发展产生了深远影响。

9. 《茶经》：《茶经》是唐代茶叶专家、茶学家陆羽所著的世界上第一部系统论述茶叶种植、采摘、制作和饮用的专著，被誉为茶学的奠基之作。全书分为3卷，详细介绍了茶的起源、种类、器具和冲泡方法，强调茶的自然属性和养生价值。《茶经》不仅总结了唐代以前的茶学知识，还推动了茶从药用、食用到饮用的转变，对后世茶文化的发展产生了深远影响。

10. 石棺葬：石棺葬是中国古代的一种丧葬方式，起源于商周时期，盛行于战国到两汉，延续到明代。石棺葬通常将已故之人的遗骸放置于石制棺椁中，石棺多由整块石板或石块拼合而成，形状规整，表面常雕刻有纹饰或符号。石棺葬多发现于东北的松花江流域、四川西部的岷江和金沙江流域等地，反映了当时的社会等级和宗教信仰。这一葬俗体现了先民的石材加工技术和艺术水平，对研究中国古代文化和历史具有重要价值。

11. 上元节：上元节又称元宵节，是中国传统节日之一，节期为农历正月十五。上元节起源于汉代，最初是祭祀天神的宗教活动，后逐渐演变为民间娱乐节日。上元节的主要习俗包括吃元宵、赏花灯、猜灯谜和舞龙舞狮等。元宵象征团圆，花灯寓意光明和希望，猜灯谜则展现了智慧和趣味。上元节是春节庆祝的尾声，反映了人们对美好生活的向往。

12. 乞巧节：乞巧节又称七夕节，是中国传统节日之一，节期为农历七月初七。其起源与牛郎织女的传说有关，相传这天晚上，喜鹊会搭成鹊桥，让牛郎织女相会。乞巧节的主要习俗包括女子乞巧、祭拜织女、穿针引线和观赏星空等。乞巧节反映了古代女性对心灵手巧和美好姻缘的向往，在现代被赋予了"中国情人节"的意义，成为表达爱情和浪漫的节日，体现了传统文化的传承与创新。

13. **海上丝绸之路**：海上丝绸之路是古代中国与外部世界进行贸易和文化交流的海上通道。该通道始于汉代，兴盛于唐宋时期。其主要航线从中国东南沿海（广东、广西等）出发，经南海、印度洋，延伸至波斯湾、红海和东非海岸。海上丝绸之路不仅运输丝绸、瓷器、香料、茶叶等商品，还促进了宗教、艺术和科技的传播。海上丝绸之路对东西方文明的交流与融合产生了深远影响，是研究古代世界史和文化交流的重要课题，也是"一带一路"倡议的历史渊源。

14. **郡县制**：郡县制是中国古代的地方行政制度，始于秦朝，取代了分封制。该制度将全国划分为郡和县两级，郡设郡守，县设县令，由中央直接任命和管理。郡县制加强了中央对地方的控制，提高了行政效率，在汉朝得到进一步完善。这一制度为研究中国古代的地方行政体制提供了重要视角，是中华文明治理智慧的体现。

15. **新石器时代**：新石器时代是考古学上人类史前文化的重要阶段，是石器时代的最后一个阶段。因人类社会存在着不同的发展进程，各地新石器时代所涵盖的年代范围也各不相同。大致而言，新石器时代开始于约1万多年前，结束于距今5 000多年至2 000多年不等。新石器时代的主要特征是磨制石器的制造与广泛使用、陶器的发明以及农业和畜牧业的兴起。新石器时代标志着人类从狩猎采集向定居农业社会的过渡，出现了村落和早期社会组织，如河姆渡文化、仰韶文化、半坡文化、良渚文化等。

16. **"春秋五霸"**："春秋五霸"指春秋时期的五位霸主，包括齐桓公、晋文公、楚庄王、秦穆公、宋襄公。[①] 齐桓公以"尊王攘夷"为旗号，率先称霸；晋文公通过城濮之战确立霸权；楚庄王问鼎中原，成为南方霸主；秦穆公称霸西戎；宋襄公虽未成功，但其仁义之举被后世称颂。五霸的争霸推动了政治、军事和文化的变革，促进了各地区的交流与融合，为战国时期的统一奠定了基础。

17. **"战国七雄"**："战国七雄"指战国时期七个强大的诸侯国，包括齐国、楚国、燕国、韩国、赵国、魏国、秦国。七国之间通过合纵连横、军事扩张和变法改革争夺霸权，最终由秦国完成统一。齐国经济发达，文化繁荣；楚国地广人众；燕国地处北方，与北方游牧民族接壤，军事实力较强；韩国（三晋之一）地势狭小，国力相对较弱；赵国（三晋之一）以骑兵闻名；魏国（三晋之一）初期强盛，后逐渐为秦国所压制；秦国通过商鞅变法迅速崛起。七雄的争霸推动了政治、军事和文化的变革，促进了各地区的交流与融合，为秦朝的统一奠定了基础。

18. **亚里士多德**：亚里士多德是古希腊哲学家，柏拉图的学生，亚历山大大帝的老师。他是西方哲学的奠基人之一，创立了逻辑学、形而上学、伦理学、政治学和自然科学等多个学科体系。亚里士多德创立了形式逻辑，提出三段论推理方法。他探讨了"存在"的本质，提出"四因说"（质料因、形式因、动力因、目的因）。他主张"中庸之道"，强调通过习惯和教育来培养美德。他认为人是政治动物，提倡城邦治理，强调公共利益。他注重通过观察和经验获取知识，提出"自然目的论"。亚里士多德的思想对西方哲学和科学产生了深远影响，奠定了多学科的理论基础。

---

① "五霸"可能指齐桓公、晋文公、楚庄王、吴王阖闾、越王勾践。吴王阖闾通过军事扩张一度强盛；越王勾践卧薪尝胆，灭吴国后称霸东南。

19. 米开朗基罗：米开朗基罗是意大利文艺复兴时期的全才艺术家，集雕塑家、画家、建筑师和诗人于一身，与达·芬奇、拉斐尔并称"美术三杰"。其代表作有雕塑《大卫》、壁画《创世纪》和建筑设计圣彼得大教堂圆顶。他的作品以人体解剖的精准、情感的深刻和艺术的宏伟著称，体现了文艺复兴时期的人文主义精神。他的艺术成就对后世雕塑、绘画和建筑产生了深远影响。

20. "预定论"："预定论"是法国宗教改革家加尔文神学思想的核心教义。该教义认为人的得救与否完全由上帝预先决定，而非依靠个人行为或信仰。这一思想强调上帝的绝对主权和人类的完全堕落，主张通过严格的教会纪律和道德规范来体现信仰。"预定论"奠定了归正宗（加尔文宗）的神学基础，对欧洲的宗教、政治和社会产生了深远影响。加尔文的《基督教要义》系统阐述了"预定论"思想，是研究宗教改革和基督教神学的重要文献，对理解西方宗教文化和思想史具有重要意义。

21. 《伪君子》：《伪君子》是法国剧作家莫里哀创作的喜剧。该剧通过揭露宗教伪善者答尔丢夫的虚伪行径，讽刺了当时社会的道德堕落和宗教狂热。主人公奥尔贡被答尔丢夫的表面虔诚所迷惑，险些毁掉家庭，最终在家人和国王的干预下识破其真面目。《伪君子》以其尖锐的社会批判和幽默的戏剧手法闻名，尽管一度被禁演，但其艺术价值和思想深度使其成为世界戏剧史上的经典之作。

22. 歌德：歌德是 18 世纪至 19 世纪德国著名的诗人、作家、思想家，魏玛古典主义代表人物之一。他的作品以深刻的人性描写和哲学思考著称，涵盖了诗歌、小说、戏剧和散文等多种体裁，充满了狂飙突进运动的反叛精神，反映了启蒙运动、古典主义和浪漫主义的思想。其代表作有《浮士德》《少年维特的烦恼》《威廉·迈斯特的漫游年代》等。歌德是德国文学的巅峰代表，对世界文学产生了深远影响。

23. 巴尔扎克：巴尔扎克是 19 世纪法国现实主义小说家，被誉为"现代法国小说之父"。他以其巨著《人间喜剧》闻名，该系列包括 90 多部小说，描绘了 19 世纪法国社会的各个阶层，尤其是资产阶级的崛起和道德堕落。其代表作有《高老头》《欧也妮·葛朗台》《幻灭》《驴皮记》等。巴尔扎克的作品以细腻的心理描写和深刻的社会批判著称，塑造了众多栩栩如生的人物形象。他的创作对后世文学产生了深远影响，是研究法国文学和社会史的重要人物。

24. 南北战争：南北战争又称美国内战，是美国历史上规模最大的一场内战。该战争发生于 1861 年 4 月至 1865 年 4 月，参战双方为代表北部资产阶级利益的北方联邦和代表南部奴隶主利益的南方联盟国。战争起因于南方蓄奴州与北方自由州在经济、政治和奴隶制问题上的矛盾。北方最终获胜，废除了奴隶制，维护了国家统一。南北战争是美国历史上第二次资产阶级革命，深刻改变了美国的社会结构和政治格局，推动了工业化进程和公民权利的扩展。

25. 《共产党宣言》：《共产党宣言》是马克思和恩格斯于 1848 年 2 月 24 日发表的政治纲领。该宣言是为共产主义者同盟起草的，标志着科学社会主义的诞生。宣言阐述了阶级斗争的历史作用，揭示了资产阶级内部存在的矛盾，预言了资本主义的灭亡和无产阶级的胜利，提出了"全世界无产者联合起来"的口号。《共产党宣言》是马克思主义的理论基础，对国际工人运动和社会主义革命产生了深远影响。其思想贯穿了 19 世纪以来的全球政治变革，是研究马克思主义、社会主义和国际政治的重要文献，对理解现代世界历史和政治具有重要价值。

二、应用写作题

【构思谋篇】

题干材料以第40个教师节为背景，要求以学生代表身份撰写一篇感恩主题演讲稿。文章需符合演讲稿格式要求，通过具体事例展现教师的奉献精神，并传达学生的感恩之情和传承决心。范文采用"致敬—感恩—承诺"的三段式演讲结构：开篇以节日问候切入，点明教师节特殊意义并突出从教三十周年教师群体；主体部分先以具体事例展现教师奉献精神（带病授课、熬夜批改等），再概括教师的多重育人角色（知识传授者、品格塑造者等），最后落脚到学生的成长感悟；结尾以行动承诺呼应主题，并以鞠躬致谢升华情感。

【参考范文】

感念师恩，薪火相传——在第40个教师节上的演讲

尊敬的各位领导、老师，亲爱的同学们：

大家好！我是国际关系学院2021级学生××。在这个金秋送爽的美好时节，我们怀着无比感恩的心情，共同庆祝第40个教师节。今天，我要特别向从教三十周年的老师们献上最崇高的敬意！

三十载春秋，青丝变白发。亲爱的老师们，您们用最美好的年华诠释了"师者"二字的深刻内涵。记得去年冬天，李教授发着高烧还坚持为我们线上授课；王老师为了修改我们的论文，常常工作到深夜；张导师总是第一个到实验室，最后一个离开。您们不仅传授专业知识，更用言传身教告诉我们什么是责任与担当。

在国际关系学院这片沃土上，您们以渊博的学识为我们打开世界之窗，以严谨的治学态度培养我们的批判思维，以高尚的品格塑造我们的价值观。您们是知识的传播者，更是人生的引路人。

作为新时代的青年学子，我们深知：最好的感恩不是华丽的辞藻，而是脚踏实地的行动。我们将以您们为榜样，勤奋学习，勇于担当，将这份师道精神传承下去，为祖国的外交事业贡献青春力量！

最后，请允许我代表全体同学，向所有老师深深鞠躬：老师，您辛苦了！祝您们身体健康，桃李满园！谢谢大家！

三、命题作文

【构思谋篇】

题干材料强调创新对于民族进步、国家兴旺以及在激烈国际竞争中取胜的关键作用，要求结合国家发展与民族复兴，写一篇文章。行文时需围绕创新主题，通过具体事例、理论分析等，深入探讨创新在国家发展、民族复兴中的重要意义与实现路径，避免泛泛而谈。范文开篇以历史纵览切入，提出"创新驱动民族复兴"的核心论点；主体部分通过三个历史维度展开论证——先展现古代中国的创新辉煌（四大发明），再反思近代因循守旧的沉痛教训，最后重点论述当代中国的创新成就（两弹一星、高铁等）；结尾部分立足新时代背景，分析当前机遇挑战，重申创新驱动发展的战略意义。

【参考范文】

<h2 style="text-align:center">以创新为翼，筑梦民族复兴</h2>

从远古先民对工具的改良，到现代科技对生活的重塑，创新的力量无处不在，成为推动时代巨轮破浪前行的核心动力。这启示我们，必须以创新为翼，筑梦民族复兴。

回溯往昔，中华民族的创新之路从未有过停歇。古代中国，凭借造纸术、印刷术、火药、指南针这四大发明，傲立世界文明之巅，为人类科技文化的传播与发展立下不朽功勋。造纸术让知识得以更广泛地记录与传播，印刷术加速了文化的普及，火药改变了战争格局，指南针则为航海事业的发展指引方向。这些创新成果，是中华民族智慧的结晶，深刻影响了世界历史的走向。

然而，近代以来，因循守旧的思想如枷锁般束缚着我们，闭关锁国的政策使我们与世界发展潮流脱节，错失了工业革命的宝贵机遇。国家陷入内忧外患的深渊，民族面临生死存亡的严峻考验。这段屈辱的历史，如同一记警钟，时刻提醒着我们：落后就要挨打，唯有创新才能自强。

新中国成立后，尤其是改革开放以来，中国人民以坚韧不拔的毅力和勇于探索的精神，重新踏上创新发展的征程。"两弹一星"的成功发射，让中国在国际舞台上拥有了坚实的话语权；杂交水稻的培育推广，解决了数亿人的温饱问题；高铁技术的飞速发展，使"千里江陵一日还"成为现实；移动支付的普及，让交易变得便捷高效。这些创新成果，如璀璨星辰，照亮了中国特色社会主义现代化建设的道路，让古老的中国焕发出勃勃生机。它们不仅极大地提升了我国的综合国力和国际竞争力，更让人民的生活发生了翻天覆地的变化，带来了实实在在的福祉。

如今，站在新时代的起点，我们面临着前所未有的机遇与挑战。全球新一轮科技革命和产业变革风起云涌，人工智能、大数据、量子信息、生物技术等前沿领域不断取得突破，为各国发展提供了新的赛道和广阔空间。但与此同时，单边主义、保护主义抬头，国际形势复杂多变，逆全球化思潮涌动，我国在科技、经济、外交等领域面临着诸多风险与挑战。

在这样的背景下，创新是应对挑战、抓住机遇的关键。唯有坚定不移地走创新驱动发展道路，才能突破技术瓶颈，掌握核心科技，在激烈的国际竞争中立于不败之地。我们要鼓励科研人员勇于探索未知，加大对科技创新的投入，完善创新激励机制，营造良好的创新环境。

在新时代的征程上，让我们以创新为翼，在广阔的天空中翱翔，穿越重重迷雾，跨越艰难险阻，书写民族复兴的壮丽新篇章。

2023 年全日制翻译硕士专业学位（MTI）研究生入学考试试题

参考答案

一、解词题

1. **三皇**：三皇是中国古代传说中的三位上古帝王，通常指伏羲、神农和黄帝。伏羲被视为中华文明的创始者，相传他发明了八卦，制定了婚姻制度，传授民众渔猎畜牧技术。神农又称炎帝，被视为农业和医药的始祖，相传他发明了农耕技术，教导人们种植五谷，并尝百草以辨别药性，奠定了中医药的基础。黄帝被视为中华民族的始祖之一，与炎帝并称"炎黄"，相传他统一了黄河流域的部落，建立起一个相对稳定的部落联盟，还创制了衣冠服饰制度，建造了宫室房屋，制造了车船，发明了弓箭，为华夏文明的发展奠定基础。三皇的传说反映了中国古代社会的起源和发展，体现了先民对自然和生活的探索精神。

2. **五帝**：五帝是中国古代传说中的五位上古帝王，通常指少昊、颛顼、帝喾、尧、舜。少昊（金天氏）是黄帝之子，东夷部落首领，相传他建立了"鸟官"制度，以凤鸟、玄鸟等命名官职。颛顼（高阳氏）是黄帝之孙，相传他制定了历法，规范了祭祀制度。帝喾（高辛氏）是黄帝的曾孙，颛顼的侄子，相传他以仁德治国，体察民情，注重教育和礼仪。尧（陶唐氏）是帝喾之子，相传他以禅让制传位给舜，注重民生，推动了农业发展和社会进步。舜（有虞氏）是颛顼的六世孙，以孝德治国，相传他通过尧的禅让继位，选拔贤才治理国家，后将统治权禅让给禹。考古学上，山东少昊陵、河南二帝陵（颛顼与帝喾）、山西陶寺遗址（尧都）、舜庙等印证了传说与史实的关联。五帝的传说反映了中国古代社会的起源和发展，体现了先民对自然和生活的探索精神。

3. **甲骨文**：甲骨文又称契文，是商朝晚期刻写在龟甲和兽骨上的文字，主要用于占卜和记事。该文字主要发现于河南安阳殷墟，其内容涉及祭祀、战争、农业和天象等，反映了商代的社会生活和文化信仰。甲骨文是迄今为止发现的最早的成熟汉字体系，字形古朴，结构复杂，为研究汉字的起源和演变提供了珍贵资料。甲骨文的发现证实了商朝的历史真实性，也推动了古文字学和商代史的研究。

4. **金文**：金文又称钟鼎文，是中国古代汉字书体之一，是铸刻在青铜器上的文字。金文始于商朝晚期，至西周时期逐渐规范化、整齐化、稳定化，秦汉时期逐渐被篆书、隶书等书体所替代。其内容多为祭祀、赏赐、战争和家族记事，反映了当时的社会制度和文化生活。金文笔画粗壮厚实，字形多变，均匀对称。相关金文器物有毛公鼎、大盂鼎等。金文不仅是研究商周历史和文化的重要资料，也是中国书法艺术的源头之一，对汉字演变和古代文明研究具有重要价值。

5. **六书**：六书是东汉文字学家许慎在其编撰的《说文解字》中提出的汉字构造理论，包括象形、指事、会意、形声、转注和假借。象形字通过描绘事物形状表意，如"日""月"；指事字用符号表示抽象概念，如"上""下"；会意字组合两个或多个字表示新的意义，如"明""休"；形声字由形旁和声旁组成，如"江""河"；转注字表示部首相同且意义相通、可互相诠释的一组汉字，如"舟"和"船"、"走"和"趋"；假借字借用已有字的音或形来表示另一个意义不同的字，如"自"本义为鼻子，假借为代词、介词。前四者是汉字的造字法，后两者则涉及字义的引申和借用。六书理论是研究汉字构造和演变的基础，对后世文字学、字典编纂和文化研究产生了深远影响。

6. **仁**：仁是孔子思想的核心概念。"仁"最基本的含义是"爱人"，强调人与人之间的关爱、同情和尊重；"仁"是道德修养的最高境界，强调个人应在思想、行为方面遵循道德规范；"仁"是治理国家和社会的基本原则，要求建立和谐的人际关系。

7. **玄学**：玄学是魏晋时期出现的哲学思潮，因清谈家将《周易》《老子》《庄子》称为"三玄"而得名。玄学融合了道家思想和儒家经典，探讨宇宙本源、人生意义和社会治理等深奥问题。相关代表人物有王弼、何晏等。玄学强调"以无为本"，主张顺应自然、超越世俗，追求精神自由，对当时的哲学、文学和艺术产生了深远影响。

8. **四大石窟**：四大石窟是中国古代佛教艺术的杰出代表，包括龙门石窟、麦积山石窟、云冈石窟、敦煌莫高窟。四大石窟是古代雕塑、绘画和建筑艺术的集大成者，反映了佛教在中国的传播与发展，以及中外文化的交流与融合。

龙门石窟是中国佛教艺术的巅峰之作，位于中国河南省洛阳市。它开凿于北魏孝文帝迁都洛阳之际（5世纪），现存窟龛2 300余座，造像10万余尊，碑刻题记2 800余品。其雕刻技艺精湛，融合了印度、中亚和中国传统艺术风格，展现了佛教文化的传播与本土化过程。龙门石窟以卢舍那大佛最为著名，体现了唐代艺术的辉煌成就。石窟中大量的实物形象和文字资料从不同侧面反映了中国古代政治、经济、宗教、文化等许多领域的发展变化，被誉为"中国石刻艺术的最高峰"。2000年11月，龙门石窟被联合国教科文组织正式批准列入《世界遗产名录》。[①]

麦积山石窟是中国早期佛教艺术的重要遗存，位于中国甘肃省天水市。它开凿于十六国后秦时期（4世纪），现存洞窟221个，各类造像3 938件，壁画近千平方米。其造像风格多样，从北魏的雄浑到唐宋的细腻，展现了佛教艺术的演变历程。麦积山石窟以泥塑艺术著称，被誉为"东方雕塑陈列馆"，其独特的艺术风格和保存完好的文物对研究中国古代宗教、艺术和历史具有重要价值。[②] 2014年6月，麦积山石窟作为"丝绸之路：长安—天山廊道的路网"的组成部分被联合国教科文组织正式批准列入《世界遗产名录》。

云冈石窟是中国早期佛教艺术的杰出代表，位于中国山西省大同市。它开凿于北魏时期（4世纪），现存主要洞窟45个，大小造像5.9万余尊。其雕刻技艺精湛，融合了印度、中亚和中国传统艺术风格，展现了佛教文化的传播与本土化过程。云冈石窟以"昙曜五窟"最为著名，造像气势恢宏，体现了北魏皇室的宗教热情和艺术成就。2001年12月，云冈石窟被联合国教科文组织正式批准列入《世界遗产名录》。[③]

敦煌莫高窟是世界上规模最大、内容最丰富、保存最完整的佛教艺术宝库，位于中国甘肃省敦煌市。它开凿于前秦建元二年（公元366年），后经历代增修，现存洞窟700多个，壁画4.5万多平方米，彩塑2 000余身。莫高窟融合了印度、中亚和中国艺术风格，展现了佛教文化的传播与演变，被誉为"东方艺术宝库"。其藏经洞出土的文献和艺术品对研究古代丝绸之路文化、宗教和历史具有重要价值。1987年12月，敦煌莫高窟被联合国教科文组织正式批准列入《世界遗产名录》。[④]

[①] "走进洛阳市龙门石窟景区（河南）"，载中国网 http：//jilu. china. com. cn/2024－11/06/content_ 42956986. htm，最后访问日期：2025年4月30日。

[②] "麦积山石窟：中华文明突出特性具体而微的代表"，载麦积山石窟网 https：//www. mjssk. cn/ht/desc？id=482&prevPage＝grottoArchaeology，最后访问日期：2025年4月30日。

[③] "云冈石窟概况"，载云冈石窟网 https：//www. yungang. org/dzb/detail/580. html？_isa＝1，最后访问日期：2025年4月30日。

[④] "世界文化遗产——莫高窟"，载敦煌研究院网 https：//www. dha. ac. cn/info/1018/1107. htm，最后访问日期：2025年4月30日。

9. 六艺：六艺是中国古代贵族教育体系中的六种技能。它起源于周代，包括礼、乐、射、御、书、数。"礼"指礼仪规范，即吉礼、凶礼、军礼、宾礼、嘉礼；"乐"指音乐、舞蹈等；"射"指射箭技术；"御"指驾驭马车的技术；"书"指书法、绘画等；"数"指算术和天文历法等。六艺不仅是古代教育的核心内容，也是儒家文化的重要组成部分，体现了德智体美全面发展的教育理念，对后世中国文化、教育和价值观的形成产生了深远影响。

10. 孙思邈：孙思邈是唐代著名医药学家，被誉为"药王"。他精通儒释道，因少时患病而精心钻研医学，毕生致力于药物研究。他强调"大医精诚"，主张医者应具备高尚的医德和精湛的医术。他提倡节制饮食，注重养生和心理健康。其代表作有《千金要方》《千金翼方》，书中载方 6 000 余条，系统总结了唐代以前的医学知识，涵盖了内科、外科、妇科、儿科等多个领域。孙思邈是中医药学的奠基人之一，对后世中医学的发展产生了深远影响。

11. 灞桥：灞桥是中国历史上著名的石拱桥之一，位于陕西省西安市灞桥区，横跨灞河。灞桥建于隋开皇三年（503 年），唐至宋代沿用，元废。[①] 它是古代长安城出入的重要通道，因折柳送别的风俗而闻名。唐代诗人常以灞桥为题材，表达离愁别绪，如李白的"年年柳色，灞陵伤别"。灞桥是古代交通和文化的象征，也是研究中国古代建筑、文学和社会习俗的重要文化遗产。

12. 卢沟桥：卢沟桥又称芦沟桥，是中国历史上著名的石拱桥之一，位于北京市丰台区，横跨永定河（卢沟河）。卢沟桥始建于金代，以其精美的石狮雕刻和"卢沟晓月"的景致闻名。卢沟桥是古代交通和建筑艺术的杰作，因 1937 年的"七七事变"成为中国抗日战争的重要象征，是研究中国古代建筑、文学和社会习俗的重要文化遗产。

13. 《诗经》：《诗经》又称《诗》，是儒家经典"五经"之一，是中国第一部诗歌总集。它收录了自西周初年至春秋中叶大约 500 年间的诗歌，共计 311 篇（包括 6 篇笙诗）。《诗经》中的诗，是配乐演唱的歌词，按不同乐调可分风、雅、颂三类，诗中多用赋、比、兴等修辞手法。《诗经》详细记录了我国早期思想文化发展史上的历史资料和重要思想，在我国儒学发展史乃至文化发展史上都占据着相当重要的位置。

14. 元曲四大家：元曲四大家是指元代四位杰出的杂剧作家，包括关汉卿、白朴、马致远和郑光祖。他们的作品题材广泛，语言通俗生动，情节曲折动人，代表了元代杂剧的最高成就，对中国戏曲文学的发展产生了深远影响。

  关汉卿，号已斋，其代表作有《窦娥冤》《救风尘》等。

  白朴，字太素，号兰谷，其代表作有《墙头马上》《梧桐雨》等。

  马致远，号东篱，其代表作有《天净沙·秋思》《汉宫秋》等。

  郑光祖，字德辉，其代表作有《倩女离魂》《辅成王周公摄政》等。

15. 《颜氏家训》：《颜氏家训》是南北朝时期北齐学者颜之推所著的家庭教育专著，被誉为"家训之祖"。全书共 7 卷 20 篇，涵盖"教子""勉学""兄弟""治家""风操""慕贤""涉务"等内容，强调道德修养、勤俭持家和尊师重教，提出了许多实用的治家和教育原则。《颜氏家训》是研究中国古代家庭教育和社会伦理的重要文献，对后世家训文化和道德教育产生了深远影响。

---

① "全国重点文物保护单位：西安古灞桥遗址"。载人民网 http://art.people.com.cn/n/2014/0725/c206244-25339456.html，最后访问日期：2025 年 4 月 30 日。

16. **四书**：四书是中国儒家学派的经典著作，包括《大学》《中庸》《论语》《孟子》。南宋后，四书成为官学书籍和科举指定书目，对历代文教产生了极大影响。四书详细记录了我国早期思想文化发展史上的历史资料和重要思想，在我国儒学发展史乃至文化发展史上都占据着相当重要的位置。

《大学》原属《礼记》第四十二篇，相传为春秋战国时期曾子所作，系统阐述了儒家修身治国的理念。其核心思想为"三纲领"和"八条目"："三纲领"即"明明德""亲民""止于至善"；"八条目"即"格物""致知""诚意""正心""修身""齐家""治国""平天下"。它强调个人修养与社会责任的统一，认为修身是治国平天下的基础。

《中庸》原属《礼记》第三十一篇，相传为战国时期儒家学派子思（孔子之孙）所作，主要阐述儒家的伦理思想和治国理念。其核心思想是"中庸之道"，即追求不偏不倚、恰到好处的行为哲学，强调个人修养与社会和谐的平衡。

《论语》是一部语录汇编文集，由孔子的弟子及其再传弟子编纂而成，记录了孔子及其弟子的言行。其核心思想包括"仁""礼""孝"等，主张以仁为本，通过礼制规范行为，实现社会和谐。

《孟子》是一部语录汇编文集，由战国时期思想家孟子及其弟子共同编撰而成，记录了孟子的思想和言论。其核心思想包括"性善论""仁政"和"民贵君轻"等，主张人性本善，提倡施行仁政，以民为本。

17. **五经**：五经是中国儒家学派的经典著作，包括《诗经》《尚书》《礼记》《周易》《春秋》。五经详细记录了我国早期思想文化发展史上的历史资料和重要思想，在我国儒学发展史乃至文化发展史上都占据着相当重要的位置。

《诗经》又称《诗》，是中国第一部诗歌总集。它收录了自西周初年至春秋中叶大约500年间的诗歌，共计311篇（包括6篇笙诗）。《诗经》中的诗，是配乐演唱的歌词，按不同乐调可分风、雅、颂三类，诗中多用赋、比、兴等修辞手法。

《尚书》又称《书》或《书经》，是中国第一部古典散文集，也是最早的历史文献汇编。它记录了古代各朝代君王和大臣的言论、政令、历史事件等，内容涵盖了政治、军事、经济、文化等多个方面。

《礼记》又称《礼》《小戴礼记》，相传为西汉礼学家戴圣所编，成书于战国至秦汉年间。书中记录了先秦的礼制礼仪，是研究中国古代社会、文物制度、典礼、祭祀、教育、音乐和儒家学说的重要参考书。

《周易》又称《易》《易经》，是中国古代重要的哲学典籍，被誉为"五经"之首。书中记录了古代中国智者们根据观察天象和社会变迁总结出的卜筮方法，以阴阳两种元素的对立统一去描述世间万物的变化，体现了中国古典文化的哲学观和宇宙观。

《春秋》又称《春秋经》，是中国现存最早的编年体史书，相传由孔子根据鲁国国史删订而成。书中记载了从鲁隐公元年（公元前722年）至鲁哀公十四年（公元前481年），共242年的史实。其记言叙事的语言凝练而意含褒贬，后人称这种记事手法为"春秋笔法""微言大义"。

18. **《伊利亚特》**：《伊利亚特》又译《伊利昂记》，是古希腊叙事史诗。相传由盲诗人荷马创作，与《奥德赛》并称为《荷马史诗》。全诗共24卷，15 693行，采用六音步长短短格（英雄诗体），以英雄阿喀琉斯的愤怒为主线，讲述了特洛伊战争第十年51天内发生的故事。作为西方文学的奠基之作，《伊利亚特》反映了古希腊的社会、宗教和文化，对后世文学、艺术和哲学产生了深远影响。

19. **阿喀琉斯**：阿喀琉斯是古希腊神话和荷马史诗《伊利亚特》中的英雄人物，特洛伊战争中最伟大的希腊战士。他是海洋女神忒提斯和人类英雄珀琉斯的儿子，拥有近乎无敌的力量，唯一的弱点是脚踵（阿喀琉斯之踵）。在特洛伊战争中，阿喀琉斯因与统帅阿伽门农的争执一度退出战斗，后在挚友帕特洛克罗斯战死后重返战场，杀死特洛伊王子赫克托耳。阿喀琉斯的愤怒、荣耀与悲剧命运体现了人性的复杂性和英雄主义的双重性，是研究古希腊文学和神话的重要课题。

20. **《欢乐颂》**：《欢乐颂》又称《快乐颂》，是德国作曲家贝多芬第九交响曲的第四乐章。该乐章以席勒的诗《欢乐颂》为歌词，表达了人类团结、自由和博爱的理想。《欢乐颂》首次在交响曲中加入声乐部分，开创了音乐史上的先河。其旋律庄严宏伟，情感激昂，被誉为音乐史上的巅峰之作。《欢乐颂》是贝多芬音乐创作的集大成者，也是欧洲文化和人文主义精神的象征，对古典音乐和欧洲文化产生了深远影响。

21. **《天鹅湖》**：《天鹅湖》是俄国作曲家柴可夫斯基创作的经典芭蕾舞剧。该剧于 1877 年首演，讲述了王子齐格弗里德与被诅咒变成天鹅的公主奥杰塔的爱情故事。《天鹅湖》的音乐旋律优美，融合了浪漫主义与古典芭蕾的元素；舞蹈编排极具表现力，尤其是"四小天鹅舞"和"黑天鹅双人舞"成为经典片段，还有 32 个高难度的"挥鞭转"动作。《天鹅湖》是芭蕾舞剧的代表作，对后世古典音乐和舞蹈艺术产生了深远影响。

22. **伽利略**：伽利略是意大利天文学家、物理学家和工程师。他通过望远镜观测发现了木星卫星、金星的盈亏、月球表面、太阳黑子，支持哥白尼的"日心说"，挑战了"地心说"的传统观念。他率先将实验引进力学研究，通过比萨斜塔实验提出自由落体定律，还提出了惯性定律、振摆定律等。其科学方法和实验精神为现代科学奠定了基础。伽利略的科学成就对后世天文学、物理学和科学哲学产生了深远影响，但他因支持"日心说"而受到宗教裁判所的审判。

23. **牛顿**：牛顿是英国物理学家、数学家和天文学家，被誉为"近代物理学之父"。他提出了万有引力定律和三大运动定律，奠定了经典力学的基础。他与莱布尼茨共同发展了微积分学，提供了研究动态变化问题的数学工具。他发现了光的色散现象并发明了反射望远镜，奠定了光谱学的基础。其代表作有《自然哲学的数学原理》等。牛顿的科学成就推动了物理学和天文学的发展，对现代科学方法和哲学产生了深远影响。

24. **美国独立战争**：美国独立战争又称北美独立战争，是 13 个英属北美殖民地为摆脱英国殖民统治、争取民族独立而进行的革命战争。战争起因于英国的高税收和限制政策，殖民地人民在"无代表不纳税"的口号下奋起反抗。1775 年 4 月，"莱克星顿的枪声"标志着独立战争的开端；1776 年 7 月，《独立宣言》在费城通过，美国正式诞生。在乔治·华盛顿的领导下，美军经过多年战斗，最终在约克镇战役中取得决定性胜利。1783 年 9 月，《巴黎和约》签订，英国承认美国独立。独立战争确立了美国的国家地位，为其现代民主制度的建立奠定了基础。

25. **路易十六**：路易十六是路易十五的孙子，是法兰西波旁王朝复辟前的最后一位国王，也是欧洲历史上第二个被处死的国王。其在位时间为 1774 年至 1792 年。他出生于凡尔赛宫，并未接受严格的王位继承人教育，导致他优柔寡断，缺乏政治才能。其统治期间，法国财政危机严重，社会矛盾激化，最终引发了法国大革命。路易十六试图通过改革缓解危机，但未能成功。1792 年，君主立宪制被废除，路易十六被控叛国罪，于 1793 年被送上断头台，沦为革命牺牲品。他的死亡标志着法国君主制的终结和共和制的开始。

二、应用写作题

【构思谋篇】

题干要求以校长办公室秘书身份，拟写一篇校长致全体家长的邀请函，邀请2021届毕业生家长参加线上毕业典礼。文章需包含典礼时间、参与方式等必要信息，并传达学校对家长参与的重视和期待。范文开篇以时节意象切入，表达诚挚邀请之意；主体部分采用条款式结构，分四个板块清晰说明参会平台、准备事项、流程安排和特色环节；结尾呼应开篇情感，强化参与期待。

【参考范文】

国际关系学院2021届毕业典礼邀请函

尊敬的各位毕业生家长：

您好！

春华秋实，桃李芬芳。值此2021届毕业生圆满完成学业之际，我校谨定于2021年6月15日上午9：00—11：30举办线上毕业典礼。在此，我谨代表国际关系学院全体师生，诚挚邀请您云端相聚，共同见证这一重要时刻。

为确保典礼顺利进行，现将有关事项告知如下：

一、参会平台

本次典礼采用"腾讯会议"平台（会议号：××××××××），并同步在学院官方微信公众号进行直播。

二、参会准备

（1）请提前下载安装"腾讯会议"客户端；

（2）建议使用电脑或平板设备参会；

（3）确保网络环境稳定，麦克风静音。

三、参会流程

6月10日前，各院系将发送详细参会指南至毕业生邮箱；

典礼当天8：30，开放线上会议室；

9：00—11：30，正式典礼环节。

四、特别安排

（1）典礼特设"云合影"环节，您可与毕业生共同留下珍贵纪念；

（2）优秀毕业生代表将进行线上发言。

四年来，我们共同见证了孩子们的成长与蜕变。在这特殊时期，虽然无法线下相聚，但我们仍希望通过云端典礼，让您分享孩子学业有成的喜悦。如有任何疑问，欢迎联系毕业典礼工作组（电话：010-××××××××）。

让我们相约云端，共同见证2021届毕业生扬帆起航的重要时刻！

国际关系学院校长：×××

2021年6月1日

三、命题作文

【构思谋篇】

题干以顾宪成的对联为材料，探讨知识分子应当如何处理个人学习与社会责任的关系。行文时需立足当代语境，阐释"两耳既闻窗外事，一心也读圣贤书"的现实意义，体现知识分子的责任担当。范文开篇以顾宪成对联点题，提出"知行合一"的核心论点；主体部分通过"静心读书"与"心系天下"两个维度展开论证，先论述静心读书对人格培养的重要性（东林书院传统、钱钟书、陈寅恪例证），再论证心系天下的现实意义（杨涟、左光斗、樊锦诗、张桂梅例证）；继而批判当下两种错误倾向，并以袁隆平、钟南山为例阐明正确态度；结尾升华主题，呼吁青年学子将读书与经世相结合。

【参考范文】

书斋之内养浩然之气，书斋之外担天下大任

"风声雨声读书声，声声入耳；家事国事天下事，事事关心。"这副悬挂于无锡东林书院四百余年的对联，不仅道出了读书治学的真谛，更昭示着中国知识分子的精神传统。在信息爆炸的今天，这副对联所蕴含的"知行合一"理念，依然为我们指明方向：真正的读书人，既要潜心学问，又要心系天下。

静心读书是立身之本，更是培育思想深度的必由之路。东林书院讲学期间，顾宪成要求学子"静坐观心"，在典籍研读中涵养品格。这种读书传统绝非简单的知识积累，而是通过经典浸润来培育独立人格与批判思维。当代学术大师钱钟书蜗居书斋数十载，以《管锥编》展现中西学问的融会贯通；史学泰斗陈寅恪在目盲之后，仍坚持口述完成《柳如是别传》，彰显了知识分子的学术坚守。这些典范告诉我们：书斋是思想的摇篮，唯有静心读书，方能培育浩然之气，筑牢为学根基。

然而，真正的学问必须走出书斋，心系天下方显为学之魂。东林党人并未止步于经史子集的研读，当魏忠贤专权祸国时，杨涟以"雷霆雨露，莫非天恩"的血书誓死抗争；左光斗面对酷刑仍怒斥阉党罪恶，用生命践行了知识分子的担当。这种"事事关心"的精神血脉，在当代知识分子身上得到生动延续：敦煌研究院名誉院长樊锦诗，穷尽毕生精力用数字化技术守护千年文明瑰宝；华坪女高校长张桂梅，以病弱之躯为山区女孩撑起一片求学的天空。他们用实际行动证明：学问的价值在于服务社会，知识分子的使命在于推动进步。

审视当下，我们不得不警惕两种偏离正道的倾向：一方面，有人沉迷象牙塔，对社会问题漠不关心，将学问异化为孤芳自赏的玩物；另一方面，有人热衷空谈，缺乏真才实学，使关怀流于肤浅的口号。面对人工智能带来的伦理挑战，气候变化引发的生存危机，读书人更应当以专业学识回应时代关切。袁隆平将论文写在广袤的稻田里，用杂交水稻技术解决亿万人的温饱问题；钟南山院士在疫情暴发时逆行出征，以科学精神守护人民健康防线。他们的选择生动诠释了知行合一的真谛。

读书与经世从来都是相辅相成的统一体。当代青年学子既要专注学业，在专业领域深耕细作；又要开阔视野，将个人成长融入时代发展。当我们将"读书声"化为经世致用的思想利器，将"天下事"纳入胸怀天下的精神版图，就能真正传承中国知识分子的精神血脉，在实现民族复兴的伟大征程中书写属于新时代的华彩篇章。

2022 年全日制翻译硕士专业学位（MTI）研究生入学考试试题

参考答案

一、解词题

1. **八音**：八音是中国古代对乐器的分类方式。根据制作材料的不同，乐器可分为八类，分别是：金、石、土、革、丝、木、匏、竹。具体而言，"金"指金属乐器，如编钟；"石"指石头或玉石制作的乐器，如磬；"土"指陶制乐器，如埙；"革"指动物皮革制作的打击乐器，如鼓；"丝"指弦乐器，如琴；"木"指木制乐器，如木鱼；"匏"指用葫芦制作的乐器，如葫芦丝；"竹"指竹制吹奏乐器，如箫。八音分类法体现了古人对乐器的系统化认知，反映了当时乐器制作的多样性和音乐文化的丰富性。

2. **七音**：七音是中国古代乐理中的七个基本音阶，包括宫、商、角、徵、羽，以及变宫和变徵。七音是构成古代音乐旋律及和声的基础，广泛应用于音乐创作、演奏和礼仪活动中。七音是中国传统音乐文化的重要组成部分，也是研究中国古代音乐史的重要依据。

3. **五脏**：五脏是中医对人体内五个主要脏器的总称，包括心、肝、脾、肺、肾。五脏各自具有独特的生理功能：心主血脉，掌管血液循环和精神活动；肝主疏泄，调节情绪和气血运行；脾主运化，负责消化吸收；肺主气，司呼吸并调节水液运行；肾主藏精，掌管生长发育和生殖功能。五脏之间通过经络相互联系，形成一个有机整体，共同维持人体的生命活动。中医学认为五脏与自然界的五行（火、木、土、金、水）相对应，体现了"天人相应"的整体观念。五脏理论不仅是中医诊断和治疗的基础，也是中国传统医学文化的重要组成部分，对现代医学研究仍具有重要的参考价值。

4. **五兽**：五兽在中国传统文化中可指"五大神兽"或"五大灵兽"。

   五大神兽通常指苍龙、白虎、朱雀、玄武、黄龙。它们与五大方位和五行相对应：苍龙象征东方，属木，代表春季和生机；白虎象征西方，属金，代表秋季和肃杀；朱雀象征南方，属火，代表夏季和光明；玄武象征北方，属水，代表冬季和守护；黄龙则象征中央，属土，代表平衡与稳定。五大神兽在风水、建筑、军事等领域均有应用，体现了古人对自然和宇宙的理解与崇拜。

   五大灵兽通常指龙、凤凰、麒麟、龟、虎。它们具有不同的文化内涵意义：龙象征权力、威严；凤凰象征吉祥、高贵；麒麟象征仁慈、吉祥；龟象征长寿、智慧；虎象征威猛、勇武。五大灵兽常用于建筑装饰、艺术品和民俗活动中，寄托了人们对幸福生活的向往。

5. **五礼**：五礼是中国古代的五种礼仪制度，包括吉礼、凶礼、军礼、宾礼、嘉礼。吉礼是祭祀之礼，用于祭祀天地、祖先和神灵，表达对自然和先人的敬畏；凶礼是丧葬之礼，用于哀悼逝者、安抚生者，体现对生命终结的尊重；军礼是与军事活动相关的礼仪，包括出征、凯旋等，彰显国家威严和军队纪律；宾礼是接待宾客之礼，用于外交和日常交往，体现对他人的尊重与友好；嘉礼是喜庆之礼，用于国家举办吉庆活动或个人婚冠饮宴等。五礼不仅是古代社会行为的规范，也是中华文化中"礼治"思想的体现，反映了古人对秩序与和谐的追求。

6. **元亮酒**：元亮酒是中国传统文化中的重要意象，得名于东晋诗人陶渊明（字元亮）。陶渊明酷爱饮酒，常以酒寄情，借酒抒发对田园生活的热爱和对世俗名利的超脱。他的《饮酒》组诗就展现了其淡泊名利、回归自然的人生态度。因此，后世文人以"元亮酒"代指陶渊明所饮之酒，并赋予其高洁、隐逸的文化内涵，将其广泛用于诗词、书画等艺术形式中，传递出一种超然物外的精神境界。

7. **"掌万民之判"的"判"**："掌万民之判"的"判"出自《周礼·地官·媒氏》，同"半"，表示"判合"，即男女匹配、配对、婚配之意，是古代掌管婚姻事务的官员（媒氏，也称掌判）的职责之一。

8. **传奇**：传奇在中国文学中可指"明清传奇"或"唐传奇"。

   明清传奇是指明清时期盛行的戏曲形式，主要以南戏为基础发展而来。此类戏曲通常以爱情、历史、神话等为主题，通过戏剧化的表现手法，展现了深刻的社会内容和人文思想。它们结构紧凑，情节曲折，角色众多，曲调丰富，唱词典雅。相关代表作有高则诚的《琵琶记》、汤显祖的《牡丹亭》、洪昇的《长生殿》、孔尚任的《桃花扇》等。

   唐传奇，即传奇小说，是指唐代兴起的一种短篇文言小说体裁。此类小说通常以叙述异闻奇事为主，情节曲折离奇，语言优美诗意，人物形象鲜明。唐传奇的题材广泛，涵盖了爱情、奇幻、历史、社会和民间故事等，相关代表作有白行简的《李娃传》、元稹的《莺莺传》、蒋防的《霍小玉传》、李朝威的《柳毅传》等。唐代传奇小说是中国古代小说发展的重要阶段，对后世的小说、戏曲等艺术形式产生了深远影响。

9. **四大徽班**：四大徽班是清代乾隆年间北京剧坛的四个著名徽剧戏班，包括三庆班、四喜班、春台班、和春班。徽班中安徽籍艺人居多，以演唱徽调昆曲为主，融合了秦腔、汉调等多种戏曲艺术形式，为京剧的形成奠定了基础。四大徽班各具特色：三庆班以轴子（头尾相连的大戏）见长，四喜班以曲子（昆曲）闻名，春台班以孩子（童伶）出众，和春班则以把子（武戏）著称。[1] 四大徽班的兴盛标志着中国戏曲从地方戏向全国性剧种的转变，推动了戏曲艺术的繁荣与发展。

10. **风骚**：风骚是《国风》和《离骚》的并称。《国风》代表《诗经》，是中国古代现实主义诗歌的源头；《离骚》代表《楚辞》，是中国古代浪漫主义诗歌的源头。因此"风骚"常用于泛指文学，特别是在文坛居于领袖地位的文学作品或人物。随着语言的发展，"风骚"逐渐引申为形容人的举止、气质独特出众。在现代语境中，"风骚"有时也用于形容某人行为张扬、引人注目，甚至略带轻佻之意。

11. **大小晏**：大小晏又称"二晏"，是北宋著名词人晏殊与其子晏几道的并称。两人均以神童著称，在词坛都取得了卓越成就。晏殊，字同叔，官至宰相，是北宋婉约词派的代表人物之一。他的词作婉约细腻、温润秀洁，内容多描写富贵闲适的生活与离愁别绪，其代表作有《珠玉词》《浣溪沙·一曲新词酒一杯》等。晏几道，字叔原，号小山，是晏殊的第七子。他的词风沿袭了其父的婉约传统，但更加注重个人情感的抒发，词艳而不俗，语淡情深，其代表作有《小山词》《临江仙·梦后楼台高锁》等。大小晏的词作在北宋词坛占有重要地位，他们的作品不仅丰富了宋词的艺术风格，也为婉约词派的发展奠定了坚实基础。

---

[1] 黄云鹤："'徽班进京'与'四大徽班'"，载 http://www.aqwl.org/show.php? Id＝1099，最后访问日期：2025 年 4 月 30 日。

12. 话本：话本是宋元时期流行的一种民间文学形式，是说书人讲故事时所用的底本。它起源于宋代市民文化的繁荣，反映了当时普通百姓的生活和审美趣味。话本内容多取材于历史故事、民间传说等，语言通俗易懂，情节生动曲折，人物形象鲜明，具有浓厚的市井气息。话本类型主要包括小说、讲史、说经、合声四大类。相关代表作有《大宋宣和遗事》《大唐三藏取经诗话》《全相平话五种》等。话本是中国古代白话小说的雏形，标志着中国文学从雅到俗的转变，为明清小说的繁荣发展奠定了基础。

13. 先秦散文：先秦散文是指先秦时期（主要是春秋战国时期）的散文作品。它主要包括历史散文和哲理散文两大类。历史散文以《尚书》《国语》《左传》《战国策》为代表，主要记录历史事件和政治活动，语言简练，叙事生动，具有较高的史料价值和文学价值。哲理散文又称诸子散文，以《论语》《老子》《墨子》《孟子》《庄子》等为代表，是先秦诸子百家思想的集中体现，内容涉及哲学、政治、伦理、教育等领域，语言风格多样，或质朴严谨，或雄辩犀利。先秦散文是中国散文的源头和重要组成部分，在思想性和艺术性上达到了高度统一，对后世文学、哲学、史学等领域产生了深远影响。

14. 文以载道：文以载道是一个成语，出自北宋理学家周敦颐的《通书·文辞》。"载"，即"装载"；"道"，即"道理"，泛指思想。文以载道意指文学创作应以传达思想、道德和社会价值为核心。该成语体现了中国古代文学与哲学、伦理的紧密结合，强调了文学的社会功能和文化使命。

15. 大小欧阳：大小欧阳是唐代著名书法家欧阳询与其子欧阳通的并称。两人在书法领域均有卓越成就。欧阳询，字信本，是初唐四大家之一。他的书法以楷书著称，风格严谨工整，笔力刚劲，其代表作有《皇甫诞碑》《九成宫醴泉铭》等。欧阳通，字通师，是欧阳询的第四子。他继承了其父的书法风格，同样以楷书见长，其代表作有《道因法师碑》等。大小欧阳的书法成就在唐代书法艺术中占据重要地位，对后世楷书的发展产生了深远影响。

16. 瘦金体：瘦金体是宋徽宗赵佶所创的一种楷书字体。该字体笔画细瘦挺拔，转折处棱角分明，整体结构疏朗有致，遒劲灵动。相关代表作有《楷书千字文》《夏日诗帖》《秾芳诗帖》等。这些作品展现了宋徽宗高超的书法技艺，具有极高的艺术审美价值，是后世书法爱好者学习的典范。瘦金体的出现丰富了中国书法的艺术表现形式，对后世书法艺术的发展产生了深远影响。

17. 楷书四大家：楷书四大家是中国书法史上四位楷书艺术成就最高的书法家，包括欧阳询、颜真卿、柳公权、赵孟頫。他们的楷书风格各具特色，其作品是后世学习和临摹的经典范本，在中国书法史上具有重要地位。

　　欧阳询，字信本，初唐著名书法家。他的书法以楷书（称欧体）著称，风格严谨工整，笔力刚劲，其代表作有《皇甫诞碑》《九成宫醴泉铭》等。

　　颜真卿，字清臣，盛唐著名书法家。他的书法以楷书（称颜体）和行书见长，字形厚重端庄，气势遒劲，其代表作有楷书《多宝塔碑》《颜勤礼碑》，行书《祭侄文稿》等。

　　柳公权，字诚悬，晚唐著名书法家、诗人。他的书法以楷书（称柳体）闻名，字体骨力遒劲，结构严谨，其代表作有《玄秘塔碑》《神策军碑》等。

　　赵孟頫，字子昂，宋末元初著名诗人、画家、书法家。他的书法以楷书（称赵体）和行书出众，笔法连贯流畅，结构秀美，其代表作有楷书《胆巴碑》《妙严寺记》，行书《洛神赋》等。

18. 《奥德赛》：《奥德赛》又译《奥德修纪》，是古希腊叙事史诗。相传由盲诗人荷马创作，与《伊利亚特》并称为《荷马史诗》。全诗共 24 卷，12 110 行，采用六音步长短短格（英雄诗体），讲述了英雄奥德修斯在特洛伊战争结束后历经艰险、漂泊十年最终返乡的故事。史诗分为两部分，前半部分描写奥德修斯之子忒勒马科斯外出寻父，后半部分聚焦奥德修斯的冒险经历。作为西方文学的奠基之作，《奥德赛》反映了古希腊的社会、宗教和文化，对后世文学、艺术和哲学产生了深远影响。

19. 《俄狄浦斯王》：《俄狄浦斯王》是古希腊剧作家索福克勒斯创作的剧本。该剧取材于希腊神话，讲述了主人公俄狄浦斯欲逃避弑父娶母的宿命而背井离乡，但最终还是应验命运的悲剧故事。剧中通过环环相扣的情节和强烈的戏剧冲突，深刻探讨了命运与自由意志的矛盾冲突、人类认知的局限性等主题。《俄狄浦斯王》被誉为古希腊悲剧的巅峰之作，对西方文学和哲学产生了深远影响。

20. 古罗马共和国时期：古罗马共和国时期（公元前 509 年至公元前 27 年）是古罗马历史上的重要阶段。政治上，罗马实行共和政体，以分权制衡为核心，设有元老院、执政官和公民大会：元老院由贵族组成，是最高权力机关；执政官由选举产生，掌握行政和军事权力；公民大会包括全体成年男性公民，代表平民利益。经济上，罗马共和国以农业为主，贸易和手工业发达，奴隶制是经济支柱。法律上，罗马共和国颁布了《十二铜表法》等重要法典，对后世法律体系产生了深远影响。军事上，罗马征服了意大利半岛、地中海沿岸等地区，通过布匿战争成为地中海霸主。然而，随着领土扩张和社会矛盾加剧，共和国内部出现了严重的内乱，如斯巴达克斯起义等，最终导致共和体制崩溃。古罗马共和国时期标志着罗马从王政向共和制的转变，为罗马帝国的建立奠定了基础。

21. 古罗马帝国时期：古罗马帝国时期（公元前 27 年至公元 1453 年）是古罗马历史上的鼎盛阶段。政治上，罗马帝国前期实行元首制，后期实行君主专制，元首或君主拥有至高权力，确保中央集权。经济上，罗马帝国以农业为主，贸易和手工业发达，奴隶制是经济支柱。军事上，罗马帝国全盛时期版图达到最大规模，成为地跨欧亚非的强大国家。宗教上，罗马帝国早期信仰多神教，后基督教兴起并成为国教。公元 395 年，因内部矛盾的加剧和外部蛮族的入侵，古罗马帝国实行东西分治，分为西罗马帝国（公元 395 年至公元 476 年）和东罗马帝国（公元 395 年至公元 1453 年），此后再未统一。古罗马帝国时期的政治制度、经济结构等至今仍是西方文明的重要基石。

22. 雅典娜：雅典娜，奥林匹斯十二主神之一，是古希腊神话中的智慧和战争女神，象征智慧与力量。她也是艺术与手工艺的保护神，传授人类纺织、园艺、绘画、造船、制陶等技艺。她是主神宙斯与原始智慧女神墨提斯的女儿，相传她诞生于宙斯的头颅中。她作战时通常戴盔冠，上身裙覆蛇甲，右手持矛或胜利女神像，左手持盾。她的象征物有猫头鹰、橄榄树等。在希腊神话中，雅典娜多次帮助英雄完成任务，如协助珀尔修斯击败美杜莎，指导奥德修斯返乡。雅典娜的形象体现了古希腊人对智慧、文明和正义的崇尚，对西方文学、艺术和文化产生了深远影响。

23. 阿佛洛狄忒：阿佛洛狄忒，奥林匹斯十二主神之一，是古希腊神话中的爱神和美神，象征爱情、美丽与性欲。相传她诞生于海浪的泡沫中，常被描绘为优雅迷人的形象，拥有强大的魅力，能够引发爱情与欲望。她的象征物有鸽子、海豚等。在希腊神话中，阿佛洛狄忒与多位神祇和凡人有过情感纠葛，如与战神阿瑞斯的恋情。阿佛洛狄忒的形象体现了古希腊人对美与爱的崇拜，对西方文学、艺术和文化产生了深远影响。

24. **法国大革命**：法国大革命是指 18 世纪末在法国发生的资产阶级革命，旨在推翻压迫性的旧政权，建立自由平等的新社会。法国大革命爆发的主要原因为法国社会的内部矛盾加剧，平民受到政治和经济上的双重压迫，对特权阶级（教士和贵族）不满。一般认为革命开始于 1789 年巴黎人民攻占巴士底狱，结束于 1794 年热月政变。法国大革命推翻了波旁王朝的君主专制统治，废除了贵族和教会的特权，推动了自由贸易和工业化进程。同时，革命还颁布了《人权与公民权宣言》，宣扬自由民主的先进思想，为欧洲现代的宪法制定提供了范本。

25. **《人权宣言》**：《人权宣言》全称《人权和公民权宣言》，是法国大革命时期于 1789 年 8 月 26 日由国民议会通过的一部纲领性文件。它是法国近代第一部宪法性文件，强调人权、法治、自由、平等和保护私有财产等基本原则。它否定了封建特权和等级制度，为法国大革命提供了理论支持。

二、应用写作题

【构思谋篇】

题干要求以国际关系学院团委学生会名义拟写一篇请示公文，申请批准举办"我和我的祖国"摄影大赛并提供经费支持。公文需采用完整请示格式（含标题、发文字号、主送机关等要素），突出活动的教育意义和可行性，明确经费预算及用途。范文采用"请示缘由—具体方案—审批请求"的公文结构：开篇简明扼要说明活动目的和背景；主体部分采用条款式结构，依次说明活动概况、具体内容、经费预算和预期效果；结尾规范使用请示用语。

【参考范文】

国际关系学院团委学生会文件

国关团学〔2022〕3 号

关于举办"我和我的祖国"校级摄影大赛的请示

国际关系学院：

为庆祝建团 100 周年，激发青年学子爱国情怀，展现新时代大学生精神风貌，团委学生会拟于 2022 年 3 月举办"我和我的祖国"校级摄影大赛。现将有关事项请示如下：

一、活动概况

活动主题："我和我的祖国"

活动时间：2022 年 3 月 1 日—31 日

参与对象：全体在校学生

活动形式：线上线下相结合

二、活动内容

(1) 作品征集（3 月 1 日—20 日）：征集反映祖国发展、校园生活等主题的摄影作品；

(2) 作品评选（3 月 21 日—25 日）：邀请专业评委进行评审；

(3) 作品展览（3 月 28 日—31 日）：举办优秀作品展览。

三、经费预算

总预算 5000 元，具体如下：

(1) 奖品设置：3000 元

一等奖 1 名（1000 元）；二等奖 3 名（各 500 元）；三等奖 5 名（各 100 元）。

(2) 展览布置：1000 元

（3）宣传费用：800 元

（4）其他支出：200 元

四、预期效果

通过此次活动，预计将：激发学生爱国热情，丰富校园文化生活，展示学生艺术才华。

本次活动将严格遵守学校疫情防控要求。恳请学院批准并给予经费支持。

请批示。

国际关系学院团委学生会

2022 年 2 月××日

三、命题作文

【构思谋篇】

题干要求以"我的网络生活"为副标题，自拟主标题撰写一篇散文。行文时需在叙述个人经历的同时，融入对网络生活的理性思考，体现时代特征与个人感悟的交融。范文采用"现象—反思—升华"的散文结构：开篇以晨间场景切入，用"拾贝人"意象统领全文；主体部分通过四个生活片段展开——先反思知识获取的"数字仓鼠症"（慕课平台经历），再审视网络社交的虚实差异（社团活动体验），继而描写疫情期间的亲情连线（Zoom 庆生场景），最后展现当前的网络使用新常态（Forest 软件等）；结尾以"弄潮儿"意象呼应开头，升华主题。

【参考范文】

网海拾贝人——我的网络生活

清晨六点半，闹钟响起的第一时间，我的手指已经本能地滑向手机。微信里堆积的未读消息，像涨潮时的浪花不断涌来。这便是我网络生活最寻常的开场——在数字海洋里，我们都是拾贝人，时而收获珍珠，时而遭遇漩涡。

记得大一那年，我像发现新大陆般沉迷网络世界。慕课平台上，我同时报名五门课程，收藏夹里塞满"必读"文章，电子书架上堆着几十本未读专著。直到期末，那些精心收藏的知识依然安静地躺在云端，我才惊觉自己患上了"数字仓鼠症"——只顾囤积，从未消化。那个寒假，我删掉所有冗余 APP，开始实践"少即是多"的网络哲学。现在我的手机里只保留三个学习软件，但每门课程都认真修完，这种改变让我明白：网络资源的价值不在于占有，而在于内化。

网络社交也曾让我迷失。刚加入社团时，我热衷于在各个群聊中"刷存在感"，朋友圈必须精心修饰九宫格。直到有次线下活动，一位学姐看着我说："你和微信里判若两人。"这句话如冷水浇头。现在我更珍惜与好友的深夜语音通话，或是读书会后的面对面交流。那些像素化的表情包，终究比不上真实眼神交汇时的温度。

最珍贵的网络记忆，是疫情期间通过 Zoom 给祖父过生日。老人家戴着老花镜，把平板电脑支在八仙桌上，像举行某种庄严仪式。屏幕那头，他颤巍巍地切开蛋糕，奶油沾在银白的胡须上。当全家人在虚拟空间里合唱生日歌时，我忽然懂得：科技再发达，也只是情感的载体，重要的是屏幕两端跳动的人心。

如今我的网络生活有了新节奏：早晨用 Forest 软件专注学习两小时，午休时快速处理必要信息，晚上彻底断开网络连接。就像冲浪需要观察潮汐，我也学会了在数字海洋中选择合适的冲浪时段。那些曾被算法推送给我的碎片信息，正逐渐被系统化的电子书和深度播客取代。

在这片既广阔又危险的网络海域，我们终要学会做清醒的弄潮儿。不必完全逃离数字世界，但要记得时常上岸晒晒太阳。毕竟，再精彩的虚拟浪花，也比不上现实沙滩上真实的脚印。

※ 财 经 类 院 校 ※

中央财经大学

2024 年全日制翻译硕士专业学位（MTI）研究生入学考试试题

参考答案

一、名词解释

1. **美国"西进运动"**：美国"西进运动"是美国东部居民向西部扩张的历史进程。其驱动力包括土地需求、经济机会和"天定命运"的意识形态。西进运动通过购买、移民开发、战争和条约等方式获得了大片领土，如《路易斯安那购地案》和美墨战争。这一过程伴随着对印第安人的驱逐和屠杀，以及铁路建设和资源开发。西进运动塑造了美国的地理版图和国家认同，推动了经济发展和文化融合，但也加剧了美国社会矛盾和对美洲原住民的迫害。

2. **新左派**：新左派是 20 世纪 60 年代兴起于欧美的一种激进社会运动，主张通过非传统政治手段实现社会变革。其核心思想包括反对资本主义、帝国主义和种族歧视，支持民权、女权和反战运动。新左派强调直接行动和文化革命，如学生抗议、反战示威和反文化运动。尽管新左派未形成统一的政治纲领，但其对传统左派和主流政治的批判推动了社会进步和文化变革。

3. **公文的策令性**：公文的策令性是指公文具有传递与贯彻党和国家政策、法令的特性，具体表现为权威性、强制性和约束力。公文是权力的象征，其权威性体现在公文是国家和各级行政机关实现管理职权的最基本和最终方式。公文的强制性则要求收文单位必须执行，若不执行，相关职能机关会强制下级机关执行，并追究责任。公文策令性与文艺类文章、知识信息类文章及其他实用类文体有本质区别。文艺类文章如诗歌、散文、小说等不具备权威性和强制性，读者有自由选择的权利；知识信息类文章同样不具备策令性，读者是否接受其思想观点由自己决定；其他实用类文体如会议记录、计划、总结等也不具备公文策令性，只有在转化为公文后才具有这一性质。因此，公文策令性是公文区别于其他文体的根本标志。①

4. **中国当代文化的"三元会通"**：中国当代文化的"三元会通"是指中国当代文化由中国传统文化、马列主义文化和西方文化三者融合而成的文化形态。中国传统文化以血缘人伦和民俗民风为基础，通过本土语言传递，具有深厚的历史渊源；马列主义文化经过一个世纪的发展，已成为中国当代的主导性意识形态文化，深刻影响着社会制度与思想；西方文化（主要是近代科技与现代性理论）在中国现代化进程中占据重要地位，推动了物质文化的变革。这三种文化基于中国当代社会的需求，经过选择、吸纳与融合，形成了既继承传统又具开放性的社会主义新文化。这种文化以马克思主义为指导，主张"百花齐放""百家争鸣"，既保留了历史继承性，又具有当代性与创新性，是中国文化发展的必然趋势。

---

① 白延庆编著：《公文写作教程》，对外经济贸易大学出版社 2010 年版，第 12~15 页。

5. 血缘宗法制度：血缘宗法制度是中国传统社会中以血缘关系为核心的社会组织制度，通过血缘的远近亲疏区分社会成员的高低贵贱，形成了一套以家族为基础的行为规范。该制度起源于原始父系氏族社会，形成于商周时期，并在周代通过分封制与宗法制结合，形成了以嫡长子继承为核心的"宗子法"。血缘宗法制度的核心是宗族，宗族以共同的祖先、土地、宗庙等为纽带，族长对宗族成员拥有绝对的支配权。这一制度在中国历史上经历了多次演变，从周代的宗法制到汉晋时期的门阀氏族制，再到宋代的家族制，始终贯穿于中国社会的政治、经济和文化中。血缘宗法制度强调父权、夫权和君权，形成了严格的等级秩序和家族伦理，成为维护封建社会稳定的重要支柱。尽管随着历史发展，宗法制度的形式有所变化，但其核心的血缘关系和家族观念始终深刻影响着中国社会的结构与文化。

二、简答题

1. "迷惘的一代"是指第一次世界大战后涌现的美国作家群体，他们的创作特点包括：

（1）主题：他们的作品主要反映第一次世界大战后美国青年的幻灭感和精神空虚，表达对战争的厌恶和对战后社会现实的失望。

（2）情感基调：作品中普遍流露出迷惘、失望和挫折感，主人公常常是战争的受害者或对社会感到疏离的个体。

（3）人物形象：塑造了战后迷茫、彷徨的青年形象，他们往往在物质繁荣的社会中感到精神上的孤独和异化。

（4）艺术手法：采用简洁、冷峻的叙事风格，注重心理描写和内心独白，强调通过对话和行动表现人物性格。

（5）代表作品：菲茨杰拉德的《了不起的盖茨比》和海明威的《太阳照常升起》是"迷惘的一代"的代表作，生动描绘了战后美国社会的精神危机。

2. 地理大发现始于 15 世纪，推动了欧洲的全球扩张和文化传播，同时也带来了殖民掠夺和文明冲突，对欧洲文明进程产生了巨大影响：

（1）结束欧洲的孤立状态：地理大发现使欧洲与外界主动、广泛、持久地接触，结束了欧洲上千年的地理孤立状态，推动了欧洲的扩张和殖民，促进了欧洲文化的全球传播。

（2）促进自然科学的发展：远洋航海丰富了欧洲人的地理知识，打破了托勒密地理观，推动了生物科学的发展，促进了植物园、动物园的建立和动植物分类研究。

（3）改变欧洲人的生活：外来物种和产品（如玉米、马铃薯、烟草、巧克力、茶、咖啡等）的输入改变了欧洲的农业和饮食习惯，促进了人口增长和文化生活方式的变化。

（4）思想文化的影响：世界其他地区的思想文化为欧洲带来了积极因素，如乌托邦思想受到印第安人财富平均分配思想的影响。

（5）推动海外探险与殖民：地理大发现促进了欧洲人在海外的探险、征服、殖民和贸易，打破了自然地理对世界的分割，促进了全球物质文化交流。

（6）移民与文明传播：大量欧洲人向美洲移民，将欧洲文明移植到美洲，西方社会和文化逐渐扩展到欧洲以外地区。

（7）经济重心转移：欧洲经济力量的重心从意大利和地中海移至大西洋，促进了欧洲的强大和繁荣，新兴资本主义得到发展。

（8）负面结果：地理大发现也导致了殖民地的大量出现，欧洲以外地区的人民和传统文化遭受破坏和掠夺，尤其是美洲的土著文明和非洲的黑人奴隶贸易。

3. 公文语言表述的庄重性主要体现在语体风格和语言要求两个方面。

（1）语体风格的庄重性：①公文只能使用叙述、说明和议论三种表达方式，禁止使用描写和抒情。②公文追求实在、质朴的表达，不使用修辞手法、文学手法，也不允许含蓄或幽默的表达方式。

（2）语言要求的庄重性：①准确：公文用词必须精确，尤其是同义词的使用要注意细微差别。②简约：语句表达应简洁明了，避免啰唆，但需确保收文单位不产生歧义。③平实：公文语言风格应平稳实在，拒绝生动、形象化的表达。④得体：公文措辞需根据行文对象和上下级关系进行调整，确保表达效果恰当。

4. 盛唐气象是指唐朝鼎盛时期（尤其是开元、天宝年间）所展现出的繁荣、开放、自信的文化与社会风貌。

（1）盛唐气象体现在：①经济繁荣：唐代经济全面昌盛，长安成为世界性大都市，吸引了大量外来文化和文明成果。②文化开放：唐代采取海纳百川的开放政策，积极吸收和输出文化，形成了兼收并蓄的文化精神。③科举制度：唐代完善了科举制度，打破了门阀世族的垄断，激发了社会各阶层的创造力和活力。④三教并行：儒、道、佛三教在唐代并行发展，形成了多元化的文化格局。⑤文学艺术：唐诗达到中国诗歌史的顶峰，涌现出李白、杜甫等伟大诗人，书法、绘画等艺术形式也取得了辉煌成就。

（2）盛唐气象的成因：①开放政策：唐代的开放政策促进了经济文化的全面繁荣，吸引了大量外来文化和文明成果。②科举制度：科举制度为平民子弟提供了参与政治的机会，激发了社会各阶层的创造力和活力。③统治者开明：唐太宗等统治者的开明胸襟和超前眼光，推动了儒、道、佛三教的并行发展。④文化自信：唐代人民对自己的文化有极强的自信，同时对外来文化持开放态度，形成了兼收并蓄的文化精神。

5. 中国戏曲的基本特征主要包括以下三点：

（1）高度综合性：中国戏曲融合了歌、舞、说、唱等多种艺术手段，并兼容了诗词、小说、武术、杂技、音乐、绘画、雕塑等多方面的艺术或技术因素，形成了以唱、念、做、打综合表演为中心的戏剧形式。

（2）虚拟性：中国戏曲通过夸张的变形来表现生活，利用舞台的假定性，创造出独特的意境。虚拟动作如圆场、趟马、开门、关门等，能够在有限的舞台空间内表现复杂的社会生活，赋予演员更大的艺术创造自由。

（3）程式化：戏曲表演有固定的程式动作，如开门、关门、饮酒、骑马等，这些动作来源于生活但经过艺术加工，达到类似于音乐和舞蹈的境界。程式化不仅体现在表演动作上，还包括服饰化妆、唱腔音乐及人物表情等。

三、阅读下面的材料，并回答问题

论伍尔夫笔下的英国现代主义文学特质

　　弗吉尼亚·伍尔夫在《论现代小说》中的这段文字，如同一把钥匙，为我们打开了理解英国现代主义文学的大门。她以詹姆斯·乔伊斯为例，描绘了一代青年作家如何与传统决裂，创造出一种全新的文学表达方式——这种文学不再满足于描绘外在世界的表象，而是执着于捕捉"那些原子纷纷坠落到人们心灵上的顺序"。伍尔夫的论述不仅是对乔伊斯创作的精准解读，更是对整个英国现代主义文学运动的宣言式阐述。

　　伍尔夫敏锐地指出了现代主义作家最根本的创作诉求——"更真诚地、更确切地把引起他们兴趣的、感动他们的东西保存下来"。这种诉求直接导致了文学形式的彻底革新。在《尤利西斯》中,乔伊斯打破了传统小说的线性叙事,用意识流手法再现了布卢姆一天中飘忽不定的思绪流动。伍尔夫本人的《达洛维夫人》同样如此,当克拉丽莎在伦敦街头漫步时,读者看到的不是客观的城市景观,而是她的记忆、联想与感受如浪花般不断涌现。这种对内心真实的追求,使得现代主义作品呈现出"不连贯""不一致"的表象特征,正如伍尔夫所言,它们记录了"每一个情景或细节在思想意识中留下的痕迹"。

现代主义作家对传统文学规范的颠覆尤为彻底。伍尔夫称赞乔伊斯"不惜任何代价来揭示内心火焰的闪光",甚至抛弃"可能性、连贯性"等传统小说的支柱。这种反叛在劳伦斯的作品中表现为对性爱主题的大胆探索,在《虹》与《恋爱中的女人》里,他将人物潜意识中的欲望与恐惧赤裸裸地呈现出来。艾略特的《荒原》则彻底打破了诗歌的传统结构,用碎片化的意象和多重声音展现战后欧洲的精神荒芜。这些作家共同构建了一种新的美学——正如伍尔夫所描述的"一间狭窄而明亮的房间",在那里,读者直接面对的是未经修饰的心灵真实,而非精心编排的故事情节。

英国现代主义文学的伟大成就,在于它重新定义了"生活的本来面目"。伍尔夫犀利地批判了传统小说家只关注"公认为重大的事情"的局限,而现代主义者们发现,真正丰富的生活往往隐藏在那些"通常以为渺小的事情"中。在《到灯塔去》里,伍尔夫让拉姆齐夫人缝补袜子的日常场景承载了关于婚姻、时间和死亡的深刻思考;在《一个青年艺术家的肖像》中,乔伊斯赋予斯蒂芬·迪达勒斯的童年记忆以史诗般的重量。这种对生活本真状态的追寻,使现代主义作品虽然"晦涩难解或令人不快",却具有无可否认的艺术价值——它们不再讲述生活,而是让读者直接体验生活本身。

伍尔夫将乔伊斯定义为"精神主义者",以区别于"物质主义者",这一区分揭示了英国现代主义最本质的特征。从康拉德的《黑暗的心》到福斯特的《印度之行》,从伍尔夫的《海浪》到乔伊斯的《芬尼根守灵夜》,这些作品共同构建了一座精神的迷宫,读者在其中遭遇的不再是清晰的情节线索,而是人类意识本身的复杂景观。正如伍尔夫所感知的那样,现代主义文学确实让人感到"局促闭塞而不是开阔自由",因为它的目标不再是提供逃避现实的幻想,而是迫使读者直面存在的真相。

英国现代主义文学的革命性意义,正在于它完成了小说艺术从外在描摹到内在探索的范式转换。伍尔夫的这段评论不仅预言了乔伊斯作品的经典地位,更勾勒出了一场影响深远的文学运动的轮廓。当今天的读者沉浸在《尤利西斯》的意识流中,或在《达洛维夫人》的时间跳跃间穿梭时,我们依然能感受到伍尔夫笔下那种"内心火焰的闪光"——这正是现代主义文学最持久的光芒,它彻底改变了我们理解文学、理解心灵乃至理解生活的方式。

四、论述题

论中西方文化的基本差异

中国文化和西方文化在自然观、家庭观及国家关系观等方面存在深刻差异,这些差异根植于各自的历史传统、哲学思想和价值体系,形成了两种截然不同的文明形态。以下从三个维度展开具体分析:

一、自然观:天人合一与主客二分

中国文化的自然观以"天人合一"为核心。道家主张"道法自然",庄子提出"天地与我并生,万物与我为一"的齐物思想;儒家则将自然伦理化,如董仲舒构建的"天人感应"体系。这种整体性思维反映在传统医学"阴阳平衡"的治疗理念里。而西方文化自柏拉图"理念论"始便确立主客二分传统，培根的"知识就是力量"和笛卡尔的"我思故我在"强化了人类对自然的征服态度。工业革命后形成的机械自然观，将自然视为可量化的资源库，这种思维直接推动了现代科技发展，但也导致生态危机。如三峡工程与荷兰拦海大坝的对比，前者注重与自然协调，后者彰显改造自然的意志。

二、家庭观：差序格局与个人本位

费孝通提出的"差序格局"精准概括了中国家庭以血缘为中心的同心圆结构。《礼记》规定的"父子有亲，夫妇有别，长幼有序"构建了严格的伦理等级，这种集体主义传统至今体现在"孝道"法律化和"春运"迁徙现象中。而西方家庭观源自基督教"人要离开父母"的个体意识，经启蒙运动强化后形成契约型家庭。法律保障个人财产权，社会鼓励子女独立，养老制度社会化。中式家庭提供更强安全感但可能抑制个性，西式家庭尊重自由却面临孤独老龄化挑战。

三、国家关系观：天下体系与主权平等

中国古代的"天下观"将国际关系视为文化辐射的差序格局，朝贡体系通过"厚往薄来"维持"华夷秩序"。这种思维在现代转化为"人类命运共同体"理念，强调互利共赢，如"一带一路"倡议中的基础设施互联互通。西方则基于威斯特伐利亚体系的主权平等原则，发展出均势外交和国际法体系。北约东扩与亚洲基础设施投资银行的对比，前者体现结盟制衡思维，后者展现合作发展逻辑。在气候谈判中，中国强调"共同但有区别的责任"，而欧美更侧重强制减排机制，这种分歧正是不同国际关系观的现实投射。

这些差异不应简单评判优劣：中医整体疗法与西医靶向治疗各擅胜场，《红楼梦》的家族叙事与《百年孤独》的个体史诗同样伟大。在全球化的今天，中西文化正通过"和而不同"的对话创造新的文明形态。理解这些差异的本质，正是构建跨文明对话的基础。

2023 年全日制翻译硕士专业学位（MTI）研究生入学考试试题

参考答案

一、名词解释

1. **艾略特的《荒原》**：艾略特的《荒原》是现代主义诗歌的代表作，发表于 1922 年。全诗分为《死者的葬礼》《对弈》《火诫》《水里的死亡》和《雷霆的话》5 部分，通过碎片化的叙事和丰富的象征，描绘了战后欧洲的精神荒芜和文化危机。诗中引用了大量神话、文学和宗教典故，展现了复杂的文化层次和深刻的思想内涵。《荒原》以其创新的形式挑战了传统诗歌的界限，对现代文学产生了深远影响。

2. **德国的"狂飙突进运动"**：德国的"狂飙突进运动"得名于剧作家克林格的剧本《狂飙突进》，是 18 世纪德国文学界的一场思想文化解放运动。其核心思想是反对封建专制，追求个性解放和民族统一，强调情感、自然和创造力。相关代表作有歌德的《少年维特的烦恼》、席勒的《阴谋与爱情》等，作品多表现对社会的不满和对自由的向往。狂飙突进运动为德国浪漫主义文学奠定了基础，推动了德国民族意识的觉醒，对欧洲文学和文化产生了深远影响，是德国文学史上的重要转折点。

3. **马克思的异化理论**：马克思的异化理论是马克思主义哲学的重要组成部分，主要在其《1844 年经济学哲学手稿》中进行了论述。马克思从黑格尔哲学中借用了"异化"这一概念，但将其从本体论问题转变为唯物的、世俗的观念。马克思认为，在资本主义制度下，劳动不再是自发的、创造性的活动，而是被迫的、异化的过程。劳动者无法控制劳动过程，劳动产品被他人剥夺，劳动者自身也沦为商品。这种异化不仅使劳动变得廉价，还导致人的能力退化，使人失去好奇心、创造性和自我完善的精神动力。马克思的异化理论揭示了资本主义制度下人的本质与劳动的对立，为批判资本主义提供了理论基础。

4. **礼治精神**：礼治精神是中国传统文化四个基本精神之一，是一种社会理想，是儒家思想的核心概念。它强调社会的有序和秩序，主张通过礼仪来规范个人行为、维持社会和谐稳定。其核心是上下有序、父子有伦，倡导君仁臣忠、父慈子孝、兄爱弟敬等亲和的社会关系。礼治精神不仅涉及复杂的礼仪制度，如冠礼、婚礼、丧礼等，还强调孝道、男女之别和自觉精神。礼治的实施依靠教育和个人实践，并与法制、乐制相结合，形成了一套完整的社会管理体系。礼治精神促进了社会的稳定与繁荣，构成了中华文化的重要组成部分，并在社会管理中具有深远影响。

5. **新闻类文章**：新闻类文章是为了传递信息而写作的文章，主要报道刚发生或刚发现的事件，旨在及时、真实、准确地传递信息，保障公民的知情权。这类文章包括消息、通讯、特写、人物专访、采访札记、读者来信等形式。新闻类文章不同于文艺类文章，不允许虚构，不追求语言的形象和华美，而是强调真实性和时效性。新闻类文章的写作速度要求快，报道要及时，确保信息的迅速传播。①

---

① 白延庆编著：《公文写作教程》，对外经济贸易大学出版社 2010 年版，第 3 页。

二、简答题

1. 18 世纪美国革命是 13 个英属北美殖民地为摆脱英国殖民统治、争取独立而进行的革命战争。它的意义和影响主要有：

（1）政治意义：美国革命成功推翻了英国的殖民统治，建立了世界上第一个现代民主共和国——美利坚合众国，标志着君主专制制度的终结和民主共和制度的兴起。

（2）思想影响：美国革命传播了启蒙思想，特别是自由、平等、民主和人权的理念，对后来的法国大革命和拉丁美洲独立运动产生了深远影响。

（3）宪政实践：美国革命通过《独立宣言》和《美国宪法》确立了宪政原则，奠定了现代宪政民主制度的基础，成为其他国家宪政改革的典范。

（4）国际关系：美国革命打破了欧洲列强对美洲的垄断，促进了美洲国家的独立运动，改变了国际政治格局。

（5）经济影响：美国革命推动了资本主义经济的发展，促进了自由贸易和市场经济的形成，为美国的工业化奠定了基础。

（6）社会变革：美国革命促进了社会结构的变革，推动了奴隶制的逐步废除和公民权利的扩展，为后来的社会改革提供了动力。

2. 法国现代诗人波德莱尔在《恶之花》中提出了象征主义"应和论"，该理论主要包括：

（1）自然与理念世界的对应：波德莱尔认为，自然世界背后隐匿着一个超验的理念世界，大自然是向人们传递信息的"象征的森林"。

（2）感官与心灵的交感：人的各种感官之间，尤其是心灵与自然万物之间可以互为应和，形成交感。

（3）象征与隐喻的运用：文学创作，尤其是诗歌，应通过象征、隐喻、联想等手法，运用丰富而扑朔迷离的意象来暗示和揭示隐藏于日常经验深处的心灵隐秘。

（4）打破浪漫主义抒情方式：波德莱尔的"应和论"打破了浪漫主义直接倾泻情感的抒情方式，强调知性因素的分析性和具体意象的精确性。

（5）对现代主义文学的影响：这一理论为现代主义文学的反陈述、重联想的表现手法奠定了基础，并对 20 世纪现代主义文学的发展产生了深远影响。

3. 大众文化是指被一个社会或一定地区内大多数人所欣赏、接受的文化。它具有以下特点：

（1）通俗性与娱乐性：大众文化以通俗易懂、娱乐性强为主要特征，满足大众在繁重工作之余的放松需求，强调感官享受和轻松愉悦的体验。

（2）消费化倾向：大众文化与市场经济紧密相连，具有明显的消费化倾向。文化产品通过传媒炒作和广告推广，成为大众消费的对象，满足人们对时尚、舒适和享受的追求。

（3）制作工艺流程化：大众文化产品的制作过程高度工业化，注重策划、调研和营销策略，追求"短平快"的生产模式，强调热点和时尚的跟随，但也可能导致文化产品的粗制滥造。

（4）娱乐性本质：大众文化的核心功能是娱乐，追求感官愉悦和精神放松，虽然也带有一定的认识和教育作用，但这些功能往往是娱乐之外的附加物。

（5）传媒依赖性：大众文化的兴起与传媒的发展密不可分，广播电视、报纸杂志、电脑电信等媒介的普及为大众文化的传播提供了便利，传媒的炒作和推广成为大众文化流行的重要推动力。

（6）群众性与渗透性：大众文化不仅限于某一阶层，而是渗透到社会的各个层面，具有广泛的群众基础。它既包含民间性和通俗性，又超越了传统的"平民文化"范畴。

（7）多样性与分化：大众文化因质量高低而易于分化，优秀作品可能进入高雅文化的殿堂，而低劣作品则可能沦为低等的感官享受。

4. 汉代儒学家对儒学的第一次改造主要体现在董仲舒的贡献上。

（1）董仲舒提出了"罢黜百家，独尊儒术"的主张，使儒学从先秦时期百家争鸣的一家上升为官方意识形态。

（2）他以儒家思想为中心，吸收阴阳五行说和法家思想，构建了一个以"天人感应"为核心的神学化儒学体系。

（3）他强调"天"是宇宙的本原，主张"王权神授"，并通过"三纲五常"的社会伦理观念维护封建统治秩序。

（4）他提出"阳德阴刑"理论，主张以教化为主、刑罚为辅，强调道义高于功利，推崇"仁政"和"德治"。

（5）这一改造使儒学适应了汉代中央集权的需要，但也禁锢了思想的进步与发展。

5. 公文领导与指导作用与文艺类文章的区别主要体现在以下几个方面：

（1）作者与读者关系：公文作者与读者之间是行政关系，通常存在上下级的不平等地位；而文艺类文章的作者与读者之间是社会关系，地位平等。

（2）功能与作用：公文具有明确的领导与指导作用，是上级机关对下级机关进行行政管理和工作指导的工具；文艺类文章不具备这种行政功能，其主要作用是表达情感、思想或艺术创作。

（3）写作要求：公文作者需要具备较高的思想、理论、政策和表达水平，以履行领导与指导的使命；文艺类文章则更注重艺术性和创造性，不承担行政指导的责任。

（4）权力与权威：公文依赖行政权力和权威进行领导和指导；而文艺类文章不依赖权力和权威，更多依靠思想和艺术感染力。

三、阅读下面的材料，并回答问题

白话文取代文言文的原因

白话文取代文言文是中国文学现代化进程中的必然选择，这一变革既是语言形式的自我更新，更是思想启蒙与社会变革的内在要求。结合胡适与陈独秀的论述，其深层原因可从以下维度解析：

一、语言进化内在规律的必然结果

胡适从"历史进化论"角度指出"一时代有一时代之文学"，揭示文言文作为"死文字"已无法适应现代生活表达。文言文以先秦口语为基础，至明清时已与实际口语严重脱节，形成"言文分离"的困境。而白话小说如《水浒传》《红楼梦》早已证明白话的文学表现力，胡适称其为"文学正宗"，正是看到白话"我手写我口"的鲜活生命力。明清小说中白话词汇量占比更大，更利于表现复杂社会现实。

二、思想启蒙与社会变革的迫切需求

陈独秀将文学革命与政治革命相联系，指出文言文维护的"贵族文学"与"阿谀虚伪的国民性"互为因果。文言作为士大夫阶层的专属工具，构筑了知识垄断的壁垒。晚清时期，能流畅阅读文言者人数少。而白话文承载的《新青年》杂志发行量在1919年激增，证明其传播新思想的优势。白话文打破知识特权，成为唤醒民众、革新社会的利器。

三、现代性转型的文化自觉

两位先驱对明清白话小说的重新发现，体现文化主体的自觉选择。他们指出施耐庵、曹雪芹被主流文坛忽视的悖谬，实则是将白话传统转化为现代资源。白话文不仅能表现市井生活，也能承载哲学思考，其包容性为现代文学开辟了道路。北洋政府教育部颁令白话文进入教科书，标志着这种文化自觉获得制度确认。

四、全球化语境下的文明对话需求

胡适强调白话文学可"与世界第一流文学比肩"，反映民族文学融入现代世界体系的焦虑。文言文的封闭性阻碍中西对话，林纾用文言翻译《茶花女》导致严重失真，而白话译文更利于文化互鉴。白话文为新文学提供载体，使中国得以参与世界文学对话，催生了巴金、茅盾等具有国际影响的作家。

这场语言革命绝非简单的形式更替：它打破了数千年的文言霸权，使文学从士大夫的书斋走向民众的街头。白话文的胜利，本质是现代性对传统的胜利，是民主精神对等级制度的胜利，其影响远超文学领域，重塑了整个民族的思想表达方式。

四、论述题

英国现实主义小说在19世纪的发展

19世纪维多利亚时期是英国现实主义小说的黄金时代。这一时期的小说家以细致入微的社会观察、复杂的人物塑造和对当代问题的深刻探讨，将英国小说艺术推向高峰。通过几位重要作家及其代表作，可以清晰地勾勒出英国现实主义小说在这一世纪的发展轨迹。

一、社会批判与现实揭露的奠基阶段

查尔斯·狄更斯是这一时期最具代表性的作家。他的《雾都孤儿》通过孤儿奥利弗的遭遇，揭露了济贫院的黑暗与伦敦底层社会的罪恶；《艰难时世》则直接批判功利主义哲学和工业化对人性的摧残。狄更斯以夸张的人物漫画和感伤主义笔调，将社会不公呈现给中产阶级读者。与之相比，威廉·梅克比斯·萨克雷在《名利场》中采取更冷静的讽刺态度，彰显其现实主义立场，通过蓓基·夏普的钻营生涯，揭露了社会的虚伪与势利。

二、心理深度与道德探索的深化阶段

乔治·艾略特将现实主义小说提升到新高度。在《米德尔马契》中，她通过多萝西娅的婚姻与理想破灭，探讨女性在传统社会中的困境。艾略特对人物心理的细腻刻画和道德困境的复杂呈现，使小说成为"成年人的艺术"。夏洛特·勃朗特的《简·爱》则开创了女性成长小说的新模式。通过简·爱从孤儿到独立女性的历程，小说既展现了社会现实，又深入探索了女性自我意识的觉醒。

三、社会全景与艺术创新的成熟阶段

托马斯·哈代的《德伯家的苔丝》，将现实主义与自然主义结合，展现农村社会在工业化冲击下的瓦解。苔丝的悲剧既是个人的，也是时代的，体现了哈代对命运与社会压迫的双重关注。乔治·吉辛在《新寒士街》中描绘了伦敦文人的生存困境，以更冷峻的笔触呈现都市生活的残酷现实。而塞缪尔·巴特勒的《众生之路》则通过主人公的家族史，对维多利亚时代的家庭、教育和宗教制度进行了全面批判。

维多利亚现实主义小说的发展呈现出几个鲜明特点：题材上从社会表象批判转向心理与道德深度探索；技巧上从夸张漫画发展到细腻的心理描写和复杂的叙事结构；视角上从中产阶级立场扩展到对边缘群体（女性、穷人）的关注。这一发展既受工业革命、城市化等社会变革推动，也与科学思想的传播密切相关。小说家们通过真实反映时代矛盾，既满足了中产阶级读者的认知需求，也承担了社会批判的启蒙功能。

维多利亚时期的现实主义小说不仅塑造了英国文学的伟大传统，也为现代小说艺术奠定了基础。其对人性与社会的深刻洞察，至今仍具有强大的生命力。

2022 年全日制翻译硕士专业学位（MTI）研究生入学考试试题

参考答案

一、名词解释

1. **意识流小说**：意识流小说是 20 世纪初兴起于西方的一种现代主义小说流派。此类小说以描写人物内心意识活动为核心，打破传统的时间顺序和逻辑叙事结构，采用自由联想、内心独白和时间跳跃等手法，模仿人类思维的跳跃性和非连贯性，展现人物复杂多变的心理状态。其特点是淡化情节，注重主观感受和潜意识流动，语言风格多具跳跃性和碎片化。相关代表作家有詹姆斯·乔伊斯（《尤利西斯》）、弗吉尼亚·伍尔夫（《到灯塔去》）和马塞尔·普鲁斯特（《追忆似水年华》）等。意识流小说通过深入挖掘人物的潜意识，展现了人类心理的复杂性和多样性，对现代文学产生了深远影响。

2. **五四运动**：五四运动是 1919 年 5 月 4 日爆发的一场以爱国主义为核心的重大社会运动。运动起因是巴黎和会上中国外交失败，导致山东权益被转让给日本。运动首先由北京青年学生发起，迅速蔓延至全国，工人、商界和各界群众广泛参与，形成了反帝反封建的爱国高潮。五四运动不仅是一场政治运动，更是一场深刻的思想文化运动，提倡民主与科学，反对封建主义和传统文化，推动了中国新文化运动的发展。它标志着中国近代史的开端，促进了马克思主义在中国的传播，为中国共产党的成立奠定了思想基础，对中国现代化进程产生了深远影响。

3. **新柏拉图主义**：新柏拉图主义是普罗提诺创立的一种哲学流派，融合了柏拉图哲学和东方神秘主义。其核心思想是"太一"作为宇宙的最高本源，通过"流溢"产生万物，强调灵魂回归太一的过程是实现终极解脱的途径。新柏拉图主义主张世界是一个等级分明的体系，从太一到物质世界逐级下降，而人类的目标是通过哲学和冥想超越物质世界，回归神圣本源。相关代表人物有普罗提诺、波菲利和普罗克洛斯等。该学派对中世纪基督教神学、伊斯兰哲学以及文艺复兴时期的哲学和艺术产生了深远影响。

4. **消极浪漫主义**：消极浪漫主义是欧洲浪漫主义文学的一个分支，强调对现实社会的逃避和对理想化过去的怀旧。其特点是注重个人情感的表达，尤其是孤独、忧郁和绝望的情绪，常以自然、神话和中世纪为题材，表现出对工业化和理性主义的抗拒。消极浪漫主义作家往往缺乏对社会变革的积极追求，对社会现实感到失望，倾向于通过艺术和想象来寻求精神慰藉。相关代表人物有华兹华斯、柯勒律治等。

5. **发布性公告**：发布性公告是一种用于公布重要事项或法规、规章的公文，通常由高级行政机关发布，具有权威性和周知性。其格式一般包括标题、序号、正文、签署人和签署时间等部分。标题通常采用发文机关加文种的方式，正文开头会明确发布文件的名称、依据及施行时间，随后附上文件的全文内容。发布性公告的内容多为法律法规或重大事项，要求语言简洁、准确，格式规范，确保信息的权威性和公开性。

二、简答题

1. 公文写作的常见问题主要包括以下几个方面：

（1）主旨不明确：公文的主旨是公文的灵魂，必须正确、明确、突出。主旨模糊会导致收文单位无法准确理解公文的核心内容。

（2）行文依据不足：公文行文必须有法律依据、政策依据和现实情况依据。行文依据不充分或未明确，会导致公文缺乏说服力和权威性。

（3）材料选择不当：公文材料应具有典型性和说服力。材料选择不当，缺乏针对性，无法有效支持公文的主旨。

（4）结构设计不合理：公文结构应层次分明、主次突出、详略得当。结构混乱会导致公文逻辑不清，影响阅读和理解。

（5）语言表达不规范：公文语言应简洁、准确、庄重。使用描写、抒情等非公文表达方式，影响公文的严肃性。

（6）修改不彻底：公文写作应经过自查自改和内部审读。修改不彻底，错别字、病句等问题未及时纠正，影响公文质量。

（7）审批程序不完善：公文写作的最后程序是报送核稿审批。审批程序不完善，导致公文未经严格把关，会存在漏洞或错误。

2. 新古典主义产生的原因主要包括：

（1）对巴洛克和洛可可风格的反动：18世纪中叶，欧洲社会对巴洛克和洛可可风格的过度装饰和奢华感到厌倦，新古典主义应运而生，追求简洁、对称和理性的美学。

（2）启蒙思想的影响：启蒙运动强调理性、科学和古典文化的复兴，新古典主义艺术家和思想家受到启发，重新审视古希腊和古罗马的艺术与哲学，追求古典的和谐与秩序。

（3）考古发现的推动：18世纪中叶，庞贝古城和赫库兰尼姆的考古发掘重新激发了人们对古典文化的兴趣，古代艺术和建筑的发现为新古典主义提供了直接的灵感。

（4）政治与社会变革：法国大革命前后，社会对自由、平等和民主的追求促使艺术家和思想家回归古典文化中的共和精神和公民美德，新古典主义成为表达这些价值观的艺术形式。

（5）理性主义与道德教化：新古典主义强调艺术的道德教化功能，认为艺术应当传达理性和道德价值，反映社会的理想和秩序，这与启蒙时代的理性主义思想相契合。

（6）学院派的推动：欧洲的艺术学院对新古典主义的推广起到了重要作用，学院派艺术家通过教学和创作，将古典艺术的规范和原则传播开来。

3. 中国文化的基本特性和核心精神可以概括为以下几个方面：

（1）文化构成：中国传统文化主要由儒、道、佛三家汇合而成，其中儒学是核心。

（2）核心精神：中国传统文化的核心精神是"礼"或"礼治"，强调个人与国家、家庭的利益融合，消解了人的主体性和个性，有助于民族凝聚和文化绵延。

（3）伦理特质：中国传统文化以伦理为轴心，强调"存天理，灭人欲"，取消人的需要和独立性，形成了一种"实用理性"。

（4）多元特性：中国文化具有刚健有为、天人协调等多种特性，但也表现出单向性和趋同性的思维方式，观念上倾向于中庸之道。

（5）人文本位：中国文化以人文为本位，注重人际关系的和谐，重视伦理和道德，以伦理为社会基础，道德为立身处世的原则。

4. 儒家的理想人格以"君子"为核心概念，强调道德修养和社会责任。主要体现在：

（1）内圣外王：儒家追求的理想人格是"内圣外王"。"内圣"指内在的道德修养，强调对善的领悟和道德的把握；"外王"指将修养推广于社会，实现天下大同的理想。

（2）圣贤典范：儒家以圣贤为理想人格的典范。对统治者而言，以尧、舜、禹、汤等圣王为榜样；对士大夫和庶民而言，则以孔子、孟子等贤君子为典范。

（3）三纲八目：儒家通过"三纲八目"实现内圣外王。三纲即"明明德、亲民、止于至善"，八目即"格物、致知、正心、诚意、修身、齐家、治国、平天下"，强调由近及远、由己及人的修养方法。

（4）伦理本位：儒家强调伦理本位，注重家庭和社会伦理，提倡"父慈子孝、君仁臣忠"等观念，强调治国必先修身，注重个体修养对整体社会的影响。

（5）经世之志：儒家知识分子怀抱经世之志，以天下为己任，注重立德、立功、立言，具有强烈的社会责任感和忧患意识。

（6）道德修养：儒家重视道德修养，提倡"温、良、恭、俭、让"等美德，强调修身养性，追求道德完善。

5. 存在主义哲学的主要内容包括：

（1）存在先于本质：存在主义强调个体的存在先于其本质，人首先存在，然后通过自己的选择和行动定义自己，而不是被预先设定的本质所决定。

（2）自由与责任：存在主义认为人是自由的，必须为自己的选择和行为负责。自由带来了责任，个体必须承担自己选择的后果。

（3）荒诞与焦虑：存在主义认为世界本身是荒诞的，没有固有的意义或目的。面对这种荒诞，个体常常感到焦虑和孤独，但这也是自我觉醒和自由选择的起点。

（4）个体性与主观性：存在主义强调个体的独特性和主观体验，认为真理和意义是通过个人的主观体验和选择来构建的，而不是通过客观的、普遍的标准。

（5）死亡与有限性：存在主义认为死亡是生命的一部分，个体的有限性使其意识到生命的紧迫性和意义的重要性，从而促使人们更加真实地生活。

（6）自我实现与真实性：存在主义鼓励个体通过自由选择和行动实现自我，追求真实的生活，反对随波逐流和逃避责任的生活方式。

三、阅读下面的材料，并回答问题

浅谈莎士比亚戏剧

莎士比亚的戏剧作品以其深刻的人性洞察、广泛的社会背景和丰富的情感表达而闻名于世。通过阅读塞缪尔·约翰逊的序言，我们可以理解到莎士比亚的作品不仅仅是文学上的成就，更是对人性、社会、现实生活的深刻反思。以下是我个人对莎士比亚戏剧的理解：

一、人物的典型性

莎士比亚的戏剧是"风俗习惯和生活的真实镜子"，他以敏锐的观察力和深刻的洞察力，将社会生活的各个方面真实地展现在舞台上。他的作品不受地域、职业和时代的限制，而是以"共同人性"为核心，塑造出典型性的人物形象。这种典型性使得他的作品能够跨越时间和空间，引起不同读者的共鸣。例如：《罗密欧与朱丽叶》中的罗密欧和朱丽叶是青春爱情的化身，他们的爱情故事代表了年轻一代对自由恋爱的渴望和对封建礼教的反抗。《哈姆雷特》中的哈姆雷特的形象不仅仅是一个丹麦王子，他代表了在理想与现实冲突中挣扎的青年知识分子。

二、语言的智慧性

其次，莎士比亚的戏剧作品中充满了实用的格言和处世的道理，这些格言不仅为观众提供了人生的智慧，也使得他的作品具有了深远的教育意义。《哈姆雷特》中的"生存还是毁灭，这是一个值得考虑的问题"，这句话不仅反映了哈姆雷特内心的矛盾和挣扎，也成为了人类面对困境时的普遍思考。《李尔王》中的"最贫穷的乞丐也还有些多余的东西"揭示了人类在物质与精神上的矛盾；《威尼斯商人》中的"慈悲不是出于勉强"则表达了宽容与仁慈的重要性。这些格言不仅在当时具有现实意义，至今仍然能够引发人们的深思。

三、情节的艺术性

莎士比亚的戏剧具有深刻的现实主义特征和广泛的代表性，同时在情节和对话方面表现出独特的艺术魅力。他的戏剧情节紧凑、复杂且充满悬念，例如：《奥赛罗》的情节设计非常巧妙。奥赛罗的嫉妒被伊阿古精心策划的阴谋所激发，整个剧情围绕着信任与背叛展开。情节的推进通过一系列误会和谎言逐步展开，最终导致了悲剧的结局。这种情节的复杂性使得观众始终被剧情所吸引，同时也揭示了人性的弱点和复杂性。

综上所述，莎士比亚的戏剧之所以能够超越时代和地域的限制，成为世界文学的经典，主要在于他对普遍人性的深刻洞察、对智慧和哲理的表达、紧凑的戏剧结构以及深刻的道德和社会意义。这些特点使得莎士比亚的作品不仅在当时具有重要影响，至今仍然能够引发读者的共鸣和思考。

四、论述题

论当代学校教育与中国古代教育的差异及其形成原因

当代学校教育体制与中国古代教育在体制、内容、形式等方面存在显著差异，这些差异反映了经济、政治、文化、技术和价值观的深刻变化。以下从几个方面比较二者的差异，并探讨导致这些差异的原因。

一、教育体制的不同

当代教育体制：当代学校教育体制是一个层次丰富、类型多样的系统，包括学前教育、义务教育（小学和初中）、高中阶段教育（普通高中、职业高中等）、高等教育（本科教育、研究生教育等），并且有继续教育、特殊教育等多种形式，形成了从基础教育到高等教育的完整体系。

中国古代教育体制：中国古代教育主要以私塾、书院和官学为主，教育体制相对分散，缺乏统一的标准化体系。官学由政府设立，分为中央官学和地方官学，如西周的国学和乡学、汉代的太学等，主要培养统治人才；私学由私人设立，如孔子创办的私学，以传授儒家思想为主；书院则兼具教学和学术研究功能。

二、教育内容的不同

当代教育内容：当代教育内容广泛，涵盖自然科学、社会科学、人文艺术等多个领域。教育注重知识的实用性和创新性，强调科学思维、批判性思维和解决问题的能力。此外，当代教育还注重体育、艺术、心理健康等方面的培养，力求学生的全面发展。

中国古代教育内容：古代教育内容以儒家经典为主，如"四书五经"，强调道德修养、礼仪规范和政治伦理。教育内容还包括"六艺"（礼、乐、射、御、书、数），注重培养学生的综合素质，但更侧重于为统治阶级服务。自然科学和技术类知识在中国古代教育中相对边缘化，教育内容更多偏向人文和社会领域。

三、教育形式的不同

当代教育形式：教育注重互动性和参与性，鼓励学生主动学习和探索。教师角色从传统的知识传授者转变为学习的引导者和促进者。

中国古代教育形式：中国古代教育形式以师徒传授为主，注重背诵和记忆。教学方式相对单一，学生主要通过背诵经典、写作文章和参加科举考试来学习。教师角色主要是知识的传授者和道德的楷模，学生处于被动接受的地位。

四、差异的原因

社会经济基础的不同：当代社会是工业和信息化社会，经济快速发展，需要大量具有专业知识和技能的人才来推动科技进步和社会发展，因此教育内容和形式更加注重科学性、实用性和创新性。而古代社会以农业经济为主，生产力水平较低，社会分工相对简单，教育内容主要围绕农业生产、礼仪规范和统治需要展开。

政治制度和价值取向的不同：当代教育强调民主、平等和公民素质的培养，教育体制和内容设计旨在满足全体社会成员的教育需求，促进社会公平和进步。古代教育则服务于封建统治阶级，教育体制和内容具有明显的等级性和阶级性，目的是培养忠诚的官员和维护社会秩序。

文化价值观的不同：中国古代文化以儒家思想为核心，强调道德修养和社会责任。当代文化则更加多元化和开放，强调个人发展、创新精神和全球视野。这种文化价值观的变迁直接影响了教育内容和形式的变化。

科技进步的影响：当代科技的迅猛发展，特别是信息技术和互联网的普及，极大地改变了教育的形式和内容。在线教育、虚拟实验室、人工智能辅助教学等新型教育形式的出现，使得教育更加灵活和多样化。而中国古代教育受限于技术条件，教育形式相对单一。

经济全球化的推动：经济全球化使得各国教育体系相互影响和借鉴，当代教育更加注重国际化和跨文化交流。中国古代教育则相对封闭，主要服务于本国的政治和文化需求。

当代学校教育体制与中国古代教育在体制、内容、形式等方面的差异，反映了经济、文化、技术和价值观的深刻变化。当代教育更加注重知识的实用性、学生的全面发展和创新能力的培养，而中国古代教育则更加强调道德修养和人文素养。这些差异的形成是多方面因素共同作用的结果，理解这些差异及其背后的原因，有助于我们更好地认识和改进当代教育体系。

首都经济贸易大学

2024 年全日制翻译硕士专业学位（MTI）研究生入学考试试题

参考答案

第一部分　百科知识

1. **太康体**：太康体是西晋时期形成的一种诗歌风格，因盛行于晋武帝太康年间而得名。其特点是注重形式美，讲究辞藻华丽、对仗工整和音律和谐，内容上多描写宫廷生活、自然景物和个人情感，缺乏深刻的社会现实关怀。相关代表诗人有"三张"（张协、张载、张亢）、"二陆"（陆机、陆云）、"两潘"（潘岳、潘尼）和"一左"（左思）等。太康体继承了汉魏诗歌的传统，但在艺术技巧上更加精致，对后世诗歌的发展产生了深远影响，但也因过分追求形式而受到批评。

2. **奥本海默**：奥本海默是美籍犹太裔物理学家，被誉为"原子弹之父"。他在 20 世纪 40 年代领导了曼哈顿计划，成功研制出世界上第一颗原子弹，为二战结束做出了重要贡献。他提出了"奥本海默—菲利普斯过程"等重要理论。战后，他积极倡导核能和平利用，并担任美国原子能委员会顾问。然而，由于政治原因，他在 20 世纪 50 年代受到麦卡锡主义的迫害，被撤销安全许可。奥本海默在科学上贡献卓著，还在科学与伦理的讨论中扮演了重要角色，其生平反映了科学与政治的复杂关系。

3. **爱默生**：爱默生是美国 19 世纪著名的文学家、思想家、诗人，被誉为"美国文艺复兴领袖"。他是超验主义运动的核心人物，强调个体的独立性、直觉的重要性以及人与自然的精神联系。其代表作有《论自然》《自助》等。他的思想推动了美国文学的独立发展，激励了后来的社会改革和哲学探索。

4. **"罢黜百家，独尊儒术"**："罢黜百家，独尊儒术"是中国汉代思想家董仲舒提出的政策主张，旨在统一思想，巩固中央集权。汉武帝时期，董仲舒建议废除其他学派的思想，独尊儒家学说，使其成为官方意识形态。这一政策使儒家思想在政治、教育和社会生活中占据主导地位，成为统治阶级的正统思想。"罢黜百家，独尊儒术"促进了儒家经典的传播和研究，加强了对社会的思想控制，奠定了儒家文化在中国历史上的核心地位。

5. **杜丽娘**：杜丽娘是中国明代剧作家汤显祖创作的传奇剧本《牡丹亭》中的女主人公。她是南安太守杜宝的女儿，在梦中与秀才柳梦梅相爱，但在现实中却无法寻得爱人，因此抑郁而终。三年后杜丽娘化身魂魄寻到柳梦梅，并得到柳梦梅帮助复生，最终收获家人祝福，两人结为佳偶。杜丽娘的形象体现了对自由爱情和个性解放的追求，打破了封建礼教的束缚，成为中国古典文学中追求真爱的经典形象。通过杜丽娘的故事，《牡丹亭》表达了对"理"的控诉，揭露了残酷的封建礼教，具有鲜明的历史意义。

6. **虚拟经济**：虚拟经济与实体经济相对，是指以金融资产、虚拟资本、虚拟交易和数字化产品为主要对象的经济活动。其核心特征是通过金融工具、互联网技术和虚拟市场进行交易和投资，不直接涉及实物商品的生产和流通。虚拟经济的主要形式包括股票、债券、期货、外汇、数字货币以及网络游戏中的虚拟物品交易等。它能够促进资本流动和资源配置效率，但也存在泡沫风险和市场波动性大的问题。虚拟经济的快速发展得益于金融创新和科技进步，尤其在互联网时代，虚拟经济已成为全球经济的重要组成部分，对现代经济体系产生了深远影响。

7. **《活着》**：《活着》是中国当代作家余华创作的长篇小说，首次发表于1992年。小说以第一人称为视角，通过主人公福贵的一生，展现了中国20世纪的社会变迁和普通百姓的苦难命运。福贵从一个富家子弟沦为贫苦农民，经历了战争、饥荒、政治运动等一系列历史事件，失去了所有亲人，最终孤独地活着。小说以冷静、简洁的叙事风格，深刻揭示了生命的坚韧与脆弱，表达了对生存意义的思考。《活着》因其深刻的人性关怀和历史反思，获得了广泛的国际认可，被翻译成多种语言，并改编为同名电影，成为中国当代文学的经典之作。

8. **鲁迅**：鲁迅，字豫才，原名周树人，是中国现代文学的奠基人之一，杰出的思想家、革命家和文学家，被誉为"民族魂"。他早年留学日本，后弃医从文，致力于通过文学改造国民精神。鲁迅的作品以小说、杂文和散文为主，其代表作有小说集《呐喊》《彷徨》，散文集《朝花夕拾》，以及杂文集《坟》《热风》等。他的作品深刻批判了封建礼教和国民劣根性，揭示了社会的黑暗与人性的复杂，语言犀利，思想深邃，对中国现代文化和社会变革产生了深远影响。

9. **三吏三别**：三吏三别是唐代诗人杜甫创作的一组叙事诗，包括《新安吏》《石壕吏》《潼关吏》和《新婚别》《无家别》《垂老别》。这组诗以安史之乱为背景，通过描写官吏的暴行和百姓的苦难，深刻反映了战乱时期的社会现实和人民的悲惨命运。"三吏"揭露了官吏的残酷压迫，"三别"表现了百姓在战乱中的生离死别。杜甫以写实的手法、悲悯的情怀和凝练的语言，表达了对人民疾苦的深切同情和对社会不公的强烈控诉。"三吏三别"不仅是杜甫现实主义诗歌的代表作，也是中国古代叙事诗的典范，具有极高的文学价值和历史意义。

10. **"六书"造字法**："六书"造字法是东汉文字学家许慎在其编撰的《说文解字》中提出的汉字构造理论，包括象形、指事、会意、形声、转注和假借。象形字通过描绘事物形状表意，如"日""月"；指事字用符号表示抽象概念，如"上""下"；会意字组合两个或多个字表示新的意义，如"明""休"；形声字由形旁和声旁组成，如"江""河"；转注字表示部首相同且意义相通、可互相诠释的一组汉字，如"舟"和"船"、"走"和"趋"；假借字借用已有字的音或形来表示另一个意义不同的字，如"自"本义为鼻子，假借为代词、介词。前四者是汉字的造字法，后两者则涉及字义的引申和借用。六书理论是研究汉字构造和演变的基础，对后世文字学、字典编纂和文化研究产生了深远影响。

11. **上巳节**：上巳节俗称三月三，是中国传统节日，节期为每年的农历三月初三。上巳节的主要习俗有祓禊（在水边沐浴以祛除不祥）、踏青（郊游赏春）和曲水流觞（饮酒赋诗）等。这些活动体现了古人驱邪避灾、祈求健康的美好愿望。

12. **无为**：无为是道家哲学思想的核心概念之一，主张顺应自然规律，不妄为、不强求，以达到"无为而无不为"的境界。老子在《道德经》中提出"道法自然"，强调万物应遵循道的运行规律，统治者应减少干预，让百姓自然发展。"无为"并非消极不作为，而是通过不干预、不强制的方式，实现社会的和谐与自然的平衡。庄子进一步阐发了"无为"的思想，提倡"逍遥游"，追求精神自由与超脱。"无为"思想是中国传统哲学的重要组成部分，对中国古代政治、文化和个人修养产生了深远影响。

13. **《青春之歌》**：《青春之歌》是中国当代作家杨沫创作的一部以青年革命为主题的长篇小说，首次出版于1958年。小说以20世纪30年代至50年代的中国社会为背景，通过主人公林道静从一个知识青年成长为坚定的共产主义战士的历程，展现了抗日战争和解放战争时期青年知识分子的思想转变与革命斗争。作品以细腻的笔触刻画了林道静的理想与现实冲突，深刻反映了那个时代青年的精神追求和历史使命。《青春之歌》因其鲜明的时代特色和深刻的思想内涵，成为中国革命文学的经典之作，并被改编为电影和电视剧，影响广泛。

14. 法家：法家是中国春秋战国时期的一个重要思想流派，也是先秦时期诸子百家学派之一。法家以法治为核心主张，强调通过严密的法令和制度来治理国家。法家认为人性本恶，主张"以刑去刑"，通过严刑峻法和赏罚分明来维护社会秩序。法家思想注重实效，反对儒家的礼治和道德教化，提倡中央集权和君主专制，认为君主应掌握绝对权力，依靠法律和权术驾驭臣民。其代表人物有商鞅、韩非和李斯等。法家的思想在秦国的变法中得到了实践，为秦统一六国奠定了理论基础，对中国古代政治制度产生了深远影响。

15. 辜鸿铭：辜鸿铭，名汤生，是中国近代著名的学者、翻译家和思想家，被誉为"清末怪杰"。他精通多国语言，以其深厚的西方文化素养和对中国传统文化的坚守而闻名。辜鸿铭早年留学欧洲，回国后致力于中西文化交流，英译了大量儒家经典著作，如《论语》《中庸》等，向西方介绍中国文化。他主张在吸收西方科技的同时，保持中国传统文化的核心价值。其代表作有《中国人的精神》《中国的牛津运动》等。辜鸿铭的独特思想和文化立场，使他在近代中国思想史上占有重要地位。

16. 《儒林外史》：《儒林外史》是清代作家吴敬梓创作的章回体长篇讽刺小说，被誉为中国古代讽刺文学的典范。小说通过描写科举制度下知识分子的生活和命运，揭露了封建社会吏治的腐败和人性的扭曲。其结构独特，采用"连环短篇"形式，人物形象鲜明，语言幽默犀利。《儒林外史》在中国文学史上占有重要地位，对后世文学创作产生了深远影响，是研究清代社会和文化的重要文献。

17. 哈马斯：哈马斯全称巴勒斯坦伊斯兰抵抗运动，是1987年谢赫·艾哈迈德·亚辛在巴勒斯坦成立的宗教性（伊斯兰教）政治组织。其政治目标是通过武装斗争建立以伊斯兰教法为基础的巴勒斯坦国，反对以色列的存在，并拒绝承认以色列的合法性。哈马斯在巴勒斯坦地区具有广泛的社会基础，不仅从事军事活动，还通过提供教育、医疗等社会服务赢得民众支持。2006年，哈马斯在巴勒斯坦立法委员会选举中获胜，成为加沙地带的实际控制者。该组织多次对以色列发动军事战争和自杀性爆炸袭击，被以色列、美国等国列为恐怖组织，但其在巴勒斯坦内部和中东地区具有重要政治影响力。

18. ChatGPT：ChatGPT是由美国OpenAI公司开发的一种基于人工智能的自然语言处理模型。该模型于2022年11月上线，两个月后模型月活跃用户数突破1亿。ChatGPT通过大量数据训练及深度学习技术，能够理解和生成自然语言文本，实现对话、问答、翻译等多种功能。其特点是交互性强、响应速度快，但也存在数据隐私和伦理风险等问题。ChatGPT代表了人工智能技术的重大进步，对未来的社会、经济和文化产生了深远影响。

19. 辛亥革命：辛亥革命是1911年（农历辛亥年）爆发的一场资产阶级民主革命。它以武昌起义为开端，迅速席卷全国，旨在推翻清朝专制统治、建立共和制中国。革命的主要领导者有孙中山、黄兴等，其指导思想是孙中山提出的"三民主义"（民族、民权、民生）。辛亥革命结束了中国两千多年的君主专制封建统治，开启了中华民国民主共和的新纪元，是中国近代史上具有划时代意义的重大事件。

20. 《刀锋》：《刀锋》是英国作家威廉·毛姆创作的长篇小说，首次出版于1944年。小说以第一次世界大战后的欧洲和美国为背景，通过主人公拉里·达雷尔（青年飞行员）的经历，探讨了生命意义、精神追求与物质生活的冲突。拉里在战争中目睹战友牺牲后，放弃世俗生活，踏上寻找人生真谛的旅程，游历印度并接触东方哲学，最终找到内心的平静。小说通过拉里与其他角色的对比，揭示了不同人生态度的选择与结果。《刀锋》以其深刻的哲学思考和细腻的心理描写，深受读者喜爱，并被多次改编为影视作品。

21. **一带一路**：一带一路全称"丝绸之路经济带"和"21世纪海上丝绸之路"，是中国于2013年提出的国际经济合作倡议。"丝绸之路经济带"是在"古丝绸之路"概念基础上形成的一个新的经济发展区域。"21世纪海上丝绸之路"则是发展面向南海、太平洋和印度洋的战略合作经济带。"一带一路"的目标是加强亚欧非大陆及沿线国家的互联互通，促进经济合作与文化交流，实现共同发展、互利共赢。该倡议涵盖多个领域，如交通、能源、金融等，已吸引众多国家参与。"一带一路"推动了中国与世界的深度融合，也为全球经济复苏和区域合作提供了新动力。

22. **村上春树**：村上春树是日本当代著名作家。他的作品融合了现实与幻想，常以孤独、疏离和寻找自我为主题，语言简洁而富有诗意。其代表作有《且听风吟》《挪威的森林》《海边的卡夫卡》等，这些小说在全球范围内广受欢迎，被翻译成多种语言。村上春树的作品多次获得国际文学奖项，具有极高的文学价值。

23. **豫剧**：豫剧又称河南梆子、河南高调，是中国第一大地方剧种，也是中国五大戏曲剧种之一。它起源于明末清初的河南，流行于河南、山东、安徽等地。豫剧汲取了昆腔、吹腔、皮簧及其他梆子声腔剧种的艺术因素，同时广泛吸收河南民间流行的音乐、曲艺说唱和俗曲小令，以梆子为伴奏乐器，唱腔高亢激昂，表演朴实生动，具有浓厚的地方特色。其剧目题材广泛，既有历史故事，也有现实题材，相关代表剧目有《花木兰》《穆桂英挂帅》《朝阳沟》等。豫剧的表演形式丰富，注重唱、念、做、打的结合，角色行当分为生、旦、净、丑等。2006年5月，国务院批准将其列入《国家级非物质文化遗产名录》。

24. **《荒原狼》**：《荒原狼》是瑞士籍德裔作家赫尔曼·黑塞创作的长篇小说，首次出版于1927年，被誉为"德国的《尤利西斯》"。小说以主人公哈里·哈勒的内心世界为主线，通过其精神分裂和自我探索的过程，揭示了现代社会中知识分子的孤独与异化。哈里自称"荒原狼"，象征其内心野性与文明的冲突。小说融合了现实与幻想，探讨了人性、艺术与精神救赎的主题，最终通过哈里与赫尔米娜的交往和魔幻剧院的经历，展现了自我和解的可能性。《荒原狼》以其深刻的心理描写和哲学思考，成为现代主义文学的经典之作，对后世文学和思想产生了深远影响。

25. **赋比兴**：赋比兴是中国古代诗歌创作的三种基本表现手法。"赋"即铺陈直叙，直接陈述思想感情及相关事物。"比"即比喻、类比，用某个具体的事物或道理来类比另一个抽象的事物或道理。"兴"即托物起兴，先言他物，然后借以联想，引出诗人所要表达的事物或感情。这三种手法在《诗经》中广泛应用，成为后世诗歌创作的重要传统。赋比兴的结合使诗歌既具形象性，又富抒情性，对中国古典诗歌的艺术表现力和审美价值产生了深远影响。

第二部分　应用文写作

【构思谋篇】

　　题干要求以首都经济贸易大学外国语学院的名义撰写一则学术研讨会通知，行文时语言需简洁专业，突出"人工智能时代的语言学研究"主题特色。范文开篇阐明会议宗旨与主题价值；主体部分依次说明会议主题、时间地点、详细议程、参会要求和联系方式等关键信息。全文格式规范严谨，信息层级分明，既突出人工智能与语言学交叉研究的专业特色，又确保通知内容的实用性与可操作性。

【参考范文】

关于举办"人工智能时代的语言学研究"学术研讨会的通知

尊敬的各位专家学者：

为深入探讨人工智能技术发展对语言学研究的深远影响，推动学科交叉创新，首都经济贸易大学外国语学院拟于 2023 年 12 月 25 日举办"人工智能时代的语言学研究"学术研讨会。现将有关事项通知如下：

一、会议主题

本次会议将围绕"人工智能与语言学的融合创新"这一核心主题，重点探讨以下议题：

（1）大语言模型对传统语言学理论的挑战；

（2）人工智能技术在语言教学中的应用实践；

（3）计算语言学与语料库研究的新进展；

（4）智能翻译技术的理论突破与实践创新。

二、会议时间

2023 年 12 月 25 日上午 8：30—12：00、下午 13：30—17：30。

三、会议地点

首都经济贸易大学（校本部）博学楼报告厅。

四、会议议程

8：30—9：00 期间，会议签到；

9：00—9：30 期间，开幕式（校领导致辞）；

9：30—12：00 期间，主旨演讲；

13：30—15：30 期间，分组讨论（第一分会场主题为"语言智能与教学创新"，第二分会场主题为"计算语言学前沿"，第三分会场主题为"跨文化传播与智能翻译"）；

15：30—16：00 期间，茶歇交流；

16：00—17：00 期间，圆桌论坛；

17：00—17：30 期间，闭幕式。

五、参会要求

（1）有意参会者请于 2023 年 11 月 25 日前将参会回执发送至 flsconf@ cueb. edu. cn；

（2）拟作学术报告者需提交 500 字左右论文摘要；

（3）会议不收取会务费，提供会议资料及工作午餐；

（4）外地参会者住宿可协助安排，费用自理。

六、联系方式

会议秘书处：首都经济贸易大学外国语学院科研办

联系人：李老师、张老师

联系电话：010-1234567

电子邮箱：flsconf@ cueb. edu. cn

诚邀各位专家学者拨冗莅临，共同探讨人工智能时代语言学研究的新范式与新方法！

首都经济贸易大学外国语学院

2023 年 11 月 10 日

第三部分　命题作文

【构思谋篇】

题干材料指出了全球化浪潮的新变化，即从经济全球化转变为文化上的双向辐射，并强调推动中华文化海外传播的重要性。范文采用"背景引入—分点论述—挑战分析—总结展望"的逻辑框架：开篇以新一波全球化浪潮为背景，点明推动中华文化海外传播的使命；主体部分从"以文载道""以文传声""以文化人"三个角度分别论述中华文化海外传播的途径与意义，辅以李子柒等具体事例进行说明；接着分析中华文化海外传播面临的文化差异、西方文化强势地位等挑战；结尾呼应开头，升华文化使命。

【参考范文】

乘全球化东风，扬中华文化之帆

新一波全球化浪潮汹涌而至，与上世纪80年代后期以经济为主导的全球化不同，当下全球化浪潮呈现出文化双向辐射的鲜明特征。在这风云变幻的时代，推动中华文化海外传播，成为我们义不容辞的使命。

以文载道，让中华文化承载中国精神远航。中华文化源远流长，蕴含着丰富的价值观和智慧。"天下为公"的理念，体现着对公平、正义、共享的追求，这与当今世界倡导的人类命运共同体理念不谋而合；"和而不同"的思想，倡导尊重差异、包容多样，为多元文化的和谐共生提供了智慧指引。我们要深入挖掘中华文化中的这些精神内核，通过文化作品、学术交流等形式，向世界传递中国的价值追求。

以文传声，借助多元渠道扩大中华文化影响力。在数字化时代，文化传播的渠道日益丰富。社交媒体、短视频平台等新兴媒介，为中华文化海外传播提供了广阔的舞台。李子柒通过短视频，向世界展示了中国乡村生活的诗意与美好，从田园耕种到传统美食制作，每一个画面都传递着中华文化的独特韵味，吸引了大量海外粉丝的关注。此外，中国的网络文学也在海外收获众多拥趸，奇幻的情节、深厚的文化底蕴，让外国读者沉浸其中，对中国文化产生了浓厚兴趣。

以文化人，促进中外民心相通。文化交流是人与人之间心灵的沟通。通过举办文化交流活动、国际文化节等，邀请世界各地的人们亲身感受中华文化。在活动中，外国友人可以体验中国书法、绘画、武术等传统艺术，品尝中国美食，感受中国传统节日的氛围。这种亲身体验，能够打破文化隔阂，增进彼此的理解和友谊。例如，一些海外孔子学院举办的春节庆祝活动，吸引了众多当地民众参与，让他们在欢乐的氛围中了解中国文化，拉近了中外人民之间的距离。

然而，中华文化海外传播并非一帆风顺。文化差异可能导致误解，西方文化在全球传播中的强势地位，也给中华文化传播带来挑战。但我们不能退缩，要不断创新传播方式，提高传播质量，加强与国际媒体、文化机构的合作。

全球化时代，中华文化海外传播机遇与挑战并存。我们应乘全球化东风，扬中华文化之帆，让中华文化在世界舞台上绽放更加璀璨的光芒，为构建人类命运共同体贡献中国文化的智慧和力量。

2023 年全日制翻译硕士专业学位（MTI）研究生入学考试试题

参考答案

第一部分　百科知识

1. **三星堆遗址**：三星堆遗址是中国四川省广汉市发现的一处重要考古遗址，被誉为"20 世纪人类最伟大的考古发现之一"。该遗址距今约 3 000 至 5 000 年，属新石器时代晚期至青铜时代早期。遗址于 1929 年首次被发现，1986 年大规模发掘后震惊世界。出土文物包括青铜神树、金杖、青铜面具等，展现了高度发达的青铜文明和独特的艺术风格。三星堆文化被认为是古蜀文明的代表，其独特的宗教信仰、祭祀文化和工艺技术，为研究中国古代文明起源提供了重要线索。

2. **《齐物论》**：《齐物论》是战国时期道家代表人物庄子所著的一篇哲学论文，收录于《庄子》一书中。其核心思想是"万物齐一"，主张消除是非、善恶、美丑等对立观念，认为万物本质上是平等的，差异只是人为的分别。文中通过寓言、比喻和辩证思考，阐述了一切事物相对性的观点，强调顺应自然，超越世俗的束缚，达到"天地与我并生，万物与我为一"的境界。《齐物论》体现了庄子相对主义哲学和追求精神自由的理念，对后世道家思想及中国哲学产生了深远影响。

3. **基督教**：基督教是信奉耶稣基督为救世主的一神论宗教，也是世界上信徒最多的宗教。该教派起源于公元 1 世纪巴勒斯坦地区的犹太教，与佛教、伊斯兰教并称为世界三大宗教。其核心教义包括信仰上帝（三位一体：圣父、圣子、圣灵）、耶稣基督的救赎以及死后复活与永生。基督教分为天主教、东正教和新教三大流派，各派在教义、仪式和组织形式上有所差异。该教派的启示性经典文献为《圣经》（又称《新旧约全书》），圣地为耶路撒冷。其宗教节日有圣诞节、复活节、感恩节等。基督教对西方文化、艺术、法律和哲学产生了深远影响，其传播范围遍及全球。

4. **金声玉振**：金声玉振是一个成语，出自《孟子·万章下》。其字面意思是金属乐器发出的声音和玉石碰撞的声音，比喻音乐或言辞的高雅、和谐与优美。后来，"金声玉振"也用来形容人的品德高尚、才华出众。该成语体现了中国古代对音乐和言辞艺术的高度重视，反映了对道德修养和文采的推崇，常用于赞美杰出的文学、艺术或思想成就。

5. **慕课**：慕课（Massive Open Online Courses，MOOC）是一种大规模开放在线课程，通过互联网向全球学习者提供免费或低成本的教育资源。慕课的特点是开放性、大规模和在线互动，学习者可以随时随地参与课程学习，并通过视频、测验、讨论区等方式与教师和其他学习者互动。慕课起源于 2008 年，2012 年后迅速发展，知名平台包括 Coursera、edX 和 Udacity 等。慕课打破了传统教育的时间和空间限制，为全球学习者提供了平等的学习机会，推动了教育资源的共享和普及，对现代教育模式产生了深远影响。

6. **《孙子兵法》**：《孙子兵法》又称《孙武兵法》《孙子》，是春秋末期军事家孙武所著的一部兵书，被誉为"兵学圣典"。全书共 13 篇，系统地阐述了战争的原则、策略和战术，核心思想包括"知己知彼，百战不殆""不战而屈人之兵"等，强调以智取胜、灵活应变和全盘谋划。《孙子兵法》逻辑缜密严谨，不仅对军事理论有深远影响，还被广泛应用于政治、经济和管理等领域，成为世界范围内研究战略思想的重要经典。

7. 唐三彩：唐三彩是唐代盛行的一种低温釉陶器。它的釉彩鲜艳多样，因陶器以黄、绿、白三色为主，故名"三彩"。它的制作工艺复杂，以含有高岭土的白色黏土为坯体，经两次烧制而成。它的造型生动逼真，题材丰富，包括人物、动物、器皿等，反映了唐代社会生活和审美趣味。唐三彩是中国陶瓷史上的重要成就，对后世陶瓷艺术产生了深远影响。

8. 四书五经：四书五经是中国儒家学派的经典著作，包括"四书"《大学》《中庸》《论语》《孟子》和"五经"《诗经》《尚书》《礼记》《周易》《春秋》。南宋后，四书成为官学书籍和科举指定书目，对历代文教产生了极大影响。四书五经详细记录了我国早期思想文化发展史上的历史资料和重要思想，在我国儒学发展史乃至文化发展史上都占据着相当重要的位置。

《大学》原属《礼记》第四十二篇，相传为春秋战国时期曾子所作，系统阐述了儒家修身治国的理念。其核心思想为"三纲领"和"八条目"："三纲领"即"明明德""亲民""止于至善"；"八条目"即"格物""致知""诚意""正心""修身""齐家""治国""平天下"。它强调个人修养与社会责任的统一，认为修身是治国平天下的基础。

《中庸》原属《礼记》第三十一篇，相传为战国时期儒家学派子思（孔子之孙）所作，主要阐述儒家的伦理思想和治国理念。其核心思想是"中庸之道"，即追求不偏不倚、恰到好处的行为哲学，强调个人修养与社会和谐的平衡。

《论语》是一部语录汇编文集，由孔子的弟子及其再传弟子编纂而成，记录了孔子及其弟子的言行。其核心思想包括"仁""礼""孝"等，主张以仁为本，通过礼制规范行为，实现社会和谐。

《孟子》是一部语录汇编文集，由战国时期思想家孟子及其弟子共同编撰而成，记录了孟子的思想和言论。其核心思想包括"性善论""仁政"和"民贵君轻"等，主张人性本善，提倡施行仁政，以民为本。

《诗经》又称《诗》，是中国第一部诗歌总集。它收录了自西周初年至春秋中叶大约500年间的诗歌，共计311篇（包括6篇笙诗）。《诗经》中的诗，是配乐演唱的歌词，按不同乐调可分风、雅、颂三类，诗中多用赋、比、兴等修辞手法。

《尚书》又称《书》或《书经》，是中国第一部古典散文集，也是最早的历史文献。它记录了古代各朝代君王和大臣的言论、政令、历史事件等，内容涵盖了政治、军事、经济、文化等多个方面。

《礼记》又称《礼》《小戴礼记》，相传为西汉礼学家戴圣所编，成书于战国至秦汉年间。书中记录了先秦的礼制礼仪，是研究中国古代社会、文物制度、典礼、祭祀、教育、音乐和儒家学说的重要参考书。

《周易》又称《易》《易经》，是中国古代重要的哲学典籍，被誉为"五经"之首。书中记录了古代中国智者们根据观察天象和社会变迁总结出的卜筮方法，以阴阳两种元素的对立统一去描述世间万物的变化，体现了中国古典文化的哲学观和宇宙观。

《春秋》又称《春秋经》，是中国现存最早的编年体史书，相传由孔子根据鲁国国史删订而成。书中记载了从鲁隐公元年（公元前722年）至鲁哀公十四年（公元前481年），共242年的史实。其记言叙事的语言凝练而意含褒贬，后人称这种记事手法为"春秋笔法""微言大义"。

9. 五伦：五伦出自《孟子·滕文公上》，指的是中国古代封建社会推崇的五种人伦关系及其道德准则，分别是"父子有亲，君臣有义，夫妇有别，长幼有序，朋友有信"。"父子有亲"代表家庭中的直系血缘关系，强调父子之间的亲情责任。"君臣有义"代表国家政治中的上下级关系，强调君臣之间的道义忠诚。"夫妇有别"代表婚姻关系中的男女双方，强调夫妻之间的挚爱而又内外有别。"长幼有序"代表家庭中的平辈血缘关系，强调兄弟之间的和睦礼让。"朋友有信"代表社会交往中的友情关系，强调朋友之间的诚信互助。五伦体现了古代社会对和谐人际关系的追求，对中华文化和社会结构产生了深远影响，至今仍在伦理道德教育中具有重要参考价值。

10. 阳春白雪：阳春白雪是一个成语，出自战国时期著名辞赋家宋玉的《对楚王问》。该成语原指春秋战国时期楚国的高雅音乐《阳春》和《白雪》，后泛指普通人难以理解和欣赏的高雅艺术或文学作品。随着语言的不断发展，"阳春白雪"也用来形容人的品德高尚或才华出众。该成语体现了中国古代对高雅文化的推崇，常用于赞美文学、艺术或思想的高深境界，常与"下里巴人"对举，反映高雅文化与通俗文化之间的差异。

11. 甲骨文：甲骨文又称契文，是商朝晚期刻写在龟甲和兽骨上的文字，主要用于占卜和记事。该文字主要发现于河南安阳殷墟，其内容涉及祭祀、战争、农业和天象等，反映了商代的社会生活和文化信仰。甲骨文是迄今为止发现的最早的成熟汉字体系，字形古朴，结构复杂，为研究汉字的起源和演变提供了珍贵资料。甲骨文的发现证实了商朝的历史真实性，也推动了古文字学和商代史的研究。

12. 《醉翁亭记》：《醉翁亭记》是北宋文学家欧阳修创作的一篇散文。文章以作者被贬滁州期间修建的醉翁亭为背景，通过描写亭周围的自然景色和与民同乐的生活，表达了作者豁达乐观的人生态度和寄情山水的情怀。文中名句"醉翁之意不在酒，在乎山水之间也"广为流传，体现了作者超脱世俗、追求精神自由的思想。《醉翁亭记》语言优美，情景交融，是中国古代山水游记散文的典范之作，对后世文学产生了深远影响。

13. 开元盛世：开元盛世得名于年号"开元"，是唐玄宗李隆基在位前期出现的近三十年的封建社会鼎盛时期。这一时期政治清明、经济繁荣、文化昌盛，国力达到顶峰。唐玄宗任用姚崇、宋璟等贤臣，实行官吏考核制度，推行均田制、改革税制，促进了农业生产和手工业、商业等的发展；对外开疆拓土，加强与西域的交流，丝绸之路空前繁荣；文化上，诗歌、绘画、音乐等艺术形式蓬勃发展，李白、杜甫等伟大诗人活跃于此时期。开元盛世是中国历史上少有的治世典范，展现了盛唐的辉煌，对后世产生了深远影响。

14. 普洱茶：普洱茶是中国云南省特产的一种发酵茶，因原产于普洱地区而得名。普洱茶以云南大叶种晒青茶为原料，经过特殊工艺发酵，分为生茶和熟茶两类，生茶滋味鲜爽，熟茶醇厚温润，具有越陈越香的特质。普洱茶色泽红褐，滋味醇厚，香气独特，具有助消化、降脂减肥等保健功效。2008年6月，普洱茶的制作技艺被列入《国家级非物质文化遗产名录》。

15. 泉州：泉州是中国福建省下辖的地级市，位于东南沿海，是古代"海上丝绸之路"的起点之一，素有"东方第一大港"之称。泉州历史悠久，文化底蕴深厚，是国务院首批公布的24座历史文化名城之一。宋元时期，泉州是世界著名的贸易港口，吸引了大量外国商人，留下了丰富的多元文化遗产，如伊斯兰教清净寺、开元寺等。泉州也是著名的侨乡，海外侨胞众多。泉州还以陶瓷、茶叶和传统工艺品闻名，南音、梨园戏等非物质文化遗产独具特色。2021年7月，"泉州：宋元中国的世界海洋商贸中心"被联合国教科文组织批准列入《世界遗产名录》。

16. **冰墩墩**：冰墩墩是 2022 年北京冬季奥运会的吉祥物，设计灵感来源于中国国宝大熊猫。其名字中的"冰"象征纯洁、坚强，"墩墩"寓意敦厚、健康、活泼和可爱。冰墩墩形象憨态可掬，头部外壳灵感来自冰雪运动头盔，整体设计融合了现代科技感和传统文化元素，体现了冬奥会的冰雪主题和中国文化的亲和力。冰墩墩不仅在国内广受欢迎，也成为国际友人了解中国文化的窗口，展现了中国人民对冬奥会的热情和对世界和平友好的祝愿。

17. **针灸**：针灸是中国传统医学的重要治疗方法。其理论基础是经络学说，通过在人体特定穴位刺入细针或施加艾灸，调节气血运行，达到治疗疾病和保健的目的。针灸分为针法和灸法，针法使用金属针刺入穴位，灸法则通过燃烧药草温热穴位。针灸广泛应用于内科、外科、妇科等多种疾病的治疗，尤其对疼痛、神经系统疾病和慢性病有显著疗效。2010 年 11 月，中医针灸被联合国教科文组织列入《人类非物质文化遗产代表作名录》。

18. **樊锦诗**：樊锦诗是中国著名的文物保护专家、考古学家和敦煌学家，被誉为"敦煌的女儿"。她 1963 年毕业于北京大学历史系考古专业，随后扎根敦煌莫高窟，从事文物保护和研究工作。樊锦诗主持了莫高窟的数字化保护工程，开创了敦煌壁画数字化保护的先河，为世界文化遗产的永久保存作出了卓越贡献。她还致力于敦煌学的国际交流，推动敦煌文化走向世界。樊锦诗因其在文物保护和研究领域的杰出成就，荣获多项国家级荣誉，包括"文物保护杰出贡献者"和"改革先锋"称号。她的坚守与奉献，成为中国文化保护事业的典范。

19. **《汉谟拉比法典》**：《汉谟拉比法典》是古巴比伦国王汉谟拉比颁布的法律汇编，是最具代表性的楔形文字法典，也是迄今世界上最早的一部较为完备的成文法典。该法典由序言、正文和结语三部分组成。序言和结语约占全部篇幅的五分之一，辞藻华丽，主要是对国王的赞美之词。正文包括 282 条法律，内容涵盖刑事、民事、贸易、婚姻、继承、租佃关系、债权债务、审判制度以及对奴隶的处罚等。《汉谟拉比法典》维护奴隶主阶级的利益，有利于巩固奴隶制经济的发展，对当时的巴比伦社会起到了非常重要的作用。[①]

20. **十字军东征**：十字军东征是 11 世纪至 13 世纪，由罗马天主教会发起，欧洲封建领主和骑士参与的一系列针对中东地区的宗教性军事远征行动。东征持续近两百年，旨在夺回被伊斯兰教控制的耶路撒冷及其他圣地，期间建立了多个十字军国家，如耶路撒冷王国等。尽管十字军东征在军事上取得过短暂胜利，但最终未能实现长期占领，反而加剧了基督教与伊斯兰教之间的对立。东征促进了东西方文化、经济的交流，推动了欧洲的商业复兴和城市发展，同时也暴露了教会的腐败与世俗权力的矛盾，对中世纪欧洲的政治、宗教和社会结构产生了深远影响。

21. **《永乐大典》**：《永乐大典》是明成祖朱棣命解缙等人编纂的一部大型类书，被誉为"世界有史以来最大的百科全书"。全书共 22 877 卷，收录了先秦至明初的各类文献，内容涵盖经、史、子、集，涉及天文、地理、医卜、释道、工艺、农艺等，是中国古代规模最大、内容最丰富的百科全书。由于历史原因，现存《永乐大典》仅存 400 余册，散藏于世界各地，对研究中国古代文化和历史具有不可替代的价值。

---

① "汉谟拉比法典"，载北京法院网 https://bjgy.bjcourt.gov.cn/article/detail/2011/09/id/883452.shtml，最后访问日期：2025 年 4 月 30 日。

22. **吴哥窟**：吴哥窟又称吴哥寺、小吴哥，是柬埔寨暹粒省吴哥古迹中最大且最著名的寺庙建筑群。该庙宇始建于 12 世纪吴哥王朝鼎盛时期，最初作为印度教寺庙供奉毗湿奴，后改为佛教寺庙。吴哥窟以其宏伟的建筑规模、精美的浮雕艺术和独特的建筑风格闻名于世，中心建筑是一座象征须弥山的五塔结构宝塔，周围环绕着复杂的回廊和护城河。其浮雕描绘了印度教神话、历史战争和日常生活场景，具有极高的艺术和历史价值。1992 年，吴哥窟被联合国教科文组织列入《世界遗产名录》。

23. **元宇宙**：元宇宙概念最早出自科幻小说《雪崩》，是一个虚拟与现实融合的数字世界，通过虚拟现实（VR）、增强现实（AR）和互联网技术构建。用户可以在元宇宙中进行社交、娱乐、工作、交易等活动，体验沉浸式互动。元宇宙整合了区块链、人工智能等技术，具有去中心化、持久性和经济系统等特征。元宇宙被视为互联网的下一代形态，可能对经济、文化、社会产生深远影响，但也面临技术、伦理和隐私等挑战。

24. **数字经济**：数字经济是指以数字技术为核心驱动力，通过互联网、大数据、人工智能等技术手段，推动经济活动数字化、网络化和智能化的新型经济形态。数字经济的典型代表有"新零售"等。数字经济的发展拉近了供应商与消费者的距离，大大降低成本；使交易更加高效化和透明化；增加了各类贸易主体参与全球贸易并从中获利的机会。数字经济涵盖电子商务、云计算、智能制造等领域，已成为全球经济增长的重要引擎。

25. **碳中和**：碳中和是指二氧化碳净零排放，即由个人或团体直接或间接产生的二氧化碳排放量，可以与植树造林等方式所吸收的量相抵消中和，最终实现温室气体"零排放"的效果。[①] 根据中共中央、国务院印发的《关于完整准确全面贯彻新发展理念做好碳达峰碳中和工作的意见》，我国计划在 2060 年，全面建立绿色低碳循环发展的经济体系和清洁低碳安全高效的能源体系，实现碳中和目标。"碳中和"目标的实现需要政府、企业和公众的共同努力，通过发展可再生能源、推广绿色技术和倡导低碳生活方式，促进经济社会的可持续发展。

第二部分　应用文写作

【构思谋篇】

　　题干要求以××大学名义撰写一封致研究生新生的信函，行文时语言需得体亲切，既体现疫情防控的严肃性，又传递学校的责任担当与人文温度。范文开篇以祝贺和疫情说明奠定信函基调；主体部分依次明确报到调整（暂缓入学）、教学安排（网课实施）、注意事项（健康管理）和支持服务（咨询渠道）四项核心内容；结尾传递人文关怀与校园期待。

【参考范文】

××大学致 2022 级研究生新生的一封信

亲爱的 2022 级研究生新同学：

　　祝贺你们成为××大学的新成员！鉴于当前疫情防控形势复杂严峻，为保障全体师生的健康安全，根据上级主管部门统一部署，经学校研究决定，现将开学相关事宜调整如下：

　　一、报到安排

　　原定 9 月 1 日的入学报到暂缓，具体时间将根据疫情形势另行通知（提前 14 天发布）。请同学们暂勿订购车票/机票，减少跨区域流动。

---

① "世界环境日'双碳'科普丨丨带你解读'双碳'——'碳达峰''碳中和'"，载 http：//www.zhzx.cgs.gov.cn/xxfw02/dxkp/202206/t20220607_701520.html，最后访问日期：2025 年 4 月 30 日。

二、教学安排

（1）9 月 5 日起启动线上教学，课程表将通过"××大学研究生教育管理系统"发布（8 月 25 日开放查询）；

（2）使用"××在线"平台开展直播教学（操作指南随附附件）；

（3）图书馆电子资源全天候开放，可通过 VPN 远程访问。

三、注意事项

（1）每日按时完成健康打卡（"××健康"小程序）；

（2）及时查收学校官方邮件、微信公众号通知；

（3）保持通讯畅通，配合辅导员做好信息登记。

四、支持服务

（1）设立"新生服务专线"：010-1234567（8：00—20：00）；

（2）心理咨询 24 小时热线：010-7654321；

（3）网络技术支援邮箱：itsupport@××.edu.cn。

暂时的阻隔不会冲淡校园的温暖。教务处已组织全体导师做好线上指导准备，各学院将开展"云上新生周"活动。请同学们做好个人防护，保持学习状态，学校正全力完善各项迎新预案，待云开"疫"散，我们在美丽的××大学校园等你！

附件：

1. 线上教学平台操作手册

2. 电子资源使用指南

××大学研究生院

2022 年 8 月 20 日

第三部分　命题作文

【构思谋篇】

题干材料以诗人北岛的短诗《生活》为引，要求围绕"网"这一意象撰写一篇议论文。文章需立意明确，可选取物质之网（互联网、交通网等）或精神之网（人际关系、文化羁绊等）展开，结合个人体验或社会观察，揭示"网"对当代生活的塑造与影响。范文以"现象—分析—反思"为逻辑链条：开篇以北岛的诗句引入，点明"网"的双重属性；主体部分探讨了有形的网（交通、经济、互联网）对现代文明的建构与潜在风险、无形社会关系网的积极价值与消极影响、认知之网对人的塑造与限制；结尾以希腊神话为喻，强调平衡之道，呼应开篇并提出应对态度。

【参考范文】

网

诗人北岛用一字短诗"网"诠释《生活》，这个意象既精妙又深邃。从渔夫手中编织的网线，到数字时代的信息网络，再到我们每个人身处其中的关系网络，"网"早已超越了其物理形态，成为理解现代社会的一把钥匙。这些有形与无形的网，既是我们赖以生存的依托，也可能成为束缚发展的桎梏。

有形的网构建了现代文明的骨架。从古罗马的驿道系统到今日的高速铁路网，交通网络将分散的人类聚落连成整体；从最初的物物交换到全球化的贸易体系，经济网络让资源配置突破地域限制；而互联网的出现，更彻底重塑了人类获取信息和交流的方式。这些网络如同城市的血脉，让知识、资本、人才得以自由流动。但硬币的另一面是，过度依赖这些网络也让我们变得脆弱——一次网络中断就可能导致城市瘫痪，一场金融危机就能引发全球震荡。

无形的社会关系网则更为微妙复杂。中国人讲究"关系"，西方社会重视"人脉"，这些看不见的网络深刻影响着每个人的发展轨迹。法国社会学家布尔迪厄提出的"社会资本"理论，正是对这种无形网络价值的诠释。健康的社交网络能带来机遇与支持，但若沉迷于经营关系，又容易陷入功利主义的泥潭。更值得警惕的是，某些潜规则构成的"暗网"，往往成为公平正义的绊脚石。

最难以察觉的是我们内心的认知之网。柏拉图洞穴寓言中的囚徒，被自己有限的认知所禁锢；现代社会中的信息茧房，让我们只看到算法推送的内容。心理学家荣格说："除非你意识到潜意识，否则潜意识将主导你的人生。"这张由成长经历、文化背景编织而成的认知网络，既是我们理解世界的工具，也可能成为创新思维的牢笼。

面对这些纵横交错的网，我们需要保持清醒的认知：既要善用网络带来的便利，又要警惕其可能的束缚。就像希腊神话中的代达罗斯，他发明翅膀逃离迷宫，却因飞得太高而坠落。这个寓言提醒我们：任何工具都是一把双刃剑。在数字时代，我们更需要在连接与独立、规则与创新之间找到平衡点。

生活在这张无所不在的大网中，我们既是网上的节点，也是织网的手。唯有保持开放而审慎的态度，才能既享受网络带来的联结，又不失自我思考的独立性。

2022 年全日制翻译硕士专业学位（MTI）研究生入学考试试题

参考答案

第一部分　百科知识

1. **小篆**：小篆又称秦篆，是中国古代汉字书体之一。该字体是大篆籀文的简化形式，由秦朝丞相李斯在秦始皇统一六国后主持规范，作为官方标准字体推广使用。小篆字形规整匀称，线条圆润流畅，结构严谨，具有高度的艺术性和规范性。小篆在中国书法史上具有重要地位，标志着汉字从象形到符号化的转变，为后世隶书、楷书等字体的发展奠定了基础。

2. **殷墟**：殷墟是中国商朝晚期的都城遗址，也是中国历史上第一个有文献可考并经考古发掘证实的古代都城遗址，位于河南省安阳市，被誉为"中国现代考古学的摇篮"。殷墟出土了大量珍贵文物，包括青铜器、玉器、陶器和甲骨文。其中，甲骨文是迄今为止发现的最早的成熟汉字系统，为研究古代文字、宗教和社会制度提供了重要依据。2006 年 7 月，殷墟被联合国教科文组织正式批准列入《世界遗产名录》。

3. **红山文化**：红山文化得名于其首次发现地内蒙古自治区赤峰市红山遗址群，是中国新石器时代晚期的重要农耕文化。红山文化距今约 5 000 至 6 500 年，主要分布在内蒙古东南部、辽宁西部和河北北部。红山文化以农业为主，兼营渔猎和畜牧，生产工具以磨制石器为主，陶器中有较为发达的彩陶。红山文化的代表性遗存包括祭坛、女神庙和积石冢，出土文物中最著名的是玉器，如 C 形玉龙和玉猪龙，展现了高超的玉器制作工艺和原始宗教信仰。红山文化是中华文明起源的重要源头之一，对研究中国古代文明的早期形态具有重要意义。

4. **光武中兴**：光武中兴是东汉光武帝刘秀在位期间开创的治世局面。刘秀在西汉末年天下大乱后，平定各地割据势力，于公元 25 年建立东汉，定都洛阳。他在政治上整顿吏治，加强中央集权；经济上重视农业，减轻赋税，解放生产力；文化上大兴儒学，推崇气节。光武中兴结束了王莽篡汉后的混乱局面，开创了东汉近两百年的统治，为后来的"明章之治"奠定了基础。

5. **魏晋风度**：魏晋风度是指魏晋时期文人士大夫在思想、行为和艺术上表现出的一种独特精神风貌。其特点是崇尚自然、追求个性解放、不拘礼法，强调精神自由和超脱世俗。魏晋名士如嵇康、阮籍、陶渊明等，通过清谈、饮酒、隐逸等方式表达对现实的不满和对理想生活的向往。他们在文学、哲学和艺术上取得了卓越成就，如玄学的兴起、山水诗的开创和书法的革新。魏晋风度反映了当时社会的动荡与思想的解放，对后世中国文化产生了深远影响。

6. **汉赋**：汉赋是汉代盛行的一种韵文体散文体裁，介于诗与散文之间。汉赋主要分为骚体赋、散体大赋和抒情小赋三类。骚体赋继承楚辞传统，以抒情为主，如贾谊的《吊屈原赋》；散体大赋以司马相如的《子虚赋》《上林赋》为代表，内容多描写宫廷生活、山川景物，篇幅宏大，辞藻繁复；抒情小赋则以张衡的《归田赋》为代表，注重个人情感的抒发。汉赋注重形式美，讲究对仗、排比和音律，对后世文学（尤其是骈文和辞赋）的发展产生了深远影响。

7. **唐传奇**：唐传奇，即传奇小说，是指唐代兴起的一种短篇文言小说体裁。此类小说通常以叙述异闻奇事为主，情节曲折离奇，语言优美诗意，人物形象鲜明。唐传奇的题材广泛，涵盖了爱情、奇幻、历史、社会和民间故事等，相关代表作有白行简的《李娃传》、元稹的《莺莺传》、蒋防的《霍小玉传》、李朝威的《柳毅传》等。唐代传奇小说是中国古代小说发展的重要阶段，对后世的小说、戏曲等艺术形式产生了深远影响。

8. **遣唐使**：遣唐使是日本在 7 世纪至 9 世纪出于改革与发展的需要，派往中国唐朝的官方使节团。日本共派遣了十余次遣唐使，每次使团规模庞大，包括官员、学者、僧侣和工匠等，旨在学习唐朝的政治制度、文化、科技和佛教。遣唐使将唐朝的典章制度、文学艺术、建筑技术和佛教经典带回日本，对日本的政治、文化和社会产生了深远影响，推动了"大化改新"和奈良、平安时代的文化繁荣。遣唐使是中日文化交流的重要纽带，为日本古代文明的发展奠定了基础。

9. **《通典》**：《通典》是唐代史学家杜佑编纂的一部综合性典章制度通史，也是中国历史上第一部系统记述历代典章制度的专著。全书共 200 卷，分为食货、选举、职官、礼、乐、兵、刑法、州郡、边防九大门类，内容涵盖从上古到唐代中期各种典章制度的沿革。《通典》是中国古代史学和文化研究的重要典籍，对后世《文献通考》等著作产生了深远影响。

10. **《千里江山图》**：《千里江山图》是北宋画家王希孟创作的绢本设色山水画，现藏于北京故宫博物院。画卷全长约 12 米，纵宽约 51.5 厘米，以细腻的笔触和丰富的色彩描绘了锦绣河山的壮丽景色，展现了山川、河流、村落、桥梁等自然与人文景观的和谐统一。作品采用青绿山水技法，色彩鲜艳，构图宏大，被誉为中国古代青绿山水画的巅峰之作。《千里江山图》体现了宋代山水画的高度艺术成就，反映了当时社会的繁荣景象，具有极高的艺术价值和历史意义。

11. **北洋水师**：北洋水师又称北洋海军、北洋舰队，是清朝晚期建立的一支近代化海军舰队。该舰队由李鸿章主持筹建成立，总部设在天津。北洋水师引进西方先进的舰船和技术，聘请外国教官训练，曾是亚洲最强大的海军之一。其主要舰船有定远舰和镇远舰等铁甲舰。然而，由于清政府腐败、军费不足和管理不善，北洋水师在 1894—1895 年的甲午战争中惨败于日本海军，几乎全军覆没。北洋水师的兴衰反映了清朝近代化努力的局限，对后来的海军建设和国家自强运动产生了深远影响。

12. **秦岭**：秦岭是中国重要的山脉之一，横亘于陕西省南部，是长江与黄河流域的分水岭，也是中国南北地理、气候、植被和文化的分界线，被誉为华夏文明的龙脉。秦岭地形以高山、深谷为主，主要山峰有太白山（海拔 3 771 米，中国大陆东部最高峰）、华山（"五岳"中的西岳）和终南山（道教主流全真派的圣地）等。秦岭拥有丰富的动植物资源，其独特的地理位置和生态环境，使其成为国家级自然保护区和世界生物圈保护区。秦岭在中国历史上具有重要地位，是中华文明的发祥地之一，孕育了周、秦、汉等古代文明。

13. **伊犁将军**：伊犁将军全称总统伊犁等处将军，是清朝在新疆设立的最高军事和行政长官。该职位始设于 1762 年（清乾隆二十七年），首任将军为明瑞。其职责是统辖当地的军政事务（统率驻军、考察官吏、屯田置牧、组织生产、核征赋税、巡边守土等），维护边疆稳定，防御外敌入侵。伊犁将军的设置加强了清朝对西北边疆的控制，促进了当地经济、文化的发展，巩固了多民族国家的统一。随着清末国力衰落，伊犁将军的权力逐渐削弱，新疆建省后，伊犁将军的职能被新疆巡抚取代。

14. **三希堂**：三希堂是清代乾隆皇帝在紫禁城（今故宫）养心殿西侧设立的书房，因收藏王羲之的《快雪时晴帖》、王献之的《中秋帖》和王珣的《伯远帖》三件书法珍品而得名。三希堂不仅是乾隆皇帝读书、批阅奏章的地方，也是其艺术鉴赏和收藏的中心。乾隆皇帝在此题写了大量诗文，并编撰了《三希堂法帖》，收录了历代书法名作。三希堂及其藏品体现了清代皇室对文化的重视，是研究清代宫廷文化和书法艺术的重要课题，也是中华文化遗产的瑰宝。

15. 日月潭：日月潭位于中国台湾省南投县，是台湾最大的天然淡水湖泊。其名源于湖中光华岛将湖面分为日潭和月潭两部分，形似圆日、弯月而得名。日月潭盛产红茶和曲腰鱼。日月潭以其秀丽的湖光山色和丰富的文化底蕴闻名，四周群山环绕，湖水清澈，景色四季各异。湖畔有玄奘寺、文武庙等文化古迹，是中国台湾重要的旅游胜地和宗教圣地。

16. 饭圈文化：饭圈文化是指围绕明星、偶像或公众人物形成的粉丝群体文化，起源于娱乐圈，后扩展至体育、电竞等领域。饭圈粉丝通过社交媒体、线下活动等方式支持偶像，参与打榜、应援、控评等行为，形成了独特的组织结构和话语体系。饭圈文化具有高度的组织性和凝聚力，粉丝通过分工合作提升偶像的影响力，但也存在过度消费、网络暴力等问题。饭圈文化的兴起与互联网发展密切相关，反映了当代年轻人对偶像的情感寄托和社群归属需求，对娱乐产业、网络生态和社会文化产生了深远影响。

17. 博物馆：博物馆是收藏、研究、展示人类文化遗产和自然遗产的公益性机构，具有教育、研究和欣赏的功能。博物馆起源于古代王室和贵族的珍品收藏，现代博物馆则始于 18 世纪的欧洲。博物馆按内容可分为历史、艺术、科学、自然等类型，如大英博物馆、卢浮宫和中国国家博物馆。博物馆通过展览、讲座、互动活动等方式向公众传播知识，提升文化素养。作为文化遗产保护的重要场所，博物馆不仅保存了人类文明的精华，还促进了文化交流与传承，是现代社会中不可或缺的文化教育机构。

18. 龙井茶：龙井茶是产于浙江省杭州市西湖龙井村及周边地区的一种绿茶，因其产地而得名，被列为中国十大名茶之首。龙井茶按采摘时间分为明前茶和雨前茶，其中明前茶品质最佳。其制作工艺包括摊青、杀青、揉捻和辉锅，讲究火候和手法。其特点是外形扁平光滑，色泽翠绿，香气清郁，滋味甘醇，汤色明亮，具有清热解毒、提神醒脑等保健功效。龙井茶深受国内外消费者喜爱，是中国茶文化的重要代表。2008 年 6 月，绿茶制作技艺（西湖龙井）被列入《国家级非物质文化遗产名录》。

19. 《美的历程》：《美的历程》是中国著名美学家李泽厚撰写的美学著作，首次出版于 1981 年。该书以马克思主义美学为基础，结合中国传统文化，系统阐述了中国美学思想的发展历程。全书分为"先秦理性精神""楚汉浪漫主义""魏晋风度"等章节，通过对历史时期美学观念的分析，揭示了中国美学的历史演变脉络。《美的历程》探讨了艺术与哲学、社会的关系，提出了"积淀说"等独特理论，对中国美学研究产生了深远影响。

20. 吴哥窟：吴哥窟又称吴哥寺、小吴哥，是柬埔寨暹粒省吴哥古迹中最大且最著名的寺庙建筑群。该庙宇始建于 12 世纪吴哥王朝鼎盛时期，最初作为印度教寺庙供奉毗湿奴，后改为佛教寺庙。吴哥窟以其宏伟的建筑规模、精美的浮雕艺术和独特的建筑风格闻名于世，中心建筑是一座象征须弥山的五塔结构宝塔，周围环绕着复杂的回廊和护城河。其浮雕描绘了印度教神话、历史战争和日常生活场景，具有极高的艺术和历史价值。1992 年，吴哥窟被联合国教科文组织列入《世界遗产名录》。

21. 硅谷：硅谷是美国加利福尼亚州旧金山湾区南部的高科技产业中心，因早期以硅为基础的半导体产业及其中心区域圣塔克拉拉谷而得名。硅谷是全球科技创新和创业的象征，聚集了众多世界知名的科技公司，如苹果、谷歌、Facebook 和英特尔等。其成功得益于斯坦福大学等顶尖学府的人才支持、风险投资的活跃以及开放的创新环境。硅谷推动了信息技术、互联网和生物科技等领域的快速发展，成为全球高科技产业的标杆，对世界经济和技术进步产生了深远影响。

22. **白色污染**：白色污染是指由塑料制品，尤其是一次性塑料制品（如塑料袋、塑料餐具、农用薄膜等）在使用后被随意丢弃，难以降解而造成的环境污染。这些塑料废弃物在自然环境中长期存在，破坏土壤结构，污染水源，危害动植物生存，并通过食物链影响人类健康。白色污染已成为全球性环境问题，各国通过立法限制塑料制品使用、推广可降解材料和加强回收处理等方式应对。减少白色污染需要公众环保意识的提升和全社会的共同努力，以实现可持续发展。

23. **"我思故我在"**："我思故我在"是法国哲学家笛卡尔提出的哲学命题，出自其著作《第一哲学沉思集》。这一命题强调，即使怀疑一切，思考本身的存在也无法被否认，因此思考的主体（即"我"）必然存在。它是笛卡尔哲学体系的基石，确立了理性思维在认识论中的核心地位，标志着现代哲学对主体意识的重视。

24. **大唐不夜城**：大唐不夜城位于中国陕西省西安市雁塔区的大雁塔脚下，是以盛唐文化为主题的大型文化旅游综合体。项目融合了历史文化与现代商业，以唐代长安城为背景，通过仿古建筑、灯光秀、文化表演和商业街区，再现了唐代的繁华景象，吸引了大量游客，成为西安的标志性景点之一。其核心区域包括大雁塔南广场、贞观文化广场和开元广场等。大唐不夜城展示了盛唐文化的魅力，推动了当地旅游业和经济的发展，是文化与商业成功结合的典范。

25. **二十四节气**：二十四节气是中国古代人民通过观察太阳周年运动而形成认知气候、物候、时令等自然变化规律的时间知识体系及其实践，是根据太阳在黄道上的位置变化制定的时间划分体系，被誉为"中国的第五大发明"。二十四节气用于指导农业生产和日常生活，每15天左右一个节气，包括立春、雨水、惊蛰、春分、清明、谷雨、立夏、小满、芒种、夏至、小暑、大暑、立秋、处暑、白露、秋分、寒露、霜降、立冬、小雪、大雪、冬至、小寒、大寒。2016年11月，二十四节气被联合国教科文组织批准列入《人类非物质文化遗产代表作名录》。

第二部分　应用文写作

【构思谋篇】

　　题干要求以北京冬奥会为背景，撰写一则公益广告文案。文案需结合冬奥特色元素，具有公益属性，以生动方式唤起公众对冰雪运动的关注与热情。范文开篇以诗意画面点题，总述冬奥会的双重意义；主体部分依次描绘赛事精彩瞬间（短道速滑/花滑/雪上项目），凸显人文关怀（对手友谊/志愿者服务），展现科技环保理念；结尾升华主题，呼吁共创冰雪传奇。

【参考范文】

冰雪之约·世界同心——北京2022冬奥会公益广告

　　当第一片雪花飘落，整个世界都在屏息期待这场冰雪盛会。北京冬奥会，不仅是一场体育竞技，更是一次人类团结的见证。在这里，速度与优雅共舞，力量与技巧交融，每个瞬间都在诠释着奥林匹克精神。

　　看！短道速滑选手如闪电般划破冰面，冰刀与冰面碰撞出激情的火花；花滑运动员似蝴蝶翩跹起舞，每一个旋转都诉说着坚持的故事；雪上项目健儿们腾空而起，用勇气丈量天空的高度。这些令人屏息的精彩背后，是无数个日夜的坚持与汗水，是永不言弃的执着追求。让我们为每一位追梦者真诚喝彩，因为在这个舞台上，无论胜负，站上赛场就是英雄，敢于挑战就是胜利。

　　这场盛会最动人的，是超越竞技的温暖瞬间：对手间的真诚拥抱，志愿者亲切的微笑，观众席上飘扬的各色国旗。冰雪会融化，但这份友谊将永远留存。正如奥运五环相连，我们心手相牵。

环保的冰场，智能的设施，北京正以绿色、科技向世界展示可持续发展的中国方案。这是我们对未来的承诺，更是给地球的礼物。

这个冬天，让我们相约北京！用热情融化冰雪，用理解消弭隔阂。记住：重要的不是胜负，而是我们共同书写的这段冰雪传奇。北京冬奥会，等你来创造属于全人类的美好记忆！

第三部分　命题作文

【构思谋篇】

题干材料以新冠疫情为背景，通过展现海外留学生的不同应对方式，引出"每临大事需静气"这一核心命题。文章需采用议论文体，阐述在危机中保持冷静理性的重要性，并给出建设性建议。范文开篇以翁同龢对联点题，通过疫情中留学生三种典型反应引出"静气"主题；主体部分从理性思考的定力、专注当下的能力、超越困境的智慧三个维度递进论证静气的内涵，每个分论点均结合留学生实例论证；继而辩证探讨静气与正常情绪的关系，并延伸至人生其他挑战；结尾以古语呼应开头，升华主题。

【参考范文】

每临大事需静气

"每临大事有静气，不信今时无古贤。"翁同龢的这副对联，道出了面对重大事件时的处世智慧。新冠疫情这场全球性危机，恰如一面明镜，映照出海外留学生们截然不同的应对姿态：有人仓皇失措、高价购票辗转回国；有人惶惶不可终日；也有人沉着应对，在逆境中收获成长。这些不同选择背后，折射出的正是"静气"这一品质的珍贵价值。

静气，是理性思考的定力。当疫情席卷全球，信息纷繁复杂时，保持静气意味着不被恐慌情绪裹挟。我们看到，那些能够冷静分析形势、评估风险的留学生，往往能做出最合理的安排。他们既不会盲目跟风回国，也不会消极等待，而是根据所在国疫情发展、学业进度等实际情况，制定科学防护计划。这种理性思考的能力，正是静气的首要表现。

静气，是专注当下的能力。在动荡环境中，最难得的莫过于保持内心的平静。那些最终获得深造机会或理想工作的留学生，无不是在疫情期间依然专注于学业提升。他们将隔离期转化为"增值期"，通过网络课程充实自己，在寂寞中打磨专业能力。这种"乱云飞渡仍从容"的定力，让他们在危机中实现了弯道超车。

静气，更是超越困境的智慧。古人云："静而后能安，安而后能虑，虑而后能得。"真正的静气不是消极避世，而是在冷静观察中找到突破口。有留学生利用隔离时间开展跨文化研究，将特殊经历转化为学术资源；有人组织线上互助小组，在帮助他人中实现自我价值。这种化危机为转机的智慧，正是静气的最高境界。

当然，提倡静气并非否定正常的情感反应。面对未知病毒产生焦虑是人之常情，关键在于不被情绪支配。心理学研究表明，适度焦虑能促使人采取防护措施，但过度焦虑会损害判断力。因此，培养静气需要接纳情绪，同时通过规律作息、适度运动等方式保持心理平衡。

从更广阔的视角看，疫情只是人生长河中的一段险滩。未来，我们还会面临各种"大事"：学业抉择、职业转型、家庭责任……培养静气这门必修课，不仅关乎一时一事的应对，更是终身受用的生存智慧。当每个人都能在大事面前保持定力，整个社会就能凝聚起共克时艰的强大力量。

"泰山崩于前而色不变，麋鹿兴于左而目不瞬。"在这充满不确定性的时代，愿我们都能涵养这份静气，以从容之姿应对人生风雨，在挑战中实现精神的成长与超越。

对外经济贸易大学

2024 年全日制翻译硕士专业学位（MTI）研究生入学考试试题

参考答案

一、单项选择题

1. B

长篇叙事诗《孔雀东南飞》是中国汉代乐府诗的杰出代表。全诗主要讲述了东汉末年庐江府小吏焦仲卿与其妻刘兰芝的爱情婚姻悲剧。诗歌叙事结构完整，人物形象鲜明，情感描写细腻，控诉了封建礼教对个人幸福的压迫，歌颂了焦刘夫妇的真挚感情和反抗精神。诗中"孔雀东南飞，五里一徘徊"等名句广为流传，体现了高超的艺术表现力。《孔雀东南飞》具有深刻的社会批判意义，成为中国古典叙事诗的典范，对后世文学产生了深远影响。

乐府诗是中国古代由乐府机构采集、整理和创作的诗歌形式。它起源于汉代，盛行于汉魏六朝。乐府诗主要来源于民间歌谣和文人创作，其内容广泛，涉及社会现实、战争、爱情、劳动等主题，语言质朴，情感真挚，具有强烈的现实主义色彩。其形式多样，包括五言、七言和杂言等，相关代表作有《孔雀东南飞》《陌上桑》等。

《长恨歌》和《琵琶行》是唐代诗人白居易创作的长篇叙事乐府诗，与汉代乐府无关。《木兰诗》是南北朝时期的长篇叙事乐府诗（民歌），与《孔雀东南飞》并称"乐府双璧"，与汉代乐府无关。

2. A

婉约派代表作家包括晏殊、欧阳修。婉约派是宋词流派之一。婉约派的作品风格细腻婉转、含蓄柔美。其内容多描写男女爱情、离愁别绪和个人感伤，语言优美，意境深远，注重音律和修辞。婉约派词人善于通过细腻的笔触表达复杂的情感，形成了独特的艺术风格，与豪放派形成鲜明对比。相关代表作有柳永的《雨霖铃·寒蝉凄切》、李清照的《声声慢·寻寻觅觅》、秦观的《鹊桥仙·纤云弄巧》、周邦彦的《玉楼春·桃溪不作从容住》、晏殊的《浣溪沙·一曲新词酒一杯》、欧阳修的《踏莎行·候馆梅残》等。

苏轼、辛弃疾、张孝祥、陈亮均为豪放派代表作家。豪放派是宋词流派之一。豪放派的作品风格气势恢宏、情感奔放、风格豪迈。其内容多描写壮志豪情、爱国情怀和人生感慨，语言直率，意境开阔，突破了传统词的婉约风格。豪放派词人善于通过雄浑的笔触表达强烈的个性和社会责任感，形成了独特的艺术风格，与婉约派形成鲜明对比。相关代表作有苏轼的《念奴娇·赤壁怀古》、辛弃疾的《破阵子·为陈同甫赋壮词以寄之》、张孝祥的《念奴娇·过洞庭》、陈亮的《念奴娇·登多景楼》等。

3. C

竹林七贤是指魏晋时期的七位文人名士，包括嵇康、阮籍、山涛、阮咸、向秀、刘伶、王戎。他们因常在竹林中聚会清谈，品诗论政而得名。竹林七贤大多出身名门望族，以反对礼教、崇尚自然、放达不羁的生活方式著称，其思想和行为反映了魏晋时期知识分子对现实的不满和对理想生活的追求。他们在文学、哲学和艺术等领域各有专长，如嵇康的《广陵散》、阮籍的《咏怀诗》等。竹林七贤是魏晋风度的象征，也是中国古代文人精神的代表。

4. D

春秋战国时期著名的思想家、教育家、军事家**墨子**（墨家学派）提出了检验认识真伪的标准，即三表。第一表"**上本之于古者圣王之事**"，强调以古代圣王的经验和智慧为依据；第二表"**下原察百姓耳目之实**"，主张通过观察百姓的实际经验和感官证据来判断；第三表"**废以为刑政，观其中国家百姓人民之利**"，强调通过实践检验，看其是否有利于国家和人民的利益。墨子通过"三表"强调了经验、实践和功利的重要性，反对空谈和虚妄，体现了其实用主义和经验主义的哲学思想，为后世提供了认识论和方法论的重要参考，对中国古代哲学和思想产生了深远影响。

孟子是儒家学派的代表人物，他主张性善论和仁政。**荀子**是儒家学派的代表人物，他提出性恶论，强调礼法并重。**庄子**是道家学派的代表人物，他主张无为而治和逍遥游。

5. C

"**三口一杯**"是**藏族**人民在接待客人时最为主要的一种礼节。具体做法是，主人向客人敬献青稞酒时，客人需用无名指蘸酒向空中弹洒三次，分别敬天、敬地、祭众神，然后分三次啜饮杯中酒，每次饮完需由主人重新斟满，最后一口一饮而尽。"三口一杯"是藏族文化中热情好客和礼仪的体现，表达了对自然和祖先的敬畏，广泛应用于节日、婚礼和日常接待中，成为藏族传统习俗的重要组成部分。

6. B

"**海内存知己，天涯若比邻**"表达了诚挚的友谊可以超越时空界限的哲理。该语句出自唐代诗人王勃的《送杜少府之任蜀州》，意思是：只要四海之内有知心朋友，即使远在天涯海角，也感觉像近邻一样亲近。

"**旧时王谢堂前燕，一枝红杏出墙来**"前半句出自唐代诗人刘禹锡的《乌衣巷》，意指"昔日东晋王导、谢安两大权门豪族的堂前紫燕"，表达了世事变迁、富贵难久的感慨；后半句出自宋代诗人叶绍翁的《游园不值》，意指"一枝红杏探头出墙"，描绘了春意盎然的景象。"**杨花落尽子规啼，闻道龙标过五溪**"出自唐代诗人李白的《闻王昌龄左迁龙标遥有此寄》，意指"在柳絮落尽，子规啼鸣之时，我听说您被贬为龙标尉，要经过五溪"，表达了诗人对友人被贬远行的忧虑和关心之情。"**相逢意气为君饮，系马高楼垂柳边**"出自唐代诗人王维的《少年行四首·其一》，意指"相逢时与君意气相投，痛快豪饮，骏马就拴在酒楼下垂柳边"，描述了少年游侠的豪情壮志。

7. B

2004年，中国正式开展月球探测工程，并命名为"**嫦娥工程**"。该工程初期规划为"绕月探测""落月探测"和"月球样品取样返回"三个阶段（三期）。后续在此基础上启动第四期，旨在实现月球南极的探测和建立月球科研站。2007年，"嫦娥一号"成功发射，标志着中国成为世界上第五个成功发射月球探测器的国家；2010年，"嫦娥二号"完成了高分辨率月球成像和深空探测；2013年，"嫦娥三号"实现了月面软着陆和巡视探测，释放了"玉兔号"月球车；2019年，"嫦娥四号"首次实现月球背面软着陆和巡视探测；2020年，"嫦娥五号"成功完成月球采样返回任务。"嫦娥工程"推动了中国航天技术的发展，为人类探索月球积累了宝贵经验，提升了中国在国际航天领域的地位。

天问工程（准确表述应为"天问系列"）是中国行星探测任务的代号，旨在开展对火星等天体的科学探测。2020年，中国首个火星探测器"天问一号"成功发射。该探测器搭载了环绕器、着陆器和"祝融号"火星车，实现了火星环绕、着陆和巡视探测等科研目标。

玉兔工程（准确表述应为"玉兔号"和"玉兔二号"月球车）是中国探月工程的重要组成部分，旨在实现月球车在月面的巡视探测。2013 年，"嫦娥三号"探测器成功着陆月球，释放了"玉兔号"月球车，这是中国首次实现月面软着陆和巡视探测。2019 年，"嫦娥四号"搭载"玉兔二号"月球车成功着陆月球背面，实现了人类首次月球背面软着陆和巡视探测。

神州工程（准确表述应为"神舟飞船"）是中国自主研制的载人航天飞船，自 1999 年启动以来，已成功发射多次，标志着中国载人航天工程的重大进展。神舟飞船由轨道舱、返回舱和推进舱组成，具备载人飞行等功能。2003 年，"神舟五号"实现中国首次载人航天飞行，杨利伟成为首位中国航天员。后续任务中，神舟系列飞船陆续完成了多人多天飞行、空间交会对接和空间站建设等任务。

8. D

说法正确的是："**宋代理学可以说是儒学发展的最高形态，又被称作宋学、道学或新儒学**"。它以儒家思想为核心，融合了佛、道两家的某些观念，强调"理"是宇宙万物的根本规律，主张"存天理，灭人欲"，提倡通过道德修养和格物致知来达到天人合一的境界。相关代表人物有程颢、程颐、朱熹等。宋代理学推动了儒家思想的复兴，为中国封建社会后期的思想文化奠定了理论基础。

"**唐代长安城以南北走向的朱雀大街为中轴，分长安城为东西两部分**"，这一点是正确的；但"**东为万年县，西为长安县**"，与选项说法相反。"**指南针是利用磁极确定方向的工具**"，这一点是正确的；但它在**宋代**就"**开始用于航海业，大大促进了海上交通和造船业的发展**"，而非选项所说的"**明代**"。"**《梦溪笔谈》是一部涉及历史、物理、天文、地理、冶金等方面的百科全书式的科技作品**"，这一点是正确的；但它是北宋科学家**沈括**所著，而非选项所说的"**郦道元**"。

9. D

以邻为壑不符合我国儒家伦理价值体系中的"和合观"。"和合观"强调和谐与统一，主张人与人、人与自然以及不同社会之间的和谐共处。"和"指不同事物的协调与平衡，"合"指多样性的统一与融合。儒家认为，和谐是社会稳定与发展的基础，主张通过礼乐制度、道德修养和仁爱精神来实现社会和谐。"以邻为壑"原意是将邻国当作沟坑，把本国的洪水排泄到那里去，比喻只图自己一方的利益，而把困难或灾祸转嫁给别人，这是一种自私自利、不顾他人利益的行为，与儒家的"和合观"相悖。

"**求同存异**"强调在差异中寻求共识，符合"和合观"。"**睦邻、安邻、富邻**"倡导与邻和睦相处、共同发展，符合"和合观"。"**协和万邦**"追求国家之间和平共处，符合"和合观"。

10. C

题干语句出自《**大学**》明德章。这段话阐述了儒家修身、齐家、治国、平天下的思想，强调个人修养是社会治理的基础。通过正心、诚意、致知来修身，进而实现家庭和谐、国家治理和天下太平。这一思想体现了儒家伦理中由内而外、由己及人的道德实践路径，对后世的政治哲学和社会伦理产生了深远影响。

11. D

哥特式建筑是 12 至 15 世纪流行于欧洲的一种新型建筑艺术风格。此类建筑起源于法国，以其高耸的尖塔、尖拱、飞扶壁和大型彩色玻璃窗为特征。这种建筑风格强调垂直线条，追求高度和光线效果，象征着宗教的神圣与崇高。相关代表性建筑有巴黎圣母院、科隆大教堂等。哥特式建筑体现了中世纪欧洲的宗教热情和工程技术，对后世的建筑艺术产生了深远影响。

洛可可建筑是 18 世纪欧洲流行的一种建筑风格，起源于法国。此类建筑强调舒适、自然、浪漫、轻盈和优雅，注重曲线和不对称设计，常用贝壳、花卉等自然元素作为装饰，色彩柔和。这种风格广泛应用于宫殿、教堂和贵族府邸，相关代表性建筑有凡尔赛宫的小特里亚农宫等。**文艺复兴建筑**是 15 至 19 世纪欧洲兴起的一种建筑风格，起源于意大利。此类建筑强调对称布局、比例协调、圆拱、柱式和穹顶等古典元素，注重建筑的和谐与美感。相关代表性建筑有圣彼得大教堂等。**罗马式建筑**是 10 至 12 世纪欧洲流行的一种建筑风格。此类建筑常采用石材建造，墙体厚重坚固，外观庄重朴素，内部装饰简洁，注重空间的实用性和稳定性。这种风格主要用于教堂和修道院，强调建筑的防御功能和宗教象征意义。相关代表性建筑有比萨大教堂等。

12. B

尼日尔河发源于几内亚的深山丛林里（富塔贾隆高原），最后注入大西洋几内亚湾。它是仅次于尼罗河和刚果河的非洲第三长河，被誉为西非的"母亲河"。它全长 4 200 多公里，流经几内亚、马里、尼日尔、贝宁和尼日利亚等国。尼日尔河为沿岸国家提供了丰富的水资源和灌溉条件，孕育了独特的生态系统和文化传统，对西非的农业、交通和经济具有重要意义。

尼罗河是世界上最长的河流，全长 6 600 多公里，发源于非洲东北部的布隆迪高地，流经布隆迪、卢旺达、坦桑尼亚等国，最终注入地中海。尼罗河分为白尼罗河和青尼罗河两条主要支流，在苏丹首都喀土穆汇合。**刚果河**是非洲第二长河，全长 4 600 多公里，发源于刚果盆地，流经安哥拉、赞比亚、刚果等国，最终注入大西洋。**赞比西河**是非洲第四长河，全长 2 600 多公里，发源于赞比亚西北部的山地，流经赞比亚、安哥拉、纳米比亚等国，最终注入印度洋。

13. B

洛可可来自法语，是一种用来装饰巴洛克式花园里洞穴的奇形怪状的贝壳和石头。作为一种独特的艺术风格，洛可可强调舒适、自然、浪漫、轻盈和优雅，注重曲线和不对称设计，常用贝壳、花卉等自然元素作为装饰，色彩柔和。这种风格在 18 世纪的欧洲广泛流行，尤其在建筑、绘画、雕塑和室内设计中得到体现，反映了当时上层社会对奢华生活的追求。相关代表作品有凡尔赛宫的小特里亚农宫和弗朗索瓦·布歇的绘画。

巴洛克来自西班牙语或葡萄牙语，原指形状不规则的珍珠。作为一种艺术风格，巴洛克强调强烈的对比、复杂的装饰和夸张的表现形式。相关代表作品有凡尔赛宫和鲁本斯的绘画。**哥特式**来自英语，原指参加覆灭罗马奴隶制的日耳曼民族"哥特人"。作为一种艺术风格，哥特式强调高耸、阴森、诡异、神秘、恐怖。相关代表作品有巴黎圣母院、科隆大教堂等。**拜占庭**主要源于东罗马帝国（拜占庭帝国），以丰富的色彩、镶嵌画和宗教主题（东正教）为特点。相关代表作品有圣索菲亚大教堂等。

14. C

康德不属于法兰克福学派代表人物，而是启蒙运动时期的思想家。法兰克福学派是 20 世纪 20 年代在德国法兰克福大学社会研究所兴起的一个批判理论学派。该学派以马克思主义为基础，结合哲学、社会学和心理学，批判资本主义社会的异化、文化工业和工具理性，强调社会解放和人类自由。相关代表人物有**霍克海默尔**（霍克海默）、阿多诺、**马尔库塞**和**哈贝马斯**等。法兰克福学派的思想对现代社会学、哲学和文化研究产生了深远影响，成为批判理论的重要代表，推动了社会批判和文化反思的进一步发展。

15. A

魔幻现实主义是 20 世纪 60 年代拉丁美洲小说创作中出现的一个流派。其特点是将奇幻元素融入现实背景，打破现实与幻想的界限，通过夸张、象征和神话手法揭示社会现实和人性的复杂性。相关代表作有加西亚·马尔克斯的《百年孤独》等。魔幻现实主义丰富了文学表现手法，为受众提供了独特的审美体验，推动了拉美文学的崛起，对世界文学产生了深远影响。

超现实主义是 20 世纪 20 年代起源于法国的艺术和文学流派。其特征是探索潜意识、梦境和超现实世界，强调非理性、荒诞和自由联想，试图打破传统艺术的束缚，揭示人类内心深处的真实。相关代表人物有安德烈·布勒东、萨尔瓦多·达利、胡安·米罗等。**表现主义**是 20 世纪初主要流行于德国等西方国家的一种艺术和文学流派。其特征是通过扭曲的线条、鲜艳的色彩和夸张的形象，表达内心的强烈情感（焦虑、孤独）和对社会现实的批判。相关代表人物有爱德华·蒙克、埃米尔·诺尔德、恩斯特·路德维希·基希纳等。**象征主义**是 19 世纪起源于法国的艺术和文学流派。其特征是强调象征、隐喻和主观体验，通过丰富的意象和暗示，表达内心的情感、思想和超验的现实，反对自然主义和现实主义的直接描写。相关代表人物有波德莱尔、马拉美、古斯塔夫·莫罗等。

二、简答题

1. 诸葛亮是中国古典小说《三国演义》中的主要人物之一，字孔明，号卧龙，蜀汉丞相。
（1）生平故事：他早年隐居南阳，后经刘备三顾茅庐出山辅佐，成为蜀汉的核心谋士。诸葛亮以其卓越的智慧和忠诚著称，策划了赤壁之战、七擒孟获等经典战役，并推行屯田制，稳定蜀汉内政。他一生鞠躬尽瘁，死而后已，六出祁山北伐曹魏，最终病逝于五丈原。
（2）人物性格：诸葛亮性格沉稳、足智多谋，善于运筹帷幄，是忠臣与智者的典范，被誉为"卧龙先生"，其"鞠躬尽瘁，死而后已"的精神成为后世楷模。（答案不唯一）

2. 20 世纪五六十年代美国黑人民权运动兴起，旨在争取非裔美国人在法律和社会中的平等权利。该运动推动了美国种族平等的进程，对全球民权运动产生了深远影响。
（1）代表人物有马丁·路德·金、罗莎·帕克斯和马尔科姆·艾克斯等。马丁·路德·金倡导非暴力抗议以及和平主义理念，领导了蒙哥马利巴士抵制运动和华盛顿大游行，并发表了著名的《我有一个梦想》演讲。罗莎·帕克斯因拒绝在公交车上给白人让座，引发了蒙哥马利巴士抵制运动，成为民权运动的象征。马尔科姆·艾克斯主张黑人自卫和种族分离，后期转向种族和解。
（2）主要事件有 1954 年布朗诉托皮卡教育局案、1963 年华盛顿大游行和 1964 年《民权法案》的通过等。

三、应用文写作

【构思谋篇】

题干要求撰写一篇"生成式人工智能在教育领域的发展与应用"学术论坛的征稿启事。写作时应采用标准启事格式，包含标题、主办方、论坛信息、议题、投稿要求、发布日期等必备要素；内容要紧扣题干要求，可从政策导向、技术创新、教育变革等维度切入，强调生成式 AI 赋能教育的前景与挑战，以吸引相关领域研究者踊跃投稿；语言要简洁明了，采用公文语体但避免刻板，关键信息用分项列出。

【参考范文】

关于"生成式人工智能在教育领域的发展与应用"学术论坛的征稿启事

为深入探讨生成式人工智能技术在教育领域的发展路径与创新应用，推动智能技术与教育现代化的深度融合，《××》期刊拟于 2023 年 12 月 15 日在××会议中心举办专题学术论坛。现诚挚邀请全国高校师生、科研机构学者及教育科技从业者踊跃投稿。

一、论坛主题

本次论坛以"技术赋能教育，创新引领未来"为宗旨，重点探讨生成式 AI（如 ChatGPT 等）对教育模式、教学方法和学习生态的变革性影响，以及在政策规范下的可持续发展路径。

二、征稿议题

技术应用：生成式 AI 在个性化学习、智能辅导、教育内容生成等方面的创新实践；

政策研究：《生成式人工智能服务管理暂行办法》框架下的教育 AI 合规发展；

伦理探讨：AI 教育应用中的数据安全、版权保护与学术诚信问题；

实证分析：AI 技术对教学效果、师生互动模式的影响评估。

三、投稿要求

稿件内容：需为原创研究，观点明确，数据翔实，字数 5 000—8 000 字，符合学术规范。

提交方式：请于 2023 年 11 月 20 日前将论文发送至投稿邮箱：ai-edu@ journal. org，邮件标题注明"论坛投稿+作者姓名+单位"。

格式规范：标题（三号黑体）、作者信息（四号楷体）、正文（小四宋体，1.5 倍行距），参考文献采用 APA 格式。

四、论坛安排

时间：2023 年 12 月 15 日 9：00—17：00；

地点：××会议中心 3 层报告厅；

议程：主旨报告、专题研讨、论文汇报、圆桌对话、技术成果展等环节；

费用：免费（提供午餐），交通住宿自理。

五、参会收益

(1) 优秀论文将推荐至《××》正刊发表；

(2) 所有录用论文收录于论坛论文集（CNKI 出版）；

(3) 提供与领域专家深度交流的机会。

我们期待您的真知灼见，共同推动生成式 AI 与教育事业的融合发展！

联系人：张三老师 010-12345678

主办单位：《××》期刊编辑部

2023 年 10 月 10 日

四、命题作文

【构思谋篇】

题干材料揭示了当代职场中过度追求完美主义导致的身心健康问题，反映了职场成功文化的异化现象。范文开篇直指职场成功文化的矛盾特征；正文采用"原因—对策"的递进结构，剖析社会评价单一化和生活压力两大主因，再分别从个人认知调整（建立多元成功观）与社会制度改良（弹性工作制等）两个维度提出解决方案；结尾引用智者箴言升华主题，将职场成功拓展至生命意义的哲学思考。

【参考范文】

我看职场成功文化

当代社会，职场成功文化日益显现出它的两面性。一方面，它激励人们追求卓越、实现自我价值；另一方面，过度追求职场完美主义正在让越来越多的人陷入健康与幸福的困境。这种矛盾现象的背后，是多重社会因素共同作用的结果。

职场成功文化的异化首先源于社会评价体系的单一化。我们习惯用职位、薪资等外在标准来衡量一个人的价值，却忽视了内在的幸福感与生命体验。这种价值取向的形成，与当前的教育体系密不可分。从小学到大学，我们被灌输"不能输在起跑线上"的观念，进入职场后，这种思维定式就自然转化为对职业成就的过度追求。当整个社会都在用外在成就定义成功时，内心的声音往往被淹没在世俗的评价中。

现代生活的压力也是助推这一现象的重要因素。不断攀升的生活成本，让许多人不得不将更多精力投入工作。住房、教育、医疗等方面的支出压力，迫使人们通过延长工作时间来维持体面的生活。在这样的环境下，谈论工作与生活的平衡似乎成为一种奢侈。更值得警惕的是，这种压力已经内化为个体的自我要求，很多人即使经济状况尚可，也停不下追逐更高职业成就的脚步。

改变这种状况，需要从个人认知和社会环境两个层面着手。在个人层面，我们要建立多元化的成功标准。职场成就固然重要，但身心健康、家庭幸福、个人成长同样值得追求。学会在适当的时候停下脚步，给自己喘息的空间，这非但不是懈怠，反而是可持续发展的智慧。古人云"张弛有度"，正是这个道理。

在社会层面，企业应当建立更人性化的管理制度。过度加班文化不仅损害员工健康，从长远看也不利于企业发展。一些具有前瞻性的企业已经开始尝试弹性工作制，结果证明这反而能提升工作效率和员工满意度。同时，社会应当为人们提供更完善的生活保障，减轻基本生存压力，让每个人都能有更多选择的空间。

职场成功文化需要回归它的本真意义。成功不应该只有一种标准，人生的价值也不能简化为职场成就。正如一位智者所说，生命的意义不仅在于我们做了什么，更在于我们成为了什么样的人。在这个快速发展的时代，愿我们都能找到属于自己的节奏：既保持进取的动力，又不失停歇的勇气；既能追求事业上的成就，也能享受生活中的美好。这样的成功观，才是健康而可持续的。

2023 年全日制翻译硕士专业学位（MTI）研究生入学考试试题

参考答案

一、单项选择题

1. B

题干语句出自《孟子·梁惠王下》，体现儒家**仁政**的基本政治思想。孟子通过百姓对君主鼓乐的反应，说明君主若能体察民情、与民同乐，便能赢得民心，实现国家的稳定与繁荣。儒家认为，君主的责任不仅是治理国家，还要关心百姓的福祉。这种思想主张君主应以民为本，推行仁政，反映了儒家"仁者爱人"和"民为邦本"的核心政治理念。

2. A

意大利文艺复兴时期的伟大艺术家（画家和建筑师）**拉斐尔**因"圣母子"题材的绘画作品而闻名于世。他与达·芬奇、米开朗基罗并称"美术三杰"。他以优雅和谐的画风著称，其作品以宗教题材为主，注重平衡、比例和理想美。拉斐尔的"圣母子"系列画作，如《西斯廷圣母》和《草地上的圣母》等，展现了圣母玛利亚与圣婴耶稣的温情与神圣，人物形象柔和、情感细腻，体现了人文主义精神。这些作品成为宗教艺术的经典，对后世绘画产生了深远影响，奠定了拉斐尔在艺术史上的崇高地位。

达·芬奇是意大利文艺复兴时期的全才，集画家、科学家、发明家和工程师于一身，其代表作有《蒙娜丽莎》《最后的晚餐》等。**米开朗基罗**是意大利文艺复兴时期的全才艺术家，集雕塑家、画家、建筑师和诗人于一身，其代表作有雕塑《大卫》、壁画《创世纪》等。**提香**是意大利文艺复兴时期威尼斯画派的画家，其代表作有《查理五世骑马像》等。

3. B

科学家牛顿和数学家**莱布尼兹**分别从不同的角度发明了微积分（微积分基本定理也称为牛顿—莱布尼兹公式）。莱布尼兹（莱布尼茨）是德国著名的哲学家、数学家。他在哲学上提出了"单子论"，认为宇宙由无数独立的单子构成，每个单子都是宇宙的缩影。在数学领域，他发明了微积分，创设了微积分符号系统，如微分符号"d"等，极大简化了数学表达和计算。他发展了二进制系统，为现代计算机科学奠定了基础。他还致力于逻辑学、法学和语言学的研究，倡导普遍语言和科学合作。他的思想对启蒙运动和现代哲学、科学产生了深远影响。

笛卡尔是法国数学家、哲学家和物理学家，发明了"坐标系"，创立了解析几何，为微积分的发展奠定了基础。**哥白尼**是波兰天文学家、数学家，提出了"日心说"。**开普勒**是德国天文学家、数学家，提出了行星运动的三大定律。

4. A

成语"洛阳纸贵"出自《晋书·左思传》，指**左思**写成《三都赋》之后，喜欢这部作品的人竞相抄阅，以至洛阳的纸张供不应求，全城纸价大幅度上涨的典故。西晋文学家左思历时十年写成《三都赋》（《魏都赋》《蜀都赋》《吴都赋》），描写魏、蜀、吴三国的都城，文采斐然，轰动一时。这一典故反映了《三都赋》的文学价值和社会影响力，形象地说明了优秀作品的广泛传播和对文化的推动作用。"洛阳纸贵"后来被用来形容著作风行一时，广为流传的现象。

《洛神赋》是三国时期曹魏文学家**曹植**创作的辞赋名篇。该赋以浪漫主义手法，通过虚实结合的意象，描写了人神之间从邂逅、爱慕到离别的真挚感情。《洛神赋》是建安文学的代表作品，奠定了六朝抒情小赋范式。**《兰亭集序》**又称《兰亭序》，是东晋书法家**王羲之**创作的一篇序文，被誉为"天下第一行书"。文中记述了兰亭明丽的春景及修禊聚会的盛况，表达了对人生无常的感慨。其行文字体流畅自然、遒媚飘逸、气韵生动，是中国书法艺术的巅峰之作。**《滕王阁序》**是唐代文学家**王勃**创作的骈文名篇。全文骈俪工整，用典丰实，以江西南昌滕王阁的壮丽景色为背景，既抒发了对仕途失意的感慨，又表现了积极入世的精神。

5. D

题干文字出自**《红楼梦》**第一回。《红楼梦》又名《石头记》，是一部章回体长篇小说。学者们认为前80回为清代作家曹雪芹所著，后40回为清代作家高鹗所续写。题干语句揭示了《红楼梦》的主题之一，即人生的虚幻与无常，暗示了贾宝玉与林黛玉的爱情悲剧和贾府的兴衰命运，为全书奠定了悲凉的基调，体现了作者对人生和社会的深刻思考。

《牡丹亭》是明代剧作家汤显祖创作的传奇剧本，讲述了南安太守杜宝之女杜丽娘与秀才柳梦梅之间超越生死的爱情故事。**《镜花缘》**是清代作家李汝珍创作的章回体长篇小说，前五十回讲述唐敖、林之洋等人乘船游历海外奇国的故事，后五十回讲述武则天科举选才女（由百花仙子托生的才女们科举考试并在朝中有所作为）的故事。**《老残游记》**是清代作家刘鹗创作的章回体长篇小说，记述了江湖郎中老残在各地的见闻和感想，以独特的视角揭露了"清官""能吏"的残酷虐政，批判了所谓"清廉"幌子下草菅人命、鱼肉百姓的行为。

6. D

爱琴文化（爱琴文明）又称**克里特—迈锡尼文化**（文明），是指爱琴海地区的青铜文明，以克里特岛和希腊地区的迈锡尼为核心。克里特文明以克诺索斯宫殿为代表，以其精美的壁画、陶器和复杂的宫殿建筑闻名；迈锡尼文明以坚固的城堡、墓葬和线形文字 B 为特征。爱琴文化在艺术、建筑、文字和社会组织方面取得了显著成就，反映了古代爱琴海地区的繁荣，为后来的欧洲文明奠定了基础。

7. D

"烽火连三月，家书抵万金"没有词类活用现象。词类活用是指词语在特定语境中临时改变其常规词性或语法功能的现象。例如，名词用作动词（如"春风风人"中的第二个"风"），形容词用作动词（如"老吾老"中的第一个"老"）等。词类活用丰富了语言表达，增强了修辞效果，常见于文学作品中。"烽火连三月，家书抵万金"出自唐代诗人杜甫的《春望》，"烽火"与"家书"均为名词，"连"和"抵"为动词，"三月"和"万金"为数量词，表达了对家书的珍视和战乱的感慨。

"春风又绿江南岸，明月何时照我还"出自宋代诗人王安石的《泊船瓜洲》，其中"绿"本为形容词"绿色的"，此处活用为使动词"使……变绿"，形象地描绘了春风吹拂下江南岸草木复苏的景象。**"感时花溅泪，恨别鸟惊心"**出自唐代诗人杜甫的《春望》，其中"溅"和"惊"本为动词，分别表示"溅起"和"惊动"，此处活用为使动词，意为"使……溅泪"和"使……惊心"，将花与泪、鸟与心联系起来，形象地表达了对时局动荡和离别之苦的深切感慨。**"山光悦鸟性，潭影空人心"**出自唐代诗人常建的《题破山寺后禅院》，其中"悦"和"空"本为形容词，分别表示"愉悦的"和"空寂的"，此处活用为使动词，意为"使……愉悦"和"使……空寂"，形象地描绘了禅院的宁静与超脱，表达了对自然与心灵的和谐感悟。

8. C

两宋期间可以印制参考的医书是**《伤寒杂病论》**。《伤寒杂病论》是东汉医学家张仲景所著的中医学经典著作。全书包括伤寒和杂病两个部分，后来原书失散，西晋王叔和等人将其整编为《伤寒论》和《金匮要略》。书中系统论述了外感热病（伤寒）和各类内科杂病的病因、病机、诊断和治疗方法，创立了"六经辨证"理论体系，奠定了中医辨证施治的基础。书中还记载了大量经典方剂，如桂枝汤、麻黄汤等，至今仍广泛应用于临床。《伤寒杂病论》是中国第一部理法方药完备、理论联系实际的临床医学典籍，价值巨大，对后世医学产生了深远影响。

《本草纲目》是明代医药学家李时珍编撰的一部药物学巨著，详细记载了每种药物的名称、形态、产地、功效及使用方法，并附有 1 100 多幅药物插图，系统总结了明代以前的药物学知识。《天工开物》是明代科学家宋应星创作的关于农业和手工业的综合性科技著作，详细记录了明朝中叶以前（农业、手工业、矿业和制造业等领域）的各项生产技术，如纺织、制盐、冶金、陶瓷等，并配有大量插图。《农政全书》是明代科学家徐光启创作的农业科学著作，系统总结了古代中国的农业生产经验，引用了大量前代农书和西方科学知识，内容涵盖农田水利、作物栽培、畜牧养殖和农具制造等方面。

9. C

新三民主义与共产主义在中国民主革命阶段的政纲的相同之处不包括：**以"推翻帝制，建立民国，改良社会"、"颠倒君主政体"为根本**。这是孙中山早期革命（即旧三民主义）的目标，与新三民主义的核心内容不完全一致。"推翻帝制"在辛亥革命后已基本实现，不再是新三民主义与中国共产党政纲的共同关注点。

孙中山的旧三民主义是其在 1905 年提出的革命纲领，包括民族主义、民权主义和民生主义。民族主义主张推翻清朝统治，实现民族独立；民权主义强调建立民主共和制度，结束君主专制；民生主义关注社会平等，主张平均地权，改善民众生活。旧三民主义是孙中山早期革命的理论基础，推动了辛亥革命的爆发和中华民国的建立。后来孙中山对其进行了修正和发展，即"新三民主义"。

孙中山的新三民主义是其在 1924 年提出的政治纲领，包括民族主义、民权主义和民生主义。民族主义主张反对帝国主义，实现民族独立（**以对内"实行各民族一律平等"、对外"免除帝国主义之侵略"为民族革命的基本任务**）。民权主义强调建立民主共和制度，保障人民权利（**反对国家政权"成为压迫平民之工具"，建立"为一般平民所共有，非少数人所得而私"的制度**）。民生主义关注社会平等，主张平均地权、节制资本，改善民众生活（**以"耕者有其田"为中心，平均地权，节制私人资本**）。新三民主义是孙中山在总结革命经验的基础上，结合中国实际提出的革命理论，为国共合作提供了思想基础。

10. D

"她深吸一口气，努力让脸上不出现冷霜"使用拟物修辞手法，与其他句子不同。句中将冷漠或不悦的表情拟作自然现象中的"冷霜"，赋予抽象情感以具体的形象，增强了语言的表现力和生动性。

"童年是一幅画，少年是一篇诗，青年是一首歌"使用比喻修辞手法，将"童年""少年""青年"分别比作"画""诗""歌"。**"远处绵延的山脉作了城市的绿色屏障"**使用比喻修辞手法，将"山脉"比作"绿色屏障"。**"他眼中的世界成了一张五彩的画卷"**使用比喻修辞手法，将"世界"比作"画卷"。

11. D

"天尊地卑，乾坤定矣；卑高以陈，贵贱位矣" 的核心思想不包含"天人合一""了解自身以了解天道"的理念。该语句出自《周易·系辞上》，通过"天尊地卑"描述天地之间的高低关系，进而引申出社会中的贵贱尊卑秩序，其核心思想旨在强调宇宙秩序和社会等级的确定性。

"尽其心者，知其性也；知其性，则知天矣" 出自《孟子·尽心上》，意思是：人通过充分发掘和修养自己的内心，可以认识自己的本性；而了解自己的本性后，便能进一步理解天道的运行规律。这种思想强调人与自然的和谐统一，主张通过内在修养达到与天道的契合。**夫大人者，与天地合其德，与日月合其明，与四时合其序，与鬼神合其吉凶**"出自《周易·乾文言》，意思是："大人"（即德行高尚的人）应与天地、日月、四时、鬼神等自然规律和谐统一，达到与宇宙的契合。这种思想反映了儒家对人与自然、人与宇宙关系的理解，倡导通过自我修养实现与天道的合一。**"天地与我并生，而万物与我为一"** 出自《庄子·齐物论》，意思是：天地与人类同时存在，万物与人类本质上是统一的，人与自然是不可分割的整体。这种思想强调人与宇宙的同一性，主张通过内在觉悟实现与天道的契合。

12. C

拉斐尔绘制的《雅典学院》中，居画面中心的柏拉图指向天，以此表示他所信奉的**理念论**（强调超越感官世界的永恒真理）；他身旁的亚里士多德则指向地，表明他的**经验论**倾向（注重通过观察和经验获取知识）。这一对比体现了两位哲学家思想的核心差异，反映了文艺复兴时期对古典哲学的复兴与思考。拉斐尔通过这一构图，巧妙地将哲学思想与艺术表现相结合，展现了人类对真理的探索与追求，成为文艺复兴艺术的经典之作。

13. B

题干语句出自德国思想家**弗里德里希·恩格斯**所著的《英国工人阶级状况》。《英国工人阶级状况》首次出版于1845年，书中详细描述了英国工人阶级的生活条件、劳动状况和社会地位，揭示了工业革命带来的社会不平等和剥削问题。该部著作通过大量数据和实例，揭示了资本主义的本质，批判了资本主义制度对工人的压迫，指出了资本主义必然走向灭亡的客观规律，呼吁社会改革和工人解放，为马克思主义的诞生提供了重要的社会现实依据。

《自助》是英国作家**塞缪尔·斯迈尔斯**创作的励志经典著作。书中通过大量历史人物和成功案例，阐述了通过努力和自我提升可以克服困难、实现目标的理念。书中还提倡节俭、毅力和道德修养，认为个人的成功不仅依赖于天赋，更取决于后天的努力与坚持。《工人同盟》（又译《工人联盟》）是法国作家**弗洛拉·特里斯坦**创作的社会改革著作。书中主张建立工人同盟，呼吁工人通过集体行动争取权益，改善劳动条件，实现社会平等。**约翰·桑福德**是普利策奖获得者约翰·坎普的笔名，著有小说《猎物》等，但《妇女的社会和家庭特征》一书未查证到确实资料。

14. C

文艺复兴运动在欧洲广泛传播的原因不包括**欧洲北部各国天主教教会的全力支持**。文艺复兴指14世纪至16世纪发生在欧洲的思想解放文化运动。它起源于意大利，后扩展至整个欧洲。它的本质是新兴资产阶级在复兴古希腊、古罗马古典文化的名义下，发起的弘扬资产阶级思想文化的反封建运动。该运动在一定程度上挑战了天主教会的权威，尤其是在宗教改革兴起后，北部欧洲的新教势力与天主教会形成了对立。文艺复兴强调人文主义，主张以人为本，重视人的价值与尊严，这与天主教会的教义存在冲突。因此，天主教会反而是文艺复兴在某些地区传播的阻力。

15. C

关于《论法的精神》，说法错误的是：**提出三种基本的国家形式，分别是共和政体、君主政体和民主政体**。孟德斯鸠是 18 世纪法国著名的法学家、政治哲学家、启蒙思想家，启蒙运动的代表人物之一。他在其代表作《论法的精神》中，全面分析了法律、政治体制和社会因素之间的关系，**推崇英国的君主立宪制，主张三权分立，即立法权、行政权和司法权应分属不同机构**，以便相互监督、**制衡**，防止权力滥用和专制统治，**避免暴政**。该书提出了"地理决定论"，**强调地理因素对社会文化和政体的决定性作用**。书中将国家政体形式分为**共和政体、君主政体和专制政体**三类，并分析了每种政体的特点和运行机制。书中还将法律分为自然法和人为法。孟德斯鸠的思想强调法治、自由和权力制衡，为启蒙运动和现代政治哲学的发展提供了重要理论支持。

二、简答题

1. 《简·爱》是英国作家夏洛蒂·勃朗特于 1847 年发表的长篇小说。

（1）主要内容：小说以第一人称讲述了孤女简·爱从小经历苦难，最终成长为独立女性的故事。简在孤儿院度过童年，成年后成为桑菲尔德庄园的家庭教师，与主人罗切斯特相爱。然而，婚礼当天她发现罗切斯特已有疯妻，毅然离开。经历磨难后，简继承遗产，重返罗切斯特身边，最终与他平等结合。

（2）主题：小说通过简的成长与爱情，探讨了女性独立、平等、尊严、自我觉醒以及道德选择的主题，批判了当时社会的性别和阶级不平等。《简·爱》以其深刻的心理描写和女性意识，成为 19 世纪英国文学的经典之作。

2. "仁"是孔子思想的核心概念，是中国儒家学派道德规范的最高准则，体现了儒家对个人道德修养和社会和谐的追求。

（1）"仁"最基本的含义是"爱人"，强调人与人之间的关爱、同情和尊重，要求人们以宽容、善良的态度对待他人。

（2）"仁"是道德修养的最高境界，强调个人应在思想、行为方面遵循道德规范，努力做到内外一致。

（3）在社会层面，"仁"是治理国家和社会的基本原则，要求建立和谐的人际关系。实现"仁"的途径包括孝悌、忠恕、礼义等具体行为。

三、应用文写作

【构思谋篇】

题干要求撰写一篇面向社区居民的"绿色低碳生活"倡议书。范文以"碳达峰""碳中和"国家战略为切入点；正文分三个递进式板块展开，先强调意识培养的重要性，再具体从节能减排、绿色出行、减少浪费、绿化美化四个维度提供行动指南，最后呼吁社区共建，形成个人行动与集体参与的闭环；结尾以抒情性语言升华主题，将绿色低碳提升至文明素养高度。

【参考范文】

绿色低碳生活倡议书

尊敬的社区居民朋友们：

为响应国家"碳达峰""碳中和"战略目标，践行绿色发展理念，共建美好家园，我社区居委会特向全体居民发出"绿色低碳生活"倡议。让我们从日常生活的点滴做起，共同为地球减负，为未来蓄力。

一、增强绿色低碳意识

绿色低碳生活不仅是对自然的尊重和保护，更是我们自身健康和生活质量的保障。我们倡议每位居民从思想上高度重视，认识到绿色低碳生活的重要性和紧迫性，将绿色低碳理念融入到日常生活的方方面面。

二、践行绿色低碳行动

（1）节能减排：在日常生活中，我们要注意节约能源，减少碳排放。比如，随手关灯、合理调节室内温度和湿度、减少空调和暖气的使用、及时关闭不必要的电器设备，避免能源浪费。

（2）绿色出行：鼓励大家选择公共交通、步行或骑行等低碳出行方式，减少私家车的使用，降低交通拥堵和空气污染。

（3）减少浪费：倡导节约粮食和水资源，拒绝使用一次性用品，减少塑料垃圾的产生。同时，我们要学会垃圾分类，减少垃圾填埋量，降低对环境的污染，同时实现资源的循环利用。

（4）绿化美化：积极参与社区绿化活动，种植绿色植物，增加绿化面积，改善空气质量，让我们的生活环境更加美好。

三、共建绿色低碳社区

绿色低碳社区的建设需要我们每个人的共同努力。我们倡议居民之间相互监督、相互鼓励，共同营造绿色低碳的生活氛围。同时，社区居委会将定期组织绿色低碳生活讲座、展览等活动，提高居民的环保意识和参与度。

亲爱的居民朋友们，绿色低碳不仅是一种生活方式，更是一种文明素养。让我们携手共建天更蓝、水更清、环境更优美的绿色社区！

××社区居委会

2022年××月××日

四、命题作文

【构思谋篇】

题干材料围绕教育内卷现象，揭示了当前教育领域过度竞争与消极躺平并存的两极化困境。范文开篇直指教育内卷的现状与两极化的社会反应，确立论述主题；正文剖析内卷三大成因（评价单一、观念狭隘、资源不均），再对应提出"多元评价体系—教育观念更新—资源均衡配置"的解决方案，形成严密的因果论证链条；结尾升华至教育本质的思考，强调要超越"非卷即躺"的二元对立，回归育人初心。

【参考范文】

内卷的出路

当下教育领域的内卷现象已成为社会关注的焦点。从课外培训的泛滥到升学竞争的加剧，从家长的焦虑到学生的压力，教育似乎陷入了一场没有终点的竞赛。面对这一现象，有人选择加倍投入这场竞赛，有人则走向另一个极端——彻底"躺平"。然而，真正的出路不在于非此即彼的选择，而在于寻找教育的平衡之道。

教育内卷源于多方面的因素。评价体系的单一化是重要原因之一。当分数成为衡量教育成果的唯一标准时，学生、家长和学校都被迫卷入这场竞赛。社会对成功的狭隘定义也加剧了这一现象，许多人将好成绩、好学校与好未来简单等同起来。此外，教育资源分配的不均衡也让竞争变得更加激烈。这些因素共同作用，形成了当前教育领域的困境。

破解教育内卷，首先需要建立多元的评价体系。教育的目的应该是培养全面发展的人，而非单一的考试能手。每个学生都有独特的天赋和兴趣，教育应当为这些不同的潜能提供发展空间。当评价标准从单一走向多元，教育的焦虑自然会得到缓解。学校可以尝试将学业成绩与其他方面的表现结合起来，给予学生更全面的评价。

教育观念的转变同样重要。家长和教育者需要认识到，教育的价值不仅体现在升学结果上，更体现在成长过程中。过度的压力可能会带来短期的成绩提升，但长远来看，可能损害学生的学习兴趣和创造力。适当的放松和自由探索的空间，反而可能带来更好的学习效果。教育应该是点燃求知欲的火种，而不是压榨潜能的工具。

教育资源的均衡配置也是缓解内卷的重要途径。当优质教育资源过度集中时，竞争自然会变得激烈。通过改善教育资源配置，为不同地区、不同学校创造更公平的发展机会，可以从根本上减轻教育竞争的压力。这不仅需要政策层面的调整，也需要社会各界的共同努力。

教育的真谛在于培养完整的人，而不是制造标准化的产品。破解教育内卷，不是要否定努力的价值，而是要回归教育的本质；不是要提倡消极的"躺平"，而是要寻找更健康的发展方式。在这个过程中，需要学校、家庭和社会形成合力，共同为孩子们创造一个更宽松、更多元的成长环境。只有这样，教育才能真正成为滋养心灵的沃土，让每个孩子都能按照自己的节奏健康成长。

2022 年全日制翻译硕士专业学位（MTI）研究生入学考试试题

参考答案

一、单项选择题

1. D

"**大风起兮云飞扬，威加海内兮归故乡，安得猛士兮守四方**"出自西汉开国皇帝刘邦的《大风歌》，表现了刘邦维护天下统一的远大政治抱负，以及为国事忧虑的复杂心情。诗中"威加海内"彰显帝王气概，"安得猛士"则流露出对治国人才的渴求，语言简练而意境宏阔，既展现了胜利者的豪情，又暗含守业者的忧患意识。

"**四十年来家国，三千里地山河**"出自南唐后主李煜的《破阵子·四十年来家国》，表达了李煜对故国的怀念和亡国之痛。"**老骥伏枥，志在千里**"出自东汉文学家曹操的《步出夏门行·龟虽寿》，表达了曹操老当益壮、积极进取的精神。"**冲天香阵透长安，满城尽带黄金甲**"出自大齐政权开国皇帝黄巢的《不第后赋菊》，表达了黄巢起义反唐的决心和必胜的信心。

2. C

《漂流三部曲》是指**郭沫若**的自叙传抒情小说三部曲，包括《**歧路**》《**炼狱**》《**十字架**》。该作品通过主人公爱牟的经历，反映了知识分子在时代洪流中的挣扎与追求。它是作者本人生活的自我写照，映射了他从日本留学至返回中国期间颠沛流离的人生道路。作为新文学初期的小说创作，《漂流三部曲》带有强烈的主观性、抒情性，在新旧小说的转型过程中具有积极的开拓意义。

小说《**幻灭**》《**动摇**》《**追求**》构成了**茅盾**的《蚀》三部曲。话剧《**雷雨**》《**日出**》《**原野**》构成了**曹禺**的"生命三部曲"。小说《**家**》《**春**》《**秋**》构成了**巴金**的《激流三部曲》。

3. A

公孙龙提出的"**白马非马**"，体现了辩证法中矛盾的特殊性和普遍性的关系。公孙龙，字子秉，是战国时期的哲学家、逻辑学家，名家学派的代表人物。他提出了"白马非马"和"离坚白"等逻辑论题。其代表作有《公孙龙子》（原有 14 篇，现存 6 篇，包括《白马论》《坚白论》等）。

"**庖丁解牛**"出自《庄子·养生主》，喻指通过长期实践精通事物规律，达到做事游刃有余、运用自如的境界。"**杯弓蛇影**"出自东汉学者应劭辑录的《风俗通义·怪神》，喻指因无端猜疑而心生恐惧。"**察见渊鱼**"出自《列子·说符》，喻指人过于精明，能够洞察到极细微、极隐秘的事情。

4. B

成语"**指桑骂槐**"出自《三十六计》中的第二十六计，是作战指挥者用以慑服部下、树立领导威严最有效的暗示手段。

"**反戈一击**"出自《尚书·武成》，比喻调头向原本的阵营发起进攻。"**引人入胜**"出自南朝宋时期文学家刘义庆的《世说新语·任诞》，意为吸引人进入美妙的境界，现在多指风景或文学作品非常吸引人。"**过河拆桥**"出自于宋代大慧宗杲禅师的《大慧普觉禅师语录》，比喻达到目的后便断绝来路、忘恩负义的行为。

5. C

"**风雨凄凄，鸡鸣喈喈。既见君子，云胡不夷**" 使用了 "兴" 的手法。该语句通过对寒冷凄苦环境的描写，反衬出女子见到情郎的欢欣喜悦。"赋" "比" "兴" 是中国古代诗歌创作的三种基本表现手法。"赋" 即铺陈直叙，直接陈述思想感情及相关事物。"比" 即比喻、类比，用某个具体的事物或道理来类比另一个抽象的事物或道理。"兴" 即托物起兴，先言他物，然后借以联想，引出诗人所要表达的事物或感情。这三种手法在《诗经》中广泛应用，成为后世诗歌创作的重要传统。

"**硕鼠硕鼠，无食我黍！三岁贯女，莫我肯顾**" 使用了 "比" 的手法，用 "硕鼠" 比喻剥削阶级，揭示了剥削者的贪婪与残忍，表达了劳动者对剥削者的愤怒控诉。"**死生契阔，与子成说。执子之手，与子偕老**" 使用了 "赋" 的手法，表现了对爱情的忠贞不渝和对伴侣的坚定承诺。"**采采芣苢，薄言采之。采采芣苢，薄言有之**" 使用了 "赋" 的手法，描绘了采摘芣苢的欢快场景。

6. B

东汉初年，社会安定，经济得到恢复和发展，史称 "**光武中兴**"。"光武中兴" 是东汉光武帝刘秀（开国皇帝）在位期间开创的治世局面。刘秀在西汉末年天下大乱后，平定各地割据势力，于公元 25 年建立东汉，定都洛阳。他在政治上整顿吏治，加强中央集权；经济上重视农业，减轻赋税，解放生产力；文化上大兴儒学，推崇气节。光武中兴结束了王莽篡汉后的混乱局面，开创了东汉近两百年的统治，为后来的 "明章之治" 奠定了基础。

"**永元之隆**" 是东汉汉和帝刘肇（东汉第四位皇帝）在位期间开创的治世局面。"**明章之治**" 是 "光武中兴" 之后，汉明帝刘庄（东汉第二位皇帝）、汉章帝刘炟（东汉第三位皇帝）在位期间开创的 "大治" 景象。"**永嘉南渡**" 是西晋永嘉年间，北方汉人大批南迁的情形。

7. C

南京得名于 **明朝**。明太祖朱元璋攻占集庆（今南京）后，将其改名为应天，作为都城。后来，明成祖朱棣迁都顺天（今北京），将应天改名为南京，作为陪都。

南京在 **宋朝** 时称 "江宁" "建康"，**元朝** 时称 "集庆"，**清朝** 时称 "南京" "江宁"。

8. C

题干语句中的最后一句引自辛弃疾的 《**青玉案·元夕**》。王国维在《人间词话》中提出治学三境界。第一境界引自宋代词人晏殊的《蝶恋花·槛菊愁烟兰泣露》，原词描写了秋夜孤独登高望远的情景，此处用以比喻治学的初始阶段，学者在迷茫中探索方向的状态。第二境界引自宋代词人柳永的《蝶恋花·伫倚危楼风细细》，原词表达了对爱情的执着和无悔的付出，此处用以比喻治学的中期阶段，学者为追求目标而坚持不懈、甘愿付出一切的精神。第三境界引自宋代词人辛弃疾的《青玉案·元夕》，原词描写了在人群中反复寻找并最终觅得心上人的情景，此处用以比喻治学的最终阶段，学者在长期努力后突然顿悟、豁然开朗的境界。

《**永遇乐·京口北固亭怀古**》是宋代词人辛弃疾的怀古词作，抒发了词人抗金复国的壮志与英雄失路的悲愤，相关经典语句有 "廉颇老矣，尚能饭否" 等。《**水龙吟·登建康赏心亭**》是宋代词人辛弃疾的怀古词作，抒发了词人报国无门、壮志难酬的悲怆情怀，相关经典语句有 "把吴钩看了，栏杆拍遍，无人会，登临意" 等。《**西江月·夜行黄沙道中**》是宋代词人辛弃疾的田园词作，展现了清新自然的田园风光，相关经典语句有 "稻花香里说丰年，听取蛙声一片" 等。

9. D

伏尔泰把历史看成理性与迷信的斗争过程，反对只记载帝王活动的编年史著，力主将人类社会生活的各个方面都纳入史学研究的范畴。伏尔泰是 18 世纪法国著名的哲学家、文学家、启蒙思想家，启蒙运动的代表人物之一，被誉为"法兰西思想之王""欧洲的良心""文化史之父"。他主张开明的君主政治，批判宗教迷信和封建专制，强调理性、自由和平等。其代表作有《风俗论》《路易十四时代》《哲学通信》等。伏尔泰的思想推动了现代民主和法治的发展，为法国大革命奠定了理论基础。

卢梭是法国著名哲学家、教育家、文学家、启蒙思想家，其代表作有《社会契约论》《爱弥儿》等。狄德罗是法国著名的哲学家、作家、启蒙思想家，其代表作有《私生子》《怀疑论者的漫步》等。孟德斯鸠是法国著名的法学家、政治哲学家、启蒙思想家，其代表作有《论法的精神》等。

10. C

图灵奖是计算机领域的国际最高奖项，被誉为"计算机界的诺贝尔奖"。该奖项由美国计算机协会（ACM）于 1966 年设立，以纪念英国数学家、计算机科学奠基人艾伦·图灵。图灵奖旨在表彰在计算机领域作出卓越贡献的个人，获奖成果涵盖人工智能、算法、编程语言等方向，如蒂姆·伯纳斯·李的万维网发明（2016 年）等。该奖项不仅是对学术成就的认可，更推动了计算机科学的技术创新与跨学科融合，其权威性使其成为衡量国家计算机科研实力的重要指标。

菲尔兹奖是数学领域的国际最高奖项之一，被誉为"数学界的诺贝尔奖"。该奖项由加拿大数学家约翰·查尔斯·菲尔兹提议设立，首次颁发于 1936 年，旨在表彰 40 岁以下在数学领域作出杰出贡献的青年数学家。普利策奖是新闻领域的国际最高奖项，被誉为"新闻界的诺贝尔奖"。该奖项根据匈牙利裔美国报业巨头约瑟夫·普利策的遗愿于 1917 年设立，旨在表彰在新闻、文学和艺术创作中表现卓越的个人或团队。泰勒环境成就奖是环境科学领域的国际最高奖项之一，被誉为"环境科学界的诺贝尔奖"。该奖项由美国慈善家约翰·泰勒和爱丽丝·泰勒夫妇于 1973 年设立，旨在表彰在环境保护、生态研究和环境政策等领域作出杰出贡献的个人或机构。

11. A

弗朗西斯·培根提出唯物主义经验论的基本原则，认为一切知识都源于经验，同时强调科学实验的重要性。培根是英国文艺复兴时期著名的散文家、哲学家，实验科学的创始人、近代归纳法的创始人，被誉为"现代科学之父"。他还提出了"四假象"说，批判人类认知中的偏见和误区。他主张"知识就是力量"，强调通过观察和实验获取知识，反对中世纪经院哲学的教条主义。他还主张归纳法作为科学研究的基础，为近代科学革命奠定了思想基础。其代表作有《新工具》等。培根的思想推动了科学方法的发展，对启蒙运动和现代科学的兴起产生了深远影响。

孟德斯鸠将法律分为自然法和人为法。康德发表了《纯粹理性批判》。笛卡尔提出了普遍怀疑的主张。

12. C

《汤姆叔叔的小屋》是美国女作家哈里特·斯托创作的一部反奴隶制长篇小说。该书通过描写黑人奴隶汤姆的悲惨命运，深刻揭露了美国南方奴隶制的残酷，激发了北方民众对奴隶制的强烈反感，成为美国废奴运动的重要推动力。

《**红色英勇勋章**》是美国自然主义文学家**斯蒂芬·克莱恩**创作的一部战争小说。小说以美国南北战争为背景，通过年轻士兵亨利·弗莱明的视角，深入探讨了战争、勇气、恐惧和人性的复杂性。《**艰苦岁月**》是美国作家**马克·吐温**创作的一部半自传体游记。游记记录了作者在美国西部的冒险经历，生动描绘了美国西部的风土人情和社会风貌。《**小妇人**》是美国作家**路易莎·梅·奥尔科特**创作的一部经典小说。小说以美国南北战争为背景，讲述了马奇家四姐妹（梅格、乔、贝丝和艾米）从少女到成年的成长故事，展现了她们在家庭、爱情、理想和现实之间的挣扎与选择。

13. C

《**死魂灵**》是俄国作家果戈理创作的一部讽刺小说，被誉为俄国批判现实主义文学发展的基石。小说描写了主人公乞乞科夫（精于骗术的商人）依靠骗术成功成为官僚的座上宾后欺压农奴并牟取暴利的冒险故事，揭露了19世纪俄国农奴制社会的腐败与荒诞。

《**罪与罚**》是俄国作家陀思妥耶夫斯基创作的一部社会心理小说，描写了主人公拉斯科尔尼科夫（贫穷大学生）因受极端思想影响而谋杀放高利贷的老太婆，最终在内心煎熬与道德觉醒中走向救赎的故事。《**高老头**》是法国作家巴尔扎克创作的长篇小说，描写了主人公高老头（退休面粉商人）被两个贪婪的女儿榨干财产后悲惨死去的故事。《**小公务员之死**》是俄国作家契诃夫创作的短篇小说，描写了主人公切尔维亚科夫（小公务员）不小心在将军背后打了个喷嚏，惊扰了将军，从此生活在担惊受怕中，最后被生生吓死的故事。

14. B

《**呐喊**》由挪威画家爱德华·**蒙克**创作，是表现主义绘画的代表画作。该画作整体线条扭曲，颜色对比强烈，表现方式夸张。画中描绘了一个面容扭曲的人物，他站在桥上，双手抱头，背景是血红色的天空和深色的峡湾，传达出极度的焦虑与孤独。

《**哈里昆的狂欢**》由西班牙画家胡安·**米罗**创作，是超现实主义绘画的代表画作。《**在希律王前舞蹈的莎乐美**》由法国画家古斯塔夫·**莫罗**创作，是象征主义绘画的代表画作。《**亚威农少女**》由西班牙画家巴勃罗·**毕加索**创作，是立体主义绘画的代表画作。

15. C

赫尔墨斯，奥林匹斯十二主神之一，是古希腊神话中的商业、旅者、小偷和畜牧之神，也是众神的使者，主要服务于宙斯。他是主神宙斯与阿特拉斯之女迈亚的儿子。他的象征物是双蛇杖。

阿波罗，奥林匹斯十二主神之一，是古希腊神话中的光明、预言、音乐和医药之神，消灾解难之神。他是主神宙斯与泰坦女神勒托的儿子。**阿瑞斯**，奥林匹斯十二主神之一，是古希腊神话中的战争之神。他是主神宙斯与天后赫拉的儿子。**波塞冬**，奥林匹斯十二主神之一，是古希腊神话中的海神。他是主神宙斯的哥哥。他也是掌管马匹的神，坐骑是白马驾驶的黄金战车。

二、简答题

1. 新文化运动是20世纪初中国的先进知识分子们（李大钊、陈独秀、鲁迅、胡适等人）为了反对封建主义而发起的思想解放运动。该运动的主要主张有：

（1）提倡民主和科学，反对专制和迷信盲从。新文化运动高举"德先生"（Democracy，民主）和"赛先生"（Science，科学）两面旗帜，主张以民主政治取代封建专制，以科学精神破除迷信和愚昧。

（2）提倡个性解放，反对封建礼教。新文化运动强调个人自由与权利，提倡男女平等；提出"打倒孔家店"的口号，反对以儒家思想为代表的封建伦理对个性的压抑，认为其束缚人性、阻碍社会进步。

（3）提倡新文学，反对旧文学，实行文学革命。新文化运动倡导以白话文取代文言文，推动文学革命，使语言更贴近大众，促进思想传播和文化普及。

2. 《哈姆雷特》是莎士比亚四大悲剧之一，其主要内容及主题如下：

（1）主要内容：本剧讲述了主人公哈姆雷特的复仇故事。丹麦王子哈姆雷特接到父亲死讯回国奔丧时，发现他的叔父克劳狄斯继位并娶了他的母亲乔特鲁德。后来，在父亲鬼魂的提示下，他得知父亲是被叔父毒死的真相。于是，他通过装疯和安排戏中戏来确认克劳狄斯的罪行。为了复仇，哈姆雷特失去了爱情（奥菲利亚）与亲情（母亲），自己也在与克劳狄斯的决斗中同归于尽。

（2）主题：本剧的主题层次复杂。

①复仇主题：哈姆雷特的复仇具有社会性，由个人行动扩展到伸张正义的社会层面；哈姆雷特的复仇表现出延宕的特征，反映了复仇行为本身的道德复杂性，体现了对人性和命运的深刻反思；哈姆雷特的复仇虽以悲剧结尾，但肯定了他在道义上的胜利，反映了人文主义者要求冲破封建势力束缚的愿望。

②生死主题：全剧以哈姆雷特父亲的死亡为序幕，以书中主要角色的死亡为落幕，以对生死的思考贯穿整个复仇行动，深刻探讨了生命的脆弱、死亡的不可避免以及人类在面对生死时的无力与挣扎。

三、应用文写作

【构思谋篇】

题干要求撰写一篇"大学生职业规划大赛"邀请函。范文依次介绍了大赛背景与宗旨、参赛对象要求、赛事流程安排（初赛、复赛、决赛）、作品提交规范、奖项设置及报名方式等核心内容。语言需庄重得体，既要体现官方文件的规范性，又要保持对师生的亲和力。结尾需注明主办单位、联系人及发布日期。

【参考范文】

大学生职业规划大赛邀请函

各高校团委、就业指导中心：

为贯彻落实国家关于加强大学生就业创业教育的指导精神，帮助青年学子树立科学的职业发展观念，提升就业竞争力，××市教育委员会决定于2021年11月15日—12月20日举办大学生职业规划大赛，诚邀贵校组织学生踊跃参与。现将有关事项通知如下：

一、大赛宗旨

本次大赛以"规划精彩人生，成就职业梦想"为主题，旨在通过赛事平台引导大学生树立正确的成才观、就业观；提升职业规划能力与就业竞争力；促进高校就业指导工作交流创新。

二、参赛对象

××市各高校全日制在校本科生、研究生。

三、赛事安排

（一）初赛阶段（11月15日—11月30日）

参赛选手提交《职业生涯规划书》（2 000字以内），由各校自行组织评审，择优推荐3—5名选手晋级复赛。

（二）复赛阶段（12月1日—12月10日）

职业规划书评审（占比50%），线上职业能力测评（占比30%），个人风采视频展示（占比20%）。

（三）决赛阶段（12月20日）

职业规划展示（PPT演讲，8分钟），情景模拟答辩（5分钟），评委现场提问（3分钟）。

四、作品要求

（一）规划书需包含自我认知、职业探索、目标定位、实施路径等核心内容；

（二）作品必须为原创，不得抄袭；

（三）格式规范：标题三号黑体，正文小四宋体，1.5倍行距。

五、奖项设置

大赛设一等奖3名、二等奖5名、三等奖10名，另设"最佳规划奖""最具潜力奖"等单项奖。获奖选手将获得：市教委颁发的荣誉证书、知名企业实习机会、职业发展导师一对一指导。

六、报名方式

请各校于11月10日前将《参赛报名表》发送至大赛组委会邮箱：career_ contest @ edu. gov. cn，邮件标题注明"校名+职业规划大赛报名"。

联系人：××老师 010-12345678

××市教育委员会

2021年10月20日

四、命题作文

【构思谋篇】

题干材料聚焦新冠疫情对社会交往的深远影响，要求探讨其对社交心理、行为和模式的多维度影响。范文开篇以疫情带来的社交方式变革点题；正文采用"影响—转变—启示"的三段式结构，先分析疫情导致的社交心理矛盾（渴望互动又恐惧接触）及行为转变（线上社交常态化），再揭示危机中孕育的积极变化（邻里互助等），最后提炼后疫情时代的社交智慧；结尾升华主题，强调"心灵共鸣"才是真正连接的本质。

【参考范文】

疫情背景下的社会交往

当口罩成为日常标配，当视频通话取代面对面聚会，疫情不仅改变了我们的生活方式，更重塑了人与人之间的交往模式。这场全球性的公共卫生事件，让我们不得不重新思考：在保持物理距离的同时，如何维系心灵的温度？

疫情给社交心理带来了深刻影响。居家隔离期间，人们既渴望社交互动，又对人群聚集心存戒备。这种矛盾心理催生了一种新型的社交焦虑：既害怕孤独，又恐惧接触。尤其对老年人而言，被迫减少的社交活动往往带来更强烈的孤独感。同时，社交媒体的过度使用也让一些人产生了"社交倦怠"，在虚拟世界的频繁互动反而加剧了现实中的疏离感。

社交行为也发生了显著变化。线上会议、云端聚会成为新常态，这种"无接触社交"虽然解决了即时沟通的需求，却难以替代面对面交流的情感温度。教育领域的线上教学虽然保证了知识的传递，但师生之间那种潜移默化的影响却大打折扣。工作场合的远程协作提高了效率，却也削弱了团队凝聚力。这些变化让我们意识到，技术可以解决"能不能"的问题，却难以回答"好不好"的困惑。

然而，危机中也孕育着转机。疫情让我们重新发现了邻里之间的守望相助，志愿者活动中的陌生人协作，社区团购中的互帮互助，都展现出了特殊时期的人性光辉。更重要的是，它促使我们反思：在疫情前的快节奏生活中，我们是否已经将太多社交变成了形式化的应酬？当被迫放慢脚步时，我们反而更懂得珍惜那些真正重要的情感连接。

后疫情时代的社交，应该是一种平衡的艺术。我们既要善用技术带来的便利，又要守护人际交往的温度；既要保持必要的防护意识，又要避免过度的社交恐惧。真正的社交智慧，不在于接触的频次，而在于交流的深度；不在于形式的创新，而在于情感的真诚。

疫情终将过去，但它留给我们的思考不应被遗忘。在这个充满不确定性的时代，或许我们应该学会：保持适当的距离，是为了更好地连接；而真正的连接，永远建立在心灵的共鸣之上。这不仅是应对疫情的临时策略，更应该是面向未来的人际交往之道。

※ 师 范 类 院 校 ※

2023 年全日制翻译硕士专业学位（MTI）研究生入学考试试题

参考答案

第一部分　百科知识

1. **张爱玲**：张爱玲原名张煐，是中国近现代女作家，与吕碧城、萧红、石评梅并称"民国四大才女"。她早年曾就读于香港大学，其作品融合了中西文化，具有强烈的现代意识。她的作品语言细腻冷峻，善于刻画人物的内心世界和情感纠葛，涉及小说、散文、剧本评论等多种体裁，多以都市生活为背景，探讨爱情、婚姻和人性的复杂关系，展现了旧上海的社会风貌和时代变迁。其代表作有《半生缘》《倾城之恋》《红玫瑰与白玫瑰》等。

2. **莽原社**：莽原社是 1925 年 4 月由鲁迅等进步知识分子在北京成立的一个文化社团。该社以《莽原》周刊及半月刊为阵地，倡导新文化运动，批判封建思想和旧文化，推动文学革命和社会改革。莽原社的成员主张文学应反映现实、关注社会问题，作品多以讽刺和批判为主，具有强烈的启蒙意识。莽原社在 1927 年 12 月左右停止活动，存在时间较短，但其对现代文学的发展产生了重要影响。

3. **梁漱溟**：梁漱溟原名焕鼎，是中国近现代思想家、哲学家、社会活动家，"新儒家"代表人物之一。他的哲学思想以儒家文化为基础，结合佛教和西方哲学，形成了独特的文化观和社会理论。他积极参与乡村建设实践，强调通过乡村改造实现社会进步。其代表作有《东西文化及其哲学》《中国文化要义》等。梁漱溟致力于推动中国社会的现代化与传统文化复兴，对 20 世纪中国思想界和社会改革产生了深远影响。

4. **东京证券交易所**：东京证券交易所（Tokyo Stock Exchange，TSE）简称东证，是日本最大的证券交易所，也是全球最重要的证券交易中心之一，与纽约证券交易所、伦敦证券交易所并称"世界三大证券交易所"。它成立于 1878 年，总部位于东京都中央区日本桥兜町，与名古屋证券交易所、大阪证券交易所并称"日本三大证券交易所"。东京证券交易所主要交易股票、债券，其核心指数为日经 225 指数（Nikkei 225）。东证以其高效的市场运作和严格的监管体系闻名，对日本及全球金融市场具有重要影响。作为亚洲金融市场的核心，东京证券交易所在推动日本经济发展和全球资本流动中发挥着关键作用。

5. **国务院台湾事务办公室**：国务院台湾事务办公室简称国台办，是中华人民共和国国务院直属机构。该机构成立于 1988 年，负责处理台湾事务。其主要职责包括制定对台政策、推动两岸交流合作、维护台海和平稳定等。国台办在促进两岸经济、文化、教育等领域的交流与合作中发挥重要作用，同时坚决反对任何形式的"台独"分裂活动，坚持一个中国原则，致力于实现祖国的完全统一。国台办的工作对维护国家主权和领土完整、推动两岸关系和平发展具有重要意义。

6. **恺撒**：恺撒全名盖乌斯·尤利乌斯·恺撒，是古罗马共和国末期著名的军事家、政治家，史称恺撒大帝。他出生贵族家庭，从小接受优良教育，在文学、政治等方面都取得了卓越成就。他征服高卢，撰写了《高卢战记》，并率军跨越卢比孔河，引发罗马内战。他通过军事征服和政治手段，成为罗马共和国的独裁者，为罗马帝国的建立奠定了基础。他推行了一系列改革，包括历法改革（《儒略历》），但因其独裁统治遭到元老院反对，于公元前44年被刺杀。恺撒是西方历史上最具影响力的人物之一，其军事才能、政治智慧对罗马历史发展产生了深远影响。

7. **人文主义文学**：人文主义文学是文艺复兴时期兴起的文学流派。该流派倡导理性、自由和世俗生活，强调人的价值、尊严和个性解放，反对中世纪神学对思想的束缚。相关代表人物有但丁、彼特拉克和薄伽丘等，相关作品多关注人性、情感和社会现实，如《神曲》《十日谈》等。人文主义文学推动了欧洲文学的世俗化和个性化，为现代文学的发展奠定了基础，对后来的启蒙运动和现代思想产生了深远影响。

8. **智者学派**：智者学派是公元前5世纪至公元前4世纪古希腊兴起的哲学流派之一，以教授修辞学、辩论术和政治技能闻名。智者学派强调相对主义和实用主义，认为真理和道德是相对的，主张"人是衡量万物的尺度"。他们通过辩论和演讲技巧帮助公民参与政治生活，但也因收费教学和怀疑论倾向受到批评。相关代表人物有普罗泰戈拉和高尔吉亚等。智者学派对古希腊哲学、教育和社会思想产生了重要影响，为后来的哲学发展提供了思想基础。

9. **大觉醒运动**：大觉醒运动是18世纪中叶北美殖民地的一场宗教复兴运动。该运动由乔纳森·爱德华兹和乔治·怀特菲尔德等牧师领导，通过激情布道和巡回演讲，吸引了大量信徒。该运动强调信仰自由、民主平等，倡导宗教生活的自由化、民主化以及严格的道德与生活，反对暴政与宗教专制。大觉醒运动打破了传统教会的权威，促进了宗教多元化，推动了社会改革。

10. **联合国宪章**：《联合国宪章》是1945年在美国旧金山签署通过的联合国基本文件。其核心内容包括维护国际和平与安全、促进国际合作、尊重人权和基本自由等。宪章规定了联合国的宗旨、原则和组织结构，确立了联合国大会、安理会等主要机构的职能和运作方式，明确了会员国的责任、权利和义务，以及处理国际关系、维护世界和平与安全的基本原则和方法。《联合国宪章》是国际法和国际关系的重要基石，为全球治理和多边合作提供了框架，对维护世界和平与发展具有深远影响。

11. **红河哈尼梯田**：红河哈尼梯田位于中国云南省，是以哈尼族为主、多族人民世代开垦的农业奇观，被誉为"大地雕塑"。梯田依山而建，规模宏大，层次分明，展现了人与自然和谐共生的智慧。其独特的水利系统和耕作方式，体现了哈尼族对自然资源的可持续利用。红河哈尼梯田是中国传统农耕文化的象征，于2013年6月被列入《世界遗产名录》。

12. **举孝廉**：举孝廉是中国汉代选拔官员的制度。汉武帝采用董仲舒的建议，诏令各地方官员推荐品行端正、孝顺父母、廉洁奉公的人士，经考核后由朝廷任命官职。举孝廉制度强调道德品质，旨在选拔德才兼备的官员，体现了儒家"以孝治国"的思想，对汉代政治和社会风气产生了积极影响。然而，后期因推荐不公和腐败问题逐渐衰落，被科举制取代。

13. **唐三彩**：唐三彩是唐代盛行的一种低温釉陶器。它的釉彩鲜艳多样，因陶器以黄、绿、白三色为主，故名"三彩"。它的制作工艺复杂，以含有高岭土的白色黏土为坯体，经两次烧制而成。它的造型生动逼真，题材丰富，包括人物、动物、器皿等，反映了唐代社会生活和审美趣味。唐三彩是中国陶瓷史上的重要成就，对后世陶瓷艺术产生了深远影响。

14. **诸子百家**：诸子百家是指先秦时期涌现的各种思想流派及其代表人物。"百家"是泛指，意为数量多，主要学派有儒家（孔子、孟子）、道家（老子、庄子）、墨家（墨子）、法家（韩非子）、阴阳家、杂家、名家、纵横家、兵家、农家、医家、小说家十二家，其中前四家影响较大。诸子百家各抒己见，围绕政治、伦理、社会等问题展开辩论，形成多元的思想体系与"百家争鸣"的学术局面，为后世中国哲学和社会思想的发展奠定了重要基础。

15. **《孔雀东南飞》**：《孔雀东南飞》原名《古诗为焦仲卿妻作》，是中国汉代乐府长篇叙事诗的杰出代表，与《木兰诗》并称"乐府双璧"。全诗主要讲述了东汉末年庐江府小吏焦仲卿与其妻刘兰芝的爱情婚姻悲剧。诗歌叙事结构完整，人物形象鲜明，情感描写细腻，控诉了封建礼教对个人幸福的压迫，歌颂了焦刘夫妇的真挚感情和反抗精神。诗中"孔雀东南飞，五里一徘徊"等名句广为流传，体现了高超的艺术表现力。《孔雀东南飞》具有深刻的社会批判意义，成为中国古典叙事诗的典范，对后世文学产生了深远影响。

第二部分　应用文写作

【构思谋篇】

题干要求撰写一篇正式的全国性学术研讨会邀请函。首先需确定研讨会的学术领域方向，如前沿科技类（人工智能）、人文社科类（文化遗产保护）、交叉学科类（数字人文）；其次设计会议要素，包括会议的核心议题、议程规划等内容。范文以"邀请目的—核心内容—执行细节"为递进主线：开篇总述会议背景、目的及主办信息，表达邀请诚意；主体部分分项说明会议主题、会议安排、参会须知和联系方式；结尾再次致意。文章格式需严格遵循公务信函规范，语言兼顾专业性与礼仪性。

【参考范文】

关于召开"数字时代人文社科研究的创新路径"全国学术研讨会的邀请函

尊敬的××教授：

为深入探讨数字技术对人文社科研究的范式革新，促进跨学科学术对话，中国人文社科发展研究会定于 2022 年 12 月 15—17 日在××大学国际会议中心举办"数字时代人文社科研究的创新路径"全国学术研讨会。素仰您在相关领域的卓越成就，诚邀您拨冗与会，共襄盛举。

一、会议主题

本次研讨会主要聚焦以下议题：（1）数字人文的理论建构与方法论创新；（2）大数据驱动的社会科学研究范式转型；（3）人工智能与传统文化研究的融合路径；（4）跨学科数字研究平台的共建共享机制。

二、会议安排

12 月 15 日：注册报到、开幕式暨主旨报告；

12 月 16 日：专题研讨（设 4 个平行分论坛）；

12 月 17 日：圆桌对话、优秀论文颁奖及闭幕式。

三、参会须知

请于 11 月 20 日前提交参会回执及论文摘要（1 000 字以内）；会议不收取会务费，食宿统一安排，交通费自理；优秀论文将推荐至《中国人文社科研究》期刊发表。

四、联系方式

会务组邮箱：dhss2022@ 126. com

联系人：王秘书 025-89681234

附件：1. 参会回执表；2. 论文格式要求。

期待您携真知灼见莅临指导，共同推动我国人文社科研究的数字化转型。

中国人文社科发展研究会

2022 年 10 月 8 日

第三部分　命题作文

【构思谋篇】

题干材料揭示疫情下"物理距离"与"情感联结"的辩证关系：防控措施客观上造成人际空间隔离，全民抗疫又催生了更紧密的社会协作。范文采用"现象—影响—升华"的三段式结构：开篇点明疫情下物理距离扩大与心灵联系紧密的辩证现象；主体部分先论述防疫措施造成的空间疏离及心理影响，继而以医护人员驰援、科技互联、邻里互助三个层面展现特殊时期的新型社会联结；结尾升华主题，由具体事例提炼出"隔离病毒，但不隔离爱"的深刻启示。

【参考范文】

隔疫不隔心，万里犹比邻

2020 年初春，一场突如其来的疫情改变了人们习以为常的生活轨迹。居家隔离、线上办公……这些防疫措施在物理空间上拉开了人与人的距离，却在心灵层面创造了前所未有的紧密联系。这场特殊的经历，让我们对"距离"与"联系"有了全新的认识。

防疫措施确实造成了物理距离的扩大。往日热闹的街道变得冷清，亲朋好友的聚会不得不取消，学校的教室空无一人。这种物理隔离是必要的防疫代价，却也带来了前所未有的孤独感。上海精神卫生中心的调查表明，疫情期间焦虑、抑郁等情绪问题显著增加。

但令人感动的是，正是这种物理距离的扩大，让人们的社会联系以新的方式延续和深化。武汉封城期间，全国数万名医护人员驰援湖北；社区工作者 24 小时轮班值守；快递员穿梭于空荡的街道；教师们在短时间内掌握线上教学技能。这些平凡人的不平凡付出，构筑起抗击疫情的坚固防线。一位武汉市民在阳台上的呼喊"武汉加油"，随即引发全国各地的回应，这种情感的共鸣超越了空间的阻隔。

科技在特殊时期发挥了关键作用，成为连接人心的新纽带。线上办公软件使用量激增，确保工作不停摆；远程医疗平台让专家可以跨越千里进行会诊；网络课堂让千万学子"停课不停学"。这些创新方式证明，物理距离阻挡不了真挚的情感连接。

最令人动容的是，在保持安全距离的同时，人们的心灵距离反而更近了。邻居间自发互助，志愿者为独居老人送菜送药，海外华人筹集防疫物资。这些温暖的画面告诉我们，真正的联系不在于空间距离，而在于心灵相通。当口罩遮住笑容时，眼神的交流变得更加重要；当不能握手时，心灵的握手反而更加有力。

如今，疫情已经过去，但它留给我们的启示弥足珍贵。这场考验让我们认识到，人类社会的韧性不仅体现在保持安全距离的能力上，更展现在危难时刻守望相助的精神中。正如一位哲人所说："隔离病毒，但不隔离爱。"这种对距离与联系的新认知，将继续指引我们建设更美好的社会。从"一米线"到"云端见"，我们不仅守护了健康，更升华了人与人之间最珍贵的情感连接。

2022 年全日制翻译硕士专业学位（MTI）研究生入学考试试题

参考答案

第一部分　百科知识

1. **柴可夫斯基**：柴可夫斯基是 19 世纪俄罗斯浪漫乐派作曲家、音乐教育家，俄罗斯民族乐派代表人物之一。他的作品旋律优美，感情深刻细腻，配器富有表现力。其前期作品一般较为明朗乐观，后期则更具悲剧性。其代表作有交响曲《B 小调第六交响曲》，歌剧《黑桃皇后》《叶甫盖尼·奥涅金》，舞剧《天鹅湖》《睡美人》《胡桃夹子》等。

2. **特别提款权**：特别提款权（Special Drawing Rights, SDR）又称纸黄金，是国际货币基金组织（IMF）于 1969 年创设的一种国际储备资产，旨在补充成员国的官方储备，促进国际货币体系的稳定。SDR 并非货币，而是一种记账单位，其价值由一篮子主要国际货币（包括美元、欧元、人民币、日元和英镑）的加权平均值决定。SDR 是根据成员国在 IMF 中认缴的份额分配的，可用于成员国之间的结算、偿还 IMF 债务或作为外汇储备，但仅限于各国官方账户之间交易使用。随着人民币加入 SDR 货币篮子（2016 年 10 月 1 日），SDR 的国际地位进一步提升，成为国际金融体系中的重要工具，反映了全球经济格局的变化。

3. **绿色 GDP**：绿色 GDP 是指从传统 GDP 中扣除由于自然资源耗减、环境污染、管理不善等因素引起的经济损失成本后的国内生产总值。它是综合环境经济核算体系中的核心指标，是对现有 GDP 的修正和补充，代表国民经济增长的净正效应，更全面地反映了经济增长的真实效益。绿色 GDP 的提出旨在衡量经济发展对环境的影响，有助于政府制定更科学的经济政策，促进资源节约和生态保护，实现经济与环境的协调发展。

4. **纵横家**：纵横家是由谋圣鬼谷子创立的学术流派，也是先秦时期诸子百家学派之一。纵横家的核心思想是"合纵连横"，即通过外交谋略联合或分化各国，以达到政治和军事目的。该学派的代表人物有苏秦、张仪等。苏秦主张"合纵"，即联合弱国共同对抗强大的秦国；而张仪主张"连横"，即与秦国结盟以制衡其他国家。

5. **《周易》**：《周易》又称《易》《易经》，是中国古代重要的哲学典籍，被誉为"五经"之首。书中记录了古代中国智者们根据观察天象和社会变迁总结出的卜筮方法，以阴阳两种元素的对立统一去描述世间万物的变化，体现了中国古典文化的哲学观和宇宙观。《周易》详细记录了我国早期思想文化发展史上的历史资料和重要思想，在我国儒学发展史乃至文化发展史上都占据着相当重要的位置。

6. **三一律**：三一律又称三整一律，是西方戏剧结构理论之一。三一律由文艺复兴时期意大利戏剧理论家提出，后由法国古典主义戏剧家确定和推行。该理论要求戏剧创作保持时间一致、地点一致和情节一致。时间一致规定戏剧情节须在一天 24 小时（一昼夜）内完成；地点一致要求故事发生在同一场景；情节一致强调剧情围绕同一主题展开，避免复杂支线。三一律旨在增强戏剧的紧凑性、真实感和艺术性，使观众更易沉浸其中。

7. **《茶花女》**：《茶花女》是法国作家亚历山大·小仲马于 1848 年发表的长篇小说。小说以 19 世纪巴黎上流社会为背景，讲述了名妓玛格丽特与富家青年阿尔芒之间的爱情悲剧。《茶花女》通过细腻的心理描写和深刻的社会批判，揭露了当时法国上流社会的奢靡、虚伪与残酷，开创了法国文学"落难女郎"系列的先河，推动了 19 世纪西方写实主义问题小说的诞生。

8. **以人为本**：以人为本是一种强调以人的需求、利益和价值为核心的理念，广泛应用于社会治理、企业管理、教育、医疗等多个领域。"以人为本"的理念源于中国古代儒家思想中的"仁爱"观念，同时也与西方人文主义精神相契合。在现代社会，"以人为本"是科学发展观的核心，体现了我党全心全意为人民服务的根本宗旨。它的核心思想是在发展经济和社会进步的时候，要尊重人的尊严、关注人的发展、满足人的需求，并将人作为一切活动的出发点和落脚点。

9. **丹霞地貌**：丹霞地貌得名于中国广东省丹霞山，是指由红色陆相砂砾岩构成且具有陡峭坡面的一类地貌。其形成需要满足一定的地质条件（含铁量高的红色砂砾岩）和外力作用（长期风化、流水侵蚀和重力崩塌等）。丹霞地貌类型多样，可根据其演化阶段和形态特征，分为幼年期、青年期、壮年期和老年期。丹霞地貌主要分布在中国、美国、中欧和澳大利亚等地，以中国分布最广。2010 年 8 月，"中国丹霞"被联合国教科文组织正式批准列入《世界遗产名录》。

10. **亚当·斯密**：亚当·斯密是 18 世纪英国著名的经济学家、作家、哲学家，被誉为"现代经济学之父"。其代表作有《道德情操论》《国富论》等。其中，《国富论》（全称《国民财富的性质和原因的研究》）系统阐述了劳动分工理论、生产要素理论（劳动、土地和资本）和"看不见的手"市场机制，主张自由放任经济政策，为现代经济学奠定了理论基础。

11. **多米诺骨牌**：多米诺骨牌是一种木制、骨制或塑料制的长方体骨牌游戏用具，表面有点数或图案。它起源于中国北宋时期，后由意大利传教士传入欧洲并广泛流行。它的玩法是将骨牌按一定间距排列，推倒第一张后，其余骨牌会依次倒下，形成连锁反应。多米诺骨牌也可指代一种连锁反应现象，即"多米诺效应"，用于描述一个事件引发一系列相关事件的过程。

12. **"两学一做"**："两学一做"全称"学党章党规、学系列讲话，做合格党员"学习教育，是落实党章关于加强党员教育管理要求、面向全体党员深化党内教育的重要实践，是推动党内教育从"关键少数"向广大党员拓展、从集中性教育向经常性教育延伸的重要举措。"两学一做"学习教育于 2016 年开展。开展"两学一做"学习教育，旨在学习贯彻习近平总书记系列重要讲话精神，推动全面从严治党向基层延伸，巩固拓展党的群众路线教育实践活动和"三严三实"专题教育成果，进一步解决党员队伍在思想、组织、作风、纪律等方面存在的问题，保持发展党的先进性和纯洁性。①

13. **著作权**：著作权又称版权，是自然人、法人或其他组织对其文学、艺术和科学作品所依法享有的财产权利和精神权利的总称。广义的著作权还包括邻接权，即"与著作权有关的权利"。② 著作权与商标权、专利权等统称为知识产权。著作权一般具有如下特征：（1）专有性，为权利主体所独有；（2）地域性，只在其依法取得的地域内受法律保护；（3）时间性，其受保护期限是有限的；（4）无形性，其权利客体不是有形物质，而是无形财产；（5）双重性，具有人身权和财产权双重属性；（6）可转让性，其具有价值和使用价值，可以通过许可、转让等方式进行交易，但只能转让财产权的部分。

---

① "图解：面向全体党员开展的'两学一做'究竟是什么？"，载中国共产党新闻网 http://cpc.people.com.cn/xuexi/n1/2016/0301/c385474-28162054.html，最后访问日期：2025 年 4 月 30 日。

② "什么是著作权？"，载中国法院网 https://www.chinacourt.org/article/detail/2023/04/id/7255616.shtml，最后访问日期：2025 年 4 月 30 日。

14. **"985 工程"**："985 工程"得名于江泽民同志在北京大学 100 周年校庆的讲话时间（1998年 5 月），是中国共产党和中华人民共和国国务院在世纪之交为建设具有世界先进水平的一流大学而作出的重大决策。该项目通过重点投入和特殊支持，选拔并加快了一批基础好、实力强的高等学校的发展步伐。首批"985 工程"建设高校有 9 所（即九校联盟，包括北京大学、清华大学等），后扩展至 39 所。2019 年，教育部官网发布声明《关于 985、211 名单的咨询》：将"211 工程""985 工程"等重点建设项目统筹为"双一流（世界一流大学和一流学科）"建设。①

15. **两岸三通**：两岸三通是指台湾海峡两岸（中国大陆与台湾地区）之间全面双向的直接通邮、通商和通航。这一概念最早由全国人大常委会于 1979 年在《告台湾同胞书》中提出，旨在促进两岸经济文化交流与合作，推动和平统一进程。2009 年 8 月 31 日，两岸"三通"基本实现，② 标志着两岸关系进入新的历史阶段。两岸"三通"的实施极大便利了两岸人员往来、货物运输和信息传递，促进了两岸经济的深度融合与发展。

16. **中国知网**：中国知网全称中国国家知识基础设施工程（China National Knowledge Infrastructure，CNKI），是中国最大的学术资源数据库平台。该平台由清华大学和清华同方公司于1999 年共同创办，旨在促进学术交流和知识传播，支持教育和科研工作。其主要功能是整合学术期刊、学位论文、会议论文、专利、标准等各类学术资源，为科研人员、学生和教育机构提供全面的文献检索与下载服务。中国知网在学术研究、教学和知识传播中发挥了重要作用，成为国内外学者获取中文文献的重要渠道。

17. **知行合一**：知行合一是明代哲学家王阳明提出的哲学理念（"阳明心学"的核心观点之一）。"知"即知识、认知或理论，是对事物的理解与判断；"行"即实践、行动或行为，是将知识应用于实际的过程。该理念强调知识与实践的统一，即"知"与"行"不可分割、相互依存，意指真正的知识必须通过实践来验证，而实践也需要以正确的知识为指导。这一思想深化了认知和实践的关系，突破了程朱理学"知先行后"的传统观念。

18. **犹太教**：犹太教是信奉雅赫维为唯一真神的一神论民族宗教，也是世界上最古老的宗教之一。该教派起源于公元前 2000 年左右的中东地区，信徒均为犹太人，教众主要分布于以色列。其核心教义包括遵守律法、信仰救世主（弥赛亚）的降临以及强调道德与正义。该教派的启示性经典文献为《希伯来圣经》（又称《塔纳赫》），圣地为耶路撒冷。其宗教节日有逾越节、七七节、住棚节等。犹太教对基督教和伊斯兰教的形成产生了深远影响，其文化、哲学和律法传统至今仍在全球犹太社群中传承。

19. **玛雅文明**：玛雅文明得名于印第安玛雅人，是美洲古代印第安人文明的杰出代表，与印加文明、阿兹特克文明并称为"美洲三大文明"。玛雅文明主要分布于今天的墨西哥、危地马拉、洪都拉斯和伯利兹等地。玛雅文明处于新石器时代，其发展可分为前古典期、古典期和后古典期三个历史阶段，其中古典期（约公元 250 年至公元 900 年）为其鼎盛时期。玛雅文明的政治制度以城邦为基础；社会结构复杂，分为贵族、祭司、平民和奴隶等阶层。玛雅文明以发达的农业、天文、数学和建筑闻名，创造了精确的历法系统和独特的象形文字。其宗教信仰以多神崇拜为主，注重祭祀和仪式。尽管玛雅文明在后期逐渐衰落，但其文化遗产对后世产生了深远影响。

---

① "关于 985、211 名单的咨询"，载 http：//www. moe. gov. cn/jyb_hygq/hygq_zczx/moe_1346/moe_1366/201911/t20191128_409940. html，最后访问日期：2025 年 4 月 30 日。

② "新闻背景：两岸"三通"进程大事记"，载中国政府网 https：//www. gov. cn/jrzg/2013 - 12/14/content_2547693. htm，最后访问日期：2025 年 4 月 30 日。

20. **"僵尸企业"**："僵尸企业"是指那些丧失自我发展能力、债务负担较重、需要依赖政府补贴或银行续贷维持经营的企业。这类企业主要集中于钢铁、煤炭、水泥等产能严重过剩的行业。它们的存在阻碍了经济转型升级和产业结构调整，增加了宏观经济运行的风险，浪费了有限的社会资源。其成因包括过度投资、政策干预和市场机制不完善等。解决僵尸企业问题通常需要通过市场化手段（如破产重组）和政策引导（如去产能）来实现。

21. **精卫填海**：精卫填海是一个源于神话故事的成语，出自《山海经·北山经》。该成语与炎帝的女儿女娃有关，女娃在东海溺亡后，化为精卫鸟，每天衔来草石投入东海，誓言要填平东海，以报复夺去自己生命的大海。该成语旧时比喻仇恨极深、立志报复，后比喻意志坚定、不畏艰难。这则故事寓意深刻，常被用来象征不屈不挠、持之以恒的精神，尤其是面对巨大困难时仍不放弃的决心。

22. **启蒙运动**：启蒙运动又称理性时代，是17世纪末至18世纪末欧洲资产阶级和人民大众反封建专制制度、反宗教蒙昧主义的思想文化解放运动。它兴起于西欧，很快发展至欧洲大多数国家，并影响到全世界，但其中心在法国。启蒙运动涉及宗教、哲学、经济、文学等各个方面，提倡人权反对神权，提倡民主反对专制，提倡科学反对迷信，提倡理性主义反对盲从权威。这一时期的代表人物有伏尔泰、卢梭、孟德斯鸠、狄德罗、康德等。启蒙运动推动了政治制度的变革，促进了民主、法治和自由市场的形成。同时，它也推动了科学和教育的发展，为现代科学的兴起和知识的传播创造了条件。

23. **殷墟**：殷墟是中国商朝晚期的都城遗址，也是中国历史上第一个有文献可考并经考古发掘证实的古代都城遗址，位于河南省安阳市，被誉为"中国现代考古学的摇篮"。殷墟出土了大量珍贵文物，包括青铜器、玉器、陶器和甲骨文。其中，甲骨文是迄今为止发现的最早的成熟汉字系统，为研究古代文字、宗教和社会制度提供了重要依据。2006年7月，殷墟被联合国教科文组织正式批准列入《世界遗产名录》。

24. **新型城镇化**：新型城镇化是中国在21世纪提出的城镇化发展战略，强调城乡统筹、城乡一体、产业互动、节约集约、生态宜居、和谐发展。[1] 与传统城镇化相比，新型城镇化不仅关注城市规模的扩张，更注重提升城镇化质量，推动城乡融合发展。它是与工业化、信息化、农业现代化同步推进的城镇化；是人口、经济、资源和环境相协调的城镇化；是大、中、小城市与小城镇协调发展的城镇化；是人口集聚、"市民化"和公共服务协调发展的城镇化。[2] 这一战略旨在解决传统城镇化中出现的问题，促进经济社会的全面协调可持续发展。

25. **常春藤联盟**：常春藤联盟是美国东北部八所顶尖私立研究型大学组成的高校联盟。该联盟最初源于体育赛事联盟，后来逐渐成为精英教育的象征。联盟包括哈佛大学、耶鲁大学、普林斯顿大学、宾夕法尼亚大学、达特茅斯学院、布朗大学、哥伦比亚大学和康奈尔大学。这些学校以其悠久的历史、卓越的学术声誉和严格的入学标准闻名于世。常春藤盟校在学术研究、人才培养和社会影响力方面处于全球领先地位，培养了众多政界、商界和学术界的杰出人才，对全球高等教育产生了深远影响。

---

[1] "2025，新型城镇化向'新'发力"，载半月谈网 http://www.banyuetan.org/pl/detail/20250121/1000200033136001737429010143008848_1.html，最后访问日期：2025年4月30日。

[2] "新型城镇化的内涵与发展路径"，载人民网 http://theory.people.com.cn/n/2015/0819/c40531-27483371.html，最后访问日期：2025年4月30日。

第二部分　应用文写作

【构思谋篇】

　　题干要求撰写一篇校友代表在校庆纪念大会上的发言稿。范文采用"致谢—回顾—展望"的三段式结构：开篇以校友身份表达对母校的感恩之情；主体部分通过今昔对比展现母校百年发展历程，以典型事例印证育人成果；结尾立足当下，既表达对母校发展的关注与支持，又展望美好未来。发言稿需符合正式场合的礼仪规范，兼具情感温度与思想深度，展现校友对母校发展的关注与期待。

【参考范文】

百年华诞，感恩同行

尊敬的各位领导、老师，亲爱的校友们、同学们：

　　大家好！今天，我们齐聚母校，共庆百年华诞。作为校友代表站在这里，我倍感荣幸，更满怀感恩。回首求学岁月，母校不仅传授知识，更教会我们做人做事的道理，这份滋养让我们终生受益。

　　母校的百年历程，是一部砥砺前行的奋斗史。从最初的几间平房到如今的现代化校园，从单一学科到综合性大学，一代代师生用汗水铸就了今天的辉煌。记得当年老师常说："今日我以母校为荣，明日母校以我为荣。"这句话激励着无数校友在各行各业拼搏奋进。如今，我们看到航天领域的工程师、扎根基层的村官、教书育人的教师……大家都在用实际行动践行母校的教诲。

　　作为校友，我们始终关注着母校的发展。近年来，母校在科研创新、人才培养等方面取得突破，让我们倍感自豪。在此，我代表全体校友承诺：将继续支持母校建设，助力母校在新百年再创辉煌！

　　最后，祝愿母校薪火相传，桃李满天下！愿我们永远以母校为纽带，携手同行，共赴星辰大海！

　　谢谢大家！

第三部分　命题作文

【构思谋篇】

　　题干材料强调实现中国梦必须坚定"三个自信"（道路自信、理论自信、制度自信），以"千磨万击还坚劲"的韧性应对挑战。范文采用"精神意象引题—三维自信立论—实践升华收束"的递进式结构：开篇以竹石意象破题，将民族品格与时代命题相勾连；主体部分从道路自信、理论自信、制度自信三个维度展开论述，分别以"航标灯""定盘星""压舱石"为喻，通过历史纵深与现实例证交织论证，形成层层递进的逻辑链条；结尾回归现实挑战，完成理论到实践的升华。

【参考范文】

以自信之基，筑复兴之厦

　　郑板桥笔下的竹石在千磨万击中愈发坚韧，任凭东西南北风肆虐仍岿然不动。这种历经风雨而愈发坚定的精神，正是中华民族在复兴征程上最需要的品格。面对百年未有之大变局，我们比任何时候都更需要筑牢道路自信、理论自信、制度自信的根基，以自信之基托起民族复兴的巍峨大厦。

　　道路自信是民族复兴的航标灯。从嘉兴南湖的红船到新时代的巍巍巨轮，中国共产党带领人民走出了一条既不同于西方模式、也不照搬他国经验的康庄大道。这条道路是马克思主义基本原理同中国具体实际相结合的产物，是五千年文明积淀与现代文明交融的结晶。当非洲友人惊叹于"中国速度"，我们愈发坚信：这条符合中国国情、体现中国规律、彰显中国优势的道路，正是实现民族复兴的必由之路。

　　理论自信是民族复兴的定盘星。马克思主义中国化的三次理论飞跃，如同照亮前行道路的明灯。毛泽东思想指引中国人民站起来，邓小平理论引领中国人民富起来，习近平新时代中国特色社会主义思想正带领中国人民强起来。这些闪耀着真理光芒的理论成果，既源于实践又指导实践，既立足中国又放眼世界，构成了民族复兴最坚实的思想根基。

　　制度自信是民族复兴的压舱石。当全球疫情肆虐时，中国用"全国一盘棋"的制度优势书写了抗疫史诗；当经济面临下行压力时，"集中力量办大事"的制度效能催生了新质生产力的蓬勃发展。从"天问"探火到"蛟龙"探海，从港珠澳大桥飞架三地到"东数西算"工程横跨东西，这些举世瞩目的成就背后，是中国特色社会主义制度强大的组织动员能力、统筹协调能力、贯彻执行能力。这种制度优势不是空中楼阁，而是深深植根于中国大地、深得人民拥护的实践成果。

　　面对外部环境的惊涛骇浪，我们要像竹石般咬定青山不放松；面对改革发展的深水险滩，我们要以"越是艰险越向前"的勇气破浪前行。坚持道路自信、理论自信、制度自信，不是盲目自大，而是建立在对历史规律的深刻把握、对时代潮流的敏锐洞察、对自身使命的清醒认知之上。当十四亿中国人心往一处想、劲往一处使，我们必将以自信的姿态、坚定的步伐，在实现中华民族伟大复兴的征程上书写新的辉煌篇章。

湖南师范大学

2023 年全日制翻译硕士专业学位（MTI）研究生入学考试试题

参考答案

第一部分　百科知识

一、单项选择

1. D

《天工开物》的作者是明朝科学家**宋应星**。《天工开物》是一部关于农业和手工业的综合性科技著作，被外国学者誉为"中国 17 世纪的工艺百科全书"。书中详细记录了明朝中叶以前（农业、手工业、矿业和制造业等领域）的各项生产技术，如纺织、制盐、冶金、陶瓷等，并配有大量插图。该书对研究中国古代科技和经济史具有重要价值，为后世技术传承和创新提供了宝贵资料。

徐霞客是明代地理学家，著有《徐霞客游记》。**沈括**是北宋科学家，著有《梦溪笔谈》。**郦道元**是北魏地理学家，著有《水经注》。

2. B

科举制度是中国古代选拔官员的主要制度，正式开始于**隋朝**。科举考试分为童试、乡试（秋闱）、会试（春闱）和殿试四级，内容以儒家经典为主，尤其是四书五经。科举制度始于隋朝，后历代沿袭完善，使其成为中国古代重要的选官制度，它打破了世袭和门第限制，为平民提供了晋升机会，促进了社会流动和文化普及。然而，后期因考试内容僵化（八股文）和腐败问题，该制度逐渐失去活力，至清末被废除。科举制被认为是封建时代最公平的人才选拔形式，对政治、教育和社会文化产生了深远影响。

汉朝选拔官员以察举制为核心，由地方官员推荐"孝廉""茂才"等品德或才能突出者，经考核后授官，辅以征辟制（皇帝/官府直接征召名士）。

3. B

莎士比亚四大悲剧中，**《哈姆莱特》**（《哈姆雷特》）又称《王子复仇记》。剧中讲述了丹麦王子哈姆雷特为父报仇的历程，揭示了复仇、生死等主题。哈姆雷特在得知父亲被叔父克劳狄斯谋杀后，陷入矛盾与犹豫，最终在复仇中走向悲剧结局。《哈姆莱特》被誉为莎士比亚最伟大的作品之一，通过复杂的人物心理描写和深刻的哲学思考，探讨了人性、命运等永恒问题，对世界文学和戏剧产生了深远影响。

《奥赛罗》讲述了摩尔人将军奥赛罗因受旗官伊阿古的挑拨，怀疑妻子苔丝狄蒙娜不忠，最终在嫉妒与愤怒中将其杀害，真相大白后自尽的故事。作品通过奥赛罗的悲剧，探讨了嫉妒、信任、种族歧视和人性的脆弱等主题。**《麦克白斯》**（《麦克白》）讲述了苏格兰将军麦克白因受女巫预言和妻子怂恿，弑君篡位，最终在野心与罪恶中走向毁灭的故事。作品通过麦克白的堕落与疯狂，探讨了野心、权力、罪恶与命运等主题，揭示了人性中的黑暗面。**《李尔王》**讲述了不列颠国王李尔因年老退位，将国土分给两个虚伪的女儿，却驱逐了真诚的小女儿考狄利娅，最终在背叛与疯狂中走向悲剧结局的故事。作品通过李尔的遭遇，探讨了权力、亲情、背叛与人性等主题，揭示了人类社会的复杂性与残酷性。

4. D

耄耋之年是中国古代对年老者的别称，指的是**八九十岁**。古代年岁别称是中国传统文化中对不同年龄阶段的特定称谓，反映了对人生各阶段的重视与祝福。常见别称包括：襁褓（未满周岁的婴儿）、总角（儿童）、及笄（女子十五岁）、弱冠（男子二十岁）、而立（三十岁）、不惑（四十岁）、知天命（**五十岁**）、花甲或耳顺（**六十岁**）、古稀（**七十岁**）、耄耋（八九十岁）、期颐（百岁）。

5. B

"天下兴亡，匹夫有责"是**顾炎武**的名言，出自其著作《日知录·正始》。这句话强调国家的兴衰与每个人都息息相关，即使是普通百姓也应对国家命运承担责任。顾炎武是明末清初的思想家、史学家，与黄宗羲、王夫之并称为"明末清初三大思想家"。他主张经世致用，强调学问应服务于社会现实。其代表作有《日知录》《天下郡国利病书》等。

黄宗羲是明末清初的思想家、史学家。他批判君主专制，提出"天下为主，君为客"的民主思想；主张"工商皆本"，反对重农抑商。其代表作有《明夷待访录》等。**王夫之**是明末清初的思想家、哲学家。他批判程朱理学，主张"人欲即天理"；提倡"天下惟器"的唯物主义思想体系。其代表作有《读通鉴论》等。**王充**是东汉时期的思想家、唯物主义哲学家。他提出"元气自然论"，认为万物由元气构成；反对唯心主义先验论，强调"学而知之"。其代表作有《论衡》等。

6. C

题干语句出自先秦思想家**墨子**。墨子是墨家学派的代表人物，主张"兼爱非攻"，强调无差别的爱和反对战争。他认为，如果所有人都能互相关爱，国家之间停止攻伐，社会就能实现和平与治理。墨子的思想体现了对和谐社会的追求，与儒家的"仁爱"和道家的"无为"形成鲜明对比，对先秦思想的发展产生了重要影响。

老子是道家学派的代表人物，他主张"道法自然""无为而治"。**孔子**和**孟子**均为儒家学派的代表人物，前者主张"仁""义""礼"等价值理念，后者主张"性善论"。

7. B

题干语句出自**阿基米德**，体现了他对杠杆原理的深刻理解。阿基米德是古希腊著名的数学家、物理学家、哲学家。他通过研究杠杆的力学原理，发现只要有一个稳固的支点和足够长的杠杆，就可以用较小的力量撬动巨大的物体。他发现了浮力原理（阿基米德原理），奠定了流体静力学的基础。他的科学成就对后世数学、物理学、力学和工程学产生了深远影响。

亚里士多德是古希腊哲学家，提出"自然目的论"，注重通过观察和经验获取知识。**伽利略**是意大利天文学家、物理学家和工程师，支持"日心说"，提出自由落体定律、惯性定律、振摆定律等。**开普勒**是德国天文学家，提出行星运动的三大定律。

8. D

在古希腊神话中，爱与美的女神是**阿芙洛狄特**（阿佛洛狄忒）。她是奥林匹斯十二主神之一，象征爱情、美丽与性欲。相传她诞生于海浪的泡沫中，常被描绘为优雅迷人的形象，拥有强大的魅力，能够引发爱情与欲望。她的象征物有鸽子、海豚等。在希腊神话中，阿芙洛狄特与多位神祇和凡人有过情感纠葛，如与战神阿瑞斯的恋情。

缪斯是古希腊神话中掌管艺术与科学的九位女神的统称。**赫拉**是古希腊神话中的天后，宙斯的妻子和姐姐，掌管婚姻与生育。**雅典娜**是古希腊神话中的智慧和战争女神。

9. A

"2H" 表示铅笔较硬。铅笔通过"H"和"B"来表示笔芯的硬度和黑度。"H"代表硬度（Hard），数字越大，笔芯越硬，线条越细淡；**"B"** 代表黑度（Black），数字越大，笔芯越软，线条越粗黑。常见的标识包括**"HB"**（中等硬度和黑度）、**"2B"**（较软，适合绘画）和"2H"（较硬，适合精细绘图）。此外，"F"表示硬度介于"HB"和"H"之间。铅笔硬度标识系统为不同用途提供了多样选择，广泛应用于书写、绘画和工程制图等领域。

10. A

（颜料）三原色指的是红、黄、蓝。三原色是指无法通过其他颜色混合得到的基本颜色，分为光的三原色和颜料的三原色。光的三原色为红、绿、蓝（RGB），用于显示器和光学领域，混合后可产生白光；颜料的三原色为红、黄、蓝（RYB），用于绘画和印刷，混合后可产生黑色或深灰色。三原色理论是色彩学的基础，广泛应用于艺术设计、印刷、摄影和显示技术等领域，为色彩搭配和创作提供了科学依据。

二、名词解释

1. 苏轼：苏轼，字子瞻，号东坡居士，是北宋著名的词人，文学家、书画家，唐宋八大家之一。其诗文豪放洒脱，题材广泛，突破了传统婉约词的局限，开创了豪放词派。其代表作有《念奴娇·赤壁怀古》等。他擅长书法，尤以行书著称，与黄庭坚、米芾、蔡襄并称"宋四家"。其画作以墨竹、枯木怪石为主，注重意境表达。他在政治上主张改革，但因反对王安石变法中的激进措施而屡遭贬谪。虽然仕途坎坷，但他始终保持着豁达乐观的人生态度，其作品常表现出对人生、自然的深刻思考，体现了儒、释、道思想的融合。

2. 福克纳：福克纳是美国著名作家。他的作品以多视角叙事、哥特式风格、意识流手法和时间交错著称，探讨了种族、家庭、历史和人性等主题，深刻反映了美国南方的社会变迁和人类困境。他创作了大量以虚构的"约克纳帕塔法县"为背景的小说，其代表作有《喧哗与骚动》《我弥留之际》《押沙龙，押沙龙!》等。福克纳获得了1949年诺贝尔文学奖，对现代文学产生了深远影响。

3. 《本草纲目》：《本草纲目》是明代医药学家李时珍编撰的一部药物学巨著，被誉为"东方医药巨典"。全书共52卷，详细记载了每种药物的名称、形态、产地、功效及使用方法，并附有1 100多幅药物插图，系统总结了明代以前的药物学知识。《本草纲目》是中国古代药物学的集大成之作，对世界医药学的发展产生了深远影响。

4. 《巴黎圣母院》：《巴黎圣母院》是法国作家雨果于1831年发表的长篇小说。小说以15世纪的巴黎为背景，讲述了钟楼怪人卡西莫多、吉普赛女郎爱斯梅拉达和副主教克洛德之间的悲剧故事。小说通过复杂的人物关系和生动的场景描写，揭示了人性的善恶、宗教的虚伪和社会的黑暗。《巴黎圣母院》是浪漫主义文学的代表作，对后世文学和社会思想产生了深远影响。

5. 金砖国家：金砖国家（BRICS）是由巴西（Brazil）、俄罗斯（Russia）、印度（India）、中国（China）和南非（South Africa）五个新兴市场国家组成的国际合作组织，名称取自五国英文首字母。金砖国家成立于2009年，旨在加强成员国之间的经济合作、政治对话和多边协调，推动全球治理改革和可持续发展。2024年，沙特、埃及、阿联酋、阿根廷、伊朗、埃塞俄比亚正式加入金砖国家，增强了金砖国家在全球经济和政治中的影响力，特别是在能源、贸易和地缘政治领域。金砖国家代表了新兴经济体的崛起，对全球经济格局和多边主义产生了重要影响。

6. **俄狄浦斯情结**：俄狄浦斯情结又称恋母情结，是弗洛伊德精神分析理论的核心概念之一，指儿童（男孩）在性心理发展阶段（约3—6岁）对异性父母（母亲）的依恋和对同性父母（父亲）的嫉妒与敌意。这一概念源自古希腊神话中俄狄浦斯弑父娶母的故事。弗洛伊德认为，俄狄浦斯情结是儿童心理发展的必经阶段，其成功解决对人格形成至关重要。若未能妥善处理，可能导致心理问题。

7. **世界观**：世界观又称宇宙观，是指一个人对世界的基本看法和根本观点。它包括对自然、社会、人生、价值、历史等问题的总体认知和价值判断。世界观的基本问题是精神和物质、思维和存在的关系问题。根据对这两者关系的不同回答，可将其划分为两种根本对立的世界观基本类型，即唯心主义世界观和唯物主义世界观。世界观受文化、教育、经历等因素影响，决定人们的行为方式和价值取向。不同的世界观可能引发不同的思维模式和行为选择，是指导人类实践的重要思想基础。

8. **绿色发展**：绿色发展是一种注重环境保护和可持续发展的新型经济增长和社会发展模式。其核心理念是通过技术创新、资源高效利用和生态保护，实现经济、社会和环境的共赢。绿色发展涵盖清洁能源、循环经济、低碳技术等领域，旨在减少污染、降低碳排放、保护生物多样性。这一理念强调经济增长与环境保护的协调统一，在全球气候变化和资源短缺的背景下尤为重要，已成为各国政策制定和国际合作的重要方向。

9. **一带一路**：一带一路全称"丝绸之路经济带"和"21世纪海上丝绸之路"，是中国于2013年提出的国际经济合作倡议。"丝绸之路经济带"是在"古丝绸之路"概念基础上形成的一个新的经济发展区域。"21世纪海上丝绸之路"则是发展面向南海、太平洋和印度洋的战略合作经济带。"一带一路"的目标是加强亚欧非大陆及沿线国家的互联互通，促进经济合作与文化交流，实现共同发展、互利共赢。该倡议涵盖多个领域，如交通、能源、金融等，已吸引众多国家参与。"一带一路"推动了中国与世界的深度融合，也为全球经济复苏和区域合作提供了新动力。

10. **双减**：双减是中国政府于2021年7月推出的一项教育改革政策，旨在有效减轻义务教育阶段学生过重的作业负担和校外培训负担。政策要求学校减少作业量、提高课堂效率，同时严格规范校外培训机构，禁止学科类培训机构的资本化运作和超前教学。"双减"政策的目标是促进学生全面发展，缓解家长教育焦虑情绪，强化学校教育主阵地作用，深化校外培训机构治理，构建教育良好生态，推动教育公平。该政策实施后，对教育行业、家庭和社会产生了深远影响，成为中国教育改革的重要举措之一。

第二部分　应用文写作

【构思谋篇】

题干要求撰写一篇校史馆兼职讲解员的岗位申请书。申请书需展现对校史文化的理解、讲解能力及相关经验，体现应聘者的诚意与胜任力。范文采用"申请意向—能力展示—服务承诺"结构：开篇表明申请意向并强调岗位价值；主体部分从校史知识储备和表达能力两个维度展示胜任力；结尾提出工作承诺并表达期望。

【参考范文】

校史馆兼职讲解员申请书

尊敬的校史馆招聘负责人：

您好！

我是××学院××专业20××级学生×××。得知校史馆正在招聘兼职讲解员，我怀着无比热忱的心情提交这份申请。作为一名在校学生，我深知校史馆是传承学校精神、展示办学成就的重要窗口，希望能够通过这个岗位为学校文化建设贡献自己的一份力量。

在校期间，我系统学习了学校的发展历史，参与了多次校史专题讲座，对学校的办学历程、优良传统和杰出校友事迹有着较为深入的了解。作为学院辩论队成员和班级学习委员，我培养了良好的语言表达能力和临场应变能力，曾多次主持院级活动并获得"优秀主持人"称号。这些经历使我相信自己能够胜任讲解工作，用生动形象的语言向参观者讲述学校故事。

我认为，一名优秀的讲解员不仅需要扎实的专业知识，更需要真诚的服务态度。我性格开朗，待人热情，做事认真负责，能够耐心解答参观者的各种疑问。如果有幸获聘，我将以高度的责任心投入工作，认真准备每一场讲解，虚心向老师请教，不断提升讲解水平，努力成为校史文化的优秀传播者。

恳请贵馆给予面试机会，我将以最佳状态展现自己的能力和热忱。

此致

敬礼！

申请人：×××

2022 年××月××日

第三部分 现代汉语写作

【构思谋篇】

题干要求以"不忘初心"为题，写一篇现代文（诗歌、戏剧除外）。文章需主题鲜明积极，文体特征明确，避免空泛议论，最好能结合具体事例或生活体验进行阐述。针对"不忘初心"的核心主题，可围绕个人成长、事业发展、家国情怀等角度展开，体现对初心价值的思考与坚守。范文开篇提出核心命题，引出翻译工作者在当代语境下坚守初心的重要性；主体分三个层次展开论证，依次从"文字敬畏"（严复案例）、"文化使命"（傅雷理念与国际会议实例）、"时代价值"（对比 AI 翻译与朱生豪精神）三个维度深入剖析；结尾升华主题，强调初心在技术时代的永恒价值。

【参考范文】

不忘初心

在这个信息爆炸的时代，翻译工作者面临着前所未有的挑战与诱惑。当我们谈论"不忘初心"时，实际上是在探讨一个根本性问题：在这个机器翻译日益精进、快餐文化盛行的时代，人工翻译的价值究竟何在？这个问题不仅关乎职业选择，更关乎文化传承的深层思考。

翻译工作的初心首先体现在对文字本身的敬畏。优秀的翻译家往往为一个词、一个句式的选择反复推敲。严复翻译《天演论》时，为准确传达原著思想，常常"一名之立，旬月踟蹰"。这种推敲过程看似耗时，却是对语言艺术的尊重。当大多数人追求快速产出时，真正的译者依然保持着对每个词语的敏感，在两种语言的转换中寻找最恰当的对应关系。这不是效率的浪费，而是对职业初心的坚守。

　　更深层次的初心在于文化传播的使命感。翻译不是简单的符号转换，而是文化的桥梁。傅雷在翻译法国文学时，不仅追求字面的准确，更注重传递作品的精神气质。他常常说："翻译就像临画，不仅要形似，更要神似。"在全球化时代，这种文化自觉尤为重要。某国际会议上，中国学者引用"和而不同"时，译者没有简单音译，而是用"harmony in diversity"准确传达哲学内涵，使这一理念获得与会者深度理解。好的翻译不仅能让异国读者理解文字，更能感受到文字背后的文化脉搏。

　　在人工智能快速发展的今天，坚守初心有了新的内涵。机器翻译虽然高效，但在处理文化内涵、情感色彩等方面仍有局限。人工翻译的价值恰恰体现在这些需要文化理解和人文关怀的地方。就像朱生豪在战火纷飞的年代坚持翻译莎士比亚一样，今天的译者也需要在技术浪潮中守护人文精神。

　　翻译工作者的初心，说到底是对语言艺术的执着和对文化传播的担当。这种初心不会因为技术进步而改变，反而会在时代变迁中显现出更珍贵的价值。它提醒我们，在这个追求速度和效率的时代，有些东西依然值得慢慢打磨、细细品味。每一次斟词酌句，每一次文化转换，都是对初心的践行。当我们回望那些经典译本时，看到的不仅是文字的精妙转换，更是一代代翻译工作者对初心的坚守。

2022年全日制翻译硕士专业学位（MTI）研究生入学考试试题

参考答案

第一部分　百科知识

一、单项选择

1. B

神舟十三号载人飞船飞行乘组由航天员**翟志刚、王亚平和叶光富**组成。神州十三号是中国载人航天工程的重要任务，于2021年10月16日成功发射。翟志刚担任指令长，王亚平成为中国首位执行出舱任务的女航天员。神州十三号任务的成功，标志着空间站关键技术验证阶段任务圆满完成，为空间站全面建成奠定了重要基础，展现了中国航天技术的快速发展和国际竞争力。

神州飞船是中国自主研制的载人航天飞船，自1999年启动以来，已成功发射多次，标志着中国载人航天工程的重大进展。神舟飞船由轨道舱、返回舱和推进舱组成，具备载人飞行等功能。2003年，“神舟五号”实现中国首次载人航天飞行，杨利伟成为首位中国航天员。后续任务中，神舟系列飞船陆续完成了多人多天飞行、空间交会对接和空间站建设等任务。

神州六号乘组航天员为费俊龙和**聂海胜**；神舟七号为**翟志刚**、**刘伯明**、**景海鹏**；神舟九号为**景海鹏**、刘旺、女航天员**刘洋**；神州十号为**聂海胜**、**张晓光**、女航天员**王亚平**；神州十一号为**景海鹏**、**陈冬**；神州十二号为**聂海胜**、**刘伯明**、**汤洪波**；神州十四号为**陈冬**、**刘洋**、蔡旭哲；神州十五号为费俊龙、邓清明、张陆；神州十六号为**景海鹏**、航天飞行工程师朱杨柱、载荷专家桂海潮；神州十七号为**汤洪波**、唐胜杰、江新林；神州十八号为**叶光富**、李聪、李广苏；神州十九号为蔡旭哲、宋令东、王浩泽。

2. C

人与人之间传播不属于禽流感感染的渠道。禽流感是由禽流感病毒引起的传染性疾病，主要影响禽类，也可感染人类。病毒分为高致病性、低致病性和无致病性三类，其中H5N1和H7N9等高致病性病毒对人类健康构成严重威胁。禽流感主要传播途径有直接**密切接触感染的禽类**及其分泌物、间接接触**受病毒污染的**环境（**水**）、空气飞沫**经过呼吸道**等。感染症状包括发热、咳嗽和呼吸困难等。预防措施包括加强禽类养殖管理、疫苗接种和个人卫生防护等。

3. A

2021年11月15日上午9时30分，北京证券交易所在北京市（西城区）金融街正式开市。北京证券交易所简称北交所，是中国设立的第三家境内证券交易所。该交易所主要服务于创新型中小企业，特别是“专精特新”企业，旨在支持中小企业发展，推动科技创新和经济转型升级。北交所与上海证券交易所、深圳证券交易所形成互补，进一步完善了中国多层次资本市场体系，对促进经济高质量发展和资本市场改革具有重要意义。

4. A

1964年中国重大的科技成果是**第一颗原子弹爆炸**。1964年10月16日，中国成功爆炸了第一颗原子弹“邱小姐”。原子弹的成功研制是在极端困难的条件下，依靠自主创新和艰苦奋斗完成的，体现了中国科学家的智慧和毅力。这一成果标志着中国成为世界上第五个拥有核武器的国家，极大地提升了国际地位和国防实力。

中国**第一颗人造卫星**“东方红一号”于1970年4月24日**升天**。中国**第一颗氢弹**于1967年6月17日**爆炸**。中国**第一颗导弹**“东风一号”于1960年11月5日**发射**。

5. A

《清明上河图》画的是**春**季。该画作是北宋画家张择端创作的一幅绢本长卷风俗画，以细腻的笔触和散点透视构图法，描绘了清明时节汴京（今河南开封）的繁华景象，展现了城市风貌、市井生活和自然景观。画中人物众多，场景生动，细节丰富，被视为中国古代风俗画的巅峰之作。《清明上河图》具有极高的艺术价值，为研究宋代社会、经济和文化提供了珍贵资料，对后世艺术创作产生了深远影响。

6. C

世界上最大的洋流是**西风漂流**。广义的西风漂流是指在盛行西风驱动下，海水自西向东大规模流动所形成的洋流。北半球的西风漂流是日本暖流和墨西哥暖流的延续，分别称为北太平洋暖流和北大西洋暖流，因其源自低纬度而具有暖流性质。南半球的西风漂流是各大洋西风漂流的集合，环绕南极大陆流动，形成横亘太平洋、大西洋和印度洋的全球性环流，因南极大陆冰雪覆盖（气温极低）而呈现寒流特征。[1]

墨西哥湾暖流是流经北大西洋西部的最强大的一支暖流。它起源于墨西哥湾（南、北赤道暖流在墨西哥湾会合后），从佛罗里达海峡流出，形成**佛罗里达暖流**，后汇合安的列斯暖流，沿北美洲的东海岸自西南向东北运行，继续延续成为北大西洋暖流。[2] **加利福尼亚寒流**是流经北太平洋东南部的一支寒流，是北太平洋暖流向南的一个分支。它沿美国加利福尼亚海岸向南流动，以补充北赤道暖流。[3]

7. B

我国森林覆盖率最高的省是**福建**省。福建省的森林覆盖率为 65.12%，连续 45 年居全国首位[4]。福建优越的自然条件和长期的生态保护政策，使其拥有丰富的森林资源，包括亚热带常绿阔叶林和人工林等，为当地经济发展和生态旅游提供了重要支撑。

浙江省森林覆盖率为 61.36%[5]。**吉林**省森林覆盖率为 45.2%[6]。**四川**省森林覆盖率为 40.23%左右[7]。

8. C

国家公务员制度起源于**英国文官制**。英国文官制是 19 世纪中叶英国建立的现代公务员制度。其核心是通过公开考试选拔官员，强调能力而非出身，打破了贵族垄断官职的传统，提高了政府效率和廉洁度。英国文官制成为法、美、德、日等国家公务员制度的范本。中国的公务员制度在 20 世纪末借鉴了英国文官制的经验，结合本国实际进行了改革和完善，形成了具有中国特色的公务员管理体系。

---

[1] "什么是西风漂流？"，载初高中地理网 http://www.cgzdl.com/kepu/haiyang/12359.html，最后访问日期：2025 年 4 月 30 日。

[2] "什么是墨西哥湾暖流？"，载初高中地理网 http://www.cgzdl.com/kepu/haiyang/12348.html，最后访问日期：2025 年 4 月 30 日。

[3] "什么是加利福尼亚寒流？"，载初高中地理网 http://www.cgzdl.com/kepu/haiyang/12344.html，最后访问日期：2025 年 4 月 30 日。

[4] "福建：森林覆盖率连续 45 年居全国首位"，载 https://www.forestry.gov.cn/c/www/lcpd/557847.jhtml，最后访问日期：2025 年 4 月 30 日。

[5] "浙江如何深化林改推进林业强村富民"，载 https://www.forestry.gov.cn/c/www/dfdt/587136.jhtml，最后访问日期：2025 年 4 月 30 日。

[6] "吉林森林覆盖率提高到 45.2%"，载 https://www.forestry.gov.cn/main/446/20230208/095924143590124.html，最后访问日期：2025 年 4 月 30 日。

[7] "年度盘点｜四川：林草高质量发展行稳致远"，载 https://www.forestry.gov.cn/main/5384/20230128/093352848538169.html，最后访问日期：2025 年 4 月 30 日。

美国雇员制是美国联邦政府选拔和管理公务员的制度，起源于 19 世纪末的《彭德尔顿法案》。**法国议会制**（准确表述为半总统半议会制）是法国的政治体制，在第五共和国宪法下确立。该制度结合了总统制和议会制的特点：总统为国家元首，由普选产生，拥有广泛的行政权力；法国议会由国民议会和参议院组成，负责立法和监督政府；总理由总统任命但需议会支持，负责领导政府并对议会负责。**德国武官制**是德国军队中负责军事外交和联络的军官制度。武官通常由高级军官担任，派驻在外交使团或国际组织中，负责与驻在国军队的沟通与合作。

9. B

世界贸易组织成立于 **1995 年**。世界贸易组织（World Trade Organization，WTO）是全球性国际组织，总部位于瑞士日内瓦，前身为关税与贸易总协定（GATT）。WTO 的主要职能是制定和监督国际贸易规则，解决成员国之间的贸易争端，促进全球贸易自由化。其核心原则包括最惠国待遇、国民待遇和透明度。WTO 通过多边谈判推动贸易壁垒的降低，为发展中国家提供技术支持。作为全球贸易体系的核心机构，WTO 在促进经济增长、减少贫困和维护国际贸易秩序方面发挥了重要作用，对全球经济治理具有深远影响。

10. D

长颈鹿拥有声带，但由于颈部过长，不易发声。长颈鹿通常通过低频次声波进行交流，这种声音人耳难以察觉。此外，它们还通过身体语言和视觉信号进行沟通。长颈鹿的沉默特性与其生活环境和进化适应有关，有助于在草原中避免捕食者的注意。

二、名词解释

1. **元宇宙**：元宇宙概念最早出自科幻小说《雪崩》，是一个虚拟与现实融合的数字世界，通过虚拟现实（VR）、增强现实（AR）和互联网技术构建。用户可以在元宇宙中进行社交、娱乐、工作、交易等活动，体验沉浸式互动。元宇宙整合了区块链、人工智能等技术，具有去中心化、持久性和经济系统等特征。元宇宙被视为互联网的下一代形态，可能对经济、文化、社会产生深远影响，但也面临技术、伦理和隐私等挑战。

2. **《上海公报》**：《上海公报》全称《中华人民共和国和美利坚合众国联合公报》，是 1972 年 2 月中美两国在上海签署的联合公报，标志着两国关系正常化的开端。公报主要内容包括：双方同意以和平共处五项原则为基础发展关系；美国承认台湾是中国的一部分，并逐步撤出在台军事力量；两国同意扩大经济、文化等领域的交流与合作。《上海公报》打破了中美长期对峙的局面，为两国建交奠定了基础，对国际格局和亚太地区稳定产生了深远影响，是冷战时期外交史上的重要里程碑。

3. **碳中和**：碳中和是指二氧化碳净零排放，即由个人或团体直接或间接产生的二氧化碳排放量，可以与植树造林等方式所吸收的量相抵消中和，最终实现温室气体"零排放"的效果。[①] 根据中共中央、国务院印发的《关于完整准确全面贯彻新发展理念做好碳达峰碳中和工作的意见》，我国计划在 2060 年，全面建立绿色低碳循环发展的经济体系和清洁低碳安全高效的能源体系，实现碳中和目标。"碳中和"目标的实现需要政府、企业和公众的共同努力，通过发展可再生能源、推广绿色技术和倡导低碳生活方式，促进经济社会的可持续发展。

---

① "世界环境日'双碳'科普‖带你解读'双碳'——'碳达峰''碳中和'"，载 http://www.zhzx.cgs.gov.cn/xxfw02/dkpx/202206/t20220607_701520.html，最后访问日期：2025 年 4 月 30 日。

4. 《三国演义》：《三国演义》又名《三国志通俗演义》，是元末明初小说家罗贯中所著的一部长篇章回体历史演义小说。小说以三国时期的历史为背景，以东汉末年黄巾起义为起点，刻画了曹操、刘备、孙权等人物，完整描述了魏、蜀、吴三个国家的兴起、发展和灭亡的故事。《三国演义》展现了权谋与战争的宏大场面，深刻反映了人性的复杂与历史的兴衰。

5. 郭嵩焘：郭嵩焘，字筠仙，是晚清著名的思想家、外交家，湘军的创建者之一，中国首位驻外使节。他主张"中体西用"，提倡学习西方科技和制度以自强，同时维护中国传统文化。郭嵩焘曾任驻英、法公使，积极推动中外交流与合作。其代表作有《养知书屋遗集》《郭嵩焘日记》《使西纪程》等。郭嵩焘的思想和实践对晚清改革和近代中国的开放进程产生了深远影响。

6. 巴尔扎克：巴尔扎克是 19 世纪法国现实主义小说家，被誉为"现代法国小说之父"。他以其巨著《人间喜剧》闻名，该系列包括 90 多部小说，描绘了 19 世纪法国社会的各个阶层，尤其是资产阶级的崛起和道德堕落。其代表作有《高老头》《欧也妮·葛朗台》《幻灭》《驴皮记》等。巴尔扎克的作品以细腻的心理描写和深刻的社会批判著称，塑造了众多栩栩如生的人物形象。他的创作对后世文学产生了深远影响，是研究法国文学和社会史的重要人物。

7. 奥古斯都·恺撒：奥古斯都·恺撒原名盖乌斯·屋大维，是盖乌斯·尤利乌斯·恺撒的养子和继承人，是古罗马帝国的第一位元首。他结束了古罗马共和国的内战，建立了元首制，开启了古罗马帝国的黄金时代。奥古斯都通过政治改革、军事扩张和文化建设，巩固了帝国的统治。他大力支持文学艺术，促进了罗马文化的繁荣。奥古斯都的统治奠定了古罗马帝国的基础，对西方历史和政治制度产生了深远影响。

8. 联合国安理会：联合国安理会全称联合国安全理事会，是联合国的主要机构之一，负责维护国际和平与安全。安理会成立于 1946 年，由 15 个理事国组成：其中 5 个为常任理事国（中国、美国、俄罗斯、英国、法国），拥有否决权；10 个为非常任理事国，由大会选举产生，任期两年。安理会通过决议、制裁和维和行动等手段处理国际争端和冲突，其决议对全体成员国具有约束力。安理会是国际治理体系的重要组成部分，在维护全球和平、防止战争和促进国际合作方面发挥了核心作用。

9. 核酸检测：核酸检测是一种通过检测样本中的核酸（DNA 或 RNA）来确定特定病原体存在的技术。其原理是通过聚合酶链式反应（PCR）等技术扩增目标核酸序列，再通过荧光标记或电泳等方法进行检测。核酸检测具有高灵敏度和特异性，广泛应用于疾病诊断、基因检测和法医学等领域，是新冠病毒（COVID-19）等传染病诊断的金标准。该技术在疫情防控、医学研究和生物技术中发挥了重要作用，为疾病早期诊断和精准医疗提供了重要工具。

10. 异化翻译：异化翻译是一种翻译策略，指在译文中保留源语文化的独特性，使读者感受到异域文化的差异。与归化翻译相反，异化翻译倾向于直译、保留源语的语言风格和文化元素，如习语、典故和句式结构。这种策略有助于传播源语文化，促进跨文化交流，但可能增加目标语读者的理解难度。异化翻译在文学翻译和文化交流中尤为重要，体现了对源语文化的尊重和多样性价值的认同。

第二部分　应用文写作

【构思谋篇】

题干材料通过李明奶奶高铁突发疾病获救的真实事例，展现了列车工作人员的专业素养与人文关怀，要求以当事人李明的身份撰写一篇感谢信。信件需情感真挚而不夸张，语言得体规范，体现对铁路服务的认可与赞扬。范文采用"事件描述—细节刻画—情感升华"的三段式结构：开篇简明交代事件背景与致谢意向；主体部分按时间顺序详述突发状况、应急处置及后续安排三个关键环节，通过乘务员和列车长的典型行为展现专业素养；结尾部分从职业精神和人文关怀两个维度升华谢意，最后以祝愿作结。

【参考范文】

致××高铁列车组的感谢信

尊敬的××高铁列车组全体工作人员：

你们好！我是乘客李明。2021 年××月××日，我与奶奶乘坐贵班组 G××××次列车时，奶奶突发心脏病，多亏你们的及时救助才转危为安，特此致信表达我们全家的感激之情。

当天上午 10 时许，奶奶突然面色苍白、呼吸急促。我惊慌失措之际，乘务员王丽发现异常后立即广播寻医，同时取来急救箱。列车长张伟迅速协调疏散周围乘客，保持空气流通。在等待医生到来期间，王丽一直握着奶奶的手轻声安慰，并协助服用速效救心丸。更令人感动的是，列车提前联系了前方车站安排救护车，为抢救争取了宝贵时间。经医院治疗，奶奶现已脱离危险。

在此，我要特别感谢你们专业的应急处置和温暖的关怀。你们临危不乱的表现，展现了高铁工作人员高度的职业素养；你们对老人无微不至的照顾，让我们感受到家一般的温暖。正是你们的快速反应和人性化服务，才挽救了奶奶的生命。

最后，衷心祝愿各位工作顺利，也祝愿中国高铁服务越办越好！

此致

敬礼！

乘客：李明

2021 年××月××日

第三部分　现代汉语写作

【构思谋篇】

题干要求以"合作共赢"为题，写一篇现代文（诗歌、戏剧除外）。文章需主题鲜明，内容充实，立意积极向上，可自由选择论述角度（如国际关系、商业合作、团队协作等）。范文开篇提出"合作共赢是人类文明进步动力"的核心论点；主体部分从经济全球化（一带一路）、商业领域（苹果供应链）、科技创新（人类基因组计划）、全球治理（气候变化等）四个维度展开论证，每个段落以典型案例支撑观点；结尾回归中华文化传统，升华至人类命运共同体理念。

【参考范文】

合作共赢

人类文明的发展史，就是一部合作共赢的壮丽史诗。从远古时代的部落联盟，到当今世界的全球化合作，"合作共赢"始终是推动社会进步的核心动力。这一理念不仅适用于国际关系，更贯穿于商业发展、科技创新乃至日常生活的方方面面。

在经济全球化的大背景下，合作共赢展现出前所未有的价值。以中国提出的"一带一路"倡议为例，通过基础设施建设促进沿线国家的互联互通，实现了多方共赢的局面。据统计，该倡议实施以来，已为参与国创造了数十万个就业岗位，带动了当地经济发展。这种互利共赢的模式，打破了零和博弈的思维定式，开创了国际合作的新范式。正如古丝绸之路上的驼铃声见证了东西方文明的交融，今天的"一带一路"建设正在谱写新时代的合作篇章。

在商业领域，合作共赢的理念同样焕发着勃勃生机。苹果公司与全球数百家供应商建立的产业链合作网络，就是一个典型案例。苹果提供技术标准和品牌价值，供应商贡献制造专长和本地资源，双方优势互补，共同创造了巨大的市场价值。这种合作模式不仅让苹果成为全球最具价值的公司之一，也带动了整个产业链的技术升级和效益提升。商业实践反复证明：独木难成林，唯有合作才能开创更广阔的发展空间。

科技创新更离不开合作共赢的精神。人类基因组计划是国际合作的成功典范，来自六个国家的科学家通力合作，历时十三年完成了人类基因组的测序工作。这项划时代的科学工程，不仅加速了生命科学的发展，也为疾病治疗带来了革命性突破。在新冠疫情肆虐期间，全球科学家共享病毒基因数据、合作研发疫苗，再次彰显了科技合作的力量。科学无国界，合作方能攻克人类共同面临的挑战。

从更广阔的视角看，合作共赢是人类应对全球性问题的必由之路。气候变化、恐怖主义、公共卫生危机等挑战，没有哪个国家能够独自应对。巴黎气候协定的签署、国际空间站的建设、全球疫苗免疫联盟的成立，都是各国携手应对挑战的生动实践。这些合作不仅解决了具体问题，更构建了人类命运共同体的意识。

合作共赢的智慧深植于中华文明的传统之中。"和而不同"的哲学思想，"互利互惠"的商业伦理，"天下大同"的社会理想，都为现代合作理念提供了丰富的思想资源。在这个充满不确定性的时代，唯有坚持合作共赢，才能开创更加美好的未来。让我们携手同行，在合作中创造价值，在共赢中实现发展，共同书写人类文明新的辉煌篇章。

※ 理 工 类 院 校 ※

北京邮电大学

2024 年全日制翻译硕士专业学位（MTI）研究生入学考试试题

参考答案

一、选择题及下划线名词解释

1. B

汉字中的"老"是**会意字**（组合两个或多个字表示新的意义）。"老"由"耂"（老人拄杖）和"匕"（变化）组成，表示人随着年龄增长而发生变化，引申为"年老"。

象形字通过描绘事物形状表意，如"日""月"。**形声字**由形旁和声旁组成，如"江""河"。

2. C

《雁塔圣教序》亦称《慈恩寺圣教序》，是唐代书法家褚遂良的**楷书**代表作品。该作品是为玄奘法师翻译的佛经所作的序文，内容由唐太宗李世民撰写。褚遂良的楷书以端庄秀丽、笔力遒劲著称，《雁塔圣教序》是其书法艺术的巅峰之作，体现了唐代楷书的高度成就。该作品具有极高的书法艺术价值，反映了唐代佛教文化的繁荣，对后世书法发展产生了深远影响。

3. C

两个元音 [o] 和 [u] 发音时**都是圆唇**。[o] 是舌面后半高圆唇元音，发音时**舌位较低且靠后**，双唇圆拢，声带振动。其发音特点为口腔开度适中，气流通过口腔时不受阻碍，音色圆润饱满。[u] 是舌面后高圆唇元音，发音时**舌位抬高且靠后**，双唇紧密圆拢，声带振动。其发音特点为口腔开度较小，气流通过口腔时不受阻碍，音色圆润且集中。

4. C

在现代汉语中，词语"**琵琶**"属于一个语素。语素是语言中最小的意义单位，具有独立的语音形式和语义内容。"琵"和"琶"在古汉语中分别表示两种不同的乐器弹奏方式；但在现代汉语中，"琵琶"作为一个整体代表一种乐器，不能拆分成"琵"和"琶"。

词语"**青山**"属于两个语素，"青"表示颜色，"山"表示地貌，两者组合为"青山"，意指绿色的山峦。词语"**明月**"属于两个语素，"明"表示明亮，"月"表示月亮，两者组合为"明月"，意指明亮的月亮。

5. A

"**华龙一号**"是中国核电走向世界的"国家名片"，是中国核电创新发展的重大标志性成果。"华龙一号"是中国自主研发的第三代核电技术，具有完全自主知识产权。它采用先进的压水堆设计，具备更高的安全性和经济性，满足国际最高安全标准。其相关技术已成功应用于国内外多个核电项目，标志着中国核电技术达到世界领先水平，为全球核电发展提供了中国方案。

不存在"**玉龙二号**"和"**蛟龙一号**"核电项目。与这两个选项类似的名称中，"玉龙2号"是玉米品种，"蛟龙号"是深海载人潜水器。

6. A

2023 年 9 月 3 日是中国人民抗日战争暨世界反法西斯战争胜利 **78 周年**纪念日。中国人民抗日战争是世界反法西斯战争的重要组成部分。1945 年 9 月 2 日，日本正式签署投降书，标志着二战的结束。中国人民抗日战争的胜利，捍卫了国家主权和民族尊严，为世界和平与发展作出了重要贡献。纪念这一历史时刻，旨在铭记历史、缅怀先烈、珍爱和平，激励人们为实现中华民族伟大复兴而奋斗。

7. C

粒子是指能够以自由状态存在的最小物质组成部分。最早发现的粒子是原子、电子和质子，1932 年又发现中子，确认原子由电子、质子和中子组成，它们比起原子来是更为基本的物质组分，于是称之为基本粒子。[①]

分子是保持物质化学性质的最小粒子。**原子**是化学变化中的最小粒子。

8. B

中国的十二时辰以**子时**为首，每个时辰相当于现在的 2 小时。古代纪时常用十二地支命名：子时对应夜半时分，即现在的 23 点至凌晨 1 点；丑时对应鸡鸣时分，即现在的凌晨 1 点至 3 点；以此类推。

9. C

题干语句中的"丹青"指**图画**。丹青原指古代绘画中常用的红色和青色颜料，后引申为绘画艺术或图画。题干语句通过"丹青"比喻城郭的美丽景色如同画卷一般，形象地描绘了自然与人文景观的和谐统一。

10. B

CPI 是 Consumer Price Index 的缩写，即**消费者物价指数**。CPI 是衡量一篮子消费品和服务价格水平变动的经济指标，用于反映通货膨胀或通货紧缩的程度。CPI 通过统计居民日常消费的商品和服务价格，计算其加权平均变化率。它是评估物价水平、调整工资和制定经济政策的重要依据。CPI 的上升表明物价上涨，货币购买力下降；下降则表明物价下跌。消费者物价指数对政府、企业和个人都具有重要参考价值，是宏观经济分析和决策的关键工具。

股票价格指数（Stock Price Index, SPI）是反映股票市场整体价格水平变动的指标，通常由一组代表性股票的价格加权计算得出。常见的 SPI 包括道琼斯指数、标普 500 指数和上证指数等。它用于衡量股市的整体表现，帮助投资者判断市场趋势和风险。股票价格指数的变动受经济状况、公司业绩和市场情绪等多种因素影响，是宏观经济分析和投资决策的重要参考工具。**生产者物价指数**（Producer Price Index, PPI）是衡量生产领域商品和服务价格水平变动的经济指标，反映生产环节的通货膨胀或通货紧缩趋势。PPI 通过统计原材料、半成品和成品的价格变化，计算其加权平均变化率。它是预测消费者物价指数和评估经济走势的重要先行指标。PPI 的上升表明生产成本增加，可能传导至消费端；下降则表明生产成本降低。

11. 世界遗产：世界遗产是指被联合国教科文组织（UNESCO）列入《世界遗产名录》的自然或文化遗产。世界遗产分为文化遗产、自然遗产和文化与自然双重遗产三类，涵盖历史建筑、自然景观、文化遗址等。列入世界遗产的目的是保护这些独特的自然和文化资源，促进全球文化交流与可持续发展。世界遗产是人类共同的财富，也是各国文化身份和自然保护的重要象征。

[①] "粒子是什么"，载 https://www.ruiwen.com/wenda/183277.html，最后访问日期：2025 年 4 月 30 日。

12. 脱氧核糖核酸：脱氧核糖核酸（DNA）是生物体内储存遗传信息的分子，由两条反向平行的核苷酸链组成，形成双螺旋结构。DNA 的基本单位是脱氧核苷酸，包含磷酸、脱氧核糖和碱基（腺嘌呤、胸腺嘧啶、胞嘧啶和鸟嘌呤）。DNA 通过碱基配对（A–T，C–G）实现遗传信息的复制和传递，控制生物体的生长、发育和功能。DNA 是生命科学的核心研究对象，对遗传学、医学和生物技术等领域具有重大意义，推动了基因工程、疾病诊断和治疗的发展。

13. 大汶口文化：大汶口文化是中国新石器时代晚期的重要农耕文化。该文化距今约 4 500 至 6 500 年，主要分布在山东地区。该文化以农业为主，种植粟、黍等作物，同时从事渔猎和手工业。大汶口文化的典型特征是黑陶和彩陶，陶器制作精美，纹饰多样。此外，还发现了大量石器、骨器和玉器，反映了当时的生产力水平和社会结构。大汶口文化对研究中国早期农业社会和文明起源具有重要意义，是中华文明形成的重要阶段之一。

14. 六艺：六艺是中国古代贵族教育体系中的六种技能。它起源于周代，包括礼、乐、射、御、书、数。"礼"指礼仪规范，即吉礼、凶礼、军礼、宾礼、嘉礼；"乐"指音乐、舞蹈等；"射"指射箭技术；"御"指驾驭马车的技术；"书"指书法、绘画等；"数"指算术和天文历法等。六艺不仅是古代教育的核心内容，也是儒家文化的重要组成部分，体现了德智体美全面发展的教育理念，对后世中国文化、教育和价值观的形成产生了深远影响。

15. 硬核：硬核原指事物具有高度专业性、技术性或挑战性，后引申为形容某种风格或内容极为强烈、极端或真实。在音乐、游戏和文化领域，"硬核"常用于描述具有高强度、高难度或深刻内涵的作品或行为，如硬核摇滚、硬核游戏等。近年来，"硬核"也用于形容某人或某事极为坚定、直接或不妥协的态度。

16. 香格里拉对话会：香格里拉对话会（Shangri-La Dialogue，SLD）是由英国国际战略研究所发起的亚洲多边安全论坛。该论坛自 2002 年起每年在新加坡香格里拉酒店举行。该对话会汇聚亚太地区的国防部长、军事官员和专家学者，讨论区域安全挑战、防务合作和国际热点问题。香格里拉对话会为各国提供了交流与合作的平台，促进了亚太地区的安全与稳定，是国际安全领域的重要对话机制之一。

17. 遥感卫星：遥感卫星是通过搭载传感器从太空对地球表面进行观测的人造卫星。遥感卫星能够获取地表、大气和海洋的多光谱、多分辨率数据，广泛应用于资源调查、环境监测、灾害预警、农业管理和城市规划等领域。其数据具有覆盖范围广、时效性强和精度高的特点，为科学研究和决策提供了重要支持。遥感卫星技术的发展推动了地球观测系统的完善，对全球资源管理、气候变化研究和可持续发展具有重要意义。

18. 存款准备金率：存款准备金率是中央银行规定的商业银行必须持有的存款准备金与存款总额的比例。它是货币政策的重要工具，用于调节市场流动性和控制通货膨胀。提高存款准备金率可减少银行可贷资金，抑制经济过热；降低则增加可贷资金，刺激经济增长。存款准备金率的调整直接影响银行的信贷能力和市场利率，是中央银行实施宏观调控的关键手段之一，对经济稳定和金融安全具有重要意义。

19. 加权：加权是一种统计方法，通过对不同数据赋予不同的权重，反映其在整体中的重要性或影响程度。加权常用于计算平均数、指数和评分等，如股票价格指数、消费者物价指数等。权重的确定基于数据的代表性、重要性或频率等因素。加权方法能够更准确地反映数据的实际意义，避免简单平均的偏差。它在经济学、统计学和社会科学中广泛应用，是数据分析和决策制定的重要工具。

20. **穴位**：穴位是中医学中的重要概念，指人体经络上特定的点位，通过刺激这些点位可以调节气血运行，治疗疾病或保健养生。穴位分布在经络上，与脏腑功能密切相关，常用的有足三里、合谷等。针灸、推拿等疗法通过刺激穴位达到治疗效果。穴位的发现和应用体现了中医的整体观念和经络理论，是中医诊断和治疗的核心内容之一。

21. **网络舆情**：网络舆情是指通过互联网平台传播的公众对某一事件、话题或现象的意见、态度和情绪的总和。它反映了社会舆论的动态和趋势，具有传播速度快、影响范围广的特点。网络舆情通过社交媒体、论坛、新闻网站等渠道形成，可能对政府决策、企业形象和社会稳定产生重要影响。监测和分析网络舆情有助于及时了解公众需求、应对危机事件和引导舆论导向，是现代社会管理和公共关系的重要工具。

22. **漏洞**：漏洞是指系统、程序或协议中存在的缺陷或弱点，可能被恶意利用导致安全风险或功能失效。漏洞常见于软件、网络和硬件中，如缓冲区溢出、权限提升等。漏洞的发现和修复是信息安全的核心任务，通常通过漏洞扫描、代码审计和补丁更新来应对。漏洞的利用可能导致数据泄露、系统瘫痪或网络攻击，因此及时修补漏洞对保障网络安全至关重要。

23. **朋友圈**：朋友圈是微信软件社交平台中的一项功能，允许用户分享文字、图片、视频等内容，并与好友互动。用户可以在朋友圈发布动态，好友可以点赞、评论。朋友圈不仅是一个信息分享平台，也是社交关系的延伸，反映了用户的兴趣、生活状态和社交圈层。

24. **打油诗**：打油诗是一种富于趣味性、押韵的俚俗诗体。相传该诗体起源于唐代，以其诙谐、通俗和即兴创作为特点。打油诗不拘泥于严格的格律和韵律，语言通俗易懂，内容多反映日常生活、社会现象或讽刺时弊。它通过幽默的表达和巧妙的押韵，传递深刻的思想或情感。打油诗在民间广泛流传，深受大众喜爱，是中国传统文化中的一种独特文学形式。

25. **大模型**：大模型是指参数量巨大、训练数据广泛的深度学习模型。大模型通过海量数据和强大算力训练，具备强大的自然语言处理、图像识别和决策能力。它们在文本生成、翻译、问答等任务中表现出色，推动了人工智能技术的快速发展。大模型的应用涵盖教育、医疗、金融等多个领域，但也面临数据隐私、能耗和伦理等挑战。大模型是当前人工智能研究的前沿领域，对科技进步和社会发展具有重要意义。

二、应用文写作

【构思谋篇】

　　题干要求撰写一篇活动策划方案，活动内容为组织留学生参观故宫，活动目的为促进留学生体验中华传统文化。范文采用"总—分"结构：开篇简要说明活动目的；正文依次列出活动基本信息、具体安排与流程、安全保障预案和注意事项，确保内容全面、条理清晰。全文语言简洁明了，既突出活动的文化意义，又注重细节安排与安全保障，具有较强的可操作性和实用性。

【参考范文】

故宫参观活动策划方案

　　为丰富留学生的文化生活，加深其对中华传统文化的理解与体验，××大学对外汉语中心特组织全体留学生参观故宫博物院。通过实地参观，帮助留学生感受中国古代建筑艺术的魅力，了解中国历史文化的深厚底蕴。

一、活动基本信息

活动时间：2023 年 11 月 15 日上午 9：00—下午 4：00；

活动地点：北京故宫博物院；

参加人员：××大学对外汉语中心全体留学生、带队教师及工作人员。

二、活动具体安排与流程

（1）集合与出发

上午 8：00，全体参与人员在大学正门集合，清点人数后乘坐大巴前往故宫；

上午 9：00，抵达故宫博物院，由导游带领进入参观。

（2）参观流程

9：30—12：00 期间，参观故宫中轴线主要建筑，讲解故宫历史与文化；

12：00—13：00 为午餐时间（预定故宫餐厅）；

13：00—15：30 期间，参观东西六宫及御花园，了解宫廷生活与园林艺术；

15：30—16：00 为自由活动时间，留学生可拍照留念或购买纪念品。

（3）返程

下午 16：20，全体人员在故宫北门集合，乘坐大巴返回学校。

三、安全保障预案

（1）每辆大巴配备一名带队教师，负责清点人数及维持秩序；

（2）参观过程中，留学生需跟随导游和教师，不得擅自离队；

（3）为每位参与者购买意外保险，确保活动安全；

（4）活动期间保持通讯畅通，如有突发情况及时联系带队教师。

四、注意事项

（1）留学生需携带学生证及护照，以备查验；

（2）穿着舒适衣物和鞋子，注意天气变化；

（3）遵守故宫参观规定，爱护文物，禁止大声喧哗；

（4）活动期间注意个人财物安全，贵重物品随身携带。

××大学对外汉语中心

2023 年 10 月××日

三、命题作文

【构思谋篇】

题干材料通过程颐对"中庸"的阐释，揭示儒家"执两用中"的哲学智慧，强调"中"是不偏不倚的处世之道，"庸"是恒常不变的天地至理。范文开篇点题，阐释程颐名句的核心内涵；主体分三个层次展开，分别论述"中"的平衡智慧（王阳明例证），"庸"的恒常价值（陶渊明、稻盛和夫例证），"中庸"的辩证统一（范仲淹、李时珍例证）；结尾升华主旨，呼应《周易》思想，强调中庸之道对当代社会的启示意义。

【参考范文】

执中守庸

北宋理学家程颐提出的"不偏之谓中，不易之谓庸"，道出了中国传统文化中最精妙的人生智慧。这短短十个字，蕴含着对宇宙规律的深刻认知，也指明了为人处世的根本准则。在这个快速变化的时代，重新审视这一思想，愈发能体会其历久弥新的价值。

　　"中"的智慧首先体现在对"度"的把握上。明代思想家王阳明在龙场悟道时，既不放纵欲望，也不苛求禁欲，最终找到了"致良知"的中道。这种平衡的智慧在今天依然适用。当代人在工作与生活、理想与现实之间常常陷入两难，而"中"的哲学告诉我们：真正的成功不在于极端的选择，而在于找到恰当的平衡点。就像琴弦，太紧则断，太松则无声，唯有松紧得宜，方能奏出美妙乐章。

　　"庸"的智慧则体现在对本质的坚守上。陶渊明"不为五斗米折腰"，看似特立独行，实则坚守了士人的气节。在当今社会，各种潮流瞬息万变，但诚信、仁爱等基本道德准则却始终不变。这些"庸常"之理，恰如大地般稳固，支撑着人类文明的发展。日本企业家稻盛和夫坚持"敬天爱人"的经营理念，在浮躁的商业环境中守住本心，创造了两个世界500强企业，这正是对"庸"之智慧的生动诠释。

　　中庸之道的精妙之处，在于将"中"与"庸"辩证统一。北宋名臣范仲淹"先天下之忧而忧，后天下之乐而乐"，既把握了为政的中正之道，又坚守了士人的永恒责任。明代医药学家李时珍编著《本草纲目》时，既尊重传统医理，又注重实践验证，历时数十载终成巨著，完美诠释了"守正创新"的中庸智慧。当代社会尤其需要这种中庸智慧。在传统与创新、个体与集体、本土化与全球化之间，都需要我们既保持开放包容，又不失文化根基。

　　中庸之道不是简单的折中主义，而是对事物本质的深刻把握。它既反对固步自封的保守，也警惕随波逐流的盲从。正如《周易》所言："一阴一阳之谓道"，真正的智慧在于把握对立面的统一。在这个价值多元的时代，程颐的思想告诉我们："中庸之道"不是非此即彼的选择，而在于找到那个恰当的平衡点，同时守住那些永恒的价值。

2023 年全日制翻译硕士专业学位（MTI）研究生入学考试试题

参考答案

一、选择题及下划线名词解释

1. A

声调的基本性质是由**音高**决定的。声调是指汉语音节中所固有的，可以区别意义的声音的高低、升降。音高是指声音的频率高低，声调通过音高的变化来区分意义。例如，汉语普通话的四个声调（阴平、阳平、上声、去声）就是通过不同的音高模式来区分的。

音强又称音量，是指声音的强弱（响亮）程度。**音色**是指声音的特色或品质。

2. B

汉语音节结构的特点是**韵母可以没有韵头、韵尾**。汉语韵母的结构包括韵头、韵腹（主要元音）和韵尾三部分，其中韵腹是核心，不可或缺。例如，"啊"（ā）只有韵腹，"安"（ān）有韵腹和韵尾，"家"（jiā）有韵头和韵腹。韵头和韵尾的缺失不影响韵母的完整性，但韵腹是韵母的必要组成部分。

汉语**每个音节都有韵母和声调**，但并非所有音节都有**声母**。汉语音节的基本结构通常包括声母、韵母和声调三部分。声母可以空缺，称为零声母，如"安"（ān）；韵母是音节的核心，必须存在；声调则通过音高变化区分意义。

汉语**音节中不可以有两个辅音音素**。汉语音节声母部分只能有一个辅音音素。例如，"北京"（běi jīng）中的"b"和"j"分别是两个音节的声母，每个音节只有一个辅音音素。汉语的音节结构不存在辅音丛（即两个辅音连用），与英语等语言形成鲜明对比。

3. C

"阳春白雪"和"下里巴人"最初指的是**音乐**。"阳春白雪"原指春秋战国时期楚国的高雅音乐《阳春》和《白雪》，后泛指普通人难以理解和欣赏的高雅艺术或文学作品。"下里巴人"原指楚国民间流行的通俗歌曲，后用来比喻通俗易懂的文艺作品或大众文化。

4. B

"美"字最初的含义是**戴着头饰站立的人**。在甲骨文中，"美"字的字形描绘了一个人头上戴着装饰物站立的形象，头饰可能是兽角或者羽毛，用以表示盛装美丽的人。随着语言的发展，"美"逐渐引申泛指一切美好、漂亮的事物。

5. C

宣纸得名于它的**产地**（安徽省宣城市泾县）。宣纸是中国传统的高质量手工纸，因其质地绵韧、光而不滑、不蛀不腐等特点，被誉为"纸中之王"。宣纸的制作工艺始于唐代，其原料以青檀树皮为主，经过多道复杂工序制成。宣纸不仅用于书法、绘画，还广泛应用于古籍修复和艺术创作，是中国传统文化的重要载体。

6. B

2021 年中国首辆火星车"**祝融号**"驶离着陆平台，开始巡视探测，传回火星表面影像。"祝融号"是中国"天问一号"火星探测任务的重要组成部分，搭载了多种科学仪器，用于探测火星的地质结构等数据。这一成就标志着中国首次火星探测任务取得圆满成功，展示了中国在深空探测领域的技术实力，为人类了解火星提供了宝贵资料。

7. C

γ 射线的穿透能力最强。γ 射线是电磁波谱中波长最短、能量最高的射线，由原子核衰变或核反应产生。由于其极高的能量，γ 射线能够穿透大多数物质，仅能被厚的混凝土墙或重金属（如铁、铅）板块有效阻挡。γ 射线的强穿透性使其在医学（如放射治疗）、工业（如无损检测）和科学研究中具有重要应用，但也对生物体造成辐射危害，需严格防护。

α 射线是由氦原子核（两个质子和两个中子）组成的带电粒子流，通常由放射性元素的 α 衰变产生。α 射线穿透能力较弱，可被纸张或皮肤阻挡。由于其带电特性，α 射线在空气中射程短，电离能力强，对生物组织有较大危害。**β 射线**是一种高速运动的电子流，由放射性原子核在 β 衰变过程中释放。其穿透能力较强，可穿透几毫米的铝板，但弱于 γ 射线。

8. B

"**仁**"是中国儒家学派道德规范的最高准则。"仁"最基本的含义是"爱人"，强调人与人之间的关爱、同情和尊重，要求人们以宽容、善良的态度对待他人。"仁"是道德修养的最高境界，强调个人应在思想、行为方面遵循道德规范，努力做到内外一致。在社会层面，"仁"是治理国家和社会的基本原则，要求建立和谐的人际关系。

9. B

重阳节这天登山时人们会将**茱萸**佩戴在手臂上或磨碎放在香袋里，有消灾避难、避免瘟疫的寓意。茱萸是一种植物，时人认为其有辟邪、祈福的作用。

端午节人们会插**艾蒿**。**青蒿**可提取青蒿素。

10. A

世界上最长的河流是**尼罗河**。它全长 6 600 多公里，发源于非洲东北部的布隆迪高地，流经布隆迪、卢旺达、坦桑尼亚等国，最终注入地中海。尼罗河分为白尼罗河和青尼罗河两条主要支流，在苏丹首都喀土穆汇合。

亚马逊河全长 6 400 多公里，是世界第二长河。**长江**全长 6 300 多公里，是世界第三长河。

11. 凡尔赛文学：凡尔赛文学简称凡学，是一种网络流行语，用于形容那些以低调方式炫耀优越生活或成就的言行。其特点是通过看似谦逊或抱怨的语气，间接展示自己的优越感，常带有幽默或讽刺意味。这一现象在社交媒体上尤为常见，反映了当代社会对虚荣和攀比心理的调侃与反思。

12. 五音：五音是中国古代乐理中的五个基本音阶，包括宫、商、角、徵、羽，大致相当于现代音乐简谱中的 1（do）、2（re）、3（mi）、5（sol）、6（la）。五音是构成古代音乐旋律及和声的基础，广泛应用于音乐创作、演奏和礼仪活动中。五音是中国传统音乐文化的重要组成部分，也是研究中国古代音乐史的重要依据。

13. 量子纠缠：量子纠缠又称量子缠结，是量子力学中的一种现象。两个或多个粒子在相互作用后，其量子状态紧密关联，无论相隔多远，对其中一个粒子的测量会瞬间影响其他粒子的状态。这一现象违背了经典物理学的局域实在论，爱因斯坦曾称之为"鬼魅般的超距作用"。量子纠缠在量子通信、量子计算等领域具有重要应用，为信息传输和加密提供了新的可能性。

14. 博鳌亚洲论坛：博鳌亚洲论坛是一个非官方、非营利性的国际组织。该组织成立于 2001年，总部设在中国海南省琼海市博鳌镇。论坛旨在促进亚洲各国间的经济交流、协调与合作，同时推动亚洲与世界其他地区的对话。每年举办的博鳌亚洲论坛年会吸引了众多国家政要、企业领袖和专家学者参与，讨论全球经济、贸易、科技等热点议题。作为亚洲重要的高端对话平台，博鳌亚洲论坛为区域经济一体化和全球治理贡献了智慧与力量。

15. 智慧城市：智慧城市是指通过信息技术和物联网等手段，整合城市运行核心系统的各项关键信息，从而对民生、环保、公共安全、城市服务、工商业活动在内的各种需求做出智能响应的新型城市形态。其核心在于利用大数据、云计算、人工智能等先进技术，提升城市管理效率，优化资源配置，改善居民生活质量。智慧城市的建设目标是实现城市可持续发展，促进经济、社会与环境的和谐共生，为居民创造更加便捷、安全、环保的生活环境。

16. 比兴：比兴是中国古代诗歌创作的基本表现手法。"比"即比喻、类比，用某个具体的事物或道理来类比另一个抽象的事物或道理。"兴"即托物起兴，先言他物，然后借以联想，引出诗人所要表达的事物或感情。这两种手法在《诗经》中广泛应用，成为后世诗歌创作的重要传统。比兴的结合使诗歌既具形象性，又富抒情性，对中国古典诗歌的艺术表现力和审美价值产生了深远影响。

17. 单糖：单糖是最简单的碳水化合物，由3至7个碳原子构成，不能水解为更小的糖分子。常见的单糖包括葡萄糖、果糖和半乳糖，它们是生物体的重要能量来源。单糖结构简单，易溶于水，可直接被人体吸收利用。在生物代谢中，单糖通过糖酵解等途径产生能量，同时也是合成多糖（如淀粉、纤维素）的基本单位。单糖在食品、医药和生物工程等领域具有广泛应用。

18. DNA：DNA 是 DeoxyriboNucleic Acid 的缩写，表示脱氧核糖核酸，指生物体内储存遗传信息的分子，由两条反向平行的核苷酸链组成，形成双螺旋结构。DNA 的基本单位是脱氧核苷酸，包含磷酸、脱氧核糖和碱基（腺嘌呤、胸腺嘧啶、胞嘧啶和鸟嘌呤）。DNA 通过碱基配对（A–T，C–G）实现遗传信息的复制和传递，控制生物体的生长、发育和功能。DNA 是生命科学的核心研究对象，对遗传学、医学和生物技术等领域具有重大意义，推动了基因工程、疾病诊断和治疗的发展。

19. 氟利昂：氟利昂是一类含氟和氯的有机化合物，曾广泛用作制冷剂和发泡剂。其化学性质稳定，常温下无色无味或略有气味，易挥发，不易燃烧，但进入大气后会破坏臭氧层，导致紫外线辐射增加，危害生态环境和人类健康。1987 年《蒙特利尔议定书》限制并逐步淘汰了氟利昂的使用，推动了环保替代品的发展，对全球环境保护具有重要意义。

20. 图腾：图腾是原始社会中氏族或部落用以象征自身血缘关系、信仰和文化的标志，通常以动物、植物或自然现象为形象。图腾是族群认同的象征，也被认为具有保护作用，常出现在宗教仪式、艺术和日常生活中。图腾崇拜反映了早期人类对自然力量的敬畏和对祖先的尊崇，是人类文化发展的重要阶段。不同地区和民族的图腾文化各具特色，为研究古代社会结构和信仰体系提供了重要依据。

21. 梅雨：梅雨是东亚地区特有的一种气候现象。梅雨主要发生在每年春末夏初（通常为 6 月至 7 月），因正值梅子成熟而得名，梅雨开始称作"入梅"，结束称作"出梅"。梅雨的形成与西太平洋副热带高压和冷空气的交汇有关，表现为持续的阴雨天气，降水量大且分布均匀。梅雨季节空气湿度高，易滋生霉菌，对日常生活和健康有一定影响。梅雨对中国长江中下游地区、日本南部和韩国南部等地的农业生产至关重要，为水稻等作物提供了充足的水分，但同时也可能引发洪涝灾害。

22. 抗原：抗原是指能够刺激机体免疫系统产生特异性免疫反应的物质。它通常是蛋白质、糖类或脂类，存在于病原体表面或内部。抗原通过被免疫细胞识别，引发抗体产生或细胞免疫反应，从而帮助机体清除外来病原体。抗原的特异性由其表面的抗原决定簇决定，这一特性被广泛应用于疫苗开发、疾病诊断和免疫治疗等领域。抗原与抗体的相互作用是免疫学研究的基础，对预防和治疗疾病具有重要意义。

23. 海外仓：海外仓是指企业在目标市场国家或地区设立的仓储设施。其核心功能包括库存管理、订单处理和本地配送，旨在缩短交货时间、降低物流成本并提升客户体验。海外仓是跨境电商的重要支撑，帮助企业实现快速响应、灵活补货和高效退换货，更好地适应国际市场需求。

24. 金融危机：金融危机是指金融市场或金融体系出现严重动荡，导致金融机构倒闭、资产价格暴跌、信贷紧缩和经济衰退等现象。其成因通常包括资产泡沫破裂、过度杠杆、监管缺失或外部冲击等。金融危机对实体经济造成深远影响，表现为失业率上升、消费萎缩和投资减少。历史上著名的金融危机包括 1929 年大萧条和 2008 年全球金融危机。应对措施包括政府干预、货币政策调整和金融体系改革，以恢复市场信心和经济稳定。

25. 《茶经》：《茶经》是唐代茶叶专家、茶学家陆羽所著的世界上第一部系统论述茶叶种植、采摘、制作和饮用的专著，被誉为茶学的奠基之作。全书分为 3 卷，详细介绍了茶的起源、种类、器具和冲泡方法，强调茶的自然属性和养生价值。《茶经》不仅总结了唐代以前的茶学知识，还推动了茶从药用、食用到饮用的转变，对后世茶文化的发展产生了深远影响。

二、应用文写作

【构思谋篇】

题干材料反映了校园共享单车乱停乱放问题，要求撰写一篇倡议书，呼吁师生共同维护校园秩序。范文采用"问题—倡议—行动"的三段式结构：开篇先肯定绿色出行成果，再客观指出乱停乱放的具体问题；主体部分提出具体倡议；结尾部分说明学生会的后续行动计划，并以积极展望作结。

【参考范文】

校园文明停车倡议书

亲爱的老师、同学们：

近期，随着共享单车在校园内的普及，我们欣喜地看到绿色出行理念已深入人心。然而，随之而来的乱停乱放现象也日益凸显：教学楼前单车堵塞通道，影响师生正常通行；机动车与非机动车混停区域存在安全隐患；部分区域单车倒伏无人整理，既影响美观又造成资源浪费。为共建文明校园，校学生会特向全体师生发出以下倡议：

一、规范停车区域

请大家自觉将共享单车停放在划定的黄色标线区域内，保持车头朝向一致、整齐排列。特别要注意避开消防通道、无障碍设施等关键区域，确保校园道路畅通无阻。

二、杜绝混停现象

请大家严格遵循分区停放原则，避免在汽车停车位停放单车，如发现混停现象请主动提醒或协助调整。

三、共建文明校园

当看到倒伏的车辆时，请伸出援手将其扶正；遇到不规范的停车行为，请给予友善提醒。让我们珍惜个人信用记录，从每一次规范停车做起，用实际行动诠释当代师生的文明素养。

校学生会将持续开展"文明停车月"活动，组织志愿者进行引导服务，并通过校园媒体宣传优秀案例。我们相信，只要每位师生都贡献一份力量，就一定能营造出更加安全、整洁、文明的校园环境！

×××

2022 年××月××日

三、命题作文

【构思谋篇】

题干材料阐释了道家"相对相生"的辩证思想，揭示美丑、善恶等对立概念的相互依存关系。范文开篇通过审美体验引出价值相对性的核心论点；主体部分从"认知相对性"（柏拉图洞穴寓言、中国山水画论）、"对立转化"（中医药理、量子力学）、"差异和谐"（交响乐、园林艺术）三个维度展开深入论述；结尾升华主题，结合当代社会问题，提出超越二元对立的认知智慧。

【参考范文】

论价值的相对性

当我们在画廊驻足，为某幅画作的美而惊叹时，是否想过，这种美的感受恰恰依赖于我们对"丑"的潜在认知？这启示我们，世间万物都是相对存在的，美与丑、善与恶、有与无，这些看似对立的概念，实则相互依存、相互成就，在相互参照中获得意义。

认知的相对性如同光影相随。柏拉图洞穴寓言中的囚徒将影子当作真实，恰如我们常常固守单一视角，将片面的认知当作真理。宋代绘画大师提出"远山无皴，远水无波"的理念，同样的山峦因观察距离不同而呈现迥异的美感。明代计成在《园冶》中论述造园艺术时强调"借景"之妙，通过不同角度的框景，使同一处景观产生变幻无穷的意境。这些例子都在提醒我们：任何判断都建立在特定的参照系中，改变观察框架，认知就可能发生根本转变。

对立面之间的转化展现出事物本质的流动性。李时珍在《本草纲目》中记载，乌头含有剧毒，使用不当可致人死亡；但经过恰当炮制和剂量控制，却能成为治疗风湿痹痛的特效药。现代量子力学更揭示，观察行为本身就会改变被观察对象的性质，光的波粒二象性打破了非此即彼的认知模式。这些现象都在诉说一个真理：事物的价值并非固有，而是存在于关系网络中的动态平衡。

真正的智慧在于理解差异中的和谐。贝多芬交响曲中不同乐器的对话，不是消除个性，而是在保持特色的基础上达成更高层次的协调。中国园林艺术讲究"曲径通幽"，通过明暗对比创造意境。法国印象派画家莫奈笔下的睡莲，正是通过光与影的互动展现出生命的律动。这些创造都表明，对立不是需要消除的障碍，而是达成更丰富表达的必经之路。

理解这种相对性，不是走向价值虚无，而是获得更包容的智慧。当代社会充斥着非此即彼的简单判断，社交媒体上的标签化思维，国际关系中的对抗逻辑，都在制造人为的分裂。中国古代哲学讲究"执两用中"，西方辩证法强调"否定之否定"，都在指引我们超越简单对立。在这个价值多元的时代，保持开放的认知态度，在差异中寻找联系，在变化中把握规律，或许才是应对复杂世界的正确方式。

2022 年全日制翻译硕士专业学位（MTI）研究生入学考试试题

参考答案

一、选择题及下划线名词解释

1. A

词组**"个人电脑"**的成分间关系为偏正结构，即"个人（修饰语）+电脑（中心语）"，与其他两项不同。偏正结构是汉语中一种常见的语法结构。该结构由修饰语和中心语组成，修饰语对中心语进行限定或描述。偏正结构可以是定中结构，如"红色的（修饰语）+苹果（中心语）"；也可以是状中结构，如"慢慢地（修饰语）+走（中心语）"。偏正结构简洁明了，能够准确表达事物的特征或动作的方式，是汉语表达中的重要手段。

词组**"学习编程"**的成分间关系为动宾结构，即"学习（动词）+编程（宾语）"。词组**"修理汽车"**的成分间关系为动宾结构，即"修理（动词）+汽车（宾语）"。动宾结构是汉语中一种常见的语法结构，由动词和宾语组成，表示动作与受事的关系。动词表示动作或状态，宾语是动作的承受者或对象。

2. C

《**大学**》与《中庸》《论语》《孟子》合称"四书"，不属于"五经"。"五经"包括《**诗经**》《尚书》《礼记》《周易》《春秋》。"四书五经"详细记录了我国早期思想文化发展史上的历史资料和重要思想，在我国儒学发展史乃至文化发展史上都占据着相当重要的位置。

3. B

音素是根据语音的自然属性划分出来的不可切分的最小语音单位。它是构成音节的最小单位或语音片段。音素可分为元音音素和辅音音素两类。

音位是一个语音系统中能够区别意义的最小语音单位。**音节**是语音结构的基本单位。

4. B

汉字**"休"**是合体字（呈左右结构，由"人"和"木"组成，表示人倚着树木，意指"休息"）。合体字是汉字的一种结构类型，指由两个或两个以上的部件（即独体字）组合而成的汉字。合体字的形体结构类型有左右结构（如"明"）、上下结构（如"想"）、包围结构（如"国"）和品字结构（如"森"）等。合体字的组成部分在意义上或语音上可能与其整体相关，例如"明"由"日"和"月"组成，表示光亮。合体字在汉字中占绝大多数，其结构规律对汉字学习和书写具有重要意义。

汉字**"工"**和**"大"**均为独体字。独体字是汉字的一种结构类型，指不能分解为更小部件的单一结构汉字。独体字通常由基本笔画直接构成，没有明显的偏旁或部首，例如"日""月""心""木"等。这些字在汉字系统中属于基础字，许多合体字都是以独体字为基础构建的。掌握独体字有助于理解汉字的构字规律和书写规则，同时也为学习合体字提供了基础。

5. C

"十二地支"中，位于"未"之前的是"**午**"。天干地支是中国古代传统历法纪年、纪月、纪日和纪时的系统，由"十天干"和"十二地支"组成。"十天干"包括：甲、乙、丙、丁、戊、己、庚、辛、壬、癸。"十二地支"包括：子、丑、寅、卯、辰、巳、午、未、**申**、酉、**戌**、亥。

6. A

《牡丹亭》是明代剧作家**汤显祖**创作的传奇剧本，与《西厢记》《长生殿》《桃花扇》并称"中国四大古典戏剧"。该剧讲述了南安太守杜宝之女杜丽娘与秀才柳梦梅之间超越生死的爱情故事。杜丽娘在梦中与柳梦梅相爱，但在现实中却无法寻得爱人，因此抑郁而终。三年后杜丽娘化身魂魄寻到柳梦梅，并得到柳梦梅帮助复生，最终收获家人祝福，两人结为佳偶。

关汉卿是元代著名杂剧作家、散曲作家，其代表作有《单刀会》《拜月亭》《窦娥冤》《救风尘》等。**柳梦梅**并非古代戏曲家，而是汤显祖创作的昆剧《牡丹亭》中的男主人公。

7. A

郭守敬（字若思）是元代伟大的天文学家、数学家、水利工程专家。他设计制造了多种天文仪器，推动了天文观测技术的发展。他参与编订的《授时历》是当时世界上最精确的历法之一，其精度与现行公历基本一致。他主持修建了通惠河，解决了元大都（今北京）的漕运饮水问题，对元代经济发展起到了重要作用。郭守敬的科学成就不仅在中国历史上具有重要意义，也对世界科学史产生了深远影响。

徐光启是明代杰出的科学家、农学家。他与意大利传教士利玛窦合译了《几何原本》等西方科学著作。他撰写了《农政全书》，系统总结了中国传统农业技术。**李冰**是战国时期著名的水利工程专家。他主持修建了都江堰水利工程，通过巧妙的设计，将岷江水分流，既解决了洪水泛滥的问题，又为成都平原提供了稳定的灌溉水源，使该地区成为"天府之国"。

8. C

上巳节俗称三月三，是中国传统节日，节期为每年的农历三月初三。上巳节的主要习俗有被禊（在水边沐浴以祛除不祥）、踏青（郊游赏春）和曲水流觞（饮酒赋诗）等。这些活动体现了古人驱邪避灾、祈求健康的美好愿望。

寒食节又称百五节、禁烟节、冷节，是中国传统节日，节期在冬至后105天或106天，即清明节前一二日。寒食节的主要习俗有禁火冷食、扫墓祭祖和踏青郊游等。这些活动体现了古人对忠孝义的尊崇以及对自然的亲近。**寒衣节**又称十月朝、祭祖节、秋祭，是中国传统祭祀节日，节期为每年的农历十月初一。寒衣节的主要习俗有为家人准备冬衣、祭祀祖先等。这些活动体现了古人对家庭关怀和季节变化的重视以及对先人的怀念。

9. A

中国上古三大奇书是指《山海经》《周易》和《黄帝内经》。《山海经》是一部中国古代神话小说专集，也是一部地理志怪典籍，约成书于战国时期至汉代之间，作者不详。该书分为《山经》和《海经》两部分，记录了各种山川地理、水域海洋的地理特征及其相关的神话传说和奇特生物，保存了包括夸父逐日、精卫填海、大禹治水等不少脍炙人口的传说故事。《周易》又称《易》《易经》，是中国古代重要的哲学典籍，被誉为"五经"之首。书中记录了古代中国智者们根据观察天象和社会变迁总结出的卜筮方法，以阴阳两种元素的对立统一去描述世间万物的变化，体现了中国古典文化的哲学观和宇宙观。《黄帝内经》是我国现存最早的一部系统性的理论医著，也是传统医学四大经典著作之一，被称为"医之始祖""医家之宗"，现收藏于广州神农草堂中医药博物馆。该书分为《素问》和《灵枢》两部分：《素问》侧重于人体生理、病理、疾病治疗原则等基本理论，而《灵枢》偏重于人体解剖、脏腑经络、腧穴针灸等理论。

《史记》是西汉史学家司马迁创作的中国第一部纪传体通史，被誉为"二十四史"之首。《论语》是儒家经典"四书"之一，是一部语录汇编文集，由孔子的弟子及其再传弟子编纂而成。

10. C

　　光年是天文学中用于衡量天体之间的距离的长度单位，指光在真空中沿直线经过一年时间所走的距离。

　　公里和**纳米**均为长度单位，但不用于衡量天体之间的距离。

11. **声调**：声调是指汉语音节中所固有的，可以区别意义的声音的高低、升降。在现代汉语语音学中，普通话的声调有四个调类：一声（阴平），二声（阳平），三声（上声），四声（去声）。普通话的调值分别为：阴平 55（高平调，高而平）、阳平 35（高升调，由中音升至高音）、上声 214（降升调，先降后升）、去声 51（全降调，由高音降至低音）。

12. **感情色彩**：感情色彩是指词义所反映出的主体所蕴含的情感倾向或态度。它可以分为褒义、贬义和中性三种类型。褒义词是指带有赞扬、喜爱、尊敬等肯定的感情色彩的词语，例如"聪明""善良""美丽"等。贬义词是指带有贬斥、厌恶、轻蔑等否定的感情色彩的词语，例如"蠢笨""邪恶""丑陋"等。中性词是指介于褒义和贬义之间，不带褒贬感情色彩的词语，例如"描述""补充""说明"等。感情色彩在语言交流中起着重要作用，能够增强表达的感染力和准确性。

13. **复工复产**：复工复产是指因特殊原因、特殊时期、非常时期而使全部或大部分企事业单位暂停生产经营活动后，根据国家和地方政府统一指导，在具备安全生产条件下恢复正常生产经营活动。复工复产涵盖了社会生活多方面的恢复，包括人员回到工作岗位、恢复工作，以及生产经营活动恢复到以前的生产状态或产能等。复工复产是维持经济运行的基础，有助于保障生产和就业，维持供应链稳定性，促进经济发展。在安全的前提下，有序推动复工复产对于经济恢复、社会稳定和人民生活都具有重要意义。

14. **表音文字**：表音文字又称拼音文字，是一种以语音为基础的文字系统，其字符主要表示语言中的发音单位（如音素或音节），而非直接表示意义。表音文字可根据语音单位的性质，分为音素文字和音节文字。音素文字的每个字符代表一个音素（最小的语音单位），例如英语使用的拉丁字母。音节文字的每个字符代表一个音节（由音素组成的语音单位），例如日语的假名。表音文字的优势在于字符数量较少，学习门槛较低，适合记录语音变化丰富的语言，但其无法直接表达意义，可能导致同音异义现象。

15. **六艺**：六艺是中国古代贵族教育体系中的六种技能。它起源于周代，包括礼、乐、射、御、书、数。"礼"指礼仪规范，即吉礼、凶礼、军礼、宾礼、嘉礼；"乐"指音乐、舞蹈等；"射"指射箭技术；"御"指驾驭马车的技术；"书"指书法、绘画等；"数"指算术和天文历法等。六艺不仅是古代教育的核心内容，也是儒家文化的重要组成部分，体现了德智体美全面发展的教育理念，对后世中国文化、教育和价值观的形成产生了深远影响。

16. **《史记》**：《史记》是西汉史学家司马迁创作的中国第一部纪传体通史，被誉为"二十四史"之首。全书共130卷，分为十二本纪、三十世家、七十列传、十表、八书，记录了从传说中的黄帝时期至汉武帝时期约 3 000 年的历史。"本纪"记载历代帝王的生平事迹和国家大事；"世家"记载诸侯王、贵族和重要家族的世系及其历史事迹；"列传"记载除帝王诸侯以外其他各方面代表人物的生平事迹和少数民族的传记；"表"以表格形式记录历史事件的时间顺序和人物关系；"书"专题记述典章制度、天文历法、经济文化等内容。《史记》在中国史学、文学和文化史上具有重要地位，其"究天人之际，通古今之变"的史学思想对后世产生了深远影响。

17. 双碳：双碳是"碳达峰"和"碳中和"两项战略目标的简称，旨在应对全球气候变化和推动绿色低碳发展。碳达峰是指碳排放量达峰，即二氧化碳排放总量在某一个时期达到历史最高值，之后逐步降低。碳中和是指二氧化碳净零排放，即由个人或团体直接或间接产生的二氧化碳排放量，可以与植树造林等方式所吸收的量相抵消中和，最终实现温室气体"零排放"的效果。[①] 根据中共中央、国务院印发的《关于完整准确全面贯彻新发展理念做好碳达峰碳中和工作的意见》，我国计划在 2030 年，二氧化碳排放量达到峰值并实现稳中有降；在 2060 年，全面建立绿色低碳循环发展的经济体系和清洁低碳安全高效的能源体系，实现碳中和目标。"双碳"目标的实现需要政府、企业和公众的共同努力，通过发展可再生能源、推广绿色技术和倡导低碳生活方式，促进经济社会的可持续发展。

18. 光伏：光伏，即光伏能源，是指利用光伏效应将太阳能直接转化为电能的一种可再生能源。光伏效应（全称光生伏特效应）是指当光照射到半导体材料（如硅）时，光子能量激发电子，产生电流的现象。光伏能源系统主要由光伏电池、逆变器和储能设备组成，广泛应用于太阳能发电站、屋顶光伏系统和便携式充电设备等领域。光伏能源具有清洁、可再生、无噪音等优点，是应对能源危机和减少碳排放的重要手段。在"双碳"目标（碳达峰与碳中和）的推动下，光伏能源产业迎来了重要发展机遇，成为全球能源转型的核心领域之一。

19. 信托：信托是一种基于信任关系的财产管理制度，指的是委托人基于对受托人的信任，将其财产权委托给受托人，由受托人按委托的意愿以自己的名义，为受益人的利益或者特定目的，进行管理或者处分的行为。信托涉及三方主体：委托人、受托人和受益人。信托有如下特点：（1）信托财产具有独立性，受法律保护，免受外部债务或纠纷的影响；（2）信托契约具有灵活性，可用于财富传承、资产保护、慈善公益等多种目的；（3）信托关系受法律约束，受托人必须保障受益人利益。信托在现代金融和财富管理中发挥着重要作用，有助于实现资产隔离、税务优化和财富代际传承。

20. 《齐民要术》：《齐民要术》是北魏农学家贾思勰所著的一部综合性农学著作，是我国现存的一部最早、最完整的农书。全书共 10 卷，系统总结了 6 世纪以前黄河中下游地区劳动人民的农业生产经验，内容涵盖耕作、种植、养殖、农产品加工和农业工具等方面。书中不仅详细记录了北方旱作农业的技术，还强调了因地制宜和精耕细作的原则。作为中国古代农业科学的经典著作，《齐民要术》对后世农业技术和经济发展产生了深远影响，是研究中国古代农业史和科技史的重要文献。

21. 酒糟：酒糟又称粕、酒醅糟，是酿酒过程中产生的副产品，主要由发酵后的粮食残渣（麦、高粱、米等）构成。酒糟具有较高的营养价值，富含蛋白质、维生素和矿物质。酒糟可作为优质饲料，用于畜牧业；可用于食品加工，制作酒糟馒头、酒糟鱼等风味食品；可作为有机肥料，改善土壤，促进作物生长。

22. 皮影戏：皮影戏又称影子戏、灯影戏，是一种通过灯光将兽皮或纸板制成的人物剪影投射到幕布上，配合艺人幕后操纵、音乐和唱腔来表演故事的民间戏剧。其起源可追溯至西汉，兴盛于唐宋，明清时期广泛流传。皮影戏的制作工艺精细，人物造型独特，色彩丰富，具有浓厚的地方特色。皮影戏题材多取自历史传说、神话故事和民间生活，兼具娱乐性和教育性。2011 年 11 月，中国皮影戏被联合国教科文组织正式批准列入《人类非物质文化遗产代表作名录》。

---

① "世界环境日'双碳'科普‖带你解读'双碳'——'碳达峰''碳中和'"，载 http://www.zhzx.cgs.gov.cn/xxfw02/dxkp/202206/t20220607_701520.html，最后访问日期：2025 年 4 月 30 日。

23. 芯片：芯片又称微电路、集成电路，是将大量电子元件（如晶体管、电阻、电容等）集成在一块微小半导体材料（通常是硅）上的电子器件。芯片是现代电子设备的核心组件，广泛应用于计算机、手机、汽车、家电等领域。其特点是体积小、功耗低、性能高，能够实现复杂的信息处理和控制功能。芯片制造工艺复杂，涉及光刻、刻蚀、封装等多个环节。随着科技的进步，芯片不断向更小尺寸、更高性能发展，推动了信息技术和人工智能等领域的革新。

24. 热带雨林：热带雨林是常见于赤道附近热带潮湿地区的森林生态系统，主要分布于东南亚、南美洲亚马逊河流域、非洲刚果河流域、中美洲等地。该系统树种丰富、层次分明，包括乔木层、灌木层和草本层等，形成了复杂的生态网络。其特点是常年雨量充沛，气候炎热，植被茂密，生物多样性极高。热带雨林是地球重要的"碳汇"，对调节全球气候、维持水循环、防止水土流失和保护生物资源具有关键作用。

25. 原始森林：原始森林是指未经人类大规模开发或干扰的自然森林生态系统，保留了完整的植被结构和生物多样性。该系统树种丰富、层次分明，包括乔木层、灌木层和草本层等，形成了复杂的生态网络。原始森林是地球重要的生态屏障，具有调节气候、涵养水源、保护土壤和维持生物多样性的功能。它还是许多珍稀野生动植物的栖息地，对科学研究具有重要意义。

二、应用文写作

【构思谋篇】

　　题干要求以在校大学生身份撰写一篇赛会志愿者自荐信。自荐信需内容具体、层次分明，突出志愿精神与服务能力。范文采用"意愿—能力—承诺"框架：开篇表明申请意向并突出个人特质；主体部分从实践经验（校运会、国际文化节案例）和专业背景（旅游管理专业+急救证书）两个维度论证胜任力；结尾表达服务承诺与积极态度。

【参考范文】

赛会志愿者自荐信

尊敬的赛会志愿者招募负责人：

　　您好！我是××大学××专业大三学生×××，得知我市将举办大型体育赛事并招募志愿者，我怀着满腔热忱提交这份申请。作为一名体育爱好者和志愿服务践行者，我希望能为这场体育盛会贡献自己的力量。

　　在校期间，我积累了丰富的志愿服务经验。担任校运会志愿者组长期间，负责协调30名志愿者的岗位分配与工作对接，培养了出色的组织协调能力；在"一带一路"国际文化节中，我为外宾提供双语导览服务，展现出良好的跨文化沟通能力。这些经历使我特别适合对外联络服务或场馆运行服务岗位。

　　我的专业学习也为志愿服务提供了有力支撑。主修旅游管理的我熟悉大型活动流程设计，选修的应急管理课程让我掌握基本的危机处理技能。此外，我持有红十字会急救员证书，能够应对突发医疗情况。

若有幸入选，我将以高度的责任感和饱满的热情投入工作。我愿服从组委会任何岗位安排，无论是语言服务、观众引导还是后勤保障，都将全力以赴。相信我的专业素养、语言能力（英语 CET-6）和团队协作精神，定能为赛事提供优质服务。

期待您的回复！祝赛事筹备工作顺利推进！

此致

敬礼！

自荐人：×××
2021 年××月××日

三、命题作文

【构思谋篇】

题干要求以"勇气"为题，撰写一篇文章。文章需立意积极，展现对"勇气"内涵的深刻理解，避免空泛议论，最好能结合具体事例进行阐述，可自由选择论述角度（如个人成长、历史事件、社会现象等）。范文开篇以钻石比喻提出"勇气随人生阶段演化"的核心观点；主体部分以"青春—中年—暮年"为序，分别论述无畏追梦（钟芳蓉等例）、突破自我（大冰例）、从容面对（苏轼等例）三种勇气形态；结尾升华主题，强调三种勇气的递进关系与人生价值。

【参考范文】

勇气

勇气如同多棱的钻石，在生命的不同阶段折射出各异的光彩。它并非一成不变的莽撞，而是随着人生阅历的增长不断演化的智慧。青年时的勇气如烈火般炽热，中年时的勇气似利剑般锋利，老年时的勇气则像古树般沉稳。这三种勇气形态共同谱写了人生的壮丽诗篇。

青春之勇是敢于追梦的无畏。唐代诗人李贺豪言"报君黄金台上意，提携玉龙为君死"，道出了少年人的热血与抱负。这种勇气在当代青年身上依然闪耀：留守女孩钟芳蓉面对质疑坚持选择北大考古专业，用热爱回应世俗的偏见；运动员张国伟退役后自费训练，最终在国际赛场重夺荣耀；黄文秀放弃城市优渥生活，扎根乡村带领乡亲脱贫致富。他们的故事告诉我们，青春的勇气不仅是满腔热血，更是将理想付诸实践的决心。正如哲人所言，真正的勇气是知道生活的真相后依然热爱生活。

中年之勇是突破自我的决断。这个阶段的勇气往往更为艰难，因为它需要打破既有的生活惯性。著名主持人大冰在事业巅峰期选择辞职远行，从聚光灯下的名人变成流浪歌手，又在写作事业如日中天时选择封笔，这种不断突破舒适区的勇气令人敬佩。路遥曾说："人生的道路虽然漫长，但紧要处常常只有几步。"中年的勇气，正是敢于在人生转折处迈出那关键一步的魄力。它不是不计后果的冒险，而是深思熟虑后的自我超越。

暮年之勇是笑对人生的从容。苏轼晚年总结平生功业，不提显赫官职，只说"黄州惠州儋州"三个流放地，这份豁达正是岁月淬炼出的勇气。诸葛亮空城退敌的淡定，孔子面对讥讽时的坦然，都展现了智者在历经沧桑后的精神境界。这种勇气不是无所畏惧，而是明白有些恐惧不必战胜，有些困难不必克服，学会与之和平共处的智慧。就像老树经历风霜后更加挺拔，人生的勇气最终沉淀为内心的坚韧与平和。

　　生命的每个阶段都需要勇气，只是表现形式不同。青春的勇气让我们敢于追梦，中年的勇气教我们突破自我，暮年的勇气使我们从容面对。这三种勇气不是相互替代，而是层层递进，共同构成完整的人生智慧。在这个充满变数的世界里，愿我们既能保持年少时的热血，又能在岁月沉淀中收获智者的从容，让勇气之光照亮生命的每一段旅程。

西安邮电大学

2024 年全日制翻译硕士专业学位（MTI）研究生入学考试试题

参考答案

一、名词解释题

1. **中国式现代化**：中国式现代化是指中国共产党领导的社会主义现代化，既有各国现代化的共同特征，更有基于自己国情的中国特色。中国式现代化是人口规模巨大的现代化，是全体人民共同富裕的现代化，是物质文明和精神文明相协调的现代化，是人与自然和谐共生的现代化，是走和平发展道路的现代化。中国式现代化为人类实现现代化提供了新的选择，充分证明了科学社会主义的真理性。[①] 中国式现代化摒弃了西方以资本为中心的现代化、两极分化的现代化、物质主义膨胀的现代化、对外扩张掠夺的现代化老路，展现了社会主义现代化的本质属性和根本追求，是对世界现代化理论和实践的丰富和发展。[②]

2. **宗法制**：宗法制是中国传统社会中以血缘关系为核心的社会组织制度，通过血缘的远近亲疏区分社会成员的高低贵贱，形成了一套以家族为基础的行为规范。该制度起源于原始父系氏族社会，形成于商周时期，并在周代通过分封制与宗法制结合，形成了以嫡长子继承为核心的"宗子法"。宗法制的核心是宗族，宗族以共同的祖先、土地、宗庙等为纽带，族长对宗族成员拥有绝对的支配权。这一制度在中国历史上经历了多次演变，从周代的宗法制到汉晋时期的门阀氏族制，再到宋代的家族制，始终贯穿于中国社会的政治、经济和文化中。宗法制强调父权、夫权和君权，形成了严格的等级秩序和家族伦理，成为维护封建社会稳定的重要支柱。尽管随着历史发展，宗法制的形式有所变化，但其核心的血缘关系和家族观念始终深刻影响着中国社会的结构与文化。

3. **《兰亭集序》**：《兰亭集序》又称《兰亭序》，是东晋书法家王羲之创作的一篇序文，被誉为"天下第一行书"。文中记述了兰亭明丽的春景及修禊聚会的盛况，表达了对人生无常的感慨。其行文字体流畅自然、遒媚飘逸、气韵生动，是中国书法艺术的巅峰之作。《兰亭集序》不仅是中国文学史上的经典，也是研究书法艺术和魏晋文化的重要文献。其真迹已失传，但摹本和拓本广为流传，对后世书法家和文人产生了深远影响，是中华文化宝库中的瑰宝。

4. **四大名绣**：四大名绣是指中国刺绣艺术中最具代表性的四种流派，包括江苏的苏绣、湖南的湘绣、广东的粤绣和四川的蜀绣。苏绣发源于江苏苏州，以图案秀丽、绣工细致著称，擅长表现山水花鸟，其中"双面绣"作品最为精美。湘绣以湖南长沙为中心，色彩鲜艳，针法多样，注重写实，取材多以植物花鸟为主。粤绣是"广绣"和"潮绣"的合称，以广东广州和潮州为中心，构图饱满，色彩浓艳，金碧辉煌，针法复杂多变，多用于装饰。蜀绣以四川成都为中心，讲究"针脚整齐，线片光亮，紧密柔和，车拧到家"。四大名绣各具特色，体现了中国传统工艺的高超技艺和地域文化特色，是中华非物质文化遗产的重要组成部分，在艺术、文化和经济领域具有重要价值。

---

① 《马克思主义基本原理》，高等教育出版社 2023 年版，第 320 页。
② 王公龙："中国式现代化的伟大创造及其重大贡献"，载《解放日报》2022 年 10 月 31 日，第 7 版。

5. **《红楼梦》**：《红楼梦》又名《石头记》，是一部章回体长篇小说，中国四大名著之一。学者们认为前 80 回为清代作家曹雪芹所著，后 40 回为清代作家高鹗所续写。小说以四大家族——贾、史、王、薛的兴衰演变为背景，以贾宝玉、林黛玉、薛宝钗为主要人物，描述了他们之间的爱情婚姻悲剧。《红楼梦》展现了复杂的人性和社会矛盾，反映了封建社会的没落，有力地抨击了清代封建制度的腐败与黑暗。

6. **《巨人传》**：《巨人传》是法国文艺复兴时期作家拉伯雷创作的长篇小说。小说分 5 部，讲述了两代巨人国国王卡冈都亚（高康大）及其子庞大固埃的传奇故事。前三部主要写两代巨人国国王的出生及受教育经历等；后两部写庞大固埃寻找"神瓶"的奇遇经历。作品以夸张幽默的笔触讽刺了中世纪社会的宗教、教育和法律弊端，同时宣扬人文主义思想，强调理性和知识的重要性。《巨人传》语言生动，想象丰富，被誉为世界文学史上的经典之作，对后世文学创作产生了深远影响。

7. **启蒙运动**：启蒙运动又称理性时代，是 17 世纪末至 18 世纪末欧洲资产阶级和人民大众反封建专制制度、反宗教蒙昧主义的思想文化解放运动。它兴起于西欧，很快发展至欧洲大多数国家，并影响到全世界，但其中心在法国。启蒙运动涉及宗教、哲学、经济、文学等各个方面，提倡人权反对神权，提倡民主反对专制，提倡科学反对迷信，提倡理性主义反对盲从权威。这一时期的代表人物有伏尔泰、卢梭、孟德斯鸠、狄德罗、康德等。启蒙运动推动了政治制度的变革，促进了民主、法治和自由市场的形成。同时，它也推动了科学和教育的发展，为现代科学的兴起和知识的传播创造了条件。

8. **无罪推定**：无罪推定是现代法治国家刑事诉讼的基本原则之一，指任何人在未经法院依法判决有罪之前，均应被视为无罪。其核心在于保障被告人的合法权益，防止司法专横和冤假错案。无罪推定要求控方承担举证责任，证据必须达到排除合理怀疑的标准。这一原则体现了对个人权利的保护和对司法公正的追求，是法治社会的重要基石，被联合国《世界人权宣言》和各国宪法广泛采纳。

9. **相对论**：相对论是爱因斯坦提出的物理学理论，包括狭义相对论和广义相对论。狭义相对论主要研究惯性参考系中的物理规律，提出光速不变原理和时空相对性，揭示了时间膨胀和质能等价（$E=mc^2$）等现象。广义相对论将引力解释为时空弯曲的几何效应，成功解释了水星近日点进动等天文现象。相对论彻底改变了人类对时间、空间和引力的认知，为现代物理学和宇宙学研究奠定了理论基础，对科技发展产生了深远影响。

10. **第一次工业革命**：第一次工业革命始于 18 世纪 60 年代的英国，以蒸汽机的广泛应用为标志，实现了从手工劳动向机器生产的转变。其主要特征包括纺织机械的革新、煤炭和钢铁的大规模使用，以及工厂制度的兴起。工业革命极大地提高了生产力，推动了城市化进程，改变了经济结构和社会关系，同时也带来了环境污染和劳工问题。

二、名词填空题

1. （1）**张载** （2）**为往圣继绝学** （3）**为万世开太平**

　　张载，字子厚，世称横渠先生，是北宋思想家、哲学家，关学创始人。他提出"气本论"，认为宇宙万物由"气"构成，强调"天人合一"和"民胞物与"的思想。他还提出横渠四句，体现了儒者的崇高理想。其代表作有《正蒙》《横渠易说》等。

"横渠四句"是北宋哲学家张载提出的思想精髓，集中体现了儒家知识分子的崇高理想与责任担当。"为天地立心"强调探索自然规律，追求天人合一；"为生民立命"主张关注民生，实现社会福祉；"为往圣继绝学"体现传承文化、弘扬学术的使命；"为万世开太平"彰显追求长治久安的宏伟抱负。"横渠四句"以其宏阔的视野和深邃的内涵，成为中国传统文化的经典表述，激励后世学者以天下为己任，践行济世安民的理念。

2. （4）**纪传**　（5）**《后汉书》**　（6）**《三国志》**　（7）**司马迁**　（8）**班固**

纪传体是西汉史学家司马迁开创的一种史书编纂体例。《史记》是纪传体的典范，确立了"本纪"记帝王、"世家"记诸侯、"列传"记其他代表人物、"表"列年表、"书"记典章制度的体例框架。纪传体的特点是以人物传记为中心，辅以本纪、列传、表、书等形式，全面记录历史事件和人物活动。纪传体后成为历代官修正史的主要编纂方式，如《汉书》《后汉书》等"二十四史"均沿用此体例。

《后汉书》是南朝宋时期史学家范晔编撰的纪传体史书，记载了东汉一朝的历史，与《史记》《汉书》《三国志》并称"前四史"。全书共120卷，包括十纪、八十列传和八志30卷，以文笔优美、叙事详实著称。范晔在编纂中注重人物刻画和历史评价，体现了"正一代得失"的史学思想。《后汉书》保存了大量东汉史料，还开创了"列女传"等新体例，对后世史学发展产生了深远影响，是研究东汉历史的重要文献。

《三国志》是西晋史学家陈寿撰写的纪传体史书，记载了魏、蜀、吴三国鼎立时期的历史，与《史记》《汉书》《后汉书》并称"前四史"。全书共65卷，分为魏书、蜀书和吴书三部分，以简洁精炼的文笔和客观翔实的史料著称。陈寿在编纂中注重史实考据，为后世研究三国历史提供了重要依据。《三国志》不仅具有极高的史学价值，还因其生动的人物刻画和叙事技巧，对文学创作产生了深远影响。

司马迁，字子长，是西汉时期著名的史学家、文学家，被尊为"史圣"。他继承父职任太史令，因替李陵辩护而受宫刑，仍发愤著书，完成《史记》。《史记》是中国第一部纪传体通史，记录了从传说中的黄帝时期至汉武帝时期约3000年的历史，开创了纪传体史书体例，被誉为"史家之绝唱，无韵之离骚"。司马迁以"究天人之际，通古今之变"为宗旨，注重史实考据和人物刻画，其史学思想和文学成就对后世影响深远。

班固，字孟坚，是东汉时期著名的史学家、辞赋家，与其父班彪、其妹班昭并称"三班"。他继承父志，历时二十余年完成《汉书》，这是中国第一部纪传体断代史，记载了西汉一朝的历史，开创了断代史的先河。他还擅长辞赋，其辞赋作品展现了宏大的历史视野和深厚的文学功底，代表作有《两都赋》《幽通赋》等。

3. （9）**灞桥**　（10）**赵州桥**　（11）**卢沟桥**

灞桥是中国历史上著名的石拱桥之一，位于陕西省西安市灞桥区，横跨灞河。灞桥建于隋开皇三年（503年），唐至宋代沿用，元废。① 它是古代长安城出入的重要通道，因折柳送别的风俗而闻名。唐代诗人常以灞桥为题材，表达离愁别绪，如李白的"年年柳色，灞陵伤别"。灞桥是古代交通和文化的象征，也是研究中国古代建筑、文学和社会习俗的重要文化遗产。

---

① "全国重点文物保护单位：西安古灞桥遗址"。载人民网 http：//art. people. com. cn/n/2014/0725/c206244 - 25339456. html，最后访问日期：2025年4月30日。

赵州桥又称安济桥，是世界上现存最早、保存最完整的单孔敞肩石拱桥，位于河北省赵县。该桥由隋朝工匠李春设计建造，采用"敞肩拱"设计，既减轻桥身重量，又增强了泄洪能力。赵州桥以其科学的结构、精湛的工艺和悠久的历史闻名于世，被誉为"天下第一桥"，是中国古代桥梁建筑的杰出代表，对世界桥梁工程发展产生了深远影响，现为全国重点文物保护单位。

卢沟桥又称芦沟桥，是中国历史上著名的石拱桥之一，位于北京市丰台区，横跨永定河（卢沟河）。卢沟桥始建于金代，以其精美的石狮雕刻和"卢沟晓月"的景致闻名。卢沟桥是古代交通和建筑艺术的杰作，因1937年的"七七事变"成为中国抗日战争的重要象征，是研究中国古代建筑、文学和社会习俗的重要文化遗产。

4.（12）**象形**　（13）**会意**　（14）**指事**　（15）**形声**

象形字是汉字"六书"造字法之一，通过描绘客观事物的外形特征，表达具体事物或概念。例如，"山"像山峰的起伏；"木"像树木的枝干。象形字奠定了汉字以形表意的基础，反映了古人对自然万物的直观认知，对研究汉字起源和演变具有重要价值。

会意字是汉字"六书"造字法之一，通过组合两个或多个独体字，以其意义关联形成新字，表达抽象或复杂概念。例如，"休"由"人"和"木"组成，表示人靠在树下休息；"明"由"日"和"月"组成，表示光亮。会意字体现了汉字的表意特性，丰富了汉字的表现力，是汉字体系的重要组成部分。

指事字是汉字"六书"造字法之一，通过在象形字基础上添加抽象符号，指示事物的特定含义或位置。例如，"上"和"下"分别在一条线的上下加短横，表示方位；"刃"在"刀"字上加一点，表示刀刃部分。指事字以简洁的符号表达抽象概念，弥补了象形字的不足，是汉字从具体到抽象发展的重要阶段。

形声字是汉字"六书"造字法之一，由形旁和声旁组成，形旁表示意义类别，声旁提示读音。例如，"河"字中，"氵"为形旁，表示与水有关；"可"为声旁，提示读音。形声字结合了表意和表音功能，极大地丰富了汉字体系，成为汉字的主体，约占现代汉字的80%以上。

三、应用文写作

【构思谋篇】

题干要求以校学生会名义撰写一篇倡议书，内容为招募高校志愿者助力丝绸之路国际博览会举办，促进青年参与国际交流。范文采用"背景意义—招募要求—参与收获—报名指引"的框架结构：开篇以西安历史地位切入，凸显活动价值；主体部分分项说明志愿者要求、服务收获和报名须知；结尾以号召性语言强化行动激励。

【参考范文】

丝绸之路国际博览会志愿者招募倡议书

亲爱的同学们：

千年古都西安，这座曾经驼铃声声的丝路起点，如今正以崭新的姿态融入"一带一路"建设大潮。第八届丝绸之路国际博览会即将盛大启幕，这是展示西安开放形象的重要窗口，更是青年学子服务国家战略的宝贵机遇。为此，××大学校学生会诚挚邀请各位同学加入志愿者行列，共同书写新时代的丝路故事！

一、我们期待这样的你：

(1) 热爱志愿服务，具有团队协作精神；

(2) 英语四级以上水平，能进行基本交流（掌握俄语、阿拉伯语等丝路沿线国家语言者优先）；

(3) 了解西安历史文化及"一带一路"建设成果；

(4) 能全程参与会前培训及会议期间服务工作。

二、作为志愿者，你将获得：

(1) 参与国际会议筹备的宝贵经验；

(2) 与各国嘉宾交流的难得机会；

(3) 提升跨文化沟通能力的实践平台；

(4) 官方颁发的志愿服务证书。

三、报名须知：

时间：即日起至 2023 年××月××日；

方式：填写电子报名表（校团委官网下载）；

咨询：校学生会实践部（行政楼 206 室）。

站在古丝绸之路的起点，让我们以青春之名，续写交流互鉴的新篇章！你的专业素养将是大会最好的名片，你的热情服务将让世界看见中国青年的风采！

××大学学生会

2023 年××月××日

四、命题作文

【构思谋篇】

　　题干材料通过"45 度人生"这一网络新词，反映当代青年在"内卷"与"躺平"两极间寻求平衡的生活状态。行文时可辩证分析该现象的成因与本质，避免简单评判，而要深入剖析当代青年的生存困境与价值选择。范文采用"现象分析—本质阐释—价值探讨—辩证思考"的递进式结构：开篇通过"45 度人生"的网络现象揭示当代青年的生存困境；主体部分依次论述其对极端竞争的修正价值、与传统文化的内在联系、反映的价值观转变，进而辩证思考其潜在风险；结尾升华主题，强调主动调适的生活智慧。

【参考范文】

"45 度人生"之我见

　　"45 度人生"这一网络新词的流行，生动折射出当代青年在"内卷"与"躺平"两极间的生存困境。这种既不甘心被裹挟进疯狂竞争的漩涡，又无法彻底放弃努力的中间状态，恰似一个精准的人生隐喻——我们既不愿在 90 度的陡坡上耗尽心力，也难以接受 0 度的彻底躺平。然而，这种看似尴尬的生存姿态，实则蕴含着独特的生活智慧。

　　"45 度人生"首先是对极端化生存方式的理性修正。在"996"工作制盛行的当下，过度竞争已让许多人不堪重负。某知名互联网企业 32 岁程序员猝死的新闻犹在耳畔，那些凌晨依然亮着的办公室灯光见证着这个时代的疯狂。当"要么出众，要么出局"的二元叙事主导社会评价体系时，45 度姿态提供了一种缓冲可能。它不同于消极逃避，而是主张在保持适度努力的同时，留出自我喘息的空间。就像马拉松选手需要合理分配体力，人生这场长跑同样需要张弛有度的节奏。

这种生存智慧在中国传统文化中有着深厚的根基。儒家讲求"中庸之道"，道家主张"知足常乐"，佛家提倡"随缘自在"，都在不同维度上诠释着平衡的智慧。苏轼在政治失意时写下"回首向来萧瑟处，归去，也无风雨也无晴"的超然；陶渊明"采菊东篱下，悠然见南山"的闲适，都是古人面对人生起伏时的智慧选择。"45 度人生"正是这种传统智慧在当代语境下的新表达。

从社会发展角度看，"45 度人生"反映了年轻一代价值观的重要转变。他们不再简单接受"拼命—成功"的线性逻辑，而是开始追问：成功的标准由谁制定？付出的代价是否值得？某社交平台上"反内卷"小组的活跃讨论，职场人主动选择"降薪跳槽"追求生活质量的案例，都表明这种转变正在发生。这种反思不是消极退缩，而是对生活本质的重新发现——在成就之外，还有健康、亲情、爱好等同样重要的人生维度。

当然，我们也需警惕"45 度人生"可能异化为逃避挑战的借口。真正的平衡不是静态的中间点，而是根据人生不同阶段、不同情境做出的动态调整。二十岁时的"45 度"可能偏向奋斗，四十岁时则可能倾向生活；面对热爱的事业可以更"卷"一些，对待无意义的竞争不妨更"平"一些。这种灵活应变的能力，或许才是应对复杂世界的生存智慧。

在这个充满不确定性的时代，"45 度人生"不应是被动妥协的无奈选择，而可以成为主动规划的生活艺术。它提醒我们：人生的价值不在于非此即彼的极端，而在于找到适合自己的节奏与角度。毕竟，生命不是一场非赢即输的比赛，而是一段需要用心体味的旅程。

2023 年全日制翻译硕士专业学位（MTI）研究生入学考试试题

参考答案

一、名词解释题

1. **六经**：六经是中国儒家学派的经典著作，包括《诗经》《尚书》《礼记》《乐经》《周易》《春秋》。六经在我国儒学发展史乃至文化发展史上都占据着相当重要的位置。

《诗经》又称《诗》，是中国第一部诗歌总集。它收录了自西周初年至春秋中叶大约 500 年间的诗歌，共计 311 篇（包括 6 篇笙诗）。《诗经》中的诗，是配乐演唱的歌词，按不同乐调可分风、雅、颂三类，诗中多用赋、比、兴等修辞手法。

《尚书》又称《书》或《书经》，是中国第一部古典散文集，也是最早的历史文献汇编。它记录了古代各朝代君王和大臣的言论、政令、历史事件等，内容涵盖了政治、军事、经济、文化等多个方面。

《礼记》又称《礼》《小戴礼记》，相传为西汉礼学家戴圣所编，成书于战国至秦汉年间。书中记录了先秦的礼制礼仪，是研究中国古代社会、文物制度、典礼、祭祀、教育、音乐和儒家学说的重要参考书。

《乐经》相传为周公所作，主要记载古代的音乐理论，通过音乐陶冶性情、教化民众，达到"移风易俗"的目的。《乐经》在战国时代失传，但其思想散见于《礼记·乐记》等文献中，对后世音乐、礼仪和文化产生了深远影响。

《周易》又称《易》《易经》，是中国古代重要的哲学典籍，被誉为"五经"之首。书中记录了古代中国智者们根据观察天象和社会变迁总结出的卜筮方法，以阴阳两种元素的对立统一去描述世间万物的变化，体现了中国古典文化的哲学观和宇宙观。

《春秋》又称《春秋经》，是中国现存最早的编年体史书，相传由孔子根据鲁国国史删订而成。书中记载了从鲁隐公元年（公元前 722 年）至鲁哀公十四年（公元前 481 年），共 242 年的史实。其记言叙事的语言凝练而意含褒贬，后人称这种记事手法为"春秋笔法""微言大义"。

2. **乐府**：乐府是汉代汉武帝设立的音乐机构，负责采集民间歌谣和创作宫廷乐曲，后泛指由乐府机构收集或创作的诗歌。乐府诗主要来源于民间歌谣和文人创作，其内容广泛，涉及社会现实、战争、爱情、劳动等主题，语言质朴，情感真挚，具有强烈的现实主义色彩。其形式多样，包括五言、七言和杂言等，相关代表作有《孔雀东南飞》《陌上桑》等。

3. **修己慎独**：修己慎独是儒家思想中的重要理念，强调个人修养与自律。"修己"指通过学习和实践不断完善自我，提升道德品质；"慎独"指在独处时仍能恪守道德准则，保持言行一致。这一理念体现了儒家对个人道德修养的高度重视，认为修身是齐家、治国、平天下的基础。"修己慎独"不仅是古代士人的行为准则，也对现代人培养自律精神和道德责任感具有重要启示，是中国传统文化中的核心价值之一。

4. **经史子集**：经史子集出自《隋书·经籍志》，是中国古代图书分类的四大部类。"经"指儒家经典，如《诗经》《尚书》；"史"指历史著作，如《史记》《汉书》；"子"包括诸子百家著作，如《庄子》《韩非子》；"集"为文学作品总集，如《楚辞》《文选》。这一分类体系体现了古代学术的体系化，对后世图书编纂和学术研究产生了深远影响，是研究中国传统文化和学术史的重要框架。

5. 气韵生动：气韵生动是中国传统美学的重要概念，最早由南朝齐时期画家谢赫在《古画品录》中提出，用以评价艺术作品的生动性与感染力。"气"指作品的内在精神与生命力，"韵"指形式上的韵味与和谐感。这一概念强调艺术作品应既有内在的生命力，又具外在的美感，达到形神兼备的境界。"气韵生动"不仅适用于绘画，也广泛用于书法、文学等领域，是中国古典艺术创作与鉴赏的核心标准之一，体现了中国传统文化的审美追求。

6. 《清明上河图》：《清明上河图》是北宋画家张择端创作的一幅绢本长卷风俗画，被视为中国古代风俗画的巅峰之作。画作以细腻的笔触和散点透视构图法，描绘了清明时节汴京（今河南开封）的繁华景象，展现了城市风貌、市井生活和自然景观。画中人物众多，场景生动，细节丰富。《清明上河图》具有极高的艺术价值，为研究宋代社会、经济和文化提供了珍贵资料，对后世艺术创作产生了深远影响。

7. 江南三大名楼：江南三大名楼是中国古代建筑的杰出代表，包括黄鹤楼、岳阳楼和滕王阁。黄鹤楼位于湖北省武汉市，以崔颢《黄鹤楼》诗闻名。岳阳楼位于湖南省岳阳市，因范仲淹《岳阳楼记》而声名远播。滕王阁位于江西省南昌市，因王勃《滕王阁序》而流芳百世。三大名楼不仅是建筑艺术的瑰宝，还因历代文人题咏而成为文化象征，体现了中国古代建筑与文学的完美结合，是江南地区重要的文化遗产和旅游胜地。

8. 莫高窟：莫高窟是世界上规模最大、内容最丰富、保存最完整的佛教艺术宝库，位于中国甘肃省敦煌市。它开凿于前秦建元二年（公元 366 年），后经历代增修，现存洞窟 700 多个，壁画 4.5 万多平方米，彩塑 2 000 余身。莫高窟融合了印度、中亚和中国艺术风格，展现了佛教文化的传播与演变，被誉为"东方艺术宝库"。其藏经洞出土的文献和艺术品对研究古代丝绸之路文化、宗教和历史具有重要价值。1987 年 12 月，敦煌莫高窟被联合国教科文组织正式批准列入《世界遗产名录》。①

9. 金砖国家：金砖国家（BRICS）是由巴西（Brazil）、俄罗斯（Russia）、印度（India）、中国（China）和南非（South Africa）五个新兴市场国家组成的国际合作组织，名称取自五国英文首字母。金砖国家成立于 2009 年，旨在加强成员国之间的经济合作、政治对话和多边协调，推动全球治理改革和可持续发展。2024 年，沙特、埃及、阿联酋、阿根廷、伊朗、埃塞俄比亚正式加入金砖国家，增强了金砖国家在全球经济和政治中的影响力，特别是在能源、贸易和地缘政治领域。金砖国家代表了新兴经济体的崛起，对全球经济格局和多边主义产生了重要影响。

10. 禅宗：禅宗是中国佛教的重要宗派之一。它起源于古印度，菩提达摩是中国禅宗初祖②，后由六祖慧能发扬光大。禅宗以"明心见性"为核心思想，强调见性成佛，反对繁琐的经典研习和仪式。其经典文献有《六祖坛经》《金刚经》等。禅宗的祖庭有河南郑州少林寺、安徽岳西二祖寺、安徽潜山三祖寺、湖北黄梅四祖寺、五祖寺和广东韶关南华寺。禅宗对中国哲学、文学、艺术等产生了深远影响。

---

① "世界文化遗产——莫高窟"，载敦煌研究院网 https://www.dha.ac.cn/info/1018/1107.htm，最后访问日期：2025 年 4 月 30 日。

② "禅宗的创立与起源考辨"，载中国社会科学报 http://sspress.cssn.cn/2011n/7y/26_32224/d9b_32233/201508/t20150827_2662741.shtml，最后访问日期：2025 年 4 月 30 日。

二、名词填空题

1. (1) **古巴比伦**　　(2) **古埃及**　　(3) **甲骨文**

　　古巴比伦是古代两河流域的重要文明。该文明位于今伊拉克一带，兴起于公元前18世纪，在汉谟拉比时期达到鼎盛。古巴比伦人继承了苏美尔人发明的楔形文字体系，并在此基础上进行了改进和扩展，使其成为记录法律、文学和科学的重要工具。古巴比伦最著名的成就是《汉谟拉比法典》，这是世界上最早的成文法典之一。古巴比伦在天文学、数学和建筑领域也有卓越贡献，如创造了六十进制和星座系统，建造了空中花园等。作为古代近东文明的代表，古巴比伦对后世法律、科学和文化产生了深远影响，是研究古代文明发展的重要对象。

　　古埃及是非洲东北部尼罗河流域的古代文明。该文明兴起于公元前3100年左右，延续约3 000年。其最著名的成就是金字塔、狮身人面像和象形文字（图画文字）。古埃及在建筑、天文、医学和数学领域取得了卓越成就，如制定了太阳历、发明了木乃伊制作技术。宗教在古埃及社会中占据核心地位，法老被视为神的化身。古埃及文明对地中海地区和后世文化产生了深远影响，是研究古代文明和人类历史的重要对象。

　　甲骨文又称契文，是商朝晚期刻写在龟甲和兽骨上的文字，主要用于占卜和记事。该文字主要发现于河南安阳殷墟，其内容涉及祭祀、战争、农业和天象等，反映了商代的社会生活和文化信仰。甲骨文是迄今为止发现的最早的成熟汉字体系，字形古朴，结构复杂，为研究汉字的起源和演变提供了珍贵资料。甲骨文的发现证实了商朝的历史真实性，也推动了古文字学和商代史的研究。

2. (4) **欧阳询**　　(5) **颜真卿**　　(6) **柳公权**　　(7) **赵孟頫**

　　楷书四大家是中国书法史上四位楷书艺术成就最高的书法家，包括欧阳询、颜真卿、柳公权、赵孟頫。他们的楷书风格各具特色，其作品是后世学习和临摹的经典范本，在中国书法史上具有重要地位。

　　欧阳询，字信本，初唐著名书法家。他的书法以楷书（称欧体）著称，风格严谨工整，笔力刚劲，其代表作有《皇甫诞碑》《九成宫醴泉铭》等。

　　颜真卿，字清臣，盛唐著名书法家。他的书法以楷书（称颜体）和行书见长，字形厚重端庄，气势遒劲，其代表作有楷书《多宝塔碑》《颜勤礼碑》，行书《祭侄文稿》等。

　　柳公权，字诚悬，晚唐著名书法家、诗人。他的书法以楷书（称柳体）闻名，字体骨力遒劲，结构严谨，其代表作有《玄秘塔碑》《神策军碑》等。

　　赵孟頫，字子昂，宋末元初著名诗人、画家、书法家。他的书法以楷书（称赵体）和行书出众，笔法连贯流畅，结构秀美，其代表作有楷书《胆巴碑》《妙严寺记》，行书《洛神赋》等。

3. (8) **《诗经》**　　(9) **《离骚》**　　(10) **《孔雀东南飞》**
(11) **《木兰诗》**　　(12) **李商隐**　　(13) **杜牧**

　　《诗经》又称《诗》，是儒家经典"五经"之一，是中国第一部诗歌总集。它收录了自西周初年至春秋中叶大约500年间的诗歌，共计311篇（包括6篇笙诗）。《诗经》中的诗，是配乐演唱的歌词，按不同乐调可分风、雅、颂三类，诗中多用赋、比、兴等修辞手法。《诗经》详细记录了我国早期思想文化发展史上的历史资料和重要思想，在我国儒学发展史乃至文化发展史上都占据着相当重要的位置。

《离骚》收录于《楚辞》，是战国时期楚国诗人屈原的代表作，是中国古代最长的抒情诗。诗中多用象征手法，语言瑰丽，情感深沉，表达了屈原对理想破灭的悲愤和对国家的深切忧虑。《离骚》开创了中国浪漫主义文学的先河，对后世文学创作产生了深远影响。

《孔雀东南飞》原名《古诗为焦仲卿妻作》，是中国汉代乐府长篇叙事诗的杰出代表，与《木兰诗》并称"乐府双璧"。全诗主要讲述了东汉末年庐江府小吏焦仲卿与其妻刘兰芝的爱情婚姻悲剧。诗歌叙事结构完整，人物形象鲜明，情感描写细腻，控诉了封建礼教对个人幸福的压迫，歌颂了焦刘夫妇的真挚感情和反抗精神。诗中"孔雀东南飞，五里一徘徊"等名句广为流传，体现了高超的艺术表现力。《孔雀东南飞》具有深刻的社会批判意义，成为中国古典叙事诗的典范，对后世文学产生了深远影响。

《木兰诗》是南北朝时期的长篇叙事乐府诗（民歌），与《孔雀东南飞》并称"乐府双璧"。诗中讲述了花木兰女扮男装、代父从军的故事。全诗语言质朴，情节生动，塑造了木兰勇敢、孝顺和忠诚的形象，体现了古代女性的智慧与担当。《木兰诗》是中国古代叙事诗的代表作，也是中华文化中巾帼英雄的象征，对后世文学、戏剧和影视创作产生了深远影响。

李商隐，字义山，是晚唐著名诗人，与杜牧并称"小李杜"，与温庭筠并称"温李"。其诗作风格婉约含蓄，语言华丽，意境朦胧，善于运用典故和象征手法。其代表作有《锦瑟》《无题》《夜雨寄北》等。李商隐的诗歌情感细腻，思想深刻，对后世诗词创作产生了深远影响。

杜牧，字牧之，号樊川居士，是晚唐著名诗人，与李商隐并称"小李杜"。其诗作风格清新俊逸，既有咏史怀古的深沉，也有写景抒情的婉约。其代表作有《泊秦淮》《山行》等。杜牧的诗歌情感细腻，思想深刻，对后世诗词创作产生了深远影响。

4.（14）**信息技术**　（15）**通信技术**

信息技术是指利用计算机、通信设备和其他技术手段进行信息的获取、处理、存储、传输和应用的技术体系。其核心包括计算机硬件、软件、网络和数据库等技术。信息技术广泛应用于经济、教育、医疗、交通等领域，极大地提高了生产效率和生活质量。随着互联网、人工智能和大数据的发展，信息技术正推动社会向数字化、智能化转型，成为现代社会的重要支柱，对全球经济和人类生活方式产生了深远影响。

通信技术是指利用电子设备和网络传输信息的技术体系，涵盖有线通信、无线通信和卫星通信等多种形式。其核心包括信号处理、数据传输和网络协议等技术。通信技术的发展经历了电报、电话、移动通信和互联网等阶段，极大地缩短了信息传递的时间和空间距离。现代通信技术如5G、光纤通信和物联网，正推动社会向智能化和互联化方向发展，对经济、教育、医疗等领域产生了深远影响。

三、应用文写作

【构思谋篇】

题干要求撰写一则招聘广告，为某翻译公司招聘符合要求的合同翻译译员。行文时需格式规范，层次分明，重点突出翻译行业的专业特性与法律文本的特殊要求。范文开篇简明介绍公司资质与招聘需求；主体部分依次详述工作内容、能力要求、福利保障和应聘方式；最后以招聘寄语结束。

【参考范文】

××翻译服务有限公司精英招募令

××翻译服务有限公司成立于 2010 年，是经中国翻译协会认证的专业语言服务机构，专注于国际会议口译、学术文献翻译及商务合同翻译等领域。现因业务发展需要，面向社会公开招聘合同翻译译员 3 名。

一、岗位职责

（1）负责各类商务合同、协议及法律文书的精准翻译；

（2）确保译文符合法律文本规范及行业标准；

（3）参与专业术语库的建立与维护工作；

（4）协助完成翻译项目的质量把控。

二、任职要求

语言能力：中文功底扎实，表达准确流畅；英语专业八级或同等水平；掌握第二外语者优先考虑。

专业素养：本科及以上学历，法律、英语或翻译相关专业；熟悉合同法基础知识；持有 CATTI 二级以上翻译资格证书。

职业素质：1 年以上法律文书翻译经验；熟练使用 Trados 等主流翻译软件；工作严谨细致，责任心强。

三、福利待遇

（1）具有市场竞争力的薪酬体系；

（2）完善的职业培训与发展通道；

（3）弹性工作制与带薪年假；

（4）五险一金等完善福利保障。

四、应聘方式

请于 2022 年 12 月 15 日前将以下材料发送至 hr@××trans.com：中英文个人简历、翻译作品样本（合同类优先）、学历及资格证书扫描件。

邮件标题请注明"合同翻译应聘+姓名"。

期待热爱翻译事业的您加入我们的专业团队！

××翻译服务有限公司人力资源部
2022 年 11 月 25 日

四、命题作文

【构思谋篇】

题干材料强调了中华文化海外传播的重要性，行文时需体现对中华文化国际传播的深刻思考与积极建议。范文开篇提出中国文化"走出去"的战略意义与核心命题；主体部分从"文化产品国际化"（影视游戏案例）、"专业人才培养"（孔子学院、翻译家事例）、"传播渠道创新"（新媒体平台数据）三个维度展开论证；结尾升华主题，强调文明对话的双向性。

【参考范文】

论中国文化走出去

中国文化走出去是新时代中国面向世界的重要命题，也是彰显国家软实力、推动文明互鉴的关键举措。中华文明五千年积淀赋予我们深厚的文化底蕴与独特的文化优势，而如何让这些宝贵的文化资源跨越国界、被世界理解和接纳，则需要在文化传承与创新之间找到精准的平衡点。这不仅关乎文化自信的彰显，更关乎中国与世界对话的能力与智慧。

文化产品的国际化是中国文化"走出去"的重要载体。近年来，中国影视与游戏产业以独特的文化表达在全球范围内引发关注。《流浪地球》系列电影以科幻叙事传递中国价值观，其"带着地球去流浪"的设定打破了西方科幻电影的叙事框架，为世界观众提供了全新的文化想象。《原神》游戏以东方美学为基底，通过开放世界设计与沉浸式叙事，收获了数百个国家和地区的用户，成为海外玩家了解中国文化的窗口。这些案例证明，当传统文化与现代表达深度结合时，文化传播将迸发出惊人的生命力。

人才是中国文化"走出去"的核心支撑。孔子学院培养了大批知华友华的国际友人，他们成为了中华文化的传播者与中西方文化交流的桥梁。同时，各大高校通过学术交流、文化体验等方式，为各国青年提供深入了解中国的平台，培育了一批具有跨文化视野的青年使者。翻译家许渊冲先生毕生致力于中国古典文学的外译工作，他将《诗经》《楚辞》等经典译为英文，以"意美、音美、形美"的翻译理念让西方读者领略到中国文学的韵律与意境。这些专业人才如同文化摆渡人，以专业素养与文化情怀架起了中外沟通的桥梁。

传播渠道的创新为中国文化"走出去"开辟了新路径。TikTok上"中国功夫"话题视频播放量惊人，李子柒的乡村生活视频在YouTube获得数千万订阅，这些新媒体平台通过短视频、直播等形式，以生活化、场景化的内容打破了传统传播的局限，让中国文化以更鲜活、更接地气的方式触达全球受众。这些创新实践表明，文化传播需要紧跟时代步伐，善用新技术、新平台，才能让中华文化真正"活起来""传出去"。

中国文化"走出去"不是单向度的文化输出，而是一场深度的文明对话。在这个过程中，我们既要保持文化自信，以中华文明的深厚底蕴为根基，又要具备全球视野，以开放包容的姿态与世界对话。唯有如此，才能让中华文明在交流互鉴中焕发新的生机，让世界在多元文明的共生共荣中走向更加美好的未来。

中国石油大学（华东）

2023 年全日制翻译硕士专业学位（MTI）研究生入学考试试题

参考答案

第一部分 百科知识

一、单项选择

1. A

四大美女中"落雁"指的是**昭君**。四大美女是中国古代传说中的四位绝色佳人，包括西施、王昭君、貂蝉和杨玉环。**西施**是春秋时期越国美女，以"沉鱼"之貌著称，相传西施在溪边浣纱时，水中鱼儿见其容颜，自惭形秽而沉入水底。西施被范蠡献给吴王夫差，助越国实施"美人计"，最终促成吴国灭亡。王昭君是西汉宫女，以"落雁"之容著称，相传昭君出塞时，怀抱琵琶，弹奏凄婉乐曲，天上飞雁闻声而落，为其美貌所倾倒。昭君自愿远嫁匈奴呼韩邪单于，促进了汉匈和平。**貂蝉**是东汉末年美女，以"闭月"之姿著称，相传貂蝉在花园拜月时，月亮因自愧不如而躲入云中。王允使用"连环计"，命貂蝉周旋于董卓与吕布之间，最终促使吕布除掉董卓。**杨贵妃**（杨玉环）是唐玄宗宠妃，以"羞花"之貌著称，相传杨玉环在花园中赏花时，花叶因自惭形秽而闭合。杨玉环深受玄宗宠爱，其故事与安史之乱密切相关。

2. A

普希金被誉为"俄罗斯文学之父""俄国诗歌的太阳""青铜骑士"。普希金是俄国著名诗人、作家，浪漫主义文学主要代表人物，现实主义文学奠基人。其作品涵盖诗歌、小说、戏剧等多种体裁，代表作有《叶甫盖尼·奥涅金》《假如生活欺骗了你》《黑桃皇后》《上尉的女儿》等。普希金的创作以鲜明的民族特色、优美的语言和深刻的思想内涵著称，对俄国文学的发展产生了深远影响，为世界文学宝库贡献了不朽的经典。

莱蒙托夫是俄国浪漫主义文学的代表诗人，被誉为"民族诗人""普希金的继承者"。**托尔斯泰**是俄国现实主义文学的巨匠，被誉为"俄国革命的镜子"。**罗蒙诺索夫**是俄国启蒙时代的杰出科学家、哲学家和诗人，被誉为"俄国科学史上的彼得大帝"。

3. B

荀子的哲学观点属于**朴素唯物主义**。荀子认为，天地万物的生成和变化源于阴阳二气的相互作用，而自然规律（"天行"）是客观存在的，不以人的善恶或统治者的贤愚为转移。这种思想体现了对自然规律的尊重和对客观物质世界的认识，是朴素唯物主义的典型表现，对后世哲学和科学发展产生了重要影响。

形而上学唯物主义主张物质是世界的本原，但以孤立、静止和片面的方式看待世界。其特点是否认事物的内在矛盾和发展变化，认为世界是机械的、不变的。**历史唯物主义**是马克思主义的核心理论之一，认为物质决定意识，经济基础决定上层建筑，社会历史的发展是由阶级之间的斗争推动的。**辩证唯物主义**是马克思主义的核心理论之一，认为物质是世界的本原，意识是物质的反映。其核心观点包括：世界是普遍联系和永恒发展的，矛盾是事物发展的根本动力，量变引起质变，否定之否定推动事物螺旋式上升。

4. A

《共产党宣言》的发表标志着马克思主义的诞生。《共产党宣言》是马克思和恩格斯于 1848 年 2 月 24 日发表的政治纲领。该宣言是为共产主义者同盟起草的，标志着科学社会主义的诞生。宣言阐述了阶级斗争的历史作用，揭示了资产阶级内部存在的矛盾，预言了资本主义的灭亡和无产阶级的胜利，提出了"全世界无产者联合起来"的口号。《共产党宣言》是马克思主义的理论基础，对国际工人运动和社会主义革命产生了深远影响。其思想贯穿了 19 世纪以来的全球政治变革，是研究马克思主义、社会主义和国际政治的重要文献，对理解现代世界历史和政治具有重要价值。

《资本论》是马克思的政治经济著作，阐述了剩余价值理论，揭示了资本主义生产方式的本质和规律。《自然辩证法》是恩格斯的哲学著作，系统阐述了辩证唯物主义的基本原理，强调自然界是普遍联系和永恒发展的，矛盾是事物发展的根本动力。《工人联合会》并非传统意义上的一部书籍专著，而是马克思的手稿《工资》的部分节选。

5. C

隶书是书法史上的一次革命，不但使汉字趋于方正楷模，而且在笔法上也突破了单一的中锋运笔。隶书又称佐书，是中国古代汉字书体之一，起源于秦朝，成熟于汉代，由小篆简化演变而来。其特点是笔画平直，结构方正规整，讲究"蚕头燕尾"。隶书的出现提高了书写效率，适应了当时文书大量书写的需求，对汉字发展产生了深远影响。相关代表作有《曹全碑》《张迁碑》等。

小篆是大篆籀文的简化形式，由秦朝丞相李斯在秦始皇统一六国后主持规范。其字形规整匀称，线条圆润流畅，结构严谨，具有高度的艺术性和规范性。楷书由隶书演变而来，起源于汉末，成熟于魏晋南北朝，至唐代达到顶峰。其字形更加方正工整，笔画更规范。行书介于楷书和草书之间，起源于东汉，成熟于魏晋。其字形笔画连贯，结构流畅，既保留了楷书的可识性，又具有草书的便捷性。

6. A

《清明上河图》描绘了北宋时期清明时节都城东京（又称汴京，今河南开封）的繁华景象。《清明上河图》是北宋画家张择端创作的一幅绢本长卷风俗画，被视为中国古代风俗画的巅峰之作。画作以细腻的笔触和散点透视构图法，展现了城市风貌、市井生活和自然景观。画中人物众多，场景生动，细节丰富。《清明上河图》具有极高的艺术价值，为研究宋代社会、经济和文化提供了珍贵资料，对后世艺术创作产生了深远影响。

《金明池争标图》是北宋画家张择端创作的绢本设色风俗画，描绘了端午节金明池上龙舟竞渡的热闹场景。《东京梦华录》是宋代文学家孟元老所著的笔记体散文，详细记载了北宋都城东京（今河南开封）的城市布局、风俗民情、节庆活动和市井生活，生动展现了北宋都市的繁荣景象。《游春图》是隋代画家展子虔创作的绢本设色山水画，描绘了人们在风和日丽、春光明媚的季节里到山间水旁"踏青"游玩的情景。

7. B

《海国图志》是清代思想家魏源编著的一部介绍西方国家的科学技术和世界地理历史知识的综合性图书。全书共 100 卷，系统介绍了世界各国的地理风貌、历史政治、风土人情，主张学习西方国家的科学技术。提出了"师夷长技以制夷"的思想，对清末洋务运动和思想启蒙产生了重要影响。该书是中国近代第一部全面介绍世界地理的著作，也是研究中国近代思想史和中西文化交流的重要文献。

《圣武记》是魏源编撰的一部记述清朝建立至道光年间军事历史的著作。《皇朝经世文编》是魏源代编的一部散文总集。《默觚》是魏源的哲学著作。

8. D

中岳**嵩山**位于河南登封市境内。嵩山以其悠久的历史文化和独特的自然景观闻名，是儒、释、道三教荟萃之地，拥有少林寺、中岳庙等众多名胜古迹。1982 年，嵩山被国务院批准列为国家级风景名胜区，2010 年 8 月，嵩山历史建筑群（包括观星台、嵩岳寺塔、少林寺建筑群等 8 处 11 项历史建筑）被联合国教科文组织批准列入《世界遗产名录》。

南岳**衡山**位于湖南衡阳市。西岳**华山**位于陕西华阴市。北岳**恒山**位于山西大同市。

9. B

冬虫夏草不属于"藏北三宝"。藏羊、牦牛和酥油草是西藏三大特产，统称"藏北三宝"。**藏羊**以其优质的羊毛和肉质闻名，是藏族牧民的重要经济来源；**牦牛**适应高寒气候，提供肉、奶、毛，还可用于运输物资，被誉为"高原之舟"；**酥油草**是高原牧区的主要牧草，为牲畜提供优质饲料。"藏北三宝"是西藏畜牧业的重要支柱，也是当地文化和生态系统的核心组成部分，对西藏经济发展和环境保护具有重要意义。

10. D

"三保障"不包括**家庭收入保障**。"两不愁三保障"是中国脱贫攻坚战的核心目标，具体指"不愁吃、不愁穿"和"**义务教育、基本医疗、住房安全保障**"。这一政策旨在确保贫困人口的基本生活需求和基本公共服务，是实现全面脱贫的重要标准。"两不愁"强调解决温饱问题，"三保障"则注重提升教育、医疗和住房条件。该政策有效改善了贫困地区的生活水平，为全面建成小康社会奠定了坚实基础。

11. A

中国式现代化源于党的二十大报告。中国式现代化是指中国共产党领导的社会主义现代化，既有各国现代化的共同特征，更有基于自己国情的中国特色。党的二十大报告概括了中国式现代化的中国特色，即中国式现代化是人口规模巨大的现代化，是全体人民共同富裕的现代化，是物质文明和精神文明相协调的现代化，是人与自然和谐共生的现代化，是走和平发展道路的现代化。中国式现代化为人类实现现代化提供了新的选择，充分证明了科学社会主义的真理性。[①] 中国式现代化摒弃了西方以资本为中心的现代化、两极分化的现代化、物质主义膨胀的现代化、对外扩张掠夺的现代化老路，展现了社会主义现代化的本质属性和根本追求，是对世界现代化理论和实践的丰富和发展。[②]

2003 年，党的十六届三中全会正式提出**科学发展观**，"坚持以人为本，树立全面、协调、可持续的发展观"，旨在解决经济社会发展中的不平衡、不协调问题，推动经济、政治、文化、社会和生态文明的全面进步。2012 年，党的十八大报告明确提出社会主义**核心价值观**，涵盖国家、社会和个人三个层面，"倡导富强、民主、文明、和谐，倡导自由、平等、公正、法治，倡导爱国、敬业、诚信、友善"，旨在凝聚社会共识、推动文化强国建设。2014 年，中央国家安全委员会第一次全体会议上提出了**总体国家安全观**，强调"以人民安全为宗旨，以政治安全为根本，以经济安全为基础，以军事、文化、社会安全为保障，以促进国际安全为依托"，"既重视外部安全，又重视内部安全；既重视国土安全，又重视国民安全；既重视传统安全，又重视非传统安全；既重视发展问题，又重视安全问题；既重视自身安全，又重视共同安全"，旨在应对复杂多变的安全挑战，维护国家主权、安全和发展利益。

---

① 《马克思主义基本原理》，高等教育出版社 2023 年版，第 320 页。

② 王公龙："中国式现代化的伟大创造及其重大贡献"，载《解放日报》2022 年 10 月 31 日，第 7 版。

12. D

　　低价发行是指以低于股票面额的价格出售新股，即按面额打一定折扣后发行股票。低价发行适用于吸引投资者、快速筹集资金或应对市场低迷的情况。其优点包括降低投资门槛、提高股票的吸引力、增加认购率、刺激市场活跃度；但也可能导致公司资产低估和原有股东权益稀释。低价发行是资本市场中常见的融资策略之一，需根据市场环境和公司需求谨慎使用。

　　溢价发行是指以高于股票面额的价格出售新股。溢价发行适用于公司前景良好、市场信心充足的情况。其优点包括提升公司市值、增加股东权益和改善财务状况；但也可能增加投资者成本，影响股票流动性。**公开发行**是指公司通过证券市场向不特定投资者公开发售股票或债券的行为。其特征为发行对象广泛、信息透明度高和监管要求严格。其优点包括能够快速筹集大量资金、提升公司知名度和市场影响力；但也面临发行成本高、监管严格和市场风险等挑战。**平价发行**是指以股票面额的价格出售新股。平价发行适用于市场环境稳定、公司估值明确的情况。其优点包括定价公平、易于理解和操作简便，避免了溢价发行的市场风险和低价发行的资产低估问题；但也可能因缺乏价格弹性而影响投资者兴趣。

13. B

　　贴现国债指国债券面上不附有息票，发行时按规定的折扣率，以低于债券面值的价格发行，到期按面值支付本息的国债。其特点是发行价格低于面值，利息隐含在折扣中，到期一次性还本付息。贴现国债的优点包括发行成本低、投资者收益明确；缺点则是流动性相对较差。这种国债通常用于短期融资，适合风险偏好较低的投资者。贴现国债是政府筹集资金的重要工具之一，对调节货币市场和稳定金融市场具有重要作用。

　　地方政府债券是指由地方政府或其授权机构发行的债券。其特点是信用等级较高，收益稳定，期限多样。地方政府债券的发行需经中央政府批准，并纳入预算管理。其优点在于拓宽了地方融资渠道，降低了融资成本；但也存在债务风险和管理挑战。**附息国债**是指债券上附有息票，定期支付利息，到期偿还本金的国债。其特点是利息支付频率固定，通常为半年或一年一次，到期按面值还本。附息国债的优点包括收益稳定、流动性好，适合长期投资者；缺点则是利息支付可能受通胀影响。**企业债券**是指企业为筹集资金而发行的债券，承诺在一定期限内支付利息并偿还本金。其特点是期限多样，利率较高，风险相对较大。企业债券的发行需经监管部门批准，并披露财务状况和募集资金用途。其优点在于拓宽了企业融资渠道，降低了融资成本；但也面临信用风险和流动性风险。

14. C

　　北宋科学家沈括所著的《梦溪笔谈》，是一部涉及古代中国自然科学、工艺技术及社会历史现象的综合性笔记体科学著作。书中记录了古代中国的科学研究成果和沈括的见闻思考，如天文历法、地质现象、医药知识和工程技术等。

　　《天工开物》是明代科学家宋应星创作的关于农业和手工业的综合性科技著作，被外国学者誉为"中国17世纪的工艺百科全书"。书中详细记录了明朝中叶以前（农业、手工业、矿业和制造业等领域）的各项生产技术，如纺织、制盐、冶金、陶瓷等，并配有大量插图。《永乐大典》是明成祖朱棣命解缙等人编纂的一部大型类书，被誉为"世界有史以来最大的百科全书"。书中收录了先秦至明初的各类文献，内容涵盖经、史、子、集，涉及天文、地理、医卜、释道、工艺、农艺等。《四库全书》是清乾隆年间清高宗爱新觉罗·弘历命纪昀等人编纂的大型丛书。全书分为经、史、子、集四部，耗时十余年，对中国古代文献进行了最全面、最系统的梳理、总结与保存。

15. B

古代汉语中"自然"一词最早出现在《道德经》。"自然"体现了道家哲学的核心思想，强调万物应顺应其本性发展，不受人为干预。例如，"人法地，地法天，天法道，道法自然"即表达了这一理念，体现了古人对自然规律和生命本质的深刻理解。

《墨经》是墨家经典，主要阐述认识论等问题，内容涉及哲学、逻辑、自然科学等领域。《韩非子》是法家经典，内容涵盖政治、法律、哲学等领域，核心主张包括法治、术治和势治，强调以严刑峻法和权术驾驭臣民。《春秋》又称《春秋经》，是儒家经典"五经"之一，是中国现存最早的编年体史书，相传由孔子根据鲁国国史删订而成。

16. C

题干事实说明二战加速了第三次科技革命的到来。战争需求推动了核能、计算机和航天技术的突破性发展，这些科技成果在战后迅速转化为民用，催生了信息技术、新能源和空间技术等新兴领域。二战的特殊历史背景为科技革命提供了强大动力，使第三次科技革命在战后迅速兴起，深刻改变了人类社会的生产方式和生活方式。

17. D

赤壁之战是在长江流域进行的大规模江河作战。赤壁之战是东汉末年曹操与孙刘联军之间的一场决定性战役，三国时期"三大战役"之一。曹操率大军南下，企图统一中国，但在赤壁被孙刘联军以火攻击败。此战奠定了三国鼎立的基础，阻止了曹操的南进，也确立了孙权和刘备的地位。赤壁之战是中国古代以少胜多、以弱胜强的经典战例，体现了火攻战术的威力和统帅谋略的重要性，对研究三国历史和古代军事史具有重要意义。

官渡之战是东汉末年曹操与袁绍之间的一场决定性战役，三国时期"三大战役"之一。曹操以少胜多，通过火烧乌巢粮草、分化敌军等策略，击败了兵力占优的袁绍。此战奠定了曹操统一北方的基础，也确立了其在三国鼎立中的优势地位。夷陵之战是三国时期蜀汉与东吴之间的一场重要战役，三国时期"三大战役"之一。刘备为报关羽之仇，率军攻打东吴，但在夷陵地区被陆逊以火攻击败。此战导致蜀汉元气大伤，刘备不久病逝，三国鼎立格局进一步稳固。濮阳之战是东汉末年曹操与吕布之间的一场重要战役。为争夺兖州，曹操与吕布在濮阳地区展开激战。此战以曹操的胜利告终，巩固了其在兖州的统治，为日后统一北方奠定了基础。

18. D

军用无人机能够减少人员的使用，探寻更多的情报，甚至还能执行一些危险性比较大的打击性任务。其优势包括：减少人员伤亡风险，提高侦察和打击的精确度，延长任务执行时间，以及降低作战成本。无人机在情报收集、目标打击、通信中继和战场监视等方面发挥着重要作用。随着技术的进步，军用无人机的应用范围不断扩大，已成为现代战争中不可或缺的装备，对军事战略和战术产生了深远影响。

超音速飞机主要用于快速运输或侦察，并不特别强调减少人员使用和执行高危险性任务。歼-20是一款先进的隐形制空战斗机，主要用于空战和对地攻击。虽然它具备强大的作战能力，但需要较多的人员来操控和维护，无法减少人员使用。航空母舰主要用于海上作战，搭载有舰载机和各种武器系统，但需要大量人员来操作和维护，无法减少人员使用。

19. D

李某的行为属于**故意伤害**。故意伤害是指行为人明知自己的行为会造成他人身体伤害，而希望或放任这种结果发生的行为。其构成要件包括：主观上具有伤害故意，客观上实施了伤害行为并造成损害结果。根据伤害程度，可分为轻伤、重伤和伤害致死。故意伤害罪侵犯了他人身体健康权，依法应追究刑事责任。该罪名的设立旨在保护公民人身权利，维护社会秩序，对构建和谐社会具有重要意义。在此案例中，李某在误以为黄某是对方帮手的情况下，拔刀刺伤黄某，主观上具有伤害故意，客观上实施了伤害行为并造成损害结果，构成故意伤害。虽然李某最初在被迫还手前的行为可能属于正当防卫，但在黄某未表明身份且未实施不法侵害的情况下，李某的行为已超出正当防卫的范畴。

正当防卫是指为了使国家、公共利益、本人或他人的人身、财产和其他权利免受正在进行的不法侵害，而采取的必要防卫行为。其构成要件包括：存在不法侵害、侵害正在进行、防卫意图明确、防卫行为必要且适度。在此案例中，黄某未实施不法侵害，李某的行为不构成正当防卫。**紧急避险**是指为了使国家、公共利益、本人或他人的人身、财产和其他权利免受正在发生的危险，不得已采取的紧急避险行为。其构成要件包括：存在现实危险、危险正在发生、避险意图明确、避险行为必要且适度。在此案例中，黄某只是抓住了李某的肩膀，并未实施任何侵害，不存在现实危险，李某的行为不构成紧急避险。**妨碍公务**是指以暴力、威胁方法阻碍国家机关工作人员依法执行公务的行为。其构成要件包括：行为对象是正在执行公务的国家机关工作人员，行为方式为暴力或威胁，主观上具有故意。在此案例中，李某并不知道黄某是警察，也没有意图阻碍其执行公务，不构成妨碍公务。

20. D

题干语句指的是中国**水墨画**艺术。董源和巨然是五代至北宋时期的著名山水画家，他们开创了江南山水画派，以淡墨渲染、轻岚缭绕的风格著称。这种画风强调意境的表现，通过水、墨的浓淡变化来描绘江南山水的秀美和朦胧，体现了中国画"以形写神"的艺术追求。董源和巨然的艺术成就对后世山水画发展产生了深远影响，是中国水墨画艺术的重要代表。

帛画是指绘制在丝帛上的绘画。**木简画**是指绘制在木板、木简等木质材料上的绘画。**漆画**是指以天然大漆为主要材料绘制的绘画。

二、名词解释（作答时仅使用解析第一句即可）

1. **意识流小说**：意识流小说是 20 世纪初兴起于西方的一种现代主义小说流派。此类小说以描写人物内心意识活动为核心，打破传统的时间顺序和逻辑叙事结构，采用自由联想、内心独白和时间跳跃等手法，模仿人类思维的跳跃性和非连贯性，展现人物复杂多变的心理状态。其特点是淡化情节，注重主观感受和潜意识流动，语言风格多具跳跃性和碎片化。相关代表作家有詹姆斯·乔伊斯（《尤利西斯》）、弗吉尼亚·伍尔夫（《到灯塔去》）和马塞尔·普鲁斯特（《追忆似水年华》）等。意识流小说通过深入挖掘人物的潜意识，展现了人类心理的复杂性和多样性，对现代文学产生了深远影响。

2. **量子纠缠**：量子纠缠又称量子缠结，是量子力学中的一种现象。两个或多个粒子在相互作用后，其量子状态紧密关联，无论相隔多远，对其中一个粒子的测量会瞬间影响其他粒子的状态。这一现象违背了经典物理学的局域实在论，爱因斯坦曾称之为"鬼魅般的超距作用"。量子纠缠在量子通信、量子计算等领域具有重要应用，为信息传输和加密提供了新的可能性。

3. **诉讼时效**：诉讼时效是指法律规定当事人行使诉讼权利的有效期限，超过该期限则丧失胜诉权。其目的在于督促权利人及时行使权利，维护法律关系的稳定性和证据的有效性。诉讼时效的长短因案件类型和法律规定而异，通常从权利人知道或应当知道权利受侵害之日起计算。特殊情况下，时效可能中止或中断。诉讼时效制度是民事诉讼法的重要组成部分，对保障司法效率和公平具有重要意义。

4. **法定继承**：法定继承是指被继承人未立遗嘱或遗嘱无效时，按照法律规定确定继承人及其继承顺序和份额的制度。其核心原则包括男女平等、亲属优先和权利义务一致。法定继承人通常分为第一顺序（配偶、子女、父母）和第二顺序（兄弟姐妹、祖父母、外祖父母）。继承份额根据继承人与被继承人的关系确定。法定继承制度旨在保障亲属合法权益，维护家庭和社会稳定，是继承法的重要组成部分。

5. **莫高窟**：莫高窟是世界上规模最大、内容最丰富、保存最完整的佛教艺术宝库，位于中国甘肃省敦煌市。它开凿于前秦建元二年（公元 366 年），后经历代增修，现存洞窟 700 多个，壁画 4.5 万多平方米，彩塑 2 000 余身。莫高窟融合了印度、中亚和中国艺术风格，展现了佛教文化的传播与演变，被誉为"东方艺术宝库"。其藏经洞出土的文献和艺术品对研究古代丝绸之路文化、宗教和历史具有重要价值。1987 年 12 月，敦煌莫高窟被联合国教科文组织正式批准列入《世界遗产名录》。①

6. **通货紧缩**：通货紧缩是指物价总水平持续下降、货币购买力上升的经济现象。其成因通常包括需求不足、货币供应减少或生产效率提高。通货紧缩会导致消费者推迟消费、企业利润下降、债务负担加重，进而抑制经济增长，甚至引发经济衰退。应对措施包括增加货币供应、扩大财政支出和刺激消费需求。通货紧缩与通货膨胀相对，是宏观经济调控中需要重点关注的问题，对经济稳定和社会发展具有重要影响。

7. **人口红利**：人口红利是指一个国家或地区因劳动年龄人口比例高、抚养比低而获得的经济增长优势。人口红利通过增加劳动力供给、提高储蓄率和促进投资，推动经济快速发展。然而，人口红利具有阶段性，随着人口老龄化会逐渐消失。充分利用人口红利需要配套的教育、就业和社会保障政策。

8. **借壳上市**：借壳上市是指非上市公司通过收购已上市公司的控股权，将其资产注入上市公司，从而实现间接上市的目的。其优势在于审批流程相对简单、时间成本较低，但可能面临法律风险和整合难度等问题。借壳上市是企业快速进入资本市场的途径之一，常见于新兴行业或急需融资的企业。这一方式对资本市场结构和投资者利益具有重要影响，需在监管框架下规范运作，以维护市场秩序和公平性。

9. **著作权**：著作权又称版权，是自然人、法人或其他组织对其文学、艺术和科学作品所依法享有的财产权利和精神权利的总称。广义的著作权还包括邻接权，即"与著作权有关的权利"。② 著作权与商标权、专利权等统称为知识产权。著作权一般具有如下特征：（1）专有性，为权利主体所独有；（2）地域性，只在其依法取得的地域内受法律保护；（3）时间性，其受保护期限是有限的；（4）无形性，其权利客体不是有形物质，而是无形财产；（5）双重性，具有人身权和财产权双重属性；（6）可转让性，其具有价值和使用价值，可以通过许可、转让等方式进行交易，但只能转让财产权的部分。

---

① "世界文化遗产——莫高窟"，载敦煌研究院网 https：//www.dha.ac.cn/info/1018/1107.htm，最后访问日期：2025 年 4 月 30 日。

② "什么是著作权？"，载中国法院网 https：//www.chinacourt.org/article/detail/2023/04/id/7255616.shtml，最后访问日期：2025 年 4 月 30 日。

10. **法定继承**：法定继承解析同第 4 题。

11. **京剧**：京剧又称平剧、京戏，是中国影响力最大的传统戏曲剧种之一，被称为"国剧"。京剧起源于清乾隆年间，融合了徽剧、昆曲等艺术形式。其特点包括程式化的表演、独特的唱腔、丰富的脸谱和精美的服饰。京剧表演讲究"唱、念、做、打"，角色分为生、旦、净、丑四大行当。著名的京剧传统剧目有《打渔杀家》《贵妃醉酒》《空城计》等。京剧旦角的四大流派为梅派、程派、荀派、尚派，他们的创始人梅兰芳、程砚秋、荀慧生、尚小云均为著名京剧表演艺术家，被称为"京剧四大名旦"。2010 年 11 月，京剧被联合国教科文组织正式批准列入《人类非物质文化遗产代表作名录》。

12. **空巢老人**：空巢老人是指独自或仅与配偶生活的老年人群体，其子女成年后离家。这一现象随着城市化、少子化和人口老龄化加剧而日益普遍。空巢老人面临的主要问题包括生活照料不足、情感孤独和健康管理困难。解决空巢老人问题需要家庭、社区和政府共同努力，如完善居家养老服务、加强社区支持和健全社会保障体系。

13. **PM2.5**：PM2.5 又称细颗粒物，是指空气中直径小于或等于 2.5 微米的颗粒物。其主要来源包括工业排放、机动车尾气、燃煤和扬尘等。PM2.5 因粒径小、易携带有害物质，可深入肺部甚至进入血液循环，对呼吸系统和心血管系统造成严重危害。长期暴露于高浓度 PM2.5 环境中会增加患病和死亡风险。

14. **懂王**：懂王是中国网络流行语，带有讽刺意味，是对某些自诩无所不知、喜欢对他人指指点点的网友的调侃。该词用于形容那些在社交媒体上频繁发表意见、显得无所不能的人。"懂王"现象反映了网络环境中信息传播的特点和部分网民的行为模式，同时也引发了关于网络言论责任和理性讨论的思考。这一流行语在社交媒体中广泛传播，成为网络文化的一部分，体现了当代网络语言的幽默性和批判性。

15. **偷袭珍珠港**：偷袭珍珠港是 1941 年 12 月 7 日日本对美国夏威夷珍珠港海军基地发动的突然袭击。此次袭击旨在摧毁美国太平洋舰队，为日本在亚太地区的扩张扫清障碍。袭击造成美军重大损失，包括多艘战舰被击沉或损坏，数千人伤亡。次日，美国对日宣战，正式加入第二次世界大战。偷袭珍珠港改变了二战局势，成为现代战争史上的重要事件，对国际关系和军事战略产生了深远影响。

第二部分 应用文写作

【构思谋篇】

　　题干要求撰写一篇研究生代表提案。提案应包括案由、问题分析、对策建议三部分，体现学生代表的履职能力，反映研究生学习生活中的实际需求。范文开篇以研究生规模数据阐明学术交流平台建设的必要性；主体部分基于调研数据，从跨学科交流不足、信息碎片化、参与机会不均三个维度分析现存问题，进而从"体系建设"与"机制保障"两方面提出 6 项具体措施，每项均明确责任主体与预期目标。

【参考范文】

关于完善研究生学术交流平台的提案

一、案由

　　随着我校研究生教育规模的持续扩大（现有在校研究生 5 000 余人），学术交流作为研究生培养的重要环节，其平台建设亟待加强。优质的学术交流平台不仅能拓宽研究视野，更能促进学科交叉创新，是提升研究生培养质量的关键支撑。

二、问题分析

根据 2022 年研究生学术活动调研数据显示（有效问卷 1 200 份）：

（1）跨学科学术交流严重不足：年均仅举办 4 次跨学科学术沙龙，82% 的受访者表示期待增加频次；

（2）学术信息资源分散：67% 的研究生反映经常错过重要学术讲座；

（3）国际会议参与机会失衡：理工科研究生参会占比高达 85%，而人文社科研究生仅占 15%，存在明显的学科差异。

三、对策建议

（1）构建多元化学术交流体系

·建立"每月一沙龙"制度，由文、理、工、医四大学部轮值主办，确保每月至少举办 1 次高质量跨学科学术交流活动；

·开发集成化"学术日历"平台，实现全校学术讲座、研讨会等信息的一站式发布与提醒功能；

·设立"人文社科国际会议专项基金"，每年资助 50 名优秀人文社科研究生参加国际学术会议。

（2）完善长效保障机制

·由教务处牵头成立专项工作组，统筹协调活动场地与经费保障；

·研究生院修订评优办法，将学术交流参与度纳入综合素质评价体系；

·图书馆设立学术交流成果展示专区，促进优秀成果的传播与共享。

本提案已征得信息技术中心、各学院教授委员会支持，现有研究生学术活动经费可保障前期实施。预计实施后，学术沙龙参与率可提升 50% 以上，学术资源共享效率提高 60%，人文社科国际会议参与人数实现翻倍增长。

恳请大会审议！

提案人：××大学研究生会学术部 ×××

2022 年 ×× 月 ×× 日

第三部分　命题作文

【构思谋篇】

题干要求以"活在当下"为题撰写一篇文章，行文时需立意明确，文体恰当（议论文或散文为宜），体现对"当下"价值的思考，避免空泛说教，可通过生活感悟、历史事例或哲学观点等展开论述。范文开篇以旅行比喻切入，提出"当下"的核心价值；主体部分从"过去执念""未来焦虑""临在体验"三个维度展开论证；结尾升华主题，呼应普鲁斯特的"新眼光"观点。

【参考范文】

活在当下

人生如同一场没有终点的旅行，重要的不是匆匆赶路，而是学会在每一个驿站驻足欣赏。我们常常陷入这样的困境：要么沉湎于无法改变的过去，要么焦虑于尚未到来的未来，却唯独忽略了最珍贵的当下。在这个被过去与未来拉扯的时代，"活在当下"不仅是一种生活智慧，更是一种难得的生命自觉。

对过去的执着往往成为心灵的枷锁。古希腊哲人赫拉克利特说"人不能两次踏入同一条河流"，道出了时间的不可逆性。我们总在懊悔学生时代没有更加用功地读书，遗憾当初选择了不喜欢的职业，痛心错过了真挚的感情。这些"如果当初"的假设，就像希腊神话中推石上山的西西弗斯，让我们在无意义的重复中耗尽心力。史铁生的经历给了我们启示：当他在轮椅上怀念行走的自由，在病榻上又怀念轮椅上的时光时，终于领悟到"当下便是最好"的真谛。放下过去不是遗忘，而是将其转化为生命的养分。

对未来的过度焦虑同样让我们错失当下。日本动画大师宫崎骏创作的动漫电影《千与千寻》中有一句经典台词语录："我不知道将去何方，但我已在路上。"这句话道出了活在当下的真义。当代社会随处可见这样的矛盾：年轻人为尚未到来的房贷忧心忡忡，中年人为可能发生的职业危机寝食难安，老年人为未必会降临的疾病提心吊胆。未来是由无数个当下累积而成的，正如参天大树始于一颗种子的萌芽，每一刻都值得我们全心投入。

专注当下不是消极的随遇而安，而是积极的"临在"。禅宗讲求"吃饭时吃饭，睡觉时睡觉"的专注，心理学家提倡"正念"的生活态度。陶渊明"采菊东篱下，悠然见南山"的闲适，苏轼"回首向来萧瑟处，归去，也无风雨也无晴"的豁达。这些都是"临在"的具象体现。

在这个快节奏的时代，我们更需要培养"临在"的能力。清晨咖啡的香气，午后阳光的温度，深夜书页的触感，这些细微的体验构成了真实的生活。法国作家普鲁斯特在《追忆似水年华》中写道："真正的发现之旅不在于寻找新的风景，而在于拥有新的眼光。"当我们学会用这样的眼光看待当下，就能发现：生命不在远方，而在眼前的一呼一吸之间。

下　卷

下卷

第四编

行政救济法

序　章

一、行政救济法的课题

正如上卷三编所见，对于行政活动，以"依法律行政原理"为中心的种种法理和法制，正在张开控制之网，以消除对私人权利和利益的侵害。但是，自不待言，现实中行政活动并非始终遵守这些制约，屡屡有违法不当的行政活动侵害私人的权益。这时，赋予私人要求恢复受害权益的手段，就是行政救济法的基本课题。

二、"依法律行政原理"与"近代行政救济法原理"

已如上卷三编所见到的那样，日本传统行政法理论的基本思考结构是，行政主体与私人的二元对立图式、行政内部关系与外部关系的二元图式、以行政行为概念为中心的三阶段构造模式，进而是存在以上述内容为背景的依法律行政原理等。这些可以说赋予了日本传统行政救济法基本骨架难以割舍的特征。首先，其最大的理念是，行政主体应受到法律的羁束，让独立于行政权的法院审查其是否实际遵守法律规定而行动。这时，由法院对行政活动进行合法律性控制，其首要的原则是通过确保自身权益受到违法行政行为侵害的私人能对行政行为提起撤销诉讼来实现控制。[1]行政上的不服申诉程序是作为补充法

[1] 当然，在今天，特别是 2004 年《行政案件诉讼法》修改后，这种传统的

院合法性控制的简便权利救济制度来定位的。对于通过这些程序已不可能恢复原状的情形，另外承认以违法行政活动为由请求国家赔偿。也就是说，所期待的行政救济法制度基本上是从背后为传统"依法律行政原理"提供保障和担保的。如此，本书在之前将传统行政法理论中的"依法律行政原理"与其背后提供保障的传统"近代行政救济法原理"合到一起，称作"行政法中的近代法治国家原理"。[1]

三、现代行政救济法的基本问题

然而，如上卷第二编所述，传统"依法律行政原理"带有种种"例外"和"界限"。同样，担保"依法律行政原理"的"近代行政救济法原理"也存在种种因素，妨碍其本来的理论归结，现在仍然存在。其中，这些因素也可以区分为"近代行政救济法原理的例外"与"近代行政救济法原理的界限"。前者是在传统行政救济法理的内部已有形塑，过去也一直有种种加以克服的尝试；后者关心的问题是在现代行政的多样化发展中，因固执于传统法理而不能实现对国民权利的充分救济。

在近代行政救济法原理的例外中，例如包含着在第二编中已见到的"特别权力关系与裁判审查的问题"[2]以及"自由裁量行为与裁判审查的问题"，[3]还可以进一步举出这种问题的例子有，之后要看到的"行政行为的课予义务诉讼"容许性问题、[4]提起抗告诉讼与行政处分停止执行的问题、[5]停止执行与内阁总理大臣异议问题，[6]等等。这些问题均与下述基本问题相关：原本要贯彻前述意义上的"近代法

"撤销诉讼中心主义"构造已经发生动摇，参见后述第31页以下。

[1] 上卷第71页。
[2] 上卷第78页以下。
[3] 上卷第107页以下。
[4] 后述第26页以下。
[5] 后述第110页以下。
[6] 后述第110页以下。

治国家原理"，就必须如何思考呢？在上述意义上作为理想类型的"近代行政救济法原理"基于某种理由（例如"行政运营顺利"的要求），是否必须按照原样作为日本现行法的应有状态予以贯彻呢？在制定《行政案件诉讼法》（作为其前身的《行政案件诉讼特例法》）、《行政不服审查法》及《国家赔偿法》等现行各个行政救济法律之际，也曾从正面探讨过这些问题。因而，可以说是在对这些问题有了大致明确的决断之后，才制定了现行的这些法律。

而与此相对，近代行政救济法原理的界限可以说是在制定这些法律后才显现的问题，"近代法治国家原理"或者"近代行政救济法原理"原本是这些法律的前提，它能否保障国民的充分救济呢？正如本书先前所述，[1]在"依法律行政原理"之下，最为基本的重要要求是行政的合法律性，但依法律行政自身未必是目的，而正是要藉此来保护"私人"相对于"行政主体"的权利和自由。不过，这时"依法律行政原理"的前提是，原本确保行政的合"法律"性就是要服务于私人的权利保护。这一前提在现实中一旦崩溃，"依法律行政原理"必须如何处理呢？这是本书前述"依法律行政原理"的"界限"问题。"近代行政救济法原理"的"界限"问题也与此一样，要确保"近代行政救济法原理"就是要服务于私人的充分救济，在此前提崩溃时又该如何呢？换言之，其问题也可以说是，鉴于现代行政的实态，"国民利益的救济"或"国民的权利保护"要求超越了现代法制或者其前提"近代行政救济法原理"，在法解释论上终究在多大程度上应被赋予直接而独立的意义呢？[2]对于这种问题，例如后述抗告诉

〔1〕 上卷第61页以下。

〔2〕 在法律论上确立这种视角时，是从诸如"宪法上'概括性权利保护'要求"〔高木光『行政訴訟論』（有斐閣、2005年）45页以下〕或者"法律上的争讼"（《法院法》第3条第1款）概念引出的立论。

例如，可参见关于后者的下述文章：

"尽管从'法律上的争讼'性的上位维度角度可看作值得法保护的案件，但在下位维度的某个诉讼要件阶段中却判断诉不合法，这种判断的龃龉必须通过修正下位维度的判断基准来消解。否则，就不能说实现了法治国家的司法权作用。"〔亘理格「相对的

讼的对象、[1]行政处分的撤销诉讼原告资格、[2]国家赔偿法上所说
"公权力的行使"的意思、[3]"违法的损害"的意思[4]等问题，在过
去的学说和判例上一直有认真的讨论。在此基础上，才有了后述重要
的法律修改。

现在日本的行政救济法在这种种因素的交错中变得极为复杂，每
时每刻都有新问题出现，处于明显的流动性之中。本书以下以传统的
"近代行政救济法原理"为大致尺度来测定这种动态与标尺的偏差和
分歧，以期从客观上加以把握。不过，在行政救济法领域，与上卷三
编所见不同，即使是在日本，过去法典化也是较为先进的。因而，本
编将以这些法律规定为中心进行考察。[5]

第一章要处理以行政活动的裁判控制为问题的行政诉讼法，第二
章要处理以行政上不服申诉等为问题的"狭义的行政争讼法"，本书
一般将行政诉讼法与狭义的行政争讼法合称为行政争讼法。[6]第三章

7

行政処分論から相関的関係訴えの利益論へ」阿部古稀759頁（同『行政行為と司法
的統制』所収）。]

[1] 后述第 54 页以下。
[2] 后述第 66 页以下。
[3] 后述第 207 页以下。
[4] 后述第 213 页以下。
[5] 这时要留意的是，如后所述，如先前触及的《行政案件诉讼法》《行政不服
审查法》《国家赔偿法》等法律原本正是以本书所说"近代法治国家原理""近代行政
救济法原理"的确立为基本目标而制定的。
[6] 对于"行政争讼""行政诉讼"等词所表达的意思，因人而异。通常，"行政
争讼"一词是在广义上使用的，作为总称来使用，即"广泛地对行政上的法律关系有
争议或怀疑时，在利害关系人提起争讼后，由一定的判断机关对此加以裁断的程序"
（田中二郎·上220頁。当然，该书称此为"行政上的争讼"，"狭义的行政争讼"毋宁
相当于"行政争讼"一词）[参照、雄川一郎『行政争讼法』（有斐閣、1957年）1
頁]，这一意义上的行政争讼根据争讼的裁断机关不同，通常分为"行政诉讼"与"狭
义的行政争讼"。对于"行政诉讼"的概念，从来也都是有各种用法。这里姑且将其广
泛地理解为包含法院以及其他专门以裁断争讼为本来任务的国家机关独立于通常实施行
政活动之行政机关的指挥命令系统，而且采用不同于一般行政上不服申诉程序的特别程
序来裁断争讼的情形。另外，从广义的"行政争讼"中排除这一意义上的"行政诉讼"，

将处理违法行政活动的国家赔偿问题，最后是附章，处理因合法行为导致损失的损失补偿问题。[1]

亦即普通的行政机关作为争讼的裁断机关出现的情形，通常称为"狭义的行政争讼"。对此，也有学者以诸如"行政型审判"等其他概念来表达（参照、雄川一郎·前揭『行政争讼法』17 页、224 页）。

〔1〕　在行政救济法上，对合法行为导致损失的损失补偿问题在理论上如何定位，是颇为困难的问题。对此，将在后述第263页以下详述。

第一章
行政诉讼法——行政争讼法之一

第一节　概　述

一、独立法院的裁判程序要求

9　　既然要保障行政活动的合法律性，就必须要设计独立裁判机关的裁判程序，在具体情形中判断行政机关是否真的根据法律的规定而行动。从现在我们的法感来看，这几乎可以说是常识。在现在的日本，这一意义上的行政诉讼也与民事诉讼、刑事诉讼一样由普通法院来处理，而且其程序也基本上根据《民事诉讼法》的规定来进行。不过，鉴于通常的民事案件与行政案件在性质上的差异，特地制定了《行政案件诉讼法》作为行政诉讼的一般法，该法在本则仅有 46 个条文，除了根据该法律的规定外，对于行政案件一般就"依循民事诉讼之例"（《行诉法》第 7 条）。在这一意义上，大致可以说在现在的日本，国民在对行政机关、行政主体的诉讼中原则上也能获得与私人相互之间诉讼同等程度的裁判保护。但是，这种行政诉讼制度在日本得以确立，却未必是古老之事。

二、明治宪法下的行政诉讼制度

10　　在第二次世界大战前，在明治宪法之下，日本行政诉讼制度的核心是根据该宪法第 61 条及以其为基础的《行政裁判法》的规定而设立的"行政裁判制度"。其中,"因行政官厅的违法处分而使权利受到伤害的诉讼"不受普通法院管辖,而由组织系统全然不同的"行政法院"来处理。

行政法院虽有"法院"之名,但在组织上实际上毋宁是属于行政组织的机关。例如,对于其评定官的人事权等,普通的司法法院一概没有权限,也不服从于一般的司法行政权,而是一个独自的机关(在这一意义上,行政法院也与现在日本的家庭法院等性质完全不同)。不过,行政法院仅以行政裁判为其职务,并不触及通常的行政活动,故而,其在职务上不受其他行政机关的指挥命令,评定官的身份也受保障,这些多少也与通常的行政机关有异,而与通常的法院类似。但是,行政法院与司法法院不同,全国仅在东京有一所,而且一审终审,概无上诉机会,等等这些,作为裁判机关在制度的完备性上是极不充分的。不仅如此,并非所有的行政行为均可向行政法院起诉。根据《行政裁判法》同年制定的《关于行政厅违法处分的行政裁判》(1890年法律第106号),可向行政法院起诉的事项被限定为五项(除关税外课予租税和手续费的案件;租税滞纳处分案件;拒绝颁发或撤销营业执照的案件;水利及土木工程案件;查定官有民有土地区分的案件)。对于没有列举的事项,只要没有个别法作例外规定,终究就关闭了行政诉讼的大门,国民就必须对违法的行政行为饮泣吞声。[1]

三、行政裁判制度的模式

在明治宪法之下,这种行政裁判制度与日本的其他诸多法制一样,是以德国行政裁判制度为典范而设立的。众所周知,在德国各邦,其近代化明显晚于法国等国,自18世纪末之后,一方面形成了以君主主权为中心的强有力的国家权力组织,另一方面也看到所谓近

---

〔1〕 对于明治宪法下的行政裁判制度,另参照、雄川一郎『行政訴訟法』(有斐阁、1957年)33页以下。

代法治国家思想在发展，从 19 世纪开始，"依法律行政原理"的法思想逐渐成形。但是，在实体法上，行政主体受法律拘束的思想虽有进展，但这并不直接意味着要承认需要有保障它的独立法院和裁判程序。之后不久，由行政自行保障行政的合法律性，成为一项原则，也就是说，即使承认行政争讼程序，它充其量也仅仅是异议、诉愿等狭义的行政争讼。但仅此还不够，19 世纪中叶以后，有一种日益高涨的观点认为，[1]有必要由某种独立于通常行政的裁判机关进行合法性审查（也就是本书所说的行政诉讼）。现实中作为这种机关而设立的行政法院，肇始于 1863 年的巴登行政法院，渐渐在 19 世纪 70—80 年代成形（让人想起日本的明治维新是 1868 年之事）。

如此渐渐发展的德国近代行政裁判制度，在诸多邦里，不管怎样都是由独立于行政活动、不受其他行政机关指挥命令、仅以裁断争讼为任务的第三方机关来审查行政活动的合法律性，亦即作为最小限度的要求，仅以争讼裁断机关的第三方性、独立性为其当下的目的。[2]即使采取了那样的组织或程序，在保护国民权利的裁判程序上也是极不完整的。日本刚好在这一时期处于近代化之中，正是将这种刚刚成立的德国近代行政裁判制度作为模范予以接纳。

四、日本现行的行政诉讼制度——司法国家制度的采用

日本的这种行政裁判制度在二战之后因《日本国宪法》的制定而被画上了终止符。《日本国宪法》第 76 条第 1 款规定，"所有司法权均属于最高法院及根据法律规定而设置的下级法院"；第 2 款规定，"不得设置特别法院。行政机关不得作为终审进行裁判"。根据宪法的这一规定，《法院法》第 3 条第 1 款规定，"除《日本国宪法》有特别规定外，法院裁判一切法律上的争讼"。这些规定成为日本现今行政

[1] 当时这种观点的倡导者数 O. 贝尔（O. Bähr）、R. 格奈斯特（R. Gneist）有名。
[2] 对于近代行政裁判制度的这一意义，参照、藤田宙靖·公权力的行使 60 页以下。

诉讼制度的根本基础。应予重视的是，上述行政裁判制度的废止直接以最为彻底的形式实现了司法国家制度，亦即设立了一种制度，与民事、刑事案件完全一样，也由普通法院裁判行政案件。与德国的情形相比，这是极其应予注意的。在德国基本法之下，行政诉讼制度得到显著发展，其组织层面和程序层面均可谓具备了完全的裁判制度性质，但是，在德国，行政诉讼仍由有别于普通法院的"行政法院"这一特别法院来处理，而绝不是由普通法院处理所有民事、刑事和行政案件（不仅如此，除一般的行政法院外，还有多个特别行政法院，其裁判制度颇为复杂）。不过，这时的行政法院并非像过去那样是国家行政权的一部分，而是与其相对立的"裁判权"的一部分，与二战前的行政法院有本质差异（因而，常常有一种说法是，德国并非纯粹的司法国家，但也不是二战前的行政国家，而是可谓"裁判国家"）。

这种情况在法国也是一样，法国现今的行政诉讼仍由国家参事院（Conseil d'Etat）来审理，它是特别的行政法院，具有自法国大革命时期以来的传统。该行政法院现在也与过去不同，可以说完全具有法院的性质和功能。

在日本，一般认为，《日本国宪法》第 76 条并不禁止在普通法院之外设置特别的行政法院，作为以最高法院为顶点的法院组织的一部分（亦即如现在的家庭法院那般）。但即便如此，在现在的日本以行政法院命名者概不存在。[1]

五、行政案件诉讼法制定之前

二战后，日本的行政诉讼制度就是如此清算了过去行政裁判制度的一切，在极为彻底的司法国家制度之下重新出发了。但是，从一开

---

〔1〕　日本裁判制度的这种状况，明显是受到二战战胜国美国的司法国家思想的强烈影响。但不可忽视的是，即便在美国，补充法院功能的行政委员会制度也日渐得到强化，并非仅以纯粹的司法国家制度就万事俱备。现在日本的行政诉讼制度之所以在这种单纯的司法国家制度之下发挥着某种功能，主要是因为与德国、法国的情形相比，日本行政诉讼的起诉数量是极少的。

14 始就存在部分强烈的悬念：在代表公益的行政机关、行政主体与私人之间的争议中，沿用解决私人间经济交易纠纷的程序，果真是令人期待的吗？从这一意义出发，考虑到行政案件的特殊性，1947 年在《关于伴随着日本国宪法施行民事诉讼法应急措施的法律》第 8 条中设置了特例规定，对于诉请撤销或变更行政处分，规定了 6 个月的起诉期限。进而在 1948 年，制定了《行政案件诉讼特例法》，规定了更多的民事诉讼法的特例。

　　该法律在诉讼类型、被告资格、起诉期限等方面规定了民事诉讼法的特例，因而，在法律上没有就行政案件作出规定时，就依循民事诉讼法的规定。但其正文 12 个条文在解释论上不断产生种种疑问，判例和学说等也在这些条文上积累了更为详细的行政诉讼法理论。如此，为了将这些积累明文化，或者通过立法来解决解释论上的诸多问题，在该法制定后历经 14 年，1962 年代之以制定并施行现行的《行政案件诉讼法》。

　　《行政案件诉讼法》在内容上是以《行政案件诉讼特例法》的规定为基础，但应当注意的是，在该法律中可以看到，立法者不是意图将其仅仅作为民事诉讼法的特例法，而是更积极地明确了行政诉讼相对于民事诉讼的特殊性。首先，在名称上没有了"特例法"的表述就是一例；进而，该法第 7 条"依循民事诉讼之例"（着重号系藤田所加）的表达（如前所示，在《行政案件诉讼特例法》中规定着"依循民事诉讼法的规定"），根据起草者的说明，它并不意味着在该法律没有规定时直接适用民事诉讼法，而是在性质上不与行政案件诉讼

15 的特殊性相抵触时适用民事诉讼法的规定；民事诉讼法的对应规定与行政案件诉讼的特殊性相抵触时，所预期和期待的就是根据判例和学说等在解释论上发展行政案件诉讼固有的法理。[1]

　　综上所述，从组织层面来看裁判机关，现在日本的行政诉讼法制度，与二战前的行政裁判制度完全不同，也与德国、法国等现行行政

---

〔1〕 参照、田中二郎・上 286 頁；杉本良吉『行政事件訴訟法の解説』（法曹会、1963 年）28 頁。

裁判制度不同，确立了彻底的司法国家制度，但在其中所适用的诉讼程序层面上，它不同于所谓普通法系的法制，而是采用了行政裁判制度下的类似制度，结果就变成了极为唯一、独自的构造。同时，如后所示，其中所存在的最大难点是，对于日本行政诉讼的相关法问题，如何在法解释论上解决在这种历史沿革不同的两大法系之间、裁判机关的组织构造与诉讼程序之间所产生的罅隙？念及于此，下面就以《行政案件诉讼法》规定的各项制度为中心，顺次探讨日本现行行政诉讼法的制度与理论。

六、2004 年的修改

　　《行政案件诉讼法》在其制定后经过 42 年，在 2004 年时根据《部分修改行政案件诉讼法的法律》（2004 年法律第 84 号）真正地作出了修改，修改法自翌年 2005 年 4 月 1 日起施行。[1]这是作为同时期进行的政府的司法制度改革的一环而进行的修改。设置于司法制度改革推进总部的行政诉讼检视会 2004 年 1 月 16 日总结出《重新认识行政诉讼制度的观点》，[2]据此，政府为了实现国民权利利益更富实效的救济而提出了修改。即使从法治主义的进展角度可以将修改前的《行政案件诉讼法》在 1962 年制定当时评价为是一种国民权利救济制度的完善，但在国民生活环境发生激变之后，以裁判例为首的法律实务未能充分应对这种变化，也让人越来越感到在很多点上并不完善。在修改的过程中，各方面指出，要"扩大国民救济的范围""充实和促进审理""实现更便于利用、便于理解的行政诉讼结构""完善本案判决前的临时救济制度"等。回应这些要求成为一项任务，对重要

16

---

　　[1]　另根据该法附则，除该附则对起诉期限的过渡措施等有特别规定外，该修改法也适用于该法施行前发生的事项。参见该法附则第 2 条以下。

　　[2]　对于该观点的概要，有该研讨会主席盐野宏的说明。参照、塩野宏「行政訴訟改革の動向——行政訴訟検討会の『考え方』を中心に」法曹時報 56 巻 3 号（2004年）8 頁以下［塩野宏『行政法概念の諸相』（有斐閣、2011 年）233 頁以下、244 頁以下］。另参照、塩野宏・Ⅱ（第六版）74 頁以下。

条文作出了种种修改，同时新设条文规定了过去至少并未明文存在的制度。下面称该修改为"2004 年的修改"，希望在与推进这次修改的先前学说和判例等理论状况进行对比后，概述现行制度的基本内容。[1]

第二节 行政案件诉讼法规定的制度

第一款 诉讼类型

17 　　所谓诉讼类型，是指在国民请求法院作出裁判（提起诉讼）之际，为明确对怎样的问题希望得到怎样的判断而设计的定型化路径。通过规定这种路径，即使说对于相同违法行政活动的国民救济，法院从诉讼一开始就限缩到对什么可以判断什么，进而展开有效的审理。对于要求裁判的国民而言，既然要利用裁判这种公共制度（服务），至少就要在一定程度上整理、限缩并明确自身要求裁判的内容，这也可以说是其当然应负有的义务。但是，规定了诉讼类型，通常就意味着不允许诉讼脱离径路（作为"诉讼要件"之一，在规定的诉讼类型之外的诉讼因不合法而要被驳回）。因而，它的问题在于，很大程度上左右着国民救济的可能性。念及于此，以下就来概述行政案件诉讼法上规定的诉讼类型。

　　《行政案件诉讼法》在第 2 条中规定了抗告诉讼、当事人诉讼、民众诉讼和机关诉讼四种诉讼类型。但是，行政案件诉讼法构造的中心毋庸置疑就是抗告诉讼。因而，在下一款以后的说明中，必然以抗

---

[1] 另外，对于该修改过程、详细内容等，便于参考的是，ジュリスト1277 号及判例タイムズ1149 号所刊载的小林久起的各解说，小早川光郎＝高橋滋编『詳解改正行政事件訴訟法』（第一法規、2004 年）、橋本博之『要説行政訴訟』（弘文堂、2006 年）、宇賀克也『改正行政事件訴訟法（補訂版）』（青林書院、2006 年）等；也包含立法过程中资料、研讨会各种讨论的介绍等，小早川光郎编『ジュリスト増刊 改正行政事件訴訟法研究』（2005 年）。对于修改法的实施状况，2012 年 11 月公布了《行政案件诉讼法修改施行状况检证研究会报告》[也包含参考资料等，参照、高橋滋编『改正行訴法の施行状況の検証』（商事法務、2013 年）]。

告诉讼各项制度的说明为中心，但此前在本款中首先根据法律第 3 条至第 6 条的定义规定分别概述上述各个诉讼类型。

一、抗告诉讼

所谓抗告诉讼是指"对行政厅行使公权力不服的诉讼"（《行诉法》第 3 条第 1 款）。在这一意义上的抗告诉讼中，该法进一步分出六个类型，即"撤销处分之诉"（第 2 款）、"撤销裁决之诉"（第 3 款）、"无效等确认之诉"（第 4 款）、"不作为违法确认之诉"（第 5 款）、"课予义务之诉"（第 6 款）、"禁止之诉"（第 7 款）。

（一）撤销诉讼

撤销诉讼分为"处分的撤销之诉"与"裁决的撤销之诉"。对于其中的撤销对象，"处分""裁决"是怎样的行为，首先要有正确的理解。

1. "处分的撤销之诉"中的"处分"在法条上进一步分为"行政厅的处分"（狭义）和"其他相当于行使公权力的行为"（《行诉法》第 3 条第 2 款）。

（1）其中，所谓"行政厅的处分"（狭义），原先被认为大致相当于行政行为（当然属于"裁决"者除外）。例如，对于过去《行政案件诉讼特例法》第 1 条所说的"行政厅的处分"概念，最高法院判决认为，它"并不是指行政厅依据法令所作的所有行为，而是在公权力主体国家或公共团体所作的行为中，在法律上直接形成国民权利义务，或者确定其范围的行为"，必须"在具有正当权限的机关撤销之前，暂且被推定为合法，作为有效的行为来对待"。[1]这种解释（本书以下称为"历来的公式"）在之后的最高法院判例中长期、近乎顽固地得到维持。[2]在这种解释之下，诸如民法上缔约等所谓私法上的

18

19

<hr>

[1]　最判 1964 年 10 月 29 日民集 18 卷 8 号 1809 页（所谓"东京都垃圾焚烧厂设置条例确认无效请求案判决"）。

[2]　在学说上也支持这种解释，例如参照、田中二郎·上 305 页；雄川一郎『行政争讼法』67 页等。

行为、〔1〕行政主体在组织内部的行为、〔2〕尚未具体拘束私人权利的计划行为、〔3〕以及其他事实上虽然给国民利益造成重大影响但并未直接产生具体的法效果的行为、〔4〕均非这里所说的"行政厅的处分"。然而，对于这种观点，学说上很早就有质疑，近来根据这种状况，最高法院判例也在实质上显示出很大的变动。诉讼类型的问题，因为是国民起诉时必须具备的诉讼要件之一，对其详细内容容后再作分析。〔5〕

（2）所谓"其他相当于行使公权力的行为"，要言之，泛指在《行政案件诉讼法》第 3 条第 1 款所说"不服的诉讼"对象中不属于第 2 款处分（狭义）、第 3 款裁决、第 5 款不作为等的"行政厅的行使公权力"行为。因而，结果就变成行政主体对私人基于法上优越立场所作的行为，而且，该优越性类似于行政行为的优越性。过去，像人的收容、物的留置那样具有持续性的事实行为就是其代表性

20

---

〔1〕　参见前揭最高法院 1964 年 10 月 29 日判决。最高法院在该判决中认为，东京都垃圾焚烧厂的设置行为是东京都在私法上的行为，不属于"行政厅的处分"。

〔2〕　即所谓内部行为。在上述判例中，最高法院认为，东京都垃圾焚烧厂设置的计划、向都议会提出，都还只是东京都的内部程序行为，不是"行政厅的处分"。另外，运输大臣认可日本铁道建设公团的成田新干线建设工程实施计划，应视为行政机关的相互行为，而非"行政厅的处分"。参照、最判 1978 年 12 月 8 日民集 32 卷 9 号 1617 页。

〔3〕　对于土地区划整理项目计划的决定，不同于针对特定个人的具体处分，可以说只是项目的蓝图，以此为由，认定不是"行政厅的处分"。参照、最判 1966 年 2 月 23 日民集 20 卷 2 号 271 页。另外，都市计划中用途地域的决定即使对私人权利义务直接产生法的影响，但它"正如新制定的法令课予了这种制约，只不过是对区域内不特定多数人的一般抽象行为而已"，最高法院在作出这种判断后，就不能认可提起抗告诉讼，因为抗告诉讼是针对具体侵害个人权利之处分的诉讼。参照、最判 1982 年 4 月 22 日民集 36 卷 4 号 705 页。对于其他都市计划决定，参照、最判 1982 年 4 月 22 日判时 1043 号 43 页、最判 1987 年 9 月 22 日判时 1285 号 25 页等。

〔4〕　例如，海难审判厅根据《海难审判法》作出的海难原因裁决不是行政处分，最判 1961 年 3 月 15 日民集 15 卷 3 号 467 页。知事根据《社会保险医疗担当者监督检查纲要》对保险医师所作的告诫，不是行政处分，最判 1963 年 6 月 4 日民集 17 卷 5 号 670 页等。

〔5〕　后述第 53 页以下。

的例子。[1]其依据的观点在于，这些事实行为是作为行政行为的执行行为而实施的，在执行程序自身有瑕疵时，或者这些行为原本不是依据行政行为而是作为即时强制作出时，仅以行政行为为撤销诉讼的对象，并不能一概通过撤销诉讼程序争议其违法性。对于这些事实行为就要采取撤销诉讼程序。[2]不过，这种意义上的事实行为撤销诉讼，其意义就仅限于不服行政厅行使公权力（亦即单方强制性侵害私人合法利益的行为）的诉讼。因而，即使说同样是事实行为，诸如根据民法上契约实施道路工程、建筑工程，或者像行政指导那样对私人权利

[1]　顺便提及，2014 年修改前的《行政不服审查法》第 2 条第 1 款明文规定，该法所说的处分概念中包含这种事实行为，而修改后的法律中没有了这种规定。但是，其原因在于这已经是不言自明的事情，得到了广泛承认。对此，参照、宇贺克也『行政不服審査法の逐条解説（第二版）』（有斐閣、2017 年）13-14 页。

[2]　与撤销行政行为那样的意思表示行为不同，事实行为的撤销在概念上原本就是不可能的吗？除了这个问题外，有见解还主张，在理论上原本就不能认可这种诉讼 [柳瀬良幹「事実行為の取消訴訟」『自治法と土地法』（有信堂、1969 年）所収]。但是在现在，这种诉讼也并非不可能，这可以说是通说。在这种肯定说的理由中，事实行为是作为行使公权力而作出时，与行政行为一样存在"公定力或者与此相当的效力"，以此为前提，作为"排除其公权性（公定力）、解除相对方忍受义务的措施"，承认撤销之诉的形态（田中二郎·上 309 页）。还有人以事实行为中没有公定力这种观念为前提，认为事实行为的撤销是"违法事实行为在观念上的撤销"，这时，撤销判决就是该事实行为的违法宣告 [今村成和『現代の行政と行政法の理論』（有斐閣、1972 年）233 页以下]。

正如先前对即时强制行为的说明那样（上卷第 345 页），这种事实行为在法上当然是以相对方私人的忍受义务为前提的，因而，本书也认为，在撤销该忍受义务（正确地说，支撑该义务的强制权能）的意义上，是可能使用撤销事实行为这种观念的 [同一意旨参照、兼子仁『行政争讼法』（筑摩书房、1973 年）269 页]。不过，问题在于，与行政行为不同，原本不存在对违法事实行为的忍受义务。其中，事实行为里是否存在公定力或者与其相当的效力，也是一个问题。如果从本书关于"公定力"概念的前述立场（参见上卷第 235 页以下）来看，要言之，该问题不外乎是否定上述忍受义务存在的途径是否原则上仅限于撤销诉讼的问题。因而，在这一意义上，承认事实行为中有公定力或与其相当的效力，这在逻辑上是可能的。但是，从有无公定力推导出可否撤销诉讼，则是逻辑的颠倒，在法解释论上真正要检讨的是，限定用撤销诉讼的方法来争议事实行为的违法性，这种保护是否真的合理呢？（顺便提及，兼子仁反对承认事实行为一律具有公定力。前揭书第 270 页。）

义务不直接产生某种法效果的行为，[1]自不待言，就不属于这里所说的撤销诉讼对象的事实行为。

当然，在各种"事实行为"中，[2]具体是哪些具有"公权力的行使"实态，成为撤销诉讼的对象，未必总是容易作出判定，学说和判例的现状也颇为复杂。例如，行政主体依据法令作出事实上的行为，其自身也并不（像拘束身体、留置物品那样）直接限制私人的权利和利益，因为其作出了行为，在结果上引起了那样的结果，或者有那种可能性，是否属于这里所说的"事实行为"，就是一个问题。这一问题在道路、河川等公共工程上很早就有论战。[3]最高法院判例显示，在诸如请求禁止"自卫队飞机的航运"诉讼中，过去就判断认为"防卫厅长官关于自卫队飞机航运的权限"属于"行使公权力的行为"。[4]近来，最高法院明确指出，即使是前述的行政指导，[5]在一定情况下也能成为撤销诉讼的对象，能具有"处分"（广义）的性质。[6]

（3）与上述意义上的事实行为不同，政令、省令等行政立法行为（法规命令）是行政厅单方规定国民权利义务的行为，因而，就产生一个问题，它包含在这里所说的"其他相当于行使公权力的行为"之

----

〔1〕 劝告、建议等行政指导在没有法的拘束力意义上常常被称为"事实上的行为"或"事实行为"。但这些行为不以相对方私人存在忍受义务为前提，因而，不同于这里所说的事实行为。顺便提及，最高法院判决认为，"专利厅对专利发明或实用新型的技术范围作出判定，这种行为只是表明意见，并不招来某种法的效果"，不属于（当时的）《行政不服审查法》第2条第1款所说的事实行为。最判1968年4月18日民集22卷4号936页。

〔2〕 对于常用的"事实上的行为""事实行为"，根据情形而有种种内容。参照、高木光『事実行為と行政訴訟』（有斐閣、1988年）。

〔3〕 对其概要参照、仲野武志「公権力の行使に当たる事実上の行為論（一）」自治研究94卷10号91页以下。

〔4〕 参照、最判1993年2月25日民集47卷2号643页（厚木基地诉讼）。

〔5〕 上卷第375页。也参见后述第57页。

〔6〕 仲野武志・前揭论文（一）（二）（三・完）自治研究94卷10号·11号·12号。对在这里所说的状况下成为撤销诉讼对象的事实行为的范围，对于其理论根据等，通过很多具体例子详加探讨。

中吗？的确，在立法论上，也不是不可能对行政立法提起撤销诉讼（例如，在法国的"越权诉讼"中，行政立法行为也是撤销的对象）。但是，在日本的现行法上，第一，像后述对撤销诉讼原告资格问题的详细说明那样，[1]撤销诉讼目前是作为以个人权利保护为直接目的的所谓"主观诉讼"，而不是以一般性确保行政活动的客观合法性为目的的"客观诉讼"。第二，民事诉讼存在一个基本原则，即一般只有在诉讼是最有效解决纷争的直接手段时才能允许。因而，一般认为，撤销诉讼的对象必须是直接且具体影响国民合法利益的行为。因此，不能将行政立法直接作为撤销诉讼的对象，[2]原则上要等到依据行政立法作出了行政行为等个别性行为时，只作为对这些行为的诉讼先决问题，间接地对行政立法的违法性实施司法控制。但是，学说和判例都认为，虽然是以行政立法的形式实施的行为，但其实质上直接涉及个人合法利益的变动，具有具体的处分性内容，也能例外地成为撤销诉讼的对象。[3]

23

2.《行政案件诉讼法》第 3 条第 3 款"裁决的撤销之诉"中所说的"裁决"（广义），正如法条所明示的那样，是指对审查请求的行政

---

〔1〕　后述第 46 页以下、第 66 页以下。

〔2〕　以行政立法为直接撤销对象的诉讼原本就不是《法院法》第 3 条第 1 款所说的"法律上的争讼"。例如参照、最判 1991 年 4 月 19 日民集 45 卷 4 号 518 页。

〔3〕　参照、最判 1959 年 6 月 2 日民集 13 卷 6 号 639 页。不仅是法规命令，地方公共团体的条例也同样如此。参照、盛冈地判 1956 年 10 月 15 日例集 7 卷 10 号 2443 页、大阪高决 1966 年 8 月 5 日例集 17 卷 7·8 号 893 页。近来明确表明这一点的最高法院判决有，最判 2009 年 11 月 26 日民集 63 卷 9 号 2124 页（公立保育所废止条例案）。在"旧高根町简易水道事业供水条例案判决"中（最判 2006 年 7 月 14 日民集 60 卷 6 号 2369 页），最高法院否定该条例的处分性，其理由在于，"本案修改条例，是一般性地修改旧高根町经营的简易水道事业的水费，原本并不是仅对限定的特定人适用，本件修改条例的制定行为，不能与行政厅为了执行法所作的处分实质上等同视之"。

不过，根据什么判断条例"具体的处分性内容"，需要更详细地探讨。对此，肯定的是上述"公立保育所废止条例案最高法院判决"，否定的是"旧高根町简易水道事业供水条例案判决"，对于两者的差别，有人指出，在明文规定上都没有特定的相对人，根据是否"将来反复适用"来区分。参照、野吕充「旧高根町简易水道事業給水条例事件最高裁判決の意味」滝井追悼 314 页。

厅裁决（狭义，《行审法》第 45 条）等行政上不服申诉所作的裁断行为。[1]在行政案件诉讼特例法时代，处分的撤销诉讼与裁决的撤销诉讼无论在理论上还是在制度上都是没有区别的，而现行法之所以要区分，是因为《行政案件诉讼法》第 10 条第 2 款采用了所谓"原处分主义"，[2]由此产生了在理论上加以区分的必要。但是，除了这一点，在《行政案件诉讼法》各规定的适用上，可以说实质上完全没有区分两者的必要（《行诉法》第 13 条、第 20 条、第 29 条等规定将两者分开来规范，但在这些情形下，两者之间也没有实质差别）。

（二）　无效等确认诉讼

1. 所谓无效等确认诉讼，是指请求确认处分或裁决存在与否，或者其有无效力（效果）的诉讼（《行诉法》第 3 条第 4 款）。也就是说，撤销诉讼是主张该处分或裁决有作为撤销原因之瑕疵的抗告诉讼，而无效等确认诉讼则是主张行政处分等"无效"或"不存在"的抗告诉讼。[3]对于应予撤销的行政处分，不管怎样，因为有应通过诉讼撤销的效果，因而成为撤销诉讼；而在处分无效或不存在的情形下，因为在观念上即使没有撤销的行为，从一开始也完全没有任何法的效果，因而，在诉讼形态上就只能认为必须当然是确认诉讼。

2. 确认无效诉讼这种诉讼类型在行政案件诉讼特例法时代并无明

---

〔1〕　这里会发生一个微妙的问题，即裁决对原处分产生怎样的效果？特别是对于"变更"原处分的裁决，是通过裁决全部撤销原处分并由裁决作出新处分，还是维持原处分自身而仅作部分修正？这一问题与制度的具体规定方式相关。例如，对于人事院根据《国家公务员法》第 92 条第 1 款作出的修正裁决，最高法院在一个著名的判例中认为，原处分并未因修正而消灭，而应将裁决修正的内容作为惩戒处分从一开始就存在（最判 1987 年 4 月 21 日民集 41 卷 3 号 309 页）。

〔2〕　对某行政行为（原处分）的不服申诉获得承认时，在理论上是有可能对该不服申诉的裁决提起撤销诉讼，其中，以裁决违法为由，主张原处分的违法性（裁决维持了违法的原处分）。制度上允许这种做法的是"裁决主义"；反之，原处分违法只能通过对原处分的撤销诉讼来进行争议，这是"原处分主义"。对此，1962 年制定的《行政案件诉讼法》明文采用的是"原处分主义"。

〔3〕　当然，在此之外，在现行法之下，也就允许请求确认处分"存在"的诉讼。这种例子参照、最判 1982 年 7 月 15 日民集 36 卷 6 号 1146 页。

文规定，而是通过判例逐渐获得广泛认可，[1]但也存在种种问题，诸如其法的性质是什么、是否真的有必要认可这种诉讼。例如，根据民事诉讼法的通说和判例，所谓确认诉讼，只能允许确认现在的权利或法律关系。而行政处分的无效确认诉讼，是确认过去作出的行政行为无效，亦即请求确认过去事实的诉讼，因而就不能允许吗？若行政处分无效，就没有公定力，因而，私人即使不请求确认无效，直接以行政处分无效为前提提起关于现在的法律关系之诉（例如，以课税处分无效为前提请求返还不当得利的诉讼，以土地征收裁决、农地收购处分无效为前提的土地所有权确认诉讼，以公务员免职处分无效为前提的身份确认诉讼等）就能达成目的，请求确认行政处分自身无效，不是没有所谓"确认的利益"吗？鉴于这种种疑问，1962 年在制定现行法之际，先是明确行政处分确认无效诉讼是在不服公权力行使诉讼意义上的抗告诉讼的一种，再从正面在制定法上予以承认，但另一方面也限制了可提起这种诉讼的情形，仅限于特别有起诉的固有必要时才能提起确认无效诉讼。对此加以明确的就是《行政案件诉讼法》第 36 条的规定，详细内容将在"诉讼要件"的说明部分[2]展开。

（三）不作为的确认违法诉讼

1. 所谓不作为的确认违法诉讼，"是指行政厅对依法令所提出的申请，尽管应当在相当期间内作出但却未作出某种处分或裁决，请求确认其违法的诉讼"（《行诉法》第 5 条第 3 款）。例如，提出了营业许可的申请却一直没有得到回应，[3]这时请求确认没有回应违法的诉讼，就是这种诉讼。

对于这种诉讼的性质，必须特别明确以下两点：

第一，该诉只是在攻击提出申请后在相当期间没有任何回应的

〔1〕 其理由主要是确认无效诉讼不同于撤销诉讼，并没有起诉期限的限制。参见后述第 98 页。

〔2〕 后述第 99 页以下。

〔3〕 在过去的行政实态中常常看到的是，即使提出了申请，却以"发回"或"保管"文件不予受理。现在根据《行政程序法》第 7 条的规定已明确不允许的做法。参见上卷第 170 页。

（处分）这种行为自身的违法性，而不允许主张没有对自己作出有利处分违法。因而，对申请即使作出驳回处分（拒绝处分），且不说作出何种回应（处分），就已没有提起这种诉讼的余地（对申请作出拒绝处分时，争议其违法或无效，已非不作为的确认违法诉讼问题，而是撤销诉讼或确认无效诉讼问题）。

第二，在对申请于相当期间内没有任何回应时，该诉仅限于请求确认这种不作为违法，不允许通过该诉请求法院以判决代替行政厅作出某种行政处分，或者请求法院命令行政厅应当作出某种行为等。

2. 一般，行政厅没有作出应当作出的行政行为时，以何种方式使这种情形服从司法控制的问题（所谓"不作为诉讼"的应然状态问题），是触及司法权与行政权基本关系的重大问题。例如，首先，若根据私人的起诉，法院代替行政厅自行作出其行政行为，这种方式违反法院的消极性、违反三权分立原则，至少在欧洲大陆法系的法制之下是极难实现的。其次考虑的是，法院命令该行政厅作出特定处分，即所谓"课予义务诉讼"（现行法上的"课予义务之诉"就是这种诉讼）。例如，在德国，对于一定领域的行政行为，在已经对国民的申请作出拒绝处分的前提下，很早就承认了课予义务诉讼；而在日本，在很长时间里一般从权力分立原则出发不承认这种诉讼（该观点认为，如果承认这种诉讼，可谓法院就站在了行政厅的上级机关的立场上，积极参入行政活动，因而不能允许）。进而，存在确认行政厅具有作出该行政行为义务的"作为义务确认诉讼"（或者确认不得作出某行为的"不作为义务确认诉讼"）。如果是这种诉讼，法院对是否不得进行行政活动、是否存在法律上权利义务作出积极判断，原本就是法院的本来任务，因而，并不产生与权力分立原则相抵触的问题。但结果在1962年制定《行政案件诉讼法》之际，并未将这种诉讼类型法定化（其理由据说在于，行政厅受后述抗告诉讼"判决的拘束力"[1]拘束，在结果上这种诉讼就变得与课予义务诉讼并无二致）。如此，当时最终明文承认的"不作为确认违法诉讼"，并不是确认行

---

[1] 《行政案件诉讼法》第33条。参见后述第155页以下。

政厅应有作出某特定内容行为的义务。因而，是驳回申请还是认可申请，并不受裁判判决拘束。因此，如果是这种诉讼形态，就被认为无论如何都还维持着法院的消极性。

3. 如此，在关于不行为诉讼的日本行政诉讼制度及作为其法思想背景的日本行政法学的传统观点中，存在着根深蒂固的司法权消极性观念，而背后为其提供支撑的则是所谓"尊重行政厅的首次判断权"观点。所谓"尊重行政厅的首次判断权"，用一句话来说就是这样一个原则，即"在权力性行政活动中，对于行政活动是否满足法定要件，必须首先由行政厅进行具体判断，法院始终只是进行事后审查"。在这种观点之下，不仅是自由裁量行为的情形，即使是典型的羁束行为情形，也必须首先由行政厅对是否满足法定要件作出判断，法院仅可在事后审查行政厅的判断是否违反法律。

在这种观点的背后，必须说是以下述关于法律、行政、司法等之间关系的基本认识和判断为前提的：

第一，即使是羁束行为，事实认定、法律解释等在现实中也因认定者、解释者是谁而有所不同，在思考行政权与司法权的关系时，不可忽视。

第二，在行政法领域，无论是认定事实还是解释法律，行政机关都比司法机关更为适当，至少具有在同等程度上作出适当判断的能力。

第三，在行政机关作出首次判断之前，司法机关对有无法定要件作出判断，至少有违背日本现行宪法的权限分配法则之嫌。

对于这种基本认识和判断能否真的成立、是否妥当，有种种探讨。[1]但不管怎样，从这种观点出发，日本法不承认针对行政厅不作为的课予义务诉讼或确认义务诉讼，与外国法制相比，不得不说这是

---

[1] 与通说这种课予义务诉讼可能性否定论相对，很早就有实务专家提出异议，参照、白石健三「公法上の義務確認訴訟について」公法研究 11 号（1954 年）46 頁。在学说上，很早就有对这种基本认识难点的批判，主张广泛承认课予义务诉讼，诸如阿部泰隆「義務付け訴訟論」同『行政訴訟改革論』（有斐閣、1993 年）等。

另外，关于行政厅不作为救济的消极性通说，对于其理论根据上的种种观点，参照、湊二郎「義務付け訴訟・差止訴訟の法定と発展可能性」芝池古稀 539 頁以下。

颇为独特的。[1]而另一方面,伴随着后述"无名抗告诉讼"的学说和
判例的发展,上述讨论的对立实际上在一定程度上相对化了。在这种
状况下,如后详述,2004年修改法律,虽然附上了种种条件,但仍从
正面承认了"课予义务之诉"。

4. 不作为确认违法诉讼,只有提出处分或裁决申请的人才能提起
(《行诉法》第37条)。《行政案件诉讼法》第3条第5款所说的"依
法令申请",未必仅限于法令上明文规定可申请的情形,通说和判例
均认为包括在该法令的解释上承认有申请权的情形。[2]

对于什么属于这种情形,有种种探讨。[1]一般而言,下面这种说

---

[1] 例如,在历史上日本与德国就有诸多共有之处。在德国的行政诉讼制度中,
如前所述,尽管认为行政法院是法院的一部分而与行政权相对立,但并没有"尊重行政
厅的首次判断权"的一般原则,课予义务诉讼在制度上是法定的。日本的通说认为,德
日法制中的这一差异来自是否存在行政法院这种特别法院。在德国的行政法院,对行政
案件充分具有详尽专门技术知识者成为法官,同时在诉讼程序中也广泛采用"职权主
义",如此就能对复杂而技术性的行政案件作出充分准确的判断。因而,不待行政厅作
出首次判断,就由行政法院对行政行为满足要件作出认定、进行法解释,在实质上也不
会产生不妥。而在日本,普通法院也在处理行政案件,而且如后所述,行政诉讼中广泛
由当事人主义、辩论主义主导,就不具备德国那样的条件。

而在美国,传统上以司法国家制度为基础,也承认所谓"强制令"(mandamus)的
课予义务诉讼,适用于行政厅。这是因为在其根本上存在一种法的思想,即对于法的问
题,法院的判断原本就应广泛优先于行政厅的判断。

如此看来,无论是在以行政裁判制度为传统的德国,还是反过来以司法国家制度为
传统的美国,以各自的传统为背景,在结果上都承认对行政厅提起课予义务诉讼。如前
所述(前述第15页),日本可以说混合式继受了两大法系的制度和理论,哪一个都未能
彻底化,结果制度就是中间性的。因而就能看到,无论是以哪一种方式,都以不承认课
予义务诉讼的结果而告终。在这一意义上,《行政案件诉讼法》的"不作为确认违法诉
讼"这种特异制度可以说正是象征性地体现着日本行政诉讼制度的特异性。

另外,以这里看到的不行为诉讼问题为代表,在与各国的比较中检证日本过去行政
诉讼制度作为行政救济制度的成熟度,前述"检视会"中总结各国调查结果的"外国
行政诉讼研究报告系列"(「シリーズ・外国行政訴訟研究报告」ジュリスト1236~1250
号,第1250号显示了该研究中外国法治调查结果一览)是贵重的素材。

[2] 所谓"有申请权"是指"行政厅对其申请有应答的(法的)义务",而非
"行政厅有作出所要求之处分的义务"(在这一意义上,它只不过是一种程序法上的权
利)。有学者指出,在日本的判例和学说上生成、确立这种意义上的"申请权"概念,

明是妥当的："之所以要求这一要件，只是意味着向行政厅申请、要求还不够"，"规定的是授益性处分，而且预定了申请（及行政厅对此的应答）（亦即并非依职权处分）的情形，请求授益性行为就能说是'依法令申请'"。[2]

（四）课予义务之诉与禁止之诉

1. 在现行法上，所谓"课予义务之诉"（课予义务诉讼），是指对下面两种不作为，要求命令行政厅作出处分或裁决的诉讼（《行诉法》第3条第6款）：

（1）（除第二种情形外）行政厅应当作出一定处分，但并未作出时。

（2）依法令向行政厅提出申请或审查请求，要求其作出一定处分或裁决时，该行政厅应当作出该处分或裁决，但并未作出时。

其中第一种情形可称为"直接型不作为"，第二种情形可称为"申请型不作为"。针对前者的课予义务之诉，让在"不作为确认违法"制度之下大体上无法救济的不作为[3]可能得到救济；而针对后者的课予义务之诉，可以说是为前述"不作为确认违法之诉"隔靴搔痒之处提供补充。

而所谓"禁止之诉"（禁止诉讼），是指"在行政厅不应作出一定处分或裁决却将要作出时，请求命令行政厅不得作出该处分或裁决

_____

在其背景中，对于申请的拒绝处分，原则上否定提起课予义务诉讼而要承认撤销诉讼可能性，参照、村上裕章「『申请权』の概念の生成と确立」滝井追悼336页以下［村上裕章『行政诉讼の解释理论』（弘文堂、2019年）所收］。

　　另外，对于根据《居民基本台账法》的转入申报（第22条），在受理申报后，居民具有要求制成居民票的申请权；而对于新生儿记入居民票的申报，法并没有课予应答义务，最高法院判例认为是否定了请求权（最判2009年4月17日民集63卷4号638页）。

　　〔1〕　对此在最高法院判例上，诸如可参照、最判1972年11月16日民集26卷9号1573页。

　　〔2〕　芝池義一・救济法133页。

　　〔3〕　不限于对自己的不作为，也包括对第三人的不作为。例如，邻地建筑物是违法建筑，且极为危险，而行政厅总也不发出改善命令或拆除命令，这种情形也包含其中。

的诉讼"（《行诉法》第 3 条第 7 款）。对于这些诉讼的容许要件，容后再述。[1]

2. 2004 年修改法律之前，《行政案件诉讼法》第 3 条仅规定前述四种诉讼类型，不存在现行法上第 6 款和第 7 款。但是，通说和判例历来认为，现行法上允许的抗告诉讼未必仅限于此，这些只不过是众多抗告诉讼中的典型，因而特地明文规定而已。《行政案件诉讼法》没有明文规定，但仍然容许的抗告诉讼，一般可称为"无名抗告诉讼"。

自《行政案件诉讼法》成立时起，与草案起草相关的学者、实务专家就反复主张，法律上并未排除无名抗告诉讼。但是，对于其中具体允许何种之诉，起草者有意委诸将来的判例和学说发展，采取了极为开放的观点。[2]因而在这种观点之下，前述课予义务诉讼、作为（不作为）义务确认诉讼等，本来在现行法上未必明确否定其可能性，待将来的学说和判例多数认可时就承认它，这毋宁是法律自身的意图。但是，至少在 2004 年修改法律之前，判例和通说基于前面说明的"尊重行政厅的首次判断权"观点，并未将这些诉讼作为无名抗告诉讼予以一般性承认。只是，即使没有一般性的承认，根据具体情况，可个别例外地允许这些诉讼，持这种观点的判例和学说也绝不在少数。例如，明确表达这种观点的先驱性判例是有名的东京地方法院 1965 年 4 月 22 日判决。[3]该判决所示的观点是："行政厅应作出一定行为，这在法律上受到约束，对于是否应国民请求而应作出行为，在明显不必重视行政厅的首次判断，且没有事前司法审查，国民就无法获得权利救济、就要产生难以恢复的损害，而有紧急的必要性"，在这种限定的情形下，"并不是不能允许要求行政厅在行政处分上作为或不作为的诉讼……或者要求确认行政厅具有应作出某行政处分之义务的诉讼"。

像这样的下级审判例还存在其他几个，严格限缩其要件，根据情形

---

〔1〕 后述第 103 页以下。
〔2〕 参照、田中二郎·上 308 页、杉本良吉·前揭『行政事件訴訟法の解説』10 页。
〔3〕 例集 16 卷 4 号 570 页。

承认可提起课予义务诉讼或确认义务诉讼。[1]但是，也不是所有的判例和学说都站在这一立场上。[2]而即使是站在这一立场上的判例，也不认为案件本身满足上述要件，现实中的案子几乎都不承认可以起诉。[3]

---

〔1〕　作为其代表例，诸如东京地方法院的判决〔2001 年 12 月 4 日判决判时 1791 号 3 页（所谓"国立公寓案判决"）〕，在 2004 年法律修改前末期，将课予义务诉讼的要件整理为：（1）行政厅应当行使该行政权是一义性明显的，尊重行政厅的首次判断权并不重要；（2）没有要求事前审查，原告因行政厅的作为或不作为而受很大损害，有事前救济的必要性；（3）没有其他救济方法（不过，该案因课予建筑事务所所长依《建筑基准法》第 9 条第 1 款规定作出纠正命令的义务，缺乏一义的明显性，因而诉不合法）。

〔2〕　例如，田中二郎认为，"课予义务诉讼以及其他要求特定处分的给付诉讼"作为无名抗告诉讼也不能容许。田中二郎・上 308 页。

〔3〕　最高法院过去一般承认无名抗告诉讼吗？如果承认，又是在什么情况下承认什么样的诉讼？对于这样的问题，无法从正面作出判断。但在 1972 年所谓勤务评定长野方式中是否存在职员自我观察表示义务的诉讼中，判决认为，为了防止将来作出惩戒以及其他不利处分，至少根据具体情况而承认请求确认这种义务不存在的一种预防诉讼（最判 1972 年 11 月 30 日民集 26 卷 9 号 1746 页）。后来，最高法院引用这一判决，认为"事前确认河川管理者负有不得作出河川法上处分的义务，或确认没有河川法上的处分权限"等请求并不合法，其所具理由在于："在依《河川法》第 75 条作出监督处分及其他不利处分之前，在与此相关的诉讼中就事后本案土地是否为河川法上的河川区域进行争议，还不能说有造成难以恢复的重大损害之虞等特别情况。"伊藤正己在该判决的补充意见中明确表示，这些请求相当于无名抗告诉讼，无名抗告诉讼在行政案件诉讼法上不是没有承认，而是在性质上属于例外的救济方法，仅限于容许的情形才能提起（最判 1989 年 7 月 4 日判时 1336 号 86 页）。

另外，在机场周边居民要求禁止飞机起降的民事诉讼中，最高法院认为，这种诉不可避免地包含着"要求撤销变更或者启动航空行政权行使的请求"，因而，"姑且不论能否通过行政诉讼的方法提出某种请求"，但不能允许通过通常的民事诉讼提出这种请求，因而驳回上告〔最判 1981 年 12 月 16 日民集 35 卷 10 号 1369 页（所谓"大阪机场诉讼判决"）〕。该判决是否妥当另当别论，假设以这种观点为前提，问题在于，其中可能实现同样目的的行政诉讼（该判决的多数意见并没有说清楚何种行政诉讼是可能的，但伊藤正己补充意见明说应经由抗告诉讼），应该是怎样的诉讼呢？如该判决所言，如果其中之一是"要求启动航空行政权的请求"，它当然是这里所说的无名抗告诉讼的一种。实际上周边居民请求禁止自卫队飞机起降的民事诉讼也以同样理由被驳回。在之后的判决中〔最判 1993 年 2 月 25 日民集 47 卷 2 号 643 页（所谓"厚木基地诉讼判决"）〕，桥元四郎平、味村治在补充意见中暗示了作为"一种无名抗告诉讼"，"要求防卫厅长官某种不作为的诉讼形态"的可能性，即不得针对特定飞机场离着陆时自卫队飞机航行的一定时间段或一定限度以上音量等发出命令。

34　　3. 在这种状况下，在 2004 年修改法律中，课予义务诉讼与禁止诉讼从正面获得承认。由此也就自然否定了下面这种观点，诸如田中二郎博士所说的那样，从"尊重行政厅的首次判断权"的理论框架来看，一般不能将课予义务诉讼的诉讼类型作为无名抗告诉讼予以承认。不过，如后所述，[1] 在现行法之下，提起这些诉讼要满足种种要件，其实质功能就取决于如何解释和运用这些要件。

但无论如何，如后所述，[2] 在本次的修改中，鉴于也引入了"临时课予义务"（《行诉法》第 37-5 条第 1 款）和"临时禁止"（同条第 2 款）制度，可以明确地说，国民救济的幅度在理论和实际上均较从前显著扩大。[3]

（五）无名抗告诉讼（法定外抗告诉讼）

另外，课予义务诉讼和禁止诉讼过去是无名抗告诉讼的代表，虽说已在法律上获得正面的承认，但在修改法之下并不是没有了无名抗告诉讼的余地。特别是，过去在判例和学说上提示过的"义务不存在确认诉讼"等，在这次的法律修改中完全没有触及，但应该说至少在理论上仍有其存在的余地。不过在实际上，所期待的这种无名抗告诉

另外，作为无名抗告诉讼，禁止诉讼迄今获得承认的有名的例子，诸如东京地方法院承认受刑者要求禁止剃发之诉合法（東京地判 1963 年 7 月 29 日例集 14 卷 7 号 1316 頁）。

〔1〕　后述第 103 页以下。

〔2〕　后述第 119 页以下。

〔3〕　实际上，从法律修改至今，在地方法院层面已有数起案件作出了课予义务诉讼的认可判决。例如，对于所谓"直接型"（《行诉法》第 3 条第 6 款第 1 项），（1）课予作成居民票义务的案子（東京地判 2007 年 5 月 31 日判時 1981 号 9 頁）；对于"申请型"（同前第 2 项），（2）课予保育园入园承诺义务的案子（東京地判 2006 年 10 月 25 日判時 1956 号 62 頁）；（3）课予与日本人有姘居关系的外国人特别居留许可义务的案子（東京地判 2008 年 2 月 29 日判時 2013 号 61 頁）；（4）课予交付原子弹被爆者健康手册义务的案子（長崎地判 2008 年 11 月 10 日判時 2058 号 42 頁）；（5）课予作出行政文书公开决定义务的案子（東京地判 2010 年 4 月 9 日判時 2076 号 19 頁）；等等。这时特别引人注意的是上述（1）~（4）那样，有不少判决虽以系裁量处分为前提，但认定裁量权逾越滥用构成不作为违法。其他修改法律后的课予义务诉讼、禁止诉讼的相关裁判例动向，参照、高橋滋·前揭『改正行訴法の施行状況検証』。另外，横田明美『義務付け訴訟の機能』（弘文堂、2017 年）19 頁以下，对此有详细分析。

讼的功能，通过课予义务诉讼、禁止诉讼等的法定化已经实质上尽数实现了，作为其他有适当争议方法者，被认定不合法的情形在增多。[1]同时，在另一方面也出现了问题，在与后述这次修法后得到诸多强调的观点——活用公法上当事人诉讼的确认诉讼——之间，在理论上给作为无名抗告诉讼的确认诉讼如何定位、如何整理呢？

二、当事人诉讼

（一）形式性当事人诉讼

《行政案件诉讼法》第 4 条规定了两种当事人诉讼。其前段规定 36
的 "在关于确认或形成当事人之间法律关系的处分或裁决的诉讼中，根据法令规定以法律关系一方当事人为被告的诉讼"，通常称作 "形式性当事人诉讼"。[2]诉讼的实质是争议行政处分的效果，在这一意义上具有抗告诉讼的实质，但在法的形式上采用对等当事人之间诉讼的形态。作为现行法承认的这种诉讼，可以举出的代表性例子有就土地征收损失补偿额发生争议的诉讼（《土地征收法》第 133 条）、就专利无效审判发生争议的诉讼（《专利法》第 123 条第 1 款、第 179 条但书）等。前者在实质上是不服征收委员会决定损失补偿额的裁决的诉讼，[3]在

---

〔1〕　例如，最判 2012 年 2 月 9 日民集 66 卷 2 号 183 页（齐唱国歌义务不存在确认等请求案）。

〔2〕　对于用语的批判，小早川光郎·下Ⅲ327 页。

〔3〕　当然，《土地征收法》第 133 条的诉讼果真在多大程度上具有 "不服公权力行使的诉讼" 的实质内容，因而有必要以 "形式性" 当事人诉讼之名称呼吗？此前也提出了种种疑问。例如参照、森田寛二「土地収用法一三三条の『損失の補償に関する訴え』を法行為論の見地から見ると」自治研究 68 卷 9 号（1992 年）20-30 页、中川丈久「行訴法四条前段の訴訟（いわゆる形式的当事者訴訟）について」小早川古稀 509 页以下。对于这些指摘，也有很多应予首肯之处，不过，该诉讼至少是征收委员会先作出裁决令当事人无法接受其内容才能提起的诉讼（《土地征收法》第 133 条第 1 款括号所写内容明确表明，该条所说的 "关于损失补偿之诉" 是 "关于征收委员会裁决之诉"），而对于附以撤销诉讼同样的起诉期限，便宜地作出过去的那种说明，未必说其自身有误。

形式上却是土地所有者与项目人之间的争议。后者在实质上是不服专利审判官审决的诉讼，但却是审判请求人与被请求人之间的争议。[1]

鉴于其实质，这些诉讼很多伴有与处分撤销诉讼一样的起诉期限。[2]对此，《行政案件诉讼法》设置了与撤销诉讼起诉期限规定同样的规定（《行诉法》第40条）。

（二）实质性当事人诉讼

37

1. 但是，上述诉讼本来是例外的诉讼形式，《行政案件诉讼法》第4条规定的当事人诉讼中在理论上具有中心意义的是后段"关于公法上法律关系……的诉讼"。其中虽然规定着广泛的"关于公法上法律关系的诉讼"，但自不待言的是，争论行政厅公权力行使效果的诉讼另行作为抗告诉讼是被排除出去的。[3]

但即便作出如此限定，如上卷第一编所示，公法与私法的区别自身本来在日本就已颇为不明确。因而，具体某诉讼是属于这里所说的当事人诉讼，还是根本就是民事诉讼，很多就是不明确的。例如，作为这一意义上的典型当事人诉讼有，公务员为请求支付俸给而起诉的情形、为请求确认公务员身份而起诉的情形等。而以课税处分无效为前提请求返还不当得利的诉讼等一般是民事诉讼（后述的争点诉讼）。即使是对于以违法行使公权力为原因的国家赔偿请求，[4]日本的学说和判例一般并不是作为当事人诉讼，而是作为民事诉讼来对待的。[5]

----

〔1〕 另外参见《农地法》第55条第2款、《文化财产保护法》第41条第4款等。

〔2〕 参见《土地征收法》第133条第2款、《农地法》第55条第1款、《文化财产保护法》第41条第3款等。

〔3〕 如后所述，在实质性当事人诉讼上，特别是从2004年修法前后开始，与往常不同，在很多论点上讨论热烈。根据这里的讨论，应面向今后进行理论整理，参照、大贯裕之「実質の当事者訴訟と抗告訴訟に関する論点 覚書」阿部古稀629页以下。

〔4〕 《国家赔偿法》第1条。参见后述第189页以下。

〔5〕 例如，最高法院认为，（虽然有关于有无适用民法上规定的论题，但是）"国家或公共团体根据《国家赔偿法》负有损害赔偿责任，实质上与因民法上侵权行为而赔偿损害具有相同的性质，根据《国家赔偿法》对普通地方公共团体的损害赔偿请求权是私法上的金钱债权，而非公法上的金钱债权"。参照、最判1971年11月30日民集25卷8号1389页。

不过，无论如何，一般认为，当事人诉讼仅准用《行政案件诉讼法》第41条规定的抗告诉讼若干规定，其他则广泛适用民事诉讼法的规定。而即使是民事诉讼，如果属于后文所说的《行政案件诉讼法》第45条争点诉讼的情形，〔1〕结果则与当事人诉讼并无二致。因而，严格地讨论是哪一种诉讼，在解释论上并没有多大必要（只是有一点差别是，在民事诉讼中，可能因标的额大小，第一审管辖变成简易法院；而如果是当事人诉讼，行政案件诉讼始终属于地方法院的管辖）。对于这种当事人诉讼，原本是否有必要在民事诉讼之外作为独立的诉讼类型来设立，就是存在质疑的。特别是从第一编所述公法私法一元论立场来看，这种诉讼只是为支持公法与私法二元教义而存在的，是一种有害无益的主张。〔2〕

38

然而最近，又反过来提出一个问题，是否应积极地应用公法上的当事人诉讼呢？〔3〕这当中含有意味深长的问题。在日本，过去提起抗告诉讼的可能性是颇为有限的。〔4〕有鉴于此，为了扩大私人获得实质救济的可能性，不要仅仅依赖抗告诉讼，改变一下观念会是怎样呢？不过，不论如何，在前提条件上，都有必要确立不同于民事诉讼的当事人诉讼固有法理，制度内容也要更为丰富。

2. 另外，恐怕也是接受了上述问题，在2004年修改《行政案件诉讼法》时，在第4条的实质性当事人诉讼部分，追加了"关于公法上法律关系的确认之诉"的文字，即"关于公法上法律关系的确认之诉以及其他关于公法上法律关系的诉讼"。该修改的动机无疑至少在于公法上当事人诉讼的活性化。也就是说，如上所述，过去作为行政案件诉讼中心的抗告诉讼（特别是撤销诉讼），因为最高法院判例过于狭窄地解释抗告诉讼对象的"处分"概念，不能说充分发挥出了国民的救济手段功能。在这种一般认识之下，该修改的问题意识在于，

39

〔1〕　参见后述第100页。
〔2〕　对此的详细分析，第一编已有触及。
〔3〕　作为其嚆矢，参照、高木光·前揭『事実行為と行政訴訟』，另参照、同·前揭『行政訴訟論』101頁以下。
〔4〕　参见后述第53页以下。

可以通过应用公法上当事人诉讼来稍稍补充其不充分的部分。但是，在理论上更为准确地说，该修改具有怎样的意义呢？也就是说，是通过该修改能实现过去不能实现的事（创设性修改），还是过去（理论上）可以的事却在现实中不行、在条文上明确确认可能之事（确认性修改），从立法过程〔1〕等来看未必明确。

第一，从文字来看非常清楚，"关于公法上法律关系的确认之诉"包含于"关于公法上法律关系的诉讼"，重新附加上这些文字，也能看作是完全无用的。〔2〕第二，如前所述，若在理论上是"关于公法上法律关系的诉讼"，其性质是"不服公权力的诉讼"，它就不是这里所说的当事人诉讼，而是抗告诉讼。在以前的规定之下，这至少一般而言是没有争议的。其中，假设赋予该新规定以创设的意义，它恐怕就在具有"不服公权力的诉讼"实质的同时还具有一种意义，即有的案件在从前判例和学说之下难以承认行使公权力具有"处分"性质，因而就难以认作行政案件诉讼的案件，通过允许确认诉讼确认存在因该行为受到侵害的权利，就能赋予某种权利救济的可能性。例如，因违宪立法行为造成的权利（基本人权）侵害、因违法计划行为造成的权利侵害等案件，就是其典型案例。〔3〕

---

〔1〕 参见前出第 16 页注〔1〕所列各文献。

〔2〕 作为一种公法上的当事人诉讼，公法上法律关系的确认诉讼获得认可。最高法院在很早时就已经以此为当然前提作出判决。参照、最判 1966 年 7 月 20 日民集 20 卷 6 号 1217 页。在该大法庭判决中，针对药剂师原告请求 "确认不存在《药事法》第 5 条（当时——藤田注）的开设药局许可或更新许可的申请义务"，最高法院以其诉合法（第一审明确肯定、控诉审也没有推翻该判断）为前提作出实体判断。

另外，对于请求确认具有日本国籍之诉，参照、最判 1997 年 10 月 17 日民集 51 卷 9 号 3925 页。

〔3〕 在 2004 年修改法律之后，最高法院有几则著名的判决，将公法上法律关系的确认之诉作为公法上的当事人诉讼加以认可：（1）确认存在因立法不作为而受到侵害的大选投票权——"违法剥夺海外国人选举权确认诉讼案判决"（最判 2005 年 9 月 14 日民集 59 卷 7 号 2087 页）；（2）确认存在因违宪的法律而未获得承认的日本国籍——"撤销发布驱逐出境令处分等请求案判决"（最判 2008 年 6 月 4 日民集 62 卷 6 号 1367 页）；（3）确认不存在基于职务命令的义务——"确认不存在齐唱国歌义务等请求案"（最判 2012 年 2 月 9 日民集 66 卷 2 号 183 页）；最近的例子是（4）对条例规

41

　　3. 但在另一方面，本次修改意在"确认诉讼的活性化"，如果其意义在于，以上述抗告诉讼未充分发挥功能为前提，对其加以补充，那么，其具体的应有状态，当然也就与法定化了的课予义务诉讼、禁止诉讼等应有状态（进而是无名抗告诉讼的应有状态），进而特别是与"处分"概念的解释一定有很深的关系。也就是说，因为在另一方面，如果抗告诉讼自身功能变得活性化，而确认诉讼作为当事人诉讼的功能已经扩大，两者在功能上就会出现重复的地方，就会产生两者之间的整理与调整问题。

　　如后详述，很早在学说上就有人指出，应弹性地理解作为抗告诉讼对象的"处分"概念，在 2004 年修改法律时，各方面人士也期待对此应在立法上获得解决。但是，结果不仅以完全没有着手而告终，在局部上，确认诉讼作为当事人诉讼的活性化要求反而还具有一种目标，即更加限定"处分"概念乃至抗告诉讼发挥功能的范围。[1]而另一方面，最高法院判例在此期间继续维持过去关于"处分"概念的公式，其中，较过去相比，还朝着更为弹性地解释该公式的方向推进。[2]必须要说的是，情况正变得更加复杂。

　　而在确认行政厅作为义务或确认私人一方不存在忍受义务的情形下，确认诉讼被期待的功能与修法后新得到明文化的课予义务诉讼或禁止诉讼之间的关系如何整理，就会成为问题。众所周知，在民事诉讼法的原则中，与给付诉讼等其他诉讼类型相比，确认诉讼基本上只是备位性诉讼类型，虽说确认法的义务存在与否在理论上是可能的，但并不允许直接提起确认诉讼。为此，作为广义的"确认利益"之

制请求确认经营风俗介绍所的法地位，条例合法，驳回请求（最判 2016 年 12 月 15 日判时 2328 号 24 页）。(1)、(2)、(4) 正是这种例子。(3) 是牵扯"处分"的案件，对于该案，请参见后述第 42 页注〔1〕。

　　〔1〕　例如参照、高木光「行政法入門㉚」自治実務セミナー 2007 年 12 月号 4 页以下。另外，反对当事人诉讼这种走向定位，例如、阿部泰隆・解釈学Ⅱ65 页以下。

　　〔2〕　参见后述第 57 页以下。

一，也要求不存在其他能直接实现目的的手段，[1]如果能提起抗告诉讼，它是能更直接实现目的的方法，那就不满足这里所说的要件。[2]

但无论如何，行政案件诉讼法以抗告诉讼为核心，只要以这种整体构造为前提，那种认为，在该法第 4 条的规定中插入"关于公法上法律关系的确认之诉"一句之后，作为当事人诉讼的确认诉讼就直接取代了"不服行使公权力的诉讼"的抗告诉讼，或者赋予其同等的地位，只能说是稍有牵强的法解释。例如，要免于承担行政处分所课予的义务，不提起针对该处分的抗告诉讼，而提起义务不存在确认诉讼这种

---

〔1〕 在民事诉讼中，要提起确认诉讼，有无必要的"确认利益"问题，要言之，即请求对象的确认是否是对于解决当事人之间具体纷争有效而不可或缺（如果用最高法院的表达来说就是，是否"有即时确定的利益时，换言之，现在在原告的权利或法律地位中存在危险或不安，为了消除它而获得对被告的确认判决是必要而适当的情形"，参照、最判 1955 年 12 月 26 日民集 9 卷 14 号 2082 页）。在学说上，将此进一步具体化，并整理为三点来讨论：（1）方法选择的适当与否（没有解决纷争的其他适当争讼手段）；（2）对象选择的适当与否（在确认对象上，选择的诉讼标的对解决双方当事人之间纷争是有效而适当的）；（3）即时解决的必要性（双方当事人之间的纷争有必须通过确认判决即时解决的成熟性）。例如参照、新堂幸司『新民事訴訟法（第五版）』（弘文堂、2011 年）270 页。

〔2〕 从正文所述也可以看到，能否允许作为公法上当事人诉讼的确认诉讼问题，实际上可以说就归结为有无（广义上）"确认利益"的问题。例如，最高法院在 2004 年修法之后正面承认"公法上当事人诉讼"，且让原告首次胜诉的案件，即著名的"违法剥夺海外国民选举权确认诉讼案判决"（大法庭 2005 年 9 月 14 日），在最高法院讨论过程中最大的问题不是原本是否承认作为公法上当事人诉讼之确认诉讼的问题，而是这种案件中是否果真认可确认的利益［参照、杉原则彦「活性化する憲法・行政訴訟の現状」公法研究 71 号（2009 年）196 页以下、藤田宙靖『裁判と法律学』303 页］。与此相对，现职陆上自卫官认为，根据安全保障关联法行使集团性自卫权是违宪的，请求确认即使有"存亡危机事态"也没有服从防卫出动命令的义务，其诉的目的在于"防止以不服从命令为由作出惩戒处分"，最高法院第一小法庭 2019 年 7 月 22 日判决（民集 73 卷 3 号 245 页）认为，该诉要合法，就要符合"作出处分的现实可能性"要件，对此问题尽数审理，驳回原审判决予以发回。其中成为问题的不是原本能否允许这种确认诉讼，而是有无特定请求意义上的"确认利益"。这一点受到关注。

公法上的当事人诉讼，这应该说一般是不能允许的。[1][2]以预防对自己作出不利处分为目的而提起义务不存在确认诉讼，只要其目的能

〔1〕　对于在毕业典礼等仪式中齐唱国歌时起立齐唱等职务命令的义务，公立高中等的教职员工起诉请求确认不存在该义务，最高法院第一小法庭认为：（1）该诉作为无名抗告诉讼是不合法的；（2）具有作为公法上法律关系确认之诉的确认利益，这是合法之诉（最判2012年2月9日民集66卷2号183页）。但是其理由在于：对于（1），在现行行政案件诉讼法上明确承认处分的禁止之诉（《行诉法》第37-4条），因而，存在无名抗告诉讼之外的其他适当的争讼方法。对于（2），像该案那样，教职员工不服从职务命令，该违反命令及其累积行为就会被评价为惩戒处分的处分事由及加重事由，与此相伴，因勤务成绩的评价而在加薪等方面遭受不利，这种行政处分以外的不利待遇具有反复持续、累积加重发生甚至扩大的危险。在这种情况下，存在确认利益。但如果没有这种特别情况，最高法院一般很难承认这种不存在义务确认诉讼。

不过，像正文里附加的"一般"那样，从彻底解决纷争要求出发，提起抗告诉讼是可能的。根据案件情况，有可以提起确认诉讼的余地。对此参照、村上裕章「公法上の確認訴訟の適法要件」阿部古稀748页（村上『行政訴訟の解釈理論』所收）。

〔2〕　如正文之前所见，现行《行政案件诉讼法》的逻辑是，抗告诉讼作为不服公权力行使的诉讼，构成了行政案件诉讼的核心，当事人诉讼（即使它在实质上具有不服公权力行使的诉讼性质）只不过是在不承认抗告诉讼时的备位性诉讼（可以说过去大致一般是这么认识的）。但是，对此，今天出现的一种见解要逆转这一关系，正是当事人诉讼作为"关于公法上法律关系的诉讼"，构成所有行政案件诉讼的基础，抗告诉讼只是其特殊的一部分，从这一见解出发，当事人诉讼（确认诉讼的一部分）可以比过去有更大发挥功能的余地（至少要与抗告诉讼做综合性考察）〔例如参照、中川丈久「行政訴訟の基本構造——抗告訴訟と当事者訴訟の同義性について（一）（二・完）」民商法雑誌150卷1号（2014年）1頁以下、2号171頁以下、同「抗告訴訟と当事者訴訟の概念小史——学説史の素描」行政法研究9号（2015年）1頁以下、黒川哲志「公法上の当事者訴訟の守備範囲」芝池古稀415頁以下等；另参照、山本隆司「改正行政事件訴訟法をめぐる理論上の諸問題」論究ジュリスト8号（2014年）79頁以下〕。抗告诉讼在理论上也是一种"公法上的法律关系"诉讼，至少在现行法上其被告不是行政厅而是行政主体，将抗告诉讼在理论上定位为当事人诉讼的一种（如此，原本抗告诉讼这种一般概念的必要性自身也要受到怀疑），在这种构想之上重新构筑今后行政案件诉讼制度大致是可能的（作为立法论的所谓"纠正诉讼"提案是这种逻辑的目标。这里包括这一提案自身在内，不详细触及，暂且可参照、小早川光郎編・前掲『ジュリスト増刊 改正行政事件訴訟法研究』96頁以下）。不过这里的问题是，现行的法律本身能否将"抗告诉讼""当事人诉讼"如此整理解释呢？现行法至少明确地将几种诉讼类型置于"作为不服公权力行使之诉讼的抗告诉讼"范畴之下（《行诉法》第3

通过现行法承认的禁止处分之诉实现，就是不能允许的。[1]

45　　4. 另外，与上文不同，在修改法下正在提出的问题是，对于不能成为抗告诉讼对象的行为（例如行政立法、行政计划、行政指导等），能起诉请求确认其违法性吗？[2] 其中的一个问题是，某行为有无违法性是否为《行政案件诉讼法》第 4 条所说的"法律关系"，[3] 更为重要的是有无前述[4]确认利益的问题。例如，对于行政立法或行政计

条第 1 款），其中，"当事人诉讼"与"抗告诉讼"并列为"诉讼的种类（类型）"（《行诉法》第 2 条），至少从这里的用词来看，难以读出"抗告诉讼"与"当事人诉讼"之间存在重叠关系。如此，在《行政案件诉讼法》第 4 条"当事人诉讼"定义中所示的"其他关于公法上法律关系的诉讼"，从广义的关于公法上法律关系的诉讼（这是上述学者所说的"当事人诉讼"，也可换称作"理论意义上的当事人诉讼"）中排除"关于不服公权力行使的诉讼"后的诉讼（也可换称作"制定法上的当事人诉讼"），采用这样的解释框架是极为顺理成章的。不过这时出现的下一个问题是，"公权力的行使"以及对此"不服的诉讼"是指什么？如果其轮廓并不清楚（例如，"处分"概念的扩大、多样"无名抗告诉讼"的认可等），概念框架自身姑且不论，实质上两种诉讼的并立意义当然是逐渐稀薄化。对于在这种模糊的轮廓上或其周边登场的行政活动如何在法解释论上应对的问题另当别论，至少争议典型公权力行使之行政行为等的违法性，在现行法上已经属于抗告诉讼的"排他性管辖"（对该词的意义，中川丈久·前揭民商法雜誌 150 卷 2 号 190 頁）。另一方面，对于这种模糊轮廓上登场的现象，能根据具体案件的内容进行种种应对。例如，请求确认自身的某种法地位或身份的诉讼，是关于现在的法律关系的诉讼（公法上的当事人诉讼），同时（如果案件的情形是以没有这种法地位或身份为由作出不利处分存在迫切的危险）也实质上能成为不服（预防）公权力行使之诉（无名抗告诉讼）。但是，在这种案件中诉讼的实际问题基本上是诉的利益（这时是"确认利益"）存在与否的问题，而不是（某种意义上是观念性的）讨论是公法上当事人诉讼还是无名抗告诉讼（对此，也请参见第 41 页注 [2]）。另外，有学者指出，最高法院判例并不重视抗告诉讼和当事人诉讼的区别。中川丈久「行政訴訟の諸類型と相互関係——最高裁判例に見る抗告訴訟と当事者訴訟の関係」岡田正則ほか編『現代行政法講座第二巻（行政手続と行政救済）』（日本評論社、2015 年）71 頁、中川丈久·前揭行政法研究 9 号 32 頁。从上文来看，这是极为当然的。

〔1〕　请参见后述的最高法院判决。

〔2〕　参照、山下義朗「『行為の違法』確認の訴訟について」公法研究 71 号（2009年）227 頁。例如，盐野宏认为，一般认可这种诉讼的可能性。塩野宏·Ⅱ（第六版）279 頁。

〔3〕　对此详见、大貫·前揭阿部古稀 629 頁以下。

〔4〕　前出第 41 页注〔1〕。

划的违法确认，不能否定原则上没有诉的利益（争议的成熟性），但在解决该问题的案件中，是在过去讨论的延长线上通过扩大"处分性"来处理私人救济（如前所述，行政立法或行政计划在过去是有这种可能性的），还是引入新设想的"当事人诉讼"路径，结果是只能按照各个案件的内容（也包括两者并用的可能性），在种种考虑之后作出判断。[1]

三、民众诉讼

（一）主观诉讼与客观诉讼

所谓民众诉讼，是指"以选举人资格以及其他不涉及自己法律上利益的资格提起的请求纠正国家或公共团体机关不符合法规行为的诉讼"（《行诉法》第 5 条）。

1. 日本的行政案件诉讼法是旨在保障行政活动合法性的制度，但是，如后详述，[2]这原则上不是以客观性控制行政活动整体合法性为目的的，其当下的目的在于为合法利益受违法行政活动侵害者提供权利救济，只不过是个人的权利得到救济，在结果上也恢复了行政活动的合法性。因而，即使是违法的行政活动，如果在结果上没有合法利益受到直接具体损害的人，该行政活动原则上也不得成为行政案件诉讼的对象；在合法利益受到违法行政活动直接具体损害的人之外，原则上不能以行政案件诉讼对该行政活动进行争议。对此加以明确的是《行政案件诉讼法》第 9 条的规定。没有明确的规定，对于当事人诉讼也当然如此。一般将这种行政诉讼称为"主观诉讼"。[3]

----

〔1〕　例如，在医疗法案件最高法院判决中，行政指导行为成为问题，对其处理，我在该案件中基于最适当地解决纷争的法官立场采取了前者的办法。2004 年修法的中心人物盐野宏明显采取后者的立场。参照、塩野宏·Ⅱ（第六版）279 页。

〔2〕　参见后述第 66 页以下。

〔3〕　日本的行政案件诉讼之所以原则上是作为这一意义上的"主观诉讼"来设计，其原因之一在于传统的行政法理论是着眼于为遭受行政主体侵害的私人提供法的保护；现在的一个原因可以说是在这种前提下，行政诉讼制度以民事裁判制度的基本构造

47　　2. 但在另一方面，与多数民事案件不同，在行政案件中，通常一方当事人是行政主体或行政机关这种公益的代表者，因而，这里就留下一个问题，其活动是否违法，绝不能说与广大一般国民毫无关系，将其原则上与民事案件一样委诸直接的当事人之间进行争议，就一定合适吗？这一问题也与后述行政诉讼是否采取职权主义问题有关，进而作为诉讼类型、原告资格问题，与一般是否可以仅按照主观诉讼来构筑行政诉讼的问题一起呈现出来。在这一点上，日本的行政案件诉讼法以抗告诉讼和当事人诉讼等主观诉讼为原则，不过也仅针对特定的行政活动，例外地允许具有所谓"客观诉讼"性质的"民众诉讼"这种诉讼类型，它与保护每个人的个人性权利利益无关，而以保障行政活动客观合法性为直接目的。[1]

（二）提起民众诉讼的可能性

48　　1. 如此，照日本现行《行政案件诉讼法》的构造来看，民众诉讼

为基础构筑起来的。

如前所述（上卷第 61 页、前述第 5 页），在传统的"依法律行政原理"中，其前提在于确保行政的合法律性，同时服务于私人的保护。而在行政救济法领域，如正文所见，"私人的保护"要求从正面出现，它毋宁是朝着限定行政活动合法律性的司法审查可能性方向而发挥作用的。从私人的法保护角度来看，眼下最发达的裁判制度就是民事裁判制度。而民事裁判制度中的基本思想是，以私人自治原则为前提，国家权力之所以以裁判的方式出现在解决私人之间纷争的活动中，是因为它是终极性的，而且仅仅在它是最为有效适当的解决纷争方法时才予认可，而绝不是社会上存在的一切纷争、一切法律问题均诉诸裁判 [参照、三ケ月章『民事訴訟法（第三版）』（弘文堂、1992 年）1 页以下；新堂幸司・前揭『新民事訴訟法（第五版）』14 页以下]。这也变得是在实现限制行政活动合法性司法审查的功能。在这一意义上，行政诉讼原则上仅作为"主观诉讼"来构建，这可谓是传统"近代行政救济法原理"的内在界限。

对于"主观诉讼"与"客观诉讼"的用词，特别是以法国越权诉讼为例，以保障行政活动客观合法性为直接目的的诉讼，与允许谁提起这种诉讼的问题（原告资格）在理论上是不同的问题。对于正文那样的日本用词，也有批评 [例如参照、村上裕章『行政訴訟の基礎理論』（有斐閣、2007 年）102 页以下]。这种批评也是可能的，不过理论上的可能性与日本实定法是根据怎样的思考框架来构成的问题，必须大致区分思考。

〔1〕 作为客观诉讼的概括性研究，山岸敬子『客観訴訟の法理』（勁草書房、2004 年）、同『客観訴訟制度の存在理由』（信山社、2019 年）。

本来是极为例外的诉讼，因而，它就不能像抗告诉讼那样获得一般性承认，而是仅在个别性法律有特别规定时才能提起（《行诉法》第 42 条）。如后详述，现行法上能提起抗告诉讼者，限于"对请求撤销该处分或裁决具有法律上利益者"（《行诉法》第 9 条第 1 款）。对于民众诉讼，与这种要件无关，可由个别性法律特别规定者提起（《行诉法》第 42 条）。

2. 在日本现行法上得到认可的民众诉讼多种多样，其典型的例子有《公职选举法》规定的各种选举诉讼（选举无效诉讼——第 203 条、第 204 条，当选无效诉讼——第 207 条、第 208 条）、《地方自治法》规定的居民诉讼（该法第 242-2 条）、在直接请求的签名簿上签名效力之争的诉讼（该法第 74-2 条）等。[1]对于这些诉讼，各条规定了选民、公职的候补者、未当选者（选举诉讼的情形）、该普通地方公共团体的居民（居民诉讼的情形）等能提起诉讼。这些人不用说就是仅以恢复行政活动客观合法性为目的而起诉，而不是为了请求保护个人自己固有的法律上利益而起诉[2]（例如，也允许在该选举中弃权的选民提起选举无效诉讼）。

（三）民众诉讼的适用规定

民众诉讼具有上述性质，在具体的诉讼形式上采取的是要求撤销处分或裁决或者确认无效（例如参见《地方自治法》第 242-2 条第 1 款第 2 项）、要求行使与损害赔偿或不当得利相关的请求权（参见同条第 1 款第 4 项），以及其他种种形式。其中，对于上述第一类诉讼，《行政案件诉讼法》第 43 条规定，在不违反民众诉讼性质的限度内准用抗告诉讼的规定；对于其他的诉讼，部分准用当事人诉讼的规定。

另外，对于选举无效诉讼，《公职选举法》第 219 条第 1 款规定

49

---

〔1〕　在现行法上得到认可的这些诉讼中，作为行政活动合法性控制手段，今天发挥着极为重要功能的是居民诉讼。但在行政法总论的框架内，无法详述。对于该制度，有颇多的文献，我自身也有分析（藤田宙靖·組織法 250 頁以下）。

〔2〕　因而，从这一意义上来说，在民众诉讼的情形下，可以说本来没有必要将起诉资格限定为选民、该地方公共团体的居民等特定人士。不过，现行法从诉讼程序上让谁去争议某行政活动客观合法性最为合理的角度作出了这样的限缩。

了《行政案件诉讼法》第 43 条的例外，明确排除《行政案件诉讼法》第 31 条（情势判决）的适用。尽管如此，最高法院判决认为，[1]情势判决制度不仅仅用于撤销行政处分的情形，该制度也包含着应理解为依据一般法基本原则的要素，因而可以适用于选举无效诉讼，认定选举违法而非无效。这成为现在最高法院判例的基础。[2]

四、机关诉讼

（一）作为客观诉讼的机关诉讼

50　　所谓机关诉讼，是指"国家或公共团体机关相互之间关于是否存在权限以及其行使纷争的诉讼"（《行诉法》第 6 条）。

　　1. 传统行政法理论建立在二元思考之上，即"行政主体"与"私人"的对立，进而是行政的"内部关系"与"外部关系"的区分。关于行政机关相互之间权限的争议纯粹是行政的内部问题，而与私人的个别性权利保护无关。在这一意义上，这不是主观诉讼，而与民众诉讼一样，属于客观诉讼的一种，它以裁断行政活动是否客观上符合行政法规范为直接目的。[3]因而，它在日本的行政诉讼制度之下属于例外，在法律特别认可时，只有法律规定的人才能提起，这与民众诉讼的情形是一样的（《行诉法》第 42 条）。而关于机关诉讼准用抗告诉讼等相关规定，与民众诉讼的情形同样处理（《行诉法》第 43 条）。

　　2. 作为"关于是否存在权限的诉讼"，例如，《地方税法》第 8 条第 10 款规定，地方公共团体首长就地方公共团体之间的征税权归属等提起的诉讼；作为"关于权限行使的诉讼"，例如，《地方自治法》
51　第 176 条第 7 款规定，普通地方公共团体议会或首长就普通地方公共

---

〔1〕　最判 1976 年 4 月 14 日民集 30 卷 3 号 223 页。

〔2〕　包括对此的评论，详细分析选举无效判决效果，请参照、藤田宙靖·裁判と法律学 193 页以下。

〔3〕　当然，对于机关诉讼的法的性质，在与"法律上的争讼"性的关系上，展开了种种讨论，对此不予详述。例如可参照、西上治「機関争訟の『法律上の争訟』性：問題の抽出」行政法研究 6 号（2014 年）25 頁以下。

团体议会决议、选举等提起的诉讼，根据该法第 245-8 条等，国家大臣就都道府县知事的法定受托事务的管理、执行提起的诉讼，普通地方公共团体首长等就国家等的干预提起的诉讼（《地方自治法》第 251-5 条及第 251-6 条），都是其代表性的例子。

（二）行政主体和私人的相对化与机关诉讼

机关诉讼这种法律制度，以上述"行政主体"与"私人"、行政的"内部关系"与"外部关系"的二元思考为前提。然而，在现实中，该纷争所产生的法律关系是行政的内部关系还是外部关系，有时未必明确，也就是说，该纷争真的是行政主体内部的行政机关相互之间的争议，还是"行政主体"与"私人"之间的争议，常常出现未必明确的情形。特别是有的法主体具有不同于国家或地方公共团体的法的人格，其所实施的事业实质上能被认为是行政活动的一环，这种法主体（各种公共组合，还有存在过的公社、公团等特殊法人、独立行政法人等）作为一方当事人登场时，就是这种情形（虽是在法上具有相互独立人格的法主体之间的纷争，但有时实质上应作为行政主体的内部问题，理解为机关诉讼[1]）。

例如，在前述成田新干线诉讼中，[2]法院从第一审到最高法院都认为，"铁道建设公团在法的人格上不同于国家，但实质上是国家的下级机关"，因而将（旧）运输大臣对公团的工程实施计划的认可定性为行政的内部行为，不是抗告诉讼对象的"处分"。但对于这种观点，学说上也不是没有批判。

在这一点上值得关注的是，作为国民健康保险事业的事业主体，地方公共团体及国民健康保险组合能请求撤销都道府县国民健康保险审查会的裁决吗？最高法院曾对此问题作出过判断。[3]在该判决中，最高法院认为，市町村或国民健康保险组合作为国民健康保险事业的事业主体，具有"实施国家事务之国民健康保险事业、担当行政作用

52

[1]　对此参照、雄川一郎『行政争讼の理论』（有斐阁、1986 年）431 頁以下。
[2]　参见前述第 19 页。
[3]　最判 1974 年 5 月 30 日民集 28 卷 4 号 594 頁。

的行政主体地位""在保险人给付保险等相关处分的审查上，审查会与保险人之间是站在与一般上级行政厅和服从其指挥监督的下级行政厅同样的关系上……保险人就该裁决进行争议，在法上并未获得认可"。而本案的第一审和第二审判决认为，国民健康保险事业的事业主体具有处分者行政厅的地位，同时兼有国民健康保险事业的权利义务主体地位，在后者的地位中，可对审查会的裁决提起撤销诉讼。在这一案件中得出这种结论是否真的实质上妥当，这一问题另当别论，值得关注的是，在这些下级审判决中，即使一方面是承认具有行政主体性质的法主体，另一方面，有时也能认为是立于私人同样立场的主体。这种观点并不仅仅是在区分所谓公法关系与私法关系的问题维度上，而是围绕一个行政处分出现了多样的法的关系。"行政主体"与"私人"二元对立的思考样式相对化，真正反映着现代行政的复杂样态。最高法院上述判决对此仍在传统思考框架内予以处理的观点，今后仍能维持吗？这是今后应该关注的一个问题点。[1]

另外，对于（都道府县知事对）根据《土地改良法》市町村营土地改良项目的施行认可，最高法院至少在施行区域内的土地所有者等的关系上，承认它是抗告诉讼对象的"处分"。[2]包括这一判决的定位在内，对于行政主体相互之间法关系的性质，在日本现行法下具体可以如何思考，希望留待行政组织法领域探讨。[3]

第二款　诉的提起问题

第一项　诉讼要件

行政诉讼一般与通常的诉讼一样，要进入诉的实质审理，诉自身

〔1〕 对于现代行政与"行政主体和私人的二元对立"思考之间存在的问题，参照、藤田宙靖·組織法 21 頁以下、45 頁以下。
〔2〕 最判 1986 年 2 月 13 日民集 40 卷 1 号 1 頁。
〔3〕 姑且可参照、藤田宙靖·組織法 45 頁以下。另外，对于国家与地方公共团体相互之间的关系，参照、藤田宙靖·基礎理論下 58 頁以下、82 頁以下。作为法律上的规定，重要的是《地方自治法》第 250-7 条以下，特别是第 251-5 条以下。

不用说就必须具备所谓诉讼要件。对于诉讼要件，日本多适用民事诉讼法的原则，不过在行政诉讼中也有几个特有的诉讼要件，规定在以《行政案件诉讼法》为首的各个法律中。这些诉讼要件的特殊性首先是与抗告诉讼的特殊性相伴的，在法律上，以抗告诉讼特别是撤销诉讼为中心设置了这些规定，这些规定在必要限度内通常也准用于其他的诉讼类型。

第一目　撤销诉讼的诉讼要件

一、"处分性"的满足

（一）"处分"的概念

1. 要认可撤销诉讼为合法之诉，首先它必须是请求撤销《行政案件诉讼法》第 3 条第 2 款规定的"处分（广义）"［或第 3 款规定的"裁决（广义）"］。这就是通常所说的"处分性"问题。对于何为这里所说的"处分（广义）"，自《行政案件诉讼法》前身《行政案件诉讼特例法》的时代至今，一直有种种讨论。

昭和 30 年代制度成立之初，该法第 3 条第 2 款所说的"行政厅的处分（狭义）"基本上相当于理论上的"行政行为"概念。如前所述，最高法院也是基于这一前提维持着判例。[1]在本书此前所述传统行政法理论的基本思考框架中，抗告诉讼制度、撤销诉讼制度的目的在于保障依法律行政原理，保护私人的合法利益免遭行政主体的侵害。若如此理解，它就构成了一贯的理论体系。然而，此后特别是进入昭和 40 年代之后，学说和判例对此问题的前述观点提出了种种质疑，之后传统观点也屡屡被大幅度修正。也就是说，虽然在理论上不满足本来传统意义上的"处分"要件，但着眼于现实中存在着给国民权利利益造成重大影响的种种行政活动，要给国民提供实效性救济，就有必要广泛地承认对这种行为提起抗告诉讼、撤销诉讼，这在现行

54

----

〔1〕　前述第 18 页以下。

法上也是可能的。这样的观点也以种种形态发展起来。

2. 这种动向在最高法院的判例中作为个别意见也很早就登场
了。〔1〕特别是在 1966 年 2 月 23 日的判决中，入江俊郎、柏原语六在
反对意见中认为，像土地区划整理项目那样通过一连串过程实施的行
政活动，在形式上固执于传统的权利救济方式和抗告诉讼观，就无法
实现国民利益的充分救济，在现行法之下，为了能给国民实质的权利
保护，也应弹性地解释法令。这种观点以明确的形式主张出来，在当
时极为引人关注。这种观点并未被该判决多数意见采纳，但在之后的
下级审判例中，对于撤销诉讼对象的"处分"概念，出现了不少判决
是从国民的实效性权利保护角度进行弹性解释的。〔2〕

〔1〕 例如参见，关于海难审判厅的海难原因裁决，最判 1961 年 3 月 15 日民集 15
卷 3 号 467 页；关于土地区划整理项目计划的决定，最判 1966 年 2 月 23 日民集 20 卷 2
号 320 页。

〔2〕 例如，特别有名的案件有：（1）对于与土地区划整理项目计划一样由一连串
过程实施的项目计划行为，承认 1967 年修改前《土地征收法》中的项目认定是撤销诉
讼对象的行政处分，宇都宫地判 1969 年 4 月 9 日例集 20 卷 4 号 373 页；支持该判决的，
東京高判 1973 年 7 月 13 日例集 24 卷 6·7 号 533 页（日光太郎杉案）。（2）关于非权
力性意思表示行为，将补助金交付决定作为"形式性行政处分"，其实质是对赠与契约
要约的承诺或拒绝，应作为《行政案件诉讼法》第 3 条第 2 款所说的"处分"来处理，
釧路地判 1968 年 3 月 19 日例集 19 卷 3 号 408 页；支持该判决的，札幌高判 1969 年 4
月 17 日例集 20 卷 4 号 459 页（釧路市工场招商引资案）。（3）关于行政主体的内部行
为，承认针对内部通知的撤销诉讼，前述東京地判 1971 年 11 月 8 日例集 22 卷 11·12
号 1785 页（参见上卷第 328 页）。（4）关于公共设施的设置行为，承认针对整个人行
天桥设置程序的撤销诉讼，東京地判 1970 年 10 月 14 日例集 21 卷 10 号 1187 页（国立
天桥案）。

特别是上述第四个决定，不是将设置人行天桥的一系列过程分解为各个行为，作为
行政主体的内部行为和私法行为的复合体来思考，而将这一过程作为一体，理解为"相
当于行使公权力的行为"，对此打开了抗告诉讼和停止执行之路，这是"根据高度成
长、复杂化的现代社会实情，在贯彻法治主义的要求"。前述"行政过程论"立场（上
卷第 142 页以下）的学者极为重视这一决定（不过，这一观点在本案诉讼的控诉审判决
中被推翻，東京高判 1974 年 4 月 30 日例集 25 卷 4 号 336 页。在之后的下级审判例中也
未必得到采用。参照、名古屋地判 1977 年 9 月 28 日判时 20 卷 877 号 30 页）。

（二）"形式性行政处分"概念

1. 在此后的学说中，这种观点也得到颇多支持。[1]如此，有些 56
行为虽然不符合传统理论框架中的"处分"观念，但亦从国民利益的
实效性救济角度在法解释论上按照《行政案件诉讼法》第 3 条第 2 款
所说的"处分"对待。为了概括地表达这些行为，有时也使用"形式
性行政处分"的概念。[2]

传统意义上的行政行为（实体性行政处分）同样是撤销诉讼的对
象，它具有公定力，原则上只能通过撤销诉讼来争议其效力。而这一
意义上的"形式性行政处分""完全是从救济的必要性上被当作撤销
诉讼的对象"，[3]形式性行政处分不具有公定力、不可争力等，不服
从撤销诉讼的排他性管辖，也允许私人选择包括民事上临时处分的民
事诉讼来主张法益。[4]不过，在承认这种形式性行政处分论的立场
中，详细而言也有种种不同。例如，有的立场是，形式性行政处分原
本不具有行使公权力的实质，因而，即使成为撤销诉讼的对象，也不
适用对于"实体性行政处分"才有的行政案件诉讼法上的诸多制约
（撤销制度的排他性、起诉期限、临时处分的排除等）。例如，在提起
撤销诉讼的同时，也允许请求民事上的临时处分。还有的立场是，在
抗告诉讼与其他诉讼中可自由选择，但一旦选择了，就应当原原本本
地适用所选定诉讼形式的相关现行法法理。[5]

---

〔1〕　例如参照、原田尚彦『訴えの利益』（弘文堂、1973 年）136 頁以下、兼子
仁・前揭『行政争訴法』273 頁以下。

〔2〕　严格而言，这一意义上的"形式性行政处分"是属于《行政案件诉讼法》第
3 条第 2 款所说的"行政厅的处分（狭义）"、还是属于"其他相当于行使公权力的行
为"，未必清楚，在法解释论上也没有必须明确的必要。不过，传统行政法理论以行政行
为概念为中心，如果在理论上给其定位，"形式性行政处分"明显不是行政行为，因而，
它不是狭义的"行政厅的处分"，而是"其他相当于行使公权力的行为"的一个例子。

〔3〕　兼子仁・前揭『行政争訴法』273 頁。

〔4〕　兼子仁・前揭『行政争訴法』274 頁。

〔5〕　特别是以设置垃圾处理设施、火葬场等所谓"邻避设施"为开端，围绕着反
对各种公共事业的诉讼对这一问题展开讨论。这里对此无法详细探讨。暂可参照、塩野
宏「国土開発」山本草二他『未来社会と法』（筑摩書房、1976 年）180 頁以下。

57 　　2. 然而，这种"形式性行政处分"论作为法解释论还不能说已经完成。[1]应当关注的是，例如，对于"处分"概念的解释，最高法院还在坚持颇为顽固的态度，但近来也能看到极为柔性的态度。如前所述，最高法院判例从 1963 年以来，并没有抛弃基本理论框架的"历来的公式"，过去在 1979 年，最高法院第三小法庭虽然对国民是否有直接具体的法效果有怀疑，但将海关关长根据当时《关税定率法》第 21 条第 3 款所作出的通知判定为"观念的通知"，也是抗告诉讼对象的"处分"。[2]这一判断引起众多关注。经过四分之一世纪后，2005 年，两个小法庭（第二和第三小法庭）作出了划时代的判决。对于根据《医疗法》第 30-7 条作出的中止开设医院劝告、削减病床数量劝告，它们明确将其定性为行政指导，但仍属于《行政案件诉讼法》第 3 条第 2 款的"行政厅的处分及其他公权力的行使"。[3]其判决理由如下：

　　　　根据《医疗法》第 30-7 条作出中止开设医院劝告，《医疗法》上虽然将它作为行政指导来规定，期待被劝告者任意性服从，但是，在被劝告者不听从劝告时，相当确定的结果就是，即使开设了医院，也无法获得保险医疗机构的指定。如此，在采用了所谓国民全保险制度的日本，就几乎没有人不利用健康保险、国民健康保险等就在医院就诊，几乎没有医院未受到保险医疗机

─────────

〔1〕"形式性行政处分论"基本上只有与传统思考方法（历来的公式）中"处分"概念进行论战的意义，而它自身未必是已有明确而积极内容的概念。要在法解释论上确立形式性行政处分论，特别是必须首先要有更为明确的标准，去区分形式上是行政处分的行为与不是这种行为的行为。在这一点上，例如，兼子仁是这样定义"形式性行政处分"的："行政机关或准行政机关的行为没有行使公权力的实态，但为了一定的行政目的，在对国民个人的法益持续性地具有事实上的支配力时，相关国民希望作为抗告争讼对象的行为"（兼子仁·前揭『行政争訴法』279 頁）。但要成为在现实中能适用的"法解释理论"，仍要对诸如这里所说的"事实上的支配力"内容、形态、程度等有更为细致的理论说明。

〔2〕 最判 1979 年 12 月 25 日民集 33 卷 7 号 753 頁。

〔3〕 最判 2005 年 7 月 15 日民集 59 卷 6 号 1661 頁、最判 2005 年 10 月 25 日判時 1920 号 32 頁。

构指定就进行诊疗行为。这是众所周知的事实。因而，在无法获
得保险医疗机构的指定时，实际上只能放弃开设医院的想法。这
种根据《医疗法》第30-7条作出的中止开设医院劝告效果及于
保险医疗机构的指定，与医院经营中保险医疗机构指定所具有的
意义合并起来思考，这种劝告就相当于是《行政案件诉讼法》第
3条第2款的"行政厅的处分及其他公权力的行使"。

58

如上所示，该判决一定也是将行政机关所作行为没有法的拘束力
但事实上效果及于私人的影响当作问题，至少在这一点上，与前述过
去最高法院判例的观点有不同之处，至少在结果上不能否定承认前述
"形式性行政处分"的存在。

3. 不仅在上述行政指导领域，在计划行为的案件中，也能看到最
高法院判例在"处分"概念上明显柔性化。如前所述，[1]在争议土地
区划整理项目的项目计划决定违法性的1966年大法庭判决中，[2]最
高法院认为，土地区划整理项目的项目计划决定不同于针对个人的
具体处分，可谓仅为项目的蓝图而已，因而不认可它是"处分"。
该判例尽管此后在类似计划决定行为的几个案件中在实质上被理论
性修正，[3]但仍长期保持着最高法院判例的地位。然而，2008年，
最高法院大法庭十五名法官全体一致明文变更了"蓝图判决"，肯定
了土地区划整理项目计划决定的处分性。[4]其判决理由稍长，要约
如下：

59

　　土地区划整理项目计划决定一经公告，在法律上就课予了一定

---

〔1〕　前述第19页。

〔2〕　最判1966年2月23日民集20卷2号271页。所谓"蓝图判决"。

〔3〕　例如，参见（1）对于土地改良项目的施行认可，承认其为"处分"，最判
1986年2月13日民集40卷1号1页；（2）肯定都市再开发项目的项目计划决定"处
分"性，最判1992年11月26日民集46卷8号2658页。对于这些判决与1966年"蓝
图判决"之间的理论关系，暂可参照、藤田宙靖『最高裁回想録』83页以下。

〔4〕　最判2008年9月10日民集62卷8号2029页。

的限制,〔1〕在换地处分公告之日前，在施行区域内，对于有可能妨碍土地区划整理项目实施的实质变更土地形态、新建、改建或增建建筑物等，都必须获得都道府县知事的许可。而项目计划一经决定，根据其内容，因该土地区划整理项目的施行对施行区域内居住用地所有者等的权利有何种影响，在一定限度内是可能具体预测的。

如此，一旦决定了土地区划整理项目计划，只要没有特别情况，根据该项目计划的规定具体展开项目，在其后的程序上，当然就是对施行区域内的居住用地实施换地处分。为了防止发生有可能妨碍这种项目计划决定具体实施的事态，在实施前述建筑行为等的限制时就设定了要辅以法的强制力，而且在换地处分公告之日前，持续性地对施行区域内的居住用地所有者等课予这些限制。

如此，因项目计划的决定，施行区域内的居住用地所有者等就应根据伴有前述规制的土地区划整理项目程序接受换地处分，在这一意义上，应该说他们的法地位直接受到影响，而不能说项目计划决定所伴有的法效果只是一般抽象性的效果而已。

在接受换地处分阶段才以该处分为对象提起撤销诉讼，很有可能适用情势判决，很难说对居住用地所有者等的权利救济是充分的。

60

4. 上述近来的最高法院判例无疑均意识到，严格适用"历来的公式"不能实现实效性的国民权利救济，因而尝试着采取了某种对策。这时，最大的理论障碍明显就在于，在"历来的公式"之下决定性的要求是，"对各个国民有无直接具体的法效果"。〔2〕对于这一问题，与

---

〔1〕　在"蓝图判决"中，反对意见以其效果为理由之一，主张能肯定项目计划决定的处分性，但多数意见则加以反驳，认为其只是法律特别赋予的"附随效果"而已。

〔2〕　对此参照、藤田宙靖『最高裁回想録』88 頁以下。

另外，对于近来最高法院判例放宽承认处分性，其判断的特质在于"处分性判断中的柔软性和多样化"（与"历来的公式"相比），更具体地整理分析而言，（1）"法的地位"认定的多样化，（2）复数制度间的关联，（3）"法律根据"认定的柔软化，（4）（在与"直接的法效果"的关联中）发生效果前的期间（对此的宽松判断），（5）"实效性权利救济"或"解决纷争的合理性"，（6）救济路径的多样化。亘理格『行政行為と司法の統制——日仏比較法の視点から』（有斐閣、2018 年）176 頁以下。其中（1）~（4）与本

前面关于海关关长通知的 1979 年最高法院第三小法庭判决一样，如果是从过去的观点看，这只不过是"事实上的效果"，最高法院却将这种效果作为某种形式的"法的效果"来说明。不能否定的是，这在理论上是稍显苦心的解决。如果是为了解决问题，有可能认为，首先应当改变"历来的公式"，而不应作这种无理的解释。[1]但另一方面，2004 年法律修改未能以明确的形式重新建立"处分"概念，期待最高法院判例重构"处分"概念，这就是强迫做其他无理之事。如果站在以"连续性""渐进的变化"来实现判例成长这种法解释论的立场上，[2]基本上就没有理由与近来最高法院判例的发展唱反调。[3]

5. 从最高法院判例的上述发展来看，重新引人关注的问题是，起 61 诉期限限制等过去与"处分"当然相伴的法制和理论是否照样适用于前述"形式性行政处分"？[4]与过去提倡"形式性行政处分"概念的昭和 40—50 年代不同，此后通过《行政程序法》的制定等，"处分"所伴有的法效果进一步扩大（例如，设定处分基准、对不利处分提供辩明机会、要有听证等前置程序等），因而，这一问题在现在就更加重要了。当然，在回答这一问题时，可能有种种观点，如前述的适用

书正文所述"对各个国民有无直接具体的法效果"相关，（5）［（6）在其延长线上］（正如本书也指出的那样）未必在理论上与此直接相关，在最高法院的各关联判决中，（不管是否明确引以为例）为了推导出（1）~（4），发挥着辅助机动力的功能。

〔1〕　参照、高木光·前揭自治实务セミナー 2007 年 12 月号 7 頁。

〔2〕　参见后述第 196 页。

〔3〕　当然，对于为什么、在何种意义上能够既根据"历来的公式"的基本框架，又"渐进"地变革其适用状态，必须尝试作出理论说明。我自身的这种尝试，请参见我在上述 2005 年第三小法庭判决和 2008 年大法庭判决中的补充意见。另外，有学者指出，从上述最高法院判例的发展来看，过去学说和判例上撤销诉讼的对象行为是什么，明显不透明、不安定，其新提示的图式是"撤销诉讼的对象行为＝处分＋准处分的行使公权力的命令＋行使公权力的事实行为＝判例的定式"，基于此作出重新理论整理、颇堪玩味的论文是仲野武志「公権力の行使と抗告訴訟の対象（一）~（三·完）」自治研究 95 卷 7 号 59 頁以下、8 号 50 頁以下、9 号 74 頁以下（2019 年）。

〔4〕　对此，例如参见前述 2005 年第三小法庭判决中我的补充意见，以及 2008 年大法庭判决中近藤崇晴的补充意见。

62　否定说、肯定说、折衷说等。[1]无论采纳哪一种观点，该行为真的能说是"（形式性）处分"吗？因其适用而形成"联动的制度效果"，[2]其内容为何、范围如何？等等这些并不明确。因而，为了不给寻求救济的私人带来不测的不利、不在法适用的实务中徒增混乱，关键就要有制度和理论上的充分准备。[3]

二、不服申诉前置

（一）自由选择主义的采用

《行政案件诉讼法》第8条第1款规定，"根据法令规定可对处分
63　提出审查请求，也不妨碍对该处分直接提起撤销之诉。但是，法律规定非经对该处分的审查请求作出裁决就不得对该处分提起撤销之诉时，不在此限"。这是1962年制定的《行政案件诉讼法》给日本行政诉讼制度带来的最大变革之一。

在《行政案件诉讼特例法》之下，原则上采用所谓"诉愿前置主义"，在能提起狭义行政争讼的异议、诉愿时，未经这一程序，即不得提起处分的撤销诉讼。而且，根据以《诉愿法》为首的当时诸多法令，这些异议、诉愿只有60日、30日的诉愿期限，比撤销诉讼起诉

---

〔1〕 例如，对于撤销诉讼的排他性管辖、起诉期限，明确表达否定说，亘理格「行诉法と裁判实务」ジュリスト1310号9页；阿部泰隆・解釈学Ⅱ114页。对作为"附着于处分的程序性结构、程序性效果"一并适用加以肯定，桥本博之『行政判例と仕組み解釈』（弘文堂、2009年）89页以下。认为有事前行政程序保障者，山本隆司『判例から探究する行政法』（有斐閣、2012年）380页以下。今后法解释论在认定"处分性"上的应有状态，盐野宏认为，（处分性的认定）"以定型的行政处分和定型的实力行使为核心，周边部分在能利用禁止诉讼、确认诉讼等救济方法时加以利用，不能利用这些方法时，即使在与该案件的关系上打开撤销诉讼的大门，也无法产生与处分联动的制度效果"。塩野宏・Ⅱ（第六版）120页。

〔2〕 塩野宏・Ⅱ（第六版）120页。

〔3〕 另外，在维持"处分"概念大框架的"历来的公式"现状之下，最高法院判例在寻找一条道路，使与这一公式的实质脱离距离最小化。这（特别是在裁判实务上）也是一个考虑因素。

期限也短很多。耽误了诉愿期限，就无法提起诉愿，结果也就不能提起撤销诉讼。这样的情况在现实中有很多（这也招致确认无效诉讼的频发）。

支持诉愿前置主义的积极理由是，在争议行政处分的效果时，在向法院起诉之前给行政厅一次反省的机会，只剩下那种无论如何都必须借法院之力的案件才作为诉讼问题来处理，经过一次过滤是合理的。如果能期待行政厅自己反省，仅在行政厅阶段解决案件，对私人而言，就比起诉更为迅速、费用低廉，可获得简便的救济，而且能藉此减轻法院的过重负担，可期待一石二鸟的效果。如此，在提起撤销诉讼前将狭义行政争讼（行政上不服申诉）前置，如果保障运用适当，这本身绝不是行政救济制度上不合理的制度。但是，同时也有另一个侧面，如果这种保障不是必定存在，就有可能明显限制国民权利救济的实效性。如果站在充实国民权利救济的角度，如何调整不服申诉前置制度的上述二律背反的侧面，如何激活制度的功能，当然还是委诸寻求救济的本人选择才是最合理的。在 1962 年制定法律时，正是基于这种考虑，现行《行政案件诉讼法》第 8 条第 1 款的正文废止了过去行政上不服申诉的强制性前置主义，采取何种救济途径，交由私人自由选择（采用了所谓"自由选择主义"）。

（二）例外性的不服申诉前置

然而，如果只重视寻求救济的私人利益，问题是能藉此解决的。但现实中可能产生一种观点，既然设置了不服申诉前置制度，就必须作为直接提起撤销诉讼的前提来理解，即使考虑减轻法院的负担，有时也必定要通过行政厅自身再审查的过滤才可以实现。在现行《行政案件诉讼法》上，第 8 条第 1 款但书特别设计了不服申诉的强制性前置，仅被认为是更为合理的情形，才例外地以个别立法保留这种制度。

在现行法实质起草时，作为尔后立法方针的商定事项，当时的法制审议会行政诉讼分会表明，应承认例外的不服申诉强制性前置仅限于以下三种情形：第一，大量进行的行政处分，有必要通过审查请求实现行政的统一（参见《国税通则法》第 115 条、《地方税法》第 19-12 条等）；第二，专门技术性的处分（参见《关于核原料物质、核燃

64

料物质及核反应堆规制的法律》第 70 条第 1 款等）；第三，由第三方机关对审查请求作出裁决（参见《劳动者灾害补偿保险法》第 40 条、《国家公务员法》第 92-2 条等）。但是，从之后的现实来看，例外的立法不属于上述三种情形者越来越多，结果不服申诉前置作为撤销诉讼的诉讼要件就具有极为重要的意义。在 2014 年修改《行政不服审查法》之际，试图对此作出大的改革。2011 年，内阁府行政刷新会议行政救济制度研讨组以较过去三点更严格的方针限缩应该承认不服申诉前置的情形，总结出这种方针并予以公布。该方针成为《行政不服审查法整备法》（2014 年）的基础。采用的方针是仅在以下情形中承认不服申诉前置：第一，大量提起不服申诉，不服申诉前置可对减轻法院负担发挥重要作用（参见《国税通则法》第 115 条第 1 款、《国民年金法》第 101-2 条、《劳动者灾害补偿保险法》第 40 条等）；第二，对于高度专业技术性事项，由第三方机关审理，废止不服申诉前置将给法院带来莫大负担（《关于公害健康损害补偿等的法律》第 108 条）；第三，代替第一审裁判（《电波法》第 96-2 条、《专利法》第 178 条第 6 款等）。结果，在当时规定不服申诉前置的 96 部法律中，68 部法律废止或缩减了不服申诉前置（其中，与从前一样完全存置不服申诉前置的法律仅有《国家公务员法》《生活保护法》《电波法》等极少数法律）。特别引起关注的是其中规定双重前置（修法前的异议申诉、审查请求）的法律不复存在。

另外，对于这种以个别法规定不服申诉强制性前置的情形，《行政案件诉讼法》第 8 条第 2 款规定，根据情况承认强制性前置的例外。[1]

（三）其他抗告诉讼的情形

关于不服申诉前置的《行政案件诉讼法》第 8 条规定准用于不作为违法确认诉讼（《行诉法》第 38 条第 4 款），但并不准用于其他抗

---

[1] 特别是该款第 3 项设置了概括条款（存在其他不经裁决的正当理由——译者注）。另外，对于该款第 1 项的"审查请求"的意义，参照、最判 1995 年 7 月 6 日民集 49 卷 7 号 1833 頁。

告诉讼（《行诉法》第38条第1~3款中没有准用）。对于确认无效诉讼，其依据的观点是，延续2004年修法前的做法，无论是谁在任何时候均可主张行政处分的"无效"，不应服从不服申诉前置的制约。如果依据这种观点，例如，撤销诉讼，即使是（根据个别法例外地）采用不服申诉前置的情形，如果是确认无效诉讼就能提起。另一方面，课予义务诉讼和禁止诉讼的情形，根据现行《行政不服审查法》规定的不服申诉仅为"对处分的不服申诉"和"对依申请处分的不作为的不服申诉"，并未设想直接型课予义务诉讼或禁止诉讼对应的不服申诉。不过，从理论上说，个别法也不是不可能将这种不服申诉法定化，这时，根据现行法的上述规定，就不采取自由选择主义（变成了不服申诉前置）。对于课予义务或禁止，修法之前，原本就对诉本身的容许性有争议，在承认了这种诉的同时承认不服申诉前置，在法政策上也可以说是有其理由的。

66

三、诉的利益——"法律上的利益"

（一）原告资格

1. 如前所述，[1]在日本现行法制下，如果存在违法的行政处分，并不是谁都可以对其提起抗告诉讼，具有对某行政处分能提起抗告诉讼的法的资格（原告资格）者由法律加以限定。根据《行政案件诉讼法》第9条第1款，只有对要求撤销该处分或裁决具有"法律上的利益"者才能提起。这意味着日本的抗告诉讼制度不是以维持行政活动整体上客观合法性为直接目的的客观诉讼，当前是以给因违法行政活动遭受权利侵害的受害人提供具体救济为目的的所谓主观诉讼。[2]

67

2. 然而，具体什么是这里所说的"法律上的利益"？过去在学说和判例上有种种探讨。

首先是法律上的利益，那么毫无疑问的是，对于处分的撤销，仅

---

〔1〕　前述第46页。
〔2〕　对此，请再次参见前述第46页以下。

仅事实上、经济上的利益是不够的。这时的法律上利益，就不限于诸
如民法上被称作"权利"的特定利益（所有权、抵押权、质权、租赁
权等），而是更广泛的概念。对此，一般也没有争议。传统的判例和
学说很早就确立了一种观点，这种利益必须是"法保护的利益"，而
不仅仅是"作为客观法规范反射的利益（反射性利益）"。

也就是说，根据这种观点（被称为"法保护的利益说"或"法律
上保护的利益说"），首先，在规定行政处分的内容、程序等的法规
定中，旨在保护一定的私人利益的规定，与旨在保护一般公益的规定
是有区别的。以此为前提，行政处分违反了前者，也就侵害了私人受
法保护的利益；行政处分违反了后者，诚然是违法的行政处分，但因
此而受到侵害的只不过是一般公益而已，即使因存在这种法的规定而
让私人实际上获得利益，它也只不过是所谓"反射性利益"。[1]只要
有这种意义上的"法保护的利益"，就未必只有处分的直接相对方具
有原告资格（第三人也有）。

3. 另外，在理论上准确地说，这时的问题是，"在法上受保护"
时的"法"，是仅限于上述意义上直接规定该处分要件的法规范（以
下在本节中简称为"根据规范"），还是也包括其他的法规范（例如
宪法的基本权利规定等）？假如承认后者，处分的根据规范自身未必
是保护特定私人（特别是第三人）利益的情形时，该处分结果产生侵
害某种基本人权（侵害身体、财产）的事态时，该人作为自己"在法
上受保护的利益"受到侵害者，也有起诉的"法律上的利益"。但是，
过去大多数的学说和判例并不承认，而是将"法保护的利益"仅仅理

---

〔1〕 常常被举出的典型展示这种观点的早期判例是关于不服申诉利益的所谓"主
妇联合会果汁不当标识案判决"，该判决认为，一般消费者因《不当赠品类及不当标识
防止法》的规定而受到的利益只不过是作为公益保护的结果而产生的反射性利益。最判
1978 年 3 月 14 日民集 32 卷 2 号 211 頁。其他例如参见，根据《文化财产保护法》将某
土地指定为特别名胜，当地居民对旅馆营业等具有的利益只不过是上述指定行为所产生
的反射性利益而已。東京地判 1955 年 10 月 14 日例集 6 卷 10 号 2370 頁。某市民利用市
道的利益，只不过是一种反射性利益，它是市道开放给一般公众使用的结果。岐阜地判
1955 年 12 月 12 日例集 6 卷 12 号 2909 頁等。

解为处分的根据规范所保护的利益［借用近来德国行政法学上的用词，通常将这种观点称作"保护规范说"（Schutznormtheorie）。以下称此为"保护规范说"或"根据规范说"］。

4. 依据上述观点，某利益是"法保护的利益"还是"反射性利益"，其判断结果就取决于法解释，看规定行政处分要件的各自规定目的如何。然而，与社会状态、经济状态的变动相伴，这种法解释自身也常常有变动。特别是在利益状况复杂化的现代社会中，对于某法规定的保护目的是什么，有不少情况是难以一义性判定的。在这种情况下，在判例上，有时有的利益之前仅仅解释为反射性利益，而后来又解释为法保护的利益。

在这一意义上，特别受到关注的是有关公众浴场距离限制规定的1962 年最高法院判决。〔1〕在该案中，违反根据《公众浴场法》第 2 条及其条例规定的公众浴场设置基准（浴场之间的距离限制）赋予了新设公众浴场许可，既有公众浴场业者因新公众浴场的出现而在营业利益上遭受很大影响，他们请求确认该许可无效。最高法院曾在争议距离限制的合宪性案件中明确作出解释，该距离限制的目的是确保"国民保健及环境卫生"这种公共福祉。〔2〕尽管如此，在 1962 年的这一判决中，多数意见认为，距离限制同时有意保护浴场业者不因滥设浴场而导致不合理经营，"业者的营业利益应通过许可制度的适当运用而得到保护，这不是仅仅为事实上的反射性利益，而是受《公众浴场法》保护的法的利益"，承认了既有业者对上述之诉具有原告资格。〔3〕

对于某行政法规范要保护什么样的利益，可能有不同的解释。其代表性的例子还可举出有关确认违法建筑的邻近居民的利益问题。从

〔1〕　最判 1962 年 1 月 19 日民集 16 卷 1 号 57 页。

〔2〕　最判 1955 年 1 月 26 日民集 9 卷 1 号 89 页。

〔3〕　该判决中也有反对意见，学说上也不是没有人反对。但多数行政法学者积极评价这一判决，认为其扩大了国民权利救济的可能性。参照、田中二郎・上 320 页、今村成和・入门 241 页（今村成和＝畠山武道・入门 236 頁）、原田尚彦・前揭『訴えの利益』8 頁等。

传统行政法学的建筑警察观点来看，建筑基准法上的规定都是为了人身安全、环境保全的警察目的而对建筑主施加的限制，是从公共福祉的角度作出的规定，其目的并不在于特地具体保护邻近居民等，因而，即使确认了违法建筑，因该建筑遭受不利的邻近居民也没有能诉请撤销的"法律上的利益"。实际上，行政主体一方过去屡屡主张这种观点。但是，另一方面，鉴于在现代都市生活中，违法建筑物对邻近居民影响重大，认为该解释并不妥当的观点也能成立。在日本，裁判例毋宁在二战后较早时就站在后者的立场上，一直承认邻近居民对违法建筑许可、建筑确认提起抗告诉讼。[1]

5. 在这种状况下，此后的学说中有一部分人强烈地主张，不应将《行政案件诉讼法》第9条所说的"法律上的利益"解释为实体法上的利益——"通过法律来保护的利益"，而是一种可谓诉讼法上的利益——"值得法保护的利益"。[2]也就是说，即使还不明确利益是否受实体法保护，只要是国民主张行政违法，就有必要将其宽泛地作为合法的诉讼来处理。这种观点不久就在下级审判例中常常得到采用（特别是多在地方居民诉请撤销工场建设等行政行为的案件中，该行政行为允许建设，在结果上就有破坏环境之虞——例如公有水面填埋许可）。

但是，对于这种观点，当然也有人提出了种种质疑。

---

〔1〕 例如参照、東京地判 1952 年 6 月 25 日例集 3 卷 5 号 1078 頁；佐賀地判 1957 年 4 月 4 日例集 8 卷 4 号 729 頁；横浜地判 1965 年 8 月 16 日例集 16 卷 8 号 1451 頁；等等。顺便提及，对于建筑审查会对核反应堆建筑的建筑确认的裁决，东京高等法院判决承认"附近居民"可以起诉（東京高判 1962 年 9 月 27 日例集 23 卷 8·9 号 729 頁）。但也有判例不承认"由附近居民等组成的团体"有原告资格。参照、東京地判 1973 年 11 月 6 日例集 24 卷 11·12 号 1191 頁。

〔2〕 参照、原田尚彦·前揭『訴えの利益』7 頁；兼子仁·前揭『行政争訴法』302 頁等。这种观点一般称为"值得法保护的利益说"。

另外，"值得法保护的利益"这一关键词作为法律学上的概念稍稍欠缺明了性。对此，有见解认为，如果站在与正文所引见解基本相同的立场上，"所谓《行政案件诉讼法》第9条所说的法律上的利益，既然是关乎诉讼要件上有无原告资格的问题，那么具有能让继续诉讼行为变得有意义的程序上的利益，就是充分的。原告的利益是否在法上受到保护，这种实体法上的问题在本案审理中追问就够了"。参照、山村恒年『行政過程と行政訴訟』（信山社、1995 年）164 頁以下。

第一，问题在于，即使承认这种诉讼法上的利益、允许起诉，如果实体法上不保护该利益，结果还是败诉，承认这种诉也没有意义。特别是与《行政案件诉讼法》第9条第1款不同，第10条第1款规定在本案审理中不能以与自己法律上利益无关的违法为理由请求撤销，[1]因而，就会产生一个疑问：如果主张行政行为所违反的行政法规范只是在保护一般公益，个人所得到的利益只是反射性利益，结果不也是不允许主张违法吗？对此，"值得法保护的利益说"一方面主张在实体法层面的法解释论上应当扩大国民的权利保护，[2]同时在另一方面认为，与实体法的结果不同，承认可提起抗告诉讼自身具有独立的意义。该观点富有启发意义，受到关注。如前所述，这些学者还认为，将抗告诉讼作为一种手段来理解，让其反映因实施行政活动、公共事业而受到重大影响的地方居民的声音，也就是说不仅仅把抗告诉讼当作事后的权利救济制度，还可以将其定位于国民参与行政过程的手段来运用。[3]实际上，在地方居民以某种行政处分的撤销诉讼方式对行政上的项目、公共事业等进行争议的案件中（例如，除了前述的成田新干线诉讼、国立人行天桥案诉讼等，还有核反应堆设置许可撤销诉讼，为建设火力发电厂、石油储备基地而准许填埋公有水面的撤销诉讼等），也可以说抗告诉讼有作为这种手段加以利用的一面。但是，在制定《行政案件诉讼法》时，日本的抗告诉讼并没有

71

---

〔1〕《行政案件诉讼法》第10条第1款的规定源自与第9条规定相通的观点，但一般认为，它是关于本案审理时限制主张的规定，不同于第9条原告资格的诉讼要件问题。例如，对于《国税征收法》规定的拍卖处分，滞纳者对请求撤销有法律上的利益，自然具有原告资格，但在本案审理时，滞纳者主张没有将拍卖通知自己自不必说，以没有通知其他权利人（参见该法第96条第1款第1项、第2项）为理由主张拍卖处分违法，就不为《行政案件诉讼法》第10条第1款所允许。对于这一制度，将在后文"诉的审理"（本节第三款）部分再行探讨。

〔2〕例如，主张应在制度解释论上实现环境权、健康权、都市居民权等新权利（兼子仁），或者尝试着狭义解释《行政案件诉讼法》第10条第1款所说的"与自己法律上利益无关的违法"（原田尚彦）。

〔3〕参见上卷第159~160页等。另参照、广岛地判1973年1月17日例集24卷1·2号1页。

这种构想，这也是事实。在法解释论上将重点置于何处来理解这种罅隙，与学者们的法解释方法论如何相关，这未必是容易给出答案的问题。

第二，对于"值得法保护的利益说"，有批评认为，该说最终是意图让撤销诉讼、抗告诉讼作为民众诉讼来发挥功能，与日本现行《行政案件诉讼法》的旨趣并不相容，该法是将行政诉讼原则上作为主观诉讼来构筑的。实际上如果广泛适用该学说，不可否定的结果就是，抗告诉讼就带有了类似客观诉讼的色彩。但是，该学说的主张者辩解指出，即使是法律在实体法上并不积极保护的利益，这里成为问题的利益也是原告个人的具体利益，这一点并无改变。通过诉讼保护这种利益是目的所在，因而，仍与民众诉讼画出一条界线。虽然在理论上可以这么说，但问题仍然是，从诉讼的实质来看真的能这么说吗？

第三，与此相关联，有批评认为，对是否"值得法保护"的判断是极为主观的，其范围并不明确，给法概念赋予这种不明确的内容，在解释论上是不适当的。的确，"值得法保护的利益"有可能随心所欲地扩张，在法解释论上，既然主张这种观点，那就要像前述形式性行政处分论一样，[1]明确地设定界限。它当然要受到这样的批评。不过，如前所述，在这一点上不可忽视的是，即使采纳传统上的"法（法律）保护的利益说"，什么是法律所保护的利益，也很难说就始终一定是明确的，其解释可能因社会、经济的转变而变化。然而在另一方面，正因为如此，即使同样是基于尊重权利救济充实化的要求，也未必是一跃成为"值得法保护的利益"这种不明确的概念。沿用传统"法保护的利益"的理论框架（保护规范说），同时根据社会经济实态，在各个法的领域，将某些利益重新解释作为"法保护的利益"，逐一积累起来，这种走向在法解释上是更为坚实而妥当的。[2]最高法

---

〔1〕 参见前述第 415 页。
〔2〕 参照、雄川一郎「訴えの利益と民衆訴訟の問題」同·前揭『行政争訟の理論』287 頁以下。

院判例之后正是按照这一方向发展起来的。

6. 至少在原则上，最高法院在今天仍然明确持“法保护的利益说”或“保护规范说”。但其中的问题是，通过什么来判断在法上“受保护”的利益？如下所述，近来正在实质上大幅度接近于“值得法保护的利益说”。

过去在 1982 年，农林水产大臣解除保安林指定处分，主张因解除保安林而遭受生活上不利的居民请求撤销该处分。最高法院在该案中，[1] 根据过去的“法保护的利益说”，同时认为，“即使是属于不特定多数个人的利益，特定法律的规定并未将这些利益吸收消解于一般公益之中，而是作为各个人的利益加以保护时，就属于《行政案件诉讼法》第 9 条所说的‘法律上的利益’”，在采伐保安林缓和洪水、预防干旱中直接受到影响，居住在一定范围内的居民，具有原告资格。在该案的情形中，《森林法》规定，对解除保安林指定处分“有直接利害关系者”有异议时，可提出意见书，参加公开的听证程序（该法第 29 条、第 30 条、第 32 条）。这成为判断是否“也作为个人利益加以保护”的抓手。后来在 1989 年 2 月所谓“新潟机场诉讼案判决”中，[2] 最高法院引出上述“长沼奈克基地案判决”，进而明确认为，“该行政法规范是否包含将不特定多数人的具体利益作为属于各个人的个别性利益来保护的目的，取决于在由该行政法规范以及具有共通目的的相关法规的相关规定形成的法体系中，能否将该处分的根据规定定位于应当通过该处分保护上述各个人个别性利益的规定”。如此，各个人的利益是否在法上受到保护，并不拘泥于各个行政法规范如何明文规定，[3] 还要从整个“法体系”来判断。毫无疑问，这

[1]　最判 1982 年 9 月 9 日民集 36 卷 9 号 1679 页。所谓“长沼奈克基地案判决”。

[2]　最判 1989 年 2 月 17 日民集 43 卷 2 号 56 页。

[3]　顺便提及，最高法院在此间的所谓“伊达火力案诉讼判决”中（最判 1985 年 12 月 17 日判時 1179 号 56 页）已经显示出其观点：所谓行政法规范课予行使行政权以保护个人权利利益为目的的制约，“包含即使没有直接明文的规定，但能从法律的合理解释当然推导出的制约”。

在很大程度上有对"是否应当赋予法的保护"的实质判断产生影响的余地。[1]

在 1992 年的"快中子增殖反应堆文殊案第一判决"中，[2]最高法院明确说，承认原告资格不限于因被请求撤销的处分"侵害""法律上保护的利益"者，还包括"有必然受到侵害之虞者"，"行政法规范是否包含将不特定多数人的具体利益当作属于各个人个别利益来保护的目的"，"在判断时应当考虑该行政法规范的旨趣目的，以及该行政法规范通过该处分所要保护的利益的内容、性质等"。当时的《关于核原料物质、核燃料物质及核反应堆规制的法律》第 23 条、第 24 条等规定将核反应堆安全性的种种要求规定为核反应堆设置许可的要件。在这一前提下，判决将该规定理解为也保护周边居民个别性利益的规范，肯定了与系争核反应堆距离约 29 公里至 58 公里范围内的居民具有原告资格。[3]

7. 如此，最高法院判例近来通过种种解释论上的操作，颇为广泛

〔1〕 作为颁发定期航空运输业执照的要件之一，《航空法》（1999 年修改前）规定了"经营和航空安保上适当者"的要件（该法第 101 条第 1 款第 3 项）。实际上，该判决在正文所述的前提下，以《航空法》第 1 条规定的目的以及其制定经过等为线索，设想存在着"从防止飞机噪音妨害角度对定期航空运输业进行规制的法体系"，以此为根据，认为《航空法》的该规定"并不仅限于将机场周边的环境利益作为一般公益来保护，还包含着应当将机场周边居民不受飞机噪音明显妨害之利益作为他们各个人的个别性利益来保护的目的"，在结论上承认"因系争执照飞行路线的飞机噪音而在社会观念上受到明显妨害者"具有提起该执照撤销诉讼的原告资格。但是，如果仅这样来看待《航空法》上"航空安保上适当者"的要件，在通常的解释中，将飞机航行自身是否没有危险性作为问题，而很难首先理解为连有无噪音妨害都包含在内。其中，有部分评价认为，该判决为了承认苦于飞机起降噪音妨害的周边居民有撤销诉讼的原告资格，可以说最高法院演了一场法解释的杂技，它实质上等于采用了"值得法保护的利益说"。

〔2〕 最判 1992 年 9 月 22 日民集 46 卷 6 号 571 页。

〔3〕 另外，同年 10 月继续作出的两个核反应堆设置许可处分撤销诉讼判决——所谓"伊方核电诉讼判决"和"福岛第二核电诉讼判决"，起诉的周边居民有无原告资格已经不成为问题。参照、最判 1992 年 10 月 29 日民集 46 卷 7 号 1174 页，最判 1992 年 10 月 29 日判时 1441 号 50 页。

地承认法所保护的个人利益范围,[1]但是, 并未舍弃区分 "因保护公益的反射性利益" 与 "法保护的个人利益" 的理论框架, 亦即所谓 "法保护的利益说" 的立场。最高法院在积累着上述判决的同时, 也在很多案件中以法的相应规定仅在保护一般公益为由, 否定了原告资格, 诸如, 依据旧《地方铁道法》第 21 条对地方铁道业者修改特急车的票价作出认可处分, 铁道利用者请求撤销该处分的原告资格,[2]依据《静冈县文化财产保护条例》第 30 条解除古迹的指定, 学术研究者请求撤销该解除处分的原告资格,[3]依据风俗营业规制法施行令对都道府县条例规定的风俗营业限制地区内的风俗营业作出许可, 该地区的居民请求撤销该许可处分的原告资格等。[4]根据最高法院判例的这种动向, 对此问题应采取何种路径, 以下想阐述一下本书的看法。[5]

76

　　撤销诉讼的原告资格问题应该说是今天行政法学的话题, 之所以成为重要且严重的问题, 不用说就是因为有一类案件越来越多地涌现, 即行政处分尽管对该处分相对人以外的人 (第三人) 产生极大 (至少是事实上的) 影响, 但例如在建筑确认、核反应堆设置许可等的 "许可" 处分所典型看到的那样, 从理论上说该处分自身对第三人

---

　　〔1〕 作为最近值得关注的判决, 诸如针对《建筑基准法》规定的所谓综合设计许可, 承认周边居民提起撤销诉讼的原告资格。最判 2002 年 1 月 22 日民集 56 卷 1 号 46 页。近来, 在一起案件中, 有企业依据《废弃物处理法》第 7 条申请了一定区域的一般废弃物处理业许可, 要求撤销以该区域为对象给其他人作出的一般废弃物处理业许可。原审法院驳回起诉, 但最高法院作出不同判断, 撤销了原审判决。最高法院认为, 既然《废弃物处理法》 "设计了根据供需状况调整的规制机制", 系争许可制度就 "包含着应将在该项目上的营业利益也作为各个既有许可企业的个别利益予以保护的旨趣"。最判 2014 年 1 月 28 日民集 68 卷 1 号 49 页。认可周边居民等对于产业废弃物等处分业许可处分的原告资格, 最判 2014 年 7 月 29 日判时 2246 号 10 页, 等等。

　　〔2〕 最判 1989 年 4 月 13 日判时 1313 号 121 页 (所谓 "近铁特急票价诉讼判决")。

　　〔3〕 最判 1989 年 6 月 20 日判时 1334 号 201 页 (所谓 "伊场遗迹诉讼判决")。

　　〔4〕 最判 1998 年 12 月 17 日民集 52 卷 9 号 1821 页。

　　〔5〕 对于以下所述的详细内容, 另请参照、藤田宙靖「行政许可と第三者の『法律上保護された利益』」塩野宏古稀下 255 页以下 (基礎理論上 285 页以下)。

的权利利益在法上并无直接的规范。[1]这时在理论上，第三人本来不具有"通过撤销该处分而恢复的法的利益"，但尽管如此，还要承认这些人的原告资格，问题就变得困难起来，这一定是有其基本原因的。

然而，在这一点上，根据最高法院判例等采用的"法律上保护的利益说（保护规范说或根据规范说）"，若处分的根据规范含有保护这些第三人利益的意图，就承认第三人有"应该通过撤销处分而恢复的法的利益"。但是，对于在理论上究竟什么是这里设想的第三人法的利益（或者法的立场），在过去最高法院判例和学说中未必能说一义性地得到明确。[2]如果重新探讨理论上的可能观点，这种第三人的法的利益（立场），大致有以下三种可能性：

第一，在这种案件中，因该（许可）处分，第三人产生了忍受处分相对人根据该处分进行行动的（民事法上的）义务。在这一前提下，第三人对通过撤销（许可）处分解除这种忍受义务就具有法的利益。

第二，在这种案件中，行政厅根据该根据规范，对第三人负有保护义务（风险回避义务），使其利益不因该（许可）处分相对人依据处分所作的行动而曝于一定危险之下（第三人根据该根据规范而享有请求保护、免于被曝于这种危险之下的权利）。如果违法作出处分，

---

〔1〕 对此，参见上卷第98页以下。

〔2〕 例如，该处分只是学术上的"许可"（参见上卷第208页），即使该处分的根据规范明文要求应当考虑第三人的利益，它也只不过是作出处分时的一个要件而已，处分自身对第三人并不当然具有法的拘束力。另外，对此，过去尝试着将第三人法的利益作为"受处分法规根据保护的地位"，将限制或剥夺该地位这种"观念上的不利"理解为"侵害"［常冈孝好「判例評釈」自治研究62卷7号（1986年）1131页以下］，或者尝试着用"保护请求权"来说明，即"请求行政厅提供行政法规范所赋予的保护的权利"［桑原勇进「判例評釈」自治研究73卷1号（1997年）109页以下］。这些与本书以下说明的观点有共通之处，只是对于其中的"保护"对象或内容是什么，未作详细说明。

第三人因这里所说的"风险回避请求权"〔1〕受到侵害，就对请求撤销该处分具有法的利益。

　　第三，行政厅根据该根据规范作出（许可）处分之际负有考虑第三人利益（这一意义上程序法上的）义务（在对第三人的关系上）。如果作出处分之际未作考虑，第三人因这种程序法上的权利受到侵害，就对请求撤销处分具有法的利益。

　　第三人法的利益的三种类型，在理论上都是可能成立的，现实的法规范是否对此有所设想，在解释论上也有种种可能。但可以推测，过去最高法院判例等主要设想的大致是第二种类型。〔2〕以此为前提时，问题就有了两个侧面：要从现实多种多样的处分根据规范中解

─────────────

　　〔1〕　即使违法作出许可，在理论上也只是恢复申请人的行动自由，现实中即使有了那种行动（假设高度的盖然性），也不是许可的必然结果。而许可获得者采取许可的行动，由此（即使有其可能性）也并不是必然对第三人的生命、身体以及其他利益产生损害（侵权行为）。在作出许可阶段，对第三人所产生的只不过是这种意义上的"盖然性""可能性"，用这里的话来说就是"风险"（这里说的"风险"并不是仅仅意味着诸如"侵害生命、身体之虞"意义上的"危险"，当然也包含着"作为竞业者的风险"）。这一意义上的"风险"也有其他的表达，"合法作出行政处分后因相对人行为对原告的权利利益产生'侵害'或'侵害之虞'的情形"［高木光『行政法』（有斐阁、2015 年）288 页］，或者（权利或法律上保护的利益）"因处分事实上的影响……而遭受危险者"（中川丈久「続・取消訴訟の原告適格について」滝井追悼 277 页以下）。问题是，为什么这种地位或立场是"法的利益"？

　　〔2〕　在过去最高法院判例的补充意见中，迄今已存在第一种类型的暗示。例如，大阪机场诉讼中，伊藤正己补充意见就是如此。另外，最高法院的厚木基地诉讼判决也出现了类似的思考。详细请参照、藤田宙靖・前揭塩野宏古稀下 263 页以下（基础理论上 291 页以下）。顺便提及，在最高法院的判例中，例如对新营业许可，承认第三人立场是既有业者受法律保护的利益，承认对该许可的原告资格（例如，前述公众浴场案，此外还可参照废弃物处理业者案判决）。这些是承认处分侵害第三人法的地位吗？这可能是有疑问的。但是，中川丈久适当地指出（前揭滝井追悼 295 页），新许可并不是削减既有业者在法律上得到承认的营业范围，其因该处分而受到损害只不过是因新业者开始营业而可能遭受事实上的损失。在这一意义上，这些案件也可以说包含在正文所说的第二种类型中。而对于第三种类型，暗示其存在的判决，参照、芝池義一「行政決定における考慮事項」法学論叢 116 巻 1-6 号（1985 年）571 页以下。但是，这些至少不是过去最高法院的多数意见正面采用的见解。

78 读出是否存在这种行政厅的"风险回避义务"（第三人的"风险回避请求权"），其解释论上的路径是什么？进而，行政厅的这种回避义务，只要没有在该根据规范中发现具体根据，一般就不可能产生吗？[1]

　　然而，最高法院之所以即使用"逻辑的杂技"也要承认"法保护的（个人）利益"的存在，是因为这些都是可能因处分而给处分相对人以外者（第三人）的生命、身体（健康）或财产带来重大损害的案件，[2]没有承认的则是那些损害的利益没有这种性质的案件。承认第三人存在"法保护的利益"，在另一面就是承认行政厅具有相应的保护义务。因而，这一义务只要是前述的"风险回避义务"，对于行政厅对何人在多大范围内的风险负有避免到何种程度的义务，只要立法权没有明确决定（法律），就不能一义性地决定。这一问题的确存在，因而，"保护规范说"的观点向处分的根据规范寻求该基准，其自身是有充分理由的。但是，如果保护规范说以此理由为其存在基础，像最近的最高法院判例那样，保护规范说的实质在暧昧化，它究竟能在何种程度上保持其本来的意义呢？这必须说是相当有疑问的。毋宁如上所见，可看到最高法院也实质上采用了那种思考框架，即"至少对于有可能给生命身体（健康）或财产造成重大损害的案件，虽是第三人，也当然（或者原则上）有权请求行政厅避免这种风险"。对此，现

　　〔1〕　这两个问题当然也存在于采用上述第一种类型和第三种类型的情形。对此的回答因三种类型而有所不同。例如，在第一种类型的情形中，因为是（许可）处分自身直接侵害第三人的权利利益，从"法律保留"原则的旨趣来看，其大前提大致是，必须存在允许这种行为的法律的明文规定。而在第二种、第三种类型的情形下，至少就没有这里所说角度的制约。在解释某法规时，可能因其中受到保护的是第三人"风险回避请求权"这种实体性权利，还是仅仅为"考虑自己利益"这种程序上的权利，而在结论上有所不同。对此，请详见藤田宙靖前揭论文。

　　〔2〕　在前述判决群之外，也请参见，对于很多土地有塌方之虞却作出开发许可，承认开发地区的周边居民提起撤销诉讼的原告资格，最判1997年1月28日民集51卷1号250页。

在是重新从正面加以考虑的时候了。[1]

---

〔1〕 之所以承认许可处分相对人以外者（第三人）有《行政案件诉讼法》第9条第1款的"法律上的利益"，是因为从理论上来说，在这里所说的案件中，让行政厅负有"风险回避义务"，即保护第三人不因获得许可者的行为而受到损害。在这一意义上的第三人"法律上的利益"，就不外乎"请求行政厅保护免遭（上述意义上的）风险的权利"这种利益。对于正文所述的观点，我在大法庭判决补充意见中也说了同样的意思（小田急高架化案判决）。也包含这一意见，此间有诸多评论〔例如，桑原勇进「原告適格に関する最高裁判例」ジュリスト1310号（2006年）10頁以下；神橋一彦「取消訴訟における原告適格判断の仕組みについて」立教法学71号（2006年）1頁以下；大貫裕之「取消訴訟の原告適格について」藤田退職387頁以下；人見剛「行政処分の法効果・規律・公定力」新構想Ⅱ82頁；仲野武志『公権力の行使概念の研究』（有斐閣、2007年）307頁；山本隆司『判例から探究する行政法』（有斐閣、2012年）451頁以下；等等〕。限于篇幅无法对其逐一评论，这里（在不变成"法官辩解"的范围内）根据这些评论，想进一步说明我的问题意识。

第一，像我事先在盐野宏古稀记念论文集里的论文中所引用的论文详细所述，如正文所示，我的观点是，置于下面三个条件之上：（1）最高法院判例的前提是在"法律保护的利益说"框架之内，（2）以对传统"许可"的法效果所作的说明为前提，（3）通过撤销行政处分（许可）恢复的第三人利益不只是事实上的利益，而是"法的利益"，全部满足三个条件的第三人利益X是怎样的呢？我试着给这个方式提供"解"。因而，对于认为这种方式自身没意义的学者（山本隆司前揭书第451页的所述内容归纳起来就是这一旨趣）而言，其"解"自身也显得没意义。这原本是学问关注点不同的问题。

第二，就我所见而言，仅仅是过去的"根据规范说"，还不能充分消除上述条件（2），"值得法保护的利益说"消除条件（1）和（3）上也带有无理之处。但如正文所述，如果这两者今天在结果上快速接近，可能有某种理论据点成为其向心力的中心，可能有某种视角让两者的统合成为可能（至少有如此探索的价值）。如此，我就站在了那种观点之上，即通过明确的某种整理，一定能得出上述方式的X是什么。

第三，我说的"风险回避请求权"，目前是针对上述"第三人如果有'法律上的利益'，它是什么样的利益？"的问题，而不是在回答"承认何种范围内的人有这种利益？""具体什么属于这种利益？"在这里所说的问题中，它与"根据规范的保护目的"的"值得法保护的利益"处于同样的理论层次，仅有指示方向的功能。有批评认为，眼下它仅限于建议变更解决问题的视角，并没有超越过去判例学说在上述问题上所尝试给出的具体解答而提出自己的解答。这种批评原本是强人所难、过于性急的要求（当然，对于这种"视角的转换"能对法解释论上的各种问题发挥怎样的功能，本书将在之后提及）。

另外，与上文相关，对于"风险回避请求权"的观念，有批评认为，它在结果上就是"要求行政厅遵守法令的权利""让行政厅在程序上考虑自己利益的权利"，因而"可以说，明显是因有'处分法规根据所保障的地位'而承认原告资格"（大贯裕之前揭文、仲野武志前揭书观点也基本相同）。对此，我想说一句。这种说明的问题在于，对于"法令""自己利益"是怎样的内容，没有给出任何信息。但如果另当别论，如前所述，不承认我建立的方程式的意义，要在根据规范说的框架内在理论上处理所有问题，用上述形式性表达来说明，也不是根本不可能的。我的建议是关于转换"视角"自身（像神桥一彦前揭文在大致理解之后所作的评论中所看到的那样），虽然从不同视角也能作出同样的说明，但仅此并不左右转换视角自身的意义（顺便提及，如后所述，我说的"风险回避请求权"只是比"处分法规根据所保障的地位"的观念射程更远）。

第四，有批评认为，我的观点仍囿于"侵害思考"，"原本如果没有因处分的法效果而受到侵害，就必须认为难以承认原告资格吗？"这是有疑问的（人见刚前揭文。另外，对"侵害思考"的批评，参见大贯裕之前揭文）。对此，想作一点评论。

该批评是关于我上述方程式中条件（3）的。之所以以条件（3）为前提，因为正是有能通过撤销处分恢复法的利益，才承认原告资格。无论是在法条的文字上还是在理论上，它都是极为朴素的观点。既然具有由撤销处分恢复的法的利益，在理论上，在其前提上当然必有"因处分而产生某种法上的不利"。这是称作处分的"效果"还是"侵害"，总之是表达的问题（顺便提及，有主张认为，不是"侵害"而应是"利害调整"，该主张将"侵害"也是"利害调整"一种方式的理论构造等闲视之）。

人见刚前揭论文中进而引用伊达火力发电厂诉讼的最高法院判决（最判1985年12月17日判时1179号56页），认为最高法院判例承认的原告资格，"并不限于处分在其本来效果上加以限制的权利利益"。但是，该判决所说的"处分在其本来效果上加以限制的权利利益"，应该只不过是处分仅及于其直接相对人（也包括像征收裁决那样，第三人同时也是相对人的情形）的影响，这一点也是明显的，因为该判决在上述引用部分之后继续说，"行政法规范以保护个人权利利益为目的对行政权的行使课予制约，藉此受到保障的权利利益也属于此。违反上述制约作出处分而无视行政法规范对权利利益的保护，该被保护者应当也可以诉请撤销该处分"。对我上述方程式的"解"正是其中所说的"行政法规范对权利利益的保护"，这是对在理论上何为正确的一个解答。不能说人见刚前揭论文的批评射中正鹄（另外，他增加的批评根据是"行政处分的效果消灭后，存在能提起撤销诉讼的'法律上的利益'"，不用说它全然不同于这里所处理的问题）。

第五，如前所述，这里所说的"风险回避请求权（法的地位）"，与"根据规范的保护目的""值得法保护的利益"一样是思考问题时的"视角"，通过它自身并不能得出对于该"权利"具体是什么、承认谁具有权利等问题的解答。不过，基于这种视角，对这些问题能产生怎样的看法，做点考察是可能的。

例如，可能提出这样的问题，没有理由必须是从处分的根据规范才能导出这种"权利"（其前提是行政厅的保护义务）（对此，已如我在小田急高架化诉讼大法庭判决中的补充意见所述）。从我的角度来看，过去立于"根据规范说"的学说和判例，为了从

8. 另外，在 2004 年的法律修改中，并未触动关于原告资格的《行政案件诉讼法》第 9 条第 1 款规定本身，而是新设第 2 款，规定："法院在判断处分或裁决相对人以外者有无前款规定的法律上的利益时，不仅要依据该处分或裁决所根据的法令规定的文字，还应当考虑该法令的旨趣、目的以及该处分中所应考虑的利益的内容和性质。在考虑该法令的旨趣和目的时，如果存在与该法令具有共通目的的相关法令，参酌其旨趣和目的；在考虑该利益的内容和性质时，应当斟酌该处分或裁决违反其法令根据作出时所侵害的利益内容、性质以及该利益所受侵害的样态和程度。"如上所见，该规定的内容显然近乎是在文字上再次确认了迄今为止最高法院判例的进展结果。[1]对法院指名道姓，就一定条文的法解释之道作出指示，如此规定内容并无前例。

83

84

"根据规范"导出这种保护义务，可谓引证了能想到的所有关联法令，甚至还玩了"法解释的杂技"，好不容易才有了"在该案中最适当的解决"［顺便提及，在过去立于"法律保护说"的学说和判例中，也有观点认为，以存在本来与"根据规范"无关的程序上利益为根据，可称为"原告资格"。对此参照、神橋一彦『行政救済法（第二版）』（信山社、2016 年）137 頁］。与其将目标放在这种复杂且浪费精力的更深入作业上，毋宁选择另一条道路更为合理：直接从"最适当解决案件中纷争"的角度探讨，应当让行政厅对何种内容和程度的风险在多大程度上负有保护义务？如此，这在实质上正是过去所谓"值得法保护的利益说"所做的事情。《行政案件诉讼法》第 9 条第 2 款的要求与此在结果上也并无不同（另外，该假设作为第 9 条第 1 款的解释，课予法官必定立于"根据规范说"的义务，不免有违宪之嫌，对此参见后述第 84 页注〔1〕）。包括这一点，以及基于"风险回避请求权"视角时的观点方向性，还请参见后述第 85 页、（与违法的主张限制相关）后述第 126 页等。

顺便提及，与上面相关，有学者指出，"从过去的'法律保护的利益说'出发，反而是看到杂技般的解释"（木多滝夫「取消訴訟における原告の主張制限と法律上の利益」芝池古稀 530 頁）。这是大致因视角不同而出现的相对结果。果若如此，从本书立场来看，就是要期待采取从既有固定观念中解放出来的视角作出柔性的思考。

〔1〕　当然，在这一点上，主导 2004 年修法的盐野宏从新潟国际空港、文殊案等得到启发，或者说那正是其端倪所在。但他强调，并不是据此条文化，而是正确的理解［塩野宏『行政法概念の諸相』（有斐閣、2011 年）298 頁］。本书正文必须限定为完全是从"内容"而言的指摘。

但准确地说，它在理论上具有怎样的规范意义，未必明确。[1]但无论如何，今后对于该法第 9 条解释之道，至少可以说在事实上提供了以此为基础进一步展开的可能性。[2][3]

---

[1] "所有法官依从良心独立行使职权，只受本宪法和法律拘束"（《宪法》第 67 条第 3 款）。因而，规定法官应当适用之法的内容是立法机关的权限和责任，但是否容许立法机关连一定条文的解释之道都要指示，这在理论上是有问题的。假设立于这种思考，修改后的《行政案件诉讼法》第 9 条第 2 款的规定对法官具有法的拘束效果，要避免产生违宪之嫌，该规定就不外乎只有训示规定的意义。另一方面，当然允许立法机关对该法第 9 条第 1 款"法律上的利益"的内容作更详细化的作业，因而，修改后的第 2 款只是具有这种用意的规定，只不过是在这种作业时作为一种立法技术，使用了上述表达而已。如此来说明，也未必是不可能的。假设以此观点为前提，其带来的结果就是，最高法院判例迄今为止对"法律上的利益"所作详细化说明的结果，在今天已经不单单是判例，还通过法律规定为法规范，不仅仅是对最高法院、对下级法院也直接拘束（最高法院的判例自身只不过是一种应有的法解释，而非直接拘束法官的"法规范"）。但是，恐怕还没有如此深度的解读，该规定应该被理解为只是立法机关对法院较为单纯地表达了在今后法解释上的一种希望而已。因而，例如，对于该款规定前提性或视为前提的所谓"根据规范说"，不能说因该规定就禁止今后判例作出变更。

[2] 也就是说，如正文所述最高法院判例的展开，为了扩大国民的救济可能性，逐渐扩大"法律上的利益"概念。在这一意义上，其所致达的上述思考框架可以说在事实上规定着外延的最大界限。假设通过法律明确将"法律上的利益"定位于原本的样子，以此作为新的出发点来发展判例，至少在事实上，抵抗会变得更少。但是，在这一点上，有学者指出［宇贺克也·概说Ⅱ（第六版）195 页］，这一解释规定的制定对小田急判决（最判 2005 年 12 月 7 日民集 59 卷 10 号 2645 页）的变更判例产生了重要影响。但我作为参与该判决作成者，多少有点违和感。因为该判决是最高法院此前判例极为自然的展开，与有无《行政案件诉讼法》第 9 条第 2 款的规定无关。

[3] 当然，《行政案件诉讼法》第 9 条第 2 款所示的"考虑"事项，即该法令、相关法令的"旨趣和目的"、该处分中应当考虑的利益的"内容和性质"、该利益受侵害的"样态和程度"等概念自身都是极为抽象的，在具体认定和判断时，常常需回到依据什么基准的问题。对此问题的判断指针未必是以根据规范为代表的个别性法规定的严格理论解释，最终是"行政厅的风险回避义务"范围的视角，也就是在具体案件中，行政厅在多大范围内对第三人负有多大程度的风险回避义务？近来的各判决在结果上均可认为是基于上述视角而作出的，例如，已如前述（前出第 74 页注〔1〕），最高法院判例过去都毅然玩起了"法解释的杂技"，承认机场周边居民对定期航空运输业执照提起撤销诉讼的原告资格；仅仅经过数年便变更先例，2005 年大法庭判决（最判 2005 年 12 月 7 日民集 59 卷 10 号 2645 页，所谓"小田急高架化案诉讼判决"）认为"在都市计划项目的项目地周边居民中，因实施该项目的噪音、振动等而有可能给健康和生活环

9. 如上所述，自"长沼奈克基地案判决"以来，最高法院判例一直维持着一个理论框架，即在第三人法的利益中，区分"各个人的利益"与"属于不特定多数的各个人利益"，在前者之外，即使是后者，特定法律的规定未将这些利益吸收消解于一般公益之中，而是作为各个人的利益加以保护时，属于《行政案件诉讼法》第 9 条第 1 款所说的"法律上的利益"，承认该归属主体具有原告资格。这是在"各个人的利益"与"公益"的二元区分之上，将后者区分为"作为各个人利益单纯集合体的（疑似）公益"与"纯粹的公益"。[1]但是，原本在第三人法的立场成为问题的严重案件（例如邻避设施、都市计划设施等的建设许可案件）中，对第三人所产生的不利（外部不经济效果）可以说既是眼下对具体的各个人所造成的不利，同时也是其累积。因而，不得不说在理论上原本是极难以明确的形式作出上述的二分。如前所见，解决的基础最终就归于这种视角："行政厅对多大范围内的第三人负有'风险回避义务'?"在近来的学说中，原本对"各个人的利益"与"公益"的二元区分抱有疑问，便作为其中间的存在，建立起一定团体的"共同利益"或"集合利益"[2]以及"凝结利益"[3]"扩散的集合利益（部分地位型）"[4]等概念，肯定其原告资格。这种

86

境直接造成明显损害者，必须说对请求撤销该项目的认可具有法律上的利益，具有提起撤销诉讼的原告资格"，仅对居住在《东京都环境影响评价条例》规定的"相关区域"内的居民承认在该案中的原告资格；根据《自行车竞技法》作出场外车券出售设施的设置许可，在其周边的居民中，第一小法庭仅承认因该设施的"设置、运营而可能产生业务上明显障碍的区域内开设文教设施、医疗设施者"，在该设置许可的撤销诉讼中具有原告资格（最判 2009 年 10 月 15 日民集 63 卷 8 号 1711 页）。

〔1〕 另外，在这里所说疑似公益所包含的私益中，进而区分为"三种保护利益"，参照、中川丈久·前揭文滝井追悼 287 页以下。

〔2〕 亘理格「公私機能の分担の変容と行政法理論」公法研究 65 号 （2003 年） 189 頁；阿部泰隆『行政訴訟要件論』（弘文堂、2003 年）112 頁。

〔3〕 仲野武志·前揭『公権力の行使の概念研究』285 頁以下。

〔4〕 大貫裕之「取消訴訟の原告適格についての備忘録」藤田宙靖退職記念 394 頁以下、403 頁以下。

87　　动向具有影响力。〔1〕这种观点，也能为诸如环境保护团体等提起所谓"集团诉讼"成为可能提供方向，可以说是提起了极为重要的问题。〔2〕

　　（二）其他诉的利益

　　1. 所谓"诉的利益"，其包含的内容自然不仅仅是上述原告资格的问题。即使具有上述意义上的原告资格，在无法通过撤销处分获得某种法的利益时，对撤销也还是没有"法律上的利益"（没有诉的利益）。没有这种诉的利益的案件极为多样。例如，有的处分自身原本并没有导致法的不利，〔3〕有的因超过处分对象的日期，撤销处分已无意义，〔4〕有的因出现了一定的既成事实，处分自身的意义已然消失，〔5〕等等这些都是可以举出的典型例子。

━━━━━━━━━━

　　〔1〕 作为其概述，稻葉馨「行政訴訟の当事者・参加人」新構想Ⅲ78 頁以下。另参照、亘理格＝仲野武志＝吉田克己＝山本和彦＝中川丈久「集団的利益または集合的利益の保護と救済」民商法雑誌 148 卷 6 号（2013 年）492 頁。

　　〔2〕 不过，并非在立法论上，而是在现行法之下作为法解释论来主张这种观点，例如必须对最高法院判例产生影响的条理进行更为周到的考察（对于这些主张在现实的法律理论上能有的意义及其射程界限，参照、木多滝夫「行政救済法における権利・利益」新構想Ⅲ219 頁以下）。目前应思考的是，例如在"未被吸收消解于一般公益之中，而作为各个人的利益加以保护时"的公式之下，如何实现"各个人的利益"的实质扩大或改变。

　　〔3〕 例如，对于公立初中教师的转任处分，转任处分并不产生身份、俸给等的异动，并不带有实际勤务上的某种不利。以此为由，不承认撤销诉讼的诉的利益。最判 1986 年 10 月 23 日判時 1219 号 127 頁。

　　当然，有的案件能否说真的存在直接的法的利益是有点微妙的。在近来的最高法院判例中，有的就敢于肯定。在驾照等执照的有效期间更新之际，交付的执照是作为一般驾驶员对待，而没有优良驾驶员的记载，受到如此更新处分者请求撤销该更新处分，具有诉的利益。参照、最判 2009 年 2 月 27 日民集 63 卷 2 号 299 頁。

　　〔4〕 例如，为了五一游行而申请使用公园许可，遭到拒绝处分。在五一已经结束时，不承认对撤销该处分具有诉的利益（最判 1953 年 12 月 23 日民集 7 卷 13 号 1561 頁）。为了参加祝贺活动而申请再入境，遭到拒绝处分。以超过活动开始日为由，不承认撤销该处分的利益（最判 1970 年 10 月 16 日民集 24 卷 11 号 1512 頁）。

　　〔5〕 例如，建筑物根据《建筑基准法》获得了建筑确认，在建筑工程完工后，请求撤销该建筑确认的诉的利益消失。最判 1984 年 10 月 26 日民集 38 卷 10 号 1169 頁。根据《都市计划法》获得开发许可，在开发行为的工程完工后，请求撤销该许可的诉的利益消失。最判 1993 年 9 月 10 日民集 47 卷 7 号 4955 頁（当然，与此相对，对于市街化调整区域内开发许可，其效力及于工程完工之后，承认其诉的利益。最判 2005 年 12

　　不过，即使是社会观念上不可能恢复原状的情形，撤销处分的诉的利益也并不由此就当然消失。例如，有判例认为，即使实施土地改良项目的结果在社会观念上已不可能恢复原状（有可能在实体审理上适用情势判决制度的另当别论），也并不消灭请求撤销项目实施认可的诉的利益。[1]

88

　　另外，这种"法律上的利益"是否必须现在确定存在，这是一个问题。在1968年东京12频道案判决中，[2]最高法院认为，即使不是确定的利益，而只不过是利益的可能性，也承认诉的利益。这一判决受到很大关注。

　　2. 在诉的利益上还值得关注的是，《行政案件诉讼法》第9条规定在"有法律上的利益者"之后还加括号说明："包括在处分或裁决效果因超过期限以及其他理由而消失后，仍有通过撤销处分或裁决应予恢复的法律上的利益者"。该规定是以明文规定的方式解决行政案件诉讼特例法时代法解释论上争议问题的一个例子。在现行规定之下最高法院作出的判决中，例如认为，"被免职的公务员因为免职处分撤销诉讼系属中公职（市议会议员）选举而成为候选人，即使根据《公职选举法》的规定视为辞职，但如果免职处分违法，就产生俸给请求权等应予恢复的利益，因此，在《行政案件诉讼法》第9条之下，在免职处分的撤销诉讼中也不丧失诉的利益"。[3]这与现行法制定之前判决的例子相比，可以说有很大的不同，同样是最高法院，对于地方议会议员提起的除名处分撤销诉讼，它就判决认为，即使撤销该处分，也因任期已满而丧失议员身份，这种诉讼就没

89

月14日民集69卷8号2404页）。受到再入境不许可处分者在离开日本后，请求撤销该处分的诉的利益消失。最判1998年4月10日民集52卷3号677页。对于依申请的处分，因修法而在新法之下不可能作出新处分，最判1983年4月8日民集36卷4号594页等。

　　[1]　最判1992年1月24日民集46卷1号54页。

　　[2]　最判1968年12月24日民集22卷13号3254页。

　　[3]　最判1965年4月28日民集19卷3号721页。

有诉的利益。[1][2]

四、被告适格

(一) 国家或公共团体

90 　　《行政案件诉讼法》第 11 条第 1 款规定,作出处分或裁决的行政厅属于国家或公共团体时,撤销诉讼必须以其所属的行政主体（国家或者公共团体）为被告提起［但是,作出处分或裁决的行政厅不属于国家或者公共团体时,例如,民间企业作为指定机关作出行政处分时（参见《行政程序法》第 4 条第 3 款前段）,不是行政主体,该行政厅就成为被告。该条第 2 款］。根据民事诉讼法的原则,这是不言自明的,但实际上在 2004 年修改之前,法律是这么规定的:"处分的撤销之诉必须以作出处分的行政厅、裁决的撤销之诉必须以作出裁决的行

---

　　〔1〕 最判 1960 年 3 月 9 日民集 14 卷 3 号 355 页。

　　〔2〕 不过,与免职处分的公定力客观范围问题相关（参见上卷第 238 页以下）,最高法院的上述判决,也不是没有实质问题。该判决的前提在于,俸给请求权原本是因有公务员之职而发生的。不过,假设未提起免职处分的撤销诉讼,而是直接提起俸给的请求诉讼,即使法院予以肯定并命令支付俸给,在上述事实之下,也不是不能认为,它并不实质性地带来一种状态,即直接导致免职处分自身的效果覆灭、该人作为公务员服勤务,而只不过是进行金钱上的清算。如此,就没有必要认为连上述俸给请求诉讼也为免职处分的公定力所及。也就是说,这时,为了请求支付俸给,没有必要请求撤销处分,即使在《行政案件诉讼法》第 9 条括号说明之下,也不存在这种诉的利益［同样,在以处分违法为前提请求损害赔偿的情形（参见上卷第 241 页）中也能这么说。参照、東京地判 1969 年 11 月 27 日例集 20 卷 11 号 1509 页］。

　　即使超过了先行处分的有效期限,如果该处分的存在自身对后续处分的内容可能产生影响,也能作出判断,仍有应予恢复的法律上的利益。例如,对于驾照停止处分的撤销诉讼,很早就有判决认为,即使在停止期间终了之后,因为有可能在将来违反交通规则时加重制裁,所以可以提起撤销诉讼等（参照、仙台高判 1960 年 2 月 26 日例集 11 卷 2 号 455 页）。最高法院近来判决认为,"在根据《行政程序法》第 12 条第 1 款规定而公开的处分基准中,有以受到先行处分为由而加重处理的不利处理规定时……即使在上述先行处分的处分效果因已超过期限而消失之后……上述先行处分的被处分者仍有通过撤销该处分而应予恢复的法律上的利益"（最判 2015 年 3 月 3 日民集 69 卷 2 号 143 页;另外,对此判决,也请参见本书上卷第 166 页注〔1〕及第 327 页注〔3〕）。

政厅为被告提起"（修改前《行诉法》第 11 条）。

（二）行政厅的概念

1. 行政厅的概念原本源自日本传统行政组织法理论上的"行政官厅"概念。在传统行政法理论中，如前所述，[1]在"行政主体"的性质上，国家被认为是与"私人"相对立的一个法的人格，但现实中，"行政主体"是经由为数众多的"行政机关"之手来行使其权利、履行其义务（传统行政法理论上所说的"行政机关"，是指为实现行政主体权利义务而以进行具体活动为任务的行政主体的各种内部组织成员，或者根据法令赋予这些成员各种权限、责任的归属点，即行政组织内部的各种职位）。在这些行政机关中，特别是法令上为了行政主体的国家而赋予以自己名义决定并表示行政主体具体意志的权限者，过去一直称作"行政官厅"。[2]不过，"行政官厅"是特地对国家作为行政主体时的称呼，在也包括地方公共团体等广泛的一般行政主体时，使用"行政厅"的概念来说明这种机关。因而，所谓"行政厅"，例如法律上被赋予作出课税处分权限的税务署长、具有赋予营业许可权限的都道府县知事等，可谓就变成具有对私人作出行政行为的权限者。[3][4]

2. 这种行政厅自身并不具有民事法上法的人格，而只不过是法人

91

[1]　上卷第 16 页以下。

[2]　对于传统行政组织法理论中"行政官厅"概念的意义与功能，请参照、遠藤博也『行政法 II（各論）』35 页以下；藤田宙靖·組織法 19 页以下、31 页以下等。

[3]　例外，也有用法更广泛地将"作为案件处理权限的归属主体的全部行政机关"称为"行政厅"。小早川光郎·下 I 11 页。

[4]　"行政厅"不仅用于这种所谓独任制行政厅，也用于诸如土地征收裁决的征收委员会、赋予汽车驾照的公安委员会等合议制的行政厅。但必须明确理解的是，这些均不同于财务省、经济产业省或者县厅、市政府、税务署、警察署等所谓"行政官署"。这些行政官署通常以其首长为行政厅，也包括辅助它的诸多"辅助机关"而构成，具有事务分配单位的性质。另外，例如《国家行政组织法》对一定的行政官署在法律上以"国家行政机关"之名来称呼（该法第 3 条第 4 款、该法附表第一）。其中所说的"行政机关"概念与在传统行政组织法理论上正文所见的"行政机关"概念具有不同含义，一般诸如称作"制定法上的行政机关"，在理论上以区别于后者（参照、藤田宙靖·組織法 33 页以下）。

的机关而已，如此也就没有民事诉讼法上的当事人资格。因此，只要根据民事诉讼法的原则，在行政处分的撤销诉讼中，其被告也就必须是国家或地方公共团体等行政主体。但是，考虑到抗告诉讼中，最熟悉行政处分、负有直接责任的是行政厅，从现实合理性的角度出发，92 2004 年修改前的《行政案件诉讼法》修正了民事诉讼法的原则。[1]

《行政案件诉讼法》同时在第 15 条第 1 款规定，"在撤销诉讼中，原告非因故意或重大过失错列被告时，法院根据原告的申请，可以决定的形式允许变更被告"。尽管如此，在修改前，应以行政厅为被告，而错误地以行政主体为被告时，就要驳回起诉。（如后所述）根据民事诉讼法的原则，很难允许在以行政主体为被告的当事人诉讼与以行政厅为被告的撤销诉讼（抗告诉讼）之间进行诉的变更。既然指出了这种种难点，这次从国民更易于利用行政案件诉讼制度的观点出发，对法律作出了上述修改。[2]

（三）作为被告的国家或公共团体

在撤销诉讼中，有被告资格者是"作出处分（或裁决）的行政厅所属的国家或者公共团体"。

这里所说的"公共团体"，与后述[3]《国家赔偿法》第 1 条的情形一样，不限于地方公共团体，还广泛包括公共组合、独立行政法人93 以及其他具有"行政主体"性质的法人。不过，如前所述，[4]今天，"行政主体"与"私人"逐渐相对化，所谓"委托行政"等"公私协作"已然多见，根据过去的观念，是将部分行政权限明确委托给属于

〔1〕《行政案件诉讼法》第 11 条所说的行政厅概念本来具有这种理论背景。但如前所述，作为抗告诉讼对象的"处分"概念，扩大并超越了传统意义上的行政行为概念。这里所说的行政厅概念当然只能受到其影响。因而，现实中，行政厅就变成是指"根据法令赋予作出法第 3 条第 2 款广义处分或法第 3 条第 3 款广义裁决权限的一般行政机关"。

〔2〕 不过，特别是行政型审判（参见后述第 183 页以下）的领域，仍有以处分厅为被告的做法。例如参见《专利法》第 179 条等、《海难审判法》第 45 条，以及（过去曾是行政型审判）对于公平交易委员会处分的《禁止垄断法》第 77 条等。

〔3〕 后述第 205 页。

〔4〕 上卷第 18 页。

私人的法主体，在那些权限中，有的也具有行使公权力的"处分"性质。[1]这时，这些私法人根据民事诉讼法的原则，能否成为该处分的撤销诉讼的被告，就会成为问题。现行《行政案件诉讼法》只承认行政厅"所属"的国家或公共团体的被告资格，同时还追加了该条第4款，在作出处分或裁决的行政厅均不属于上述行政主体时，应以该行政厅为被告提起诉讼。

（四）撤销诉讼中行政厅的作用

即使在法律修改后，行政厅在撤销诉讼的实施上仍具有重要作用。也就是说，"作出处分或裁决的行政厅，对于与该处分或裁决相关的、根据第1款规定以国家或公共团体为被告的诉讼（撤销诉讼——藤田注），具有作出在裁判上一切行为的权限"（《行诉法》第11条第6款）。因而，在提起撤销诉讼时，原告方必须记载作出系争处分（或裁决）的行政厅（第11条第4款），被起诉的被告方必须及时向法院说明该行政厅是谁（同条第5款）。

（五）其他行政案件诉讼的情形

《行政案件诉讼法》第11条的规定准用于撤销诉讼以外的抗告诉讼（《行诉法》第38条第1款）。在当事人诉讼、争点诉讼（《行诉法》第45条）[2]及国家赔偿请求诉讼等情形中，一直以来都是按照民事诉讼法的原则，以国家、公共团体等行政主体为被告。但是，在当事人诉讼和争点诉讼中，准用关于行政厅在抗告诉讼中诉讼参加的《行政案件诉讼法》第23条第1款规定（《行诉法》第41条第1款及第45条第1款）。法院认为行政厅有必要参加时，可以依申请或依职权，要求该行政厅参加诉讼。

94

另外，在国家成为被告时，根据《关于法务大臣在国家有利害关系诉讼中权限等的法律》第1条规定，由法务大臣代表国家。

———————

〔1〕　例如，《关于核原料物质、核燃料物质及核反应堆规制的法律》第61-23-2条以下规定的指定保障措施检查等实施机关进行的"保障措施检查业务的处分"（参见该法第70条）等就是典型例子。此外，对于这些"指定法人""指定机关"等制度，也包括参考文献，参照、藤田宙靖・組織法156页以下。

〔2〕　参见后述第100页。

五、管辖

(一) 行政案件诉讼法规定的原则

撤销诉讼由管辖被告的普通裁判籍[1]所在地的法院，或者管辖作出处分或裁决的行政厅所在地的法院管辖（《行诉法》第 12 条第 1 款）。2004 年修改前，《行政案件诉讼法》第 12 条第 1 款仅规定，"以行政厅为被告的撤销诉讼由该行政厅所在地的法院管辖"。[2]如前所述，修改后，因为被告原则上是行政主体，所以作出了这样的修正。

此外，修改法在第 12 条第 4 款中规定，以国家或独立行政法人等一定（特殊）法人为被告的撤销诉讼，也可以向管辖原告普通裁判籍所在地的高等法院所在地的地方法院（该条第 5 款中称"特定管辖法院"）[3]提起。这是在 1999 年制定信息公开法（《关于行政机关保有信息公开的法律》）之际针对不公开决定的撤销诉讼首次引入的做法。这次在修改《行政案件诉讼法》时，作为对所有撤销诉讼都有效

---

〔1〕 参见《民事诉讼法》第 4 条。（所谓普通裁判籍，也就是一般审判地，是指在民事诉讼法上与案件种类、内容无关而一般性规定的裁判籍。根据日本《民事诉讼法》第 4 条规定，诉由管辖被告普通裁判籍所在地的法院管辖，一般根据个人的住所或居所、组织的主要事务所或营业场所或者代表人及其他主要业务担当者的住所来确定普通裁判籍。——译者注）

〔2〕 在 1962 年制定《行政案件诉讼法》之前，在《行政案件诉讼特例法》上，抗告诉讼由被告行政厅所在地的法院专属管辖，这给以此来争议行政处分效果的私人带来了无用的负担。因而，在制定《行政案件诉讼法》时，承认了该法第 12 条第 2 款及第 3 款的例外。例如根据第 2 款，国土交通大臣进行项目认定（《土地征收法》第 17 条第 1 款），不是在东京地方法院，而是在管辖该土地所在地的地方法院来争讼。而根据第 3 款，例如，社会保险厅长官作出停止支付基础年金处分（《国民年金法》第 20 条第 1 款），在请求确认无效等诉讼中，参与该处分案件处理的和歌山县知事是该条所说的"处理案件的下级行政机关"，也可以由和歌山地方法院管辖。参照、最决 2001 年 2 月 27 日民集 55 卷 1 号 149 页。特殊法人日本年金机构事务中心可以属于《行政案件诉讼法》第 12 条第 3 款所说的"处理案件的下级行政机关"，参照、最决 2004 年 9 月 25 日判时 2243 号 11 页。

〔3〕 例如，对在盛冈市有住所者，仙台地方法院就是这种法院。

的制度得以采用。

（二）个别法规定的例外

此外，在关于行政案件诉讼的个别法规定中，有时对裁判管辖作　95
出了不同的规定。例如，选举关系诉讼的第一审由管理选举事务的选
举管理委员会所在地的高等法院专属管辖（《公职选举法》第 217
条）；对于专利厅审决的诉的第一审由东京高等法院管辖（《专利法》
第 178 条）。通常情形的第一审是地方法院的审理，但这些因为判决
有必要紧急确定（前者的情形），或者行政厅的行政行为本身是根据
准司法程序进行的（后者的情形）等，因而为了省略地方法院的审理
而作出了这样的规定。

（三）关联请求的移送

某处分或裁决的撤销诉讼与其他诉讼的请求内容有一定关联（法
律上称此为"关联请求"，例如，以该处分或裁决的违法性为前提的
损害赔偿请求诉讼、与该处分在程序上密切关联的处分或裁决的撤销
诉讼等），该诉讼系属于其他法院时，后者诉讼系属的法院可以将诉
讼移送给前者撤销诉讼系属的法院（《行政法》第 13 条）。这当然是
为了便于有效地、统一地作出同一处分（或裁决）的违法性判断。只
允许从关联请求系属法院移送至撤销诉讼系属法院，反之则不予认可　96
（这也能看作以撤销诉讼为中心创立制度的一个例子）。《行政案件诉
讼法》规定，撤销诉讼或关联请求诉讼的系属法院是高等法院时不适
用移送制度（《行诉法》第 13 条但书）。这主要是考虑到不让原告审
级利益因地方法院向高等法院移送而丧失［提起撤销诉讼者可以在撤
销诉讼中合并提起"关联请求"（参照《行诉法》第 16 条、第 19
条），但没有合并提起的义务］。

具体什么是这里所说的"关联请求"，《行政案件诉讼法》第 13
条各项作出了列举。值得注意的是，在第 6 项中设置了"其他与撤销
该处分或裁决请求相关联的请求"概括条款。从合理推进审理的角度
来看，法院可以说有较大的裁量权。

六、起诉期限

（一）起诉期限与除斥期间

1. 撤销诉讼原则上必须自知道处分或裁决作出之日起 6 个月内提起，超过这一期限（一般称"起诉期限"）时，就无法提起（《行诉法》第 14 条第 1 款）。在法关系的早期安定要求之下，现行法进而规定，即使不知道处分等，自处分或裁决之日起一年的除斥期间经过之后，也不能起诉（参见同条第 2 款）。当然，对于起诉期限、除斥期间，《行政案件诉讼法》都在但书中规定，"有正当理由时，不在此限"。[1]

在 2004 年修改前，起诉期限是 3 个月，而且该期限是"不变期间"（修改前第 14 条第 2 款）。但从扩充国民权利救济途径的角度，作出了上述修改。[2]

2. 对于起诉期限的起算日，在行政案件诉讼特例法时代是有判例的。最高法院判例认为，它是指当事人通过交付文书、口头告知以及其他方法现实地知道处分存在之日，而不是意味着抽象的应当知道之日。[3]根据该判决，有将记载处分的文书送达当事人住所等，就在社会观念上将当事人置于应当知道处分的状态（通说和判例认为，行政处分自到达相对人时产生效果。对于"到达"的意义，未必是以本人现实地知道为要件，一般认为，被置于上述状态就可以[4]）。只要没有反证，就可推定知道作出了该处分。但是，如果认定了这期间不在场等在现实中不知道的情况，就推翻推定（当然，根据最高法院判例，

---

〔1〕 顺便提及，对于起诉期限的规定，委诸立法裁量，但有最高法院判决认为，短期的起诉期限侵害宪法保障的"获得裁判的权利"，因而违宪。参照、最判 1949 年 5 月 18 日民集 3 卷 6 号 199 页。

〔2〕 当然，也必须留意的是，在个别法中也还在维持着过去的原则。例如参见《专利法》第 178 条第 3 款、第 4 款，《工会法》第 27-19 条第 1 款，等等。

〔3〕 最判 1952 年 11 月 20 日民集 6 卷 10 号 1038 页。

〔4〕 最判 1954 年 8 月 24 日刑集 8 卷 8 号 1372 页。

"像都市计划法中都市计划项目的认可那样，处分没有个别通知，而是通过告示整齐划一地告知多数相关权利人时"，"鉴于采用这种告知方式的目的"，"知道处分之日"就相当于告示之日〔1〕）。

3. 另外，为了不让起诉期限制度不合理地限制私人的权利救济，现行法设置了种种例外规定。作为这种规定，在《行政案件诉讼法》第 14 条自身规定的第 1 款和第 2 款但书以及第 3 款之外，该法第 15 条、第 20 条等是值得关注的。后两者规定，在一定情况下，被告的变更（《行诉法》第 15 条）、诉的追加（《行诉法》第 20 条）等提起新诉时，为了救济原告，在遵守起诉期限方面，以提起前诉视为提起后诉。〔2〕即使没有这种明文规定，在前诉与后诉的实质内容同一时，有时也允许在超过起诉期限后变更诉。〔3〕

（二）行政案件诉讼的其他情形

起诉期限的规定并不准用于其他抗告诉讼。对于不作为违法确认诉讼及课予义务诉讼、禁止诉讼，原本就没有行政处分，当然就没有准用；而对于确认无效诉讼而言，正因为它是不受起诉期限制约的抗告诉讼，才有了该诉讼的主要价值。

但另一方面，正如在《行政案件诉讼法》第 4 条前段的所谓形式性当事人诉讼中时常能看到的那样，抗告诉讼以外的诉讼有规定起诉期限的例子。对于这种情形，该法第 40 条设置了一定的规定。2004年修改法律之际，效仿撤销诉讼的情形，去除了过去当作不变期间的限制，承认了因正当理由而超过期限也可以起诉。

七、行政厅的教示义务

过去自 1962 年《行政不服审查法》制定以来，针对行政不服审

〔1〕　最判 2002 年 10 月 24 日民集 56 卷 8 号 1903 页。
〔2〕　对于 2002 年修改前《地方自治法》第 242-2 条第 1 款第 4 项的居民诉讼，将被告错列为"该职员"的案件中，承认准用《行政案件诉讼法》第 15 条，最判 1999 年 4 月 22 日民集 53 卷 4 号 759 页。
〔3〕　参照、最判 1986 年 2 月 24 日民集 40 卷 1 号 69 页。

查规定了作出处分等的行政厅负有教示义务。在 2004 年修法之际，将教示制度也引入了行政案件诉讼。根据新加的《行政案件诉讼法》第 46 条，行政厅作出可提起撤销诉讼的处分或裁决时，（除口头的情形外）被课予几项教示义务，[1]必须以书面对相对人教示以下三个事项：（1）在该处分或裁决的撤销诉讼中应成为被告者，（2）该处分或裁决的撤销诉讼的起诉期限，（3）法律上规定不服申诉前置的情况（第 46 条第 1 款）。对于教示制度的意义等，想放在先行的行政不服审查法上教示制度那里来说明。[2]不过值得注意的是，对于这次修法引入的撤销诉讼等的教示，如果行政厅错误教示，并没有设置与《行政不服审查法》第 82 条、第 83 条等规定相对应的特别规定。在撤销诉讼等情形下，在判断是否存在"正当理由"超过起诉期限（《行诉法》第 14 条第 1 款但书）、原告在错列被告上有无"重大过失"时，行政厅的错误教示大致应视为要考虑的重大因素。[3]

第二目　其他抗告诉讼的诉讼要件

撤销诉讼的诉讼要件规定以及相关的上述问题，除了无效等确认诉讼及课予义务诉讼等原本就没有起诉期限外，基本上可适用于其他抗告诉讼。[4]以下仅提及撤销诉讼以外的抗告诉讼存在的其他诉讼要件。

一、无效等确认诉讼

1. 对于无效等确认诉讼，特别是有先前提及[5]的《行政案件诉讼法》第 36 条规定的该诉讼特有的原告资格问题。

根据该条，"因该处分或裁决的后续处分而可能受到损害者以及其

---

[1]　除第 46 条第 1 款外，参见该条第 2 款和第 3 款。
[2]　参见后述第 174 页以下。
[3]　同一意旨，参照、宇贺克也·概説Ⅱ（第六版）154 页。
[4]　参见《行政案件诉讼法》第 38 条第 1 款。
[5]　前述第 25 页。

他对请求确认该处分或裁决无效等具有法律上利益者，只有在无法通过以该处分或裁决存在与否、有无效力为前提的现在的法律关系之诉实现目的时，才能提起无效等确认之诉。"在这里所谓"现在的法律关系之诉"中，既有该法第4条的当事人诉讼（例如，公务员身份的确认诉讼），也有通常的民事诉讼（例如，请求返还不当得利诉讼、请求确认土地所有权诉讼等）。在这种诉讼中，处分有无效力自身都成为一个争点。因而，在现行法上，抗告诉讼的若干规定至少在这一限度内也能准用于这些诉讼。[1]

100

2. 然而，在《行政案件诉讼法》第36条的规定下，具体在怎样的情形下允许确认无效诉讼呢？学说和判例有种种分歧。

（1）首先，作为该法第36条的解释，仅"因该处分或裁决的后续处分而可能受到损害者"就已经能提起确认无效诉讼吗？（通常称作"二元说"）还是要进一步加上"无法通过现在的法律关系之诉实现目的"，才能起诉呢？（通常称作"一元说"）对此，有意见分歧。[2]例如，受到课税处分，但认为该处分无效时，为了防止其作出后续的滞纳处分，能否提起课税处分的无效确认诉讼（所谓"预防性确认无效诉讼"）？若采取前说，就可以没有问题地作出肯定回答；而采取后说时，因为有可能另行提起"租税债务不存在确认之诉"这种"现在的法律关系之诉"，因而，就要给出否定的回答。对此，最高法院认为，在上述情形中，纳税人可根据该法第36条提起确认无效诉讼。[3]此后，在某案件中，根据《土地区划整理法》作出设立土地区划整理组合的认可处分，施行区域内的居住用地所有权人请求确认其无效，最高法院认定其诉的目的是"主张土地区划整理组合不成立，否定该组合施行项目相伴的临时换地指定处分、换地处分等所

---

〔1〕参见《行政案件诉讼法》第41条及第45条。另外如第45条规定，通常将以处分效力等为争点的民事诉讼特别称作"争点诉讼"。

〔2〕有人认为，从《行政案件诉讼法》第36条的字面自身来看，后说是正确的。但是，在该条文立案之际毋宁是采用前说。参照、杉本·前揭『行政事件訴訟法の解説』120頁；田中二郎·上356頁。

〔3〕最高裁判决1976年4月27日民集30卷3号384頁。

有处分"，进而认为该诉合法。[1]至少对于后者的例子，原告提起现在的法律关系之诉，即以设立组合认可处分无效为前提、组合成员身份不存在的确认诉讼，是充分可能的（对非组合成员作出换地处分等，当然无效），因而就应该说，最高法院在上述两种学说中最终采用了前说。

（2）与上述问题相关的一个问题是，通过现在的法律关系之诉"无法实现目的"，准确地说是什么意思？例如，"现在的法律关系之诉"一般不是抗告诉讼，因而，不能利用《行政案件诉讼法》第 25 条规定的处分停止执行制度。另一方面，该法第 44 条规定的排除临时处分不仅一般适用于抗告诉讼，也可适用于在当事人诉讼、争点诉讼中争议处分有无效力的情形。因而，在这种前提下，提起"现在的法律关系之诉"结果就一概不能临时停止执行行政处分。因为提起确认无效诉讼能利用停止执行制度，具有固有的意义，这种解释论也不是不能成立。[2]如此解释，作为实际问题，几乎所有的确认无效诉讼都有无法通过"现在的法律关系之诉"实现的固有目的，至少明显妨碍立法者限定根据该法第 36 条提起确认无效诉讼可能性的目的。与现行法限定确认无效诉讼的可能性自身相对，从一开始就有不少批评指出，它明显压缩了国民权利救济的可能性。这种批评不仅在第 36 条的规定上，在更广泛地承认确认无效诉讼可能性的解释论方向上也有所体现。[3]

另外，在学说上能看到几种解释论上的努力，或对第 36 条的限制作功能性考察，或站在独自的立场思考行政行为无效理论，扩大承认从第 36 条文义解释中推出允许确认无效诉讼的情形，[4]但这些均

---

〔1〕 最高裁判决 1985 年 12 月 17 日民集 39 卷 8 号 1821 页。

〔2〕 实际上，过去也不是没有根据这种逻辑承认可提起确认无效诉讼的下级审判例。参照、甲府地判 1963 年 11 月 28 日例集 14 卷 11 号 2077 页。

〔3〕 不过，均以利用停止执行制度的可能性为理由承认确认无效诉讼，这本来也是逻辑错误的。对于正文所述问题，本书认为，毋宁基本上应通过修正连争点诉讼等也适用临时处分的排除规定的观点来对应。

〔4〕 例如参照、雄川一郎「行政行為の無効確認訴訟に関する若干問題」同・前揭『行政争訟の法理』；兼子仁「無効等確認訴訟の範囲」公法研究 26 号（1964 年）、同前揭『行政争訟法』218 頁等。

未能一般性地主导学说和判例。

（3）但不管怎样，对于"现在法律关系之诉的可能性"要件，最高法院在此间的努力方向，明显不是根据形式逻辑，而是从更为实质的立场作出限定性理解。例如，土地改良项目施行区域内的土地所有者认为，依《土地改良法》所作的换地处分，违反所谓"照应原则"[1]而无效，提起确认无效诉讼。在该案中，原审判决认为，该诉欠缺《行政案件诉讼法》第 36 条的要件，起诉不合法，予以驳回。而最高法院则撤销原判、发回重审，其理由在于，鉴于纷争的实际状态，"以该换地处分无效为前提，提起过去土地所有权的确认诉讼等现在法律关系之诉并不是解决上述纠纷的适当的争讼形态，请求确认换地处分无效的诉讼毋宁是更为直接而适当的争讼形态"。[2]该案是颇为特殊的案件，最高法院之后在 1992 年"快中子增殖反应堆文殊案第二判决"[3]中更为一般性地指出，"所谓无法通过以该处分有无效力为前提的现在法律关系之诉实现目的时，不仅包括针对依该处分所产生的法律关系，以处分无效为前提的当事人诉讼或民事诉讼无法排除该处分所造成的不利，也包括下面这种情形，即相较于以该处分无效为前提的当事人诉讼或民事诉讼，作为解决起因于该处分的纷争的争讼形态，请求确认该处分无效之诉应被视作更为直接而适当的争讼形态"（着重号系藤田所加）。尽管与申请设置许可相关的核反应堆周边居民提起了民事诉讼，要求禁止核反应堆设置者进行建设或运转，最高法院也承认这些人可提起许可处分的确认无效诉讼（当然，该判决同时也指出，这种民事诉讼自身原本并不相当于《行政案件诉讼法》第 36 条所说的"现在的法律关系之诉"）。[4]

（4）另外，例如，对营业许可的申请作出拒绝处分时，起诉请求

---

〔1〕　参见《土地改良法》第 53 条第 1 款第 2 项。

〔2〕　最判 1987 年 4 月 17 日民集 41 卷 3 号 286 页。

〔3〕　最判 1992 年 9 月 22 日民集 46 卷 6 号 1090 页。

〔4〕　如此，放宽对《行政案件诉讼法》第 36 条后段要件的理解，所谓"一元说"与"二元说"之间的差别实质上也没那么大（参照、高木光·前揭『行政法』323 页）。在这一意义上，本书已经并不关心通说和判例对"一元说""二元说"的讨论。

确认该拒绝处分无效，就是在现行法下也允许的确认无效诉讼案件。这时，即使拒绝处分无效，只要没有作出有效的处分，申请人就在法律上不存在营业的资格，因而，也就不能以存在这种资格为前提提起任何"现在的法律关系之诉"。如后所述，[1]在这种案件中，对行政厅提起课予义务诉讼令其作出许可处分时，现行法反而要求合并提起拒绝处分的撤销诉讼或确认无效诉讼。[2]

二、课予义务诉讼与禁止诉讼

1. 在课予义务之诉中，"因未作出一定处分而可能造成重大损害，而且，没有其他适当方法避免该损害时"可以针对所谓"直接型"不作为[3]提起课予义务之诉（参见《行诉法》第37-2条第1款）。该要件与过去课予义务诉讼颇为严格的要件[4]相比明显相当宽松了。过去的课予义务诉讼是一种无名抗告诉讼，一般认为要有明显性和紧急必要性，明显性是达到"没有必要重视行政厅首次判断权的那种程度"，紧急必要性是"不经事前的司法审查，国民就得不到权利救济，就要产生难以恢复的损害"。但在另一方面，如果行政厅有不作为，不允许广泛地提起这种诉，而要具备上述两个要件：（1）"可能造成重大损害"，（2）"没有其他适当的替代手段"。这两个要件的解释和运用，就在很大程度上可左右这种诉讼类型在国民救济上的实质功能。

其中，《行政案件诉讼法》对于要件（1），在判断其是否存在上，采用了给法院一定指针的手法。[5]在判断是否产生其中所说的"重大损害"时，要"考虑恢复损害的难度"，"也要斟酌损害的性质、程度

[1] 后述第105页以下。
[2] 参见《行政案件诉讼法》第37-3条第3款第2项。
[3] 参见前文第31页。
[4] 参见前文第32页。
[5] 《行政案件诉讼法》第9条第2款在判断有无原告资格上的规定也采用了该手法（参见前文第84页）。不过，第9条第2款的情形是连法院解释法令的方法都作出了指示，而这里只是对事实认定的应有状态作出了指示。

以及处分的内容、性质"（《行诉法》第 37-2 条第 2 款）。但是，这里的规定在内容上仍可以说是常识性的，其自身也未必使用了一义性的概念，对于这些事项，特别是"恢复的难度"在裁判实务上如何判断，结果在案件中什么是最适当的解决纷争状态，只能有待于法院具体判断的积累。[1]

另外，既然承认课予义务诉讼，本来就必须将课予义务的处分是什么特定化，但该法对于直接型课予义务诉讼规定的是以"一定的处分"的不作为作为对象。"一定的"明显比"特定的"范围更广，但尽管如此，当然也不可以无限制地宽泛解释其范围。具体而言，例如，在要求监督行政厅对发生公害的设施发出改善命令的诉讼中，一般认为，并不是连如何改善何处的设施都必须特定。[2]

105

---

〔1〕　在引入该制度之后，迄今承认课予义务的案件，例如有，東京地判 2007 年 5 月 31 日判時 1981 号 9 頁。在该案中，因父亲在给儿子（原告）出生申报时未标记为"非婚生子女"，未被受理，并以此为由也不在居民票上记载（不记载处分）。对此，在撤销该处分的同时，课予作成居民票的义务。判决对于"重大损害"的存在，在原告所受各种不利之外，还举出理由，记载居民票自身也没有特别的障碍，撤销诉讼与课予义务诉讼更是在实质上属于表里关系，应当认可。

2010 年时，有学者指出，"可能是因为非申请型课予义务诉讼的诉讼要件颇为严格，几乎没有认可请求的例子，诉被认为合法的也仅有一点例子"。村上裕章「多様な訴訟類型の活用と課題」法律時報 82 卷 8 号（2010 年）20-25 頁（村上裕章・前掲『行政訴訟の解釈理論』96 頁所収）。

行政法学者等对此概念的发言已经很多，颇堪玩味的是，例如，在判断有无"重大损害"的判例中（没有对第三人的处分），广泛分析课予对自己处分的义务诉讼，对其判断方法作出评论，島村健「非申請型義務付け訴訟における『重大な損害を生ずるおそれ』の判断方法について」滝井追悼 251 頁以下。再如从"行政程序与诉讼程序的客观接续关系"观点出发，有观点认为，"在行政程序上或行政诉讼程序上，原告负有一定程度的提供证据责任，换言之，是否要作出处分需要展开调查判断，对其必要性提供根据的事实负有证明责任"。山本隆司「改正行政事件訴訟法をめぐる理論上の諸問題」論究ジュリスト 8 号（2014 年）74 頁（也包括该处所引用的同一意旨的论文）。

〔2〕　例如，产业废弃物处分厂周边的居民要求县知事依据废弃物处理法命令该处分厂的企业采取措施消除生活环境保全上的妨害等（措施命令），参照、福岡地判 2008 年 2 月 25 日判時 2122 号 50 頁、福岡高判 2011 年 2 月 7 日（因控诉审、上告不受理而确定）判時 2122 号 45 頁等。

2. 针对所谓"申请型"不作为的课予义务之诉，[1]在可以提起不作为确认违法诉讼的案件中，[2]必须与不作为的确认违法诉讼一并提起，而不能单独提起（参见《行诉法》第 37-3 条第 3 款第 1 项）。其他情形，也就是在对申请已作出拒绝处分（在程序上或实体上驳回申请等）时，必须对该拒绝处分一并提起撤销诉讼或确认无效诉讼（同第 2 项）。

从法技术上看，在课予义务之诉与上述其他各种诉中，通常的案件是后者的违法性判断实质上成为前者之诉的中间性判断，因而，为了适当地解决纷争，将其一并审理可以说是合理的，故强制性合并。也就是说，如果各种诉分散提起，判决相互间就可能在实质上发生龃龉；特别是如果合并提起的撤销诉讼和不作为确认违法诉讼等请求得到认可，像过去那样，通过判决的拘束力，在结果上也可以期待实现课予义务的目的。拒绝处分的违法性自身是明显的，对于课予何种处分的义务，不少情形仍然有审理的必要，因而，这时，选择诉讼类型也是有合理性的。[3]但同时，这也明显表明，尽管 2004 年修法旨在摆脱所谓"撤销诉讼中心主义"，[4]但《行政案件诉讼法》在结果上仍然维持着以撤销诉讼为中心的基本构造。[5][6]

---

〔1〕 参见前文第 31 页。

〔2〕 参见前文第 25 页以下。

〔3〕 另外，在这一点上，关于合并提起之诉的审理方法，参见《行政案件诉讼法》第 37-3 条第 4 款，关于判决，参见该条第 6 款等。

〔4〕 对此参照、塩野宏「行政訴訟改革の動向」同·前揭『行政法概念の諸相』235 頁、291 頁等。

〔5〕 如上所述，2004 年修改的《行政案件诉讼法》将课予义务诉讼分成直接型（非申请型）和申请型两类来规定。两者可提起诉讼的要件有很大不同，特别是起诉请求作出对自己的授益处分（例如支付年金、保险等，授予资格、身份等），属于哪一种类型，就是很大的问题。这时的关键点当然就在于，作为起诉的前提，是否为根据法令上的申请权提出了申请（例如法务大臣根据《入国管理法》对外国人的居留特别许可等）。对于两个制度的错综关系，例如请参照、常岡孝好「申請型·非申請型義務付け訴訟の相互関係に関する一考察」宮崎古稀 170 頁以下、横田明美·前揭『義務付け訴訟の機能』53 頁以下。

〔6〕 如前所述，法律修改前有关"作为无名抗告诉讼的课予义务诉讼"可否的讨

论受到关注的是在尚未行使"行政厅的首次判断权"的案件中的不作为。这时，不外乎是通过直接的课予义务（或者确认作为义务）要求课予行政厅的义务。应对这一事态的是修法后的"直接型"课予义务诉讼。对于"申请型"课予义务诉讼，至少有拒绝处分，行政厅已经作出判断，在救济途径上，提起拒绝处分的撤销诉讼，能通过撤销判决的"判决拘束力"（《行诉法》第33条，参见后文第155页以下）导出课予行政厅（一定的）义务。通过修法，让请求直接课予义务来实现同样的效果。另一方面，现行法也没有排除不提起课予义务诉讼而仅提起拒绝处分的撤销诉讼（因而就依赖于判决的拘束力课予义务）。因而，在此之外（与尚未有先行的行政厅判断的情况一样）开辟直接的课予义务之路，本来就是让这种课予义务不是在撤销诉讼制度的延长线上，而是让其具有独自的意义（说修改法律摆脱了撤销诉讼中心主义，必须是在这一意义上来说的）。然而，不能否定的是，修改法对申请型课予义务诉讼，强制提起拒绝处分的撤销诉讼（确认无效诉讼）或不作为违法确认诉讼，而（除了分离撤判决的例外）认可这些诉讼中的请求是课予义务诉讼中认可请求的前提条件，因而，承认课予义务诉讼作为单独的诉讼类型的意义变得暧昧不清（至少在结果上未能摆脱"课予义务"的撤销诉讼从属性）。攻击这一点，对于今后的（申请型）课予义务诉讼提出立法论和解释论上的积极建议，横田明美・前揭『義務付け訴訟の機能』。

　　另外，如正文也有所触及的那样，2004年《行政案件诉讼法》的修改强调"摆脱撤销诉讼中心主义"，不能否定的是"撤销诉讼中心主义"及其"摆脱"的表达包含着稍有误解之处，在法律修改后很快就成为讨论的对象（例如参照、小早川光郎编・前揭『ジュリスト増刊 改正行政事件訴訟法研究』101頁以下）。主导修法的盐野宏承认，这一表达具有多义性，"撤销诉讼中心主义"可分为"法制技术性撤销诉讼中心主义"和"诉讼类型论的撤销诉讼中心主义"，在修法中前者仍然得到维持。如此，正文所述的《行政案件诉讼法》第37-3条规定也（大致）被包含在前者中加以整理，他认为，这是根据"制度关联性考察"而来的，而非"撤销诉讼中心主义的构想"（参照、盐野宏・前揭『行政法概念の諸相』309頁以下），其中应予否定的完全是"作为思想的撤销诉讼中心主义"（参照、盐野宏・前揭『行政法概念の諸相』313頁）。两者之间存在微妙的差异。高木光将"撤销诉讼中心主义"整理为"技术的侧面"和"实践的侧面"（高木光「義務付け訴訟・差止訴訟」新構想Ⅲ48頁），前者是关乎立法技术，作为（现行法的）认识是正当的，"并不应当特别予以消极评价"，而后者是"倾向于这样的价值判断，即以撤销诉讼这一诉讼类型来救济是原则，其他诉讼类型的救济仅被限定为例外"（隐性列举主义）（以上同49頁），修法所意图的是从这种意义上的"撤销诉讼中心主义"中摆脱出来。其中所说的"实践的侧面"也可以说与上述"作为思想的撤销诉讼中心主义"具有相通之处。

　　另一方面，例如神桥一彦指出，"撤销诉讼中心主义"一词有"条文体裁上的意义"和"抗告诉讼中诉讼类型定位的意义"双重意味（前者是《行政案件诉讼法》上的

109   3. 禁止之诉也与课予义务之诉一样，仅限于因作出一定的处分或裁决而"有可能造成重大损害时"才可以提起（行诉法第 37-4 条第 1 款）。而"有避免损害的其他适当方法时"，则不能提起禁止之诉（第 1 款但书）。法院对于有无"造成重大损害"之虞的判断，法律也同样给出了方针（第 2 款）。过去对于禁止诉讼作为无名抗告诉讼能否允许的讨论，与可否课予义务诉讼几乎没有区别。这种状况即使在这些诉得到明文承认的今天，也基本上没有变化。[1]

诸项制度以撤销诉讼为中心来规定，其他抗告诉讼多以准用它的方式来规定；后者是根据"尊重行政厅的首次判断权"观点而以撤销诉讼作为抗告诉讼的中心）。修法后，前者并无变化，而对于后者，"撤销诉讼中心主义"或"撤销诉讼中心主义的抗告诉讼观"发生了"相对化"（弱化）。神橋一彦·前揭『行政救济法（第二版）』38 页。

正如各个论者所认为的那样，不可否定的是，（即使在修改后）行政案件诉讼法（在法技术上）是以撤销诉讼进而是抗告诉讼为基轴设计制度的，这当然是因为具有这种构造的救济制度有其自身的合理性。如果大家都能认为，这种构造并不意味着"闭锁的救济法体系"，那么就没有必要再执着于容易导致一般人混乱的"摆脱撤销诉讼中心主义"这样的表达。在这一意义上，本书在说明现行法时不使用这一词语（顺便提及，以上围绕"撤销诉讼中心主义"概念的理论状况，在某种意义上让人想起昭和 30—40 年代针对"公权力"概念强调其"技术性"的讨论）。

另外，《行政案件诉讼法》第 37-3 条第 5 款规定，法院在课予义务诉讼中作出课予义务判决的要件之一是合并提起的撤销诉讼等抗告诉讼中请求理由得到认可。这是课予义务诉讼的诉讼要件还是本案胜诉要件（若是前者，欠缺时诉不合法，驳回诉讼；若是后者，诉合法，驳回请求），这一理论问题在学说上的通说（本案胜诉要件说）与裁判实务（诉讼要件说）之间存在差别〔宇贺克也·概说Ⅱ（第六版）338 页〕。从法律条文来看，本案胜诉要件说更为自然，而在裁判实际中，从审理效率的角度出发，通常首先审理撤销请求等妥当与否，如果得出否定的结论，就已经不可能作出课予义务判决，因而，对课予义务诉讼作更多的审理是没有意义的，于是就作为诉不合法驳回来处理。如此，在驳回请求判决的情形下，比起受到驳回诉讼判决的情形，原告败诉的比重是很少的（与此不同，驳回诉则并没有确定行政厅没有作出该处分的义务）。为了有利于原告，作这种诉讼上的处理也是有充分理由的。对于该问题，参照后文第 146 页。

〔1〕 此间，对于《行政案件诉讼法》第 37-4 条第 1 款对处分的禁止之诉所规定的有"可能产生重大损害"的情形是怎样的情形，最高法院给出了一般基准，"（要承认有这种可能，）因作出处分而可能产生的某损害，不是在处分之后通过提起撤销诉讼等获得停止执行决定等就能容易获得救济的损害，而是要在处分之前不采取命令禁止的方法就难以获得救济的损害"，明确了禁止诉讼相对于撤销诉讼的备位性。"公立学校等的

第二项　临时救济

从诉的提起到作出判决，仅一审判决就要数月，这是极为寻常的。如果一直上诉到最高法院，长者预计有 10 年。如果在此期间违法处分（或违法不作为）仍有效存在，很容易想到在判决确定之际，对私人的救济已经实质上为时已晚。作为应对这种事态的方法，2004 年修改前的《行政案件诉讼法》一方面基本排除民事诉讼法临时处分制度的适用，另一方面仅设置了处分的停止执行制度（《行诉法》第 25 条以下）。但是，在这次的修法中，与明文新设课予义务诉讼、禁止诉讼相伴，也明确完善了这些诉讼中的临时救济制度。这就是该法第 37-5 条规定的临时课予义务与临时禁止制度。

第一目　停止执行

一、不停止执行原则

《行政案件诉讼法》第 25 条第 1 款规定，"提起处分的撤销之诉，不妨碍处分的效力、处分的执行和程序的继续进行"。

1. 如果抗告诉讼的主要目的在于，让伴有公定力、自力执行力等侵害私人法的利益的行政行为失去优越性，救济私人的权利，那么，既然提起了抗告诉讼，却不同时暂且停止行政行为的执行、暂时停止其效力，就一定不能充分实现其本来的目的（当然，如果最终胜诉，在

校长命令教职员在毕业典礼等仪式上齐唱国歌时面向国旗起立齐唱或作钢琴伴奏，在教职员违反该职务命令时即予惩戒处分"，对于请求禁止惩戒处分之诉，在该案件的具体情况下，承认诉的合法性并作出判决（最判 2012 年 2 月 9 日民集 66 卷 2 号 183 页）。

此外，法律修改后作为承认禁止的例子有，对于自卫队机运航产生的噪音等损害，承认有"可能发生重大损害"，认可了禁止之诉（但驳回了请求），最判 2016 年 12 月 8 日民集 70 卷 8 号 1833 页。还有著名的下级审判决，关于名胜鞆浦公有水面填埋执照，广岛地判 2009 年 10 月 1 日判例地方自治 323 号 17 页等。

行政行为已经执行后，可请求恢复原状，但有时根据案件情况也难以恢复原状，有时可能因适用了《行政案件诉讼法》第 31 条的情势判决而变成败诉的结果）。其中，例如在德国的行政法院法上，提起抗告诉讼原则上当然停止行政行为的执行，即采用了所谓停止执行原则。而在日本，则完全相反，不仅采用了不停止执行原则，而且对于行政厅的处分以及其他行使公权力的行为，不允许根据民事保全法规定的临时处分制度暂时停止其执行（《行诉法》第 44 条）。而且，不停止执行原则也准用于无效等确认诉讼（《行诉法》第 38 条第 3 款），根据通说，《行政案件诉讼法》第 44 条临时处分的排除规定也适用于该法第 45 条的所谓争点诉讼。

2. 在日本法上，采用不停止执行原则的理由，通常是保障行政运营的顺利性。[1]但是，连行政行为违法、无效时都要保障行政活动的顺利性，这在以依法律行政原理为支柱的近代法治国家原理之下本来应当是不被容许的。因而，正确地说，上述理由恐怕应当说是以下面这种观点为前提的，即在行政厅主张处分合法与私人主张处分违法相对立时，一般信赖行政厅一方。[2]

诚然，在行政厅及其辅助的行政机关任职者是公务员，其法律素养大致是有保证的，他们服从行政组织内部的各种纪律。有鉴于此，一般可期待公务员比通常的单个私人能更为中立公正地进行法解释，一般而言这未必能说是不合理的。鉴于在现实中，私人提起抗告诉讼，大半也是以行政厅胜诉而告终，从统计上来看，即使采用一般的停止执行原则，在现实的多数情形中，可以说将会导致本来合法的行政处分被不当地停止执行。但是，从是否应停止执行成为现实问题的各个情形来看，正是在这些事例中，是行政厅胜诉还是私人胜诉，在作出判决之前，理论上是五比五的。如此，问题最终就变成必须要从下面这种观点出发作出判断：这时，不当妨碍行政厅执行的案件与私

---

〔1〕　参照、田中二郎·上 336-337 頁。

〔2〕　例如，田中二郎在上述理由之外，还举出采用停止执行原则时的"滥诉之弊"。同上注。

人受到不当执行的案件，哪一个对当事人的损害更大。[1]这时，原则上当然是法律上利益受到积极侵害的私人一方所受损害更大。[2]若如此考虑，从近代法治国家原理来看，原则上不停止执行制度就只能说是异质的、不合理的制度。[3]

---

　　[1]　当然，设置法律上权利救济制度时，其基本视角置于这种制度的具体功能的场面上，而不应是以整体的概率、统计视角为基础。

　　[2]　当然，例如请求撤销像建筑确认处分那种所谓双重效果的行政行为时，因停止执行而受到不利的是私人（参见《行诉法》第32条第2款）。将处分对私人利益的间接侵害与对处分所赋予利益的直接限制相比较，原则上应当说前者的损害更大。

　　[3]　"正是行政厅能成为严正而准确的法适用者"，如果要追溯这种对行政的信赖感，可以看到它是以德国公法学，特别是R. 格奈斯特式的普鲁士型法治国家观为模型。这种观点原本的基础是对行政官僚的信赖——"中立而公正地实现公益的行政"。在19世纪的普鲁士，"依法律行政原理"确立之后，当初的主张是，能对合法律性作出最准确判断的正是行政机关，这作为一般性排除司法审查的根据而发挥作用。即使在无法击退裁判审查的必要性时，它也成为确立普鲁士型行政裁判制度（作为行政权一部分的行政法院）的根据（对此参照、藤田宙靖·公权力的行使159页以下）。在德国，至少在德国基本法成立时，这种观点已不再通用，在现实的诉讼法上，很早就采用了诸如停止执行原则、课予义务诉讼等，这种状况与日本颇为不同。但在日本，还残存着"尊重行政厅的首次判断权"（前文第27页）的观点，采用了这里所述的不停止执行原则，这些至少应该说，在制定现行《行政案件诉讼法》的昭和30年代，尚未在法的思想上得到清算。

　　然而，在第二次世界大战后的日本国家和社会中，对行政权适当判断能力的信赖感，成为形成行政主导的体系的一大基础。为此，在昭和30年代无法清除上述思想，这或许也能说是其相应实际状态上的背景。但是，要从根本上重新思考这里所说的体系及其前提观点，重新构筑"本国的样式"。例如，在行政改革会议的最终报告（1997年）中出现了行政改革理念。其中，对于政策的策划、设计功能，有必要从行政主导向政治主导改革。同样，对于法律的解释和适用功能，在相对于司法权的关系上，也必须让对行政官僚的前述信赖感暂且回到空白状态，尝试着制度重构。这可以说是带来行政案件诉讼法修改的司法制度改革基本理念。

　　在另一方面，"对行政厅的信赖感"与前述（上卷第129页以下）"尊重行政厅的专门技术判断"结合在一起。这是一看就合理的主张，为此，法院在推翻行政厅一度作出的判断前也要踌躇不决，表现出法院的自制。但其中仍要从下面这种角度进行探讨：行政厅基本上是从确保公益的角度作出专门技术性判断，而法院自然不是同样基于确保公益的视角来判断其是否适当。即使是行政厅的专门技术性判断，法院所负有的职责义

3. 当然，在现行法制下，为了避免不停止执行原则导致过于不合理的结果，在一定情况下，根据原告的申请，法院可在例外时停止执行。也就是说，根据《行政案件诉讼法》第 25 条第 2 款，"在提起了处分的撤销之诉后，存在避免因处分、处分的执行或程序的继续进行而产生重大损害的紧急必要时，法院可根据申请，以决定的形式，停止或部分停止处分的效力、处分的执行或程序的继续进行"。但从立法论来看，该例外与前述原则相反，却是更为忠实于近代法治国家原理的制度。

另外，在 2004 年修法之前，与"重大损害"相对应的部分是"难以恢复的损害"。但是，该要件让停止执行过于困难，因而在这次的修法中，改成了现行的表述。当然，修改法在该条第 3 款中规定，"法院在判断是否产生前款规定的重大损害时，要考虑损害的恢复难度，斟酌损害的性质和程度，以及处分的内容和性质"。在此，再度复活了"损害的恢复难度"。因而，在今后的裁判实务中，如果重视这一部分，实际状态就与从前没有多大变化。对此，在修改法中，"恢复难度"的意义仅在于，它是与其后续的"损害的性质和程度""处分的内容和性质"等相并列的一个判断要素。在这一限度上，应该说它只不过被赋予了相对的位置，而与从前

务、所具有的权限也完全是从法治主义的角度、从是否有必要救济国民权利利益的角度进行审查（对此，另请参见后文第 133 页以下关于裁量处分的司法审查部分）。行政处分的撤销诉讼制度是作为国民权利保障的制度而被引进实定法的。在国民与行政机关之间发生纷争时，立法权让这种"从法治主义角度出发的救济"优先，在行政权与司法权之间决定了权力分立的具体状态。

顺便提及，有学者根据本书这一部分的指摘，将本书的观点理解为是在主张不停止执行原则违反日本国宪法，视为加以批判的文献［村上裕章「執行停止と内閣総理大臣の異議」高木光＝宇賀克也編『行政法の争点』128 頁、山本隆司「行政訴訟における仮の救済の理論（上）」自治研究 85 巻 12 号（2009 年）35 頁］。本书为理解日本行政法而将"近代法治国家原理"设定为"理论的标尺"，本书在这里提出的问题是不停止执行原则与这一原理之间的理论距离（偏差）问题，将其与是否符合日本国宪法的法解释论问题直接结合起来，不能说是正当的。

不同。〔1〕〔2〕〔3〕

4. 另外，在现行法上，对于这种例外的停止执行，还附有种种限 115
制。例如，"在能通过停止处分的执行或程序的继续进行实现目的时，
不得停止处分的效力"（《行诉法》第 25 条第 2 款但书），"停止执行
有可能对公共福祉造成重大影响的，或者能看到本案没有理由的，不
能停止执行"（同条第 4 款）。不仅如此，对于这种例外的停止执行，
课予的更为重大、应予关注的限制是《行政案件诉讼法》第 27 条的
"内阁总理大臣的异议"制度。

---

〔1〕 顺便提及，《行政案件诉讼法》第 25 条第 3 款对"是否产生重大损害"认定
方法的规定，与"课予义务之诉"的要件（《行诉法》第 37-2 条第 2 款）、"禁止之
诉"的要件（《行诉法》第 37-4 条第 2 款）基本上是相同表述，而且是极为常识性的
内容。也就是说，这就不外乎意味着，无论如何，救济所需要的损害认定最终都是要综
合考虑具体案件中的关联事项，对于这里所举出的"损害的性质和程度""处分的内容
和性质"等要素，脱离具体案件作更为抽象的讨论就没什么意义。

〔2〕 但无论如何，在法律修改前有时可以看到的一种主张是，如果金钱赔偿是可
能的，就不能说有"难以恢复的损害"。这种主张现在自然已经不再通用了。在现行制
度下出现的应予关注的最高法院判例是，在律师惩戒处分（停业三个月）的撤销诉讼
中，对于停止执行的申请，最高法院在该案中判断认为，社会信用的降低、业务上信赖
关系的损毁是重大损害。最决 2007 年 12 月 18 日判时 1994 号 21 页。

〔3〕 顺便提及，地方法院层面停止执行的申请件数和认可件数（与申请件数的比
例），与法律修改前相比来看如下（出自最高法院事务总局行政局之手的年度行政案件
概况报告，法曹时报 53 卷 9 号~61 卷 9 号）：

2000 年　83 件中　20 件（25.0%）
2001 年　104 件中　43 件（41.3%）
2002 年　104 件中　40 件（38.4%）
2003 年　142 件中　42 件（29.5%）
2004 年　138 件中　70 件（57.9%）
2005 年　141 件中　70 件（49.6%）
2006 年　177 件中　61 件（34.4%）
2007 年　199 件中　69 件（34.6%）
2008 年　236 件中　115 件（48.7%）

二、内阁总理大臣的异议

1. 根据《行政案件诉讼法》第 27 条规定，"在提出第 25 条第 2 款的申请后，内阁总理大臣可以向法院陈述异议"，"作出停止执行决定后，也同样可以"（同条第 1 款）。如该条第 3 款规定，该异议所依据的理由在于，"如果不使处分效力存续、执行处分或继续进行程序，可能给公共福祉造成重大影响"。如果是在决定停止执行之前提出异议，法院就不能停止执行；如果是在已经决定停止执行之后，法院必须撤销决定（同条第 4 款）。

当然，法律规定，该异议必须附具理由（同条第 2 款），该条第 6 款还规定，"内阁总理大臣非不得已不得陈述第 1 款的异议"。但必须注意的是，根据该法律起草时法制审议会成员的说明，内阁总理大臣附具的是否真的为不得已的理由，法院并无审查权。[1]

2. 这一制度从行政案件诉讼特例法时代就开始存在，但不断地遭到批判，即"承认行政权对司法权的不当介入，违反权力分立原则"。在 1962 年《行政案件诉讼法》的制定过程中，围绕其存续是非，也有诸多讨论。但最终《行政案件诉讼法》毋宁是在某种意义上以进一步强化行政权地位的方式，继承了该制度。[2] 2004 年大规模修法时，对于这一制度则以一概没有触及而告终。

尽管有种种批判，该制度仍得到维持。其论据如下：

第一，实质的论据：法院决定停止执行，常常不充分考虑行政案件的特殊性，像民事诉讼法上临时处分那样随便进行。因为有这种倾向，作为对实现公共福祉负有直接责任的行政权，对于这种法院滥发停止执行决定必须持有传家宝刀。

---

〔1〕 参照、杉本良吉·前揭『行政事件訴訟法の解説』97 頁、雄川一郎·前揭『行政争訟法』205 頁等。

〔2〕 在特例法时代，对可以陈述异议的时期并无明确规定。最高法院采用的解释是，必须在作出停止执行决定前陈述异议。参照、最判 1953 年 1 月 16 日民集 7 卷 1 号 12 頁。

　　第二，理论的论据：是否停止执行行政处分的问题，也就是停止执行该处分是否给公共福祉造成障碍，它最终不是法的问题，而完全是从行政的角度作出的行政判断。因而，对于这一点，即使《行政案件诉讼法》第 27 条第 3 款的内阁总理大臣判断优越于该法第 25 条第 3 款的法官判断，也不意味着行政权对司法权的干涉。[1]

　　3. 然而，对于这种观点，当然有种种质疑。首先，对于上述第二点，问题在于，能否果真像该观点所说的那样进行切割，是否要停止执行的判断，纯粹属于行政的判断，本来就不属于法院的权限。诚然，是否应为了公益而继续执行，其自身即使能说本来是行政的判断，其中的问题也是从私人权利救济的角度来判断是否有必要停止执行，这不能说纯粹是从行政的角度所作的判断。[2]换言之，对于是否让处分继续执行的问题，保护公益的行政视角与救济私人权利的司法视角是交错、竞合的，正因为如此，《行政案件诉讼法》以第 25 条第 2 款、第 3 款规定了处理两者关系的要件。这时，对于该法定要件的解释、事实是否满足该要件的认定，即使没有理由让法院的判断必须是终极性的，也没有理论根据必须让行政权的判断终极性地得到通用。既然问题是在是否满足法律的规定要件上有争议，如果通过对停止执行决定的即时抗告（参见《行诉法》第 25 条第 7 款），让上级法院再度审查之路得到保障，那么，它就是一种具有一定合理性的解决方法，而此外存在的内阁总理大臣异议制度，就必须说没有理论上的必然性。

　　其次，从前面所列举的第一点来看，即使法院的确有可能滥发停

---

　　〔1〕　也就是说，该观点认为，假设内阁总理大臣从法的角度对法院的法律解释和适用提出不满，的确就是行政权对司法权的干涉；但对于要不要停止执行的问题，这原本是行政的判断，却被委诸法官，作为行政权首长的内阁总理大臣完全是从行政的角度提出不满，因而，问题就完全不同（参照、田中二郎·上 341 页。有判例从这种逻辑出发认为该制度不违宪，参照、东京地判 1969 年 9 月 26 日例集 20 卷 8·9 号 1141 页）。如果根据这种观点，正因为如此，内阁总理大臣完全从行政的角度依据行政或政治责任而提出异议，法院审查其判断是否合适并不妥当，内阁总理大臣仅限于向国会负行政的、政治的责任（参见《行诉法》第 27 条第 6 款第 2 句）。

　　〔2〕　对此，也请参见前述第 112 页注。

止执行决定，但不容忽视的是，在另一方面，在设计与此相对抗的内阁总理大臣异议制度时，也还没有不滥用这一制度的保证。结果只能说，该制度是以对内阁总理大臣所代表之行政权（与通常的法院相对）的深深信赖和期待为前提而建立起来的。但是，针对 1967 年开始发生的国会周边游行示威许可条件的停止执行，东京地方法院与内阁总理大臣之间的抗争，[1] 以及此后三年多数次反复的完全相同的案件，已严重背离了这种信赖和期待。[2]

119

有鉴于此，这一制度已经因承认行政权对司法权的不合理介入而颇有浓厚的违宪之嫌，至少在立法论上必须说应予废止。[3]

第二目 临时课予义务与临时禁止

1. 提起课予义务诉讼后，为了避免因不作出被要求课予义务的处分（或裁决）而造成无法弥补的损害，在有紧急的必要且能看到本案有理由时，法院根据申请，可以决定的形式临时命令行政厅作出该处分（或裁决）（"临时课予义务"，《行诉法》第 37-5 条第 1 款）。对于禁止之诉的情形，也允许基于同样的旨趣作出"临时禁止"（同条第 2 款）。

这些自然都是伴随 2004 年修改法律，明文承认课予义务诉讼和禁止诉讼制度而导入的制度。[4]

---

〔1〕 参照、東京地判 1967 年 6 月 9·10 日例集 18 卷 5·6 号 737 頁；東京地判 1967 年 7 月 10·11 日例集 18 卷 7 号 855 頁。

〔2〕 例如，在现行法之下，作为内阁总理大臣首次提出异议而闻名的案子是 1967 年的第一案，在该案件中，东京地方法院（杉本良吉裁判长）在停止执行东京都公安委员会给游行示威许可所附的变更道路条件时，在具体探讨该示威计划后，判断认为，其中的主办团体、预定参加者、路线等绝不符合《东京都公安条例》规定的"明显对保持公共安宁产生直接危险时"的要素，因而，公安委员会所附条件违法。在佐藤荣作总理大臣对此的异议中，完全没有提示推翻该判断的具体资料，而仅仅是对示威游行影响国会审议表示了抽象的不安。

〔3〕 另外，例如兼子仁（总论 292 页）主张，在现行法解释论上应采取这样一种解释，即法院能审查内阁总理大臣提出异议的理由。

〔4〕 另外，有学者指出，"申请型课予义务诉讼法定化在临时救济层面比本案诉讼层面意义更大"（芝池義一·救济法 149 頁）。

2. 引人关注的是，对于这些申请获得认可的要件，停止执行时规 120
定的是"重大损害"，而临时课予义务（临时禁止）时则规定的是
"无法弥补的损害"。后者明显比一般的"重大损害"（《行诉法》第
25 条第 2 款）要窄，比"损害的恢复难度"更严。这种差别应该说
源自撤销诉讼（停止执行）与课予义务诉讼（临时课予义务）、禁止
诉讼（临时禁止）的不同，在撤销诉讼的情形中行政厅已经作出首次
判断，而在后者的情形中则并未作出。[1]也就是说，在这里意外地显
示出，现行《行政案件诉讼法》并没有完全放弃旨在"撤销处分"的
撤销诉讼中心主义。

第三款　诉的审理问题

第一项　诉的对象（诉讼标的）

在所有诉讼中，都伴有"诉讼标的"的概念：划定通过诉讼所争 121
的是什么（诉讼对象），进而在结果上判决（或决定）最终决定的（在
法上确定）是什么（决定既判力的范围）。撤销诉讼是"要求撤销处分
的诉"，因而，处分的"撤销"自身明显包含在诉讼标的中，但实际在
诉讼中主要争议的是是否存在作为撤销原因的处分违法性（瑕疵）。因
而，确认有无违法性是否也为诉讼对象（诉讼标的）的一部分就成为问
题。撤销判决在其主文中仅宣告"撤销"该处分，从理论上说，极为朴
素的观点就是，只有"撤销"是诉讼标的（因而，判决只不过是具有
"撤销处分"的形成效果），确认处分的违法性只不过是其所附的理由
而已。但是，在判例和学说上一般采用的观点是，撤销诉讼的诉讼标
的在撤销之外还包括作为其原因的处分违法性的确认（因而，撤销判

---

〔1〕　此间，作为承认临时课予义务的例子有，课予临时承诺保育园入园义务，東
京地判 2006 年 1 月 25 日判時 1931 号 10 頁；课予临时许可使用公共设施（交响乐大
厅）义务，冈山地判 2007 年 10 月 15 日判時 1994 号 26 頁等。而作为承认临时禁止的例
子有，临时禁止废止市立保育所，神戶地判 2007 年 2 月 27 日賃金と社会保障 1442 号
57 頁。

决在有形成效果的同时，还具备"确认违法性"的确认效果）。[1]

　　在处分撤销原因的违法性是复数时，要作出撤销判决，只要确认其中一个存在就可以。这时，有观点认为，经撤销判决所确定的不仅是这一个违法性，而是整个违法性。[2]在此前提下，过去仍作为问题的是，得到确认的"处分违法性"是否超越在该诉讼中作为对象的处分自身违法性，而及于将来相同内容处分的违法性？也就是说，在撤销判决撤销处分后，行政厅不服，又重复作出相同内容的处分，这一再度处分（至少从表面上来看）只能说明显是其他处分，但问题在于，之前的撤销判决能否已经确定了后续处分的违法性（禁止同一处分反复效果）。之所以不允许，实际上是因为《行政案件诉讼法》第

122　33 条第 1 款有明确规定。但因为该规定是作为后述"撤销判决的拘束

---

　　〔1〕　关于这一点，对于撤销诉讼是形成诉讼还是确认诉讼有过热烈的讨论，我自身对此并不那么关心，本书也不涉足。

　　顺便提及，过去讨论将"法律关系"理解为"权利"与其相对峙的"义务"的相互关系，将实体法设想为到处都由所有这些"权利·义务"束填充的平原，这是以传统民法学、民事诉讼法学的构想——将民事诉讼法定位于服务于实现实体法上的"权利"——为前提的（诉讼法理论不以实体法上权利的存在为前提，就作为"诉讼法的暴走狂奔"而受到非难）。在公法学领域，也因以德国法为中心的"公权论"的隆盛而广泛采用这种思考方法。如果站在这一前提上制定了法律上的某诉讼类型，其必定采取的思考方法就是，它必须服务于实现实体法上的某种"权利"。例如，将撤销判决理解为撤销请求权的实现，因而也就要讨论其中的"撤销请求权"是"给付请求权"还是"确认请求权"抑或"形成权"（顺便提及，现行法上课予义务诉讼是否承认了"行政介入请求权"，这样的讨论就是一例）。在这种思考方法下，撤销诉讼的诉讼标的（诉讼对象）当然就必须是某种实体法上的"公权"，诉一定必须是给付诉讼、确认诉讼、形成诉讼中的某一种。对于"行政实体法均由某种'公权'束填充"的思考方法，本书抱有违和感（顺便提及，从相似角度对传统行政法学进行批判，仲野武志·前揭『公权力的行使概念的研究』），而立于超越这种教条而直率地直视实定法规定的方法论之上。

　　〔2〕　因而，例如，因"违反职务上的义务或怠于履行职务"（《国家公务员法》第 82 条第 2 项）而作出惩戒处分，尽管以该事实不存在为由而被撤销，处分权者不能仍以有"与全体国民的服务者不相称的不端行为"（同条第 3 项）为由而主张该惩戒处分有效（当然，这时是否允许以先前撤销诉讼系属中违反第 3 项为由追加，则是不同的问题，参见后文第 130 页以下）。

力"的一个内容而规定的，因而，还要在理论上追问它与"判决的既判力"的关系。对此，在后文讲述"判决的拘束力"时再来探讨。[1]

第二项　职权主义等问题

一、当事人主义与职权主义

对于民事诉讼的审理，一般采用的大原则是"当事人主义"。所谓当事人主义，用一句话概括，它是一个倾向性地表达主张在诉讼程序中赋予当事人主导权的概念（大致可分为"处分权主义"与"辩论主义"，前者是关于由谁确定诉讼开始和终了、诉讼对象范围的问题，后者是关于由谁提出判决的必要资料确定事实的问题）。而与此相对，在诉讼程序中承认法院的主导权，一般称作"职权主义"。

之所以在民事诉讼中采用当事人主义，是因为民事诉讼未必以发现客观真实为目的，而是解决私人相互间的纷争。如果私人间纷争消失了，就实现了制度的本来目的。与此相对，行政诉讼与民事诉讼不同，其诉讼结果对公共利益有广泛影响，因而，问题就在于，诉讼结果完全委诸当事人之手吗？在行政诉讼中采取与民事诉讼同样的当事人主义是否也妥当的问题，特别是可否采用辩论主义，很早以来就有争论。

二、行政案件诉讼法根据的原则

然而，在日本现行《行政案件诉讼法》之下，如前所示，只要没有特别规定，行政诉讼就"依循民事诉讼之例"（《行诉法》第7条）。因而，判例和学说对此问题也认为，行政案件诉讼一般不适用职权主义，原则上广泛采用与民事诉讼一样的当事人主义是妥当的。也就是说，对于抗告诉讼，关于诉的提起、撤回等的处分权主义自不

123

124

---

[1]　后文第155页。

用说，在资料、证据的收集上也遵循辩论主义原则，法院一般不应基于当事人没有提出的事实作出裁判（不过，在处分权主义上，对于是否允许行政厅就请求作出承诺、进行裁判上的和解，也不是没有否定的观点[1]）。

不过，鉴于行政诉讼的前述性质，为了能在当事人主义（辩论主义）的框架内尽可能地收集客观资料，现行法有部分规定。例如，《行政案件诉讼法》第22条和第23条为案件的相关第三人及行政厅广泛参加诉讼打开通道，在必要时法院依职权使其参加，可以说在某一方面回应了这种要求。而该法第24条规定，"法院在必要时可依职权调取证据"。对于该规定的意义，过去在解释论上不无怀疑，但现在一般的理解是，它只是在判断当事人主张的事实是否实际存在时，仅从当事人提出的证据还无法得出充分的心证，认可法院依职权调取证据而已，而不是连所谓"职权探知主义"也予以认可，并不允许法院以根据真实作出裁判为目的，对连当事人都没有主张的事实也去探查（另外，该规定虽然承认职权调查，但并未达到课予法院职权调查义务的程度。对此一般并无争议[2]）。

三、释明处分的特别规定

当然，即使在辩论主义之下，法官原本也有对当事人等的"释明权"，"审判长……为了明了诉讼关系，可就事实上及法律上的事项向当事人发问，或者督促其举证"（《民事诉讼法》第149条第1款）。在2004年的修法中，《行政案件诉讼法》新规定，法院为了明了诉讼关系（为整理争点等），可在必要时进行释明处分，要求被告国家、公共团体或行政厅，进而是此外的行政厅提供其保有的全部或部分资料，以表明处分或裁决的内容、处分或裁决根据的法令条款、处分或裁

---

[1] 参照、雄川一郎·前揭『行政争讼法』216页；南博方编『注释行政事件诉讼法』（有斐閣、1972年）79页以下。

[2] 参照、最判1953年12月24日民集7卷13号1604页。

决的原因事实以及处分或裁决的其他理由（《行诉法》第23-2条）。[1]
这是对《民事诉讼法》第151条规定的释明处分所作的特别规定，特
别是对当事人以外的行政厅也能进行（同条第1款第2项），而提出
的资料也未必限定于"诉讼文书或诉讼中引用的文书以及其他物件"
（同条第1款第3项）的范围。这些规定可以说扩大了法院的权限。如
果行政厅未围绕诉讼中的争点，尽管为了消除原告一方的主张举证困
难，被命令释明，但行政厅仍不予回应（对此未设置特别的制裁规定），
法院可以采取措施，诸如之后即使行政厅再拿出这种资料，因为是延误
时机的攻击防御方法，法院已可不予处理。

四、提出文书命令

在当事人主义之下，上述依职权调取证据及释明处分，可谓是法
院基于诉讼指挥权而例外作出的行为；而当事人借法院之手而让举证
成为可能的，则是依申请命令提出文书制度。但是，对于这一制度，126
《行政案件诉讼法》完全没有规定，而完全是《民事诉讼法》（第219
条以下）的规定。因而，这里并不会详述，不过，该法2001年修改
时，主要设想了行政案件诉讼而扩大了国民的便利，这里仅对此部分
简要触及。

《民事诉讼法》第220条列举了不能拒绝法院命令提出的三种文
书（同条第1项至第3项，积极要件），对于其他文书，只要不符合
列举的要件（同条第4项，消极要件），就有全部提出义务（一般义
务）。第4项在2001年修法时被修改，与这里的问题相关而受到特别
关注的是，在其列举的消极要件中"专门供文书持有者利用的文书"
（同项第4目）部分之后用括号写着"国家或地方公共团体所持有的

---

〔1〕有观点认为是从诉讼审理的合理性角度引入了该制度，同时可从行政法基本
原则的"说明责任"角度为其提供基础，作为这种说明的有，盐野宏·Ⅱ（第六版）
154页。对此，进一步可参照、北村和生「行政訴訟における行政の説明責任」新構想
Ⅲ90頁。

文书时，除公务员在组织上使用的文书外"。这当然是与《信息公开法》的制定[1]相对应的，其结果是，即使是国家或地方公共团体供自己利用的文书，对于公务员在组织上使用的文书，不仅在信息公开请求程序中，在诉讼阶段，行政主体一方也不能拒绝提出。另外，对于当事人要求提示的文书是否符合上述第4项的消极要件，在必要时，法院在要求提示该文书之后通过秘密审理[2]作出判断。

第三项　主张限制

一、"与自己利益无关的违法"的主张限制

在行政处分的撤销判决中，处分溯及至开始时失去法的效果，而且其一般违法性确定下来，[3]当事人只要没有延误时机（参见《民事诉讼法》第156条以下），本来在审理之际就一定能提出所有攻防方法，为证明该处分违法提供根据。但是，《行政案件诉讼法》第10条第1款存在例外规定，即"在撤销诉讼中，不得以与自己法律上利益无关的违法为由请求撤销"。如前所述，[4]该规定源自该法的制度宗旨，即将抗告诉讼完全仅定位于旨在守护自己的法的利益免遭违法行使公权力的侵害，亦即"主观诉讼"，它与该法第9条第1款原告资格的规定出自同一根源。不过，两者不同的是，在消除原告资格障碍后的本案审理中，就是主张限制的问题。[5]

对于该规定，首要的问题在于，"与自己法律上利益无关的违法"具体是指什么（范围）。先前也稍有触及，[6]历来有各种讨论。只是

---

[1]　上卷第179页以下。

[2]　参见上卷第193页注[3]。

[3]　前文第121页。

[4]　前文第46页。

[5]　对于其具体差别，参见前文第71页注[1]。

[6]　前文第70页以下。

在这里，在承认第三人原告资格上，[1]至少对于请求撤销处分要具有
"法律上的利益"。因而，其中可通过撤销处分来恢复自己法律上的利
益，这一立场当然必须得到肯定。[2]如此，原本从理论上而言，对于
该处分的一般撤销事由，应该明显就不能说是与相对人同样的第三人
"与自己法律上利益无关的违法"。

　　只是在这时，例如，处分的根据规定明显旨在保护与第三人无关
的利益，情况就并非如此。如前所示，在处分相对人的情形下，这也
是一样的。因而，问题就变成在具体的规定中在解释上能多大程度读
出那种立法意图。[3]

---

　　[1]　在相对人本人的情形下，（如前述第 71 页注〔1〕的例子所示）除了明显完
全旨在保护第三人利益的规定外，所有法的规定基本上都是为保护本人而制定的。

　　[2]　在理论上正确地说这种"法律上的利益"是指什么，对此有种种说明［例
如，盐野宏·Ⅱ（第六版）174 頁将其作为从《行政案件诉讼法》第 9 条第 2 款规定产
生的"得到考虑的利益"来说明］。而如前所述（前文第 76 页以下），我将其理解为，
通过诸如许可这种行为（制度），避免因相对人行动造成损害的风险的权利（法的利益）。

　　[3]　对此，近来引人注目的论题是，在处分要件上规定了复数事项时，是否分别
产生"与自己法律上利益无关"的事项？对此问题，过去在定期航空运输业许可的撤
销诉讼中，对于"因与许可相关航线的飞机噪音而遭受社会观念上明显妨害者"，最高
法院引用（当时）《航空法》第 101 条第 1 款第 3 项规定的"项目计划在经营上及航空
安保上适当"，承认其原告资格。最高法院的"新潟机场诉讼判决"（参见前出第 74
页。该判决将原告等上述主张以外的违法斥为"与自己法律上利益无关的违法"）作
出了这样的提示。但今天特别成为问题的是，《关于核原料物质、核燃料物质及核反应
堆规制的法律》（原子炉法）第 24 条第 1 款各项规定（但是 2012 年修改法的施行前规
定）规定了核反应堆许可的要件，亦即该条规定，没有排除该条第 1 款规定的所有要件
（第 1～4 项）者，就不予核反应堆的设置许可。第 1 项（没有在和平以外利用的可能），
以第 2 项（没有妨碍核能开发及利用计划执行的可能）、第 3 项（设置者具有设置核反
应堆的必要技术能力及会计基础、足以实现正确运转的技术能力）及与这些不同的第 4
项（核反应堆设施的位置、构造及设备不妨碍防止核反应堆的灾害），至少设置了在其
目的中含有防止第三人身体健康等受害的要件规定。因而，作为其相反解释，应看作其
意图在于保护完全与第三人个人利益无关的一般公益［与此有一点理由的差异，例如参
照、小早川光郎·下Ⅱ182 頁。而与此相反的有，例如参照、阿部泰隆·解释学Ⅱ240
頁以下；盐野宏·Ⅱ（第六版）174 頁等］。

　　基于本书的观点，对于核反应堆的许可，承认第三人对撤销相对人许可具有原告资
格，就意味着行政厅有义务避免因核反应堆设置、运转而给相对人造成损害的"风险"，

二、所谓"违法性继承"问题

129　　对于被称作"违法性继承"的问题，如前所述，[1]这一问题过去在理论上是作为"行政行为公定力的界限"来理解的。但在今天，（像整个行政行为论那样）它越来越倾向于重视行政救济法上的功能性意义。站在这样的角度，问题就完全变成在后续处分的撤销诉讼中是否允许主张先行处分的违法性问题。具体而言，例如，第三人对于存在先行处分并没有充分的信息和认识，在超过起诉期限之后，就后续处分的违法性进行争议。这时出现的问题就表现为，在该抗告诉讼中，允许主张先行处分的违法性吗？实际上，先前引用的最高法院判决[2]正是这样的例子："在安全认定后进行建筑确认的情形下，即使没有撤销安全认定，在建筑确认的撤销诉讼中，应当允许主张因安全认定违法而违反本案条例第 4 条第 1 款所规定的接道义务。"[3]

130　　正如很多学者指出的那样，与行政法上很多其他问题一样，是否承认先行处分与后续处分之间的"违法性继承"，最终归诸如何在该案件中"行政的安定"要求与"国民的权利保护"要求之间权衡的问题。对于前者，最终的问题就变成，指向同一目的的行政决定却被

因而，至少在这种回避风险的范围内，第 4 项以外的要件也不能说是"与自己法律上利益无关的违法"。对此，多数行政法学者虽然在立法方法和理论构成上存在种种差异，但几乎得出同样的结论。对此问题的探讨，本多滝夫「取消訴訟における原告の主張制限と法律上の利益」芝池古稀 513 頁以下。

　　顺便提及，《废弃物处理法》对于废弃物处理场的设置许可规定了"会计基础"要件。它的"目的难以解释为包含直接保护产业废弃物处理设施周边居民生命身体安全等各个人的个别利益"，而且，"设想可能使周边居民遭受重大损害的灾害等，缺乏其会计基础时，已经不限于公益的目的……从周边居民的安全目的出发……应规定周边居民个人的法律上利益的相关事由"。因而，有的地方法院判决撤销该许可（千葉地判 2007 年 8 月 21 日判時 2004 号 62 頁）。这一观点的方向至少在结果上与本书的上述观点具有亲和性。

　〔1〕 上卷第 242 頁。
　〔2〕 最判 2009 年 12 月 17 日民集 63 卷 10 号 2631 頁。
　〔3〕 对于问题的上述理解，例如参照、神橋一彦·前揭『行政救済法（第二版）』164 頁。

分成两个行为，该如何评价其意义或重要性。对于后者，问题就在于，只要保障先行行为自身的违法性能在裁判中争议，不利用这一途径就无法在之后主张其违法性，那么还能否说在权利保护上没有障碍。[1]对于后者这一点，加入了先行行为的争讼手段是否在制度上已充分完备的问题，也有学者指出，必须追问国民在现实中是否容易不错过时机而加以利用，[2]这一点也不容忽视。

三、理由的替换

上文是对请求撤销处分一方的攻击防御方法的限制，反过来就是行政一方要维持处分的问题。在诉讼的审理过程中，问题就是在多大程度上能允许替换（或者追加）此前已经提示了的处分理由。对此，《行政案件诉讼法》上并没有明文规定，但最高法院认为，"在撤销诉讼中，只要没有应作不同解释的特别理由，一般应当允许行政厅主张一切法律上和事实上的根据，以维持该处分的效力"。[3]如前所述，根据《民事诉讼法》的原则（该法第155条以下），这在此也一定是当然的理论出发点。最终问题就变成是否承认有"应作不同解释的特别理由"。这时，首先成为问题的自然是处分相对方的原告在实施诉讼上的利益，在审理途中，如果一般广泛承认行政厅变更处分理由，就可能给原告方强加以极难的诉讼活动上的不利。但在另一方面，假使原告在该诉讼中胜诉，行政厅以完全不同的其他理由重新作出同样的处分，

131

----

〔1〕　山本隆司（『判例から探究する行政法』179 页以下）的表达是，"一般而言，有无违法性继承应当根据宏观的行政程序或行政诉讼的分节度与微观的权利保护程序的保障这一框架来判断"。

〔2〕　参照、亘理格『行政行為と司法の統制』（有斐閣、2018 年）324 页。正如该书所指出的那样，在"安全认定"与"建筑确认"之间承认违法性继承的前述最高法院判决（狸森案判决）中，在安全认定的时点上，申请人以外的人并没有得到"争议其妥当与否的程序保障"，"考虑到不利在建筑确认阶段才现实化，在这一阶段之前没有采取提起争讼这一手段不能说特别不合理"。这一判断也应当予以留意。

〔3〕　最判 1978 年 9 月 19 日判时 911 号 99 页。

再度进行争议。考虑到这一点，在一次诉讼中摆出所有论点，对原告而言从诉讼经济上来说是合理的。因而，其问题基本上就归结于，如何合理地调整双方的要求?[1]具体而言则要根据案件进行种种考虑。

例如，常常有人指出，存在一种案件，其理由发生变化，就失去"处分"原本的同一性。典型例子是公务员的惩戒处分，"违反交通的惩戒处分案件与泄密的惩戒处分案件是完全不同的"，[2]"性骚扰与贪污明显是不同的处分"。[3]对此，有影响力的主张认为，[4]以申请不满足数个法定要件中的一个为由而作出拒绝申请的处分，只要不是时机延误的抗辩（《民事诉讼法》第156条），从诉讼经济而言，应当允许理由的替换和追加。

132   然而，在过去引起多数学者关注的问题是，法律上课予了处分附具和提示理由的义务，能在多大程度上实现禁止或限制起诉后变更理由？在过去只是个别法课予附具理由义务的时代，例如围绕纳税青色申报更正处分等对这一问题有讨论。而其因1993年《行政程序法》而成为一般性义务（《行政程序法》第8条、第14条），之后变得更具有重要意义。对此问题，最高法院过去表明的观点是，要求提示理由（附具理由）的目的在于，保障行政厅判断的慎重和公正，抑制其恣意，同时为不服争讼提供便宜。[5]在此之上，并不当然禁止行政厅在提起的争讼程序中主张与附具理由不同的理由。[6]但其中也只是并不"当然"禁止，并未连有某种关联也予以否定。并不是一定可以允

〔1〕 参照、宇贺克也·概说Ⅱ（第六版）256页。另外，对此问题，主张"法院与行政厅功能分担的观点"的必要性，参照、大贯裕之「行政訴訟の審判の対象と判決の効力」新構想Ⅲ156页。

〔2〕 塩野宏·Ⅱ（第六版）176页。

〔3〕 阿部泰隆·解釈学Ⅱ。另外，关于有无"处分的同一性"，参照、大贯裕之·前揭文153页。

〔4〕 例如，小早川光郎·下Ⅱ209-215页；阿部泰隆·解釈学Ⅱ245页等。将问题类型化为"不利处分"的情形与"拒绝申请处分"的情形再加探讨，例如参照、大橋洋一·Ⅱ（第三版）164页以下。

〔5〕 参见上卷第158页。

〔6〕 最判1999年11月19日民集53卷8号1862页。

许脱离附具理由义务的本来制度宗旨（例如，处分时只是在形式上附具了暂时适当的理由，一旦引发争讼就真格地展开详细的理由等），这就委诸法官的良知判断。[1]不允许因理由的追加、变更而让诸如行政程序法上听证程序的意义归于消灭，这也可以说是属于常识性的事情。

第四项　自由裁量行为的审查

如前所述，[2]《行政案件诉讼法》第30条规定，"只有在行政厅的裁量处分超越裁量权范围或者滥用时，法院才能撤销该处分"。其文字本身并未明确法院在作出撤销判断前的审理方式。对此，如前所述，[3]有诸如"判断代置""判断过程审查"等讨论。但是，在此之前必须留意的是，法院判断认为某处分原本是委诸行政厅裁量的，就意味着在审理的某局面中，完全采用一方当事人（行政厅）的主张（仅以"属于裁量"为理由），而一概不允许对方当事人（原告）对其论点进行反驳、反证（除了超越裁量界限的主张）。

例如，从核电诉讼的例子来看，周边居民反对核电站建设时，假设以电力公司为被告提出民事诉讼请求禁止，法院对于核电是否安全，平等地探讨居民一方（不安全）的主张与电力公司（不危险）的主张，让双方举证，就哪一方的主张合理作出判断。然而，行政不能说核电有危险而许可设置，居民认为不安全而提起诉讼请求撤销行政

---

〔1〕　从理论角度处理这种案件的道理在于，引出学说上行政厅的所谓"调查义务"（介绍并探讨禁止或限制变更理由与"调查义务"相结合的观点，例如参照、大田直史「理由付記・提示と理由の追加・差し替え」芝池古稀137頁以下、木内道祥「理由付記の瑕疵による取消訴訟と処分理由の差替え——提示理由の根拠と手続の適法要件」石川古稀123頁以下）。要言之，其道理在于，在处分时未尽充分调查义务，结果就会处分附具敷衍的理由，在争讼时才真格地去调查，追加或替换理由，这是不允许的。在实际诉讼中更为重要的是，不是这种道理，而是在该案件中，法院能否认定上述事实。如果予以认定，法官可能有种种应对方法，比如没有附具原本适当的理由，就判断处分本身违法，或者，作为延误时机抗辩而进行适当的诉讼指挥等。

〔2〕　上卷第109页、第112页。

〔3〕　上卷第125页以下。

处分（处分的撤销诉讼——行政案件诉讼），在某个阶段中，在有无安全性（危险之虞）属于行政厅裁量（以专门技术性为理由）的理由之下，就不允许居民对此有更多的反驳、反证，而只能主张裁量权的行使有超越和滥用。[1]如此，尽管是"解决双方当事人之间的纷争"，但当行政厅是对方当事人时，（仅以属于裁量为理由）原本原告一方的主张和举证就受到限制，为何、到何种程度上能允许，这是前述[2]"自由裁量论的第三相"问题。之前在行政案件诉讼法修改之际，有部分人主张"《行政案件诉讼法》第30条应予废止"，正是这一主张与上述观点结合起来，才有了某种意义。[3]

第五项　证明责任（举证责任）

一、抗告诉讼与证明责任

在行政诉讼特别是抗告诉讼中，证明责任是由主张处分违法性的私人一方承担，还是由主张处分合法的行政厅一方承担？这一问题与如何理解"行政行为的公权力性"问题纠缠在一起，过去在学说上成为热烈讨论的对象。

1. 对此，最古典的见解是，要从行政行为的公定力或合法性推定来解答这一问题。也就是说，该观点认为，既然行政行为一般被推定为合法，主张其违法的私人一方当然要承担证明责任。

这一观点乍看很有道理，但若详细探讨，如前所示，[4]行政行为的公定力或合法性推定，目前只是被理解为，不得在正规的撤销

[1] 补充记录一点，这与下一项处理的诉讼中举证责任（证明责任）在哪一方，亦即所谓"举证责任的分配"问题在理论性质上完全不同。因为"举证责任的有无（分配）"是法院在当事人双方尽数主张、举证之后，仍然无法就哪一方正确获得心证时，法官判定哪一方胜出的问题；而这里的问题是原本由哪一方主张、举证的问题。

[2] 上卷第132页。

[3] 对于正文所述"自由裁量论的第三相"，详见、藤田宙靖『裁判と法律学』177页以下。

[4] 上卷第236页。

程序之外否定行政行为的效果。于是产生的疑问是，即使正是在通过正规的撤销程序来争议行政行为的违法性时，是不是也并不当然推定行政厅的说法是正确的？现在可以说主张这种观点的学说已经消失了。

2. 特别是在民事诉讼法学者主张的观点中，行政诉讼与民事诉讼一样，根据实体法规规定处分要件的方式来决定证明责任的所在。也就是说，对于实施处分的所谓"权利发生事实"的存在，由被告行政厅承担证明责任；对于"权利妨碍事实"的存在，由原告私人承担证明责任。这种观点从《行政案件诉讼法》第 7 条的规定来看也可以说是最为自然的解释。然而，对于这一观点也有种种批评。特别是，实体私法法规原本作为关于私人当事人之间纷争的裁判规范，在自罗马法以来的长久传统上，就是在充分注意证明责任分配的基础上形成的。而对于行政法规范，有学者指出，其与其说是作为裁判规范，不如说是主要着眼于行政活动的行为规范而制定的，它并没有连裁判时证明责任的所在都考虑了之后才立法。[1]

136

---

〔1〕　参照、田中二郎・上 344-345 页；雄川一郎『行政争讼法』213-214 页等。

另外，对于撤销诉讼中证明责任（举证责任）的所在，行政法学所讨论的问题能否真的以与民事诉讼法中本来意义上的举证责任一样的东西为对象，实际上这并不是没有问题。原因在于，所谓举证责任，本来是"要件事实存在与否"的举证规则，但作出行政处分的要件常常是以诸如"有害于善良风俗"这种不确定概念（所谓"规范性要件"）来规定的（参见上卷第 105 页以下），在判断是否满足这一要件时，包含着对于"某事实是否存在"的判断与对于"该事实能不能说有害于善良风俗"的判断。后者严格来说不是"事实的存在"，而是包含着"评价"的判断。这种判断的是非原本是否适合于证明责任的分配（其前提是"辩论主义"）规则呢？对于这里所说的规范性要件问题，过去在民事诉讼法领域是作为所谓"要件事实论"的一环来讨论的［例如参照、伊藤真『民事诉讼法（第五版）』（有斐阁、2016 年）306 页］。在行政处分撤销诉讼的关联上触及这一点的是，太田匡彦「取消诉讼の审理に関する诸问题」行政诉讼实务研究会编『行政诉讼の实务』（第一法规、2004 年）615 页。如果以此认识为前提，行政法学上所说的"撤销诉讼中证明责任的所在"，除了本来意义上事实存在与否相关的"证明责任"外，还包含着双方当事人对该事实所作的规范性评价有无说服力的规则。应该在意识到这一点的基础上再讨论有关其分配的应有状态。

3. 其中，有一种观点是以上述观点为基础，提议在行政诉讼（抗告诉讼）中固有的证明责任分配，亦即在请求撤销限制私人自由、课予私人义务的处分的诉讼中，始终由被告行政一方对其行为合法（满足要件）承担证明责任；在私人要求行政主体扩张自己的合法利益之诉（例如拒绝申请处分的撤销诉讼），原告对其请求的事实基础承担证明责任。[1]

这种观点作为一种原则性观点，可以说一般受到颇多支持。但是，该原则是否可以通用于所有场合？这仍引起诸多疑问。结果，在这种状况下，一方面揭示上述原则，而同时鉴于事例的特殊性、考虑当事人的公平来具体地决定。这大概是现在学说中的最具共识性的结论。

例如，有观点认为，原告主张行政行为无效时，对于该行政行为的瑕疵不只是撤销原因而是无效原因的理由，原告至少也要承担证明责任，这也可谓当然之理。[2]而以超越或滥用权限为由要求撤销裁量行为时，一般也由原告对超越或滥用权限的事实承担主张和证明责任。如此主张也并无困难。但是，从诉讼公平的角度来看，是否应在所有情形中严格贯彻这种原则仍是问题。在这一点上值得关注的是，最高法院对于核反应堆设置许可的撤销诉讼中，承认设置许可有一种裁量性判断的余地，对于被告行政厅所作判断有不合理之处，其主张和证明责任"本来应由原告承担"，同时也说，"该核反应堆设施的安全审查资料均为被告行政厅一方持有，考虑到这些，被告行政厅一方首先有必要就其所依据的……具体审查基准以及调查审议及判断的过程等，说被告行政厅的判断无不合理之处所依据的相当根据、资料提出主张和证明，被告行政厅未尽数提出上述主张、证明时，应该就可

〔1〕 参照、高林克巳「行政訴訟における立証責任」田中二郎他編『行政法講座（第三卷）』（有斐閣、1965年）298頁以下；原田尚彦·要論420頁等。
〔2〕 参照、最判1959年9月22日民集13卷11号1426頁；最判1967年4月7日民集21卷3号572頁。

以在事实上推定被告行政厅所作上述判断有不合理之处".[1]

二、法官心证的形成

另外，就证明责任的上述理论状况，还必须理解其下述前提。　　138

即使综合向法庭提出的所有证据和资料，法官仍然无法就哪一方主张正确获得心证，这时，让哪一方败诉的问题，就是诉讼程序中证明责任之所在。因而，只要法官还能形成心证，原本就不产生证明责任的问题。如此，在现行《行政案件诉讼法》之下，例如，如前所述，只有在当事人提出的证据还不能充分形成心证时，才允许法官依职权调取证据。因而，与民事诉讼相比，证明责任的所在问题成为关键，但这样的情形本来是极少的。因此，应当留意的是，特别是在行政诉讼中，与证明责任自身相比，让法官充分形成心证的制度和理论，在现实中更为重要。[2]

---

〔1〕　最判 1992 年 10 月 29 日民集 46 卷 7 号 1174 頁——所谓"伊方核电诉讼判决"。

顺便提及一点，近来行政法学对这一问题从行政厅负有"调查和说明义务"角度加以探讨，值得关注。作为这一动向的先锋，确立了"行政厅的调查义务"概念，认为行政一方在这一调查义务的范围内负有证明责任，著名者、小早川光郎「調査・処分・証明」雄川一郎献呈中 249 頁以下、小早川光郎・下Ⅱ178 頁以下。对于这一见解，也有各方面提出质疑，行政厅在行政过程中的调查义务与诉讼中的证明责任未必直接关联（即使行政厅依法履行所负有的调查义务，是否存在判决所需的充分事实也未必清楚）。在这一点上，否定"调查义务"与证明责任之所在的理论上直接关系，同时详细探讨其意义，近来特别值得关注的论文是，山本隆司「行政手続及び行政訴訟手続における事実の調査・判断・説明」小早川古稀 293 頁以下（与此相关，另参照、薄井一成「申請手続過程と法」新構想Ⅱ285 頁；桑原勇進「環境行政訴訟における証明責任」小早川古稀 607 頁等）。

〔2〕　例如，在上述"伊方核电诉讼判决"中，被告行政厅未尽主张和证明时，只是说"事实上推定"行政厅的判断不合理，这不是在说本来意义上证明责任的所在，而只不过是在陈述法官形成心证的状态而已。另外，对此，除了职权调取证据规定外，也请参照诸如证据提出顺序的《国税通则法》第 116 条的规定等。

第六项　违法性的判断基准时间

一、问题所在——"处分时说"与"判决时说"

139　　从作出行政处分到判决之间，有时会发生情势变更，作为该处分前提的法令内容改变、事实状态变化等（前者诸如在要求撤销营业许可申请的拒绝处分期间许可要件得到缓和，在要求撤销课税处分的争议期间采取了溯及性的减税措施等；后者诸如因酒精中毒而被吊销驾照，在争议期间酒精依赖症得到治愈等）。这时，就产生了一个问题，法院在判决之际，是应以处分当时的法令和事实为前提作出判决，还是基于现在（准确地说，事实审口头辩论终结时）的情况作出判决？对此，按照前者来解决即所谓"处分时说"，采用后者的观点即所谓"判决时说"。[1]

　　过去的学说和判例大致可以说是采取"处分时说"。[2]例如，过去在农地收购计划的根据规定被删除、以其他规定重新完善的案件中，最高法院指出，"在请求撤销或变更行政处分之诉中，法院应判断的是系争行政处分是否违法"，"虽说行政处分作出后法律被修改，但行政厅并非依据修改后的法律作出行政处分，因而，法院不能依据修改后的法律来判断行政处分妥当与否"。[3]之后它又指出，"法院撤销行政处分，就是要在确认行政处分违法后使其失去效力，而不是在辩140　论终结时，法院站在行政厅的立场去判断作出何种处分才正当"。[4]其观点就是，法院在判断行政处分合法违法时，应当仅可将行政厅自身作出处分时可利用的法令和事实作为判断的资料。而撤销诉讼制度的目的在于对作出的行政处分是否合乎法律规定作事后审查，如果以此

---

　　[1]　另外，在"处分"尚不存在的课予义务诉讼的情形中产生的问题也是，以何种时点的法令和事实为前提课予义务（不课予义务）呢？对此容后再述（后述第144页以下）。

　　[2]　当然，也不是没有部分学说和下级审判决采取"判决时说"。对于包括这些在内的学说状况，可参照、『行政法的争点（新版）』218页以下的解说。

　　[3]　最判 1952 年 1 月 25 日民集 6 卷 1 号 22 页。

　　[4]　最判 1953 年 10 月 30 日例集 4 卷 10 号 2316 页。

为前提来看，这种观点基本上是合乎道理的。只是在具体案件中适用这一原则时，仍然必须留意种种问题，例示如下。

二、适用"处分时说"的前提条件

1. 第一，在行政处分的撤销诉讼中，法院应作的判断是"系争行政处分是否违法"，这并不是在说"行政厅的判断在该时点是否有过错"，而必须完全理解为"从当时的法来看是否应判断该行政处分违法"。例如，处分后法令规定被修改，且具有溯及效力时（如先前减税措施的例子），原本是处分时的法令内容自身发生变化，即使行政厅自身在处分当时不可能根据修改法作出判断，法院在判决时，也当然应根据修改后的法令作出判断。

2. 第二，从类似的观点来看，对于是否存在处分时的法令内容或事实，其解释或理解在日后发生变化时，即使从处分时的一般观念来看处分合法（或违法），法院也应根据判决时正确的法解释和事实认定作出判断。换言之，如何解释、认定法和事实，本来就是属于法院权限的事项。所谓"处分时说"，即使将法院判断处分违法性的资料仅限定为处分时存在的事实和法令，也没有连法院对该资料的解释、认定权限都要限定。[1]

3. 第三，从实质上来看，如果衡量各种利益，也有必要考虑在某种具体情况下形式性地贯彻"处分时说"未必合理。例如，不利处分的要件在处分后被扩大时（增加了惩戒事由，强化了许可认可的撤销

---

[1] 众所周知，在争议核电厂设置许可违法性的所谓核电诉讼中，对于核反应堆的安全性，许可时并没有的新科学知识却在判决时登场，因而，根据何时的知识来判断有无满足安全性要件，就屡屡成为问题。如果根据正文所述，这时当然也应根据现在的科学知识，这与"处分时说"未必矛盾［对此，请参见前述的最高法院"伊方核电诉讼判决"（最判1992年10月29日）］。只是在这种案件中，对于"安全性"要件的认定，这更是法院对行政厅专门技术判断应在多大程度上尊重，亦即"要件裁量"的范围问题（参见上卷第107页、第123页），以及法院应通过什么来看"现在的科学知识"的问题。它与这里成为问题的"违法性判断的基准时间"不用说就是不同的理论问题。

或撤回事由等），处分根据修改前法令当然违法，适用修改后的法令
却要判断为合法，这实质上就等于溯及适用对私人不利的法令，特别
是在给这些处分设置了事前程序时，结果就变得也剥夺了私人的程序
利益（一般不能采用"判决时说"正是因为实质上有这种问题）。对
此，例如在就违反《建筑基准法》或《都市计划法》作出建筑物拆除
命令的合法性进行争议时，法律有修改，修改后这种建筑物不再违
法，这时即使以现在的法令为前提撤销拆除命令，从私人的权利救济
角度来说也自然并无障碍，而且，对于现存的建筑物，从《建筑基准
法》《都市计划法》确保公益的目的角度来说也已经不存在问题。如
此，有时也不是没有可能有那种案件，即以裁判时的法令和事实为前
提进行判决，不仅在实质上没有障碍，从程序经济角度反而更为合理
（特别是该行政处分面向未来具有持续的法效果，而且无需行政厅的
裁量判断时，就能产生这种例子）。[1]

其中，如果在"处分时说"的理论框架中活用这种实质考虑，例
如，在行政处分的根据规范中除了完全是以作出处分自身为基本目的
的规范（例如，对过去事实具有制裁意味的行政处分等情形多是这种
例子），该规范的基本目的是排除私人的社会、经济活动中的违法状
态，这时就认为行政处分只是被定位为实现该目的的手段（换言之，
只有在私人活动中一定的违法状态存续时，才能认为行政行为的根据
规范自身也认可该行政行为的存续）。[2]只是究竟在多大程度上能实

---

〔1〕 考虑处分后的情势变更，有行政行为的所谓"瑕疵的治愈"论（因而，从诉
讼法角度看"瑕疵的治愈论"，也能说它是一种"判决时说"）。不过，"瑕疵的治愈"
论虽说是针对原本违法的行政行为，因行政行为的情势变更而将其合法化，并不具有相
反的功能。因而，无法看到其在正文所举的例子中适用。

〔2〕 田中二郎博士原则上持"判决时说"，其理由在于其撤销诉讼观，即撤销诉
讼的本质不在于"确认没有行政权限"，而是"排除以行政厅的首次判断权为媒介的违
法状态"（田中二郎·上348页）。但其意思实质上可看作以本书正文所述的后者例子
为原则。另外，对于应如何处理本书正文所举的例子，盐野宏认为，"并非撤销诉讼的
本质，对于违法建筑物的要件变动，应从具体的法如何处置的角度作出判断"［盐野
宏·Ⅱ（第六版）202页］，但其旨趣稍有不明之处，或者包含本书所述之意吗？

现这种观点，仍必须作为今后的课题充分予以追问。[1]

4. 另外，关于违法性判断的基准时间，与上述不同，依申请处分 143
时，其合法或违法是应该依据申请时还是处分时的法令来判断，这也
会成为问题。但是，对此，判例和学说认为，只要不存在行政厅因过
错而让对申请的处分迟延的特别情况，应该依据处分时的法律进行判
断。[2]

三、不行为诉讼中违法性判断的基准时间

关于撤销诉讼中违法性判断基准时间的讨论，对于确认无效诉讼
同样是妥当的，但却并不通用于不行为诉讼（不作为的违法确认诉
讼、课予义务诉讼、禁止诉讼）。这当然是因为，撤销诉讼和确认无
效诉讼是确定已作出行为的违法性的诉讼，而不行为诉讼是以不作为
的违法等为问题，因而，是在尚未作出行为的阶段面向将来作出（或
者不作出）行为的诉讼（也就是说其中本来就不能设想"处分时"
的事情）。因而，与撤销诉讼、确认无效诉讼不同，不行为诉讼一般
当然是以"判决时（口头辩论终结时）"作为违法性判断的基准时
间。不过，状况稍有不同的是对拒绝处分提起的课予义务诉讼（所谓
"申请型课予义务诉讼"，《行诉法》第 3 条第 6 款第 2 项），特别是在
现行法之下，（根据《行诉法》第 37-3 条第 3 款的规定）在就拒绝处
分提起课予义务诉讼之际必须同时提起撤销诉讼（或确认无效诉讼），

---

〔1〕　与此相关，有学者指出，可以在过去关于违法性判断基准时间的讨论中看到
行政实体法上的问题与行政诉讼法上的问题混在一起［参照、山本隆司「取消訴訟の
審理・判決——違法判断の基準時を中心に（二・完）」法曹時報 66 巻 6 号（2014
年）1317 頁以下］。这是重要的。该论文还指出有必要适当地区分使用"处分时说"和
"判决时说"，具体探讨了区分使用的基准（同第 1337 頁以下），大致是富有说服力的。
　　顺便提及，近来有一种尝试是利用德国行政学上"作为措施（Massnahme）的行政
行为"与"作为规范（Regelung）的行政行为"的区别，亦即"行政行为自身"与其
"规范的内容"的区别的概念框架来探讨问题（参照、人見剛「行政行為の『後発の瑕
疵』に関する一考察」阿部古稀 717 頁以下）。其问题意识与本书正文所述具有共通之处。
〔2〕　参照、最判 1975 年 4 月 30 日民集 29 巻 4 号 572 頁。

两者合并审理。〔1〕这时，从制度的宗旨来看，本来两种诉讼中违法性判断的基准时间只能是一致的，但如果根据上述原则（撤销判决＝处分时，课予义务判决＝判决时），那就可能产生不可能一致的事情。

然而，如前所述，〔2〕作为对不行为的救济方法的一环，现行法是将课予义务诉讼制度置于以撤销诉讼为基轴的过去体系的延长线上来发展，违法性判断的基准时间问题在理论上就应该是以撤销诉讼的标准作为基础。也就是说，这时，拒绝处分在处分时是合法的，即使之后因修法而在判决时的法之下变得违法（亦即即使是允许单独提起课予义务诉讼的案件），也只能是驳回撤销诉讼或课予义务诉讼（这时，在新法制下通过再申请处分来进行原告的救济）。反过来，拒绝处分在处分时是违法的，即使修法后变得合法，也能认可撤销处分、（假设单独提起课予义务诉讼被驳回的情形）课予义务之诉。

与此相对，对于拒绝处分不仅可以提起撤销诉讼，还承认直接课予义务，如果引入课予义务诉讼的意义不仅仅是对过去体系的累积，还是对以撤销诉讼为中心的构造的彻底改革，那么，引入课予义务诉讼的重点就在于能够一举处理纷争，如此就不是不可能采用"判决时说"。不过，后者这条路，自然是面向今后的立法论，在现行法之下，诸如不否定单独提起拒绝处分的撤销诉讼，反而不承认单独提起课予义务诉讼，在解释论上就稍显无理。〔3〕

---

〔1〕 在现行法上，对于申请的拒绝处分或不作为，可分别提起撤销诉讼（确认无效诉讼）、不作为的确认违法诉讼。但如前所述（前述第105页），提起课予义务诉讼时，也必须同时提起这些诉。两种诉讼合并审理，只有在实质上撤销拒绝处分、确认不作为违法，才作出课予义务判决（《行诉法》第37-3条第3款、第4款）。

〔2〕 前述第106页。

〔3〕 在拒绝处分的课予义务诉讼中，违法性判断的基准时间问题是特别的法律性和技术性问题，因而，从现行法制定开始就有很多行政法学者和实务专家关心，在理论上有颇多反复的讨论。这里对其详情无暇回顾，请参照、横田明美·前揭『義務付け訴訟の機能』、興津征雄『違法是正と判决効——行政訴訟の機能と構造』（弘文堂、2010年），此外包含诸多文献的引用，大貫裕之「義務付け訴訟·差止訴訟」高木光＝宇賀克也編『行政法の争点』134頁以下等。

这里所说问题的根本在于，从处分时到判决时之间有法的修改，因为它对原告有利

第四款　判决问题

第一项　情势判决

根据《行政案件诉讼法》第 31 条第 1 款规定，"在撤销诉讼中，处分或裁决违法，但撤销会明显损害公共利益的，法院在考虑原告受损害的程度、赔偿或防止损害的程度、方法以及其他所有情况后，认为撤销处分或裁决不符合公共福祉，可以驳回请求"。对于行政上不服申诉的裁决，《行政不服审查法》第 45 条第 3 款也设置了同样的规定（"情势裁决"）。

然而，如前所述，[1]争讼撤销是基于私人的不服而纠正违法行政行为的制度，是法律正式设计的权利救济制度。因而，法院虽然判明了争讼的结果违法，却不能将其撤销，这或许可以说是权利救济制度的自杀。因而，在将依法律行政原理、以其为前提的近代法治国家原理作为基本出发点的法解释论上，必须采取这样一种观点，即在争讼撤销之际，即使因法的安定性等要求而承认有例外的情形，也必须将

146

147

或不利，应该如何调整呢？从法政策上来看，其中当然可以有种种观点，并没有唯一正解。在法解释论上，即使立于上述某一原则之上，有时也未必能排除在各个事例中探索最正当的解决之道、承认其例外情形。在这一意义上，东京高等法院的判决（2018 年 5 月 24 日判时 2417 号 3 页）值得关注："课予义务之诉中本案要件判断的基准时间……原则上是事实审的口头辩论终结时……尽管根据合并提起的撤销诉讼的基准时间，即处分时的法令违法，以此为审查基准，进而应当撤销驳回（申请的——藤田注）处分，但以口头辩论终结时为基准时间，依据其后修改的法令进行审查，很可能作出不同判断，像本案的情形这样……贯彻上述原则的处理，就会对被控诉人（个人出租车许可的申请人——藤田注）构成明显不利，无理由地伤及申请人的法律地位，因而，从当事人之间的信义和衡平来看，就不应当容许。"

顺便提及，如前所述（前述第 108 页），在现行法上，在合并提起的撤销诉讼等有理由时，作出撤销判决等，这是能作出课予义务判决的要件。但如果所站的立场是，将其理解为诉讼要件（而非本案胜诉要件），在驳回撤销请求时，驳回要求课予义务之诉（而非驳回诉讼请求），那么，两种诉讼中违法性判断的不同基准时间问题原本就是不会发生的。

〔1〕　上卷第 260 页。

其作为极为例外者，使其受到比职权撤销情形更为严格的限制。如果从这种观点来看，《行政案件诉讼法》第 31 条第 1 款等规定也正因为如此，才特地将要件限于这种例外，明确地法定化了。[1] 不仅如此，一般认为，即便具备了这些要件，法院也不是绝对不得撤销该行政行为，法律将撤销与否委诸法院裁量。法律还特地规定，在作出情势判决时，"在该判决的主文中，必须宣告处分或裁决违法"，进而，"法院认为适当时，可以在终局判决前，以判决的形式宣告处分或裁决违法"（同条第 2 款）。因而，即使不撤销处分，也要尽可能地实现法院对违法行政活动的控制（因而，虽说有时候即使撤销处分，从社会、经济损失角度来看在社会观念上也不可能恢复原状，但并不能说由此就直接失去了撤销诉讼的诉的利益）。[2]

　　具体而言，到底什么样的案件才是应作出情势判决、情势裁决的事例呢？这是一个难题，学说上常常设定的例子是几乎稀有的事例，即在堤坝工程完成后，才判明堤坝建设的前提行政行为（根据《土地征收法》的土地征收裁决、根据《河川法》的河川使用许可、根据《特定多目的堤坝法》的堤坝使用权的设定等）的违法性。[3] 与此相对，在现实的裁判例中常常成为问题的例子是，根据一定的项目计划有计划地整理、调整多数人之间的权利，这种项目的效果之后因程序等违法事由被全部撤销。例如，在某案件中，反对设立土地改良区、根据法律规定而成为当然的组合成员者，提起诉讼请求撤销设立认可，最高法院认定设立认可自身在程序上有瑕疵、违法，但支持了对本案作出情势判决的原判决："在本案中，上述土地改良区以 6000 亩田为区域，拥有组合成员约一百数十人，已投入巨额费用，完成地区

---

〔1〕　在这一意义上，"撤销（原本行政行为）损害公共福祉时，即使存在撤销原因，也有必要与公共福祉进行调整，而不能自由撤销"。《行政案件诉讼法》第 31 条第 1 款 "明确了这种一般观点"（田中二郎·上 152 页）。但不能说这种观点是适当的，这种观点如何与依法律行政原理、近代法治国家原理相整合，至少还要在理论上得到明确的说明。

〔2〕　参照、最判 1992 年 1 月 24 日民集 46 卷 1 号 54 页。

〔3〕　实际上，对这种案件作出情势判决的罕见例子是所谓 "二风谷堤坝案判决"。札幌地判 1997 年 3 月 27 日判时 1598 号 33 页。

农地的提高加固工程和区划整理，除了原告等极少数组合成员外，组合成员均一同现实地享受着该项目的恩惠。""这时，若以前述瑕疵为理由撤销设立认可，以该认可有效为前提而对多数农地多数人所产生的各种法律关系和事实状态将一举覆灭，但这明显违反公共福祉。"〔1〕

对于这种判决，必须考虑的是，如果照此逻辑判决，对于这种事例，亦即根据综合性统一的项目计划而进行的行政活动，之后就其法效果进行争议，多半的情形都可能应该适用情势判决制度。如此，对于某行政活动领域，就变得原则上要作出情势判决。这种结果是否真的符合限制争讼撤销制度的本来目的，就必须说是颇有问题的。但是，另一方面，如上述判决所示，在这些事例中，事后颠覆项目的所有效果，将导致大为混乱，这也是不容否定的事实。如后所述，其中，传统行政争讼制度和理论与现代行政的发展之间出现严重裂痕就以典型的形式表现出来。从立法论而言，对于这种计划行政活动，与争议通常的个别性行政行为一样，设计相同的争讼方法，其自身原本就是不合理的。〔2〕

如此，难题是有的，"公共福祉"要件是情势判决的前提，一般来说，撤销行政行为原本就多少会影响公共福祉，因而，就必须极为慎重地解释什么是这里所说的"公共福祉"（否则，极端地说，事实上可能就变得一概不允许撤销行政行为了）。如果从与近代法治国家原理的关系出发，按照前述观点来理解限制争讼撤销的意义，就必须说这一条文不能适用于仅仅是限制依职权撤销的情形。

另外，如前所述，在情势判决中，在判决主文中宣告该处分违法

---

〔1〕 最判 1958 年 7 月 25 日民集 12 卷 12 号 1847 页。这是旧行政案件诉讼特例法时代的判决。在现行法下，诸如在火灾复兴土地区划整理项目中，就根据换地计划所作换地处分的违法性发生争议，长崎地方法院判决（长崎地判 1968 年 4 月 30 日例集 19 卷 4 号 823 页）也作出了同样的解决。最高法院在众议院大选的选举无效诉讼中类推适用这一制度，判断当时不均衡的议员名额分配违宪，但同时判决选举自身有效（最判 1976 年 4 月 14 日民集 30 卷 3 号 223 页），该判决颇受关注。但其所附具的理由是有问题的。参照、藤田宙靖『最高裁回想録』109 页以下。

〔2〕 参见上卷第 362 页。

（《行诉法》第 31 条第 2 款），该判决一经确定，处分的违法性就会因具有既判力而确定下来。因而，它实质上与承认一种无名抗告诉讼——"处分违法确认诉讼"具有同样的结果。[1]

第二项 撤销判决的第三人效力（对世效力）

一、撤销判决的第三人效力（对世效力）

150

1. 根据民事诉讼法的原则，诉讼的判决仅在作为当事人参加诉讼者之间有效。即使与诉讼结果具有实体法上的关系，若未作为当事人等参加该诉讼，也不受该判决结果拘束（参见《民事诉讼法》第 115 条第 1 款）。这可以说是民事诉讼目的的当然结论，民事诉讼的目的在于解决私人相互间的纷争，而未必在于发现客观真实。然而，鉴于日本的《行政案件诉讼法》以所谓主观诉讼为原则，目前以保护具体的个人权利为目的，民事诉讼法的原则在行政诉讼的情形中乍一看也是当然妥当的。但是，《行政案件诉讼法》第 32 条规定，"撤销处分或裁决的判决对第三人也有效力"，对民事诉讼法的原则作出了例外规定（不过，仅撤销行政处分判决才有该第三人效力，一般认为驳回诉讼判决、驳回诉讼请求判决都没有第三人效力）。

2. 在行政诉讼，特别是行政处分的撤销诉讼中，不应承认判决的第三人效力吗？这是很早以前就在争论的问题，但《行政案件诉讼特例法》对此并无明文规定，学说和判例都有很大讨论。当时，肯定说的主张主要是认为，以行政行为效力为中心的法关系应该受到统一规范。而否定说的立场则在于，连没有机会参加诉讼、防御并主张自己利益的人都要受判决效力的拘束，就是对诉讼法大原则的践踏。在现行法上，立法朝着肯定说的方向解决这一问题，同时为应对否定说所述的疑念，另外准备了一点保护第三人的规定。这就是《行政案件诉讼法》第 22 条的第三人参加诉讼规定及第 34 条规定的"第三人的再

---

[1] 另外，与此相关，也请参照、藤田宙靖『最高裁回想録』111 頁。

151

审之诉"制度。

该法第 22 条第 1 款规定，"第三人的权利因诉讼结果而受到侵害时，可根据当事人或第三人的申请，或者由法院依据职权决定第三人参加诉讼"。该法第 34 条第 1 款规定，"第三人的权利因撤销处分或裁决的判决而受到侵害，因不可归责于自己的事由而未能参加诉讼，因而未能提出攻击防御的方法去影响判决的，可以此为理由，以再审之诉对确定的终局判决提起不服申请"。

二、第三人效力范围的有关问题

如此，对于行政处分的撤销判决是否有第三人效力的问题，现行法就以明文规定的方式解决了，但对于该规定的正确内涵及第三人效力范围等仍然存在如下的种种问题。

1. 承认撤销判决的第三人效力，其根据在于，"行政上以行政处分效力为中心的法关系有必要予以统一规范"。这具体是在说些什么呢？

（1）首先，仅从主观诉讼的角度来看，也不能否定撤销诉讼中为保护原告权利而有必要具有第三人效力。例如，拍卖处分是滞纳处分的一环，滞纳者获得拍卖处分的撤销判决时，如果其效果不及于该财产的买受人，对滞纳者而言，获得撤销判决的意义就近乎为零。而对于公共浴场的新加入者的新设许可，既有业者获得撤销判决的情形也同样如此。在这些情形中，对滞纳者或既有业者而言，纷争的实质相对人是买受人或新加入者，如果是民事诉讼，以这些实质相对人作为被告提起诉讼，是可能让判决效果及于这些人的。但既然介入了行政行为，在现行法之下，首先就必须以行政主体为被告提起撤销诉讼。如果撤销诉讼的撤销判决效果不能及于这些第三人，则无助于纷争的实质解决。[1]如此，现行法的构造以行政处分撤销诉讼制度为中心，与此相伴，可谓必然要求第三人效力，《行政案件诉讼法》第 32 条包含这样的效力，这可以说是无可争辩的。

152

---

〔1〕 参照、南博方编·前揭『注釈行政事件訴訟法』276 頁以下。

（2）问题还在于，在这种第三人效力制度中是否应包含行政合法律性的客观控制这种客观诉讼角度的要求呢？具体以例子来说，该问题就是，一种行为具有立法行为或一般处分性质，被判决作为《行政案件诉讼法》第 3 条第 2 款的"处分"撤销时，[1]其效果及于作为该立法行为或一般处分对象的所有人吗（即该立法行为或一般处分不仅是对提起撤销诉讼者，还对所有人绝对地失去效力）？

对于这一问题，过去有东京地方法院的判例。厚生大臣（当时）发布上调医疗费的职权告示，健康保险组合根据该告示必须支出比过去更多的医疗费，便请求撤销、停止执行。在该案中，法院从下面的角度对此给出了否定的解答："抗告诉讼是个人权利的救济制度，其功能也限定于此。"[2]有很多学说支持该决定，但是，近来也有不少见解从期待抗告诉讼更具客观诉讼功能的角度承认这种撤销诉讼具有上述广义的对世效力。但在后者的情形中，所有情形均贯彻该原则是否合理，也是有问题的。结果就像有人指出的那样，必须逐案探讨其合理性。[3]另外，在承认保育所废止条例处分性的判决中，[4]最高法院举出撤销判决的第三人效力作为其合理性之一，并指出这是以判决效力及于原告以外的人为前提的。[5]

如果作出撤销判决，就只能根据后述[6]"撤销判决的拘束力"（或事实上），再检视该规则等的内容。本来在道理上也应当通过立法过程保护没有起诉者的利益。但是否连明确判断是一种代表诉讼的案件，也仍然必须固执于迂回的解决手法，这就是一个问题。逐案解决

153

---

[1] 参见前述第 23 页。

[2] 東京地判 1965 年 4 月 22 日例集 16 卷 4 号 708 页。

[3] 参照、南博方编·前揭『注释行政事件诉讼法』283 页以下。

[4] 最判 2009 年 11 月 26 日民集 63 卷 9 号 2124 页。

[5] 参照、塩野宏·Ⅱ（第六版）193 页、興津征雄·行政判例百選Ⅱ（第七版）420 页。不过，有学者指出，该判决"让绝对效力说和相对效力说成为问题"，可以将其看作不同于立法行为的案件，立法行为是预定将来也适用于不特定多数的相对人。参照、神橋一彦·前揭『行政救济法（第二版）』179 页。

[6] 后述第 155 页。

只能是目前的妥协。

2. 其次的问题在于，撤销判决的第三人效力在理论上是何种性质的效力？也就是说，《行政案件诉讼法》第32条的效力是扩张判决既判力自身的主观范围（《民事诉讼法》第115条第1款）的效力，还是既判力自身不变，而该法第32条中及于第三人的效力只不过是撤销判决的形成力？通说毋宁可以说是后者。但问题原本是判决既判力与形成力相互关系如何、撤销判决的既判力（进而撤销诉讼的诉讼标的）是什么的问题，对此有必要在诉讼法理论上加以整理，这里无法再深入说明（超出了本书关注的范围）。

三、其他抗告诉讼特别是确认无效诉讼与第三人效力

撤销判决的第三人效力准用于停止执行决定及其撤销决定（《行诉法》第32条第2款），而不准用于其他抗告诉讼（与此相关联，也不适用于第三人再审之诉制度）。不过，这些抗告诉讼准用后述"判决的拘束力"（《行诉法》第33条）制度（《行诉法》第38条第1款），因而，例如在第三人提起的直接型课予义务诉讼（《行诉法》第3条第6款第1项）中，作出课予义务判决后，行政厅受法的拘束，应根据判决意旨采取措施。不过，这一点特别是在确认无效诉讼上，自1962年制定《行政案件诉讼法》以来就一直有强烈的批判。

在现行法上，之所以承认撤销判决而否定确认无效判决的第三人效力，在理论上所依据的观点是，撤销判决是形成判决，故而，在其形成力的效果上具有对世效力；而确认无效判决是确认判决，故而，没有与形成力相伴的对世效力。

但是，第一，实质上而言，确认无效诉讼即使说在形式上采取了确认诉讼之形，其实质也是一种对行政厅行使公权力不服的诉讼，毋宁与撤销诉讼具有共通的性质。而且，根据传统的学说和判例，之所以作出确认无效判决，是因为行政处分的瑕疵达到重大且明显的程度，因而，在这一意义上，承认撤销判决的第三人效力而否定确认无效判决的第三人效力，是完全没有理由的。实际上，最高法院从这种角度在

154

《行政案件诉讼特例法》之下肯定了确认无效判决的第三人效力。[1]

第二，对于上述理论根据，有批评认为，撤销判决确实带来撤销行政处分的形成效果，但它目前是实体法上的效果，对世效力的问题，亦即这种实体法上的形成效果要在诉讼法上及于多大范围的人，并不能从中当然导出结论。这种观点也就是在说，某判决是否具有对世效力，并不取决于这种判决的内容自身，即该判决是形成判决还是确认判决，而完全取决于更为政策性的观点，即赋予该判决统一规范法关系的效力是否合理。

因为有这种问题，在学说上，并不拘泥于《行政案件诉讼法》的规定，在解释论上也有人承认确认无效判决也有第三人效力。只是在这一点上，尽管过去一直有很多的理论问题提出，2004 年修法时也没有进行制度变更，这应该可以说是因为它判断认为，即使现行制度原封不动，准用撤销判决的拘束力制度（《行诉法》第 38 条第 1 款）、争点诉讼（《行诉法》第 45 条）的可能性等也不会产生那么实质性的弊端。[2]

第三项　判决的拘束力

一、"拘束力"的内容

1. 对于撤销判决的效力，《行政案件诉讼法》除第 32 条外，还在第 33 条中规定，"撤销处分或裁决的判决，在该案件上，拘束作出处分或裁决的行政厅以及其他相关行政厅"（同条第 1 款）。第 33 条的

---

〔1〕　参照、最判 1967 年 3 月 14 日民集 21 卷 2 号 312 页。

〔2〕　课予义务诉讼同样是撤销诉讼以外的抗告诉讼，与确认无效诉讼一样，不适用承认判决第三人效力的《行政案件诉讼法》第 32 条规定，因而，例如，第三人提起直接型课予义务诉讼并胜诉时，其判决对被课予处分的相对人也没有效力。因此，相对人对于该处分提起撤销诉讼时，行政厅不能直接引用先前课予义务判决的效力（既判力及第三人效力）进行争议。但在另一方面，行政厅适用承认判决拘束力的《行政案件诉讼法》第 33 条规定（《行诉法》第 38 条第 1 款），有义务根据该规定作出处分，以此对相对人作出抗辩却一定是可能的（参见后述第 158 页注〔4〕）。

这种所谓"拘束力"规定也准用于其他抗告诉讼和当事人诉讼（《行诉法》第 38 条第 1 款及第 41 条第 1 款）。判决"拘束力"制度自行政案件诉讼特例法时代开始就存在，其法的性质不甚明确，即使在现在，也可以说是《行政案件诉讼法》中疑义最多的一个制度。因而，在理论上详细探讨，其中存在着种种问题，该制度能具有多大程度的固有意义，也有诸多讨论。[1]也鉴于其制度的特异性，下面想仅概述其最基本的问题点。[2]

2. 这里所说的拘束力，现在一般不是说判决自身的效力（例如，既判力、《行诉法》第 32 条的第三人效力等），而是为实质性地保障撤销判决的效果而由《行政案件诉讼法》特别赋予的特别效力。也就是说，根据过去的通说，撤销判决自身具有的效果只不过是在撤销行政处分的同时确定该处分违法。但是，要让请求撤销该行政处分的私人获得实效性、实质性的权利救济，往往就要超越该判决的直接效果，行政厅方面要采取种种措施。例如，在有的案件中，作出违法的项目认定处分，据此再作出征收裁决时，撤销诉讼的结果是以项目认定违法为由撤销征收裁决。[3]这时，撤销判决的直接效果仅仅是撤销征收裁决，而并不当然撤销项目认定。但从该案的整体来看，要让该撤销诉讼有意义，当然也必须撤销项目认定。这时，作出项目认定的行政厅就在法上负有义务，应根据《行政案件诉讼法》第 33 条第 1 款的规定撤销项目认定。[4]

再举例来说，行政处分因违法而被撤销，行政厅在同一事情下以同一理由而重复同一处分，这也不是没有可能性。这时，根据以往的

157

---

〔1〕　对于其详情可参照、塩野宏・Ⅱ（第六版）186 頁以下。

〔2〕　作为拘束力的详细研究，興津征雄『違法是正と判決効——行政訴訟の機能と構造』（弘文堂、2010 年）。

〔3〕　这种案子就是通常所谓"违法性的继承"。参见上卷第 242 页及前述第 129 页。

〔4〕　在最高法院的判例上，对地方议会议员的除名处分作出停止效力决定（《行诉法》第 25 条第 2 款）时，除名受该决定拘束，选举管理委员会有义务撤回以除名为理由而递补当选者的决定，应让该当选面向将来无效。参照、最決 1999 年 1 月 11 日判時 1675 号 61 頁。

观点，之前的判决自身不具有确定后续重复行政处分违法性的效力，因而，该法第 33 条的拘束力就是有意义的。[1]当然，现在对此也存在有力的不同学说，对此容后再述。[2]

3.《行政案件诉讼法》第 33 条第 2 款和第 3 款在这一意义上适用第 1 款的拘束力，有几种情形，可例示如下。

在第 2 款的情形下，拒绝申请处分被撤销后，处分归于消灭，在理论上就出现了再度申请系属的状态。[3]但是，作为该判决的拘束力，法律进而命令行政厅根据判决意旨作出新的处分，亦即应认可申请或以不同于先前拒绝处分的其他理由作出拒绝处分（也就是说，赋予拒绝处分撤销判决的判决理由以拘束行政厅的效力）。

第 3 款规定是认可申请的处分因第三人之诉以程序瑕疵为由而被撤销的情形。这时也与第 2 款的情形一样，行政厅受先前撤销判决中程序违法的理由拘束。

4. 行政厅受到《行政案件诉讼法》第 33 条的拘束力，不得采取违反它的行动（也包括不作为）。否则，该行动的效果在其他诉讼等中成为问题时，其违法性不待具体审查，仅以违反该法第 33 条的事实，即可判定违法。[4]

158

---

〔1〕　参照、最判 1955 年 9 月 13 日民集 9 卷 10 号 1262 页。

〔2〕　后述第 158 页以下。

〔3〕　准确而言，这时的问题是，申请人的申请效果因撤销判决而消灭，申请人必须再度提出申请手续才能获得行政厅新的处分吗？《行政案件诉讼法》第 33 条第 2 款的规定意味着明文采用先前申请仍然系属的立场。第 3 款的情形也同样如此。

〔4〕　另外，问题在于，根据《行政案件诉讼法》第 33 条的规定，拘束力及于"作出处分或裁决的行政厅及其他相关行政厅"，那法院也受此拘束吗？也就是说，行政厅根据撤销判决的拘束力而采取行动后，对这种新行为另行提起撤销诉讼时，既然根据前判决的拘束力而行动，该行为当然合法，后诉的受理法院可基于不同于前判决的判断而重新判断该行为违法吗？这时，对于前判决主文部分，自然为前判决的既判力所及，后诉法院当然不得作出相抵触的判断；但拘束力不同于既判力，它及于既判力所不及的判决理由部分，因而，它是否也拘束其他法院就成为不同的问题。但在专利无效审决的撤销诉讼中，最高法院对此问题给出了肯定的解答，撤销了立于不同观点的东京高等法院判决（最判 1992 年 4 月 28 日民集 46 卷 4 号 245 页。顺便提及，该判决也表明了对拘束力所及判决理由范围的判断）。

二、判决的"拘束力"与既判力

1. 如何理解《行政案件诉讼法》第 33 条的拘束力问题，在某种意义上[1]与如何理解撤销判决自身的效力（特别是既判力）问题在理论上互为表里。也就是说，两者的关系是，如果广泛地理解撤销判决自身的效力范围，那通常作为该法第 33 条拘束力结果来说明的效果，就被判决自身的效力所吸收。例如，前述防止同一内容处分反复的效果，在过去通说的既判力论中，并不是撤销判决自身的效果，但在学说上也有观点认为，行政处分的撤销判决当然具有不允许行政厅在同一情形下基于同一理由而作出同一处分的效果（亦即包含在既判力的范围内）。[2]这时，防止反复效果并不是引证该法第 33 条得出，而是撤销判决既判力的当然效果。

2. 对于如何理解撤销诉讼的目的或对象（诉讼标的），以及撤销判决既判力的客观范围问题，学说上本就有种种讨论，尚未有统一的结论。如前所述，日本过去的通说大致可以说是，撤销诉讼的目的或对象不仅是撤销处分，同时也确认该处分违法（这时的问题就在于，其中的确认违法是仅限于确认该处分因特定的违法原因而违法，还是不问具体原因如何，而一般性地确认该处分违法呢？如前所述，现在的通说和判例是后者）。过去存在颇为有力的部分见解认为，撤销诉

159

---

〔1〕 之所以在这里附加上"在某种意义上"，是因为"既判力"本来是拘束后续法院判断的程序法效果，"拘束力"是拘束后续行政机关判断的实体法效果，两者处于不同的理论维度上。不过，对于既判力的效果，也有见解肯定其实体法的意义。以下对此予以保留，想以过去的讨论为前提，尝试作出某一方面的理论整理。

〔2〕 例如参照、塩野宏·Ⅱ（第六版）201 页以下。另外，兴津征雄主张，"《行政案件诉讼法》第 33 条关注撤销判决规范事后行政过程的效果中，特别是重新处理案件的场景，课予行政厅根据判决意旨采取行动的积极义务"（拘束力），而"禁止以受判决违法判断相同内容反复处分的效果，亦即禁止反复效力……解释为因既判力确定处分违法性的反射而产生，方才合理"，从中可以看到拘束力和既判力的功能分担。参照、興津征雄·前揭『違法是正と判決効——行政訴訟の機能と構造』251 页。另参见该书第 66~68 页。

160 讼的目的或对象不仅是排除该行政处分自身，还在于排除由该行政处分所具体表现出的行政活动的"违法状态"。〔1〕根据这种观点，撤销判决撤销了某行政处分，其效果并不仅限于撤销该行政行为并确认违法这种形式效果，同时还产生一概排除由该处分所具现化的行政活动违法状态的效果。例如，最高法院1967年的判决基于传统立场颇为狭窄地解释了撤销诉讼的诉讼标的，〔2〕而在1975年则显示出与排除违法状态说相近的观点。〔3〕在这种观点中，过去作为该法第33条的拘束力效果有不少就自然变成判决既判力自身的效果。

当然，这时"（由被撤销的处分）具体表现出的行政活动的违法状态"究竟是什么，过去在理论上也未必明确。现在同样的问题常常是以作为"规范"的行政行为观念来说明的。〔4〕这一观念是受到了德国行政法学的影响，例如，山本隆司教授的观点就是其例。他认为，"行政行为"的概念包含着"作为措施（Maβnahme）的行政行为"与"作为规范（Regelung）的行政行为"两个方面，"行政行为的违法性作为撤销诉讼的诉讼标的……应当从规范内容的实体违法性与作为措施的程序违法性两个连续的方面来把握"，因而，"以行政行为内容违法而作出撤销判决，其既判力及于反复的行政行为"。〔5〕不过，说"违法状态"也好，"规范"也好，某处分被撤销判决所否定的本来只不过是该处分对案件所带来（因作出该处分而根据法令规定而发生）的法效果（止于这一范围），因而，新处分所带来的法状态或规范是否包含在其中，首要的决定性问题必须说是在于，后续处分是否

161

〔1〕 参照、田中二郎「抗告訴訟の本質」同·前揭『司法権の限界』所収。

〔2〕 最判1967年9月19日民集21巻7号1828頁。

〔3〕 参照、最判1975年11月28日民集29巻10号1797頁。

〔4〕 关于这一点，参照、大貫裕之「行政訴訟の審判の対象と判決の効力」新构想Ⅲ136頁以下。

〔5〕 参照、山本隆司「訴訟類型·行政行為·法関係」民商法雑誌30巻4·5号（2004年）656頁、同「取消訴訟の審理·判決の対象——違法性判断の基準時を中心に（一）」法曹時報66巻5号（2014年）1086頁。

与先行处分具有"同一性"（纷争对象能否说是同一的）。[1]即使后续处分的理由与先行处分的理由在文字上是同一的，在理论上也是存在问题的。但后续处分以不同于先行处分的其他理由作出时，就可能因该处分的理由、经过等而产生微妙的问题。[2]

---

〔1〕　不管理由"有无文字上的同一性"，只要没有认定先行处分与后续处分是"同一的（纷争）"，如果后者受前者"拘束"，它在性质上就不是"既判力"的问题，而应当是"（例如相当于违反判例）先例拘束"。

〔2〕　另外，盐野宏认为，"先前撤销诉讼中确定的是形式上该行政行为的违法性，它在该法律关系中意味着确定作出行政行为的要件并不存在"〔塩野宏・Ⅱ（第六版）20 頁〕。这一说明也有同样的问题。

第二章
狭义的行政争讼法——行政争讼法之二

第一节 概　述

一、狭义行政争讼的功能

162　　　这里的"狭义的行政争讼"是指通常的行政机关原则上同时是争讼的裁断机关的行政争讼程序。[1]

---

　　〔1〕 在广义的行政争讼中，要在概念上能区分行政诉讼与狭义行政争讼，应将其标准精准地置于何处，实际上是极为困难的。司法机关裁断争讼的情形以外全部作为狭义行政争讼来表达，这种用词不用说也是可能的，例如，在以有无采用司法国家制度为基准来理解近代法治主义时，这种用法当然是可能的，而且是有意义的。这时，例如，第二次世界大战前的德日行政裁判制度就是狭义行政争讼的一部分。但是，特别是参照德日行政法理论的发达史来看，19世纪后半叶德国各邦开始设立行政裁判制度，由不同于活动行政机关的机关独立裁断争讼，明显具有不同于此前所谓"行政司法"等的理论意义，它与"依法律行政原理"相伴，对德日"近代法治国家原理"的确立具有重要意义（参照、藤田宙靖·公権力の行使）。

　　本书为了客观把握现在的日本行政法理论与制度的构造，采用德日型"近代法治国家原理"的理想类型作为基本尺度，因而，德日型近代行政裁判包含在"行政诉讼"的概念中，对于"狭义的行政争讼"概念，采用正文那样的用法就是合理的。

　　不过，在现在的日本法上，在法的制度上明显占据行政不服审查程序的一环，由不同于行政活动的其他机关裁断争讼，存在国税不服审判所（《国税通则法》第78条）的例子。但是，鉴于在国税不服审判所裁决之际承认行政活动首长的国税厅长官有一定的介入权限（参见该法第99条），又鉴于其沿革，将其作为狭义行政争讼的一种来处理是适当的。正文里加上"原则上"一词就是基于这种考虑。

从沿革来看，欧洲大陆各国的近代行政争讼程序首先是从狭义行政上的争讼开始的。无论是法国还是德国，近代行政争讼制度首先就是从向行政活动首长提出不服申诉的制度开始的，不久就带来了在行政组织内部独立于行政活动进行裁断争讼的机关亦即行政法院的设立，之后就发展为现在看到的作为裁判权一部分的行政法院形式。

但是，即使行政争讼以近代行政诉讼的形式得到完善，狭义的行政争讼通常也仍然平行地存在。不仅是欧洲大陆法系国家，原本采取司法国家制、从法院的权利救济制度出发的英美法系国家也同样如此，在这些国家，这种狭义的行政争讼到后来发挥着越来越大的作用。

163

其理由自然在于，狭义的行政争讼一定是在某一方面上具有作为行政救济制度的合理性。[1]第一，与法院根据正式程序慎重审理不同，狭义行政争讼一方面确实有不能尽数充分审理的一面，但另一方面也有特别迅速、费用低廉就能解决纷争的长处。第二，在狭义行政争讼中，裁断机关是行政机关，因而可以免去法院所伴有的种种制约。例如，法院完全仅以纷争的法的解决为其任务，其审理权的范围当然也就限于法的问题，而不及于裁量妥当与否的判断。[2]但狭义的行政争讼就没有这种制约。从三权分立原则出发，所谓司法权消极性的制约[3]在这里也不成为问题。第三，限缩到法的问题来思考，现在伴随着科学技术的发达、社会制度的复杂化等，很多情形都要求特别的专门技术性知识去判断行政活动的合法违法，在这些情形下，专门的行政机关有时比法院更能迅速、准确地作出判断。

现在，各国在行政诉讼制度之外，广泛采用狭义的行政争讼制度，主要就是这些理由。在以行政诉讼为中心的行政救济制度中，它可以涵盖行政诉讼力所不及之处，可以期待其作为次要的、补充的行政救济制度发挥功能。

---

〔1〕　参见前出第 63 页。
〔2〕　上卷第 107~108 页。
〔3〕　参见前出第 26 页以下。

二、狭义行政争讼的界限——更为简便的救济制度

164 　　狭义的行政争讼虽具有以上意义和功能，但从实效性行政救济制度的完善角度来看，也不能否定其存在种种界限，诸如后述将不服申诉的行政活动范围限定于"处分"等，必须以书面提出不服申诉等。[1]其中，期待超越连狭义行政争讼都有的这种制约、作为更为简便的补充性救济制度发挥功能的，是所谓"行政上的苦情处理制度"及"行政相谈制度"（以下称为"苦情处理"）。一般在"苦情处理"中，并不限于行政处分等，而是广泛及于整个行政活动，一般性地受理国民的苦情，简易迅速地向有权机关传达、斡旋、劝告，进而采取改善行政运营等措施，在行政救济制度上存在狭义行政争讼所没有的
165 优点；但在另一方面，这种"苦情处理"在很多时候只是行政机关提供的自发性的服务，处理机关未必存在对苦情申诉进行处理的法的义务，它也存在局限。

　　作为这种"苦情处理"，除了行政各领域种种机关事实上在做的各种行政相谈外，代表性的例子还有根据《总务省设置法》第4条第21项总务省行政评价局、总务省地方分支部局的管区行政评价局、行政评价事务所等在做的针对各行政机关业务相关苦情申诉的必要斡旋。另外，不能忽视的还有经由1966年《行政相谈委员法》法制化的行政相谈委员的行政相谈等。[2]

　　另外也存在现行"苦情处理"不能有效处理的事情。因而，现在从瑞典开始各国逐渐采用所谓"监察专员"制度。[3]日本也在引入这

---

　　〔1〕　阐明行政不服审查制度的现实局限，参照、宫崎良夫『行政争讼と行政法学（増補版）』（弘文堂、2004年）97頁以下。

　　〔2〕　对于包括这些制度、日本"苦情处理"制度梗概及其实态，参照、宫地靖郎「行政上の苦情処理」大系3所收。

　　〔3〕　监察专员制度的发祥地是北欧并无争议，但是瑞典还是丹麦是其元祖却有讨论。对此参照、藤田宙靖·最高裁回想録190頁以下。

一制度，并成为探讨的对象。[1]监察专员制度在各国已经得到颇为广泛的采用，但具体来看其中也有各种差异。[2]但是，议会或行政等设置被称为监察专员的独立机构（通常是一名或数名有学识经验者等组成），赋予其广泛的权限，可依国民直接的苦情申诉等调查行政实态、提出改善的意见及劝告等。[3]

三、行政不服审查法

在现在的日本，对于前述意义上狭义的行政争讼，作为一般法存在的是《行政不服审查法》。这一法律最初是 1962 年与《行政案件诉讼法》同时、取代其前身在第二次世界大战前存在的《诉愿法》而制定的（以下称为"旧法"），其后 52 年经 2014 年大修改而成为今天的样子。

《诉愿法》是 1890 年制定的法律，仅仅直接针对"诉愿"作出规定，其本则仅有 17 条，其中规定的制度在权利救济制度上也明显不完备。例如，针对可诉愿的事项采取列举主义，提起诉愿必须经由处分厅，在审理程序上对私人的权利保护也极不充分，等等；更重要的是在各单行法中，除了诉愿，还设置了异议、异议申诉、审查请求、再审查请求等各种各样的制度，分别有各式各样的规范。这些为数众多的单行法规定，颇为不完备、不统一，有不少权限原本是否可以提

166

---

〔1〕 在地方公共团体层面，已经制定这种条例的有川崎市。参照《川崎市市民监察专员条例》，1990 年 7 月 11 日条例第 22 号。通过纲要设置的例子，例如参照《宫城县县政监察专员设置纲要》，1996 年宫城县告示第 1226 号。

〔2〕 详细介绍世界各地监察专员制度，最近的文献是平松毅『各国オンブズマンの制度と運用』（成文堂、2012 年）。另参照、憲法調査研究会「オンブズマンの過去・現在・未来」時の法令 1839 号、1841 号、1843 号、1845 号、1847 号、1849 号、1851 号（2009—2010 年）。

〔3〕 对于监察专员制度的详情及日本引入这一制度时的问题等，请参照、平松毅「オンブズマン制度」大系 3 所収、小島武司＝外間寛編『オンブズマン制度の比較研究』（中央大学出版部、1979 年）、園部逸夫＝枝根茂『オンブズマン法（増補改訂版）』（弘文堂、1997 年）等。

167　起不服申诉并不明了，在整体上看狭义行政争讼时，究竟谁在何时为止到哪里根据何种程序提出不服申诉，一般人往往难以明白。在这种实际状况下，因为在提起诉讼上采用了前述诉愿前置主义的原则，狭义行政争讼制度的不完备在现实上对一般的私人权利救济构成严重制约。为此，在 1962 年日本行政争讼制度大改革之际，基本的目标是，首先废止不服申诉前置的原则，同时整理统合狭义行政争讼制度自身，将其作为私人权利救济制度加以完善充实。如果以当时的行政法学观点为前提，旧法实现了这里所说的目的。但其制定以来已经过半个多世纪，其间诸如《行政程序法》的制定、[1]《信息公开法》的制定、[2]2004 年《行政案件诉讼法》大修改[3]等，行政法的主干制度及理论针对行政权的行使更为充实地发展了国民权利保护程序。在这种状况下，各方面均指出，《行政不服审查法》已经落伍。虽然很早就开始了对旧法修改的探讨，但因有种种政治性经过等，却迟迟难以实现修法。2014 年终于形成的修正案经国会通过、成立，现行法（以下有时称为"新法"）自 2016 年 4 月 1 日开始施行。[4]

　　与旧法相比，现行法的特长以一句话来概括就是，在不服申诉制度内在的"简便迅速审理"与"中立公平审理"这两个有时相互矛盾的基本要求之间，较旧法增加、重视、扩充了重视后者的国民权利救济制度。具体表现在于，对不服申诉的种类、审查机关的状态、审理程序、审查权的范围等作出大幅度的制度修改。以下就关注这些点，同时还关注行政不服审查制度一方面具有与《行政案件诉讼

---

[1]　1993 年。上卷第 163 页以下。

[2]　1999 年。上卷第 179 页以下。

[3]　前述第 15 页以下。

[4]　对于《行政不服审查法》的修改经过，其间各个阶段有诸多的介绍等［例如，对于修正案成立的经过等，塩野宏・Ⅱ（第五版補訂版）37 頁以下。对于修正案的内容参照、久保茂樹「行政不服審査」新構想Ⅲ172 頁以下。总务省"行政不服审查制度检视会"的讨论是修正案的基础。对此参照、高橋滋「行政不服審査制度検討会最終報告の概要」自治研究 84 巻 2 号（2017 年）3 頁以下，等等］。根据现行法的成立，例如可参照、宇賀克也『行政不服審査法の逐条解説（第二版）』（有斐閣、2017年）1 頁以下。

《法》的制度之间广泛共通之处，另一方面是不同于法院处理的行政诉讼的狭义行政争讼，观察从中产生怎样微妙的差异，介绍其制度概要。 168

第二节　行政不服审查法的制度

第一款　不服申诉的种类

一、不服申诉的三种类型

在不服申诉的种类上，现行法规定了"审查请求""再调查请求""再审查请求"三种。"审查请求"是针对处分（《行审法》第2条）和不作为（《行审法》第3条）的，原则上不是针对处分厅或不作为厅自身，而是其他的行政厅（原则上是处分厅或不作为厅所属行政组织的最上级行政厅，例如各省大臣）作出的（《行审法》第4条第3项、第4项）。[1]在旧法上，针对处分厅或不作为厅自身的不服申诉被称作"异议申诉"，区别于"审查请求"。而新法将其作出统一规定，异议申诉制度不复存在。

异议申诉是由作出处分（或持续不作为）的行政厅自身进行审查，而由其他行政厅进行的审查请求就在中立性上胜出一筹，而且审查请求在审查程序上也更为充实，因而，基本上来说就是朝着审查请求一体化的方向改革。不过，旧法之所以承认异议申诉，是因为看到了其中的合理性，处分厅或不作为厅以不服申诉为契机自行再作检讨，如果其结果是撤销处分、消解不作为，那对于寻求救济的一方而言就能实现简便的救济，对于行政厅一方，例如必须短时间作出大量处分的情形（所得税、法人税的更正或决定处分等）等，就可以更认真地重新探讨，作出更为正确的判断。考虑到这一点，新法中特地针 169

---

〔1〕　例外基本上是作出处分的行政厅（处分厅）或持续不作为的行政厅（不作为厅）没有上级行政厅的情形（参见《行审法》第4条第1项、第2项）。

对"处分"新设了取代"异议申诉"的"再调查请求"制度（《行审法》第 5 条 [1]）。

"再调查请求"仅限于"可以针对行政厅的处分向处分厅以外的行政厅提出审查请求的情形""法律规定可以请求再调查的时候"提起（《行审法》第 5 条）。对作出的处分有不服时就直接提出审查请求，还是先提出再调查请求看看，这是自由选择的。不过，一旦提出审查请求，就不能请求再调查（《行审法》第 5 条第 1 款但书）。反过来，先选择了再调查请求进行尝试，原则上如果没有对此作出决定，就不能提出审查请求（《行审法》第 5 条第 2 款）。

与"再调查请求"在名称上有点乱的是"再审查请求"。它与前者完全不同，它是在一次审查请求结束后再行极为例外的不服申诉，在法律有特别规定时可对法律规定的行政厅提出（参照《行审法》第 6 条第 1 款及第 2 款）。

二、不服申诉的内容

在《行政案件诉讼法》的场合下，在不服行政厅的处分及其他公权力的行使的诉讼（抗告诉讼）中，进一步区分为撤销诉讼、确认无效诉讼、不作为的确认违法诉讼、课予义务诉讼等种种形态（诉讼类型）。[2] 这些是从诉的内容，亦即向法院具体请求什么的角度来区分的。然而，《行政不服审查法》仅区分了"对处分的审查请求"（《行

---

〔1〕 在 1962 年的旧法中，不服申诉之下也是"审查请求""异议申诉""再审查请求"三足鼎立，它将之前法制中以"诉愿"之外的多种多样的名称在个别法中设置的制度整理统合为这三种。"异议申诉"是"针对有关处分的处分厅或者不作为厅的"，这与新法中"再调查请求"是共通的（不过，在新法中，再审查请求仅能针对行政厅的处分作出，而不能对不作为进行），而且旧法的构造也是，在可以请求审查时（原则上）就不能异议申诉（审查请求中心主义）。因而，从两者的关系来看，将异议申诉统合进审查请求（审查请求一本主义），再在此之外新设"再调查请求"范畴，这一新法的构造稍稍费解。不过，无论如何，新法废止了旧法（第 20 条）的所谓"异议申诉前置"原则，亦即在两者同时可能时首先必须提出异议申诉，这里存在重要差异。

〔2〕 前出第 18 页以下。

审法》第 2 条）和"对不作为的审查请求"（《行审法》第 3 条）两种，并没有规定其他类型。其中，即使说能提出审查请求，也出现了不服申诉人可以主张什么的问题。也就是说，在"请求撤销处分的审查请求"之外，还能不能允许"请求处分无效的审查请求""请求课予处分义务的审查请求"等？[1]

171

不过，行政不服审查是在受到处分（或不作为）的私人还没有诉至法院之前，在行政机关层面再度检视的制度，因而，在入口处没有必要细致讨论是否必须像诉讼那样提出怎样的主张。《行政不服审查法》之所以没有像《行政案件诉讼法》那样规定详细类型，其意味正在于此。应当关注的是，《行政不服审查法》在不服申诉有理由的应对方法上准备了种种变形。[2]

另外，在现行法上，怎样的不服申诉是可能的，在与这一问题的关系上（因为是在尚未作出任何处分等的阶段的问题，因而，没有在《行政不服审查法》中规定），另有《行政程序法》修改而开始的新制度，即"要求中止行政指导等的申明制度"（《行程法》第 36-2 条）、"要求处分等的申明制度"（《行程法》第 36-3 条），[3]这里也有必要重新予以关注（不过，如前所述，该制度自身只是"申明"制度，而不是"不服申诉制度"）。

---

[1] 对此，旧法以来，就有主张认为，虽然能通过审查请求要求撤销处分，但不能要求确认无效。理由在于，根据《行政不服审查法》，对于处分的不服申诉是作出"撤销（或变更）处分"的决定或裁决（旧《行审法》第 40 条第 3 款、第 47 条第 3 款，现《行审法》第 46 条第 1 款等），至少没有在明文上设想到针对无效主张确认处分无效。

[2] 法律作出了颇有弹性的规定，例如，在对处分的审查请求有理由时，根据审查厅是处分厅自身还是上级行政厅等，规定了撤销或变更，或者命令处分厅撤销或变更等应对方式。

[3] 参见上卷第 383 页。

第二款 不服申诉的提起问题

第一项 不服申诉要件

172 对于行政上的不服申诉，也存在与诉讼要件相对应的种种不服申诉要件。欠缺这些要件，不服申诉就进入不了本案审理，而仅以此为由驳回。[1]

一、不服申诉事项

《行政不服审查法》对于可以不服申诉的事项，采用了所谓概括主义，放弃了《诉愿法》采用列举主义的做法（《行审法》第2条）。不过，作为例外，该法第7条第1款到第12项之前所列者属于在处分性质上不能依据《行政不服审查法》不服申诉的情形；此外，现行法上新附加规定，"在国家机关或者地方公共团体以及其他公共团体或其机关的处分中，这些机关或团体以其固有资格成为该处分相对方的处分以及不作为，不适用本法律的规定"（《行审法》第7条第2款）。与此同样的规定在修改前仅设置了后述教示制度的适用（旧《行审法》第57条第4款），这次将此适用于行政不服审查法的全体。[2]

但是，依据该法律不能提起不服申诉未必意味着对于这些处分在性质上本来就不应承认狭义的行政争讼，而只是说这些处分在性质上

---

〔1〕 参见《行政不服审查法》第45条第1款、第49条第1款、第54条第1款、第58条第1款等。

〔2〕 所谓"在其固有资格上成为该处分的相对方"，例如虽然是《行政程序法》也出现的表达（《行程法》第4条第1款），一般意味着其法的立场不可能和一般私人同样的情形〔例如不同于国营公营企业像一般私人一样适用许可认可制度的情形。对于为移设美军基地而填埋边野古冲海面的许可，在撤销冲绳县知事承认的案件中，争议国家对于该撤销所作的审查请求是否合法的案件，参照、纸野健二＝木多滝夫编『辺野古诉讼と法治主义——行政法学からの検証』（日本評論社、2016年）〕。不过，要正确理解，需要颇为复杂的说明，这里就让诸其他著作（例如参照、藤田宙靖·组织法49页以下）。

适用该法律规定的特定形式的不服申诉不适当。《行政不服审查法》第 8 条对此予以明确，规定这些情形不妨碍另行以法令设置与该处分性质相应的不服申诉制度。

173

二、不服申诉的利益

《行政不服审查法》第 2 条认可"不服行政厅处分者"可以提起不服申诉，但没有规定谁是不服行政厅处分者。与诉讼的情形一样，一般认为，在提起不服申诉之际，要有不服申诉的利益。

对于怎样的利益才是这里所说的不服申诉的利益，一般就《行政案件诉讼法》第 9 条所说的"法律上的利益"所作的讨论在此也是适用的。[1]不过，在另一方面，在学说上也有见解认为，行政上不服申诉的利益比抗告诉讼的诉的利益要广，至少有广泛解释的余地。[2]这些见解有种种理由，主要是《行政案件诉讼法》第 9 条与《行政不服审查法》第 2 条的法条表述不同，而且，《行政不服审查法》规定"以实现国民权利利益的救济、同时确保行政正当运营为目的"（《行审法》第 1 条第 1 款，着重号系藤田所加），因而，容易由此读出客观争讼的要素。

三、不服申诉期限

与撤销诉讼的起诉期限制度一样，对于审查请求也规定了"不服申诉期限"，超过这一期限，就不能提出不服申诉。在旧法之下，这一期限原则上为自知道处分之日第二天起 60 日（审查请求及异议申诉的情形。再审查请求的情形是 30 日。旧《行审法》第 14 条、第 45

174

---

[1] 参照、最判 1978 年 3 月 14 日民集 32 卷 2 号 211 页（所谓"主妇联果汁不当标识案"）。

[2] 参照、兼子仁『行政争訟法』（筑摩書房、1973 年）373 頁、原田尚彦『環境権と裁判』（弘文堂、1979 年）262 頁等。

条、第 53 条等），与撤销诉讼的情形（6 个月）相比十分不利。现行法在这一点上大为改善，变成原则上"自知道处分之日第二天起 3 个月"（《行审法》第 18 条）。作为例外，超过这一期限仍可审查请求的情形，修改前是"天灾以及在未提起审查请求上有其他不得已的理由时"，这是颇为严格的要件规定（旧《行审法》第 14 条但书）；修改后是"有正当的理由时"就能允许提起（《行审法》第 18 条第 1 款但书）。另外，即使不知道有处分，经过一年后就不能提出再审查请求。这种"除斥期间"制度与撤销诉讼的情形是一样的（《行审法》第 18 条第 2 款）。新设的"再调查请求"也同样如此（《行审法》第 54 条）。

第二项　教示制度

一、行政厅的教示义务

与不服申诉要件问题相关联，受到关注的是教示制度的相关规定（《行审法》第 82 条、第 83 条）。根据《行政不服审查法》第 82 条第 1 款，行政厅在作出某种可不服申诉的处分（未必限于根据《行政不服审查法》能提起不服申诉的处分）时，除以口头方式作出处分的情形外，必须以书面教示处分相对方（不含第三人）可对该处分提起不服申诉、接受不服申诉的行政厅以及可以提起不服申诉的期限。该法第 82 条第 2 款还规定，利害关系人（亦即不限于处分的相对方，也包含第三人）要求就这些作出教示时，必须予以教示（要求书面时，以书面方式作出，该条第 3 款）。

这一制度是在反省《行政不服审查法》制定以前的不服申诉制度的基础上设计的，是为了不让私人因不知行政救济制度而丧失权利救济之路所作的特别考虑。

二、教示制度的保障

在教示制度的保障上，应作出而未作出教示，或教示错误时，要承认前述不服申诉要件的种种例外，保障私人的权利救济之路。

例如，根据《行政不服审查法》第 83 条，行政厅没有作出应当作出的教示时，私人可以向该处分厅提出不服申诉书（该条第 1 款）；在处分可向处分厅以外的行政厅提起审查请求时，收到不服申诉书的处分厅必须尽快将不服申诉书送交该行政厅（该条第 3 款，依据其他法令可向处分厅以外的行政厅提起不服申诉时也同样如此）；作出送交时，在与私人的关系上，产生一开始就向正规的审查厅提起正式审查请求同样的效果（该条第 4 款，另参见同样旨趣的该条第 5 款）。而对于向谁提出不服申诉等，处分厅教示错误时，根据该法第 22 条给予类似的救济。[1]另外，旧法规定，处分厅错误地以比法定期间更长的期间作为不服申诉期限进行教示时，只要在教示的期间内，视其不服申诉为合法（旧《行审法》第 19 条等）；但在新法上删除了这些条文。这是因为对于前述审查请求期限原则的例外，旧法是规定"天灾以及在未提起审查请求上有其他不得已的理由时，不在此限"（旧《行审法》第 14 条第 1 款但书）；而新法规定"有正当理由时，不在此限"（《行审法》第 18 条第 1 款但书），以此就能涵盖上述情况了。[2]

176

三、信息的提供

另外，为了提高不服申诉者的便宜性，新法新设规定，明文要求作出裁决、决定等处分的行政厅努力"根据拟提起不服申诉者或已提起不服申诉者的要求，提供不服申诉书记载的有关事项及其他不服申诉的必要信息"。这并不包含在上述狭义的教示义务中（《行审法》第 84 条）。

---

〔1〕 另外，对于再调查请求，参见《行审法》第 55 条。

〔2〕 参照、宇贺克也『行政不服審査法の逐条解説（第二版）』（有斐閣、2017 年）95-96 頁。参见旧《行审法》第 19 条、第 48 条等。

第三项　停止执行问题

一、不停止执行原则与例外的停止执行

现行法上对行政上不服申诉采用不停止执行原则（《行审法》第25条第1款），但也打开了例外停止执行的通道（该条第2~7款），这些与撤销诉讼的情形都是同样的。不过，行政不服审查的情形中，争讼的裁断机关不是法院，而是行政机关，问题只是行政组织内部的控制，因而，颇为宽松地认可作为例外的停止执行。

例如，争讼的裁断机关是处分厅自身或其上级监督厅时，原本就有是否执行处分的决定权限或监督权限，因而，自然能自由地停止执行。再如，根据《行政不服审查法》第25条第2款，审查请求的审查厅是处分厅的上级厅时，与撤销诉讼不同，可依职权停止执行；在停止执行的方法上，不仅有与撤销诉讼同样的停止执行、停止效力、停止后续程序，还能采取"其他措施"（例如，将公务员免职处分切换为临时休职处分）。

审查厅不是处分厅的上级厅时，停止执行并不能宽松到这种地步（既不能依职权停止执行，也不能采取"其他措施"，《行审法》第25条第3款），但是，比法院的停止执行要件宽松。这时，如果审查厅认为"有必要"，就可停止执行（《行审法》第25条第3款），而"为了避免因执行处分产生重大损害而有紧急必要时"，法院才能停止执行（《行诉法》第25条第2款），两者之间颇有不同。不过，有必要注意的是，通常是否停止执行委诸审查厅裁量，但在有上述紧急必要时，必须原则上停止执行（《行审法》第25条第4款）。

另外，在新法中，在"审理员"认为有必要时，可向审查厅提出应当停止执行的意见书（《行审法》第40条）。

二、不服申诉与内阁总理大臣的异议

对于行政厅的不服申诉，与撤销诉讼的情形不同，不存在对停止执

行决定的内阁总理大臣的异议制度。原因很清楚，构建这一制度是为了守护行政判断相对于司法权的正当性而赋予行政权首长的传家宝刀。

第三款 不服申诉的审理问题

如前所述，在私人的权利救济目的上，行政上不服申诉制度与行政诉讼具有共通之处，它是通过由行政机关自己再行检视的简便方法而进行的，兼顾这两个要素（审理的"公正性"和"迅速简便性"），本来也未必简单。在这一点上，旧法规定的目的是实现"以简易迅速的程序救济国民的权利利益"（旧《行审法》第1条第1款），而在现行法上则是，"为了国民能在简易迅速而公正的程序下对行政厅广泛地提起不服申诉而规定的制度"（《行审法》第1条第1款），钟摆大大地向国民的权利救济移动。在这一意义上必须特别关注的是下述制度。

一、由公平立场者审理

（一）审理员

新法规定，作出审查请求的行政厅（例如各省大臣）必须从所属的职员中特别指定审理审查请求的人（例如，未参与意思决定，属于职员组织的官房职员，称其为"审理员"）开展审查程序（《行审法》第9条）。审查请求即使是对作出处分的行政厅（处分厅）以外的行政厅所作，它是行政组织上的上级行政厅，在作出该处分时，也有可能有某种介入（例如指挥监督），在审理的公平性上就让人抱有疑虑。因而，虽是同一个省厅的职员，也要特地选择明显与处分并无直接关系者，由其开展审查程序。审理员在结束审理程序后，必须立即作成审查厅应作裁决的意见书（审理员意见书），将其与案件记录一起向审查厅提出（《行审法》第42条第1款、第2款）。

（二）行政不服审查会

现行法上更加让人关注的是为了进一步保障中立和公平而设置的向"行政不服审查会"咨询的制度（《行审法》第43条）。

178

179

要彻底实现审理的中立和公平，所应采取的制度是，不仅是本来处分或不作为行政厅以外的行政机关（上级行政厅），而且是由完全的第三者，亦即即使不是法院，也在组织上与处分或不作为行政厅完全无关的第三者机关审查裁决。实际上，在《行政不服审查法》之外，在迄今为止的法律中，也不是没有采用这种体系的例子（虽然数量很少）。[1]对于行政上不服申诉制度的将来状态，有观点认为，应当将这一制度一般化，设立"行政不服审判厅"。[2]这种观点也是十分可能的。但是，在这次的修改中，并未触及这一点，采用的体系是由上级厅等对审查请求作出裁决，在其判断的前提上，向独立第三者机关"行政不服审查会"咨询，并根据咨询结果作出裁决。

行政不服审查会的委员"可就属于审查会权限的事项作出公正判断，而且，挑选在法律或行政上有出色见识者，经议会两院同意，由总务大臣任命"（《行审法》第69条），于是任命的就是学者或律师等行政组织之外的人。前述"审理员"虽然与处分并不直接相关，但终究是处分厅的自家人，这一点并无改变，因而，他与行政不服审查会的差异必须说是极大的。在信息公开法上已经设计过这一机制，[3]也实际上发挥了特别重要的功能，这一次广泛地对整个行政上的不服申诉实现了这一机制。

180   审查请求的审查厅在收到审理员的意见书后，根据法律的规定必须咨询行政不服审查会（《行审法》第43条）。不过，审查会受到咨询后所要作的是"答复"而非"决定"，因而，在法上它并不拘束审

---

〔1〕 例如后述的"行政型审判"制度。参见关于中央劳动委员会的《工会法》第25条第2款，关于国税不服审判所的《国税通则法》第78条等。

〔2〕 例如，1998年施行的《中央省厅等改革基本法》第50条要求确立信息公开制度（第1款），应用并完善所谓公告评价程序（第2款），探讨行政型审判功能的充实强化之策及承担组织的应有状态（第3款），这是意识到了行政改革会议启发的行政审判厅构想。在学说上，例如参照、南博方「行政上の紛争解決制度——行政審判庁構想の実現を目指して」山田古稀673頁、碓井光明「総合的行政不服審判所の構想」塩野古稀下1頁以下等。

〔3〕 参见上卷第192页以下。

查厅，但第三者机关所作的判断对审查厅事实上自然具有很大的影响力。[1]

二、审理程序

（一）书面审理主义

审查请求实行书面审理（书面审理主义），这是自诉愿法就开始有的原则，不同于以口头审理为原则的诉讼。在旧法下，这是明确规定的（旧《行审法》第 25 条第 1 款），新法却没有明确规定。但是，新法和旧法一样规定，在有审查请求人（或参加人）的申诉时，必须给其提供机会口头陈述审查请求案件的相关意见（《行审法》第 31 条第 1 款），明显是在延续以书面审理为原则、以口头审理为例外的构造。在例外的案件中，新法追加了旧法中并没有的规定，即"从该申诉人的所在地以及其他情况来看难以赋予其陈述意见的机会时，不在此限"。[2]

（二）职权主义

行政上不服申诉既然是作为私人的权利救济制度来设计的，就不免受到处分权主义的制约，就不允许审查厅超越不服申诉人的申诉范围作出裁决或决定。[3]但是，在提起的不服申诉的审理上，《行政不服审查法》颇为广泛地采用职权主义（《行审法》第 32~36 条），呈现出与《行政案件诉讼法》不同的面貌。在狭义的行政争讼中，即使是在没有现行法这样明文规定的诉愿法之下，判例和学说均承认所谓职权探知，最高法院也显示了承认这一旨趣的观点。[4]

181

---

[1] 顺便提及，在前述"信息公开和个人信息保护审查会"的情形下，审查厅不按照审查会答复作出裁决的例子是极少的。

[2] 设想的案件是例如，被收容于刑务所、少年院等矫正设施中，一时之间并没有出来的希望。参照、宇贺克也·前揭『行政不服審査法の逐条解説（第二版）』143 页。

[3] 参照、田中二郎·上 260 页。

[4] 参照、最判 1954 年 10 月 14 日民集 8 卷 10 号 1858 页。

（三）审理程序的计划性执行

另外，现行法上强调"审理程序的计划性执行"（《行审法》第28条、第37条），这一点也值得关注。因为必须审理的事项过于复杂多样，或者当事人不能很好地主张、举证，为了不让审理徒然被拉长，就要预先表明审理的顺序，有计划地推进审理。拉长审理自身对寻求权利救济者而言也明显是十分不利的。在诉讼和不服申诉中防止这一点都是重要的，这一点并无不同。

第四款　裁决及决定

一、"裁决"与"决定"

182　　对审查请求及再审查请求的裁断行为，被称为"裁决"（《行审法》第44条、第62条）；对再调查请求的裁断行为，被称为"决定"（《行审法》第52条第2款）。不过，"裁决"一词用得比《行政案件诉讼法》更为广泛，但与行政争讼毫无关系，制定法上也以"裁决"的名称称呼特定的行政行为（例如，《土地征收法》第47条以下），制定法上的用法未必统一（这同样也适用于"决定"一词）。

二、行政不服审查法上的各种规范

正如前述，对不服申诉的裁决、决定中，与裁判判决的情形不同，不仅在一定情形下可以撤销原处分，也能变更处分（但是，不允许对不服申诉人不利的变更，参见《行审法》第48条）。与撤销诉讼的情势判决相对应，在有的情形下允许"情势裁决"（旧《行审法》第40条第6款、第48条），也有所触及。[1]

另外，裁决具有撤销判决的"拘束力"同样的效力，相关行政厅受裁决拘束（《行审法》第52条）。

---

〔1〕　上卷第261页。

第三节　其他的行政争讼

第一款　行政型审判

一、行政型审判的内涵

　　"行政型审判"一词的用法因学者而异，有时是在指称本书全体　　183
"狭义的行政争讼"的意义上使用，通常是在较为狭义上使用，用作
行政委员会或类似的行政机关采用所谓准司法程序（quasi - judicial -
procedure）进行审判[1]的总称。在行政不服审查法上，通常的不服
审查具有给私人打开权利救济之路的目的，但其救济也是通过行政
厅的自我反省来进行的，因而，从公正而确定的救济角度看是不充
分的，这并无争议（已如所见，改善这一点是旧法修改的着眼点）。
与此相对，所谓行政型审判是行政机关进行的审理和裁断，具有类
似于司法机关的组织和程序保障，保障其作为救济制度充分发挥
功能。

二、日本现行法上的行政型审判

　　日本现行法上存在的这种行政型审判，从制度由来看存在两种
类型：
　　第一种制度是第二次世界大战后，在美国法的影响下效仿美国的
独立规制委员会（Independent Regulatory Commission）制度而设计的，　　184
公平交易委员会、劳动委员会等行政委员会进行审判就属于这一类型
（不过，现行法上并不是所有的行政委员会都是在进行这种行政型审
判）。因而，从其由来看，日本行政争讼法制是以德国法系的救济程
序为基础而建成的，这些行政型审判当然是异质的存在。

---

　　[1]　参见上卷第 151 页。

第二种制度是至少在其原型上于第二次世界大战前就已经存在，在沿革上原本在欧洲大陆法系也存在，依据专利法的专利审判、依据海难审判法的海难审判就属于这一类型。前者是针对专利权等一定工业所有权存在与否、其范围等争讼的审判；后者是在海难事件发生时，为调查海难原因、惩戒相关人员等而进行的审判。这些本来由法院作为诉讼案件处理也可以，但鉴于案件具有特殊专门技术性质，而委诸特殊的行政机关进行审判。

三、行政型审判制度的特征

这些行政型审判制度作为行政争讼制度有种种值得关注之处。

1. 这些行政型审判制度中，不仅有像通常的不服申诉制度那样，后续对特定行政处分效果进行争议的所谓"复审性行政争讼"，有时它自身就是作出某行政处分的程序，亦即作为"初审性行政争讼"。对此前文已有触及。[1]

2. 无论是采取上述哪一种类型，原本是期待行政型审判能在某种程度上发挥替代法院司法程序的功能。因而，从作为行政型审判结果而作出的行政行为（通常多特别称作"审决"）与裁判审查之间的关系来看，当然带有通常的一般行政争讼制度所没有的特色。

（1）受到关注的特色之一是所谓"实质性证据法则"。在对审决提起的撤销诉讼中，作出审决的行政型审判机关认定事实，在有实质性证据支持其举证时，拘束法院。这一做法所依据的基本设想可以说是将审判视作裁判审查上的事实审，让其部分发挥替代法院的功能。不过，虽说只是事实认定，但如果由行政机关进行审判，就案件作出最终的判断，那也就抵触《宪法》第32条、第76条第2款等规定。因而，只有在实质性证据支持其举证时，这种事实认定才拘束法院；而且，有无这种实质性证据的判断权在于法院。[2]

---

〔1〕 对此，参见上卷第151页以下。
〔2〕 参见修改前《禁止垄断法》第80条第2款。

但是，这一意义上的实质性证据法则并不适用于所有行政型审判。承认它的代表性例子是公平交易委员会的审判制度，[1]在2013年《禁止垄断法》（关于禁止私人垄断及确保公平交易的法律）修改，该制度消失后，[2]现在仅有的例子是，在针对总务大臣依据《电波法》所作处分的审查请求中，作为其前置程序，电波监理审议会的议决（《电波法》第99条）；在针对依据矿业法及其他法律所作一定行政处分的不服申诉中，由公害等调整委员会所设的裁定委员会所作的裁定（《关于矿业等利用土地的调整程序的法律》第52条）。[3]

（2）在行政型审判与诉讼关系上值得关注的第二点是，因为这些审判具有准司法性，因而，在对这些审判的审决的诉讼中有时省略地方法院的审级。例如，上述公平交易委员会的（旧）审决（修改前《禁止垄断法》第85条）、公害等调整委员会的裁定（《关于矿业等利用土地的调整程序的法律》第57条），此外，对于总务大臣依据电波监理审议会议决所作（对审查请求）的裁决（《电波法》第97条），其撤销诉讼属于东京高等法院的专属管辖。在同样的系统中，专利审判、海难审判虽然未必采用实质性证据法则，但也会采用省略地方法院审级的做法。[4]

186

〔1〕　参见修改前《禁止垄断法》第80条。
〔2〕　公平交易委员会的行政型审判当初是从作为初审性争讼开始的，因为到审决为止的花费时间过多等理由，2005年修改《禁止垄断法》变更为复审性争讼。但是，因为排除措施命令（《禁止垄断法》第7条）、课征金缴纳命令（《禁止垄断法》第7-2条）等行政处分的不服申诉是由处分厅自身审查，故以经济界为中心的呼声很高，其要求废止原本的公平交易委员会审判制度自身，可以将其作为通常的抗告诉讼直接向地方法院起诉，最终于2015年4月1日废止。
〔3〕　在最后的例子中，诉讼中限制新证据的提出也受到关注。参见该法第53条。
〔4〕　现行法上，在此之外，期待其在行政上争讼程序中发挥替代部分裁判程序的功能，但同时在法制中又不让其拘束法院，不过，有时只是在事实上打开实现法院与行政机关功能分担的可能性。例如，公害等调整委员会所作关于损害赔偿责任的裁定（责任裁定）、关于被害原因的裁定（原因裁定）制度就是其例。参见《公害纷争处理法》第42-20条第1款、第42-26条、第42-33条等。

第二款　其他特别的行政争讼

在这些被称作"行政型审判"的一群行政争讼制度之外，现行法还存在不适用《行政不服审查法》的种种行政争讼制度。特别是《行政不服审查法》不同于《行政案件诉讼法》，仅规定了所谓抗告争讼制度，而没有设置当事人争讼、民众争讼、机关争讼等规定。在现行法上根据个别规定，也存在很多这些特别的行政争讼制度，但本书一律省略不表。

第三章
行政法上的损害赔偿制度

第一节　概　述

一、"国家无责任"原则及其克服的尝试

1. 在违法的行政活动给国民造成损害时，在怎样的要件下、以怎样的方法填补该损害？随着近代法治国家的成立，这就成为西欧各国行政法制度及行政法学上最重要的问题之一，也是在一个世纪之间有显著进展的问题。无论是哪一个国家，在法制发展史的出发点上都是"国家无责任"或"主权豁免"原则（多数是延续警察国家时代的传统），而判例、学说进而是立法克服这一原则的过程也可以说是对违法行政活动的损害赔偿制度的发展过程。[1]

2. 日本从明治宪法开始，经由各个法典的制定，大致具备了近代国家的样式，当初的基础就是"国家无责任"。违法行政活动产生损害的国家赔偿责任，宪法自不待言，法律一般没有规定，除个别法律规定一点例外，原则上都是否定的。日本在德国法的影响下，国家作为纯粹的私经济主体登场时服从以民法为代表的私法规范，这种观点通过判例和学说很早就得到采用。[2]在经济交易领域，国家承担《民

187

188

---

〔1〕　对此详细的发展过程，方便参见的有，阿部泰隆『国家補償法』（有斐閣、1988 年）33 頁以下、宇賀克也『国家補償法』（有斐閣、1997 年）7 頁以下等。

〔2〕　参见上卷第 30 页、第 33 页以下。

法》第709条以下规定的侵权行为的赔偿责任。要提出的问题是，如果不是这一领域，而是在公行政领域登场时，对国家在多大程度上适用《民法》的这些规定呢？

3. 在这一问题上，划时代的判例是大审院1916年的"德岛小学圆木秋千案判决"。[1]自该判决以降，在判例中，即使是公行政活动，但是基于非权力性活动而产生的损害，根据《民法》规定承认国家和公共团体等的损害赔偿责任；另一方面，对于所谓权力性行政活动所产生的损害，判例尚未承认国家和公共团体等行政主体的赔偿责任，而学说在当时实定法的解释论上也采取了无可奈何的态度。[2]

二、现行法的体系

第二次世界大战之后，这种状况随着宪法的制定而大为改观。《宪法》第17条明确规定，对于国民因公务员侵权行为而受到损害，根据法律的规定，国家或公共团体承担赔偿责任。根据这一规定，1947年制定了《国家赔偿法》。

《国家赔偿法》是关于国家或公共团体损害赔偿责任的一般法，除了其他特别法有规定外，[3]国家或公共团体的损害赔偿责任一般适用《国家赔偿法》（该法第5条）。不过，该法律仅由6个条文构成，这些条文没有涵盖的范围适用《民法》的规定（该法第4条）。因而，国家或公共团体在从事所谓纯粹私经济交易时所产生的损害赔偿责任，在现行法制度下仍然照样适用《民法》第709条、第

----

〔1〕 大判1916年6月1日民録22辑1088页。市立小学圆木秋千维护管理不良导致儿童死亡事故，死亡儿童亲属以德岛市为被告请求依据《民法》第717条追究损害赔偿责任，大审院予以认可。

〔2〕 关于这一点，另请参见上卷第33页以下所述公法私法论部分。

〔3〕 例如参见《邮政法》第50条以下、《关于警察职务协力援助者的灾害给付的法律》第7条等。

715 条等规定。〔1〕

第二节　依据国家赔偿法的损害赔偿责任

《国家赔偿法》规定的赔偿责任有两类，第 1 条的"公权力行使的损害赔偿责任"与第 2 条的"公共营造物设置管理瑕疵的损害赔偿责任"。以下分款逐一予以说明。

第一款　公权力行使的损害赔偿责任

一、国家或公共团体的责任

《国家赔偿法》第 1 条第 1 款规定，"行使国家或公共团体公权力的公务员在执行职务时，因故意或过失而违法给他人造成损害，国家或公共团体对此负赔偿责任"。其中受到关注的是，对于公务员的违法行使公权力承担赔偿责任的不是实施违法行为的公务员个人，而是国家或公共团体的行政主体。

在国家赔偿责任上，很早以来就有一个理论问题，即为什么将公务员的违法行为归属于国家？在公务员作出法律规定的权限之外的行为（违法行为）时，它已经不是公务员的职务行为，而成为纯粹私人的行动。各国直到较近的时候都是认为，在公务员的行为违法时，即使必须对国民承担某种损害赔偿，它本来也是公务员个人应当承担的责任，而不是由国家承担这一责任。〔2〕尽管如此，德国、英国、美国

190

---

〔1〕　另外，对于《国家赔偿法》第 1 条的责任，最高法院有判例认为，根据该法第 4 条的规定，也可适用《关于失火责任的法律》（最判 1978 年 7 月 17 日民集 32 卷 5 号 1000 页）。对此，行政法学者有强烈的反对意见。参照、阿部泰隆·解释学Ⅱ550 页、西埜章·『国家補償法概説』（劲草书房、2008 年）168 页、塩野宏·Ⅱ（第六版）315 页以下等。

〔2〕　例如、在德国，在根据 1919 年《魏玛宪法》第 131 条承认国家及公共团体的责任之前，一般是仅根据《德国民法》第 839 条承认公务员个人的民事责任。在法国，

二、公务员个人的责任与国家或公共团体的责任

191   1. 然而，这样就产生了一个问题，对于公务员的违法行为，承认国家（或公共团体，以下仅称作"国家"）的赔偿责任，这时国家的责任与行为人公务员的个人责任之间是怎样的理论关系？

例如，过去很大的一个讨论是，日本《国家赔偿法》第 1 条是国家代替承担本来公务员个人的民事责任，即采用了国家的代位责任体系，还是说与公务员个人责任没有关系而完全是国家承担自己固有的责任，即采用了国家的自己责任体系？与此不同的问题是，是公务员个人，还是与国家一起承担责任呢？根据其差别，又有两种观点，一是认为只有国家承担责任，二是认为国家与公务员承担共同责任或连带责任。

2. 这时，首先，对于被害者最有利的当然是，不论如何都可以向公务员和国家双方追诉。有观点认为，日本现行的《国家赔偿法》就是采用这样的体系，被害者私人除了根据《国家赔偿法》第 1 条规定向国家请求赔偿外，还可以根据《民法》第 709 条规定向公务员个人请求赔偿。但最高法院的判例予以否定。[1]在学说中，至少过去否定说是主导的。这些否定说在论据上首先是法律使用了"国家或公共团

判例理论在国家赔偿上极有进展，但在 1870 年以前也是一样的。在英国，广泛承认公务员个人普通法上的责任，直到 1947 年《王权诉讼法》（The Crown Proceedings Act）制定后才开始承认国家承担责任。美国在 1946 年制定《联邦侵权赔偿法》（The Federal Tort Claims Act）之前也是基本一样的。对于这些状况，参照、今村成和『国家補償法』（有斐閣、1957 年）4 頁以下、雄川一郎「行政上の無過失責任」同『行政の法理』（有斐閣、1986 年）361 頁以下、同「アメリカ国家責任法の一断面」雄川・同 454 頁以下、阿部泰隆・前揭『国家補償法』19 頁以下等。

〔1〕 最判 1955 年 4 月 19 日民集 9 卷 5 号 534 頁、最判 1977 年 10 月 20 日民集 32 卷 7 号 1367 頁等。但在下级审判例中，有的也显示了与此相反的观点。参照、東京地判 1981 年 10 月 11 日下級民集 22 卷 9・10 号 994 頁。

体"（做主语）的文字，而且还有实质的论据，现在的损害赔偿制度的目的在于利害调整，而非对加害者的报复或制裁，因而，既然确实能从国家得到赔偿，就没有必要追究公务员个人的责任。[1]

192

3. 日本传统的支配性观点认为要免除公务员个人的责任，但这时其采用的理论根据是前述国家的代位责任说。[2]根据这一立场，《国家赔偿法》第 1 条的国家责任是国家代为承担根据《民法》第 709 条成立的公务员个人的损害赔偿责任，结果是公务员个人在对被害者的关系上不承担任何责任（国家的免责性代位责任）。国家并不是承担不同于公务员责任的自己固有责任。在赔偿责任的成立要件上，《国家赔偿法》特别规定了故意、过失这种公务员个人的主观要素，正是其表征。该法第 1 条第 2 款限定公务员有故意或重大过失时，国家有求偿权，这也正是以代位责任为前提的。

4. 但是，也存在主张国家自己责任说的有力见解。例如，以今村成和博士为代表的观点就是属于这一类。其依据的观点大致如下：[3]国家在从事行政活动、特别是权力活动时，常常伴有给国民造成损害的危险，如此，行政活动原本内含着危险，行政主体反而要作出该活动，在危险现实地发生时，就承担所谓"危险责任"，这是与公务员个人责任完全无关的国家自己责任。[4]

5. 然而，自己责任说的最大难题在于，立于这种观点时，《国家赔偿法》第 1 条在国家责任产生的要件上要求公务员有故意或过失（所谓"过失责任主义"），这该如何说明呢？既然国家承担责任，不是代替公务员个人责任的代位责任，而是国家自己负有固有的责任，那么从理论上说，在其成立要件上就没有必然的理由要求公务

193

---

〔1〕　参照、雄川一郎「行政上の損害賠償」同・前揭『行政の法理』333 頁以下。
〔2〕　代表性例子是，田中二郎・上 206 頁、208 頁。
〔3〕　参照、今村成和・入門 186 頁以下。
〔4〕　《国家赔偿法》规定的责任与公务员个人责任完全无关，这种观点在逻辑上未必否定公务员个人责任的成立。今村博士采用的立场是，公务员有故意或重大过失时，公务员个人的赔偿责任也另外成立。参照、今村成和・入門 195 頁（今村成和＝畠山武道・入門 189 頁）。

员个人有故意或过失，特别是国家的自己责任成为前述意义上的危险责任，以公务员个人的故意或过失为成立要件之一本来就毋宁是荒谬的。

对此，今村博士是这样说明的：只有将《国家赔偿法》第 1 条所说的公务员故意或过失概念理解为通常民法等所说的各个人主观故意或过失才会产生上述问题，但是，国家赔偿法所说的故意或过失并不是主观的，"与公务员个人的责任无关，因而从客观上把握，是指公务运营的某种样态"，换言之，应当理解为"应当让责任归属于国家的公务运营瑕疵的表现"。[1]

6. 这种赋予公务员故意或过失概念客观内涵的尝试实际上在法国国家赔偿法理的发展过程中就已经看到了。法国的国家赔偿法理当初已经从过失责任主义出发，不久最高行政法院的判例就认为，这里的"过失"（faute）并不是公务员主观意义的过失，而是指更为客观的"公务过失"（faute de service），最终这变得几乎与"公务的瑕疵"，亦即"行政活动的瑕疵"相同了，结果就朝着与承认无过失责任同样状况的方向发展了。[2]今村博士的上述观点可以说是想在日本现行法下在法解释论上一举实现法国最高行政法院判例上的理论发展。

传统通说对此提出批评，德国法采用承认国家代位责任的体系（根据宪法规定由国家代位承担《德国民法》第 839 条的官员责任），日本的国家赔偿法毋宁是以类似的构造发展起来的，像上述法国式那样解释公务员的过失概念，在实定法的解释上终究是不适当的。[3]

---

〔1〕 参照、今村成和·前揭『国家補償法』96 頁。

〔2〕 对于法国国家赔偿法制中的"公务过失"，日本此前也有一些介绍，特别作为近来的文献，以该概念为中心广泛理论分析探讨法国国家赔偿责任法的规范构造，富有启发意义，津田智成「フランス国家賠償責任法の規範構造——『役務のフォート』理論を中心に（一）～（五·完）」北大法学論集 64 巻 6 号（2014 年）、65 巻 2~5 号（2014—2015 年）。该论文对这一领域的先行研究业绩有广泛概述。

〔3〕 参照、雄川一郎·前揭「行政上の無過失責任」。当然，之后有学者指出，在德国法下在第二次世界大战前也确立了客观性过失观。参照、宇賀克也「ドイツ国家責任法の理論史的分析」同『国家責任法の分析』（有斐閣、1988 年）所収。

最高法院对此没有从正面表明态度。[1] 但是，无论如何，近来在种种侧面上是朝着放宽国家责任要件的方向解释的。在下级审判决中，已经在很早就出现了明确肯定国家自己责任的判决。例如东京地方法院 1964 年的所谓"安保教授团游行伤害案判决"[2] 就是其代表。在该案中，原告因警视厅机动队员的暴行而受到伤害，提起国家赔偿请求。被告东京都采取代位责任说加以反驳，"要成立都的责任，机动队员每一个人的责任必须成立，但原告并没有作出这样的主张举证"。而东京地方法院驳斥了这一主张，明确指出，"《国家赔偿法》第 1 条的责任是国家自己的责任，而非代位责任，因而，不能因没有证明机动队员每一个人的加害行为而免除东京都的责任"。[3]

7. 行政活动范围广泛，内容高度复杂化，不能否定的是，正如上述案件中也体现的那样，有时将问题完全作为公务员个人与私人个人之间的问题来处理是困难的（或者至少不合理）；有很多情形以今村博士主张的危险责任等思想来应对，会得到更合乎案件实态的解决。

195

———————————

〔1〕　不过，最高法院认为，明确立于代位责任说的原审判决是"原判决出于同一旨趣的正当判断"。最判 1969 年 2 月 18 日判時 9 卷 552 号 47 頁。如后详述，对于《国家赔偿法》第 1 条"违法"概念的解释，最高法院判例明确立于"职务义务违反说"立场上，其思考框架明显与代位责任说具有亲和性。

另外，在所谓"乙型肝炎集团预防接种案"中，最高法院支持承认国家赔偿责任的原审判决（最判 2006 年 6 月 16 日民集 60 卷 5 号 1997 頁），以承认原审判决的方式仅提及"被告（国家）"的过失，而没有触及（当时）"厚生大臣"的过失。津田智成从中看到了"自我责任规范的萌芽"〔津田智成·前揭（五·完）北大法学論集 65 卷 5 号 371 頁〕。

〔2〕　東京地判 1964 年 6 月 19 日下級民集 15 卷 6 号 1438 頁。

〔3〕　之后，最高法院也说道，"国家或公共团体的公务员在一连串职务行为的过程中给他人造成损害时，即使不能具体确定是哪一个公务员的哪一个违法行为造成的，但只要存在两个关系：第一，如果没有上述一连串行为中的某一个行为，因行为人的故意或过失而发生违法行为，就不产生上述损害；第二，无论是什么行为，加害行为人所属的国家或公共团体均应当承担法律上赔偿的责任，那么，国家或公共团体也就不能因加害行为不特定而免除国家赔偿法或民法上的损害赔偿责任"，与明确立于自己责任说的原审判决得出了同样的结论，判决指出"只要与上述旨趣系统，就不能说不正当"（最判 1982 年 4 月 1 日民集 36 卷 4 号 519 頁）。但是，上述结论是不是能当然从自己责任说推导出来，最高法院是不是在上述判决中采用了自己责任说的立场，未必明确。

196

但是，这种要求不仅仅是立法政策论的，还要在法解释论上具有一般性说服力，那么，就要在上述认识的同时进一步对法解释论与立法政策论区别，无论如何都必须明确提出合理而一贯的原则，根据这种原则提出主张。

在制定《国家赔偿法》时，容易推测的是，现实从事立法的人所设想的大致是以过失责任主义为前提的代位责任体系（在日本所效仿的德国法之下，当时客观过失说在学说和判例上得到确立，这大致是另一个问题）。在这一意义上，传统通说批评今村博士式的自己责任说仅为立法政策论，也不是没有理由。但是，法解释的作业常常伴有实践性判断和主张，并不限于认识现实立法者真意何在，这在今天也是得到广泛认可的。要言之，某种应有的法解释会随着时间的推移、根据社会实际状况的变动而变迁。问题在于，应在多大程度上容许在法解释论上思考实践性判断的变化？从哪里开始就应当定性为立法政策论？这一问题实际上因学者基本观点的差异而能有不同的回答。本书基本上认为，在法解释的变迁中，"连续性"及"渐进的变化"是不可或缺的要素。也就是说，必须允许在法解释论上有连续性的逐渐变化发展，在合乎社会现实提出的要求与法律安定性之间找到妥协点。[1]如果从这一角度来看这里的问题，今村博士式以过失概念的客观化为前提的自己责任说，是要在日本现行法的解释论上一举实现法国最高行政法院在判例法上的理论发展，在"连续性""渐进性"要素上稍有欠缺。[2]如此，在日本现行法的解释论上，毋宁是忠实于立

---

〔1〕 对于这种观点，严格而言，有很多法解释方法论上的问题，诸如，将变化的出发点定在哪里？容许变化的幅度没有终极的界限吗？对此不能详细论述。我认为，一般而言，法解释论的出发点基本上应在于当时参与立法的人们的意图，以及眼下最直接表达该意图的法令文字，应当从当中表达的一定的法思想中能看到其界限。

〔2〕 当然，现在自己责任说在学说和判例上也得到了相当的支持，该学说自今村博士提倡以来已历经半个世纪以上的岁月。有鉴于此，也能认为，已经满足正文中作为问题的"连续性""渐进性"要件。但是，我当作问题的"连续性""渐进性"，真正是鉴于具体案件，不依据该学说，案件就无论如何不能得到合理的解决，在这样的案件积累基础上，发展某解释学说。正如正文马上要说到的"加害者特定的必要"问题所示，过去采用自己责任说的案件是否真的不依据该自己责任说就得不出那样的结论，尚存疑虑。

法过程及法条文字，从以过失责任主义为前提的国家代位责任体系出
发，通过后述过失概念、职务行为概念等个别解释，逐步扩大被害者
救济的可能性，这样的尝试才是顺当的方法（例如，对于之前的"安
保教授团游行伤害案"，当初就有学说指出，通过认定机动队指挥者
的判断有过失，也有追究东京都代位责任的办法）。

　　另外，在这一点上，在近来的学说中，越来越多的人指出，在多
个案件中，不是追问公务员个人的过失，而是"组织过失"或"组织
性过失"。这一点值得关注。[1]

　　所谓"组织性过失"论（详细而言，因学者不同而有若干表达上
的差异），要言之，在承认国家或公共团体的赔偿责任时所追问的
"公务员"有无过失，不是直接对私人采取行动的公务员个人有无过
失，而是在其背景中存在的、其意思决定过程相关的组织全员（换言
之组织全体）有无过失。例如，有学者指出，[2]东京高等法院在
1992 年 12 月 18 日预防接种之祸诉讼判决中，[3]在厚生大臣的责任
上，追问的实际上是厚生省全体的组织性过失。结果，这就接近于前
述法国法的"公务过失"构想。其思考框架一方面是构成从代位责任
说向自己责任说推移过程的框架，[4]同时在另一方面，只要日本现行
《国家赔偿法》之下是采取自己责任说，在理论上也只能作为前提接
受。[5]

　　不过，对此，根据我所提出的问题，同时指出，今天"至少部分满足了""'连续
性'与'渐进的变化'要素"。参照、津田智成·前揭（五·完）北大法学論集 65 卷
5 号 376 頁。

　　[1]　例如，参照、宇賀克也·前揭『国家補償法』73 頁以下、阿部泰隆·前揭
『国家補償法』167 頁以下、同·解釈学 II 480 頁以下，等等。

　　[2]　参照、宇賀克也·概説 II（第六版）452 頁。

　　[3]　高民集 45 卷 3 号 212 頁。

　　[4]　津田智成·前揭（五·完）北大法学論集 65 卷 5 号 365 頁以下，采用这种把
握方式。

　　[5]　对此，请参照、藤田宙靖「『行政機関』と『公務員』——国家賠償法一条
一項の捉え方をめぐって」自治研究 95 卷 5 号（2019 年）3 頁以下。

三、自己责任说的理论根据——"行政机关模式"与"公务员模式"

198　　1. 上文看到的是从国家赔偿责任是国家的"自己责任"还是"代位责任"这样的视角（理论框架）探讨的结果，这种视角也可以说是处于过去学说的中心位置。另一方面，在过去的讨论中，虽然没有从正面探讨，但实质上在论及国家赔偿责任的性质时，现在的一个理论视角是潜在的，能成为其重要基础。亦即其中所说的"公务员"是文字上那样的"公务员"，还是未必如此，而是理论意义上的"行政机关"呢？前者的看法可称为"公务员模式"，后者可称为"行政机关模式"。根据我现在的观点，所谓"自己责任说"从正面采用这种"行政机关模式"，才能有明确的理论根据。

　　2. "行政机关"概念与"公务员"概念在日常生活中未必明确区
199　分使用，但在行政法学上，很早就在理论上理解为明确有区别的概念。[1]例如，根据柳濑良干博士的说明（大概是最严密的），两者是不同的，"行政机关"是"为了国家或公共团体而应作出行为的地位，或者在该地位中来指称处于该地位的人的名称"，而"公务员"是"脱离某地位将处于该地位的人作为处于该地位者来指称的名称"。因而，公务员"不同于机关，具有独立于国家或公共团体的人格，对国家或公共团体享有一定权利、负有一定义务"。[2]这一差别也可以这样来说明，"行政经行政机关之手来进行，而处于行政机关地位的某人是在与行政主体之间具有特定关系的自然人，称之为公务员"。[3]

---

　　[1]　参照、藤田宙靖·組織法261頁以下。
　　[2]　参照、柳瀬良幹·教科書69頁。
　　[3]　今村成和·入門。根据今村博士的说明，"行政机关"是某种"法的地位（职位）"，而"公务员"是指处于这一职位上的"人"。这一说明易于理解，我也便宜使用过（藤田宙靖·組織法29頁以下）。但是，在理论上严格来说，像柳瀬博士的上述说明那样，"行政机关"也有"法的地位"，也是将该"地位"上的人"作为处于该地位的人来指称"的概念。在后者的情形下虽然同样是"人"，但所披着的"法的外衣"却与"公务员"的情形不同。对此详情，请参照、藤田宙靖「『行政機関』と『公

3. 如果立于"公务员模式"，像过去的通说（代位责任说）所理解的那样，《国家赔偿法》第 1 条的责任是对于作出违法职务行为的公务员成立的民法上损害赔偿责任，由国家或公共团体代位而成立；如果立于"行政机关模式"，《国家赔偿法》第 1 条的责任就是由国家或公共团体对行政机关的违背权限行为承担责任。也就是说，这不外乎是行政主体对于自己手足的行政机关（对外与行政主体在法上是一体的，不具有独立的法人格）所作违法行为的善后工作，因而，这就是"自己责任"。这是让"自己责任说"能成立的本来的法理根据。这时，公务员"过失"作为《国家赔偿法》第 1 条所列的赔偿责任成立要件之一，如何予以说明当然会成为问题，这是"自己责任说"的最大弱点。但为了实质上涵盖这一弱点，引入了"客观性过失""组织性过失"的概念。而对于"代位责任说"，过去的学说和判例表明，行为人"公务员"个人不对外承担责任，而是仅由国家或公共团体承担责任，亦即"免责性代位责任"。结果，这与国家或公共团体基于自己责任而对外承担全责就是一样的，这也可以说是广义的"自己责任"。[1]

　　然而，在过去多数行政法学说（至少在基本上）的前提中，将国家赔偿法制度定位于为近代法治国家原理根基的"依法律行政原理"提供后盾的制度的一环（正如反复表明的那样，本书将这一观点设定

务員』——国家賠償法一条一項の捉え方をめぐって」自治研究 95 巻 5 号（2019 年）3 頁以下。

　　[1]　理论上严格而言，对于《国家赔偿法》第 1 条第 1 款的赔偿责任是不是国家的自己责任问题，除了要让国家承担赔偿责任而在现行法上采用怎样的体系构造问题（可谓"国家如何承担责任"的问题），还必须区别于责任根据论的问题，即国家为何承担责任的问题。也就是说，如果行为者是与国家没有任何关系的人，国家原本就连承担代位责任都没有理由，国家承担赔偿责任（不论是不是正文意义上的代位责任）的理论根据在于该公务员是以国家的行政机关资格采取行动。在这一意义上，国家的赔偿责任就是国家对自己机关的行为承担责任，是"自己责任"。这是不能否定的［明确指出这一点，参照、西埜章『国家賠償責任と違法性』（一粒社、1987 年）19 頁以下］。不过，过去讨论的是"自己责任"还是"代位责任"的问题，主要是正文所述的围绕现行法体系状态的讨论。建立这种问题自身（与上述问题不同）在法解释论上是有意义的，这终究不能忽视。

为理解现行法的"客观标尺")。其中心当然在于对"行政机关违法行使权限"的国民救济。在采用"行政机关模式""自己责任说"时，不仅是上述"过失"要件，当然也产生如何实现与现行《国家赔偿法》其他条款解释的整合性问题。这一问题将在后述各个论点时探讨。

四、公务员个人对被害者的赔偿责任

201　　1. 如前所述，在现行《国家赔偿法》第1条之下，最高法院并不承认被害者对公务员个人的赔偿请求。过去的通说认为，该法第1条采用的是国家或公共团体的"免责性代位责任"，对最高法院的做法也予以支持。但近来对此也出现了种种异议。第一，在理论上，"代位责任"观念与有无公务员个人责任未必有逻辑上的必然联系，[1]即使立于国家（或公共团体）责任系代位责任的前提之上，也不是不可能同时承认公务员个人的责任。第二，不承认公务员个人责任的首要好处在于能防止因公务员直接被诉而导致业务的萎缩效果，特别防止因所谓苦情而发生滥诉弊端的可能性。但这也是有疑问的，上述问题也因公务员的职种、业务内容等而未必一律存在。例如，公务员完全是为满足私利私欲而作出违法行为，明显极为恶劣，没有理由连这种情形都一律不允许被害者追诉。此外，也有人指出，只承认向国家或

202　地方公共团体提出赔偿请求，从诉讼实施的便宜性等方面来说给被害者的救济是不充分的。如本书后述所示，[2]对于《国家赔偿法》第1条第1款的"执行职务"概念，最高法院采取所谓"外形主义"广泛予以承认。在这一状况下，这里提出的问题可以说在今天已获得广泛的说服力。[3]

---

〔1〕　很早就指出了这一点，例如参照、稲葉馨「公権力の行使にかかわる賠償責任」大系6巻53頁。

〔2〕　后述第211页。

〔3〕　如此，即使原则上不承认公务员个人对被害者的责任，有时也应例外承认。立于这种见解的有，阿部泰隆·解釈学Ⅱ438頁以下、塩野宏·Ⅱ（第六版）354頁以下、宇賀克也·概論Ⅱ（第六版）455頁以下、芝池義一·救済法（第三版）271頁以下，等等。

2. 但是，上文主要只是从行政救济便宜的一种政策性观点出发的讨论，尚未在法理上诘问现行《国家赔偿法》与公务员个人责任之间处于怎样的关系。下面拟从这一角度进行一点探讨。

第一，对于《国家赔偿法》第 1 条的责任，如果立于前述"行政机关模式""自己责任说"的立场，这里的"公务员"就是"行政机关"，因而，在国家等（行政主体）承担责任之外，"公务员"对私人并不承担责任（"行政机关"原本并没有法的人格），在这一意义上，赔偿责任当然是一元化为行政主体。[1]不过，进行行政活动的"人"因其所服从的法不同，可能是"行政机关"，也可能是"公务员"，同时也可能是"谁都可以"的一般市民。即使行为人作为前两者不承担赔偿责任，也不可能在第三个立场上承担（民法上的）责任吗？在"行政机关模式"下，其理论前提是，"行使公权力"的行为主体是"行政机关"，而不是"谁都可以"，因而，那就是不可能的。不过，即使是这种情形，作为"行政机关"而行为的人超越权限十分显著、已经不能认为是"行政机关"的行为时，行为人作为"谁都可以"的私人承担民法上的责任也是可能的。[2]

第二，根据"公务员模式"，其中的"公务员"不是"行政机关"本身，而是强调处于该地位的"人"。从理论上来说，本来是法

〔1〕 "在'自己责任说'的情况下，公务员是'国家装置的一部分，因而，公务员的责任也被其吸收，作为个人并不承担责任'"［塩野宏·Ⅱ（第六版）353 页］，这样的说明也是这个意思。

从这一角度来看，《国家赔偿法》"国家或公共团体……负赔偿责任"中的主语助词（が），也能理解为该法第 1 条第 1 款的"公务员"是"行政机关"之意。

另外，立于"自己责任说"的立场，当然成为问题的是在前述《国家赔偿法》第 1 条第 1 款的"故意或过失"要件之外，第 2 款国家或公共团体（对行为人）的求偿权是什么意思？这大致不是在与被害者的法关系上，而是行政主体内部法关系上的问题。因而，即使立于"行政机关模式"的情形，其中的"公务员"也可以作为勤务关系上的公务员来说明。

〔2〕 今村博士［今村成和·入门 195 页（今村成和＝畠山武道·入门 189 页）］明确采取"自己责任说"的立场，同时在一定场合下承认公务员个人责任，这种观点本来就是站在这种逻辑构造之上的。

对公务员职务行为状态的规制，是雇佣者国家或公共团体与雇员公务员之间的法关系，根据国家赔偿法获得救济的国民只不过是处于第三者的立场而已（"行政机关"在与国民的关系上行使权限而根据依法律行政原理受到规制，就与此有很大不同）。因而，如果违法的职务行为对国民也构成违法侵害权利，就需要一个在两者之间架桥沟通的法理。该法理在于，假设公务员一般负有"遵守法令义务"，[1]其实态是法令对"行政机关"的规制（这是尽管现行法上采用"公务员"一词而能采用"行政机关模式"的实质理由）。另一方面，如果强调《国家赔偿法》所说的"公务员"不同于"行政机关"，上述架桥就有所不同，而毋宁是根据《民法》来进行的。这时，就只能是以（具有"公务员"身份）一个市民"谁都可以"的侵权行为追究赔偿责任。[2]实际上，在《国家赔偿法》上，"公务员个人"根据《民法》第709条承担的侵权行为责任由国家或公共团体代位承担，过去的"代位责任说"之所以如此说明，在裁判实务中之所以将《国家赔偿法》规定理解为民事侵权行为法的特别规定，将国家赔偿请求诉讼作为民事诉讼而非公法上的当事人诉讼来处理，[3]都可以说是完全依据这一思考框架。换言之，"公务员模式"在理论上实际上是"市民模式"，进而接受代位责任（正如《民法》第715条所认可的那样，它也是非免责性代位责任），这才是本来应有的道理。[4]

---

〔1〕　例如参见《国家公务员法》第98条，《地方公务员法》第32条。

〔2〕　对此详细分析请参照、藤田宙靖「『行政機関』と『公務員』——国家赔償法一条一項の捉え方をめぐって」自治研究95卷5号（2019年）3頁以下。

〔3〕　假设国家赔偿诉讼是以"行政机关违法行使权限"为对象的诉讼，或者像文字上那样围绕"公务员违反职务义务"的诉讼，那么，它在理论上当然应当是有关"公法上法律关系"的诉讼。

〔4〕　如果从这种前提出发，那么，津田智成的指摘正是一语中的："讨论的起点不在于是否'产生'公务员对外的赔偿责任，而在于是否'免责'，只要没有将免责积极正当化的根据，公务员原本根据《民法》第709条的对外的赔偿责任或者被害者的损害赔偿请求权就'仍然存在'。"津田智成「公務員の対外的な賠償責任に関する試論的考察（一）（二）」自治研究93卷9号（2017年）113頁、11号（2017年）97頁。

五、《国家赔偿法》第 1 条责任的成立要件

如此，《国家赔偿法》第 1 条的责任的基本性质如何理解的问题 205
姑且不论，该法第 1 条规定了几个因公务员行为而产生国家或公共团
体责任的详细要件：（1）该行为是公务员行使公权力的行为，（2）公
务员履行职务而产生损害，（3）公务员有故意或过失，（4）违法造成
损害。其中，已触及第三点的若干论点，另外还有所谓"违法无过失"
问题将在第三节中再处理。下面将对第一、二、四点再作深入说明。[1]

（一）公务员行使公权力的行为

1."公权力的行使"概念与"公务员"概念在这里登场，对于后
者，过去没有特别争议，要言之，不限于《国家公务员法》《地方公
务员法》所说的公务员，大致能被视作为"行政主体"行使公权力
者，都广泛地属于这里所说的"公务员"。[2]当然，在《国家赔偿
法》上"公共团体"的概念中，传统观点认为，[3]不仅是地方公共
团体，还有包括公共组合、政府关系特殊法人等属于传统行政法理论
上"行政主体"的全部法人。[4]

---

[1]　对于这些要件，囊括过去的学说和判例、加上自己评论的大作有，西埜章
『国家賠償法コンメンタール（第二版）』（勁草書房、2014 年）。

[2]　另外，这里的"公务员"有前述是"公务员"还是"行政机关"的问题，
过去对于公务员概念的上述说明可以说与"行政机关模式"具有亲和性。

[3]　参照、田中二郎·中 214–216 頁。

[4]　当然，近来随着前述"行政主体"概念的相对化、所谓"公私协作行政"
的广泛登场等，该法的主体是否为《国家赔偿法》第 1 条的"公共团体"？对该"公务
员"行为负赔偿责任的"公共团体"是哪一种法的主体？围绕这些问题也出现了一些
微妙的例子。

例如，"国立大学法人"过去作为国立大学而被置于国家行政组织一隅，现在是这
里的"公共团体"吗？这一问题现在屡屡在裁判上发生争议，这是前者的一个例子。
虽然还没有最高法院的判例，但在下级审判例中肯定说占优势（例如参照、東京地判
2009 年 3 月 24 日判時 2041 号 64 頁。关于国立大学法人的行政主体性质，参照、藤田
宙靖·組織法 147 頁以下）。

作为后者，在国家或地方公共团体将其业务委托给其本身仍为"私人"的法人（指

207　　2. 与此相对，《国家赔偿法》第 1 条的"公权力的行使"是指何种行为，过去即使是在明确表示的方面也有很大的见解分歧。传统上，公权力的行使从文字来看就是指"单方命令、强制或者形成、变更法律关系、事实关系的行政作用"，也就是说，仅指传统行政法学所说的"权力性行政作用"（狭义说）。与此相对，今天所说的公权力的行使，是指国家行为中除私经济作用外的所有公行政作用。因而，即使是所谓"非权力性行政作用"，只要其具有"公行政作用"的性质，也包含在这里所说的公权力的行使中（广义说）。这一观点是具有一般性的。[1]也就是说，在公行政活动中，对于本来以非权力性手

定法人）的案件中（所谓"委托行政"），其问题是，这些法人的职员的行为是否为《国家赔偿法》第 1 条的公务员行使公权力行为？这时由谁承担损害赔偿责任？［如前所述，在这种案件中，对于谁成为抗告诉讼的被告，2004 年修改《行政案件诉讼法》时，明确了国家或地方公共团体委托业务的情形（《行诉法》第 11 条第 3 款），在现行的《国家赔偿法》上对此并无规定。］根据都道府县知事的措施（《儿童福祉法》第 27 条第 1 款第 3 项），某儿童进入社会福祉法人设置运营的儿童养护设施，该儿童以该设施职员违法行为为理由提起国家赔偿请求诉讼。对此，最高法院判断认为，养育监护该儿童的设施之长及其职员属于适用《国家赔偿法》第 1 条的都道府县行使公权力的公务员（最判 2007 年 1 月 25 日民集 61 卷 1 号 1 页。关于指定确认检查机关根据建筑基准法所作的确认，参照、最判 2005 年 6 月 24 日判时 1904 号 69 页）。

鉴于过去判例和学说有关《国家赔偿法》第 1 条责任的展开，可以将这些判决定位于其极为顺当的发展延长线上。问题毋宁是在后者的例子中，都道府县作为国家赔偿法上的"公共团体"承担国家赔偿责任，受委托的私法人不负任何赔偿责任吗？最高法院上述 2007 年判决承认都道府县的国家赔偿责任，否定了案件中社会福祉法人的《民法》第 715 条的赔偿责任。但这是否为理论上必然的、必须的结论，仍有探讨余地（参见上卷第 20 页）。

另外，《国家赔偿法》第 1 条仅规定"国家或公共团体"，它是否为与出问题的公务员行使公权力之间处于何种关系的国家或公共团体（例如，行使公权力的事务归属主体是该公务员的所属机关还是该事务的经费负担者），等等这些都没有严密的规定。在通常的案件中，这些多是一体的，因而不用详细探讨。但以例外的其他案件（例如参见后述《国家赔偿法》第 3 条的规定）为中心，还有种种讨论，这里无法深入。对此参照、稻葉馨「国家賠償責任の『主体』に関する一考察（一）（二）」自治研究 87 卷 5 号（2011 年）25 页以下、6 号（2011 年）34 页以下。

[1] 此外还有被称为"最广义说"者，大凡国家行为均包含于"公权力的行使"中。这种观点也不是没有，但在学说和判例上并没有在这里作特别处理的重要性。

段进行的活动，根据狭义说，除了符合《国家赔偿法》第 2 条的情形外，全部适用民法关于侵权行为的规定，而立于广义说的立场，除了该法第 2 条的情形外，也能被涵盖于第 1 条的情形中（例如，正在从事公务中的官署公署汽车撞人、公共道路工程给沿路居民造成损害等）。对于狭义说与广义说哪一个是主导性的，在法律制定当初不用说就是狭义说占据压倒性优势的。但是，在今天，学说上偏向于广义说的立场者也在增多，而判例上也几乎都是将采用广义说作为当然的前提，[1]因而，形势可以说已经完全逆转。

　　根据最明确展示广义说论据的雄川一郎博士的说明，[2]采取广义 　208
说有如下的论据：第一，在国家公行政活动的利益状况中，与私人相互间的私经济关系相比，非权力性活动与权力性活动之间具有更多共通的要素。第二，对于非权力性行政活动，与适用《民法》第 715 条使用者责任规定相比，在《国家赔偿法》中没有《民法》使用者选任监督的免责规定（《民法》第 715 条但书）的对应内容，适用《国家赔偿法》第 1 条对被害者更为有利。此外，也有人指出，只要将《国家赔偿法》第 1 条规定理解为前述的国家免责性代位责任，对于适用该规定的行为，就没有追究公务员个人赔偿责任的可能（除国家行使求偿权外），因而，仅此就可让公务员安心从事公务，这对行政一方是有利的事情。[3]

　　然而，雄川博士上述观点的背后终究是有法国行政法思想的影响。如本书先前所述，[4]德国行政法学立于区分公法私法的所谓权力

---

　　〔1〕　在下级审判决中很早就有很多明确立于广义说立场，最高法院在之后也表明立于这一立场。例如，政令指定都市的区长响应《律师法》第 23-2 条的照会进行报告，这被作为《国家赔偿法》第 1 条的公权力行使来处理。参照、最判 1981 年 4 月 14 日民集 35 卷 3 号 620 页。而公立学校教师的教育活动也广泛被作为《国家赔偿法》第 1 条的公权力行使来处理。参照、最判 1983 年 2 月 18 日民集 37 卷 1 号 101 页、最判 1987 年 2 月 6 日判时 1232 号 100 页等。

　　〔2〕　雄川一郎「行政上的损害赔偿」同·前揭『行政の法理』333 页以下。

　　〔3〕　对于学校教师、医院医师等而言，这是现实中不能无视的问题。

　　〔4〕　上卷第 32 页以下。

说构想，在传统上将重点置于行政活动中权力性活动与非权力性活动的区分上，分别展开不同的法理；而法国，以最高行政法院的判例为中心，立于所谓"利益说"的观点，在适用不同于民法原则的独立的行政法理上，与权力性活动、非权力性活动相比，是否为公共服务（service public）活动更具有重要意义。这时，公共服务理论发展的中心素材正是国家赔偿问题。

其中，作为现行法的解释论，对于如何在理论上评价上述广义说，基本上与前述以"过失"概念客观化为前提的自己责任说所看到的一样。第一，在广义说的论据上，上述主张从实践来看并不是没有理由，[1]而鉴于法解释论基本上具有实践性质，不能说这种解释论在理论上完全不能成立。但在另一方面，从《国家赔偿法》第 1 条的立法经过来看，该条不是以法国式公共服务理论为模型，而是明显在德国–日本型权力说思考之下制定的。如此，问题就在于，如何在日本的场合下看到由此向法国式公共服务理论发展的连续性呢？[2]那么，出发点终究应在于狭义说，不过照现实的行政与私人之间的利益状况来看，通过具体探讨什么才具有与传统意义公权力行使相匹敌的功能，

---

〔1〕 当然，在广义说中，对于有利于被害者的制度是否在现实具体案件中有效地发挥作用，也有疑问。例如参照、原田尚彦·要論 289 頁。

〔2〕 例如，如正文所触及，在国立公立学校教师对学生的指导、监督等疏漏而产生学校事故的案件中，教师的教育活动被定性为非权力性作用，有日益增多的判例（也包括最高法院判例）采用广义说，将其作为《国家赔偿法》第 1 条的问题来处理。但这时按照日本传统的法理来看，私立学校的学校事故自然不适用《国家赔偿法》。国立公立学校与私立学校同为非权力性作用，为何处理不同，对此必须再作说明（在今天，"国立学校"已变成"学校法人"，这就更为复杂了）。如果部分修正过去的理论，就必须考虑这可能反过来对其他部分产生影响。《国家赔偿法》第 1 条原本是依法律行政原理的保障制度，由此来看，按照前述"行政机关模式"将同条的"公务员"一词解作理论意义上的"行政机关"，这当然就与这里的狭义说具有亲和性。主流行政法学过去基本上采取这一模式并同时采用广义说，这在理论上原本应该说是颇为不合理的。另外，采用广义说也使《国家赔偿法》第 1 条中的"违法性"概念复杂化。参见后述第 220 页。

逐渐扩大救济，这才是法解释论上应有的程序。[1]

3. 另外，判例和学说认为，《国家赔偿法》第 1 条的"公权力的行　　210
使"，不仅是行政权的行为，也包括立法权、司法权的公权力行使。[2]
但是，如后所示，学说和判例上对这些行为的违法性判断有颇多制
约，国家赔偿请求的实效性必须说是极低的。对于这些行为原本是否
应当是该法第 1 条的适用对象，反而是抱有疑虑的。[3]

（二）公务员履行职务的行为

这一要件刚好与《关于一般社团法人及一般财团法人的法律》第　　211
78 条（《民法》旧第 44 条）的"履行职务"、《民法》第 715 条的
"执行事业"要件相对应，其中所包含的问题与这些情形也基本相同。
对于民法的这些规定，判例和学说等逐渐作扩大适用范围的宽泛理

---

　　〔1〕　如此，行政法学在《国家赔偿法》第 1 条的解释上应当做的就是，与扩大被
害者保护的实践性主张、从哪里能找到合乎这种主张的主意相比，现在更要（至少与这
些作业一起）确立在法解释的状态、方法上的原则，在这种一贯的原则之下将这些素材
体系化。例如，在"公权力的行使"概念上，雄川博士主张法国式的广义说，但他批
评同样主张法国式"过失"概念客观化的今村博士，参照《国家赔偿法》第 1 条的构
造、立法过程等来看，今村博士的自己责任说是"超实定法"的（雄川一郎・前揭
「行政上の無過失責任」同『行政の法理』361 頁以下）。顺便提及，今村博士对于
"公权力的行使"概念毋宁是立于传统狭义说的立场。参照、今村成和・入門 200 頁
（今村成和＝畠山武道・入門 195 頁）。从这种对于法解释论与立法政策论区分的无原则
立场主张"解释论"，即使是实践性主张自身在个别问题上具有优越性，也不能说让人
对其广泛抱有作为法律学立场的法解释论的信赖。
　　基于本书的这种观点，即使以狭义说为出发点，在具体案件的处理上，例如规制性
行政指导的处理等，至少能与广义说有共通的结果。也有学者指出，实际上在今天，广
义说、狭义说、最广义说之间的实质差异并没有看到的那样鲜明（参照、稻葉馨「公権
力の行使にかかわる賠償責任」大系 6 卷 27 頁以下）。如此，我自身的观点是，更进一
步，作为应有的法解释论的道理，应当根据该法律的文字及立法意图确立理论的出发点。
　　〔2〕　例如，关于国会议员的立法活动，最判 1985 年 11 月 21 日民集 39 卷 7 号
1512 頁；关于法官的裁判，最判 1982 年 3 月 12 日民集 36 卷 3 号 329 頁；关于警察、检
察官等刑事司法活动，最判 1978 年 10 月 20 日民集 32 卷 7 号 1367 頁、最判 1985 年 5
月 17 日民集 39 卷 4 号 919 頁等。
　　〔3〕　对此问题，暂时可参照、特集「国家賠償法判例展望」ジュリスト 993 号
（1992 年）12 頁以下。

解，即使法人的代表和雇员不是为法人和使用人，而完全是以图谋私利为目的滥用权限，为了保护相对方，也承认法人和使用人的赔偿责任，这种所谓"外形理论"的观点得到发展。

然而，最高法院很早就已经在与国家赔偿法的关系中也进行类似的处理。有名的例子是 1956 年判决。[1]在该判决中，最高法院认为，对于《国家赔偿法》第 1 条，"该条不限于公务员主观上有行使权限的意思，还包括意图一己私利的情形，只要作出了客观上具备执行职务外形的行为，给他人造成损害，让国家或公共团体承担赔偿损害之责、广泛维护国民权益，是合乎立法宗旨的"，最高法院支持了承认东京都赔偿责任的原审判决。这一判决与《民法》第 715 条等的判例发展相对应，但是，《国家赔偿法》第 1 条不同于《民法》第 715 条，并不承认因选任监督而免除使用者的责任，在承认外形主义的责任上，课予国家或公共团体比民法上使用者责任更重的责任。但在本案中，是将外形主义适用于并非法律行为，而是事实上的行为（亦即并非根据保护交易安全的角度），如果该判决的判旨广泛适用于一般事实上的行为，那就必须说国家或公共团体承担了甚重的责任。

最高法院如此承认重责，无疑是基于充分保护国民权利的要求。
212 但是，仅是这种纯粹的要求未必在理论上当然推导出外形主义的观点。[2]也有主张认为，在该判决的背后是有国家危险责任的观点，如果不这么理解，就无法说明。[3]的确，存在这种观点的要素是无法否定的，但是，反过来，从危险责任论也并不必然就推导出外形主义。对于"履行职务"的文字，通过民事判例作连续的发展、渐进的扩大解释，这是具有重要意义的（例如在该案中，虽然是适用事实行为造

---

〔1〕 最判 1956 年 11 月 30 日民集 10 卷 11 号 1502 頁。

〔2〕 如果只是这种要求，理论上就可能产生即使不具备职务行为外形也可以赔偿的观点。指出这一点的参照、柳瀨良幹·行政判例百選Ⅱ（初版）271 頁。

如果从理论上来说，至少只要站在前述关于"公务员"概念的"行政机关模式"，最高法院所说的"公务员……意图一己之利作出（违法行为）的情形"还能否说是"行政机关"的行使权限，就颇成问题。

〔3〕 今村成和·入门 189 頁（今村成和＝畠山武道·入门 185 頁）。

成损害的外形理论的例子，当初被害者从外形相信其职务行为、根据加害者警视厅巡查的说法，这一事实与最终的被害相关联，这是应予留意的事情）。正因为如此，它才在《国家赔偿法》第 1 条的解释论上有被广泛接受的余地。

但是，这种欠缺精确理论诘问的判例法理的展开，即使该判决自身在解释该案件上是合理的，也必须看到它可能产生种种问题。例如，最高法院判例采用的这种彻底的"外形主义"，与前述无论如何都拒绝公务员个人赔偿责任可能性的最高法院方针组合起来，对于国家赔偿法制度的整体运用所带来的结果，最高法院有必要再度充分探讨。

（三）违法造成损害

1. 国家赔偿是填补违法行为造成的损害，而在合法行为给私人造成某种损害时，传统上特地将此损害称为"损失"，对此提供的代偿称为"损失补偿"，区别于"损害赔偿"。[1]眼下没有任何人对此予以否定，但是应该根据什么来思考其中的"违法行为"，如后所述，在今天的学说和判例上明显存在着极为复杂而重大的问题。[2]

2. 根据以"依法律行政原理"为基轴的"近代法治国家原理"，行政活动必须根据法律、基于法律进行；尽管如此，在行政活动违反法律时，必须为私人打开纠正违法、恢复原状之路（行政争讼制度）；假设已经不可能恢复原状，就必须打开金钱填补损害之路（国家赔偿制度）。[3]从这种角度看，国家赔偿制度与行政争讼制度一起构成了实现"依法律行政原理""法治国家"的保障制度。以此为前提，行政活动的"违法性"本质上就是行政争讼制度中成为问题的行政活动的违法性。在日本传统的行政法学中，基本上对此没有疑问。然而，

〔1〕　参见上卷第 137 页，后出第 263 页以下。

〔2〕　关于《国家赔偿法》第 1 条的解释文献，数量众多。特别是对于其"违法性"的概念内涵，从方法论角度分析整理判例和学说立场的近来论文等，参照、桥本博之「判例实务与行政法学说」盐野古稀上 375 页以下、山本隆司『判例から探究する行政法』（有斐阁、2012 年）541 页以下。

〔3〕　参见前述第 3 页以下。

进入昭和 40 年代，学说和判例从各种角度对其出发点提出了很多问题。

214 　　3. 在这些提出的问题中，最基本的是"行政争讼，特别是抗告诉讼（以下仅称'抗告诉讼'）的违法性意味着违反了针对应然行政活动所规定的行动准则（行为规范），而在国家赔偿中成为问题的违法性是从如何填补已作出的行政活动所生损害这一角度提出的问题，两者的问题不同、前提条件不同，因而，未必在性质及范围上是相同的"。如此，在抗告诉讼与国家赔偿中，成为问题的违法性的性质及范围不同，这种观点一般被称作"违法性二元论"或"二元性违法性论（或'相对的违法性论''违法性相对说'）"，但准确地说，其中的一些微妙差异是有区别的。

　　（1）例如，首先，国家赔偿是填补损害的制度，因而，其中的指导理念是"公平负担"，进而，即使在抗告诉讼中没有认定"违法"，从这一角度看有时应当给予国家赔偿。有的学说就是主张这种微妙差异。[1] 这一观点以国家赔偿是填补损害的制度为由，认为行政活动的违法性和合法性区别自身是相对的，结果基本上就是国家赔偿制度与损失补偿制度的理论差异也相对化，志在确立统一综合的"国家补偿制度"。在传统行政法学之下，也有学者指出，有必要建立这种意义上的"国家补偿"观念及制度、理论。[2] 因而，它在学说中是有可能被接纳的。如后所述，自第二次世界大战后昭和 30 年代结束开始，伴随着经济高度增长，日本社会经济状况发生激烈变化，在很多情况

215 下，仅以传统的"依法律行政原理"及以其为前提的"近代行政救济法原理"并不能给私人的权利利益适当而充分的救济。[3] 作为应对这些原理"界限"的法解释论，这种意义上的"违法合法相对化论"在实质上也受到欢迎是有背景的。

---

　　〔1〕例如，下山瑛二的观点基本就属于这一类型。下山瑛二『国家補償法』（筑摩書房、1973 年）2 頁以下。

　　〔2〕例如参照、田中二郎·上 199 頁以下。

　　〔3〕特别是对于"因不行使权限的损害"，参见后述第 228 页以下。

　　另一方面，与此类似的结果是，通过《国家赔偿法》第 1 条的解释，特别是通过裁判例以其他方式展开。通过在民事侵权行为论的延长线上理解该条的"违法侵害"，推导出违法性相对化的结果。假设将《国家赔偿法》第 1 条理解为《民法》第 715 条的特别法，这里的违法侵害权利基本上就对应于民法侵权行为法上的行为不法性，亦即"侵害他人的权利或法律上保护的利益"（《民法》第 709 条）。然而，在民法的侵权行为论中，关于行为"违法性"的要件之后明显放宽。有观点认为，"应当考虑被侵害利益与侵害行为样态两方面的相关关系，来判断是否有违法性"（所谓"相关关系论"），因而，过去意义上的违法性问题与故意过失问题一元化统合了。要言之，对"是否为应当提供侵权行为法上保护的情形"作统一、综合的判断，连这样的观点都登场了。[1]在这种观点下，关键就在于对所生损害的赔偿是否妥当的利益衡量，有无"违法性"也被还原为这种利益衡量。其中，如果《国家赔偿法》第 1 条第 1 款的"违法性"也作如此理解，那它实质上就可能与根据以"公平负担"为指导理念的"国家补偿"观点决定赔偿与否没有多大差别。

　　对于这种理论动向的登场，并没有不予认可的理由。但在另一方面，它也并不是没有问题，它与传统行政法理论，特别是与"依法律行政原理"之间的理论整理能充分完成吗？第一，对于"违法合法相对化论"或"国家补偿法论"，的确，如后所述，[2]如果过于严格适用传统意义上的国家赔偿制度和损失补偿制度，有的案件就会落入两者之间的峡谷而得不到任何救济。对这种案件的处理，不仅是在立法论上，在解释论上也必须有种种思考，这是事实。但在另一方面，一般以违法性和合法性相对化真的能合理应对这种问题吗？这也是必须认真思考的问题（学说上很早就有人主张所谓"国家补偿"观念的必要性，但过去成为问题的不是违法性合法性的相对化，而主要是在国

216

----

〔1〕　参照、幾代通（德本伸一補訂）『不法行為法』（有斐閣、1993 年）59 頁以下、前田達明『民法Ⅵ2（不法行為法）』（青林書院、1980 年）67 頁以下等。
〔2〕　后述第 250 页以下。

家赔偿法中采用过于严格的过失主义的问题性)。第二,权力性行政活动不同于民事上的行为,一般适用"依法律行政原理",其行动准则广泛由法律规定。对于立于民事侵权行为论的"违法性"扩张论,是否充分考虑了这种特性,是一个问题。在私人之间,在有侵权行为法上的"权利侵害"时该行为才变成"违法";而在权力性行政活动的情形下,行为违反行动准则,马上就全部被评价为"违法",两者的差异是存在的。对此问题,将在后文更为详细地分析。[1]

217　　(2)其次,根据权力性行政活动的上述特性,同时在国家赔偿的违法性判断中,也明确承认违反行为规范会成为问题,但仍有学说以国家赔偿是填补损害的制度为由,主张"违法性的二元"。[2]

　　但是,在这一立场上,必须进行几个更为详细的理论整理。抗告诉讼与国家赔偿请求诉讼在诉讼上请求的对象(诉讼标的)是当然不同的,因而,要认可其请求而必须满足的要件也自然是不同的。为此,虽说满足了抗告诉讼胜诉要件的"处分的违法性",显然仅此并不当然能在国家赔偿请求诉讼中获得胜诉。例如,国家赔偿中要求的"过失"等其他要件与"违法性"要件相结合,以此作为《国家赔偿法》上所说的"违法性",如果采用这种用法,就会呈现出一种"违法性的二元"观。[3]再如,对于抗告诉讼的撤销判决作出时点(准确地说是事实审口头辩论终结时,以下同),国家赔偿请求以同一行为为问题,如果其判决时点不同,例如,因发生"瑕疵的治愈"等,两者得出不同判断,这在理论上也不是不可能的。因而,这里的真问题在于,在同一时点,同一行为违反法令规定的同一内容的行为规范,在抗告诉讼中被判断为违法,却在国家赔偿请求诉讼中不判断为违法(或者反过来),这能(以国家赔偿是填补损害的制度为理由)得到

---

[1]　参见后述第231页以下、第251页以下。
[2]　例如,遠藤博也『国家補償法(上卷)』(青林書院、1981年)166頁以下。
[3]　参见后出第251页。

认可吗？但是，我看不到承认它的理论根据。[1]

4. 然而，最高法院在 1985 年所谓"废止在家投票制度国家赔偿案件判决"[2]中表明的观点是，"《国家赔偿法》第 1 条第 1 款规定，公务员行使国家或公共团体的公权力，违背了对个别国民所负担的职务上法的义务，给该国民造成损害，国家或公共团体对此承担赔偿之责"。这是针对以国会议员的立法行为（立法不作为）为由的赔偿请求而说的。[3]这里举出了两个要件，一是违反职务上法的义务，二是该义务必须是对被害者个人所负的义务。它们在此之后成为最高法院判断《国家赔偿法》第 1 条中"违法性"的关键点。

对于第一个要件，最高法院很早就确立了一个观点，对于出现误判的法官、检察官等的司法行为，要理解其职务上义务的内容，该义务内容与其所作裁判判决的内容不同。[4]正是第一个要件成为这些判决的理论前提。今天，最高法院判例经过 1993 年所得税更正处分的国家赔偿请求案件的判决，[5]对于通常的一般行政行

〔1〕　对此，同一旨趣的参照、阿部泰隆「抗告訴訟判決の国家賠償訴訟に対する既判力」判例タイムズ52号（1984年）15頁以下、森田寛二「処分取消訴訟の訴訟物との同一性」雄川献呈中529頁以下、同「処分取消訴訟の訴訟物と既判力論（一）（二・完）」法学54巻1号・2号（1990年）等。

〔2〕　最判 1985 年 11 月 21 日民集 39 卷 7 号 1512 頁。

〔3〕　最高法院从中得出的结论是："国会议员的立法行为……是否构成该款适用上的违法，是国会议员在立法过程中的行动是否违背对个别国民所负职务上法的义务问题，应当区别于该立法内容的违宪性问题。即使该立法内容违反宪法规定，国会议员的立法行为也不因此而直接受到违法的评价。"

〔4〕　对于法官，最判 1982 年 3 月 12 日民集 36 卷 3 号 329 頁；对于检察官，最判 1978 年 10 月 20 日民集 32 卷 7 号 1367 頁等。最近，对于再审被判无罪者的国家赔偿，引用了这些判例，最判 1990 年 7 月 20 日民集 44 卷 5 号 938 頁（所谓"弘前大学教授夫人杀人案国家赔偿判决"）。对于这一动向，有学者是这样说明的，即在这种案件中，最高法院不采用"结果违法说"，而是采用了"职务义务违反说"。

〔5〕　最判 1993 年 3 月 11 日民集 47 卷 4 号 2863 頁。

在该判决中，最高法院判决指出："税务署长所作所得税的更正，即使认定所得金额过大，也并不由此直接得到《国家赔偿法》第 1 条第 1 款的违法评价。税务署长收集资料，并据此对课税要件事实作出认定和判断，只有没有尽到职务上通常应尽的注意义务，存在草率更正的情况，这时才受到违法的评价。"

为〔1〕也采用"职务义务违反说"。对于"职务义务违反说"随后将详细探讨。

对于第二个要件，例如，第三人主张因对私人的规制行为（或不作为）而受害，提起国家赔偿请求，在该案中，成为问题的规制行为的根据规范并没有在对该第三人的关系中课予作出该规制行为的职务上义务，以此为理由予以驳回。〔2〕

（1）过去形成的行政法学主流观点是"《国家赔偿法》第1条的违法性也与抗告诉讼一样，违反了抑制公权力行使的法令规定"（现在多数称为"公权力启动要件欠缺说"，但更简易的称呼是"客观法规违反说"）。与此相比，最高法院判例确立的上述违法性论今天一般被称为"职务义务违反说"。对此观点，如本书也已指出的那样，它与以"依法律行政原理"为基础的法治国家原理的适合性，受到了

〔1〕 从课税处分来看，对于上述 1993 年判决那样的观点，从过去东京地方法院 1963 年判决所采用的关于课税处分司法审查的特殊性的观点（参见上卷第 115~116 页）作出说明仍然是可能的。但是，最高法院之后将 1993 年判决所确立的基准也适用于课税处分之外的领域。早期的例如，最判 1999 年 1 月 21 日判时 1675 号 48 页。近来，以行政处分违法而予以撤销，同时认为，作出该处分"并没有怠于通常应尽的注意义务"，以此为理由，"并不适用《国家赔偿法》第 1 条第 1 款给予违法评价"。参照、最判 2008 年 2 月 19 日民集 62 卷 2 号 445 页（马普尔索普写真集案）。

〔2〕 例如，根据《居住用地建筑物交易业法》，居住用地建筑物交易业的执照"由知事等发放、更新，该行为即使不符合法定许可基准，在与该业者的各个交易关系人的关系上也并不直接属于《国家赔偿法》第 1 条第 1 款的违法"。参照、最判 1989 年 11 月 24 日民集 43 卷 10 号 1169 页。反过来的例子也有（没有规制行为的例子），在民事执行程序的现状调查之际，执行官"对执行法院自不待言，在与希望购买不动产者的关系上也负有应当尽可能正确地调查目标不动产现状的注意义务"。最判 1997 年 7 月 15 日民集 51 卷 6 号 2645 页。

另外，近来的例子是，"刑务所长收到亲属以外者接见受刑者的申请，在判断拒绝接见时，旧《监狱法》第 45 条第 2 款并没有课予其应当关照要求接见者固有利益的法的义务"。以此为理由之一，接见作为律师协会人权维护委员会调查活动的一环，刑务所长不予允许，不能说有《国家赔偿法》第 1 条第 1 款的违法。最判 2008 年 4 月 15 日民集 62 卷 5 号 1005 页。另一方面，不仅是死刑确定者，对于为其再审请求而选任的律师，为再审请求而要求秘密会面，律师的固有利益得到承认（部分认可请求的判决确定）。最判 2013 年 12 月 10 日判时 2211 号 3 页以下。

行政法学的很多质疑。[1]但是，应当关注的一个显著动向是，近来行政法学者也在对"职务义务违反说"的内容重新详细探讨、再作评价。[2]对于这种动向的登场，可以说主要是基于下列因素。

如前所述，判例和学说对《国家赔偿法》第 1 条的"公权力的行使"概念采用所谓"广义说"，获得广泛接受。这可以说是外在因素的存在，这一点已经得到广泛认识。也就是说，"客观法规违反说"主要关心的案件是，像行政处分那样，公权力性是明确的，因而，其权限规定的内容是明确的。与此相对，随着广义说的蔓延，连本来没有"（狭义的）公权力"的行政活动，也成为这里的"公权力"。例如，在前述[3]国立公立学校的学校事故中，在追究国家赔偿责任时，问及教师的违反注意义务，但因为未必存在法令对注意义务发生根据、内容的逐一明确规定，因而，必须说在这种案件中本来就很难严格认定是否违反"权限规定""公权力启动要件"。这时，对于教师有无违反注意义务，结果就作出与私立学校情形内容基本相同的判断。但在国立公立学校中，它表现为有无"公务员违反职务上的义务"。

但是，仅从广义说的进展来看，为什么连公权力行使要件在法令上得到明确规定时（例如像课税处分或警察执行职务行为那样），

221

---

[1] 从这种角度批评"职务义务违反说"（或"职务行为基准说"），其代表例有，参照、宇賀克也・前揭『国家補償法』73 頁以下、西埜章・前揭『国家補償法概説』47 頁、塩野宏・Ⅱ（第六版）341 頁以下等。

[2] 作为其代表例，参照、小早川光郎「課税処分と国家賠償」藤田退職 421 頁以下、神橋一彦「『職務行為基準説』に関する理論的考察」立教法学 80 号（2010年）1 頁以下、仲野武志「統一法治国原理の進化と退化——行政法における違法概念の諸相」小早川古稀 89 頁以下、米田雅弘「国家賠償法一条が定める違法概念の体系的理解に向けた一考察——職務義務違反説の可能性（一）（二・完）」法学 81 巻 6号（2018 年）332 頁以下、同 82 巻 1 号（2018 年）70 頁以下、中尾祐人「国家賠償法一条一項の違法性——法制定過程における理解の受容と変化（一）（二・完）」自治研究 94 巻 5 号（2018 年）112 頁以下、6 号（2018 年）119 頁以下等。

另外，对于采用所谓"职务义务违反说"的多个最高法院判决，对其理论意义作类型化整理分析，参照、中川丈久「国家賠償法一条における違法性と過失について——民法七〇九条と統一的に解釈できるか」法学教室 385 号（2012 年）72 頁以下。

[3] 前出第 209 页注[2]。

问题不是"违反法令",反而是追问有无"违反职务上的义务",对于这一点,并不清楚。"行政机关的法令遵守义务"与"公务员的职务义务"未必始终一致,这是无论如何也必须得到明确论证的问题。其中,在"职务义务违反说"的再评价中,近来受到关注的是,在现行法行政处分的撤销诉讼中,以纠正"行政厅(行政机关)"所作行为的违法性为目的(《行诉法》第3条),而《国家赔偿法》第1条(与此不同)在文字上是以"公务员"的违法性为问题。[1]这种指摘正表明,行政法学在解释《国家赔偿法》第1条之际开始明确意识到,与过去"行政机关模式"不同的"公务员模式"是可能成立的。但是,如前所述,"公务员模式"在其实态上实际是"市民模式",[2]结果,民事侵权行为法中的"不法"性就成为《国家赔偿法》第1条的"违法"性。如此,根据广义说,姑且不论连本来应适用民事法的非权力性行政领域也适用国家赔偿法,依然存在的问题是,连应严格适用"依法律行政原理"的"狭义的公权力行使"违法的案件,都可以完全根据私人间利益调整规则来解决问题吗?[3]以下就立于这种问题意识,特别针对在"狭义的公权力行使"案件中采用"职务义务违反说"的是非问题,略陈管见。

222　　　第一,"职务义务违反说"实质上(至少从"依法律行政原理"角度来看)是在结合行为自身的"违法性"要素与行为人的"过失"

---

〔1〕 例如、前注中神桥一彦、米田雅宏的各论文,此外请参照、稲葉馨「国家賠償法上の違法性について」法学73巻6号(2010年)41頁。

〔2〕 前述第203~204頁。另外,最高法院判例使用的"违反公务员的职务上义务"表述,是最高法院不慎将德国国家赔偿法制度上的表达〔由《德国民法》(BGB)第839条第1款及《德国基本法》第34条第1句构成〕应用于日本国家赔偿法的解释(尽管在文字自身并不存在),但德国的表达在其制定背景上也不同、在理论上也有问题,结果最高法院是采用了"市民模式"。请参照、藤田宙靖·前揭「『行政機関』と『公務員』——国家賠償法一条一項の捉え方をめぐって」自治研究95巻5号(2019年)3頁以下。

〔3〕 今天,也仍然存在有力的行政法学说,既承认的领域(以非权力性行政为中心)适用"职务义务违反说"具有合理性,同时质疑在全部领域适用是否妥当。例如第220页注〔1〕的各文献。

要素基础上构筑起损害赔偿法独自的违法性概念，[1]为此，只能说基本上不是以"依法律行政原理"而是以调整相互间私益的民事侵权行为法论作为共通的基础。但是，这时"公务员的违反职务上义务"至少是作为行为人违反行动准则问题出现的，其中并没有设想诸如"违法性程度与损害程度的综合评价"（即所谓"相关关系论"[2]）等。换言之，它实质上将"没有过失的行动"纳入了包括一般行政活动的所有国家行为的行为规范要件中。为此，这一观点未必在理论上违反法治主义的理念。

　　第二，从期待国家赔偿制度对行政活动的法治主义控制角度来看，"违法性"与"过失"一元论成为问题的情形是，因为进行"一元性评价"，该行为是否"违法"，亦即是否符合法律在公权力行使要件上规定的要件自身有可能是暧昧的。因而，在某种案件中，一方面，公权力行使的效果自身直接受到争议，同时在另一方面，以该行为违法为由请求国家赔偿，只要在前者中明确判断了该行为违法或合法，原本就不发生上述问题。[3]

―――――――――

〔1〕　当然，"违法性"与"过失"一元化至少在表面上并没有在判例上彻底贯彻。例如，在明确认定行为违法性的同时因没有过失而否定赔偿责任的例子，参照、最判1991年7月9日民集45卷6号1049页。再如，认定"因违反公务员的职务上注意义务而成为适用《国家赔偿法》第1条第1款的违法"，同时进一步表明"该担当者也明显有过失"。最判2007年11月1日民集61卷8号2733页。不过，在后者的例子中，判断有无"担当者的过失"，明显已经实质上被吸收于"违反职务上的注意义务"的判断中。

〔2〕　民法学者指出，当然，今天在民事侵权行为论中，并不是像过去那样由"相关关系论"或"利益衡量论"所主导，行政法学者对采用"职务义务违反说"的担心是无用的。参照、潮见佳男『不法行为法Ⅱ（第二版）』（信山社、2011年）99页以下。

〔3〕　例如，在近来的马普尔索普写真集案第三小法庭判决中，在直接争议公权力行使违法性的诉讼中认定了违法性并承认原告的请求，但驳回了基于"职务义务违反说"的国家赔偿请求。

最高法院在行政活动（所得税更正处分）的国家赔偿案件中首次明确采用"职务义务违反说"观点的是前述著名的1993年3月11日判决。在该判决中，实际上更正处分自身以实体法上违法为由被另行撤销，在国家赔偿诉讼中争议的是以程序违法为理由的抚慰金请求。

第三，今天，像前述"行政法上义务的实现手段"看到的那样，实现行政法上制度的手段未必说必须是行政法上的手段。从保障"依法律行政原理""法治国家原理"的赔偿制度角度来看，不得为民事法上的手段，也未必有道理。因而，行政机关违法行使权限造成损害，赔偿不是行政机关（行政主体）的自己责任，而首先是行使权限者（谁都可以）的民事法上责任，存在这样的法制自身，作为这种"保障"（即使并不完全）不能一概说是不合道理的。

第四，如果处理法理论上的问题，只要立于"公务员模式（市民模式）"来理解"职务义务违反说"，就未必抵触前述观点[1]——在"同一行为违反法令规定的同一内容的行为规范"上一定不产生二元的违法性。也就是说，作为行政机关的行为与处于该地位的"谁都可以"的行为在法的意义上并不相同，规范该行为之法也有行政法与民法之别。

综上来看，即便全部通过"职务义务违反说"来说明《国家赔偿法》第 1 条的"违法性"，也未必就要被评价为"与法治主义背道而驰"。[2]不过，这与它是否真的合理则是不同的问题。例如，在行政处分的情形下，在国家赔偿请求之外，另有消灭其效果、恢复原状的手段，可以姑且不论。而对于因警察违反《警察职务执行法》的事实行为而受到损害的情形，连这种其无法处理的情形，也以"违背警察职务执行法"而"没有国家赔偿法上的违法"这样的理论构成来应对，[3]它在行政活动的法治主义控制上，是否真的合适呢？这时，立

[1] 参见前出第 217 页。

[2] 但是，如前所述（第 221 页注〔2〕及藤田宙靖·前揭自治研究论文第 22 页以下），最高法院判例在其公式中采用的"公务员的违反职务义务"概念，在理论上包含颇为困难之处。假设"职务义务违反说"全部采取其旨趣，本来这一词就必须置换为"谁都可以"（是行政机关同时也是一个市民）对其他国民施加的"侵权行为"的这种明确表达。

[3] 参照、后出第 232 页注〔2〕再度涉及、東京高判 1978 年 10 月 17 日判時 916 号 35 页。即使是这种情形，警察同时是"谁都可以"并没有错，因而，在今天的裁判例中，有充分可能成为"职务义务违反说"的适用对象。

于"行政机关模式""自己责任说",进而是"过失的客观化"等思考模式进行立论,才是当然之理。[1]

（2）其次,如果来看前述第二个要件,首要的是如果认为公务员的职务义务只不过是组织内部的义务,那么,即使违反了该义务,本来也不产生对外的违法问题。因此,这一职务义务必须同时是对外的,这是理论上的必然要求。问题是,它是否必须为"对被害者个人所负的义务"呢?最高法院通过阐明这一要件,明确否定了一种观点,即"但凡是行政机关违法行使公权力,由此给私人造成损害时,产生损害赔偿责任的问题,这与该行政机关是否直接对被害者负有避免损害的义务没有关系"。[2]如前所述,"依法律行政原理"与为其提供保障的"近代行政救济制度原理"未必是以确保行政的客观合法律性为自己的目的,而是通过行政的合法律性保护个人的权利利益。从这一意义来看,最高法院判例的上述观点是有道理的。[3]不过,对此,有必要作出下述补充。

第一,在某种意义上,最高法院的公式在国家赔偿法的世界里也采用了过去在行政争讼法领域确立起来的区分"法保护的利益"与"法的反射性利益"的概念框架。但是,即便如此,行政争讼中的这一框架始终是原告适格,亦即诉讼要件维度的概念,而国家赔偿法上

225

226

---

[1]　根据中川丈久对过去最高法院判例的分析（中川丈久·前揭「国家賠償法一条における違法性と過失について」）,在国家赔偿请求中,根据原告请求的是何种权利、法的利益决定采用"职务义务违反说"是否适当。在与拙见的关系上来说,这一问题也与是采用"行政机关模式"还是"公务员模式"的基准相关。

　　津田智成（前揭「フランス国家賠償責任法の規範構造——『役務のフォート』理論を中心に（五·完）」北大法学論集 65 卷 5 号 376-377 頁）指出,"难以将所有国家赔偿责任通过仅为自己责任规范抑或代位责任规范某一方在理论上作整合说明",在此认识的基础上,"今天,自己责任规范和代位责任规范并不是相互排斥的关系,而应理解为相互补充、能够并立共存的关系"。其中的"自己责任规范"和"代位责任规范"可以替换为这里的"行政机关模式"与"公务员模式（私人模式）"来理解。

[2]　参照、東京高判 1967 年 10 月 26 日高民集 20 卷 5 号 458 頁。

[3]　不过,这也有负面的例子,"依法律行政原理"等的"主观法"性质有时反而会朝着限缩私人争议行政活动违法性的方向发挥作用（参见前出第 46 页注〔3〕）。

的"违法性"是在实体审理层面以行政活动的违法性为问题,因而两者的理论意涵是不同的,这一点必须留意。从理论上来说,这里的"职务义务是对被害者个人所负的义务"要件本来就不是行政活动违法性自身的问题,而是属于抗告诉讼的"与自己利益无关的违法"的主张限制问题。[1]

第二,具体案件中的问题是否真的是"违反对被害者个人所负的职务义务",亦即这里的"违法性"问题,仍有根据案件详细分析的必要。例如,对相对人合法行使规制权限,却卷入第三人使其受到损害,[2]这时实质上成为问题的不是有无违反对第三人的特别安全照顾义务,而是原本行为与损害之间是否有相当因果关系的问题,或者因果关系得到肯定,对于通常应负的赔偿责任,因为系"正当业务"而能阻却违法性到何种程度的问题。[3]

如此,对于《国家赔偿法》第1条的"违法性"是什么的问题,学说或判例过去以明显错综复杂的方式予以展开,以下就以上述一般

---

〔1〕《行诉法》第10条第1款。参见前述第126页以下。

顺便提及,从理论上说,假如像最高法院说的那样,国家违背对特定个人负担的职务上法的义务给其造成损害时,只有他能请求损害赔偿,那就产生了一个问题,那不就成了一种债务不履行的赔偿责任吗?实际上在公务员因职务上第三人的行为而受到身体危害的案件中,最高法院广泛承认国家不履行安全照顾义务,承认依据《民法》第415条的赔偿责任(例如参照、最判1975年2月25日民集29卷2号143页、最判1986年12月19日判时1224号13页等)。前述知事对居住用地建筑业不行使监督权限结果造成损害,该企业的交易对象请求国家赔偿,这与前述情形存在何种不同,未必是一义性明确的。像之后的案件那样,行政厅对私人经济活动等行使规制权限对其他私人(第三人)构成利益时(远藤博也博士的所谓"行政的危险管理责任"成为问题的情形),问题的实质基础与国家的安全照顾义务成为问题的情形几乎是同样的。不过,在这种危险管理或安全照顾的手段以许可认可或特定监督措施方式得到具体法定的情形中,对于国家有无责任,一般不是民法上的债务不履行问题,而凝结为规制手段行使(或不行使)是否符合法律规定的基准问题。

〔2〕例如,警察行使权限对第三人造成损害的案件,参照、最判1986年2月27日民集40卷1号124页(所谓"巡逻车追踪案判决")。

〔3〕例如,即使检察官的总结陈词损害了第三人的名誉或信用,只要该陈述没有相当于诉讼法上权利滥用的特别情况,就不能说该陈述是违法行使公权力,它"作为正当的职务行为而阻却违法性"。参照、最判1985年5月17日民集39卷4号919页。

观点为前提，进一步就此间"违法性"问题讨论最多的"行政厅不行使权限的损害赔偿责任"问题予以概述。

5. "行政厅不行使权限的损害赔偿责任"问题，是指行政厅没有 228
合法地行使对某私人应当行使的公权力时，第三人自己的利益由此而受到侵害，能否以不作为违法为理由，向国家或公共团体诉求《国家赔偿法》第 1 条的赔偿责任问题。这种事成为问题的案件当初不是那么多，但随着行政广泛介入市民生活，自昭和 40 年代中期以降，变得尤为显著。（正如本书已反复触及的那样）公害规制行政的例子典型所示，行政不规制某市民或企业的社会活动、经济活动，对其他市民生命、身体、财产等具有决定性重要意义，这样的案件〔1〕显著增加。〔2〕

（1）回溯这种问题的判例进展，当初首先成为问题的是在《国家赔偿法》上所谓"反射性利益论"能否成立的问题。〔3〕但是，对于这一论点，此后最高法院阐明了态度，只有在"公务员违背了对受损害者个人所负担的职务上法的义务"时，才承认《国家赔偿法》第 1 条第 1款的违法性，实质上在判例上广泛采用了肯定观点。这在前文已有说明。 229

（2）在行政厅不作为违法性上的下一个问题是所谓"行政便宜主义"问题。行政厅是否行使法令赋予的权限，原则上委诸行政厅裁量，不行使权限并不直接导致违法（上述东京高等法院判决采用了这种观点）。根据传统行政法学观点，没有法律的授权，就不允许作出规制私人权利利益的行为；但反过来，从保护行政行为相对方私人利

---

〔1〕 也就是远藤博也所说的追究行政"危险管理责任"的案件。遠藤博也『行政法Ⅱ（各論）』147 頁。

〔2〕 包罗性、类型化整理这些案件，参照、西埜章·前揭『国家補償法概説』58 頁以下。

〔3〕 例如，行政厅违法不行使权限损害了利益，但这种利益是客观法规的反射性利益，就不能说是违法的权利损害。参照、東京地判 1965 年 12 月 24 日下級民集 16 卷 12号 1814 頁。该案件是因邻地的违法建筑而受到日照侵害以东京都知事不实施《建筑基准法》建筑物拆除命令的代执行违法而对东京都提起国家赔偿请求。另一方面，一般行政厅违法行使（或不行使）公权力给国民造成损害时，因此而产生损害赔偿责任的问题。这时，有的例子认为，与行政厅对被害者是否负有作为义务没有关系。例如，上述东京地方法院判决的控诉审判决。東京高判 1967 年 10 月 26 日高民集 20 卷 5 号 458 頁。

益的角度来看，不行使法律授予的规制权限自身并无不妥，在旨在保护"私人"免受"行政主体"侵害的"依法律行政原理""近代法治国家原理"之下，上述意义的行政便宜主义本来并不受任何制约。

但是，对此，久而久之，原则上以上述观点为出发点，但在现实中，相继作出的下级审判决承认了超越裁量范围、权限不行使的违法性，认可国家（或公共团体）的赔偿责任。例如，这种判决最初的例子是大阪地方法院 1974 年的判决，[1]在建成居住用地的护墙崩塌事故造成邻地居住者死亡及其他事故的案件中，县知事不适当行使《居住用地建成等规制法》的规制权限是其原因之一，被害者对县提起国家赔偿请求。法院在该判决中首先否定了县所主张的反射性利益论，不行使权限原则上属于知事的自由裁量，但实际上"本案的情形是，应当根据《居住用地建成等规制法》的旨趣目的，针对护墙对其所有者等发布改善命令，根据《行政代执行法》采取代执行处置，可期待命令的实效性、消除危险，但县知事不如此作为，明显缺乏合理性，应属于违法"。这就连裁量控制也涉足了。此后，诸如"新岛残留弹丸爆炸案判决"[2]"高知塑料公害诉讼判决"[3]"千叶县野犬咬死幼儿案判决"[4]等均采用同样的观点，承认了行政主体的赔偿责任。厚生大臣（当时）根据《药事法》第 14 条规定承认奎诺仿剂新药的制造给予，服用者的健康受奎诺仿剂明显损害，追究制药公司和国家的赔偿责任。在所谓"斯蒙（亚急性脊髓视神经症）诉讼"中，围绕不对上述承认行使撤回权

---

〔1〕 大阪地判 1974 年 4 月 19 日下级民集 25 卷 1~4 号 315 页。

〔2〕 東京地判 1965 年 12 月 18 日判時 766 号 76 页。案件是在新岛海岸旧陆军未回收的弹丸发生爆炸，造成儿童受伤。判决认为，为了防止给个人生命身体等造成危险，警察负有采取必要措施的法律义务，没有采取回收这些炮弹等措施，构成违法。

〔3〕 高知地判 1974 年 5 月 23 日下级民集 25 卷 5~8 号 459 页。放置于田、埂、堤上的农用旧塑料流入河川，使河口附近的渔场荒芜。渔业权者主张，当地的市怠于旧塑料的清扫收集，河川管理者国家和县怠于清除、未适当管理河川，构成违法。法院予以认可，命令国家和县向市支付损害赔偿。

〔4〕 東京高判 1977 年 11 月 17 日高民集 30 卷 4 号 431 页。在野犬咬死幼儿的案件中，法院认为，其原因在于县知事没有诚实地行使《县犬管理条例》上的野犬捕获、扫荡权限，命令县赔偿损害。

的裁量权，东京斯蒙判决认为，[1]大致"有发生损毁国民生命、身体、健康的结果危险，如果行政厅行使规制权限，就能容易防止结果的发生，而行政厅不行使权限，就不能防止结果的发生，在这种关系下，行政厅知道或能容易知道上述迫切危险，被害者——以发生结果为前提——要求、期待规制权限的行使，就是能获得社会认可的情形"，"行政厅是否行使规制权限的裁量权收缩、后退，为了防止结果的发生，行政厅被课予行使规制权限的义务，因而，其不行使违反作为义务，构成违法"。其所展开的"裁量权零收缩理论"[2]受到关注。[3]

最高法院过去在 1971 年的判决中指出，"因存在建筑物等而妨碍换地预定地的使用收益时，（土地区划整理事业）施行者行使上述权限（根据《行政代执行法》第 2 条的代执行权限——藤田注），转移或拆除建筑物等，使土地使用收益不受妨碍，应是其职务上的义务。施行者因过失而怠于履行该义务，给土地所有者造成损害，应负赔偿之责"。[4]此后因警察不行使权限违法而继续作出命令国家赔偿的判决。[5]其中，对于不行使法律赋予的（自由裁量）权限为何违法，未必作出了理论上的详细说明。但最高法院今天未必局限于上述"裁量权零收缩理论"的讨论，而给出了一般观点："国家或公共团体的公务员不行使规制权限，从规定该权限的法令宗旨、目的以及该权限的性质等来看，在具体的情况下，不行使权限明显超出了容许的限度、缺乏合理性时，对因不行使权限而受害者适用《国家赔偿法》第 1 条

231

---

〔1〕　東京地判 1978 年 8 月 3 日判時 899 号 48 頁。

〔2〕　参照、原田尚彦『行政責任と国民の権利』（弘文堂、1973 年）73-74 頁。

〔3〕　此后的下级审判例中喜爱采用这种"裁量权零收缩理论"。例如，"大东锰诉讼第一审判决"，大阪地判 1982 年 9 月 30 日判時 1058 号 3 頁；"比岛山灾害诉讼判决"，高知地判 1984 年 3 月 19 日判時 1110 号 39 頁，等等。

〔4〕　最判 1971 年 11 月 30 日民集 25 卷 8 号 1389 頁。

〔5〕　（1）对于《持有枪械刀剑类等取缔法》第 24-2 条第 2 款的权限，最判 1982 年 1 月 19 日民集 36 卷 1 号 19 頁。（2）对于《警察职务执行法》第 4 条第 1 款的权限，最判 1984 年 3 月 23 日民集 38 卷 5 号 475 頁。这是前述"新岛残留弹丸爆炸案"的上告审判决。

第 1 款，构成违法。"[1]在此之下，也包括行政立法在内，行政厅不行使规制权限明显不合理，就直率地承认其违法性。[2]

（3）尽管判例给出了以"裁量权零收缩理论"为代表的这些说明，但法律只不过是规定能规制私人的自由和财产，为何在特定场合下就变成了规定必须规制了呢？对此的理论说明尚未充分明确。[3]但

[1] 参照、最判 1989 年 11 月 24 日民集 43 卷 10 号 1169 页、最判 1995 年 6 月 23 日民集 49 卷 6 号 1600 页。

[2] 参照、最判 2004 年 4 月 27 日民集 58 卷 4 号 1032 页（筑丰尘肺病诉讼上告审判决）、最判 2004 年 10 月 15 日民集 58 卷 7 号 1802 页（水俣病关西诉讼上告审判决）、最判 2014 年 10 月 9 日判時 2241 号 3 页（大阪泉南石棉诉讼上告审判决）等。

[3] 从理论上说，裁量权幅度变为零，行政厅失去了判断是否行使该权限的自由，变成只是"必须行使""不得行使"中的某一个，而并不意味着当然必须行使。从传统行政法理论的出发点来看，某种法律承认规制私人自由和财产，本来是以"不允许规制"为前提的，只是规定在一定场合下"也可以规制"，因而，根据这种规定的本来目的，裁量权变为零的观念毋宁是与本来不能规制的结果结合在一起的。而本来法律赋予行政厅规制私人自由和财产的权限，为了防止行政厅过度行使才有了裁量权的界限论；界限论是课于行使所赋予规制权限的义务，这本来是不符合传统裁量理论的。因而，无论给出怎样的道理，诸如"裁量权零收缩理论""裁量权界限论"等，既然还没有进入一个理论前提，即法律自身在一定要件下课于行政厅积极行使权限的义务（而且，根据上述最高法院判例的观点，还必须是为了第三人的利益而课予行使权限的义务），那么，问题在理论上就没有得到解决〔阿部泰隆（解釈学Ⅱ507 頁）对我的批评就是先采取了这一理论前提而出现了片面性〕。在这一点上，正文前述最高法院的两则判决是关于警察不行使权限的，它启发了下述观点：警察在一定情形下行使《持有枪械刀剑类等取缔法》第 24-2 第 2 款（案件 1）、《警察职务执行法》第 4 条第 1 款（案件 2）等所赋予的权限，但是被《警察法》第 2 条规定（不同于上述规定）课予义务。这是颇堪玩味的。

另外，在此期间，学说上未必采用"裁量权零收缩"的逻辑，理论上有很多尝试为行政厅这种时候存在作为义务提供根据。限于篇幅，无法详述。特别是在本来有效裁量时，有的案件的判断事项完全被吸纳入要件中，对于这种案件的存在可能性，参照、森田寛二「裁量零収縮論と"結合空間の消費の否定論"」小嶋退職 789 頁以下、宇賀克也・前揭『国家補償法』161 頁以下。

如正文所见，最高法院判例并没有一概言及"裁量权零收缩理论"。如果说最高法院的任务在于，"在个别案件中实现最适当的纠纷解决，而未必在于判断学说或理论的妥当与否"（藤田宙靖・最高裁回想録 135 頁以下参照），那么，正文引述的判示已经足够了，没有必要再说更多。也就是说，作为最高法院，如果给出这样明确的法解释，即"行政厅可以……"这样的授权规定未必排除"一定状况下发生行政厅必须行使该权限的义务"，那么，在理论上也就足够了。

是，对此暂且搁置不论，必须关注的一个动向是，此间判例和学说在
承认行政厅不行使权限的违法性之际，有意识地扩大其中的"违法
性"或使其相对化，至少是在与传统"依法律行政原理"中的违法性
概念稍有差异的意义上使用。例如，东京斯蒙判决在展开前述"裁量权
零收缩理论"之际，附加了"以发生结果为前提"，表明这只是对损害
赔偿请求诉讼有效的理论。过去，前述东京高等法院 1977 年所谓"千
叶县野犬咬死幼儿案控诉审判决"一方面采用"裁量权零收缩理论"，
将县知事不行使捕获、扫荡野犬权限的不作为判断为违法，同时在另一
方面表述了下述观点，即这种判断非常适合于"在以损害公平负担为理
念的现代损害赔偿制度之下判断有无赔偿责任"，但在"作为行政法
固有的问题，评论行政厅行使权限是否合法"时，问题则是不同的。

如前所述，有的案件根据传统"依法律行政原理"的违法性论有
可能无法提供被害者救济，但根据这种也应称作"违法性的二元论"
或"二元违法性论"的观点，也能承认国家或公共团体的赔偿责任。
因而，不仅是判例，此间也有部分学说在强烈主张。不过，从理论上
说，不能否定的是，这种意义上的"违法性的二元论"存在前述种种
问题。[1]必须留意的是，如果变成承认"违法性的二元"，当然就像之
前的最高法院判例那样，有可能发生这样的案件，即使是反过来从"依
法律行政原理"得出违法判断的行政活动，却在《国家赔偿法》上不
承认违法性。[2]"违法性的二元论"（几乎）只是在甚为狭窄的范围内

---

　〔1〕　参见前述第 213 页以下，特别是第 217 页。

　〔2〕　从这种角度看，除了東京地判 1989 年 3 月 29 日判时 1315 号 42 页，及前述
最高法院 1993 年 3 月 11 日判决外，之前东京高等法院在与千叶县野犬咬死幼儿案判决
几乎同一时期的一则判决值得关注："八王子站北口派出所内警察们对两名控诉人行使
前述的武力，作为实现预防、镇压犯罪的行政目的所作的《警察职务执行法》上的行
为，不得不说到底是超出了容许的范围。但是，《国家赔偿法》第 1 条的'违法'不仅
仅是该行为违背法就够了，从该条的法意来看，必须有让国家或公共团体承担赔偿责任
的实质理由。行使武力是由在派出所内控诉人等东京朝鲜中学学生的态度，特别是偶然
状况诱发的，考虑到控诉人涉及暴力事件、行使武力的程度及结果等，不能因此而承认
警察的行使武力是《国家赔偿法》第 1 条的违法行为。"（着重号为藤田所加）東京高
判 1978 年 10 月 17 日判时 916 号 35 页。对于本判决的详细分析，参照、藤田宙靖·

承认直接攻击不行使公权力违法性的手段，在这种状况下，至少是基于
仅扩大国家赔偿的可能性的实践意图，在判例上敢于尝试。因而，如前
所述，2004 年《行政案件诉讼法》的修改明确承认对行政厅不作为的
抗告诉讼，今天它已不像从前那般具有实践意义，这也是不能否定的。

（4）然而，在判例所看到的"违法性二元论"中，如前所述，对
于其中《国家赔偿法》上的"违法"，它所采取的立场不是将其理解
为区别并独立于故意或过失主观要素的客观要素（亦即从与"依法律
行政原理"关系上来看的客观违法性），而是效仿当时民法上的侵权
行为理论，将其理解为也包含故意或过失要素的综合性归责事由（亦
即大致为一般是否为"适合提供侵权行为保护的侵害"问题）。[1]这
时，"违法性"一词原本是在不同于行政法学所说行政活动"违法
性"意义上使用的，因而，不存在本来意义上的"违法性的二元论"。
不过，剩下的问题就是，对于原本受"依法律行政原理"支配的行政
活动，能否允许从不存在这种原理的民法上侵权行为场合同样的角度
来统合思考"违法性"要素和"故意过失"要素呢？对此将在下一节
讨论所谓"违法无过失"问题时再行处理。[2]

六、新救济原理的各种动向

1. 像刚才所见到的那样，对于《国家赔偿法》第 1 条规定的要
求，在法律制定之后，判例和学说在放宽要求的方向上有很多尝试。
那当然是从扩大被害者保护的角度出发的，但必须注意其背后的社会
状况的变化，行政活动和私人的相互关系比当初制定《国家赔偿法》
时更加密切、变得复杂化了。今天，私人越来越依存于行政活动，仅
此就让私人因行政活动而受到损害的机会更多、程度更深。特别是如
上述对不行使权限的损害赔偿请求的例子所示，传统行政法的制度和理

前揭「法治主義と現代行政」82 頁以下（藤田宙靖・基礎理論上 242 頁以下所收）。

　〔1〕　参照、稲葉馨「公権力の行使にかかわる賠償責任」大系 6 巻 40 頁以下。

　〔2〕　参见后述第 250 页以下。

论是以私行为自由与行政不介入市民生活为基本原则，而现在越来越强地要求行政积极介入，两者在原理上是对立的。以这种情况为背景，在国家赔偿法理上出现了基于危险责任论的国家自己责任说，或者基于部分学说所倡导的"国民的行政介入请求权"，提倡重构国家赔偿法理。[1]

　　然而，现实中即使有这种社会要求，只要认为现行法制是以私人自由和行政的不介入为出发点，以私人自由给行政的行动设定界限，以传统的"依法律行政原理""近代法治国家原理"为基本构造，那么，在法解释论上这种要求能主张到何种程度仍是很大的问题。[2]例如，上述对不行使权限的损害赔偿的判决例也对这一问题费尽种种心思。例如在承认社会的这种要求的同时，说及法院功能的界限，驳回这种请求；[3]或者即使认可请求，也像前述那样，它还是以限定为极为特殊例外的情形为前提的。

　　2. 在这种状况下，如前所述，作为法解释论上扩大被害者救济的方法，国家赔偿制度的指导理念不是求诸对违法行政活动进行权利救济、以"依法律行政原理"为基础的观点，而是从损害公平负担角度、对行政活动所生损害的利害调整角度。这种动向在某一方面是存在的。[4]在这种观点之下，如何最公平地在相关主体之间分配、负担某人的损害，是最大的着眼点。因而，行政活动是否违反法律，公务员有无过失等就未必是赔偿责任成立的本质要件了。因此，在这种观点之下，国家赔偿制度与损失补偿制度就变得具有共通的性质，[5]如

236

---

〔1〕　参照、原田尚彦·前揭『行政責任と国民の権利』75 頁以下。

〔2〕　参见前出第 231 页注〔3〕。

〔3〕　参见前揭东京高等法院 1967 年 10 月 26 日判决。

〔4〕　参见前述第 214 页以下。另参见前出第 230 页及第 232 页所引用的千叶县野犬咬死幼儿案控诉审判决。

〔5〕　在这种观点的方向之下，进一步超越损失补偿制度，连损害是否原本起因于行政活动都不是重要的问题，这也是可能的。例如，也存在部分观点认为，在对不行使权限请求赔偿时，国家应当在像损害保险的企业主体那样的立场中填补对纳税人国民的损害。

本编序章所见，这也是近来统合国家赔偿制度与损失补偿制度、出现"国家补偿"概念的一大原因。基于合法行为的损失补偿观念、从公平负担角度的损失补偿观念，如前所述，[1]它作为补充"依法律行政原理"的一个原理，在传统行政法理论中很早就是为人所知的观念。[2]在这一意义上，例如，上述作为现代行政法独特法理的"行政介入请求权"[3]观念仍然合乎传统理论。要广泛承认行政主体的赔偿责任，至少作为一个缓冲，有不少就将这种"公平负担""负担调整"观点带入《国家赔偿法》的解释中。[4]

第二款　公共营造物设置管理瑕疵的损害赔偿责任

一、"无过失责任"说

《国家赔偿法》第2条第1款规定，"道路、河川以及其他公共营

---

〔1〕　上卷第 137 页。

〔2〕　详见后述第 263 页以下。

〔3〕　2004 年《行政案件诉讼法》修改，课予义务诉讼得到法定化，因而，在日本"行政介入请求权"在实定法上也就有了根据吗？学者对于这一问题有种种应对。例如拿近来的《行政法的新构想Ⅲ》来看，有学者指出至少可以作为讨论的线索（大桥真由美·『行政法の新構想Ⅲ』200 页以下、宇贺克也·同 271 页以下），也有学者认为在理论上是没有道理的（高木光·同 58 页）。

〔4〕　例如参见前述千叶县野犬咬死幼儿案控诉审判决（前出第 232 页）。对于这一判决的论法，原田尚彦指出，行政法理论的一般原理广泛承认行政介入请求权，而法院对此表现出某种胆怯（原田尚彦·前揭『行政責任と国民の権利』77-78 页）。换一个角度说，这也是法院努力的一个证明，在现实的社会要求与法解释论界限的困境中，法院如何保持与传统法理的连续性，并吸收新的要求。

"国家补偿"观念超越"违法""合法"范畴，旨在实现公平负担，以此作为国家赔偿法解释的指导理念，探索确保被害者救济之道，近来，例如，提示关于《国家赔偿法》第 1 条的"补偿替代型国家赔偿"观念、建议将损失补偿观点纳入该法第 2 条的所谓"营造物供用关联瑕疵"（后述第 244 页）进行考察，小幡教授的一系列著作值得关注。参照、小幡純子『国家賠償責任の再構成——営造物責任を中心として』（弘文堂、2015 年）。

造物的设置或管理存在瑕疵，给他人造成损害时，国家或公共团体对
此负有赔偿的责任"；同时第 2 款规定，"前款规定中，存在其他对损
害原因应负责任之人时，国家或公共团体对其享有求偿权"。这与
《民法》第 717 条规定的土地工作物占有者及所有者的责任相对应
（但其中的"公共营造物"有"河川"的例示，也包含所谓"自然公
物"等，其范围比民法上的"土地工作物"远远更广[1]）。不过，
应该注意的是，根据过去通说和判例的理解，《国家赔偿法》第 2 条
的规定承认国家或公共团体的无过失责任（在《民法》第 717 条的情
形下，土地工作物的所有者负无过失责任，占有者仅负过失责任）。
学说上很早就开始如此主张，而最高法院在 1970 年所谓"高知国道
落石案判决"中，[2]明确指出，"《国家赔偿法》第 2 条第 1 款营造物
的设置或管理瑕疵，是指营造物欠缺通常应有的安全性，国家或公共
团体对此的赔偿责任，不以存在过失为必要"。

在这一观点下，要言之，如果有欠缺营造物自身通常应有安全性
的客观事实，就可以成立赔偿责任，而不考虑管理者是否不注意修
补、怠于管理等管理者一方的主体情况（这就是在《国家赔偿法》第
2 条赔偿责任性质上被称为"客观说"立场的基本观点）。但是，在
现实中，问题并不是那么简单。原因在于，《国家赔偿法》第 2 条即
使不要求这一意义上的过失，因为营造物的设置管理有瑕疵是赔偿责
任成立的必要要件，因而，要看如何理解"设置管理瑕疵"概念，才
会有与采取实质上过失责任主义至少是极为类似的结果。

二、"瑕疵"的概念

上述最高法院判决说，设置或管理瑕疵是指"营造物欠缺通常应
有的安全性"（着重号为藤田所加）。其中的问题在于，什么是"通常
应有的安全性"？

---

〔1〕　参见后出第 245 页。
〔2〕　最判 1970 年 8 月 20 日民集 24 卷 9 号 1268 页。

1. 例如，洪水决堤造成附近民宅严重损害时，尽管堤防自身原本是完好的，但发生了一般无法想象的大规模洪水、溃堤，这不能说堤防原本欠缺"通常应有的安全性"。因这种自然灾害导致营造物毁坏等，在发生损害的赔偿责任上，通常的问题是，自然灾害是否真的一概无法预见？从这种角度看，即使能预见可能发生那样的自然灾害，如果以现在的科学技术水准和行政主体的财政能力，建造能抵御的营造物却是不可能的，这种情况下就可能产生未必能说营造物有瑕疵的问题。

（1）对于这些问题，从法院现实采取的态度来看，首先，虽然行政主体的财政困难主张很多是被驳回的，[1]但未必始终如此。例如，最高法院此后明确指出，"本法院的判例认为，道路管理者在设置防止灾害等的设施上有预算困难，并不直接由此免除道路管理瑕疵产生损害的赔偿责任（最判1970年8月20日民集24卷9号1268页），但这对于河川管理瑕疵并不当然有效"。[2]

240 　　另一方面，在起因于自然灾害的例子上，损害是否因无法预见的不可抗力造成的，常常成为问题。在下级审判决中，例如有的例子认为，决堤是因未曾有的超大型台风而发生不可抗力的结果，因而不承认国家赔偿。[3]但在1973年所谓"飞驒川巴士坠落案第一审判决"以后，[4]相继出现的例子以某种形式认可预见可能性，至少部分承认了《国家赔偿法》第2条的赔偿责任。[5]

（2）在这些判例中，如果要看如何判断有无预见可能性要件自身，首先要关注的就是，不可能预见、不可抗力的范围逐渐狭窄，在

---

〔1〕 除了前述最高法院1970年8月20日判决外，例如参照、最判1965年4月16日判時405号9頁。

〔2〕 最判1984年1月26日民集38卷2号53页（所谓"大东水害诉讼判决"）。

〔3〕 参照、名古屋地判1962年10月12日下級民集13卷10号2059頁（伊势湾台风案判决）。

〔4〕 名古屋地判1973年3月30日判時700号3頁。

〔5〕 除该案的控诉审判决（名古屋高判1974年11月20日高民集27卷6号395页）外，还有加治川水害诉讼、大东水害诉讼、安云川水害诉讼、多摩川水害诉讼等诸多判决。

这一意义上，实质上在向结果责任靠近。《国家赔偿法》第 2 条的责 241
任如果真的是无过失责任，当然就会发生这种情况。原因在于，虽说
是营造物的设置管理，它在现实中是由具体的人（公务员）的行动进
行的，这时，没有预见应能预见者、怠于应对，总归是一种过失（至
少极为近似）。因而，该第 2 条的责任如果是文字上的无过失责任，
本来就一定没有将有无预见可能性作为问题的余地。

在这些判例上，有必要注意的是，即使没有预见可能性的场合实
质上在变窄，这时已经以有无预见可能性的方式提出问题，尽管有预
见可能性，却没有采取确保安全的措施，就可以看到存在管理瑕疵
（这一点的逻辑构造自身，与大东水害诉讼判决是同样的；反过来，
即使有预见可能性，根据情况，没有采取确保安全的措施，也没有管
理瑕疵）。如果关注这一点，就会出现一种观点，即至少在判例上，
《国家赔偿法》第 2 条的责任不是取决于营造物是否客观上存在瑕疵，
而是以管理者维护营造物安全的义务为前提，违反这一义务时，就按
照承认行政主体赔偿责任来处理（这是所谓"主观说"的基本观
点）。实际上，从最高法院为数众多的承认道路设置管理瑕疵的判例
来看，这种看法是妥当的。例如，最高法院认为，（a）夜间骑小型摩
托车在国道上行走，因猛然撞上工程横放的枕木而跌倒死亡。在这一
事故中，工程本身也存在没有获得道路管理者许可等违法之处，只要
管理责任人没有事前中止工程、恢复道路原状，时常维持安全良好状
态，道路管理就有瑕疵。[1]（b）尽管大型货车发生故障，长时间放置 242
在道路中央线附近，道路明显缺乏安全性，道路管理者因为没有采取看
管体制、时常巡视道路、应对应急事态而不知道事故情况，完全没有采
取保持道路安全性的必要措施，这时道路管理就有瑕疵。[2]另一方面，
（c）道路管理者设置了表示正在深掘的工程标识板、护栏、红灯标杆，
但这些被事故前夕行驶的其他车辆带倒，红灯消失。在这一事例中，道
路管理者在时间上不可能立即恢复原状、保持道路的安全良好状态，因

---

〔1〕 最判 1962 年 9 月 4 日民集 16 卷 9 号 1834 页。
〔2〕 最判 1975 年 7 月 25 日民集 29 卷 6 号 1136 页。

而，道路管理没有瑕疵。[1]（d）因降雪积雪，坡道冻结，行驶中的大型货车踩急刹车打滑，撞到路边步行的中学生致其死亡。在这一事故中，降雪积雪而路面冻结，无法即时采取消除危险的措施，因而，道路管理没有瑕疵。[2]要探究这种看法，最终碰到的问题是，《国家赔偿法》第2条因与设置管理营造物的公务员的安全保障义务（进而是有无过失）无关而不能适用，这一点上与第1条的构造基本并无不同。

（3）如此，对于如何理解《国家赔偿法》第2条的赔偿责任性质，过去在学说之间存在种种争议，这里无暇详细分析。[3]但无论如何，对此问题都必须作如下理论整理。即使认为该条的责任是无过失责任，问题仅为客观瑕疵存在与否，但既然不承认结果责任，特别是以何为管理瑕疵的问题为中心，管理者能防止损害的限度就只能成为问题。如此，当然就不可避免地以某种方式带入了对管理者的期待可能性这种主观要素。不过，这时，问题的出发点就不是追问公务员个人的主观责任，而是营造物设置管理这种行政活动有无客观瑕疵，因而可以认为，其中的主观要素未必要达到公务员个人有主观故意过失的程度，而仅为更为客观层面的问题，即在行政活动整体上到何种程度上负有防止损害义务。[4]

2. 从上述来看，营造物是否欠缺"通常应有的安全性"未必是

---

〔1〕 最判1975年6月26日民集29卷6号851页。

〔2〕 最判1976年6月24日交民集9卷3号617页。

〔3〕 对于各种学说的详情，参照、古崎庆长『国家賠償法』（有斐閣、1971年）218页以下、遠藤博也・前揭『国家補償法（上卷）』131页以下、西埜章・前揭『国家賠償責任と違法性』135页以下、同・前揭『コンメンタール』841页以下、宇賀克也・前揭『国家補償法』248页以下等。

〔4〕 也就是说，问题即使以"管理者有无过失"的方式来把握，其中的"过失"也未必是公务员个人主观意义的过失，有可能像前述今村博士对《国家赔偿法》第1条中"过失"概念的观点那样，理解为一种"公务过失"。本书认为，今村说的客观过失论即使作为第1条的解释论不合理，在第2条上也能合理地发挥其本来的功能。对此，过去所谓"客观说"与"主观说"之间并无差异，参照、遠藤博也・前揭『国家補償法』132页。另外，如前所述（前述第197页），如果将该法第1条的过失广泛理解为"组织过失"，这一点就更加明确。

依据一义性明确基准作出判断的，而只能说其中存在种种不同要素在发挥作用。在这一点上，最高法院之后也说，"营造物的设置或管理是否有瑕疵，应当综合考虑该营造物的构造、用法、场所环境及利用状况等诸多情况作出具体而个别的判断"。[1]最高法院从这种角度出发，例如以事故是起因于被害者的道路管理者"通常无法预测的行动"为由，否定存在瑕疵；[2]"源自河川管理特质的财政、技术及社会性诸多制约"，是在判断河川管理有无瑕疵时不能忽视的要素。[3]如果从这种角度来看，前述多摩川水害诉讼上告审判决明确表明，未改修的河川与已完成改修的河川在有无管理瑕疵的判断方法上不同。[4]

244

另一方面，根据最高法院，"营造物欠缺应有的安全状态"不仅是指"因构成该营造物的物理设施自身存在物理性、外形的缺陷或不完备而有发生危害的危险性"，也包括营造物按照其本来的"供用目的来利用"而发生危害的危险性（有称作"供用关联瑕疵"者），而危害"不仅是针对营造物的利用者，也包括针对利用者以外的第三人"。[5]

---

〔1〕　最判 1978 年 7 月 4 日民集 32 卷 5 号 809 页。另参见前述大东水害诉讼上告审判决。

〔2〕　前揭最高法院 1978 年 7 月 4 日判决。

〔3〕　前述大东水害诉讼上告审判决。

立于这种视角，就有无"通常应有的安全性"作出具体判断，其他例子还可以参照：（1）火车站月台未设置导盲砖，最判 1986 年 3 月 25 日民集 40 卷 2 号 472 页（未设置导盲砖等新开发的视力障碍者用的安全设备，要判断"通常应有的安全性"，需要综合考虑跌落事故发生的危险性程度、为防止事故而设置该设备的必要性程度、设置的困难性等诸多情况）。（2）校园开放中网球裁判台倒塌，最判 1993 年 3 月 30 日民集 47 卷 4 号 3226 页（网球裁判台的"通常应有的安全性"，以按照其本来用法使用为前提，取决于是否有发生某种危险的可能性）。（3）北海道高速道路上因突然飞出一只狐狸而发生事故，对于是否没有充分采取对策防止，最判 2010 年 3 月 2 日判时 2076 号 44 页（鉴于发生事故的危险性程度、防止小动物侵入对策的普及度及困难性、设置了注意动物的标识等情况，不能说道路欠缺"通常应有的安全性"）。

〔4〕　另外，在道路维护管理与损害赔偿救济之间有罅隙，而在河川相关的水害诉讼上，最高法院判例指出两者是一致的。探讨其理由，参照、塩野宏·Ⅱ（第六版）359 页以下。

〔5〕　所谓"大阪机场诉讼上告审判决"。最判 1981 年 12 月 16 日民集 35 卷 10 号 1369 页。

如果一般化适用这一观点，不仅是飞机噪音，还有道路交通噪音、排气、所谓邻避设施的臭气等不少官营公营公共设施产生的各种公害（所谓"事业损失"中的一定类型），就都可以广泛根据《国家赔偿法》第2条规定请求赔偿损害。[1]

三、"营造物"的概念

245　　1. 在《国家赔偿法》第2条的赔偿责任成立要件上，其中的"营造物"概念是一个问题。

在法条上，例示了道路、河川，因而，容易推测其中的"营造物"当然与《民法》第717条的"土地的工作物"相对应（不动产）。在实际裁判例上成为问题的，几乎就是那些例子。但是，在下级审判例中，有时会发现，营造物被广泛理解为"行政主体直接供用于公共目的"（亦即成为所谓"公物"）的有体物或物的设备。[2]例

246　　如，公用汽车、[3]国有林中用于收割作业的收割机[4]等就属于这里

---

　　[1] 之后对实际道路噪音损害而承认《国家赔偿法》第2条的赔偿责任，参照、最判1995年7月7日民集49卷7号1870頁（国道43号案诉讼上告审判决）。
　　对于何为最高法院所说的"营造物通常应有的安全性"，最终正是最高法院所说的"考虑诸多情况作出个别具体的判断"。在理论上对这些案件进行类型化并不是不可能的，而且很早就有人指出其必要性（例如，遠藤博也·前揭『国家補償法』），其间也有诸多学者在如此作业。这里无法详细探讨。在其典型例子上，例如存在"供用型设施"（例如道路）与"危险防御设施"（例如河川）的差别、被害者是"营造物的利用者"与"第三人"的差异等（参照、小幡純子·前揭『国家賠償責任的再構成』239頁以下）。不过，这种分类只是为考察提供大致的抓手，其间差异并不是某营造物有无瑕疵的决定性因素。
　　[2] 参照、神戸地伊丹支判1970年1月12日判例タイムズ242号191頁、東京地判1971年5月28日判時636号57頁、山口地下関支判1972年2月10日判時667号71頁等。
　　[3] 参照、札幌高函館支判1954年9月6日下級民集5卷9号1436頁、鹿児島地判1956年1月24日下級民集7卷1号91頁等。
　　[4] 東京地判1971年8月27日判時648号81頁。

的营造物。[1]而学说上对此在进行更为积极的扩大解释，例如，有见解认为，警犬等也包括在营造物之内。[2]其依据的观点是，《国家赔偿法》第 2 条的赔偿责任规定着"在物上所产生的危险责任"。如果采用这种观点，例如，警察的手枪等也成为这里的营造物，警察用枪误射致人死伤时，就可能成为营造物管理瑕疵的损害。[3]

继续推进这种解释，结果《国家赔偿法》第 1 条的责任与第 2 条的责任就会出现竞合的情形。如此尝试扩大第 2 条的责任范围，下一节会再度涉及，其原因在于，根据传统通说，第 2 条的责任是无过失责任，不同于第 1 条的过失责任，因而，尽可能作为第 2 条的问题，对于被害者的救济是有利的。但是，如本书先前所述，如果采取的立场是在现实要求的同时，也重视法解释的渐进的连续发展，[4]连警犬、手枪都包含在"营造物"中来解释，至少在现阶段这大致是稍显无理的解释。[5]但是，即使立于这种立场，也并不是不能将飞机、汽车等当作营造物，问题是稍有不同的。[6]

---

〔1〕　以动产作为这里的"公共营造物"的各判例，参照、宇賀克也·前揭『国家補償法』234 頁。

〔2〕　今村成和·入門 196。另参照、古崎慶兵·前揭『国家賠償法』214 頁。

〔3〕　参照、雄川一郎·前揭「行政上の损害赔偿」。

顺便提及，假设扩大"营造物"概念，与正文例子相反，朝着"设施""提供服务的组织"方向发展，例如，连"学校""医院""市场"，进而是"公共团体"都可能包含在"营造物"中来讨论。这时，"营造物的瑕疵"也就变得几乎与"公务的瑕疵"(faute de service) 同义。关于这一点，请参见前出第 243 页注〔4〕。

〔4〕　参见前述第 196 页。

〔5〕　例如，今村成和·入門 196 頁（今村成和＝畠山武道·入門 191 頁）认为，如果将《国家赔偿法》第 2 条理解为"规定在物上所产生的危险责任的规定"，将警犬解作营造物，就不是没有理由的。但是，在法上进行规范，在一方面就意味着要将这种生硬的要求明确限定于一定法的框架之中。如此，对于本条，"在物上所产生的危险责任"置入"营造物的设置管理瑕疵"的框架中，而不能将此置于问题之外。

〔6〕　参照、雄川一郎·同上。

例如，前述网球裁判台倒塌事故中，最高法院 1993 年 3 月 30 日判决将动产作为"公共营造物"也是著名的例子，网球裁判台等在通常形态、功能上都与"土地的工作物"类似，就不那么有抵抗感。

247　　2. 另外，上述"营造物"是"公共"的营造物，因而，与国家或公共团体的设置相关，现实供公共使用，但不必须是国家或公共团体的所有物（存在所谓"私有公物"）。而其中的"管理"也未必只是法律上的管理权，行政主体事实上管理的状态也可以。[1]

四、求偿权

《国家赔偿法》第 2 条第 2 款规定，对于根据该条第 1 款产生的赔偿责任，"存在其他对损害原因应负责任之人时，国家或公共团体对其享有求偿权"。这一规定本来是以该条的赔偿责任是无过失责任为前提的，国家或公共团体代为负担"客观瑕疵"的损害赔偿责任，也打开了向造成该客观瑕疵者（例如，道路工程企业等偷工减料）行使求偿权之路。不过，如先前详述，[2] 通过此间判例和学说的展开，该条第 1 款"设置或管理的瑕疵"的内容实质上加入了主观要素（实质上的过失），再绞入国家或公共团体的赔偿责任成立条件自身，行248　使这一意义上求偿权的场合就会变窄。但是，如此在理论上反过来就可能在设置或管理具体业务者的个人责任及根据该条第 2 款行使求偿权的范围上产生稍显复杂的问题。对此的判例和学说状况未必清楚（毋宁是与《国家赔偿法》第 1 条第 2 款的情形一样，行使求偿权的案件是极为稀少的）。

第三款　费用负担者的责任

《国家赔偿法》第 3 条规定，对于根据第 1 条、第 2 条的规定产生的国家或公共团体的损害赔偿责任，"选任或监督公务员、设置或管理公共营造物的主体，与负担其薪俸、待遇以及其他费用、负担公共营造物设置或管理费用的主体不同时，负担费用者也对损害负有赔

---

〔1〕　参照、最判 1984 年 11 月 29 日民集 38 卷 11 号 1260 頁。
〔2〕　前出第 238 頁以下。

偿责任"（该条第 1 款）。该法第 3 条第 2 款规定，"在前款情形中，赔偿损害者在内部关系中对赔偿损害的责任人享有求偿权"。公务员的选任和监督权者或营造物的设置管理者与费用负担者通常是同一的，因而，在其不同时，该规定使谁承担赔偿责任明确化，也让被害者不因弄错被告而受到无谓的不利。[1]

对于《国家赔偿法》第 1 条的责任，有诸如由地方公务员从事国家事务的情形，[2]反过来也有由国家公务员从事地方公共团体事务的情形。[3]该法第 2 条的责任的例子是，虽是国家的事业，其费用由地方公共团体负担，所谓公费官营事业的场合，反过来是官费公营事业的场合。

这时成为问题的是，在对外支付费用的责任者与在内部关系上实

---

〔1〕 根据《国家赔偿法》第 3 条第 1 款规定才产生"费用负担者"的赔偿责任，这是该款文字的通常解释。但从（判例、）理论上严格而言，它已经根据该法第 1 条第 1 款或者第 2 条第 1 款产生。指出存在这一问题的论文，稻葉馨「国家賠償責任の『主体』に関する一考察（一）（二・完）」自治研究 87 卷 5 号（2011 年）25 頁以下、同 6 号（2011 年）34 頁以下。原本在制定国家赔偿法时的当初草案中，负赔偿责任的是"费用负担者"。除了这一制定过程，在现行法文字上也仅在该法第 1 条第 1 款、第 2 条第 1 款的同时规定"……时，国家或公共团体……对此负赔偿责任"，并未从中特别排除"费用负担者"。另一方面，如果完全仅根据该法第 3 条第 1 款课予"费用负担者"赔偿责任，就不承认根据该法第 1 条第 2 款或第 2 条第 1 款行使求偿权，这是不合理的。在理论上，的确存在这种问题，但"公务员的选任和监督权者或营造物的设置管理者"与"费用负担者"通常是同一主体，因而，讨论这种问题几乎没有必要。不过，在两者不同时，的确会产生上述求偿权问题。无论如何，费用承担者根据该第 3 条第 2 款在"内部关系"上行使求偿权，国家或公共团体再根据该法第 1 条第 2 款或第 2 条第 1 款进一步行使求偿权，仍有可能恢复衡平。

〔2〕 例如，1999 年修改前《地方自治法》第 148 条的机关委任事务情形——但机关委任事务制度 2000 年 4 月 1 日以后被废止。

〔3〕 例如，警视正以上职级的警察进行都道府县警察的事务。参见《警察法》第 56 条、第 37 条第 1 款。

在比较近的最高法院判例上，市町村长设置的中学教师因职务上的故意或过失而违法给学生造成损害时，负担该教师工资等的都道府县根据《国家赔偿法》第 1 条第 2 款、第 3 条第 1 款对学生赔偿损害时，该都道府县可依据第 3 条第 2 款向设置该中学的市町村求偿赔偿损害的全额。参照、最判 2009 年 10 月 23 日民集 63 卷 8 号 1849 頁。

另外，关于麻药取缔员，参见《麻药及精神药品取缔法》第 59-2 条。

质负担费用者不同时，[1]其实质的负担者也包含在这里所说的费用负担者之中吗？有时法律也规定这种实质的费用负担者有负担义务，[2]有时国家通过各种补助金在事实上负担费用。对此问题，最高法院采用宽泛解释的立场：[3]"该法第 3 条第 1 款所规定的设置费用负担者，除了对该营造物设置费用负有法律上的负担义务者外，还包括与其处于同等或相近地位负担设置费用、实质上与其共同执行该营造物事业的主体，能有效地防止该营造物瑕疵的危险的主体。"[4]但是，这里的"能有效地防止危险的主体"要件具有颇为重要的限定功能。在其他判决中，[5]"国家通过交付补助金要求地方公共团体采取具体防止危险的措施，限于交付了补助金的设置、修补等工程范围"，在此理由之下，与整个道路相比，吊桥部分补助比例特别低，国家对其瑕疵事故不负赔偿责任（不过，附有一名法官的反对意见）。《国家赔偿法》第 3 条完全是为保护被害者而设的规定，以此为前提，既然有在内部关系上的求偿制度，如此限定就是没有必要的。最高法院也未必采用了这一前提，这一点应该说是明显的。

第三节 其他赔偿责任

一、公务员违法无过失行为的损害

日本国家赔偿法制大致是以上述构造发展起来的。其中成为问题的是行政活动产生的损害，同时在这种损害赔偿法制之下，可能有理论上本来救济不了的情形。作为这种例子，首先受到关注的是因公务

---

〔1〕 参见《道路法》第 53 条、《河川法》第 64 条等。

〔2〕 除上述《道路法》《河川法》外，还有《地方财政法》第 10 条。

〔3〕 最判 1975 年 11 月 28 日民集 29 卷 10 号 1754 页。

〔4〕 当然，其精确内涵尚有不明确之处，仍有问题。参照、山内一夫·行政判例百选Ⅱ（初版）286 页、遠藤文夫·同Ⅱ（第二版）306 页等。

〔5〕 最判 1989 年 10 月 26 日民集 43 卷 9 号 999 页——国立公园的吊桥脱落致人死亡事故的案件。

员违法无过失行为给私人造成损害的情形。如前所述，对于违法行使
公权力造成损害，要成立国家赔偿责任，根据《国家赔偿法》第 1 条
的规定，就必须认定公务员有故意或过失（对于非权力性行政活动的
情形，即使适用民法关于侵权行为的规定，这基本上也是同样如此）。
另一方面，既然是违法行为导致损害，就不能根据《宪法》第 29 条
第 3 款请求损失补偿。如此，因违法无过失行为遭受损害者就落入国
家赔偿法制与损失补偿法制的峡谷，在理论上完全得不到救济。行政
的内容越来越高度专门技术化，发生这种例子的可能性在增大（其
中，有关国立公立医院的医疗过失责任问题就是典型一例），立法论
姑且不论，在法解释论上就可以放置不管吗？这成为一个很大的问题。

二、违法性与过失统一把握的尝试

1. 但是，对此问题，也有观点认为，原本不产生这样的问题。今
天，在学说和判例上，如前所述，[1]在民法侵权行为论的影响下，问
题一般只是侵害是否"适合由国家赔偿法提供保护"。从这一角度看，
作为客观要素的"违法性"虽然在理论上区别于"过意或过失"主
观要素，却未必独立成为问题，可将两者统一作为责任成立要件来把
握。如果立于这种观点，当然就原本不会产生上述意义上的"违法无
过失"案件。[2]

2. 然而，"违法性"问题与"过失"问题至少在实质上重合了，
这在理论上不是不可能的。原因在于，法律规定了行政机关的行动要
件时，如果设置的要件是"充分注意地采取行动""充分考虑相关事
实和具体状况等采取行动"，也就是"无过失行动"本身就可以说是
行政活动合法的要件。如此，即使是没有法律明文规定的情形，在法
解释论上认为"无过失采取行动"成为合法性要件（即行政机关的行
动准则）之一，这样的案件，例如以追究不行使权限的违法性的案件

〔1〕　前出第 215 页。
〔2〕　参照、下山瑛二・前揭『国家補償法』432 頁。

为中心，也绝不在少数。[1]

　　但是，正如本书反复所说的那样，如果行政活动与私人行为的基本差异在于服从"依法律行政原理"这一基本原则，从这一视角出发，国家赔偿法上的问题也应贯彻这一原则（亦即以前述"行政机关模式"为出发点），即便"过失"与"违法性"的判断实质上重合，它也必须明确认识到法律本身只不过是偶尔将"过失"要件作为"违法性"要件之一来规定。[2]在这一意义上，民法侵权行为论完全只是以"是否为适合提供侵权行为保护的侵害"作为问题，本来不应允许将其"违法性与过失的统一把握"直接带入国家赔偿法领域。[3]

　　3. 对于行政活动，即使从法律明文上的要求或者法解释论的要求来看，也存在很多情形，其"过失"要件并没有（至少并没有全面地）作为"违法性"要件的一环而法定化。例如，像根据《国税征收法》的扣押处分、根据《建筑基准法》的建筑确认那样纯粹羁束行政的情形，当然不会这么规定，而在行使裁量权的情形中，也未必始终

────────────

　　[1] 参见前出第229页以下。例如，(1) 土地区划整理事业的施行者市长怠于转移、拆除临时换地上的建筑物，对于这一案件承认的"因过失怠于履行上述义务，违法不作为"，最判1971年11月30日民集25卷8号1389页；(2) 政令指定都市的区长响应《律师法》第23-2条的照会报告了前科及犯罪经历，这属于"因过失而违法行使公权力"，最判1981年4月14日民集35卷3号620页。

　　[2] 从这一角度看，在国家赔偿法上的赔偿责任成立与否上，有的判决完全仅以"过失"的存在与否为问题，而完全没有触及"违法性"问题（例如参照、最判1983年2月18日民集37卷1号101页）。即使是有无正文所述意义上的"过失"与有无"违法性"当然相结合的案件，在《国家赔偿法》第1条的处理方式上，本来也是不适当的。

　　另外，如前所述（前述第222页注[1]），在最高法院的判例中，今天有的判例也明确区分"违法性"问题与"故意过失"问题；另一方面，不能否定的是，通过将"违法性"理解为"公务员违反职务上的义务"，实质上两者就有很大的重合。对此及我自身的理解，参见前出第220页以下。

　　[3] 当然，在民法上的侵权行为论中，"过失"概念也在客观化，一般将其理解为"注意义务（必须充分尽力防止发生预见的损害）的懈怠"，当作一种"法的义务"范畴［例如参照、潮见佳男·前揭『不法行为法Ⅱ（第二版）』］。但即便是这一情形，在理论上仍然存在问题，即其中"注意义务"范围是否完全涵盖从"依法律行政原理"导出的"受法律规制"的内容。假如并非如此，则"峡谷"问题依然存在。

能断言，实质上"有无过失"的判断完全被吸收于是否超越裁量权界限。[1]既然存在这种问题，前述"违法无过失"问题就终究作为法解释论上的一个难题存在。

三、损害赔偿制度的路径

1. 站在上述前提上，既然问题正是产生于损害赔偿制度与损失补偿制度之间的峡谷，作为在法解释论上对此问题的应对方法，那就有从损害赔偿制度提出的方法，反过来也有从损失补偿制度提出的方法。[2]例如，在德国，基本法下的学说和判例对于同样的问题发展出所谓"准征收侵害"理论，对于"如果它是合法作出的，能作为征收的牺牲"，打开提供损失补偿之路。[3]而在日本，从过去的学说和判例动向来看，能看到损害赔偿制度路径的更多线索。

2. 第一种路径是放宽解释《国家赔偿法》第1条规定的"过失"要件。采用前述今村博士式的客观过失概念的情形自不待言，另一种解释论操作是，不根本转换这种构想，像过去那样从过失责任主义出发，例如与行政活动内容相应，设想高度的安全照顾义务、注意义务，更宽泛地认定过失。

例如，在过去的最高法院判例中，这种倾向显著的是所谓预防接种之祸等医疗过失案件赔偿请求的判例。过去，最高法院在所谓"东大医院梅毒输血案判决"中[4]要求医师有高度的问诊义务，这实际上可以说接近于承认无过失责任，在学说上也引起关注（案件自身不是追究国家赔偿法上的责任，成为问题的是《民法》第715条的国家

〔1〕　例如，《警察职务执行法》第7条规定，"在与事态相应的合理而必要的限度内"，警察可以使用武器。在这种例子中，不能否定的是，对于裁量权行使界限的判断，实质上大幅度地与有无过失的判断是重合的。但是，这时，除了是否为法要求的"警察立场上的合理判断"问题，也不能断言完全不存在该警察个人有无主观过失的问题。

〔2〕　参照、雄川一郎·前揭「行政上の無過失責任」。

〔3〕　参见后出第267页注〔1〕。

〔4〕　最判1961年2月16日民集15卷2号244页。

责任。但如果对《国家赔偿法》第 1 条的"公权力的行使"概念采用所谓"广义说",当然就成为国家赔偿法上的问题。即使是该案件的情形,过失的问题点也是一样的,因而,行政法学者给予很大关注)。此后,对于流行性感冒预防接种之前的接种对象问诊,最高法院认为,"只是概括、抽象地询问有无健康状态异常并不够,为了能让接种对象作出具体而准确的应答,有义务作出适当询问"。[1]"在天花预防接种发生重大后遗症时,只要没有特别情况(为识别禁忌者做足了必要的预诊,但未能发现属于禁忌者的事由,被接种者有易于发生后遗症的个人因素等),应推定被接种者属于禁忌者"。[2]最高法院分别撤销原告败诉的第二审判决,发回重审(在这两则判决中,前者是追究民法上的责任,后者是国家赔偿请求案件)。

3. 第二种路径是,广义解释《国家赔偿法》第 2 条的"营造物"或"设置或管理",实质上是将也成为该法第 1 条问题的事例再带入该法第 2 条的问题,承认无过失责任(或者至少是过失责任的缓和)。

如前所述,对于"营造物"概念、[3]"设置或管理"概念,原本没有人类的某种行为就不可能进行设置管理,因而在理论上说,为设置管理营造物而"行使公权力"时,它完全也能成为该法第 2 条的问题。在对"公权力的行使"采取所谓"广义说"时,这种可能性进一步扩大。但即使立于"狭义说",例如,在不行使监督权限成为问题的案件中,[4]至少能在某种范围内,不是作为该法第 1 条的"公权力的行使",而是作为该法第 2 条的"营造物的管理"来构成,这是应予注意的。[5]

---

〔1〕 最判 1976 年 9 月 30 日民集 30 卷 8 号 816 页。

〔2〕 最判 1991 年 4 月 19 日民集 45 卷 4 号 367 页。

〔3〕 前述第 245 页以下。

〔4〕 例如前述第 241~242 页所举的最高法院 1962 年 9 月 4 日判决、1975 年 7 月 25 日判决等。

〔5〕 参照、雄川一郎·前揭「行政上の無過失責任」。另参照、原田尚彦·前揭『行政責任と国民の権利』71 頁。

四、损失补偿制度的路径

尽管日本近来在损失补偿范围上可以看到种种理论发展，[1]但对于违法无过失行为的损害救济问题，从损失补偿制度方面所提出的方法，从来都绝不是主要的方法。但是，从日本过去行政法的制度和理论中也并不是完全看不到任何线索。

1. 这一点上值得关注的是，首先，不仅是公共事业的直接损失，对于间接损失，法令也倾向于广泛承认损失补偿。也就是说，例如，在《土地征收法》上，所谓"沟渠、垣墙、栅栏补偿"不仅对土地所有者或相关人（第 75 条），对此外的人也承认（第 93 条）。同样的补偿在未必通过征收而新设、改建道路等情形下也承认（《道路法》第 70 条）。1962 年 6 月 29 日阁议决定*《取得公共用地的损失补偿基准纲要》，除了对第三人"沟渠、垣墙、栅栏补偿"外（《纲要》第 44 条），更是通过承认少数残存者补偿（《纲要》第 45 条）、离职者补偿（《纲要》第 46 条），让所有者或相关者以外的人所受损失相当广泛地得到补偿。2001 年《土地征收法》修改，这些制度作为法令上的正规制度得到认可（《土地征收法》第 88-2 条及该法施行令）。[2]如此，第三人所受损失的补偿观点进一步也与防止项目噪音、振动以及其他所谓生活妨碍、公害等必要费用补偿的观点联系到一起。例如，1967 年 2 月 21 日阁议决定《施行公共事业的公共补偿基准纲要》，这种影

256

---

〔1〕　参见后出第 294 页以下。

*　"阁议决定"，即内阁以内阁会议的方式所作出的决定，这是内阁行使职权的一种方式。与此相似的是后文将要出现的"阁议了解"，它是指法律上将权限委诸各省大臣，不需要阁议决定，但重要的事项要求让内阁会议了解情况。——译者注

〔2〕　如后所见（后出第 269 页），该纲要本来是规定任意收购土地时事业主体应当支付的对价基准，因而，其中的"损失的补偿"不是理论意义上的损失补偿，而只不过是民法上买卖的对价。但是，在同一天的阁议了解《施行取得公共用地的损失补偿基准纲要》中，"该纲要在征收委员会的裁决中也能成为基准"，其有无法的效果姑且不论，但不管怎样，可以知道的是，行政方面对于本来的损失补偿也有必要适用这种基准。

响及于既有公共设施等，该公共事业的起业者就要负担其费用（第 17
条）。从这种角度看，与其说是和合法行为的损失补偿，不如说是与
以侵权行为为原因的损害赔偿接近[1][顺便提及，如前所见，对于飞
机起降噪音给机场周边居民的非财产性损害，最高法院将其作为机场
这种"公共营造物"管理瑕疵（所谓"供用关联瑕疵"）的损害，
承认《国家赔偿法》第 2 条的损害赔偿。对道路噪音等也是同样如
此，应予关注[2]]。

2. 在其他个别法上，存在一些承认具有同样意义的特殊"补偿"
的例子。例如，《关于防止公用机场周边飞机噪音等妨害的法律》第
10 条、《关于完善防卫设施周边生活环境等的法律》第 13 条等规定的
"损失"的"补偿"。特别是后者，规定"其他法律命令承担损害赔
偿或损失补偿之责的损失，不适用本法"（该法第 13 条第 2 款，着重
号为藤田所加），因而可以知道的是这种补偿具有中间性。[3]

[1] 一般在土地征收法制度中，土地为征收对象而直接产生的损失（例如所有权
的丧失）称作"征收损失"，而因土地供一定事业使用而在结果上产生的损失（例如，
土地成为道路，给周边土地造成噪音、振动、排气等损害）称作"事业损失"。"征
收损失"当然是《宪法》第 29 条第 3 款规定的损失补偿对象。而"事业损失"果真
是损失补偿的对象吗，还是应为损害赔偿的对象呢？对此历来有种种讨论。对此参见
后出第 295 页以下。
[2] 参见前述第 244 页。
[3] 另外，从 1980 年代开始，在下级审判决中，在所谓"预防接种疫苗之祸案
诉讼"中，这种被害属于为了公共利益而对生命、身体课予的特别牺牲，因而，应类推
适用《宪法》第 29 条第 3 款。这是作为承认损失补偿的例子而登场的（例如参照、东
京地判 1984 年 5 月 18 日判时 1118 号 28 页、大阪地判 1987 年 9 月 30 日判时 1255 号 45
页、福冈地判 1989 年 4 月 18 日判时 1313 号 17 页等）。当然，对于这一点，尽管财产权
是基本人权，但可以为公共福祉使用，《宪法》第 29 条第 3 款以此为大前提，规定了对
其的补偿。而原本是不允许将生命、身体为公共所用、做出牺牲，因而，其前提完全不
同。也有不少判例对此明确予以否定（例如参照、高知地判 1984 年 4 月 10 日判时 1118
号 163 页、名古屋地判 1985 年 10 月 31 日判时 1175 号 3 页、东京地判 1991 年 12 月 18
日高民集 45 卷 3 号 212 页——这是上述东京地方法院判决的控诉审判决）。在学说上，
有人引出劳役捐纳这种公用负担的例子，认为对人的损害的补偿也包含在《宪法》第
29 条第 3 款的损失补偿中（盐野宏）；而有的立场则认为，劳役捐纳是完全着眼于劳力
的经济价值而课予的负担，不是要牺牲生命身体，不能将财产权侵害与损失补偿概念剥离

五、承认结果责任的立法

如此，对于以过失责任主义为原则的国家赔偿制度及基于合法行 258
为的损失补偿制度的峡谷中所生的损害，在法解释论的某种程度上，
能在学说和判例的发展中看到救济的抓手。这一问题终究只能有待立 259
法最终解决，要作为法解释论的问题完全解决，至少不可避免地相当
无理。这种立法是承认"结果责任"的立法，它不是以损害发生原因
为中心的思考，而是大致着眼于因某种行政活动造成一定损害的结
果，填补起因于行政活动的损害，由国家或公共团体对其负填补责任
（对于国家或公共团体为何必须承担这种结果责任，在根据上可以有
危险责任论、公平负担思想等各种法的思想）。

在日本现行法上也不是不存在承认结果责任的法律。例如，《宪
法》第40条，进而是以此为基础的《刑事补偿法》的规定，某种意
义上就是这种例子（刑事补偿是在误判，或者没有根据就作为嫌疑人
予以拘留的情况下所作的补偿，而误判、嫌疑人的拘留等，不问其行
为自身的过失等，但凡无罪判决确定，着眼于结果上的误判等，作出

［西埜章『損失補償の要否と内容』（一粒社、1991年）26頁］。两种观点存在着对立。
有学者将其作为宪法上的问题来看，与其说是《宪法》第29条的问题，不如说是"当
然解释"能否成立的问题（阿部泰隆·前揭『国家補償法』261頁），这可谓一语中
的。不过，不管怎样，作为当前的处理，从有关这种事例的前述最高法院判例的倾向
（参见前述第254页以下）来看，至少在日本，眼下是作为损害赔偿问题来把握，更为
宽松地思考过失要件，这种方法比对生命身体损害类推适用财产权补偿规定的理论跳
跃，容易获得更为一般的接受（实际上，作为探索这种方法的例子，参照、東京高判
1992年12月18日判時1445号3頁）。

另外，对此问题，芝池义一博士尝试重新定义"损失补偿"概念，从中排除"财
产上的损害"要素来处理。如后所述（后述第263页注〔2〕），我是将其看作一种问
题的延期处理。

顺便提及，对于预防接种之祸，1976年法律修改，立法上在一定范围内给予金钱
救济（《预防接种法》第15条）。如何在理论上对其中的"给付"定性，依然未必明
确。对此参照、神橋一彦『行政救済法（第二版）』（信山社、2016年）411頁。

补偿）。也不是没有立法对行政活动承认同样的责任。例如，《消防法》第 6 条第 2 款规定，根据预防火灾或防止人命危险等目的而命令修改、拆除防火对象物（该法第 5 条），在有了撤销该命令的判决时，因下令所生损失，按照时价予以补偿。这些下令在性质上需要急速作出，不是那种应当慎重检视其行为的合法违法才作出的行政行为，因而，一概不问这些行为的故意过失等行为人主观要素。不过，一旦有了裁判判决撤销该行为的事实，在结果上就成为违法行为造成损害，就要"补偿"其"损失"（因而，在法条上使用了"损失"的"补偿"一词，但这与在理论意义上对合法行为的损失补偿未必是同一个性质，这一点应予注意）。这种立法例在此之外也不是没有（例如参见《国税征收法》第 112 条第 2 款，但同条同款使用了"损失"的"赔偿"一词），但自然是稀少的例外，最终只能靠广泛进行这种立法来解决损害赔偿制度与损失补偿制度的峡谷问题。

第四节　国家赔偿制度的负担过重及其消解

一、其他法制的不发达及其对国家赔偿制度的影响

如上所述，现在日本的国家赔偿制度存在种种难题。但其中，有不少是因为其他法制不发达而给国家赔偿制度带来影响。

1. 如果避免损害发生的法制更为完备，有的情形就不至于作为国家赔偿问题登场。例如，对于机场噪音以及其他公共设施所产生的事业损失，如果在这些公共设施建设之前，在法制度上将预先综合性土地利用计划作为不可或缺的一环，而且充分保障相关者事前参加的可能性，日本至少就不会产生现实中看到的那么严重的赔偿问题。如果与德国比较来看，日本国土利用计划体系是极不健全的，这是招致那

些不必要纷争的一大原因。这是不能否定的，[1]今后在这一点上的制
度完善将是很大的课题。

261

2. 诉讼法上的手段在避免损害的发生或扩大上是有界限的，这让
国家赔偿请求频发。这一状况也是不能忽视的。例如，前述不行使规
制权限的损害赔偿请求多发，其中的一个原因是，日本长期在现实中
几乎关闭了直接请求启动规制权限的诉讼之路（例如课予义务诉讼）。
而提起行政处分的撤销诉讼并不当然停止执行，这也造成了违法既成
事实累积，在现实救济上几乎只有国家赔偿。如前所述，[2]2004 年
《行政案件诉讼法》修改，实现了课予义务诉讼和禁止诉讼明文化、
停止执行要件的缓和等，问题就变成在今后的实务中如何确保其实效
性及其程度如何。

3. 日本社会高度发达，在追求生活便利性的同时，也不可避免地
曝于一定的危险之中。对于国家行政在展开的过程中产生现实损害
时，谁应当如何负担的问题，[3]必须在充分判明这种状况的基础上，
不仅仅依赖国家赔偿框架，还要结合种种体系来综合思考。例如，如
果充分应用保险制度，至少从填补损害角度而言，就不会给国家赔偿
制度带来过大负担。只是为应对可能发生的水害，因财政困难，都不
能进行堤防改修，但如果应用受益者负担金制度，能够筹划出公共事
业费，至少就能在相当程度上消解这一事态。

二、今后的应有状态

如本章开头所示，国家赔偿制度本来是作为支撑"依法律行政原
理"的制度而在理论上获得定位的。但在现实中，日本社会在这半个
世纪的极速发展过程中，并没有充分发展出与之相对称的国家防止损

262

---

[1]　对此的德日法制差异，详见、藤田宙靖·土地法。

[2]　前出第 31 页以下。

[3]　例如，阿部泰隆（前揭『国家補償法』207 頁）等指出，"行政与被害者守
卫范围的分担"问题也是其中的一环。

害、填补损害的制度，不能否定的是，很多这些作用具有被迫接受的侧面。今后应有的国家赔偿制度和理论果真可以在这种倾向的延长线上展开吗？还是说在制度上应当更为灵便，使其意义和功能更加明确呢？这必须说是根据这种认识，必须再度充分考察的问题。[1]

---

〔1〕　对此参照、藤田宙靖「『自己責任』の社会と行政法」東北学院大学法学政治学研究所紀要 7 号 1 頁以下（藤田宙靖·基礎理論下 144 頁以下）。

损失补偿制度

第一节　损失补偿制度的根据

第一款　"损失补偿"与"国家赔偿"的异同

一、损失补偿的概念

在传统行政法学说中，所谓（公法上的）损失补偿，一直是这样 263
来说明的："因合法行使公权力而造成财产上的特别牺牲（besonderes
Opfer），为了从全体的公平负担角度对此进行调节而作出的财产补
偿。"[1]可以说这一定义在今天至少仍基本上被广泛接受。[2]

损失补偿首先是因行使公权力而产生的损失，因而，国家和公共
团体即使是为了公共目的而取得财产权，像所谓"任意收购"那样，

---

[1]　参照、田中二郎·上211頁。

[2]　当然，芝池义一批评这种"损失补偿"概念，他认为，"可以将损失补偿定
义为给予因国家或公共团体权力性或非权力性活动造成相对方国民'特别牺牲'的金
钱填补"（芝池義一·救济法199頁）。这一定义有意排除了正文所述"损失补偿"概
念中的"合法""行使公权力""财产上的……牺牲"等词语，"损失补偿"概念由此
就具有更为概括的内容。然而，在何种意义上使用某一概念（定义问题）是学者的自
由，不容置喙。不过，如果该"定义"包含着一种主张，即其定义的"损失补偿"在
日本现行法制上得到广泛采用，那么，在《宪法》第29条第3款之外，必须"设想的
不成文宪法原则是，为了公共利益而侵害国民的权利和自由，这时必须提供损失补偿"
（该书第203页），这也是该书自认的，这一点未必容易论证。

通过缔结民法契约支付的对价也不是这里所说的损失补偿。不过，必须注意的是，在行政实务和日常生活中，也有将包含这些内容在内的称作"补偿"或"损失补偿"。[1]

264 其次，损失补偿是对"合法"行使公权力所生"损失"的"补偿"，在这一点上不同于对"违法"行使公权力所生"损害"的"赔偿"。这里也想以这种概念上的区分作为以下说明的出发点。

二、损失补偿制度的理论根据

1. 对于为什么在将私有财产用于公共目的时必须补偿损失，从过去以来就有种种见解。[2]但是，如果要对此作出大致区分，问题可归于：损失补偿制度的根据是"权利"的侵害自身，还是也侵犯了"平等原则"？例如，正如后文将见到的《宪法》第29条那样，[3]该条第
265 3款的损失补偿规定表示了第1款财产权保障的具体内容（至少是其部分内容），这种观点也是今天的多数说。其中，损失补偿的意义基本上在于当侵害财产权的个人权利（至少是其核心）时提供代偿。与此相对的立场则完全从私有财产制度性保障来看待第1款的意义。[4]当然，对补偿个人损失必要性的说明就在理论上与第1款完全无关。这时能引用的是"负担平等"。如果像这种见解那样，在损失补偿制度的根据上只重视"平等负担"，那么在判断是否要补偿损失时，在理论上要采用的重要基准就不在于是否属于侵害财产权的内容，而在

---

〔1〕 例如后文的《取得公共用地的损失补偿基准纲要》等就是其典型一例。顺便提及，熊本县八代市废止市营屠宰场，向过去的利用者支付"支援金"，这是对因废止而遭受损失者的补偿金，但在法令上并没有根据，是否属于《宪法》第29条第3款规定的"损失补偿"，对此争议的案件，参照、最判2010年2月23日判时2076号40页。
〔2〕 对于这些观点，包括各文献的引用，诸如参照、西埜章『国家補償法概説』（勁草書房、2008年）205页以下。
〔3〕 后文第271页以下。
〔4〕 参见后文第274页。

于（至少与前一基准相并列）是否为"不平等"地制约财产权。[1]

2. 如上所述，在损失补偿制度的根据上产生的问题是，是"权利"侵害自身，还是有"平等负担"的要求？以此为背景，首先要关注损失补偿制度的历史发展。在日本也常常有学者指出，近代的损失补偿制度在近代欧洲，亦即近代国家成立之前即已产生。根据中世纪以来"古老的良法"，传统权利或所谓"既得权"（wohlerworbene Rechte）受到邦的君主特权（ius eminens，它既而生成发展为近代一般国家权力）限制，损失补偿具有对该限制的代偿（Entschädigung 或 Schadloshaltung）性质，由此发展而被引入近代国家法制。[2]因而，其中原本即带有对"权利侵害"的"代偿"观念。例如在19世纪初叶的德国，连对违法行为侵害权利的损害赔偿与对合法行为限制权利的损失补偿也未必在概念上有明确的区分。[3]然而，在近代国家权力确立、"近代法治国家"进而"依法律行政原理"确立后，在理论上就当然出现一个问题：国法承认为公共利益而征收私有财产等，为什么这是对权利的"侵害"呢？[4]在这种状况下，就有必要对损失补偿的根据作不同于"权利侵害"的说明，"合法但负担不平等"的观点就具有了重要意义。然而，如果即使法律也不得侵犯的"基本人权"概念确立起来，财产权也是其中之一，那么，根据法律"侵害"基本人权的问题就能再次登场，作为其代偿的损失补偿观念就能再度具有现实意义。在损失补偿制度根据的相关讨论中，首先要关注这种历史

266

---

〔1〕 在理论上，有可能从中得出两种观点：即使侵害财产权的核心内容，如果并非"不平等"制约，也不必补偿损失；或者完全相反，即使没有达到侵害财产权的核心内容程度，在有"不平等"制约时也要补偿。

〔2〕 对于损失补偿制度的这段历史，例如参照、芝池義一「ドイツにおける公法学の公用収用法理論の確立」法学論叢92巻1号（1972年）62頁以下。另外，对于正文中的以下叙述，也请参照、藤田宙靖・土地法143頁以下。

〔3〕 参照、藤田宙靖・公権力の行使55-56頁。

〔4〕 特别是在所谓"法实证主义的公法学"之下，这是不可避免的问题。例如，表明在法实证主义公法学之下如何对待"既得权"理论，一个好的例子，参照、柳瀬良幹「既得権の理論」同『行政法の基礎理論（二）』（弘文堂、1941年）163頁以下。

发展的重襞。

3. 在近代法治国家（立宪国家）的法制，进而是在"依法律行政原理"之下，损失补偿是对法律允许的合法制约财产权所给予的补偿，在这一意义上，在根据和性质上就不同于对违法侵害财产权的损害赔偿。但在另一方面，损失补偿过去常常与损害赔偿的法定要件交织在一起（要有行为人的故意或过失、行为违法性等），因而在难以给予赔偿时，也作为损害赔偿的替代物发挥功能。[1]这之所以成为可能，主要是因为对财产权的违法侵害当然是对财产权的不平等侵害，在这种观点之下，在"平等性的侵犯"维度上就能看出损害赔偿与损失补偿之间的共通性。[2]另一方面也有必要留意，如前所述，两种制度在成立沿革上，原本都是对"传来的权利侵害"的"代偿"，具有共通性。其后，在近代国家，伴随着近代法治主义的确立，"对合法国家行为的损失补偿"与对"违法国家行为侵害财产权"的损害赔偿，在观念上朝着二分化方向发展。在这一意义上，损失补偿与损害赔偿的明确区分在某种意义上说就具有确立近代法治主义的表征意义。

在今天，公共事业与私人利益的相互关系更加复杂化，密切地交织，在具体的事例中有时也常常分不清是合法的制约还是违法的侵害。[3]如前文管窥所见，[4]将是否要补偿的重点专门置于"受害人的救济"，反过来不问该"补偿"是损失补偿还是损害赔偿，连这样的实定法制度也是存在的。而在学说上也有不少人认为，有必要统合

----

〔1〕 其有名的例子是德国判例上确立的"准征收侵害"的观念。对此理论，参照、雄川一郎「行政上の無過失」同『行政の法理』（有斐閣、1986 年）361 頁以下；宇賀克也「ドイツ国家責任法の理論史分析（三）」法学協会雑誌 99 巻 6 号（1982年）880 頁以下等。另外，对此倾向从批判立场上的探讨，参照、西埜章『損失補償の要否と内容』（一粒社、1991 年）14 頁以下。

〔2〕 德国有统一思考两者的所谓"统一的补偿"，对于其详细论据，参照、宇賀克也·前揭文 875 頁以下。

〔3〕 例如，所谓"事业损失"的案子就是其例。对此，参见前文第 257 页及后文第 295 页以下。

〔4〕 前出第 257 页。

两种制度，有必要确立统合两者的"国家补偿"概念。[1]这些现象原
本具有充分的理由，但本书的意图是以"依法律行政原理"，进而是
"近代法治国家原理"为客观的理论标尺来概述日本行政法总论的状
况，根据上述历史背景，首先就要在理论上明确区分以国家行为合法
性为前提的"损失补偿"与以违法性为前提的"国家赔偿"。如果以
此为视角，如前所述，[2]"损失补偿制度"在理论上就要作为"依法
律行政原理""近代法治国家原理"的"界限"来定位。[3]

第二款　制定法上的根据

1. 日本现行法上的损失补偿制度基本上均可回溯至《宪法》第29条
第3款的规定，即"私有财产在正当补偿下可供公共之用"。[4]在根据
《宪法》的这一规定而制定的法律中，并不存在一般损失补偿制度的通则
法（这一点与行政争讼法、国家赔偿法的状况大为不同）。不过，较为一般
性、体系性的规定有《土地征收法》第六章（第68条以下）等规定。[5]

---

〔1〕　对于过去学说中"国家补偿"概念及今后该概念的有效应用，在学说上参
照、小幡纯子「国家補償の体系の意義」新構想Ⅲ279頁以下。

〔2〕　上卷第137頁。

〔3〕　与国家赔偿制度不同，在损失补偿制度上，日本实定法不存在一般性规定其
要件、程序、样态等的法律。结果，问题多半就归为以《宪法》第29条第3款及《土
地征收法》为中心的个别法解释。我之所以在已出版的《行政法Ⅰ（总论）》中没有
特别设置损失补偿一章，除了正文所述的理论体系问题原因外，还因为对于这种状况下
损失补偿理论在独自的行政法总论上如何能以不同于宪法论或土地法等个别法论的形式
展开，我未能有确定的结论。到本书执笔之际，我对此也仍没有最终的解决，完全是以
便宜上的理由，即姑且宽泛地展望对国家公权力限制私人权利利益有何种法的救济渠
道，将此作为行政救济法编的附章来处理。

〔4〕　不过，例如对于所谓"人的公用负担"的例外，参照、柳瀬良幹『公用負担
法（新版）』（有斐閣、1971年）79頁以下。当然，这些公用负担并不是在人格上对
人作出评价之后课予的负担，而只不过是利用其劳役的经济价值，如此就不变为"将
财产权用作公用"。参照、今村成和『損失補償制度の研究』（有斐閣、1968年）33
頁；西埜章・前揭『損失補償の要否と内容』28頁等。

〔5〕　在日本现行法上，损失补偿规定以《土地征收法》为代表，广泛分布在行政
法各个领域。对此包罗整理并予解说的精心著作有西埜章『損失補償法コンメンター

当然，即使根据《土地征收法》等规定，也未必一义性地明确了对土地等私有财产怎样的损失应给予怎样的补偿。其原因在于，第一，《土地征收法》上的损失补偿规定自身未必全部一义性地明确，尚有作出种种解释的余地；第二，即使解释的结果是，根据《土地征收法》等规定不认可补偿，接下来的问题就是，那可以直接根据《宪法》第29条第3款请求损失补偿吗？

2. 对于第一个问题，将《土地征收法》上规定的补偿基准（特别是该法第88条关于"通常所受损失的补偿"的基准）更为详细地规定并长期在行政实务上发挥功能的有两个，即1962年6月29日阁议决定（1967年12月22日修改）的《取得公共用地的损失补偿基准纲要》和1967年2月21日阁议决定的《施行公共事业的公共补偿基准纲要》。但是，两者都只不过是行政的内部基准，而非法院和征收委员会本来必须依据的法的基准。[1]但尽管如此，这些基准自设定以来就对征收委员会的裁决产生颇大的影响。因为在实际问题上，这种纲要可以说是具有国家向地方公共团体机关的一种行政指导的效果。[2]此外在现实中，如果征收委员会没有其他应当依从的明确基准，

───────

ル』（劲草書房、2018年）。

〔1〕 也就是说，前者是国家等公共事业主体在通过任意收购方式取得土地之际由谈判的担当者与各个对方确定形形色色的对价并不适当，因而在内部设定基准、统一收购价格。因而，它在双重意义上都不同于征收委员会作出征收裁决的法的基准。而后者同样是为事业主体的国家应当支付给既有公共设施的归属主体的对价而设定的内部基准，它也不是征收裁决的法的基准。对于该纲要的详细内容，参照、公共用地補償研究会『最新改訂版 公共用地の取得に伴う損失補償基準要綱の解説』（近代図書、2010年）。另外，在正文讨论的补偿基准之外，更为详细规定、现实地发挥功能的还有公共事业起业者联合体制定的《用地对策联合会基准》（所谓"用对联基准"），这里省略不表。

〔2〕 在上述《取得公共用地的损失补偿基准纲要》中添附了"阁议了解事项"，其中附言有"征收委员会裁决时也将该纲要认可为基准"。作为行政机关之首的内阁，从一开始就明显认为，征收裁决应当遵守该基准。不过，征收委员会的裁决，过去是作为机关委任事务的国家事务，现在是都道府县的法定受托事务（《地方自治法》第2条第9款第1项），征收委员会作为独立的行政委员会，独立行使法律上权限受到保障（《土地征收法》第51条第2款）。因而，虽说有了这种阁议决定或者了解，它也并不当然在法上拘束征收委员会。

若不根据纲要规定的基准，就很难作出裁决。根据这种实际状况，也为了给其明确法的根据，2002 年新制定了《土地征收法》第 88-2 条规定以及根据该条《关于规定〈土地征收法〉第 88-2 条细目等的政令》（2002 年政令第 248 号），上述《损失补偿基准纲要》规定的内容要点具有了法的拘束力而得到通用。

　　3. 对于上述第二个问题，至少从理论上来看，自对于该问题表示肯定性判断的 1968 年 11 月 27 日最高法院大法庭判决（所谓"名取川砂砾采集案判决"，虽然是在旁论中）以来，[1]可以说在学说和判例上已经得到解决。也就是说，对于宪法上需要补偿的损失，法律仅允许课予损失却没有设置补偿规定，这时理论上有两个解决方法，一个是该法律自身违宪无效，另一个是法律自身有效，只是蒙受损失者可直接依据《宪法》第 29 条第 3 款请求补偿。对此，德国是通过宪法的规定自身明确选择前者之道，[2]而日本在宪法上并无明确规定，最高法院判例选择了一条不同的道路。因而，对此问题，现在更为重要的毋宁是具体在何种情况下能直接依据宪法补偿。对于这里所说的例子，与其说是在取得财产权自身的情形（所谓"公用征收"的案子），不如说仅在限制财产权行使的情形（所谓"公用限制"的案子）中多成为问题。因而，后面想在探讨土地所有权限制与损失补偿的问题部分再详细论述。

271

第二节　是否要损失补偿的基准

一、《宪法》第 29 条第 3 款的法意

　　日本《宪法》第 29 条第 3 款规定，在将私有财产"供公共之用"

---

〔1〕　刑集 22 卷 12 号 1402 页。

　　进而，可参照、引用该判决的最判 1975 年 3 月 13 日判时 771 号 37 页，最判 1975 年 4 月 11 日判时 777 号 35 页，等等。

〔2〕　参见《德国基本法》第 14 条第 3 款。

· 555 ·

272 时需要补偿损失，这不仅仅包括取得财产权自身的情形（例如征收土地），也还包括仅为限制财产权行使的情形（例如公用使用和公用限制），历来在日本的学说和判例上均获得广泛认可。[1]但是，毋庸赘言，该条款未必要求私有财产"供公共之用"的所有情形均予以补偿。如前所述，既然损失补偿制度本身依据的是"平等负担"观念，那么，一般认为，不可或缺的损失补偿要件就是，该损失的性质是为了公共福祉而课予的"特别偶然的牺牲"（前述传统学说中损失补偿的概念界定中一般是这样表述的）。

对于某损失是否属于"特别偶然的牺牲"，通常屡屡用这样的方法提出问题：对财产权的制约是处于"财产权的内在制约"范围之内还是超出了范围？[2]其前提的观点在于，"人是社会性的存在，财产权也是人在社会相互关系中行使的权利，因而，要让人的社会生活成立，就要进行必要最小限度的制约，该制约当然内在于财产权，让这种制约显现的财产权制约，是任何人均必须忍受的限制，无需补偿"。但话虽如此，如后所述，对于什么属于财产权的内在制约，未必有一义性的明确基准。

二、与《宪法》第29条第2款的关系

273 1. 如下所示，首先存在的问题是，原本《宪法》第29条第1款所保障的"财产权"是什么？

《宪法》第29条第1款规定，"财产权不受侵犯"，而又在第3款设置了上述补偿条款，同时在第2款规定，"财产权的内容应当合乎公共福祉，由法律规定"。从文字上来读这些条文，在第1款中规定的是保障限于依据第2款由法律规定内容的"财产权"。如此，第3

---

[1] 但也并非从来不曾有更为限定地解释"供公共之用"含义的尝试。参照、藤田宙靖「財産権の制限と補償の要否」小嶋和司編『憲法の争点（新版）』（有斐閣、1985年）98頁。

[2] 例如，田中二郎·上215頁、橋本公亘『憲法』（青林書院新社、1972年）309頁、今村成和『国家補償法』（有斐閣、1957年）55頁等。

款规定的就是，私有财产就是在如此界定后的"财产权"对象，在其"供公共之用"时需要"正当补偿"。若假设如此，问题就产生了：第一，至少在与立法权的关系上，第 1 款的规定自身就变得没有区别于第 2 款和第 3 款的固有意义。这样好吗？第二，依据第 2 款"决定财产权的内容"，如果作此定性，就没有必要补偿损失。其中"决定财产权的内容"与"财产权的内在制约"具有怎样的理论关系呢？

在与上述第一个问题的关联上，日本在过去的学说和判例中，也有观点就是如此理解《宪法》第 29 条第 1 款和第 2 款的关系，或者至少基本上肯定这种结果。[1]然而，现在至少可以说一般不采取这种观点。毋宁是认为，尽管有《宪法》第 29 条第 2 款的规定，也不能通过其中的法律来侵犯，财产权的某种"内核"受到第 1 款保障。

2. 过去一般认为，这种意义上的"内核"就是"私有财产制度自身"。也就是说，依据这种观点，《宪法》第 29 条第 1 款的本质在于，规定了不得废止私有财产制度自身，亦即所谓"制度性保障"。[2]

274

---

　[1]　例如，最高法院大法庭 1953 年 12 月 23 日判决（民集 7 卷 13 号 1523 页）所争议的是，在第二次世界大战后日本的农地改革中，根据《自耕农创设特别措施法》的规定，当时明显低廉的农地收购价格是否可以说是《宪法》第 29 条第 3 款的"正当补偿"。这是有名的案件。在这一判决中，多数意见认为，之所以给出肯定的回答，其理由之一在于，因 1938 年《农地调整法》以来的种种土地立法，"农地的自由处分在《自耕农创设特别措施法》成立以前已经受到限制，限制变为耕种以外的目的，地租以金钱缴纳时被设置一定的额度，农地价格本身也受特定基准控制，因而，地主农地所有权的内容在使用、收益、处分上受到显著限制，进而达到用法律控制价格的地步，几乎没有产生市场价格的余地"。而且，"农地所有权的性质变化是与贯彻创设自耕农目的之国家政策相伴的法律措施，换言之，必须视为为了《宪法》第 29 条第 2 款所谓合乎公共福祉，由法律规定农地所有权的内容"。也就是说，根据这种观点，就变得必须说，在受到种种农地立法的压缩后，只有尚存的部分是能成为《宪法》第 29 条第 1 款和第 3 款补偿对象的日本农地所有权的内容。请分别参见为了将其逻辑更为明确化的栗山茂法官的补充意见，以及对采用这种逻辑解释《宪法》第 29 条表示忧虑的四名法官少数意见（反对意见一人、意见三人）。

　[2]　对于"制度性保障"的概念及其意义，详见、佐藤幸治『憲法（第三版）』（青林書院、1995 年）397 頁以下、樋口陽一『憲法（第三版）』（創文社、2007 年）251 頁以下等。

在此限定下，极端而言，只要不废止私有财产制度自身，无论依据第
2 款对个人的个别财产权内容作出怎样的规定，都是合宪的（当然，
例如，也可能以违反《宪法》第 14 条法下平等为由被认定为违宪，
这自当别论）。

历来毫无争议的是，在《宪法》第 29 条第 1 款的财产权保障中，
至少包含这种私有财产制度的"制度性保障"。但不能忽视的是，第 1
款的保障内容仅此而已吗？过去对此有很大的讨论。[1]但在今天可以
说，多数学者在制度性保障之外，同时认为，保护个人的个别财产权
也是第 1 款的目的。亦即，在这一观点之下，对于个别的财产权，存
在不能用法律侵犯的某种"内核"或"本质内容"（尽管存在《宪
法》第 29 条第 2 款的规定），因第 1 款而得到明确。[2]

当然，这时依然存在的问题是，除《宪法》第 29 条第 3 款的损
失补偿规定外，在第 1 款当中看到这种"本质内容"的保障果真在多
大程度上具有理论意义呢？也就是说，问题在于，第 1 款保护个人的
个别财产权，如果这一权利只是要求给予了第 3 款的"正当补偿"，
就可以出于公共目的无论如何都能限制，这不是导致财产权的"内
核"或"本质内容"仅为第 3 款所说的"正当补偿"吗？[3]

3. 对于"正当补偿"与财产权的"本质内容"在理论上的相互

---

〔1〕 例如，宫泽俊义、柳濑良干两位博士极力主张《宪法》第 29 条第 1 款的财
产权保障仅限于私有财产制度性保障的见解。参照、宫沢俊義『憲法（新版）』（有斐
閣、1971 年）406 頁；柳瀬良幹『人権の歴史』（明治書院、1949 年）51 頁以下。

〔2〕 例如，《德国基本法》第 19 条第 2 款明文规定，"任何情形均不得侵害基本
权利的本质内容"。正文所说的观点是认为，日本国宪法上的财产权保障规定也含有这
种法理。

〔3〕 如前注所见，宫泽俊义、柳濑良干两位博士关于《宪法》第 29 条第 1 款的
法意仅为"制度性保障"的见解，的确依据的是这种观点。

不过，在理论上，在未必与损失补偿相关的地方，不可否定会出现个人财产权的保
障问题。例如，有观点认为，对于土地所有权，放弃从实体法上确定其宪法上财产权保
障的内容，认可土地利用计划或综合计划对权利内容的"创造"，以保障对计划的程序
参与权利，来取代实体性财产权保障，换言之，可谓完全以"程序性保障"来把握财
产权的"本质内容"。对其可能性，参照、藤田宙靖·土地法 139 頁。

关系，将在阐述损失补偿的内容时详细论述。[1]这里有必要对上文第二个问题，亦即依据《宪法》第29条第2款"决定财产权的内容"或者与其互为表里的"财产权的本质内容"，与前述损失补偿判断基准的"财产权的内在制约"在理论上的相互关系作大致整理。

当然，在理论上作出严密的总结未必容易。因为前述"财产权的本质内容"是为了钳制根据《宪法》第29条第2款决定"财产权的内容"而设定的概念，而"财产权的内在制约"是让"（不予补偿）私有财产供公共之用"成为可能的概念，两者的设定目的未必相同，进而依据第2款"决定财产权的内容"是否也包含于第3款"财产权供公共之用"的概念，也未必明确。

对于第2款与第3款的关系，如前所述，第3款是针对依据第2款决定内容后的财产权供公共之用的规定，[2]根据《宪法》第29条第2款由法律决定财产权的内容并不伴有损失补偿义务，由此，就有观点认为，"不得无补偿而依据第2款施以剥夺或如同剥夺权利的限制"。[3]如果采纳这一观点，结论无论如何都是明确的。但今天的多数学者未必采纳这一观点。现在毋宁是，即使是《宪法》第29条第2款所谓"决定财产权的内容"，也未必完全排除损失补偿的可能性。基于这一前提，再来决定是否属于"财产权的内在制约"范围之内，这大致是一般所采用的解释论上的做法。

三、财产权的内在制约

如上所述，有时是《宪法》第29条第3款的"供公共之用"，有时是依据第29条第2款决定财产权的内容，它只不过是"财产权的内在制约"范围内进行的情形，也未必需要补偿损失。即使基于这一思考框架，什么属于这种情形，未必敢轻易作出判断。下面对这一问题作一 277

〔1〕　后文第280页以下。
〔2〕　参见前文第273页以下。
〔3〕　参照、法学协会编『注解日本国宪法（上卷）』（有斐阁、1953年）568頁。

点说明，在参照之前的学说和判例时应特别注意一些基本论点。

1. 首先，制约财产权是为了积极目的，还是为了消极目的？这一视角很早以前就获得认可，任何人均不否定其为原则上妥当的准则。例如，典型的例子就是，有观点认为，"为了保持公共安全秩序，或确保社会共同生活安全等消极目的而进行必要的、较为一般性的财产权限制"，原则上不需要补偿；而"为了产业、交通等公共事业的发展，或国土综合利用、都市开发发展等积极目的而进行必要的特定财产权的征收以及其他限制"，需要补偿。〔1〕这一观点可以说符合19世纪西欧近代自由主义财产权的概念。〔2〕也就是说，国家本来仅应为维持公共安全和秩序而进行必要的最小限度的事项，其他则委诸市民社会自律。在这一消极国家观之下，只要国家活动是为了这种消极目的而制约财产权，私人因此而受到的损失则只是任何人都必须忍受的损失，而称不上特别偶然的损失。

────────────

〔1〕 参照、田中二郎·上215页。再如，最高法院认为，"池塘的堤塘使用行为能成为池塘破损、溃决的原因，它在宪法和民法上均不作为合法财产权的行使来保障，超出宪法、民法所保障的财产权的行使范围"。最判1963年6月26日刑集17卷5号521页（所谓"奈良县池塘条例案判决"）。这基本上也可以说是基于这一思考框架的观点。

另外，在一个案件中，道路工程的结果，让汽油等的地下储藏罐违反《消防法》等关于与道路的相隔距离的规定，因而不得不移动设置地下储藏罐。原审法院认可了依据《道路法》第70条第1款的损失补偿请求；而最高法院认为，"道路工程的施行只不过是让警察规制的损失偶然间变得现实化而已"，判决撤销原判、驳回诉讼请求（最判1983年2月18日民集37卷1号59页）。这完全是在这种案件中对是否适用《道路法》第70条第1款的"沟渠、垣墙、栅栏补偿"作出直接判断，而不是对《宪法》第29条第3款"正当补偿"的判断。不过，另一方面，恐怕也不能否定判词中存在上述思考框架的某种影响。

与此相关，例如，(1)根据《消防法》第29条第1款，"为了灭火、防止火势蔓延或救助人命，必要时使用、处分或限制使用"（消防对象物及土地），最高法院认为，不必补偿损失（不同于该条第3款的"破坏性消防"）。最判1972年5月30日民集26卷4号851页。(2)依据《矿业法》第64条限制采掘，是为了公共福祉而作出一般性最小限度的限制，不能说是强迫特定人作出特别的财产上的牺牲。最判1982年2月5日民集36卷2号127页。

〔2〕 对于这里所谓"19世纪西欧近代自由主义财产权的概念"，参照、藤田宙靖·土地法130页以下。

　　然而，在现代社会，国家介入市民生活的样态变得多样化，公益　　278
与私益的相互关系也变得极为复杂，上述原则还能否依然妥当，这毫
无疑问是极成为问题的。例如，首先，对财产权的某种制约是出于上
述意义上的积极目的还是消极目的，在今天就未必总能作出明确的判
断。[1]再比如，科学技术的不断发展也给公共安全等不断地带来急速
增大的危险，有不少还是极大的危险。因而，为了采取防止危险的措
施，也不得不对财产权作出极为重大的制约。从而，在今天，说出于
消极目的，无论如何限制也始终不必补偿，当然就会成为问题。在这
种情况下，日本过去也有种种设计，学说上对上述基准也进一步补充
了派生基准。

　　2. 作为这种派生基准，基本上重要的是，财产权所受侵害或负担　　279
的程度。例如，首先，学说和判例一般认为，为了公共目的而剥夺
（或取得，亦即古典意义上的征收）财产权，始终要补偿损失（刑罚
的没收等自古就能获得认可的一定案件另当别论）。[2]当然，如后详
述，[3]这时应予的补偿必须是"完全补偿"，还是也可以是"相当补
偿"，向来存在争议。但在不同于所谓社会化立法等的通常征收案件
中，学说和判例可以说多数站在"完全补偿说"的立场上。[4]

　　另外，有时尚未达到剥夺财产权的地步，而是限制财产权（权利
行使的限制）。像前文那样，若相当于剥夺财产权的本质内容，也不
允许不补偿损失；[5]若财产权限制妨碍了财产发挥本来的效用，也有

––––––––––––

　　[1]　例如，依据《都市计划法》《建筑基准法》指定用途地域等，依据这一观
点，就可以说出是积极还是消极的目的。
　　而不可否定的是，对于田中二郎前揭书所称"比较一般性的限制""特定财产权
的……限制"，例如，像"限制特定区域内一般土地的利用"，就很难说属于哪一种。
　　[2]　但实质上也并非没有基于各种理由承认例外。例如参照、最判 1957 年 12 月
25 日民集 11 卷 14 号 2423 页。另外，对于土地区划整理相伴的无偿减幅问题，参照、
藤田宙靖·土地法 164 页以下、231 页以下。
　　[3]　后出第 280 页以下。
　　[4]　但这里所谓"完全补偿"具体是指什么，如后详述，仍然存在种种问题。
　　[5]　例如参照、田中二郎·上 215 页。田中博士从这种角度出发，对前述最高法
院的奈良县池塘条例案判决提出质疑（同第 216 页）。

必要补偿。[1]这些可以说都是以这种观点为前提的。[2]从这种观点出发还能得出一个观点，即根本变更财产本来用法的财产权限制，必须补偿。[3]对于这些问题，后文将再作详细分析。[4]

第三节 损失补偿的内容

第一款 "正当补偿"与"完全补偿"

一、理论上的相互关系

280 《宪法》第 29 条第 3 款规定，将私有财产用于公共目的时要有"正当补偿"。这里所说的"正当补偿"是指什么？所给予的必须是"完全补偿"，还是"相当补偿"也可以？这一点自古以来就有争论。

281 在宪法解释上，虽然说所谓"完全补偿说"在过去学说上正逐渐占据上风，但认为相当补偿也可以的观念在今天也绝不是不存在了。[5]诸如对于土地征收，可以说学说和判例大致确立了必须提供"完全补偿"

---

〔1〕 例如、参照、今村成和『損失補償制度の研究』31 頁。这一观点是德国公法学的通说，对应的是所谓私的效用性理论（Privatnützigkeitstheorie）。参照、今村成和·前揭『国家補償法』63 頁。

〔2〕 这一观点也是从上述私的效用性理论或同为德国公法学中的目的背驰理论（Zweckentfremdungstheorie）中推导出来的。对于"私的效用性理论"和"目的背驰理论"，参照、藤田宙靖·土地法 113 頁以下。另外，它对日本的影响及其理论，从财产权补偿的角度指出可能有负面作用，参照、西埜章·前揭『損失補償の要否と内容』69 頁以下。

〔3〕 参照、今村成和·前揭『損失補償制度の研究』36 頁、同·土地収用判例百選 199 頁等。

〔4〕 后出第 309 页以下。

〔5〕 例如，最高法院判例一般被认为采用"相当补偿说"的是前出最高法院 1953 年 12 月 23 日判决，即使在今天，仍作为"正当补偿"的先例来引用。参照、最判 2002 年 6 月 11 日民集 56 卷 5 号 958 頁。

的观点，〔1〕因而，这两者在理论上处于何种关系，便成为问题。对此，大致可作如下理解：

第一，在《宪法》第 29 条第 3 款只不过是要求"相当补偿"的情况下，这通常是说对于从公共角度剥夺、限制财产权等，从实质公平角度而言，有时也可以不补偿其全部财产价值。例如，像前述〔2〕农地改革中的收购农地那样，它是财产权制度本身的改革；再如，"在大型财产（垄断财产）的情况下，给予相当补偿也可以"。〔3〕如果是从这种角度看，《土地征收法》的前提正是从实质公平的角度应予全部补偿、属于特别偶然损失的案件，即使站在这种意义上的相当补偿说立场，也能说是要求完全补偿的案件。

第二，"相当补偿说"有时在"也可以不以该财产的市场交易价格补偿损失"的意义上，仅具有补偿价格基准的一面。〔4〕在土地征收上，因为从完全补偿的角度，通常是以根据该土地市场交易价格补偿为出发点，〔5〕在这一限度上与这一意义上的相当补偿说并不相容。但

〔1〕　例如参照、最判 1973 年 10 月 18 日民集 27 卷 9 号 1210 页（仓吉市都市计划案判决）。在该案中，土地作为都市计划道路用地而被课予建筑限制，16 年后成为征收对象。征收委员会在算定补偿额时，对于这种被课予建筑限制的土地，当然应以作为附限制的土地交易价格来补偿，认可了起业者一方的主张。但最高法院予以否定：《土地征收法》中的损失补偿目的在于，在为了特定公益上必要的事业而征收土地时，恢复因征收而给该土地所有者等所造成的特别牺牲。因而，完全补偿亦即应作出让征收前后被征收者财产价值相等的补偿，在以金钱补偿时，应以足以能取得与被征收者近旁被征收地同等的替代地等的金额作出补偿。

〔2〕　前出第 273 页注〔1〕。

〔3〕　参照、高原贤治『財産権と損失補償』（有斐閣、1978 年）20 页、49 页。

〔4〕　例如，上述 2002 年 6 月 11 日的最高法院第三小法庭判决只是在下述背景下引用先前 1953 年的判决："《宪法》第 29 条第 3 款所说的'正当补偿'，是指根据在当时经济状态下能成立的价格合理算出的相当额度，而未必要与上述价格始终完全一致"。它想说的只是，土地征收中的"正当补偿"也可以不必依据"（权利取得裁决时的）市场交易价格"补偿。

〔5〕　理论上严格而言，这一意义上的"完全补偿"是指"权利对价补偿"［参照、宇贺克也『国家補償法』（有斐閣、1997 年）431 页］。对于何为"权利的对价"，正如上述 1973 年判决那样，若"在以金钱补偿时，应以足以能取得与被征收者近旁被征收地同等的替代地等的金额作出补偿"，当然就以市场交易价格为原则。

282　实际上，如后所示，对此，日本现行的土地征收法处在完全补偿与相当补偿之间相当微妙的峡谷。无论如何，为了避免遭致讨论的混乱，理解"完全补偿""相当补偿"的表达有时有稍有不同的用法，这是极为重要的。[1]

二、"完全补偿"与"相当补偿"的交错——以土地征收法为例

283　1. 如上所述，一般在剥夺（取得）财产权时，原则上必定要补偿损失，而且必须是"完全补偿"。征收土地时的损失补偿是其典型。但在实际算定正当补偿额时，问题并不是那么简单。原因在于，即使说征收土地的损失是特别偶然的损失，因而要完全补偿，但仍存在问题，例如，（1）但凡以征收土地为原因而产生的损失，均必须成为补偿的对象吗（也就是说，什么是因征收土地而产生的损失）？（2）应予补偿的"土地价格"是什么？

2. 从现行的《土地征收法》来看，在上述第一个问题上，该法在第71条以下具体列举规定了因征收而产生的何种损失必须给予何种补偿，最后在第88条设置了概括条款，即"其他因征收或使用土地而让土地所有者或相关人通常所受的损失，必须补偿"。作为其中所说的"通常所受的损失"（所谓"通损"）的例子，法律自身列举了放弃耕作费、营业上的损失、因建筑物移转而产生的租赁费损失等。这里所

---

〔1〕　例如，上述2002年第三小法庭判决引用了一般被认为采取"相当补偿说"的1953年判决，因而该判决与采用"完全补偿说"的1973年判决之间的理论关系就成为问题（对此，例如参照、西埜章·前揭『国家補償法概説』231页以下）。但是，1973年判决所说的"完全补偿"，是指"让征收前后被征收者的财产价值相等的补偿"，（在以金钱补偿时）是"足以能取得与被征收者近旁被征收地同等的替代地等的金额"，而未必被说成这种补偿始终"必须根据权利取得裁决时市场价格补偿"。2002年判决也只不过是以上述要件为注解来说明而已，与1973年判决之间完全没有矛盾（顺便提及，2002年判决自身一概没有使用"完全补偿""相当补偿"之词）。如正文所述，认识到"完全补偿""相当补偿"之词分别所包含的二义性，就可能对这三份最高法院判决的相互关系作出更为明确的理论整理。

说的"通损"还包括什么？"营业上的损失"能说全部是"通损"吗？诸如此类的问题结果就只能是回溯到宪法的原则，通过具体的法解释和事实认定来解决。[1]对于"通常所受的损失"，容后再来讨论。[2]

284

3. 关于上面第二个问题，即在"完全补偿"的要求下，应予补偿的"土地价格"是什么？从理论上来说，可以说并无争议的是，（至少在原则上）必须是被征收土地的市场交易价格。但是，如上所述，日本现行的《土地征收法》，是以上述意义上的完全补偿为出发点，同时在结果上只能说是规定了颇具相当补偿内容的补偿制度。以下想结合补偿额算定基准时间、开发利益如何算入的问题来予以概述。

三、补偿额的算定基准时间

土地征收是由从项目认定开始，经征收裁决一直到最终的土地出让等一连串过程来进行的。因而，虽说是以被征收土地的市场交易价格来补偿，但根据这一过程中哪一个时点的价格来补偿，现实的补偿额会有所不同。假设从"完全补偿"的角度要求按照市场交易价格来补偿，补偿额本来应该是现实产生损失的时点的土地价格，亦即裁决（权利取得裁决）中确定的权利取得时期的市场交易价格。但是，根据1967年修改后的现行《土地征收法》第71条，"被征收土地或土地所有权以外的权利"的补偿金额，是"考虑近旁类似土地的交易价格等而算定的项目认定告示之时的相当价格，乘以到权利取得裁决时物价变动修正率所得的金额"。修改前的该条[3]是以裁决的时点为基准时间，新法有意作出修改。当时，随着经济高度增长，土地价格急

---

〔1〕　前述《取得公共用地的损失补偿基准纲要》在第四章（第24条以下）更为详细地规定了属于"通损补偿"的内容。其要点根据2002年政令而具有法的拘束力。但未必能说由此就完全解决问题了。

〔2〕　后出第294页以下。

〔3〕　修改前的该条规定，"损失必须按照征收委员会作出征收或使用裁决时的价格算定补偿"。该法第72条规定，"对征收的土地必须考虑近旁类似土地的交易价格等，以相当价格予以补偿"。

速上升，这导致难以取得公共事业用地。在这种状况下，为了抑制损失补偿额的上升而作出这种规定。[1]这种规定是否真的能说满足土地征收所需要的"完全补偿"要件，仍是问题。

四、"开发利益"的处理方法

1. 作为上述修法的理由，当时起草者建设省的说明是，有必要将本来属于土地所有者的不适当利益从损失补偿的对象中排除出去，让补偿额正当化。根据其观点，土地价格上涨有种种原因，其中含有种种事态，诸如，第一，因该土地被提供给公共事业使用，一带的土地价值上涨，将此估计在内，在项目开始以前地价已经上涨，即因为所谓"对开发利益的期待"而涨价；第二，土地所有者待价而沽，仅仅为了抬高价格而不响应收购，即所谓"拖延得利"。后者自然不能说是土地所有者的正当利益。而对于前者，原本是因为土地被征收、起业者予以加工、用于公共事业或公共设施而产生开发利益，因而，说它在征收以前就已经成为土地所有者的利益，并不合理。如果站在这一前提上，尽管如此，还必须以裁决时的市场交易价格来补偿，就变成不合理利益均为损失补偿的对象。[2]

---

〔1〕 在土地价格上升的局面下，将算定时期设定为征收过程的早期，时间越早，必要的损失补偿额就会被压得越低。而在所谓"土地泡沫"的状况下，有必要留意的是，一般物价上升率远低于土地价格的上升率。在经济状况全然不同的今天，当时的立法具有怎样的意义，自然有必要重新详细探讨。

〔2〕 根据当时建设省的想法，这种因对开发利益的期待和拖延等而让价格上升，起始于该土地成为征收对象而公之于众之时，即项目认定的告示之时。其中，为了将这种不合理的价格上涨部分排除出补偿对象，就以项目认定的告示之时固定补偿额，可以在此之上仅提高即使没有征收、价格也自然上涨的部分。这就是产生现行《土地征收法》第71条规定的根本观点。

顺便提及，如此，以项目认定的告示之时固定价格，但实际的补偿金支付却是在裁决之后。作为现实问题，在接受补偿金时可能就已经无法用该钱款购得与所失去土地同等的土地。这有违宪之嫌（让人想起前文最高法院的仓吉市都市计划案判决），因而，通过在固定价格的项目认定之时就已能要求支付补偿金，来消除这一问题。这就是修法新引进的补偿金事前请求支付制度（《土地征收法》第46-2条）。如此，因为在裁决

2. 如此引入的现行《土地征收法》第 71 条的制度改革，明显大大修正了按照市场交易价格补偿的原则。也是因为如此，在修法之初就受到种种批评。[1]在与这里问题的关系上，理论上最重要的是柳濑良干博士、今村成和博士等的批评：该修改是"排除因对开发利益的期待和拖延而导致的价格上涨部分"，在此名目之下，将其他项也排除在补偿对象之外。[2]也就是说，现行法第 71 条在上述名目下，通过对应于自项目认定告示之时的价格至裁决时的物价变动率，修正之后作为正当的补偿额，而通常的土地价格上升率要远远高于一般物价的上升率（至少在 1992—1994 年所谓"土地泡沫崩溃"以前），这是日本的现状。如此，即使没有因特定公共事业的实施而对开发利益有所期待，补偿额也没有变化。如果以此为前提，至少因一般地价上升率与物价变动率之间的差异而带来差额部分，是当然应归属于土地所有者的正当利益。这部分也在前述名目下被排除出补偿对象之外，那就要问这能成为"正当补偿"吗？对此，不仅在学说上，在裁判上也有争议。例如，过去在 1974 年，在广岛地方法院的一个判决中，现行法第 71 条的合宪性成为问题：[3]"损失补偿金额应当是征收裁决时的相当价格，相当于将项目认定告示之时作为补偿金算定的基准时间，斟酌到征收裁决时的地价上升率来决定补偿金。"[4]

前就能支付补偿金，在该时点，什么土地是征收的对象，必须在法上规定。但在修改前的法律之下，没有规定项目认定制度具有对外的法效果。这种效果是另行土地细目公告才产生的。1967 年修法时，将土地细目公告的效果吸收为项目认定的效果，像现行法那样，将两者一体化了。

　　〔1〕　例如，除下一个注释中引用的两博士之外，下山瑛二『国家補償法』（筑摩書房、1973 年）421 頁；公法研究第 29 号（1967 年）中杉村敏正、高田贤造两博士的论文等。

　　〔2〕　参照、柳瀬良幹『自治法と土地法』（有信堂、1969 年）98 頁；今村成和・前揭『損失補償制度の研究』133 頁以下。

　　〔3〕　広島地判 1974 年 12 月 17 日判時 790 号 50 頁。

　　〔4〕　不过，现行法（如前所述）设计了方法，赋予土地所有者对补偿金的事前支付请求权（《土地征收法》第 46-2 条第 1 款），让土地所有者能取得与从前同等程度的替代地。该判决以此为理由，判决认为，"虽说《土地征收法》第 71 条规定的修正率没有考虑地价上升率，但很难说违反《宪法》第 29 条"。

　　但是，最高法院在之后 2002 年的判决〔1〕中同样认可现行法第 71 条的合宪性，却未必采用了该逻辑。该判决一方面认为，"从项目认定告示之时到权利取得裁决之时，近旁类似土地的交易价格发生变动，该变动率未必与上述修正率相一致"，同时又以下面的逻辑为出发点，"这里所说的近旁类似土地的交易价格变动，一般是指因该项目而受到影响者，被征收土地的所有者没有理由能当然享受与因项目而附加到近旁类似土地上的同等价值"，"因受项目影响而产生的被征收土地的价值变动，应归属于起业者或者由起业者负担"。〔2〕在引入现行法第 71 条的当时大概并没有想过，土地价格下降率远大于一般物价的下降率。在现在土地泡沫的局面下，如果采用上述广岛地方法院判决的逻辑，就会产生该如何理解它的问题。〔3〕另外，对于最高法院 2002 年判决的逻辑，一个依然无法消除的疑问是，近旁类似土地的地价上涨能否说全都源自该项目呢（很大部分是因为土地泡沫而导致全国性一般地价上涨）？必须说这些问题今后仍将存在。

　　3. 对现行《土地征收法》第 71 条，还有批评指出，将开发利益（期待）部分从土地所有者的损失补偿对象中排除出去（前文最高法院 2002 年判决的观点也基本上来源于此），这原本就是合理的吗？这时，首要的问题是，如何考虑与近旁类似土地所有者（第三人）的公平？也就是说，因施行公共事业等而地价上涨（开发利益），是在其附近一带发生的，并不是仅仅针对被征收的土地发生。因而，问题在于，假如连本来因施行公共事业才会产生的开发利益也没有必要成为取得用地之际的补偿对象，即使这种观点自身是合理的，但在结果

---

〔1〕　最判 2002 年 6 月 11 日民集 56 卷 5 号 958 页。

〔2〕　当然，作为系"正当补偿"的一个理由，该判决与上述广岛地方法院判决一样，引用了《土地征收法》第 46-2 条第 1 款所赋予的事前支付补偿请求权，至少在该案上，并没有在结果上产生什么不同。

〔3〕　也就是说，根据该地方法院判决的这种观点，在这种局面下，《土地征收法》第 71 条在理论上承认过剩补偿。而过剩补偿能否说是宪法规定的"正当补偿"，则成为迄今几乎没有探讨过的新问题。

上，只有被征收土地的所有者不能享有开发利益的恩惠，周边的其他人全都允许享受，这不也是颇为不公吗？如此，在现行法的体系中，无法否定的是，至少在实质上或多或少产生这种不公平。[1]

这时，有观点认为，这种"不公平"也不是不公平，基本上是因为土地成为征收对象（因项目认定而被课予征收命运的土地）之后就不能交易，原本正常的市场交易价格也就并不成立（上述最高法院2002年判决也部分采用这种逻辑）。但也有对这种逻辑自身的批判。[2]此外，还应另行考虑的是，只有该土地被置于这种状况之下，这是一种实质的不公平。[3]

---

〔1〕　在日本现行土地法制度下，某地区土地所有者受同一公共事业的影响，有的土地成为征收对象，有的却不是，前者之中也有全部土地被征收者和部分土地被征收者，在这些人之间，开发利益的处理明显不同。第一，如前所述，对于成为征收对象的土地，项目认定告示以后产生的开发利益不属于土地所有者。第二，征收的结果是让土地所有者仍有残地的，则与其相反，其中所产生的开发利益完全留在土地所有者手上。也就是说，《土地征收法》一方面补偿征收后残地的损失，另一方面又规定，"在部分征收、使用同一土地所有者的土地时，因施行征收、使用该土地的项目而让残地的价格增长，即使让残地产生利益，该利益也不与征收、使用所生损失相抵"（该法第90条）。第三，对于其所有地完全没有成为征收对象的邻近土地所有者，《土地征收法》一方面原则上不承认事业损失的补偿，同时也完全没有触及开发利益。

对于上述的详细情况及我对该问题的观点，详见、藤田宙靖·土地法158页以下。

〔2〕　参照、柳瀬良幹·前揭『公用負担法（新版）』284-285頁。另参照、藤田宙靖·土地法163頁。

〔3〕　另外，也有批评指出，让被征收土地产生的、因开发利益的期待而价格上升或者"拖延得利"等，原本在开始征收程序（项目认定）之前，在任意收购谈判过程中就已经产生的。而且在实际取得用地上，该过程绝对占用很长期间，因而在这一意义上，《土地征收法》第71条没有实质意义。包含这一问题，关于任意收购与征收程序相互关系的种种问题，参照、藤田宙靖·土地法212頁以下。

另外，与上述问题相关的是，《土地征收法》第72条"项目认定告示之时的相当价格"具体是指什么？对此，《关于规定〈土地征收法〉第88-2条细目等的政令》第1条第3款第2项规定，"因预定征收土地施行某项目而导致该土地交易价格下降时"，以没有该项目的影响来算定；但对于价格上涨，没有任何规定。因而，作为该项的相反解释，一般认为，上涨部分算入价格。参照、西埜章·前揭『国家補償法概說』240頁。

五、土地区划整理的情形

290　　1. 土地区划整理制度依据《土地区划整理法》实施，其中心是从施行区域的所有土地中将道路、公园等公共设施的建设（新建、扩张等）用地及保留地（施行者销售充作项目费的土地）保留在施行者手中，再将其剩余部分作为换地分给土地所有者。其结果必然是换地的面积通常只能比之前土地的面积小（所谓"减幅"）。然而，《土地区划整理法》对于减幅的面积，是以原则上不补偿损失为前提的（无偿减幅制度）。[1]但如果这种道路、公园等是采用土地征收法规定的征收制度来建设，当然就要对征收的土地提供损失补偿。因而，土地区划整理中的无偿减幅就变成了实质上承认"无补偿的征收"。如此，在与《宪法》第29条第3款的关系上，为何允许这种做法，当然就成为问题。[2]

291　　2. 支撑这种无偿减幅制度的理论根据在于，正如《土地区划整理法》第109条的降价补偿金规定[3]也暗示的那样，即使换地面积较之前的土地面积小，土地区划整理项目的结果是整理出了优质的市区，进而地价上涨，从总价格来看并不产生损失。对于这种观点，过去提出的质疑大致如下：

---

〔1〕《土地区划整理法》第109条第1款规定，"（土地区划整理项目的）施行者通过施行土地区划整理项目，在土地区划整理项目施行后居住用地价格总额比施行前减少时，必须向公告之日的过去居住用地所有者交付相当于差额的金额，作为降价补偿金"。而该规定的前提当然是，换地的总额并未下调过去地的总额时，不必补偿。

〔2〕 特别是在土地价格显著急升的1970年代，作为从这种角度提出问题的文献有，渡辺洋三『土地と財産権』（岩波書店、1977年）156頁以下；河合義和「公用換地ないしは土地区画整理制度の諸問題」公法研究29号（1967年）183頁以下；古賀勝「戦災復興都市計画事業における私有地の没収」自由と正義1964年1月号；安藤元雄「辻堂南部地区の街づくり運動」宮本憲一＝遠藤晃編『講座現代日本の都市問題8』（汐文社、1971年）371頁以下；平野謙『区画整理法は憲法違反』（潮出版社、1978年），等等。

〔3〕 参见上注〔1〕。

　　（1）首先，问题在于，对于是否产生居住用地的损失，仅根据其总体的土地价格来评价是否合理呢？也就是说，不论地价如何上涨，另外可能因居住用地面积变小而居住环境恶化，这又该如何理解呢？特别是连下面的事态都可能发生，例如新建道路不是地区的生活道路，而是都市的干线道路，具有很强的快速道路性质时，道路建设留给居民更多的是噪音、尾气等交通公害以及其他损失，而非土地利用价值的增加。[1]

　　（2）其次，从实质上来说，《土地区划整理法》的上述观点就是认为，因建设公共设施而失去土地，该损失（减幅）能通过剩余土地产生的开发利益来填补。但是，如果同一设施的建设采用土地征收制度，根据前述《土地征收法》第 90 条的规定，禁止剩余土地所生的开发利益与征收的损失相抵。如此，就会产生一个悬念：因偶然间适用《土地区划整理法》，[2]该土地所有者就比适用《土地征收法》时蒙受明显不利，这不正是违反了《宪法》第 14 条规定的法下平等吗？

　　3. 上述问题均关乎《宪法》的具体条款，在理论上本来是极为重要的问题，但现状却是，日本的判例和学说过去未必能说就此给出了明快的解答。

　　先来看看裁判例。日本的土地区划整理制度不同于其源头的德国状况，[3]现在仍然一步也没有跨越那种应可谓古典的逻辑，即通过地价上涨来填补减幅损失。例如，在一件诉讼中，因土地区划整理而减幅的土地所有者直接依据《宪法》第 29 条第 3 款请求国家补偿其减幅损失。福冈高等法院以下列理由驳回了原告之诉，"这种土地

292

----

〔1〕　当然，理论上而言，地价原本就是将这些负面因素纳入之后形成的，因而，仅通过地价如何来判断有无损失，也不是不合理。只是在现实的地价形成机制是否按照这种理论来运作，则是另外一个问题。例如，虽然是住宅地，但土地区划整理的结果是，在商业用地化的期待下，只有地价高升。这种情况也有必要考虑在内。

〔2〕　例如，为拓宽干线道路而进行土地区划整理的情形也绝不在少数。

〔3〕　对于正文所述问题，德国法因通过减幅而建设的设施是否为区划整理地域的居民直接利用的设施，而在应对上有所不同，对于其状态，参照、藤田宙靖·土地法 238 页以下。

减幅是土地所有者因建设健全的市区而应当忍受的对财产权的社会制约，而且预计居住用地的利用价值因土地区划整理而增加，所以，即使土地面积减少，也能认为因居住用地利用价值的增加，土地减幅并没有直接给其交换价值造成损失"；并且，通过《土地区划整理法》第94条规定的清算金制度以及该法第109条规定的降价补偿金制度全部填补了所造成的损失。[1]在该案中，最高法院维持原审判决，其认为：

> 正如原判决所说，即使减幅，也未必直接造成相当于减幅土地价格的损失。对于因换地而发生应予补偿的损失的情形，《土地区划整理法》采取了补偿措施。毕竟是基于独自见解而说原判决不当，因而不能采用。[2]

但从前文所述来看，不言自明的是，在上述福冈高等法院所述的理由中，降价补偿金制度的存在并没有给无偿减幅的"无补偿的征收"带来某种实质改变。而清算金制度只是在土地区划整理施行区域内土地所有者相互之间从纯粹相对的角度对利益或不利进行调整的制度，这当然也与这里的问题本质没有任何关系。

因而，该判旨中超越"通过地价上涨来填补"论来说明且能有意义的恐怕就只有这一部分，即"土地的减幅是土地所有者因建设健全市区而应当忍受的……社会制约"。然而，为什么土地区划整理时的无偿减幅（特别是不同于土地征收的情形）是土地所有者应当忍受的社会制约？只要对此没有明确说明，就必须说这种论据没有为前述各问题提供实质的解答。

而概览学说，对于过去就无偿减幅提出的种种率直的质疑，[3]可以说也没有看到从正面予以反驳、明快地说明制度的合宪性或合理

---

〔1〕 福冈高判 1980 年 6 月 17 日訟務月報 26 卷 9 号 1592 頁。

〔2〕 最判 1981 年 3 月 19 日訟務月報 27 卷 6 号 1105 頁。

〔3〕 参见前文第 290 页注〔2〕所列文献。

性。[1]在这种状况下，我自身数次想试着探索至少能解决问题的基本 294
方向，但因这一工作已超出本书的框架，就一概留由其他著作来完
成。[2]

第二款　"通常所生损失"的补偿

一、"通常所生损失"

在所有者遭受权利"丧失"（公共取得）时，其损失补偿的一个
问题是，在上述"权利自身"的价值补偿之外，对于伴随权利丧失而
产生的种种不利，从"完全补偿"的角度看应当补偿到何种程度？如
前所述，现行的《土地征收法》规定了残地补偿（第 74 条）、工程费
用补偿（第 75 条）、转移费用的补偿（第 77 条）、物件的补偿（第
80 条）等，此外还在第 88 条中概括性地规定"通常所生损失"应当
补偿（所谓"通损补偿"）。对于这些详细规定，除了由获得该法第
88-2 条授权的《关于规定〈土地征收法〉第 88-2 条细目等的政令》
（2002 年政令 248 号）规定，实质上 1962 年两个阁议决定（《取得公
共用地的损失补偿基准纲要》及《施行公共事业的公共补偿基准纲
要》）以及《取得公共用地的损失补偿基准纲要》及其细则等发挥 295
着实务上基准的功能。但是，不仅在解释这些条款时产生了种种问
题，问题还在于，假设不利或损失不是这些法令等的对象，从《宪
法》第 29 条第 3 款要求"正当补偿"的角度看，是否就不是（直接
依据宪法规定）必须补偿的情形。下面来分析过去成为问题的几个重
要例子。

---

〔1〕　反而在此间与本书提出同样疑问的是，宇贺克也・前揭『国家補償法』
416 页。

〔2〕　特别是对于下面这种观点，即"对于都市基本设施的完善，取得用地的对价
（损失补偿）与开发利益的吸收，应作为不同的问题在法制上分离开；而对于支线设施
或居住用地周边设施，两者应当在统一的制度中相互综合调整"，请参照、藤田宙靖・
土地法 235 页以下。另外，宇贺克也前揭书也持同样的构想。

二、事业损失与损失补偿

1.《土地征收法》第 74 条第 1 款就所谓"残地补偿"的必要性作出规定，"因征收或使用了部分属于同一土地所有者的土地，残地价格下降，在产生其他残地损失时，必须补偿其损失"。这时成为问题的是，其中所说的"损失"，在因征收部分土地而产生的所谓"征收损失"（例如，因为产生三角形残地、变得不好用的损失等。这种损失包含在这里的残地补偿中，并无争议）之外，被征收的土地用于特定事业，由此才产生的所谓"事业损失"（也称为"起业损失"）也包含在内吗？这种事业损失中，例如，（1）因为在征收的土地上建设高的建筑物，继续居住在残地上就必须要有围屏、制造屏障等，要新支出费用；（2）因为在征收的土地上建设火葬场、垃圾焚烧厂等所谓邻避设施，残地价格降低；（3）噪音、振动等给身体、健康带来损害［所谓生活妨害（nuisance）］等。其中，至少对于第一种情形中的部分情形，在《土地征收法》第 75 条另有规定（所谓沟渠、垣墙、栅栏补偿），不属于这些的情形就有问题。对于第二、三种情形，因为没有明文规定，在法解释论上都留有问题。学说上的多数说过去至少没有全面否定补偿损失的必要性，虽然是下级审判例，但判例也几乎都持肯定的立场。[1]

事业损失虽说是间接的，但没有被征收，也就不产生这种损失，因而，从"完全补偿"的理念出发，当然也能看到肯定说处于支配地位。但是，对此也存在有影响力的反对说，理由多种多样，其中重要的一点是，也要考虑与所有未成为征收对象的近旁土地所有者（第三人）之间的公平。[2]也就是说，与前述开发利益（起业利益）

---

［1］　参照、東京地判 1960 年 7 月 19 日例集 11 巻 7 号 2052 頁、東京高判 1961 年 11 月 30 日例集 12 巻 11 号 2325 頁、大阪地判 1973 年 7 月 5 日判時 743 号 50 頁，等等。另外，最高法院并没有正面这一问题的判决，但其 1980 年 4 月 18 日判决（判時 1012 号 60 頁）等也被认为是以肯定说为前提的。

［2］　对于事业损失的各问题，包括与第三人的均衡问题，详细说明，宇賀克也·前揭『国家補償法』311 頁以下。

296

一样,〔1〕周边一带土地也产生事业损失。对于完全与征收无关的周边土地,《土地征收法》除极小一部分例外（参见第93条）,对这种损失一概不补偿补贴。如此,仅补偿残地所有者是不公平的。因而,事业损失原则上不是土地征收法上的补偿对象,第75条应被理解为以明文方式规定其例外情形［另外,对残地以外的土地——周边土地——也认可沟渠、垣墙、栅栏补偿（第93条）,不过这时其范围更为限定,补偿设置沟渠、垣墙、栅栏的"部分或全部"费用］。作为否定说的论据,例如,因邻避设施等发生公害等,导致周边土地价格下降、健康受损等,这是生活妨害亦即侵权行为造成的。因而,其填补与其说是基于土地征收而补偿损失,不如说是具有基于侵权行为的损害赔偿性质。例如,前述《取得公共用地的损失补偿基准纲要》在"关于残地等的损失补偿"（第41条）的但书中明确采用了否定说:"因项目的施行而产生遮光、臭气、噪音以及其他类似的不利或损失,不予补偿。"如前所述,该纲要事实上成为征收委员会的手册,因而在这一意义上也可以说,在征收实务中,这种事业损失就不成为残地补偿的对象。如此,对此问题的处理,在裁判例和学说上的多数说与行政实务之间就出现了理论上的偏差。〔2〕

2. 为了明确下述观点的道理,我原则上也认为,采用纲要的观点是适当的:第一,与近旁土地所有者的公平;第二,对合法行为的损失补偿与对违法行为（侵权行为）的损害赔偿的不同。也就是说,首先将事业损失的填补问题与土地征收法上残地补偿问题大致分离开,部分问题（即生活妨害型）作为侵权行为的损害赔偿问题

297

---

〔1〕　参见前述第285页以下。

〔2〕　另外,对于该纲要的施行,附有1962年6月29日的"阁议了解",其"第三"以"伴随项目施行的损害等的赔偿"为题,它写道,"对于项目施行中或施行后产生遮光、臭气、噪音、水质污浊等损害等,不应该作为该纲要中的损失补偿来处理。但是,这些损害等超出社会生活上应予忍受的范围时,因为在其他渠道中能请求损害赔偿,在确实预见到这些损害等的发生时,不得妨碍事前对此作出赔偿"。也就是说,其中,这种损害应基于侵权行为而作为损害赔偿来处理,而不应作为损失补偿的对象。上述观点得到明确表示。

来理解，〔1〕此外的情形，只要不是"沟渠、垣墙、栅栏补偿"的对象，就作为与周边土地所有者的共通问题，直接成为根据《宪法》第29 条第 3 款补偿损失的对象，均不应特别作为《土地征收法》上的问题。例如，因道路的立体化导致出入地基困难，地价因而下降，这种情形〔2〕可以说是这第三种情形的例子（这种情形在土地征收法之外，也不成为《道路法》第 70 条沟渠、垣墙、栅栏补偿的对象）。〔3〕

3. 不过，对于上述观点，如前所述，学说上也有不少反对意见。特别是对于生活妨害型的事业损失，有见解承认其为损害赔偿的对象，同时认为"应当将土地征收和施行公共事业相伴随的能预见、认可的损失作为合法行为的损失补偿来处理"。〔4〕这是引人关注的。该见解所持的逻辑是，行使征收权的法根据规定同时也命令忍受使用该土地实施公共事业通常伴随的能预见到的损害（损失）。不过，其前提是，对生命、身体、健康的侵袭原本就不为法所容许，因而要作出限定，它不得成为这里作为问题的损失补偿对象，能成为补偿对象的

---

〔1〕 另外，在今天的最高法院判例中，这里所说的情形很有可能成为《国家赔偿法》第 2 条的问题。参见前文第 244 页。

〔2〕 大阪地判 1973 年 7 月 5 日判时 743 号 50 页。

〔3〕 当然，事业损失的情形，它是适合于侵权行为的损害赔偿法还是适合于损失补偿法，在临界案例中颇为微妙。即使在现实的立法中，也没有解决其边界问题，而是姑且从被害救济的角度进行某种填补，这在前文已经述及（参见前文第 257 页）。其中，就立法论而言，本来对于这种事业损失，应当确立一个体系，即充分进行公共事业的环境评估，基于此，制定包含周边土地利用限制在内的土地利用计划，课予对此进行损失补偿的义务。即使是作为解释论上的问题，更准确地说，如正文所述的本书观点自然在原则上也是妥当的规则，在临界案例中也不是不能作为例外理解。如上所述，如果问题的根源之一在于，事业损失不仅是对残地，对完全不是征收对象的近旁土地也一样产生，假设有在性质上仅对残地产生的损失（可谓"残地固有事业损失"），问题自有不同。对此问题，请详见、藤田宙靖·土地法 185 页以下。

另外，取损害赔偿构成的情形与取损失补偿构成的情形，在权利救济上实际产生的具体差异，参照、宇贺克也·前揭『国家補償法』313 页以下、316 页以下。

对于该论点过去的学说和判例详细情况，参照、西埜章·前揭『国家補償法概説』254 頁。

〔4〕 西埜章·前揭『損失補償の要否と内容』193 頁。

仅为与合法财产权侵害（其自身当然是补偿的对象）相伴的精神损失（即抚慰金）。[1]对此立论，首先，如果"能预见的通常伴随的损失"是说事实上的因果关系，这一点上在生命、身体、健康损失与精神损失之间没有差别；另一方面，如果将法是否"容许"作为问题，不限于身体上的侵袭，即使是精神损失，超过损害赔偿法上的忍受限度，法也能当然容许吗（正是加以肯定，才有该见解的本来意义）？这些理论问题似乎是存在的。而以前成为问题的毋宁是下面要说的可否对精神损失作损失补偿的问题。

三、精神损失及其他无形损失与损失补偿

1. 对土地特别留恋的精神损失，关于施行《取得公共用地的损失补偿基准纲要》的阁议了解写道，"不采取过去部分进行的精神损失补偿、协力奖励金等类似不明确的名目进行的补偿等措施"。[2]这一点引人关注。如此，"通常所受的损失"就只意味着财产上的损失，原则上不包括精神上的损失。这种观点也是今天的判例和通说。[3]

2. 当然，与此相关联的问题是，特别是"文化财产的价值"能成为损失补偿的对象吗？该问题特别引人注目的是所谓"轮中堤"的文化财产价值的损失补偿案件。[4]在该案中，根据《河川法》获得"轮中堤"占用许可的人（该人是轮中堤建筑者的子孙，轮中堤原本是该家的所有物，但因《河川法》的制定而归国有，获得占用许可后继续占用）因长良川改修工程而被撤销占用许可，请求补偿《河川法》第76条第1款所说的"通常所应产生的损失"，向征收委员会提

300

　〔1〕　参见上注同书第134页。

　〔2〕　参见该阁议了解"第二"。

　〔3〕　但在学说上，也有不少反对这种观点的见解。概述学说和判例之后持补偿肯定说的，参照、西埜章·前揭『損失補償の要否と内容』237页以下。

　〔4〕　最判1988年1月21日判时1270号67页。（所谓"轮中堤"，是指为了防止特定区域洪水泛滥而在周围建起来的堤防。被围在中间的地域因似轮形而被称作"轮中"。——译者注）

出了裁决申请。[1]对于《土地征收法》第 88 条的目的，本案的原审判决认为，[2]"其目的是根据实际情况，即使因特殊价值，原来没有经济价值者也广泛具有客观性，以金钱换算评价后予以补偿"。对于本案轮中堤，不仅其文化价值极高，"例如，它并不限于像说是祖先传下来的土地这种个人主观感情，而是应提高至广为社会承认、社会公认的客观价值"；而且，法院得出判断认为，原告通过占有该堤防，除了堤防自身外，也是其价值的保有者，承认损失补偿的必要性。[3]对此，最高法院并未认可损失补偿，其理由如下：首先，所谓文化价值，正如"有来历的书画、刀剑、工艺品"那样，它有时的确是"反映该物件的交易价格、形成其市场价格的一个要素"，但是，"例如，像在贝冢、古战场、关口遗迹等中看到的那样，主要是在理解国家历史、得知往日生活文化等意义上具有历史、学术价值，只要没有特别情况，它并不抬高该土地的不动产经济、财产价值，不影响其市场价格的形成。这种意义上的文化价值不适合进行经济评价"，"因而不能作为土地征收法上损失补偿的对象"。

既然损失补偿是以《宪法》第 29 条的财产权保障为基础，虽说是文化财产价值，它不以某种方式同时带有经济价值，就不能成为补偿的对象，其道理也是有充分理由的。如此，在本案轮中堤的情形中，"文化财产价值"脱离土地价格，明显就不能成为独立的经济交易对象（原审判决采取的观点是将文化财产价值自身作为补偿的对象，但在价值上是以土地价格为基准算定的）。因而，问题在结果上

---

〔1〕 因而，该案自身是直接关于《河川法》第 76 条第 1 款所说的"通常所应产生的损失"解释的争议案件，但在判决中也作为《土地征收法》第 88 条的问题来论及。

〔2〕 名古屋高判 1983 年 4 月 27 日判时 1082 号 24 页。

〔3〕 不过，在补偿额的计算上，法院判决认为，"原来文化财产价值并非以金钱价值为本体，其数额的多少未必是本质事项，进而，即使说文化财产价值，也并不是脱离物而存在，而是内在于物而存在的。有鉴于此，上述金额以该物件的客观价值为基础，再乘以考虑上述因素社会观念认为相当的一定比例"。本案中的轮中堤，"综合考虑本案轮中堤的上述文化财产内容、与此相对比的本案事业的公益性，进而是文化财产价值与金钱评价的上述关系，以及其他在本案中显现的一切情况……将上述比例定为物件价格十分之一，在社会观念上是相当的"。

就归为土地价格评估的问题，也就是在本案情形的土地价格评估中，在多大程度上考虑了它所具有的文化财产意义。这时，如最高法院所说，对于这种土地，只要没有像书画古董等那样形成特别的交易市场，就很难在土地价格评估中积极考虑这种价值，以此为出发点不能说是错误的。不过，因为有本案的占有许可才有占有，为了保持历史文化价值付出了特别的支出和劳力等，照此来看，是否仅从原则论立场来处理本案，仍有讨论的余地。[1]

四、所谓"生活补偿"问题

1. 损失补偿是对失去的财产进行财产性填补的制度，但所失财产的财产性价值自身即使得到充分填补，也仍然存在仅此无法补足的损失，这一事实一般是不能否定的。例如，上述精神损失等就是其典型例子，即使在经济价值上得到充分补偿，例如，从长期住惯了的房屋搬出，不同于经济价值的精神痛苦是存在的。[2]不过，如前所述，精神损失原本不是财产上的损失，（至少在原则上）不是《宪法》第29条第3款的补偿对象。问题是存在得到了补偿金，但之后生活却不能维续的案件。例如，典型的案件是，农地被征收，按照该时点的土地价格得到了补偿，但没有了农地，将来农业就不能维续，长年仅从事

302

─────────

〔1〕　顺便提及，对于使用借权（即签订契约无偿借用他人之物使用收益的权利——译者注）的相当价格，《关于规定〈土地征收法〉第88-2条细目等的政令》第5条规定如下："法第71条关于使用借贷权利的相当价格，该权利是租赁权时，根据第3条规定算定的价格，乘以考虑返还时期、使用及收益目的以及其他契约内容、设定该权利的状况、使用及收益状况等而适当确定的比例算定。"

〔2〕　这一点，例如，东京高等法院认为，"一般而言，在财产权受到侵害时，即使多少也受到了精神痛苦，但如果恢复财产损失，也应视为由此也恢复了精神痛苦"（東京高判 1966 年 12 月 22 日判時 474 号 20 頁）。但这应当说只不过是一种虚构。一般毋宁应将填补财产性价值与恢复精神痛苦作为不同问题来认识，以此作为出发点。至少不能否定的是，有的案件尽管填补了财产性价值，却不能恢复精神痛苦。成为问题的正是这种案件。不过，在现实的处理上，像前述"轮中堤"的例子所看到的那样，在评价财产性价值的过程中，在多大程度上考虑这种精神痛苦，这一问题是另行存在的。

农业获得生活粮食者即使要高龄转职，也有很大困难。对于这种生活上的损失，它是失去了生活基础的财产而产生生活上的损失，可以说是一种经济损失，因而必须说与精神损失有很大的不同。如何理解这种损失？这就是所谓"生活补偿（生活权补偿）"的问题。

303

2. 然而，对于这种"生活上的损失"的补偿问题，需要整理几个问题。一是征收与该损失之间相当因果关系的问题。例如，尽管得到充分的补偿金，却没有努力重建生活，短时期就挥霍掉。在这样的案件中，由起业者负将来生活不能维续的责任和负担，并不正当。二是补偿方法的问题。例如，在征收农地时，如果不是金钱补偿，而是以同样的农地进行实物补偿，状况就一定完全不同。对于补偿方法的选择问题，后文再作分析。[1]三是在多大程度（范围）上补偿这种"生活上的损失"问题。四是这种补偿有何法的根据问题。这里主要分析其中的第三个和第四个问题。第一个问题下文将与第三个问题一并分析。

3. 在《土地征收法》中，除前述通损补偿外，并没有特别设置"生活补偿"的规定。但是，作为通损补偿之一提供的营业废止补偿、农业废止补偿、渔业废止补偿等无疑在某种程度上具有这种生活补偿

304
的性质。不过，这些补偿自然是以废止营业者自力转职为前提的，只不过是补偿到转职之间的损失，而不是连无法转职的情形都让起业者负起责任和负担。其中就会出现后述所谓"生活重建措施"问题。[2]

---

〔1〕 后述第318页以下。

〔2〕 另外，在《取得公共用地的损失补偿基准纲要》中，在上述营业废止补偿等之外，还规定了"少数残存者补偿"（第45条）、"离职者补偿"（第46条）。前者如堤坝建设让某一村落几乎淹没，集体转移到其他场所，偶尔因居住在村落尽头而没有成为征收对象，对残留者等进行补偿。后者如工场等被征收，废止营业，对因此失去职位者等提供补偿。这些均不是自己的权利直接成为征收对象，在这一意义上属于对第三人的补偿。这是对"土地所有者或相关者"之外的第三人所受损失的补偿，故而，属于《土地征收法》第88条"通损补偿"中并未包含的特别补偿。因此，这不是土地征收法规定的补偿，而且在此之外也没有特别的法律根据。为此，如果"纲要"像"阁议了解"所说的"在征收委员会的裁决中也用作基准"，就只能认为它是一种直接依据《宪法》第29条第3款的补偿（是否要另行引用《宪法》第25条等姑且不论）。

五、所谓"生活重建措施"

1. 对于上述补偿以外的一般所谓"生活补偿"，阁议了解《施行取得公共用地的损失补偿基准纲要》否定其必要性（第二点），它是这么说的："另外，如果依据该纲要予以正当补偿，就没有必要另设所谓'生活补偿'的补偿项目，如果有因施行公共事业而失去生活基础者，必要时要努力采取措施，为其取得用于生活重建的土地或建筑物而进行斡旋、介绍或指导工作。在伴有建筑物等移转时，根据建筑基准法以及其他法令规定需要改善设施，努力为其费用采取融资斡旋等措施。"这在 1962 年 3 月 20 日公共用地审议会的答复中已有体现，该答复是《取得公共用地的损失补偿基准纲要》的基础。总之，其观点在于，在保障职业选择自由的日本法制之下，生活的重建（转职等）首先应当靠本人的自助努力。不过，在实际问题上，有时难以获得再就业的机会，虽然起业者或者行政主体应当为获得那种机会提供帮助，但那基本上是政策上应当进行的努力义务，而不是法的义务。如此，起业者或者行政主体没有法的义务，但为了土地所有者等的生活重建，帮助其自助努力而进行各种斡旋、指导等，这里一般称其为"生活重建措施"。[1]

2. 以上是纲要对于就业斡旋、融资斡旋等所谓"生活重建措施"的基本观点。在法律上，存在一些规定这种生活重建措施的个别法。例如，《关于取得公共用地的特别措施法》第 47 条的规定是其典型，此外，还有《都市计划法》第 74 条、《国土开发干线汽车道路建设法》第 9 条、《水源地域对策特别措施法》第 8 条，进而是比较近来引进的《土地征收法》第 139-2 条等例子。对于这些规定的构造，以

––––––––––––––––––––

〔1〕"生活重建措施"一词自身实际上颇有多义性，有时在最广义上使用，也包括前述"生活补偿"在内。除了已经在法律和纲要等制度化之外，这种最广义的概念还用于此外的措施。但是，作为对法的考察有意义的用法，在正文所述意义上使用这一概念大致是最为适当的。

306

《关于取得公共用地的特别措施法》为例来看，首先，因提供该法规定的特定公共事业所需土地等而失去生活基础者，可向都道府县知事申请就一定事项实施斡旋（第 47 条第 1 款），知事认为符合规定时，与相关行政机关等协议，作成生活重建计划（第 3 款）。对于公共事业者而言，必须实施该生活重建计划中提供土地者的对价事项（第 4 款），"国家及地方公共团体在法令及预算范围内，只要情况允许，就必须努力实施生活重建计划"（第 5 款）。

其中的问题在于，这些法规定的"生活重建措施义务"是什么性质？法律规定应当采取生活重建措施，它在多大程度上具有法的义务的性质呢？例如，在过去以此为问题的裁判例上，对于《水源地域对策特别措施法》第 8 条规定的生活重建措施，判决在旁论中否定其法的性质。[1] 根据该判决，作为该法的生活重建措施，斡旋"应理解为不同于给相关居民福祉的补偿，而只不过是在补充补偿意义上采用的行政措施"，并不"包含于《宪法》第 29 条第 3 款的正当补偿之中"。"被该条课予义务的行为对象是不适合作为具体法律义务的概括性内容"，也难以"一义性地理解为要通过什么进行斡旋"。结果，"努力斡旋义务当然不适合作为法律上的义务"，它是"训示规定，而非法律义务"。这种观点认为，即使是采取生活重建措施的义务在法律上有明文规定的情形，前述生活重建措施的法的性质，也没有变化。

307

3. 另一方面，对该判决的观点，过去有的文献批评指出，"但是，应根据《宪法》第 25 条的生存权保障宗旨来解释第 29 条第 3 款的'正当补偿'，由此导入生活权补偿，这是宪法上的要求"。[2] 近来仍

---

[1] 岐阜地判 1980 年 2 月 15 日判时 966 号 22 页。该案本身是，原告居民认为，"法定斡旋措施应在建设堤坝事前履行，完全没有履行，就推进堤坝建设行为，构成违法"，提起禁止堤坝建设的无名抗告诉讼。因而，在这一案件上，最重要的论点是在堤坝建设之前不采取生活重建措施是否违法。判决明确认为，"《水源地域对策特别措施法》第 8 条规定的生活重建的斡旋措施与堤坝建设是不同的问题"，前者并不是后者的事前程序的一环。这也就没有必要论及与《宪法》第 29 条第 3 款的关系了。

[2] 樋口陽一＝佐藤幸治＝中村睦男＝浦部法穂『注釈日本国憲法（上巻）』（青林書院、1984 年）693 頁。

有见解认为，"生活重建措施与补偿金一并实施作为'正当补偿'的内容，应是宪法上的要求"。[1]但是，针对这里的论点，必须整理出几个问题来思考。首先，是否如上述学说所说，根据《宪法》第25条的宗旨来解释第29条第3款，就当然出现生活权补偿的要求？的确，广义的生活权补偿通常包含在《土地征收法》上的"通损补偿"中，也包括前述意义上的营业废止补偿、农业废止补偿等，只要这是宪法上要求的，那就没有问题。《宪法》第29条第3款的"正当补偿"不是仅补偿被征收的各个财产权经济价值就够了，而必须也考虑整个生活自身的损失，在这个意义上可以说生活权补偿也是《宪法》上的要求。不过，以何种方法考虑这种"生活自身的损失"范围，未必能从《宪法》自身直接得出结论。[2]从这一角度来看，像上述岐阜地方法院判决所说的那样，"斡旋"的生活重建措施并不是直接从《宪法》第29条第3款导出的，而是这一意义上的"政策性措施"，这种观点是有充分理由的。　308

4. 而后，不是宪法义务意义上的"政策性措施"，未必意味着它在法律上个别地得到规定时也当然完全不是法的义务，在这一意义上，它并非始终是"政策上的义务"或"行政上的措施"。当然，也有不少情形是虽然没有在宪法上被课予义务，却在法律上被课予义务。因而，生活重建措施是否为这一意义上的法的义务，还必须详细讨论个别法是如何规定的，在此基础上再作判断。[3]

---

〔1〕　西埜章·前揭『国家補償法概説』236頁。

〔2〕　如果不如此思考，就不可能说仅规定生活重建的斡旋义务是不充分的，在居民完全成功地重建生活之前，事业者或行政主体有彻底照顾的义务（例如确保职场的义务）。

〔3〕　例如，在上述岐阜地方法院判决中被当作问题的《水源地域对策特别措施法》，法律的规定是"对于因建设指定堤坝等或实施整备事业而失去生活基础者，相关行政机关首长、相关地方公共团体、指定堤坝等建设者及实施整备事业者在有必要实施下列生活重建的措施时，根据其申请，努力协作，为生活重建进行措施的斡旋"。这一规定是颇为抽象的。如判决所说，"在何种场合下何人在对何人的责任中应当如何，是不可能特定的"。在这种场合下，的确难以将此理解为规定斡旋的法定义务。但在另一方面，例如前述的《关于取得公共用地的特别措施法》第47条第3款规定的"作成生活重建计划"，有可能将义务者及义务内容等特定化，将此理解为法定义务在理论上未必是不可能的。特别是不属于《宪法》第29条第3款或《土地征收法》上的损失，而

第三款　财产权的限制与损失补偿

一、财产权的限制与"正当补偿"

309　　　1. 一般认为，《宪法》第 29 条第 3 款所说的财产权"供公共之用"，不仅是为了公共目的取得财产权（征收），还包括限制权利（公用限制）的情形。如此，属于财产权的限制，当然也必须"正当补偿"。财产权限制及其损失补偿的一般规定，并不存在与《土地征收法》相匹敌的法律，但在一些个别法律上存在种种规定。[1] 但是，即使是这些个别法上损失补偿规定没有涵盖的事例，在该财产权限制侵犯"财产权的本质内容"时，也可以直接根据《宪法》第 29 条第 3 款请求损失补偿，这一点与财产权的取得（剥夺）并无不同。[2]

310　　　2. 然而，如前详见，日本的判例和学说认为，剥夺或取得财产权（从所有者角度看是财产权的丧失）要有"完全补偿"。在不是取得权利本身而只是限制财产权的行使时，过去看到的一般倾向是，只是"财产权的内在制约"，就不需要损失补偿。以下就对两个代表性领域加以概述。

要努力采取某种生活重建措施，像也有先前的"阁议了解"那样，即使没有法律的规定，也是必须要做的行政上的责任，因而，个别法律特别将其法定化时，终究必须对其重要性给予相应的重视。如此理解，在生活重建措施上，具体在何种时点上怎样努力，即使一般委诸行政广泛裁量，但是，尽管法律上对此作出了规范，一概没有所有努力的形迹，或者没有合理的理由，一旦得到认定，就不能说完全没有将这种不作为判断为违法的余地〔与此相关，参照、遠藤博也「公共施設周辺地域整備法について」北大法学論集 31 卷 3·4 合併号（下）（1981 年）1641 頁〕。

〔1〕　例如，《都市计划法》第 52-5 条、第 57-6 条、第 60-3 条，《河川法》第 57 条第 2 款、第 58-6 条第 2 款、第 76 条，《森林法》第 35 条，《自然公园法》第 64 条、第 77 条，《关于古都历史风土保存的特别措施法》（古都保存法）第 9 条第 1 款，《都市绿地法》第 10 条第 1 款、第 16 条，等等。

〔2〕　例如参照、大阪高判 1974 年 9 月 11 日訟務月報 20 卷 12 号 87 頁，其上告审，最判 1975 年 4 月 11 日訟務月報 21 卷 6 号 1294 頁。

二、依据都市计划法的土地利用限制

1. 在现行《都市计划法》上，土地利用限制有：（1）市街化区域与市街化调整区域的区分（所谓"划线"，《都市计划法》第7条）；（2）都市设施（《都市计划法》第11条）建设预定地的建筑限制等（所谓"都市计划限制"，《都市计划法》第53条以下）；（3）为保障市街地开发事业（《都市计划法》第12条）的施行区域或施行地区中事业的实效性而课予的建筑限制等（《都市计划法》第53条以下、《土地区划整理法》第76条、《都市再开发法》第66条等）；（4）施行都市计划事业的建筑限制等（所谓"都市计划事业限制"，《都市计划法》第65条）；等等。对于这些限制，法律自身并没有命令补偿损失。[1]但如前所述，如果根据宪法上的"正当补偿"要求有必要补偿，法院直接根据《宪法》第29条第3款命令补偿是可能的。但是，在过去的判例上并没有这样的例子，多数学说也认为，这些权利限制仍处于"财产权内在（或社会）制约"的范围之内。[2]

但是，如下所述，对于这种倾向，不是没有再加探讨的余地。

2. 首先，在第一个例子上，因地域、地区指定的变更，过去允许的土地利用方法不再得到允许，对此有无补偿损失的必要呢？与都市计划限制、都市计划事业限制不同，现行《都市计划法》对地域、地

311

----

　　[1]　当然，现行《都市计划法》一度仅在课予这些限制后因计划变更而不再限制时，规定补偿因计划规定而产生的损失（参见《都市计划法》第52-5条、第60-3条等）。反过来，这也表明立法者的意思，即在都市计划上有必要时，不补偿其损失。

　　另外，该法规定，市街地开发事业等预定区域内的土地所有者可以要求施行预定者以时价购买该土地（《都市计划法》第52-4条），同样的制度也适用于都市计划设施区域内的土地所有者（第56条）。但这种购买请求权，与后述《土地征收法》上各种所谓"扩张征收"一样，在性质上具有损失补偿的功能。不过，给这种补助者当然仅为都市计划法上的部分限制。

　　[2]　对此详见、阿部泰隆『国家補償法』（有斐閣、1988年）275頁以下、西埜章・前揭『損失補償の要否と内容』94頁以下。另请参照、藤田宙靖・土地法270頁以下。

区变更的情形一概没有设置损失补偿规定。但是，如其他书已经指出的那样，[1]假设在日本也引入下述观点，[2]即"土地所有者的社会性拘束内容、程度因土地所处状况而异"，或者，"如果不得不从根本上放弃该土地一直以来的利用方法，这种限制就超出了财产权的社会性拘束，需要补偿损失"，[3]那么，即使指定地域或地区等一般伴有的权利限制仅在财产权的内在制约范围内，以此为前提，在个别指定变更之际，从这种角度来看，也不是没有可能论及损失补偿的必要性。[4]

312　　3. 其次，对于第二个例子都市计划限制要不要损失补偿的问题，过去在裁判上最有争议。特别成为问题的情形是课予了都市计划限制，随后经过了很长时期，却没有实施本来的都市计划事业、着手都市计划设施的建设行为。例如，在第二次世界大战后不久制定的战争灾害复兴都市计划中，这样的例子在全国频繁发生。

　　对此问题，日本的判例观点是，一般这种权利限制也是财产权的社会性拘束（内在制约）的当然范围之内，至少不需要宪法上的补偿。[5]

----

〔1〕　同上注。

〔2〕　例如参照、今村成和·前揭『損失補償制度の研究』31頁、36頁，同·前揭『国家補償法』63頁，同·土地収用判例百選199頁。

〔3〕　这些观点分别参考了德国判例和学说上的所谓"状况拘束性理论"（Situationsgebundheitstheorie）及"目的背驰理论"（Zweckentfremdungstheorie）。

〔4〕　另外，承认直接根据《宪法》第29条第3款请求损失补偿的可能性，其著名的先例是前述最判1968年11月27日刑集22卷12号1402頁（名取川砂砾采集案判决）。该判决认为，因河川附近地被指定，其结果是过去一直在做的砂砾采集成了要许可事项，存在对其损失请求补偿的余地。

〔5〕　例如参照、東京地判1967年4月25日例集18卷4号560頁。前述现行《都市计划法》上收购请求权制度未必将宪法上的要求法律化，而只不过是立法政策上的措施。参照、東京地判1972年2月29日例集23卷1·2号69頁。

当然，在前述仓吉市都市计划案判决（前出第281頁注）中，在历经16年都市计划限制之后，土地作为都市计划街道用地被征收，所有者要求增加补偿额而引起争议，对于这时的补偿额可否以存在都市计划限制而被压低的土地价格为准，最高法院予以否定。但是，最高法院判决只是谈及经过长时间的都市计划限制才最终被征收时的补偿额，未必是认为这种权利长期受到限制，有必要补偿这种损失（毋宁是以都市计划限制无补偿合宪为前提，例如，最判1958年4月9日民集12卷5号717頁等）。

但是，对于权利限制是否需要补偿损失的问题，一概不考虑"时间流逝"的观念，从"正当补偿"角度来看是否妥当，是相当有问题的。今后会出现必须通过案件从正面探讨的情形。[1]

三、保全地区的土地利用限制

1. 与上述各种都市计划法上的限制不同，为了保存历史风貌、保　313
全环境等目的，存在种种法制，指定一定地域，在该地域内的土地中
进行有碍于保存的行为（建筑物的建筑、居住用地建造及其他变更土
地形质的行为、竹木采伐等），要向行政厅申请许可、申报，违反这
些限制者可能被命令恢复原状。在这一制度下，受到不许可处分或者
恢复原状命令等，由此受到损失，有的例子是规定补偿"通常应发生
的损失"。[2]在这些情形中，法律自身以明文方式打开权利限制损失
补偿的可能性，在这一点上与都市计划法的情形具有不同的样态。[3]
在现实中，几乎没有根据这些规定实际补偿的例子。[4]其原因之一在
于，在土地征收以外的场合，土地利用限制"通常发生的损失"是什

---

〔1〕　针对这种案件，德国判例和学说采用"部分征收"（Teilenteignung）的观点，参照、藤田宙靖·土地法265页以下。也请参照、最判2005年11月1日判时1928号25页我的补充意见。

顺便提及，在这种案件上，有学者指出，"在某时期实质上放弃实现都市计划，却不重估都市计划，导致限制长期存续等，权利限制欠缺合法的前提，这时存在追究国家赔偿责任的余地"。参照、須藤陽子「長期未着手の土地区画整理事業に関する地方自治体の法的責任」宮崎古稀335頁。

〔2〕　参见前出第309页注〔1〕所列除了《都市计划法》之外的各个规定。

〔3〕　该差异依据的基本构想大致是，根据这些法律限制权利的内容、程度比都市计划法的地域或地区制度（不仅是市街化调整区域，也比美观地区、风致地区等）更重，而都市计划的权利限制可谓国民一般必须负担的普遍制约，但这些保全地区的土地是更为限定的存在，该利用限制属于这一意义上的"特别偶然的牺牲"。

〔4〕　参照、西埜章·前揭『損失補償の要否と内容』101頁。例如对于判例的实际状况，该书第70页以下。

么，[1]这是难以判断的。此外存在的基本问题是，在理论上如何看待这种因特别公共目的而限制权利的性质？也就是说，在这种案件中产生的损失果真只是"财产权的内在（或社会）制约"，而没有侵害"财产权的本质内容"吗？

314　　2. 这里无暇对该问题的此前判例和学说作详细介绍，[2]问题要点在于，这些特定的（被指定）区域内的土地（所有权）"本来具备"的用途或目的是什么？建筑行为、采集土石、采伐竹木或者变更土地形质等行为，其自由一般构成土地所有权的本质内容，在一定环境或状况下这种自由不得不受到一定程度的限制，它只是财产权的内在制约的范围之内，讨论就是从这里开始的。[3]这时的问题在于，具

----

　　[1]　对于财产权限制所生"损失"具体是指什么，有学者指出，过去一般有（1）相当因果关系说、（2）地价低落说、（3）积极的实损说等［参照、成田頼明＝荒秀＝原田尚彦「自然公園法における公用制限と補償（一）（二）（三·完）」補償研究 62 号、63 号、65 号（1968 年），原田尚彦「公用制限における補償基準」公法研究 29 号（1967 年）177 頁以下等］。对其详情及其探讨参照、西埜章·前揭『損失補償の要否と内容』141 頁以下、阿部泰隆·前揭『国家補償法』283 頁以下、宇賀克也·前揭『国家補償法』461 頁以下等。对此，阿部泰隆在该书第 291 页指出："在一般理论上，比起相当因果关系说或其他学说，应当提起的问题是，相当因果关系的某种适当范围是什么？它有时是损失利益，有时是地价低落的部分，有时是实际损失，或者有时这三种情形都是一样的。"这种说法大致是妥当的。

　　[2]　详细介绍可参照、西埜章·前揭『損失補償の要否と内容』69 頁以下。另参照、倉島安司「状況拘束性と損失補償の要否（上）（中）（下）」自治研究 76 巻 6 号、77 巻 1 号、77 巻 3 号（2000—2001 年）。

　　[3]　例如，虽然过去并无异议，但在今天，因都市计划划线为市街化调整区域，其中的开发行为（变更土地形质）一般要受到限制。该限制只是同区域内土地所有权的内在制约的范围之内，无需补偿。这种观点得到广泛承认。再如，德国一般连土地所有权的本质内容不包含"建筑自由"（Baufreiheit）也予以承认。参照、藤田宙靖·土地法 5 頁以下。

　　另外，在这一点上，下述《土地基本法》第 2 条的规定值得参考：

　　"土地是国民现在及将来的有限贵重资源，是国民从事诸多活动不可或缺的基础，土地利用与其他土地利用具有密切关系，土地价值主要因人口及产业动向、土地利用动向、社会资本发展状况以及其他社会经济条件而变动，鉴于土地具有这些与公共利害相关的特性，应让土地优先于公共福祉。"

体从何种视角来判断这些地区的"特性"？例如，以自然公园法（过去屡屡成为问题）为例，一方面的视角是，某土地处于国立公园那样无可替代的地区内，当然本来服从这种制约［具备"状况拘束性"（Situationsgebundheit）］；另一方面的视角是，这些地区同样是人为地通过法来设定的，在与地区外土地的关系上属于特别牺牲，这是不能否定的。[1]即使根据公共福祉有合理理由限制利用，允许规制自身与是否要对规制补偿损失，在理论上是不同的问题，不能直接将两者关联起来，这一论点也是不能忽视的。但是，在各种观点的交错评价中，至少对下面这种观点大致不产生异议：在这些规制之下，现实中建筑行为、采集土石、采伐竹木等得不到许可，就给过去以来的生计造成重大障碍时，原则上必须给予损失补偿。[2]

315

---

〔1〕　像本书已几度触及的那样，对于是否处于"内在制约"或"社会性拘束"范围内（换言之，是否属于"财产权的本质内容"），在其判断基准上，屡屡引用德国判例学说上发展的"私的效用性理论"（Privatnützigkeitstheorie）、"目的背驰性理论"（Zweck-entfremdungstheorie）、"状况拘束性理论"（Situationsgebundheitstheorie）等。这些当然是德国联邦最高法院（Bundesgerichtshof）和联邦行政法院（Bundesverwaltungsgericht）的判例发展出来的观点。前两者的基本观点是，在财产权中具有固有的权利行使的应有状态，从宪法保障财产权的目的来看是适当的，它正是财产权的"本质内容"；最后一种观点是，即使是同样的财产权（例如土地所有权），其固有的权利行使的应有状态，也因所处的状况而异。这些观点主要是针对土地所有权的限制而具体展开的。阿部泰隆（前揭书第273页）也指出，德国对于所有国土原本是以禁止开发、建筑不自由为出发点来限制土地利用，今天大致已没有人怀疑其自身的合宪性。而在日本，开发自由、建筑自由是出发点，这种观点已成为法制的基础（对此差异，参照、藤田宙靖·土地法5页以下）。在这种差异之下，对于"什么是土地所有权的本来目的"，当然也能出现不同。

　　但无论如何，这些理论是划线的基准，因而，在具体的案件中，当然既有可能对个人财产权有利，也有可能不利。而这种"理论"自身是极为抽象的，因而，机械地适用于所有具体案件并实现适当的解决，原本就是不可能的。我们不能剥离德国判例上适用的具体事例内容来评价这些理论具有的真正意义，在日本应予参考的只是其基本"视角"。

　　另外，对于这些"理论"的内容，包括对其批判性探讨，详见、西埜章·前揭『损失補償の否否と内容』60页以下、同·前揭『国家補償法概説』194-195页。
　　〔2〕　例如参见前出第311页注〔4〕最高法院的名取川砂砾采集案判决。

第四款 公用使用与损失补偿

316 土地为公共目的使用时，[1]需要补偿损失，《土地征收法》第72 条准用该法第71条关于土地征收的规定，应当根据"土地及近旁同类土地的地价及地租"来补偿。如果使用的方法变更土地形质、难以服从土地现状，由此产生的损失也必须予以补偿（《土地征收法》第

317 80-2条第1款）。如此，还包括使用土地超过一定期间等情形，实质上大大限制了土地所有权的内容，对于这种情况，所有者可以请求征收土地（《土地征收法》第81条第1款；但在使用空间或地下时，不妨碍土地的通常用法时，不在此限，参见第1款但书）。这与前述都市计划限制等情形下的收购请求权制度是相对应的，其可以说是一种损失补偿。

第四节 损失补偿的方法——土地征收法的场合

一、个别支付原则

在土地征收法上，必须分别补偿各个土地所有者及相关者的损失（《土地征收法》第69条正文）。这自然是为了让各个权利人确实在现实中获得补偿。然而，这也有例外，该法第69条但书规定，"但是，在难以给各个人估算时，不在此限"。在土地征收的实务中，但书意外地发挥了重要功能，特别是土地所有者与派生权利人之间在权利比例上有争议时，首先适用但书，补偿金一并支付给土地所有者。但在这时，例如对于担保物权者而言，几乎就失去了设定担保物权的意

---

[1] 在这种使用中，不仅有使用地表的情形，也有利用部分空间或地下的情形（例如让人想起地铁的案件）。如果是根据民事法上的契约而使用，则通过当事人之间合意设定区分地上权；而在强制设定公用使用权时，对于其区域、使用方法及期限、对价（损失补偿），依据起业者的申请由征收委员会裁决（参见《土地征收法》第48条第1款第1项、第2项）。

义。起业者支付补偿金的方法，对民法上的交易秩序有很大影响。在
这一点上，《土地征收法》为担保物权者提供了一定的保护，[1]但从交
易安全的角度看，在立法政策上那样的保护是否实质上充分，仍需实
务检验。

318

二、金钱支付原则

1. 损失补偿以金钱支付为原则（《土地征收法》第 70 条正文）。
但《土地征收法》例外规定了几种现物补偿的可能性（第 70 条但
书）。《土地征收法》第 82 条至第 86 条规定了换地补偿、开辟耕地、
代行工事补偿、代行转移补偿、建造居住用地等五种方式。

而作为补偿的特殊形态，也不能忽视一些所谓"扩张征收"制
度。它以《土地征收法》第 76 条的残地征收为代表，包括在转移困
难时的征收请求权（第 78 条）、转移费用很高时的征收请求权（第 79
条）、替代土地使用的征收请求（第 81 条）等。

2. 现物补偿，特别是换地补偿、开辟耕地的补偿，主要是具有生
活权补偿的意义。也就是说，这些补偿是应土地所有者或相关者的要
求而进行的。但要进行补偿，必须由征收委员会认为该要求是"相
当"的（《土地征收法》第 82 条第 2 款、第 83 条第 2 款）。[2]其相当
性的认定自然是在金钱补偿原则的前提上，不能期待金钱补偿可以完
全补偿，特别是不以实物补偿，将对该人事后的生活重建构成重大障

319

---

〔1〕 按照《土地征收法》规定，也能对债务人应获得的补偿金行使这些担保物权
（第 104 条正文）。不过，这时，必须在支付补偿金前先行扣押（第 104 条但书）。但另
一方面，《土地征收法》第 45-2 条规定的"裁决程序开始的登记"以前，对于已扣押
的担保物权，起业者必须将该权利的补偿金支付给通过扣押实施分配程序的机关（第
96 条第 1 款）。这些担保物权者根据征收程序的进展，可在适当时期解除扣押，避免遭
受上述不利。

〔2〕 换地补偿请求没有得到征收委员会认可时，根据《土地征收法》第 133 条
的规定，可向法院提起当事人诉讼。参照、神户地判 1996 年 8 月 7 日判时 1596 号 55
页。

碍，经这些合理的说明后，才能进行认定。[1]

　　另外，在换地补偿的情况下，即使需要现物补偿的理由得到认可，但如果置换的土地不能另外筹措到，无论如何也是难以进行的。对于这种情形，在德国，可通过土地征收的方法再筹措置换土地[《建设法典》（Baugesetzbuch）第90条]，但在日本法制上并不认可这种做法。在《土地征收法》第82条中，土地所有者或相关者"指定起业者所有的特定土地"，只要求换地补偿，征收委员会可以作出换地补偿的裁决（第2款）。如果不是这种情形，征收委员会只能"劝告起业者提供置换土地"（第3款），或者"劝告国家或地方公共团体让渡置换土地相当的土地"（第6款）。

　　如此，日本在通过土地征收取得公共用地时，换地补偿等现物补偿的方法是颇为有限的。不过，也要留意存在根据《土地区划整理法》《土地改良法》等的（公用）换地制度。如前所述，[2]例如，根据《土地区划整理法》的土地区划整理事业在日本是为建设道路、公园等都市计划设施而取得用地的手段，它在某种意义上比土地征收更能发挥重要功能。这一制度也可以说内藏于综合体系性换地补偿系统中。但已如前文所见，[3]站在损失补偿的角度，其中仍存在很大的问题。

三、同时（事前）补偿原则

320　　1. 为了实现土地征收中的"完全补偿"，就必须使土地所有者在本来失去土地所有权的时点，处于在其近旁可以取得同等土地的状态。[4]

---

　　[1]　"因将来预定的事业而要求换地，没有现实取得替代的土地，就不能保持过去的生活、生计，如果不存在这种客观认定的特别情况，就不承认具有相当性。"在判例上有上注引用的神户地方法院判决。

　　[2]　参见前出第290页。

　　[3]　前出第291页以下。

　　[4]　前出1973年最高法院的仓吉市都市计划案判决。

也就是说，在失去权利的时点，必须已经支付补偿金。〔1〕现行法上如此规定的是《土地征收法》第 100 条。根据该条，如果起业者在征收委员会权利取得裁决确定的权利取得时期之前，不支付裁决确定的补偿金、实行补偿，就不产生权利取得的效果（权利取得裁决失效）。

2. 而补偿额的算定基准时间被提前到项目认定告示之时，与此相伴，承认补偿的事前支付请求权（《土地征收法》第 46-2 条），这一点前文已有谈及。〔2〕

---

〔1〕 当然，极为古老的最高法院判决认为，"不能认为宪法连补偿的同时履行也都予以保障"（最判 1949 年 7 月 13 日刑集 3 卷 8 号 1286 页）。这是第二次世界大战后不久极为困难的粮食状况下，根据《粮食管理法》支付买米券的案件，问题是，这是像其文字那样对所有损失补偿都通用的先例吗？另外，最判 2003 年 12 月 4 日判时 1848 号 66 页引用了该判决，认为 "《宪法》第 29 条第 3 款对于补偿时期并没有作出某种规定，因而，并不保障应在私人提供财产之前补偿或者与其同时履行"。该案与公共利益有特别重大关系，而且与所谓紧急裁决制度相关，该制度是《关于取得公共用地的特别措施法》对于紧急事业而规定《土地征收法》的特例。不能将这一判决一般化。

〔2〕 前出第 286 页注〔2〕。

判例索引

(页码为本书边码)

事项索引

（页码为本书边码）

跋

我与行政法学

掩卷之际,我想再说明一下本书中所指向的"行政法学"原本是指什么,希望藉此让人更为正确地理解,或者也许能理解本书所写内容的详细含义(从而理解本书的意义)。

一

本书的母体可追溯至1980年刊行的《行政法 I(总论)》(青林书院现代法律学讲座六)(以下也称"原著")。在该书的"序言"中,我就该书的目标说了两点:"第一,客观地把握现在日本的行政法(法令的规定、判例、学说)内容;第二,向初学者教授这样的内容。"对于第一点的说明是:"本书⋯⋯以客观、体系地认识并叙述日本行政法的现状为目的。也就是说,基于作者自身的实践性判断而就某种应有的法解释内容提出建言,这不是第一义的目的。""本书中,即使有时会在立法政策论和法解释论上表明笔者的主体性建言或实践性判断,它也都只不过是作为阐明问题的理论意义、整理观点的一种手段、一种参考而提出的。"其中所说的内容在这里也完全没有变化。本书不仅不是要就日本行政法应当如何而提出政策性建言,原本也不是以"构筑法解释论的体系"为目的。

在多数日本实定法学者看来,关于实定法的学问可二分为"解释论"与"立法政策论",这种二元思考方法是难以动摇的前提。在这种思考之下,关于实定法的命题不是"立法论",就是"解释论"。与此相对,我的理论出发点在于,"实定法的解释论"与"实定法的认识论"的理论维度是不同的。本书的指向在于后者，而（至少本来）不在于前者。这时，实定法的"解释论"是就实定法内容"应当如此解释"的建言，是学者以当为（Sollen）为内容的主体性实践活动；而实定法的"认识论"只是对实定法"如此解释"的事实（换言之，"将这种内容的规范作为应当通用的实定法，并如此来解释"的事实——Sein des Sollens）进行认识的理论行为，而不是上述意义上的实践性行为。对于实定法，不同于实践性"解释论"的这种理论行为是可能的。例如，对于外国法的内容，研究阐明它是怎样的（其中，对于某法律上的条款，并不是讨论"该国的判例上是这样解释的，通说是这样的，而笔者反对，本来应作下列解释"），或者法制史学中研究阐明一国（一地域）的某时代通用的法是何种内容。想起这些研究，就能容易理解。我所说的"实定法的认识论"，可谓针对日本现在的法做这些学问。从原著到本书，我一贯尝试着对日本的"行政法总论"（行政法通则及行政救济法论）进行这种作业。

如此说来，要被问及的首先就是，除去"实定法解释的实践操作"，"实定法的认识"这种"客观"认识如何才是可能的呢？为应对这一问题，我提出的方法是，为行政法总论设定某种客观的"理论标尺"，以此测定偏差，实现客观性。对于政治思想或宗教等内容，通过设定一定的"理论模型"阐明其间的偏差来说明，这两种操作是同质的。作为这种"理论标尺"而引入的有本书说明的"行政主体与私人的二元论""三阶段构造模式"，还有"依法律行政原理""近代行政救济法原理""近代法治国家原理"，更有"行政行为""行政立法"等概念。在本书中，这些概念完全是测定实定法内容而设定的理论标尺，它并不直接具有作为"实定法"之"某种应然的法、某种应然的法理"的含义。与能否设定这种概念不同，它是否同时为某种应然的法、因而在裁判实务中应得到采用的规范，还必须从实践角度再行吟味。本书在结果上也不是没有后一种操作的部分，但是，如原著序言所说，那种操作并非本书的本来目的。

在上述意义上，本书原本就不是为法律实务指导某种应然法解释的"（实践性）体系书"，也不是"指南"。当然，此间我曾作为最高法院法官，在实务家的立场上专注于上述意义上的"实定法的解释论"，也有为数不少那种维度上的发言和意见，但在前述意义上，其理论维度本来是不同于本书尝试的"实定法的认识论"。至少在我的内部，作为行政法学者的我与作为法官实务家的我，发挥着全然不同的作用。

据此，本书剩下的最大问题就是，原著出版距今已有四十年，那时设定的"行政主体与私人的二元论""三阶段构造模式"等"客观性理论标尺"，作为认识今天日本实定法的"理论标尺"，真的还适当、有效吗？六年前出版的本书旧版在序言中已经处理了这一问题，其中我是这样辩明的：

> 此间日本行政法有很大的成长。已经有不少尖端著作问世了，如同 CT 扫描般详细描写其全体或部分横断面。仅对此抱有关心者，应当参照那些书，而非本书。我自身认为，本书毋宁是，或许能为理解其背景提供一种线索，即这种发展的基础是什么、在法理论上具有何种意义。

本书是作为该书的新版来定位的，也以这种认识为前提。至少只要将日本行政法的基础置于近代法治主义，上述各种思考图式（标尺）于今天也是需要的，在洞穿行政法整体构造（包括其发展过程）上仍能发挥重要作用。但是，仅根据这些，就应当说无法进行"CT扫描"。例如，像本书也涉及的那样，[1]行政程序法规定的"审查基准""处分基准"概念，或者"意见公募程序"中的"命令"等，都不同于本书中"行政立法"中"法规命令""行政规则"的概念。在这一意义上，其与"依法律行政原理"标尺之间的距离，原本不是问题。在这种状况下，从行政法总论新的视角设定别的"客观性理论标尺"大致是可能的、有意义的，将新的"标尺"与本书提出的"古典"标尺适当组合、并用，就可能以更为立体的形式认识实定行

---

[1] 本书上卷第 166 页、第 318 页等。

政法。

　　探索新的"标尺"的一个尝试是，从正面思考本书中"依法律行政原理的'界限'"或者"行政过程的私人参与"所处理的问题，从反面来看以"依法律行政原理"为基轴的思考图式。例如，本书上卷分析的所谓"作为发现问题概念的行政过程"论[1]就是一个好的例子。不过，如本书所述，该"行政过程"概念自身本来只不过是表达"行政的现实过程"这一"事实"，从中如何能得到法规范论上的某种"思考模式"或"理论标尺"，需要进一步的慎重考察。例如，所谓"（法的）结构"论[2]就是立于这种考察之上的一个回答。[3]它在一定场合下的有效性，本书也有充分肯定。不过，也如本书所述，[4]实定法的整个体系是由法效果与法效果极为复杂的连锁组成，由无数的"结构"构筑，它本身就是宏大的"结构"，因而，以何种基准对其进行理论总结，正是行政法总论的课题。坦白而言，本书自认要完成这一课题还过于遥远。不过，此间伴随着行政程序法、信息公开法等的制定，行政案件诉讼法、行政不服审查法等的大修改，通用于整个行政法的原则正在极速地法典化。有鉴于此，首先对于前述日本行政法的"成长"过程，以这些法律为对象，做出我的观察，加入我新的考察，这正是我眼下应该努力完成的作业。在这次修订之际，也在注意填补旧版不充分的地方。

二

　　本书的母体是原著——《行政法 I（总论）》。该书原本是作为我在东北大学法学部授课用的教材而写的，在我从东北大学退职之前也在大学授课中实际使用。但是，我自身已离开讲坛，我在旧版的序

---

〔1〕　参见本书上卷第 142 页。

〔2〕　参见本书上卷第 388 页以下。

〔3〕　参照、小早川光郎「行政の過程と仕組み」高柳古稀 151 頁以下。

〔4〕　参见本书上卷第 384 页以下。

言中也说过，本书的内容在今天已经完成了大学授课用教科书的任务（特别是在法科大学院的授课所代表的直接服务于实务要求）。[1]

然而，世间的"教科书"一词，有时也有超出"大学用教材"的含义，也就是指"将一定法领域的全部纳入视野，对其中出现的法解释问题，基于作者一定的价值判断从理论体系上给出回答，给读者一定实践行动的指导"（有时也用"体系书"来表达）。例如，像经典的"我妻民法""团藤刑事诉讼法""田中行政法"那样的"教科书"已经超越"大学用教材"，是作为这种意义上的"体系书"来对待的。但是，本书原本不是"基于一定的价值体系，就实务应有状态提出实践性建言"，在内容上也不以包罗性传递现行法的全部信息为目标，因而，也不具有那种意义上的"教科书"性质。

那么，尽管是这种"无用"的行政法学，为什么要写作本书呢？结果只能说是我自身对日本行政法的纯粹学问兴趣使然。对我而言，行政法学原本不是为了谁的行政法学，而是为了自己的行政法学。[2]现在我已经离开讲坛，离开一切公职，在文字上已是自由之身。对于行政法总论上我自己关心的问题，收集对自己必要的资料，浏览文献，在此基础上总结现在的思考，就是本书。尽管是这种颇为任性的著作，如果读者能从中看到值得一读的东西，则是望外之幸。书中在学术书籍上涉猎、引用文献资料是颇不充分的。这一次以自己的伞寿为期，让修订工作告一阶段，将本书作为上述意义上现阶段的"备忘录"，呈于世间。

另外，如果再画蛇添足赘言一句，如前所述，本书不是以行政法总论的"法律事典"或"百科全书"为目标，而是根据一定的"标

---

〔1〕 另外，在我还站在东北大学法学部讲坛的时候，对于大学法学部的法学教育根据怎样的观点来教授，1996年在名古屋大学举行的国立九所大学法学部论坛"二十一世纪的法学部——高度教育时代开放的研究教育体制与大学的主体性"，我的报告[「法学教育における『先端』と『伝統』、『応用』と『基礎』」藤田宙靖·藤田紀子『広瀬川を望む丘』（有斐閣、2000年）199頁以下] 也请参阅。

〔2〕 参照、藤田宙靖「臆病」社会科学の方法13号（お茶の水書房、1970年）[前揭藤田宙靖·藤田紀子『広瀬川を望む丘』（有斐閣、2000年）16頁以下]。

尺"展开"叙述（物语）"。为了正确理解这里展开的种种记述，即使是对上下卷分析的某特定事项感兴趣，也请始终意识到一点，它终究也是整体中的一部分。

　　　　　　　　　　　　　　　　　　藤田宙靖
　　　　　　　　　　　　　　　　　令和二年（2020年）春

译后记

　　自从挑选"日本公法译丛"的书目开始，就常有中日双方的朋友向我推荐藤田宙靖先生的行政法教科书。的确，读罢此书，就有相见恨晚的感觉。2013 年，我访学京都大学期间，恰逢该书以《行政法总论》之名修订出版。指导教授高木光先生说，这是一本写给教师的教科书。于是，我就将藤田先生的诸多著作购齐，为今后可能的翻译做点准备。2014 年 10 月，经立教大学神桥一彦教授和爱知大学松井直之副教授的引荐，我和藤田先生取得联系，提出翻译的请求。藤田先生很快回复邮件，以"小生"自谦，慨然应允。此后，我便开始了断断续续的翻译。但因为 2014 年日本《行政不服审查法》重新制定，《行政程序法》也作出一定修改，所以也在一直等待新版教材的出版。2020 年，我访学东京大学期间，4 月 7 日，因新冠疫情严峻，日本政府宣布自 4 月 8 日起进入紧急状态。也正是在 4 月 7 日，刚刚迎来伞寿的藤田先生出版了新版《行政法总论》，而且由原来的一册变成了上下两卷。也正是因为疫情，让原本我十分期待的登门拜访，只能留待将来完成了。

　　藤田宙靖先生是当代日本行政法学的泰斗。对于藤田先生，此前我们通过译文、译著是有一定了解的。早在 20 世纪末，《中外法学》1996 年第 3 期、《法学》1998 年第 12 期就曾刊登过李贵连教授等人翻译的论文。在译文之外，还有一本《日本行政法入门》（杨桐译，中国法制出版社 2012 年版）。该书实际上是本书的简明版，以口语体为初学者提供指导，是一本非常受用的入门读物。

　　藤田先生 1940 年 4 月 6 日生于日本东京。1959 年进入东京大学法学部学习，1963 年毕业后被录用为法学部助手，成为田中二郎先生的关门弟子。藤田先生自 1966 年开始便长期执教于东北大学，1977 年晋升为教授，1994 年至 1996 年还曾担任东北大学法学部长、法学研究科长。2002 年 9 月，藤田先生被任命为最高法院法官，成为日本最高法院成立以来第十位纯粹学者出身的法官，也是继田中二郎之后的第二位行政法学者。在 2010 年 4 月退官之前，藤田先生参与了诸多案件的裁判，其中不乏诸如开设医院中止劝告案、小田急高架化诉讼、万博伙食费信息公开案等著名的行政法案件，还有诸如国会议员选举无效诉讼、拒绝君之代钢琴伴奏诉讼等著名的宪法案件。2011 年秋，藤田先生被授予旭日大绶章。此后，已逾古稀之年的藤田先生仍忙于讲演、写作、修订自己的教科书，也曾来华参加过会议，参观过上海的鲁迅故居（鲁迅先生留学的仙台医学专门学校就是现在的东北大学）。

藤田先生在外国法方面主攻德国法，其东京大学法学部助手论文、后来也成为其成名作的《公权力的行使与私的权利主张》（有斐阁 1978 年版）便是对奥托·贝尔（Otto Bähr）法治国家思想的研究，1981 年藤田先生藉此获得东京大学法学博士学位。1972 年至 1974 年，曾留学德国弗莱堡大学。1989 年获得洪堡基金会的菲利普·弗朗茨·冯·西博尔德奖（Philipp Franz von Siebold-Preis，由德国总统授奖），2006 年获得德国政府的大十字勋章（由德国总统颁发），这些应是对藤田先生的学术造诣和促进德日两国交流的一种肯定吧。藤田先生在行政法总论之外，还在土地法、警察法等行政法各论领域颇有研究。2014 年，藤田先生以其卓越的学术成就，入选日本学士院会员。

为了能让大家有悦读的体验，这里还想作几点说明：

第一，《行政法总论》是一本教材，但与一般的教材或体系书有很大差别。因为其目的不是解释实定法，不是建构某种理论体系，而是认识日本行政法。本书先确立起依法律行政原理，以及以其为核心的近代法治国家原理，以此作为客观标尺、理想类型，与实定法及其解释论保持一定距离，再来观察衡量日本行政法，依次阐述依据这一标尺建立起来的体系（行政的三阶段构造模式，亦即法律—行政行为—

强制执行)、标尺自身的内在界限、标尺适用的外在限制等。本书为我们提供了分析行政法的重要视角和法律方法。本书在认识行政法上贡献明显，阅读之后或许有豁然开朗的感觉，"行政法原来是这样的!"

第二，从阅读的角度来说，可以先把握本书的框架、正文的主体内容，大致了解作者的方法、视角和观点，之后再细读全书，特别是脚注的内容。如果一开始就想精读全书，那就需要更大的耐心了。该书特别是脚注中的说明包含了大量的观点交锋。也正因为是理论上的论争，而教材类的著作也不可能充分展开，所以，如果不了解对方的观点，在理解上也会费点周折。这时，若能与盐野宏等人的教科书中文版对照阅读，或许更能一探究竟，读起来也会更加津津有味。

第三，原书在正文中有很多以括号括起来的说明，既有法条的说明，也有举出的例子，其中还包括文献出处。为了阅读的流畅，我在翻译时将多数的说明移至脚注，只保留了理解正文必不可少的部分；同时为了避免脚注占去较大页面，法条出处的说明一般就保留在正文中。原书的脚注多是说明性的内容，有时很长，甚至有两三千字，这种脚注往往有较高价值，包含着作者的较多思考或者对论争的回应。

第四，藤田先生在《行政法总论》之外，还有一本《行政组织法》。其《行政组织法》一书最早是良书普及会出版的（1994 年初版，2001 年新版），2005 年改订后在有斐阁出版，2022 年完成修订，大大推动了日本行政组织法理论的深化和体系化。在日本的大学法学部，行政法的教育包括行政法总论（通则）、行政救济法和行政组织法三门主干课。但囿于时间和人员，行政组织法并不是所有大学都开设的课程。不过，藤田先生所在的东北大学却是日本行政组织法的研究重镇。也就是说，两卷本的《行政法总论》并不包含行政组织法部分。当然，这并不影响《行政法总论》的阅读，只是留下遗憾，我们无法通过《行政法总论》了解"藤田行政法"的全貌。

自 2014 年开始至今，翻译和学习就在交替进行。每当自己遇到不懂的问题时，便会打开这本书看一看藤田先生的观点，或者直接翻译相应的章节。也正是时常与这本书相伴，也因为相关知识的积累，对这本书的理解也在加深。

2021年，我曾以这本书的上下卷译稿分别在两个学期的"公法文献选读"课上和中国人民大学法学院2020年级、2021级部分硕博士研究生一起研读。我在研读中也发现了不少问题，非常感谢大家对译稿所提出的诸多疑问和意见。这里还要感谢西南政法大学汝思思博士在一些语句的翻译上所提供的帮助。在完成全书的译校之后，我集中起若干疑问之处，向藤田先生请教，他也给出了详尽的解答。但囿于我自身的能力，翻译中不免存在这样或那样的错误，也欢迎大家批评，期待将来在本书日文版修订时也能以中文版更好地呈现。

经过这么久的努力，终于可以将译稿的清样交付出版社了。感谢藤田先生的信任，感谢藤田先生联系青林书院做出慷慨授权。感谢中国政法大学出版社一如既往的大力支持。感谢中国人民大学法学院提供的出版资助。

翻译一本好书，甚至比自己写一本书，更加让人兴奋。这是一种奇妙的感觉。在和学生们一起研读这本书时，也时常感受到日本法的独特魅力与作者的高远深邃。通过翻译可以分享给更多的人，自然不失为一件快事。

但愿我喜欢的书，你也喜欢。

王贵松
2023年5月4日

图书在版编目（ＣＩＰ）数据

行政法总论/(日)藤田宙靖著；王贵松译. —北京：中国政法大学出版社，2023.10

ISBN 978-7-5764-1160-7

Ⅰ.①行… Ⅱ.①藤… ②王… Ⅲ.①行政法－日本 Ⅳ.①D931.321

中国国家版本馆CIP数据核字(2023)第203786号

出 版 者	中国政法大学出版社
地 址	北京市海淀区西土城路 25 号
邮寄地址	北京 100088 信箱 8034 分箱　邮编 100088
网 址	http://www.cuplpress.com (网络实名：中国政法大学出版社)
电 话	010-58908289(编辑部) 58908334(邮购部)
承 印	固安华明印业有限公司
开 本	880mm×1230mm　1/32
印 张	21
字 数	595 千字
版 次	2023 年 10 月第 1 版
印 次	2023 年 10 月第 1 次印刷
定 价	120.00 元

日本公法译丛

行政法总论

—上卷—

[日] 藤田宙靖 著

王贵松 译

中国政法大学出版社

2023·北京

新版行政法総論（上・下）
藤田宙靖　著

Copyright© 2020 藤田宙靖

本书日文原版由株式会社青林书院出版

著作权合同登记号：图字 01-2023-4954 号

新版序言

为了适应 2016 年新《行政不服审查法》（2014 年全面修改旧法）的施行，本书对旧著《行政法总论》（青林书院 2013 年版）进行修改。不过，在结果上，修改并不限于此，也在较大范围内对其他部分进行了修改、增补等。因而，全书页码增加，也不得不分为上卷（行政法通则）与下卷（行政救济法）两册。但整体结构和本书执笔的宗旨目的与旧版基本没有改变。个中详细，与其说是在本书的开头，而毋宁正是在通读全卷之后才易于理解。因而，虽然在这种书籍来看是一个破例，但仍在下卷末尾附以"跋"加以说明。有所关注者若能一读，亦为荣幸。

在修订之际，从策划之初到最终阶段，我得到了青林书院编辑部宫根茂树的倾力帮助。我也要对青林书院逸见慎一社长致以诚挚的谢意，感谢他慨允刊行这种缺乏市场的书籍。

另外，在修订上，在准备必要的资料、制作事项索引上，我得到了东北大学大学院助教高畑柊子私人性的大力协助。东北大学饭岛淳子教授尽管公务繁忙，仍不辞辛劳，完全站在个人的立场上在本书再校阶段通读全文，检查有无重大错误等。

为了记念自己的伞寿，我可谓不假他人之手（与旧版不同）便独自策划实施了这次修订。本书中的记载，包括内容和表达，无论是形式还是实质，一切均由自己负责。但即便如此，如果没有上述诸位的协助，终究不能在现在如愿以偿。对相关各位再次深表感谢，也请一起庆祝本书的付梓。

藤田宙靖

令和二年（2020 年）3 月

序 言

一

本书新打上"行政法总论"的名号，但其内容是青林书院现代法律学讲座6《行政法Ⅰ（总论）》第四版改订版（以下称"旧著"）的改订版。旧著是 2005 年刊行的，但那是我在就任最高法院法官的临近、为应对《行政案件诉讼法》大修改而作的紧急改订，其内容作为改订版仍不充分。这次退官之后，时间稍得充裕，此外还有后述的背景，重新展开改订作业。青林书院希望借此机会将此书从讲座系列中独立出来，作为单行本刊行，我也接受了这一建议。这次修订新增加了一章"损失补偿"作为第四编的附章，与旧著有较大不同。另外，附加的"损失补偿"部分是这次新写的内容，其基础是我过去在东北大学法学部讲授的行政法特殊讲义"土地法"部分讲义笔记。

二

本书并没有改变旧著采用的执笔方针，亦即在说明日本行政法的制度和理论是何种状况之际，使用行政法基本原理"依法律行政原理"的理论框架作为"客观的标尺"，测定与标尺之间的偏差，以此方法来客观地叙述（对此方针，参照旧著初版的"序言"）。不过，对此必须附加以下说明。

旧著原本是以我在东北大学法学部 1968 年以来讲授的行政法第一部、第二部讲义笔记为基础而写的，初版发行于 1980 年。当时，行政法的制度和理论处于流动状态，旧著从与"依法律行政原理"的关系上进行理论上的秩序整理，正是适合了时代的要求，也稍稍自负地认为走了当时行政法学的前沿。当然，经过三十余年的岁月，今天的状况已颇有不同。在当时处于流动状态的制度和理论，今天多数应该说已经在制度上得到了解决，或者理论上的优劣已经变得清楚了。而且，这种动向甚至涉及行政法极为根基性的部分。行政活动的实态和行政法规范也发生了种种变化，与此变化相对应，行政法学的关注内容也与昭和 40—50 年代*产生了很大偏差。一言以蔽之，日本行政法此间在总体上得到了很大的成长。不得不承认，将"依法律行政原理"进而是"'行政主体'和'私人'之别""三阶段构造模式"等作为尺度进行理论上的秩序整理，这一方法现在在理论上还是不是把握总体日本行政法的最适当方法，也成为很大的问题。在这种状况下，旧著还能否充分发挥行政法"教科书"的功能，我自身已察觉其局限性，这在 2002 年刊行的旧著第四版序言中也有所触及。

三

尽管如此，这次敢于"改订"，是有如下背景的。

第一，自最高法院退官后，过去在我之下于东北大学学习行政

---

* 昭和是日本天皇裕仁的年号，时间为 1926 年 12 月 25 日至 1989 年 1 月 7 日。昭和 30 年代是指 1955—1964 年，昭和 40 年代是指 1965—1974 年，昭和 40—50 年代是指 1965—1984 年。下文不再一一注明。——译者注

法、今天活跃于行政法学第一线、我衷心信赖的数位老师劝说我，我的行政法总论今天仍未失去意义，建议我考虑一下旧著的改订，我也接受了他们的建议。这时，他们说，作为我的古稀祝贺，会在杂务上尽力提供帮助，去收集改订的必要文献资料、提供建议、校对、编制索引等，真的是给出了好意的建议。

第二，作为面向真正初学者的旧著要约版，我在有斐阁出版了《行政法入门》，从各方面听说至今仍吸引了很多读者。该书也在这时出了改订版。假设有人因该书而对行政法感兴趣，为他们准备进一步加深在那里所学的内容、提供接触行政法总论的机会，也是我的一个责任。

第三，对于旧著在现在的意义，我自己是这样定位的：如前所述，此间日本行政法有很大的成长，已经有不少尖端著作问世了，如同 CT 扫描般详细描写其全体或部分横断面。仅对此抱有关心者，应当参照那些书，而非本书。我自身认为，本书毋宁是，或许能为理解其背景提供一种线索，即这种发展的基础是什么、在法理论上具有何种意义。因而，本书作为法学部或法科大学院教育的一本参考书姑且不论，但已经不具有发挥"教科书"作用的图书性质了。这次从"现代法律学讲座"中拿出来、作为独立的《行政法总论》再度登场，可以说就是其象征吧。在这种前提下，本书在今天的行政法学中如果能稍有意义，那应当说就是望外之喜了。

四

在本书刊行之际，首要的是必须记下从本书执笔的契机到最终阶段给予特别帮助的各位行政法学者的姓名，向其表达我衷心的感谢。他们是东北大学稻叶馨教授、北海道大学亘理格教授、中央大学大贯裕之教授、东北学院大学井坂正宏讲师、骏河台大学仓岛安司副教授、立教大学神桥一彦教授、大阪市立大学松户浩副教授、北海道大学米田雅宏副教授等八位老师。特别是稻叶教授在包含总括作业的所有作业阶段，给予了无以言表的尽力协助。

在这一意义上，本书本来应该说是这八位老师和我共同撰写的，之所以成为我单独撰写，只是意味着由我一人对其内容承担一切的责任。对各位的厚意和友情，再次深表谢意。

另外，在策划、编辑、校对、印刷的各个过程中，青林书院的仓成荣一给予了大力帮助，在此谨表谢意。

藤田宙靖
于仙台
2013 年 9 月 20 日

《行政法 I（总论）》序言

一

　　本书主要是以在大学的法学部学习了宪法、民法、刑法等基础法领域之后才开始学习行政法者及具有同等程度学力者为对象，将要对日本行政法的制度及制度的基本构造进行说明。其内容大致可以说是笔者在东北大学法学部的行政法总论讲义大要的收录。

　　从这种目的出发，本书的目标在于两点：第一，客观地把握现在日本的行政法（法令的规定、判例、学说等）内容；第二，向初学者教授这样的内容。

二

　　如本书所述，现在日本的行政法（特别是学说及判例）处于明显的动摇和流动之中，准确把握其全体图景，必须说是极为困难的作业。在如此作业之际，本书使用的方法是，首先设定"依法律行政原理"、以其为基轴的"近代法治国家原理"这种近代行政法的客观理论模型（理想类型），测定诸多法现象、法理论与这种客观"标尺"之间的偏差，以此对其进行体系上的定位。过去难以理解日本行政法的最大原因首先在于，时时刻刻增加的堆积如山的信息资料及新的各种思考，没有在学术上确立起对其加以理论性、体系性定位和驾驭的方法，它们给行政法提出了诸多问题，但连种种课题相互之间的理论关系也未必得到一义性的明确，行政法学者也被卷入上述动摇和流动之中。

在这一意义上，本书的目的首先在于客观且体系性认识、叙述日本行政法的现状。也就是说，基于笔者自身的实践性判断而提出某种应有的法解释内容建议，这不是第一位的目的。本书即使有时在立法政策论和法解释论上显示了笔者的主体性建议或实践性判断，也都只不过是为了阐明问题的理论意义、整理观点而提示一种手段、一种参考而已。

三

笔者相信，向初学者教授法律学，最紧要的有效方法首先是对该领域的基本构造在理论上以明确而平易的表达作出体系性说明。这种信念自大学时代听三月章教授讲授民事诉讼法以来就在笔者的心中扎根下来。从这种法学教育上的认识出发，本书将各基本问题的理论和体系定位放在第一位，而不得不有意识地排除对现代行政法带来的复杂的法现象、法问题进行包罗万象的详细分析。另一方面，过度拘泥于理论的严密性，也带有危险性，可能让初学者看不见该法领域的全体图景，摸不准方向，而迷失于林海之中。从这种角度出发，有时为了教学上的效果，有必要对细节中理论的不彻底性敢于视而不见。本书中的说明内容如果留有某种理论的暧昧，当然终究是笔者的能力不足所致，但同时多半也是与本书开头所述目标的性质伴随而来、在上述意义上的必然宿命所致，这是不能否定的。

四

从与青林书院新社的逸见俊吾社长约定以来，本书的执笔已经过数年之久。此间分担执笔行政法各论的远藤博也教授已经在 1977 年早早刊行了《行政法 II（各论）》。我生来就写得慢，中间还有身体原因等，给以青林书院新社为首、远藤教授，以及早就期待本书刊行的诸多读者带来莫大的麻烦，深感歉意。因为笔者的不成熟，尽管花了这么长时间，但是否写出了充分回应上述目的的图书，甚感不安。念念于心的是，如果得到大方之家的斧正，今后本书就能逐渐变好、走向成熟。

五

最后，对于在本书的策划和刊行上不惜给予最大援助和辛劳的青林书院新社的逸见社长及佐伯阳三，在校对阶段通览全书、在内容和表达上提出宝贵建议的东北大学法学部的森田宽二助教授*，以及在校对及制作索引上给出莫大帮助的东北大学法学部的亘理格助手等支持本书完成的各位，衷心地表示感谢。

藤田宙靖

于仙台

1980 年 10 月

---

* "助教授"是过去的一种大学教师职位，仅次于教授。2007 年因《学校教育法》的修改施行而变成了准教授，亦即相当于我国的副教授。——译者注

凡 例

一、叙述方法

1. 本书的用字、用词原则上使用常用汉字、现代假名，但用于法典者或引用文字依从原文。

2. 标题记号除引用原文的情形外，原则上采用一、二、三……1. 2. 3.……（1）（2）（3）……的顺序。

二、法令的引用

1. 法令截至 2020 年 1 月末。

2. 法令名称原则上使用全称，但下列主要法令在括号内使用时多用箭头后的简称来表示：

行政案件诉讼法→行诉法

行政不服审查法→行审法

行政程序法→行程法

三、判例和裁判例[*]的引用

1. 判例收录的是 2019 年 7 月 22 日为止公开发表的主要判例。

2. 在引用判例时，简写者使用下述缩略语：

【判例集等缩略语】

最	最高裁判所	例集	行政事件裁判例集
大	大審院	高民集	高等裁判所民事判例集
高	高等裁判所	高刑集	高等裁判所刑事判例集
地	地方裁判所	下級民集	下級裁判所民事判例集
判	判決	交民集	交通事故による不法行為に関する下級裁判所民事判例集
決	決定	裁時	裁判所時報
民集	最高裁判所（または大審院）民事判例集	判時	判例時報
刑集	最高裁判所（または大審院）刑事判例集	判タ	判例タイムズ
民録	大審院民事判決録	民商	民商法雑誌
集民	最高裁判所裁判集民事		

---

* "裁判"是裁判机关（通常是法院）所作的判断，"判决"原则上是经过口头辩论的法院裁判，而"决定"则是不经口头辩论的法院裁判。"裁判例"与先例大致同义，会成为将来其他同种或类似案件的一般基准。所有的裁判事实上都具有先例的功能。"判决例"也与先例大致同义。而"判例"则是法院对法令在特定案件中的解释适用所作的判断或意见，日本最高法院只有以大法庭的形式才能变更判例，违反判例可以成为上诉的一个理由。——译者注

四、主要参考文献缩略语

在本书收录的参考文献中，引用频度高的主要文献，使用下述缩略语表示：

【主要参考文献缩略语】

阿部泰隆·システム上、下	阿部泰隆『行政の法システム（上）（下）（新版）』（有斐閣、1997 年）
阿部泰隆·解釈学 I	阿部泰隆『行政法解釈学 I』（有斐閣、2008 年）
阿部泰隆·解釈学 II	阿部泰隆『行政法解釈学 II』（有斐閣、2009 年）
阿部古稀	阿部泰隆古稀記念『行政法学の未来に向けて』（有斐閣、2012 年）
石川古稀	石川正先生古稀記念論文集『経済社会と法の役割』（商事法務、2013 年）
医事判例百選	唄孝一＝成田頼明編『医事判例百選』（有斐閣、1976 年）
今村成和·入門	今村成和『行政法入門（第六版）』（有斐閣、1995 年）
今村成和＝畠山武道·入門	今村成和著＝畠山武道補訂『行政法入門（第九版）』（有斐閣、2012 年）
宇賀克也·概論 I（第六版）	宇賀克也『行政法概論 I—行政法総論（第六版）』（有斐閣、2017 年）
宇賀克也·概論 II（第六版）	宇賀克也『行政法概論 II—行政救済法（第六版）』（有斐閣、2018 年）
遠藤博也·行政法 II（各論）	遠藤博也『行政法 II（各論）』（青林書院、1977 年）
大橋洋一· I（第四版）	大橋洋一『行政法 I—現代行政過程論（第四版）』（有斐閣、2019 年）

续表

大橋洋一・Ⅱ（第三版）	大橋洋一『行政法Ⅱ—現代行政救済法（第三版）』（有斐閣、2018 年）
雄川献呈上、中、下	雄川一郎先生献呈論集『行政法の諸問題（上）（中）（下）』（有斐閣、1990 年）
金子古稀上、下	金子宏先生古稀祝賀論文集『公法学の法と政策（上）（下）』（有斐閣、2000 年）
兼子仁・総論	兼子仁『行政法総論』（筑摩書房、1983 年）
行政判例百選（初版）	田中二郎編『行政判例百選』（有斐閣、1962 年）
行政判例百選（新版）	田中二郎編『行政判例百選（新版）』（有斐閣、1970 年）
行政判例百選Ⅰ、Ⅱ（初版）	雄川一郎編『行政判例百選Ⅰ、Ⅱ』（有斐閣、1979 年）
行政判例百選Ⅰ、Ⅱ（第二版）	塩野宏編『行政判例百選Ⅰ、Ⅱ（第二版）』（有斐閣、1987 年）
行政判例百選Ⅰ、Ⅱ（第三版）	塩野宏＝小早川光郎編『行政判例百選Ⅰ、Ⅱ（第三版）』（有斐閣、1993 年）
行政判例百選Ⅰ、Ⅱ（第四版）	塩野宏＝小早川光郎＝宇賀克也編『行政判例百選Ⅰ、Ⅱ（第四版）』（有斐閣、1999 年）
行政判例百選Ⅰ、Ⅱ（第五版）	小早川光郎＝宇賀克也＝交告尚史編『行政判例百選Ⅰ、Ⅱ（第五版）』（有斐閣、2006 年）
行政判例百選Ⅰ、Ⅱ（第六版）	宇賀克也＝交告尚史＝山本隆司編『行政判例百選Ⅰ、Ⅱ（第六版）』（有斐閣、2012 年）

续表

行政判例百選 I、II（第七版）	宇賀克也＝交告尚史＝山本隆司編『行政判例百選 I、II（第七版）』（有斐閣、2017 年）
行政法講座 1~6	田中二郎＝原龍之介＝柳瀬良幹編『行政法講座（第一卷～第六卷）』（有斐閣、1964—1966 年）
行政法の争点（初版）	成田頼明編『行政法の争点』（有斐閣、1980 年）
行政法の争点（新版）	成田頼明編『行政法の争点（新版）』（有斐閣、1990 年）
行政法の争点（第三版）	芝池義一＝小早川光郎＝宇賀克也編『行政法の争点（第三版）』（有斐閣、2004 年）
高木光＝宇賀克也編·行政法の争点	高木光＝宇賀克也編『行政法の争点』（有斐閣、2014 年）
栗城古稀上、下	栗城壽夫先生古稀記念『日独憲法学の創造力』（信山社、2013 年）
小嶋退職	小嶋和司博士東北大学退職記念『憲法と行政法』（良書普及会、2013 年）
小早川光郎·上	小早川光郎『行政法（上）』（弘文堂、1999 年）
小早川光郎·下 I	小早川光郎『行政法講義（下 I）』（弘文堂、2002 年）
小早川光郎·下 II	小早川光郎『行政法講義（下 II）』（弘文堂、2005 年）
小早川光郎·下 III	小早川光郎『行政法講義（下 III）』（弘文堂、2007 年）
小早川古稀	小早川光郎先生古稀記念『現代行政法の構造と展開』（有斐閣、2016 年）
塩野宏· I（第六版）	塩野宏『行政法 I——行政法総論（第六版）』（有斐閣、2015 年）
塩野宏· II（第六版）	塩野宏『行政法 II——行政救済法（第六版）』（有斐閣、2019 年）

塩野古稀上、下	塩野宏先生古稀記念『行政法の発展と変革（上）（下）』（有斐閣、2001 年）
芝池古稀	芝池義一先生古稀記念『行政法理論の探求』（有斐閣、2016 年）
芝池義一・総論	芝池義一『行政法総論講義（第四版補訂版）』（有斐閣、2006 年）
芝 池 義 一・救済法	芝池義一『行政救済法講義（第三版）』（有斐閣、2006 年）
社会保障判例百選（初版）	佐藤進＝西原道雄編『社会保障判例百選』（有斐閣、1977 年）
新構想 I	磯部力＝小早川光郎＝芝池義一編『行政法の新構想 I——行政法の基礎理論』（有斐閣、2011 年）
新構想 II	磯部力＝小早川光郎＝芝池義一編『行政法の新構想 II——行政作用・行政手続・行政情報法』（有斐閣、2008 年）
新構想 III	磯部力＝小早川光郎＝芝池義一編『行政法の新構想 III——行政救済法』（有斐閣、2008 年）
杉村章三郎古稀上、下	杉村章三郎先生古稀記念『公法学研究（上）（下）』（有斐閣、1974 年）
杉村敏正還暦	杉村敏正先生還暦記念『現代行政と法の支配』（有斐閣、1978 年）
杉 村 敏 正・総論上	杉村敏正『全訂行政法講義総論（上巻）』（有斐閣、1969 年）
租 税 判 例 百 選（初版）	雄川一郎＝金子宏編『租税判例百選』（有斐閣、1968 年）
租 税 判 例 百 選（第二版）	金子宏編『租税判例百選（第二版）』（有斐閣、1983 年）
租 税 判 例 百 選（第三版）	金子宏＝水野忠恒＝中里実編『租税判例百選（第三版）』（有斐閣、1992 年）
租 税 判 例 百 選（第四版）	水野忠恒＝中里実＝佐藤英明＝増井良啓編『租税判例百選（第四版）』（有斐閣、2005 年）

续表

租税判例百选（第五版）	水野忠恒＝中里実＝佐藤英明＝増井良啓＝渋谷雅弘編『租税判例百選（第五版）』（有斐閣、2011年）
租税判例百选（第六版）	中里実＝佐藤英明＝増井良啓＝渋谷雅弘編『租税判例百選（第六版）』（有斐閣、2016年）
大系1~10	雄川一郎＝塩路宏＝園部逸夫編『現代行政法大系1~10』（有斐閣、1983—1985年）
高柳古稀	高柳信一先生古稀記念論集『行政法学の現状分析』（勁草書房、1991年）
滝井追悼	滝井繁男先生追悼論集『行政訴訟の活発化と国民の権利重視の行政へ』（日本評論社、2017年）
田中二郎·上	田中二郎『新版行政法（上巻）（全訂第二版）』（弘文堂、1974年）
田中二郎·中	田中二郎『新版行政法（中巻）（全訂第二版）』（弘文堂、1976年）
田中二郎·下	田中二郎『新版行政法（下巻）（全訂第二版）』（弘文堂、1983年）
田中古稀上、中、下I、下II	田中二郎先生古稀記念『公法の理論（上）（中）（下I）（下II）』（有斐閣、1976—1977年）
土地収用判例百選	雄川一郎＝成田頼明編『土地収用判例百選——区画整理·都市計画』（有斐閣、1968年）
成田古稀	成田頼明先生古稀記念『政策実現と行政法』（有斐閣、1988年）
原田尚彦·要論	原田尚彦『行政法要論（全訂第七版補訂二版）』（学陽書房、2012年）
広中還暦	広中俊雄教授還暦記念論集『法と法過程——社会諸科学からのアプローチ』（創文社、1986年）
藤田宙靖·基礎理論上、下	藤田宙靖『行政法の基礎理論（上巻）（下巻）』（有斐閣、2005年）
藤田宙靖·行政法I（総論）	藤田宙靖『行政法I（総論）』（青林書院、（初版）1980年／（新版）1985年／（第三版）1993年／（第三版·改訂版）1995年／（第三版·再訂版）2000年／（第四版）2003年／（第四版·改訂版）2005年）

藤田宙靖・公権力の行使	藤田宙靖『公権力の行使と私的権利主張』（有斐閣、1978 年）
藤田宙靖・最高裁回想録	藤田宙靖『最高裁回想録——学者判事の七年半』（有斐閣、2012 年）
藤田宙靖・裁判と法律学	藤田宙靖『裁判と法律学』（有斐閣、2016 年）
藤田宙靖・思考形式	藤田宙靖『行政法の思考形式（増補版）』（木鐸社、1992 年）
藤田宙靖・組織法	藤田宙靖『行政組織法』（有斐閣、2005 年）
藤田宙靖・退職	藤田宙靖博士東北大学退職記念『行政法の思考形式』（青林書院、2008 年）
藤田宙靖・土地法	藤田宙靖『西ドイツ土地法と日本の土地法』（創文社、1988 年）
水野古稀	水野武夫先生古稀記念論文集『行政と国民の権利』（法律文化社、2011 年）
南古稀	南博方先生古稀記念『行政法と法の支配』（有斐閣、1999 年）
宮崎古稀	宮崎良夫先生古稀記念論文集『現代行政訴訟の到達点と展望』（日本評論社、2014 年）
柳瀬良幹・教科書	柳瀬良幹『行政法教科書（再訂版）』（有斐閣、1969 年）
山田古稀	山田二郎先生古稀記念論文集『税法の課題と超克』（信山社、2000 年）

目　录

下 卷

第四编 行政救济法

序 论
行政法与行政法学

一、何为行政法——与实定法律的关系

行政法初学者首先面对而且困惑的事实可能是现在的日本并不存
在"行政法"这种名称的法律。与宪法、民法、刑法等法的领域不
同，在行政法领域，不存在"行政法"这样的法典。这不仅在日本如
此，也是迄今各国皆然的现象。

翻阅六法全书，存在着若干名称上含有"行政"二字的法律，例
如，国家行政组织法、行政代执行法、行政程序法、关于公开行政机
关保有信息的法律、行政不服审查法、行政案件诉讼法等。这些法律
的确均为日本实定行政法的一部分，而且是重要的构成要素。但行政
法一般并非尽为这些法律。一般被认为构成日本行政法的法律，即使
仅从日常较为熟知的名字来看，除了前面列举的几个例子外，还能举
出国家公务员法、地方公务员法、地方自治法、警察法、国税通则
法、国税征收法、所得税法、法人税法、地方税法、财政法、地方财
政法、都市计划法、建筑基准法、土地征收法、健康保险法、雇用保
险法等，数量极多。其他具有种种名称和内容、近乎无数的法律也是
行政法的构成要素。

二、何为行政法——各种学说

如此，行政法目前就不是由一部法典及环绕的一些法律组成的，

而可以说是由具有种种内容的无数法令群组成的法的领域。那么，为什么要将这些繁杂多样的法令群在整体上形成一个名叫"行政法"的法的领域呢？

这其实是行政法学一直以来的重大论争焦点之一，过去存在着多种多样的观点。[1]但是，将其在基本形式上类型化来看，大致可谓有如下分类：

第一，这些无数的法令群逐一来看有各种各样的规范对象和规范样态，但从整体上来看，其背后存在受到某种共通的法原理、统一的法原理支配的观点。这是日本从第二次世界大战之前到战后初期强烈主导意义上的传统或古典观点。如此设想的统一的法原理，就被称为"行政法"。如此，重要的就不是肉眼看得到的法令群，而是其背后所存在的法原理。因而，其中由所谓学说、判例等自己形成的法解释理论体系，与其他法领域相比就变得具有极为重要的意义。这种思考出来的统一的法原理，就被称为"行政法原理"或"公法原理"。[2]

第二，也有观点认为，这些无数的法令未必由统一的原理结合而成，将这些一概称为"行政法"，纯为便宜之举。从第二次世界大战后进入昭和30年代，日本的这种观点在局部得到了颇为强烈的倡导。这些繁杂多样的法令可以说分别只是其他既有的法领域（民法、刑法、民事诉讼法等）的特别法而已，不过，从量上来说，不可能将手从这些既有的法领域伸到所有这些特别法，因而，在便宜上将这些特别法统括起来设计出一个法领域来处理。如此，这时便宜统括在一起的共通项充其量只是"关于行政的法令"，而并不意味着具有理论上的统一性和体系性。[3]

第三，近来更为主导性的观点毋宁是，在这些繁杂多样的法令群

---

〔1〕 详见，『行政法の争点』（初版）5 页以下。

〔2〕 后述所谓"公法私法二元论"（参见后述第 27 页以下）的立场大致与此相当。（指称本书中的页码，包括判例索引、事项索引等，均为页边码。——译者注）

〔3〕 后述所谓"公法私法一元论"（后述第 38 页）的立场大致与此相当。

亦即"关于行政的法令群"中，不是没有以某些形式显现出的理论共通性和统一性，只是其共通性和统一性的范围比第一种传统观点的设想远为狭窄。这时，对于如何以及在何种程度上认可这种共通性和统一性，又有种种观点。但也有一种强烈的倾向大致认为，即使在形式性、程序性的法规定中大致能看到共通性，在实体法的层面上也还谈不上统一的行政实体法。[1]

三、客观性理论"标尺"的必要

在日本，过去连"行政法是什么"的问题自身都有不同的观点，并不存在统一的见解。今天，如后所见，特别是自 1993 年《行政程序法》制定以来，具有通则性质的重要法律逐次制定、修改，[2]行政法总论某种应有的基本整体图景已可谓变得越发明确。但即便如此，在行政法总论上，还远未确立任何人均能认可的理论体系。[3]

6

从过去至今，日本行政法可谓处于流动之中。本书努力让读者率直地把握在不确定而流动的状况下发展而来的日本行政法。但为了能获得确定的理解，有必要对这些流动的、不确定的东西进行整理，使其有序化，为此就需要在理论上设定某种客观的标尺。通过阐明与这一标尺的偏差，可以客观地刻画出日本现在的行政法究竟是怎样的。

作为这种客观的标尺，理论上具有种种选择的可能性。本书鉴于日本行政法的制度与理论迄今的展开过程，如后所见，准备权且选择

---

〔1〕　在这种观点之下，例如有主张认为，传统的行政法各论已无法成立。参照、塩野宏『公法と私法』（有斐閣、1989 年）197 頁以下。

〔2〕《行政程序法》（1993 年）、《关于公开行政机关保有信息的法律》（1999 年）、《关于保护行政机关保有的个人信息的法律》（2003 年）、《关于公文书等管理的法律》（2009 年），等等。

〔3〕　顺便提及，对于"行政法（学）的对象与范围"问题的当今讨论，可参照、高木光＝宇賀克也編『行政法の争点』（第四版）4 頁以下。

前述的日本传统行政法理论〔1〕作为标尺，亦即将"行政法"理解为统一的理论体系。如此，就顺次去看这种观点在面对行政的现实和新的纷争形态出现时会碰到怎样的问题、必须作出怎样的变动、是否受迫于新的需要。

---

〔1〕 这里所谓"日本传统行政法理论"，系一种有倾向性的表达，持有相当于正文所述倾向的各种理论，其内容因人而异。其中，能用作理解现今法状况的线索才是必要的标尺，因而未必囿于各个学者的说法，而是从这些理论中抽象出一种理论模型。本书以下称这种理论模型为"传统行政法理论"。本书将在第二编以下阐明其更具体的内容。

上卷

第一章
行　政

第一节　概　说

一、何谓"行政"

1. 如前所见，有"行政法"这么一个法的领域，无论如何理解其意思，从其种种法令群的最小限度共通要素来说，这些均为关于"行政"的法。过去，为了知道行政法是什么，很多人先在理论上阐明"行政"是什么，很多行政法教科书通常首先是从行政是什么来开始说明的。 7

对于"行政"的概念，有多种多样的理论说明。[1]但是，详加探讨不仅颇为费时费力，而且在刚开始学习行政法之际，尝试给行政概念作理论上的定义，其自身也不是很有意义。其中，从学习效率的角度而言，对于"行政"概念的意思，暂且想委诸高中之前学习的立法、行政、司法三权分立原则（或者作为国家作用三种样态的立法、 8

---

[1] 例如，迄今一直有人在尝试积极定义"行政"概念，可以举下面几个著名的例子来看：

"所谓行政，是国家为实现其目的而在其法秩序之下所作的作用"（奥托·迈耶）。

"近代国家中所谓行政，是指在法之下受法的规制、旨在现实具体而积极地实现国家目的所作的在整体上具有统一性的持续性形成性国家活动"［田中二郎『行政法総論』（有斐閣、1957 年）22 頁］。

"所谓行政，是指 '本来的及拟制的公共事务的管理和实施'"［手島孝『現代行政国家論』（勁草書房、1969 年）19 頁］。

行政和司法的观念）中所说"行政"的大致印象。这里毋宁是想看看行政在现实中是如何进行的，特别是行政法学过去是如何看待、处理这种行政，而现在是如何使用的。因为法律学上如何处理行政现象，这大致已经在传统行政法理论的基本构造中明确显示了。

9

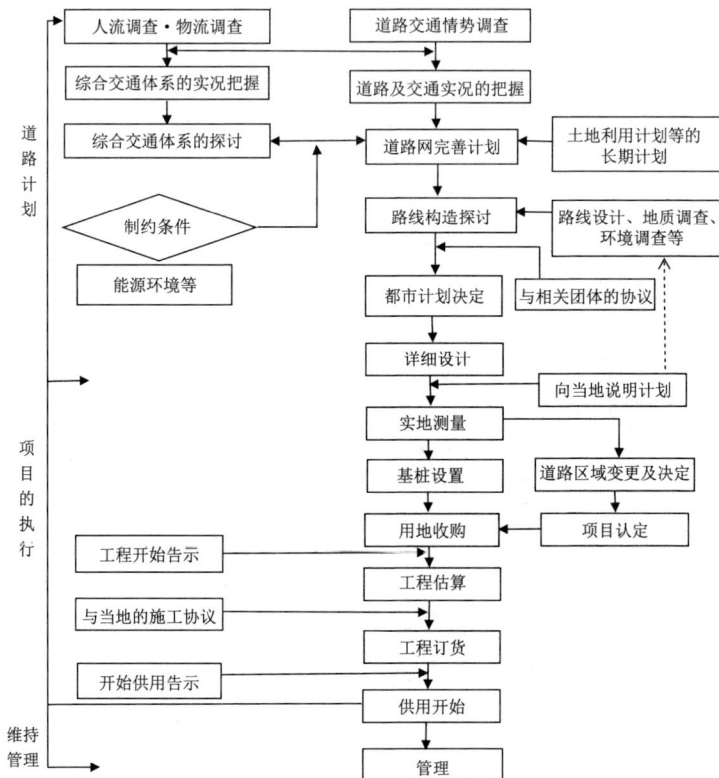

图 I　道路项目的流程[1]

2. 现在，作为"行政"，具有极为多样内容的活动，以种种形式

---

[1]　资料出处：『道路ポケットブック2010年版』84頁。另参见国土交通省网站：「道路行政の簡単解説」の「Ⅲ. 道路をつくる」（https：//www. mlit. go. jp/road/sisaku/dorogyousei/3. pdf）。

在进行，也存在着几乎无数的相关法律及其他法规范。对于实际上通过何人之手、进行何种内容的行政，对其存在怎样的法的规范，可以参照其他以此为目的的著作。[1]这里举一个新设置道路供一般公众利用的例子来看看。

前一页的图Ⅰ显示了设置都市计划道路供一般公众利用之前行政 10 活动的一般流程。在图中所说的"管理"中，在改建、维持、修缮等之外还进行着怎样的行政活动，表Ⅰ作出了列举。从中可以看出，即使同样是说道路行政，具体也有种种活动在进行，存在多样的侧面。其中，对于行政法学如何把握、说明行政这种现象，也因所把握的多样侧面的不同，而能得出种种看法。

表Ⅰ[2]

1.道路区域的决定、变更及其公示（法第18条）
2.道路使用的开始、废止及其公示（法第18条）
3.边界道路的管理方法的协议（法第19条）
4.兼用工作物的管理方法的协议（法第20条）
5.对工程原因者施工的命令（法第22条）
6.附带工程的施行（法第23条）
7.道路管理者以外者所进行的道路工程的承认（法第24条）
8.向利用收费桥梁、渡船设施者收取费用（法第25条）
9.道路台账的编制、保管（法第28条）
10.占用道路的许可（法第32条）
11.占用费的征收（法第39条）
12.沿路区域的指定、公示（法第44条）
13.道路标识、区划线的设置（法第45条、第47-5条*、第48-11条）
14.通行的禁止或限制（法第46条）
15.汽车专用道路的指定、公示（法第48-2条）
16.原因者负担金的征收（法第58条）
17.他人土地的进入或临时使用（法第66条）
18.新设、改建道路的损失补偿（法第70条）
19.监督处分（法第71条）
20.道路预定地的许可（法第91条）
21.不用物件的管理或交换（法第92条）

---

　　[1]　现在已成为经典，除了遠藤博也『行政法Ⅱ（各論）』之外，特别有代表性的是阿部泰隆・システム上。

　　[2]　新建設行政実務講座6「道路」95頁。表中的"法"是指道路法。另外，根据此间的法律修改修正而成。

　　*这里的"第47-5条"，在中文里通常是写作"第47条之5"或"第四十七条之五"，表示在第47条之后新增的第5条。为美观简洁起见，改作这一译法。如果是从某一条到某一条，则用"~"连接，例如"第138~143条"。同下。——译者注

二、行政的活动目的与活动形式

11   1. 例如，也可能根据道路、港湾、自来水、下水道等对国民的公共服务内容（活动目的）来把握行政，将关于道路行政的法、关于水道行政的法分别定位为道路行政法、水道行政法。关于行政的这种看法，在行政的各个领域现实从事种种行政活动的公务员之间是极为常见的。例如，各种实务六法的种类可以说主要就是从这一角度对该行政领域的实定法规的总览。但是，过去日本的行政法学未必是这样来观望行政的，而毋宁可以说是这样的：即使同样是在说关于道路的行政，行政法学更关注它是由人类极为多样的行动组成的，将一个又一个行动作为观察的对象。

2. 这些行动可以根据其性质从种种角度进行分类。例如，在前述图 I 中登场的行动中，"道路交通情势调查""实地测量""基桩设置"等仅仅是事实的物理性行动，并没有通过该行为对某人直接产生权利义务的法效果。与此相对，"收购用地"是行政一方从道路预定地的所有者取得土地所有权的行为，明显是直接给人的权利义务带来变动的行为。同样是"收购用地"，也有两种可能的方法，即得到所有者的同意通过契约取得（任意收购）、经征收委员会的征收裁决强制取得（土地征收）。即使说是带有法效果的行为，有的行为对一般国民的权利义务产生影响，而诸如"道路网完善计划"，也只不过是说在行政组织内部，今后建设道路的机关负有必须遵守计划的义务。

12   如此，行政活动是直接带来法效果的行为还是仅仅是事实性物理性行为，是单方的强制性行为还是要有相对方国民合意的行为，是拘束国民还是仅在行政内部通用，是像计划那样规定极为抽象而一般的内容事项，还是像"收购用地""工程订货"那样仅仅关乎个别而具体的事项，换言之，更为一般性地说，根据行政活动具有怎样的法的形式，可以作出种种分类。

3. 这样，行政活动可以分解为个别行为，着眼于各行为的目的及形式来进行考察。在日本行政法学中，过去在这种考察方法下，在说行政法各论时，可以说主要是像前面那样从行为的目的来观察行政；在展开行政法总论时，可以说是以其行为形式为中心来远眺行政。[1]然而在今天，对于行政的这种看法是否真的适合于现在的行政法学，正成为问题。对此容后再述。[2]

三、行政的主体

1. 在思考行政是什么的时候，有两种角度：一是像上面那样，在进行何种目的和形式的活动，换言之，从行动或作用的侧面观察行政；二是行政经由何人之手在进行，换言之，从主体的侧面考察行政，这是今天的一个重要角度。例如，如果来看看前述的道路设置和管理，道路的设置和管理主体实际上是多种多样的。这时，国家和地方公共团体在从事此事时，该活动当然构成行政的一部分。再如，不

13

---

[1] 行政活动根据其目的分类的方法，并非如正文所示道路行政、住宅行政那样根据行政活动的各个对象分类，而是跨越各行政领域的横断观察、根据活动目的一定的类型差异进行分类的方法。以道路行政为例来看如下。

如前揭表所示，作为道路管理的一个方法，《道路法》这一法律规定，在因道路破损、破坏等事由而产生交通危险时，道路管理者为了保全道路构造、防止交通危险，可以设定区间、禁止或限制道路通行（第46条）。更为一般化而言，道路管理者的这种行为可以说是"为了实现道路安全而限制国民通行自由的行为"。作为取得用地的一种方法，土地征收可谓"为了设置公共设施这种公共事业而强制性取得国民财产的行为"。即使同样是说道路，也能看到不同的情形，例如东日本高速道路股份公司有时设置并管理收费高速道路，这种情形可谓是在进行"为了公共目的的一种企业活动"。如此，行政的各个活动作为"为了公共安全而限制国民自由的行为""为了公共事业而强制取得国民特定财产的行为""为了公共目的的企业活动"等来定性、整理，具有这种性质的行为，不限于道路行政，还在港湾行政、水道行政、住宅行政、医疗行政以及其他所有行政领域都共通地存在着。过去日本的行政法学，从这种角度对行政各领域的种种活动进行整理、分类，设想出"警察行政""公用负担""公企业的经营""财政"等几个行政活动的理论类型。实际上，传统行政法各论所把握的行政活动目的并不是正文所述的道路、住宅、交通等那么具体的目的，而是从这种角度所作的更为抽象的把握（在这一意义上，过去所谓"行政法各论"，应该也可以说具有"各论的总论"的性质）。

[2] 参见后述第384页以下。

动产业者建成住宅团地、整顿团地内道路、观光业者建设观光道路该如何认识呢？在这些情形中，道路建设本身是具有公共效果的事业，国家和地方公共团体通过诸如项目执照制度、开发许可制度等进行种种监督和控制。这种监督作用、控制作用当然也是行政作用的一部分。但在这种情况下，根据传统行政法理论的观点，不动产业者和观光业者建设道路本身通常并不是国家和地方公共团体的行政活动，即使在结果上服务于公益，其本来的性质也是私人企业的营利活动。

行政原本是国家作用的一部分，因而，上述说法自身也可谓逻辑的必然。但是，所谓特殊法人在进行此事时又是怎样的呢？例如，2005 年 10 月 1 日民营化以前，有日本道路公团这样的特殊法人。（旧）日本道路公团是根据（旧）《日本道路公团法》设立的独立法人，根据法律规定，"目的在于对收费道路综合而有效地进行新设、改建、维持、修缮以及其他管理，促进道路的完善、促进交通顺畅"（第 1 条），由政府出资成立（参照第 4 条）。以总裁为首的干部任命、罢免等委诸国土交通大臣之手（第 10 条以下），在很多方面其职员适用关于国家公务员的法令（例如参见第 37 条），公团自身在很多场合也被视为国家行政机关适用法令（例如参见第 39-2 条）。也就是说，这虽然是国家为完善道路事业而特别设置的法人，在法律上说具有相对于国家的独立性，但在经济和社会的实质中，也能看作国家的替身。在这一意义上，过去（旧）日本道路公团进行的道路设置和管理也被认为构成行政活动的一环，（旧）日本道路公团与国家、地方公共团体一样都是进行行政活动的法主体，在这一意义上可被称作"行政主体"。[1] 在这种意义上，这种法人并非国家和地方公共团体，但其活动却具有"行政"的性质，它具有"行政主体"的性质，这种法人在此

---

〔1〕（旧）日本道路公团在 2005 年 10 月 1 日被股份公司化（所谓民营化），三分为东日本高速道路股份公司、中日本高速道路股份公司、西日本高速道路股份公司。这些股份公司已经很难给予"行政主体"的定位。因而，所谓"民营化"（从行政法的观点来说）也可以说是对于过去具有"行政主体"性质的法主体，剥夺其"行政主体"的性质，而赋予其"私人"的性质（参见后述第 16 页以下）。

之外也是多种多样的。2001 年登场的"独立行政法人"[1]即为典型。[2]

2. 在上述道路设置和管理作用之外，其他与国民日常生活密切相
关的种种业务，诸如供给自来水、光热、食材、住宅等，完善和保障
交通、运输、流通网，实施和充实教育、保健、卫生、医疗事业等
等——根据前引远藤博也博士的用语，[3]这里权且将这些业务总称为
"社会管理功能"，这些都是由国家、地方公共团体、独立行政法人、
特殊法人、私企业、个人等种种法主体进行的。如上所述，在过去日
本的行政法学上，在理论上将这些法主体区分为"行政主体"与"其
他法主体（私的法主体或私人）"两个种类，只将属于行政主体的法
主体所进行的业务称为"行政"。这种观点将所有法主体二分为"行
政主体"和"私的法主体（私人）"，对日本行政法理论的基本状态
产生很大影响。这将在下一节再作概述。

第二节　行政主体的概念

一、"行政主体"与"私人"的二元思考

在日本行政法学上，行政主体的概念一般是在"行政上权利义务
的主体"，换言之"被赋予实施行政之权能的法主体"的意义上来使
用。[4][5]如上所述，这种法主体不限于国家和地方公共团体，还包括

---

〔1〕　关于独立行政法人，1999 年第 145 回国会通过了《独立行政法人通则法》。
根据该法，用来设置各个法人的法律，自 2001 年 4 月 1 日开始现实地登场。参照、藤
田宙靖・組織法 147 頁以下。

〔2〕　现在分别民营化为 JR、NTT、JT，其前身日本国有铁道、日本电信电话公
司、日本专卖公社（旧三公社）均为这种性质。

〔3〕　遠藤博也『行政法Ⅱ（各論）』（青林書院、1977 年）8 頁。

〔4〕　有观点认为，"'行政主体'一词是将国民定位于'行政客体'、在两相对比
中使用的概念，在国民主权之下并不适当"（例如参照、芝池義一・総論 5 頁），但在
采取正文所述的理解时，未必要拘泥于与"行政客体"概念进行对比。

〔5〕　对于行政主体概念的意义及相关问题等，参照、塩野宏『行政組織法の諸
問題』（有斐閣、1991 年）3 頁以下；藤田宙靖・思考形式 65 頁以下；舟田正之「特

各种独立行政法人、公共组合（健康保险组合、土地区划整理组合等）等并非国家、地方公共团体但却在从事某种"国家事务"的法人。

将所有法主体分为这种意义上的"行政主体"与"其他法主体"（"私人"或"私的法主体"）来考察，从这种传统的二元思考方法可以得出多种多样的推论。例如，其最基本的结论是，将行政的法关系分为行政的"内部关系"与"外部关系"来思考。也就是说，在行政主体概念之下，行政活动的全过程基本上就被理解为实施行政的行政主体与私人、私的法主体之间的法关系，私人在行政主体之外，与其处于对立、发生争议或者达成合意的交易关系之中。这时，有观点就认为，行政主体的内部构成、内部组织问题完全属于"行政的内部关系"问题，行政主体与其之外的私人之间的关系是"行政的外部关系"问题，两者受本质不同的法原理支配。例如，如后所述，在古典行政法理论中有一种"区分一般权力关系与特别权力关系"的观点。[1]这本来是源自下面这种观点，即使是国民服从国家公权力的情形，如果它是属于行政内部关系的情形（例如公务员的勤务关系），也不能原原本本地适用支配行政外部关系的法原则。再如，在行政机关制定一般抽象性法规范、亦即行政立法行为中，区分为"法规命令"与"行政规则"，[2]也源自同样的观点。一般不允许对行政的内部行为提起抗告诉讼有所争议，[3]也是这种二元思考的表现。

二、二元思考与现代的行政

以行政主体与私人的对立关系为前提，以行政的"内""外"区

殊法人と『行政主体』論」立教法学22号（1984年）1頁以下；舟田正之「特殊法人論」（現代行政法大系7）245頁以下；岡田雅夫『行政法学と公権力の観念』（弘文堂、2007年）134頁以下、16頁以下等。另外，对于这一概念相关讨论，参照、藤田宙靖「『行政主体』概念に関する若干の整理」栗城古稀（藤田宙靖・基礎理論下所收）。

〔1〕 参见后文第74页以下。

〔2〕 参见后文第316页以下。

〔3〕 参见下卷第19页。

别为基本出发点，上述观点从历史上来看可谓反映了近代欧洲型法治主义思想的基本构造。也就是说，日本传统行政法理论以欧洲型近代法治国家原理〔1〕为基本出发点，即通过将后述"依法律行政原理"作为基本原理，以国民代表之议会制定的法律来拘束、限制行政权，进而保护国民的权利利益免遭行政权侵害。因而，对抗国家行政、保护国民权利利益成为基本的关注点，与这种关注相对应的行政现象也成为考察对象。作为保护对象的国民＝私人、作为保护手段所指向的国家行政的主体，首先分别根据明确的功能加以定位；〔2〕同时，即使是整个行政过程，明确区分为行政侵害国民权利利益的情形与其他情形，不仅是可能的而且也是必须的。这种观点就能成立。〔3〕

但是，近来，以"行政主体"与"私人"、行政的"内"与"外"这种二元思考来考察行政，对于面对现代社会之行政的现代行政法学而言，具有多大程度上的意义，正以多种多样的方式暴露出问题来。例如，在前揭《行政法Ⅱ（各论）》中，远藤博也博士过去提倡作为"功能性行政组织"的"自主性行政组织"概念，它也包括业界团体或同业者团体，此外还提倡连町内会、团地自治会也包括在内的"非定型的行政组织"概念。〔4〕在这一意义上，他并不只是在量上扩大传统行政主体概念的范围。其中，"行政"的把握方式毋宁是不同于传统的理解，亦即所谓行政，并不是国家作用的一种，而是指前述意义上的整个"社会管理功能"，宽泛地作为"生活的手段"来思考。在极度分工的现代社会中，并不是仅由职业公务员组成的官僚组织垄断社会管理功能，官僚组织只不过是众多社会管理功能承担者中的一种。远藤博士为了强调这一点，主张有必要采取上述观点。

最近，在超越上述二元论和一元论的对立的维度上，有越来越多

〔1〕 参见后述第58页以下、第72页、下卷第3页以下。
〔2〕 这种观点与国家学、政治学上所谓"国家"与"社会"二元对立的观点相对应。
〔3〕 例如，后述关于法律保留原则的多种理论、关于自由裁量行为判断基准的多种理论等就是其例。
〔4〕 参见该书第90页以下、第94页以下，特别是第97页。

的学者谈及从正面看待"公私协作"现象的重要性。[1]

三、行政法学的目的与"行政"

19　　然而，在现代社会中，社会管理功能并非仅由国家和地方公共团体之手垄断，认识广为分散的事实自身，未必与前述"行政主体"与"私人"二元区分的观点在逻辑上不相容。其原因在于，即使在传统二元考察方法之下，也未必认为所有社会管理功能仅由国家垄断，只不过在其中，在社会管理功能由国家或"行政主体"承担时，它以侵害、限制国民权利利益的形式管理，就作为特别受关注的中心来处理。因而，在复杂化、分工化的现代社会所看到的情形中，仅仅取出这种情形作为关注的中心，[2]维持传统二元思考的基本构造，也未必是不可能的。只不过，在这时，现代极为多样的社会管理功能就要被置于行政法学的考察之外了。[3]

20　　但是，在另一方面，在实施社会管理功能的一般过程中，广泛关注如何保护国民的权利利益时，就必须将从传统思考框架中散落的诸多社会管理功能也作为考察对象来处理，要思考如何广泛、实质上保护国民利益才好。这时，思考行政，就要问一问固执于传统的"行政主体"概念是否适当。

　　对于前述"公私协作论"，对其理论性质的说明是，"着眼于行政过程中私人作用的变化，承担着在多样协作现象（主要是新现象）中

---

　　〔1〕借用其代表性学者之一的山本隆司教授的话来说，"公私协作论首先承认由组织构成主体不同的'公'组织与'私'主体共同承担'社会管理功能'事务（任务），再根据无法二分的多样性事务（任务）的性质，考究公组织与私主体应当如何分担事务（任务），两者应当以何种组织、程序样态来完成事务（任务）（包括国家在完成事务上以何种样态来回应'关注'）"。山本隆司「日本の公私協働」藤田退職171頁。

　　〔2〕例如，兼子仁·総論反而是有意从这一角度去构筑行政法学。

　　〔3〕为了应对后者问题而提倡"元行政法的地平线"上的法理论，参照、磯部力「行政システムの構造変化と行政法学の方法」塩野古稀上47頁以下（特别是第64頁）。

发现法问题的功能"。〔1〕这种"发现的功能"超越了仅以过去二元论说不清楚行政现实的批评，在具体的法解释论上能发挥怎样的积极功能，尚需个别地验证。具体而言，诸如私人（私法人）根据法律的规定，接受行政主体（行政机关）一定行政事务（包括行使公权力）的委托而实施行政，这就是所谓"指定法人"或"指定机关"等制度。〔2〕在其种种法解释中，从"公私协作"角度来看时能否产生某种新的观点，就会成为问题。〔3〕

　　如此，如何把握"行政"的主体，进而如何把握"行政"，会因行政法学想将什么作为其目的而有很大的不同。过去日本多种多样的行政法理论之所以未必来得很顺畅，其原因之一就在于并不明确理论是为了什么，这种状况因现代行政复杂而明显发展的现象而愈加展开。〔4〕对于这种问题，后面将通过种种例子来阐明。其中，作为准备性工作，对于日本传统行政法学对"行政"的把握方式，下面将从如何理解行政的活动形式的角度来说明其基本特色。

21

第三节　行政的活动方式——三阶段构造模式

一、行政过程及其法的把握

　　已如前述，现实的行政是以多种多样的手段开展的复杂过程。〔5〕

---

　　〔1〕　前田雅子「行政法のモデル論」新構想Ⅰ27頁。
　　〔2〕　参照、藤田宙靖・組織法156頁以下。
　　〔3〕　作为这一意义上的启发，例如参照、稲葉馨「公共施設法制と与指定管理者制度」法学67巻5号（2003年）60-61頁。
　　〔4〕　对于上述情况，一般可参照、藤田宙靖「現代の行政と行政法学」公法研究46号（1984年）115頁以下（藤田宙靖・基礎理論上49頁以下所收）。而我自身对行政主体概念的有用性的观点，参照、藤田宙靖・組織法21頁以下、45頁以下；藤田宙靖・前揭栗城古稀（藤田宙靖・基礎理論下所收）。
　　〔5〕　因为要强调行政是这样一个"过程"，现在常常使用"行政过程"的说法。对于这一词语以及强调行政是"过程"的观点在现在行政法学上所具有的意义，参见后述第142頁以下。

　　然而，行政法学在考察这一复杂过程之际，并不只是作为没有任何结点、平淡的动态漫然地来看，在对行政过程进行法的考察时，这种对目的有意义的把握方法当然也必须适用于对"行政"自身的把握。

　　关于这种把握方法，在日本传统行政法理论中，其基本特征首先是前一节所见的"行政主体"与"私人"对立的看法，此外还能举出其他几个观点：其中一个观点是前述以构成行政过程的种种个别性行为的法形式为中心来分类考察行政过程；现在还有一个观点是，在这种法的形式中，特别是以"行政行为"这一法的形式为中心，法律——行政行为——强制行为的三阶段构造构成行政过程的基本骨骼。以下想要对这两点稍微详细地加以分析。

二、行政法总论与行政的各种活动形式

　　传统行政法理论主要是着眼于行为形式、活动形式来把握行政的各种活动，这样做可以说是有道理的。也就是说，如果将行政法理解为统一的法理，它存在于关于复杂多样的行政的庞杂法规的背后，对于探究这种统一法理的目的最有意义的当然是从行为形式、活动形式来把握行政的看法。其原因在于，看出了形式的共通性，就可以超越所有领域诸多行政活动在目的、内容上的具体差异，不管怎样就可以将其纳入共通的范畴之中。这样，作为全部行政领域共通存在的法形式，过去行政法学能看出来的有"行政立法""行政行为""行政契约""行政上的强制执行""行政上的即时强制"等行为形式或活动形式。

　　在传统行政法学特别是行政法总论中，行政的全部活动，舍去其具体的目的、内容、具体名称等，基本上全都是通过这里所说的共通的行为形式、活动形式的组合，在横断面上来把握。如此，常常是就每一种行为形式、活动形式来谈论其法的性质。鉴于现代行政活动形态多样化，除了上面列举的行政法学从过去就一直在处理的行为形式或活动形式之外，"行政计划""行政指导"等新的行为形式、活动

形式也正在受到关注。[1][2]

三、"行政行为"的概念

　　然而，重要的是，传统行政法理论在着眼于这种行为形式、活动形式来考察行政的过程时，在这些行为形式、活动形式中基本上区分出重要者与不重要者，或者说基本者与附带者。这时，承担着最为中心作用的就是"行政行为"这一行为形式。

　　在这里，"行政行为"自然并不意味着行政主体的全部行为，而是指其中具备某种特定性质的行为形式。例如，在前述都市计划道路的设置管理的例子中，道路区域的决定、项目认定、取得用地的征收裁决、道路的占用许可、道路障碍物的排除命令等行为均具有这里所说的"行政行为"性质。此外，从其他行政领域来看，即使拿能想起的例子来看，更正处分和决定处分等课税处分，建筑基准法上的建筑确认和违法建筑物的拆除命令，公务员的罢免处分，关于农地的权利移转许可和转用许可，餐饮业、旅馆业、公众浴场业、风俗营业、宅基地建筑物交易业等为数众多的营业执照或许可及其撤销、停止等，与国民日常生活相关的诸多重要行政活动也属于这里所说的"行政行

24

----

　　[1]　从"行政主体使用的手段"角度来看这些个别行为形式、活动形式，近来也有人使用"行政手段"的说法。对此，有人主张应当在理论上区别"行为形式"概念与"行政手段"概念。参照、高木光『事実行為と行政訴訟』（有斐閣、1988 年）285 页以下。

　　[2]　在本书前身《行政法 I（总论）》的新版之前，"行政立法"以及其他概念仅作为表示行政的行为形式来说明，该书第三版以后用了"行为形式、活动形式"的表述。这些概念是否真的都表示"行为形式"，从理论上精确而言是存在种种问题的，这将在之后指出。例如，其中，"行政上的强制执行""行政上的即时强制"就是由几个个别行为组成的一定的程序过程。有人着眼于此，就以"行政上的一般制度"来说明，以区别于"行政的行为形式"［参照、塩野宏・I（第六版）97 页以下］。再如，"行政计划"在何种意义上能说是新的行为形式，该书新版已经提出疑问［参见后述第 356 页以下，顺便提及、塩野宏・I（第六版）234 页以下是将行政计划作为该书所说的行为形式之一来处理的］。另外，对于整个行政的活动形式论，将在本书第三编附章再作详述。

为"。

这些行为，亦即"行政行为"这种行为形式均有共通之处，大致在于：第一，不同于政令、省令等所谓"行政立法行为"，它是以个别、具体的私人为对象所作出的行为；第二，不同于建议、劝告等所谓行政指导行为，它直接影响私人的权利义务，换言之，直接课予私人某种法的义务、赋予法的利益；第三，不同于捣毁违法建筑物等实力性强制行为，它仅具有某种意义上的观念性效果，是在当下课予法的义务、赋予权利；第四，为了确保这种法效果的实效性，在其背后设计了强制手段（强制执行、根据罚则进行制裁等）等，在某种方式上具有不同于私人法律行为的"公权力性"，等等。[1]不过，在所谓行政"内部关系"中的行为当然要从"行政行为"中排除出去。[2]在传统日本行政法理论中，首先根据法律的一般、抽象规定，作出这种意义上的行政行为，进而为了确保行政行为的效果而实施强制行为（特别是强制执行行为），这种三阶段构造是贯穿所有行政领域、行政过程的最基本构造。传统行政法理论就是在这种观点下观察、把握行政活动的。[3]

25　　这种观点是通过以"行政行为"法形式为中心的三阶段构造模式来把握行政过程的基本骨骼，它来源于奥托·迈耶（Otto Mayer, 1846—1924）19 世纪末确立的德国近代行政法的观点。即使是现在的日本，在学说中仍保留着"行政行为"的概念，诸多法律，特别是《行政程序法》《行政案件诉讼法》《行政不服审查法》等采用"处分"的概念，[4]基本上仍受其很大的影响。

---

　　[1]　"行政行为"的概念与性质，将在后文再作详细说明（后出第 203 页以下）。对于这里所说的"公权力性"的内容，详见后述第 222 页以下、第 231 页以下等。

　　[2]　不过，对于这一点，参见后述第 79 页注[1]。

　　[3]　典型的例子有，根据《所得税法》等税法规定作出课税处分，为实现课税处分的效果，作出扣押、拍卖等滞纳处分；根据《建筑基准法》的规定，发出违法建筑物的拆除命令，在未自愿履行时强制捣毁。

　　[4]　参见下卷第 18 页以下。

四、第一章小结

如上所述，在日本传统行政法理论（特别是其总论）所看到的对行政现象的把握方法，其特征在于，"行政主体"与"私人"对立（或者行政"内部关系"与"外部关系"的区分）的二元图式，并通过以"行政行为"概念为中心的三阶段构造模式来把握这种相对立的"行政主体"与"私人"相互关系。这种对于"行政"的把握方法自身与行政法理论的种种侧面密切相关。传统制度和理论是在这种对"行政"的思考模式上发展起来的，而激剧变动的现代行政现实又产生种种要求。如何让两者对接起来，成为日本现在的行政法制度与理论中最基本的难题。其中，一方面，出现的一种尝试是像前述远藤博也博士的行政组织概念那样，完全转换为与过去不同的构想，从根本上改变思考框架；但同时在另一方面，如后所述，现状却是应当使传统思考框架适合新的要求，一点点渐次改变、不断进行试错的尝试。

26

第二章
行政法

第一节　概　　说

一、行政固有的法

27 　　正如序论所见，对于行政法是什么的问题，过去有种种观点，而未必有统一的见解。但是，如果根据理论的必然性，或仅仅是便宜的理由，行政法这一法领域既然区别于其他领域，当然要处理其他领域通常不正面处理的法现象、法关系。实际上，在围绕行政的法关系中，常常能看到与通常民事关系颇为不同的法现象。例如，在征税、土地的公用征收等情形中，即便没有相对方当事人的纳税人、土地所有者的同意，行政主体（这里其机关分别是税务署长、征收委员会）也在法律上具有权限，最终单方课予纳税义务，或者让土地所有权发生变动（也就是实施前述意义上"行政行为"的权限）；还被赋予权能，在相对方不予服从时，亲自以强制力加以实现；[1]在相对人不服从时，具有以自己的强制力加以实现的权能（滞纳处分、出让的代执行）。[2]这与通常私人根据民法规定将他人金钱、土地落入自己之手的情形自然是极为不同的。如此，在行政活动之际，特别是以行政行

28 为为中心手段行使公权力时，行政主体与私人之间存在的法关系，在

---

〔1〕　参见《国税通则法》第24条、第25条，《土地征收法》第47-2条。

〔2〕　参见《国税通则法》第40条，《土地征收法》第102-2条。

内容上可以说是不同于通常私人相互之间的法关系。这样，规范在私人相互间通常看不到的法关系的法，在传统行政法理论中就被称作"行政特殊固有的法""关于行政的公法"。[1]

二、"公法"与"私法"的观念

然而，如前所述，在传统行政法理论中，不言自明的是，行政活动基本上是以行政行为这一行为形式为基轴、以三阶段构造模式为中心来把握的，其中，行政活动基本上是受前述意义上"公法"的规范。但是，即使在这一场合下，围绕行政的法关系也并不是说完全受这一意义上公法的支配。例如，从前述道路的设置管理来看，为了修理国道县道、架设桥梁，国家或地方公共团体向土木建设公司提出工程订货，其中缔结的契约自身与私人相互间的承包契约在性质上也并没有决定性的不同。有时，虽是要实现完全同样的目的，避免权力性行为形式，反而使用与私人间交易相同的方法。例如，在为建设公共用道路而要取得用地之际，尽管可能使用现行法上征收土地这一权力性的手段，但现实中更为普遍的却是与土地所有者协商，通过民法上的买卖契约取得土地（所谓任意收购）。在关于行政的种种法规范中，存在形成行政法这一特别法领域的法规范，也存在已被吸收到民法、商法、刑法等领域的其他法规范。

其中，在古典行政法学上，首先对于有关行政的法现象，如何在理论上区分是否属于行政法抱有重大关切。这一问题是特别作为公法与私法的区分标志（判别基准）问题来讨论的。[2]

---

〔1〕 例如参照、田中二郎·上 24-25 頁。

〔2〕 正确而言，古典行政法学作为"公法与私法的区别"来讨论的问题包含着"'公法'与'私法'的区别"问题、"'应当适用公法的社会现象'与'应当适用私法的社会现象'的区别"问题。这两个问题在理论上本应是明确区分的问题，事实上日本也早有学者指出了这一点〔参照、柳瀬良幹『行政法に於ける公法と私法』（有斐閣、1943 年）〕，但尽管如此，一般并没有这种明确区分，就是在讨论着"公法与私法的区别"。其原因可能有很多，如后所见，其中之一可以举出下面这种背景："公法"的

29

三、区分公法与私法的学说

公法与私法的区分标准（或者"应当适用公法的社会现象"与"应当适用私法的社会现象"的区分标准）问题，是欧洲大陆法系法律学中非常古老的争论不休的问题。例如，1904 年瑞士一位学者（Molitor）收集这一问题的相关学说之后说，到那时为止已存在 17 种学说。但是，将这些多种多样的观点进行大的类型化来看，在过去行政法学上具有重要意义者大致可分成以下三类：

（一）主体说

这一类型基本上来说就是根据法关系的主体、当事人是否有行政主体（或其机关）来区分是否为公法。其结果是公法、行政法的领域变得极为广泛。例如，在法国大革命之后不久、近代行政法理论体系诞生期的法国，这种观点是主导性的。[1] 当时，为了让革命政府的行政运营免遭保守的司法法院（称作"Parlements"）干涉，大凡行政机关参与的法关系均作为"行政法"而不服从通常司法法院的审理，这成为之后生成统一行政法理论体系的源泉。但是，大凡行政机关参与的法关系都必定受内容不同于通常私法的法的规范，很难说必定符合行政的实态，主体说的观点在哪一个国家都不能永远保持主导地位。

（二）权力说

如名称所示，这一类型基本上是根据当事人间是否以权力性手段进行规范来决定公法与私法的差别。例如，在法国，当初在前述主体说观点居于主导地位之后不久，就有人对此展开反思，采用的观点是，

内容自身在理论上并不明确，从诸如确定行政法院管辖范围的需要等来讨论所谓"应当适用公法的社会现象"范围，反过来，适用于如此确定范围的社会现象的法也就是"公法"。以此为前提，本书将首先按其原样回溯传统行政法学中的学说发展。

〔1〕 对于法国行政法的历史发展，参照、神谷昭『フランス行政法の研究』（有斐閣、1965 年）、雄川一郎「フランス行政法」同『行政の法理』（有斐閣、1986 年）。

将行政机关参与的所有活动二分为"权力行为"（actes de puissance publique）与"管理行为"（actes de gestion），前者受行政法、公法的规范，服从行政法院（Conseil d'Etat）的审理权，而道路修缮、公共设施建设等财产管理行为则在行政法的对象之外，服从通常司法法院的审理权。在德国，与法国的情形不同，主体说的观点原本就几乎没有居于主导地位。中世纪的法思想亦即对于领主与人民之间的关系，并不明确区分其法关系公的性质与私的性质，进入 19 世纪后仍然能看到这种观点的影响，[1]再加上所谓国库理论（Fiskus = Theorie）法思想[2]的影响，反而一开始产生公法私法区别问题时，权力说的立场就可以说居于支配地位。

然而，伴随着国家生活、社会生活的发展，国家行政活动日益增大、复杂化。与此相连，出现的问题就是，仅以"权力"要素就将行政法、公法与一般私法区别开，是否适当。例如，从自来水、电力等公企业来看，一般对通常的私人承认契约自由原则，而这些企业却原则上被剥夺拒绝缔约申请的自由。[3]行政主体卖掉国有公有财产、请土木建设业者承揽道路工程，这时，缔结的买卖契约、承包契约自身即使与民法上的契约相同，其缔结过程也与私人销售其所有物、建造房屋并不完全相同。也就是说，与私人不同，在行政主体的场合下，因为是保管着公共财产、公共资金，不允许行政机关在从事契约要务之际因恣意、私情等损害公共财产、缔结契约。对于公共财产的管理、公共资金的支出等，有种种法规范设置了特别的规定。[4]

如此，即使是非权力性行政活动，也要为了公共利益而使用公共财产、设施等，因而，有时就由通常私人间法关系中并不存在的特殊的法来规范。以这种眼光来看行政活动中权力性行为，为什么被赋予

[1] 对于德国 19 世纪初期的理论状况，请参照、藤田宙靖·公権力の行使。

[2] 该观点并不视国家为单一的法人格，而是认为有作为权力主体的"国家"与作为财产权主体的"国库"（Fiskus）两种法的人格，国库意义上的"国家"不同于作为权力主体的"国家"，常常受和普通私人同样的法规范，服从普通司法法院的审理权。

[3] 参见《水道法》第 15 条，《电力业法》第 17 条等。

[4] 参见《国有财产法》《会计法》《物品管理法》等。

这种权力，究其根本就在于，这是为实现公益所不可或缺的。这样，公法与私法的区分标志就不是"公权力"，而是"公益"，所谓利益说的观点就登场了。

（三）利益说

32
一句话来说，这一类型的观点认为，服务于实现公益的法是公法，服务于私益的法是私法。如前所述，在法国，大革命之后，先出现当初的主体说观点，接着在权力说观点登场之后，19 世纪中叶开始，作为行政法区别于私法之标志的公共服务（service public）概念逐渐在行政法院的判例中登场了。这种观点经行政法学者之手整理、发展，成为后来法国行政法的基轴。而在德国，权力说的传统原则上没有崩溃，但是诸如在以法国行政法理论体系为范本的奥托·迈耶的体系中，关于公物、公企业的管理、运营等的法也被纳入行政法之中。[1]这基本上影响了尔后的德国进而是日本的传统行政法理论。

但是，至少仅仅是利益说，还难以说始终是正合乎行政现实的。例如，一方面是纯粹的私人行为，同时也服务于公益目的，这种行为并不少见（例如开设医院等）；而另一方面是行政主体实施的公益目的的活动，有时也使用通常的私法形式。在法国行政法上，之后很长时间里作为行政法理论支柱的公共服务概念发生了动摇，取而代之的观点是，诸如关于权力行为（actes de puissance publique）与公管理行
33
为（actes de gestion publique）的法是行政法；即使是以公益为目的，关于私管理（actes de gestion privée）的法也是私法。而在以德国行政法理论为模型的日本传统行政法理论中，长期主导的代表性观点是从利益说角度修正的权力说框架观点。下一节就来观察日本的公法私法论的展开。

---

［1］ 特别注意到这一点并解明奥托·迈耶的理论构造，塩野宏『オット・マイヤー行政法学の構造』（有斐閣、1962 年）。

第二节　公法与私法——日本学说的推移

一、日本的传统通说——三分说

日本关于公法私法区别的学说在传统上自然是受德国影响发展起来的。在第二次世界大战后初期之前，如果用一句话表达其特征，那就是与明治年代继受西欧法时期当初隆盛的"公法关系私法关系绝对区别论"（其代表例子通常是举出穗积八束、上杉慎吉两位博士[1]）立场相对，美浓部达吉博士、田中二郎博士等主张"公法关系私法关系相对化理论·混合关系理论"，克服绝对区别论，并广泛浸透至全体的过程。

例如，田中二郎博士将行政活动的法关系三分为支配关系（权力关系）、公法上的管理关系和私法关系。[2]首先，所谓支配关系，是指受警察作用、课税征税等行政主体的单方性命令强制权所支配的关系，其中，除了"贯穿所有法的一般原理或一种法技术上的约束规定包含在民法典中的情形"（例如，《民法》第 1 条第 2 款、第 3 款规定的信义诚实原则、禁止权利滥用，第 138~143 条规定的期间计算规定等），完全排除一般私法的适用，适用独自的公法原理（行政法原理）才是妥当的。其次是公法上的管理关系，是诸如设置并维持公物、经营管理公企业等的法关系，本来是适用与对等私人之间规范同样的法，亦即私法，但这些作用系为公益而行，与公益有密切关系，因而，为了实现公益，课予私人之间没有的特殊规范要求。这时，是否存在不同于私法原理的特殊规范的明文规定，只有在区别于纯粹私经济关系的公共性得到实证时，才适用公法、行政法原理，否则即受私法原理支配。最后是私法关系，购买一般的事务用具等与私人之间经

〔1〕　对于穗积八束博士的公法私法论，我稍有不同的看法。藤田宙靖·思考形式38 頁以下。

〔2〕　田中二郎·上 79 頁以下。

济交易完全没有差异的行为，自然全面适用私法规定。

（三分说的理论构造）

私法关系	公法关系	
（纯粹的）私法关系	公法上的管理关系	支配关系（权力关系）
仅适用私法规定	原则上适用私法规定	排除私法规定的适用

这种观点也应被称作"三分说"，它是为对抗主体说的观点，混合了权力说要素和利益说要素而成的，易于诉诸当下一般人的常识，因而从第二次世界大战前到战后一段时间在日本可以说占有通说的地位。[1]

二、三分说的问题

35   但是，如果更详细探讨，这种三分说是包含着种种问题的。例如，首先成为理论问题的是"公法上的管理关系"这一类型。根据上述观点，这种法律关系原则上适用私法，同时为了公益目的而例外地受特殊的规范。但由此产生的疑问是，如果是这样，那只有受到特殊规范的情形才进入公法、行政法的领域，此外的情形，即使是公物管理等法关系，也是进入私法领域。对于上述三分说，出现的批判是，大凡从整体上看公物、公企业的法关系，就不可能讨论是公法关系还是私法关系，是公法还是私法的问题应根据各个具体的法规范来决

---

〔1〕 在判例上，有例子认为，公营住宅的使用关系，"是公法上的管理关系，而没有以行使权力为本质"。大阪地判 1959 年 9 月 8 日下级民集 10 卷 9 号 1916 页。而例如对于收购农地处分是否适用《民法》第 177 条规定的问题，最高法院认为，"收购农地处分是国家以权力性手段强制购买农地，与对等关系中私人相互经济交易为本旨的民法上买卖具有本质的不同"，因而予以否定（最判 1953 年 2 月 18 日民集 7 卷 2 号 157 页）。另一方面，国有铁道是法律明文规定（旧《日本国有铁道法》第 2 条）的"公法上的法人"，对于其职员勤务关系，最高法院认为，"一方面有私法的侧面，同时在许多点上按公务员处理，因而有公法的侧面"（最判 1954 年 9 月 15 日民集 8 卷 9 号 1606 页）。另参照、最判 1974 年 2 月 28 日民集 28 卷 1 号 66 页。

定，特别是设定所谓中间领域的"公法上的管理关系"概念是不可能的、没有意义的。[1]

这一批判在理论上有其正确性，不过，上述三分说的目的未必与讨论的目的相吻合。原因在于，这一批判在理论上主要适用于行政主体与私人之间各个具体的法关系应当适用的法规范和法原理已经确定了的情形，讨论其公私的判断；而三分说的主要目的则是对于应当适用的法规范和法原理尚未判明的情形，要在法解释论上探寻什么是其基准和规则。[2]在这一意义上，三分说大致是作为区分"公法""私法"的观点来说的，但在实质上，它本来不外乎是关于"应当适用公法的社会现象"与"应当适用私法的社会现象"区别的一种观点。[3]

三、三分说的意义及界限

然而，如果如此理解三分说的性质，三分说的意义就变成在于在结果层面处于下述法解释论的规则之上：

1. 如果这么说，那即使是关于公法人、公物、公企业等的法关系，[4]或者行政主体作为一方当事人介入的法关系，也不应当然始终排除私法规定的适用。

2. 对于上述法的关系：

（1）如果它是有"支配关系"性质的相互关系，就排除一切私法规定的适用；

---

〔1〕　参照、柳濑良幹·教科书14-15页、杉村敏正·総論上58页等。

〔2〕　例如参照、田中二郎·上74-75页。

〔3〕　参见前述第29页注〔2〕。另外，对于三分说的理论性质及其学说史上的意义，除了本书以下所述之外，参照、藤田宙靖「現代の行政と行政法学」公法研究46号（1984年）119页以下（藤田宙靖·基礎理論上53页以下）。

〔4〕　对于这里所说的"法关系"概念，有观点主张，在适用法规范之前、以一定生活关系的定性为问题时，这就只是"关系"，而不能称作"法关系"或"法律关系"，要在逻辑上予以区分（参照、柳濑良幹·教科书12-13页）。对此，参见前述第29页注〔2〕。

（2）如果它是有"管理关系"性质的相互关系，（只要论证没有法律的文字上或公益上的特别理由）就原则上应当与私人之间的关系同样处理。

其中，第 1 个规则的确立，从学说史背景来看，其实是三分说本来具有的最为重要的法解释论的功能。但是，现在这一规则自身已经完全没有争议，因而，在这种状况下三分说的积极意义毋宁是在提倡第 2 个规则。但这时，今天对于 2（2）已经几乎没有争议，结果主要意义在现实中只剩下 2（1）。但是，学说和判例很早就对此提出了极为重大的疑问。

例如，对于租税滞纳处分，最高法院在 1960 年表明了可以适用《民法》第 177 条的态度。[1]租税滞纳处分在上述三分说里也是支配关系的一个典型例子，因而必须说至少在判例上并不是原原本本地承认三分说。对于这一判决，也不是没有学说上的批判，但是，赞同之声更多，今天，并不是说是支配关系（权力关系）就当然排除《民法》第 177 条的适用，而是说即使是行政处分，也应当鉴于该处分的性质、问题以怎样的方式登场等因素，个别性地考虑是否适用，这种观点可以说正变成主导的观点。如果这种倾向在理论上得到推进，不言自明的是，一般与"公法上的管理关系"一样，对于"支配关系"，至少不能仅以这种概括的定性，就从中推导出在个别情形中适用法规的决定。如此，现在又朝着这种观点迈进了一步，即原本就不存在与一般私法体系并列、并对立存在的统一公法体系。实际上如本书序论所涉及，特别是从昭和 30 年代结束起，这种观点就得到了进一步强烈的主张。

四、公法私法一元论的登场

有观点认为，日本实定法整体可区分为公法体系和私法体系两大类各自独立的法体系。传统观点以此为出发点，这里将其称为"公法

---

〔1〕 参照、最判 1960 年 3 月 31 日民集 14 卷 4 号 663 頁。

私法二元论"（或仅称作"二元论"）。而与此相对，主张实定法上不存在这种统一的公法体系，这一立场在这里权且称作"公法私法一元论"（或仅称作"一元论"）。[1]即使是"一元论"的立场，也并不否定在诸如课税征税、警察规制等诸多行政活动中存在具有命令、强制等内容的法关系，不同于纯粹私人之间的法关系。但是，从这一立场来看，正因为实定法这样个别地规定着，才存在这种特殊的法的规范。像传统理论那样，在这些个别性实定法规背后有统一而概括的公法体系，它就像冰山一角露出海面，呈现为各个具体的特殊规定，这种观点只不过是没有任何根据的学理。例如，根据这一立场的代表者高柳信一博士的观点来看，人在社会中生活，有的事情只用商品交换的交易原则即民事法（博士的用语准确地说是"市民社会的法原理"）来处理是极不合理的，行政活动的各种特殊规范只不过是作为民事法的例外而特别规定的。像商法、劳动法等是作为民法的修正形态而产生的那样，行政性法规只具有民事法（市民社会的法原理）"人为修正形态"的性质。[2]

　　这种观点可以说与英美法系行政法的观点具有共通性。在英美法系的观点中，其根本是普通法（common law）的法思想体系，即不问私人还是国家机关（公务员），所有国民一概共同服从普通法。行政的所有活动原则上应当受一元法源普通法原理的规范（rule of law 思想）。它在传统上就没有产生法国和德国那样独立于私法秩序的统一

----

　　[1]　准确而言，即使是站在这一意义上"一元论"立场的人，也未必同时否定"行政法"作为一个理论体系的存在。例如，如正文以下所见的高柳信一博士，也未必否定新意义上的"公法规定"的存在自身，不过，他否定这种"行政法"与传统意义上统一体系的"公法原理"的结合。因而，在理论上准确地说，这里所说的"一元论"，未必是旨在否定"行政法"或"公法"概念的立场，而毋宁是旨在理论重构的立场。或者换个角度来说，这里所说的"一元论"，未必意味着"公法"与"私法"的一元论，而可能是认为"应当适用公法的社会现象"与"应当适用私法的社会现象"的一元论。参照、藤田宙靖·前揭公法研究 46 号 121 页以下（藤田宙靖·基础理论上 55 页以下）。

　　[2]　集高柳博士这种观点之大成，参照、高柳信一『行政法理論の再構成』（岩波書店、1985 年）。

公法体系、行政法体系的构想。[1]

五、公法私法二元论的反驳

与如此登场的"一元论"相对,日本当然从传统的"二元论"出发严加批判。要言之,其批判的重点在于,如果是立法政策论姑且不论,如果是作为现行法的解释论来理解,现在日本的实定行政法并不是以"一元论"所主张的构造构建起来的。"二元论"所举的证据是下面的事实:

(1) 在实定法上,对行政厅的"处分"涉及了不同于民事诉讼的抗告诉讼这种特殊诉讼(《行诉法》第 3 条)。

(2) 在会计法上,关于公法上金钱债权的消灭时效,承认不同于私法债权的短期消灭时效(《会计法》第 30 条,当然,这是 2017 年《债权法》修改前的事情。现在没有了与私法债权之间的消灭时效期间的差别)。[2]

(3) 在实定法上,存在明文以"公法"文字规定的法规范,例如,《行政案件诉讼法》第 4 条("关于公法上法律关系的诉讼")、《港湾法》第 5 条("公法上的法人")等。

这些事实确实可以让人相信公法体系与私法体系的二元存在,以此为前提来思考,正是显示法体系二元的表征。但反过来,站在"一元论"立场上来看,这些是证明法体系二元存在的决定性证据,却未必是说得清的事实。例如,对于第一点,日本法上有抗告诉讼这种特

---

[1] See A. V. Dicey, "An Introduction to the Study of the Law of the Constitution", 1885.

当然,实际上这些国家,特别是在第一次世界大战之后,行政机关对私人、私益的权力性规制显著增大。例如,美国诸多独立规制委员会(Independent Regulatory Commission)的经济规制就特别有名。如此,对行政活动存在着内容不同于通常私人之间规范的法,在这一意义上,现在可以说英美法也存在行政法。但是,这种行政法不同于法国、德国等欧陆各国及日本的传统行政理论所思考的"公法",它只不过是一元性普通法体系的个别修正形态。

[2] 另外,现在已经不存在了,例如 1987 年日本国有铁道民营化以前,法律上有"日本国有铁道是公法上的法人"规定。参见旧《日本国有铁道法》第 2 条。

殊的诉讼类型，这是事实，它是民事诉讼的例外，如果理解成这样的特别规定，就没有任何必然存在"公法体系"的意味。对于第二点，《会计法》第 30 条的规定，实际上只是规定"国家以金钱给付为目的的权利"，而"二元论"仅随意解释为"国家的公法上债权"。[1] 对于第三点，虽说偶尔在几个法条上使用了"公法"的文字，却没有理由必须认为其背后存在统一的公法体系。原因在于，那些实定法律对于 41 "公法"一词能仅在该法律中赋予特有意义，就如同说民法的"果实"概念、刑法的"器物损坏"概念一样，对"公法"概念也能这么说。

　　在第二次世界大战后，昭和 30—40 年代日本的行政法学中，公法私法关系二元论和一元论立场均没有决定性证据而陷入相互对峙的状态。这一问题原本应当如何思考呢？对此下一节再来探讨。

第三节　公法与私法——问题的观点

一、方法论上整理的必要

　　对于是否存在公法与私法的区分问题，日本在第二次世界大战之 42

---

　　〔1〕　在当时法律之下，最高法院在决定某债权是否适用《会计法》第 30 条时，当初是以该债权是否为公法上的债权为解决的基准（最判 1966 年 11 月 1 日民集 20 卷 9 号 1665 页。另外，在与《地方自治法》第 236 条的关系上，参照、最判 1971 年 11 月 30 日民集 25 卷 8 号 1389 页），而 1975 年判决（最判 1975 年 2 月 25 日民集 29 卷 2 号 143 页）就未必采用这种方法，它以《会计法》第 30 条规定了短期消灭时效为理由，采取了具体探讨该债权是否有那种理由来解决问题的态度。这种态度至少是与一元论的立场是相同的。当然，近来最高法院（最判 2005 年 11 月 21 日民集 59 卷 9 号 2611 页）在对公立医院诊疗债权的时效消灭适用《民法》第 170 条第 1 款（三年的消灭时效）时，上告受理申诉理由引用了上述 1975 年判决攻击立于公法上债权和私法上债权二元论立场的原审判决，最高法院认为，"在公立医院所做的诊疗与私立医院所做的诊疗没有本质差异，其诊疗的法律关系本质上应该是私法关系，因而，公立医院诊疗债权的消灭时效期间不是《地方自治法》第 236 条第 1 款规定的五年，而应是《民法》第 170 条第 1 项规定的三年"。其展开的逻辑给人以宛如古典公法私法二元论亡灵再现的感觉。判决要旨推理的适当性是颇有疑问的。不过，鉴于公法私法二元论现在有正文以下所述的意义，这种说法可以说是实质上几乎没有意义的论点。

前就已经有种种讨论。当时受到关注的是，很多人认为对于这一问题首先要有方法论上的整理。例如，大致几乎是在日本最初开始讨论这一问题的时候，就有很多学者指出，"日本的实定法区分公法与私法吗？应该有意识地限定问题来思考。一般在理论上（亦即立法政策上）来说，一国的法制既能是一元论也能是二元论建构来的。"[1]因而，今天的理论自然也必须首先明确地意识到，"问题正是在于，日本现在实定法的内容是什么"，之后再出发。但是，即使站在这一出发点上，对此问题特别是其中所说的"实定法的内容是什么"是什么意思，也有必要在方法论上加以整理。

第一，这里我们以实定法的内容为问题，也有必要弄清楚的是："公法与私法的区别"是实定法自身正在采用（即内含于实定法之中）的吗？是我们应当把握的对象吗？实定法内容自身实际上是复杂多样的，不过，我们在把握它时，有必要以某种尺度加以整理分类，公法与私法的区别是为此而予以利用的便宜手段吗？原因在于，假设是站在一元论立场上，亦即认为实定法内容自身复杂多样，相互之间未必有统一的内在关联，但基于某种必要，从特定的观点加以类型化，以"公法""私法"这样的概念予以表达，这也不是不可能的。[2][3]

第二，这一点之中接着产生的问题是，即使是以"制度上的公法与私法概念"，亦即实定法自身原本是否采用了公法与私法的区别为问题，这时的"实定法"究竟是什么？例如，现实中能以眼睛看见的"实定法"是各个制定法规，在无数的法规范大海中若隐若现的几个"公法"字眼以及其他特殊规定之下，有着眼睛并不直接看见却在海

〔1〕　参照、藤田宙靖·思考形式41页以下。

〔2〕　例如，大学的法学部采用的方法是将修课分成私法、公法和政治三个部分。这种分类通常只是对应修科目的极有倾向性的便宜上的三分类，而未必是以将实定法自身二分为公法体系和私法体系的认识为前提。

〔3〕　这种方法论上的问题是存在的，宫泽俊义博士曾指出，有必要区分"制度上的法概念"与"理论上的法概念"〔宫沢俊義「公法·私法の区別に関する議論について」同『公法の原理』（有斐閣、1967年）〕。宫泽博士指出的意义在之后的行政法学上未必得到充分的理解。参照、藤田宙靖·思考形式46页以下、146页以下。

面之下连成一体的巨大冰块，姑且将现实中眼睛看见的个别规定作为个别的规定，这种观点是更为科学、更为实证的。但在另一方面，我们在制定这些法规时，如前文所见，以自法国开始经由德国传入日本的"公法"概念作为前提，统一的"行政法理论体系"发挥着不小的作用，这是不能否定的。这种理论体系作为一个法思想体系，既在历史上对该时代的制定法规作出统一的说明，同时对将来的立法发挥着先导性作用，它在具有两面功能的同时自身也发展起来。如果将这种制定法规背后存在的法理体系、法思想体系概括称为"实定法"，那么，至少在几个制定法规[1]背后已经存在着这种东西，这种想法是接近真实的。但是，之所以这么说，也只不过是说现在存在的所有制定法规就是在这种前提下制定的，立法与公法私法二元观念无关，毋宁是大部分的情况。结果，只要率直地认识现存的制定法规，无论是"一元论"还是"二元论"，只有部分的正确。应该说，这才是事实。

44

　　第三，重要的是，"公法"概念传统上在法解释论层面具有两个功能，即"说明性功能"和"实践性功能"，要明确地弄清楚两者的差别。在传统上，在法解释论上使用的各种概念和理论，（1）对既有的法规范相互之间作统一的说明（说明性功能），（2）在制定法规在必要的场合下没有作出必要的规定，或者意义不明确时，作为一种手段，从中推导出一定的结论，填补这一"欠缺"（实践性功能[2]）。只要以第二种功能（对于法解释论上的概念和理论，屡屡以"实益"为问题的就是这一侧面的功能）为问题，"一元论"和"二元论"的优劣结果就归结于各自在多大程度上能有效地适当发挥填补漏洞的功能。实际上，在日本，传统的"二元论"除了前述制定法规上的根据之外，更在这一方面找到了有力的论据。例如，田中二郎博士认为，

―――――――――

　　[1]　例如，前述的《行政案件诉讼法》第4条、《港湾法》第5条、旧《日本国有铁道法》第2条等。
　　[2]　如前所述，"公法与私法的区别"问题，不是作为"公法""私法"区别自身的问题，而是作为"应当适用公法的社会现象"与"应当适用私法的社会现象"区别问题展开论述的。这么说根据的就是公法私法论具有的这种性质。

公法私法二元论在日本现行法的解释论上主要有两点"实益"：
45　（1）裁判程序决定基准的明确化，（2）适用法规决定基准的明确化。[1]

　　从这种角度看，"二元论"真的能说是优于"一元论"的吗？对此将在下文详细探讨。

二、公法私法二元论实践功能的界限

　　1. 公法私法二元论具有"裁判程序决定基准的明确化"实益，也就是说，对于决定行政主体与私人之间的纠纷是跟私人之间纠纷一样走民事诉讼，还是根据《行政案件诉讼法》的规定走行政案件诉讼的问题，公法与私法的区别是有用的。但是，就像常常有人指出的那样，行政主体的某行为是否属于抗告诉讼（《行诉法》第3条第1款）对象的"行政厅的公权力行使"问题，未必是不决定该法律关系是公法关系还是私法关系就无法在逻辑上作出决定的性质问题。当然，对于当事人诉讼（《行诉法》第4条），必须决定该法关系是否属于该条上的"公法上的法律关系"，但是，该条的当事人诉讼除了极少的不那么本质性的例外规定（《行诉法》第39～41条），几乎都是适用民事诉讼法的规定，因而，是哪一种法关系几乎不产生重大差别。因而，从这一角度看，采取"二元论"不是不可能的，即使不是完全没有意义，但问题自身也没有必须彻底固守"二元论"那般重要。

46　　　2. 对于"适用法规的决定"，在这一方面"二元论"要具有有效的功能，首先就要求法解释论上有待解决的问题适用公法原理，这时公法原理的内容自身要是清楚的。但是，在这一点上却很难说前述"二元论"一定有清晰的内容。例如，在所谓公法私法绝对区分论主导的年代里，在法解释论上判断认为某权利是公法上的权利（公权），其结果当然推导出该权利不得放弃、不得让渡、不得扣押等结论。这

---

　　〔1〕　参照、田中二郎·上74-75頁。

正是公法上的权利抑或私法上的权利在法解释论上极为有效的功能。但是，在所谓"相对化理论·混合关系理论"得到推进之后，"二元论"只是认为，公权具有的这种性质，"并不是始终适用于一切公权的特色，而必须根据各个具体的法规目的、性质进行判断"。[1]现在公法私法二元论的公法原理除了后述在行政行为性质上的一点理论之外，就没有这里应该看到的明确内容了，公法私法二元论在法解释论上的"实益"[2]几乎只存在于颇为消极的功能，即"在判定某问题适用的法规是公法时，并不是按民法、商法、民事诉讼法等私法规定的原样直接适用"。[3]但是，如果是这种功能，即使是所谓"一元论"，也绝不是主张所有问题适用既有的私法规定。因而，这就不是必须选择"二元论"的理由。

如此，从法解释技术上来看，今天并不是能否采用公法私法二元论的问题，这时它都不那么具有相对于一元论的独立意义，因而，实际状态应当说就是，也没有理由无论如何都必须固守二元论。

三、遗留的问题

1. 在法解释论上的"实益"方面，无论是采用二元论还是一元论，如果结果都没什么变化，那会怎样呢？对此可能会有种种观点。例如，如果结果没什么变化，那就可以说没有必要固守过去的二元

---

〔1〕　田中二郎·上86页。另参照、最判1978年2月23日民集32卷1号11页。

〔2〕　森田宽二「公法学と『議論の蓄積志向』（一）」法学45卷5号（1982年）14页批评拙著《行政法Ⅰ（总论）》（初版）"混淆了'公法原理'的问题与'公法'概念的'实益'或公法私法区别的'实益'问题"。但是，如果精读该书，像自己理解的旨趣那样，对于日本传统公法私法二元论主张的"公法"概念的"实益"，我在其中专门探讨了是否真的有这种"实益"。如本书已经指出的那样，过去的"公法"概念自身用于"公法法规""应当适用公法的社会现象"进而是"公法原理"等种种意义内容。这本身就是问题，但在该书以及本书中并不处理本来应当如何使用"公法"概念的问题。

〔3〕　对此的判例状况，参照、藤田宙靖·医事判例百选178页以下、藤田宙靖·社会保障判例百选（初版）90页以下。

论，但反过来也能说，没有必要废弃过去的理论体系。因而，这一问题作为问题来讨论也可以说已经没有意义了。无论如何，今天的事态正变得除了详细探讨各个行政领域的个别性法原理之外，就无法一般性地谈论公法与私法。〔1〕此后，"特殊法论"〔2〕"行政领域论"〔3〕等种种观点得到提倡就是其表征。

2. 不过，即使在法解释论上没有差别，如果讨论一元论抑或二元论还有某种意味，那大概就在于观点方向性的差异，亦即法思想基础的差异。也有批评认为，"传统二元论有一种倾向，因强调公法的特殊性而最终过剩地认可行政权的优越性"。但是，如果采用这种说法，那反过来，从二元论的角度对一元论也可以反驳说，"它具有最终以私人之间利害调整的原理处理公共利益问题的基本倾向，容易承认社会经济强者以公为私的结果"（这里可将这种反驳暂时表述为"杠杆原理的反作用"）。如果在传统理论体系中过剩地认可行政权的优越性，那也可以产生仅排除过剩部分就好的反批评。因而，这种观念形态平面的讨论结果就变得各说各话了。

如前所述，传统理论体系中公法与私法区别的观念也包含着"应当适用公法的社会现象"与"应当适用私法的社会现象"区别的观念。从法思想上看，这也是西欧近代法中区分"国家"与"社会"，或者区分"公"与"私"观念的一个表现形态。〔4〕讨论其要还是不要，就是在考察社会现象之际是否有必要采用基本不涉及私人利益相互调整原理的"公共"世界观念问题。如果现在在日本论及公法私法论仍有意义，那就必须追问：面对现代行政法的各种要求，这种近代法的基础要求已

〔1〕 对此详见、藤田宙靖「公営住宅の利用関係」行政判例百選 I（第四版）4 頁以下。
〔2〕 参照、兼子仁「特殊法の概念と行政法」杉村章三郎古稀上。
〔3〕 参照、室井力「行政法学方法論議について」同『行政改革の法理』（学陽書房、1982 年）。
〔4〕 对此参照、藤田宙靖·前揭公法研究 46 号 118 頁以下（藤田宙靖·基礎理論上 52 頁以下）。

经不需要了吗？如果不需要，今后它应该以何种形式发挥作用？[1]

3. 在这一点上颇堪玩味的是，上述公法私法的讨论经昭和三四十　49
年代就大致偃旗息鼓了，而近来又以新的形式开展了公法（行政法）
与私法的讨论。

（1）从所谓行政法理论的"体系美"角度，例如，高木光教授指
出，"日本（现在的）行政法学离体系美的状态还很远"，其原因之一
在于，虽然坚持"公法私法一元论"，但"尽管如此，依据的却是得
到维持的德国理论"，（换言之）把（在德国说的——藤田注）"公法
上"的措辞换作"行政上"来说明（例如"行政上的争讼"——藤
田注），很多概念暧昧，讨论错综复杂。[2]《行政案件诉讼法》第4条
的"公法上当事人诉讼"[3]在公法私法一元论的优势之下"像所谓
阑尾突起的怪物而受到轻视"，高木教授提出的问题和思考原本是源
于主张更为积极地利用公法上当事人诉讼，[4]目标指向"公法的复
权"。[5]不过，其中所说的"公法"内容未必有一义性的定义或轮
廓，他只是说，"公法与私法的区别……着眼于某种社会现象的特定
侧面，将旨在实现与其特征要素相符的'正义''公平''安定'等
的'规范'予以'体系化'，其差别在'典型事例'上有很大的体
现，在'非典型事例'上就并非如此，在这一意义上它是有'倾向
性'的。"[6]综合来看，其主张的本旨在于，在把握日本实定法之际，　50
强调有必要采用"公法体系"与"私法体系"二元思考模式，其背景
在于对"过于回溯至"所谓民商法感觉保持警惕。在这一意义上，这

---

〔1〕　兼子仁·前揭「特殊法の概念と行政法」认为，在现代行政法中，在排除私
法适用的意义上应当认可公法妥当性的情形也是常有的，但他提倡，在这时，该公法原
理并不发挥扼制在各特殊法领域中生成发展特殊法理的功能。从正文所述的角度来看，
我也对这种观点抱有很多的同感。不过，遗留的问题在于，这时生成发展的特殊法仍然
没有清楚的内容，其中近代法的基本要求又以怎样的形式发挥作用？

〔2〕　高木光『行政法』（有斐閣、2015年）463頁。

〔3〕　参见前文第45页。

〔4〕　参见下卷第38页。

〔5〕　高木光·前揭书58頁。

〔6〕　高木光·前揭书227頁。

也是一种"杠杆原理的反作用"。[1]

(2) 如前所述，近来的公法私法的一种讨论并不是要再确立明确的"公法体系"和"私法体系"观念，而是试图实现不同于"私法原理"的"公法原理"的某种复权，可以看到过去公法私法讨论中提出的问题正好以相反的形式再度登场。

伴随着前述"公私协作"的进展，[2]过去国家和公共团体等行政主体进行的，或者说本来应由这些主体进行的（所谓公的色彩浓厚）事务或业务（以下仅称"公共业务"），现在由私人（个人或民间业者等）进行的例子增多。这种"业务委托"或"事务委托"现在不仅是诸如儿童福利设施运营的所谓"给付行政"，连监狱运营或道路交通管理等所谓"权力行政"领域也受到波及。[3]现在行政法学者在"私行政法"论[4]的名下发起讨论，其问题在于，如果是由民间业者承担这种公共业务的情形，果真可以对其组织和活动全面适用私法原理（契约法原理）吗？其中有一种危惧，如果作为前提，"全面适用私法原理（契约法原理），事业者追求私利、私益不是会丧失提供服务的公平性（例如缔结设施利用契约时的歧视）、威胁事业的安定经营（例如从不划算的事业撤退）吗"？没有必要采取手段（例如对缔结和解除契约的限制、对废止事业等的限制等）防止这种事态的发生吗？在以法令推进公私协作时，通常对这些问题采取个别的立法

---

〔1〕 参见前文第48页。

〔2〕 前文第18页以下。

〔3〕 对于这些例子以及其存在的法的问题，例如参照、吉野智「PFI手法による官民協働の新たな刑務所の整備について」ジュリスト1333号（2007年）、戸部真澄「日独における刑務所民営化政策の法的検証」山形大学法政論叢35号（2006年）、高橋明男「駐車規制」ジュリスト1330号（2007年）、宇賀克也「道路交通法の改正」自治研究80巻10号（2004年）、小幡純子「公物法とPFIに関する法の考察」塩野古稀上。

〔4〕 过去的公法私法讨论将中心问题置于所谓"公法关系"（准确地说是行政主体的组织及行动）中适用私法规定的可能性及其范围。而如正文所见，现在的讨论则是将问题置于"私法关系"（准确地说是民间人或民间法人的组织及其行动）中适用公法原理的可能性及其范围。其差别在于，"过去的讨论是关于'行政私法'的讨论，而现在的问题是'私行政法'的问题"。

手段，而成为问题的就是没有采取这种手段的情形。这时的建议在于，不是仅以事业主体并非"行政主体"为由就应当全面适用私法原理（契约法原理），而是应当适用为实现公平公正、安定开展业务等而制定的行政法（或者也包含宪法在内的公法）的一般原理。[1]这一理论构造正是原原本本体现着前述反驳"公法私法一元论"而设想到的内容[2]（在这一意义上，这也是一种"杠杆原理的反作用"）。

但在另一方面，对于这里所说的"私行政法论"，在其理论前提上受到很大质疑。首先根本问题在于，前述"私行政法论"的前提是否妥当，即"私法（契约法）世界本来是以保护私人追求私利私欲为目的，而国家、公法（行政法）本来是追求中立、公正目的的"。[3]例如，被引以为例的"行政法的一般原理"原本是否仅为公法（行政法）所固有，就是一个问题。也就是说，诸如信义诚实原则、禁止权利滥用等在日本原本就是在民法典中规定的原则，行政法学将其作为"法的一般原理"，因而能认为也适用于"权力行政"。[4]这些原则在内容上是极为广泛的，如果将"公序良俗"（《民法》第90条）概念等也纳入其中来思考，行政法理论上说的平等原则、比例原则等也能

---

〔1〕 例如，法治主义、民主主义、平等原则、比例原则、禁止权限滥用、信赖保护，等等。现在更有公正透明的要求（参见《行政程序法》第1条）和说明责任〔《关于公开行政机关持有信息的法律》（《信息公开法》）第1条〕也被说明为属于这一意义上的行政法一般原则。参照、塩野宏·I（第六版）94页。

〔2〕 参见前文第39页。

〔3〕 例如，作为德国公法学者特鲁特（Trute）私行政法内容的公式化，山本隆司教授将官民协作事业中课予民间主体的义务要约为三点：（1）"合乎事理地完成任务"（sachgerechte Aufgabenwahrnehmung），（2）"确保充分的中立性"（hinreichende Neutraitätsicherung）或保障与特殊利益的距离（Distanzschütz），（3）同等考虑各种利益（gleichhmäsige Interessenberücksichtigungung）。这一公式是在"国家的波及性正当性责任"（überwirkende Legitimationsveranwortung）观念下导出的。参照、山本隆司「公私協働の法構造」金子古稀下562-563页。其依据的是所谓欧洲大陆型"国家与社会二元对立"的思考结构（参见前文第17页）。

〔4〕 参见前文第34页。

52

在实质上包含在其中。[1]完全可以想象，法治主义、民主主义、透明公正、说明责任等原则，至少是与这些在实质上相同的（或类似的）观点，作为企业的治理方式，也可能在公司法等领域成为问题。[2]换言之，"确保公平公正""业务的安定持续"等任务在私法原理（契约法原理）内部已经正在得到相应的应对，至少是能应对的。[3]内田贵教授正是从私法学角度提出这种问题，倡导"制度性契约"论。

内田教授指出，在以英国法为素材探讨时，如果撤除"古典理论（近代契约法理论）"的制约来看历史，公法规范扩张论者所主张的"公法性规范"实际上是指在严格公法私法二元论主导以前契约的内在制约，"其中并非直接当事人，而是其他人（所谓第三人或公益——藤田注）进入了视野"。它是"common"或"public"一词的含义所在。[4]其中，"假设主张伴随民营化的'公法性规范的扩张'与普通法的法理具有连续性是成立的，具有'公共性'的某种契约就与有无民营化无关（即不问提供主体的公私），这种服务给付所具有的性质，就必须说内在地具有一定的制约"。由此可以确认的是，"至少对于缔约强制、禁止歧视的规范，有可能作为某种契约的内在契约法原理来理解"，对这种契约课予诸如限制契约自由等一定制约，与

---

[1] 北島周作「行政法理論における主体指向と活動指向」成蹊法学 68・69 号（2008 年）311 頁以下。

[2] 对此深具启发意义的论文，例如参照、中川丈久「米国法における政府組織の概念とその隣接領域」金子古稀下。

[3] 有人指出，在行政法学上，"私法中私人自由是妥当的，远离适用公法规范的公法领域，因而，可谓是一片'原野'"。但问题在于，"这片土地真的是本就应当开拓的原野吗？"必须追问的是原本"既有的私法秩序应当写在公法秩序之上吗？"参照、北島周作「行政法における主体・活動・規範（一）」国家学会雑誌 122 巻 1・2 号（2009 年）55 頁以下。

[4] 内田貴「民営化（privatization）と契約——制度的契約論の試み（三）」ジュリスト1307 号（2006 年）134 頁。内田教授指出，在普通法之下存在"公共职业"（common callings）的法理，即课予某种契约（或职业）特别的义务。这在美国也适用于公益性事业（business affected with a public interest）。参见前揭文第 132~133 頁。

提供主体的公私无关，完全"取决于给付利益或服务的性质"。[1]这一逻辑构造实际上与高柳信一博士的主张至少明显是具有共通性的，过去代表"公法私法一元论"的高柳博士在英国法史探讨的基础上主张，"多数行政性法规，只不过是具有民事法（市民社会的法原理）的'人为性修正形态'性质"。[2]

与提供主体的公私无关，完全根据给付利益或服务的性质决定法理的状态，这种观点在某种意义上与兼子仁博士过去提倡的"特殊法论"观点[3]具有共通之处。但无论如何，对于这种说法，因主张"行政法理论"的固有性，"行政法理论"对"契约法理"意味着什么，必须重新严密探讨。从这一角度近来引发注意的主张是，"所谓行政法，是指为创造制度的法技术"。这里没有详细说明其内容的余裕，如果极粗略地整理其意义来看，大致如下。

私法原理（契约法原理）原本是"解决纷争的法"，即在私人相互间发生纷争时（例如可以想作环境损害的争论）事后以某种规则加以解决。而行政法原本是为防止这种纷争，或者在将产生的纷争委诸法院判断之前设置旨在作出一定解决的行政机关，规定其行动的基准和程序等。因而，从纷争的有效防止或解决的目的来看，行政法也可以说是超越契约法制更进一步的"办法""技术"。这种"办法"在契约制度（契约法原理）的延长线上，也不是不可能实现实质相同的结果，但从历史经过来看，在"法技术"上（例如因"许可""认可"等法制的驱使），既然行政法的制度和理论已有一日之长，以此为基础的观点就是更为有效的合理观点。因而，这不是意味着"公法"与"私法"的对立，而应是探求两者合理"协作"的应有状态。[4]在此基础上，这种"法技术"具体采用什么样的形式、是否

53

---

〔1〕　内田貴・前揭ジュリスト1307号134頁以下。

〔2〕　参见前文第38页。

〔3〕　参见前述第48页注〔1〕。

〔4〕　"行政法中的公与私，经历了严格区分两者的古典公法私法二元论的时代，现在的状况是两者相对化、相互渗入，进而以共同的方向为目标"〔塩野宏「行政法における『公と私』曾根威彦＝楜澤能生編『法実務、法理論、基礎法学の再定位』

54　应当采用，应当超越"行政主体"和"私人"的框框，在更广泛的
"社会管理功能"[1]一般领域中探索。这时，一定只是在与应实现的
目的的关系上来决定"技术"的状态。因而，要对其相互关系的状态
作类型化的整理。[2]这是今天多数行政法学者所面对的大致方向。然
而，在这种问题意识下，当然也能看到超出现存的法是什么的认识，
以创造新制度为目标，向所谓"政策法学"倾斜。但是，问题首先在
于，行政法学迄今为止积累的"法技术"究竟是什么。这将是下文要
探讨的对象。

（日本評論社、2009 年）201 頁］。强调"有必要以积累规制的法技术的场所来重新把
握行政法学"，明确指出"行政法学作为开发、积累不问法领域的'规制'法技术，在
学问上具有发展的可能性"。参照、原田大樹『自主規制の公法学的研究』（有斐閣、
2007 年）262 頁。这些可以说是显示这种观点的代表性例子。从"高度评价行政法学作
为制度设计学意义的视角"，强调"阐明在基本理念上公法和私法模式的功能及其区分
方法的重要性"［大橋洋一「制度的理解としての『公法と私法』」（阿部古稀 1 頁以
下）］等在实质上也是处于这里所说的派别中。
　〔1〕　对于"社会管理功能"一词，参见前文第 15 页。
　〔2〕　所谓"法体系"论（阿部泰隆）、"参照领域"论（原田大树）等。

第二编

行政活动及其法的规制之一
——依法律行政原理

如第一编所示，传统行政法学在考察行政法之际，采用的方法是 57将行政活动根据行为形式、活动形式的不同分类把握，研究其法的规制状态。这种思考方法自身是否果真适当，如后所述，现在也成为反省的对象。然而，正如一开始所言，本书旨在按其原样展示流动中的法理、法制度状况。因而，为了这一目标，考察的出发点首先置于传统观点过去是怎样的。这时，在进入各个行政活动形式的问题之前，便利的做法是首先去理解构成德国、日本行政法理论基本前提、成为规制所有行政活动基本原理的"依法律行政原理"及其相关问题。[1]

---

[1] 准确地应当说，形塑日本传统行政法理论基本结构的是"依法律行政原理"和第一编所述的"公法私法二元论"。但如前所述，"公法私法二元论"不仅在今天至少大幅度丧失了理论意义，它与"依法律行政原理"这一基本原理之间处于怎样的理论关系也未必明确。鉴于这种状况，本书认为，作为传统理论核心最具重要意义的不是公法私法论，而是"依法律行政原理"，以此为"客观的标尺"（参见前文第5页），展示日本现在行政法的制度和理论概况。

第一章
何谓 "依法律行政原理"

第一节 概　述

一、法治主义的类型与日本行政法

近代西欧公法学（国法学、宪法学、行政法学等）的出发点，可以说首先在于广义的法治主义要求。对行政法学而言，这一要求可以替换为"依法行政"。但是，广义的法治主义要求，在成为具体的法原理而在各国扎根下来时，也有各种微妙差异的发展。例如，虽然同为近代国家的法原理，盎格鲁·撒克逊国家中"法的支配"（rule of law）原则与欧洲大陆各国的"法治行政"或"依法律行政"原理，在日本也常常被学者指出两者存在内容上的差异。[1]

如后所见，日本行政法以种种方式受到两大法系的影响，因而，日本的法治主义是什么，仍是一个颇为难以一口回答的问题。但至少可以说，在第二次世界大战以前，日本行政法学所依据的是德国的"依法律行政原理"（Gesetzmäßigkeit der Verwaltung），即使在第二次世界大战之后，宪法发生变化，"依法律行政原理"依然是日本传统行

58

---

〔1〕 参照、『行政法の争点（新版）』14 頁以下。近来的文献，塩野宏「法治主義と行政法」自治研究 83 巻 11 号（2007 年）3 頁以下。

59 政法理论最基本的支柱。[1][2]对于这里的"依法律行政原理"是什
么，首先要有正确的理解。

二、"依法律行政原理"的背景

所谓"依法律行政原理"，姑且用一句话来说，那就是"行政的
各种活动必须根据法律的规定、服从法律而行"的法原则（法的思
想）。这在今天是极为常识性的，但在确立这种法的思想之前，需要
经年累月的时间，而即使反映其历史背景，说着"依法律行政原理"
一词，它也包含着颇为复杂的内容以及与之相伴的各种理论问题。

60 　　1. 这一法思想登场的背景在于，以历史上所谓绝对王权时代的先
行为前提。绝对王权时代，即君主作为国家的最高权限者、统治者，
握有国内统治的绝对权限的时代（行政法学上常常将绝对王权时代称
为"警察国家时代"）。众所周知，君主综合统辖着现在所谓立法、
行政、司法三权，为了控制君主的绝对权限，以欧洲资产阶级革命时
期为中心，产生了所谓权力分立的思想，并带来了近代法治国家思
想。"依法律行政原理"可谓是这种权力分立思想在行政法平面上的

---

　　〔1〕 "日本的行政法总论原本就主要是德国的舶来品"，但在今天，"一定已经有
不同于德国出生的行政法总论"，努力"摆脱借来的学问"，"探究日本法运用的实态与
日本法的构造"（阿部泰隆·システム上「はしがき」iv 页）。但在书中，"法治行政"
仍构成了其重要的一编，该编中处理了"裁量""特别权力关系"等问题（参见该书下
卷第 638 页以下），这些都是我下面要讲的"依法律行政原理的例外"。这在不经意间
也表明，"依法律行政原理"在今天的日本仍然是行政法总论的重要组成部分。
　　〔2〕 在近来的行政法教科书中，在"行政法的一般原则"标题之下，与"依法律
行政原理"并列，通常列举比例原则、平等原则、透明原则、说明责任原则等。这些分
别都是重要原则并不错，而这里所说的"行政法的一般原则"意味着什么（具体在什
么样的场合下发挥怎样的功能）、这些原则相互之间具有怎样的理论关系（例如，相互
之间不产生理论上的矛盾吗）等，原本未必是清楚的。本书并不是要阐明这一点，而是
对于只在平面上列举这些原则的意义抱有疑问。本书姑且以"依法律行政原理"作为
出发点，设定"客观的标尺"，再在适当的地方触及这些原则。另外，近来从正面探讨
上述问题值得关注的文献有，大桥洋一「行政法の一般原則」（小早川古稀 37 页以下）。

一个投影。如此，所谓"依法律行政原理"，重要的是首先确认了这样一个原则："不论有怎样的名目（例如，'公共福祉''国民的生命安全'等），也不得由行政权承担者独立判断实施行政，而必须仅根据代表国民的议会（国会）规定的一般性规则（法律）实施行政"。[1]

2. 这时，在"依法律行政原理"具有上述历史背景的意义上，有必要明确以下两点：

第一，这一原则不只是一般的"依法行政"原理，而是具有更为具体内容的"依法律行政"原理。

一般，"依法行政"是近代法治主义的一个内容，其要求可以说大致在于"以法的合理性抑制行政（承担者）的恣意"。但这里的"法"是指什么，在理论上未必有一义性的界定。一般，"法"作为抑制行政恣意的框框，理论上认为，当中可能有"神的律法""一定的世界观"等，可能有一个国家或民族自古以来的不成文习惯法，也可能是议会时不时制定的成文法。所谓"依法律行政原理"，在这些"法治主义"的模式中，特别以代表国民的议会之手在一定程序和形式下设定的法规范，亦即"法律"作为这里所说的"法"。因为这时的"法律"体现着代表当时国民的议会意志，议会意志如果改变了，就具有优于议会过去意志的效力（"后法破除前法"原则）。这时，构成"法治主义"中心的法的合理性就求诸代议制民主、权力分立这种权力的分节机构之中。[2]

61

---

[1] 与《德国基本法》第 20 条等不同，《日本国宪法》并未明文规定日本国是"法治国家"，或者"依法律行政原理"是有效的。如正文所述，只要认为《日本国宪法》基本采用了以权力分立为中心的近代西欧型立宪主义，就可以说，日本现行宪法承认与这里所说意义上"依法律行政原理"相伴的"法治国家"，这是其当然的结论。

[2] 与"法治主义"其他类型的模式相对比，阐明"依法律行政原理"的特色，参照、藤田宙靖「行政と法」（大系 1）8 頁以下（藤田宙靖・基礎理論上 10 頁以下）。更为详细地比较以"依法律行政原理"为中心的德国型法治主义与以 rule of law 为中心的英美型法治主义，参照、藤田宙靖「ドイツ人の観たアメリカ公法」広中還暦 505 頁以下（藤田宙靖・基礎理論上 134 頁以下）。

换言之，这种"依法律行政原理"就是下面两个基本理念的表现形态：一是法的安定对行政活动的要求，二是对行政活动的民主控制的要求。前者要求行政活动应当始终仅依据事前规定的抽象而一般的法规范进行，必须不使恣意的行政活动扰乱国民的生活秩序。后者要求行政活动的实施不得不受国民的民主控制，法的安定要求抽象而一般的法规范，该法规范同时也应是国民的代表，即议会在特定程序和形式下所作的意思表示，亦即法律。

62　　第二，如前所述，"依法律行政原理"原本旨在通过控制行政（承担者）的恣意，保护私人的权利和自由。在这一原理下，行政的合法律性是首要的要求，但行政依据法律而行本身并不是其目的，其目的在于藉此保护"私人"相对于"行政主体"的权利和自由。只是这时在"依法律行政原理"中存在一个前提，即确保行政的合"法律"性原本就是服务于私人的权利保护。

问题在于，在这一前提崩溃时，也就是说，行政根据"法律"而行未必就能说充分保护私人的权利和自由，或者毋宁是得到相反的结果，即便如此，仍必须将行政的合法律性要求作为不可动摇的原理予以贯彻吗？这一问题作为"是形式的法治主义，还是实质的法治主义"而屡有论及，它是一个极为难解的问题。本书也将在后文再来触及。[1]

三、"依法律行政原理"的内容

所谓"依法律行政原理"，在上述意义上，可谓行政活动必须根
63　据法律的规定、服从法律而行的原则。然而，这一原则仅此尚不够精确。在行政法理论上，它是以更为具体的、具有种种法技术性内容的原则而发挥作用的。将在下一节详述其内容。

––––––––––

〔1〕 参见后述第 134 页以下。

第二节　"依法律行政原理"的内容

自奥托·迈耶以来，在德国行政法学和日本传统的行政法学中，"依法律行政原理"一般包含以下三个方面的内容：法律的（专权性）法规创造力（原则）、法律优位（原则）和法律保留（原则）。[1]

一、法律的（专权性）法规创造力原则

对于法律的（专权性）法规创造力的内涵，虽然有种种问题，但至少日本行政法学历来理解的内容是，"新创造法规，属于法律，亦即立法权的专权，行政权未经法律授权，不得创造法规"。通常而言，日本通过《宪法》第41条"国会是国家唯一的立法机关"这一条文承认了这一原则。然而，这里的"法规"（Rechtssatz）概念是指什么，在德国公法学上曾有激烈的争论，在日本也有不同意见。在日本，法规过去一般是指"使国民的权利义务发生变动的一般性规范"。从而，该原则就变得意味着，未经法律授权，不得进行关于国民权利义务的行政立法（即后述的"法规命令"）。这也是将着力点置于"专权性"要素上的原因。然而，在这一意义上，这一原则在理论上毋宁也就变成后述法律保留原则的一个内容。[2][3]因此，要让这一原则具有独立意义，就必须除去"专权性"一词来理解。

[1]　但通常"依法律行政原理"的内容并不全部还原为这三个原则。例如，禁止法律给行政权以空白委任的原则等，严格而言就不属于其中的哪一个原则。如后所述，将"自由裁量"作为"依法律行政原理"的例外，精确而言，也源自这一理由。

[2]　参照、森田寬二「法規と法律の支配（一）」法学40巻1号（1976年）45頁以下。

[3]　另外，这种观点是将日本通说所谓"法律的专权性法规创造力原则"在理论上包含于"法律保留原则"，但也有观点将"一般性规范"从"法规"概念中排除出去理解，反过来将法律保留原则包含于"法律的专权性法规创造力原则"。例如，柳瀬良幹·教科书23-24頁。可谓其现行《日本国宪法》的现代版，中川丈久「議会と行政」新構想Ⅰ115頁以下。

64

除去"专权性"一词后，所谓"法律的法规创造力原则"，换言之即"法律一般具有创造法规的力"的原则，必须承认，这一原则本身在现在是非常不言自明的。但是，19世纪末的德国行政法学特地倡导这一原则，一定有其历史背景与必然性。[1]因而，在该背景消失之后的今天，是否仍有必要强调其不被法律保留原则所吸收而保持独立的理论意义，进而成为"法律的法规创造力原则"，这本来就是一个疑问。然而，既然要说它，今天如果特意树立起这一原则，在理论上首先就有必要仅从完全形式的侧面[2]来。理解这里所说的"法规"概念，将其定义为"不待合意即拘束所有执行机关、成为法院裁断争讼之基准的法规范"。也就是说，法律一般具有这种法的性质，但法律可将制定这种性质的法规范的权能授予执行机关。这应可谓今天在理论上具有独立意义的"法律的法规创造力原则"。[3]

二、法律优位原则

65　　1. 所谓法律优位原则，是指行政活动不得违反现行法律的规定。在日本也常说，《宪法》第41条"国会是国权的最高机关"的条文中包含着这一原则。但是，毋宁如前所述，[4]日本宪法具有西欧型近代

〔1〕 例如，在19世纪德国，因残存中世纪多元化社会结构的影响，一国之内通用的"法"的法源未必完全是一元的，因而，将"法律"扩张到一般法源本身就是一大理论课题。对此，参照、藤田宙靖「法治主義と現代行政」長尾龍一＝田中成明編『現代法哲学3』（東京大学出版会、1983年）76頁以下（藤田宙靖・基礎理論上235頁以下）。

〔2〕 在日本以前的"法规"概念中，可以看到形式侧面与内容侧面的混乱。参见后文第316页以下。

〔3〕 对此，详见、藤田宙靖「行政と法」（大系1）32頁（藤田宙靖・基礎理論上35頁以下）。该处虽然说了"法律的（专权性）法规创造力"，但也说"专权性"要素的相关部分在理论上精确而言本来毋宁属于法律保留原则的一部分。关于"法规"概念，另参照、平岡久『行政立法と行政基準』（有斐閣、1995年）、松戸浩「法律の法規創造力の概念に就いて・続」藤田退職141頁以下等。

〔4〕 前文第60页注〔1〕。

立宪主义宪法的基本构造，法律优位原则应该说是由此而来的当然推论。

　　这一原则对所有行政活动都是有效的，它是一般、抽象的行政立法行为还是个别、具体的处分，是否为直接使国民权利义务发生变动的行为，是权力性行政活动还是非权力性行政活动，均在所不论。[1]

　　2. 对于法律优位原则的内容及有效范围，行政法学者对上述观点至少在结果上持一致的说法，并无异议。但在现实中，能否说某行政活动违反法律的规定，换言之，对于这时现行法律的内容是什么，则会产生种种问题。[2][3]如后所述，[4]值得注意的是，在现在的判例中，通过对既有的法律条文作种种解释论上的操作，出现的结果是承认了行政指导和指导纲要在实质上优位于法律的可能性。[5]

66

――――――――――

　　〔1〕　即使在相当长期间里继续进行着违反法律的行政实务，也不作为具有法拘束性的惯例予以承认。参照、最判 1985 年 11 月 8 日民集 39 卷 7 号 1375 页。
　　在这一意义上，常常说行政法领域不会、至少是极难成立习惯法。不过，只是在与这种"依法律行政原理"相抵触的限度内否定习惯法的成立。不违反现有的法律，且不抵触正文下面所述"法律保留原则"时（参见后文第 67 页以下），在理论上，在行政活动的状态上也不一定没有习惯法成立的余地。
　　〔2〕　例如，地方公共团体通过与企业间签订协定（《公害防止协定》）来规定比《大气污染防止法》《水质污浊防止法》等规定的排放基准更严的公害物质的排放容许限度，是否合法，就是一个有名的问题。其中包含着法解释的问题："这些法律规定了排放基准，就意味着绝不认可更多的排放，即只是最低基准的法定，还是意味着保障企业在这一基准之下的排放自由呢？"这也是法律优位原则在具体适用中的一个问题。
　　另外，在町与企业之间缔结的《公害防止协定》中，对于规定产业废弃物最终处理场的使用期限条款，并不违反当时的《关于废弃物处理及清扫的法律》的旨趣。参照、最判 2009 年 7 月 10 日判時 2058 号 53 页。
　　〔3〕　对此，对于法律规定了什么，作为解释论上的规则，最高法院的判例认为，"对于以发生一定法律效果为目的的行政厅行为，法律具体规定了其要件、程序及形式时，一般就相当于说，原则上不承认使法律规定的其他程序、形式发生同样的效果"。参照、最判 1984 年 11 月 29 日民集 38 卷 11 号 1195 页。
　　〔4〕　后述第 369 页以下。
　　〔5〕　参照、藤田宙靖・前揭「行政と法」33 页以下（藤田宙靖・基礎理論上 36 页以下）。

三、法律保留原则

67　　1. 所谓法律保留原则，当下可以说是指"为了要实施行政活动，必须有法律的根据（亦即法律的授权）"。也就是说，如果只有前述法律优位原则是妥当的，就可能反过来说，行政只要不抵触现行的法律，就可以做任何事情。而即使与既有法律没有任何抵触，也要求有法律的积极授权，这是法律保留原则的固有意义所在。[1][2]在《日本国宪法》第 41 条的规定中，这一原则果真有某种程度的显示吗？

---

　　[1]　"法律的保留"一词，是德语"Vorbehalt des Gesetzes"的译语，但有时在这一概念之下表达的事项与正文所述内容稍有不同。以宪法典保障国民权利时，设置"根据法律的规定……"这种保留时，在《大日本帝国宪法》多数"臣民的权利"条款或者现行《宪法》第 29 条中就能看到这种例子。

　　在《大日本帝国宪法》的情形中，从沿革来看，对于君主的绝对权限，它规定至少在限制和剥夺宪法列举的特定权利时必须有法律的授权，这与正文所述法律保留原则可谓具有共通的法思想背景。不过，其中要求法律授权的情形是限定列举的。在这一意义上，它仅仅是较正文所述法律保留原则的有效范围狭窄而已。然而，从宪法上的人权保障角度来看，上述规定就意味着保障通过法律对人权保障进行限制的可能性。而现行宪法广泛而一般性地确立了连法律限制也不允许的基本人权保障原则。这在《宪法》第 29 条那样的情形下是特别重要的。基于这种看法，在将问题看作基本人权保障的例外时，特地改变措辞，不再用"法律的保留"（Vorbehalt des Gesetzes）而是用"法律保留"（Gesetzesvorbehalt）来表达。（除本条注释之外，其他地方出现的"法律保留"一词，原文均为"法律的保留"。但基于中文用语习惯的考虑，均以"法律保留"来表示。——译者注）

　　[2]　既然"法律优位原则"与"法律保留原则"处于这种关系之中，根据对既有法律如何规定的解释，不用抬出后者，就可能仅仅通过前者来抑制行政活动。也就是说，例如法律规定，满足一定要件（要件 A）时，允许行政厅作出一定的行为，如果该规定意味着对于存在 A 以外的要件时行政厅是否可以作出该行为，没有任何规定（亦即空白状态），存在 B 要件时行政厅是否可以作出该行为就成为"法律保留原则"问题。而如果该规定意味着，认可在满足 A 时可以作出该行动，同时也规定在其他情形下不得行动（参见前文第 66 页注〔2〕、注〔3〕），在 B 的情形下行政厅不得行动，那么，就已经被"法律优位原则"所涵盖。例如，有人指出，税的减免必须根据法律的规定、道路占用许可必须根据法律的规定，就不是"法律保留"的问题（参照、阿部泰隆·システム下 694 页），其理由即在于此。

如后所述，这是有争议的。〔1〕例如，在《宪法》第 30 条、第 84 条（租税法律主义原则）等之中，显示出这种原则的部分样态。〔2〕〔3〕

2. 然而，法律保留原则要求有法律的根据或授权，其中的"根 68 据""授权"是指什么，却是一大难题。例如，"符合下列各项之一时，征收职员必须扣押滞纳者相当于国税的财产"（《国税征收法》第 47 条第 1 款）、"在符合……的事实发生时，征收职员可直接扣押其财产"（同条第 2 款），这样的法律规定是这一意义上的法律根据，并无异议。但是，例如，《警察法》第 2 条第 1 款规定，"警察的责任和义务是，保护个人的生命、身体和财产、预防和镇压犯罪、搜查、逮捕嫌疑人、管理交通以及其他维持公共安全和秩序的活动"。警察机关但凡以维持公共安全和秩序为目的的，都能以此为根据对市民权利采取任何规制吗？再如，（旧）《通商产业省设置法》（2001 年 1 月 6 日中央省厅重组之前）第 3 条规定，"通商产业省是负有一体实施下列国家行政事务和事业之责任的行政机关"，其下规定，"（一）振兴并调整通 69 商以及管理通商相关的外汇……（三）关于商矿工业合理化和正当化的事务……（五）调整电力、煤气和供热事业运营……（九）振兴并指导中小企业……"该法第 5 条还更为详细地列出"许可石油提炼业"的具体例子。通商产业省果真只要不与既有法律相抵触，就能以这些规定为根据，对工商业、能源业等实施任何规制或控制吗？〔4〕

---

〔1〕 参见后文第 86 页以下。

〔2〕 "应该可以说"，《宪法》第 84 条 "对租税以严格的形式明文规定了课予国民义务、限制国民权利要有法律根据的法原则"。最判 2006 年 3 月 1 日民集 60 卷 2 号 587 页。

〔3〕 有学者指出，租税法律主义原则与"依法律行政原理"在历史出处和内容上未必相同，将前者包含于后者之中来理解并不妥当［山本隆司『判例から探究する行政法』（有斐阁、2012 年）12 页］。但该书也不否定两者的整合。

〔4〕 2001 年 1 月 6 日省厅重组后，旧通商产业省变为经济产业省，其设置法的规定并无明显变化（对其改变，参照、藤田宙靖·组织法 42 页以下）。在与正文所述的关联上，首先规定，"经济产业省的任务是，提升民间经济活力……并确保矿物资源、能源的安定有效供给"（《经济产业省设置法》第 3 条）。接着又规定，"为了实现前条第 1 款的任务，经济产业省掌管下列事务"（同第 4 条），"确保石油、可燃性天然气、石炭、亚炭以及其他矿物、类似物质及其产品的安定有效供给"（同条第 49 项），"确保

在行政实务的承担者和学说中的确也有观点认为，这些规定具有上述意义上法律根据或授权规定的性质（即使在授权的幅度上有问题）。然而，在古典的传统思考模式中，上述规定未必能理解为法律保留原则所要求的法律根据。也就是说，例如《警察法》第 2 条的情形，该规定并不是赋予警察机关采取行动的根据。对于其他法律（例如《警察职务执行法》）赋予的权限，该权限始终必须仅仅为了"保护个人的生命、身体和财产……维持公共安全和秩序"这种所谓消极目的而行使，这种规定只有"界限规定"（即为既有权限设定界限）的意味（有人称这种规定为"目的规范"）。同样，（旧）《通商产业省设置法》第 3 条、第 5 条完全是规定在国家行政组织中分配给（旧）通商产业省怎样的业务和权限，这只不过是"权限分配规定"，并不是赋予这些机关直接对国民进行规制的权限，诸如《电力事业法》《煤气业法》《关于确保石油储备等的法律》等个别法律才赋予其实际的权限（有人称这种"权限分配规定"为"组织规范"）。在这种意义上，传统的法律保留理论所要求的法律根据，目的规范、程序规范等所谓"规制规范"[1]并不满足，而必须具有"根据规范"的性质。

70

然而，即使以这种观点为前提，现实中某规范是具有这种意义上的根据规范的性质，还是仅为组织规范、程序规范等，未必始终易于判断。现实中，对于行政机关的某行动，能否说具有法律的根据，屡有解释论上的争论。[2]即使是对此没有争论的情形，最近也有新的观

电力、燃气及热能的安定有效给予"（同条第 52 项）。在这种规定下，正文所述的问题并无本质变化。

〔1〕 "程序规范"是仅以规定在行使某权限时的程序为目的的法规定，例如，《关于执行补助金等相关预算正当化的法律》（《补助金正当化法》）等就是其例。例如，该法第 6 条未必是直接赋予各省各厅首长等交付补助金的权限，而只不过是规定已享有交付补助金权限者在行使已有的权限时必须遵守的程序而已。"规制规范"一词是指在行政活动获得"根据规范"赋予的活动根据后，对其应有活动状态进行规制的一般规范。

〔2〕 例如对于《警察法》第 2 条的性质，从这一观点进行详细的研究，参照、藤田宙靖「警察法二条の意義に関する若干の考察（二）」法学 53 巻 2 号（1989 年）77 頁以下（基礎理論上 377 頁以下）；米田雅宏「『民事不介入の原則』に関する一考察—『警察公共の原則』の規範的意味について—」藤田退職 233 頁以下。

点闪现，认为法律保留原则所要求的法律根据未必限于上述意义上的根据规范，有时也可以组织规范等替代。对于这些问题，将在下一章再度触及。

四、依法律行政原理、近代行政救济法原理与近代法治国家原理

"依法律行政原理"构成了传统行政法理论的基轴，目前具有上述内容。传统行政法理论的一个基本观点是，为保障这种"依法律行政原理"的实效性、保护国民免受违反法律的行政活动侵害，不仅在事前通过法律来拘束行政活动，更有必要通过独立于行政的裁判机关来对行政活动的合法律性进行事后审查，并填补国民所受的损害。对于这种观点，本书将在下卷第四编详细说明，这里仅将其命名为"近代行政救济法原理"。正是"依法律行政原理"与保障它的"近代行政救济法原理"相结合（本书以下将这两者的结合体称作"近代法治国家原理"），构成了传统日本行政法制度和理论的基本骨骼。这一基本骨骼现在被添加了怎样的肉身、赋予了怎样的形影，本书以下将详细探讨，进而如实呈现日本行政法制度和理论的现状。

71

第二章
"依法律行政原理"的例外与界限

第一节　概　述

　　"依法律行政原理"构成了传统行政法理论的基轴，本编第一章对其基本内容作出了说明。日本传统行政法理论首先以这一意义上的"依法律行政原理"为出发点，将行政活动是否合乎法律、如何保障行政的合法律性作为关注的基本问题。但这时，在另一方面，"依法律行政原理"的妥当范围从来都在不断地与种种界限相纠缠，现在仍处于纠缠之中。这种界限有很多，本书下面将其类型化，这对于抓住问题的核心是有意义的。

一、"例外"与"界限"的区别

　　首先，这里有必要区分内在界限与外在界限。行政法理论以传统"依法律行政原理"为中心，其自身设定了这一原理的例外，这是内在界限；与现代社会中国民生活及行政活动质的、量的变革相伴，传统"依法律行政原理"自身正变得缺乏充分的适应能力，这可谓外在界限。本书将前者称为依法律行政原理的"例外"，将后者称作依法律行政原理的"界限"。

　　前者可谓在传统理论体系内部，依法律行政原理尚未得到完全贯彻的部分，自第二次世界大战前继受德国行政法学以来，到第二次世界大战后的一定时期，日本行政法理论发展大致的特征在于，克服这一意义上的依法律行政原理的"例外",尝试着让依法律行政原理尽可能浸透于整个行政。这一倾向的前提可以说是在于,通过使依法律行政原理得到广泛浸透,扩大保护国民相对于行政权活动的权利、使其更为充足。然而,特别是昭和 40 年代以后,在过去的理论框架中仅扩大依法律行政原理的妥当范围,有时未必能扩大、充足国民的权利保护。这一认识经由诸多下级审判例的先导在行政法学中也扩展开来。也就是说,在今天的日本,传统"依法律行政原理"存在功能的界限,在行政法理论中也正成为问题。这是后者"界限"的问题。[1]

二、"例外"的各种类型

在上述意义的"例外"中,根据其理论性质,有可能区分出几种类型。例如,如第一编第一章所述,传统行政法理论在前提上采用了区分行政主体与私人、区分行政的内部关系与外部关系的做法,这种关于行政的法关系二元见解发挥着影响。以下第二节分析的特别权力关系论以及本章没有处理,而在之后第三编第三章触及的行政立法论特别是法规命令和行政规则的区别等即为其例。另一方面,即使是仅限缩到行政的"外部关系"来思考问题,传统的行政法理论也背负着两难困境,既在试图实现依法律行政原理,同时也在与行政活动顺利运营的一般要求相适应,不能使这一原理过于彻底化而妨碍行政的运营,在此方向上也存在依法律行政原理的例外。以下在这种观点下,从第二节到第四节,从"依法律行政原理"的"例外"中选取代表性例子来说明,第五节再来分析一般的"依法律行政原理"的"界限"问题。

74

---

[1] 在这一点上,请再度参见前出第 62 页。

第二节 特别权力关系论
——"依法律行政原理"的例外之一

"特别权力关系"概念及其相关理论在古典行政法理论中是最具代表性的概念和理论之一，成为过去种种探讨的主题。但是，在今天，如后所述，这种概念及理论的妥当性及有效性几乎被全部否定，已面目全非。但是，第一，看该概念及理论遭到批判的过程，对于阐明过去日本行政法理论所存在的一般问题点是有帮助的；第二，该理论自身妥当与否另当别论，其过去提出的问题本身在今天也未必完全消失。基于这些理由，以下设一节，仅对这种认识的重要论点予以概述。

一、"特别权力关系"的概念

75

"特别权力关系"概念自然是与"一般权力关系"相对而存在的，具体诸如过去的官吏（公务员）的勤务关系、国立公立学校、医院、图书馆等所谓公共营造物的利用关系，监狱（刑事设施）中囚犯（在监者）的在监关系等，都是其代表。也就是说，其观点是，在这些关系中，国民是公务员，或者是营造物的利用者、囚犯（在监者）等，因而，服从与通常一般市民和国家或地方公共团体两者之间不同的特别规范。如此，通常的一般市民服从警察权、课税权等一般统治权的关系被称作一般权力关系。而这些受到特别规范的关系，称作"特别权力关系"。

对于这种特别规范的存在，古典理论的说明是，"鉴于设定该关系的目的，赋予支配者以概括性支配权"。[1]例如，公务员一般负有服从上司职务命令的义务，而这种职务命令并不是一一基于法律的具体授权。国立公立大学的教师让课堂上打瞌睡、窃窃私语的学生退出

---

[1] 参照、田中二郎·上89页以下。

教室是自由的，这也没有法令的逐一授权。再如，国立公立医院的医生违背患者之意、采取诸如禁止读书等治疗上的措施，也同样如此。"特别权力关系"中的这种状况，均构成依法律行政原理的例外，它是通过设定这种关系的特别目的（在公务员的勤务关系情形中是统一而顺利的行政运营，在国立公立大学的情形中是大学教育，在国立公立医院的情形中是治愈疗养，等等）来得到正当化、获得根据的。

二、"特别权力关系"与依法律行政原理

如此，换句话来说，特别权力关系就是因特别的公益目的而让依法律行政原理不能得到原原本本适用的特殊关系。稍微详细一点来看，首先，日本通说意义上的法律的专权性法规创造力原则在这里未必适用。国立公立学校的校规即使无法律授权，亦可在教育目的的必要限度内规制学生的自由。[1]再从个别具体的处分等来看，如前面的例子所见，一般不适用法律保留原则，没有法律的授权，也可以限制种种自由等。

与此相对，在古典的理论中，如何思考特别权力关系与法律优位原则的关系，需要注意。即使立于特别权力关系论的立场，也要明确"特别权力关系"中法律关系的内容，有的法律或依法律所作命令自身就是规定在这些关系内部发动权力的准则、方法等，这是得到认可的。例如，对于国家公务员的勤务关系，《国家公务员法》及《人事院规则》设置了各种规定，制约公务员惩戒权以及其他权力的发动，同时保障服从者公务员的权利。这时，违反这些法规范制定规则或作出具体处分，无疑是违法的。在这一限度内，法律优位原则在特别权力关系中也是有效的，这一点一般并无争议。问题在于，这种法律自

76

---

　　[1]　例如，对于在监关系，有判决认为，因为其为"特别权力关系"，无法律授权亦可用规则禁止吸烟，参照、高知地判 1965 年 3 月 31 日、高松高判 1965 年 9 月 25 日。两判决分别是最判 1970 年 9 月 16 日民集 24 卷 10 号 1410 页的第一审及第二审判决，其判决分别登载于该判例集第 1413 页以下及第 1423 页以下。

身并没有特别明确的意图对这种特定关系内部的法关系进行规范，而是对眼下通常的市民与国家权力关系，即一般权力关系中的法关系进行规范，这时关于一般权力关系的规范应当在多大程度上适用于特别权力关系内部的法关系呢？

像马上就要看到的那样，[1]私人就行政厅行使公权力的违法性产生争议，现行的行政争讼制度一般是为其打开通道的，但它也能适用于特别权力关系内部的行为吗？这一问题即为一例。作为这一问题的象征，过去常常讨论的毋宁是宪法上的问题，尤其是在特别权力关系内部能参照特殊目的对一般市民受保障的基本人权进行限制吗？传统观点认为，基本人权参照特别权力关系的目的也不得不受到某种程度的限制，例如，国立公立学校因实施全体寄宿制而限制居住地、禁止特定集会，既然这在教育目的上是必要的，就应予认可。[2]不过，即使承认这种结果，对于这一问题也未必有必然的理由必须认为，"特别权力关系限制在一般权力关系中得到承认的基本人权"，而毋宁是反过来，应当作为基本人权保障规定的解释问题（亦即基本人权内在制约的范围问题），在宪法学上可以按照各个基本人权来考虑其具体的状态。

三、"概括性支配权"的限制尝试

在"特别权力关系"中，很多排除了依法律行政原理的适用。因而，常常有人说"特别权力关系是法治国家的破绽"。但是，在古典的特别权力关系论内部，所谓"支配者的概括性支配权"也并不是无限制地得到认可，在其限制上存在种种理论尝试。

1. 如上所述，在"特别权力关系"中也未必全面排除法律优位

---

〔1〕　后述第 78 页以下。

〔2〕　从这一立场出发，例如，禁止公务员的特定政治行为具有合宪性，最判 1958 年 4 月 16 日刑集 12 卷 6 号 942 页。以此判决为代表的一连串最高法院判决被认为是表明了这种法理。参照、田中二郎·上 95 页。

原则,即使是不触及既有法律的情形,也有"支配权的界限论"的限制。其观点是,特别权力关系内部的支配权,[1]并不是没有法律的规定就可以完全恣意行使,而是只能按照授予这种支配权的目的(亦即设定这种权力关系的目的)、在必要且合理的限度内行使。从这种角度看,例如,作为惩戒权的界限,虽说扰乱了特别权力关系的内部秩序,但并不是就可以随意裁断。例如,其权力关系是基于服从者的同意而成立的(例如,公务员、国立公立学校的学生、公共营造物的利用者等),即使是最高处罚的情形,也只能是将这些人从该关系中排除出去,剥夺因关系的存在而获得的利益。[2]

2. 与特别权力关系中支配权界限问题相关、最为经常讨论的问题是,法院对行政的合法性审查权在多大程度上及于此处?如前所述,之所以说"特别权力关系是法治国家的破绽",大致是因为过去在"特别权力关系"的法关系中行使权力,不严格适用依法律行政原理,同时,即使是在理论上产生违法问题的场合,多数也不服从法院的审查权。如后所述,在第二次世界大战前,对行政权的权力行使可向行政法院起诉的事项是限定列举的时代自不待言,在第二次世界大战之后,《日本国宪法》第 32 条及第 76 条之下,《法院法》第 3 条规定,法院除《日本国宪法》有特别规定外裁判一切法律上的争讼,在有了这种规定之后,[3]传统行政法学上特别权力关系内部作出的行为仍有很多不是裁判审查的对象。对于这些行为引发的纷争,采取的观点是应当委诸这些关系内部自律调整。

但在另一方面,这时,不应将特别权力关系中全部行使权力的行为从裁判审查的对象中排除出去,古典学说在这一点上确立的公式是,"其纷争只是纯粹的特别权力关系内部问题时,不是裁判审查的

[1] 特别权力关系内部的所谓"支配权",有命令权和惩戒权。前者像上司对公务员的职务命令权那样,是为积极实现设定权力关系的本来目的而赋予的下令权;后者像对作弊学生作出退学处分的权能那样,是在特别权力关系内部出现扰乱秩序者时,为对其加以处罚、维持秩序而赋予的权能。

[2] 参照、田中二郎·上 93 頁。

[3] 参见本书下卷第四编第一章。

对象；但在这种纷争同时也是一般市民社会（一般权力关系）上的问题时，则成为裁判审查的对象"。所谓"是特别权力关系上的纷争，同时也是一般权力关系上的问题"，也就是从该关系中排除服从者的行为，根据上述公式，例如同为惩戒权的行使，免职处分、退学处分等是裁判审查的对象，而停职处分、休学处分等就不能在法院争议其违法性。[1][2]至少在结果上，裁判例也在积累着支持这种观点的判决例。[3]

四、对特别权力关系论的诸多批判

80　　如上所述，特别权力关系概念产生的"法治国家的破绽"，在日本传统理论之下也在相当程度上得到了缝合，这是不能否定的。但尽管如此，特别是昭和 30 年代以降，日本行政法学对传统特别权力关系的概念及理论陆续出现了诸多批判。这种批判是多种多样的，其重

---

〔1〕　当然，这一公式是在制定法无明文规定时法解释论上的规则，在法律有不同的规定时，自然是法律的规定方式优先。例如，在现行法上，对于公务员的情形，一般认为未必限于免职处分，对于所有的惩戒处分都广泛承认其可诉（参见《国家公务员法》第 89 条第 1 款、第 92-2 条，《地方公务员法》第 49-2 条第 1 款、第 51-2 条）。传统观点认为，公务员的勤务关系性质是"特别权力关系"，在其观点之下是不适用这一公式的。

〔2〕　以传统行政法理论的基础、前述区分行政"内部关系"和"外部关系"的二元思考为前提，是容易理解这种观点的由来的。也就是说，在这种思考之下，例如，国立学校、国立医院等是国家行政组织的一部分，构成了行政主体的一部分，因而，私人作为学生、患者，就是这些设施的一个构成成员，与设施之间的法关系构成"内部关系"的一部分。因而，其中当然就不适用"依法律行政原理""近代法治国家原理"等原本规范行政"外部关系"的法原理。与此相对，在取得或剥夺这种资格成为问题时，就变成触及行政主体之"外"私人的权利义务问题，一般就适用"外部关系"的法原理。

〔3〕　例如，最高法院将惩戒地方议会议员的除名处分作为裁判审查的对象（最判 1960 年 3 月 9 日集 14 卷 3 号 355 页），但即使同为惩罚，停止出席处分就被排除在裁判审查对象之外，而委诸议会自治措施更为适当（最判 1960 年 10 月 19 日民集 14 卷 12 号 2633 页）。顺便提及，最高法院对于公立大学生的退学处分，作为（旧）《行政案件诉讼特例法》第 1 条的"处分"，认可其可诉（最判 1954 年 7 月 30 日民集 8 卷 7 号 1463 页），不过，也广泛承认处分权人的裁量权（最判 1954 年 7 月 30 日民集 8 卷 7 号 1501 页）。

点大致可进行如下整理：

第一，最基本的批判是，在《日本国宪法》下，支撑过去特别权力关系论的宪法构造已然消失。根据这一批判，从沿革来看，在立宪君主政体下，尽可能确保由君主代表的行政权相对于立法权及司法权的独立固有权能，特别权力关系的概念和理论就是在这一目的下而成立的。而现在日本的宪法构造之下，国民主权原理确立起来，法治主义广泛有效，该概念和理论已失去存在的基础。原本这些批判者也承认，对于通常称作"特别权力关系"的各种关系，制定法规有时因种种实际需要而作出不同于一般性法关系的特殊规定，实际上有不少情形也需要在法解释论上作出特别解释。但是，根据这些批判，这种特殊规定只有在各自的情形下个别、具体地具有合理理由时才应来立法、解释，而不应从"特别权力关系"本质上与一般权力关系不同的性质抽象地导出、说明。[1]

第二，在上述观点中，在理解过去称作"特别权力关系"的法关系性质时，还有两种观点：一种观点认为，这些法关系最终与一般权力关系并没有本质差异，尤其是对于公务员勤务关系这种典型的传统特别权力关系，现在《国家公务员法》《地方公务员法》等作出了详细规定，至少在日本现在的法律上，过去的特别权力关系已经一般权力关系化了。另一种观点是，过去称作"特别权力关系"的多个例子，诸如公务员的勤务关系、国立公立学校的在学关系、公共营造物的利用关系等，已经不应定性为"权力关系"，而是一种契约关系了。根据这一观点，例如公务员为国家和地方公共团体劳动的关系在本质上与通常的企业勤务关系一样，都是劳动契约关系；而国立公立学校的学生和学校的关系，与私立学校中的关系在本质上也完全没有区分的必要。[2]也就是说，在这些关系中，过去支配者与服从者的当事人

81

----

〔1〕　参照、室井力『特別権力関係論』（勁草書房、1968年）。

〔2〕　认为国立大学法人是"行政主体、公共营造物"，同时认为就读于该法人设置的大学的学生与该法人之间"在学的法律关系"与学校法人立的大学中两者之间关系一样，是在学契约关系"。参照、東京高判2007年3月29日判時1979号70頁。

82　间关系，本质上是基于契约的平等关系，只是根据具体的必要性而承认命令权、惩戒权等，它与私企业、私立学校也是一样的，并没有表征着该法关系的本质是"特别权力关系"的意义。[1]

五、观点整理

从上文也可以看到，特别权力关系论的批判带有部分前述传统公法私法二元论批判的性质。因而，日本法下维持特别权力关系论在理论上是否可能，如果可能、是否妥当的问题，基本上可以参照适用对前述公法私法二元论同样问题的所述内容。如果要整理其中最关键的点，第一，特别权力关系这一概念和理论如果只是用于客观记述业已存在的制定法规范、将其类型化（亦即只是作为法概念发挥前述意义上的"说明功能"），作为实定法的客观认识和叙述手段，使用特别权力关系概念，毫无疑问是可能的，不过，这时，从何种角度、为了阐明什么而在做这些既有法规范的类型化，如果加以明确就是可以的。但是，第二，问题在于，这一概念作为实践功能层面有意义的概念（亦即作为法解释论上有"实益"的概念）所呈现、被利用的场合。对于这一场合，在古典的理论中，有必要首先详细探讨这一概念在现实中发挥着怎样的实践功能。

83　然而，对于特别权力关系的概念和理论，从其实践功能来看，至少在学说上可以说，现在这一概念几乎没有固有的意义。[2]从判例来看，最高法院过去也有将某一法关系是否为特别权力关系作为问题的例子，[3]此后，使用这一概念变得慎重起来，毋宁是基于该关系具体

---

[1]　参照、室井力·前揭书。

[2]　例如，一贯主张特别权力关系概念有用性的田中二郎博士，最终也认可这一概念的功能相对化，不得不承认"使用特别权力关系观念的意义已丧失殆尽"的事实。参照、田中二郎·上91—94页。

[3]　例如参照、最判1965年7月14日民集19卷5号1198页（关于地方公务员的勤务关系）。

实质的探讨，导出特别对待的必要。[1]不过，在这种状况下，在下级
审判决中仍有传统特别权力关系概念发挥功能的案件。为此，学说对
特别权力关系论的批判并未失去实际的意义。[2]在从这种角度看时，
批判意见认为，有必要对各个法关系根据其特质作出个别、合理的探
讨，但必须说，传统特别权力关系论一方至少对于这一批判从未作出
过有说服力的反驳。

六、关于"权力关系"概念的否定

但在另一方面，剩下的问题是，过去对特别权力关系论的批
判存在主张所谓私法一元论的侧面。例如部分主张认为，公务员
勤务关系与私企业从业人员勤务关系也没有本质差别，国立公立
学校的在学关系、国立公立医院等设施的利用关系与私立的情形
也没有本质区分的理由，均为基于契约的平等关系。对于这种主
张，例如，拥护特别权力关系论的田中二郎博士认为，毋宁是反
过来，私企业的勤务关系、私立学校的在学关系，与通常市民间的关
系不同，而是特殊的社会关系，它们可以说是私法上的"特别权力关
系"（特殊的社会关系）。[3]也就是说，其启发的观点是，这里不问是
国立公立的设施还是私立的设施，而是存在共通的法关系，但是，它
不是通常的契约关系，而应以特别权力关系（或者特别的社会关系）
概念来予以统一。

然而，应当注意的是，这种观点已与奥托·迈耶以来的传统理论

84

---

〔1〕　例如参照、最判 1970 年 9 月 16 日民集 24 卷 10 号 1410 页（关于未判决拘留
的在监关系）。另参照、最判 1975 年 2 月 25 日民集 29 卷 2 号 143 页（关于国家公务员
的勤务关系）。两者均在第二审判决上援用特别权力关系论而形成对比。

〔2〕　例如，前述最高法院 1975 年 2 月 25 日判决的原审判决是东京高等法院的
判决（1973 年 1 月 31 日讼务月报 19 卷 3 号 37 页），它仅以自卫队员的勤务关系是特
别权力关系为由，就驳回了遗属基于违背安全照顾义务而对国家提起的损害赔偿请
求。

〔3〕　参照、田中二郎·上 94 页。

有颇为不同的理论构造。如前所述，在传统理论中，其前提是行政的内部关系和外部关系的二元论，基于此，本来公务员是行政主体的构成成员，国立公立学校、医院等是构成行政主体之行政组织的一部分，而与处于行政主体之外的私企业从业人员、私立学校、私立医院等具有本质上的性质差异。而在田中二郎的特别权力关系论中，表面上维持了传统的特别权力关系论，但实际上暗示，其前提性的行政内部关系和外部关系的二元区分至少出现了部分相对化、至少具有相对化的可能性。

另一方面，有观点认为，与是否构成国家或地方公共团体的一部分无关，公务员与私企业的从业人员、国立公立设施与私立设施之间具有共通性质，而且，与单纯民事法支配的关系不同，而是作为特殊的法关系来思考，这种观点在之后也得到特别权力关系论批判一方的提倡。例如，基本上立于特别权力关系论批判一方的兼子仁博士，基于其提倡的"特殊法学"观点，将过去作为"特别权力关系"来说明的各种法关系，例如公务员的勤务关系，理解为"私人劳动契约因公务员身份而被修正的一种特殊劳动契约关系"；对于学校、医院、社会福利设施等的利用关系，则认为"不问国立公立还是私立，各自作为教育法、医事法、社会保障法上的特殊契约关系（特殊企业的利用关系），应当去查明其特有法逻辑的内容"。[1]

七、今天的问题状况

由此来看，日本关于特别权力关系论的讨论，是否使用"特别权力关系"一词姑且不论，可以说大致朝着下述观点的方向收拢：仍然不否定存在赋予法关系一方当事人概括性支配权的"特殊的社会关系"或"特殊法关系"，但是，其支配权的内容和范围取决于各自具体法关系的性质和目的，而且，这时法关系的"性质和目的"与国家

---

〔1〕 兼子仁「特殊法の概念と行政法」杉村章三郎古稀上 264 頁。另参照、兼子仁『行政法と特殊法の理論』（有斐閣、1989 年）266 頁以下。

或公共团体（行政主体）在其中是否作为当事人没有本质关系。最高法院也说，"在一般市民社会中，它如同另一个具有自律性法规范的特殊部分社会中的法律上的系争，只要它仅仅是与一般市民法秩序没有直接关系的内部问题，委诸其自主、自律解决就是适当的，不属于法院的司法审查对象"。[1]它将这一"部分社会论"一般化，例如，展开了不问国立公立和私立之别的学校关系论。[2][3]

本书也认为，今后至少在某一方面不能否定采取上述观点的必要性。不过，在这里所说的"特殊的社会关系"或"特殊法关系"中，在思考应当适用的法原理的具体内容时，不能完全无视国家或地方公共团体是否作为当事人参与的差异，这也是事实。例如，因为是国立公立设施，仍存在种种情形在其利用关系上作出特别的规范（例如，因为是国立公立学校，故而，自然禁止其立于特定宗教开展教育；再如，因适用国有财产法、物品管理法、会计法等而产生的制约，也能对国立公立设施的利用关系产生影响）。在现代日本行政法上，只要不认为"公与私的区别"这一欧洲近代法范畴一般性完全失去意义，上述观点也就只是必须考虑的一个要素。

根据这种情况来看，过去属于特别权力关系的各个法律关系在今天具体是以怎样的法理展开的、应当如何展开，这一问题已然超出行政法总论的范围，而本来应作为行政法各论（或特殊法论）的问题来考察。

86

---

〔1〕 参照、最判 1960 年 10 月 19 日民集 14 卷 12 号 2633 頁。

〔2〕 参照、最判 1974 年 7 月 19 日民集 28 卷 5 号 790 頁（所谓昭和女子大学案）、最判 1977 年 3 月 15 日民集 31 卷 2 号 234 頁。

〔3〕 对于这一"部分社会论"自身，理论上有种种问题（例如参照、佐藤幸治「『部分社会』論について」判例タイムズ455 号 2 頁以下）。在与"特别权力关系论"的关系上，这里仅像正文那样着眼于它的功能。

第三节　侵害保留理论
——"依法律行政原理"的例外之二

一、侵害保留理论及其批判

已如前述，"法律优位原则"是行政所有活动都适用的规则，而"法律保留原则"的妥当范围问题更具原理性，到现在也有种种争论。

率先倡导这一原则的奥托·迈耶认为，这一原则的适用范围仅限于对行政相对方臣民不利的行政活动，亦即侵害臣民"自由和财产"的行政活动，其他行政活动只要与既有法律不抵触就可以自由进行。这种观点通常被称作"侵害保留理论"，这一观点自迈耶以来的德国行政法学及日本行政法学中在传统上均占据支配地位。[1]

然而，对于这种侵害保留理论，特别是第二次世界大战之后、昭和 30 年代后半期开始，在德国和日本均出现了强烈的质疑。这些质疑详细而言是多种多样的，但其最基本的观点是，侵害保留理论已然失去了过去得以支撑的宪法构造上的支柱。这种批判认为，作为在君主立宪制下绝对王权时代的残余，以君主为中心的行政权原则上具有独立于立法权、自行行动的固有权限，侵害保留理论是以此为前提而成立的。不过，在这种行政权作出侵害国民自由和财产的行为时，要特别有法律的授权，获得立法权亦即国民代表的同意，这就是侵害保留理论。然而，在君主立宪制体系崩溃、国民主权原理确立的同时，过去由君主代表的行政权的固有权能已全部失去，行政权已全面变得无立法权授权就无法行动。1960 年代，德国否定了侵害保留理论，连所谓"全部保留理论"都登场了，亦即行政机关所作所有行动，一概

---

〔1〕　但是，日本传统通说中，行政权制定一般抽象的法规亦即法规命令的情形，为前述"法律的专权性法规创造力原则"所涵盖。这时，该原则的妥当范围未必限于不利的法规命令。因而，需要注意的是，传统的侵害保留理论只是针对个别、具体的行为（包括行政行为和事实行为的情形）而确立起来的。

要有法律的明示根据或授权（日本也有学者从这种角度主张，原本法律"保留"的用语自身已然失当）。

二、日本的侵害保留理论状况

在日本，并不存在彻底主张全部保留理论者，即所有行政活动一概要有法律的授权。但对传统侵害保留理论的批判却纷纷登场。例如，后述的柳濑良干博士指出，"赋予某国民权利、解除对自由的限制的行为，在另一方面是对其他国民课予应当承认这一权利、自由的义务，因而，行政权的所有权力性行为都是对国民一面是不利的，同时另一面是授益的"。[1]这一点另当别论。第二次世界大战后，出现了例如不问不利还是授益、一切公权性行政活动都要有法律根据的观点，更进一步，一切公行政活动都要有法律根据的观点。在这些观点的论据上，不仅是宪法构造的变化，还有人主张，今天不问是权力性还是非权力性的行为，给付行政活动增大，对社会具有重大意义，因而，要使其服从法律的授权。

但在另一方面，对上述批判的反批判也绝不在少数。例如，有人从传统立场角度出发，以在行政实务上一般获得承认，或者如果像反对说那样理解，行政在现实中就变得无法行动等理由，仍然拥护侵害保留理论。与宪法构造变化的主张相对，有反论认为，在现行宪法之下，在议会内阁制下，根据各行政组织法律的规定，行政权自身在国会具有存在基础，即使不要求其行动有法律授权，行政权自身也已经具备民主基础。此后，从这种认识出发，侵害保留说对此加以批判，同时对全部保留说的基本观点提出质疑，只有行政权以优越于国民的立场采取行动时，亦即采取权力性行为形式时，要求有法律的授权（不问是不利行为还是授益行为），这种立场也登场了。[2]

有关"法律保留"原则妥当范围的极为不同的见解，在理论上还

---

[1] 参见后述第99页。
[2] 参照、原田尚彦・要論88頁。

看不到完结，仍相互对立着。此间在现实中的状况是，不具有法律根据，或者仅有组织规范等根据的行政活动，以非权力性作用为中心在日益增加。为了多少改善一点这种不幸的状态、进一步推动法律学上的讨论，仍有必要对讨论出发点上的几个论点作出理论整理。本书以下从这一角度出发，对此问题阐述一点本书自己的观点。

三、观点整理

1. 传统侵害保留理论过去将行政实务上对这一理论的承认作为其论据，如果不以侵害保留理论为前提，也仅仅可能是变成违法进行的行政实务，这就很难说一定是有说服性的论据。而有主张认为，不采取侵害保留理论，现实中行政就无法运转，但例如，虽说是最极端的全部保留理论，也不否定法律赋予行政机关大幅度的裁量判断余地，因而，这种主张难以成为决定性的论据。但在另一方面，批判侵害保留理论的最核心论据是宪法构造变化论，但从下述理由来看，确立了国民主权，就当然导出所有行政要有法律根据的原则，这种观点也未必有充分的论证。

第一，对于上述宪法构造变化论，特别是主张"君主立宪制崩溃，行政自身不再有固有的权限"，这是当然的事情，但首先必须再度确认"法的根据"与"法律的根据"的理论差异。人的某种行动，要作为"行政活动"，就以存在某种法规范为前提，一概作为行政活动来理解是不可能的，在这一意义上，"行政"在理论上必定要有法的根据。[1]但是，这种纯粹法学意义上的法的根据未必是国会的法律的授权，"法律保留"问题必须明确区别于这一意义上的行政之为行政的"法的根据"问题。换言之，即使在不采取君主制的宪法构造下，例如，承认存在行政权直接根据宪法的权能，在理论上也一定是充分可能的。

第二，与上文也有关系的问题是，"国民主权"原理在理论上当

---

〔1〕 对此，详细请参照、藤田宙靖「行政と法」大系1（藤田宙靖·基礎理論上）。

然意味着所有行政活动必须存在"法律"的授权吗？对于"国民主权"原理意味着什么的问题，今天可以在日本宪法学上看到种种不同见解，这里想避免对上述问题作出最终判断。至少过去传统理解的"国民主权"原理主要是指"国家的一切权力最终在国民这里有其正当性根据"，它是关于国权行使正当性根据的原理，至少在国权行使的方法上并没有一义性地规定其具体状态。[1]如此，虽说《日本国宪法》采用了"国民主权"原理，但也未必能由此直接导出"法律保留"原则的妥当范围问题。

第三，从《日本国宪法》对国会的具体定位看，其第 41 条仅规定，"国会是国权的最高机关"，是国家唯一的"立法机关"，而没有规定国会意志是一切国家行为之"源"。[2]

如此看来，"法律保留"原则的妥当范围问题未必是能从明治宪法与《日本国宪法》之间的宪法构造差异一义性得到解决的问题，毋宁是在考虑"国民主权"原理、"议会内阁制"的组织构造等的基础上，从如何在立法权与行政权之间合理地分配功能的角度，应当有弹性地进行解释的问题。

第四，从这种角度看"法律保留"原则时，首要的问题在于，作为国会对行政活动的"民主性控制"，怎样的状态才是最为合理的？而要明确这一点，首先必须明确"国会对行政活动的民主性控制"是什么。如果稍作展开，可作如下说明。

行政权的行使是否一概是"民主的"，这一问题从理论上详细来

---

〔1〕这一点的最明确主张者，参照、小嶋和司＝大石真『憲法概観（第七版）』（有斐閣、2011 年）41–43 頁。

〔2〕"国会"是"国民"的代表，而不是"国民"本身，因而，如果"国会"的意志是一切国家行为之"源"，那它在理论上毋宁与"国民主权"是不相容的。

顺便提及，如果在确立了国民主权的日本宪法之下，没有法律的根据，行政原本就没有行动的权能，立于这一前提，那么在逻辑上得出的结论就是，所有行政活动均要有法律的授权，即彻底的全部保留理论。但在日本，在立于宪法构造变化论的学者中，也没有这种彻底的主张者，如正文所述，要求法律根据的范围常常是限于公权性行政或公行政等。这时，至少在非公权性行政或非公行政（私行政）上，其民主的根据就只能在法律以外的地方来寻找。

92

看有极为多义的侧面。其一，它包含着该行为是否在国民意志上有理论根据的权力正当性问题。对此，《日本国宪法》规定，"行政权属于内阁"（第 65 条），《日本国宪法》自身也是"基于日本国民的共同意志"而制定的（参照《宪法》序言），因而，现行宪法之下，行政权的行使已然具备民主正当性。而且，日本宪法采用了议会内阁制，进一步增强了这种正当性。但在另一方面，其二，"行政活动的民主性控制"，即使是在这一意义上具备民主正当性行使权力，也不是认可仅以此正当性为由便可从事任何活动（如果认可，那么，纳粹政权的独裁政治也能得到认可），而是意味着以某种方式从国民一方对现实行使权力者施以制约（所谓"民主性控制"）。[1]对于这种制约方式，除了国会的制约外，还有后述"行政的事前程序"完善等，能在各种场合有各种方法。在这种种可能性中，特别是国会的制约方法所具有的意义首先在于，由国民（的代表）根据制定的规则在公开场合进行审议，让行政权根据审议结果行使。该审议的结果，既有法律这种形成一般抽象规范结晶的形式，也有只是个别决议的形式。

要求行政活动有法律根据，这意味着，其一，根据国民（的代表）如上审议的结果，让行政活动的民主正当性更加强固；其二，让这种审议的结果特别是以一般抽象的规范形式形成结晶（法律），使

---

〔1〕　例如，对于前述"现行宪法之下，在议会内阁制下，根据各行政组织法律的规定，行政权自身已经具备民主基础"，今村成和博士批评认为，"法治主义的存在理由在于，在现行宪法下的政府装置中，能让民主控制发挥功能，因而，说政府组织的整体民主性，就是法治主义无用论的言说"［今村成和·行政法の争点（新版）15 頁］。这应理解为意味着本书正文所述的事情。

当然，今村成和博士以现行宪法采用的法治主义不是"依法律行政原理"而是"法的支配"为理由，而采取下述观点，即"民主性控制"一般当然意味着通过国会的法律来积极授权（今村成和·同上）。尽管他对藤田宙靖《行政法Ⅰ（总论）》（新版）有反驳（同17頁），但我不能理解其理由。这里想再指出的是，"法的支配"观念自身毋宁是理论性的，具有与以国民主权为基础的议会民主制相对立的一面［参见前述第54页以下。另外，对此的详细，藤田宙靖「ドイツ人の観たアメリカ法」広中還暦（藤田宙靖·基礎理論上 134 頁以下）］。如果这一指摘只在与"法律优位"原则的关系上有意义，那就必须再追问"法的支配"原理本身与"法律保留"问题是否真的能在理论上直接关联起来。

行政活动的状态依据法律而受到制约。因而，"法律保留原则"的妥当范围问题就变成必要的行政活动是什么、无论如何都要受到如此制约的问题。

2. 本书在这里处理的问题是作为"依法律行政原理"内容之一的"法律保留原则"的妥当范围问题，论述时需要确认的是，这一问题未必与立法权和行政权相互关系一般问题相同，也就是说，要从理论上明确将前者区别于后者。后者亦即立法权和行政权相互关系一般问题，除了规范行政主体和私人之间关系的"依法律行政原理"之外，还有例如，行政组织的状态在多大程度上真的由法律来规定，亦即行政组织权与法律的相互关系问题，[1]还有从所谓"财政民主主义"角度而言的国会对国家财政的介入问题。[2]另外，有见解认为，在今天，例如"像国土开发计划那样，整个体系作为国土的将来状态，规定着我们的生活状态，虽不直接影响国民法的利益，但从与日本的民主性统治构造的关系来说要有法律的根据"。[3]如最后这个例子所示，这一问题，本来不是从保护国民利益角度所产生的问题，在这一意义上，必须说在理论上正是不同于"依法律行政原理"的问题，"依法律行政原理"是为了保护私人相对于行政主体的权利利益而产生的法原理。[4]如果不明确这一点，在讨论"法律保留原则"的妥当范围时，就将以无法摆脱理论颇为混乱的状态而告终。[5]

---

〔1〕　对此问题，眼下可参照、藤田宙靖・組織法 59 頁以下。

〔2〕　例如，请参见《宪法》第七章的各条规定。

〔3〕　参照、塩野宏「国土開発」山本草二ほか『未来社会と法』（現代法学全集 54）（筑摩書房、1976 年）233 頁。

〔4〕　参见前述第 61 页。

〔5〕　今天，有主张认为，全部包括这些问题在内，作为关于立法权与行政权相互关系的一般理论，"国家中本质的（重大的）问题必须首先由立法决定"，亦即采取本质性理论或重要事项保留说［例如参照、阿部泰隆・システム下 695 頁、同・解釈学Ⅰ 102 頁以下、大橋洋一・Ⅰ（第四版）30 頁以下等。塩野宏・Ⅰ（第六版）88 頁以下也基本采取这种观点］。这种观点作为立法权和行政权相互关系的一般观点是颇为常识性的，但对于什么是其中所说的本质的（重要的）事项，却无法一义性界定，最终必须对个别事项逐一进行探讨，它背负着这样的宿命［作为这一理论在解释论上无力的具

93

94

95　　　3. 如果在理论上贯彻"依法律行政原理"，本来"侵害保留理论"就是对这一原则的扭曲，"全部保留理论"才是应有的姿态。但在另一方面，如前所述，"依法律行政原理"自身原本就不是以行政的合法律性作为自己的目的，而是以保护私人权利利益的要求作为背景。在 19 世纪的德国，也未必是从构成"依法律行政原理"背景的基本要求中实质上发现"侵害保留理论"的。如果以前述第二点的探讨为前提，在今天的日本，也没有必要否定"依法律行政原理"的基本理念，亦即通过"法律"的合理性控制行政的恣意，保护国民的权利利益。今天的问题毋宁是在于，如上所述，立法权和行政权的相互关系问题不限于传统"依法律行政原理"上的问题，而及于更广泛的问题。如此，将"法律保留原则"的妥当范围问题限定作为"依法律

96　行政原理"内容之一来思考，在出发点上，今天仍然也没有必要否定侵害保留理论的基本观点，即仅对侵害国民自由和财产的行为课予立法权"法律"授权的义务。不过，如后所述，在现代，特别是以双重效果的行政行为所代表的那样，对私人不利的行政活动与授益的行政活动的区别越发相对化了。有鉴于此，作为法律保留原则妥当范围上的

体例证，参照、藤田宙靖「警察法二条の意義に関する若干の考察（二）」法学 53 卷 2 号 90 頁（藤田宙靖·基礎理論上 389 頁以下）]。这一观点的模型是德国的 Wesentlichkeitsheorie［对此理论的详细，参照、大橋洋一『現代行政の行為形式論』（弘文堂、1993 年）1 頁以下]。在沿革上，它的确是称旨在克服侵害保留理论而展开的，但其自身只是（在立法权和行政权的一般相互关系上）对"侵害保留理论"支配状态提出了问题，指出了新的解决方向，它只不过是在这一意义上具有指示方向的功能。即使立于本质性理论或重要事项保留说的立场，在解决具体问题之际，结果只能是本书正文所指出的那些观点就会成为问题（在这一意义上，至少仅仅是"本质性理论"或"重要事项保留说"，还不能在决定法律保留原则妥当范围上发挥有效功能）。如此，解决问题的径路，与其扩大法律保留论的框架，不如在立法权和行政权相互关系中直率地承认，存在观点上不同于作为"依法律行政原理"一环的"法律保留原则"的种种问题，由此出发的做法才是合理的，这是本书的观点。顺便提及，大橋洋一『都市空間制御の法理論』（有斐閣、2008 年）283 頁对这种观点作出了批判。其根据仅在于，"行政法总论中讨论的法律保留理论与行政组织法定化原则"在"今天的德国法"中"被统合于本质性理论之下"。这当然不是对本书指出的上述情况的反驳。

原则性规则，侵害保留理论、全部保留理论均不够令人满意，前述的"权力保留说"观点登场了，[1]即不问授益还是不利，但凡行使公权力，行政活动就要有法律的根据，这种观点也是有其充分理由的。[2]如果国会

〔1〕 前出第 88 页。

〔2〕 当然，近来有人指出，"权力保留说"存在种种理论难点［参照、阿部泰隆・システム下 693 頁、同・解釈学 I 100 頁以下、大橋洋一・I（第四版）29-30頁、芝池義一・総論 47 頁以下等］。不过，在其理论前提和用语上，与本书的理解之间有一定偏差，以下想进行一点整理：

第一，有人指出，不存在授益性权力行为。在本书的观点（用法）中，可称作"授益性权力行为"者无疑是存在的，"特权的赋予"即使对第三人带有不利效果，对申请人亦即相对人无疑也是"授益性"的（将此称作"授益性行为"毋宁是传统的用法。顺便提及，《行政程序法》第 2 条第 3 项的表达是"许可认可等""赋予自己某种利益的处分"）。即使将此排除在外，第三人效力不成为问题的各种给付决定，再如外国人的归化许可等，这样的例子也不胜枚举。

第二，行政主体作为法制度设计这些行为，原本不是不可能的。法律保留问题，只是没有法律授权能否进行（无法律授权时，对私人是否具有法的拘束力）的问题。所谓权力保留说，即使是纯粹的授益性行为，只要是以权力性行为形式（特别是行政为、行政处分）进行，没有法律授权，行政就不能独自进行。

批判说认为，只有法律才能创出"权力性形式"（否则就只是赤裸裸的暴力），由此得出法律保留的范围，就陷入了循环论证。但从权力保留说的立场来看，权力保留说的结论是创出"权力性形式"要有法律的授权，批判说预设了这一结论，正是批判说一方已经陷入了循环论证（在这些批判中，也能看到"法律的根据"与"法的根据"的理论混同）。当然，在以"法律保留论"为代表的"依法律行政原理"中，在理论上是以没有法律的根据也能"行使公权力"（例如"警察国家"的国家行政全是如此）为前提的，正因为如此，才朝着以法律拘束"公权力的行使"努力。例如，"侵害"作为"侵害保留"的前提，正是从有"公权力的行使"才能产生的概念。所谓"侵害保留"论是主张，在这种公权力行使中一定范围者（亦即"对自由和财产的侵害"），要有法律的根据；而所谓"权力保留理论"是在说，如果是"公权力行使"，即使是在此外范围（例如对特定人授予恩典），也要有法律的根据。

第三，如正文所述，权力保留说是在侵害保留说的延长线上成立的，实质上将侵害保留说涵盖的部分也纳入到其射程之中（如前所述，"侵害"当然是由"权力性行为"带来的）。因而，对于侵害保留说能说明的部分，当然没有权力保留说登场的必要，但本书正文所述者毋宁是在考虑第三人遭受的连"侵害"还说不上的不利（参见后述第98 页以下）。

第四，权力性完全是由规制规范创出的，权力保留说如何对这种行为的存在［例

通过法律手段控制行政权的意义在于前述内容，其中所必要的法律，即使原则上具有"根据规范"的性质，有时也不应完全不考虑以组织规范、规制规范来取代根据规范（如果换一种表达来说，有时也没有必要有严格意义上的"法律的根据"）。[1]

四、今后的遗留问题

98　　　　但无论如何，在上述理论状况之下，今天继续一般性地讨论侵害

如，塩野宏·Ⅰ（第六版）85 页所指出的补助金交付决定〕作出说明呢？这一问题（这种行为欠缺明确的根据规范，就必须说违反法律保留原则违法吗）的确是存在的。对于这种情形，大致如正文马上要说的那样，可适用下面这种观点：法律保留原则中所说的"法律的根据"，根据情况，没有"根据规范"，例外地也可以是"组织规范""规制规范"等。

这时，例如规制性行政指导（参见后述第 365 页）是否要有法律的授权问题〔参照、塩野宏·Ⅰ（第六版）85 页〕，就是正文所说"公权力的行使"概念的具体解释问题。

另外，因在渔港区域内设置的游艇系留桩明显妨害渔港区域内的水域利用，管理渔港的町强制撤除，但这种规制的根据法（基于《渔港法》的渔港管理规程）并没有规定。最高法院在该案中判断认为，不能认为这种做法在《渔港法》及《行政代执行法》上是合法的（最判 1991 年 3 月 8 日民集 45 卷 3 号 164 页）。然而，该判决认为，尽管如此，町长强制撤除的费用由町的经费支出，这是为应对紧急事态而采取的不得已措施，参照《民法》第 720 条的法意，也不应认为其违法，进而驳回了居民争议公共资金支出违法的居民诉讼（参见下卷第 48 页），因而招致各方面对该案的讨论。该判决的旨趣未必明确，但从与"法律保留原则"的关系来看，在该案中，这一原则所保护的是设置了游艇系留桩却被撤除的私人（俱乐部），至少在与此的关系上，最高法院相当于认可了本案撤除行为的违法性（假设该人以町为对象提出损害赔偿请求，有无损害、过失相抵等论点另当别论，从本案判决的逻辑来看，本来不应否定撤除行为的违法性自身）。能否说撤除费用的支出给町造成损害，属于违法的公共资金支出，则与本问题不同，应理解为居民诉讼的固有问题。

〔1〕　在这一问题上，有时仅有组织法规定已足够，作为启发这种观点的近来著作，参照、芝池義一·総論 49 頁以下、中川丈久「行政活動の憲法上の位置付け」神戸法学年報 14 号（1998 年）125 頁以下。与此相对，这种观点也能受到批判，即实质上剥夺了侵害保留理论所实现的保护国民自由的功能。但要给出对此问题的最终结论，至少必须进行本书正文所述的理论探讨。

保留、全部保留抑或权力保留说，（至少从对于个别具体案件的法解释论上的实益角度来看）已经没有那么大意义了。在个别事例中，对于是否要有法律根据的结论，采取哪一种学说，在结果上都没有多大差别，最终需要的是在各论中的详细探讨。不过，这里作为在这种探讨之际今后必须充分考虑的问题，想就上述"侵害"和"授益"的相对化，进而由此产生的几个理论问题再稍作分析。

99

1. 如前所述，过去柳濑良干博士曾指出，"侵害保留理论"在结果上最终与"全部保留理论"相同。根据柳濑博士的观点，赋予某国民权利、解除其自由限制的行为在另一方面就是对其他国民课予应当承认这一权利、自由的义务，因而，行政权的所有权力性行为，对国民一方面是不利的，另一方面同时也是授益的。[1]这一观点在纯粹逻辑上有其正确的一面，不过，在当时可以说是以空转而告终。在传统的"侵害保留理论"中，其目的完全在于保护私人利益免受行政主体的直接侵害，因而，仅从行政主体与行为的相对人这种双方关系来把握问题，该行为对相对人以外的人（第三人或一般公益）有何意义，几乎不受关注。但在今天，正如该观点所启发的那样，行政活动中问题的多面性、行政主体和私人相互关系的多方性，引起了很大关注，以此事实为前提，再探讨行政法理论的应有状态，就成为重要问题。[2]

当然，即使从这种角度去看，行政主体、行为的相对人、此外其他人（或利益）的相互关系状态，也并不是始终相同的。例如，赋予某私人权利的行为就成为直接剥夺其他私人权利的行为的情形（例如依据土地征收法作出的土地征收裁决。当然，这时被取走土地的一方和取得土地的一方两者共同构成相对人）、恢复相对人自由的行为（至少在事实上）直接给相对人以外者带来具体不利的情形（例如依据建筑基准法的建筑确认），赋予相对人利益的行为损害了与相对人

---

〔1〕 参照、柳濑良幹「法治国家」田中二郎ほか編『行政法講座１』（有斐閣、1964年）。

〔2〕 从这种观点很早就指出种种问题的所在，参照、兼子仁「現代行政法における行政行為の三区分」同・前揭『行政法と特殊法の理論』所收。总括性地概述这一问题现在的理论状况，前田雅子「行政法のモデル論」新構想Ⅰ21頁以下。

100 以外者的平等、相对地构成相对人以外者不利的情形（税金的减免），赋予相对人利益的行为只是可能引发损害相对人以外者利益的情形（例如核电站建设许可的赋予）等是有差异的，其利益从生命身体安全这样的重大利益到剥夺体育、娱乐可能性（例如，赋予允许填埋海岸的公有水面填埋许可），这样的例子具体存在种种可能性。

2. 然而，在这种场合下，今天对于这些行为，法律在多数情形中设置了根据规定，从这一意义上可以说，眼下没有与"法律保留"原则的关系成为问题的状况。但是，这里必须作为问题的是，在这些情形中，作为允许行政主体为一定行为的前提，该根据规范所规定的要件完全只是考虑相对人和行政上利益的调整，而未必充分考虑了相对人以外者的保护，这样的例子是不少的。[1]这时，如果相对人以外者遭受的不利是能被称作对其"自由和财产"侵害程度的不利，对于这些人在实质上是在何种情形下让自己的利益必须为行政上的利益而受到制约，在立法机关没有充分考虑其利益、与行政上利益之间进行充分调整的情况下，这些人就因行政活动而受到不利。这种事态明显不容于"依法律行政原理"的本来旨趣——通过对行政机关的活动预先设定法律的规准来保护私人的权利利益。

101 换言之，所谓"法律根据"的必要，原本并不只是法律上规定某种根据，为了实质上保护私人的利益，在法律要件的规定方式上还应有一定的"规范强度"。[2]这种规范强度今天在与相对人以外者（利

[1] 这些行为的根据规范在多大范围内保护相对人利益以外的利益，过去主要是作为撤销诉讼原告适格问题在学说和判例上有过激烈争论。详见下卷第66页以下。
[2] 之所以禁止法律对法规命令（行政立法）的空白委任，原因正在于此。像下一节要看到的那样，行政厅的自由裁量是作为"依法律行政原理"的例外（参见后述第103页以下），也是因为如此。
另外，这种要求自身未必仅是来自德国、日本式的"依法律行政原理"，例如也能从英美式的正当程序原则中得出（所谓substantive due process）。在日本，该要求在与《宪法》第31条的关系上也成为裁判上的问题。例如，针对《关于核原料物质、核燃料物质及核反应堆规制的法律》第24条第1款第4项（当时）规定的核反应堆设置许可处分的许可要件明确性、正当性，参照、最判1992年10月29日判时1441号50页（所谓"福岛第二核电诉讼判决"）。

益）的关系上也必须作为问题来对待。从这种角度来看，如前所述，
至少在对相对人的授益性行为造成侵害第三人"自由和财产"的影响
时，已经在"侵害保留理论"的延长线上得出的结论就是，制定行为
规范全然不考虑第三人利益，据此行为规范作出的行为（至少在与该
第三人的关系上）欠缺法律上的明确根据（或者也可以说是广义的正
当程序），应当说是违法的。对侵害保留理论作这种现代性修正的必
要性尚未得到广泛论述，[1]在前述意义上第三人法的地位成为问题
时，它就一定是必须探讨的问题。

3. 当然，这时在这种情形中对第三人的损害是直接因行政行为相 102
对人私人的活动（建筑行为、营业活动、核反应堆的运转等）而产生
的，因而，还必须充分考察这种损害到底在何种意义上会成为行政行
为的"侵害"。

对此，首先如柳濑博士也指出的那样，例如，使相对人从事一定
行动成为可能的行政行为，同时对第三人课予忍受相对人获得采取行
动的法资格的义务。不过，如前所述，这时第三人必须忍受的相对人
"法的资格"内容，存在种种情形。例如，行政行为的法效果只是
"命令性效果"的情形与具有"形成性效果"的情形是有差异的，[2]
对于后者，其形成性效果所及范围也有广狭不同的情形。这种效果到
何处为止构成对第三人的"侵害"，应当赋予依法律行政原理的保护，
或者（也包含从正当程序保障的角度）广义上法治主义的保护，就成
为一个问题。对此，首先要充分理解行政行为的法效果，而第三人对
于某行政行为的法的立场问题，日本此前主要是在与抗告诉讼原告适
格（《行诉法》第9条）的关系上来论及的，为了方便起见，将在本
书下卷的该部分更为详细地探讨。

---

〔1〕 作为在这一点上提出了问题者，参照、藤田宙靖「行政活動の公権力性と第
三者の立場」雄川献呈上171頁以下（藤田宙靖・基礎理論上254頁以下）。

〔2〕 参见后出第205页以下。

第四节　自由裁量论
——"依法律行政原理"的例外之三

第一款　何谓自由裁量（一）
——与"依法律行政原理"的关系

一、"裁量"与"羁束"

103　　　　如果"依法律行政原理"的目的在于，通过法律拘束行政活动，一是满足对行政活动的预见可能性（法的安定性）要求，二是满足对行政活动的民主性控制的要求，[1]那么，要贯彻、实现这两个要求，该原理本来就是这样的原则，即对于所有行政活动，以法律对行政机关在何种情况下可以采取何种行动作出各个具体详细的规定。但是，如前述"侵害保留理论"所见，传统行政法理论在其任务上背负着二律背反的要求：一方面，为了保护各个国民的利益，根据依法律行政原理对行政机关的行动进行控制；另一方面，在促进全体利益、公益的要求下，在必要的限度内必须确保行政活动的顺利进行。如此，与此要求相适应，在传统行政法理论下视为"一般权力关系"的法律关系中，实际的法律也屡屡给行政机关概括性授权，将行动委诸行政机关作出政策性、行政性判断。

　　　　在法律对行政机关广泛授权时，通常是说"法律赋予行政机关（行政厅）（自由）裁量权"，将行政机关（行政厅）基于裁量权作出

104　政策性、行政性判断的行为称作"（自由）裁量行为"或"（自由）

---

〔1〕　参见前出第61页。

裁量处分"。[1][2]与"自由裁量""裁量行为"语词相对应，反过

---

〔1〕 从理论上来说，自由裁量行为是对所有法形式的行政活动而言的，但在现实中，自由裁量论长期只是针对"行政行为"展开的，如果说"（自由）裁量行为"，那就是意味着承认自由裁量的行政行为（通常将此称作"自由裁量处分"）。其原因在于，如前所述，在以"三阶段构造模式"为前提的传统行政法理论中，在行政的各种活动形式中，理论上的关注特别集中于"行政行为"；行政争讼法是自由裁量问题在现实中最具有重要意义的领域，行政争讼法也是以行政行为（行政处分）为中心而建起争讼法的构造。但在最近，裁判例上出现了其他行为形式上的裁量问题（例如对于行政立法，参照、最判 1990 年 2 月 1 日民集 44 卷 2 号 369 页；对于制定条例之际议会的裁量权，最判 1990 年 12 月 21 日民集 44 卷 9 号 1706 页；对于契约的缔结，最判 1987 年 3 月 20 日民集 41 卷 2 号 189 页）。再如，对于"计划"这种法形式的所谓"计划裁量"，不仅是行政法学，在最高法院判例上也成为探讨的对象（例如，对于都市计划决定，最判 2006 年 9 月 4 日判时 1948 号 26 页、最判 2006 年 11 月 2 日民集 60 卷 9 号 3249 页）。但是，本书的目的首先是要阐明传统理论的基本构造，在此基础之上，说明其现在面对的问题，因而，这里暂且按照传统的做法来处理自由裁量论的问题。

〔2〕 此外，有的案件法院以某种国家行为的高度政治性为理由，不对其进行合法性审查，这属于所谓"统治行为"的情形。过去在日本，对于诸如众议院的解散等，最高法院认可不予审查的做法（最判 1960 年 6 月 8 日民集 14 卷 7 号 1206 页）；对于行政权的行为，它将政府的缔结条约也归为统治行为（最判 1959 年 12 月 16 日刑集 13 卷 13 号 3225 页、最判 1969 年 4 月 2 日刑集 23 卷 5 号 685 页等）。这里，"统治行为"与自由裁量行为的异同就成为问题。

首先，从理论上来说，自由裁量行为的观念原本是指法律自身赋予行政机关自由判断的余地，亦即没有法律羁束的情形。因而，法院也不能作出违法性判断（因为欠缺判断的基准）。而"统治行为"的情形，是因为该行为具有高度的政治性，法院应当抑制审查。因而，"统治行为"的情形即使在理论上存在法律的羁束、可以以此为基准作出违法性判断，也不得作出判断（在这一意义上，小早川光郎指出，上述最高法院 1959 年 12 月 16 日判决，不是适用本来的统治行为法理，而只不过是承认政治部门广泛的裁量权。参照、小早川光郎・下Ⅱ127 页）。

但是，如后所述，在自由裁量论中，功能性、程序法的观点在推进，将问题作为行政机关和法院之间合理分工问题来理解的倾向很明显。在这一点上两者的本质差异在消失。不过，这时作为现实问题，"统治行为"主要是限于各权力的最高机关的行为，而且不仅仅是违背法律，违背宪法也成为问题的情形。

另外，作为两者法效果的差异，以前述理论差异为出发点，就会产生不同。例如，对其行为提起撤销诉讼争议其违法性的案件中，自由裁量行为是进入实体审理之后作出驳回诉讼请求判决，而如果是"统治行为"，则是驳回诉讼判决〔参照、雄川一郎『行政争讼法』（有斐阁、1957 年）129 页〕。

来，法律没有赋予行政机关这种政策性、行政性判断的余地，严格以法律予以拘束的情形，是说"法律羁束行政机关（行政厅）"，将在法律羁束之下所作的行为称作"羁束行为"或"羁束处分"。

二、法规裁量（羁束裁量）的概念

105　　然而，过去认为，法律的羁束是对行政行为的"要件"和"效果"而进行的，[1]法律对两者都作出了一义性明确规定时（例如《国税征收法》第 47 条第 1 款），当然马上就明白该行为是羁束行为；反过来，法律对于要件或效果明确委诸行政机关自由作出政策性、行政性判断时（例如《行政不服审查法》第 45 条第 3 款，《道路交通法》第 103 条第 2 款——可与该条第 1 款对比），这是自由裁量行为，这比较容易辨别。但实际上是常常存在两者的中间情形。例如，《关于风俗营业等规制及业务正当化等的法律》第 25 条规定，公安委员会认为，风俗营业者有违法行为、"有损害善良风俗或清净风俗环境，或者妨碍少年健全成长之虞时"，可以对风俗营业者作出必要的指示，"防止发生损害善良风俗或清净风俗环境，或者妨碍少年健全成长的行为"。这时，判断是否有"损害善良风俗或清净风俗环境"及"妨

106　碍少年健全成长之虞"、是否为防止而作出必要的指示，该条文真的就委诸公安委员会作出政策性、行政性认定和判断吗？

　　在传统行政法理论中，对此并不是这样理解的。即使是这样以"不确定概念"来规定要件和效果的情形，在现实各个具体的情形中，什么真的是"有损害善良风俗之虞"的行为、什么是"必要的处分"，要从法规范的宗旨、目的，对每一种情形客观地作出界定，行政机关违背客观基准作出判断，它不仅仅是不合目的的裁量，而且违背法律

---

　　[1]　法律授权给行政机关时，通常的形式是：（1）"在……时"，（2）"必须作出……处分"（或者"可以……"）。前者是这里所说的"要件"，后者是"效果"。通常对"要件"认定的裁量称作"要件裁量"，对"效果"承认的裁量称作"效果裁量"。

　　当然，如后所述（后出第 123 页），最近在行政法学上确立起来的认识是，产生行政厅裁量余地的不是这种单纯的构造，而是在更多的侧面中。

预定的客观基准，因而违法。如此，法律文字上并非一义性确定，但实际上也不允许行政机关自由裁量，在存在法律预定的客观基准时，行政法学上通常将其称作"法规裁量"或"羁束裁量"。而纯粹委诸行政机关（行政厅）政策性或行政性判断、本来意义上的自由裁量被称作"便宜裁量"或"目的裁量"。[1]

根据传统行政法理论的这种图式，"法规裁量行为"或"羁束裁量行为"使用了"裁量"一词，但在理论上其性质实际上不是自由裁量行为，而是羁束行为。"法规裁量"或"羁束裁量"的概念之所以有这种奇妙的性质，实际上是由来于历史。这一概念过去是用来对抗下面这种观点的，即法律文字不是一义性的，就全都允许行政机关自由裁量。"法规裁量"或"羁束裁量"概念可谓是在传统行政法学内部积累、解释论上努力的一大结晶，进一步扩大了依法行政原理的妥当范围。

另外，自由裁量在当下意味着，法律自身放弃详细具体地规范行政机关的行动，而委诸行政机关（行政厅）政策性或行政性判断。在这一意义上，自由裁量可以说具有"依法律行政原理"例外的意味。但是，过去自由裁量概念不仅是这种实体法的侧面，而毋宁是程序法的侧面，亦即正是在保障着行政合法律性的裁判审查场合下发挥着重要功能。接下来，为了更清楚地阐明传统行政法理论中自由裁量论的意义，来看看自由裁量行为与裁判审查的关系。

第二款 何谓自由裁量（二）——与裁判审查的关系

一、自由裁量行为与裁判审查

如本书下卷第四编详述的那样，在近代法治国家，尽管在程度上有种种差异，但一般会以某种方式由不同于通常行政机关的独立法院去纠正行政的违法活动。如后所述，尤其是在现在的日本，与第二次世界大战前的法制度不同，根据《行政案件诉讼法》的规定，大大地

---

〔1〕 请参见后出第112页的图式。

打开了这条通道。但是，这种由裁判机关进行的审查，因为司法的使命，至少在原则上只能限于对行政活动的合法与违法作出判断，对于行政机关只是从政策、行政的角度作出的决定，其政策判断的当与不当[1]控制只能说本来就处于法院的权限之外。如此，在传统上，就建立起行政法理论上的一大原则：即使是行政行为，对于羁束行为，其违法与否是裁判审查的对象；而对于裁量行为，行政机关的裁量失误则不属于裁判审查的对象。不过，这时，根据传统通说的观点，前述法规裁量行为的情形，在具体场合下判断有误，违背法规范预定的客观基准，就是违法，而与通常的羁束行为一样，完全成为裁判审查的对象。

二、自由裁量的"界限"

自由裁量行为不属于裁判审查的对象，在德国以及效仿它的日本，很早就确立起这一原则。但是，即使在这种情况下，在其理论框架中，为了实质地扩充"依法律行政原理"，传统行政法理论做出了种种努力，前述法规裁量（或羁束裁量）概念的确立即为其例。与其一起必须予以关注的是所谓"自由裁量的界限"论。这是针对在理论上分离出"法规裁量行为"之后的自由裁量行为，即便宜裁量行为（目的裁量行为）而言的，即使是这一意义上纯粹的自由裁量行为，（1）超越裁量权界限而作出行为时［所谓"裁量权的逾越（或脱逸）"］，或者（2）滥用裁量权而作出行为时（所谓"裁量权的滥用"），该行为违法，成为裁判审查的对象。这种观点先是通过德国、日本的学说和判例确立起来，日本在 1962 年制定《行政案件诉讼法》时在制定法上也作出了明确规定（《行诉法》第 30 条）。

1. "裁量权的逾越（或脱逸）"的情形，要言之，是指行政机关（行政厅）超越法律允许行政机关自由行动的界限而行动的情形。换

---

〔1〕"违法"概念是指某行为违反法规范的状态，而在行政法领域，"不当"的概念是指，某行为并不"违法"，但从行政的任务来看未必适当的状态（例如参见《行审法》第 1 条第 1 款）。

句话说，行政机关（行政厅）违反法律的规定而行动，因而，这一原则在理论上其实只不过是一般的"法律优位原则"的一个推论而已，其自身并不具有特别意义。尽管如此，之所以还特地主张这一原则，甚至在制定法规上予以明确化，正是在显示这一原则的历史背景。也就是说，过去认为，但凡某行为是自由裁量行为，仅此就已经排除了一切裁判审查。这一原则正是在批判这种观点上具有意义。

实质上，这一原则的主要意义在于，某种规则虽然不能从法律的规定中一义性地得出，但在与宪法以及其他上位法的关系上被认为当然存在，就由这种规则来束缚行政厅的行动。例如，"平等原则"（《宪法》第 14 条第 1 款）、"比例原则"（《宪法》第 13 条第 2 句）等的羁束就是如此。[1]

（1）所谓平等原则，是指对于同种情况，没有合理理由，就禁止对其中的特定人差别对待的原则。[2]例如，同样违反交通法规，都满足汽车驾驶执照的撤销处分要件（《道路交通法》第 103 条第 1 款第 2 项），如果以女性一般运动神经不快为由，未撤销男性而仅撤销了女性的驾驶执照，那就明显违反平等原则。[3]

110

〔1〕 对于"裁量权的逾越"与"法律优位原则"的关系，理论上正确的应当是如下说法："平等原则"及"比例原则"两者都是宪法上的原则，以此为前提，裁量行为的根据规范在明文上没有给裁量权的行使设定这种界限时，如果尽管如此、也不违宪无效，那么，作为理论上的可能性，要么是该规范的内容自身当然受到两个原则的限定（限定合宪解释），要么是授权规范自身没有这种限定，但行政厅在适用授权规范时也受到宪法上原则的拘束，因而，不在该界限内适用，该行为就违宪（适用违宪）。如果采取前一观点，违反这些原则也就与违反"法律优位原则"同义；如果采取后一观点，行政厅的行为自身即使在授权规范的界限内行使（亦即未必违反"法律优位原则"），也是逾越了另外被课予的法的界限。

〔2〕 参照、最判 1955 年 6 月 24 日民集 9 卷 7 号 930 頁。另参照、最判 1964 年 5 月 27 日民集 18 卷 4 号 676 頁。

〔3〕 裁判例上实际上将违反平等原则认作裁量权逾越的例子是下级审判决。例如，以居留外国人的转职为理由，作出不许可更新居留期间处分，在社会观念上明显缺乏公平妥当性（東京地判 1973 年 3 月 27 日例集 24 卷 3 号 187 頁），对于同和保育所的入所，书面提出部落解放同盟的确认印章不可或缺，这种运用损害了行政的公正、平等，是不合理的做法（福冈地小仓支判 1980 年 7 月 8 日判時 1005 号 150 頁等）。

（2）所谓比例原则，是指为了达成某目的，禁止超越必要最小限度使用课予不利的手段的原则。例如前述的例子，从道路交通安全角度仅停止驾驶执照就已充分足够，仍然撤销了驾驶执照，就违反这里所说的比例原则。[1]这一原则过去是特别针对行政活动中的"警察行政活动（或警察作用）"来谈论其界限的，[2]今天则广泛成为对一般裁量行为都有效的法理。

2. 关于"裁量权的滥用"的上述原则，至少乍看上去，不具有"法律优位原则"推论的性质。也就是说，根据传统的说明，所谓"裁量权的滥用"，是指从法律文字上来看，行政机关（行政厅）在形式上明显在法律授权的范围内行动，但实际上是为了不同于法律授权给行政厅的本来目的的目的而行使权限的情形。例如，根据《国家公务员法》第82条作出惩戒处分，处分者是为了雪除对被处分者的私人仇恨，作出了超出必要限度的严厉处分，或者基于一定的政治意识形态而对公会的活动家特别作出严厉处分等，即为其例。

裁量权的"逾越"和"滥用"之间，大致有上述观念的差异。但在现实中，两者极难区分（例如，"违背平等原则"的事例，有学者

---

〔1〕　在最高法院判例上，例如，过去对身为地方公务员的教员的免职处分，从违法行为的责任角度来看，过于残酷、在社会观念上明显欠妥，超越裁量权范围（最判1984年12月18日劳働判例443号23页）。此外，在近来的例子上，校长要求毕业典礼上在齐唱国歌时面向国旗起立齐唱等，对不遵守该职务命令的教职员作出惩戒处分。"从保持学校纪律和秩序等的必要性和处分的不利权衡的观点来看，难以认为存在选择另行减薪处分的情况"，最高法院以此为理由，判断认为惩戒处分部分违法（最判2012年1月16日判时2147号127页）。

〔2〕　在传统行政法理论中，"警察"或"警察作用"概念未必仅意味着警察法规定的警察组织的活动，而是不问行政机关是谁，用于表示行政主体维持公共安全和秩序的一般活动（例如参照、田中二郎·下32-33页。当然，他在同一个地方给出了警察概念的定义，即"为了维持公共安全和秩序，基于一般统治权对人民作出命令、强制、限制其自然自由的作用"。除了"维持公共安全和秩序"这一目的要素外，连"命令、强制"这样的活动形式要素也纳入了"警察"概念定义中）。在这种活动中，具有司法活动性质者（例如犯罪搜查、逮捕犯人等）称作"司法警察"，具有行政活动性质者（例如取缔风俗营业、从公共卫生等角度的营业规制等）称作"行政警察"或"警察行政"。参照、遠藤博也·行政法Ⅱ（各論）128页。

是作为"逾越"的例子,有学者是作为"滥用"的例子。在裁判例上,也能看到"违反比例原则、平等原则的惩戒权滥用"这样的表述,权限"滥用"的结果可能带来权限的"逾越")。实际上,从理论上来说,本来就不可能对两者作出逻辑区分,原因在于,"必须仅根据法律赋予某权限的本来目的来行使该权限",这一原则在理论上不外乎也是法律对行政机关行使权限所设定的界限之一。[1]在法解释论的"实益"问题上,是"逾越"还是"滥用",完全不产生法效果上的差异(《行诉法》第30条)。从这一意义来说,没有必要把具体的事例属于哪一个当作问题。

三、传统自由裁量论的图式

据此,如果整理传统自由裁量论的内容来看,可作图式如下:

法律的文字	行为的种类		裁判审查
一义性的	羁束行为		有
多义性的	法规裁量行为 (羁束裁量行为)		有
	便宜裁量行为 (目的裁量行为)	逾越	有
		滥用	有
			无

在第二次世界大战后的日本,这种图式可以说也长期占据着传统通说的地位(前述《行诉法》第30条的规定正是其象征)。但是,特

---

[1] 如此理解,"裁量权的滥用"产生违法问题、是裁判审查的对象,这一原则实际上与"裁量权的逾越"一样,不外乎是"法律优位原则"的一个推论。如此,所谓便宜裁量行为,也因此而受到法律的羁束,与法规裁量行为(进而是羁束行为)没有性质上的差异。两者的差异只不过仅仅是法律羁束的程度差异。这一点也与正文以下说明的对传统自由裁量论的批判问题相关联。

别是在昭和 30 年代以降，判例和学说对这种图式的自由裁量论提出种种疑问，其结果是，在现在日本的行政法理论中，这一古典图式陷入了明显的动摇状态，这必须说是其实情。

第三款 传统图式的动摇

一、"法规裁量"与"便宜裁量"的相对化

113   自由裁量论传统图式的动摇，可以说首先是从"法规裁量"与"便宜裁量"的相对化开始的。有人指出，这一倾向在昭和 30 年代已经是诸多判例的动向。[1]这原本可以说是与"法规裁量"概念的下述

114   问题相伴的。在传统理论中，在法规裁量的情形中，法律上的文字是多义性的，实际上可从法律的宗旨目的出发、根据各个具体场合决定客观基准，法院对行政机关（行政厅）的行动是否违背法律本来预先设定的这一基准进行审查，但在现实中，所谓"客观基准"，只不过是让法院的判断基准作为法律预定的客观基准得以通用而已。因为如果是这样，结果问题就是，所谓法规裁量行为的裁判审查，诸如对于"什么是这时真正的公益"，就只不过是将行政机关（行政厅）对同一问题的判断置换为法院的判断。如此理解，结果就会产生一种观点，某行为是否为委诸行政机关自由裁量的行为，在现实中与其说是法律如何拘束该行为的实体法上的问题，不如应当理解为是否让法院的判断优先于行政厅的判断这样的程序法上的问题。如此，某行为是否应当作为自由裁量行为而排除于裁判审查对象之外，就完全变成仅从功能性、合目的性角度来思考，该事例是否为让法院判断优先的适当事例。其结果是，即使是过去被认为是法规裁量的情形，也能出现一种情形，全面让法院的判断优先并不妥当，而必须尊重行政厅的专门技术性判断；而过去被认为是便宜裁量行为的情形，有时仍然也能

---

〔1〕 参照、雄川一郎「最近における行政判例の傾向」同『行政の法理』（有斐閣、1986 年）138 頁以下、同・前揭『行政争訟法』123 頁。

产生让法院判断介入的余地。

实际上，最高法院的判例很早就对"法规裁量"概念采取了不同于传统理论图式的观点，实质上可以说，法规裁量意味着行政机关（行政厅）留有裁量判断的余地，但其范围颇为狭窄的情形。[1]

115

二、"自由裁量行为"与"羁束行为"的相对化

然而，如前所述，[2]从"受法律拘束"的实体法角度来看，"法规裁量行为"与"便宜裁量行为"的差异，本来在理论上也是极为相对的。从第二次世界大战之前开始，过去就有部分学说指出了这一点。[3]但从进入昭和30年代开始，学说和判例特别强烈地意识到两者的相对性，采取的观点主要是像上文所述那样，从实践性、功能性思考自由裁量问题，看什么委诸法院判断、什么委诸行政机关专属判断最为合理。如果问题是这种合理分工的问题，其判断基准的中心就必然在于，该行为是没有行政机关（行政厅）专门技术性知识就不能作出适当判断，还是通过裁判程序这种形式程序，法院根据当事人拿出的资料作出判断没有障碍，一言以蔽之，在多大程度上尊重行政厅的专门技术性判断。这是不言自明的。但如果是这样，实际上自由裁量问题就可能在现实中不仅是与法规裁量、与真正的羁束行为之间也相对化了。

在这一意义上，判例上首先要关注的是东京地方法院的1963年10月30日判决。[4]该判决是关于法人税的课税处分案件，判决指出，

---

〔1〕 例如参照、最判1964年6月4日民集18卷5号745页（根据旧《道路交通取缔法》撤销驾驶执照的处分，并非纯然的自由裁量处分，而是法规裁量处分，公安委员会仍有一定范围内的裁量权）。另外，将生活保护基准设定行为理解为羁束裁量行为，同时承认厚生大臣有专门技术性裁量的余地，这是理由龃龉的违法吗？参照、最判1967年5月24日民集21卷5号1043页，特别是其第1046页以下。

〔2〕 参见前出第112页注〔1〕。

〔3〕 参照、柳瀬良幹「自由裁量に関する疑問」同『行政法の基礎理論』（清水弘文堂、1967年）所収。

〔4〕 例集14卷10号1766页。

从理论上来说，本来法律规定连税额都严格羁束，课税处分是典型的羁束行为，但从尊重行政机关专门技术性判断的角度来说，"在关于所得税、法人税认定的课税处分撤销诉讼中，审查对象只应是行政厅的认定方法、程序是否合理，税额自身是否错误是法院不应审查的问题"。换言之，如果承认行政厅的事实认定、税额计算的程序和方法具有大致的合理性，法院就已经不控制行政厅依据该方法所作的判断了（尽管过去认为课税处分是典型的羁束行为）。

三、重视处分程序和过程的倾向

如此，在法院审查行政行为的合法性之际，与其说是审理行政行为的内容是否符合实体法上的法律规定，不如说是将重点置于审理该行为的程序和过程是否正当。这种观点在判例上因东京地方法院 1963 年连续作出的三则判决而特别惹人注目，此后，强烈支持这种观点的学说也有诸多登场。[1]

在与自由裁量论的关系上，这种观点可在下述两个方向上发挥着其固有的功能。其一，像上述法人税课税处分案那样，对于过去理论中的羁束行为，削减法院审理对象的部分，减轻法院审理的负担；其二，对于过去实体法上承认的行政机关（行政厅）裁量，即使不能从实体上审理行政机关的判断是否适当，至少能审理其作出行为的程序和过程，以此来扩大法院控制的幅度。明确显示第二个方向的是东京地方法院 1963 年的另两则判决，亦即个人出租车执照案第一审判决[2]和群马中央巴士案第一审判决。[3]

这两个案件都是有关道路运输法上道路运输业许可的行政行为，其合法性成为问题。如后所述，[4]传统行政法理论认为，这种行为是

---

[1]　参见后述第 118 页。
[2]　東京地判 1963 年 9 月 18 日例集 14 卷 9 号 1666 页。
[3]　東京地判 1963 年 12 月 25 日例集 14 卷 12 号 2255 页。
[4]　参见后述第 209 页以下及第 217 页以下。

具有"公企业特许"性质的行政行为，只要法律上没有明文规定，对申请是否赋予许可，就委诸行政厅自由裁量。但是，两则判决均根据《宪法》第 13 条、第 31 条规定，强调国民权利要求程序性保障，因而，在作出这些行政处分时，必须根据行政机关无恣意之嫌的公正程序来认定事实。为了满足这一要求，（对于个人出租车许可程序）要事前告知审查基准，据此进行公正的听证；（对于巴士许可程序）要公正地进行向运输审议会咨询的程序。欠缺这些程序要件、驳回许可申请的处分，分别违法，予以撤销。也就是说，尽管没有明文规定，两则判决仍对过去完全被当作裁量行为的行为提出种种程序法上的要求，而没有踏入行政行为的实体内容审理，只是基于程序的公正性审查，撤销了行政行为。[1]

四、程序法的自由裁量论与实体法的自由裁量论

在这些判例的倾向中，与传统自由裁量论的图式相比，可启发下述新的图式方向。不像过去那样本来立于实体法观点，进行羁束行为、法规裁量行为、便宜裁量行为的区分，而只是看什么适合行政机关判断、什么适合法院判断，从功能主义角度进行区分，在区分之际，其图式主要是，实体性的判断专属于行政机关，程序法的控制归诸法院之手。

日本对自由裁量问题的这种观点的发展可谓采取了"判例先行型"方式。对于这一连串的判例动向，学说当初表现出了种种反应。例如，首先对于从功能主义角度出现的法规裁量和便宜裁量的区分相对化，很早就有批判认为，如果予以认可，只要法院可能审查，所有行为都变成羁束行为，这就违反了法律赋予行政机关（行政厅）自由判断余地的宗旨；[2]也有批判认为，如果予以认可，法院可能变得超

118

---

〔1〕　此外，对裁量处分的判断过程进行控制，结果撤销了处分，有名的案件是日光太郎杉案控诉审判决（東京高判 1973 年 7 月 13 日例集 24 卷 6 · 7 号 533 頁）。

〔2〕　参照、雄川一郎·前揭『行政争訟法』124 頁。

出必要的消极性，本来适合法院判断的事情也委诸行政机关（行政厅）认定。[1]这些观点均可以说是仍重视实体法拘束（依法律裁判）的意义和必要性。

与此相对，其后积极支持上述判例动向的学说也登场了。根据这种观点，原本认为法院的判断优越于行政判断的，是那种将法适用于事实直接得出结论的单纯案件，而在复杂多样化的现代行政中，很多是经过利害关系人参与、向审议会咨询等复杂程序，展开到作出个别行政行为之前的过程。这种行政过程，与其说是法律的执行，不如说是面向实现公益的政策创造过程。因而，法院这时不仅在事实上不可能以自己的实体判断来代替创造性的政策决定，有时也违反民主性行政决定的旨趣。如此，就出现了下述这种观点：法院应当做的与其说是行政行为合法性的实体法审理，不如说是行政决定作出的程序和过程是否公正的审查。[2]

最后看到的这一观点，实际上指出，以"三阶段构造模式"为前提的"依法律行政原理"面对现代社会的行政存在局限，在这一意义上具有下一节所分析问题的性质。但无论如何，必须留意的是，这一立场未必是主张对于所有的行政行为均应采取这种观点，眼下其对象是限于"经复合性行政过程而形成行政判断"的行政行为。也就是说，在学说中，传统的自由裁量论的图式不再具有过去的那种意义，功能主义的观点逐渐强有力起来，这是事实；这也未必意味着，现在仍由法律对行政行为进行实体性拘束、由法院进行审查，一概没有意义。

第四款　羁束行为与裁量行为的辨别基准

一、问题的意义

如前款所示，传统的自由裁量论图式现在在判例和学说上颇有动

---

〔1〕　参照、園部逸夫·行政判例百選 I（初版）179 頁。

〔2〕　参照、原田尚彦『訴えの利益』（弘文堂、1973 年）231 頁以下、同·要論 154 頁。

摇，特别是因功能性、程序性观点的进展，在传统德国－日本型的行政法理论中看不到的方面也正在受到关注。但是，如前所述，也并不因此就认为法律在实体法上多大程度拘束行政机关的问题已完全没有意义。[1]不仅如此，只要至少在原则上维持法院的审查不及于行政机关的裁量判断这一公式（《行诉法》第 30 条），在具体事例中，首先就是到哪里为止委诸行政机关裁量、从哪里开始成为裁判审查的对象的问题。在这一意义上，仍然产生自由裁量行为与羁束行为的辨别问题。以下对此问题的理论状况予以概述。

二、学说的展开

在传统上，羁束行为与（自由）裁量行为的辨别基准问题，当初是作为法律关于行政行为要件及效果规定的解释方法问题展开的。也就是说，法律对行政行为的规定，例如，对要件或效果完全没有规定（例如，《河川法》第 34 条第 1 款规定，基于流水占用许可及其他一定许可的权利，"未经河川管理者承认，不得转让"，但对于河川管理者在什么情况下予以承认，没有任何规定），或者规定得不充分（例如，《当铺营业法》第 2 条第 1 款规定，当铺必须申请都道府县公安委员会的许可，对于该许可的基准，该法第 3 条第 1 款规定，"公安委员会……在许可申请者有下列各项情况之一的，不得许可"，仅列举了消极要件，在许可申请者不属于各项情形时，公安委员会是否必须给予许可，没有任何明文规定），这种情况常常出现，法律是否有意承认行政机关（行政厅）有裁量，就会成为问题。如前所述，规定在文字上并非一义性的情形，有的并没有直接承认自由裁量的旨趣，而只是法规裁量，如何区分这两种情形，也成为问题。

---

[1] 如前所述，最高法院在稍稍不同于传统学说的意义上使用"法规裁量"的概念，但未必否定实质上存在属于传统意义的法规裁量的情形。例如，有判决认为，《土地征收法》第 71 条规定的补偿基准，使用了"相当价格"等不确定概念，"可以而且应当根据通常人的经验法则和社会观念客观地认定……不能认为承认征收委员会有裁量权"（最判 1997 年 1 月 28 日民集 51 卷 1 号 147 页）。

对此问题，过去有以佐佐木惣一博士为代表的"文字说"与以美浓部达吉博士为代表的"性质说"之间的争议。所谓"文字说"，是指以法律的文字，亦即法律的规定方法如何为基准来决定是羁束还是委诸自由裁量；所谓"性质说"，是指不管法律的文字如何，根据该行为的性质，亦即该行为如何对国民的权利义务产生影响，来决定是羁束行为还是裁量行为。例如，代表这种立场的所谓"美浓部三原则"认为，第一，侵害人民的权利，或者命令新的义务的行为，即使从法律的明文规定来看是承认自由裁量的情形，也始终是羁束行为、法规裁量行为；第二，反过来，给人民新设定权利、赋予利益的行为，除法律有特别规定外，原则上属于自由裁量；第三，对人民的权利义务不产生直接影响的行为，除法律有特别规定外，原则上属于自由裁量。[1]

然而，"文字说"所采用的观点是，法律的解释论是对法律含义的客观认识论，如果一般以此作为前提，也就必须基于客观的根据进行解释，这种客观性的首要保证就是法律的文字。[2]而"性质说"是将法律的解释论重点置于从解释得出解决办法的实际妥当性。传统上，日本行政法学及判例对行政法理论主要是期待后者的作用，此后"文字说"未必是支配性的，毋宁"性质说"成为传统理论的出发点。

三、"性质说"的界限

即使是现在，也可以说"性质说"观点是通说和判例观点大致的出发点。但是，这时已经不认为上述"美浓部三原则"照样可以通用。[3]

---

〔1〕 参照、美濃部達吉『行政裁判法』（千倉書房、1929 年）152 頁以下。
另外，美浓部达吉（前揭『行政裁判法』148 頁以下）还说道，"法使用不确定概念规定行政行为的要件时，对于具体案件是否满足其要件，行政厅的判断是羁束裁量，而非便宜裁量"。有人将这一原则与正文所述三原则合在一起，称作"美浓部四原则"。
〔2〕 参照、藤田宙靖·思考形式 142 頁以下。
〔3〕 参照、最判 1956 年 4 月 13 日民集 10 卷 4 号 397 頁。另参照、最判 1955 年 7 月 5 日民集 9 卷 9 号 973 頁。参照、田中二郎·上 119 頁、今村成和·入門 98 頁（今村成和＝畠山武道·入門 92 頁）等。

例如，其第一个原则虽然原则上得到学说和判例的承认，但并不是将这一原则贯彻于所有场合。[1]特别是对于第二个原则，很早就开始对立于这种原则的做法提出质疑。[2]

如此来看，"性质说"现在已极有动摇、相对化了。它与前述自由裁量行为的功能性、程序性观点的进展绝不是无缘的。在这种状况下，坦率而言，现在的学说在辨别羁束行为和自由裁量行为之际，最终无法提出一般通用的有效基准。对此问题，恐怕已经不可能在行政法总论层面予以最终解决，而只能说有必要在各论或特殊法论层面进行详细探讨。不过，在今天的行政法学上，也绝不是没有人努力在总论层面进一步加深裁量问题的理论分析，以此作为在行政各领域进行详细探讨的抓手。

例如，作为这种尝试之一，有人试着比过去的思考更为详细地把握在行政厅作出行政行为之际产生裁量余地的情形（因而其控制可能性就能成为问题）。如前所述，过去成为问题的裁量余地在行政行为的"要件"及"效果"上，[3]上述"程序法的裁量论"登场，显示了在这两点之外还有行政行为作出的"程序"或"过程"的裁量及其控制问题。如果从这种角度更为详细地分析行政厅在行政处分之际所作判断的对象，可作出如下整理。[4]

首先，对于是否满足处分要件问题（过去所谓"要件"）的判

[1] 例如，如后所述，国立公立大学的学生惩戒处分、公务员的惩戒处分等过去是作为"特别权力关系"的法律关系中的行为，最高法院将其作为裁判审查的对象，同时倾向于承认处分者的裁量；在不是这种情形时，有的案件像前文所触及的那样（前述第114页），对于驾驶执照的撤销行为，最终承认行政厅的要件裁量。这是必须予以注意的（最后这个案件已经脱离了美浓部博士前出第121页注〔1〕所见的原则）。

[2] 例如，最高法院的皇居前广场案判决（最判1953年12月23日民集7卷13号1561页），最高法院认为，过去皇居前广场的特别利用许可这一授益性行为也未必是委诸管理者自由裁量。这一判决得到了行政法学者的广泛支持。

[3] 前述第105页注〔1〕。

[4] 在最近的行政法教科书中，因学者不同而有一定差异，但大致是在这种分析之上进行说明的，例如参照、塩野宏·Ⅰ（第六版）138頁以下、芝池義一·総論79頁以下、阿部泰隆·解釈学Ⅰ364頁以下。

断，准确来看，至少包含如下判断：（1）是否存在一定的事实（事实的存在与否），（2）法律对处分要件的规定具有怎样的含义（法律的解释），（3）该事实是否属于法律规定的事实（事实向法律的涵摄）。而对于如何作出处分（过去所谓"判断的程序和过程"）的控制，包含对于（4）采取何种程序（程序的内容），（5）实行了还是没有实行（程序实行的有无）等事项进行控制（程序的控制），进而，行政厅作出处分之际，对于（6）考虑了何种事项（考虑事项的内容），（7）考虑了还是没有考虑（考虑的有无）等事项进行控制（判断过程的控制）。最后，对于是否作出处分的判断（过去所谓"效果"），包含对于（8）何种处分（处分的内容），（9）何时（作出处分的时机），（10）作出还是不作出（行为的有无实行）等的判断。

这样看到的情形，例如对于第（2）事项的判断，当然是法院的判断优先；而对于第（1）事项，除了没有相当科学技术上专门知识就无法发现的事实，不是必须让行政厅的判断优先。对于第（3）事项的判断，传统理论上认为是属于法院的专权（所谓"法规裁量"的概念），但实际上已经有很多裁判例承认有时必须尊重行政厅的专门技术性判断。反过来，对于第（4）～（7）事项，过去是只要没有明文规定，就完全委诸行政厅裁量，但如前所述，裁判例广泛认可其能成为法院审查对象的场合。最后，对于第（8）～（10）事项，很多场合仍有很大的行政厅的政策判断成分，这是无法否定的。

在总论上，即使大致能作如此整理，但对于这些事项，在具体事例中果真在多大程度上认可行政厅的裁量，如前所述，今天也已经不是行政法总论层面能说得清楚的问题。如前所述，"传统图式"的动摇，与其说是学说本身的发展，毋宁是由判例主导发生的。根据上文所述，这里想以最高法院判例为中心重新概述自由裁量论的现状。不过，这时本书的意图不在于详细罗列这些判例，以下以其中出现的较为一般性的论点为中心，再对其作一点评论。

四、判例的状况

1. 最高法院判例很早就采用了一个公式，承认自由裁量处分存在 　125
裁量权的逾越和滥用情形，限于行政厅的判断"完全缺乏事实上的根
据"，或者"在社会观念上明显欠缺妥当性、超越（法令授予的）裁
量权范围"。这一公式（以下称"公式1"）首先是用于国立公立大
学学生和公务员的惩戒处分的合法性审查案件，[1]今天已在各个领域
的行政活动中都有言及。不过，判断是否"完全缺乏事实上的根据"
姑且不论，是否"在社会观念上明显欠缺妥当性"，这是极为一般性
抽象性基准，自然仅此还难以在具体事例中成为终极的判断基准，结
果该判断只能是根据个别事例的个别情况及其评价如何而定。[2][3]

―――――――――

〔1〕 参照、最判 1954 年 7 月 30 日民集 8 卷 7 号 1501 页、最判 1957 年 5 月 10 日
民集 11 卷 5 号 699 页。

〔2〕 如果行政厅的判断"完全缺乏事实上的根据"，该处分在理论上当然就违法
了（毋宁还是无效），并不是再来划定裁量权界限的有意义的基准（成为问题者毋宁是
如何认定"是否欠缺事实上的根据"）。而对于"在社会观念上明显欠缺妥当性、超越
（法令授予的）裁量权范围"，在"超越法令授予的裁量权范围的情形"中，超越裁量
权＝违法，大致是同义反复，没有实质意义，因而，结果有意义的只是"在社会观念上
明显欠缺妥当性"部分。最高法院在一般性公式上只是提示了这种抽象基准，但这是极
为自然的、不得已的事情，原因在于：也包括最高法院在内的裁判制度性质，是以"最
适当地解决眼前的具体纷争"为其第一要义任务（对此，参照、藤田宙靖・最高裁回
想录 135 页以下）；（从这种角度来看）具体的裁量权行使是否超越其界限，终究是一
个划线问题，即在案件中法院到哪里为止应当推翻行政厅的判断。

〔3〕 援用这一基准、仍认为处分合法的例子有很多，最判 1990 年 1 月 18 日民集
44 卷 1 号 1 页（传习馆案判决）、最判 1988 年 1 月 21 日判时 1284 号 137 页（佐贺教组
案判决）、最判 1988 年 7 月 1 日判时 1342 号 68 页（菊田医师案判决）、最判 2006 年 11
月 2 日民集 60 卷 9 号 3249 页。另一方面，判断为违法的例子也散见于近来的判例中。
参照、最判 1996 年 3 月 8 日民集 50 卷 3 号 469 页（耶和华见证人剑道实技拒绝案判
决）、最判 2006 年 2 月 7 日民集 60 卷 2 号 401 页（吴市公立学校设施使用不许可案判
决）、最判 2007 年 12 月 7 日民集 61 卷 9 号 3290 页（一般公共海岸区域占用不许可案判
决）等。在这一基准之下，对于是否为裁量权的逾越或滥用，在最高法院小法庭的法官
中产生意见分歧的例子，参照、最判 1989 年 4 月 25 日判时 1336 号 128 页。

126

当然，在判断是否满足这种要件时，近来作为辅助基准（以下称"公式2"），有的例子特地附加了"对事实的评价明显缺乏合理性"以及"判断过程中没有考虑应当考虑的情况"，[1]尤其是从这种基准来判断处分违法的案件正在登场，[2]这受到关注。

另外，比例原则、平等原则等是学说上自由裁量界限的代表性例子，最高法院判例虽然承认这些原则的存在，[3]但几乎看不到现实地加以适用的例子。[4]最高法院1955年6月24日判决认为，[5]"行政厅没有无缘无故对特定个人差别对待、使其遭受不利的自由，在这一意义上应当说，行政厅的裁量权有一定的界限"，这是最高法院正面承认平等原则是裁量权界限的有名判决。不过，该案在结论上并没有判断认为违背平等原则。结果实质上至少在大部分案件中，应将这些原则看作被吸收于前述"在社会观念上明显缺乏妥当性"这一公式中。

在学说上将上述"公式1"称作"社会观念审查（基准）"，将"公式2"称作"判断过程审查（基准）"，有不少评价认为，前者是对裁量行为"宽松的审查基准"，后者是"严格的审查基准"。[6]但从我来看，后者本来是作为导出前者结果（"明显违反社会观念"这一结果）的一个理论前提（或"手段"）而发挥作用的，两者在理论上

---

〔1〕 最判2006年2月7日民集60卷2号401頁、最判2006年11月2日民集60卷9号3249頁、最判2007年12月7日民集61卷9号3290頁。

〔2〕 上述2006年2月7日判决、2007年12月7日判决。

〔3〕 最近的例子中明确言明者，例如前出2006年2月7日判决。

〔4〕 例如，后面在正文中也要分析的案件、最判1964年6月4日民集18卷5号745頁、最判1977年12月20日民集31卷7号1101頁（神户海关案判决）等，最高法院均驳回了以违反比例原则为由撤销处分的原审判决。

〔5〕 最判1955年6月24日民集9卷7号930頁。

〔6〕 例如参照、榊原秀訓「行政裁量の『社会観念審査』の審査密度と透明性の向上」室井力先生追悼論文集『行政法の原理と展開』（法律文化社、2015年）117頁以下、同「社会観念審査の審査密度の向上」法律時報85卷2号（2013年）4頁以下、村上裕章「判断過程審査の現状と課題」法律時報85卷2号（2013年）10頁以下等。

并不是并列关系，并不成为同一理论层面上的比较对象。[1]这在近来的最高法院判决中有极为明了的显示，其中"有（上述）判断过程的错误"，故而，在结果上"从社会观念看明显缺乏妥当性"，"存在裁量权的超越范围或滥用"。这一逻辑的运用必须予以留意。[2]

2. 接着出现的问题是，如何开展对"行政厅的判断过程"的正当性审查（亦即"如何评价什么"）。一般的说明是，"判断过程"审查不同于处分实体公正性的审查，法院不是和行政厅站在同一立场上从实体上对该案应当作出何种处分进行判断（所谓"代为判断方式"），而只是审查行政厅作出判断的"方法"或"过程"的正当性。[3]它是以"程序性裁量论"的一环来定位的，从上述自由裁量论的发展史来看，这基本上是正确的。不过，实际上不能否定的是，"实体性审查"和"过程性审查"的差异是颇为微妙的问题。原因在于，为了判断是否为"不考虑应当考虑的事项（没有将权重加在应当加重的事项上）、考虑了不应当考虑的事项（将权重加在了不应当加重的事项上）"，什么是应当考虑的事项、什么不是，什么应当在多大程度上重视、什么不应当如此，法官自身当然必须对此作出判断，其判断最终只能说与该处分妥当性的实体性判断，至少在相当大部分是接近的。[4]

---

〔1〕 对此详见、藤田宙靖·裁判と法律学 139 頁以下。

〔2〕 例如，其典型一例是，最高裁第二小法庭 2007 年 12 月 7 日判决民集 61 卷 9 号 3290 頁（狮子岛公共海岸占用许可案判决）。其中明确采用的逻辑构造是：（1）判断过程欠缺正当性，（2）其结果明显违反"社会观念"，（3）因此有裁量权的逾越或滥用，（4）处分违法。

〔3〕 最高法院很早就明确指出，法院对裁量处分不进行"代为判断方式"的司法审查。参照、最判 1977 年 12 月 20 日民集 31 卷 7 号 1101 頁（神户海关案判决）。

〔4〕 过去有人对于早期采用"判断过程的公正性"审查方式的有名东京高等法院日光太郎杉案判决（東京高判 1973 年 7 月 13 日例集 24 卷 6·7 号 533 頁、判時 710 号 23 頁，参见前述第 117 頁）指出了这一点。例如参照、阿部泰隆「日光太郎杉東京高裁判决の再評価——判断過程の統制手法」同『行政裁量と行政救済』（三省堂、1987年）124 頁以下。另外，对于本书正文所述，详见、藤田宙靖·裁判と法律学 142 頁以下。

129　　　3. 在裁判例上，推进"程序性裁量论"取代古典的"实体性裁量论"、结果带来"法规裁量"和"便宜裁量"概念的相对化，其一大推动力是法院应当尊重"行政厅判断的专门技术性"的观点。将行政厅的裁量作为"政治性裁量"或"技术性裁量"来把握的观点，在第二次世界大战后的学说中就有人提出，[1]最高法院判决例从初期开始也有所暗示，[2]但唤起这一问题深刻而广泛讨论的是特别是进入昭和40年代接连发生的核电（核反应堆）设置许可的撤销诉讼。一面是与核电建设相伴而来的国民便益，另一面是核电所包藏的风险，如何预测、如何确立政策，通常的法官能否在行政厅或支持其判断的专家之上作出适当的判断，当然就会成为问题。对此问题，在种种经过之后，最高法院最终确立了一种见解，即"关于核电的安全基准的判断，鉴于核规制法的构造，'其旨趣在于委诸内阁总理大臣尊重核能委员会基于科学性、专门技术性知识的意见，作出合理判断，核能委员会拥有各专门领域的有学识经验者等'"。[3]在其他领域，也有最高法院的判决，例如，对于教科书检定基准的适合性等的判断，"是学术性、教育性专门技术判断，因而，在事物的性质上委诸文部大臣合理裁量"。[4]

　　但在另一方面，对于"尊重行政厅的专门技术性判断"，至少在其权重上屡屡有异议提出。[5]首先，法院绝不是对"专门技术问题"在诉讼上一概没有判断能力，法官也并不是不熟悉。例如医疗过失诉讼（民事诉讼）、使用药物的犯罪案件（刑事诉讼）等，正是就"专门技术性判断"的正当性进行争议的案件；即使是最高法院，本来不牵涉事实问题，但如果是重要案件，也必须从正面将这些事实与其评130 价关联起来。

---

〔1〕　例如参照、田中二郎『行政法講義案（上卷）』（有斐閣、1952年）137頁。

〔2〕　例如，《温泉法》第4条规定了"有危害公益之虞时"这样的不许可要件，据此作出的土地挖掘许可是裁量处分。最判1958年7月1日民集12卷11号1612頁。

〔3〕　最判1992年10月29日民集46卷7号1174頁（伊方核电诉讼）。

〔4〕　最判1997年8月29日民集51卷7号2921頁（家永教科书诉讼）。

〔5〕　作为很早的批判代表，宫田三郎「行政裁量」大系2卷33頁以下。

今天，有人指出，并不是仅仅"行政厅的专门技术性判断"就是限制裁判审查的合理理由，还要进一步有几个限定。例如，（1）在行政的内部是否具备作出专门技术性判断的组织和程序（前述伊方核电诉讼最高法院判决，也是以核电设置许可程序内部制度完备为前提所作的判断），（2）是（像公害赔偿案件或药害赔偿诉讼那样）与事后救济相关的"过去裁判"还是（像核电许可撤销诉讼那样）与将来文明进路选择相关的"未来裁判"，这样的判断基准就是其限定。[1]今天的日本行政法学界基本上广泛接受了这一观点。

这种观点的基础在于一个构想，即法院与行政厅（作为与立法权相对的执行权）在实现行政法上有功能分担，两者处于协作关系。这种观点说到底就是，"行政厅在诉讼中与其说是与原告对等的当事人，不如说是部分代替法院的功能（成为其前审）"。请求撤销行政处分之诉在法律上被命名为"抗告诉讼"，这已经启发了这种观点成立的可能性；过去《禁止垄断法》规定了公平交易委员会的审判程序中"实质性证据规则"（修改前《禁止垄断法》第80条），[2]这也能成为理论模型之一。这里无暇详细探讨该制度，不过，也有明确的法规定，期待该"审判"在制度上有部分替代裁判功能的作用。[3]而通常的裁量处分，未必有这种制度上的定位。据此，在裁量处分的司法审查上，"尊重行政厅的专门技术性判断"意味着什么，还有必要进一步考察。

4. 另外，上述自由裁量论基本上是以行政厅已作出一定判断（处分）之后、该判断是否超越法定裁量界限的问题为中心而展开的。与此相对，今天日益具有极为重要意义的是所谓"权限不行使的裁量"问题，即在法律赋予行政厅对私人的自由和财产规制权限时，实际上

131

---

〔1〕　参照、高橋滋「行政裁量論に関する若干の検討」南古稀。另参照、原田尚彦「裁判と政策問題・科学問題」同『訴えの利益』（弘文堂、1973 年）。同「行政法の構造と実体審査」田中追悼 373 頁以下。

〔2〕　在这一点上参照、原田尚彦「行政審判の司法審査──実質的証拠法則と関連して」同『訴えの利益』（弘文堂、1973 年）192 頁以下。

〔3〕　准司法程序的采用、抗告诉讼中审级的省略等。参见下卷第186 页。

是否行使这一权限，是属于该行政厅自由裁量，还是至少在一定情形下课予了行使这一权限的义务？这一问题过去主要是围绕国家赔偿法上"违法"概念来讨论的，因而，本书也留待后文叙述。[1]

五、自由裁量论的诸相

从上文来看，"自由裁量"本来是意味着在"依法律行政原理"之下，法律例外地赋予行政机关自由判断和行动余地的情形，在承认对行政活动违法性的司法审查时，它附随性地发挥划定其界限的功能。与这种古典的"自由裁量"概念相对，此间裁判例和行政法学说所做的事情用一句话来说就是"剥皮抽筋"，[2]其发展所及之处[3]连"裁量"概念的成立本身都提出了疑问。[4]要言之，这是立法权与行政权之间权限分配层面的问题，可暂时称其为"自由裁量论的第一相"。另一方面，与此"剥皮抽筋"的方向相反，依据"程序性裁量论"，主要以"尊重行政厅的专门技术性判断"为理由，旨在确保或扩大"裁量"范围，[5]这种讨论路径是关于行政权与司法权之间权限分配的讨论，可称此为"自由裁量论的第二相"。过去也有人指出自由裁量论中有这两个不同层面的内容，[6]但更重要的是，自由裁量论还有应称作第三相的其他侧面，它是"在裁量处分的司法审查中，原告相对于法院（司法）处于何种立场上"的问题。当然，裁量处分的

〔1〕 下卷第 228 页以下。

〔2〕 这一表达来自、山下竜一「行政法の基礎概念としての行政裁量」公法研究 67 号（2005 年）214 頁以下。

〔3〕 作为中间项，试图填埋"合法性"问题与"合目的性"问题之间的差别，参照、亘理格『公益と行政裁量』（弘文堂、2002 年）48 頁、I 頁。

〔4〕 阿部泰隆「裁量に関する司法審査——裁量統制の新しい在り方としくみの提案」自由と正義 686 号（2006 年）22 頁以下。

〔5〕 如前所述，原本不仅是这一方向的"程序性裁量论"功能，也有相反方向的功能。参见前述第 116 页。

〔6〕 例如，山下竜一·前揭文将这里所说的第一相称作"广义的裁量"、第二相称作"狭义的裁量"，以作区别。

司法审查是作为解决行政厅与国民（原告）两个当事人之间纷争的程序而进行的，上述第二相的讨论可以说是在两个当事人之间只考虑了行政厅的立场。因明确意识到第三相的存在，也能对自由裁量论的讨论进一步作出一个理论整理。对于这一点，将在后面分析行政诉讼时再作处理。[1]

第五节 "依法律行政原理"的界限

一、"依法律行政原理"的特征

到上一节为止处理的诸多问题均是在以传统"依法律行政原理"为出发点的行政法理论体系内部例外地没有贯彻依法律行政原理的部分。如前所述，这种不彻底的成因之一是传统理论的思考框架自身，从"行政主体"和"私人"的对抗关系来把握行政法现象；另一个是传统理论所肩负的二律背反的任务，一方面通过依法律行政原理保护私人，另一方面也必须为了公益而确保行政有顺利运营的余地。日本传统行政法理论的基本关注就是，维持这种基本框架不变，再去设法扩充依法律行政原理的适用领域（进而是为其提供支持的对行政活动的裁判审查范围。已经看到的是在特别权力关系论、法律保留论、自由裁量论等领域如何进行这种努力）。然而，第二次世界大战之后，当初主要是从行政法学的外部、其后也从行政法学的内部，对构成传统行政法理论大前提的"依法律行政原理"提出了种种问题。

二、对"依法律行政原理"的批判及其意义

第二次世界大战之后，首先最强的指摘是，"依法律行政原理"并不是"只要依据法律就可以"或者"只要依据法律，什么都可以"

133

134

---

[1] 下卷第 133 页以下。另外，包含这一部分在内，对于正文所述的详细，参照、藤田宙靖・裁判と法律学 163 页以下。

的同义词。这不仅是日本，在第二次世界大战后的（西）德国也是同样如此，常常通过"不仅仅是形式性法治国家，还要实现实质性法治国家"这样的表达来主张。

在"实质性法治国家"或"法的支配"标语之下，在与传统"依法律行政原理"的关系上，大致是两件事情会成为问题：第一，"依法律行政原理"不是说行政依据法律就可以，法律还必须是有一定内容保障的法律；第二，仅仅是传统"依法律行政原理"，即使的确贯彻于所有行政活动，在国民权利救济上也仍有不充分的地方。

然而，《日本国宪法》也在对立法权的关系上保障基本人权，更赋予法院违宪立法审查权，在法的制度上可以说实际上已经解决了上述第一点问题。与明治宪法下的状况不同，在现行宪法之下，广泛设定了依据法律也不得侵犯的国民权利领域。在这一意义上，"依法律行政原理"与第二次世界大战前相比具有更深的基础，这是不能否定的。

但在另一方面，仅在这种法制度上解决问题还不够，行政官僚广泛参与立法过程，这种"依法律行政原理"的界限问题也是不容忽视的。众所周知的是，在现在复杂而专门技术化的社会中，多数法律和条例要经行政官僚、职员之手筹划起草，议会在持续失去充分的立法能力。在这种状况下，就变成行政机关自己制定拘束自身的规则，至少在相当程度上就现实地失去了通过议会对行政活动的民主性控制，亦即"依法律行政原理"的存在基础。面对这种现状，当然就产生一个问题，行政法理论仍是仅以过去古典的权力分立论为大前提，由法律完全束缚行政权，以此作为法治主义的终极目标，创造一个理论体系就可以了吗？

第二个问题点，亦即是否仅固执于"依法律行政原理"来实现国民利益的实质救济，在某一方面也与上述问题相关联，它在今天正成为极为重大的问题。接下来将对此问题进行探讨，这时先来概述对于根据"依法律行政原理"不能救济的私人利益，行政法学过去是如何思考的。

三、传统理论中的应对（一）——行政行为的撤销限制论

形式上贯彻"依法律行政原理"，有时也会招致对私人利益实质保护不利的事态。传统行政法理论框架对此并未完全等闲视之。例如，在传统理论中存在"行政行为的撤销限制论"。如后所见，传统行政行为论认为，作出行政行为的行政厅自身依职权，或者法院以及其他一定的审查机关根据私人的申请，可以或者必须撤销违法的行政行为。不过，有时如果撤销了行政行为，就推翻了以该行为有效存在为前提而产生的一切法关系，给行政行为的相对方私人等相关者带来不测的损害。因而，为了防止这种事态的发生，即使违法，也限制撤销行政行为。[1]"撤回"是对于合法成立的行政行为，因公益上的理由或情势变更等理由，而面向未来失去效力。[2]与撤回的情形不同，原本违法的行政行为，即使查明违法，也不撤销，这本来在理论上是与"依法律行政原理"相抵触的。例如在德国行政法学界，围绕其是非，过去有过激烈争论。[3]日本过去并没有从根本上怀疑这一理论的妥当性。日本的实际情况毋宁是，这一问题连在与依法律行政原理的关系上的明确理论定位都没有得到论述，就首先强调了其必要性。[4]如此推测，其理由大致如下。如前所述，[5]"依法律行政原理"的本来目标正是在于通过确保行政的合法律性，保护私人的自由和财产。因而，"确保行政的合法律性就是服务于私人的权利保护"，这是"依

136

---

〔1〕　参见后述第 251 页以下。

〔2〕　参见后述第 248 页以下。

〔3〕　其中，例如有人认为，限制撤销违法的行政行为，违反法治国家原理，不能允许［E. 福斯多夫（E. Forsthoff）］；也有人认为，相关者的信赖保护也是法治国家原理的内容之一，采取反对上一种观点的立场［O. 巴霍夫（O. Bachof）］。前者是将"依法律行政原理"作为法治国家原理来理解，后者是在更为广泛的范围内理解法治国家原理，这一点受到关注。

〔4〕　今天关于这一点的情况，请参见后述第 258 页以下。

〔5〕　前述第 62 页。

法律行政原理"的前提，在这一认识未必能够成立的场合，即使是在传统理论的框架内，脱离"依法律行政原理"、探寻私人的实质性权利保护之路，也并不是那么特异，而一定是可能的。

四、传统理论中的应对（二）——损失补偿论

137　　行政行为的撤销限制论是为了救济私人利益而对违法行政活动赋予法效果的理论，而"损失补偿论"则是尽管行政活动合法，但该活动给私人造成损失，基于与其他人公平的角度，从财产上填补其损失的理论（与此不同，损害赔偿是针对违法行政活动带来的损害[1]）。

　　为了公共利益而被要求提供财产时，可以请求损失补偿，现行宪法将此权利作为基本人权予以规定，也通用于立法活动（《宪法》第29条第3款）。这一原则不仅是在宪法领域，在行政法领域也引出种种关联问题。[2]

　　是合法行为，为什么还必须补偿因此所造成的损失呢？如上所述，一般主要是因为公平负担的要求具有重要意义。例如，在为了供用于一定的公共事业而征收土地时，其事业主体对土地所有者支付补偿金，再将该部分通过税金等公共费用转嫁于公共事业的受益者，最终在利害关系人之间分配负担——这是损失补偿制度的基本目标。损失补偿制度将在本书下卷第四编附章详细分析。[3]

五、新问题的类型

　　1. 传统行政法理论已经从"信赖保护、法的安全的保护"及"公平的实现"等角度对依法律行政原理作出部分修正或补充，上述

---

　　〔1〕　参见下卷第263页以下。
　　〔2〕　除土地征收、公用限制外，还有行政行为的撤回论——后述第251页以下、国家行为违法无过失的损害救济——下卷第256页以下等。
　　〔3〕　下卷第263页以下。

这些问题的例子显示了有必须这么做的场合。不过，"信赖保护、法的安全的保护"及"公平的实现"，实际上本来根据国民代表事前制定的一般规则实施行政，亦即"依法律行政原理"自身来守护就应该已经实现了的。因而，从这种角度修正依法律行政原理，在理论上本来是没有相当的事情就不能允许的，而是否允许是极为微妙的问题，需要艰难的判断。然而，今天这一问题较过去更为严重，常常在裁判例上登场。正是在现代的行政活动中，该问题更为严重，过去明确显示这一点的例子是东京地方法院1965年的一则判决，[1]下面来加以分析。

在这一事例中，私人误以为适用地方税法关于不课予固定资产税的规定，因为实际上也长期没有被征税，而且收到课税行政厅决定不征税处理的通知，所以相信将来也不被征税。八年后突然因系争不动产不满足地方税法规定的不征税要件，被溯及课予五年的固定资产税，甚至作出了查封处分。

根据传统法理论，租税的征收特别严格适用依法律行政原理，在"租税法律主义"原则之下，没有法律根据，即不得征税，同时法律规定的租税必须征收（其理由在于，如果承认行政机关随意减免税收，不公平的课税就可能是行政机关的判断之一，对一个人的授益措施可以说就是对其他所有人的不利措施）。在本案的场合下，只要查明原来的不征税处理是违法的，当然就应该予以改正。因而，从传统法理论上来看，该案中课税处分、滞纳处分是极为当然的措施，不产生违法问题。[2]然而，在东京地方法院的判决中，为了保护原告的利益，法院明确引出禁反言法理、信义诚实原则，改变了租税法律主义的原则，判断本案处分违法。本案的情形并不是不征税决定这样的正式行政行为，而只不过是在法上本来没有拘束力、对纳税人询问的事实上回答，但尽管如此，仍保护了纳税人对此的信赖，这一点特别受

140

139

---

〔1〕 東京地判1965年5月26日例集16卷6号1033頁。

〔2〕 实际上，在这种事例中，传统判例通常采取的观点是，改正法律的错误解释是当然之事，不能说有违法。例如，参见后出第324页看到的弹珠机课税案的最高法院判决（最判1958年3月28日民集12卷4号624頁）。

到关注。[1][2]

　　东京地方法院的判决之后被控诉审判决推翻,[3]如后详述,[4]以这种方式现实保护税务行政上纳税人信赖的裁判例是极少的。但是,该判决提示了一般问题,即"租税法律主义"原则以最峻严的方式体现"依法律行政原理",为了保护私人的信赖,有时也能不适用这一原则吗? 为此,具体必须满足怎样的要件? 对此,之后(在其他案件中)由最高法院以下述方式予以公式化:

　　　　对于符合租税法规的课税处分,即使有时因适用信义原则法理这一法的一般原则,上述课税处分违法、可以撤销,在应当贯彻依法律行政原理,特别是租税法律主义原则的租税法律关系中,也必须慎重适用上述法理。如果存在特别情况,即使牺牲租税法规适用中纳税人之间的平等、公平要求,也仍要保护该课税

140

　　[1]　在这一点上,该判决构成关于后述"行政指导"信赖保护问题的一个重要先例。参见后述第376页以下。

　　[2]　该判决是作为在租税法中适用禁反言法理和信义诚实原则的例子而有名。但实际上这些抽象的法理自身未必是内容丰富的法理,它们是只有通过在民商事法关系中的具体适用形态才有意义的原理。将特别是在民商事交易关系中生成发展起来的这些法理,援引于利益状况颇为不同的课税处分的行政厅和纳税人之间,像该判决那样,以"法的根本原则"方式引出该法理,即使这是可能的,实际上也几乎是等于放弃法的逻辑。因而,该判决受到关注的是,与其是说禁反言法理也适用于租税法领域,毋宁是认识到了在现代社会中租税法规的复杂化、现代税务行政中内部通知以及其他"(在不直接使国民权利义务发生变动的意义上)事实上的行政作用"正在发挥重大作用和功能,明确而有意识地指出了在这种行政的现实中形式性地贯彻传统"依法律行政原理"会产生何种结果。在这一意义上,该判决将禁反言法理和信义诚实原则作为"从构成法的根基的正义理念当中当然产生的法原则"引出,其后述的如下部分首先必须予以关注: "在租税法规明显复杂且专门化的现代,国民作为善良市民,为了从事并不混乱的社会经济生活,只能信赖关于租税法规解释适用的内部通知等事实上的行政作用,以此为前提,开展经济活动;租税行政当局为了公正、顺利地实行税务行政,也只能利用这种事实上的行政作用。鉴于这种事态,诚实善良的市民对于信赖事实上的行政作用采取行动没有应予苛责之处,就必须说完全没有理由因行政厅有负信赖的行为而受到牺牲。"

　　[3]　東京高判1966年6月6日例集17卷6号607頁。

　　[4]　后述第376页以下。

处分中纳税人免于征税的信赖，否则就违反正义，这时才应当考虑该法理适用的是非问题。在判断是否存在上述特别情况时，至少是否因税务官厅对纳税人表示了作为信赖对象的官方见解，纳税人信赖该表示并基于该信赖而采取行动，之后税务官厅作出了违反该表示的课税处分，纳税人因此而遭受经济上的不利，纳税人信赖税务官厅的上述表示并基于信赖而采取行动，有无应归责于纳税人的事由，这些必须说都是不可或缺的考虑。[1]

2. 另外，近来的例子是最高法院 2007 年 2 月 6 日第三小法庭判决，[2]尽管有法律的明文规定，最高法院也从正面引出信义诚实原则，给私人权利救济。该案的原告是在广岛遭到原子弹爆炸之后移居巴西，此后回日本被认定为原子弹被爆者医疗法或被爆者援护法上的"被爆者"，接受健康管理补助。但是，因其后再度去了巴西，而当时的厚生省公众卫生局长的内部通知要求，仅限于向在日本国内居住者支付补助，据此停止了对他的补助。该案原告主张该措施违法，请求支付本来应当支付的补助。但之后查明该通知缺乏法令根据而违法，因而，被告广岛县答应原告的请求，但以《地方自治法》第 236 条规定的时效消灭为由，部分不予支付。因原审广岛高等法院认可了原告支付未支付部分的请求，被告广岛县提出上告。最高法院第三小法庭认为，在本案的各种情况下，尽管《地方自治法》第 236 条第 2 款有明文规定，"对于以金钱给付为目的的针对普通地方公共团体的权利"的时效消灭，"除法律有特别规定外，不要援用时效，不得放弃该利益"，但广岛县仍主张消灭时效、免除支付未支付的健康管理补助，违反信义原则，不能容许，驳回上告。这一判断当然是基于该案固有的情况而作出的，但只要以"依法律行政原理"为出发点，一般而言，尽管法律有明文规定，却依据信义原则等法的一般原则而作出与其不同的判断，在法的逻辑上，就应当尝试着在解释上尽可能将其纳

141

〔1〕 最判 1987 年 10 月 30 日判时 1262 号 1 頁。

〔2〕 民集 61 卷 1 号 122 頁（在外被爆者补助等请求诉讼案件上告审判决）。

入明文规定的界限内。[1]

六、"行政过程论"的登场

142　　　如前所述，面对着行政活动的现代多样化、复杂化，传统"依法律行政原理"以及为其提供支持的近代行政救济法原理具有局限性，明确指出或暗示了这一点的判决例，尤其是在昭和 40 年代以降，也有诸多登场。对于这些，之后在本书上卷第三编、下卷第四编有时还要触及。作为传统"依法律行政原理"的前提，"行政主体"和"私人"对立的二元图式、与此相伴的行政"内部关系"和"外部关系"的区别公式，进而是以"行政行为"为中心的"三阶段构造模式"等，都被严重质疑。应当注意的是，作为这些个别性问题的总括，此间从行政法学内部对传统"依法律行政原理"及以其为基轴的行政法理论作出了综合批判。受到关注的其中之一是所谓"行政过程论"。

　　　1. 被称作"行政过程论"的理论动向只是显示行政活动实态的一种看法，其自身未必已然具有一种法解释理论体系的性质。除了后述几点外，该理论尚未积极地取代法解释论上传统的行政法理论，提出新的解释理论。"行政过程"一词近来也成为行政法学者爱用的词语，但未必具有特别的理论意味，多数也只是在说"行政活动进行的一般过程"（但将传统行政法理论中使用"行政作用"一词的地方换作"过程"一词，这时在某种意义上，就是强烈意识到了行政活动的

143　　动态性质）。尽管如此，这里要特别分析的是，在"行政过程论"中，对于上述以"依法律行政原理"为中心的传统行政法理论的前提性基本思考框架，亦即第一编第一章概述的对行政的把握，部分提出了综合性和体系性批判，从中必然地对传统行政法理论自身也提出了根本

---

[1] 参见该判决中我的补充意见。

的质疑。[1]

这种类型"行政过程论"批判认为，[2]过去的传统行政法理论在看待行政与法律的关系时，首先是一般抽象的法律的规定，行政以行政行为这样的法形式加以执行，以这种基本构造为前提（本书称"三阶段构造模式"），仅以确保行政行为的合法律性为考察的中心问题。但在现代，几乎没有哪种场合是按照这种单纯的构造来进行行政活动的。行政活动的过程在现实中经由极为复杂多样的阶段而成立。例如，如果从针对巴士事业许可的申请作出许可来看，在现实的行政中，在行政机关内部由各地方制定运输计划，在有许可申请提出时向运输审议会咨询，召集利害关系人举行公听会，对路线及事业内容作出行政指导等，到作出事业许可要进行种种行政活动。而原本设置许可制度的《道路运输法》，在现实中是由国土交通省的行政官僚起草而成的，在法律出现不便的时候，试图修改者也是国土交通省。如此看来，传统行政法学所设想的古典法治国家图景——"行政在法律之下，基于法律，执行法律"，只能说已然崩溃，行政自身是作为综合的"过程"来进行的，连法律也是其手段（所谓"行政手段"）之一。这种行政过程就不是既有的执行过程，而是以议会为始，行政组织内部的多种机关，进而是利害关系人、地方居民等之间的意见调整

144

---

〔1〕　正确而言，在近来打上"行政过程论"名号陈述的思考中，也有种种内容和侧面〔整理"行政过程论"各种讨论，并对其意义加以探讨者，参照、山村恒年『行政法と合理的な行政過程論』（慈学社出版、2006 年）、塩野宏『行政過程とその統制』（有斐閣、1989 年）3 頁以下、藤田宙靖「現代の行政と行政法学」公法研究 46 号（1984 年）134 頁以下（藤田宙靖・基礎理論上 70 頁以下）、小早川光郎「行政の過程と仕組み」高柳古稀 151 頁以下等〕。在这些当中，概括来说，过去也屡有指出，"有必要充分根据行政的实态进行法解释"，以这种法解释方法论为前提，有的只不过是在提倡对于"行政的实态"的一定认识方法。但是，在"行政过程论"中，有的则更进一步，也督促对于法和行政的相互关系、进而是法治主义的理解进行根本修正（参照、藤田宙靖・同上、藤田宙靖・思考形式 376 頁以下）。本书中作为"依法律行政原理""界限"的一环来处理者，当然不外乎是"行政过程论"的这种侧面而已。

〔2〕　对于以下内容，例如参照、遠藤博也『行政計画法』（学陽書房、1976 年）、原田尚彦・前揭『訴えの利益』。

达成合意的统合过程，是创造性的政策决定过程。正是这些过程和程序（即意见调整程序）补充了形骸化的议会制民主主义的缺陷，毋宁是在合法律性之上作为行政活动的正当性根据发挥功能。

2. 作为其推论，从对于行政的这种观点，明显能导出对传统行政法理论思考框架的种种批判。例如，行政过程被理解为一种概括性的统合过程，是为了各国家机关、利害关系人、一般居民等立场多样的人之间达成合意的协作过程，"行政主体"和"私人"的二元对立关系的图式化自身就成为问题。同样，将这种统合过程二分为行政的"内部关系"和"外部关系"，也就没有必然的理由。而如果行政过程本质上是统合关系、协作关系，那么在保护私人免受行政机关侵害这一前提下建立起来的理论就完全无法成立。只要重视行政活动具有在整体上指向一个目的的"过程"性质，行政的各个行为（行政行为、行政立法等）也就不得从这一动态过程剥离开去进行个别性考察，而必须在这种意义上将行政过程全体作为问题。实际上，像前述对法律保留原则的全部保留说的批判、〔1〕法院对于复合性过程的行政行为的裁量控制方法，〔2〕以及后述抗告诉讼的对象论〔3〕等看到的那样，行政过程论所提出的这些问题已经在部分学说和判例中与具体的行政法解释论上的建议结合起来了。

七、"行政过程论"的意义与问题

如果整理上述内容，上述"行政过程论"的意义在于，过去在政治学、行政学、宪法学等领域，议会制民主主义的形骸化、实现"法的支配"而非"法治行政"，或者确立"实质性法治主义"等种种说法所表达的现象和要求，得到了行政法学上的接受，它显示了在行政法解释理论上具体化的路径。但是，如上所见，其中也隐藏了日本行

〔1〕 前述第 89 页的原田说。
〔2〕 前述第 118 页的原田说。
〔3〕 下卷第 55 页。

政法学朝着基本脱离其出发点，即行政的合法律性要求方向展开的可能性。[1]在上述"行政过程论"提出的问题与行政的合法律性要求之间，我们究竟应该如何思考呢？

1. 这一问题是极为困难的，本书眼下也没有最终的解答。但是，至少对过于性急地陷入上述"行政过程论"仍是要保持警戒的。以下只是从这种角度就最终解答上述问题之前必须加以考虑的事项指出几点。

第一，"行政过程论"批判认为，传统的"依法律行政原理"只是将行政活动理解为法律的执行，将这种行政行为置于整个考察的中心。但像前面也看到的那样，实际上对传统理论而言，法律基本上只具有限制行政活动或设定其界限的意义，"依法律行政原理"只具有对行政积极实现公益的活动施以一定限度的控制功能。因而，在这一限度上，"依法律行政原理"与"行政过程论"的不同就必须说不是质的不同，而是对行政活动控制重点的不同。

第二，"行政过程论"认为，不是在形骸化的议会民主制下，而正是在作为综合性、社会性统合过程的行政过程中获得行政的民主正当性根据。但是，无论如何对待民主性决定，也不是仅此就承认权力行使的正当性。权力分立原则、"依法律行政原理"所代表的近代法

146

147

---

〔1〕　对于藤田宙靖《行政法 I（总论）》（第四版·改订版）的这一指摘，塩野宏·前揭『行政過程とその統制』23 頁以下指出，"有这种方向的可能是不能否定的，但那不是'行政过程论'的唯一归结"，对于与依法律行政原理相关联的诸多问题要在解释论上导出何种结论，这"不是仅仅'行政过程论'这一考察方法的问题，而是如何理解宪法原理的问题"［另参照、山村恒年「現代行政過程論の諸問題（二）」自治研究 58 卷 11 号（1982）86 頁］。这一指摘本身没有错，不过，近代法治国家的宪法原理自身是以对行政和国民相互关系的一定认识为前提而建立起来的。如果前提性认识变了，就可能影响宪法原理的解释自身，这是本书的问题。

顺便提及，像正文所述那样，"行政过程论"本来正是意图实现（实质性）法治主义的，本书对此从正面予以认可。不过，与此同时，盐野宏教授也未必否定的是，它隐藏着脱离传统"依法律行政原理"的可能性，对此也有必要予以明确抑制。在这一意义上，大桥洋一认为，拙著是"预测行政过程走向放宽法治主义要求"（着重号为藤田所加）的"代表性理论"，这种预测是"没有根据的"［大橋洋一『都市空間制御の法理論』（有斐閣、2008 年）329 頁］。但这一批判只能说是过于无的放矢。

治国家思想的一个重大要素在于，为了各个人的自由，对权力设定一定的形式界限，规定权力行使的规则。因而，在将行政过程作为统合过程积极赋予意义时，从法治主义观点来看，使统合的形式规则亦即控制方式得到明确，这是不可或缺的。

第三，在传统理论中，行政行为概念本来要发挥的功能是，明确行政过程中法的结节点，为上述意义上法治国家的控制提供抓手。因而，即使不是将重点仅置于行政行为，也有必要设置明确的抓手，使各种个别性行为在行政过程中的独立性得到明确，对行政过程施以法治国家的控制。这是不能忽视的。[1]

第四，法及法解释学具有仅在限定的某一方面解决人类社会种种纷争的功能，在行政过程的控制上也同样如此。因而，过高期待行政法及行政法解释学对问题的解决，并不正当。[2]

2. 如上所述，从现实的行政来看，我们已经无法避开"行政过程论"所提出的根本问题，但问题在于，这时可以无视传统"依法律行政原理"以及基于此的行政法理论所发挥的一定功能吗？但是，无论将思考的出发点置于何处，仅以传统"依法律行政原理"还无法满足广义的法治主义要求，如何应对的确是现代行政法解释论所承载的一大问题。尤其是像前文所述的那样，现代的行政与国民的相互关系呈现出极为复杂的样态，以"行政主体"和"私人"二元对立关系这样单纯的图式无法把握清楚，行政活动状态颇为多样化，仅以行政行为

---

〔1〕 例如，对于公共设施的设置和管理等，有观点不承认个别性行为的法性质的独立性，认为其"作为不可分的一体"具有公权力行使的性质；但这种观点常常限制私人权利的救济渠道。在今天这也是广为人知的事实。参照、最判 1981 年 12 月 16 日民集 35 卷 10 号 1369 頁（大阪机场诉讼）、广岛高决 1992 年 9 月 9 日判时 1436 号 38 頁等。另外，山村恒年·前揭「现代行政過程論の諸問題（二）」将藤田宙靖·前揭『行政法 I（総論）』的立场理解为"仅将行政过程的结节点或末端行为的'行政行为'作为法解释的对象即已足够"，但本书是指出对行政过程中法的结节点（顺便提及的是，它不限于"行政行为"）加以明确的必要性，而不是主张仅以此作为法解释对象就足够了。

〔2〕 对于"行政过程论"的上述定位及其问题，请进一步参照、藤田宙靖「法現象の動態の考察の要請と現代公法学」（藤田宙靖·思考形式所収）。

为中心的单纯三阶段构造模式也无法把握清楚，这些都是今天行政法学相关人士共有的，也是不言自明的事情。可以说现状就是，面对这种事实，作为法律学的行政法学基本应当如何应对，有种种观点在不断对此试错性地尝试着。[1]无论如何，超越立场如何，今天，作为克服传统"依法律行政原理"界限的一个方向，极为受到重视的是"私人对行政过程的参与"问题。下面一章将对此问题予以概述。

---

〔1〕 另外，对于我对"行政过程论"提出的上述问题，仲野武志教授在正确把握其内容和意义的基础上，将"行政过程的样态"大致分为"程序的司法过程模式"和"程序的政治过程模式"，去发现分别予以控制的状态（仲野武志「行政過程による《統合》の瑕疵」藤田退職 99 頁以下）。其分析让人有颇深的启发。

第三章
行政过程的私人参与——新方向的探索

第一节　行政的事前程序

一、行政的事前程序及其意义

　　在"依法律行政原理"之下，通过议会制定的法律拘束行政活动，实现私人的法安定性要求与行政的民主性控制要求。如此，如果说理应依法律所作的"行政行为"实际上是违法的，私人可将此诉诸法院请求纠正。这就是传统德日行政法的近代法治国家原理的基本构造。

　　但是，如前一章第五节所示，面对现代行政的实态，这种体系未必充分有效地发挥作用。行政主体的意志并非按照单纯的三阶段构造模式作出的，而是通过在一般抽象的法律与具体的行政行为之间介入种种中间过程，逐步具体化凝缩而成。如果这就是其实态，仅在之前存在一般抽象的法律，还不能说国民对行政机关的判断和行动就具有充分的预测可能性。对于如此逐步凝缩具体化的行政主体意志形成过程本身，仅根据"依法律行政原理"还无法实现其民主性的控制。如
　果法律自身只是作为行政的手段而发挥功能，法律自身能在多大程度上实现为行政活动设定界限的功能，就是颇为可疑的。有观点认为，为了填补上述缺陷，不仅要让国民参与立法过程，还要让国民也参加到行政的意志决定过程中来。其中心就是被称为"行政的事前程序"

或"行政程序"〔1〕的系统。

二、日本行政法学与行政的事前程序

对于行政事前程序的观点，如后所见，它在上述意义上作为"依法律行政原理"补充原理的功能最近受到关注。但在日本，传统的行政争讼法制度与"依法律行政原理"互为表里，而行政的事前程序在过去毋宁是作为行政争讼法制度的补充来理解的。

如后文详述，在日本传统行政法体系中，具体作出行政行为时，对于是否满足法律的要件，首先由行政机关第一次性地作出判断，私人认为其违法，则在事后提起行政上不服申诉或抗告诉讼，让其撤销行政行为。这一体系即为其基本构造。但是，如后说明，鉴于"行政行为"中伴有"公定力"所表现的法效果等，〔2〕即便最终以裁判的方式予以救济，现实地作出行政行为，本身对私人而言就意味着明显不利。为了国民的实质性利益保护和权利救济，有观点认为，不能由行政机关单方判断作出行政行为，而有必要在作出行政行为前，对于该行为是否满足要件等，让相对方私人及其他利害关系人陈述意见，赋予其机会提出对本人有利的资料等。在英美法系各国，从重视"正当法律程序"（due process of law）的观点出发，对于行政活动的国民权利救济，毋宁是以这种前置程序为中心制度的。而在继承德系行政法理论血统的日本，至少在第二次世界大战之前几乎没有意识到其必要性。然而，在第二次世界大战之后，特别是受到美国法的影响，学界也变得关注这种性质的行政程序，在现实立法中规定这种程序的例子也逐渐多起来。如此，经过下文所述的过程，1993 年日本首次制定了行政程序法典——《行政程序法》（1993 年法律第 88 号），并自翌

151

---

〔1〕 在行政法学上使用"行政程序"说法的场合中，广义上是指行政活动所执行的一般程序，因而，也包含诸如审查请求、再调查请求等行政上的不服申诉程序。但行政程序通常毋宁是指更为狭义上的"事前程序"，即如正文所述，在作出行政行为或行政立法行为之际，让行政行为的相对人、利害关系人等在之前陈述意见、听取其情况的说明等。

〔2〕 后述第 233 页以下。

年 10 月 1 日起施行。

三、日本制定法上行政的事前程序——二战后的立法经纬

1. 第二次世界大战后，在日本制定法上登场的这种行政事前程序首推所谓准司法程序（quasi-judicial-procedure）。它在法上最为完备的例子是公平交易委员会、劳动委员会等所谓行政委员会组织的行政机关分别根据《禁止垄断法》《工会法》等作出种种行政行为时所采取的准司法程序。这些均以美国的独立规制委员会（Independent Regulatory Commission）的审判程序为模型而在第二次世界大战后引入日本的，完善准裁判程序的程序，其结果如后所示，[1] 有时承认其部分具有替代裁判判决的功能。有时在第一次性行政行为先行作出后，这种程序也具有对其进行再审查的程序（所谓"复审性行政争讼"）功能（例如参见《工会法》第 25 条第 2 款）。但是，受到关注的却是，有不少场合是作为作出第一次性行政行为的程序（所谓"初审性行政争讼"）来设计的（例如《工会法》第 27 条、《公害纷争处理法》第 42-2 条以下等）。这些都是强制行政机关自身作出行政行为时遵循准司法程序的例子。在现行法中，甚至课予行政机关在作出行政行为之前咨询其他机关的义务。如此，在咨询机关的审议中，也存在执行这种程序的例子（例如参见《电波法》第 99-2 条及第 99-12 条）。即使在没有规定这种独立机关的准司法程序的情形下，在制定法上，特别是在各种执照、许可的撤销撤回等对私人不利的行政行为的场合，有不少情形课予行政机关采取赋予听证、申辩机会等前置程序的义务（这种例子很多，例如参见《道路交通法》第 104 条、《医师法》第 7 条、《居住用地建筑物交易业法》第 69 条等）。还有例子是，行政机关在作出一定处分之际被课予咨询其他机关的义务，在其审议时，可根据利害关系人的申请召开公听会（参见旧《运输省设置法》第 6 条、第

---

〔1〕　下卷第 183 页以下。

16 条等）。

2. 如此，在第二次世界大战后，日本要求行政事前程序的立法例也变得极多起来。但问题是，并不是所有行政行为都存在这种规定，即使存在，其样态也颇为多样，而未必具有统一性。于是就产生了问题：第一，在立法政策论上，应扩大并统一这些规定，制定统一的行政程序法典吗？第二，在法解释论上，如果制定法规上欠缺这种规定，有时也应解释为需要事前程序吗？

（1）上述第一点问题，已在诸多国家有种种尝试，日本也在 1964 年由第一次临时行政调查会发表了"行政程序法草案"，其中，对诸如被称作行政程序内核的所谓"告知与听证"（notice and hearing）也设计了统一详细的规定，并对证据、证据调查、辩明程序等也作出了规定。以此草案为契机，有一部分行政法学者此后更为积极地建言，例如，不限于行政行为、不利行为、权力性行为，行政立法、授益行为、非权力性行为也应依某种形式完善事前程序。[1]不过，上述草案并未成为现实的立法，何况实现上述种种主张的状况更是十分遥远，这种局面长期存续着。[2]

但是，从进入平成时期（1989—2019 年）左右开始，日本也现实地具有了引入行政程序法典的动向，并大大浮上了国家政治的表面。(旧) 行政管理厅在 1980 年 8 月以后，设置了由富有学识经验者组成的"行政程序法研究会"，为制定行政程序法而展开研讨。[3]日本的

153

---

〔1〕 对这些见解，参照、杉村敏正『行政手続法』（筑摩書房、1973 年）142 頁以下。

〔2〕 顺便提及，在与日本具有同样问题的德国，其间经过 1958 年《柏林行政程序法》、1963 年《行政程序法模范草案》（Musterentwurf），最终在 1976 年《一般行政程序法典》（Verwaltungsverfahrensgesetz）成立。对于该法律，参照、Otto Bachof「ドイッ連邦共和国の行政手続法」自治研究 54 巻 1 号（1978 年）。另参照、成田頼明「行政手続の法典化の進展」田中古稀下Ⅰ；海老沢俊郎「行政手続の法典化——西ドイッ・オーストリア」大系 3 等。对于各国行政程序法的概要，参见大系 3 的各篇论文。

〔3〕 对于其经过等，参照、行政手続法研究会「行政手続法への提言——法律案要綱（案）」ジュリスト810 号（1984 年）42 頁以下；以及、现代行政法大系 3 之 363 頁以下；総務庁行政管理局編『行政手続法の制定にむけて——新行政スタイルの確立』（ぎょうせい、1990 年）等。

行政过程不透明成为非关税壁垒，大大妨碍了外国企业进入日本市场，受到了外国诸多的批评。在这些压力下，该研究会最终形成 1991 年 12 月 12 日临时行政改革推进审议会《关于完善公正透明的行政程序法制的答复》[1]中《行政程序法纲要案》的成果，[2]并予以公布，最终作为 1993 年 5 月政府提案《行政程序法案》提交第 126 回通常国会审议。该法案在该国会上审议未了，结果成为废案。在接下来的第 128 回国会上，通过了内容实质上相同的法律案，《行政程序法》由此成立。这一行政程序法后文将会再行讨论，不容置疑的是，它为行政厅在作出行政处分或行政指导时行政程序的状态引入了重要的一般规则，成为今后日本行政程序法制发展的础石。只是其规范的对象及内容仍有诸多局限，还远不能通过该法律的制定解决所有的问题。为此，先前第二点法解释论上的问题现在依然继续具有重要意义。

（2）在传统德国日本型的行政法理论框架内，未必全然无视行政事前程序的重要性。例如，如后所示，过去作为行政行为违法的一个原因，可举出"关于程序的瑕疵"，[3]即为其例。但其提出的中心问题是，行政活动欠缺法律规定的程序将会如何？在法律没有规定程序或法律未必详细规定时，在法解释论上要求程序达到怎样的详细程度，则未必有过深入考察。与此相对，特别是从昭和 30 年代结束前后开始，学说和判例的确越来越关心这里所说的问题。

该问题首先表现为《宪法》第 31 条正当程序的保障规定是否一般适用于行政活动的问题。对此，过去有种种讨论，一般而言，大致可以其间最高法院所作的下述判示[4]来总结此前的讨论结果：[5]

---

〔1〕 对于该答复的内容，参照、自治研究 68 卷 2 号（1992 年）144 页以下。

〔2〕 刊载该研究会之研究成果的行政程序法案全文，除了前揭文献外，「行政手续法研究会（第二次）中间报告」自治研究 65 卷 12 号（1989 年）132 页以下。

〔3〕 参见后述第 277 页以下。

〔4〕 成田新法案判决，最判 1992 年 7 月 1 日民集 46 卷 5 号 437 页以下。

〔5〕 另参照、最判 2003 年 11 月 27 日民集 57 卷 10 号 1665 页（所谓"象之槛"案判决）。

《宪法》第 31 条规定的法定程序保障直接关系的是刑事程序，但这并不相当于就能仅以行政程序不是刑事程序为由，即判断其全部当然不受该条的保障。

而且，即使应理解为该条保障之所及，行政程序一般与刑事程序在性质上自然有差异，与行政目的相应，行政程序多种多样，是否为行政处分相对人提供事前告知、辩解、防御的机会，应取决于行政处分所限制权益的内容、性质、限制的程度，以及行政处分所要实现的公益的内容、程度、紧急性等的综合较量，而未必总是要赋予这样的机会。

问题在于，在这种"综合较量"之际存在某种应遵从的基准或规则吗？对此，首先，过去在行政活动实质上具有近似刑事制裁的性质时，[1]因与通常的行政活动场合稍有不同，才有如此的考虑。但更为瞩目的是，在早期以来的学说中，就有人主张，特别是以针对特定个人的不利处分为中心，原则上要有事前程序［园部逸夫在上述最高法院判决的补充意见中就已表达了这种观点，他认为，"在行政厅的处分中，至少对于不利处分（对特定相对人课予义务，或限制其权利利益的处分），原则上法律要设置辩明、听证等某种正当事前程序的规定"］。[2]如此，这种情形的宪法根据，与其说是以刑事作用为主要对

---

〔1〕　参见后述第 295 页以下。

〔2〕　例如，过去杉村敏正（前揭『行政手续法』103-104 页）将其作为"原则性命题"加以保留，他主张："基于关乎特定私人的个别具体事实（例如，关于其行动、业务、财产等的事实）的认定，准备作出规制其权利自由的行政处分（例如，建筑物的拆除命令、禁止使用等的命令或禁止，许可认可的撤销或撤回，结果侵害特定第三人权利自由的许可认可，对许可认可申请的拒绝处分）时……在特定私人的个别具体事实上，只要没有其他合理的理由（例如，通过共通的检查或试验进行认定的合理性，存在不必经过听证的客观明显的事实），就要求将行政厅或利害对立的第三人意见和证据告知经该行政处分限制权利自由的当事人和利害关系人，赋予其机会进行反驳、提出反证、亲自陈述对自己有利的意见、提出证据，在此基础上再行认定。即使是一般的事实认定或法律问题的决定，只要是规制权利自由的行政处分，同样只要不存在合理的理由，至少要求提供陈述意见的机会。"

象的《宪法》第31条，不如说是引用《宪法》第13条的规定。[1][2]

四、判例的状况

156   1. 有观点认为，即使制定法上没有关于事前程序的明文规定，在法解释论上也要广泛地承认行政活动要有这种程序。这是上述学说上的动向，而不是过去日本判例的大势所趋。但至少在以某种形式将

157   事前程序法定化的情形下，对于这种程序的应有状态，屡屡能看到判例倾向于提出比法律明文规定更为详细的要求。例如，先前在与自由裁量的关系上分析的东京地方法院 1963 年群马中央巴士案判决，[3] 从《宪法》第13条和第31条推导出"国民的权利自由无论是在实体上还是程序上均必须得到尊重"的要求，"对行政厅应采取何种程序的裁量权上具有一定的制约"。对于运输审议会（当时）所进行的公听会的应有状态，法院指出，"为了公正地举行公听会，排除事实认定中介入恣意和独断，必须在召开公听会之前，向申请人及其他利害关系人明确指明公听会审理的问题，使其了解主张什么、应证

---

〔1〕 另外，对于行政程序法所必要的宪法根据，最近有学者提出"法治主义的程序性理解"〔参照、塩野宏·Ⅰ（第六版）301 頁以下，也可参见正文触及的最高法院成田新法案判决的园部逸夫补充意见〕。对我而言，其旨趣稍有不明之处。所谓"法治主义"有种种形态，如本书先前所见（参见前述第 58 页），其中，英美式法治（rule of law）重视程序，也是事实。但问题是，由何种根据可以推导出《日本国宪法》采用了这种形式的法治主义呢？对此，盐野宏指出，"可理解为日本行政法基本原理的'依法律行政原理'自身或'日本所采取的法治国家体制的表现'，而未必是依据宪法的个别条文"。但如正文先前所述（前述第 60 页、第 65 页），至少能认为"行政必须依据法律"这一原则，是《日本国宪法》作为以三权分立为前提的西欧型立宪主义宪法而成立的当然结论，而在这里所说的意义上，将"日本所采取的法治国家体制"理解为"程序性法治国家"，其理论根据不能说在日本现行宪法的基本构造上明确存在（除正文所举的个别规定外）。

〔2〕 参照、杉村敏正·前揭『行政手続法』96 頁。

〔3〕 参见前述第 116 页。

明哪一点"。[1]在 1971 年最高法院个人出租车执照案上告审判决中,[2]对于只是抽象规定的《道路运输法》第 6 条的执照基准,法院指出,"即使是内部的,也应使其目的进一步具体化、设定审查基准,公正合理地适用。特别是在该基准的内容要有微妙、高级的认定等情形下,对于要适用该基准的必要事项,必须赋予申请人提出主张和证据的机会"。

当然,在要求这种程序的正当性时,如果认为遵不遵守这种程序,在结果上都不改变行政厅的实体性判断,那么,到底是否还必须要求严格遵守程序呢?换言之,它是否认可程序存在固有意义,独立于在结果上应如何作出实体判断的问题?最高法院对此很难说给出了积极的态度。例如,所谓群马中央巴士案的最高法院判决,[3]一方面,对于向运输审议会咨询的程序意义及其应有状态,基本上支持先前东京地方法院判决的观点;但另一方面,"即使运输审议会在公听会审理中更为具体地指出上诉人申请计划的问题,督促就此提出意见和资料,也很难认为上诉人有可能追加提出足以左右运输审议会认定判断的意见和资料",据此,驳回运输大臣(当时)处分违法的主张。

2. 从行政程序法理的判例进展来看,此外还受到关注的是最高法院关于行政行为附具理由的必要程度的一系列判决。对于法令要求行政行为附具理由的情形,[4]过去学说上的原则立场是,完全没有附具理由的行为无效,写有理由但不完备时仅为撤销原因;而行政厅则反复主张,这些附具理由的规定只不过是训示规定,至少在诸如行政不服审查的争议过程中,如果行政厅明确展示了理由,就治愈了当初的

158

---

[1]　但在该判决中,并非作出行政行为的行政厅自身,而是只不过为咨询机关的运输审议会未遵守正文所示的程序。运输大臣(当时)尊重该咨询而作出行政行为,成为其违法的原因,这在私人参与行政过程的重要意义上,愈加受到关注。

[2]　最判 1971 年 10 月 28 日民集 25 卷 7 号 1037 頁。

[3]　最判 1975 年 5 月 29 日民集 29 卷 5 号 662 頁。

[4]　现行《行政程序法》对此有一般性规定(第 8 条、第 14 条)。在该法制定之前,仅在个别法令上有所规定,例如,《所得税法》第 155 条、《法人税法》第 130 条、《当铺营业法》第 3 条等。

瑕疵。然而，最高法院的判例从很早开始就明确表明，附具理由的瑕疵是其自身固有的撤销原因。[1]特别是对于青色申报*更正处分、青色申报承认撤销处分，最高法院反复指出，这种理由强制不是训示规定，行政行为的理由必须从其记载自身来明确判断。[2]如此，在最高法院的这些判例中，对于附具理由的意义，重视的要素是方便相对人提起不服申诉，同时保障行政行为自身的慎重和公正妥当。[3]也就是说，与前述运输审议会审理的应有状态的判决不同，这里承认附具理由自身存在固有的程序意义。

但在另一方面，必须留意的是，即使是最高法院判例，也没有采取下述原则立场，即法律上没有命令附具理由时，未附具理由也违法。[4]

五、行政事前程序的替代物

如此，日本的立法及判例越来越强烈地认识到行政事前程序的重要性，但还很难说达到了部分学说所主张的重要性程度。有鉴于此，

---

〔1〕 参照、最判 1962 年 12 月 26 日民集 16 卷 12 号 2557 页。

＊ 所谓青色申报（日文为"青色申告"），是日本税法上鼓励纳税申报的一项制度，是指根据复式记账法等手段记载账簿，通过记账来计算并申报正确的所得、所得税及法人税，因其申报的用纸为青色而得名。在青色申报获得承认后，在纳税上会有优惠。但在未遵守记账保存义务、虚假记账、未在期限内提出申报书时，可撤销对青色申报的承认。——译者注

〔2〕 最高法院 1963 年 5 月 31 日判决（民集 17 卷 4 号 617 页）以后多数如此。

〔3〕 参照、最判 1974 年 4 月 25 日民集 28 卷 3 号 405 页；最判 1974 年 6 月 11 日判時 745 号 46 页。

〔4〕 另外，关于程序瑕疵与处分效力的过去系列判例的整理，也根据行政程序法的制定情况表达见解的有，田中健治「行政手続の瑕疵と行政処分の有効性」藤山雅行編『新・裁判実務大系（25）行政争訟（改訂版）』（青林書院、2012 年）196 页以下；着眼于程序"旨趣"加以分析的有，戸部真澄「行政手続の瑕疵と処分の効力」自治研究 88 卷 11 号（2013 年）55 页以下；在考察裁量处分的司法控制应有状态之际尝试作程序瑕疵分类的有，常岡孝好「裁量権行使に係る行政手続の意義」新構想 II 235 页以下。

出现了一种学说，它主张，作为现行法上未必充分完善的行政事前程序的替代物，让过去的后续行政争讼制度从私人参与行政过程的角度发挥功能。例如，正如先前在与自由裁量论的关联上所看到的那样，对于"经复合过程的行政行为"的司法审查，原田尚彦从所谓"行政过程论"的角度，强调从程序法角度审查的必要性，"法院毋宁要避免劳心伤神的代为实体判断的方式，而只是对行政过程全体是否按照公正程序实施、行政判断过程是否受民主的氛围所支配等进行广泛的事后监督，以此姿态进行审理才是关键所在"。[1]在其背景中，这些诉讼（例如诸多所谓环境公害诉讼，即为了建设火力发电厂或石油存储基地而填埋公有水面的许可、设置核反应堆的许可、设置垃圾焚烧厂行为等，其周边居民提起诸多诉讼争议其违法的案件是其典型例子）中，原田教授认为，原告"与其说是诉诸行政诉讼请求终局性解决事态，不如说是寻求成为民主解决事态的契机"。也就是说，就原田教授而言，这时不是期待行政诉讼在事后保障行政活动合法律性的传统功能，而毋宁是将其置于整个的行政过程中，理解为国民进行民主性控制的一个手段来发挥功能。如果站在这种出发点上，例如，抗告诉讼的对象就不仅是传统理论所认为的"行政行为"，也处理到作出行政行为之前的行政内部行为，广泛承认区域居民提起抗告诉讼的原告资格或诉的利益，近来的理论倾向由此也得以正当化。[2]

六、本书关于行政事前程序原则的基本观点

应值得关注的是，关于行政的事前程序，上述法制和法解释论的展开，自不待言是向以传统"依法律行政原理"为前提的行政法理论和制度提出了根本问题，特别是其对于行政诉讼制度的应有状态也提出了与传统观点极为不同的方向。如何评价这种动向本是极难的问

〔1〕　原田尚彦『訴えの利益』（弘文堂、1973年）182頁。
〔2〕　显示出这种观点的，另参照、兼子仁『行政争訟法』（筑摩书房、1973年）303頁。

·129·

题。如果要表明本书的基本观点的方向，大致如下：

首先，扩充行政事前程序的必要，虽然还未必达到替代"依法律行政原理"的地步，但至少是其补充，在这一意义上已是不容否定的。如上所述，其自身在日本已广为承认。问题是，以此为前提，在立法论上或解释论上，具体有怎样内容的程序才好呢？在思考这一问题时，首要的是一般在阐明行政事前程序的必要时，有必要从理论上明确整理出其中所包含的种种具体要求。例如，以当事人违反法律从事经营活动为由撤回营业许可等情形下，要求有告知和听证等程序（《行程法》第 13 条第 1 款）；要决定有法律禁止的"不当标识"内容，公平交易委员会召开公听会，广泛听取相关企业及一般公众的意见（参见《不当赠品类及不当标识防止法》第 5 条）。虽说都是事前程序，但其用意必须说是颇为不同的。前者纯粹是某特定个人的权利保护问题，而后者则旨在广泛收集信息，可以说具有类似于立法时要求的民主主义性质。作为其中间位置，例如，在制定土地利用计划、设置公共设施的许可之际，认可区域居民的程序性参与等（例如参见《都市计划法》第 16 条第 1 款）。在过去日本的行政法学上，如前所述，主要关心的对象是第一种从个人权利保护而来的程序性保障。而不能否定的是，今天作为"依法律行政原理"界限的补充，上述第二种、第三种行政程序变得重要起来。但另一方面，在这些类型的行政程序中，（正如与司法程序、立法程序基本不同的程序所典型展示的那样）其程序内容与其基本目的相适应，显然必须有种种不同。[1]日本也有意识地对行政程序根据其基本目的而作出类型的划分，[2]今后仍要继续推进这

---

〔1〕 例如，与日本相比，美国在传统上就具有特别发达的行政程序法理和制度。但即使在美国，要求行政立法活动（rule-making）遵守为保护个人权利而设的正规行政型审判程序（adjudication），通常也是不合理的。参见 K. C. Davis, "Administrative Law Text"（1971）。

〔2〕 例如，在前述行程序法研究会提出的法律案纲要（案）中，区分处分程序规定与命令制定程序规定，并将土地利用规制计划制定程序、公共事业实施计划确定程序、多数当事人程序、规制性行政指导程序作为特别程序，分别设计不同的规定。

种理论作业。[1]

其次，通过这种作业，分析行政程序的各种类型，必须明确如何　162
在与"依法律行政原理"的关系上给予其理论定位。原因在于，先前
所触及"正是行政过程中意见调整程序补充了议会制民主主义的形骸
化缺陷，毋宁是在合法律性之上作为行政活动的正当性根据发挥功
能"。[2]从这一观点出发，导入下面这种观点也不是没有可能性的：
特别是在上述第二种、第三种类型的行政程序下，通过完善扩充这种
行政程序，来替代"依法律行政原理"。然而，对此，本书认为，如
果在今天仍不能放弃"依法律行政原理"所表达的近代法治主义思
想，以此为前提，事前程序与法律一样，都是行政活动的界限，是控
制行政的系统，不得无视这种观点。也就是说，第一，结果不能是这
样的，例如，行政活动如果是经"民主性居民参与程序"而实施的，
也可以不服从法律的一般规范支配，事前程序完全作为行政活动直接
正当化的手段而发挥功能。在这一意义上，行政程序不能完全取代立
法机关的作用。第二，在"依法律行政原理"之下，行政机关虽然受
法律拘束，但最终在自己的判断和责任中，被课予真正合理考虑后作出
决定的义务，而不得以"民意"为由，让行政机关的责任和义务变得暧
昧起来。例如，无论地方居民如何反对，如果相信土地利用计划在整体
上是最为合理的，行政机关也必须以自己的责任敢于决定邻避设施的选
址，有时这也是可能的。在这一意义上，行政的事前程序也不能完全取
代行政机关的作用。对于法律与事前程序以及裁判审查等之间的功能分　163
担，必须考虑到这种观点，通过具体事例，慎重地不断探讨。

七、行政程序法的意义

参照上述行政事前程序过去的法制、学说和判例等状况，1993 年

---

〔1〕　从与正文所述的类似角度出发，对行政程序（居民参与）的各种问题作理论
上的整理，参照、小高剛「行政手続と参加」大系 3。

〔2〕　参见前述第 144 页。

制定的《行政程序法》应该说具有怎样的意义呢？以下对此大致进行
探讨。

（一）规范的对象（射程距离）

首先受到关注的是，《行政程序法》有意识地限缩了规范对象。
也就是说，该法律当初的目的在于，"规定处分、行政指导及申报程
序的共通事项"（2005 年修改前第 1 条，而无现行条文中"制定命令
等程序"一词），[1]在这一意义上，基本上只是从保护行政活动相对
方的个人利益角度规定事前程序。[2]这主要是政策上的理由，因为该
立法是日本首次引入一般性行政程序法的尝试，而将对象限缩到过去
学说、判例等较难提出异议的部分，易于实现。而本书前述的第二
种、第三种程序则作为尔后的问题留给将来。

但此后，接受政府的行政改革会议的最终报告，制定了 1998 年
的《中央省厅等改革基本法》。该法规定引入所谓公告评价程序（提
出意见程序），首先在行政实务中实现了这一程序。该法规定，"为了
在形成政策时反映民意、确保其过程的公正性和透明性，在重要政策
立项时，公布其目的、内容及其他必要事项，征求并考虑专家、利害
关系人及其他广大国民的意见，之后再行决定"（《中央省厅等改革基
本法》第 50 条第 2 款），这一机制具有本书前述第二种、第三种程序
的性质。2005 年修改《行政程序法》，针对内阁或行政机关制定命令
等（命令、审查基准、处分基准、行政指导基准）引入了以"意见公
募程序"为中心的命令等制定程序（新设的该法第六章第 38～45

---

〔1〕 但该法律在该法所说的"处分"及"行政指导"中规定了诸多排除适用规
定（参见第 3 条及第 4 条）。

另外，该法规定的程序规定原则上以国家行政机关的行为为适用对象，而不适用于
地方公共团体的机关依据条例或规则作出处分及行政指导（第 3 条第 3 款）。在第七章
（补则）中，对于这些行为仅限于要求地方公共团体根据本法律的旨趣采取措施（第 46
条）。

〔2〕 另外，在该法律中，"处分"及"行政指导"的概念自身包含所谓"行政的
内部关系"中所作的行为，只是不适用于针对国家或地方公共团体的机关及一定的特殊
法人的行为。

条），作为法律上的制度广泛实现了这种程序。[1]

（二）处分程序的两个类型——"对申请的处分"概念的引入

另外，"处分"是《行政程序法》主要的规范对象。法律将"处分"分为"对申请的处分"与"不利处分"，分别作出了不同规范。属于"依申请的处分"的例子是许可认可等；属于"不利处分"的例子有撤销或撤回许可认可、建筑物拆除命令或改善命令等单方性下令行为等。[2]虽是对申请的处分，但在它是拒绝处分时，在性质上就对申请人构成不利，因而，按照过去的通常用语，这当然是不利处分的一种。但是，《行政程序法》特意破除了这一用法，新引入了"对申请的处分"概念，将"不利处分"一词限定于狭义的概念。[3]其依据的观点是，"在依申请处分的事前程序阶段，虽然尚未决定处分的内容，但所要求的程序法保护是统一的"。[4]这无疑是显示了日本行政法制度与理论的程序法思考进展。因而，在另一方面也无法否定，"不利处分"一词存在实体法上"不利（性）处分"（也包含申请的拒绝处分）与程序法上"不利处分"的广狭两义，这就带来了用词上

---

〔1〕　对此经过，参照、白石俊「行政手続法の一部を改正する法律」ジュリスト1298 号（2005 年）60 頁以下；常岡孝好『行政立法手続』（信山社、1998 年）、同著『パブリック・コメントと参加権』（弘文堂、2006 年）。

〔2〕　依据《行政程序法》的定义，所谓"处分"，是指"行政厅的处分以及其他相当于行使公权力的行为"（第 2 条第 2 项）；所谓"申请"，是指"根据法令，请求行政厅赋予许可、认可、执照以及其他给自己某种利益的处分（以下称'许可认可等'）的行为，行政厅应就此作出是否批准的答复"（第 3 项）。所谓"不利处分"，是指"行政厅根据法令，以特定人为对象，直接课予义务或限制其权利的处分"（第 4 项），但是，以下处分除外："事实上的行为，或者为了明确事实行为的范围、时期等所作法令上必要程序的处分"，"驳回许可认可等申请的处分，以及其他以该申请人为对象对申请所作的处分"，"基于相对人的同意而作出的处分"，"以该许可认可等之基础性事实已消灭的申报为理由，使许可认可等失去效力的处分"（第 4 项但书）。

〔3〕　如前一条注释所示，《行政程序法》明确将对申请的拒绝处分排除出"不利处分"，这自然是以拒绝处分性质上本来属于不利处分为明确的前提。

〔4〕　在日本行政法上通过本法律首次作为一项制度引入"对申请的处分"概念，对于其背景、经过等，参照、大橋洋一「行政手続の課題」宇賀克也責任編集『行政法研究』（信山社、2017 年）27 頁以下。

的麻烦。

（三）程序性保护的内容

166　　《行政程序法》具有上述目的，其中对私人具体要实现怎样的程序性保护呢？本书作出如下整理。

1. 内部基准的制定及公布

该法首先规定行政厅应针对"对申请的处分"制定"审查基准"（根据法令规定判断是否给予申请的许可认可等的必要基准，《行程法》第 2 条第 8 项第 2 目），针对"不利处分"制定同样意味的"处分基准"（《行程法》第 2 条第 8 项第 3 目）并"必须努力"予以公开（《行程法》第 12 条第 1 款）。对于这些基准，该法还规定要尽可能具体（《行程法》第 5 条第 2 款、第 12 条第 2 款），原则上要公布（《行程法》第 5 条第 3 款，当然，"不利处分"时仅为努力义务，第12 条第 1 款）。设定这种基准的必要性源自最高法院个人出租车执照案判决等个别判例的要求，而该法以更为一般化的形式使其得到整理。[1]

2. 主张自身利益机会的保障

自不待言，行政事前程序中最为重要的就是保障私人自身利益的主张和防御机会。对此，该法律首先规定，在作出不利处分时，必须对该不利处分的相对人采取"陈述意见的程序"（《行程法》第 13 条第 1 款），原则上一般要对不利处分保障这种机会。[2]这时，特别是对"撤销许可认可等不利处分"及其他"直接剥夺相对人资格或地位的不利处分"等，课予召开程序更为完备的"听证"程序义务（该条167　第 1 款第 1 项，此外的情形应"赋予辩明的机会"，第 2 项）。以前也

---

　　〔1〕　对于根据《行政程序法》制定的内部基准对行政厅具体有怎样的法的意义，此间在判例和学说上有着各种探讨（对其概要，参照、大桥洋一·前揭「行政手続の課題」）。在最高法院相关判决上，例如对于行政厅的规范性拘束力（虽然是在旁论中），最判 2015 年 3 月 3 日民集 69 卷 2 号 143 页（参见本书下卷第 90 页）；在与处分附具理由的关系上，最判 2011 年 6 月 7 日民集 65 卷 4 号 2081 页（参见后述第 172 页）。

　　〔2〕　作为其例外，列举了因公益上有必要紧急作出不利处分，无法采取陈述意见程序时等五项事由（《行程法》第 13 条第 2 款）。

有学说主张这些，可以说大致得到了采纳。[1]另外，"赋予辩明的机会"原则上是以书面辩明（《行程法》第29条第1款），"听证"则原则上口头进行（《行程法》第20条、第21条）。

在主张自己利益上，重要的不是仅仅在形式上赋予机会，而是确立在实质上能提出某种主张的制度。法律对此有以下一些考虑：

（1）对于赋予辩明机会及实施听证，行政厅均要事前设置相当期间，将预定的不利处分的内容及其理由、辩明书的接收机关及提出期限（听证的时日及场所）以及其他一定事项，必须以书面形式通知该不利处分的相对人（"事前通知"的必要，《行程法》第15条及第30条）。对于听证，更规定着必须对下列事项予以教示：（a）可在听证的期日出席、陈述意见、提出证据文书等，（b）可在听证程序进行中要求阅览证明不利处分原因事实的资料（对于这些事项，将在后述）。

（2）在辩明、听证程序中，当事人均可提出证据，证明其主张（参见《行程法》第20条第2款及第29条第2款）。

（3）特别受到关注的是，在听证时，当事人"可在听证通知之时起至听证结束前要求阅览行政厅的该案调查结果文书及其他证明该不利处分原因事实的资料"（文书等的阅览请求权，《行程法》第18条）。在有这种请求时，行政厅"如无有损第三人利益之虞及其他正当理由，不得拒绝阅览"（该条第1款）。这一制度与前述第一点一起，通过弄清行政厅手中的资料，让私人的立场与其实质上对等起来。[2]它虽然过去在《行政不服审查法》审查请求程序[3]中得到承

168

---

〔1〕 但这次的法律对于"对申请的处分"，并不保障这种陈述意见的程序。如前所示，例如，最高法院在个人出租车执照案判决中已经说到，（"基于具体个别的相关事实从多数人中选择少数特定人，要决定拒绝颁发执照"，在此前提下）有必要设定审查基准，同时，"在上述基准的内容要有微妙、高级的认定等情形下，对于要适用上述基准所需的事项，必须赋予申请人提出主张和证据的机会"。应该说，在该法律之下，它将这种程序保障委诸了个别法的规定和法解释论。

〔2〕 大阪地判2008年1月31日判例タイムズ1268号152页。在拒绝依据本法请求文书阅览的案件中，从是否实质上妨碍行使防御权的角度来判断该处分的违法性。

〔3〕 参见下卷第168页以下。

认（修改前《行审法》第 33 条，现行法第 38 条），但并没有在通常的行政处分中得到这样的一般性承认。

（4）对于听证，并非行政厅自行进行，而是另设"主持人"（《行程法》第 19 条）。从程序公正的角度来看，可以说期待的是让第三人来做主持人。不过，行政程序法仅规定，主持人是"行政厅指定的职员以及政令规定的人"（该条第 1 款）。在多大程度上确保第三人属性，委诸其现实运用。

（5）在听证和辩明机会中，该法明确规定，当事人均可选任代理人（《行程法》第 16 条及第 31 条），在听证时更可（以得到主持人许可为前提）与辅佐人一起出席（《行程法》第 30 条第 3 款）。这从私人立场的实质对等化角度来说也是有意义的。

（6）在听证和辩明机会中，当事人的主张不是说完就结束了，如果在之后进行的处分中得不到适当考虑，事前程序也就没有实质意义。对此，受到关注的是，在听证时，主持人被课予制作听证笔录和报告书的义务（《行程法》第 24 条）；行政厅在作出不利处分时，"必须充分参酌"该听证笔录及报告书所记载的主持人意见。[1]另外，对于听证以外的案件，在这一点上并无特别规定。但如后所述，不利处分一般负有附具理由的义务。从这一角度来说也可谓是有意义的。

3. 程序的迅速化

拉长处分程序，有时会对私人构成重大的不利。特别是对申请许可认可等的处分，尽管提出了申请，但行政厅不展开审查，虚度时日，这种事态在现实中屡有发生。作为应对这种事态的法的手段，过去在行政争讼法领域中，存在"不作为违法确认之诉"（《行诉法》第 3 条第 5 款）和"针对不作为的不服申诉"（《行审法》第 3 条）等制度。[2]但这些制度首先在法的效果上不能对行政厅的不作为有很强的控制；而

---

〔1〕　当然，在这一点上，作为行政程序法的母体，先前的"纲要案"规定，"行政厅不得基于未经听证审理的事实作出处分"（第 24 点）。现行法与此相比，必须说在赋予听证结果的意义上颇有倒退。

〔2〕　对于这些将后文详细说明。参见下卷第 25 页以下。

且，行政厅的"不作为"是适用该制度的前提，但原本在根本上以什么来认定不作为，却又未必具体明确。基于这些理由，作为应对这种事态的手段，它们是有局限的。这些局限还不能说通过这次的行政程序法就完全克服了。但至少需要充分关注正在采取的一些改善制度的措施。 170

《行政程序法》首先对申请的处分规定，要求行政厅努力设定"标准处理期间"（申请从到达其事务所至该行政厅作出处分为止通常所需的标准期间），同时必须在受理申请的机关事务所备置已设定的标准期间，或以其他适当的方法予以公开（《行程法》第6条）。进而行政厅必须努力根据申请人的要求，告知"该申请的审查进展以及预计的处分期限"（《行程法》第9条第1款）。这些均只不过是课予了努力义务，基于这些规定而得到明确的处分期限与上述行政争讼法上"不作为"的概念如何结合等，今后还有必要探讨其法的效果。但这些规定的存在均为让行政厅推进程序的压力，大概应予好评。

《行政程序法》还明确规定，行政厅针对申请的审查义务自申请到达该行政厅的事务所之时开始发生；对于不满足形式要件的不合法申请，也必须采取一定措施，要么尽快确定相当期间命令申请人补正申请，要么驳回许可认可的申请（《行程法》第7条）。根据这些规定，行政实务中常有的所谓"退回""保管"等措施，可以说是明确违法了。[1]

另外，行政厅对申请作出许可认可时，有时要获得其他相关机关的同意和承认等，而不得单独作出许可认可（例如，都市计划法上的开发许可，参见《都市计划法》第32条）。在这种情形下，行政机关有时相互推诿塞责，完全不推进程序。《行政程序法》也关注到了这种事态，不过只是作了一点训示规定（第11条）。 171

---

〔1〕 另外，所谓申请"到达事务所时"，意味着通过文书申请时，该文书到达事务所之时。而根据2003年施行的《关于在行政程序等中利用信息通信技术的法律》，现在用文书申请或申报可以通过所谓"电子信息处理组织"（参见该法第3条第1款）在线进行。这时，申请等被行政机关等使用的电子计算机所备文件记录下来，就视为到达该行政机关等（该法第3条第3款）。

4. 理由的提示

对于处分附具理由一般具有怎样的程序法意义，已在过去的最高法院判例中得到阐明。但它未必认为：即便各个法律规定保持沉默时，也当然要附具理由。[1]对此，《行政程序法》明确确立了规则，对于不利处分，原则上要提示理由。首先在第 14 条第 1 款规定，"行政厅在作出不利处分时，必须同时向其相对人说明该不利处分的理由"。当然，也附有但书，"存在不经说明理由而应作出处分的紧急必要时，不在此限"。这时原则上必须在处分后的相当期限内表明该处分的理由（《行程法》第 14 条第 2 款）。处分以书面形式作出时，必须书面说明其理由（第 3 款）。同样，在作出拒绝申请的处分时，必须说明理由，书面的拒绝处分也要以书面附具理由（《行程法》第 8 条第 1 款、第 2 款）。不过，"法令规定了许可认可等的要件或者公开的审查标准明确规定有数量指标及其他客观指标时，而从申请书的记载事项和附件等申请内容来看，该申请明显不符合的，在申请人申请时即可明示其理由"（第 8 条第 1 款但书）。[2]

（四）其他重要事项

除了上述内容外，行政程序法还纳入了以下几个私人的程序性保护的重要事项，其中也存在着今后有待探讨的很大论题。

1. 对于行政指导的规制

该法律中最引人注目的一点是，不仅对"处分"，还对"行政指导"进行一定的程序性规制。对此，将在行政指导部分再行触及。[3]

---

〔1〕 参见前述第 159 页以下。

〔2〕 对于在行政程序法之下，要求附具理由的程度，参照、宫崎良夫「手続の権利と訴えの利益」塩野古稀上 669 页以下。在这一点上，近来最高法院作出判决，撤销一级建筑师执照，但没有显示适用了公开的处分基准，欠缺《行政程序法》第 14 条第 1 款正文所规定的提示理由要件，因而违法（最判 2011 年 6 月 7 日民集 65 卷 4 号 2801 页）。这一判决受到关注，但必须留意的是，该判决除了附有两名法官的反对意见外，还是"在本案事情之下"违法的事例判决。

〔3〕 参见后述第 380 页以下。

2. 对于第三人的立场

今天的行政活动的一个特征是，"行政主体"与"私人"的关系不限于二极的对抗关系，很多案件是在行政与多数关系人之间的多方关系中展开的。在先前的论述中已能看到这种事实。[1]即使是在该法规范对象的"处分"中，也是如此。也就是说，在某处分的状态上，该处分相对人以外的人很可能是利害相关的，这些人的利益应在多大程度上予以程序法上的保护，这是问题所在。对此，行政程序法作出了如下处理。

首先，在不利处分的听证中，听证的主持人认为必要时，可以要求或者允许相关人（当事人之外的、从该不利处分所依据的法令来看与该不利处分有利害关系的人）参加听证程序（《行程法》第17条第1款）。"相关人"的范围从上述定义来看未必明确，[2]但无论如何，是否拒绝参加取决于主持人的裁量，因而，这些相关人并不当然具有参加听证的权利。如此，这里所说的相关人并不是该不利处分的相对人，因而，不能以当事人的资格获得该法律的程序法保护。结果就变成，只要没有以个别法律对这些人规定特别程序（听取意见等），这些人的利益就并不当然受到保护。

《行政程序法》还规定，在行政厅对申请作出处分时，"法令将应考虑申请人以外者的利益规定为许可认可等的要件时，在必要时，必须努力通过召开公听会以及其他适当的方法，听取申请人之外的人的意见"（《行程法》第10条）。这也仅为行政厅的努力义务，在没有将考虑第三人等的利益规定为原本处分的实体法要件时，并不适用。[3]

〔1〕　参见前述第98页以下。

〔2〕　另外，依据对于本条前身的"纲要案"第22·1点的"解说"，从在诉讼中具有原告资格即所谓法律上的利害关系者（对此参见下卷第66页以下）、到申请公共费用许可之际的一般消费者那样的人，也都包含在公听会听取意见的相对人之中。假如本条在这一点上没有变化，在仅保护个人利益的行政程序中，第三人扩大到如此广泛范围的人，这是值得关注的。但另一方面，对于"具有法律上利害关系者"，也不能忽视赋予与他们同等的程序性保护。

〔3〕　如前所述，在日本现行法上，这种例子绝不在少数。参见前述第100页以下。

这显示出日本行政程序法相对于行政实体法具有从属性，同时也必须说，前述传统"依法律行政原理"所具有的"内在界限"一面[1]，在这里仍然没有得到克服，而保留下来。

（五）对"命令等"的规范

如前所述，[2]在 2005 年《行政程序法》的修改中，新设"第六章 意见公募程序等"，与前述私人利益的程序法保障角度稍有不同的程序法规制在行政程序法上登场了。对其规定的内容及其意义，容后再作说明。[3]

（六）"透明性原则"

另外，《行政程序法》在第 1 条的目的规定中采用了"确保行政运营的公正与透明性（行政上意思决定的内容及其过程为国民所知晓）"的表述，因而，通常认为，这就明确表达了存在"透明性原则"这一行政法的一般原则。[4]

八、行政调查

在行政的事前程序问题上，今天行政法学广泛关注的是"行政调查"及其控制的主题。行政机关在作出某种意思决定时，当然需要取得前提性事实的资料、对其进行分析探讨，[5]如果将此活动称为"行政调查"，那它自然就是遍及行政所有领域的一般要求和活动。在这一意义上，"行政调查"是指以收集信息为目的的一般活动，因而，包含在极为繁多的行政活动中。其中，以某种方式伴有公权力的行使，从"法律保留"角度就需要法律的授权，在现行法上也作为带有

---

〔1〕 参见前述第 133 页以下。

〔2〕 前出第 164 页。

〔3〕 参见后述第三编第三章第二节第一款"行政立法"部分。

〔4〕 参照、塩野宏·I（第六版）310 页以下。但其中"行政法的一般原则"具体是指什么，这一问题请参见前文第 59 页。

〔5〕 过去关注这一点，以行政机关的"调查义务"观念为基础，引导了尔后行政法学上诸多探讨的文献，小早川光郎「調查·処分·証明」雄川献呈中 251 頁以下。

一定形式的法制度而明显存在，如后所述，[1]从第二次世界大战后一早就开始围绕其法治主义的控制问题展开了很多探讨。《行政程序法》采用的作出行政处分之际"赋予辩明机会"及"听证"等程序，可以说（从保护处分对象的利益角度）对一定类型行政活动的行政调查作出了程序法规范。但是，上述意义上的"行政调查"并不是仅受这些法律规范，其相关的法的问题并未尽数得到明文化。在这一意义上剩下的问题中，今天行政法学最关心的是行政厅有无"调查义务"、其性质、具体样态的问题。前者的问题就是，行政机关是一般性地负有调查的法定义务（而不只是妥当与否的问题）吗？是在与私人的关系上（而不是仅限于行政内部）的义务吗？后者的问题是调查义务的范围、程度、履行的应有状态问题。这里的问题意识是，即使法令上没有明文规定行政调查，它也不是完全委诸行政机关自由裁量，而是存在一定法的拘束。在这一意义上，它也构成了前述自由裁量论的一环。

　　在本书先前分析的各个问题的判例和学说讨论中，过去也暗示了存在这种问题。例如，在判断是否超越裁量权界限时，如果重视所谓"判断过程审查"，即审查"对事实的评价明显缺乏合理性"及"判断过程中没有考虑应当考虑的事情"，[2]为了作出正当判断，就必须对前提性事实展开充分调查。另外，如后所述，如果在认可《国家赔偿法》第1条的责任时判断有无"违法性"，公务员是否"没有尽到职务上应尽的注意义务而马虎"采取行动，[3]行政调查的状态当然成为评价的对象。在今天的行政法学上，"行政调查论"作为"发现问题的概念"设定了"行政调查"概念，[4]从正面广泛分析这一问题，作为理论分析对象，进而为今后的制度设计（例如，制定通则法的《行政调查法》等）提供了线索。对于这些讨论，这里无暇详细深入探讨。除了近来诸多的行政法教科书，作为代表性文献，曾和俊文的

〔1〕　参见后述第342页以下关于"即时强制·强制调查"部分。

〔2〕　参见前述第126页。

〔3〕　参见下卷第220页以下。

〔4〕　参照、曾和俊文『行政調査の法的統制』（弘文堂、2019年）209頁。

前述著作在早期论及了上述意义上"行政调查论"的必要；小早川光郎的《调查·处分·证明》成为行政法学"行政的调查义务"论的发端；此外，薄井一成的《申请程序过程与法》[1]一文主张对依申请处分存在"调查探讨案件的一定责任"，详细探讨了其根据、调查探讨义务的程度、证明度、违反义务的效果等。[2]

第二节　信息公开制度

一、信息公开制度及其意义

177　　今天在日本，与第一节所述的行政事前程序法制的完善一起，所谓信息公开制度的确立和完善也日益成为一大问题。这里所说的"信息公开制度"是指行政机关根据国民的请求公开自己持有的文书以及其他形式的各种信息的制度。正如第一节之前业已见到的那样，现实的行政未必将古典的"依法律行政原理"作为前提，只是忠实地实现法律的规定，既然行政过程自身带有重新创造国家意志过程的性质，让国民事前知道在这一过程中行政机关依据怎样的信息怎样形成意志的，从行政活动的预测可能性角度也好、民主控制的角度也罢，很明显对国民是极为重要的。

如果从这种角度来看，信息公开制度的意义本来是为了私人参与行政过程之际获得预备知识，从理论上而言，信息公开制度作为行政事前程序制度的前提，也变成了制度的一环。[3]但是，过去在日本，

---

〔1〕　薄井一成「申請手続過程と法」新構想Ⅱ273頁以下。

〔2〕　行政调查方面的其他论文已经有很多。近来的文献诸如，北村和生「行政調查義務と裁判による統制」芝池古稀161頁以下、須田守「行政調查論の基礎の構成」行政法研究25号（2018年）109頁以下等。

〔3〕　实际上，在美国、法国等国，所谓信息公开制度是明确在行政程序法的延长线上立法化的。参照、平松毅『情報公開』（有斐閣、1983年）特别是第99頁以下；兼子仁「情報公開と行政の改革」公法研究43号（1981年）74頁以下；松井茂記『情報公開法（第二版）』（有斐閣、2003年）483頁以下等。

信息公开制度未必如此一义性地定位，其确立的要求与第一节所示行政事前程序法制的完善并无直接关联，而毋宁是独立展开完成的。如此，在理论上首先可以说，信息公开制度是以《宪法》第21条保障的国民"知情权"为根据，而行政程序法制是以《宪法》第31条和第13条为根据，两者的意义稍有不同。[1]

178

　　如果以这种差异为前提，两种制度之间就会具体出现一些不同。例如，有人指出，如果仅将信息公开制度作为行政事前程序的一环，通常就仅向该案的相关人员公开具体案件的相关信息；而如果是基于一般"知情权"的信息公开制度，其公开范围就未必要作限定。[2]但是，这种差异不用说就是理想类型、类型论上的不同，作为现实法制的状态，两者的差异可能颇为相对化。特别是如第一节所述，行政事前程序制度自身在内容上、在意义上也是多样化的，未必仅为各个私人的具体权利保护的角度，也重视私人民主参与行政过程。这种相对化正越发推进。

二、信息公开制度与日本的实定法

　　一般性地规定上述信息公开制度的国家法律，在日本长期是不存在的。日本的信息公开制度立法化，是以1982年4月1日施行的山形县金山町公文书公开条例以及1983年4月1日施行的神奈川县、福冈

179

---

　　〔1〕　如果把握信息公开法制的这一侧面，不是像本书这样将其在"行政过程的私人参与"脉络中予以定位，而是与后述个人信息保护法等一起，从旨在对"信息"实行民主控制的"信息法"或"信息管理法"等角度加以整理说明（其认识的前提是，"信息"的管理操作自身在今天正成为行政主体的一大"行政手段"），这当然也是有可能的，在今天出版的行政法教科书中也有不少这种例子。概括研究行政信息问题的单行本也在出版［近来的代表是，村上裕章『行政情報の法理論』（有斐閣、2018年）］。我对如此研究信息公开法也完全没有异议，那也是有意义的方法。不过，如本书开头所示，本书的目的在于以传统的"依法律行政原理"作为一把"客观标尺"打量行政法全体，由此来看待行政信息，因而有上述保留，同时也不改变此前的记述方法。
　　〔2〕　对于行政程序上行政文书的事前公开与所谓信息公开的差异，作出明确理论整理的，也参照、平松毅·前揭『情報公開』17页以下。

县春日市条例等为嚆矢，由地方公共团体层面积极推进而来的。虽然在内容上有种种不同，但以某种形式规定了所谓信息公开制度的地方公共团体（都道府县、市町村）的数量到 2017 年 4 月 1 日已达 1787 个（全体的100%）（总务省自治行政局行政经营支援室调查）。

在国家层面上，虽然很早之前就有法制化的动向，[1]但也有妨碍其实现的种种因素。现实中，除各省厅自主的信息公开外，[2]国民要求公开的一般性法制并不存在。[3]但是，1994 年，村山富市内阁之下成立的行政改革委员会（参见《行政改革委员会设置法》第 1 条以下），其行政信息公开分会 1996 年公布带有具体内容的信息公开法案，[4]该委员会基于此提出报告，政府接受后向国会提出《关于公开行政机关持有信息的法律案》。该法案历经三度持续审议等，虽然审议不顺，但在 1999 年的通常国会上，终于由两院表决通过，成为法律。[5]《关

---

〔1〕 对此，参照、総务厅行政管理局监修『情報公開——制度化への課題（情報公開問題研究会中間報告）』（第一法規、1990 年）。

〔2〕 在国家层面，1991 年 12 月由各省厅文书科长等组成"信息公开问题联络会议"，就"行政信息公开基准"展开协商。在翌年的行政改革大纲中，内阁会议决定，确切运用该基准，促进公开范围的扩大。关于该基准，参照、総务厅行政管理局监修『解説行政情報公開基準』（第一法規、1992 年）。

〔3〕 如果看个别制度，例如，代表国民或居民的议会采取动议，各议院的国政调查权（《宪法》第 62 条）、普通地方公共团体的议会调查权（《地方自治法》第 100 条）等，从公开行政机关所持信息的角度自然也是重要的。而作为法律直接课予行政机关公开一定信息义务的例子有，在各种计划决定等成立前的计划方案的纵览、公告等（《都市计划法》第 17 条、《土地区划整理法》第 20 条等为数很多）。进而，根据私的个人的请求，对处分厅向审查厅提出的文书以及其他物件，《行政不服审查法》广泛保障不服申诉人等的阅览权（参见《行审法》第 38 条第 1 款、第 66 条等）。此外，对这种制度的详细情况，请参照、平松毅·前揭『情報公開』183 頁以下。

〔4〕 1996 年 11 月 1 日，行政信息公开分会报告（信息公开法纲要案·信息公开法纲要案的观点）。

〔5〕 对于日本信息公开法成立的经纬，诸如可参照、宇賀克也『新·情報公開法の逐条解説（第八版）』（有斐閣、2018 年）10 頁以下；小早川光郎編著『情報公開法』（ぎょうせい、1999 年）25 頁以下；堀部政男「情報公開法制定の意義と今後の課題」ジュリスト1156 号（1999 年）10 頁以下；滝上信光「情報公開法の制定経緯及び概要」ジュリスト1156 号 17 頁以下等。

于公开行政机关持有信息的法律》自公布后二年以内施行，自 2001   180
年 4 月 1 日现实地施行了。[1]以下就该法律（以下简称《信息公开
法》）规定的内容、结合其重点来说明。在说明的过程中，也希望看
看包括地方公共团体的条例在内的日本信息公开制度的梗概。[2]

三、信息公开法的内容

《信息公开法》基于以《美国信息自由法》（Freedom of Information
Act，FOIA）为代表的各国制度以及日本的各种信息公开条例适用经
验而制定，也包含过去各条例所不存在的一些制度，具有极为重要的
内容。

（一）信息公开请求权的确立

《信息公开法》第 3 条规定，"任何人根据本法的规定，均可请求
行政机关的首长……公开该行政机关持有的行政文书"。这一条文表
达了极多重要事项，可作如下概述：

第一，请求信息公开的权利作为个人的主观性权利[3]得到承认，
因而，在行政机关首长对请求决定不公开时，请求人可通过通常的行
政争讼程序[4]就该决定（行政行为）进行争议。这时，请求的目的
未必局限于维护自己的某种个人性权利利益这种具体的、主观的目

---

〔1〕 另外，2001 年 12 月，大致根据该法律的内容针对独立行政法人和一定范围
的特殊法人设计了信息公开制度，制定了《关于公开独立行政法人等持有信息的法
律》，自 2002 年 10 月 1 日起施行。

〔2〕 对于信息公开法的详细内容，除宇贺克也前揭书外，総務庁行政管理局编
『詳解情報公開法』（财務省印刷局、2010 年）、松井茂記・前揭『情報公開法（第二
版）』等是标准的解说书，ジュリスト1156 号（1999 年）等特集也便于参照。关于地
方公共团体信息公开条例的内容、运用、判例等，迄今已有诸多业绩发表。除上列文献
外，诸如参照、兼子仁＝関哲夫编著『情報公開条例』（北樹出版、1984 年）、藤原静
雄『情報公開法制』（弘文堂、1998 年）、西鳥羽和明『情報公開の構造と理論』（敬
文堂、2001 年）等。

〔3〕 对于"主观性"的含义，请参见下卷第 46 页以下。

〔4〕 参见下卷第 9 页以下。

的，也可以是为了知晓行政机关持有信息的内容这种抽象的、客观的目的而提出请求。换言之，在这一意义上，这种请求权是个人的程序法上的（主观性）权利。[1]

另外，对于这种信息公开请求权，它究竟是《日本国宪法》第21条"知情权"的具体化，还是法律、条例等制定法新创设的，过去曾有讨论。在本法制定之际，对于是否在第1条的目的规定中写入"知情权的实现"，在国会有讨论，但结果就像现行的第1条那样，它仅限于说到以下几点：它根据的是"国民主权的理念"，政府对国民尽"说明的责任和义务"（说明责任），"目的在于在国民的确切理解和批评之下促进公正民主的行政"。[2]

第二，该请求权对"任何人"都承认，未必限于具有日本国籍者。[3]过去的信息公开条例一般仅承认在该地方公共团体区域内居住、上班、上学的人等有请求权，与此相比，法律的规定是颇受关注的。同时，该法律在另一方面还将"根据国民主权的理念，规定请求公开行政文书的权利"作为目的（参见该法第1条），两者参照来思考，也可能看到本法律为"国民主权"的意义提供了重要的启发。

第三，正如上文所述，作为请求公开对象的信息一般广泛包括"该行政机关持有的行政文书"。也就是说，信息必须是文书化的信息。[4]但另

---

〔1〕 信息公开请求权是如此的权利，但在地方公共团体的信息公开条例中，当初判例上对其法的性质并不是没有一点混乱，但现在已经明确得到解决了。参照、东京高判1984年12月20日例集35卷12号2288页；福冈高判1991年4月10日例集42卷4号536页等。

〔2〕 在立法背景中的基本观点是，"知情权"的概念自身在日本尚未成熟，如果是现行这样的规定，是否在目的规定中进一步加入"知情权"的文字，未必是本质的问题〔例如参照、宇贺克也·前揭『新·情报公开法の逐条解说（第八版）』34页以下〕。与此相对，也有强烈的反对意见。特别是参照、松井茂记·前揭『情报公开法（第二版）』25页以下。

〔3〕 参照、宇贺克也·前揭『新·情报公开法の逐条解说（第八版）』56页。

〔4〕 另外，这里所说的文书中，包括"文书、图画、照片、胶卷、电磁记录"等等。参照、総務庁行政管理局编·前揭『詳解情报公开法』23页；宇贺克也·前揭『新·情报公开法の逐条解说（第八版）』44页以下，等等。

一方面，并不限于正式批准决定的文书，如果有行政机关职员供组织之用的信息（所谓组织共用文书），也能广泛成为请求公开的对象。[1]

（二）不公开信息

即使导入了一般性信息公开制度，也未必说凡有请求就一定必须　183
全部公开行政机关持有的信息。如果考虑到一边是"公开信息"的要求，另一边也存在"个人的隐私保护""公务员的保密义务"要求，这一般就已是明显的了。如此，在信息公开程序法制化之际，对于公开什么样的信息、不公开什么样的信息，就有必要明确规定。过去各地方公共团体的信息公开条例、国家的《行政信息公开基准》[2]在这一点上均采取以公开为原则、例外列举不公开信息的方式。《信息公开法》也明确采用了这一方式，它规定，"在有公开的请求时，除了请求公开的行政文书中记录了下列各项信息之一的，行政机关的首长必须向公开请求人公开该行政文书"（该法第5条）。

在该法律中，不公开的信息有所谓"个人信息""法人信息""国家秘密""公安信息""意思形成过程信息""行政执行信息"等，[3]这些大体上也都在过去的各信息公开条例和国家的《行政信息公开基准》中得到过采用。[4]以下仅就这些不公开信息的理论问题，

---

〔1〕　参照、宇賀克也・前揭『新・情報公開法の逐条解説（第八版）』50頁以下。

〔2〕　参见前文第179页注〔2〕。

〔3〕　"个人信息"之后各不公开信息的命名，依据的是，松井茂記「情報公開法五条」ジュリスト1156号（1999年）45頁以下。

〔4〕　如果要概述各种不公开信息的内容，大致如下：

1. "个人信息"，关于个人的信息，通过该信息中包含的姓名、出生年月日以及其他记述可识别特定个人，或者虽然不能识别特定个人，但公开有可能损害个人权利利益的信息（《信息公开法》第5条第1项）。

2. "法人信息"，关于法人或其他团体的信息，或者个人在经营业务时与该业务相关的信息，包括如下内容：

（1）因公开而可能损害该法人等或该个人的权利、竞争上的地位和其他正当利益的信息；

（2）接受行政机关的要求，以不公开为条件而自愿提供，法人等或个人在惯例上不公开的信息，以及其他依照该信息的性质、当时的状况附加该条件为合理的信息（同条第2项）。

针对特别重要的几个论点简单作出评论。

（三）不公开信息的相关问题

1. 对于法律上作为不公开信息的信息，行政机关首长是不得公开（负义务不公开），还是仅为被解除了公开义务（将公开与否委诸裁量），迄今都有争议。如果从《信息公开法》第5条的文字来看，自然是采取了后一种说法。但是，作为本法律母体的行政改革委员会信息公开法纲要案却毋宁是采取了前一学说。[1]

---

3. "国家秘密"，行政机关的首长有相当的理由认为，公开可能危害国家安全，损害与其他国家、国际组织的信赖关系或使与其他国家或国际组织的谈判遭受不利的信息（同条第3项）。

4. "公安信息"，行政机关的首长有相当的理由认为，公开可能妨碍犯罪预防、镇压或搜查、维持公诉、刑罚执行以及其他维持公共安全和秩序的信息（同条第4项）。

5. "意思形成过程信息"，国家机关、独立行政法人等、地方公共团体及地方独立行政法人的内部或相互之间有关审议、讨论或协议的信息中，公开可能对坦率地交换意见、意思决定的中立性造成不当损害、可能在国民之间不当地引起混乱、可能不当地给特定人带来利益或不利的信息（同条第5项）。

6. "行政执行信息"，国家机关、独立行政法人等、地方公共团体及地方独立行政法人从事的事务和业务的信息中，因公开可能造成下列后果，以及其他由于该事务或业务性质上的原因，可能妨碍该事务或业务正当执行的信息：

（1）在监察、检查、管理、考试、课税或征收的事务中，可能难以正确把握事实、容易导致违法或不当行为，或者难以发现的；

（2）在合同、谈判或争讼的事务中，可能不当损害国家、独立行政法人等、地方公共团体或地方独立行政法人的财产利益或当事人地位的；

（3）在调查研究的事务中，可能不当阻碍公正高效执行的；

（4）在人事管理的事务中，可能妨碍公正、顺利确保人事管理的；

（5）在国家或地方公共团体经营的企业、独立行政法人等或地方独立行政法人的业务中，可能危害企业经营上正当利益的（同条第6项）。

另外，仅对公开请求回答了请求公开的行政文书是否存在，就会导致与公开不公开信息具有同样结果的案件中（例如，因公开到特定医院住院的信息而事实上让人知晓该人生病情况的案件），《信息公开法》规定，行政机关的首长可以用不确定该行政文书是否存在的方式，拒绝该公开请求［通常称为"拒绝回答存在与否"，或者由来于美国同制度的"格罗玛拒绝"（Glomar denial）］（第8条）。

〔1〕 参见该委员会《信息公开法纲要案的观点》。另参照、宇贺克也·前揭『新·情报公开法の逐条解说（第八版）』66页以下。与此相对，明确主张后一学说者，例如，松井茂記·前揭『情報公開法（第二版）』128页以下。

但无论是哪一个，对于该法第 5 条中的不公开信息，以存在比保护这些信息更为重要的法益为前提，也承认不公开信息有例外公开的可能性。例如，"个人信息""法人信息"等，如果"是为保护人的生命、健康、生活和财产而有公开必要的信息"的情形，原本就不包括在不公开信息中。更为一般的，该法第 7 条中有规定，"即使请求公开的行政文书中记录着不公开信息，行政机关的首长认为在公益上特别有必要时，也可以向公开请求人公开该行政文书"（主张第 5 条的不公开为义务的学说也以本条的存在为论据）。

因而，实际上的问题首先就变成了如何分别解释这些不公开和公开的法定要件（这些由诸多不确定概念规定）。

2. 如前文所及，"关于个人的信息"的保护在与"公开信息"要 186 求相对抗的法益中最具代表性，在现行法上也规定在不公开信息之首（《信息公开法》第 5 条第 1 项）。但问题是，本人要求公开时（本人信息的公开请求），未必是不公开的理由。[1] 如果将个人信息作为不公开信息的理由在于所谓"隐私的保护"，那么，既然是本人要求公开，这就不成为不公开的理由。[2] 但是，一般在判例和学说上，信息公开制度不同于后述的个人信息保护制度，[3] 并不以保护个人隐私为直接目的，而完全是从国民主权角度，让行政机关对任何人公开其所持有的信息，不因请求人是谁而产生是否公开的差别。因而，不认可这种公开请求。[4] 现行的信息公开法不是将不公开的个人信息作为"个人隐私"，而是更为客观地作为所有"能识别个人的信息"（所谓

---

〔1〕　是否认可这种所谓"本人信息"的公开请求，在行政改革委员会的法律草案起草过程中有诸多讨论，在法律施行后的实务中，这种请求的数量正有颇多的上升。

〔2〕　实际上，在信息公开条例的过去判决例中，也有例子是从该目的角度认可本人的公开请求的。参照、大阪高判 1996 年 9 月 27 日例集 47 卷 9 号 957 页。

〔3〕　参见后文第 197 页以下。

〔4〕　参见前揭《信息公开法纲要案的观点》；宇贺克也·前揭『新·情报公開法の逐条解説（第八版）』93 页以下；松井茂記·前揭『情報公開法（第二版）』53 页以下等。另外，这一点在伴随信息公开法制定而成立的内阁府信息公开审查会（现在为总务省的信息公开和个人信息保护审查会）的实务中也是一样的。

个人识别信息）来规定（第 5 条第 1 项）。要从根本上否定这一观点至少是极为困难的。不过，之所以能说这种观点并未在实质上带来不妥，是另以个人信息保护制度完备为前提的。在不满足该前提的状况下（《信息公开法》施行时正是如此），在形式上固执于这种观点，就无法否定在现实中发生颇为奇妙的事态。[1]在这一意义上，在加快个人信息保护法制完备化的同时，[2]假如管理自己信息的权利受到宪法保障，就会存在一个问题，即该制度完善得过于迟缓，以上述理由机械运用信息公开制度，其自身不也令人怀疑吗?[3]

187　　3.《信息公开法》第 6 条第 1 款从尽可能推进信息公开的角度规定，"在请求公开的行政文书中部分记录着不公开信息时，如果能容易区分去除记录不公开信息的部分，行政机关首长必须向公开请求人公开该部分之外的其余信息"（所谓"部分公开"）。

　　在公开请求的行政文书中记录着个人信息（限于可识别特定个人的信息）时，第 6 条第 2 款规定，"该信息中除去姓名、出生年月日以及其他可识别特定个人的记述部分，公开也无侵害个人权利利益之虞时"，除去该部分的信息，"视为不含非公开的个人信息，适用前款的规定"。设置这些规定的目的自然在于，只要没有其他重要障碍，188　均应尽可能公开文书，实现信息公开法的宗旨。[4]通过这些规定，就

---

　　〔1〕 例如，本人请求公开关于自己的评价信息时，该信息常常是"个人识别信息"。实质上，在这里所说的案件中，以系"个人识别信息"为由不予公开自身是奇怪的；而且，通过信息来明确该信息是否存在，侵害个人权利（表明对个人有某种评价的事实），就必须拒绝回答是否存在（《信息公开法》第 8 条）。在《信息公开法》施行后的实务中，这种例子不在少数。对此，参照、藤田宙靖「いわゆる『存否応答拒否』制度について」翁岳生先生古稀記念論文集『当代公法新論（中）』351 頁以下（藤田宙靖·基礎理論上 307 頁以下）。

　　〔2〕 参见后文第 197 页。

　　〔3〕 在个人信息保护条例尚未制定的状况下，根据信息公开条例请求公开自己的信息，正是从这一观点获得认可的，参照、最判 2001 年 12 月 18 日民集 55 卷 7 号 1603 頁。

　　〔4〕《信息公开法》在第 6 条第 1 款之外特地设置两款关于个人识别信息的规定，其理由在于，在该法第 5 条列举的非公开信息中，对于此外的信息（该法第 5 条第 2 项至第 6 项所列信息），明文规定属于非公开的信息者限于因公开而产生障碍者（"有……之虞者"），而个人识别信息不是那样的信息。

将不公开信息限定为成为公开请求对象的文书中非公开的部分（所谓"涂黑"范围）。不过，应予留意的是，在这些条文中，对非公开部分的性质，在文字上区分使用了"信息"（第 1 款）与"（成为其一部分的）记述"（第 2 款）。[1]由此，最高法院得出的解释是，[2]第 1 款所规定的"信息"部分公开，只是关于前者的问题，本来并不适用于后者那样的"单纯记述"。[3]结果，诸如在有该条第 1 款同样规定但没有第 2 款对应规定的信息公开条例之下，居民对于上述"各个记述自身"就没有请求公开的权利。而且，最高法院这时的说明是，这些各个"记述"只不过是"在整体上构成知事交际的独立一体的信息"的单纯"构成要素"，作为独立的信息不能成为请求公开的对象。为此，也招致诸多批评。[4]

―――――――――

　　〔1〕　这种区分使用措辞原本由来于《信息公开法》第 5 条第 1 项，但根据这一用法，诸如支出的公款收据，是记载受领者个人信息的文书，其中记载的金额、受领年月日、受领者姓名等是"记述"，而非"信息"。

　　〔2〕　最判 2001 年 3 月 27 日民集 55 卷 2 号 530 页。

　　〔3〕　因为有第 2 款，"受领者姓名"以外的这些"记述"不包含在个人信息中，只是"视为"而已，其本来的性质是非公开信息。

　　该案件是请求公开知事交际费相关文书的诉讼。大阪府信息公开条例中具有与上述《信息公开法》第 6 条第 1 款同样的部分公开规定（但是，没有对应于该条第 2 款的规定）。"年度支出额现金出纳簿"等文书中记载着有关知事交际费的信息，各交际费的支出年月日、金额、受领者姓名等一个一个记载栏目，是否为信息公开请求的对象（如果属于，除受领者姓名外的记载栏就分别成为该文书的部分公开对象），成为一个重要争点。该判决否定了这一点，其理由是，这些记载事项"在整体上构成知事交际的独立一体的信息"，行政机关（信息公开的实施机关）将其作为一体不予公开时，（在没有对应于《信息公开法》第 6 条第 2 款规定的大阪府信息公开条例之下）也没有权利请求将其进一步分割成各构成要素予以公开〔另外，在该判决的理由中，对于正文所涉及的部分，参见该判决所附的元原利文补充意见以及该判决的判例时报解说（判时 1971号 109 页以下）〕。

　　〔4〕　我对于该判决的此前批评，参照、藤田宙靖·最高裁回想録 96 页以下、同341 页以下（最判 2007 年 4 月 17 日判时 1971 号 109 页的補充意见）、本书旧版第 173页以下。以下根据此间各方面的指摘，对这些加以整理、增补，谈一下现阶段我的看法：

　　第一，该判决至少在结果上带来"信息"概念的二分，这招致了之后理论的混乱。如前所述，该判决的理论前提在于，"记述"虽然是大阪府信息公开条例（或国家的最高法院到现在也没有变更上述 2001 年判决的"独立一体的信息"基准，但实际上认为，同一文书中公开"信息"与非公开"信

信息公开法）规定的"（非公开）信息"的构成部分，但不属于（该条例所说的）"信息"。但是，从理论上来说（或者根据通常的用语），诸如"交际费的受领者姓名""交际费支出的年月日""交际费支出的金额"自身明显是有意义的信息，而且，仅将后两者独立地提取出来，也未必是个人识别信息。也就是说，但凡有意义的信息，通常就是像这样重层地存在，哪一层都是信息，之后说它只不过是"单纯的构成部分"原本是缺乏理论根据的（在这一意义上，以下根据《信息公开法》第 6 条第 2 款将在区分"记述"意义上的信息表示为"信息"，而通常用语的信息仅表示为信息）。如此，国家的《信息公开法》第 6 条第 2 款中"记述"与"信息"的区分没有明文根据。问题是，如果提出最高法院判决所作的是否为"独立一体的信息"的理论定式，也只能将其中的"一体的信息"接受为"将组成其构成部分的种种信息一体化的信息"。实际上，该判决的"独立一体的信息"定式，在之后的行政实务和判决中广泛获得接受，而且，其射程所及不仅是个人识别信息，也包括其他广泛的非公开信息，不仅是大阪府条例，也包括国家的信息公开法的解释适用，从各种信息群中括出多大范围的信息作为"独立一体的信息"，即所谓"信息单位论"就成为问题［例如，根据最高法院 2001 年判决定式，行政机关对个人信息以外的不公开信息尝试着狭窄地限定公开部分，参见信息公开审查会第三分会 2002 年 7 月 17 日答复，答复集 2002 年度 123 号；名古屋地判 2002年 5 月 24 日訟務月報 50 卷 1 号 237 頁；最判 2018 年 1 月 19 日判時 2377 号 4 頁的原审（均为关于个人信息以外信息的案件）；法院采用这一定式驳回部分公开请求的例子有最高法院 2007 年 4 月 17 日判决的原审（判例集未登载）］。

第二，成为问题的是，在这种"信息单位论"的广泛展开中，只要根据上述最高法院判决的判旨，在部分公开时，行政文书中哪一部分公开、哪一部分不公开，就与行政机关用什么来判断信息的独立一体相关，因而，实质上行政机关可广泛自由决定，有可能大大损伤信息公开法规定部分公开制度的宗旨。因此，如果以上述定式为前提，就必须在理论上严格限定其中"独立一体的信息"范围。如此，内阁府信息公开审查会很早就根据上述最高法院判决认为，在解释国家信息公开法之际，"在判断符合不公开信息的前提下，即使将独立一体的信息作为一个单位来把握，属于可识别特定个人信息以外的不公开信息，其范围在重层的各阶层来把握，最终应当是产生不公开事由'之虞'等的原因信息的范围"，驳回了咨询厅（资源能源厅长官）的主张——"以独立一体的信息为对象，应当判断为不公开信息。对于将其进一步细分裁量决定公开，法并没有预定进一步细分"［参见前引信息公开审查会第三分会 2002 年 7 月 17 日答复。另外，与此同一旨趣的见解，除了前引我的补充意见外，请参照、宇賀克也·概説Ⅰ（第六版）108 頁］。

息"共通的"记述"部分应当公开。[1]可以说最高法院正通过个别事例，朝着实质上消除其弊害的方向发展。[2]

如上所述，"独立一体的信息"论（所谓"信息单位论"）问题的出发点在于，对《信息公开法》第6条第1款的条文作严格文义解释，结果在信息公开法制的一般问题上，构成"非公开信息"的各个"记述"在性质上并不是本来独立成为公开对象的信息。但是，该法第6条第1款本来是在只要没有障碍就尽可能公开信息的目的之下规定的，结果反过来朝着限制信息公开一般可能性的方向在发挥作用，这不仅是讽刺，从法本来的宗旨来看，这种严格文义解释也是本末倒置的。根据最高法院2001年判决，行政机关有可能通过裁量将"信息"中的"记述"剥离后公开的，因而，其"一体性"并不意味着"在其性质上不可分"。进而，将"个人信息"中的某"记述"视为不属于该"信息"，在理论上未必就必然地当然不允许剥离后的该"记述"重新具有其他"信息"的性质。如此，对于该款的规定，其制定由来姑且不论，在现行法制之下，将该法第6条第1款的部分公开的宗旨解释运用为鉴于个人识别信息的特殊性而特别对个人信息所作的确认，更为适当。

4. 在不公开信息的规定中，例如，"有危害国家安全之虞"，"有损害与其他国家或国际组织之间的信赖关系之虞"（《信息公开法》第5条第3项），"有对维持公共安全和秩序构成妨碍之虞"（第4项），"有对坦率地交换意见或意思决定的中立性造成不当损害之虞"，"有在国民之间不当引起混乱之虞"（第5项），"有妨碍该事务或业务正当执行之虞"（第6项）等，多以产生一定不妥的"之虞"为要件。然而，一般而言，很少有案件能断言公开一定的信息一概不可能产生所说的不妥。必须认识到，公开信息常与这种危险处于背靠背的

[1]　参照、最判2003年11月11日判时1847号21页、最判2007年4月17日判时1971号109页。

[2]　在最近的例子上，诸如内阁官房报偿费支出的文书公开，最判2018年1月19日判时2377号4页。

关系。尽管如此，仍然基于"公开对国民更重要"的判断而设计出信息公开制度。因而当然的是，这些条文中的"之虞"，仅为一般抽象的可能还不够，还必须是具体产生该危险的可能性很高。[1]信息公开法的不公开决定是《行政程序法》第二章所说的"对申请的处分"，根据该法的规定必须附具不公开的理由（《行政程序法》第 8 条），其理由必须是上文所看到的理由。[2]

5. 另外，《信息公开法》第 1 条在目的规定上指出，"实现进一步公开行政机关持有的信息，进而实现政府对其各项活动向国民说明的责任"。因而，通常的说明是，这也明确了存在"行政的说明责任原理"这一行政法的一般原则。[3]

（四）信息公开和个人信息保护审查会[4]

如上所见，在信息公开要求与（各种）保守秘密要求的峡谷，是否为不公开信息，这是一个需要极为微妙判断的问题。因而，由谁来

---

[1]　关于这一点，围绕信息公开条例的诸多下级审判例，有许多受到关注，例如，尊重受宪法保障的"知情权"、重视实质保障参政权的理念等，对是否符合不公开事由的判断，必须根据条文的目的严格解释。例如参照、大阪高判 1990 年 5 月 17 日判时 1355 号 8 页（大阪府水道部交际费信息公开请求案）；大阪高判 1990 年 10 月 31 日例集 41 卷 10 号 1765 页（大阪府知事交际费信息公开请求案）；東京高判 1991 年 1 月 21 日例集 42 卷 1 号 115 页（栃木县知事交际费信息公开请求案）。另参照、大阪高判 1992 年 12 月 18 日例集 43 卷 11 · 12 号 1526 页。

另外，关于个人识别信息，对于恳谈的相对人有可能因公开成为问题的文书而知晓时，只要行政厅一方没有主张、证明让该判断成为可能的具体事实，就不能不公开。参照、最判 1994 年 2 月 8 日民集 48 卷 2 号 255 页以下（大阪府水道部案上告审判决）。

[2]　虽是关于信息公开条例的案件，但不公开决定通知书应附具的理由被认为记载程度不充分，例如参照、最判 1992 年 12 月 10 日判时 1453 号 116 页。

[3]　对于"行政法的一般原则"内涵，请参见前述第 59 页。

[4]　在信息公开法成立的同时，根据该法设置了信息公开审查会。其后，2005 年 4 月 1 日个人信息保护法（《关于保护行政机关持有的个人信息的法律》及《关于保护独立行政法人等持有的个人信息的法律》）施行之际，根据该法，审查会接受咨询，对不服申诉享有调查审议权限，重新作为《信息公开和个人信息保护审查会设置法》（以下简称《审查会设置法》）设置的机关改组成立。与此相伴，过去《信息公开法》上关于信息公开审查会的诸多规定（从第 21 条到第 35 条）在适当修正之后移至新设的《审查会设置法》。

判断，在制度设计上就是极为重要的问题。这一点在过去的信息公开条例中一概采用的结构是，由行政厅为首次决定机关，在行政部门内由学识经验者等组成第三方机关，在最终意思决定之前参与。信息公开法也规定，在有对公开（不公开）决定的不服申诉时，只要没有认可申诉，审查的行政厅原则上就必须向设置在总务省的信息公开和个人信息保护审查会提出咨询（第19条)。[1]信息公开和个人信息保护审查会所做的是对咨询进行调查、审议和答复，而非对不服申诉作出裁决，因而在理论上，审查厅（咨询厅）未必在法上受其答复拘束。但是，鉴于设置这种第三方机关的目的，必须说审查厅当然对答复负有尊重义务。[2]

193

信息公开和个人信息保护审查会被赋予了强有力的权限。在必要时，有权要求行政厅（咨询厅）出示公开（不公开）决定所系的行政文书，直接确认是否果真含有法定不公开信息（所谓"密室审查")；[3]有权要求咨询厅按照审查会指定方法对公开决定等所系行政文书记录的

---

〔1〕 当然，信息公开法对于不公开决定的撤销诉讼并未设置不服申诉前置规定，因而获得不公开决定者，可直接向法院提起诉讼。这时，自然没有信息公开和个人信息保护审查会的出场。

另外，伴随着《关于保护独立行政法人等持有的个人信息的法律》的制定，当初的信息公开审查会对根据该法的公开请求也有权限。参见《审查会设置法》第2条第2项。而如上一条注释所示，与前述个人信息保护两部法律的制定相伴，对于根据这些法律提出的公开请求等也有权限（《审查会设置法》第2条第3项、第4项）。

〔2〕 这时，信息公开和个人信息保护审查会"从富有卓越见识者中，经国会两议院同意，由内阁总理大臣任命"15名委员组成。在这一意义上，它是在法上重量级的审议会（参见《审查会设置法》第3条及第4条），这也是不容忽视的。

〔3〕 与此相对，对于在信息公开诉讼中法院能否进行同样的密室审查，信息公开法、审查会设置法、民事诉讼法等法律并没有明确规定。在有争议的诉讼中，最高法院第一小法庭认为，"信息公开诉讼中作为证据调查的密室审查""违反民事诉讼基本原则"——诉讼中所用证据限于经当事人质证过的证据，"因而，只要没有明文规定即不允许"，驳回了作出不同判断的福冈高等法院决定（最决2009年1月15日民集63卷1号46页）。但是，鉴于信息公开诉讼的性质，该决定自然也没有否定以新立法的方式导入这一制度（另外，该决定所附的两名法官的补充意见也明确指出这种立法的必要性）。

信息内容进行分类整理，作成并提出资料（所谓"沃恩索引"）（《审查会设置法》第9条第1款、第3款）。因而，其委员被课予了伴有罚则的颇重的保密义务（参见该法第18条）。

（五）第三人的保护

194　　信息公开常常是将第三人的信息公之于众，因而，可能给第三人带来重大不利。为了保护第三人不受这种事态影响，在实体上作出前述不公开信息的规定，信息公开法进而在程序上作出如下保护：

第一，在请求公开的行政文书中记录着第三人（国家、地方公共团体等及公开请求人之外者）信息时，行政机关首长在作出公开决定等之前，可将请求公开行政文书的表示等通知该信息相关的第三人，赋予其提出意见书的机会（第13条第1款）。在一定情形下，必须赋予该机会（同条第2款）。这时，如果第三人对公开该行政文书表明了反对意见，仍要作出公开决定，必须在决定公开之日与实施公开之195　日之间至少设置两周时间（同条第3款）。这自然是在实质上保障第三人对公开决定提起争讼的机会。

第二，第三人当然可对公开决定通过不服申诉、抗告诉讼（所谓"反向FOIA争讼"）等途径进行争讼。但这时，其主张当然必须是以公开决定侵害自己个人利益为理由，而不能主张公开文书损害公共利益（参见《行诉法》第10条第1款）。

四、信息公开法与地方公共团体的信息公开条例

在日本的信息公开制度中，如前所述，地方公共团体的条例先行于国家的法律。信息公开法吸收了信息公开条例的种种经验（在这一意义上利用了"后发优势"），新引入了各条例未必能实现的制度。例如，有扩大了适用该制度的行政机关及行政文书范围的一面，[1]对

---

〔1〕例如，在对象范围上，特别是公安委员会等警察机关也成为其对象；在行政文书上，如前所述，不限于经正式决定的文书，将对象扩大到一般"组织共用文书"等。

于公开请求权人，将"任何人"都包括其中；[1]引入了存在与否拒绝回答制度，明确规定了保护第三人的程序，等等。《信息公开法》还规定，"地方公共团体根据本法的目的，就其持有信息的公开制定必要的政策，并必须努力予以实施"（第25条）。据此，地方公共团体中今天已经没有不制定信息公开条例的都道府县、市町村。先于国家引入制度的地方公共团体，以东京都和大阪府为首，也在以信息公开法为模范进行制度改革。[2]

五、信息公开的关联制度

（一）行政文书的管理

信息公开制度是让行政机关现实持有的文书等公开的制度，因而，无论如何也不能将现实并未持有的文书（例如，过去存在但已废弃的文书等）作为对象。[3]为了实现该制度的实效性，一定要让行政机关内部的文书得到适当管理。为此，《信息公开法》规定，"行政机关首长应当适当地管理行政文书，促进本法律公正地顺利运用"（2009年修改前第22条第1款），具体而言，"行政机关首长必须根据政令规定设定行政文书管理的规定，并将该规定供一般阅览"（同条第2款）。政令还规定，"应制定行政文书的分类、作成、保存和废弃的基准以及其他行政文书管理必要事项的规定"（同条第3款，另参见2009年修改前《信息公开法施行令》第16条）。

然而此间，部分公文书的作成和保存等并不彻底，作为历史资料等的重要公文书向公文书馆等移管也有延误等问题，因而，从文书的作成、取得到整理、保存、移管（或废弃）、利用的生命周期进行规

196

---

[1]　在信息公开条例中，通常将公开请求权人限定为"居民"等。

[2]　例如，东京都修改以前就存在的《关于公开公文书等的条例》，1999年3月重新制定《东京都信息公开条例》；大阪府同样修改了以前的《关于公开公文书等的条例》，1999年10月制定了《信息公开条例》。

[3]　对象文书不存在，就会作出不公开决定。参见《信息公开法》第9条第2款。

范，制定了统一文书管理的规则《关于公文书等管理的法律》（2009年法律第 66 号，以下简称《公文书管理法》），该法自 2011 年 4 月起施行。[1]

197　　该法律是国家公文书管理的一般法。[2]其中，该法规范对象的"公文书等"包括：（1）"行政文书"（行政机关信息公开法的适用对象）；（2）"法人文书"（独立行政法人等信息公开法的适用对象）；（3）"特定历史公文书等"。[3]第三类是指重要历史资料中移管、寄赠、寄托给"国立公文书馆等"的资料，但不属于信息公开法规定的信息公开对象。与前两者一样，作为支撑健全的民主主义根基的国民共有知识资源，也能为主权者国民主体性地利用（《公文书管理法》第 1 条）。有鉴于此，纳入本法律作为规范的对象。

　　如上文所述，《公文书管理法》（以及接受其委任的该法施行令）对行政文书的（广义）管理制定了统一的规则（参见该法第 4 条至第 8 条）。现实的文书管理是由各个行政机关进行的，因而，为了能遵守规则适当地展开文书管理，该法也采取了种种办法。例如，命令各行政机关首长针对记载法律指定事项制定行政文书管理规则（第 10 条）；课予向内阁总理大臣报告管理状况的义务，承认内阁总理大臣的种种介入；[4]在内阁府设置由有识之士组成的公文书管理委员会，作为在制定政令规定该法律的详细内容时总理大臣咨询的机关（第 28 条、第 29 条）。

　　（二）信息公开制度与个人信息保护
　　个人信息的保护法制与信息公开制度在某一方面上保持关联性，

---

　　〔1〕　对于公文书管理的日本之前状况及本法成立的经过，详细请参照、宇賀克也『逐条解説公文書等の管理に関する法律（改訂版）』（第一法規、2011 年）、高橋滋＝斎藤誠＝藤井昭夫編著『逐条行政情報関連三法』（弘文堂、2011 年）等。

　　〔2〕　参见《公文书管理法》第 3 条。另外，对于地方公共团体的文书，法律只是课予根据该法"宗旨"制定、实施必要政策的努力义务。迄今为止，地方公共团体还没有制定公文书管理条例的例子不多。参见朝日新闻 2018 年 7 月 8 日朝刊。

　　〔3〕　各自的定义参见该法第 2 条第 4 款至第 6 款。

　　〔4〕　对于废弃，该法第 8 条第 2 款；对于文书管理规则的作成，该法第 10 条第 3 款；对于改善公文书等的劝告、提交报告，该法第 31 条，等等。

却又在性质上必须相互区分。

从上文可知，在决定信息公开制度应有状态之际，个人信息保 198 护首先是最重要的对抗因素。也就是说，个人信息保护在国家信息公开法及各地方公共团体的信息公开条例中是不公开文书最具代表性的事由之一，在裁判例中以此为理由判断不公开文书为合法的案件也不在少数。[1]而且这时，条例之所以规定不公开，通常认为是因为，也包含是否为个人隐私不明确的信息，是在更广泛意义上的个人信息。[2]

此外，在个人信息保护上，现在正在引入积极推进的法制。在这一领域的法制，日本当初是从地方公共团体制定种种所谓个人信息保护条例开始发展的。[3]与信息公开制度不同，1988 年，在国家层面上就制定了（旧）《关于保护行政机关持有的电子计算机处理的个人信息的法律》，对行政机关通过电子计算机处理的信息在管理、利用及提供等方面加以限制（参见该法第 4 条以下，特别是第 9 条），同时为国民请求公开自己的信息提供保障（第 13 条）。不过，该法律将对象限定于"电子计算机处理的个人信息"，而不是像前述的信息公开法那样广泛以行政机关持有的信息（行政文书）整体为对象。在这一意义上个人信息保护仍有扩大的问题。2003 年，渐渐具有更为一般性内容的《关于保护行政机关持有的个人信息的法律》（以下简称《行政机关个人信息保护法》）及《关于保护独立行政法人等持有的个人信息的法律》（以下简称《独立行政法人个人信息保护法》）得以成

---

〔1〕 例如，建筑确认申请中附加的新建公寓平面图等，因为其符合条例规定的不公开事由之一，即"属于个人信息、识别或者能识别特定个人的信息"，其公开的申请遭到拒绝。東京高判 1991 年 5 月 31 日例集 42 卷 5 号 959 頁；关于土地区划整理审议会议事录等的公开，神戸地判 1991 年 10 月 28 日判时 1437 号 77 頁等。

〔2〕 例如参见上述两个判决。在前述《信息公开法》第 5 条中，"能识别特定个人的信息"也是不公开的标准。

〔3〕 地方公共团体在这一领域制定的条例，比信息公开条例更早，在 1976 年已经开始，截至 2006 年 4 月 1 日，具有这种条例的地方公共团体（都道府县、市区町村）的比例已达到 100%。

199 立，并自 2005 年 4 月 1 日起施行。[1]

对于这些法律的详细内容，这里拟予省略，而应极受关注的是，[2]对比（旧）《关于保护行政机关持有的电子计算机处理的个人信息的法律》，这些法律与信息公开法一样，将对象扩大到广泛包括一般行政文书中的组织共用个人信息；[3]对于请求公开的信息种类，至少也没有一般性排除过去法律中排除的学校关系、诊疗关系信息等。[4]

信息公开制度与个人信息保护制度，对行政机关信息管理的状态施以法的制约、为私人一方获取信息打开了法的可能性，在这两点上具有共通的一面。但从上文也能看到，其目的存在一些差别。也就是

----

〔1〕 这些法案已在 2002 年第 154 回国会中由政府提出，其同时还提出了含有保护私人所有的个人信息、具有更为普遍性内容的《关于保护个人信息的法律（案）》。但在国会中，特别是对于后者，因其具有限制言论自由、报道自由的内容，受到了以舆论界、媒体界为中心的强烈排斥，因而审议难有进展。受其影响，前两部法律也比当初预定的时间明显推迟成立。另外，作为《行政机关个人信息保护法》的逐条解说，参照、总务省行政管理局监修『行政機関等個人情報保護法の逐条解説』（ぎょうせい、2005年）、宇賀克也『個人情報保護法の逐条解説（第五版）』（有斐閣、2016 年）、園部逸夫＝藤原静雄編著『個人情報保護法の逐条解説（第二次改訂版）』（ぎょうせい、2018年）。

〔2〕 另外，2013 年在引入个人号码（所谓我的号码）制度时，在设计该制度的同时，在利用及提供个人号码以及其他特定个人信息的限制等上，作为《行政机关个人信息保护法》及《独立行政法人个人信息保护法》的特例，制定了《关于利用行政程序中识别特定个人的号码等的法律》（所谓《我的号码法》），2015 年 10 月 5 日起施行。对于该法的详细内容，参照、宇賀克也『番号法の逐条解説（第二版）』（有斐閣、2016 年）。另参照、宇賀克也＝大谷和子＝向井治紀「鼎談・マイナンバー制度導入の意義と実務への影響」ジュリスト1457 号（2013 年）12 頁以下。

〔3〕 参见《行政机关个人信息保护法》第 2 条第 3 款，《独立行政法人个人信息保护法》第 2 条第 3 款。

〔4〕 在行政机关个人信息保护法中，大致是与信息公开法上的不公开事由一样，公开请求人以外的个人信息作为请求公开的不公开事由而被法定化（参见《行政机关个人信息保护法》第 14 条第 2 项）。对于公开请求人（本人）的信息，有可能损害公开请求人的"生命、健康、生活或财产的信息"也是不公开事由（参见同条第 1 项，这些在《独立行政法人个人信息保护法》上有同样的规定）。

说，前者要使行政过程的状态广泛透明化，其性质是让国民或一般居民参加行政过程的手段，因而，有时所申请的信息未必与申请者个人信息有关。而后者完全是旨在为因行政机关信息管理而使自己利益受到损害者提供保护。例如，在前述的行政机关个人信息保护法、独立行政法人个人信息保护法中，也认可请求公开自己的信息，[1]看上去与信息公开制度的关系有点混乱，该公开请求是与请求订正自己错误信息的途径相关联的，[2]其性质完全是为了自己利益的防御制度。[3]如此，该制度的目的是有限定的，先于目的更为宽泛的信息公开制度而建立，其理由是过去在这一领域能比较容易完善法的规定。

200

---

〔1〕《行政机关个人信息保护法》第12条以下，《独立行政法人个人信息保护法》第12条以下。

〔2〕《行政机关个人信息保护法》第27条以下，《独立行政法人个人信息保护法》第27条以下。另外，对于依据个人信息保护条例的订正要求，最高法院有关于收据（诊疗报酬明细书）的判例，最判2006年3月10日判时1932号71页。

〔3〕另外，（旧）《关于保护行政机关持有的电子计算机处理的个人信息的法律》保护的对象是有限的。另一方面，信息公开法上的个人信息是不公开信息，因而，依据信息公开法请求公开文书时，如果是本人的信息，就会出现是否也可以向请求人公开（所谓"本人公开"）的问题。对此前文已有述及。参见前文第186页以下。

第三编

行政活动及其法的规制之二
——行政活动的形式

第二编所述的"依法律行政原理"具体适用于行政的各个活动，具有现实意义。这时，正如反复陈述过的那样，在传统行政法理论中，行政活动的形式具有重要意义。因为是以从发展史综合认识日本现在的法状态、理论状况为目的，首先从传统观点进入就是便利的。传统观点的特征在于以"行政行为"这一行为形式为中心的"三阶段构造模式"，因而，下面首先根据这种传统的三阶段构造模式，探讨行政活动的各种形式与依法律行政原理的具体样态，接着探讨这种模式的界限，显示现在日本行政法所面对的新问题。[1]

---

201

〔1〕 从极为复杂多样的关于行政的法中在理论上构筑"行政法总论"，目前只能是通过把握行政活动形式的侧面来发现各活动中法的共通性。如前所示（参见前文第22页以下），这至少是最为合理的操作。在今天的行政法理论中，这仍然广泛被当作前提。但是，从何种思考结构来把握行政活动形式的哪一个侧面，现在已提出了越来越多的主意。例如代表性例子有，在传统的"行为形式"结构上引入"行政上的一般制度"观念，塩野宏·Ⅰ（第六版）243页以下；提倡"行政的法体系"或"法的结构"视角，阿部泰隆·システム上75页以下、塩野宏『行政過程とその統制』（有斐閣、1989年）31页、小早川光郎「行政の過程と仕組み」高柳古稀151页以下等。对于这些方法与本书以下的说明的相互关系，以及我自身对这里所说方法的观点，将在本编末尾设附章另行论及（后文第384页以下）。

第一章
行政行为

第一节　概说——"行政行为"的概念

一、奥托·迈耶的"行政行为"概念

在传统行政法理论中，在何种意义上使用"行政行为"概念，已 203
在第一编作出概述。[1]

日本"行政行为"的原词是"Verwaltungsakt"，奥托·迈耶对此
的定义是："是归属于行政的公权力性（obrigkeitlich）宣告，是在各
个具体情形中对臣民规定什么是对其而言的法的活动。"迈耶定义的
基础是关于国家权力发动形态的下述观点，即迈耶认为，如果要说国
家权力的本质何在，首先就在于能单方地命令人民、对人民实施强
制。然而，在近代法治国家原理中采用的体系是，这种国家权力的发
动首先要服从"依法律行政原理"的大原则，立法权一般而抽象地制
定法，由执行权在各个具体情形中予以适用，进而以实力进行强制。
这种三阶段构造体系，在司法权的行使上，表现为法律、裁判判决及
其强制执行；在行政权的行使上，表现为法律、行政行为及其强制执
行。也就是说，与司法领域的裁判判决一样，在行政的领域里也有在 204
各个具体的情形下将抽象法律的规定具体化、发动公权力的行为，这
就是"行政行为"。在种类繁多的行政活动中，在"具体地宣告法的

---

[1]　前述第 23 页以下。

公权力行使"意义上存在着共通的行为形式。迈耶发现了这一点，并用"行政行为"这一共通概念来表达，形成与民法"法律行为"概念相对应的公法学、行政法学上的关键词，以这一概念为中心对行政主体与私人的法关系进行理论分析和构成。迈耶被称作德国及日本行政法学之父，其最大理由正在于此。

其中，传统行政法理论中"行政行为"概念有应予注意的几个性质，与其上述由来相伴而生。下面即试作整理。

二、作为理论概念的"行政行为"

对于繁多的各种行政活动，行政行为概念是为了将具有共通性质者统一地予以表达而被创造出来的理论概念，其自身原本并不是制定法所采用的概念。在日本的制定法上，被认为具有"行政行为"性质的行为，在现实中以许可、执照、承认、更正、决定、裁决等各种各样的名称来称呼，而未必存在统一的表达。[1]而且，《行政案件诉讼法》（参见第 3 条第 2 款）、《行政不服审查法》（参见第 2 条第 1 款）、《行政程序法》（参见第 1 条、第 2 条第 2 项）等均采用了"处分"这个一般概念。这一概念与理论意义上的"行政行为"及其范围有很多的共通之处，而且在其实际背景上无疑是受到了学术上"行政行为"概念的影响，但如后所述，[2]两者却未必意思完全相同（只是这些法律中的"处分"一词有时也用"行政处分"或"行政厅的处分"概念来代替理论意义上的"行政行为"概念）。

205

三、行政行为与私人权利义务的关联——行政行为的分类

行政行为的概念虽说是对具有共通性质之行为的统一表达，但其

---

〔1〕 对此，在德国行政法上，将行政法总论制定法化的动向较日本更为显著。"Verwaltungsakt"一词在 1960 年的《行政法院法》（Verwaltungsgerichtsordnung）、1976 年的《行政程序法》（Verwaltungsverfahrensgesetz）等中成为制定法上的概念。

〔2〕 下卷第 18 页以下。

共通性即在所谓"宣告具体的法"层面上的共通性，与具体的法的内容自身，换言之，各行政行为与私人权利义务的关联却是极为多样的。

1. 例如，从行政行为与相对方私人权利义务的关联方式角度来看，可以区分为"命令性行为"与"形成性行为"。命令性行政行为带来的结果是对私人（事实上）不想实施某行动自身予以规制；而形成性行政行为伴有的结果是左右私人实施行动的法效果。例如，在出售农地时，根据《农地法》第 3 条第 1 款的规定，需经农业委员会的"许可"，从该条第 7 款来看，未经许可，出售行为不产生效果。也就是说，这时，农业委员会的"许可"以左右私人农地买卖行为效果的方式，与私人的权利义务关联起来，在这一意义上就变成"形成性行为"。而又如各种营业许可（营业执照），私人未经许可（执照）即不得营业，未经许可营业时，通常作为无许可营业而适用罚则，但营业中的交易行为本身并非无效。[1]这种行为就是"命令性行为"的代表例子。[2]

_____

〔1〕 参照、最判 1960 年 3 月 18 日民集 14 卷 4 号 483 页。

〔2〕 当然，正文所说的分类法是传统行政法理论长期采用的分类（以下称作"传统分类"）。在今天，有人指出，这里所说的"命令性效果""形成性效果"并不是行政行为自身所具有的效果，而应理解为将行政行为纳入其中的"法的结构"的不同［作为这种观点的先锋，大贯裕之「『行政行為の分類学』覚書」東北学院大学論集・法律学 40 号（1992 年）155 页以下，特别是 179 页以下］，取而代之的是行政行为在行为形式上三分类的观点（以下称作"新分类"），即（1）"命令行为"，"命令私人作为或不作为的行为"，（2）"形成行为"，"对私人设定法的地位的行为"，（3）"确定行为"，"使法律关系确定的行为"，这种观点日渐具有影响力［其代表例子参照、塩野宏・Ⅰ（第六版）136 页。另外，这种观点似受到了德国最近代表性行政法教科书的影响］。根据这一分类，"传统分类"中属于"命令性行为"范畴的"许可"和这里所说的"形成性行为"一起都包含在新的"形成行为"之中，这就产生了不同于"传统分类"的结果。对于"行政行为"类型的这种理论整理，对应于给付判决、形成判决、确认判决的裁判判决三分类。如前所述，"行政行为"的概念原本是以裁判判决为模式而产生的，故而这种分类在理论上明显是能够成立的。以此为前提，对于"传统分类"的意义，重新作如下说明。

成为行政行为"法的效果"者并非行为自身当然具备的，而完全是由规定该行为

207　　2. 在规制私人行动的形式上，具体而言，“命令性行为”与“形成性行为”各自还有种种不同。在传统行政法学上，将此在理论上类型化，将“命令性行为”分为“下令”“禁止”“许可”“免除”四种，将“形成性行为”分为“特许（设权）”“除权”“认可”“代理”四种。[1][2]

　　(1)“下令”是指命令相对方私人事实上应为或不得为某行为的行为。例如，对于违反《建筑基准法》规定的建筑物，命令拆除、转移、改建等（《建筑基准法》第9条第1款）的作为下令，禁止或限制道路通行（《道路交通法》第6条第4款）的不作为下令，命令缴纳课征金（《禁止垄断法》第7-2条）等应给付某物的给付下令，命令接受健康诊断行为（旧《性病预防法》第10条等）的忍受下令等，下令的内容多种多样。其中不作为下令也被特别称作“禁止”。

　　这些行为均以事实上为或不为特定行动为规范对象，因而，在相

的法令规定所赋予的。在这一意义上，成为“行政行为”者，其自身也不外乎是一种法的“制度”，是一种“法的体系”（对此详见后文第三编附章第384页以下）。在从行政内部的意思形成到其具有外部效果（私人权利义务的变动）的整个过程中，从哪里到哪里是“行政行为”，在与最终表示行为结合的法效果的连锁中到哪里是作为“行政行为的效果”来说明（对此问题参见后述第220~221页、第225页等），为了类型化地说明叙述行政机关介入私人活动的样式，如何理解才最适当，在这一意义上只不过是某种便宜性、合目的性的问题。本书是从与私人权利义务的关联方式角度来分类，将一定范围的“法的结构”效果在“法赋予行政行为的功能”意义上来使用，（像传统分类那样）将其作为“行政行为的法效果”来说明，（至少）这在说明的简洁性上也是有意义的［随带提及一点的是，盐野宏是新分类的代表，诸如建筑确认行为，“由此恢复建筑自由，是建筑确认制度这种法的结构”（着重号为藤田所加），他也以此为理由认为它不是所谓“确定行为”，归入“形成性行为”才是妥当的。塩野宏·前揭同134页］。

　　[1]　这八种行为类型也与“行政行为”概念自身一样，终究只不过是理论上具有该性质而已，而与制定法上具体以何种名称称呼无关。因而，例如居住用地建筑物交易业的执照（《居住用地建筑物交易业法》第3条）、汽车驾驶执照（《道路交通法》第84条）等，实际上有时也有使用不同于这八种名称的情形（上述例子在理论上均为“许可”性质）。而像之前《农地法》上的许可那样，虽然制定法上使用了“许可”的名称，但理论上却是“认可”性质。这种例子存在很多。

　　[2]　参见后文第212页注[1]的图。

对方私人不服从时，需要通过某种强制行为实现其效果。这种强制行为通常以适用罚则的制裁为中心，有时更以实力即所谓行政上的强制执行来进行（在这一点上与"形成性行为"的各种行为之间有很大差别）。[1]

　　（2）"许可"及"免除"的行为类型，在理论上具有分别与"禁止""下令"刚好相反的性质。也就是说，这些行为是再度解除曾经课予的为或不为某行动的义务（不论是根据法令还是根据行政行为课予的义务）。"许可"构成了不作为下令，即"禁止"的反面（例如，各种营业许可等所谓警察许可）；"免除"构成了其他下令的反面（例如，免除生活受保护者返还之前已预支保护款项或物品的义务——《生活保护法》第80条）。

　　然而，如前所述，"命令性行为"仅以规制私人事实上为或不为某行动为对象，而并不是要连不顾这种规制而行动的法效果也予以控制。也就是说，例如，前述未获得营业许可，违反禁止规定从事交易行为，也未必就以此为理由否定该交易行为自身在民事法、商事法上的效果。[2]再如，即使提出了在同一场所从事同一营业的多个许可申请，行政厅给予重复许可，也不违法。因为许可自身的效果仅限于恢复各人的营业自由（亦即即使从事了营业，也不受处罚及其他法上不利的法的地位），[3]并没有排他性地赋予在该场所从事营业

――――――――――

[1]　理论上严格而言，通过设置这里所说的强制执行、根据罚则进行制裁等，反过来可以明白的是，这些行为是"以事实上为或不为特定行动为规范对象"，因而被定性为"命令性行为"。另外，对于它在理论上的精确含义，请参见前述第204页注〔1〕。

[2]　一般，除了像统制规范［（旧）《地租房租统制令》及《利息限制法》等］那样法律限制民商法上交易行为效果的情形外，广泛获得认可的原则是，并不因违反行政法上的管理规定，而直接影响该行为在民商法上的效果。但有时违反了这些规定被视为违反民法上禁止权利滥用规定、信义诚实原则、公序良俗规定等，这时就影响到民商法上的效果。例如，最判1964年1月23日民集18卷1号37页。

[3]　对此的批判，森田寛二「許可・公企業の特許などの合理的構成（上）」自治研究78巻7号（2002年）22頁以下。这将与对正文下述"许可""特许"等的批判一起，一并在后文处理（参见后述第219页注〔3〕）。

208

的权利。[1]

209　　（3）所谓"特许（设权）"，是"直接赋予私人特定的排他性、垄断性权利，或者在私人与行政主体之间设定概括性权利关系的行政行为"的总称，在名称上是行政法学上设定的概念（这里所说"特许"，与"许可"一样，终究也是理论上的概念，因而，与诸如《特许法》之类制定法规上的特许概念并无直接关系*）。前者除了《矿业法》（第21条以下）规定的矿业许可之外，《电力事业法》（第3条以下）、《煤气业法》（第3条以下）、《道路运输法》（第4条以下）等规定的事业许可或执照，亦即所谓"公企业的特许"等，历来是其典型。[2]后者如公务员的任命行为（在让私人进入伴有公务员法上种种特别权利义务的勤务关系的行为意义上）是其代表性例子。"除权行为"在理论上构成特许的反面，剥夺特定权利、使法律关系消解的行为（例如，土地的征收裁决、农地的收购处分、公务员的免职处分等），就是这一意义上的除权行为。

　　通过"特许"积极赋予的权利，不同于仅通过"许可"恢复行动自由的情形，它是排他性的、垄断性的。因而，"特许"的获得者可以该权利对抗今后获得相同内容特许者以及行政厅。例如对于某营

210 业，先前获得营业许可者（甲）获得了事实上的垄断性利益，但因新的其他人（乙）获得许可后在附近开始营业，甲遭受经济上的打击。

---

　　〔1〕 但有时法律自身基于一定的政策理由而不允许重复许可。例如，根据《公众浴场法》第2条第2款、第3款，都道府县以条例规定设置公众浴场的配置基准（距离限制）就是这样。这时就实行先申请主义，这是最高法院的判例立场（最判1972年5月19日民集26卷4号698页）。

　　* 这里的"特许"，相当于中文中的"专利"。——译者注

　　〔2〕 例如，对于所谓"公企业的特许"，在《电力事业法》《煤气业法》等法律上，经营这些项目者必须获得经济产业大臣的"许可"。传统理论认为，对于与国民日常生活密切相关的公企业，国家本来拥有垄断性的经营权。这种"许可"是将该经营权赋予特定私人的行为。也就是说，该制度特别保障具有恰当施行这种事业的能力和意思者在供给区域享有垄断性（或寡头式）的供给权（例如参见《电力事业法》第5条第3项、第17条、第18条第2款、第24条等）；另一方面，其目的在于课予供给义务，并通过强有力的监督使其服从，实现对国民的电力、煤气等的可靠供给。

在这种案件中，即使乙获得的许可违法，该违法许可也并不侵害甲的权利，因而，原则上甲不能对乙就许可违法进行争议。但如果是"特许"，例如矿业权的设定时，甲先获得矿业权的设定，就可以通过诉讼就同一矿区授予乙的违法矿业许可进行争议。

（4）"认可"是通过实施这一行政行为，才让私人作出某行为变得合法。在这一意义上，可以说与前述"许可""特许"具有共通的性质，但"认可"的特征在于，以私人法律行为的先行为前提，可谓具有补充这些行为、使其完成法效果的功能。例如，除了前述《农地法》第 3 条第 1 款的农业委员会的许可外，内阁总理大臣对银行合并等的认可（《银行法》第 30 条）、河川管理者对出让河川占用权的承认（《河川法》第 34 条）等，都是其典型。这些情形均系了行政厅的行政行为，先行的私人间合意才产生效力。[1]

"认可"不同于"许可"，它直接左右私人行动的法效果。因而，合意缺少"认可"，将被直接否定法的效果（参见《农地法》第 3 条第 7 款、《银行法》第 30 条第 1 款等）；但反过来，它原本并不伴有通过罚则来制裁或强制执行等强制行为。[2]即使说"认可"在这一意义上是"形成性行为"，其形成效果也仅以私人的某种法律行为为前提而产生，这又不同于概括性地设定权利、设定法律关系的"特许"。因而，例如，即使许可农地买卖，买卖的合意自身有瑕疵，在民法上是无效或撤销情形时，农地委员会的许可也不产生形成的效果。[3]

211

〔1〕　另外，除了正文所述补充个别法律行为效力的认可外，还存在具有事业认可性等形成效果的行政行为，即从事某营业自身需要认可，未获得认可则否定其交易效力（效力规定的事业认可性）。对此参照、宇贺克也·概说Ⅰ（第六版）91 頁；小早川光郎·上 208 頁。在本书的用语中，这些是"特许（设权行为）"的一种。

今天，也有综合这些称作"私法形成性行政处分（行政行为）"的做法。参照、人见刚「行政处分の法效果·规律·公定力」新構想Ⅱ86 頁。

〔2〕　但应予注意的是，这完全是针对理想类型的"认可""特许"等"形成性行为"而言的。在现实的法制度上，如后所述（参见后文第 201 页以下、第 204 页等），这些行为屡屡与"命令性行为"合体，伴有罚则的制裁等。

〔3〕　参照、最判 1960 年 6 月 2 日民集 14 卷 9 号 1565 頁；最判 1960 年 2 月 9 日民集 14 卷 1 号 96 頁等。

3. 对于行政行为的各种类型，也就是从与私人权利义务以何种方式关联起来的角度对行政行为作出理论上的分类，可作如下图示：[1]

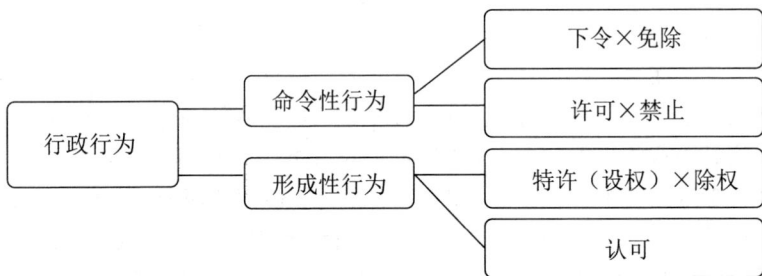

注：×号表示在理论上构成表里关系。

212　　　然而，如后所述，对于这里看到的行政行为种类及其分类方法，必须注意几点。

（1）与本书不同，过去多数教科书首先将行政行为二分为"法律行为的行政行为"与"准法律行为的行政行为"。通常仅在前者之下进行前述"命令性行为"与"形成性行为"的区分。而后者则与此完

---

　　[1] 这里采用的行政行为各种类型，在日本制定法上屡屡登场的只有重要的几个，如后所述，未必能尽数呈现行政行为理论上所有的可能类型。但在上图中进一步附加理论上的其他可能类型时，毫无疑问，必须是区别于这些类型并基于同一理论观点的类型。

　　例如，如前所述，过去很多教科书等在"形成性行为"中，在"特许""认可"的类型之外，还举出了"代理"的行为类型。通常，所谓"代理"，是指"国家代为第三人的应为行为时产生与第三人亲自行为相同效果的情形"，例如由内阁任命旧日本国有铁道总裁（旧《日本国有铁道法》第 19 条第 1 款）、由内阁任命日本银行总裁及副总裁（《银行法》第 23 条第 1 款）就是其例（参照、田中二郎·上 123 页；原田尚彦·要论 174 页等）。但是，这一观点是究竟谁是该行为的主体，而与这里成为问题的、行为自身具有怎样的法效果视角无关。因而，本书不采用这一类型。从本书的观点来看，如果将上述两种行为作为与通常的公务员任命行为一样的"特许（设权行为）"就足够了。另外，对此参照、藤田宙靖·思考形式 126 页。

全不同，分为"确认""公证""通知""受理"四种行为类型。[1]

　　区分"法律行为的行政行为"与"准法律行为的行政行为"的观点系以民法的法律行为论为模型，在传统德国及日本行政法学上产生并维持下来。前者是"以意思表示为要素，行为人意欲一定效果，故而产生该效果的行为"。在这一点上，后者与其不同，它是"以判断、认识、观念等意思表示以外的精神作用的发现为要素，并不是因为行为人的意欲而产生效果，而完全是因为法规的规定赋予一定精神作用的发现以法的效果"。[2]

　　从文字上看，这种说明自身存在理论上的难点。[3]但是，要言之，"法规范赋予内容合乎行为人意思的法效果时"是"法律行为的行政行为"；"与行为人意思内容无关，法规范赋予法的效果时"是"准法律行为的行政行为"。如此，有观点认为，其问题在于行为人，亦即实施行政行为的公务员，其主体意思内容在何种程度上反映于行政行为的法效果。但是，这种观点必须说原本就与前文的理论立场有差异。正如前述"命令性行为"与"形成性行为"的区别那样，其视角在于，行政行为的法效果自身是什么，亦即对行政行为相对方国民能发挥怎样的法效果。因而，假设在理论上能区分"法律行为的行政

213

---

〔1〕　这种分类方法图示如下（参照、田中二郎·上 121 页）：

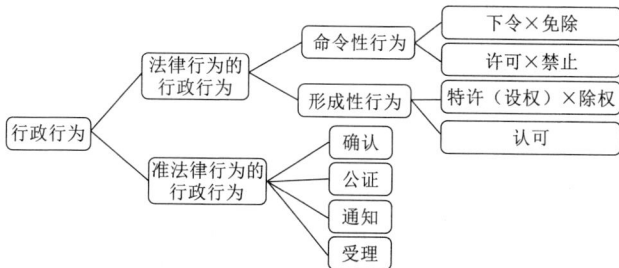

行政行为
- 法律行为的行政行为
  - 命令性行为
    - 下令×免除
    - 许可×禁止
  - 形成性行为
    - 特许（设权）×除权
    - 认可
- 准法律行为的行政行为
  - 确认
  - 公证
  - 通知
  - 受理

〔2〕　参照、田中二郎·上 116 页。

〔3〕　参见后述第 224 页注〔2〕。

行为"与"准法律行为的行政行为",即便有某种意义,[1]这种区别与上述行为类型的区别之间也没有理论关系,不论是"法律行为的行政行为"还是"准法律行为的行政行为",从上述对国民权利义务的作用方式这种法的效果来看,所有行政行为应分为"命令性行为"与"形成性行为",再进一步分别细分类,进而得以类型化。[2]

----

〔1〕 从"行为人的主体意思内容在何种程度上反映于行为的法效果"角度,有观点将人的行动分为"法律行为"与"准法律行为"。这种观点本来以私人自治、契约自由原则为其基本原理,以最大限度地尊重行为人主体意思内容为前提,在民法的法律行为论上具有充分的意义。但是,在以"依法律行政原理"为基本原理的行政行为论上,正如后文所述的基于错误的行政行为的法效果问题那样(后述第276页),与其说是实施行政行为的公务员主体意思,不如说在结果上是否合乎法律的规定,左右着行政行为的法效果,这是最基本的原理。如此,就必须说,以行政行为是否合乎行为人意思或意欲为基准来分类,至少没有在民法的法律行为论上那般重要的意义。

〔2〕 我很早就提出了上述意见〔详见、藤田宙靖·思考形式109页以下。当然,有人指出,同样的思考也能在美浓部达吉博士的行政行为分类中看到。参照、遠藤博也『行政法スケッチ』(有斐閣、1987年)151页以下〕。行政行为的分类应当贯彻其法效果如何的标准,这种观点至少可以说在之后的日本行政法学上得到了广泛接受(当然,对于具体如何看待这里所说的"法的效果",对本书正文有异议,请参见前述第205页以下)。

另外,"确认""公证""通知""受理"等行为类型过去被定位于"准法律行为的行政行为"的下位分类来说明。而如正文所述,与哪种分类观点均有不同,它是围绕行政行为有无特殊效果的分类概念。我此前认为,这些行为类型与"法律行为的行政行为"和"准法律行为的行政行为",或者"命令性行为"和"形成性行为"的区别无关〔参照、藤田宙靖·思考形式109页以下、『行政法Ⅰ(総論)』新版141页等〕。其主要着眼于,例如通常附随于"确认行为"的所谓"确定力"或"不可变更力"这种特殊效果(参见后述第246页以下)。然而,现在出现了一种观点,对于这些行为,在这四种效果中,特别是以"公证""通知""受理"这三种为中心,抽象出一种行为类型,即"程序性行为"概念,而与前述"命令性行为""形成性行为"在同一维度上并列,并作为行为类型来说明(参照、今村成和·入门72页以下;今村成和=畠山武道·入门70页以下)。最终如何评价这种观点,在此希望保留。但对其中所述"程序法的效果"究竟意味着何种效果,我稍有不明之处。本书是以"对私人权利义务的效果"这种角度作为行政行为的分类基准。若此,例如,今村博士的典型"程序性行为"是纳税的督促(《国税通则法》第37条第1款)、代执行的告诫(《行政代执行法》第3条第1款)等(参照、今村成和·入门92页),具有形成性效果,即分别在一定条件(在指定的期限内不自觉履行义务)下课予私人忍受滞纳处分、代执行等的义务。当然,

（2）由上可知，"命令性行为"与"形成性行为"等及其下位分 　215
类的"下令""许可"等其他概念，是从一定角度对赋予行政行为的
法效果作理论抽象而创造出来的。它们在性质上是一种模型概念，只 　216
不过是这一意义上的"理想类型"而已。因而，制定法上现实存在的
种种行政行为未必就全部以其原形体现着其中的某一类型。

（a）有时，一个行为兼具上述行为类型中两个以上的性质。例
如，农业委员会对农地权利移转的许可（《农地法》第 3 条第 1 款），
如前所示，直接对私人间买卖契约等的法效果进行规制，在这一意义
上具有一种"认可"的性质；而《农地法》对未经许可而实施的权利
转移行为规定了罚则，即 "3 年以下有期徒刑或 300 万日元以下的罚
金"（该法第 64 条）。也就是说，《农地法》第 3 条的许可是以事实上
实施权利转移行为自身为规制对象，在这一意义上它就通常兼具"许
可"的性质（也有学者称这种行为为"认许"）。

（b）有的行为一般并不作为合体行为来理解，但从法令规定来
看，至少在结果上，处于两种行为类型的中间状态。例如，公众浴场
的许可在传统上从卫生警察角度而言属于营业许可，在这一意义上是
前述"许可"的一种［从公共卫生角度而言，《公众浴场法》的规定
多数系管理规定（参见该法第 3 条至第 5 条），而对于无许可营业又
设定了罚则等，在现行法上也能看到具有传统意义上营业许可性质的

对于我的观点，森田宽二批评道，无论相对人是予以忍受还是不忍受，国税征收法上的
扣押财产和行政代执行法上的代执行均为根据法律来实施，所以，现行法律并没有课予相
对方私人忍受义务［森田寛二「『行政行為』論・『公権力の行使に当たる事実上の行
為』論などの論の基本に関する断案」法学 70 巻 5 号（2006 年）32 頁以下］。但姑且不
论相对人是否事实上加以忍受，相对方私人对根据法律实施的"扣押财产""代执行"，
并不负有忍受的法的义务，我不能理解其根据（对此另见后文第 345 页以下）。我认为，
这些法律或法的制度是以此为当然前提而构筑起来的。对此，假设在法律上采用的制度
是，在督促等之后在一定期限内仍不自觉履行义务时予以处罚，这时，督促等就恰好变得
具有正文所述意义上的命令性效果。要言之，我认为，即使存在完全仅具有程序法效果的
行政行为，在理论上而言，其程序法上的效果也与命令性效果、形成性效果存在差别。
与这里所谓效果相区别的特别"程序法效果"是否仍能在与私人（程序法上）权利义
务的关系上得到理解，今村博士的说明（入门 89 页以下）仍未必明确。

很多规定〕。但现行法上对于这一许可规定由都道府县以条例方式规定适当配置基准（该法第 2 条第 2 款、第 3 款），其结果是一旦获得许可，营业者即可在一定区域内享受垄断性营业利益。而且最高法院认为，这种利益并非仅为反射性利益，既有业者的利益通过配置基准受到法的保护，对于违反配置基准赋予的许可，既有业者可起诉就其违法进行争讼。[1]如此，不可否定的是，该许可就不仅是针对一般禁止而恢复营业自由的行为，至少在实质上近似于"特许"（或设权行为）。[2]

再如，石油提炼业未必是传统意义上的公企业，而且从对无许可营业设定罚则这一点来看，依据旧《石油业法》（2001 年废止）的石油提炼业许可（该法第 4 条）是一种营业许可。但从法律规定的许可要件（该法第 6 条）来看，列举了"（一）从石油供给计划来看，特定设备的处理能力没有因许可的作出而明显过大；（二）具有足以适当完成该项目的会计基础及技术能力；（三）该项目计划的其他内容对确保石油的安定廉价供给是适当的"等。从这种观点出发的营业规制，在传统类型上，与其说是"营业许可"，倒不如说是"公企业的特许"情形的规制。[3]

（3）在这种现状下，在学说和判例上也有疑问，上述传统分类自身是否原本就不合适？这种疑问是在昭和 30 年代末前后产生。当时，讨论最集中的可以说是前面触及的问题，即"营业许可"与"公企业的特许"在性质上能区分吗？区分是适当的吗？

对于传统观点的批判首先在于所谓"国家垄断公企业"的观点。该观点认为，在通常的营业许可情形下，是恢复私人本来拥有的营业自由；而对于公企业，其经营权本来是由国家垄断，私人本来就没有经营这类企业的自由，所谓"公企业的特许"就是赋予特定私人这种

---

〔1〕 最判 1962 年 1 月 19 日民集 16 卷 1 号 57 页。

〔2〕 另外，对于第三人对许可的争讼，参见关于原告资格问题的下卷第 66 页以下。

〔3〕 例如参见《电力事业法》第 5 条、《煤气业法》第 5 条、《道路运输法》第 6 条等。

特权。[1]该观点成为批判的中心。依这些批判而言，现行宪法广泛承认国民的自由权，特别是将职业选择自由、营业自由作为基本人权予以保障，上述观点在现行宪法下无法成立，过去能理解为"公企业的特许"，现在则应理解为通常的一种"营业许可"。[2]该批判观点也出现在裁判例当中，[3]在学说上也有很大影响。[4]但另一方面，也有人主张，即便无法采用这种"国家垄断公企业"的观点，也没有必要舍弃区别于"营业许可"的"公企业的特许"（如何表述姑且不论）观念。例如，今村成和博士认为，从经济法领域来看这一问题，所谓公企业的特许，是一种旨在保障企业垄断某种事业的制度，该事业无法期待通过自由竞争获得社会利益。"许可说"视其为解除禁止，过于拘泥于"营业自由"，就会忽视其特质，过去的"特许说"视其为一种设权行为，才是正当的。[5]

对于所谓"公企业的特许"是"特许"还是"许可"的问题，从本书的立场来看，有必要从方法论上加以整理。首先有必要再度明确的是，如前所示，"特许""许可"的行为类型完全是"从法令赋予行政行为的法效果如何与私人权利义务关联起来的角度进行理论抽象而创造出的模型概念"（换言之，有必要像这样在理论上纯化这些概念的用法）。法律让行政机关的行动介入私人经济活动的手法在现实中是极其多样的，没有理由让一个行政行为必须一定仅仅对应于上述理论模型的某种行为类型。通常被称作"公企业的特许"的种种行政行为，一方面具有通过作出该行为赋予私人行动自由的效果，法律

[1]　参见前述第 209 页注〔2〕。

[2]　例如，参照、杉村敏正・講義（総論上）181 頁；山内一夫『行政法論考』（一粒社、1965 年）299 頁等。

[3]　参照、東京地判 1963 年 12 月 25 日例集 14 巻 12 号 2255 頁（所谓群马中央巴士案一审判决）。

[4]　例如参照、田中・Ⅱ下 328 頁。另外，有观点认为，既不是"营业许可"也不是"公企业的特许"，而设定第三类型，参照、座談会「事業の免許制、許可制」ジュリスト 293 号（1964 年）6 頁以下。

[5]　今村成和『現代の行政と行政法理論』（有斐閣、1972 年）83 頁、107 頁等。

也通过这些行政行为意欲控制事实上的私人活动自身，这是无法否定的事实。[1]但另一方面，这些行为赋予私人以某种形式在项目上的排他性权利，这种效果也是不争的事实。因而，基于本书所作的观点整理，正如《农地法》第3条的许可是通常的"许可"与"认可"、"命令性行为"与"形成性行为"的合体行为，这些行为也可以理解为是"许可"（命令性行为）与"特许"（形成性行为）的合体行为。[2][3]

---

〔1〕 例如，《电力事业法》第116条、《煤气业法》第5条、《道路运输法》第96条第1项等均对未经许可或未获执照而经营者设定了罚则。

〔2〕 也就是说，从本书的观点来看，过去的学说均以"许可"与"特许"在性质上并不相容，某行政行为始终只能在"许可"与"特许"中二选一，这样提出问题就已经错了。

　　然而，过去之所以出现二选一的观点，其原因恐怕是认为"许可"是"恢复本来就有的自由"，而"特许"是"赋予本不存在的权利"。但本书的观点是，在理论上，"恢复行动自由"的法效果、"设定权利"的法效果均可与"是否本来就存在"的问题在逻辑上切割开来理解，属于其他理论立场的问题。"许可""特许"的行为类型应在理论上纯化使用，它们只是表达在这种立场上的差异。当然，与此不同，"自由"和"权利""是否本来就存在"的问题，在法解释论上有讨论的余地。但这种宪法或自然法上的问题与行政法上的前问题大致作逻辑上的切割，可在相当程度上避免讨论的混乱。

　　另外，盐野宏认为，"命令性行为"与"形成性行为"的区分一般是以"国家与社会的二分为前提"的。对于事业规制或营业规制的领域，难以认为它们"一边是命令性行为、一边是形成性行为，存在质的差异"，它们"都是对营业自由的规制，只是在手法上有所不同而已，这样认识才是合适的"〔盐野宏·Ⅰ（第六版）129-130页〕。本书作出了上述理论整理，"命令性行为"与"形成性行为"的区分，进而是"许可"与"特许"的区分的确是以大致相同的认识为前提的，而且提示了在类型上把握不同手法形态时的一个视角。

〔3〕 正文所看到的我的行政行为分类论，森田宽二有根本的批判〔前揭自治研究78卷7号22页以下（前出第208页注〔3〕）〕。该批判指出，我的观点对"自由""权利"等概念缺乏严格的理论分析，特别是忽视了"许可"效果在"面向做的自由"的同时也带有"面向不做的自由"（而公企业的特许中只有一个方向）。该论文所指出的"重构""许可""特许"等概念是充分可能的，而且含有诸多理论上的启发，这是不可否定的。不过，在与本书正文所述的关系上，至少有必要指出以下几点：

　　第一，本书中展开的"许可""特许"等概念完全是"从法令赋予行政行为的法效果如何与私人权利义务关联起来的角度进行理论抽象而创造出的模型概念"（前出第

4. 在过去传统的行政法理论中，如上所示，这些行为类型概念不　　221
仅用作分类概念、说明概念，而且具有所谓法解释论上的"实益"，
在这一意义上也是具有实践功能的概念。例如，某行为具有"许可"
的性质，则在具备法定要件时行政厅对是否给予许可并无裁量余地
（也就是说，在"许可"时，具备要件却不予许可，是对私人本来就
有的自由的侵害。这种理解适用的是前述"美浓部三原则"中的第一
原则）。而如果是"特许"，行政厅可进行效果裁量（也就是说，"特许"

218 页）。行政行为分类论以此为基础，其立场纯粹在于，行政领域"使用了一看就类
似却又种类繁多的手法"（后述第 222 页注〔2〕），要想"类型化地说明叙述行政机关
介入私人活动的样式"，从这种说明功能（后述第 221 页）的视角看，怎样的分类才是
有效的。在理论上严格而言，获得许可者有不为许可对象之行为的自由，这是非常不言
自明的。但自不待言的是，这些"许可""特许"等是基于私人的申请而赋予的，这时
的申请是寻求本来"面向做"的自由，这也是不言自明的。因而，"许可"带有的法效
果包含着不为"许可"对象之行为的自由，至少从我的分类论的关注点来说，不是那
么重要的论点。从上述关注来看，法本不允许实施的行为，因行政行为而获得允许时，
"允许"的样态是怎样的，才是问题所在。如此，过去行政法学提出的问题从整理来看
基本上如此，也正如我在本书正文中所指出的那样。从这种角度看，森田论文就是在强
调，在其诘难之处，从稍稍与我的分类论视角不同的观点而作的分类论是可能且必
要的。

第二，我引出《电力事业法》第 7 条、旧《煤气业法》第 7 条等关于项目许可后
一定期间内开始该项目（项目开始义务）的规定，认为公企业的特许与许可不同，只
有"朝向某个方向的自由"，可以将这些项目许可当作"特许"与"许可"的合成行为
来整理。森田论文误解了我的观点。但根据整理的方法，这些规定为了确保公益而特别
课予已获得项目许可者一定义务，也可能并不是项目许可自身的内容（例如，如果不将
其理解为项目许可的部分要件，那也并非作为行政行为的附款来添加）。也就是说，申
请人通过项目许可获得的"可从事项目的法的地位"，如果仅此而已，那本来是具有
"不行使的自由"性质，果真如此，法律为确保公益，就可能必须另外规定上述项目开
始义务。从理论上而言，这种特别义务，不限于任何"公企业的特许"案件，即使是
典型的"许可"情形，法令也能如此规定（例如，根据如何构筑都市计划制度，设计
某种制度，对特定地域内开发许可和建筑许可可课予一定期间内的开发义务和建筑义务，
这在理论上是可以充分理解的）。

当然，本书的上述分析是以一种过去的观点为前提的，即申请人通过公企业的特许
所获得的地位不仅是"自由"，也是"权利"。但在现行各事业法下，这一前提果真在
某种意义上能成立吗？这仍有讨论的余地。

是授予原本不存在的权利的授益性行为。这种理解适用的是"美浓部三原则"中的第二原则)。但如前所述，随着自由裁量论及其后的发展，现在一般已不采用这种公式。在实际的法解释论上，多数案件与其问该行为是"许可"还是"特许"，毋宁是取决于具体的法的规定方法或各种利益的衡量等。[1]这些行为类型概念现在可以说大致仅限于发挥"说明的功能"，即类型化地叙述说明行政机关介入私人活动的样式。如此，本书就认为，要充分发挥这种功能，就应当纯化这些行为类型概念的理论意义。不过，既然以此为前提，就必须重新探讨原本对行政行为所作的这种分类，对于认识日本现在行政法的实态是否有效、是否为有意义的作业。从这一角度出发，远藤博也博士指出，这里所说的分类在一定的行政领域已经是不必要的。[2]这是非常值得倾听的意见。[3]

四、行政行为的公权力性

在源于奥托·迈耶的"行政行为"概念沿革上，第三个关注点是"行政行为的公权力性"问题。如前所述，奥托·迈耶构想的行政行为概念原本是在法律之下具体宣告法之公权力行使意义上使用的，与裁判判决类似；他认为，诸如后述[4]行政行为的各种效力（自主确

---

〔1〕 例如，最判 1972 年 5 月 19 日民集 26 卷 4 号 698 页、最判 1975 年 5 月 29 日民集 29 卷 5 号 662 页（群马中央巴士案判决）。

〔2〕 远藤博士认为，诸如"规制行政""给付行政"等领域，使用了一看就类似却又种类繁多的手法，通过类型化进行比较对照的方法阐明各种手法的法性质上的差异是极为有益的。但在土地征收、课税征税等远藤博士所称的"资源筹措行政"领域，不必使用通过类型化进行比较对照的方法，行政与权利自由的关联自身就是清楚的，因而，将分类论带入其中反而招致混乱，是有害无益的。遠藤博也『実定行政法』（有斐閣、1989 年）99 页。

〔3〕 在这一意义上，对于进一步使行政行为分类论更为详细彻底化，我自身现在并未感到其必要性。在本书中，行政行为的分类论也完全不过是阐明"行政行为"概念意义及性质的一个手段。

〔4〕 后述第 216 页以下。

认力＝公定力、自力执行力），如同裁判判决伴有确定力和执行力，行政行为也当然具备。如此，长期主导着日德传统行政法学的观点认为，行政行为是国家公权力的行使，与私人的法律行为、权利主张行为有本质差异。[1]在第二次世界大战后的德国和日本，均对这种观点提出了根本的质疑，出现的一种观点认为，与行政行为具有相同本质的与其说是裁判判决，不如说是私人的法律行为、权利主张行为，不应强调行使国家公权力的特质。[2]在这种观点中，详细而言有种种背景和内容，但其共通之处在于均认为，"日本现行宪法确立了司法国家制度，行政权失去了与裁判权并行的法的宣告机关地位，毋宁变得与私人一样服从于裁判权，处于低位"。在这种观点之下，并不是说系国家公权力的行使，行政行为在理论上就当然存在特殊效力（公定力、自力执行力等）。正如虽系私人的法律行为，经公证，不待裁判判决，也能强制执行，行政行为的效力只不过是法律特别赋予其法政策上的效力而已。

　　这种观点在日本进入昭和 30 年代后登场，一时间引来诸多关注，如后所述，实际上也可以说成为改变行政行为自力执行力等过去通说的一大力量。但另一方面也必须说，这种观点中也不无理论问题，[3]在此之后未必就没有了强调行政行为的行使国家公权力特质的思考。[4][5]

―――――――――

　　〔1〕　对于这种观点的理论背景及种种相关争论，参照、藤田宙靖・公権力の行使。
　　〔2〕　例如参照、渡辺洋三「法治主義と行政権（中）」思想 416 号（1959 年）；広岡隆『行政上の強制執行研究』（法律文化社、1961 年）；兼子仁『行政行為の公定力の理論』（東京大学出版会、1960 年）等。
　　〔3〕　参照、藤田宙靖・公権力の行使。
　　〔4〕　例如参照、田中二郎・上 108–109 頁。
　　〔5〕　例如，有时，公营住宅的入住决定、国有公有财产的使用许可、各种社会保障和社会保险的给付决定等行政行为，在作出时被定性为"形式性行政行为"，其立足的观点是，"这种行为本应是非权力性作用，只不过以技术的理由而赋予其行政行为的形式，并不伴有发动公权力的实体"［参照、雄川一郎「現代における行政と法」岩波現代法講座 4『現代の行政』（岩波書店、1966 年）18 頁］。也就是说，"行政行为"的概念前提是本应伴有发动公权力的实体这种思考。

224 　　在这种状况下，进入昭和 40 年代后，一种新的主张出现了："行政行为"概念本来是形式的技术性概念，在其形式的背后，问其"本质"是类似于裁判判决还是权利主张行为，这本身不就荒谬吗？在这种主张里，具体而言存在种种内容，但基本上都是认识到，"即使说行政行为的公权力性，它也只是在说，实定法规范赋予在私人主张权利行为中通常见不到的特殊效果，而不能脱离实定法规范的规定而论及先天有无公权力性"。[1]

　　在"行政行为"概念上，本书也基本上持这种观点。行政机关介入私人的各种活动时，法令通过让行政机关的举动与种种法效果结合起来，控制其介入的形态。而"行政行为"则是用来表达这种介入形态的特定效果的一个概念，此外无他。[2]在这种意义上，正是通过在与实定法规范的关系上明确"行政行为"概念的形式性和技术性，才能合理地整理在过去行政行为论中存在的种种理论混沌，而在实践的法解释论上，也能完善作出灵活合理解释的基础。[3]

---

　　[1]　对于这些主张，参照、藤田宙靖·思考形式 13 页以下。

　　[2]　如果根据传统行政法学的逻辑构造，行政行为是一种"意思表示"，作为这种意思表示的效果，它当然直接使相对方国民的法律上利益产生某种变动，并具有各种"效力"。但从逻辑上而言，行政厅的意思表示行为自身目前只不过是物理的、心理的事实，其自身在法上并没有任何意义，让这种物理的、心理的事实具有"行政行为"的法的性质，不外乎是因为法将特定的法效果与这种事实结合了起来。因而，并非因为"是行政行为，故而有各种法的效果和效力"，在逻辑上实际上是"有各种法的效果和效力，故而是行政行为"。存在"行政行为"，实际上可以说只不过是存在各种法效果和效力的辅助性表达。参照、藤田宙靖·思考形式 15 页、113 页。

　　[3]　以正文所述为前提，鉴于近来行政法学的发展，仍想作如下补充：

　　法将行政机关的行为与一定的效果连接起来，该行为就变成行政行为（也变得区别于其他行为）。如正文所示，通常这些效果进一步与其他效果相连接，在所谓各种法效果的连锁上形成整个法的制度（例如，前出第 219 页注〔3〕所涉及的"公企业的特许"取得者被课予项目开始义务等，就是一个例子）。如后所述（后述第 338 页），"行政行为"自身也是一种"法的制度"。在上述法效果的连锁中，存在理论问题，即到哪里为止用"行政行为的效果"来说明（亦即纳入"行政行为"这种法的制度中）。近来在行政行为实体法效果的内容讨论中就有诘难所说的问题（例如参照、人见刚「行政处分の法效果·规律·公定力」新構想Ⅲ71 页以下）。对此问题，将在后文说明行政行

第二节　行政行为与"依法律行政原理"
——特别是行政行为的附款

一、概述

行政行为最为典型地代表着行政活动的形式，其中，"依法律行 　226
政原理"及其"例外""界限"等的第二编内容是广泛适用的。例
如，"法律优位原则"不用说就是对所有行政活动都有效；至于"法
律保留原则"，原本就是围绕着以行政行为为中心的个别具体的行政
活动而展开的。[1]这对于诸如"自由裁量行为"及其法理也是同样适
用的。再如，应予留意的是，"行政的事前程序"理论及其制度至少
在日本过去是以行政行为的事前程序为中心发展而来的。

因而，在思考行政行为所产生的种种法的问题时，首先在与"依
法律行政原理"的关系中予以考察，是有必要的、富有意义的。当
然，在行政行为与依法律行政原理的关系中，如下节所示，详细来看
存在种种微妙之处。对此将在后文顺次探讨。这里想先举出一个问题
例，也就是过去作为"行政行为的附款"性质及其"界限"等来讨论
的问题，通过前述内容的应用就能说明其两者关系的大概。

为的"效力"时再予触及（后出第 237 页）。

在判例和学说中，在赋予行政行为的法效果中，有区分"直接效果"和"附随效
果"的讨论（例如最高法院的所谓"蓝图判决"，参见下卷第 19、58 页）。中川丈久教
授主张有必要这样区分（中川丈久「行政処分の法効果とは何を指すのか——直接的
効果と付随効果の区別について」石川古稀 201 頁以下、同「統・行政処分の法効果と
は何を指すのか」宮崎古稀 195 頁以下），其观点是，这种分类在探讨行政诉讼法上诸
多问题（处分性的判定、抗告诉讼和当事人诉讼的区分使用、撤销诉讼中狭义诉的利
益、原告资格）、"理解法律的结构"上是"有益"的。既然说"有用"，那就是一种
合目的性的思考。

〔1〕　参见前述第 87 页注〔1〕。

二、"附款"的概念

法律授权行政厅作出某行政行为，有时也同时规定，在必要时可以给该行政行为"附加条件"。[1]这时的所谓"条件"，在行政法学上被称作"附款"。其在传统上的说明是，"为了限制行政行为的效果而在意思表示的主内容上附加的从意思表示"。[2]

法律上很多仅用了上述"条件"的文字，但在理论上一般认为，根据其法效果的不同，区分为"（狭义的）条件""期限""负担""撤回权的保留"等。这里的"（狭义的）条件""期限"与民法上所说的条件、期限是相同的，分别是指"将行政行为的效果系于将来不确定发生的事实的意思表示"，"将行政行为的效果系于将来确定到来的事实的意思表示"（因而，自不待言，"条件"有停止条件和解除条件之别，期限有始期和终期之分）。而"负担"是指在行政行为本体上附加的、命令相对方履行附随于该行为的特别义务（例如，赋予道路河川的占用许可时命令缴纳占用费等，在所谓公企业的特许时对企业的经营条件等课予种种义务等）。[3][4]所谓"撤回权的保留"，是指作出行政行为时，附带表示在出现一定事态时撤回该行政行为。

---

〔1〕 例如，参见《公众浴场法》第 2 条第 4 款，《关于风俗营业等规制及业务正当化等的法律》第 3 条第 2 款，《农地法》第 3 条第 5 款，《都市计划法》第 79 条，等等。

〔2〕 参照、田中二郎·上 127 頁。

〔3〕 参照、田中二郎·上 127 頁以下。

〔4〕 因而，"负担"与"条件"不同，并不因不履行课予的负担而当然左右行政行为的效果（否则，它在概念上就变成了"条件"），其产生的可能性仅限于：行政厅以不履行负担为由撤回该行政行为，或者为实现负担所课予的义务而实施强制执行行为（当然，要实施这里所说的行为，存在种种制度的、理论的制约。对此将在后文详述。参见第 230 頁以下、第 281 頁以下）。

三、"附款"的法问题

围绕这里所说的附款，过去是从下述法的问题来论述的：

（1）在法律未规定可添加附款时，行政厅可以当然地添加附款吗？

（2）在法律规定可添加附款时，行政厅可以添加怎样的附款？　228

（3）附款违法时，行政行为本体也违法吗？

（4）附款违法时，私人可以仅请求撤销附款吗？

对此，将作如下大致探讨：

对于第一个问题，当然可以从"法律保留原则"角度作出一定解答。"负担"是在本来的行政行为效果之上课予相对方义务，对此如无法律的明确根据，当然不能允许。而对于"撤回权的保留"，原本就存在一个先行的问题，即没有法律的根据可以撤回行政行为吗？[1] 如果是否定的回答，则这种附款自身就没有实际上的意义。

而后，"条件"及"期限"从文字上看是限制行政行为的本来效果，因而，问题就完全变成对法律自身是否允许这种限制的解释（如允许，问题就变得与第二个问题相同。如不允许，这种附款就因违反"法律优位原则"而违法）。[2] 正是在这一意义上，理论上正确而言，可添加附款者，通常除法令上有规定外，仅限于"法令承认行政厅对是否为一定行为、在何种情形下为之可自由裁量的情形"。[3]

对于第二个问题，适用前述"裁量权的界限论"[4]即可。也　229

---

〔1〕　参见后述第 251 页以下。

〔2〕　例如，在现行公务员法上，并没有将附有期限任命公务员作为一般制度予以明文认可。最高法院判决认为，"无限期任用职员应当是法的原则"，"该法的原则目的在于，保障职员身份、使职员安心专注于自己的职务。因而，职员的附期限任用，存在特别的必要事由且不违反上述目的时，即使法律未作特别明文规定，也是允许的"。参照、最判 1963 年 4 月 2 日民集 17 卷 3 号 435 页。

〔3〕　参照、田中二郎·上 129 页。

〔4〕　参见前述第 108 页以下。

就是说，问题就变成，参照法令承认可添加附款的目的，判断有无裁量权的逾越或滥用，这时自然要适用"平等原则""比例原则"等。[1][2]

对于第三、四个问题，一般而言，问题只能说与附款效果和行政行为本身的效果是否不可分相关。在判断时，基本上应是以和"依法律行政原理"的关系为中心来思考的。也就是说，例如，对于大致不能添加附款的羁束行为情形，如果从法律的目的出发，就应在排除违法的附款后，承认行政行为本体的完整效果；而在承认添加附款的裁量时，添加附款与否可能左右着是否作出本体的行政行为的判断，因而，问题并不相同。

四、"附款"的法性质

230

如上所示，要言之，"行政行为的附款"是指"在作出行政行为时，经行政厅判断，超越法令明示规定而附加的效果"；而其"界限"问题不外乎是在与"依法律行政原理"的关系方面在何种程度上容许的问题。[3]如此整理来看，这一问题从理论上而言并不能说是那么重要、具有固有意义的问题。[4]同时，对于"附款"界限的过去论述，也有疑问。例如，如前所述，过去的理解是"为了限制行政行为的效果而在主意思表示上附加的从意思表示"，因而，对于原本并无"意

---

〔1〕 法律上明文规定这种界限的，例如参见《都市计划法》第 79 条。

〔2〕 例如，根据都市计划将某地域内的土地指定为车站前广场，在申请该土地的建筑许可案件中，在许可上附加了附款，在为了实施项目而命令必要的转移时，要求 3 个月内无偿撤去。最高法院判决认为其未必违法。参照、最判 1958 年 4 月 9 日民集 12 卷 5 号 717 页。

〔3〕 我过去曾对于"附款"概念作过理论上的整理（参照、藤田宙靖·思考形式 117—118 页）。近来，盐野宏教授也作同样理解。参照、塩野宏·Ⅰ（第六版）108 頁、同『行政過程とその統制』（有斐閣、1989 年）146 頁以下。

〔4〕 我到《行政法Ⅰ（总论）》第三版为止均未将"行政行为的附款"及其法的问题特别提出来分析，其原因仅在于此。

思表示"的"准法律行为的行政行为",〔1〕就认为"在性质上并无添加附款的余地"。〔2〕但即使承认"准法律行为的行政行为"这一范畴,该说明也是有疑问的。例如,受理时,行政厅命令缴纳手续费,将缴费与发生受理效果挂钩,或者将此作为"负担"来征收,法律自身构筑这样的制度在理论上是完全可能的,而不能说准法律行为的行政行为在"性质上"不可能添加附款。〔3〕

第三节　行政行为的效力

一、"效力"的概念

如第一节所见,法律将命令效果、形成效果等作为法的效果赋予行政行为。但是,法律在这种效果之外还赋予全部或部分行政行为特别的效果。这些效果在通常的私人法律行为中看不到,很多是与私人法律行为相对比、赋予行政行为以公权力性特征的效果。其中,行政法学在传统上为了表达存在这种特别的法效果,用的说法是"行政行为具有私人法律行为所没有的种种特殊的效力",宛如各行政行为内藏着某种"力",这种"力"就是用来说明让这种特别的法效果发生的东西。

为了表达行政行为的这种"效力",以前使用了公定力、拘束力、(自力)执行力、不可争力、不可变更力、确定力、形式确定力、实质确定力等种种概念。然而,这些概念的意义、相互关系等,迄今为止在学说和判例上未必存在大体一致的理解。这里首先有必要正确理

231

---

〔1〕　确认、公证、通知、受理。参见前述第 212 页。

〔2〕　田中二郎·上 129 页。

〔3〕　这时,也可能有人说,以这种形式命令缴纳手续费,已经不是"从"意思表示,而是"独立"的意思表示,因而并不符合传统意义上的"附款"概念。但它已只不过是概念游戏而已,无法认可这种讨论,无法认可允许"传统的附款概念"作这种理解的实质意义。

解这些概念的内涵和内容等。

二、(自力)执行力与不可争力 (形式确定力)

232   1. 与私人间法律行为(契约)确定的义务情形不同,在行政行为的情形下,有时相对方私人在指定期限内不履行行政行为所命令的义务,行政厅可不向法院提起诉讼而自行强制执行。这种情形以前是用"行政行为具有(自力)执行力"来表达的。

当然,奥托·迈耶以来的观点认为,所有行政行为当然具有这一意义上的自力执行力。但在第二次世界大战后,日本已否定了这一观点。现在大体一致的见解是,仅限于法律特别以明文规定赋予行政厅自力执行权能,才有自力执行力。[1]另外,例如各种许可、认可等诸多行政行为从行为的性质上本来就是不能强制执行的。但是,只要法律认可这种自力执行权能,即使在相对方私人对该行政行为提起不服申诉或抗告诉讼时,原则上也不妨碍该权能的行使。[2]

2. 如后所见,行政行为的相对方私人认为不存在行政行为为自身所设定的义务时,与民法上的债务人不同,不能仅仅表示否认,原则上必须通过行政上的不服申诉或抗告诉讼这种法的手段亲自请求法院及其他法定的国家机关救济。而且这些申诉和诉通常必须在一定的期限内进行。超过这些法定的期限,私人就已不能主张该行政处分违法而请求予以撤销。[3]如此,私人因超过法定的不服申诉期限、起诉期限,而不能就行政行为的效果进行争议时,一般的表达是,"该行政行为已产生不可争力(或形式确定力)",或者"该行政行为已有不可争力(或形式确定力)"。[4]

---

[1] 参见后述第 281 页以下。

[2] 参见《行政不服审查法》第 25 条第 1 款、《行政案件诉讼法》第 25 条第 1 款。

[3] 参见《行政不服审查法》第 18 条、第 54 条、第 62 条,《行政案件诉讼法》第 14 条等。

[4] "不可争力"与"形式确定力"纯属同义词。因而,也有用"形式上已确定"的表述来代替"已产生不可争力"的表述。

三、拘束力与公定力

1. 行政行为"有拘束力"的说法，与行政行为"有法的效果" 233
亦即行政行为"在法上有效"的说法是同一个意思。因而，"拘束力"
自身并没有达到提出来作为行政行为特殊"效力"的程度。通常屡屡
将"拘束力"举出来作为行政行为"效力"之一，可以说主要是为了
便于明确与下述"公定力"的差别，理解"公定力"的性质。[1]

2.（1）所谓"公定力"，是一个关于行政行为的效果在何种情况
下予以何种程度上的维持，换言之，行政行为在何种情况下、在何种 234
程度上有效（具有上述意义上的拘束力）问题的概念。在传统上，行
政行为的"公定力"是指"除当然无效的情形外，即使是违法的行政
行为，在具有正当权限的机关撤销之前，也暂且接受合法的推定，相
对方毋庸置疑、第三人和其他国家机关也不得无视行政行为效力的效
力"。在这一意义上，它"与行政行为的拘束力不同，可谓系强行要
求承认行政行为具有拘束力的力"。[2]这种说明设想的是行政行为下
面的法状况。例如，通过行政行为使私有财产发生权利变动时（收购
农地、征收土地、因滞纳处分而拍卖财产等），私人要主张行政行为

---

[1]　另外，近来很多人用"规范力"来代替这里所谓"拘束力"。例如，像其代
表例盐野宏所强调的那样，其理由在于阐明行政行为具有"权力性"，即"不经一方当
事人的私人合意即形成具体的法律关系"［盐野宏·Ⅰ（第六版）155页以下］。正如
该书所示，这一意义上的行政行为的权力性，在行政行为的定义中（"在具体的情形下
宣告法"）已经得到表达。如此，以前行政行为效力之一的"拘束力"也是当然的前
提，因而是否必须取而代之以"规范力"一词，显然不无疑问。不过，"拘束力"一词
自身在《行政案件诉讼法》第33条另有规定，用以表达撤销判决的特别效果（参见下
卷第156页）。为免混同，采用新词具有一定充分的意义。但鉴于本书的目的在于用传
统行政法理论作为客观标尺来展示现在的日本行政法制度和理论概要，这里仍沿用传来
的"拘束力"一词。

近来，对于"规范力"的概念及其与"拘束力"理论的关系，包括进一步的参考
文献，请参照、人見剛·新構想Ⅱ。

[2]　参照、田中二郎·上123页。

违法，请求恢复原状，应采取何种法的手段呢？如果适用民事法的原则，以该财产的现在持有人为对象提起返还请求诉讼，这时，就变得一定可以主张上述行政行为违法无效来为权利变动无效提供理由。但是，学说和判例从来都一致认为，在上述情形下不能提出这种主张（即使主张，也驳回请求）。也就是说，行政行为一般与民事上的法律行为不同，它自身只要未经不服申诉、抗告诉讼（撤销诉讼）等程序撤销，原则上在其他诉讼的先决问题中，拘束受理该诉讼的法院，该受理法院即使在审理过程中可以判断行政行为违法，也必须作为有效行为来对待。[1]

然而，在对这种情形的前述说明中，将重点置于"违法的行政行为也原则上有效"，可谓让违法的行政行为有效的力即为公定力。如此，"公定力"即可谓构成依法律行政原理的一个例外。公定力由来于此，而对传统公定力的概念与理论，历来存在种种批评。

（2）对于传统"公定力"概念的批评有种种内容和微妙差别。但是，这些批评基本上可总结为这样一种主张，即"公定力"并非"本来内在于行政行为之中，行政行为违法也赋予法的效果的力"这种"实体"之力，而是通过适用抗告诉讼或自力执行规定等实定法上设定的与行政行为相关的种种法制而获得的，可以说只不过是一种反射性效果。

当然，即使在这种情况下，将多大范围内的反射性效果纳入"公定力"概念中，学者之间也有种种不同。例如，最广泛的是，在制定法上，将通过抗告诉讼（撤销诉讼）制度、行政不服审查制度争论行政行为违法性的途径特定化[2]（以下简称"撤销制度的排他性"），或者赋予自力执行权能，或者存在不可争力之前提的起诉期间制度

---

〔1〕 例如参照、最判 1956 年 12 月 26 日民集 9 卷 14 号 2070 页。最判 1957 年 7 月 18 日民集 10 卷 7 号 890 页、最判 1973 年 5 月 25 日民集 27 卷 5 号 667 页等。

〔2〕 日本现行法上，为就有无行政行为的效果进行争议，设计了撤销诉讼等抗告诉讼制度的法的手段（参见下卷第 18 页、第 168 页以下），但争议行政行为效果的途径未必仅限于这些法的手段。一般在解释论上，至少原则上承认撤销诉讼的排他性管辖，对此并无异议。

等，赋予行政厅对私人的一般优越地位，就以"行政行为的公定力"
之名予以表达。换一种说法，这时，所谓"公定力"一般意味着行政
行为的公权力性，因而，"自力执行力""不可争力"等均成为"公
定力"的部分效果（或派生效果）。[1][2]与此相对，例如，也有学
者建议仅将"撤销制度的排他性""自力执行权能"的反射性效果称
为"公定力"，[3]近来更有越来越多的学者仅将自"撤销制度的排他
性"而来的效果当作"公定力"概念的内容。[4]为了使行政行为法
效果的各种讨论得到明确、避免无用的混乱，本书认为，应当以尽可
能在理论上纯化的方式来使用"公定力"概念。由此看来，上述最后　236
一种用法是最为合理的。在这一意义上，行政行为的"公定力"，姑
且可以说是这样一种效果的表达，即"行政行为一经作出，除特定机
关经特定程序撤销的情形外，所有人均受其拘束"。

　　（3）在上述意义上使用"公定力"概念，仍留有问题，在"撤
销制度的排他性"所带来的各种效果中，到哪里为止用"公定力"一
词来表达？换言之，上述定义中"行政行为一经作出"即"受其拘
束"，该"拘束"是到何种程度的拘束？

　　关于这一点，首要的问题是，对于"撤销制度的排他性"的"排
他性"，是仅将有无行政行为效果的有权认定权的排他性称作"公定
力"，还是连行政行为欠缺充分的法的要件（亦即违法性）的有权认
定权的排他性也纳入"公定力"之内来表述？例如，如前所述，以行
政行为违法为由，提起民事诉讼，请求返还行政行为所夺走的财产

　　[1]　例如，兼子仁『行政行為の公定力の理論』就是如此。
　　[2]　在古典行政法理论中，原本将"公定力"理解为"内在于行政行为的实体的
力"。"公定力"与"自力执行力""不可争力"等之间的关系毋宁说可作如此理解。
"公定力"具有如此概括的内容，与"公权力性"可谓同义词。围绕其"本质"，行政
行为的本质是类似于裁判判决，还是类似于私人的法律行为，曾有正文前述的讨论（参
见前述第 222 页）。
　　[3]　参照、山内一夫『行政法論考』（一粒社、1965 年）。
　　[4]　对于现今的学说概况，参照、宫崎良夫『行政争訟と行政法学（増補版）』
（弘文堂、2004 年）284 頁以下。

237 （以收购农地处分违法为由请求返还农地、以土地征收裁决违法为由请求返还土地），这时是将有无行政行为效果作为先决问题来争论。对此，有时，争论作为某诉讼先决问题的行政行为违法性，未必争论到该行政行为自身没有效果，也不是没有仅将该行政行为违反法律规定的要件视为问题的案件。例如，扣押处分是继课税处分之后作出的滞纳处分的一环，在请求撤销扣押处分的撤销诉讼中，以原本不存在课税要件为由，主张扣押处分违法。这时，从实体法上来说，不满足本来法定的课税要件，就不允许作出滞纳处分（换言之，满足课税要件本身就是滞纳处分自身的要件），因而，原告完全在这一意义上仅将不存在课税要件当作问题即可，未必连先于扣押处分的课税处分自身有无效果都要直接争论。[1]尽管如此，以前判例和学说也认为，在这种情形下，既然课税处分一度作出，只要未以其他渠道予以撤销，法院就不能在扣押处分的撤销诉讼中认定不存在课税要件。在"撤销制度的排他性"的前述两种例子中，前者能包含于"公定力"概念之中，殆无异议，后者的情形则未必能说见解一致。

其次，问题在于"公定力"是否限于行政行为本来的实体法效果的所及范围。例如，根据课税处分来纳税，之后以该处分违法为由请求返还不当得利时，依据历来的学说和判例，这时也触及"撤销制度的排他性"，只是课税处分的实体法效果自身仅为命令应缴纳税款，

238 而未必在于拒绝返还。上述"排他性"已超出行政行为本来的实体法效果范围。[2]其中，部分学说认为，这种效果应与"公定力"概念相

---

〔1〕 另外，因违法的滞纳处分而遭受财产上的损害者以滞纳处分违法为由请求国家赔偿，这在理论上可以说也处于同样的状况。但对于这一案件，如后所述（第242页），学说和判例的态度与正文下面所说的并不相同。

〔2〕 另外，对于依据《登记许可税法》第31条第2款提出的请求，登记机关以行政处分作出拒绝通知。对于已缴纳的登记许可税（自动确定方式）提起返还请求之诉，最高法院有判例不承认拒绝通知对其具有遮断效果（最判2005年4月14日民集59卷3号491页）。与其说问题在于该拒绝处分影响到返还请求权的实体内容，毋宁说是与法解释问题相关，即该条款是否规定了"请求返还登记许可税只应当通过上述请求程序的程序排他性"。这与正文所述在观点上稍有差异。

区分。[1]

　　然而，前述"公定力"的概念内涵如何确定的问题，与后述所谓"公定力的界限"或"公定力的客观范围"如何理解的问题相关。在最终获得对上述问题的理解之前，下面先概述这一问题。

　　(4)在判例和学说上，所有种类的行政行为都有"公定力"，"行政行为"这一行为形式区别于行政机关使用的其他各种行为形式最基本的标志，可以说在于有无"公定力"。但是，学说和判例也一致认为，行政行为的"公定力"并不一定在所有场合均能发挥其功能。这就是所谓"公定力的界限"问题。

　　第一，如前文所引，行政行为"无效"时，一般不产生"公定力"的效果。对此将在后文的一节中详细说明。[2]

　　第二，即使行政行为在这一意义上并非"无效"，历来的判例和学说鉴于"公定力"这一法制度的目的，认为有几种场合存在功能上的界限。如下所示，这就是一般被称作"公定力的客观范围"问题。

239

　　这一问题虽然作为问题自身很早以前就个别地存在，但在学说上获得广泛关注的则是1964年的东京地方法院判决[3]以来的事情。这一判决指出，恩给局长对接受军人遗属扶助金的给付顺位作出裁定，对于该裁定所具有公定力的范围，"撇开对国家的关系，作为同顺位接受给付权人，获得裁定者相互之间针对扶助金分配的受给付权人地位有争议时，主张唯一真实的受给付权人否定同顺位接受给付权人获得裁定者的地位"，并不"受上述裁定的公定力妨碍"。它以一般的形式明确表达了这一判词的前提观点："认可公定力，原本是让行政行为发挥其效用，暂且让实现公益这一行政行为的目的成为可能，因而，公定力的所及范围，应与各种行政处分的目的、性质相应，仅限

---

　　[1]　参照、小早川光郎「先決問題と行政行為」田中古稀上。与该问题相关，请参照、森田寬二「行政行為の公定力と無効（一）～（三・完）」自治研究53卷11号（1977年）106页以下、12号（1977年）106页以下、54卷3号（1978年）153页以下。

　　[2]　后述第263页以下。

　　[3]　東京地判1964年6月23日判時380号22页。

于应当承认它的合理的必要限度"。

以前的学说和判例上已指出了很多这种意义上的"公定力的界限"例子。例如：

（a）行政行为的合法性和有效性作为刑事诉讼的先决问题而成为问题时（例如，对于以实力抵抗行政行为的强制执行者，是否构成妨碍公务执行罪，而对该职务行为的合法性有争议时；不顾营业许可的撤销处分而继续营业者，是否构成无证经营罪，而对于撤销许可的合法性有争议时等），传统观点认为，一般不涉及行政行为的公定力（承认所谓"违法性抗辩"的见解）。但在另一方面，这一问题首先是该处罚规定的构成要件的解释问题。也有不少见解认为，能否一律如此理解也是可质疑的。[1]当然，这一问题关乎构成要件的解释，在这一意义上属于刑法学上的问题。[2]但假设可以允许从行政法学的角度探讨，就必须说问题在于，该处罚规定应将处罚要件仅理解为请求行政行为"有效"，还是同时应理解为要求行政行为并不"违法"等，要言之，应当看处罚的效果与行政行为的何种样态结合在一起。对此，不可一概而论，而要考虑该行政行为的存在理由（法律通过该行政行为控制私人行为的意义）、通过其他途径对该行政行为的违法性自身进行争议的可能性和界限等，根据各个个别处罚规定在解释论上作出决定。[3]

----

〔1〕 现在恐怕可谓多数说。参照、原田尚彦·要論237頁、兼子仁·総論200頁、塩野宏·Ⅰ（第六版）150頁等。

〔2〕 另外，与此相关，请参见后述第294页注〔1〕。

〔3〕 最高法院屡屡显示出的观点是，行政行为既然并非"无效"，那也拘束刑事判决。例如，以交通事故为由确定了停止驾驶执照处分，而在刑事裁判中，因其前提事实并未得到证明而无罪。在该案中，另外关于违反速度限制之罪，以存在处分经历为由（未适用犯规金制度）提起公诉。对于提起公诉是否违法产生争议，最高法院判决认为合法（最决1989年10月28日刑集42卷8号1239页）。另外，也有可谓与此相反的例子。在一起基于虚假申报而获得海关长出口许可的案件中，出口许可即使违法也并非无效，未经许可出口罪就不成立（参照、最决1971年10月22日刑集24卷11号1516页）。关于前者，问题在于，以有过处分为由不适用犯规金制度，与其说当时制度的意义是为了行政的便宜，毋宁说是不采取优待措施，让受处分者适用犯规金制度了事。如

（b）学说上一般认为，以行政行为违法为由请求国家赔偿，并非   241
必须事先撤销行政行为。最高法院的判例也同样如此。[1][2]但是，
这种案件在理论上是否构成上述意义上的"公定力的界限"，因在前
述的何种意义上使用"公定力"概念而异。也就是说，如果"公定
力"仅为对于有无行政行为效果的有权认定权之所在的概念，[3]请求
国家赔偿时所争议的是行政行为的"违法性"，而未必在于"效果的
有无"，因而，上述案件原本也是与"公定力"没有理论关系的案件。

（c）在与"公定力"概念的关系中，一般所说的"违法性的继   242
承"也被认为处于与此同样的关系上。如前所述，根据学说和判例上
的一般观点，在某行政行为的撤销诉讼中，其他行政行为的违法性作
为先决问题而成为问题，只要没有以其他正规程序撤销该行政行为，
法院就无权认定其违法性。但在例外的情形下，也有案件不受这种制

此，在处分已明确没有理由（不能说归咎于本人）时，排除优待措施不也是没有理由
吗？对于后者，问题在于，在这一案件中，出口许可是基于本人的虚假申报而作出的。

另一方面，最高法院认为，县知事完全以阻止建设附个人用房间的公众浴场为目
的，在其附近许可《儿童福祉法》规定的儿童福利设施，这在国家赔偿请求诉讼上
"明显滥用行政权而违法"（最判 1978 年 5 月 26 日民集 32 卷 3 号 689 页，所谓"土耳
其浴室"案）。在同一案件上，在追究违反《风俗营业等取缔法》（当时）之罪的刑事
案件中，同样因该许可处分具有"相当于滥用行政权的违法性"，判决对该被告公司营
业的规制不具有效力，进而作出无罪判决（最判 1978 年 6 月 16 日刑集 32 卷 4 号 605
页）。这时，引用上述国家赔偿案件判决的存在及其判旨作为参考。在本判决中，被告
的"违法性抗辩"获得承认，只是问题在于，原本本案认可自身的实体法效果是否应
当及于被告公司。这一问题至少不是"狭义的公定力"（参见前述第 236 页以下及后述
第 243 页以下）的界限问题，在这一意义上也可以说与公定力概念无关。

另外，近来对于正文及上面所涉问题详加研究的著作，例如、人見剛「行政処分の
公定力と刑事裁判に関する覚書ドイツにおける刑事裁判所による行政行为の適法性審
査権」立教法学 80 号（2010 年）41 页；阿部泰隆・解釈学Ⅰ607 页以下等。

〔1〕 最判 1961 年 4 月 21 日刑集 15 卷 4 号 850 页。

〔2〕 征税处分违法时，承认在其撤销诉讼之外，可另行请求违法处分所生损害的
国家赔偿，其结果可能是实质上否定"公定力"与"不可争力"的存在，过去有过争
论，最高法院近来对此情形也明确维持 1961 年判决的观点（最判 2010 年 6 月 3 日民集
64 卷 4 号 1010 页）。

〔3〕 参见前述第 236 页以下。

约，[1]这通常被称为"违法性的继承"。[2]也有见解将此作为"公定力的界限（或例外）"来说明。不过，如果"公定力"概念仅用作与"在正规的撤销程序外否定行政行为效果的权能"相关的概念，这种情形下"撤销制度的排他性"效果自身就变得已经不是以"公定力"概念所表达的效果。因而，"违法性的继承"并不是公定力的界限或例外，而是理论上完全独立的法现象。[3]今天，这一问题不是从"公定力的界限"或"法院违法性认定权的界限"方向，而是从撤销诉讼中"原告（违法性）的主张界限或限制"方向来把握的。

243

（5）从"公定力"概念中推导出各种法解释论上的效果，并非前文所谓公权力本质论的东西，而是实定法上种种法制度的反射性效果，"公定力"概念只是作为表达这种效果的说明性概念而发挥功能。

---

　〔1〕　参照、最判 1950 年 9 月 15 日民集 4 卷 9 号 404 页。

　〔2〕　过去通说认为，只有极为例外的案件，即"先行处分与后续处分连续构成一连的程序，旨在发生一定的法律效果时，换言之，先行处分只不过是后续处分的准备行为时（例如，农地收购计划与收购处分、项目认定与征收裁决）"，才承认"违法性的继承"。而"先行处分与后续处分相互关联，分别指向不同的目的，相互之间并无手段与目的的关系时（例如，税收的赋课及其滞纳处分、预算的议决与市町村税的赋课），先行处分的违法性不为后续处分所继承"。参照、原田尚彦・要論 186 頁；田中二郎・上 327 頁、330 頁等。最高法院近来作出判断，特别区长依据《东京都建筑安全条例》第 4 条第 1 款作出安全认定后，依据《建筑基准法》予以建筑确认时，即使不撤销安全认定，在建筑确认的撤销诉讼中也能主张安全认定的违法性。最判 2009 年 12 月 17 日民集 63 卷 10 号 2631 页（狸森案）。

　另外，对于"违法性的继承"的之前讨论与问题作出严密整理，参照、人見剛・新構想Ⅱ、海道俊明「違法性承継論の再考（一）～（四・完）」自治研究 90 卷 3 号・4号・5 号・6 号（2014 年）、亘理格『行政行為と司法の統制』（有斐閣、2018 年）234頁以下等。

　〔3〕　也包括这种例子，"撤销制度的排他性"所产生的效果一般有"公定力"与其他效果，基于这一前提，有必要赋予后一种效果以"公定力"之外的名称。学说上，也有用"行政行为的遮断效果"的说法，来补充这一意义上的"公定力"概念。参照、小早川光郎・前揭・田中古稀。

　另外，对于正文中种种"公定力的界限"事例，有学者指出，原本是不关涉"公定力"概念便可解决的问题。参照、宮崎良夫・前揭『行政争訟と行政法学（増補版）』301 頁以下。

基于这一出发点，赋予其怎样的内容，进而到哪里为止属于"公定力"的范围，从哪里开始属于"公定力的界限（或例外）"，要言之，这些问题就归结为，为了说明叙述实定法的内容，使用怎样的用法最为合理。由此看来，要尽可能明确行政行为各种法的效果的相互理论关系，如前所示，还是希望尽可能明确"公定力"概念的轮廓。在这种意义上，在前述各种用法中，第一，它不是关于一般的行政行为的违法性，而仅为有无效果的有权认定的概念；第二，大致有必要将最狭义的公定力概念确立在行政行为的实体法效果所及范围之内。不过，在这一意义的公定力概念之外，"撤销制度的排他性"的效果也在法解释论上得到承认，其理由在于一种实践性的判断，即其他国家机关姑且尊重行政厅的事实认定和法的判断等具有合理性。在这一点上，与上面最狭义的公定力概念之间毫无疑问具有共性。只要将重点置于此处，与上述最狭义公定力概念一起，使用广义的公定力概念，将"撤销制度的排他性"的一般效果广泛地涵盖进来（只要上述理论关系是明确的），也具有一定的合理理由。以下本书就从这一角度出发，如无特殊说明，即以上述广义的公定力来称呼"行政行为的公定力"。

244

四、不可变更力（确定力）和实质确定力

1. 所谓"不可变更力"，是指行政厅作出行政行为后，不能自行撤销一度作出的行为（职权撤销）的效果。与"不可争力""公定力"不同，仅认可特定种类的行政行为具有这种效果。如后所见，对于违法或不当的行政行为，行政厅原则上能撤销其所作出的行政行为。只是在这些行政行为中，像对异议申诉的决定、审查请求的裁决那样，以相关事实和法律的争议由公权裁断为目的，即便是以违法为由，如果允许行政厅自由撤销自身作出的行政行为，就无法实现一义性地裁断争议的制度目的。其中，正如一度作出的裁判判决仅能通过上诉程序撤销，法院也不能撤销自身所作出的判决（所谓裁判判决的自缚性），对于这些行政行为，也不允许行政厅自行撤销其作出的行政行为。因而，在行政行为中，仅特别承认具有性质上类似于裁判判

245 决的目的者，具有所谓"不可变更力"。例如，学说和判例上承认上述对行政上不服申诉的裁断行为具有不可变更力。[1]也有学者认为，有的行政行为在形式上并非争讼的裁断行为，但通过利害关系人的参与而具有确认性质（例如，确认征收土地的协议——《土地征收法》第118条），该行政行为也具有不可变更力的效果。[2]

这种"不可变更力"，有时也被单称为"确定力"。具有这种效果的行政行为一般被称为"确认行为"。[3]

246 　　2. "不可变更力"有时被称为"实质确定力"。[4]但是，这一用词并不适当，"不可变更力"与"实质确定力"是不同的概念，理论上应予区分。[5]也就是说，如上所述，"不可变更力"意味着限制行

────────────────

〔1〕　参照、最判1955年1月21日民集8卷1号102頁；最判1955年5月14日民集8卷5号937頁；最判1956年12月26日民集9卷14号2070頁；最判1978年9月26日民集21卷7号1887頁等。

〔2〕　如后详述（第257頁以下），对于行政行为，与正文所述的该行为制度性内在理由不同，毋宁应当说从"外在的理由"来限制职权撤销。理论上而言，在这些情形下，行政行为在广义上也变得具有"不可变更性"，但与这里所说的"不可变更力"稍有角度上的差异。因而，为了明确其差异，本书对此不用"不可变更力"。

〔3〕　对于"确认"或"确认行为"这一行政行为的类型，历来将其定位于前述"准法律行为的行政行为"的一种（参见前述第212頁以下），其说明的重点被置于"该行为不是形成新的法律关系，而是作为判断的表示，以公共权威来确认既有事实或法律关系"。其结果是，有人指出，"确认行为"具有正文所述的"确定力"。另一方面，"法律彻底羁束，行政厅无裁量余地的行为"也使用"确认行为"一词来表达，例如税收的更正处分和决定处分、建筑确认行为等也常常作为"确认行为"的一种来说明。但是，我认为，"确认行为"的概念具有多义性，是行政行为分类学上未作理论整理而出现的不适当用法，应将"确认行为"仅仅定义为具有"不可变更力（确定力）"的行政行为。对此详见、藤田宙靖·思考形式109頁以下。提倡"确认"这一行政行为的类型，明确指出与这里所说的"确认行为"的不同，今村成和·入门75頁、86-87頁。但对于该书所说的"'确认'是所有确认行为"，我是有疑问的。

顺便提及，近来在行政法教科书上，作为行政行为分类之一而提出"确定行为"（前述第206頁），它是"让法律关系确定的行为"，"过去所说的确认行为属于这一类"[塩野宏·Ⅰ（第六版）134頁]。其中，"过去所说的确认行为"与本书上述确认行为概念未必有明确的精确对应关系。

〔4〕　例如参照、田中二郎·上134頁。

〔5〕　参照、雄川一郎「行政行為の確定力」ジュリスト300号（1964年）〈学説展望〉。

政厅在作出行政行为后通过自己之手依职权撤销的效果，其对应的是裁判判决的"自缚性"效果。而"实质确定力"原本对应的是裁判判决的既判力，其效果在于，该行政行为所确定的内容拘束之后的一切机关，其他行政机关和法院不得作出与此相矛盾的判断（不同于"公定力"的情形，其效果也及于作为正规撤销程序之撤销诉讼的受理法院）。但在日本法上是否承认某种行政行为具有这一意义上的"实质确定力"，一般是极受质疑的。

第四节　行政行为的撤销与撤回

一、概念的整理

行政行为的"公定力"在上述意义上意味着从"撤销制度的排他性"中产生的效果，那么，承认怎样的机关具有这一意义上的排他性撤销权限，就成为重要的问题。有多种多样的"撤销"程序去消除暂且有效而通用的行政行为效果，但从法解释论角度说，首先将其分为职权撤销与争讼撤销来思考是便利的。

1.（1）所谓职权撤销，是指不待行政行为相对方及其他私人提出法的请求，行政厅自发地以行政行为违法或不当为由予以撤销。法律上对于职权撤销并未作出一般性明文规定，但在法解释论上一般认为，作出行政行为的行政厅自身在认为其行政行为违法或不当时（除后述一定情形下撤销受到限制外），原则上始终可以撤销[1]或必须撤销（至少是对于违法的情形）。

而作出行政行为之行政厅的上级行政厅，能否行使监督权，当然地依职权撤销下级厅的行政行为，学说上对此存在争议。对立的学说有：有的认为，即使没有法律的明文规定，[2]也能当然撤销；有的认

247

---

〔1〕　原审判决认为，只不过是不当，不能依职权撤销；但最高法院明确表示可以撤销。最判 2006 年 12 月 20 日判时 2327 号 9 页。
〔2〕　参见《内阁法》第 8 条。

为不能撤销；有的认为，只有是侵害个人权利的行政行为，才能撤销。要论及这一问题，就必须考虑一个行政组织法上的法解释论问题：一方面，为了行政组织内部的意思统一，上级行政厅对下级行政厅具有指挥监督权；另一方面，法律分别规定各行政机关的权限。这两个前提，应如何调整？[1]

248
　　（2）然而，在现实法令上使用"撤销"一词的例子中，与上述例子不同，撤销的目的在于，行政行为原本合法作出，因后发的某个事由而让今后存续该行政行为的效果变得不合乎公益上的期待，为此，使其面向将来失去效果。[2]这种情形在行政法学上称作"撤回"，在理论上区别于"职权撤销"。[3]

---

　　〔1〕 因而，详细论述应置于行政组织法论。在参考之前，如果要概述问题，可以说存在下述论点：

　　首先，在行政组织法领域一般认为，原则上不允许上级机关代替执行下级机关的权限（禁止代替执行原则，参照、藤田宙靖·組織法82頁以下）。上级厅亲自撤销下级厅所作的行政行为，可谓是一种代替执行。因而，肯定上级厅的直接撤销权的学说至少负有如何说明这一点的任务。然而，从尊重由法律分配行政机关之间权限的结果角度能承认禁止代替执行原则，而行政活动的合法性要求也是行政作用法上的要求，合法性的维持当然也包含在上级机关的监督权范围内。为此，诸如以首先命令下级厅撤销为前提程序，在其不履行时，才允许上级厅直接撤销。当然，这从文字上看是代替执行的一种，但按照这种顺序撤销违法行为，并不包含在禁止的代替执行中。如此认为，也未必能说不合理。当然，撤销并非"违法"而是"不当"的行为，即以下级厅行使裁量权不妥当为由撤销时，"代替执行"的性质就变得更强。因而，情况就变得稍有不同（藤田宙靖·組織法78-79頁以下）。

　　另外，是否仅限于撤销侵害个人权利的行政行为问题，与其说是上级厅的职权撤销权问题，不如说应作为后述职权撤销的一般限制问题来理解。

　　〔2〕 例如参见《道路交通法》第103条、《关于风俗营业等规制及业务正当化等的法律》第8条、《所得税法》第150条等。

　　〔3〕 当然，这一点有人指出，"即使对于违法的行政行为，行政厅不以其违法性为由依职权撤销，也可以后发的事情而撤回，撤回与职权撤销的差别，不在于其对象行政行为是否合法，而在于作出撤回或职权撤销的理由"（芝池義一·総論175頁）。从事实上评价确实如此，在这一意义上使用撤回概念也可以说是学者的自由。不过，说明过去在"撤回"名下所称的法制具有怎样的意义时，有必要提出疑问：应该认为可允许行政厅知道该行政行为的违法性，不依职权撤销，而仅以后发的事情为由撤回吗（亦即应该认为，行政厅认为同时存在撤销原因和后发的事情，承认其具有是否依职权撤销

　　职权撤销与撤回的行为类型具有共通的性质，均为作出行政行为的行政厅自行使其行为效果消失而作出的新行政行为，但在理论上又有如下差异：第一，对于本来违法（或不当）但暂且有效通用的行政行为，职权撤销是有权认定其违法的行为。因而，撤销的效果是溯及既往至行政行为作出之时，追溯至一开始如同行政行为未曾作出。而撤回的情形则是至撤回之时行政行为完全合法有效地存续，只是因公益上的必要而面向将来使其失去效果，不具有溯及效力。第二，职权撤销是纠正违法（或不当）的行政行为，在这一意义上是具有消极目的的行为。学说上有人认为，上级厅可行使监督权，直接予以撤销。[1]即便是基于这一立场，撤回是基于公益的判断而变更原本合法的行政行为，在这一意义上是具有积极目的的行为。因而，上级厅直接撤回，因已超越监督权的界限，侵犯法律规定的下级厅权限，而不可允许。

249

　　（3）对于职权撤销与撤回程序的应有状态，过去在法令上不存在一般性规定，以撤回为中心，为了保护相对方的权利利益，在个别法上也仅限于将应遵守提供公开听证、申辩机会等行政程序予以法定化。[2]但是，伴随着行政程序法的制定，这些均相当于该法所称"不利处分"，[3]原则上适用该法第三章规定的程序规定。如后所述，[4]应当注意，在撤回授益性行政行为时，有时必须补偿相对方私人所受的损失。

250

　　2. 所谓争讼撤销，是指对于行政厅违法（或不当）的行政行为，行政厅并未自发地予以撤销，而是由以行政行为相对方为代表的私人

的裁量吗）？这在理论上已然成为问题。如后所述，从依法律行政原理的旨趣来看，既然判断行政行为违法，原则上行政厅即有义务予以撤销（芝池教授也不否定这一点，参照、芝池義一·总论166页以下）。既然以此为前提，撤回法制的理论前提不就变得该行政行为违法吗（毫无疑问，在依职权撤销时，有时后述的撤销限制会发挥作用，可能不允许溯及既往地撤销，但这是另外一个问题）？

　　〔1〕 参见前出第247页以下。

　　〔2〕 例如，《道路交通法》第104条、《关于风俗营业等规制及业务正当化等的法律》第41条等，例子不在少数。

　　〔3〕 参见《行政程序法》第2条第4项。

　　〔4〕 后述第252页。

采取法定的争讼手段，经过一定的争讼程序后，由争讼的裁断机关予
以撤销的情形。在现行法上，争讼撤销大致分为依据《行政不服审查
法》等通过行政上的不服申诉来撤销和依据《行政案件诉讼法》等通
过诉讼来撤销。对于这些争讼制度，将在本书下卷详细说明。这里仅
用下表概括性地显示这些制度撤销行政行为可能是怎样的案件。

	争讼制度的种类	法　律	具体的方法	撤销机关	撤销行为
争讼撤销	行政上的不服审查	行政不服审查法	再调查请求	处分厅	决　定（行政行为）
			审查请求	原则上是处分厅最上级的行政厅*	裁　决（行政行为）
			再审查请求	法定的行政厅	裁　决（行政行为）
		个别法	不服申诉	法定的行政厅	决定、裁决、审决等（行政行为）
	诉　讼	行政案件诉讼法	撤销诉讼	法　院	判　决
		个别法	撤销诉讼	法　院	判　决

* 详见《行政不服审查法》第4条。

二、撤销及撤回的限制

251　　　对于具有公定力的行政行为，可否定其效果者，仅为上述机关根
据上述程序撤销或撤回的情形。然而，根据日本的立法、学说和判例
过去发展出来的观点，即使是具备上述行政行为撤销或撤回要件的情
形，基于种种理由，仍有不得撤销或撤回该行政行为的情形。以下对
于这些情形，为便宜起见，按照撤回、职权撤销、争讼撤销的顺序，

说明过去的观点，并指出其问题所在。

（一）撤回的限制

1. 一般作为立法政策上的问题来考虑，行政主体一方面始终负有按照公益要求实施行政的责任，因而，在情势变更时，一旦作出的行政行为不符合公益时（例如，"驾驶执照的撤销"），或者撤回该行政行为将获得更大的公益（例如，撤回给私人对部分行政财产的使用许可，而将该财产用作其本来的公共用途，参见《国有财产法》第19条、第24条），这时行政厅必须能自由撤回。但在另一方面，行政行为一经作出，就以其为前提渐渐形成了日常的法秩序，如果行政厅完全自由地撤回行政行为而不受控制，就可能明显损害相关者的法安定性。为了保护法的安定性，就会要求即使在公益上有必要时，也必须限制撤回已作出的行政行为。如此，一方是公益上的必要，另一方是私人法安定性的保护，在可否撤回及撤回限制上，传统学说大致是基于下列法解释论上原则得出这两种对立利益的衡量结果：

第一，除了像争讼的裁断行为那样具有不可变更力（确定力）的行政行为外，对相对方私人不利的行政行为，即剥夺限制权利自由或者课予义务的行政行为可自由撤回。

第二，授益性行政行为，即赋予相对方私人权利自由或者免除义务的行政行为，只要没有应归责于相对人自身的事由，原则上就不得撤回。[1]

第三，即使是授益性行政行为，在公益上有极大的撤回必要时，允许撤回，但有必要补偿因撤回给相对方私人所造成的损失。[2]

252

---

[1] 法律自身规定可撤回时，当然可以据此撤回。但在没有这种规定时，即使作为行政行为的一种附款附有撤回权的保留（参见前述第227页），设定了"在公益上有必要时，可以随时撤销（撤回）"这样的条款，该附款原则上也是无效的，应作为没有法的意义来处理。参照、田中二郎·上131页、156页。

[2] 与撤回行政行为的补偿义务相关的例子，有《矿业法》第53-2条第1款，《国有财产法》第24条第2款、第19条，《地方自治法》第238-4条第2款、第5款以及第238-5条第5款等。在没有明文规定时也广泛应用这一观点。最高法院认为，在无《地方自治法》上述条款的时代，鉴于《宪法》第29条第3款旨趣，对于撤回公有行政财产的使用许可，类推适用《国有财产法》的规定。最判1974年2月5日民集28卷1号1页。

2. 这种解决方法作为公益与私益之间的调整方法，抽象地说是大致合理的方法，因而，到现在也不存在从正面否定该基本观点的见解。但是，若详加探讨，这种观点也有下述问题，对于能否仅以这种规则应对所有场面，部分学说很早就认为是有问题的。

第一，该原则与法律保留原则之间是什么关系？对于法律保留原则的妥当范围，无论采取前述哪一种立场，至少没有法律的授权，就不得作出对相对方私人不利的行政行为。如果贯彻这一原则，至少撤回授益性行政行为时要有法律的根据。传统学说的上述观点认为，即使伴有补偿，没有法律的明确授权，也可以撤回该行为。因而，至少在这一意义上它是依法律行政原理的例外。对此，要有理论上的说明。[1]

第二，与上一问题相关，上述通说的撤回理论对多大范围内的行政行为是有效的？例如，公务员的免职处分在理论上来看是任命行为的撤回行为，但通常并不适用行政行为的撤回理论。在法解释论上，如何区分某行为是行政行为的撤回行为还是其自身就是独立的行政行为，有必要予以明确。

第三，现在所谓"双重效果的行政行为"数量极多，行政行为相对方在法上的利益或不利，很多情形反过来就直接意味着第三人在法上的不利或利益。[2]在这种情形下，通说的上述规则如何适用呢？[3]

第四，根据传统学说的上述规则解决问题，其结果始终在实质上妥当吗？例如，某人获得公共用物河川区域内土地的河川占用许可（参见《河川法》第4条）、经营高尔夫球练习场等，但因根据综合土地利用计划设置公园而必须要求该营业者搬迁，因建设铁道新干线或机场而征收祖祖辈辈的农地，这两种情况颇为不同，是否均必须根据同样的思考而予以补偿损失，就必须说是颇成问题的。

---

〔1〕 在这一点上，与上述说法不同，很早就有学说认为，没有法律的根据，不得撤回授益性行政行为。杉村敏正·総論上250頁。

〔2〕 参见前述第88页及第92页以下。

〔3〕 参照、兼子仁「現代行政法における行政行為の三区分」『行政法と特殊法の理論』（有斐閣、1989年）所収。

3. 对于这里所说的问题，在二十年来的学说和判例中已作出了种种探讨，在今天，撤回可能性的理论状况可谓日益详细了。[1]

（1）对于授益性行政行为的撤回与法律根据的关系，在可实施人工终止妊娠的医师指定问题上（《优生保护法》——现《母体保护法》第 14 条第 1 款），最高法院从正面认为：虽然考虑到撤回给相对人造成不利，但公益上仍很有必要应予撤回时，即使没有法令上明确规定，也允许撤回。[2]但是，为什么能这么说呢？其中的理论未必得到充分说明。对此，学说上已有诸多尝试。

例如，盐野宏认为，"为了使宪法保障的古典基本权利免遭行政权的侵害，将侵害保留原则作为其防护装置确立起来。而撤回之所以成为问题，是因为它是要消灭法律关系的情形，此前依私人申请而作出了授益性行政行为，由此形成了私人与行政主体之间的法律关系"。"换一个角度看，授益性行政行为是执照制、许可制等的构成要素之一，其撤回是执照制、许可制等法结构的构成要素之一。"这时，要让该法律关系消灭，并非在任何场合下都要有个别法的具体法律根据。[3]对此说明，仍有疑问，即能否说"受宪法保障的基本权利"与"因行政行为而带来的法地位"有明确的性质差异（例如，至少根据过去的一般观点来看，因营业许可而获得的从事营业的法地位就是宪法所保障的"营业自由"）。若所谓法律根据在于"法的结构"自身，那构成它的各个行政行为就变得未必要有法律根据了。如此，这与本书后述观点至少在结果上就没有差异了。

再如，有观点认为，因许可认可等行政行为而产生的法律状态有给社会带来有害结果之虞时，不论有无明文规定，均能撤回。这"可

255

---

〔1〕　详细分析行政行为撤销与撤回的法令规定、判例等，乙部哲郎『行政行為の取消と撤回』（晃洋書房、2007 年）。

〔2〕　最判 1988 年 6 月 17 日判時 1289 号 39 頁。另外，撤回依《药事法》所作的制药承认，同一判旨参照、最判 1995 年 6 月 23 日民集 49 卷 6 号 1600 頁——氯喹药害诉讼。

〔3〕　盐野宏・Ⅰ（第六版）192-194 頁。

从许可制、认可制等将个人行为置于行政规制之下的法目的中得出"。[1]换言之，在基于规制有害行为的目的而采用许可认可制的情形中，应当认为许可认可的根据规定自身就是伴有在一定情形下保留撤回权的规定。如此，这些行政行为赋予了自由或权利，在其内容上并非没有限定，而是伴有这一意义上的内在制约。既然承认无个别性根据规定即可撤回授益性行政行为，从与"依法律行政原理"的关系来看，结果也只能是这样来说明允许撤销的理论根据了。[2]

其中的问题在于，具体在怎样的情形下才应承认这种默示的撤回权的保留？对此，有观点认为，它恐怕至少是"给人的生命、身体、财产等造成或可能造成重大损害的情形，在作出该行政行为后，如存在这种事态，当然就相当于发生了不能作出该行政行为的事态"。而这可谓（至少在结果上）构成了今天的判例和学说的最大公约数。[3]

另外，对于授益性行政行为的撤回可能性，除这种法律根据问题外，必须留意的是，即便存在根据，从裁量权的界限角度来看它也是有限制的。特别是在思考营业许可等的撤回容许性时，不能回避对能否通过改善命令、停止营业命令实现规制目的（所谓比例原则的适用）的探讨。[4]

（2）对于撤回时是否要补偿损失，今天，已有最高法院判例指出了清除上述问题的理论途径。因扩大东京中央市场业务需要而撤回该市场部分土地的使用许可时，有人请求借地权相当比例的补偿。最高法院承认，根据国有公有财产的使用许可而享有的使用权一般是《宪

---

〔1〕 今村成和·入门107頁。与此相对，"现在因更大公益而牺牲某法律状态"时，以及作为"制裁的手段"而撤回授益性处分时，这些情形要有法律的明确根据。同前书。

〔2〕 从同样的视角考察职权撤销、撤回的法律根据问题，最近的论考参照、中川丈久「『職権取消しと撤回』再考」記念論文集刊行会編『行政と国民の権利』（水野武先生古稀記念論文集）366頁以下。

〔3〕 除前揭今村成和外，例如，芝池義一·総論176頁、阿部泰隆·システム下698頁等。前述最高法院的观点也基本上可在这种思考框架中予以定位。

〔4〕 反过来，也有判例群是在一定情形下，行政厅失去裁量余地而被课予行使撤回权的义务（所谓"斯蒙诉讼"等）。对此，请参见下卷第229頁以下。

法》第 29 条第 3 款所包含的私有财产权，这种使用权"若没有规定
期限，在产生该行政财产本来用途或目的上的必要时，原则上应消
灭。而权利自身的上述制约是作为内在制约而被课予的"，因而，否
定了对使用权消灭自身补偿损失的必要。[1]

（二）职权撤销的限制

1. 撤销，不同于撤回，它是因违法性而使违法的行政行为失去效   257
力的行为，因而，从依法律行政原理来说，既然行政行为违法，本来
就一概可以撤销，或者必须予以撤销。但如前所述，[2]学说和判例过
去从法政策或实践的理由出发，对撤销也在法解释论上设计了类似于
对撤回的限制。对于职权撤销部分，存在如下限制。

第一，对于"确认行为"，即有不可变更力（确定力）的行政行
为，[3]作出该行政行为的行政厅当然不能自行撤销（对于这种行为，
自然可以通过一定的争讼程序由上级厅或其他机关作为争讼机关予以
争讼撤销）。

第二，通说和判例采纳的观点是，即使是违法的行政行为，在其
撤销明显侵害相关者的利益时（多是授益性行为或者以该行政行为为
基础形成私法关系的情形），行政厅也不能依职权撤销，如果撤销，
撤销自身也违法。[4]但是，这种观点自然是要在合理的范围内保护私
人在法上的安全，特别依据的是法政策的理由。因而，在另一方面，   258
例如，凡是授益性行为和形成私法关系的行为，即便违法，也绝对不
能依职权撤销。但这种抽象的原则并不成立。例如，（1）依据《自耕

---

〔1〕 最判 1974 年 2 月 5 日民集 28 卷 1 号 1 页。
〔2〕 参见前述第 135 页以下。
〔3〕 参见前述第 244 页。
〔4〕 例如，（1）依据旧《农地调整法》作出农地租赁解约的许可处分，因为形
成了拘束租赁双方当事人的法律状态，即使作出有错误，只要并非申请人有欺诈等显著
不端行为，就不允许依职权撤销。最判 1953 年 9 月 4 日民集 7 卷 9 号 868 页。（2）依据
旧《自耕农创设特别措施法》交付农地收购令，之后经过相当期间，以较为细微的违
法为由予以撤销，牺牲了农地受让者的利益，撤销行为违法。最判 1958 年 9 月 9 日民
集 12 卷 13 号 1949 页。这些都是上述观点的代表性例子，常常被引用。

农创设特别措施法》所收购农地的受让者（甲）实际上将该农地转租给第三人（乙）而未自行耕作。最高法院在该案中认为，出售约经三年后，为了出售给现实的耕作者乙，撤销对甲的出售处分并不违法。[1]（2）错误地作为不在本地居住地主（甲）所有的农地加以收购，没有将该农地出售给其真实所有者且为现实耕作者的乙，而是出售给第三人（丙），在出售处分完成后五年多，农业委员会撤销了收购计划、出售计划，在该案中，最高法院判决认为，违法的收购处分给乙造成的不利，明显大于依违法出售处分而成为所有者的丙因撤销该处分所遭受的不利，因而，撤销处分并不违法。[2]

2. 在法治国家之下原本就允许限制撤销违法的行政行为吗？如前所述，[3]该问题曾在德国引起激烈争论。但在日本，未必有很多学者在与依法律行政原理或法治主义的关系上，从理论上对为何允许限制撤销违法的行政行为加以说明。[4]之所以一般承认违法行政行为的撤销限制，终究是因为"依法律行政"要求与保护相对人及相关者法的安全要求价值衡量的结果，承认存在将比重置于后者的情形。而从理论上来看，这不能不说已构成前述"依法律行政原理"的例外（或界

---

〔1〕 最判 1956 年 3 月 2 日民集 10 卷 3 号 147 頁。

〔2〕 最判 1968 年 11 月 7 日民集 22 卷 12 号 2421 頁。

〔3〕 前述第 135 頁。

〔4〕 本书旧版写的是"极少有学者……"，我首次指出这一点是在 1980 年。对此，高木光教授批评指出，可惜我没有跟踪此后的学说发展（高木光「法治主義の信頼保護」芝池古稀 63 頁）。的确，"极少"可能是说过头了，所以这一次修改了表述。不过，我在这里的指摘当然是要强调承认限制依职权撤销违法行政行为的实际必要性，这时也需要多样利益的考量。不是这种具体考量的学者少（这种主张和操作的学者已经很多），而是问题在于，"职权撤销的限制"与依法律行政原理（本书设定的"客观的理论标尺"）本来在理论上是相抵触的，是根据何种法理根据予以承认的，是否得到明确？高木教授近来想对此问题从正面予以对峙，但其结果是归于前述 O. 巴霍夫式的类似思考，限制成为"信赖保护的要求"或"法治主义的要求"的内容之一（参照、高木光·前揭 77 頁）。详细分析此间德国对这一问题的讨论，桑原勇進「授益処分取消制限法理の理論基礎——信頼保護の憲法的位置付けについて」行政法研究 21 号（2017 年）79 頁以下。这是贵重的研究，但基本上只是德国法的介绍。

限)。[1]但正如前文所述,[2]在传统"依法律行政原理"的社会与经济状况背景已然变化的今天,能否从更为广义的法治主义或法治国家的概念将其正当化,自然就是另外一个问题了。

　　3. 另外,也有观点认为,即使是允许撤销的情形,在授益性行为的场合下,为了不破坏既有的法律秩序,撤销效果原则上不溯及既往,而仅面向未来发生。[3]如果问题是前述行政合法律性要求与保护相对人及相关者法的安全要求之间的利益衡量问题,那么,在具体的案件中,对于违法的行政行为就会有种种解决方法,诸如不必讨论就应予以撤销的情形、撤销但仅应面向未来发生效果的情形、即使面向未来也应限制撤销的情形等。但另一方面,过于厌恶"概念法学之弊"而打开无原则的利益衡量之门,可能将导致因法官的利益衡量而让依法律行政原理解体的结果。只要将"依法律行政原理"仍采用为今天行政法解释论的出发点,那么,对于违法的行政行为,就有必要在理论上一开始就明确原则上的撤销与例外的限制撤销关系。[4]

259

260

---

　　[1]　另外,在这一点上,"如果原先行政行为的授权规定有行政裁量的余地,职权撤销以授权规定为法的根据,自然同样也有裁量余地"。"在这种行政裁量框架中作为考虑事项的信赖保护"与"修正依法律行政原理时作为行政上一般法原则的信赖保护发挥功能"的情形需要分开考虑。有论文指出了这一点,可谓恰当,原田大树「行政行为の取消と撤回」法学教室448号(2018年)70頁。

　　[2]　前述第134页。

　　[3]　参照、松山地宇和岛支部判1968年12月10日例集19卷12号1896頁、田中二郎·上153頁。如果有时撤销的效果仅面向未来发生,其功能在结果上就已接近于撤回。实际上,在学说中,撤销和撤回理论在具体的事例中利益衡量的要求不可或缺,因而,也有见解否定在理论上区分职权撤销与撤回的意义。参照、遠藤博也『行政行为の無効と取消』(東京大学出版会、1968年)180頁以下。但现实功能相似与其法的意义如何,不用说就是不同的理论问题。本书以"依法律行政原理"为尺度来把握行政活动的法的意义,就必须在概念上明确区分撤销与撤回。

　　[4]　从这一角度来看,例如,有见解认为,"一般而言,即使是有瑕疵的行政行为,要加以撤销,就应有必须非要撤销不可的公益上的理由"(田中二郎·上151頁),"要撤销,仅有撤销原因还不够,还必须有非要撤销不可的公益上的必要"(田中二郎·上154頁)。仅从文字上来看,这是一种颠倒了的观点,至少要在理论上阐明该命题如何合乎依法律行政原理。

（三）　争讼撤销的限制

争讼撤销是法律为保护私人的权利免遭违法或不当行政活动侵害而设计的、依据本来权利救济制度的撤销。因而，违法的行政行为本来就必须全部予以撤销。但是，在日本，也承认其存在例外。

第一，存在与日本争讼制度构造自身相伴的限制（例如依据起诉期限制度的不可争力）。

第二，存在通常称作"瑕疵的治愈"案件。该观点大概是说违法性实质上不大，考虑到种种情况，维持行政行为的有效性。多适用于诸如因情势变更等而让当初欠缺的合法要件实质上满足了或瑕疵变得轻微的情形。[1]这种观点尽管没有法律上的明文规定，却通过判例和学说在过去的法解释论上发展起来。但必须说，其中与前述职权撤销的限制论一样，对于为何在以依法律行政原理为中心的法治国家中要承认瑕疵治愈，过去未必有明确的说明。为了防止陷入无原则的利益衡量论之中，有必要进一步在理论上加以探讨。[2]

第三，对于不承认瑕疵治愈的违法情形，有时会适用现行《行政案件诉讼法》（第31条）、《行政不服审查法》（第45条第3款）的所谓"情势判决"及"情势裁决"，尽管处分或裁决被判断为违法，仍不予撤销。对此制度，容后再述。[3]

---

〔1〕　参照、最判1956年6月1日民集10卷6号593页；最判1959年9月22日民集13卷11号1426页；最判1961年5月4日民集15卷5号1306页；最判1961年7月14日民集15卷7号1814页；最判1972年7月25日民集26卷6号1236页等。未承认瑕疵治愈的案件，参照、最判1972年12月5日民集26卷10号1795页。

〔2〕　远藤博也博士在这一点也从大致相同的角度指出，在过去作为瑕疵治愈来处理的案件中，有本来不被认为有违法事由的情形，也有将行政行为的违法判断的基准时间不是置于行为时而是判决时的情形，因而不存在违法事由的情形等。从理论上看，没有必要将本来瑕疵的治愈当作问题。参照、行政判例百选Ⅰ（初版）230页。

〔3〕　下卷第146页以下、第182页以下。

第五节　行政行为的瑕疵
——特别是行政行为的"无效"

第一款　"有瑕疵的行政行为"及其效果

一、所谓"有瑕疵的行政行为"

要作出行政行为，必须满足法令等规定的各种要件，包括行政行　262
为的主体、内容、程序、形式等。在行政机关作出某行为而欠缺行政
行为的某个法定要件时（或者是错误裁量的不当行为时），一般就说
"该行政行为有瑕疵"，称该行为为"有瑕疵的行政行为"。

然而，对于欠缺行政行为要件的行为，要赋予怎样的法的效果，
在立法政策上有多种可能性，而在现实中，法令通常仅规定了要件，
未明确规定违背要件的行为效果。其意味何在，就产生了法解释论上的
问题。纯粹从法理上考虑，只要没有特别规定（所谓瑕疵既决规定*），
欠缺行政行为法定要件的行为就已不是行政行为，而只是作出该行为
的公务员事实上或私人的行动。但在现实中，如果只要没有瑕疵既决
规定，"有瑕疵的行政行为"就一概没有行政行为的效果，可以料想
的是，作如此法解释，将给实际的行政运营造成明显的混乱。因而，
在这种理由之下，传统行政法学就在法解释理论上创造出这种意义上
的所谓"特别规定"。这时，这种法解释理论在制定法上的支撑就是　263

---

* 瑕疵既决规定（Fehlerkalkül），日文原文为"瑕疵决济规定"。如果要贯彻凯尔
森所倡导的纯粹法学逻辑，不符合法定要件的行为在理论上就必然不可能是法的行为
（无效）。因此，为了避免这一推导的结果，就必须另外要存在一种法规范，规定即使
有瑕疵，也并不当然无效。这种规范就是"瑕疵既决规定"。它未必是从正面规定"即
使有瑕疵，也并不当然无效"，也可以是规定要求撤销违法行政行为的途径（例如撤销
诉讼）。它描述的是为法秩序所容忍的法律的产出——既包括立法，也包括个案中的法
律适用——存在瑕疵的可能性。尽管存在违法性，但在为有权机关撤销前，仍有效
力。——译者注

存在抗告诉讼制度，在理论上的支撑就是前述的"公定力"概念。

二、"有瑕疵的行政行为"的种类

根据传统的行政法理论，法的效果因有瑕疵而有所不同，有瑕疵的行政行为据此有如下分类：

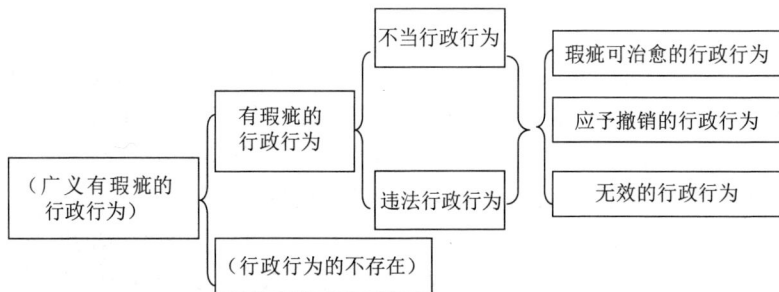

在这些概念中，之前已经阐明了不当行政行为、瑕疵可治愈的行政行为、应予撤销的行政行为等的含义，[1]这里仅想对无效的行政行为、行政行为的不存在作出说明。

（一）无效的行政行为

1. 有瑕疵的行政行为原则上是应予撤销的行政行为，具有所谓"公定力"。[2]但尽管有这种原则，如果现实中的瑕疵非常严重，在经正规程序撤销之前也必须作为有效的行为予以遵守，那就是非常不合理的情形。在传统学说和判例中，对于这种情形，就想出了"无效的行政行为"概念，即不待正规的撤销就从一开始概不承认其为有效的行政行为。[3]当初只是由学说和判例创造出来的这种"无效的行政行

264

---

〔1〕 参见前述第 107 页以下、第 261 页以下及第 246 页以下。

〔2〕 参见前述第 233 页以下。

〔3〕 如果按照传统理论所用概念的样子来使用，在理论上可用正文所示的体系图来表示这些概念的相互关系。只是照"无效的行政行为"概念所具有的这种意义来看，有的案件是"不当的行政行为"，在现实中就不会变成"无效的行政行为"。

为”或“行政行为的无效”概念，现在也通过《行政案件诉讼法》在制定法上予以承认了（参见《行诉法》第 3 条第 4 款、第 36 条等）。

根据传统的通说，无效行政行为不存在公定力、不可争力、自力执行力等所有效力，即使不经正规的撤销，从一开始就不具有有效行政行为的所有拘束力。因而，诸如行政行为相对方私人不在之前提起撤销诉讼，而可以直接以行政行为无效为前提提起民事诉讼等，该民事诉讼等的受理法院在审理先决问题之际也不受无效行政行为的拘束。在现行的《行政案件诉讼法》中，认可对无效行政行为特别提起无效等确认诉讼的抗告诉讼（《行诉法》第 3 条第 4 款），通说和判例认为，[1]在该诉讼中，不适用为提起撤销诉讼而设计的起诉期限、不服申诉前置等各种制约，[2]也不适用情势判决制度。[3]

2. 然而，“无效的行政行为”在上述点上受到不同于“应予撤销的行政行为”的法的对待，对此在结果上可谓殆无争议。然而在理论上，行政行为的“无效”究竟意味着什么？学说上仍有种种探讨，由此对于适用于“无效的行政行为”的法原理、法制度，就产生了部分稍稍不同于上述通说和判例的观点。

例如，有观点认为，“在法治国家中，违反法律的行为，即有瑕

265

---

　　〔1〕　但即使是传统通说，尽管具体的利益衡量结果是“无效的行政行为”，有时也以某种形式维持该行为的效果。例如，被称为“无效行政行为的转换”者即为一例。它是作为行政厅本来意图的行政行为无效，若行政厅从一开始就知道该行为无效，当然就作出其他行为，在没有给相对人造成实质的不利时，该行政行为就作为别的行政行为而有效。经常引用的例子是，对死者作出的矿业许可、以死者为名义的农地收购处分等，分别作为以其继承人为对象的行为而有效。有时为了保护相对人的信赖，也将本来无效的行政行为当作有效的行政行为。例如，被称为“事实上的公务员（de facto Beamten）理论”即为其例。虽然不是公务员作出的行政行为，而相对人有充分的理由相信是真实的公务员作出行政行为时，为保护其信赖，而当作有效的行政行为。

　　〔2〕　参见下卷第 62 页以下。

　　〔3〕　根据传统通说，无效行政行为不同于应予撤销的行政行为，从最初就不具有所有效果，因而原本就没有情势判决所应维持的效果，进而在理论上本来也不产生限制撤销的问题。然而，对此如第 265 页注〔2〕所示，行政行为无效原本是怎样的，与正文以下所见问题相关联，也并非没有异议。

疵的行政行为在实体法上一概无效；所谓应予撤销的行政行为，只不过是将实体法上无效的认定权在程序法上仅赋予特定机关之手的情形而已"。[1] 在这种观点中，这里所谓"行政行为的无效"就变成这种实体法上无效认定权没有仅限于特定机关而广泛地予以一般承认的情形。因而，它就只是程序法上的现象。[2] 但从理论上来说，即使在法治国家，在不满足行政行为法定要件的情形中，在实体法上要赋予其怎样的效果，也是可以由法律自由规定的；即便没有法律的规定，在带有实践性的法解释论上，也未必禁止设想出种种不同的效果来。在传统的观点中，毋宁是存在着一种牢不可破的观点，即所谓"行政行为的无效"，是给行政行为一定的瑕疵赋予的实体法上的效果，"应予撤销的行政行为"与"无效的行政行为"的不同可谓是根据瑕疵轻重而赋予实体法上效果的不同。然而，有观点也是持行政行为的"无效"首先是实体法上效果的立场，而其所谓"行政行为的无效"是指在正规的撤销程序外任何人均可无视行政行为效果的情形（与上述认为"行政行为的无效"纯粹为程序法上现象的立场完全一样）。对此，很早就有学者指出，"说行政行为在实体法上是无效的，与说其认定权属于谁，这两者在逻辑上是无关的。说在实体法上无效，并不能直接就说任何人都可以无视行政行为了"。[3]

如此看来，即使同样说着无效的行政行为或者行政行为的无效，也因论者和情形不同而常常表达着不同的理论意味：一是"在正规的撤销程序之外可以否定行政行为的效果"意义上的（换言之，不承认

---

〔1〕 参照、白石健三「行政処分無効確認訴訟について（二）」法曹時報 13 巻 3 号（1961 年）343 頁以下；兼子仁「無効等確認訴訟の範囲」公法研究 26 号（1964 年）169 頁以下。

〔2〕 在这种观点之下，例如，就会出现与通说不同的观点认为，情势判决制度可适用于原本在实体法上无效的"应予撤销的行政行为"，却仅不适用于"无效的行政行为"，这并没有必然的理由。

〔3〕 参照、柳瀬良幹「司法裁判所の先決問題の審理権」同・『行政法の基礎理論』所収。在柳濑博士的情形下，这种问题意识会朝着传统通说难以想象的方向发展，即无效行政行为也有公定力。

"公定力"意义上的)"程序法上的无效";二是根据行政行为瑕疵轻重和样态来考虑的"实体法上的无效"。考虑到两者本应在理论上明确区分,本书以下仅将前者用"行政行为的无效"一词来表述,在必要时对后者特别用"行政行为的欠效"来表示,以示区分。

(二)行政行为的不存在

除了"行政行为的无效"外,日本传统的通说进一步认为,应另外有一种情形是"行政行为的不存在"。根据这种观点,应予撤销的行政行为及无效的行政行为姑且不论其法的效果,在现实中仍具备行政行为的外观。而"不存在"则是连行政行为的外观也没有的情形,例如,合议制行政厅内部作出意思决定,但尚未通知相对人,就不作为行政行为而成立的情形,[1] 或者完全是私人的行为,就属于"行政行为的不存在"。如此,在无效的行政行为的情形中,因为事实上具备貌似行政行为的外观,就有理由承认提起确认无效诉讼,通过诉讼将其排除。而"行政行为的不存在"则完全缺乏行政行为的外观,就没有必要承认诉讼,因而提起确认无效诉讼,将其驳回即可。

但是,对于这种观点,有影响力的少数说认为,在理论上无法区分行政行为的"无效"与"不存在",通常所谓"行政行为的不存在"其实只是"无效"的一种。[2] 根据该说,从法理上看,行政行为无效,就在法上不存在行政行为;即使考虑是否有必要将其作为诉讼对象来处理的问题,所谓行政行为的不存在,要言之,即"不存在有效行政行为的事实",因而,也就没有理由在理论上区分行政行为的无效与不存在。

然而,之所以在行政法学上有必要主张"行政行为的不存在"这一特别概念,未必是基于法理上的理由,而只是基于实践的理由。要

267

268

---

〔1〕　对于行政行为效果的发生,学说和判例采取到达主义。顺便提及,最高法院的观点是,"行政行为是因表示行为而成立,即使在行政机关的内部确定,在未向外部表达时,不可能是意思表示"。"以书面形式表达时,作成书面文书,成立行政行为;在该书面文书到达时,发生行政行为的效力。"参照、最判 1954 年 9 月 28 日民集 8 卷 9 号 1779 页。

〔2〕　参照、柳瀬良幹『行政行為の瑕疵』(清水弘文堂書房、1969 年)。另参照、兼子仁『行政行為の公定力の理論』(東京大学出版会、1960 年) 343 頁。

言之，（1）是否一般性地承认行政行为不存在的确认诉讼这种诉讼类型？（2）作为行政行为提起撤销诉讼等抗告诉讼时，允许以不存在行政行为为理由驳回诉讼吗？对于这两个问题，在法解释论上是否定前者而肯定后者。但现在，至少对于第一点，制定法上已经解决（在《行政案件诉讼法》第3条第4款的无效等确认诉讼中也包括请求确认"是否存在处分或裁决"的诉讼[1]）；而对于第二点，总之会归于《行政案件诉讼法》第3条所说"处分"或"公权力的行使"概念的解释问题，因而，从该角度来讨论也是可以的。[2]尽管如此，"行政行为的不存在"概念包含着上述少数说所指出的种种理论难点，没有必要将其作为有瑕疵行政行为的一种来讨论。

第二款　应予撤销的行政行为与无效的行政行为判别基准

一、"重大明显"说

有瑕疵的行政行为在现实中属于上述哪一种类型，特别是在有关行政行为的诉讼程序上具有重大意义，因而，根据何种基准进行判别，就成为非常大的问题。其中，必须作为问题的是"应予撤销的行政行为"与"无效的行政行为"的判别基准。

1. 在日本传统的判例和通说中，这两者的区分标志在于"瑕疵的重大明显性"。其所持的公式是，"有瑕疵的行政行为原则上只是应予撤销的行政行为，在其瑕疵重大明显时，行政行为即为无效"。[3]根据这种观点，某行政行为因其违法性而成为无效者，不仅仅是有重大的违法性，该违法性还必须是明显的。然而，如前所示，"无效的行政行为"并不仅限于实体法上无效（欠效）的意思，还是不待正规的

---

〔1〕　作为这种诉讼的例子，参照、最判2002年1月17日民集56卷1号1页。

〔2〕　参见下卷第18页以下。

〔3〕　例如参照、最判1955年12月26日民集9卷14号2070页；最判1956年7月18日民集10卷7号890页；最判1961年3月7日民集15卷3号381页等。

法定撤销程序，任何人均可认定其欠效、否定其效果的行为。既然如此，从理论上来说当然要承认的就是，必须是谁都能看得出来明显存在瑕疵的情形。上述公式是至少一眼看上去具有大致合理性的观点。[1]但若详细探讨，对于"瑕疵的明显性"要件，在理论上也有种种问题，即使在抽象地采用"明显性"要件的判例和学说中，其所赋予的具体的现实意义，也能看到种种微妙差异。

首先，理论上的首要问题是，该"明显性"究竟是对谁而言的明显性？例如，在课税处分中，所得额多大程度真实、课税标准本来是多大的数字，并不具有谁都能简单判明的性质。但也有不少事情即使对一般的私人并不明显，但对专门的行政机关而言却是明显的。因而，诸如，尽管行政厅诚实地履行职责、充分地调查探讨，仍然错误认定所得额、错算课税标准，姑且不提这一情形，而对于漫不经心地作出的课税处分，发现这些错误时，这种错误也不是对任何人都是一看就明显的。这时就会产生疑问，不认定处分无效是否不合理呢？[2]然而，对此问题，最高法院认为，"所谓瑕疵明显，应是指自处分成立之始，在外形上、客观上均明显误认的情形"，"瑕疵是否明显，取决于能否一眼就看得出处分在外形上、客观上存在误认，行政厅是否因怠慢而忽略了应当调查的资料，与判定处分是否在外形上客观上具有明显瑕疵没有直接关系"。[3]这就否定了先前的疑问，而行政处分瑕疵在客观上是明显的，是指"不论处分相关人知道与否，其明显性不必等待特定有权国家机关的判定，任何人作出判断都能近乎达到同

270

---

〔1〕 在学说中有观点认为，作为让行政行为归于无效的原因，重要的不是瑕疵的"重大性"，而毋宁是"明显性"。也就是说，如正文先前所见，"在法治国家中，违法的行政行为在实体法上均为无效（欠效），所谓'无效的行政行为'是指不仅法定的撤销机关具有欠效的认定权，所有人均有权认定的情形"，基于这种认识者就是前面这种观点。在这种观点之下，行政行为"无效"，瑕疵在实体法上是不是重大，原本就不成为问题，毋宁是作为解除行政行为欠效认定权限制的要件，才只重视"明显性"。

〔2〕 即所谓"职务诚实义务说"的立场。例如参照、東京高判 1959 年 7 月 7 日例集 10 卷 7 号 1265 頁；東京地判 1961 年 2 月 21 日例集 12 卷 2 号 204 頁等。

〔3〕 最判 1961 年 3 月 7 日民集 15 卷 3 号 381 頁。

一结论的程度"。〔1〕最高法院一贯就是采取所谓"外观上一见即明显说"的立场。〔2〕而在学说中，也有支持这些判决者，认为既然要求将明显性作为行政行为的无效原因，考虑到它是在法定撤销程序外任何人均可无视行政行为效果的要件，其中的明显性当然必须是对任何人均为明显。〔3〕

但是，从理论上来看，如果瑕疵在谁看来都是明显的，那原本就一定不会产生有关行政行为效果的纷争，可以说正因为不明显，才引起纷争、产生诉讼。所谓"在谁看来都是明显的"，其实就是在法院看来"在谁看来一定都是明显的"，这与常常使用"从正常人来看……""从社会上的一般人来看……"这种表达的情形是一样的，应该说包含着法院自身的价值判断，即"如果是社会上的一般人，应该感到是明显的"。如此，法院在作出这种评价时，其实际的基准究竟是什么，便成为问题。从现状来看，直率地说，让法院作出瑕疵"明显性"的认定，这一意义上真的基准未必是充分清楚的。〔4〕

关于瑕疵的"明显性"，除了这种"对谁而言的明显性"问题，还有"什么的明显性"问题，〔5〕问题就更加复杂，限于篇幅对此不再展开。〔6〕

2. 从"重大明显说"的理论状况来看，对过去通说和判例提出

〔1〕 最判 1962 年 7 月 5 日民集 16 卷 7 号 1437 頁。

〔2〕 对于最高法院有关这一问题的系列判决，参照、『行政法の争点』（初版）100 頁以下、同（新版）80 頁以下。

〔3〕 参照、田中二郎·上 142 頁。

〔4〕 在这一点上，分析最高法院判例说的"明显性"概念下其更为具体的考虑，参照、森田寬二「行政行為の『特殊な効力』」大系 2 所収。

〔5〕 对于行政行为是否有瑕疵的问题，有该行政行为中是否有一定事实的问题，也有该事实是否真的就成为违法原因的问题。因而，明显性成为问题的情形，在理论上当然就可能有"存在成为瑕疵原因的事实"的明显性问题与"瑕疵是瑕疵"的明显性问题。

〔6〕 关于行政行为瑕疵各问题的分析，参照、森田寬二·前揭論文、雄川一郎「行政行為の無効に関する一考察」同·『行政の法理』（有斐閣、1986 年）161 頁以下。

有力批判者应该可以说是所谓"具体价值衡量说"的观点。该观点认为，对于有瑕疵的行政行为是仅为应予撤销的行政行为还是无效的行政行为，用瑕疵是重大还是明显这种统一的标准来决定已并不适当，而应根据各个具体情形考虑种种具体的利益而定。[1]　　272

然而，详细探究采用所谓"重大明显说"的上述判例和学说等，就会产生一个疑问：它们大致是将瑕疵的重大明显性列为抽象的标志，但在现实中不正是已如具体价值衡量说所说的，在根据具体情况进行利益衡量吗？例如，如前所述，最高法院反复将瑕疵的重大明显性作为行政行为无效的标志加以强调，但已有诸多学者指出，在最高法院的判例中却常常可以看到，它未必那般说明。例如，最高法院判决指出："知事违法禁止进入所有者开垦中的土地，妨碍开垦，将该地作为未开垦地作出收购处分时，如果没有采取上述禁止进入措施，在该收购计划成立之时，该地就已明显成为农地，则上述收购处分无效。"[2]该判决正如今村成和博士所指出的那样，实质上可以说只是适用了诚实信义原则而已，与所谓瑕疵的重大明显并没有关系。[3]

———————————

〔1〕　一般而言，这种观点就是，从具体情况来看，对因行政行为无效而让行政行为相对方私人所得的利益与行政一方所受的不利、因行政行为有效而让私人所受的损害与行政所得的利益进行比较衡量，这时如果得出无论如何都应保护私人利益的结论，行政行为无效；反之，若判断认为，即便迫使私人多少作出牺牲，也要维持行政行为的效力，满足行政上的要求更为迫切而必要时，它就仅仅是应予撤销的行政行为。根据行政行为效果会在怎样的场面下成为问题（例如，是否认可在超过撤销诉讼的起诉期限后提起抗告诉讼，行政行为的效果作为民事诉讼的先决问题而成为问题，等等），这种衡量可得出各不相同的判断。参照、遠藤博也『行政行為の無效と取消』（東京大学出版会、1968 年）。

在进入昭和 40 年代左右时，有部分文献颇为明确地主张这种观点。过去，柳瀬良干博士主张，以前将瑕疵的重大明显标志作为无效的行政行为与应予撤销的行政行为的区分基准，这在理论上是有问题的。"无效与撤销的区分标准最终在于公共福祉，承认有瑕疵行政行为的效果绝对违反公共福祉时无效；尽管有瑕疵，姑且承认效果合乎公共福祉时，就变成应予撤销。""因而，在这一标准下，特定的瑕疵是解作无效原因还是撤销原因，取决于公共福祉的具体内容如何。"（参照、柳瀬良幹·教科書 110 頁。）这在实质上也可以看作属于具体价值衡量说的立场。

〔2〕　最判 1965 年 8 月 17 日民集 19 卷 6 号 1412 頁。

〔3〕　今村成和·入門 107 頁。

1973 年，最高法院更为明确地从正面推出利益衡量的观点，在下述理由下，判决撤销以瑕疵缺乏明显性为由认定课税处分有效的原审判决，发回重审：[1]

> 一般，课税处分仅存在于课税厅与被课税者之间，因而不必考虑保护信赖处分存在的第三人。若斟酌此等情形，该处分中的内容错误是课税要件的根本错误，即使斟酌征税行政的安定性及其顺利运营的要求，仍以超过不服申诉期限发生不可争的效果为由，让被课税者承受上述处分所带来的不利，在有显著不当的例外情形下……就相当于是让该处分当然无效的瑕疵。

若鉴于这种判例动向，大致可作出推测：最高法院在现实中也常常进行具体的价值衡量。如果价值衡量的结果用"瑕疵的重大明显"这种表达来说明，并非较为勉强，就用这一公式；反之，若存在用词上的不合理，就直接将其基础性的利益衡量表达出来。[2]

若是看看学说，例如，田中二郎博士在很早以前就强调重大明显说，一方面，强调具备瑕疵的重大性与明显性两个要件，才构成无效的行政行为，[3]另一方面也认为，"行政行为的内在瑕疵是无效的原因还是撤销的原因，应根据具体情形而定，不可一概而论"。[4]他之后又详细列举了瑕疵种类及其对行政行为效果的具体影响。在这些瑕疵及其效果的目录中，也有诸多情形未必能说清楚地合乎瑕疵的重大明显标志。

---

[1]　最判 1973 年 4 月 26 日民集 27 卷 3 号 629 页。

[2]　最高法院也有案例从"重大·明显"性及 1973 年判决所示基准的两方角度探讨行政行为能否说成无效。参照、最判 2004 年 7 月 13 日判时 1874 号 58 页。为了准确地理解最高法院在各判例中（包括这里所说的案例）说了什么，有必要思考种种背景事实：最高法院在判决之际，并非"首先学说（法理）如何如何"或者"判例如何如何"，基本上是以"在该案件中最为适当地解决纷争"为第一位的任务，多数意见的判决文是合议体妥协的产物。对此，参照、藤田宙靖·最高裁回想録 135 页以下。

[3]　田中二郎·上 140 页。

[4]　同上，第 143 页。

如此，在采用重大明显说的学说和判例中，瑕疵的重大与明显在现实中作为案件的实质解决基准至少也没有其所强调的那种程度的重要意义。在不少情形中，"瑕疵的重大明显"可以说只是以比较法上熟悉的某个表达来给"非常过分的违法"换个说法而已。[1]

二、应予撤销的行政行为与无效的行政行为的具体判别

如上所见，即使在现在，仅仅举出"瑕疵的重大明显"这种标志，也无法具体判别应予撤销的行政行为与无效的行政行为。因而，在判别时，考虑上述问题，在具体事例中作出最适当的选择。以下将参考几个较为一般化的案例，回顾此前的判例和学说上的理论尝试。

（一）无权限者作为行政厅作出的行为

通说认为，不得作为行政厅者（欠缺公务员资格者、公职任期届满者等）作出的行为原则上是无效的。对于某人是否有行政厅的资格，未必始终能从外观上一看就是明显的，这一原则能确立起来是令人关注的。[2]

这一点在合议制的行政厅（公安委员会以及其他行政委员会等）的情形中，因是否正确地组织合议体而成为问题，问题就更为复杂。最成问题的就是涉及合议体的成员缺乏资格（例如，除缺乏公务员资格外，作为利害关系人而在法律上当然受到排斥者等）的情形，除去这种人不符合法定人数时，可以认为当然无效；而除去这种人却还满

---

〔1〕　原田尚彦断言这是"洞见"，并指出"正因为重大明显不可能成为具体的基准，反倒具有一种妙处，可根据案件逐案寻求具体的妥当性、自由而富有弹性地作出判断——所谓大冈裁判，判例就是喜欢作为修辞采用这一基准。"原田尚彦·要论179页。（"大冈裁判"是指公正而富有人情味的裁定和判决，因《大冈政谈》等小说描写了大冈忠相所作的判决而得名，但与实际的大冈忠相无关。——译者注）

另外，柳濑良干博士指出，瑕疵的重大明显，最终只不过是用更为具体的措辞给公共福祉的观点换个说法而已。柳濑良干·教科书110页。

〔2〕　不过，正如先前所述，有时为了保护相对人的信赖，也可能适用事实上公务员（de facto Beamten）法理。参见前述第265页。

足法定人数时的案件就是问题。这一点在学说上，很多人认为，在合议制机关中，一个人意见可能控制全体的意见，考虑到这种特殊性，仅为一人存在瑕疵，原则上也成为合议体行为本身无效的原因。而最高法院对此适用"重大明显说"的公式作出判决，例如，有利害关系者作为农地委员会会长参与了确定收购农地决议，即为违法，而只要没有其他明显妨碍决议公正的特殊事由，并非无效。[1]

（二）作为行政厅行动却缺乏公务员意志的情形

这时，缺乏公务员的意志在多大程度上会成为行政行为自身的瑕疵呢？这在与依法律行政原理的关系上有几个问题。过去的学说和判例均广泛承认的原则是，行政行为一般并不因行政厅的错误而（当然）无效。之所以如此，一种观点认为，行政行为与私人的法律行为不同，相较于行为人的心理动机而言，更重要的是行政行为是否根据法律的规定而作出。[2]结果，即使是错误作出的情形，只要在结果上不违反法令，就不是撤销的对象。[3]与此相对，学说几乎一致认为，行政厅的公务员在烂醉如泥以及其他丧失心智状态下（或者高强度的胁迫之下）所作的行政行为无效。

法律之所以介入行政行为这种法形式、将作出行政行为的行政厅法定，是要让行政厅的公务员作出满足法定要件的认定、作出是否作出行为的主体性判断。因而，在未充分进行这种认定或主体性判断的状态下，行政行为在依法律行政原理之下本来也是违法的行为。但是，对于这种违法与行政行为的效果具体如何相连接，可根据在多大程度上重视公务员的主体性判断而得出种种观点。[4]

[1] 最判1963年12月12日民集17卷12号1682页。
[2] 参见前揭第213页注[1]。
[3] 参照、田中二郎·上144-145页；杉村敏正·総論上227页；神戸地判1951年3月13日例集2卷4号605页。另外，相较于行政机关的内部意志，应以误记的表示行为为行政行为的内容，参照、最判1954年9月28日民集8卷9号1779页。
[4] 例如，对于基于欺诈、胁迫或贿赂等不正当行为作出的行政行为，有学说认为，应与错误的情形作同样理解（杉村敏正·総論上227页）；但也有学说认为，不应认为当然无效，应理解为可以此为理由予以撤销（田中二郎·上144页）。

（三）程序和形式的瑕疵

行政行为作出之际存在程序瑕疵时，它对行政行为的效果会产生277怎样的影响呢？对此，当然可能因对行政法上"程序"重要性的认识而产生种种观点上的差异。如前所述，日本传统行政法理论中，不是将英美式的正当程序思想而是将"依法律行政原理"作为法治主义的核心原理，原本并不重视"程序"自身的固有意义，行政行为在实体上、内容上合法，基本上就会容易倾向于认为，程序自身的瑕疵近乎可以忽视，多数是可治愈的。但如前所述，在这当中，较早时就已有人承认行政事前程序的意义，它是从充实近代法治国家原理，特别是补充行政争讼制度角度来保护个人权利利益的制度。[1]但在这种情况下，通常也仅限于以如何与国民权利利益产生关系为基准来考察程序瑕疵问题。也就是说，通说和判例的基本态度一般是，如果程序是为了保护以相对方私人为代表的利害关系人权利利益而设置的，或者为了调整相互对立的利害关系人的利害而设置的，缺乏该程序的行为原则上应为无效；而程序仅为行政的内部要求，即仅供行政的顺利合理运营参考，或者以其他行政上的便宜为目的时，欠缺该程序的行为，不应仅以此为由而当然无效。例如，在征收土地中项目认定的告示、作为滞纳处分之前提的督促等，在作出行政行为之际，为赋予利害关系人主张权利、提出不服申诉机会而进行公告或通知等程序，均属于前者；前述赋予听证、辩明机会等事前程序也同样如此。而在作出行278政行为之际，规定应咨询其他行政机关或特别审议机关时，若该咨询旨在保护国民利益或确保处分公正，欠缺即为无效；若仅为行政内部的便宜而实行，就并非无效。[2]

在上述基本倾向之外，还必须注意其前提：这些均为在法令上有程序规定时的情况，对于法律或依法律所作命令等没有明示程序的必要时，原则上原本连违法问题都不会产生。对于这种倾向以及相关学

---

〔1〕　参见前揭第 151 页以下。

〔2〕　参照、最判 1971 年 1 月 22 日民集 25 卷 1 号 45 页。另参照、最判 1956 年 11 月 27 日民集 10 卷 11 号 1468 页。

说和判例的近来动向等，请参见前述行政的事前程序部分。[1]

另外，形式的瑕疵通常是指在行政行为应以法定的特定形式作出，却未以书面形式作出、欠缺行政厅的署名盖章、欠缺日期等情形。形式的瑕疵原本影响到行政行为实体内容自身的可能性是极小的。在传统的"依法律行政原理"下，既然是"程序的瑕疵"，原本就有容易轻视其意义的倾向（未必是关于行政行为的判例，但却是最高法院较早的判例，它认为，即使在外国人驱逐令中欠缺法令要求的执行人署名盖章，依据该驱逐令的执行也不违法[2]）。然而，日本行政法学过去主要是从私人权利保护的角度认为，形式的瑕疵有时导致行政行为无效。例如，法令规定应以书面却以口头方式作出的行政行为、欠缺行政厅署名盖章的行为、法律上要求附具理由却没有记载理由的行为等均为无效。这是近乎一致的通说。它所依据的考虑是：这些均为与这样一个问题相关的因素，即怎样的行政行为以什么样的理由在什么人的责任下进行？它们为了私人对作出的行政行为提出不服申诉、提起诉讼时的便宜，或者作为将来发生纠纷时的证据具有重要意义。[3]

---

〔1〕 参见前述第 151 页以下。

〔2〕 参照、最判 1950 年 12 月 28 日民集 4 卷 12 号 683 页。

〔3〕 另外，欠缺附具理由，今天毋宁是多作为一种程序瑕疵来处理。关于附具理由问题的最高法院判例，参见前述第 158 页。

第二章
行政法上义务的强制手段

第一节 行政上的强制执行

第一款 概 述

一、行政上强制执行的意义与功能

根据以行政行为为代表的各种行政手段，或者直接根据法令的规定，私人负有行政法上的种种义务（行政行为不介入其中，直接强制履行法定义务，这已构成三阶段构造的例外。如后所述，在日本现行法上，这时是与介入行政行为的情形同样处理的，因而这里也为了便宜而一并处理）。在该义务没有获得任意履行时，如何确保其实现，对行政主体而言就是极为重要的问题。在现代行政中，为此采取的手段非常多样，如第二节所见，法律上也规定了诸多制度，行政机关也以种种方式利用这些制度，其所谓"运用"的方法也极具多面性和动态性。但是，在古典的"三阶段构造模式"的理解下，行政上的强制执行是首要的执行行政行为方式，具有重要的法的意义。

如后所述，现在，作为实现行政上目的的手段，行政在现实中利用强制执行制度的程度从量上来看绝不算多，仅在例外的案件中利用毋宁才是现实。但是，从法理上来看，以实力实现行政目的，直接着手于私人自由和财产的强制执行制度，对于"依法律行政原理"之下的行政法而言无疑已具有极为重大的意义。本章从这一角度出发，首

280

281

先沿着"三阶段构造模式"来分析强制执行制度，在探讨日本现行的强制执行制度的问题后（第一节第二款），也将特别与这些问题相关联触及其他手段（第二节）。

二、行政上的强制执行与法律根据

19 世纪末，在奥托·迈耶确立行政法理论体系时的德国公法学上，"可单方命令和强制的权能是国家公权力的当然属性"，由此，在私人不遵从国家机关发出的命令等时，一般本来就当然可以实力予以强制。在这种基本观点之下，德国行政法学虽正在确立"法律保留"理论，但仍一般认为，可对不遵从的私人以实力予以强制，这是作为行政行为属性的自力执行力的当然效果，如果法律授权可以作出行政行为，当然就可以强制执行，而无需另行授权。

在第二次世界大战前，根据德国行政法学，特别是奥托·迈耶的观点，日本行政法学压倒性的观点认为，在行政上强制执行的手段中，在强制执行阶段课予行政行为中并不包含的新义务（例如，如后说明的代执行、执行罚），除了对行政行为的授权，还要有对强制执行手段另外的法律授权；而按照行政行为的内容直线地执行，亦即直接强制（例如，对不遵守停止营业命令的经营者，以实力查封店铺，在现实上使其停止营业；对不遵守住院命令的传染病患者实施强制隔离等行为），在对行政行为的授权之外，不需要对强制行为自身的授权。但是，在第二次世界大战之后，特别是进入昭和 30 年代，这种观点受到种种质疑。有观点强烈主张，即使有对行政行为的法律授权，要实施强制执行，执行行为自身还要进一步获得法律的授权。[1]

这种新观点的论据，也可以从宪法构造的变化（法治主义的贯彻、司法国家制的采用等）得出。重要的可以说基本上是这样一种观点，即"通过行政行为课予义务与通过实力加以强制是不同的问题，

---

〔1〕 参照、広岡隆『行政上の強制執行の研究』（法律文化社、1961 年）；兼子仁『行政行為の公定力理論』（東京大学出版会、1960 年）等。

强制常常是对私人'自由和财产'的新的侵害"。在这一意义上,这可以说是在传统"依法律行政原理"框架内的内在理论修正。现在它已成为学界不言自明的观点。[1]

　　根据这种观点,行政主体只要没有法律的明确根据,就不得对国民的行政法上义务实施强制执行。因而,问题就变成:在日本现行法上有哪些法律承认了哪些强制执行手段?[2]将在下一款中予以概述。

---

　　[1] 参见前文第233页。

　　[2] 另外,问题是,这里所说的"法律"是否包含地方公共团体所制定的条例?在与"依法律行政原理"基本理念的关系上,地方议会由地方公共团体居民代表组成,条例是它制定的一般法规范,以条例规制居民的权利利益在理论上未必是不可能的(现在这种条例广泛存在,参见《地方自治法》第14条第1款、第2款)。不过,在现行地方自治法上,普通地方公共团体只要不违反国家法令,就可以制定条例(参见该法第14条第1款)。而现在日本的行政上的强制执行上,《行政代执行法》具有一般法的性质。该法规定,"确保履行行政上的义务,除法律另有规定外,适用本法律的规定"(第1条)。因而,至少在现行法之下,没有法律的根据,不允许条例独自设定强制执行手段。

　　另外,地方公共团体对于履行条例规定的行政上义务,有可能根据《行政代执行法》第2条括号中所写内容代执行。不过,在文字上,其中的"条例"限于"根据法律的委任",因而,没有法律的个别委任而制定的所谓"自主条例"(虽然根据《地方自治法》第14条第1款规定,只要不违反法令,就一般承认其存在)并不包括在其中(因而,对于违反条例规定的行政上义务,不允许以条例来认可代执行)。在文义解释上,当然能提出这种问题,而且,应当尽可能制约行政活动中权力性行为的行使,在这种基本观点之下,这种解释也有一定的说服力。但鉴于自主条例在地方自治上现有的意义和功能,今天学说和实务难以采用这种解释。作为文字上的问题,《行政代执行法》第2条所写内容并没有特意区分委任条例与自主条例,它就是在这样的逻辑上展开的。[《行政代执行法》第2条规定:"对根据法律(包括根据法律的委任而制定的命令、规则及条例,以下同)直接命令,或行政厅根据法律设定的行为(限于可由他人代替的行为)负有义务者不履行该义务,而其他手段难以确保该义务的履行,并且放任其不履行会严重地违反公益时,行政厅可亲自或者由第三人作出义务人应当作出的行为,并向义务人征收作出该行为的费用。"——译者注]

第二款　日本现行法上的强制执行制度

一、代执行程序和滞纳处分程序

283　　根据日本现行的法律，以比较一般性的形式获得承认的强制执行手段只有两个：一是行政代执行法等规定的代执行程序，二是国税征收法等规定的滞纳处分程序。

　　对于这些制度，首先要注意的是，这些只是比较一般性的强制执行手段，其适用范围有限制。因而，如后所述，就会出现一个问题：

284　对于不适用这些制度的行政行为，如何强制实现其效果呢？其次要留意的是，这些制度虽说是强制执行手段，但未必仅为单纯的一个行使实力的行为，其自身由种种行为（行政行为、事实行为）构成，并形成一连串的程序和过程。[1]

　　（一）代执行

　　如前所述，在日本现行法上，具有行政上强制执行的一般法性质的是《行政代执行法》，该法律自身只规定了代执行的手段。正如该法第2条规定的那样，所谓代执行，是指义务人不自发地履行其义务（除行政行为所课予的义务外，还包括法令直接课予的义务）时，行政厅代为实施该行为（或者让第三人实施），并向义务人征收由此而产生的费用的制度（例如，用于强制摧毁违法建筑物、强制交出被征收的土地等情形）。这时，对于其费用的征收，根据后述国税滞纳处分的做法来强制实施（《行政代执行法》第6条）。与滞纳处分的情形一样，代执行制度是自告诫（该法第3条第1款）这一行政行为开始，由一连串过程构建起来。[2]

---

　　[1]　有学者着眼于这一点，将其称作"行政上的一般制度"，区别于"行政行为"等行为形式。参见后出第388页。

　　[2]　另外，该法第3条第3款规定，对于这些程序，在有非常迫切危险的紧急必要时，可省略告诫等程序。此外，个别法规定，在一定要件下可以公告代替告诫，例外地承认所谓"简易代执行"。参见《建筑基准法》第9条第11款，《河川法》第75条第3款，《道路法》第71条第3款等。

　　然而，代执行手续并不能用于确保所有义务的履行。《行政代执行法》第 2 条规定了代执行的种种要件，其中特别受到关注的是，限定为"限于可由他人代替的行为"。既然代执行是以他人代替本来的义务人实施的结构为中心，这种限定可谓是概念的必然性制约。其结果是在现实中，就将命令不作为义务（例如，各种停止营业命令）以及命令作为义务中不可替代的义务[1]从代执行的对象中排除出去，而只有命令所谓替代性作为义务，才能实施代执行。[2]即使有不履行替代性作为义务，但仅此还不满足代执行的要件。《行政代执行法》第 2 条还附加了其他要件，即"其他手段难以确保该义务的履行，并且放任其不履行会严重地违反公益时"。[3]

　　另外，如果下述滞纳处分程序另当别论，代执行制度就是日本现行行政法上唯一的一般性强制执行制度，有很多学者指出，现实中使用这一制度是稀少的，产生了很多问题。[4]但是，这一制度不仅仍具有重大的法理意义和功能，在近来的实务上其应用也逐渐增多。[5]这

285

　　[1]　例如，1998 年废止前一直存续的《结核预防法》第 29 条中存在结核患者的住院命令制度。现在作为取代该法同条规定的是《关于感染症预防及感染症患者医疗的法律》第 19 条第 1 款。其中，作为行政行为的命令已不复存在，而使用了作为行政指导的劝告。对此，另参见后文第 290 页注[3]。

　　[2]　理论上说虽然如此，但现实中也不是不产生难题：什么是可代执行的替代性作为义务？例如，《土地征收法》第 102-2 条第 2 款规定的代执行中，"物件转移"的代执行不成为问题，而能如何实施"土地交付"的代执行，便极有问题。对此参照、广冈隆『行政法総論（五版）』（ミネルヴァ書房、2005 年）167 頁。

　　当然，对于一般的作为义务，如果将"采取行动"理解为义务的内容，就不能命令任何人代本人采取行动，所有作为义务就沦为非替代性义务（例如，前述物件的转移、建筑物的拆除或改建等，即便通常被看作替代性作为义务的典型，也同样如此）。因而，所谓替代性作为义务，姑且不论其实现方法，必须是以带来一定结果（转移、拆除、改建、修缮等）为内容的义务。其中，根据法律课予一定作为义务时，对于该义务是替代性的还是非替代性的，因如何解释法律的意图而可能产生两种观点。

　　[3]　当然，现实中该要件在多大程度上发挥功能，也有人提出疑问。参照、广冈隆『行政代執行法』（有斐閣、1981 年）117 頁以下。

　　[4]　参见后述第 308 页。

　　[5]　参照、曽和俊文「行政の実効性確保の課題」行政法研究 20 号（2017 年）

也正是要求完善其活性化的条件。

（二）滞纳处分

286　　《行政代执行法》之外的法律规定的具有较为一般性质的强制执行手段只有强制实现金钱给付义务的滞纳处分程序。《国税通则法》第40条授权税务署长在对滞纳国税进行该法第37条规定的督促后，可作出作为强制征收手段的滞纳处分（如此，督促实施后，税务署长就获得进入滞纳处分程序的权能——产生纳税人的忍受义务——因为与这样的法效果相伴，督促就与不带有法效果的劝告、警告等不同，其自身就是一种行政行为。这是通例的观点[1]）。如此，《国税征收法》另行规定了滞纳处分的要件、程序等。《国税征收法》规定了顺次进行财产的扣押（第47条以下）、财产的出价（第89条以下）、出价价款等的分配（第128条以下）等滞纳处分程序。这时，扣押（第47条）、拍卖（第94条）等行为，学说和判例上都认为其具有行政行为的性质。

　　《国税通则法》《国税征收法》目前规定了国税的滞纳处分程序。但这一程序根据种种法律，准用为各种国有金钱债权的强制征收手段。[2]对于地方公共团体的情形，《地方税法》大致遵循国税的征收程序，采用了滞纳处分程序。[3]《地方自治法》第231-3条将其准用于普通地方公共团体的各种岁入。如此，对于国家或地方公共团体的诸多所谓公法上的金钱债权，滞纳处分程序具有强制征收程序的意义。

二、其他强制执行手段

287　　除了上述滞纳处分程序、代执行程序外，在日本现行法上，并非

---

62 頁。对于这一制度在实务中的应用例子，例如参照、北村喜宣＝須藤陽子＝中原茂樹＝宇那木正寛『行政代執行の理論と実践』（ぎょうせい、2016 年）、三枝茂樹「実務から見た行政代執行の課題」自治体法務 NAVI 49 号（2012 年）10 頁以下。

　　〔1〕　不过也有异议，例如参照、高木光「『法的仕組み』と『仕組み解釈』」自治実務セミナー 2007 年 12 月号 8 頁。

　　〔2〕　例如参见《健康保险法》第 180 条第 4 款，《国民年金法》第 95 条、第 96 条，《厚生年金保险法》第 86 条、第 89 条，《行政代执行法》第 6 条等。

　　〔3〕　例如参见《地方税法》第 48 条、第 66 条以下、第 72-68 条等。

没有承认其他某种强制执行手段。在个别法上稀少地获得承认的例子中，也有颇为特异的情形，也有不少在理论上是否原本就能包含在这里所说"强制执行"范畴中的微妙情形。如果对其加以概述，大致如下。

（一）所谓"直接强制"

在现行法的规定中能看到例子（极为罕见但是存在），通过行政行为等课予非替代性义务，在没有得到自觉履行时，行政厅可对义务人施加实力来实现该义务。[1]这里所说的例子，在过去的意义上，即"对义务人的身体、财产直接施以实力，实现与履行了义务相同状态的方法"，可称作"直接强制"（理论上而言，命令停止风俗营业——参见《关于风俗营业等规制及业务正当化等的法律》第 30 条第 1 款——却依然营业时，以实力封锁店面行为等，一定是这里所说的直接强制，不过在现行法上对于这种情形，并不存在承认这种强制执行的法律规定）。

第二次世界大战前，《行政执行法》作为现在《行政代执行法》的前身而存在，作为一般的强制执行手段，除代执行外，它也广泛承认直接强制（代执行是替代性作为义务的第一次性强制手段，而对于不作为义务及非替代性作为义务，后述的执行罚就是第一次性强制手段，这些均不能奏效时，作为终极手段可以直接强制）。而在学说上，如前所述，[2]代执行和执行罚一般是在行政行为自身设定的义务之外新课予一定的金钱给付义务，因而，没有法律根据即不得作出。而直接强制并不伴有这种新附加的义务，原原本本地直线性将行政行为业

---

〔1〕　例如，1978 年制定的《关于确保成田国际机场安全的紧急措施法》（制定当时的名称是《关于确保新东京国际机场安全的紧急措施法》，即所谓"成田新法"）第 3 条规定，在该法所说规制区域（参见第 2 条第 3 款）内的建筑物以及其他工作物已被、有可能被用于多数暴力主义破坏活动者集合等时，国土交通大臣可以命令该工作物所有者等，附期限"禁止其工作物供该活动使用"（第 3 条第 1 款）。尽管如此，该工作物违反命令仍供该活动使用时，国土交通大臣可以"采取封锁以及其他不供使用的必要措施"（第 3 条第 6 款）。这时，"命令禁止"的文字含义很难说是明了的，如果它与"禁止"同义（一般如此理解，参照、最判 1992 年 7 月 1 日民集 46 卷 5 号 437 页以下），那这些措施就变成直接强制了。

〔2〕　前文第 281 页以下。

288　已包含的义务付诸执行，以此为由，即使没有《行政执行法》这样的法律，原本也被认为当然能进行直接强制（在这种观点下，行政执行法并非直接强制的所谓"根据规范"，而仅具有"程序规范"的意义）。但是，直接强制是国家机关直接对私人的身体和财产行使实力，在这一点上，它也是这三种手段中最严的手段。而执行罚在实效性上受到质疑。正是这些原因，在第二次世界大战后，这些手段原则上遭到排除，除个别立法设有特别规定外，只剩下代执行作为一般性的强制执行手段。

　　然而，过去一般以行政上强制执行制度的沿革为背景，"直接强制"被认为是在法的性质上不同于"代执行""滞纳处分"的制度。近来对此出现了怀疑。只要根据先前对直接强制的定义，就会出现问题：滞纳处分也是一种"直接对义务人的财产施加实力，实现与履行了义务同样状态的方法"，因而也成为直接强制的一例。而对于代执行，至少是在并非由第三人行使实力而是行政厅自行实施时，也能说与此是相同的。若如此理解，结果滞纳处分和代执行也是直接强制的一种，只是其程序、要件在法律上有特别规定而已。

　　对"直接强制""代执行"等概念作如此重新整理当然是可能的，不过，这时必须明确的是，为了什么而重新整理？"直接强制"一词，如前所述，原本没有作为"代执行""滞纳处分"体系化，"直
289　接强制"如果是"原原本本地直线性实现行政行为等所课予义务的强制执行"，就是可以得出下述结论的功能性概念：不必由个别法律的特别授权，即可实施。但是在今天，在代执行及滞纳处分之外，没有法律的个别授权，就无论如何也不允许了。如此，某行政活动是否具有"直接强制"的性质，这一问题的理论意义已不复存在（特别是对于代执行和滞纳处分，其法的构造已经在法律上得到明确，将其是否具有"直接强制"的性质作为问题，可以说从一开始就没有意义）。必要的毋宁是明确某义务是否为代执行制度的对象、个别法规承认的强制执行手段具体具有怎样的构造，问题到此也就结束了。在这种意义上，本书对上述问题没有其他的关注。

（二）执行罚

所谓执行罚，是指在不履行义务时，设定一定期限，预先告知，若在该期限内不履行义务将处以一定数额的罚款，通过预告施加心理上的压力，间接强制履行的方法。当然，与过去在《行政执行法》之下不同，在现行的法令中，仅残存 1897 年制定的《防砂法》一例。

第二次世界大战之后，执行罚制度遭遇如此冷遇，其主要原因一般在于，战后日本法制中的一般动向是缩减过去的强制制度，同时，执行罚作为一种强制履行义务的制度实效性很低。不过，近来有学者开始指出，对此有必要重新检视，并强烈建议今后应当积极采用和活用这一制度。[1]这些是以美国的民事制裁金（civil penalty）制度和德国违反秩序行为的罚款制度的成功体验为模范，（鉴于后述日本代执行制度和行政罚制度的现实窘迫状况）主张在日本也引入这种制度，以有助于确保实效性。但这些均为今后制度设计的应有状态问题。

（三）其他

有的情形是行政厅直接对私人的身体和财产施加实力、实现一定行政目的，此前却没有通过行政行为等课予特定义务、等待义务人自觉地履行，行政厅径自行使实力，这种构造的情形［例如，除《警察职务执行法》各条款规定的措施外，《关于感染症预防及感染症患者医疗的法律》规定的隔断交通（第 33 条）、到指定医疗机构住院的指定（同法第 19 条第 2 款等），以及《关于精神保健及精神障碍者福祉的法律》第 29 条第 1 款规定的住院措施等，是其典型］，过去被称为"即时强制"，[2]在理论上区别于这里所说的强制执行。[3]不过，在今天实际的法律上，鲜有在这两者的中间位置来设计独立制度的例子。[4]

---

〔1〕　例如，参照、曽和俊文『行政法執行システムの法理論』（有斐閣、2011年）、西津政信『間接行政強制制度の研究』（信山社、2006 年）。

〔2〕　近来也有称为"即时执行"者。参照、塩野宏・（第六版）277 頁以下。

〔3〕　对于"即时强制"的概念及制度，改在后文详细说明。后文第 319 页以下。

〔4〕　其中，这里想概述几个颇堪玩味的例子。

《道路交通法》设计了强制移动违法停车车辆措施等手段，作为对违法停车的措施（第 51 条）。在这一制度中，首先对于可命令驾驶者等在现场移动的情形，设计了命令

三、通过民事法上程序强制执行的可能性

291　　然而，如前所述，根据日本现在的通说，只要没有上述法令明确允许强制执行，即使依据法律作出了行政行为，也不允许行政厅自力执行。对于这种情况，学说上多认可通过通常的民事法上程序借助于法院之手强制执行的可能性，[1]下级审判例中也不是没有这种做法。但 2002 年，最高法院关闭了这种诉讼之路，其认为，即使是法令上没有赋予自力执行权能的情形，[2]"国家或地方公共团体只是请求履行行政上义务的诉讼，不属于《法院法》第 3 条第 1 款所说的法律上的争讼，也没有承认这种做法的特别规定，因而应当说是不合法的"。[3]对

292　于这种观点的妥当性，有种种争论。[4]只是在现实中，行政厅比起

移动、强制移动的体系（同条第 1 款、第 2 款），不过这时能强制移动的要件是，"车辆的驾驶者等以车辆故障或其他理由难以直接……遵从命令时"（同条第 2 款），未必是以受到命令者"不履行"为要件。这样，该制度将命令移动与强制移动组合起来，在理论上严格而言，强制行为自身与其说是强制执行，不如说在性质上更接近于即时强制。前述感染症预防法第 19 条第 3 款的强制住院，是在劝告住院（第 19 条第 1 款）之后该人不听从劝告而采取的措施。因而，它在实质上接近于强制执行。不过，劝告过去一直被认为是行政指导，而不是像行政行为那样课予法的义务（参见后文第 364 页以下）。只要以此为前提，该措施就不是强制执行，该法设计的是行政指导与即时强制的组合。但总之，必须说这里重要的并不在于，其中获得认可的方法是理论上具有强制执行性质还是即时强制的性质，而是准确地理解法律上如何规定实施该强制行为的具体要件和程序。

　　〔1〕　今天行政法教科书等广泛采用这种观点，但学说上很早就有同样的说明。例如，细川俊彦「公法上の義務履行と強制執行」民商法雑誌 82 卷 5 号（1980 年）。另参照、阿部泰隆「行政上の義務の民事執行」自治研究 55 卷 6 号（1979 年）。

　　〔2〕　最高法院过去判决认为，在法令上赋予自力执行权能的情形中，行政厅不能请求民事上的强制执行。参照、最判 1966 年 2 月 23 日民集 20 卷 2 号 320 页。

　　〔3〕　最判 2002 年 7 月 9 日民集 56 卷 6 号 1134 页（所谓"宝塚市弹珠机条例案判决"）。

　　〔4〕　我自身对 2002 年判决的结论和所附理由持有疑问。法令规定了国民与行政厅（国家）之间的权利义务状态，对其规定的解释和适用上有争议，只有是国民一方提出争议时成为法律上的争讼，国家一方提出争议就不是法律上的争讼，其道理是难以理解的（顺便提及，对于承担自体统治权的地方公共团体的行使公权力，国家采取监督措施的情况，就与该问题是完全不同的话题，参照、藤田宙靖·組織法 51 页以下）。本案中的基本问题是，"在相对方私人没有自觉履行行政处分课予的义务时，现行法认可国家

采用这种途径，更多地通过种种间接手段来实现与强制执行同样的效果。以下就在下一节来概述补充或替代强制执行制度的种种间接强制制度。

第二节　间接的强制制度

第一款　行政罚

一、行政罚与强制效果

所谓行政罚，一般是用作对违反行政法上义务作出制裁性处罚的总称概念。通常根据罚的内容，在概念上区分"行政刑罚"和"秩序

293

或地方公共团体等行政主体提起要求强制履行的诉讼吗？"现行法上当然不存在这种特别的诉讼类型［当然，也有见解认为，《行政案件诉讼法》第 4 条规定的公法上当事人诉讼包含这种诉讼。例如参照、细川俊彦·前揭「公法上の義務履行と強制執行」、中川丈久「国・地方公共団体が提起する訴訟——宝塚パチンコ条例事件最高裁判決の行政法論と憲法論」法学教室 375 号（2011 年）92 頁以下。但该条所说的公法上法律关系本来并不包含"权力性法律关系"，因而，直接要求履行行政处分所课予的义务的诉讼是否当然包含于其中，仍是问题］。于是，问题就转为下一个论点："本来是为解决私人相互间纷争而设计的民事诉讼法在多大程度上能适用于上述情形呢？"这一问题与本书前述"公法关系（特别是所谓权力关系）的私法适用"问题（参见前出第 33 页、第 51 页以下）具有同样的理论构造。例如，对于民法典规定的"信义诚实""禁止权利滥用"等原则，"它不仅是对私法关系，对于一般法关系也是有效的'法的一般原理'规定，也能适用于公法关系（权力关系）"，与这一讨论一样，"民事诉讼眼下是以私权为对象的诉讼而设计的，但其实也包含着通用于一般'司法'或'诉讼'的基本原理，在必要时也能用于解决公法关系（权力关系）中的纷争"，这样的解释论能否成立，就是问题［另外，《行政案件诉讼法》第 7 条规定，"对于行政案件诉讼，本法律没有规定的事项，适用民事诉讼的做法"。其中的"行政案件诉讼"是指"抗告诉讼、当事人诉讼、民众诉讼及机关诉讼"（第 2 条）］。如此，本案中最为必要的是，本来对于这一论点一定有详细讨论，但最高法院竟只是拿出僵硬的论调："行政权的主体要求实现其公法上权能的诉一概与'权利的主张'观念（本质上）并不相容，因而，它不属于'法律上的争讼'。"因而，讨论错综复杂，很遗憾没有对于这一论点及其反论展开实质的详细探讨。这一判决的相关文献数量众多，在法理论上详细探讨者可以特别举出中川丈久的前揭论文。此外参照、亘理格「法律上の争訟と司法権の範囲」新構想Ⅲ1 頁以下。我自身对于 2002 年判决的观点，另参照、藤田宙靖·最高裁回想録 95 頁以下。

罚"，前者是科以刑法典上刑名的某种罚（死刑、徒刑、监禁、罚金、拘留、罚款），后者是科以没有刑法典上刑名的某种罚款。行政罚，特别是行政刑罚是以制裁为目的对违反法律的行为所作出的处罚，其自身并不直接是行政上的强制手段。但在另一方面并无疑问的是，其威慑效果间接性地带有强制的效果。为此在这里加以分析是有意义的。[1]

第二次世界大战后，如第一节所见，日本法大大削减了过去的行政上强制执行手段。在占领政策下，对于事前不经过法院的判断就对国民的身体和财产施加实力的行为，美国法持有疑虑，这种疑虑产生了很大影响。其结果是，主张在现行法制度完善之际，主要期待由法院通过通常的刑事诉讼程序课予行政刑罚，以此作为强制执行制度的替代，在现行法之下，将行政刑罚用作强制手段（虽然其自身是间接的）广泛用于行政法各领域，使其发挥中心作用。[2]

但是，从强制手段的功能来看，无法否定的是，行政刑罚自己无论是在法上还是在事实上都带有界限。首先，其强制效果自然只是间接的，即便另当别论，只要是课予刑罚，就要适用诸如禁止双重处罚等原则（《宪法》第39条后段）。与执行罚不同，行政刑罚受到限制，

----

[1] 对于行政刑罚处罚违反义务的各种问题，交由刑法学，这里不予探讨。

过去在以美浓部达吉博士为代表的传统行政法学上，作为刑罚对象的刑事犯是自然犯，而作为行政罚对象的行政犯规是更为技术性的刑事犯。由此角度认为，对于行政刑罚，即使没有法律的明文规定，理论上也当然适用不同于通常刑罚情形的特别原理。例如，有观点认为，在行政刑罚中，即使没有明文规定，过失犯也当然处罚；法人一般也被认为具有犯罪能力（参照、田中二郎·上191页）。但是，自然犯与形式犯的理论区别本来就是相对的，某罚则规定是刑事罚还是行政罚的区别，特别是在边界领域，未必能说始终明确。因而，本书认为，罪刑法定主义原则本来也已严格贯彻于行政刑罚的情形，只要没有特别立法的明确规定，就应照字面来适用《刑法》第8条的规定。

另外，有学者从同样角度说，"刑法总则并不是都适用于行政制裁，但至少罪刑法定主义原则、责任主义原则、罪刑均衡原则等近代刑法大原则对于行政制裁一般是妥当的"。参照、佐伯仁志『制裁論』（有斐閣、2008年）18頁。

[2] 在现行法的规定方法中，在违反了行政法上的义务时，有直接根据法令处罚的方式（所谓"直接适用型"或"直罚型"），也有对违法行为发出纠正命令等，不遵守时才开始处罚的方式（所谓"间接适用型"或"命令前置型"）。对其差别及立法上的选择基准，参照、北村喜宣「行政罰・強制金」新構想 II 135頁。

不能在实现目的之前对同一事实反复施加。而在日本，行政刑罚通常以徒刑和罚金刑为中心。罚金刑虽然得到极为广泛的应用，但也有弱点，在违法行为所得是莫大的经济利益时，罚金刑的威慑效果和强制效果就是极为稀薄的。如此，现实中，下一款将看到的种种间接强制手段就被重新考虑和利用起来。[1]

二、行政刑罚及其程序

行政刑罚是科以刑法上有刑名的刑罚，因而其处罚程序当然要与通常的刑罚一样、根据刑事诉讼法的规定进行。不过，在日本法上，有时鉴于案件的特殊性，在进入通常的刑事诉讼程序之前，可通过下述简略程序予以替代。一是根据《交通案件即决裁判程序法》的即决裁判程序。这是对于符合《道路交通法》第八章规定的罚则者，根据检察官的请求，在正式的公判之前由简易法院进行的简易裁判程序。二是根据《国税犯规取缔法》和《关税法》的通告处分程序及根据《道路交通法》第九章规定的犯规金制度。对于符合这些罚则规定者，行政机关通告应缴纳一定金钱，听从通告缴纳之后，处罚程序即告终了，检察官不能对同一案件提起公诉。[2]

这些简易处罚程序的问题在于，这种简易程序，特别是后者的情况，行政机关仅作出通告行为，处罚程序即告终了，这与《宪法》第31条的正当程序要求、第32条的获得裁判权利的保障等不相抵触吗？但是，这一点在即决裁判程序的情况下，在作出即决裁判宣告后，14日以内可请求正式裁判（《交通案件即决裁判程序法》第13条）；而在通告处分程序及犯规金制度的情况下，受到通告却不予遵守时，其中有转移至正式的刑事诉讼程序的结构，[3]在结果上一般认为不产生

295

296

---

　　〔1〕　对于行政刑罚的功能界限、其替代性制度的详细内容，目前参见北村喜宣的前揭论文是便利的。

　　〔2〕　参见《国税犯规取缔法》第157条第5款、《道路交通法》第128条第2款。

　　〔3〕　参见《国税犯规取缔法》第158条、《道路交通法》第130条。

违反宪法的问题。[1]

三、罚款（秩序罚）及其程序

秩序罚是行政罚的一种，其前提在于，在怠于履行申报、通知、登记、登录等义务时，其自身原本并不直接侵害行政目的，不过却有间接妨碍行政上秩序的危险，对于这些比较轻微的违反行政法上义务，还不用科以正规的行政刑罚，科以简易制裁手段的罚款就已足够。因而，学说上创造出"秩序罚"这样一个概念。从这种观点来看，现行法上同样是处以罚款的情形，作为所谓秩序罚的罚款就要能在观念上区别于其他情形（例如，作为惩戒手段的罚款、作为执行罚的罚款等）。[2]但是，这里不局限于这种观念上的区分问题，而将作为间接强制手段的罚款整体作为问题。

罚款不是在刑法上有刑名的刑罚，因而，一般不适用刑法总则。其程序也不像刑罚那样适用刑事诉讼法，只要没有法令的其他特别规定，就根据《非讼案件程序法》第119条以下的规定来进行。此外，在现行法上，有的罚款一开始就不经法院的判断，而由行政行为课予。例如，《地方自治法》规定的罚款就是如此。

在《地方自治法》上，一般允许普通地方公共团体在其制定的规则中，设置对违反规则者科以罚款的规定（《地方自治法》第15条第2款），此外还在个别规定中规定可处以一定的罚款（第159条第2款、第228条第2款等），现实地科以这些罚款也是地方公共团体首长的权限（第149条第3项）。如此，这就是以行政处分的形式作出（参见第155-3条），作为其强制手段，可依照地方税滞纳处分的做法

---

〔1〕 另外，既然通告处分、犯规金的通告仅具有这种性质，最高法院判例认为，对于这些行为，也不能提起抗告诉讼。对于通告处分，参照、最判1972年4月20日民集26卷3号507页；对于犯规金，参照、最判1982年7月15日民集36卷6号1169页。

〔2〕 另外，有人指出，在后述地方公共团体的自主条例中，在法的性质上，具有刑罚（惩戒罚）性质的罚款比起秩序罚的罚款在增多。参照、北村喜宣『行政上の実効性確保』（有斐閣、2008年）33页。

强制征收（第 231-3 条第 3 款）。这时，对于罚款的处分，自然和通
常的行政行为一样，可提起不服申诉和诉讼等。但如果超过不服申诉
期限和起诉期限，就会产生所谓不可争力，因而与前述通告处分、犯
规金的情况有所不同。从而，对此也当然产生与《宪法》第 31 条、
第 32 条的适合性问题。尽管如此，通常并不认为罚款的程序违宪，
其原因在于，罚款是对违反法秩序行为的制裁，但其制裁的意义是较
为形式性、技术性的，而且课予的负担也较为轻微，实质上"处罚"
的性质是稀薄的。[1]

　　即使姑且以这种观点为前提，在现实中也不是没有问题了。例
如，《地方自治法》第 228 条第 3 款规定的罚款（对使用欺诈及其他
不正当手段逃避分担金、使用费等行为的罚款）等，不论是其制裁目
的，还是其科以的数额，都在实质上与作为行政刑罚的罚款极为类
似。其中存在着与下一款重加算税的情况同样的问题。

第二款　公租和公课

　　这里的公租和公课，是指税款以及行政主体强制课予的除前款行
政罚以外的金钱给付义务。

一、延滞税和加算税

　　众所周知，税款一般不仅仅是为国家和地方公共团体提供经费，
为了实现种种经济、行政政策，它还被用作抑制手段和诱导手段发挥
着功能。特别是在现行法上，私人违反税法上义务将直接导致经济上
的不利，被课予不同于本来租税债务的其他的税。《国税通则法》第
60 条以下规定的延滞税（对于地方税，《地方税法》第 56 条、第 64

---

　　〔1〕　参照、最决 1966 年 12 月 27 日民集 20 卷 10 号 2279 页。从同样角度，罚款
与罚金、拘留并科也不违反《宪法》第 39 条后段。最判 1964 年 6 月 5 日刑集 18 卷 5
号 189 页。

条等规定了延滞金制度），该法第 65 条以下规定的各种加算税 * （对于地方税，《地方税法》第 72–46 条以下、第 328–11 条以下等规定了加算金制度），即为其例。

299　　　延滞税具有因迟延履行债务而产生延滞利息的性质，加算税明显带有对违反租税法上义务加以制裁的意味，可以说具有类似于第一款所见的行政罚的一面。其中就会产生问题：以课税处分程序实施这种制裁行为不违反《宪法》第 31 条、第 32 条吗？假如它与对逃税行为的罚金刑并科，不抵触《宪法》第 39 条后段规定吗？特别是《国税通则法》第 68 条规定的重加算税，无论是其要件的规定方式，还是其金额之高，实质上发挥着与对逃税的罚金刑极为类似的功能，此前也屡屡在裁判上对此出现争论。但是，最高法院确立的判例认为，加算税不是刑罚，而是为了获得纳税之实而采取的行政措施，因而，加算税并不违宪。[1]但在这一点上，像这样将重点置于行为的形式来判断就足以保障国民的基本人权了吗？不应更加重视该国家行为对国民实质上具有何种意义吗？在与这种基本问题的关系上，还不能断言疑问已经完全消失了。[2]特别是在现代国家活动中，一个行为的活动目的常常绝不是单一的，"非刑罚的行政措施"最高法院的这种切割是

----

　　* 加算是指在基本数额之上加上一定的数额。所谓加算税，是指为了实现申报纳税制度的稳固发展而对不适当履行申报义务者所增加科处的税，具有行政制裁的性质。按照《国税通则法》的规定，有过少申报加算税、无申报加算税、不交纳加算税、重加算税等四类。——译者注

　　[1]　参照、最判 1958 年 4 月 30 日民集 12 卷 6 号 938 页；最判 1969 年 9 月 11 日刑集 24 卷 10 号 1333 页等。

　　[2]　例如，刑法学者在区分制裁的"实体"问题与"程序"问题基础上对此问题作出分析发言［佐伯仁志「二重処罰について」内藤谦先生古稀祝賀『刑事法学の現代的状況』（有斐閣、1994 年）275 页以下、同・前揭『制裁論』20 页以下］，行政法学者引用该见解及美国联邦法院的判例进行论述、提出主张，曽和俊文・前揭『行政法執行システムの法理論』33 页以下。"科以行政制裁时仍有必要科以刑事制裁吗，相当于刑事制裁吗；或者科以刑事制裁时仍有必要科以行政制裁吗，相当于行政制裁吗？应当明确并详查两种制裁的差异与互补关系"（山本隆司「行政制裁に対する権利保護の基礎の考察」宮崎古稀 251 页）。这可谓日本行政法学今天广泛共有的观点。

否真的是与这种状况相适应的思考方法，仍有问题。

二、课征金

课征金最初是由 1973 年《国民生活安定紧急措施法》(第 11 条)、   300
1977 年修改《禁止垄断法》（第 7-2 条、第 8-3 条）等引入的手段，
是一种为了保护一般消费者、对获得经济法上不法利益的企业课予与
其利益额度相应的制裁金。在制度引入之初，以没收不法利益为目
的，因而与所得金额的利益相应来科处。此后法律修改，让上调幅度
课予金额也成为可能，[1]强化了对违法行为的制裁功能。

课征金自身是通过缴纳命令这种行政行为课予的，但是，这些课
征金是希望对法律的直接禁止实现间接强制的效果，在现行法上未必
是作为某种行政行为的间接强制手段来使用的。[2]

第三款　公　告

一、现行法上的公告制度

所谓公告，是指在行政主体的相对方私人不为应为之事、为不应   301
为之事时，行政主体一方通过公告该事实及私人的姓名施加间接压力
的手段，该手段特别是昭和 40—50 年代以后使用较多。过去，1962

---

〔1〕 1991 年修改《禁止垄断法》之后，课征金采用的计算方式是卡特尔垄断实
行机关的对象商品和服务的销售额乘以一定比率（参见《禁止垄断法》第 7-2 条、第
8-3 条）。其结果是卡特尔垄断所获的利益与课征金的数额未必一致。对于该比率，此
间也有上扬，在现行法上也对再度违反行为重科（参见该法第 7-3 条第 7 款）。另外，
对于损害保险公司的卡特尔，不是降低支付保险金额，将期间中的保险费作为销售额来
计算课征金也是合法的。参照、最判 2005 年 9 月 13 日民集 59 卷 7 号 1950 页。

〔2〕 因而，这里不详细探讨课征金制度的内容。关于课征金及其性质上的问题，
参照、『行政法の争点』（初版）112 页、同·（新版）102 页；北村喜宣·前揭「行政
罚·强制金」新構想Ⅱ150 页等。而对于作为行政的手段、包含课征金在内的"经济手
法"整体，详见、阿部泰隆·システム上 278 页以下。

年的《不当赠品类及不当标识防止法》第 6 条规定，公平交易委员会对违反该法的行为作出排除命令时，必须予以告示（第 6 条第 2 款）。此后，在发端于 1973 年石油恐慌的经济危机之际，为了抑制经济主体的无轨活动、使经济安定化、保护消费者而制定了诸多立法，公告制度就广泛在日本法上登场了。例如，根据 1973 年《国民生活安定紧急措施法》第 6 条第 3 款、第 7 条第 2 款，1974 年《国土利用计划法》第 26 条的公告等就是其典型。而同一时段，各地方公共团体也在消费者保护条例等条例的制定中屡屡利用公告制度。

二、公告在法上的性质

公告这种手段仅仅是在公告一定的事实、姓名，而不是对国民课予义务、剥夺其权利的行为（亦即行政行为），也不是对国民的身体、财产直接行使实力的行为。尽管如此，在日本，公告手段的间接强制效果却能变得很大。[1]其中的问题在于，在事实上具有很大的效果，在法上却没有效果，对于这种行为的违法性，法究竟能以怎样的方法进行控制呢？这与后述"行政指导"具有共通的问题，例如，在法律保留问题上，今天几乎主导性学说都认为，至少"制裁性公告"[2]要

〔1〕 原本日本国民就讨厌自己的姓名被公之于众，这种习性常常被提及。也必须留意的是，今天随着因特网的普及，某特定人"不遵从行政处分或行政指导"的事实公之于众，有时是伴有危险的，公众的反应有可能都关乎身体的安全。在这一意义上，公布姓名（特别是通过因特网）已可谓是明显不利的措施［强调这一点，参照、阿部泰隆『行政法再入門（上）』（信山社、2015 年）99 頁以下；林晃大「制裁的公表に関する一考察」芝池古稀 285 頁］。

当然，也有学者指出，公告具有这等重大威力，而且现实中其效果以何种方式影响多大范围内的人并不明确，因而，在现实的行政实务中很难使用。参照、北村喜宣·前揭『行政の実効性確保』76 頁以下。

〔2〕 公告的行政目的在于，通过将违法行为或不遵从行政指导者的姓名或行为内容公之于众，防止消费者、交易对象等第三人受害（信息公开的功能）。此外，让当事人遭受"侧目"（特别是在用间接强制手段时），至少也是其部分目的。将强烈具有这种制裁侧面的公告称作"制裁性公告"，考察其特别的法理，成为近来行政法学的一个样式。对此，除前述林晃大论文外，参照、天本哲史「行政による制裁の公表の法的

有法律的根据。这可谓侵害保留论中"侵害"的扩张。另外，私人对于以自己为对象的公告究竟能以怎样的方法争议其违法性，也是问题。近来，公告未必是仅作为行政行为的间接强制手段，而毋宁是像上述《国土利用计划法》的例子那样，在很多情形下与劝告（参见该法第 42 条）这种本来仅为行政指导性质的行为结合起来使用。这时，该问题就更加具有切实的意义（作为行政行为的间接强制手段时，有通过抗告诉讼争议行政行为自身违法性的路径；而在劝告的情形下情况就有所不同）。对于这些问题，将在后文说明行政指导一般情况时再作分析。

第四款　各手段的转用

一、具体转用之例

在现实的行政活动中，除了上述手段外，本来是为其他目的设计的制度却在不经意间具有了间接强制的效果，或者行政机关有意那样运用，而有强制效果，这样的例子是极多的。下述例子就是典型。[1]

（一）行政行为的撤回等

作为行政上对私人经济活动的监督手段，除了命令纠正违法活动外，还有停止营业、取消（撤回）营业许可等手段，有很多是法定化的。[2]这时，停止营业、撤回许可等手段是事后的控制，但对于此前

問題に関する一考察」東海法学 40 号（2008 年）78 頁等。不过，正如林晃大所指出的那样，在具体案件中，它是否为这一意义上的制裁性公告，未必始终明确。

　　〔1〕　对于这些例子，目前可详见、ジュリスト増刊・『行政强制』（有斐閣、1977 年）。

　　〔2〕　例如，参见《关于风俗营业等规制及业务正当化等的法律》第 8 条、《食品卫生法》第 55 条、《旅馆业法》第 7-2 条及第 8 条，等等。今天，对于违法停车的放置车辆，由公安委员会作出缴纳命令，课予"放置违反金"（《道路交通法》第 51-4 条第 4 款），根据滞纳处分的做法征收（同条第 14 款）；在下次车检时，不提交证明缴纳（或征收）事实的书面材料，就不交付汽车检查证（同法第 51-7 条第 2 款）。这也是设置间接强制措施的例子。

作出的改善命令等具有间接强制的效果。

（二）刑事上手段的转用

现行法上，强制执行手段是极为有限的，如前所述，行政代执行程序作为一般手段获得承认，但可利用的场合是限定的。现实中，有时就以其他手段来代替它发挥功能。

例如，在对土地征收裁决后交出土地进行代执行时（《土地征收法》第102-2条第2款），房屋及其他物件的转移义务，是替代性作为义务，可成为代执行的对象。土地所有者自身从其土地走出来的行为却是他人不能代为作出的行为，因而不能对其代执行。但是，现实中，对于无论如何都不撤离的人，可诸如适用《刑法》第130条后段的不退去罪，作为现行犯予以逮捕，强制排除。而对于代执行，如遇实力抵抗，是否连排除抵抗都包含在代执行的权限中，则是一个法解释的问题。至少作为现实问题，以构成妨碍执行公务罪为由，以现行犯加以逮捕，就能以实力排除抵抗。

（三）即时强制手段的转用

后文将说明的即时强制手段，[1]有时具有前述同样的功能。比如在上述例子中，土地所有者在家中坐着不动，这时行政机关先要解体房屋，在此过程中，发生对所有者身体的紧急危险，可通过《警察职务执行法》第4条规定的避难措施将人带离房屋。

（四）拒绝提供服务等

在形形色色的日常生活中，行政主体在法上、在事实上均处于优越于私人的地位。这种地位的差异自身原本就是对私人的无形压力，多具有间接强制效果。但是，其中特别成问题的是，现代国民的日常生活不得不依存于广泛存在的行政主体服务（特别是生活便利），行政主体有意加以利用，有时拒绝提供这种服务，用作强制其他目的的手段。例如，典型的例子是，对违反《都市计划法》《建筑基准法》

---

〔1〕　参见后文第342页以下。

的建筑物，市町村拒绝自来水的供给、禁止利用下水道。[1]对于这种305
建筑物，现行法上尽管能发出拆除命令（参见《建筑基准法》第 9 条
第 1 款）、利用代执行的程序（第 12 款），但行政厅常常采取上述拒
绝提供服务的行动，避免诉诸强制执行程序。

二、各手段转用的法问题

然而，对于上述种种例子，有很多在与依法律行政原理或者法治
主义的一般关系上有种种问题。

1. 首先，对于撤回权限等的例子，这些权限是法律为控制私人经
济活动而赋予行政机关的正规手段。假设它也作为其他控制手段的间
接强制手段发挥功能，就没有必要将其自身特别作为问题。这时的问
题只是归结为，现实行使撤回权限时有无因滥用裁量权等而违法。

2. 而对于刑事上手段和即时强制手段等的转用，问题则颇为严
重。在上述事例中，将这些手段用于不得代执行的地方，最终带来与
直接强制相同的结果，这对于一般否定直接强制的日本现行法制而言
可谓规避法律的行为。

在立法论上，可能对于这种情况，在严格限定要件和程序后，将
不得不采取的直接强制手段法定化，这反而是在运用依法律行政原理
的理念。[2]但是，在这种立法阙如的现状之下，如何在法上评价上述
现象就是颇为困难的问题。一方面，直接强制在现行法上并未得到一
般性采用，连对于本来能或有必要取得上述刑法上、警察法上各个手306
段的场合，也当然认为有禁止之意，就必须说是很难作出这种法解
释。但另一方面，也可能出现一种观点认为，之所以不得不行使上述

---

〔1〕　这种事例成为诉讼的案件，诸如参照、最判 1981 年 7 月 16 日民集 35 卷 5 号
930 页——所谓丰中市拒绝供水案判决。

〔2〕　根据直接强制概念史研究，论及日本现在在立法政策上引入直接强制制度的
是非、在创造制度时应留意的点，可参照、须藤阳子「直接强制に関する一考察」立
命馆法学 312 号（2007 年）1 页以下。

手段，其原因在于，如果从它是行政行为及其执行的一连串过程中的一环来看，在判断能否采用这些刑法上、警察法上的手段执行时，就不是仅仅个别性地考察这些手段，而必须将其整个背景性过程作为考虑对象（根据所谓"行政过程论"，强烈主张这种观点的必要性）。因而，即使不能说这些方法原则上违法，可能也要看各案件的个别情况，因认定有滥用权限等，而在例外时产生应被认为违法的情形。[1]

3. 同样在合法性上有问题的是，由拒绝提供服务（特别是生活便利的拒绝）所代表的，行政主体利用行使或不行使其他权限的可能性实施间接强制。例如，德国行政法理论确立起来的观点认为，为了实现一定目的，行政主体有意利用日常生活手段的给付主体等地位而实现间接的强制效果，这本身就因构成权限的"不当联结"（Koppelung）而违法。而日本还未必达到这一步。但作为实际问题，在下级审的裁判例中，很早就判决认为，建筑物违反《都市计划法》《建筑基准法》，并不是《水道法》第 15 条第 1 款规定的拒绝供水的"正当理由"。[2]近来，居住用地开发指导纲要规定对不服从者以拒绝供水进行制裁，最高法院的判例对此显示出严格的态度，[3]而在 1993 年制定的《行

307

---

　　〔1〕　即使在与各个行为的根据规范的关系上只能认为行政活动完全合法，在与其他行为的相互关系上，有时也如"土耳其浴室"案判决那样认为违法（最判 1978 年 5 月 26 日民集 32 卷 3 号 689 頁）。

　　〔2〕　参照、大阪地判 1967 年 2 月 28 日判時 475 号 28 頁；大阪高判 1968 年 7 月 31 日判時 547 号 50 頁。当然，对此，下级审判例在某案件中，电力公社基于东京都知事的配合要求而对违法建筑物保留供电承诺，法院认为，在《电力事业法》第 18 条第 1 款（相当于现行法第 17 条第 1 款）的"正当理由"中也包含违反公序良俗的情形。在这一解释之下，这种保留也不违法（東京地判 1982 年 10 月 4 日判時 1073 号 98 頁）。另外，关于这里所说方向上的学说，参照、藤田宙靖·ジュリスト昭和五十一年度重要判例解説 31 頁以下。

　　〔3〕　例如，"作为让人遵守指导纲要的压力手段，利用水道业者的供水权限……拒绝缔结供水契约"，这不是《水道法》第 15 条的"正当理由"，最判 1989 年 11 月 7 日判時 1328 号 16 頁。而基于同样规定拒绝供水的指导纲要征收"教育设施负担金"，最高法院判断认为，这"事实上强制征收负担金，因而相当于违法行使公权力"。最判 1993 年 2 月 18 日民集 47 卷 2 号 574 頁等。不过，拒绝供水的合法性之所以成为问题，因为它是被用作行政指导等的间接强制手段，水道事业者可以说从正面为了抑制自来水

政程序法》中，专门设置关于行政指导的间接强制的规定。"行政指导的实施者不得以其相对人不遵从行政指导为由，作出不利对待。"（第32条第2款）"行政机关具有许可认可等的权限或基于许可认可等的处分权限，但在不能行使该权限或没有行使的意思时却作出行政指导的，行政指导的实施者不得故意表示其可以行使该权限，使相对人不得不遵从其行政指导。"（第34条）法对这种间接强制方法的控制，促进了理论的进步。

第三节　"确保行政的实效性"视角

本章以上作为"行政法上义务的强制手段"来说明的各项制度和理论，在今天的行政法学上通常是在"确保行政的实效性"这种更为广泛的视野之下讨论的。对于这种变化的背景，曾和俊文教授已有简洁的说明。[1]对于如何理解这一动向，下面在与本书内容的关系上补充一点说明。

出现这一动向的契机首先在于，特别是从进入平成时期（1990年左右）之后，代执行制度、行政罚制度在行政实务上几乎是功能不全的，这一现象引起行政法学者的注意。如本节之前所述，在第二次世界大战之后的日本法制中，代执行制度是当作强制履行行政法上替代性作为义务的一般制度而设定的，而行政罚是当作强制履行不作为义务及非替代性作为义务的一般制度而设定的。只要这些制度有效发挥功能，在法的实现上就不会有不完备的问题。但是，制度要在现实中有效地发挥功能，首要的当然是在违反义务（者）的数量与行政的应对能力（职员的人数和资质、预算、组织状态等）之间取得平衡（想一想警察对违反道路交通法规行为的管理现状就知道了）。正如各种

需求的增加，而拒绝与公寓分户出售企业缔结供水契约，其自身当然并不违反《水道法》第15条第1款。参照、最判1999年1月21日民集53卷1号13页。

〔1〕参照、曾和俊文「行政の実効性確保の課題」行政法研究20号（2017年）52页以下。

指摘那样，在日本的现状中，代执行制度也罢、行政罚制度也罢，在这一点上都有很大的不匹配。[1]

309

而后，意识到了发生上述"执行的欠缺"（Vollzugsdefizit）是一个极大的问题。如本书所述，近代法治主义及其之下的"依法律行政原理"以保护国民权益免受行政权行使的侵害为终极目的，因而，本来就不允许行政厅过剩地行使规制国民权益的权限，而不将不行使权

---

[1] 例如，过去在1995年日本公法学会上所指出的代执行制度的下列问题，今天仍然适用：

1. 对于替代性作为义务，从轻微的义务到重大的义务均设想以一元性代执行来处理，对于轻微的义务就难以发挥功能。有时可谓是大炮打麻雀，在比例原则上存在问题。

2. 代执行程序本身极为复杂，而且需要处理大量的事务，因而，面临能力上、体制上的困难。

3. 行政厅在实施代执行上有广泛的裁量，因而，并不是根据公共公益性的侵害程度，亦即外部不经济性的大小来启动代执行。

4. 代执行程序本身带有强权发动的印象，很难获得舆论媒体的支持。

5. 上述第二点的结果是，尽管实施代执行耗费大量行政成本，征收费用却是极为困难的。而且，在有征收权的费用以外，也有高额的不能回收的费用，因而，行政效率很低。[福井秀夫「行政代執行制度の課題」公法研究58号（1996年）213頁。]

在概括整理行政罚制度功能不全的原因上，请参见下列指摘：

1. 基本上是因刑罚的谦抑性，进而是近来日本刑法犯罪的增加，搜查机关也只能优先应对这些增加的重大刑法犯罪，因而产生了相关机关在非重大行政犯上抑制适用行政刑罚的倾向。

2. 因为不适用违反事例的增加，从公平等角度选择适用更加困难，如果适用对象真的是不容忽视的重大案件，行政刑罚的一般威慑力就会下降。

3. 行政刑罚中的罚金在剥夺违反行为所得利益基本上不发挥功能，对遏制违法行为的威慑力是不充分的。（西津政信·前揭『間接行政強制制度の研究』55頁。）

另外，日本的行政刑罚立法过剩，以此为原因功能不全，而"德国秩序法明确区分以报应思想为背景的狭义刑罚与以确保行政上义务履行为目的的'罚款'，从功能性理念观点进行程序完善"，参考其立法经过，建议日本应重新讨论罚款的法的性质、重新认识罚款的法制，近来的著作是，田中良弘『行政上の処罰概念と法治国家』（弘文堂、2017年）。

限（过少行使）特别视为问题。[1]在强制履行行政上的义务上，第二次世界大战后昭和 30 年代讨论的中心问题是如何抑制强制的要素，而非相反。然而，此后，特别是在环境保护行政等方面，认识到法令层面在对企业等进行规制，但在其执行层面却并不彻底，因而，政策效果并没有得到充分提升，这是一个很大问题。不仅是规制的对象，还存在自己利益受到规制对象行动重大影响的第三人（例如公害被害者），这从正面特写了这一问题。[2]他们的存在只要被当作行政厅所代表的抽象"公益"的一部分来认识，则会成为抑制"个人的权利和利益"的理由，因而，过去正是要警惕过度执行。但是，将其作为一种看得到的利益来认识，或为保护他们而加以执行的行政责任才是值得重视的。[3]

　　最后，设定"确保行政法上义务的实效性"问题以上述内容为背景，要使行政政策（例如环境保护）具有实效性，不仅是（古典的）强制执行制度，还要讨论设计怎样的法的（或事实上、行政上的）手段、如何运用才好。因而，这基本上是政策论的问题。这就带来学者的定位、目的意识问题。有观点认为，行政法学者不仅是解释现实存在的法令，也应就某种应有的法制提出政策建议。有的行政法学者基于这种目的意识提出法政策论的建议，这对于在地方自治体从事现场行政的职员而言是特别有用的，而且这毫无疑问是极为有益的工作。在展开政策论的前提下，要对法适用的现实开展实证研究，这对于行政法学整体自然是特别贵重的。不过，在另一方面，仅从事这种法政策论工作，并不是行政法学的作用。对于实现政策的各种手法、法令现实设计的制度，从规范论、法理论角度对其内容进行准确分析，这

310

---

　　〔1〕　对于这一点，关于行政不作为的权利救济问题，参见下卷第 26 页以下、第 228 页以下。

　　〔2〕　对于现在行政法学所抱有的三面构造问题，参见前出第 99 页以下。

　　〔3〕　过去在 1995 年日本公法学会的总会报告上，畠山教授主张，确立从作为"病理"的强制执行走向作为"生理"的强制执行的命题，呼吁变更对"法治主义"概念的理解［参照、畠山武道「行政強制論の将来」公法研究 58 号（1996 年）165 页以下］，正好给本书正文所述提供背书。

才是行政法学的本来任务。〔1〕本书基本上是站在重视这一视角的立场而写的。

―――――――――――

〔1〕 行政为实现某政策而思考实效性的手法时，首先在法律案作成层面需要有种种层面的政策性决定，诸如考虑怎样的制度（是通过法律规制权利，还是设置诸如"环境税""奖赏"的诱导手段），是求诸强制执行还是罚则，或者依赖于公告制度等间接制度（进而是怎样的制度）来保障其实效性，在罚则的规定方式上是采取所谓"直罚方式"（参见前出第 294 页注〔2〕）还是采取间接方式。不要不阐明这些理论差异，而仅仅是概括性地谈及"确保行政目的的实效性"〔参照、小早川光郎発言·公法研究 49 号（1987 年）203 頁、成田賴明発言·同前 204 頁〕。

另外，在创造这些制度上，例如对于确保行政上义务履行制度的状态，有学者从比较法角度探讨了"欧亚类型"与"欧洲类型、美国类型"的差异，指出"日本不应轻易采取某种风潮走向强化行政权的改革"〔参照、市橋克哉「義務履行確保を巡る司法権と行政権の相剋——行政法執行制度改革の方向性」室井力先生追悼論文集『行政法の原理と展開』（法律文化社、2012 年）37 頁以下〕。

第三章
"三阶段构造模式"的例外

第一节 概 述

一、传统的活动形式

正如此前反复所述，行政活动的古典"三阶段构造模式"支撑起 312
日本传统行政法理论的基本骨架。但是，现实未必是按照这一模式实
施行政活动的。行政的活动形态未必始终是行政行为与其强制行为这
样的单纯两阶段构造，传统的行政法理论也绝没有否定这一点。例
如，在与上述"行政行为"或"行政上的强制执行"的关联上，有的
行政行为并不伴有强制执行的手段，有的强制执行不经过行政行为具
体化的过程而直接强制实现法令规定的国民义务，这都是以当然之事
为前提的。此外，在传统行政法学上存在"行政立法""行政契约"
"即时强制"等行为（或法的制度）的类型，它们在"行政行为"
"行政上的强制执行"之外受到关注，其法的问题也得到讨论。

二、现代行政的形式

然而，传统行政法理论关注的各种手段，即使不符合"三阶段构 313
造模式"，也至少是基本直接影响私人权利义务、对私人"自由和财
产"具有某种法效果的手段。与此相对，行政计划和行政指导等本来
未必对私人具有直接的法效果，但也受到诸多行政法学者的关注，裁

判判决例也处理这种行政活动纷争的例子正在屡屡登场。

这些对于传统理论而言的可谓"法外的"行政手段在现实的行政活动中登场，在沿革上也未必新颖。但是，当初这些手段的使用在量上并不是那么多，而且更重要的是大家认为，既然它们在法上并不直接拘束权利和自由，原本就不能视作"行政主体"对"私人"的"侵害"，因而，没有必要作为依法律行政原理、近代法治国家原理的防御对象。但是，随着社会生活的复杂化和行政活动的扩大，这些手段不久就不只是例外的手段，在现实中变得对私人的判断、行动决定具有极强的影响力，这就带来一个问题，这种事态对于这些手段在法上也不产生某种意义吗？也就是说，"固执于传统的'依法律行政原理''近代法治国家原理'，在国民的实质权利救济上就是不充分的"，在这一意义上，它们成为认识前述第二编第二章第五节所述[1]"依法律行政原理的界限"的一个例子。

对于不能很好地被纳入古典"三阶段构造模式"的行政活动形式，本章以下将从类型的角度概述其主要形式，简单说明相关的法的问题。这里也首先处理传统理论框架中已经处理的各种手段（第二节），然后再处理具备现代特征的各种手段（第三节）。

第二节　传统的活动形式

第一款　行政立法[2]

一、行政立法的种类（一）

行政机关的立法，即命令，作为行政的活动形式，很早就开始发

---

〔1〕　前述第 133 页以下。

〔2〕　本书将"行政立法"作为"三阶段构造模式的例外"来说明，这自然是基于本书的方法论而来的，亦即将"依法律行政原理"进而是"三阶段构造模式"设定为理论"标尺"，测量与此的偏差，由此来说明日本行政法的制度及理论构造。但是，如果不是从"法律"一侧而是从"行政"一侧来看，那它也可能这样来说明，即"行使授予行政的裁量权，对自己的行动设定基准的行为"（后述"行政计划"也是一样）。在近来旨在"根据行政实态"探求行政法理的教科书中可以看到，立于这一视角的教科书在增多。

挥重要功能，现在也仍然如此。在日本法上，它因具有这种权限的机关不同，而区分为内阁发布的政令（《宪法》第 73 条第 6 项）、内阁府长官内阁总理大臣发布的内阁府令（《内阁府设置法》第 7 条第 3 款）及各省大臣发布的省令（《国家行政组织法》第 12 条第 1 款）、各委员会及各厅长官发布的外局规则（《国家行政组织法》第 13 条第 1 款）等形式。另外还有会计检查院规则、人事院规则，它们与外局规则类似但却是不适用《国家行政组织法》的独立行政机关的规则。此外，内阁总理大臣、各大臣、各委员会及各厅长官为公示其机关所辖事务而发布的告示（《国家行政组织法》第 14 条第 1 款。告示只不过是公示的法形式，因而，它自身并不具有法规范的拘束力。但是，在补充其他法令内容时也常常用告示的形式——例如，根据《物价统制令》第 4 条的指定统制额、根据《国民生活安定紧急措施法》第 4 条第 4 款的标准价格告示、根据《禁止垄断法》第 2 条第 9 款第 6 项的"不公正交易方法的指示"等——这时，一般具有立法行为的性质[1]，同样为了就其机关所辖事务作出命令或指示而对其所管机关及职员发布的训令、内部通知，这些形式规定在《内阁府设置法》及《国家行政组织法》上（《内阁府设置法》第 7 条第 6 款，《国家行政组织法》第 14 条第 1 款、第 2 款）。另外，作为《国家行政组织法》第 8-2 条所说的试验研究机关等，学校、医院、博物馆以及其他机关所规定的校规、利用规则等，有的概括称为"营造物规则"。

在地方公共团体方面，根据《地方自治法》第 15 条第 1 款规定，普通地方公共团体长官具有以规则的形式进行行政立法的权限。[2]

---

[1] 可看作以学习指导纲要（文部省告示）具有"法规"性质为前提的例子，参照、最判 1990 年 1 月 18 日民集 44 卷 1 号 1 页（所谓"传习馆高中案"）。作为总务大臣告示的固定资产评价基准，其性质被评为法规命令的例子，最判 2013 年 7 月 12 日民集 67 卷 6 号 1255 页。

另外，对于告示作为法规命令来规定的情形与作为行政规则来规定的情形，广泛探究法院通过怎样的探讨认定具有无裁判规范性的论文，野口贵公美「行政立法——『裁判規範性』に関する一分析」新構想Ⅱ29 页以下。

[2] 在行政立法范畴中，此外作为广义的行政立法，也包含地方公共团体的条例

二、行政立法的种类（二）——法规命令与行政规则的区别

316 　　以上是从具有行政立法权限的行政机关是谁的角度所作的形式分类。与此不同，传统行政法理论是从立法的内容与私人的权利义务如何相关的角度，将行政立法在理论上区分为"法规命令"与"行政命令（行政规则）"。

　　"依法律行政原理"在传统上未必连行政机关立法，亦即行政机关订立一般抽象的法规范都予以否定。不过，这时，根据传统通说，在这种规定给国民的权利义务带来直接变动时，根据"法律的专权性法规创造力原则"需要法律的授权。[1]在这一原则下，在行政机关的立法亦即"命令"中，在理论上区分为给国民的权利义务带来直接变动且只能在法律的授权下订立者与并非如此者。日本行政法理论在传统上称前者为"法规命令"，称后者为"行政规则"或"行政命令"。

　　这一区别本来是对立法内容的区别，并不与上述法形式上的区别直接对应。但是，例如，对于训令、内部通知，它们原本是在行政的内部关系中具有拘束力，并不直接在行政外部关系中影响"私人"的法的利益，从这一角度来说当然也属于"行政规则"。对于其他的法

317

（《宪法》第 94 条，《地方自治法》第 14 条第 1 款、第 96 条第 1 款第 1 项）。这种用法是将"依法律行政原理"中的"法律"严格限定为国会制定的法律，此外的立法行为均作为依法律行政原理的例外现象予以承认。但在现行宪法下，条例是由在法的人格上不同于国家的地方公共团体中由居民公选选出议员所构成的议会制定的，因而，在与"依法律行政原理"这一行政法基本原理的关系上，不应当定位为行政立法，而应定位为与法律相对应的法。不过，在与国家法律的关系上，只要不违反国家的法令，就认可条例的制定权（《地方自治法》第 14 条第 1 款），在这一限度上，在与法律优位原则的关系上产生与行政立法同样的法律问题（请再度参见诸如《行政代执行法》和条例关系的前出第 282 页注〔2〕）。

《宪法》第 29 条第 2 款规定，"财产权的内容……由法律规定"。在与此的关系上，条例规制财产权的效果屡屡成为问题（例如参照、最判 1963 年 6 月 26 日刑集 17 卷 5 号 521 页），这里对此不作详细分析（在这一点上，眼下请参照、藤田宙靖·組織法 229 页以下）。

〔1〕 参见前述第 63 页以下。

形式，根据其规范内容如何，可区分为法规命令或行政规则，直接影响私人法的利益者作为法规命令需要法律的授权（日本通说的"法律的专权性法规创造力原则"）；[1]与法律一样，作为解决纷争的规准，拘束包括法院在内的各国家机关。但在另一方面，即使内容是不直接影响"私人"法的利益，特别是在法律自身对此有规定，且委任给具有政令、省令等法形式的命令时，该命令具有与法律同样的效果，在这一意义上也具有"法规命令"的性质（例如，请留意的是，古典学说认为，公务员的勤务关系是"特别权力关系"，但古典学说也认为，依据法律对这种法关系内容进行规范的人事院规则是法规命令）。

如此，精确而言，区分"法规命令"与"行政规则"的观念是复杂的，它结合了内容要素与形式要素。它原本是设定了一个问题，即在多数的行政立法中什么是具有与法律同等效果的法规范，由此得出两者的区别。[2][3]

---

〔1〕　法规命令在概念上还区分为"执行命令"和"委任命令"，前者是在将法律规定的权利义务等具体化时详细规定其程序和形式（例如，详细规定申报书、申请书的记载事项），后者是在实体上规定新的权利和义务。通常认为，前者由《宪法》第73条第6项、《内阁府设置法》第7条第3款、《国家行政组织法》第12条第1款及第13条第1款等一般授权即可，后者还需要法律的特别授权［参照、杉村敏正·总论上168页、今村成和·入门62页（今村成和＝畠山武道·入门59页）。但是，《内阁法》第11条、《内阁府设置法》第7条第4款、《国家行政组织法》第12条第3款及第13条第2款等仅对于"设定罚则或者设定课予义务、限制国民权利的规定"明确规定了这一点要求］。不过，即使是上述意义上的执行命令，如果直接影响了国民的权利义务，就与委任命令的情形并无不同。因而，从与国民权利义务的关系角度在理论上明确区分两者终究是不大可能的，两者法解释论的区别在现实中也不可避免地带有判断的困难。

〔2〕　第一，法律具有创造"法规"的能力，在以此为出发点时，法律自己将这一权限委任给行政机关，该行政立法就成为"法规"，殆无问题（形式要素的侧面）。第二，如果不否定行政机关有订立一般抽象法规范的权限，以此为前提，就会产生行政权能独立进行多大范围的立法、多大范围的立法需要法律授权的问题。这时，根据规范内容进行划分，一者是行政规则、二者是法规命令。从理论上来说，上述第一个问题实际上是本来意义上法律的法规创造力原则的推论，第二个问题其实是法律保留原则的妥当范围问题（在这一点上参见前述第63~65页）。在日本传统的"法规命令"概念中，这两个问题是同时混在的，如同"法律的专权性法规创造力原则"也是如此，因而，其理论轮廓可以说并不明了。

〔3〕　在"法规命令"及"行政规则"的概念中，除了原本有这种问题外，过去分

三、法规命令及其法的性质

319   1. 法规命令是直接对私人法的利益所作的规范，但其规范的方法是一般性、抽象性的，而非个别、具体的。因而，它在定义上不属于行政行为。行政行为所有的各种特别效力，特别是公定力，在法规命令中并不存在（例如，在法规命令的效果作为民事诉讼的先决问题而成为问题时，民事诉讼的受理法院可以自己的判断对其违法性作出有权认定，可作为没有效果者来处理），法规命令不是以撤销诉讼为中心的抗告诉讼的对象。不过，如前所述，[1]即使是法规命令，其内容根据《行政代执行法》有自力执行的可能性（《行政代执行法》第2条），

别属于这些概念的各种行政立法相互之间，今天在判例上或立法上可以看到对其的处理在接近。此间，对于两个概念的区别、特别是"行政规则"的概念等，学说上从种种角度再作探讨。其中，例如，有的基于"法规"概念的再探讨，建议将"行政规则"从"行政立法"概念中放逐出去［平冈久『行政立法と行政基準』（有斐阁、1995年）］；有的建议停止使用一般性的"行政规则"概念，构筑更为细分的概念（小早川光郎·上96页），或者用"行政基准"一词取代"行政立法"［宇贺克也·概说I（第六版）273页以下］。但是，他们也并不是主张过去对"法规命令"和"行政规则"性质差异的论述已完全丧失意义。关于这一问题，作出综合性理论整理者，参照、野口贵公美「行政立法——伝统的二分论に立ち戻って」公法研究67号（2005年）223页以下。

另外，如前所述（前出第164页），经2005年修改，《行政程序法》中设置了关于行政立法的"第六章 意见公募程序等"的规定。其中，并未面于"法规命令"和"行政规则"的区别，而是一般性地使用了"命令等"的概念（该法第2条第8项），它进一步区分了（1）依法律所制定的命令（包括规定处分要件的告示）；（2）审查基准（根据法令规定，判断是否给予申请的许可认可等所需的基准）；（3）处分基准（根据法令规定，判断是否作出不利处分或作出何种不利处分所需的基准）；（4）行政指导指针（为实现同一行政目的而对符合一定条件的多数人实施行政指导时，应当作为这些行政指导共通内容的事项）。在这一分类之上，该法第六章除了这些共通的、制定上的"意见公募程序"规定，也进一步设置了"制定命令等时的一般原则"这样的实体法规定。但是，这也没有完全消解因为正文下述法规命令和行政规则（是否称作"行政规则"在所不论）性质差异而产生的各种理论问题。

[1] 前述第284页。

在此限度内也变得具有自力执行力。

2. 即使是行政机关同时对多数人法的利益进行规范的行为，在观念上，有时也不是一般、抽象的规范行为，而是各个具体规范行为的集合而已，它就不是行政立法，而是多个行政行为的集合体（通常称作"一般处分"）。在这一点上，常常成为问题的是各种计划决定行为的性质。对于都市计划法上的地域或地区的决定、土地区划整理事业区域的决定、禁猎区设定行为等，虽然有的下级审判例上将其作为行政处分，[1]但最高法院判例一概予以否定。[2]有时也认可告示具有一般处分的性质。[3]

四、法规命令的法的问题

1. 法规命令必须基于法律的授权而制定，这时，其规定的内容除了像上文所述那样不得违反既有的法令（法律优位原则）外，当然也必须处于授权规定的委任框架之内（2005 年追加的《行政程序法》第 38 条第 1 款规定，"命令等的制定机关……制定命令等时，必须符合制定该命令等所依据的法令目的"，但这只不过是将不言自明的要求明文化而已）。这里产生与前述[4]自由裁量行为的裁量权界限同样的问题。与行政裁量相比，在立法裁量（含行政立法）的情形之下，

320

---

〔1〕 例如，对于依据旧狩猎法设定禁猎区行为，甲府地判 1963 年 11 月 28 日例集 14 卷 11 号 2077 页；对于土地区划整理事业区域的决定，东京地判 1964 年 5 月 27 日例集 15 卷 5 号 815 页；对于依据都市计划法对城镇化区域与城镇化调整区域所作的划线，大阪高判 1978 年 1 月 31 日例集 29 卷 1 号 83 页。

〔2〕 参照、对于土地区划整理事业区域的决定，最判 1966 年 2 月 23 日民集 20 卷 2 号 271 页；对于依据都市计划法的工业地域指定，最判 1982 年 4 月 22 日民集 36 卷 4 号 705 页等。当然，对于土地区划整理事业的认可，近来最高法院大法庭判决明文变更上述 1966 年判决、承认其处分性，受到关注，对此将在下卷论述行政救济法时再作分析。

〔3〕 例如，以告示一揽子作出《建筑基准法》第 42 条第 2 款规定的"视为道路"的指定，最判 2002 年 1 月 17 日民集 56 卷 1 号 1 页。对于町的区域及町名变更的东京都知事告示，东京地判 1968 年 2 月 9 日例集 19 卷 1 · 2 号 187 页等。

〔4〕 前出第 108 页以下。

因为在性质上其规定方式通常更具一般性，多数承认其裁量权有较大
幅度。但如下所述，最高法院判例在这种情形下也屡屡踏入司法审
查，特别是近来偶尔能看到各种委任命令超越法律委任而被判断为违
法、无效的例子，这值得关注。

（1）作为《持有枪械刀剑类等取缔法》第 14 条第 1 款的登录对
象的刀剑类鉴定基准，《枪械刀剑类登录规则》（文部省令）第 4 条第
2 款规定，登录对象限于作为美术品、具有文化财产价值的日本刀。
在争议是否超越该法第 14 条第 5 款的委任目的的案件中，多数意见
（3 名）认为没有超越，但两名法官反对。[1]

（2）（旧）《监狱法施行规则》（法务省令）规定，不允许因未判
决拘留而被拘禁者与未满 14 岁者会见。该规定因超越（旧）《监狱
法》第 50 条的委任范围而无效。[2]

（3）《儿童抚养补助法施行令》规定，儿童抚养补助对象含婚外
儿童，但将"获得父亲准正的儿童"从支付对象中排除（案件当时的
《儿童抚养补助法施行令》第 1-2 条第 3 项括号所写内容），该规定违
反《儿童抚养补助法》第 4 条第 1 款第 5 项（当时）的委任目的，违
法。[3]

321　　（4）根据《户籍法》第 50 条第 2 款的委任，该法施行规则（法
务省令）第 60 条规定"常用平易的文字"范围，在列举的文字中没
有规定社会观念上常用平易的文字时，该条超越法律的委任目的，无
效。[4]

（5）《关于贷款业规制等的法律的施行规则》（内阁府令）第 15
条第 2 款第 2 项规定，贷款业者根据相关法律第 18 条第 1 款的规定制
作应交付的书面材料时，可对债权获得偿还的贷款契约通过契约号码
等予以明示，可以替代法律所定的记载契约年月日，该款的部分规定

[1] 最判 1990 年 2 月 1 日民集 44 卷 2 号 369 页。
[2] 最判 1991 年 7 月 9 日民集 45 卷 6 号 1049 页。
[3] 最判 2002 年 1 月 31 日民集 56 卷 1 号 246 页。
[4] 最判 2003 年 12 月 25 日民集 57 卷 11 号 2562 页。

超越法律委任的范围，无效。[1]

(6)《地方自治法施行令》（政令）第 115 条、第 113 条、第 108 条第 2 款及第 109 条的规定，通过准用《公职选举法》第 89 条第 1 款，禁止公务员成为请求议员解职的代表，该部分超越依据《地方自治法》第 85 条第 1 款的政令规定的容许范围，无效。[2]

(7)《药事法施行规则》伴随着 2006 年修改的新《药事法》的施行而施行，对于一般用药品中的第一类药品和第二类药品规定，店铺销售业者①必须在该店铺中面对面销售或授予（施行规则第 159-14 条第 1 款、第 2 款本文），②必须在该店铺内提供信息的场所中面对面地提供信息（施行规则第 159-15 条第 1 款第 1 项，第 159-17 条第 1 项、第 2 项），③不得通过邮寄等方式销售（施行规则第 142 条、第 15-4 条第 1 款第 1 项）。各规定一律禁止上述药品以邮寄等方式销售，不符合新《药事法》的目的，因超越新《药事法》的委任范围而违法，无效。[3]

2. 在行政立法的制定程序上，日本很长时间里不存在一般的法制度。1998 年接受第一次桥本龙太郎内阁下的行政改革会议最终答复而制定了《中央省厅等改革基本法》，根据该法，[4]引入了在制定之际广泛听取国民意见的所谓公告评价程序（意见提出程序）。该程序具有前述行政程序各类型中第二种、第三种事前程序[5]的性质。当初的行政实务基于阁议决定而实施该程序，之后 2005 年通过部分修改《行政程序法》（法律第 73 号），该程序作为其第六章（第 38~45 条）

322

---

〔1〕 最判 2006 年 1 月 13 日民集 60 卷 1 号 1 頁。

〔2〕 最判 2009 年 11 月 18 日民集 63 卷 9 号 2033 頁。

〔3〕 最判 2013 年 1 月 11 日民集 67 卷 1 号 1 頁。

〔4〕 "政府为了在形成政策时反映民意、确保其过程的公正性及透明性，在重要政策起草之际，公告其目的、内容以及其他必要事项，征求专家、利害关系人以及其他国民的意见，加以考虑作出决定，政府应努力活用并完善这一机制。"（《中央省厅等改革基本法》第 50 条第 2 款。）

〔5〕 参见前出第 161 頁。

而在法律上得以制度化。[1]这些规定不问法规命令和行政规则的区分，广泛适用于该法所说的"命令等"，[2]该法规定了详细的意见公募程序（第39～41条）、对所提意见的考虑义务（第42条）、实施意见公募程序制定命令时的结果公示义务（第43条）等。[3]

五、行政规则及其法的性质

传统上，行政规则不直接影响国民法的利益，这一点与法规命令性质不同。

323　　然而，这时区分两者的基准是"给国民的权利义务带来直接变动"，应当注意的是其中的"国民"（或者"人民""市民"等）概念。在传统理论中，例如，在所谓特别权力关系中服从内部规则者（例如服从国立公立大学校规的学生）不属于上述公式中的"国民"；再如，《内阁府设置法》（第7条第6款）及《国家行政组织法》（第14条第2款）上各大臣、各委员会及各厅长官就其机关所辖事务作出命令或指示，服从其训令和通知的各机关、职员等也不是这里所说的"国民"。也就是说，在传统观点之下，这些均为"行政主体"的构成要素而非"私人"，因而，规范其权利义务的各种关系属于行政的"内部关系"，依法律行政原理本来是适用于行政"外部关系"的原则，不能原原本本地适用于此。

另一方面，这些"行政规则"并不对外部关系中的国民权利义务

---

〔1〕《行政程序法》尽管引入了意见公募程序，但没有变更当初的目的规定——"旨在确保行政运营的公正性，提高行政的透明性……进而保护国民的权利利益"。但是，这并不是否定《行政程序法》新进入第二种、第三种事前程序射程的意义。对此，参照、紙野健二「行政立法手続の整備と透明性の展開」名古屋大学法政論集213号（2006年）485頁以下。

〔2〕参见前出第164頁、第317頁注〔3〕。

〔3〕对于该制度的内容和意义、引入的背景和经过等，参照、白岩俊「行政手続法の一部を改正する法律」ジュリスト1298号（2005年）60頁以下、常岡孝好『行政立法手続』（信山社、1998年）、同『パブリック・コメントと参加権』（弘文堂、2006年）等。

直接产生法的影响。例如，训令、内部通知等是对《内阁府设置法》《国家行政组织法》上说的行政机关和职员表示行动的基准，行政行为等再据此作出。因而，训令、内部通知具有怎样的内容在现实中绝非与国民权利义务无关。但是，从法上来看，这些规范只是仅对行政组织内部具有拘束力，对外并不具有直接的法的效力。[1]如此，这些"行政规则"就在行政的"外部关系"中作为与法无关者，没有法律授权亦可制定（因而，在这种观点下，《内阁府设置法》第7条第6款及《国家行政组织法》第14条第2款那样的规定就不是创设性规定，而是确认性规定）。只要立于这种观点，"行政规则"观念在传统行政法理论的体系内部，就与"特别权力关系"一样，成为"依法律行政原理"的一个例外。[2]

324

六、行政规则的存在问题

但近来特别是鉴于训令、内部通知在现实的行政活动中极为重要，是否可以固执于"行政规则"的传统观点，越来越成为问题。[3]

---

〔1〕 其法的拘束力仅在行政的内部关系中，这同时意味着，这些规范即使作为裁判判决的基准，也与法律、法规命令不同，只发挥限定的功能。例如，对于根据内部通知所表示的法律解释而作出的行政行为，国民在争议其违法性时，内部通知自身不成为该行政行为相对于国民而违法的判断基准，法院对原法律自身的解释才是基准（参照、最判1953年10月27日民集7卷10号1141页）。与此相对，得到通知的职员基于不同于通知所示法律解释的法律解释作为行政厅作出行政行为，这时该职员违背职务上的义务成为问题，法院原则上就必须将通知内容作为其判断的基准。

〔2〕 行政规则概念的这种背景也是有的，最近也有主张认为，可将过去在"行政规则"名下来称呼者分为行政组织规定、特别权力关系内部的规定、行政内部规定，因而，已不应维持"行政规则"概念自身。参照、小早川光郎·上96页以下。这种观点也是可能的，但这是如何理解用语上的便宜问题。

〔3〕 另外，下述意义上法规命令和行政规则在法的性质上的接近，在德国、法国、美国等国家早就引起注意，日本今天已经对这些现象有诸多介绍。也包括这些文献的介绍、对该问题作出综合探讨，这里想特别举出的研究是，大桥洋一『行政规则の法理と実態』（有斐閣、1989年）。

1. 例如，在最高法院有名的"弹珠机课税案判决"中，[1]弹珠机制造业者主张，对于过去不征的物品税因课税行政厅的通知而新交税，这是不依据法律而依据仅为行政官员解释的内部通知所作的所谓通知课税，违反租税法律主义原则。在该案中，最高法院仍维持传统观点的框架，"本案课税即使是以偶尔所论通知为机缘所作，只要内部通知的内容合乎法的正确解释，就不妨碍将本案课税处分理解为有法（律）根据的处分"，因而，未认可原告业者的主张。与此相对，过去在学说上，有人从实现实质法治主义的角度提出疑问。[2]当然，鉴于内部通知现实的影响力，将其在法上置于与法规命令同样的位置，这反过来也伴有种种问题，诸如失去行政的弹性等。存在某种性质不同于法规命令的活动形式（是否称作"行政规则"在所不论），这是今天任何人也不会否定的。但是，即使是站在这种出发点上，实质上拉近两者之间存在的距离，这也未必是不可能的。例如，课税处分适用信义诚实原则、禁反言法理的前述判例，[3]以及学说上对此的积极评价等，对思考的方向有所启发，[4]它们很早就已经在理论上维持内部通知"行政规则"的基本性质，同时对行政厅突然变更法律的公定解释（通知的变更）而特别明显地侵害法的信赖者，个别地予以救济。[5][6]

2. 有的理论尝试在对私人间的关系中也承认内部通知有某种法的

---

〔1〕 最判 1958 年 3 月 28 日民集 12 卷 4 号 624 頁。

〔2〕 例如参照、高柳信一·行政判例百選（新版）89 頁。

〔3〕 参见前述第 138 页以下。

〔4〕 参照、藤田宙靖·租税判例百選（初版）34 頁、田中二郎『租税法（第三版）』（有斐閣、1981 年）119 頁、金子宏『租税法（第一七版）』（弘文堂、2012 年）128 頁以下、中里実「通達に反する課税処分の効力」ジュリスト 1349 号（2008 年）89 頁以下等。

〔5〕 当然，对此也有批判，森田寛二「法律の観念」岩波講座基本法学 4『契約』（岩波書店、1983 年）107 頁。其理由在于，"信义原则的适用在特殊关系中的特定主体之间成为问题"。内部通知仅个别地适用，在对私人的关系上具有意义，在其过程中，内部通知的变更在与特定个人之间造成特别明显侵害信赖的结果，这样的案件也不是不可能的。本书所设想的自然是这种事态中的"个别性"救济。

〔6〕 对此，另请参见后述第 364 页以下的"行政指导"一款。

意义，例如，很早就尝试着将其作为在自由裁量行为的裁判控制之际的一个规准予以利用。也就是说，其观点是，在承认行政厅作出自由裁量行为的权限时，以内部通知规定裁量判断的规准，只要没有特别的理由，违反规准的行政行为，就因违背平等原则而违法。[1]如前所述，在自由裁量行为的裁判控制上，这种观点要求扩大从程序角度的控制，鉴于这一动向在今天学说和判例中较为显著，[2]应当说在这种学说和判例动向的延长线上，它是值得充分考虑的观点。

不过，法律赋予行政厅作出行政行为的自由裁量权，这在另一方面当然也意味着使行政厅负有在个案中作出正适合个案情况判断的义务。因而，从这一角度来看，不问个别情况如何，如果一度制定的行政规则一定是必须得到遵守的，它也就与本来赋予行政厅裁量权的目的相反。为此，上述观点必须仅具有某种程度的意义，例如，对于违反行政规则规定的裁量基准的行为，推定其违反平等原则；而不得将上述观点理解为意味着形式划一主义[3]（原本"平等原则"自身也

---

〔1〕　参照、白石健三·法曹時報 7 卷 8 号（1955 年）100 頁、園部逸夫·行政判例百選（初版）96 頁、町田顕「通達と行政事件訴訟」司法研修所論集 1968 年 2 号 29 頁等。另外，在这一点上主张应承认通知的"准法规地位"，参照、森田寬二·前揭「法律の観念」83 頁以下。

〔2〕　参见前述第 116 頁以下。

〔3〕　在这一点上，最高法院在所谓"麦克莱恩案判决"（最判 1978 年 10 月 4 日民集 32 卷 7 号 1223 頁）中，虽是旁论，但其说道，"行政厅对于其裁量事项规定裁量权行使的准则，这种准则本来是为了确保行政厅处分的妥当性而制定的，因而，处分即使违背该准则，原则上仅产生妥当与否的问题，而并不当然违法"。处分即使违背基准也并不"当然"违法，这在正文所述意义上是当然的事情，但问题在于，在判断有无超越或滥用裁量权之际，违背基准是否具有某种意义呢？该判决对此也表示了否定的态度。不过，该判决的理由完全是置于（旧）《出入国管理令》上的具体条款赋予行政厅裁量权的宗旨和目的如何，这在该案中成为问题。

另外，旧运输省以内部通知的方式规定了《道路运输法》第 9 条第 2 款第 1 项（当时）的适用基准，其所谓"同一地域同一运费原则"在没有具体案件的个别审查时到底在多大程度上可以作为裁量基准来适用，参照、最判 1999 年 7 月 19 日判時 1688 号 123 頁（所谓"MK 出租车案判决"）。另外，虽是下级审判决，但以不考虑内部规定的裁量基准等为理由，认为依据《出入国管理及难民认定法》的驱逐出境处分违法，予以撤销，参照、東京地判 2003 年 9 月 19 日判時 1836 号 46 頁。

不应被理解为在个别案件中排除特殊情况考虑的形式平等主义）。

　　另外，在今天，已如前述，[1]作为行政程序法理的一环，在作出行政行为之前，很重视对申请等设定审查基准并予以公布的必要性，而且实际上《行政程序法》也设置了这种规定。[2]从这一角度出发，在事先已公布基准的情形中，根据与被告知审查基准不同的基准作出行政行为，在上述所见之外，从信赖保护的角度也有得出其违法性的余地。[3]

　　3. 上述均为依据内部通知作出行政行为的情形，以行政行为的合法性、违法性为问题，在此基础上是内部通知具有怎样法的意义的问题，但在实际发生的事例中，也有将通知自身作为撤销诉讼对象进行争议的情形。有名的例子是最高法院 1968 年就《关于墓地、埋葬等的法律》的公定解释通知所作的判决。[4]在该案中，最高法院根据传统行政法理论认为，"现行法上能成为行政诉讼中撤销之诉对象者必须是直接具体地对国民权利义务、法律地位产生法律上影响的行政处分等"，在此前提之下，驳回了请求撤销内部通知的诉讼。

　　从关于内部通知的传统观点来看，最高法院的这种观点是其当然的推论。但是，在下级审判决中，也有判决着眼于内部通知在现实中发挥的重大功能，显示出与此不同的观点。例如，该案的第一审判决认为，如果因内部通知而让某人具体的权利义务以及其他法律地位直接不当地受到不利，可例外地认可对内部通知本身的撤销诉讼。当然，该判决因该案通知不满足这种要件，结果是驳回诉讼。此后，东

---

　　〔1〕　参见前述第 166 页。

　　〔2〕　《行政程序法》第 5 条及第 12 条。参见前述第 166 页。

　　〔3〕　另外，最高法院最近在旁论中表明的观点是，不符合《行政程序法》第 12 条第 1 款的公开处分基准的规定而作出处分，"从行使裁量权的公正且平等对待要求和相对方对基准内容的信赖保护等观点来看，只要没有应当以不同于该处分基准规定作出处理的特别情况，那种处理就是超越裁量权范围或者相当于滥用。在这一意义上，该行政厅……裁量权应根据该处分基准行使，这是羁束的"（参照、最判 2015 年 3 月 3 日民集 69 卷 2 号 143 页）。

　　〔4〕　最判 1968 年 12 月 24 日民集 22 卷 13 号 3147 页。

京地方法院 1971 年判决〔1〕与上述最高法院判决一样一般性地认为，
内部通知不能成为裁判审查的对象，同时也认为，"通知的内容与国
民具体的权利义务或法律上利益有重大关系，而且其影响不限于行政
组织内部关系，也及于外部，给国民具体的权利义务或法律上利益带
来变动，不就通知本身争议就不能完全终结权利救济，在这种特殊例
外的情况下"，也允许针对内部通知自身提起撤销诉讼，进而在现实
中承认内部通知的撤销诉讼合法。该东京地方法院判决基本上承认内
部通知没有直接拘束私人法利益的法效果这一传统理论，同时鉴于案
件的具体特殊性，〔2〕认可对此起诉，这可以说是鉴于内部通知现实发
挥的功能，而部分修正传统行政诉讼法理论的一个例子。在现今日本
的行政诉讼法理论中，如本书下卷详述，理论上倾向于打破传统观
点的框框，为实现国民实质的权利救济，而采取更有弹性的观点。
在学说和判例中，这种倾向颇为强烈。上述东京地方法院判决也是
其中的一环，受到关注。〔3〕

329

---

〔1〕　東京地判 1971 年 11 月 8 日例集 22 卷 11·12 号 1785 頁。

〔2〕　在该案中，内部通知说原告制造的函数尺属于《计量法》禁止销售的计量
器，原告请求撤销。但《计量法》即使禁止"销售"，也不直接禁止"制造"自身，因
而，即使制造业者的原告依然继续制造函数尺，也并没有依据内部通知受到某种行政
处分的可能性，也没有受到处罚的可能性。不过，该案的状况是，该通知的结果是原告
失去了多数顾客（销售业者），为避免这一不利，除修改通知外别无他法，而且，原告
争议通知违法性，除了直接请求撤销通知外无计可施。

〔3〕　另外，不仅仅是下级审判决，在近来的最高法院判例中，可以看到有几个例
子是从正面把握正文所述通知现实地对国民利益产生很大影响的事实（近来有的称为
"通知的外部效果"），寻求应对、救济权利。例如参照，最判 2006 年 10 月 24 日民集
60 卷 8 号 3128 頁、最判 2007 年 2 月 6 日民集 61 卷 1 号 122 頁等。前者是争议是否存在
不能科以过少申报加算税处分正当事由的例子。对于股票期权的权利行使利益的课税，
尽管 1998 年从一时所得变更为薪资所得，但在 2002 年以前的通知上并没有明示，这被
认为是承认存在正当事由的根据之一。后者是县根据旧厚生省违法的通知而妨碍根据
《原子弹被爆者援护法》申请健康管理补助，对该补助请求主张消灭时效，这被认为是
违反信义原则而不能允许。

第二款　行政契约

一、行政契约的概念

行政主体在设定与私人之间个别具体的法关系时，很多情形不是通过单方性行政行为课予私人义务、赋予其权利，而是基于与私人的合意。然而，如何理解这种合意的法的性质、其中适用怎样的法原理，因各国的历史、制度背景不同而有种种差异。例如，在具有"利益说"传统的法国，[1]在传统上，判例和学说均对这种合意设定极为广泛的行政契约范畴，发展出其固有的法理。[2]而德国及日本则以"权力说"观点为行政法理论的基本骨骼之一，其样貌就极为不同。[3]

1. 在日本，这种合意多数会被定性为通常的民商法上的契约（所谓私法上的契约）。例如，公共土木工程的承包契约、物品的缴纳契约以及公共财产、设施和企业等的利用契约等就是如此。[4]行政主体

〔1〕 参见前出第 32 页以下。

〔2〕 详细参照、滝沢正「フランスにおける行政契約」法学協会雑誌 95 巻 4 号~7 号・9 号（1978 年）；近来的文献参照、飯島淳子「契約化の公法学的考察」法学 73 巻 6 号（2010 年）、74 巻 4 号・5 号（2010 年）。

〔3〕 正因与德日的差别很大，在第二次世界大战后，日本行政法学者在比较法上强烈关注了法国行政契约法理，此间产生了诸多研究业绩。除前引滝沢正、飯島淳子的论文外，例如参照、浜川清「フランスにおける行政契約一般法理の成立（一）（二・完）」民商法雑誌 69 巻 6 号（1974 年）40 頁以下、70 巻 1 号（1974 年）43 頁以下，亘理格「行政による契約と行政決定（一）~（三・完）」法学 47 巻 2 号・3 号、48 巻 2 号［同『行政行為と司法の統制』（有斐閣、2018 年）60 頁以下所収］。田尾亮介「契約と行政行為のびんそう・交錯状況——フランスの場合」小早川古稀 685 頁以下等。

另一方面，细致跟踪日本及德国行政法学中行政契约（公法契约）的此前讨论，最近的重要业绩有，岸本太樹『行政契約の機能と限界』（有斐閣、2018 年）。

〔4〕 对于各种行政领域中行政契约的类别，参照、石井昇「行政契約」新構想 II 93 頁以下。

基本上是基于与通常的私人同等立场上缔结这些契约，一般只要不违反法律的规定，行政主体就可自由地缔结这种契约，契约的效果等原则上适用民商法等私法的规定。

不过，这些契约中代表公益的行政主体是当事人，因而，制定法上以种种方式规定了私法规定的例外。例如，在缔结契约上，根据财政民主主义的要求，常常要由议会议决（参见《宪法》第 85 条、《地方自治法》第 96 条等）；此外，有的是为保护私人利益而强制缔约（《水道法》第 15 条第 1 款），有的是以实现缔约的公正、防止公共资金不当消费为目的（《会计法》第 29 条以下、《地方自治法》第 234 条），等等。[1] 在契约的终止上，有的为了调整公益的实现与私益的关系，赋予行政主体单方的解除权，同时应当补偿因解除契约而产生的损失（《国有财产法》第 24 条，《地方自治法》第 238-5 条第 4 款、第 5 款）。在传统行政法理论下，这些特殊规定也构成行政法的一部分。[2]

2. 即使是行政主体与私人之间的合意，有时它也没有法的拘束力（例如，如果具有拘束力，就违反既有法律规定的情形等），尽管如此，要让该合意具有意义，就只能是在法上没有效力，而作为一种绅士协定来处理。基于所谓纲要或行政指导而进行的合意（例如，根据地方公共团体的居住用地开发指导纲要而在地方公共团体和开

〔331〕

---

〔1〕　当然，这些限制规定对契约的法效果具有怎样的意义，这是一个微妙的问题。例如，最高法院判决认为，普通地方公共团体违反限制随意契约的法令（《地方自治法》第 234 条第 2 款及《地方自治法施行令》第 167-2 条第 1 款）而缔结的契约，也并不当然在私法上无效（最判 1987 年 5 月 19 日民集 41 卷 4 号 687 页）。（随意契约是指不使用招标或拍卖等竞争性方法，任意选择一个合适的对方而签订的契约，与竞争契约相对。——译者注）如果以这一判决为前提，就会出现一个理论问题，《地方自治法》规定，"地方公共团体不得违反法令处理其事务"（第 2 条第 16 款），"地方公共团体违反前款规定的行为无效"（同条第 17 款），判决与这一规定的关系该如何理解？大致存在下列观点：前述限制规定只是规范行政的内部关系的法规定，或者该法第 2 条第 16 款、第 17 款的规定只是规范国家与地方公共团体相互关系的规定，而不是规范地方公共团体与私人之间法关系的规定。

〔2〕　作为行政契约的概括性研究，石井昇『行政契約の理論と手続』（弘文堂、1987 年）、碓井光明『公共契約法精義』（信山社、2005 年）等。

发业者之间所作的协定等）是作为契约而有效，此外的这种例子也是不少的。[1]

332 　　3. 然而，日本过去也有主张认为，存在狭义的行政契约、公法契约（公法上的契约），仍进入不了上述范畴。[2]这种行为类型会成为问题，所以，下文正是要对其展开探讨。

二、狭义的行政契约（公法契约）

　　在日本的法制之下，能存在所谓公法契约，学说上殆无争议。但是，具体怎样的契约属于公法契约，却有诸多极不明确的地方。

　　立于传统的公法私法二元论的立场，作为行政主体使用的非权力性公法手段，公法契约的存在一般几乎没有困难；在制定法上，对于基于这种契约而发生法律关系的争讼，在民事诉讼之外也特地在《行政案件诉讼法》第4条准备了当事人诉讼。但是，如第一编所述，公

333 法私法二元论自身处于极不安定的状况之中，那就必须说这种思考的前提自身也变得暧昧不明。即使将二元论作为大致的出发点，区别于"私法原理"的"公法原理"内容自身现在也不是那么丰富，因而，在上述对私法上契约所作种种修正的现状中，区别于私法上契约、特地在解释论上设定"公法契约"这一范畴，只能说其意义是极为稀薄

---

　　[1]. 在近来的最高法院判例中，有案件争议的是，《公害防止协定》规定的设定产业废弃物最终处分设施使用期限的条款，违反废弃物处理法的旨趣，是否有法的拘束力（最判2009年7月10日判时2058号53页）。在该案中，原审福冈高等法院否定期限的拘束力，但最高法院却予以肯定，但为了让该规定是否违反公序良俗等得到尽数审理，将案件发回重审。

　　[2]　日本过去采取的理论构成是，某种合意是以私人合意为前提的行政行为。例如，基于私人申请的许可和特许、公务员的任命行为等都是如此。其中，过去也尝试过契约的理论构成（官吏的任命行为、公企业的特许等），而现在也有部分作如此主张（公务员的任命行为）。

　　另外，近来有部分学说和判例承认上述行为自身就是契约的缔结行为，但只是从对其适用诉讼程序的角度将其作为所谓"形式性行政处分"，承认对其可提起抗告诉讼。对此，将在本书下卷第四编再作说明。

的。为此，多数见解认为，日本过去即使不否定公法契约的存在可能性，在现实中也只承认极为例外的情形。[1][2]

不过，对于这一问题，必须留意以下两点：

第一，如前所述，[3]今天试图以新的方式复兴公法私法二元论（至少是重新评价），强调为其提供支撑的"公法上当事人诉讼的活用"。[4]在这种理论状况之下，在过去作为"私法上的契约"来理解的前述诸多契约中，不能否定的是，今后有可能出现有的重新被定性为"公法上的契约"。

第二，必须要理解的是，原本在"公法契约"名下表达着什么的问题是语言的定义问题，因而，与前述"公法"一词所见一样，[5]根据主张者的目的让其具有何种含义，在理论上也是可能的。这时重要的是，通过"公法契约"一词要表达什么，与在现行法上是否将这种契约作为有效的契约、承认具有法的拘束力，两者在理论上是不同的问题。[6]如果以此为前提，诸如后述"法律上承认公权力的行使场合却不行使，与相对方私人达成合意来获取同样效果的情形"（所谓规

334

---

　〔1〕 作为这种例子，行政法学上很早就常常举出的是电、煤气、铁道等公企业的经营主体与市町村之间缔结的所谓"报偿契约"。其内容大致是，市町村许可这些企业主体因事业需要而占用道路，约定采取优惠措施，不征收占用费、不课予特别税，而企业主体方面，则约定交纳一定的奖励金。行政法学上过去对于其法的效果也有讨论。认为该契约是公法契约的主要理由大致在于，其内容是市町村和私人约定不行使其持有的权力性权限。该内容的合意在法上是否有效的问题（行政主体能否通过与私人达成合意而自由放弃、限制其持有的权力性权限的问题）另当别论，将该合意作为公法上的契约，会与私法上的契约产生何种不同，未必充分明确。

　〔2〕 这一点与德国、法国等有很大不同。德法在理论上确立了"公法体系"和"私法体系"的二元，也以存在行政裁判制度为其在实定制度上提供支撑。

　〔3〕 前出第 49 页以下。

　〔4〕 下卷第 38 页。

　〔5〕 参见前述第 42 页以下。

　〔6〕 对于"公法契约"概念上的这种论点，参照、柳瀬良幹「公法上に於ける契約の可能及不自由」同『行政法の基礎理論』（清水弘文堂書房、1976 年）所收、森田寛二「建築協定論、そして公法上の契約論（一）（二・完）」自治研究 66 卷 1 号及び2 号（1990 年）。

制行为替代型契约），行政主体将原本由其提供的公共服务委托给民间团体的情形（所谓委托型契约），称作“公法契约”在理论上就变得充分可能（其在法上是否允许、适用怎样的法姑且不论）。这一意义上的“公法契约”（它未必是实定法解释论上有效的法概念，而是所谓“发现问题的概念”），在日本的行政现实中存在很多，已在各种文献中得到阐明。

为了明确这一点，本书以下在不同于通常的私法上契约、受“公法”规制的契约意义上来使用“公法契约”。如此，就不使用上述“发现问题的概念”的“公法契约”一词，而只使用“行政契约”一词来作相应说明。

三、行政契约的法的问题

1. 将行政主体与私人之间的契约作为“公法契约”时，能从中导出怎样的理论结论，这不用说就是公法契约最基本的问题。但是，在前文“公法与私法”项下对此问题已有所论述，[1]这里不再赘述。

2. 行政主体通过与私人缔结契约实施行政活动，一方面尊重私人的意思，能考虑私人个别性特殊情况而行动，与依据法律作出行政行为单方地规制私人权利义务的方法相比是更为柔性的方法，这是其长处所在。但与此同时，另一方面，这也意味着在这一方法中存在内在的危险，行政主体以存在与私人的合意为理由，就能随意作为。如前所述，现行法上之所以对于行政主体缔结的契约有种种制约，可以说正是为了防范这种危险。

3. 作为法解释论上的问题，日本过去在行政契约上讨论最为集中的问题就是行政主体能否自由缔结公法契约的问题，亦即公法契约与依法律行政原理之间的关系如何。[2]今天，首先是从法律优位原则来

335

---

〔1〕 前出第45页以下。

〔2〕 参照、田中二郎「公法契約論序説」同『行政行為論』（有斐閣、1954 年）所收、柳瀬良幹·前揭「公法上に於ける契約の可能及不自由」等。

说，虽说是公法契约，也不得与既有的法律相抵触。[1]这一点并无争议。在法律保留原则上，除了采取全部保留说或公行政说的立场外，没有法律根据缔结公法契约，一般没有障碍。[2]问题毋宁是在于，在个别的事例中，既有的法律是否真的允许缔结该契约的解释（亦即法律优位原则的具体适用）。以下以几个问题为例对此展开探讨：

（1）地方公共团体以与企业合意达成协定的方式，让企业承受超出法令规定公害取缔基准以上的负担，这时，这种合意的法效果如何，屡屡成为问题。[3]法令规定基准，反过来说，在其基准范围内就保障企业自由行使财产权，如此解释，通过合意使其放弃自由就是一种脱法行为，其自身违法、无效，充其量只能说是仅具有绅士协定的性质（这可以说是过去的通说）。

336

然而，与此相对，有观点认为，公害取缔法并不是以保护企业自由和财产为目的的自由主义的法律，而是守护地域环境、调整社会各层对立利益的利益调整规范，因而，协定通过与社会强者的企业进行合意，强化该基准，未必能说是违法。在这种见地之下，从地域环境保全、利益调整角度缔结的《公害防止协定》也就是有别于民事上财产契约的行政契约。[4]其中所启发的观点是，采取某合意为行政契约

---

[1] 例如，不允许行政主体通过与纳税人的合意放弃行使法律规定的征收租税的权限。参照、藤田宙靖·租税判例百選（初版）44 頁。

[2] 当然，如前所述（前述第 94 页），缔结契约伴有公共资金的支出，在这一点上，从财务会计行为的民主性控制要求角度是否特别需要法律的授权，这一问题与上述法律保留问题是不同的问题。

另外，近来的一个问题意识是，能用"现实行政活动中表明的国民具体意思"代替"法律所表达的国民一般意志"吗？由此提出了一个值得关注的问题："至少在法律欠缺对契约内容的规定时，行政不能仅以相对方私人的同意就介入任何问题，为了将契约对象作为行政活动来承担，有必要由议会表明某种意思。"野田崇「行政法における『民主的な意思』」芝池古稀 106 頁。

[3] 参见前述第 66 页注〔2〕。

[4] 参照、原田尚彦「行政契約論の動向と問題点（二·完）」法律時報 42 巻 3 号（1970 年）、同『公害と行政法』（弘文堂、1972 年）161 頁以下。另参照、名古屋地判 1978 年 1 月 18 日例集 29 巻 1 号 1 頁。

（公法契约）的理论构成，就意味着它不是市民财产法上的契约，由此就不应当对这种契约机械地适用旨在保护市民自由和财产的"依法律行政原理"。假设一般是可能采取这种观点的，那就可能打开下面这种法解释论的方向，包括根据诸如居住用地开发指导纲要缔结的协定等在内，根据行政指导结果所作的多数合意就不是绅士协定，而具有行政契约的法效果。不过，这种观点还只能说是现在尚处于提出问题的阶段。[1]

（2）另一个问题是，法律上赋予行政厅行使公权力的权限时，与私人之间达成合意不行使该权限，该合意是作为有效的契约拘束行政厅吗？这一问题基本上是与法律的羁束程度相关，在法律上课予行使该权限的义务时，不行使权限的合意在法上当然是无效的。[2]剩下的问题在于法律承认在行使该权限上有效果裁量的情形。

（a）一般而言，即使在这种情形下，也必须说任何场合一概绝对不行使公权力的合意不具有法的拘束力。如后所述，[3]在今天，判例和学说广泛认为，在赋予行政厅行使公权力的权限时，即使是原则上承认效果裁量的情形，在一定的事态下，行政厅在法上也有义务行使该权限。在这种事态下也约定不行使权限，该合意只能说是当然违法无效。

（b）问题是法律上对于是行使公权力还是采取契约方式原本是赋予行政厅（行政主体）自由的情形。例如，取得公共用地是采取征收方式还是任意收购方式，委诸起业者的自由，就是其例。这时，法律大致设想的是纯粹仅以任意收购方式处理的案件，因而，不使用征收方式的合意应是有效的。[4]

---

〔1〕　前出判决（最判 2009 年 7 月 10 日判时 2058 号 53 页）未必是基于这种逻辑的判决。

〔2〕　不过，与此不同的问题是，即使不承认为有效的契约，从相对方的信赖保护角度，行政厅的声明也产生某种法的意义。对此，除了参见前述第 138 页以下，还请参见有关行政指导的后述第 365 页以下。

〔3〕　参见下卷第 228 页以下。

〔4〕　例如，1991 年 5 月 28 日，作为参加新东京国际机场（成田机场）建设问题的地域振兴联络协议会的前提，旧运输省·空港公团"承诺"接受部分反对派提出的条件，即"在任何状况下都不得采取强制手段"。如果从正文所述的意义上来理解，这种合意就具有契约的拘束力。

（c）在实现行政行为课予的义务之际，约定不强制执行而代之以承诺一定期限内履行义务，承认这样的合意是有效的契约吗？这一问题必须参照各个法律赋予强制执行权限的规定来思考。首先，对于滞纳处分，进行滞纳处分（《国税通则法》第40条）及其前提的督促（第37条）是在法律上受羁束的行为，大致没有承认这种合意的余地。问题在于代执行的场合。《行政代执行法》仅允许"在其他手段难以确保其履行，而且放任其不履行明显违反公益时"才诉诸代执行的手段（第2条），因而，能将这种合意看作处于该要件的范围之内时，也是有效的契约。[1]

（d）在以行政行为为代表的公权力行使中，因为是行使公权力，因而在法律保留原则之外也被课予很多法的制约。例如从实体法来看，有宪法上的诸多原则（包括平等原则、比例原则等）的拘束；法律在程序和形式上也课予了种种法的制约。另外，也对该行为准备了特别的争讼程序，诸如成为抗告争讼的对象等。在赋予行政厅作出行政行为的权限时，如果广泛认为用缔结契约取代行政行为能达成同样目的，也就可能打开一条通道，利用契约方式作为免除这些法的制约的脱法手段（特别是在诸如行政行为的事前程序中，在保障利害关系人等第三人的参与时，作为方便之门，利用契约方式排除参与，这就是重大的事情）。从这种角度来看，必须考虑限制契约的可能性。

这一点在《德国行政程序法》上，一方面是承认缔结替代行政行为的契约（公法契约）（第54条），另一方面为应对上述事态，规定了种种事情作为承认该契约的前提条件（第55条以下）。[2]

---

〔1〕 当然，剩下的问题就是，在私人一方违反合意在期限内仍不履行义务时，行政一方能采取何种手段呢？这时，（只要满足其他的法定要件）行政厅仍可代执行，因而，不代执行的合意仅应意味着在规定的期限内不代执行。

〔2〕 根据《德国行政程序法》的规定，例如和解契约（Vergleichsvertrag），行政机关基于合义务性裁量，为消除案件的不确定性而达成和解，如果被判断是合乎目的的，就是容许的（第55条），如果不满足该要件，契约就是无效的（第59条第2款第3项）。在交换契约（Austauschvertrag）的情形中，是为了某特定目的而课予相对方对待给付的义务，而且也必须在整体上是适当的，与课予行政机关一方的给付义务具有事

在日本，迄今为止还没有确立起对此的判例和学说。但是，对于这种契约，学说上有力的观点认为，即使原则上来说民法上的原则是有效的，上述基本人权等宪法上的原则，尤其是平等原则、比例原则等，应当与在行政行为的情形中一样是有效的。[1]

340　　（3）与上述案件相反，行政厅与私人约定作出某行政行为，问题是这种约定能具有契约的法的拘束力吗？在作出许可认可等或某种给付决定的行政行为的场合中，实际上也不是没有这种例子。

只有在行政行为有效果裁量的情形下，这一问题在法上才有意义。从理论上来说，只要不违反法律授予行政厅裁量权的旨趣（亦即只要结果不是一概不作裁量，机械地作出行政行为），行政厅以合意的方式明确行使裁量所能得到的结论，承认其作为契约具有法的拘束力，并没有障碍（至少在与依法律行政原理的关系上）。[2]这一问题在德

物上的关联性［第 56 条第 1 款，这是在禁止不当联结（Koppelung）］。在承认相对方对行政机关的对待给付的请求权时，其给付的内容必须能作为行政行为的附款来规定（同条第 2 款）。违反这些限制的契约同样无效（第 59 条第 2 款第 4 项）。在契约的程序和形式等方面，只要法令上没有其他规定，就必须采取书面方式（第 57 条）。侵害第三人权利的契约，得到第三人的同意，该契约方才有效；替代行政行为的契约，如果以行政行为作出，就要有法令上其他行政机关的同意和承认，得到该行政机关的同意，该契约方才有效（第 58 条）。

　〔1〕 学说上有时使用"行政私法"的概念［例如参照、成田赖明『行政法序说』（有斐阁、1984 年）18 页、98 页等］，这也是意识到了这种问题。

　顺便提及，以系村外企业等为理由，地方公共团体对某土木建筑承包公司采取了不允许其参加公共工程指名竞争投标的措施。对此，最高法院以裁量处分（行政行为）合法性审查中同样的基准探讨其违法性，以三比二的多数决判决认为，"没有充分考虑应当考虑的因素……只能说在社会观念上明显欠缺妥当性，在这种措施中没有达到裁量权超越或滥用的程度时，就不能判断为违法"（最判 2006 年 10 月 26 日判时 1953 号 122 页）。以国立大学与学生的在学关系为契约关系，在合格或不合格的合法性审查上，采取类似的方法，参照、东京高判 2007 年 3 月 29 日判时 1979 号 70 页。

　〔2〕 当然，在行政厅不遵从这一约定时，私人在法律上能如何寻求其履行呢？如后所述（下卷第 32 页），日本的情形与德国不同，过去在现实中几乎不承认要求行政厅作出行政行为的诉讼手段。在这种状况下，这种契约只不过具有实质上将裁量行为变为羁束行为的意义。2004 年《行政案件诉讼法》修改，课予义务之诉法定化，此后这一点将发生变化。

国是作为"允诺"的法理而广泛得到肯定，近来日本也在介绍并试图导入，[1]但最高法院判例在导入这种观点上并不积极。[2]

　　4. 有别于上述替代行政厅行使公权力而缔结的契约（规制权限替代契约），近来受到特别关注的是国家或地方公共团体（官·公）与私人（民）之间协作完成公共任务，[3]在公共服务的实施上缔结委任契约的做法。对此，因为它是"公私协作"，果真能在多大程度上导出不同于过去行政契约的法原理，仍未必明确。[4]通过法律予以类型化，设置特别的规定，其例子诸如，根据 2006 年《关于公共服务引入竞争改革的法律》引入的所谓市场化标准的公共服务委托契约。它是将过去国家或地方公共团体实施的一定公共服务（该法第 2 条第 4 款）付诸官民间的竞争投标，投标结果是民间组织中标时，缔结委托契约，由其实施服务。该法除了规定契约的缔结（第 20 条）、契约的变更（第 21 条）、契约的解除（第 22 条）外，还为了确保公共利益，设置了民间组织实施该服务的义务（第 24 条）、保守秘密义务（第 25 条）等种种规定。

四、其他行政契约（公法契约）

　　在通常被定性为行政契约（公法契约）的行为中，不仅是像上述

341

342

---

　　〔1〕 作为这种作业，特别请参照、乙部哲郎『行政上の確約の法理』（日本評論社、1988 年）。当然，该书在行政厅仅单方自我拘束的意义上使用本书正文所说的"允诺"，主张其应是不同于基于相对方合意的"契约"的行为类型。假设从这种前提出发，在与本书分析尺度的"依法律行政原理"的关系上，它与作为契约的情形在结果上并无不同。

　　〔2〕 在最高法院判例上，例如，对于东京都知事所作职员采用内定通知的效果，知事并不负有将该内定者采用为职员的法律义务（最判 1982 年 5 月 27 日民集 36 卷 5 号 777 頁）。

　　〔3〕 所谓"公私协作"。参见前出第 18 页、第 50 页。

　　〔4〕 顺便提及，德国行政法学的行政契约论以行政行为替代型契约为中心，在行政程序法上产生结晶，但今天并没有止步于此，而是将目光转至公私协作型契约的存在，更为详细地展开契约论。岸本太樹·前揭『行政契約の機能と限界』对此详加介绍，但并未就其对日本的行政契约论产生何种影响提出具体建议。

那样行政主体与私人之间缔结的契约，也包括行政主体相互间缔结的种种协定（参见《道路法》第54条，《河川法》第65条，《地方自治法》第244-3条第1款、第2款及第252-14条第1款，《地方税法》第8条等）、私人相互间缔结但获得行政厅某种官方承认的契约（参见《土地征收法》第116条以下、《建筑基准法》第69条以下等）等。其中有不少契约也在现实的行政中发挥着重要功能，但限于篇幅，这里不详细分析其法的问题。[1]

第三款 即时强制（即时执行）·强制调查

一、即时强制的概念

在传统的行政法理论中，可被称作"即时强制"（今天也有很多人称作"即时执行"）的行政活动形式，例如根据田中二郎的定义，是指"并非为了强制履行义务，而是在无暇命令必要的义务消除目前急迫障碍，或在性质上命令义务也难以实现目的的场合，直接对人民的身体或财产施以实力，进而实现行政上必要状态的作用"。[2]所谓即时强制，是行政主体为实现行政上的目的而对国民身体或财产行使实力，在这一点上与强制执行具有共通之处（过去着眼于这一点，将行政上的强制执行与即时强制合在一起，使用更为一般性的概念"行政强制"）；但从法技术上来看，不是为了强制履行先行特定义务而作出，亦即不待由行政行为等首先课予私人义务，由其自发地履行，而是行政主体突然行使实力，在这一点上又区别于强制执行。[3]

343

---

〔1〕 另外，在行政契约上，除了本书所涉问题外，还有违法的行政契约（公法契约）是否直接无效等许多问题。对其问题的详细分析，参照、石井昇·前揭『行政契约の理論と手続』。

〔2〕 田中二郎·上180頁。

〔3〕 如前述第287頁所示，即时强制与强制执行手段之一的直接强制很多是用于类似的状况，但两者在理论上的区别也正是在这一点上。另外，即时强制概念的详细理论史研究，須藤陽子「『即時強制』の系譜」立命館法学314号（2007年）1頁以下。

二、即时强制的要件

如此，从行政主体角度来看，在突然对国民身体或财产施以实力上，即时强制是极为强有力的手段，仅此就可能给相对方私人造成重大不利。因而，在传统以 "依法律行政原理" 为基轴的行政法理论之下，必须是极为有限、例外的情形才能采取这一手段。

1. 首先自不待言的是，无法律的明确授权，即不得即时强制，这一点现在几乎没有争议〔过去所承认的所谓 "警察急状权"（警察紧急权），在今天通常没有法律的根据，一般就不予承认〔1〕〕。

2. 像先前也引用过的那样，在传统理论中，在即时强制概念的定义中已经将能采取这种手段的场合限定于两种：一是在消除目前急迫障碍的紧急必要上，无暇命令相对人一定义务的场合；二是本来命令相对方一定义务也无法达成目的的场合。这种限定正确地具有何种法理意义未必明确（也就是说，这是将现行法上承认即时强制手段的场合类型化，还是也意味着法律承认不属于这些类型的即时强制就违宪，并不清楚）。但在现实中，日本法上承认即时强制的例子几乎就是限定在这种场合。例如，《消防法》第 29 条规定的为灭火活动而使用土地、进入或处分住宅等，以及《关于感染症预防及感染症患者医疗的法律》（以下简称《感染症预防法》）第 33 条规定的对受到感染症病原体污染的场所等限制或阻断交通等，是第一种场合的典型；根据《警察职务执行法》第 3 条保护醉酒或跌倒的人等是第二种场合的例子（能否想到与目前急迫危险要件无关的独自场面，也不是没有这样的理论问题）。

从这些例子一看就知道，承认即时强制手段的多数场合可谓都属于传统行政法学上 "警察行政作用"。〔2〕如此，在这种警察行政作用

344

---

〔1〕 参照、遠藤博也・行政法Ⅱ（各論）141-142 頁。

〔2〕 在传统行政法学上，并不是将在行政组织法上属于警察组织的行政机关所进行的行政作用称作警察行政作用，而是不问行政机关如何，一般为了维持社会和公共安全、秩序等，基于一般统治权而命令、强制私人，对其身体或财产等施以限制的行政作用，以警察行政作用之名称呼。参见前述第 110 页注〔2〕。

中，一般对于在行政组织法上属于警察组织的行政机关，特别是其最前线的警察所作出的即时强制，规定其要件、方法等的一般法是《警察职务执行法》，该法从第 2 条至第 7 条规定了质问、保护、避难等措施，以及预防和制止犯罪、进入现场、使用武器等方法。[1]

此外，在现行法上个别规定的各种手段中，传统理论中作为即时强制来定性者，除前述例子外，卫生警察中各种强制手段（《感染症预防法》第 17 条第 2 款、第 45 条第 2 款等规定的强制健康诊断，同法第 19 条第 3 款、第 46 条第 2 款等规定的强制入院，《预防接种法》第 6 条规定的强制预防接种，《感染症预防法》第 3 条规定的交通阻断，《狂犬病预防法》第 9 条规定的杀害狂犬等），以及税务行政中调查上的各种质问、检查、搜查住所（《国税征收法》第 141 条、第 142 条，《国税通则法》第 131 条以下等）等都是代表性例子。

三、传统即时强制理论的批判

345　　传统上大致就是这样来理解即时强制的概念，但对这种理解，其后主要是从理论的角度提出了种种质疑。

1. 例如，对于传统即时强制概念的要素之一，"并非强制履行义务"，就有质疑。[2]要言之，如果私人一方没有义务，为何承认行政主体有强制权限（无义务则无权限）？但是，对此，尤其是有必要以"义务"概念的多义性为中心进行一点理论整理。

首先，在两个法主体之间，法律上承认一方对另一方的强制权限，在法的逻辑上就一定意味着同时课予另一方忍受强制的义务。在这一意义上，即使是即时强制，规定强制权限的法规定也当然课予相对方私人相对应的忍受义务（这种忍受义务在强制执行的情形下也完

---

〔1〕 不过，准确而言，其中未必仅为行政警察作用一环的即时强制，也包含作为司法警察作用而进行的情形。例如，《警察职务执行法》第 2 条、第 5 条、第 7 条等通常毋宁是作为司法警察作用一环而作出的。

〔2〕 参照、ジュリスト增刊『行政强制』。

全同样存在，两者在这一点上并无不同）。但是，在概念上区分即时强制与强制执行之际，成为问题的"先行义务"，与上述意义上的忍受义务是不同的，这涉及实现该忍受义务的前提程序问题。也就是说，在让忍受义务者忍受强制行为之前，是否留有余地让其自发地进行与作出强制行为具有同样结果的行为，这在理论上区分即时强制与强制执行时具有决定性的重要性。[1][2][3]

2. 在对这种传统即时强制概念的批判中，现在重要的一点批判是，在现行法上的活动形式中，虽然是传统上作为即时强制的例子，但常常含有未必具备上述意义上即时强制性质的情形。其特别指出的是税法上承认的质问、检查的行为类型。[4]主张这些行为（《国税征收法》第 141 条规定的质问、检查账簿文件，《国税通则法》第 131

---

〔1〕 在现实的法制度上，有时是否真的给私人这种阶段的保障，不用说就是未必明确的。但这与上述理论模型的可否问题是不同的问题。关于这一点，除第 346 页注〔3〕外，参照、黒川哲志「行政強制・実力行使」新構想Ⅱ113 頁以下。

〔2〕 基于奥托·迈耶式"三阶段构造模式"的法治国家论，其主要意义之一正是在于，主张在法治国家中，在强制行为之前要有这种程序的阶段，换言之，强制行为原则上不是作为即时强制而仅作为强制执行行为来进行。

〔3〕 与此相关联，对于"即时强制"概念的理论性质，这里想附加两点说明。

第一，在本书中，"即时强制"与"强制执行"是作为彼此法性质不同的"活动形式"来定位的，但这完全是出于本书作业的便宜上的考虑，即通过测定与"三阶段构造模式"的偏差来把握各种行政活动的法的意义。从理论上严格来说，"即时强制"与"强制执行"在正文所述的各自意义上其自身本来不是个别性行为形式，而是一定的复合性制度或过程，在"行使实力"或"强制行为"的行为形式之上，也包含为作出该行为的程序（另外，参见前述第 201 页及后述第 384 页以下）。

第二，这种"即时强制"的概念只不过是一种模型概念（理想类型），能否将现实的法制度上的各种制度完全明确分为"即时强制""强制执行"，两者理论上是不同的问题。对此以及具体的例子，参见前述第 290 页注〔3〕。另外，特别是对于违反法令的一般禁止行为直接行使实力的性质，参照、広岡隆「即時執行」大系 2 巻 296 頁以下。

〔4〕 所谓"税务调查"。这些过去是由《国税犯规取缔法》《所得税法》《法人税法》等个别地规定的，2011 年《国税通则法》修改，总括起来作为"第七章之二 国税的调查"来规定〔对此修改，参照、小幡純子「税務手続の整備について」ジュリスト1441 号（2012 年）88 頁以下〕。

条规定的质问、检查物件、账簿和文件等）不符合传统意义上的即时强制，主要是基于以下两个理由：

347　　第一，通常即时强制自身就是直接实现一定的最终行政目的，而这些质问、检查是进行滞纳处分等处分犯规行为的手段，只不过是为收集资料的目的而进行，可谓仅具有间接的行政目的。

　　　第二，在这些情形下，行政机关在质问或检查遭到拒绝时，也不能行使实力检查账簿等，充其量只不过是可以根据罚则进行制裁而已（《国税征收法》第 188 条、《警察职务执行法》第 2 条第 3 款）。这与"直接对国民的身体或财产施以实力"这一即时强制的概念要素未必吻合。

　　　从这些理由来看，近来将这些行为构成"行政调查"这一新的范畴，与"即时强制"概念在理论上相区别来论述，毋宁正成为通例。[1]

　　　然而，上述观点特地将这些行为称作"行政调查"，在概念上与"即时强制"相区别，这当然就是可能的。但必须如此区分吗？必须区分的原因何在？对此仍有必要在理论上予以明确。也就是说，我们在使用"即时强制""行政调查"的概念时，其目的或观点置于何处？如果对于这一点没有明确的理论整理，就徒然引入新的法概念，则可能导致进一步搅乱行政法理论的结果。

　　　第一，首先的问题在于，"行政调查"概念是着眼于一定行政活动的目的而建立起来的概念，还是着眼于其活动形式或法效果的概
348 念？今天，"行政调查"概念一般是指"行政机关为实现某种行政目的而收集必要信息的活动"，[2]如此，通常是不论行政的活动形式如何，而是以活动目的为中心使用该概念。但若如此，"即时强制"概念原本是着眼于行政的活动形式而建立起来的概念，因而，两者原本

---

　　〔1〕 从这种认识出发，将过去的"即时强制"行为区分为"即时执行"与"行政调查"，使用这种用法者有，塩野宏·Ⅰ（第六版）277 頁。
　　〔2〕 神長勲「行政調査」大系 2 卷 312 頁。

就不是理论上不相容的概念。[1]

第二，今天至少在日本的现行法上，一般称作"行政调查"的多数行政活动，从其采取的活动形式来看，通常像前述批判那样，直接的强制力并不在背后待命，行政调查有这种性质也是事实。如果着眼于此，为了表达不同于"即时强制"的一定活动形式而设定"行政调查"的概念，接着就有必要在理论上进一步阐明，着眼于与"即时强制"有怎样的法形式上差异，这种新概念有必要吗？原因在于，如前所述，设定"即时强制"概念的重点在于，是否暂且给忍受义务者提供自发行动的余地，之后再行强制行为。这时像传统方法那样将"行政调查"也作为一种即时强制来说明，也未必是完全不可能的（不过，这时这里所说的"强制行为"当然必须扩大含义，也要包含"伴有间接强制的质问、检查等"意味）。与此相对，如果认为是直接对身体或财产施以实力，还是仅为间接强制具有重要意义，那么，就必须明确区别即时强制和行政调查。如后所述，在近来的最高法院判例中，如果明确采用这种理论动向，至少就要在广义的即时强制中对狭义的即时强制和行政调查在概念上作出区分。[2][3]不过，在今天的

---

[1]　也就是说，这时在理论上也能说是为了"行政调查"的目的而使用"即时强制"的手段［例如，《国税犯规取缔法》第 2 条（现《国税通则法》第 132 条第 1 款）规定的临检是作为行政调查的一个例子来定位的，同时也是即时强制，阿部泰隆的用词就是一例，阿部泰隆・システム上 305 页］。为此，"行政调查"可以说与"公共用地的取得""给付行政"等概念具有相同的理论性质。

另外，如前所述，今天正广泛在行政机关的整个意思决定过程中强调调查活动的重要性，认可行政厅存在"调查义务"，论及其法的意义等［参照前述第 174 页，小早川光郎「調査・処分・証明」雄川献呈中 251 页以下、塩野宏・I（第六版）286 页］。其中，"行政调查"的概念一般也是指在上述意义上的行政厅的调查，是在更为广泛的意义上使用。因而，这时也可能包含未必带有权力性要素的行政调查行为（亦即与传统意义上的即时强制概念没有关系）。例如参照、深澤龍一郎「行政調査の分類と手続」行政法の争点（第三版）48 页以下。

[2]　另外，如果像这样着眼于行政的活动形式来使用"行政调查"概念，在用法的问题上，若"行政调查"一词也能含有行政目的如何之意，如此使用并不适当。坦率而言，质问、检查等词的用法也并不算适当。如前所示，本书这次姑且使用"强制调查"一词。

[3]　如此，本书对于"行政调查"概念在行政法学体系中的定位自身未必抱有疑

行政法学上，"行政调查"概念并不是旨在表达一定的活动形式，而是如前所示，[1]多用作指称具有"调查"这一活动目的的一般行政，因而，这里用"强制调查"一词来替代旧版所用的"行政调查"一词，以更为清楚地阐明这一旨趣。

四、即时强制·行政调查与令状主义的适用等

1. 在即时强制的法解释上，屡屡成为问题的是，对于即时强制对私人的身体或财产的侵害，适用《宪法》第 33 条和第 35 条的令状主义保障吗？[2]在现行法上，也不是没有个别规定，即时强制（乃至"强制调查"）要有司法机关的令状或许可状（《国税通则法》第 132 条、《出入国管理及难民认定法》第 31 条等，另有《警察职务执行法》第 3 条第 3 款）。但是，这种例子是极为有限的。在现行法上没有这种规定时，就会产生是否适用前述宪法条款、完全没有法院介入即时强制是否即为违法的解释问题。

对于这一点，《宪法》第 33 条和第 35 条的规定眼下无疑是以刑事司法权的发动为对象的，问题首先在于，这能在多大程度上类推适用于行政上的即时强制呢？对于即时强制，一方面是突然行使实力，由此来说，实施令状主义的保障有很大的必要性；另一方面，它是为消除目前急迫障碍而实施的，因而，实际上多数原本没有申请法官令状或许可的富余时间。这一两难境地正是问题所在。为此，过去在学说中，有的强调前者，认为行政上的即时强制也适用令状主义；有的重视后者，认为不适用令状主义。诸如从昭和 30 年代最高法院判决也

虑，而是主张要将其定位的理论意义明确化。在这一点上诸如水野忠恒「行政調査論序説」雄川献呈中 469 頁以下的指摘是有误解的。

〔1〕 参见第 348 页注〔1〕。

〔2〕 近来对此问题采取概括性径路研究，笹倉宏紀「行政調査と刑事手続（一）（二）（三）」法学協会雑誌 123 卷 5 号（2006 年）818 頁以下、123 卷 10 号（2006年）2091 頁以下、125 卷 5 号（2008 年）968 頁以下。

能看到，在法官中已经存在这两种观点。[1]

但是，近来学说和判例对此问题的讨论均更为精细化。例如，过 351
去在昭和 30 年代，高柳信一博士基于原则上令状主义的立场认为，
"原则上采取令状主义，绝不是在不可能获取法院令状时也要求令
状"，在此认识下主张，即使要求行政上的即时强制适用令状主义，
也当然应确定合理的界限。[2]如此，虽说同为行政上的即时强制，也
应分情形来考虑，这种观点至少在近来的学说上几乎是共通的认识
（例如，一般像前述《国税通则法》的情形那样，作为行政上即时强
制手段而作出的行为在实质上与刑事程序相关联时，多数人会认为，
法官的令状或者许可在宪法上当然是必要的；而诸如消防活动之际进
入邻家庭院，就不存在主张需要令状的学说）。而最高法院在 1972 年
关于依据《所得税法》行使质问检查权的所谓"川崎民商案判决"
中指出，[3]"不能说不是以追究刑事责任为目的的强制行为就当然不
适用令状主义"，但对于这时的质问检查权，关注到它"不是承认直
接的物理性强制，而只不过是根据对拒绝检查者的罚则进行间接强
制"，再"从所得税公平准确的征收目的来说，收税官员实效性的检
查制度具有必要性"，一并考虑后判断认为，这时没有法院的令状也
不违宪。对于该判决的射程距离，仍有很多未必明确的地方。[4]但最
高法院至少明确表明，不考虑诸多情况，就无法对行政活动是否适用
令状主义作出判断。这一点受到很大关注，也在之后的最高法院判例

---

〔1〕 参照、最判 1955 年 4 月 27 日刑集 9 卷 5 号 924 页。

〔2〕 高柳信一「行政手続と人権保障」清宮四郎 = 佐藤功編『憲法講座（第二
卷）』（有斐閣、1963 年）。

〔3〕 最判 1972 年 11 月 22 日刑集 26 卷 9 号 554 页。

〔4〕 例如，该判决采取的立场是凡为前述意义上的"强制调查"均不适用令状主
义吗？进而相反，狭义的即时强制就适用令状主义吗？还是说并非如此，强制调查或即
时强制手段所服务的具体行政目的是确保征税权这样的重大公益，这在本案中具有很大
意义吗？这些未必能从该判决的判决文中一义性地得出判断（最高法院判决旨在"在
该案中最正当地解决纷争"，这是附随于这种判决的某种必然结果）。

中作为先例加以援用。[1]

352　　　2. 法律赋予的调查权限必须用于需要调查的行政决定，原本不允许用于犯罪搜查，但在具体情形下这一法理的适用并不简单。根据《法人税法》（旧）第153~155条赋予国税厅、纳税地的所辖税务署、国税局等的职员质问和检查权限，该法（旧）第156条规定"不得解作可用于犯罪搜查"。对此，最高法院决定指出，即使之后能设想用

353　作犯规案件的证据，也不得直接进行犯规案件的调查或作为手段来行使该权限。[2]另外，根据2005年修改的《禁止垄断法》第76条第1款制定的《公平交易委员会犯规案件调查规则》第4条第4款，禁止审查官将可能成为犯规案件端倪的事实直接报告给犯规案件调查职员。

　　在任意调查上，在某案中，参照被告违反《兴奋剂取缔法》的嫌疑出现跃升的状况，强烈怀疑该处存在兴奋剂，如果不立即采取保全之策，散佚的可能性也很高；对于在面前检查所持物品，被告没有明确表示拒绝；所持物品的检查样态是，钱包掉在床上，捡起来放在桌子上，打开钱包两个折叠的部分，拉开拉链，从装零钱的部分可发现装在塑料袋里的白色晶体，将其取出。最高法院从这些状况判决认

　　　　[1]　最高法院在1992年7月所谓"成田新法案判决"（最判1992年7月1日民集46卷5号437页）中引用上述"川崎民商案判决"的论旨"不能仅以并非旨在追究刑事责任为理由，就认为处于《宪法》第35条规定的保障之外"，但同时也判示道，"行政程序与刑事程序在性质上自然存在差异，与行政目的相应存在多种多样的行政程序，因而，不能认为进入现场作为行政程序中的一种强制，一律要求法官的令状。进入现场是否为维护公共福祉这种行政目的不可或缺、是否与收集资料追究刑事责任直接相连、强制的程度、样态是否直接等，应当在综合判断之后决定要不要法官的令状"。在该案中，在确保履行成田新法（《关于确保成田国际机场安全的紧急措施法》）第3条第1款规定的"禁止命令"必要限度内，对于"进入"该禁止命令所禁止的工作物（同条第3款），并不适用令状主义。这一"进入"的法的性质是什么，在理论上稍稍不明确。但是，进入的权限不是直接的物理性的权限，而只不过是在遭到拒绝时能根据罚则来制裁（该法第9条第2款）（最高法院也以此为否定适用令状主义的论据之一）。在这一意义上，不具有即时强制的性质，更不能作为一种强制执行（直接强制）来定性。
　　　　[2]　最决2004年1月20日刑集58卷1号26页。顺便提及，原审采取的是与此相反的观点，高松高判2003年3月13日判时1845号149页。包括这一论点在内的详细研究，参照、笹仓宏纪·前揭法学协会雑誌123卷5号·10号。

为，上述对所持物品的检查系合法进行。[1]

3. 另外，在法律上对于这些强制调查的权限，通常规定的模式是，"在有调查上的必要时……可以质问、检查、要求提交或出示账簿或物件等"（例如，《国税通则法》第 74-2 条第 1 款）。对于是否调查、对何物如何展开等，一般认为是基本上委诸行政厅裁量判断，问题在于如何理解这些裁量的范围或界限。一般，对于"命令提交报告或物件的处分，以及其他以收集履行职务所需信息为直接目的而作的处分和行政指导"，不适用《行政程序法》（该法第 3 条第 1 款第 14 项），因而，必须在该法之外解决问题。在这一问题上，最高法院过去对于（当时的）所得税法上质问、检查制度的范围、程度、时期、场所、程序等在多大程度上受法的拘束作出判断，在租税法学上受到关注。[2]其后在行政法学者中也出现了不少文献，将这一问题作为"调查裁量的法的控制"问题从正面予以处理，分成"调查对象的选择裁量""调查程序的裁量控制""反面调查的法的控制"进行探讨。[3]

第三节 现代行政的形式

第一款 行政计划

一、行政计划的概念与意义

在行政活动之际，运用计划的手段在日本未必新鲜（例如，在二战前就已有依据旧都市计划法的都市计划、旧耕地整理法的耕地整理计划等）。但是，这里之所以特地将其作为"现代行政的形式"来处理，在于两点理由：第一，行政计划，特别是在现代行政活动中无论

354

---

〔1〕 最决 2003 年 5 月 26 日刑集 57 卷 5 号 620 页。

〔2〕 所谓"荒川民商案判决"。最决 1973 年 7 月 10 日刑集 27 卷 7 号 1205 页。

〔3〕 参照、曽和俊文「質問検査権をめぐる紛争と法」芝池義一＝田中治＝岡村忠生編『租税行政と権利保護』（ミネルヴァ書房、1995 年）。曽和俊文『行政調査の法的統制』（弘文堂、2019 年）328 頁以下所収。

是质上还是量上都越来越具有重要功能；第二，行政法学从正面关心行政计划这一法的现象只是昭和 40 年代左右的事情。尤其是近来，行政活动中计划的隆盛对于以"依法律行政原理"为基轴的传统行政法理论框架提出了问题，如何把握受到关注。[1]

355

　　一般在"行政计划"概念之下表达什么，这是有种种问题的，难以给出一义性的定义。但是，在过去的行政法学观点中大体是这么理解的：行政机关订立的计划，旨在设定一定的行政目标（目标创造性），同时为实现该目标而对各种手段、方法进行综合调整（综合性）。[2]这一意义上的行政计划不仅因计划对象内容、规模、期间长短、内容的具体性、有无法律上的根据、有无法的拘束力等不同而极为多样，[3]规定这些计划共通适用的法原理、法制度的法令至今也不存

---

　　〔1〕　采取这种方式把握计划的代表例子，参照、遠藤博也『行政計画法』（学陽書房、1976 年）。

　　〔2〕　精确而言，在这种计划活动中可区分为种种要素：（1）计划内容自身，（2）计划的制定程序，（3）计划决定行为，（4）计划的实施活动等。如此，"计划"一词自身根据场合也在这些含义上来使用。

　　当然，近来在"目标设定性"和"手段综合性"上，应予关注的是，有学者从"目标设定自身只不过是行政学的现象，手段综合性自身则法学的现象"角度指出，"要从法上分析计划，更为重要的概念不是目标设定性而是手段综合性"。参照、仲野武志「行政上の計画論（一）」自治研究 95 卷 1 号（2019 年）64 頁。该论文 [「（一）～（四·完）」自治研究 95 卷 1 号～4 号（2019 年）] 从这一角度出发，"结合眼下基于法律的计划"，对现行法作出详细的实证分析，以便"解明手段综合性具体采用了怎样的法律构成"。

　　〔3〕　行政计划通常从这些角度有种种分类。例如：（1）从行政计划内容的角度，诸如经济计划、国土开发计划、防灾计划等分类；（2）从其规模的角度区分为综合计划、特定计划，根据计划对象的地域大小区分为全国计划、地方计划和地域计划等；（3）从期间的长短角度区分为长期计划、中期计划、短期计划、年度计划等；（4）从内容的具体性角度区分为基本计划、实施计划；（5）从有无法律上的根据角度区分为法制上的计划、事实上的计划；（6）从有无法的拘束力角度区分为拘束性计划与非拘束性计划，拘束性计划中进一步区分为仅拘束行政机关的计划与对外部私人有拘束力的计划。

　　另外，对于各种行政计划与其分类，参照、西谷剛『行政計画の課題と展望』（第一法規、1971 年）121 頁、成田頼明＝南博方＝園部逸夫編『行政法講義（下卷）』（青林書院、1970 年）215 頁、原田尚彦·要論 122 頁以下。

在。因而，即便行政法学对行政计划有了新的关注，迄今为止的研究是以现存的诸多计划的分类和现状分析，或者面向未来的立法论为中心，法解释论维度的建言仍然只是摸索性的，还没有更为丰富的内容。[1]鉴于这种现状，以下对于行政计划，仅首先探讨它作为行政的活动形式有什么特殊性、固有性，接着再指出几个由此产生的法解释论上的问题。

二、行政计划的特征

（一）作为行政活动内容的"计划"与作为活动形式的"计划"

然而，在思考"行政计划"的特征时，首先有必要在理论上明确区分表示行政主体一定活动内容的"计划"概念与作为特定活动形式、法形式的"计划"概念。如前所述，在"计划"的特征上，通常是说"旨在设定一定的行政目标，同时为实现该目标而对各种手段、方法进行综合调整"，但是，如果仅仅是这样，它就只是在说一定国家活动的内容或目的，而未必是在说"计划"作为活动形式的特殊性。也就是说，这一意义上的"计划"，作为活动形式，可以法律、法规命令、行政规则等各种形式而订立。如此，如果计划是以法律、命令等既有的法形式来设定，在其法的性质上，也当然具有这些古典的法形式的法的性质，那么，在法理论上就没有必要提升行政计划、将其作为"现代行政的形式"之一来处理。这里首先必须问行政计划能否果真作为新的活动形式、法形式而存在，如果能存在，它又是怎样的事物？[2]

356

357

---

〔1〕 此前出版的行政计划的综合研究以实务为支撑，西谷剛『実定行政計画法―プランニングと法』（有斐閣、2003 年）。

〔2〕 由此，在近来的行政法教科书上，否定将"行政计划"作为理论上"行为形式"之一来处理的做法，而将其作为"行政基准"（参见前述第 314 页注〔2〕）之一，包含在统括着法规命令、行政规则等行政立法的范畴中来论述，这种倾向越来越强（例如参见小早川光郎、宇賀克也、高木光、大橋洋一教科书。另外，在"行政计划"的法的分析中，强调应当重视这一"基准性"要素，西田幸介「行政計画の基準性について」芝池古稀 233 頁以下）。采取这种看法也是有充分意义的。不过，在另一方面，过去将"行政计划"作为"行为形式"之一来处理，不应在理论上放弃对其意义作出进一步的诘问考察。

（二）作为行政活动形式的行政计划及其法的性质

对于行政计划的法的性质，过去德国行政法学对其是行政立法还是行政行为（所谓一般处分）有过激烈争论。但在之后，无论是在德国还是在日本，更强的观点是，计划既不是立法行为也不是行政行为，而是具有固有性质的第三种国家行为类型。

然而，要主张计划是固有的行为类型，如上所述，就必须明确计划在与行政立法、行政行为对比时到底有怎样的固有性，尤其是从法学的角度为什么必须与其他行为类型相区别。[1]很难说过去的行政法学一定有充分的问题意识在理论上阐明了这一点。但是，如果整理此前学说的个别论述来看，假设要承认这种意义上的固有性，那就要归为前述行政计划的"创造性"和"综合性"要素。

358　　第一，行政计划的特征首先就在于，它不是执行法律规定的内容，其自身就在订立新的行政目标。但是，即使是行政立法、行政行为的情形，也未必始终是忠实地执行法律，很多也有新的创造。因而，行政计划的创造性与行政立法、行政行为的创造性有何不同，要在理论上予以明确。

第二，行政计划的特征还在于，它是为实现一定目标而要在种种手段之间进行综合性、体系性统一。由此产生的固有问题是，传统的法制度和法理论是以保护各个私人的法的利益为基本出发点，如何能与这一意义上的计划的综合性相接合呢？

具有这种固有性、作为行政特殊活动形式的行政计划，在日本的现行法上是否实际存在，在今天尚未明确，学说上也只不过是持续处于探索状态而已。[2]以此为前提，但这里完全以展望未来为目的，来

---

〔1〕 例如，屡屡有人指出，行政计划与行政行为等不同，不仅拘束相关行政机关的行动，现实中对私人的利益也有很大影响。如果仅此而已，那就只不过是抱有与传统的"行政规则"行为类型相同的法的问题，至少从法学角度看，还没有必要进一步设定"行政计划"这一范畴的理由。

〔2〕 从理论上正面分析行政计划的法的性质，近来颇堪玩味的研究有，见上崇洋「行政計画」新構想Ⅱ51页以下。该论文认为，所谓行政计划，可整理为"在具有某一目标的行政过程中，为后续作用进行前提确认的决定"（前提确认、决定功能），可如

看看有关行政计划已经产生的或者可能产生的几个具体的法解释问题。

三、具体的法的问题

（一）与依法律行政原理的关系

如果行政计划也是行政活动之一，在传统法理论之下，自然服从于"依法律行政原理"。上述行政计划的固有性对于这一点是否果真有某种影响，就会成为问题。

1. 对此，首先会产生的问题是，法律违反综合计划，效力如何？正如常常有人指出"从依法律行政走向依计划行政"那样，根据计划制定法律的现象在现实中至少是存在的（例如，根据《国土综合开发法》上的全国综合开发计划，制定了《新产业都市建设促进法》和《工业整备特别地域整备促进法》）。这时，假设所谓计划实施法律违反综合计划，根据行政计划创造性的理解方法，在理论上就可能出现法律自身的违法性问题。[1]"创造性"作为行政计划的固有性，在理论上也能有怎样的射程距离，今后有必要展开理论探讨。

2. 对于行政计划与法律保留的关系，如果立于传统的思考框架，计划直接影响私人的法的利益时要有法律的根据，[2]否则不需要法律

359

360

此作出独立的法的定位。这一观点是值得首肯的。不过，上述"整理"是在整理现行制度上存在的各种行政计划共通功能而说的，并不能从中直接导出行政计划自身具有某种法的效果。而这一"整理"未必是将具有这种法性质的行政活动全都用"行政计划"的概念来表达、作为特别活动形式（法形式）来"定义"行政计划概念。

〔1〕　对于违反所谓"基本法"的"实施法"效力，也已有见解认为，不应简单地适用"后法破除前法"原则（参照、遠藤博也・前揭『行政計画法』69 頁以下）。在依据基本法的综合计划与实施法之间也会产生同样的问题。

〔2〕　精确而言，从传统行政组织法上的法解释原理出发，如果行政计划产生既有行政组织和权限分配的变更结果，也要有法律的授权。参照、藤田宙靖・組織法 59 頁以下。

的授权。但是，对此也有观点认为，像国土开发计划那样，整个体系规定着国土的将来状态，进而是国民的生活状态，虽然并不直接影响国民法的利益，但从与日本的民主性统治构造的关系来说，要有法律的根据。[1]是否赞成这一见解姑且不论，国土开发计划虽无法纳入传统法理论框架之内，但它暗示了这种行政计划固有的法问题所在，值得关注。

　　3. 对于计划制定机关的裁量权，[2]在德国论及所谓"计划裁量"与通常行政行为等的裁量在性质上的不同时，日本也在积极支持的方向上作出介绍。[3]计划裁量论有几个侧面，在与依法律行政原理的关系上，特别是强调授权制定计划的法规范的构造与通常行政行为等的授权规范的构造不同，这一点受到关注。这种见解大致是说，后者是规定"要件-效果"（所谓"条件式"）的规范，前者是规定"目的-实现手段"（所谓"目的式"）的规范，因而，计划的合法律性不能像行政行为等的合法律性那样用三段论法的推论来判断，计划的裁量也不能以不确定概念的全面裁判审查为出发点、根据过去的自由裁量论进行裁判控制，而必须从实现法律内容的裁判机关与行政机关的合理分工角度进行考虑。不过，在这一点上，德国对过于强调计划裁量的固有性也有批判。[4]对于准确地在计划过程的哪个点上能谈得上这种意义上的"计划裁量"，仍有问题。[5]而在日本，如前所述，[6]古典的自由裁量论图式自身已然明显动摇，法院与行政机关的合理分工观点在学说和判例上一般也颇有展开，因而，可以说这与德国的状况是不同的。不过，既然强调行政计划的"创造性"，在裁量的控制上，

361

---

〔1〕 参见前出第94页。
〔2〕 例如，在与都市计划的关系上，承认计划制定权者有广泛的裁量权，参照、最判2006年11月2日民集60卷9号3249页。另参照、最判2006年9月4日判时1948号26页（林试之森案）等。
〔3〕 参照、遠藤博也·前揭『行政計画法』87頁以下。
〔4〕 参照、芝池義一「計画裁量の一考察」杉村敏正還暦185頁以下。
〔5〕 参照、芝池義一同前。
〔6〕 参见前述第113页以下。

前述的程序控制立场,〔1〕与通常行政行为的情形相比更为重要;〔2〕同样,私人对行政过程的参与、事前程序的必要性问题,〔3〕(在法解释论上已经)也能出现与通常行政行为等情形具有不同意义的空间。〔4〕

4. 在行政计划对上位计划或上级规范的适合性问题上,如上述第三点看到的那样,一般常常有人指出,必须采取与通常行政活动的法令适合性判断不同的看法。这时对于行政计划,强调的重点不在于相互间静态的适合关系,而在于动态的"调整"方法。但对于其调整的方法和原理,其法的探讨尚未一般性地充分展开。〔5〕

(二)行政计划与私人法的救济

1. 行政计划与行政争讼。在日本现行的行政争讼制度下,要就行政计划的违法性进行争议,基本上是在其直接影响私人法的利益时,不外乎作为行政处分而走上抗告诉讼之路,或者作为行政立法而在争议据其所作个别行为的过程中间接攻击其效果。〔6〕在过去的判例和学说中,其处理方式颇为多样,〔7〕正是在这种现象中显示了计划行为的

〔1〕 参见前述第 116 页以下。

〔2〕 前引最高法院 2006 年 11 月 2 日判决指出,在对被委以"广泛裁量"的都市计划决定进行司法审查时,都市计划决定"欠缺重要的事实基础","对事实的评价明显缺乏合理性","在判断过程中没有考虑应当考虑的因素"等,因而,其内容从社会观念来看明显缺乏妥当性,只有在这种情况下,才能认为超越裁量权范围或者滥用裁量权进而违法,为此,与通常的裁量处分情形不同(参见前述第 125 页)。问题在于,在其自身仍只是抽象规定时,是否满足这些基准,其具体的判断方法如何呢?

〔3〕 参见前述第 149 页以下。

〔4〕 但是,现行《行政程序法》有意将计划制定程序排除在外。对此,参见前述第 163 页以下。参照、交告尚史「計画策定手続」ジュリスト1304 号(2006 年)65 页以下、势一智子「行政計画の意義と策定手続」行政法の争点(第三版)42 页以下。

〔5〕 对于计划间的"调整"问题,眼下可参照、芝池義一「行政計画」大系 2 卷 348 页以下。

〔6〕 参见本书下卷第四编。

〔7〕 参见前述第 319 页。如后行政救济法部分所见,最高法院大法庭(2008 年 9 月 10 日民集 62 卷 8 号 2029 页)变更过去的判例,认为土地区划整理事业计划决定是抗告诉讼对象的处分,进而在最终换地处分更前的阶段打开争议土地区划整理事业计划违法性之路。但是,眼下这还是土地区划整理事业计划这一特殊制度下的判断。

362

特殊性。〔1〕无论如何，现行行政争讼制度很难说是在考虑行政计划特殊性之后设计的，〔2〕在立法论上有广泛主张认为，应当设立与行政计划特殊性相应的固有争讼制度。〔3〕

363　　2. 行政计划与损失补偿。对于私人因计划的设定而受到财产上的损失，尤其是土地所有权的限制，日本的裁判例一般颇为简单地就作为财产权的内在制约，倾向于没有特别立法就不承认损失补偿。〔4〕但是，对于这一点，学说上屡屡有人指出，应当从财产所处的地理和社会状况，特别是过去的利用方法等进行更为细致的考察。例如，作为担保计划实现的措施，长期限制财产权的行使时（例如都市计划限制的情形），日本的裁判例也不承认这种损失自身的补偿，但这一问题将来不仅从立法论、从解释论上也都有再作探讨的余地。〔5〕

　　在行政计划上还有的问题是，信赖计划进行经济投资及其他活动

〔1〕　另外，在这一点上，见上崇洋·前揭「行政計画」颇堪玩味地指出：如果采取上注等近来的裁判例的理解方法，行政计划"在法的意义上作为体系性框架来讨论的意义，不是像抓拍那样固定地把握行政计划论，而是在法上把握在行政过程中的位置，其可能性和意义应当说是在与司法审查的关联上具体而现实地产生的"（同57页）。不过，其中成为法的意义者，眼下是"在具体过程中、在连锁作用中追问最终作用的法的意义时，追问计划的合理性和妥当性，在这一意义上存在显露法的意义的可能性"（同70页）。

〔2〕　例如，参见关于情势判决制度的下卷第146页。

〔3〕　在行政计划与行政争讼的关系上，也参照、芝池義一·前揭「行政計画」355页以下。另外，从实定法上的规定导出受土地利用计划等保护的居民等的"凝集利益"，其分析参照、仲野武志『公権力の行使概念の研究』（有斐閣、2007年）290页以下。

〔4〕　参照、藤田宙靖·土地法252页以下、下卷312页。另外，学说上通过纳入作为计划的一环认为，所谓"为了私益的征收"也产生"公共性"［参照、遠藤博也「土地所有権の社会的制約」ジュリスト476号（1971年）、成田頼明「公用収用の法理とその新しい動向」ジュリスト476号（1971年）］，也启发因客观土地利用计划的征收而左右征收补偿额的可能性［参照、雄川一郎「公用負担法理と土地利用計画」同『行政の法理』（有斐閣、1986年）533页以下］，在计划中至少倾向于承认"公共福祉"这一土地所有权制约原理具有很大的创造力。

〔5〕　参照、遠藤博也·前揭『計画行政』224页以下、下卷312页。

者，因计划变更而遭受损失时，该如何处理？对此，现行法上也存在对一定损失规定补偿义务的例子（《都市计划法》第52-5条、第57-6条等），没有这种规定时就是问题。在德国，这一般是作为"计划保障请求权"（Plangewährleistungsanspruch）的问题，在理论上、制度上均有广泛应对，[1]但在日本尚未看到有充分的讨论。[2]

第二款　行政指导

一、行政指导的概念

行政指导的概念很好地表现了诸多现代行政活动的特征，成为近 364
来被广泛使用的一个概念。但是，对于使用这一概念精确地表达怎样的行政活动形式，行政法学上未必一致。[3]但不论如何，只要这一概念是作为行政法学上的法概念来使用的，其内容自然必须作为在法学上有意义的东西来界定。然而，从本书一贯的观点来看，行政指导的概念也应当在与传统"依法律行政原理""近代法治国家原理"的关系上用来明确现代行政活动的特征。在这一意义上，在行政指导的概

---

〔1〕　关于计划保障请求权，参照、手島孝『計画担保責任論』（有斐閣、1988年）。

〔2〕　另外，不是像都市计划那样直接影响私人法的利益的计划，而是对私人是非拘束性的、行政内部的计划也能产生同样的问题。在这一点上，在下一款也分析的熊本地方法院判决（熊本地玉名支判1969年4月30日下级民集20卷3·4号263页）虽然是下级审判决，但也显示了颇堪玩味的观点。

〔3〕　当然，如后所示，1993年制定的《行政程序法》是日本首次在制定法上从正面处理行政指导，对"行政指导"的概念设置了定义规定："指行政机关在其任务或所辖事务范围内，为了实现一定的行政目的，要求特定人作出一定作为或不作为的指导、劝告、建议以及其他不属于处分的行为"（该法第2条第6项），由此明确了适用该法的行政指导的范围。正文以下在行政指导名下所处理的多数行政作用包含在其中，不过，该定义规定并没有悉数网罗吸收有问题的行政作用（参见后述第381页注〔2〕）。

念之下，想作如此表达：[1]"行政主体（行政机关）以私人为直接对象而实施的行为，在不直接使私人法的利益发生变动意义上是事实性行为，但在现实中，一般具有经济性、心理性等法外的影响力，对私人的意思决定常常具有重大意义。"

这一意义上的行政指导在形式、内容等方面其实是多种多样的。例如，在法的根据上，有根据法律规定而实施的行政指导（例如，《国土利用计划法》第 24 条、第 30 条、第 31 条等，在近来的立法中有很多），也有根据行政内部的一般基准（行政规则）而实施的行政指导（例如，根据居住用地开发等指导纲要所作的指导），还有那种全然没有具体根据、仅在行政组织法上权限分配规范（组织规范）寻求根据的行政指导等，林林总总。[2]在内容上，有服务于相对人利益的所谓"助成性行政指导"，也有对相对人不利的所谓"规制性行政

365

---

〔1〕 山内一夫『行政指導』（弘文堂、1977 年）将重点放在行政指导的"指导"上，其结果是，首先要有行政机关要求相对人的作为或不作为的积极意思，由此，(1) 确认性判断的表示，(2) 说明或提供信息等，就不包含在行政指导中（该书第 11 页）；其次，以存在行政机关的优位性为前提，由此，也能被称为"行政上的期望"的行政活动就进入不了行政指导（该书第 15 页以下，另外，在其基本立场上与《行政程序法》第 2 条第 6 项的定义也是一样的）。

这样使用"行政指导"概念自然是可能的，但要成为法学上有意义的"行政指导"概念，山内博士重视的有无积极性、有无优位性在法上必须具有某种意义。在与本书基础性观点，即传统"依法律行政原理""近代法治国家原理"的关系上，山内博士排除出行政指导概念之外的上述各行为类型，问题状况也无不同，从这一认识出发，本书拟将其也纳入广义"行政指导"概念中（在这一意义上，本书所用的"行政指导"概念比《行政程序法》这种制定法上的"行政指导"概念含义更广，可谓"理论意义上的行政指导概念"）。

〔2〕 太田匡彦「行政指導」新構想Ⅱ187 頁一文中，作为混淆行政指导基准的指导纲要与行政指导自身的例子，列举了我的「地方公共団体の『法外』の手段とその法的性質」公法研究 43 号（藤田宙靖·基礎理論上所收）。但我自身当然没有犯这种混同的错误。该指摘所涉我论文中的表达是在探讨在何种背景下处理何人所使用的表达这种前提事实，但该指摘一概予以省略（这也是该论文所强调的对"理论上明晰分析"不可或缺的）。

指导"等，多种多样。[1]但是，不论如何，决定性的是，受到这种行政指导的相对方私人即使不遵从该指导，也不会受到某种法上的不利。[2]

二、行政指导的问题所在

既然是这种性质的行政指导，在传统行政法理论框架内，行政指导在法上本来可以说只是"无"。首先，如果并不直接影响国民的法的利益，在传统多数说之下，就不必有法律的授权。如果可以任意拒绝服从，即使拒绝也不受到任何法上的不利，在传统理论上，就不定性为"行使公权力"，也不被认为是"侵害"国民的权利利益。因而，对此也不能提起抗告诉讼进行争议，即使因服从行政指导而遭受损

366
367

---

〔1〕 另外，作为近来行政指导类型化的尝试，从与其"上下文（指导的目的和背景）差异相应的法的评价结构"角度，区分为以下六种：（1）作为"民民纠纷的中介"的行政指导，（2）作为"紧急措施"的行政指导，（3）作为"对法定外具体政策基准的协力请求"的行政指导，（4）作为"对裁量权协作行使的协力请求"的行政指导，（5）作为"裁量判断表达方法"的行政指导，（6）作为"法定行为形式和程序的旁路"的行政指导。参照、中川丈久『行政手続と行政指導』（有斐閣、2001 年）207 頁以下、同「行政指導の概念と法の統制」行政法の争点（第三版）38 頁以下。这为今后法理论的发展提供了一定的线索，值得关注。

〔2〕 在内容上并非命令而只不过是劝告或警告的情形下，如果相对人不予遵从就带来某种法的不利，该行为已经不是"行政指导"，而毋宁变成"行政行为"。例如，税款的督促（《国税通则法》第 37 条，不遵从时就将产生忍受滞纳处分的义务。参见该法第 40 条）、代执行的告诫（《行政代执行法》第 3 条第 1 款，不遵从时就将产生忍受现实实行代执行的义务，参见该法第 3 条第 2 款）等就是这样的例子。另外，对于这些行为是"行政行为"的意义，参见前出第 224 页、第 224 页注〔3〕、后出第 390 页等。

另外，高木光『行政法』（有斐閣、2015 年）118 頁指出，本书的上述指摘受害于"事实行为抑或行政行为二者择一"的思考样式，其理由在于，在某"法的结构"中包含复数的"行为"，有的并不是"因该行为直接形成国民的权利义务或确定其范围"，而是具有某种"法的效果"，如此理解是自然的，税款的督促、代执行的告诫正是这样的例子。这一指摘是值得倾听的。不过，有的法的结构是，行政厅对私人提出某种要求，不遵守时当然伴有法的不利，以行政厅的要求行为存在法效果为由而将其理解为《行政案件诉讼法》等上的"处分"（参照、最判 1993 年 10 月 8 日判時 1512 号 20 頁），这时一概不允许以"行政行为"表达该结构吗——这与"行政行为"也是一种法的"结构"或"制度"是不同的。两者是不同的问题。

害，本来也不能请求国家赔偿（《国家赔偿法》第 1 条）。

尽管这种归结是不言自明的，为什么行政指导的法性质还是会在行政法学上成为问题呢？这当然是因为行政指导的实态：它在现实中对私人产生极大的影响力，在实现行政目的上发挥着重大功能；对私人而言，他在现实中因种种情况而难以拒绝服从。私人难以拒绝服从的情况多种多样，其代表性的例子有：由前述公告那样一种间接强制手段在背后支撑；像由拒绝提供生活便利所代表的那样，拒绝服从就有可能在将来的各个方面得不到行政主体的协力和援助。这种事实上的强制手段，有时在法律上也有明文规定（《国土利用计划法》第 26 条），有时是在行政内部的所谓"纲要"中得到明示，有时只是事实上实行而已。

三、行政法学的应对

在这种状况下，行政法理论对行政指导的应对方法有种种可能性。

第一，忠实于传统理论，可谓贯彻行政指导在法上为"无"的立场。从实例而言，在与法律根据论的关系上，判例学说多数站在这种立场上。[1]

---

〔1〕 例如，关于石油价格的行政指导在《石油业法》上没有直接根据也合法，参照、最判 1984 年 2 月 24 日刑集 38 卷 4 号 1287 頁（特别是第 1314 頁）。但是，也不是没有人认为，以所谓规制性行政指导为中心，有时行政指导也要有法律的根据。参照、田中二郎『司法権の限界』（弘文堂、1976 年）288 頁、塩野宏「行政指導」同『行政過程とその統制』（有斐閣、1989 年）。

另外，在 1999 年中央省厅等改革立法之际，在各省设置法中删除了所谓"权限规定"。其主要的立法动机在于，认识到这些规定正成为"裁量行政"的根据。其中所说的"裁量行政"的内涵未必一义性明确，如果它主要是意味着本书意义上的行政指导，删除"权限规定"就让"裁量行政"消失，在正文所述的意义上，这种认识至少在法规范论上应当说是错误的。参照、藤田宙靖・組織法 42 頁以下、稲葉馨「行政組織の再編と設置法・所掌事務および権限規定」ジュリスト 1161 号（1999 年）119 頁以下、行政組織法研究会「中央省庁等改革関連法律の理論的検討（三）」自治研究 76 巻 11 号（2000 年）16 頁以下、松戸浩「行政指導の根拠（一）（二）（三・完）」広島法第二，反过来，行政指导的现实功能已具有法的意义，大胆地认为行政指导原则上具有法的拘束力，以此为前提，也应对其实行法的控制，这样的立场也能成立。[1]但在实际上，大多数判例学说均不像这样采用极端的解决办法，可以说基本上遵守传统理论的框架，但捕捉行政指导在既有法制和法理中的投"影"，尝试以间接的方式在行政法上加以"认知"。[2]

1. 这种尝试之一是，行政指导本来一定不具有任何法的拘束力，但如果对行政主体一方有利，就赋予其某种法的意义。

369

（1）在这一点上一个有名的裁判例是关于东京都武藏野市居住用地开发等指导纲要的东京地方法院八王子支部的决定。[3]在该案中，建设者不服从市的居住用地开发等指导纲要规定的条件建设公寓，市根据指导纲要拒绝自来水、下水道的供给和使用，公寓建设者要求承诺供水、使用公共下水道的临时处分。法院在结果上认可了该临时处分，在其决定的理由中包含着这样的内容，根据情况，这种案件属于《水道法》第15条第1款所说的"正当理由"，也能认为拒绝供给水道合法。也就是说，法院表示的观点是，"从违反指导纲要的单个行为来看，不属于'正当理由'，从整体上考察这些行为的性质、样态、作出违反行为前的过程以及其他各种情况，硬要承诺接受供水契约的申请，可能就变成权利滥用的情形"。法院说，"这种情况当然属于上述拒绝承诺的正当理由"。其中，首要值得关注的是，法院一方面遵守传统的思考框架，认为指导纲要没有直接的法的拘束力（这在决定

学29卷4号（2006年）1页以下、30卷2号（2006年）27页以下、30卷3号（2007年）47页以下。

〔1〕　关于这种立场，参照、藤田宙靖「地方公共団体の『法外』の手段とその法的性質」公法研究43号（藤田宙靖・基礎理論上所収）。

〔2〕　作为事实行为的行政指导之所以被说成"对法的考察有意义的行为"或者"在法上有意义的行为"（参照、太田匡彦「行政指導」新構想Ⅱ162頁），归根结底可以说是以其他形式表达了我在本书正文中所说的状况。

〔3〕　東京地八王子支決1975年12月8日判時803号18頁。参照、藤田宙靖・昭和五一年度重要判例解説（ジュリスト642号）。

的其他部分有明确说到），另一方面显示出的观点是，通过"业者的权利滥用""水道法上的正当理由"的媒介，有时指导纲要（以及据此作出的个别行政指导）能间接地对私人具有法的意义。

在一起案件中，石油联盟的会长等企图在石油公司之间进行生产调整，因违反《禁止垄断法》第 8 条第 1 款第 1 项（当时）而遭到起诉。东京高等法院判决认为，这种生产调整"对实施属于通商产业省任务的石油供求调整是必要的，是在该省的指导或认可下作出的协力措施"，"根据情况如何，作为正当行为，根据《刑法》第 35 条宗旨也不是没有阻却违法性的余地"。该判决受到关注。[1] 之后最高法院在追究石油价格协定违反禁止垄断法的诉讼中，更为明确地指出，"企业间的价格合意在形式上违反禁止垄断法，但它是服从合法的行政指导、予以协力的行为，这阻却其违法性"。[2]

（2）然而，从上面来看，上述各判例即使说承认有赋予行政指导（或指导纲要）某种法意义的余地，它也只是在决定理由或判决理由的旁论中表示的观点。但是，在下级审判决中，间接但却是从正面赋予行政指导某种法意义的判决登场了。

例如，在根据指导纲要拒绝给违法建筑物供水的案件中，有判决认为，水道法不允许拒绝供水，但这种行政指导违反水道法这样的行政法规范，并不直接构成侵权行为，遂驳回针对拒绝供水的损害赔偿请求。[3]

特别受关注的是围绕建筑基准法规定的建筑确认与行政指导关系的一系列下级审判例。以 1977 年 9 月东京地方法院判决 [4] 为开端，接连出现判决认为，将保留建筑确认作为间接强制实施行政指导的手

---

〔1〕 東京高判 1980 年 9 月 26 日高刑集 33 卷 5 号 359 頁。
〔2〕 最判 1984 年 2 月 24 日刑集 38 卷 4 号 1287 頁。
〔3〕 大阪高判 1978 年 9 月 26 日判時 915 号 33 頁。另外，该案的上告审判决是最判 1981 年 7 月 16 日民集 35 卷 5 号 930 頁——丰中市拒绝供水案判决。最高法院毋宁是以不存在拒绝供水的事实为由驳回上告。
〔4〕 東京地判 1977 年 9 月 21 日例集 28 卷 9 号 973 頁。

段，在某种形式上是合法的。[1]例如，上述东京地方法院判决将《建筑基准法》关于应当在一定期限内对建筑确认申请作出应答的规定（现第 6 条第 4 款），解释为并非仅仅是内部的训示规定，而是拘束性规定，但同时认为，它不是任何情形下均不允许例外的绝对期限规定，"建筑主事没有在法定期限内应答，存在社会观念上认为正当的情况时，在该情况存续期间保留应答，不能说就是违法"。如此，在这种情况存在的情形中包含这样的情形，即 "建筑主与邻近居民之间就建筑计划产生建筑纠纷，为了解决该纷争，相关地方公共团体（或者行政厅）作出行政指导，该行政指导是通过相当的方法真挚地作出，而且能期待其圆满解决纷争"。从这种判决理由可以看见，该判决明显重视行政指导对解决公寓建筑种种麻烦的现实有效功能，可以说由此修正了根据传统法理论对于建筑确认法制的解释（根据传统的法理论，建筑确认毫无裁量余地，只要预定的建筑物不违反法令，就必须在法定期限内予以建筑确认）。这时当然受到关注的是，对于行政指导的法性质的解释，未必放弃了传统的理论框架，法院立于传统的思考框架，对制定法规的解释作部分修正，进而间接地给行政指导行为赋予了某种法的意义。另外，到 1982 年，东京都中野区本应根据《道路法》第 47 条第 4 款规定对《车辆限制令》第 12 条所定的道路管理者作出认定，但为了避免建筑业者与附近居民发生纠纷的危险，保留约 5 个月未作认定。在争议其是否违法的国家赔偿请求诉讼中，最高法院认为，该认定 "具有确认行为的性质，基本上无裁量余地"，但仍处于容许的一定行政裁量范围内，由此驳回了原告的请求而支持了原审判决。[2]该判决基本上与上述地方法院判决包含着同样的问题，作为最早的最高法院判决，其值得关注。

（3）当然，行政指导仅限于行政指导，在相对人被加诸事实上的

371

372

---

[1] 对于这些判例，参照、山内一夫『行政指導の理論と実際』（ぎょうせい、1984 年）51 頁以下。从同样的角度保留道路位置指定处分（参见《建筑基准法》第 42 条第 1 款第 5 项），参照、東京地判 1979 年 10 月 8 日判時 952 号 18 頁。

[2] 最判 1982 年 4 月 23 日民集 36 卷 4 号 727 頁。

强制时，就当然只能带有界限。这一点，最高法院在争议建筑确认保留的违法性案件中，基本上与过去的下级审判例一样，站在不能说这种保留直接违法的立场上，同时判决如下，受到关注：[1]

> 当然，基于是在建筑主任意协力、服从之下作出的行政指导，上述确认处分的保留还仅限于事实上的措施。因而，在对申请保留确认处分之前作出行政指导，建筑主明确表明了不予响应的意思……仅仅以有行政指导为由保留确认处分，这是违法的。

在该案的情形中，建筑主一方"已经表明了真挚而明确的意思，对保留上述确认处分之前的行政指导不予协力，要求立即作出确认处分"，法院将保留建筑确认判断为违法。[2]

有很多评价认为，过去判例的倾向是广泛承认建筑行政中行政指导的可谓准法性质，该判决对此倾向泼了很多水。不过准确地来看，在该判决中，在先前引用的判示部分，还另有保留："对该建筑主所受不利与实施上述行政指导目的的公益上必要性进行比较衡量，只要建筑主对该行政指导不予协力不存在违反社会观念上正义观的特殊情况"，这也是不容忽视的。本案中，在判断确认处分保留的违法性时，像上面那样建筑主明确表明了不服从的意思，在这一事实之外，现在又一个事实成为前提：建筑主此前对行政厅的行政指导"积极而协作地应对"，"未能实现行政指导目的的、与附近居民对话解决纷争，不能归咎于被上告人（建筑主）一个人"。在关注这一点的同时可能看到，它可以说是以一种努力义务为前提的，即行政厅与建筑主双方尽可能避免紧绷的冲突，双方在多大程度上尽到了这种"回避纷争义务"，这作为判断行政活动合法性时的一个基准得到采用。以"依法律行政原理"为首，过去有关行政行为、行政立法、强制执行、行政契约等

373

---

〔1〕 最判 1985 年 7 月 16 日民集 39 卷 5 号 989 頁。

〔2〕 另外，为了让指导纲要得到遵守，将拒绝缔结供水契约作为压力手段。同样，相对人明确表明了不服从行政指导的意思，这成为违法性判断之际的重要因素之一。作为其例子，参照、最判 1989 年 11 月 7 日判時 1328 号 16 頁。

各种形式的行政法理论均是以行政主体（行政厅）与私人之间当然存在利益对立、产生纷争为前提的，以解决纷争的法的基准是什么为问题。其中成为问题的当然是，为了不产生纷争，各自负有怎样的义务？它是在现实发生纷争时作为解决纷争的基准来使用的。行政指导可以说是在过去行政法制度及理论框架外发生的现象，正因为如此，其法的控制可能有不同于过去法治主义的形式。而且，现实裁判例的启发，也必须说是颇堪玩味的。[1]

2. 上述例子均可谓法院对行政指导的功能作出积极评价，并给予其（对行政有利）法意义的案件。还存在一种尝试，留意到行政指导实际上对私人利益造成重大影响，为了给予私人实效性的权利救济，赋予行政指导某种法的意义。

（1）国家赔偿请求与行政指导。在这种尝试中，首先最无抵抗获得承认的观点是，行政指导也属于《国家赔偿法》第1条的"行使公权力"。如后详述，[2]《国家赔偿法》第1条的"行使公权力"概念，

374

---

〔1〕　另外，对此详见、藤田宙靖「行政指導の法的位置付けに関する一試論」高柳古稀167頁以下（藤田宙靖・基礎理論上179頁以下）。其中可以看到用两个理想类型来说明这一问题，即"纷争文化"（Streitkultur）的法原则与"回避纷争文化"（Streitvermeidungskultur）的法原则。

顺便提及的是，中川丈久前揭『行政手続と行政指導』第264頁说到，"藤田所说的'回避纷争'并非'回避纷争本身'，而是试图通过合意解决纷争，意味着'进一步的回避纷争化'"。这明显是误解（中川教授大概是在其所说的"民民纷争"意义上来理解"纷争"一词）。如果准确地读罢本书正文及上述拙文来理解，我在其中当成问题的当然是行政（机关）与私人之间有无纷争化，两者的接触只能通过行政处分以及对其提起抗告诉讼（或者根据缔结契约而发生权利义务）等近代法治主义的各范畴来处理。将避免走入这一"进退维谷的事态"，称为"纷争的回避"。在与本书正文所引的最高法院1985年判决的关系上而言，一方面认可地方公共团体（的机关）进行行政指导（在一定限度内的）合法性，另一方面认可居民对此（在一定范围内的）协力义务，其意义何在，正是问题所在。

另外，该书在同一个地方还批评了我对1985年判决中"特殊情况"的理解，但这与正文所述内容的关系上并不是特别重要的论点，这里省略不谈。

顺便要说的是，对于本书所说的"回避纷争义务"，更为一般地作为不同法制间调整原理的"诚实义务"来把握，参照、鈴木庸夫「行政の法システムと『生命体モデル』」塩野宏古稀上264頁。

〔2〕　后文第528頁以下。

原本在学说判例中的"广义说"立场，即包含一切公行政活动，是今天主导性的观点。在这种动向中，较为容易出现的观点是，行政指导也可解作该意义上的"行使公权力"。在裁判例中，例如，过去京都地方法院 1972 年作出判断认为，事前咨询形式的行政指导属于《国家赔偿法》第 1 条的"行使公权力"，[1]此后这一观点得到一般性的承认。[2]

（2）抗告诉讼（特别是撤销诉讼）与行政指导。如本书下卷第四编详述，在日本现行法之下，可以对"行政厅的处分"提起撤销诉讼（《行诉法》第 3 条第 2 款），而在传统判例和学说之下，对于其中所说的"处分"一直采用的解释是，必须直接产生私人法的利益的变动。在这一前提下，行政指导就不是本来撤销诉讼的对象。[3]例如在最高法院的判例上，长期就不存在承认对行政指导提起撤销诉讼的判例。但是，在此间的下级审判例中，未必没有承认上述前提的例外。[4]在学说上，有人明确认为，[5]特别是与对不服从者予以公告等不利措施相结合的行政指导，即使该不利并非与法效果相伴的不利，也可以提起撤销诉讼。近来，如后所述，[6]在学说和下级审判例中，超越传统理论框架、广泛承认撤销诉讼对象的"处分"概念，这一动向颇为强劲。在这一动向之下，也能料想承认可对行政指导提起撤销诉讼的案件会在判例上出现，但实际上，如后所述，[7]到 2005

----

〔1〕 京都地判 1972 年 7 月 14 日判時 691 号 57 页。

〔2〕 另外，对于行政指导与国家赔偿请求之间的关系，在服从行政指导却受到损害时，行政指导与损害之间的因果关系在多大程度上能予以承认，就是一个问题。对此，眼下请参照、山内一夫『行政指導』（弘文堂、1977 年）163 页以下。

〔3〕 参见下卷第 18 页。

〔4〕 例如，对于《海难审判法》规定的海难原因裁决，東京高判 1952 年 12 月 16 日例集 3 卷 12 号 2581。对于基于社会保险医疗担当者监查纲要所作的告诫保险医师，東京高判 1961 年 3 月 14 日例集 12 卷 3 号 575 页。

〔5〕 例如，参照、山内一夫『行政指導』157 页、同·前揭『行政指導の理論と実際』104 页。

〔6〕 下卷第 54 页以下。

〔7〕 下卷第 57 页以下。

年，最高法院才走到这一步。[1]

（3）行政指导与信义诚实原则、禁反言法理。前述京都地方法院判决的案件就是这样，私人信赖行政指导而采取或不采取行动，之后行政主体作出与先前行政指导相矛盾的言行，明显辜负了私人的信赖，这样的案件屡有发生。在这种情况下，私人主张行政主体违反信义诚实原则、禁反言法理，提起诉讼，这样的例子迄今已有很多。

376

（a）这种例子中最多的是征税案件。大致是这样的案件，在事前的税务咨询等中，税务职员以某种形式让纳税人误以为可以缴纳得比法律上原本必须缴纳的税额少，但后来按本来应缴纳的税额作出课税处分，结果就明显辜负了纳税人的信赖。

然而，对此，前述东京地方法院 1965 年判决[2]认可租税法中诚实信义原则和禁反言法理的适用，此后在裁判例中支配性的观点是，一般是以保护纳税人信赖就抵触租税法律主义为前提，但通过对各种利益比较衡量，有时根据情况例外地应当优先保护信赖。[3]但是必须说，在现实中这种让信赖保护优先、让私人胜诉的例子也是极少的，法院让与先行行政指导相矛盾的课税处分违法的可能性一般是颇小的。但在这些情况下，也能看到有观点认为，本来的课税处分不违法，对于遵从错误的行政指导而必须缴纳过少申报加算税、无申报加算税等，因为具有《国税通则法》第 65 条第 4 款、第 66 条第 1 款所说的"正当理由"而不予征收。[4]这是值得关注的。[5]

---

〔1〕 参照、最判 2005 年 7 月 15 日民集 59 卷 6 号 1661 頁；最判 2005 年 10 月 25 日判時 1920 号 32 頁。

〔2〕 参见前述第 138 頁。

〔3〕 如前所述（第 139~140 頁），最高法院判例在这一限度内也是同样的。参照、最判 1987 年 10 月 30 日判時 1262 号 91 頁。

〔4〕 参照、名古屋地判 1973 年 12 月 7 日判時 739 号 71 頁；札幌地判 1975 年 6 月 24 日判時 815 号 42 頁等。而大阪地判 1968 年 4 月 22 日例集 19 卷 4 号 691 頁、東京地判 1971 年 5 月 10 日例集 22 卷 5 号 638 頁等，是关于无申报加算税的判例，未适当指导应行申报的行政厅不作为，违反信义诚实原则，这样的观点受到关注。

〔5〕 作为近来最高法院的判例，土地所有者向市出售土地，市的某职员认为，适用《关于长期让渡所得的租税特别措施法》（2001 年法律第 7 号修改前）第 33-4 条

377　　（b）与征税的情形并列，同样屡屡发生问题的例子可举出地方公共团体为招揽特定项目等所作的行政指导。也就是说，地方公共团体当初采取招商政策，为积极招揽而予以指导和协力，但之后以政治的、经济的理由变更政策和计划、不予协力，因而，私人、私企业遵从当初的招商政策准备新设、增设工场等，由此遭受财产上的损失。这时，行政主体根据情况的变化，变更行政上政策和计划的余地得不到认可，就不能对一般居民履行行政上的责任。因而，调整两个相互对立的要求就成为问题。

　　这一点，对于一般地方公共团体因政治经济情况变更而变更政策、变更计划，下级审判例当初在将其判断为违法上是极为消极的；私人提出的撤销新政策的各种行为之诉，进而主张不履行债务、侵权行为的损害赔偿请求之诉通例也都是驳回的。[1]但是，理论上也有人否定侵权行为的成立，同时命令地方公共团体支付类似于损失补偿的"赔偿金"。[2]另外，状况是流动的，1981年，最高法院以这种案件为开端，基本上是作出重视私人信赖保护的判决，[3]判例理论有了很大的展开。

378　　该判决是前述那霸地方法院判决的上告审判决。在该案中，在村的指导和协力下，公司在进行造纸厂的建设计划，因通过此间村长选举新就任的村长是招商的反对者，公司就得不到村对建设工厂的协力，不得不放弃计划。最高法院作出如下判决，将案件发回原审福冈

第1款第1项所定的特别扣除额的特例，根据这一错误教示等申报所得税，就得到了过少申报加算税的征收决定。原审判断认为上述所有人没有损害发生，该判决违法。参照、最判2010年4月20日集民234号63页以下。

〔1〕例如，那霸地判1975年10月1日判时815号79页；熊本地玉名支判1969年4月30日下级民集20卷3·4号263页。另外，有的案件未必是关于行政指导的，市的招揽工场条例规定给新设增设一定规模工场者奖金，因市财政恶化而修改，废止奖金制度，参照、札幌高判1969年4月17日例集20卷4号459页。

〔2〕前述熊本地方法院玉名支部的判决就是这样的，市中止住宅团地建设计划，让迄今遵从行政指导建设浴场的私人遭受了损失，该判决认为，"即使不是典型的侵权行为，至少也可以说是通过合法行为的侵权行为"，命令市赔偿损害。

〔3〕最判1981年1月27日民集35卷1号35页。

高等法院。

　　地方公共团体应根据居民的意思施政，即所谓居民自治原则，它是地方公共团体组织及运营的基本原则。地方公共团体这种行政主体在决定了一定内容将来应当持续的政策之后，原本当然能根据社会情势的变动等变更该政策，地方公共团体原则上不受其决定拘束。但是，该决定不仅仅规定着一定内容的持续性政策，还伴有对特定人进行个别、具体的劝告或劝诱，促成其作出符合该政策的特定活动，而且，该活动以相当长时期继续该政策为前提，才能产生与投入资金、劳力相应的效果。这时，该特定人通常信赖作为其活动基础的政策会得到维持，以此为前提开展活动或进入准备活动。在这种状况下，即使根据上述劝告或劝诱，该人与地方公共团体之间以维持政策为内容而缔结的契约不受认可，参照应当规范有密切交涉之当事人关系的信义衡平原则来看，也应当说在变更政策之际必须对其信赖赋予法的保护。也就是说，因政策变更，辜负了因前述劝告等而产生动机、进入前述活动者的信赖、妨碍了所期待的活动，造成社会观念上无法忽视的积极损害，地方公共团体没有采取补偿损害等代偿性措施就变更政策，只要不是根据不得已的客观情况，就必须说它不当地破坏了当事人间形成的信赖关系，带有违法性，产生地方公共团体的侵权行为责任。如此，前述居民自治原则也并不意味着，地方公共团体基于居民的意思采取行动时，其行动不伴有某种法的责任。因而，不应当认为地方公共团体的决策基础的政治情势变化直接就属于前述不得已的客观情况、允许不保护前述相对人的信赖。

在最高法院的这一观点中，并非没有应予探讨的问题。[1]但是，

---

〔1〕　例如，该判决说，"变更政策破坏信赖却不采取补偿损害等代偿性措施，这是违法的，产生地方公共团体的侵权行为责任"，但从行政法学角度而言，如果有补偿

379　无论如何也可以说，从行政指导没有法拘束力的基本观点来看，不将保护私人对行政指导的信赖作为行政法学上重要问题来思考的时期明显已经结束了。问题是这种私人信赖保护的要求在今后的法解释论上如何定位、如何在理论上予以构成。这一点必须说仍是留给今后行政法学的一个课题。[1]

四、立法的应对

380　根据学说和判例的上述积累，问题在于，某种立法措施以何种形

义务却无补偿地变更了政策，承认补偿的请求就可以变更，而没有侵权行为责任成为问题的事情；如果说破坏信赖是侵权行为，其代偿措施一定是后续的损害赔偿，判决所说的"损害的补偿""代偿措施"的法的性质以及其与"侵权行为责任"之间的理论上相互关系，均未必是一义性明了的。

〔1〕上述最高法院判决从"因不当破坏当事人间形成的信赖关系而产生的地方公共团体的侵权行为责任"角度来处理这种案件中私人的信赖保护问题。但是，如果从传统行政法理论的延长线上来思考，不能不像下面这样从"基于合法行为的损失补偿"的方向来思考问题。

也就是说，如上所述，如果概述行政指导与私人信赖保护问题的相关案例，要注意的是，征税时的问题状况可谓违法行政行为的撤销限制情形，而招揽企业或项目时的问题状况则与行政行为的撤回限制类似。前者的问题在于，为了保护对违法行政活动的信赖，有时应当放弃纠正违法行为吗？后者的问题在于，因为后发性情势变更，一度合法作出的行政上行为面向将来变更，其自身即便合法，对相对人依据该行为的财产损失不予补偿，也能进行这样的变更吗？如前所述，在行政行为的情形中，撤销限制、撤回限制的大致法理在传统学说和判例上之所以已经确立起来，其原因之一在于，在行政行为的情形中，行政行为一经作出，在撤销或撤回之前，不仅是相对方私人，行为人行政厅（行政主体）在法上也受其拘束，正是这一原理（所谓行政行为的两面拘束性）得到确立，才较为定型地能对变更这种状态要求保护私人的信赖、保护法的安定性。与此相对，在行政指导的情形中，因为欠缺上述前提自身，才持续有以信义诚实原则、禁反言法理等法的一般原则为依据进行摸索的状态。但是，如前所述（参见前述第139页注〔2〕），这种一般原则自身必须说是几乎没有内容的法原则，在法解释论上需要将其内容更为具体化。这时，作为问题的观点，一个尝试是，当前诸如契约拘束力原理、行政行为的撤销撤回限制法理等在怎样的情形下能类推适用于怎样的行政指导，对此极为细致地进行诘问。对此，例如，存在一种可以关注的见解，它参考德国行政法的理论与制度、提倡作为一种行政行为（或者独立的行为形式）的行政厅的"允诺"范畴。

式才能实现对行政指导状态的规范呢？如前所述，也存在个别法律赋
予行政指导法律的根据，一定情形下课予必须进行一种行政指导的义
务，而且，也存在为保护私人对此的信赖而予以处置的例子。[1]其中
的问题是，超越这种状态，能否进一步以某种方式在法律上规定行政
指导的一般通则。在这一点上受到关注的就是 1993 年制定的现行
《行政程序法》。[2]

1.《行政程序法》在第四章设置了"行政指导"[3]的规定，规定
了行政指导的一般原则（第 32 条）、与申请相关的行政指导（第 32
条）、与许可认可等权限相关的行政指导（第 33 条）、行政指导的方式
（第 34 条）、以多数人为对象的行政指导（第 35 条）等，意在藉此避免
因利用行政指导而导致行政过程的不透明性，充实私人的权利救济。[4]

《行政程序法》第 32 条至第 34 条[5]可谓行政指导的实体法规
制，是将不得成为事实上的强制行为、禁止不当联结（Koppelung）等　381

参照、菊井康郎『行政行为の存在法』（有斐阁、1982 年）、乙部哲郎・前揭『行政上
の確約の法理』（日本評論社、1988 年）等。

〔1〕 后述《行政不服审查法》上的教示制度（下卷第 174 页）可以说就是一个例子。

〔2〕 参见前文第 155 页以下。

〔3〕 这时，如前所述，这里所说的"行政指导"是指"行政机关在其任务或所辖
事务范围内，为了实现一定的行政目的，要求特定人作出一定作为或不作为的指导、劝
告、建议以及其他不属于处分的行为"（该法第 2 条第 6 项）。另外，对于"处分"的
概念，定义为"行政厅的处分以及其他相当于行使公权力的行为"（第 2 条第 2 项），这
与《行政案件诉讼法》第 3 条第 2 款的"处分"（参见下卷第 18 页）定义是同样的。

〔4〕 以行政程序法定义的"行政指导"为前提，近来从"将行政指导认识评价为
行政指导是怎样的思考框架"这种关注出发的详细分析，太田匡彦「行政指導」新構
想Ⅱ161 頁以下。

〔5〕 第 32 条 在行政指导时，行政指导的实施者必须注意，丝毫不得超出该行政
机关的任务和所辖事务的范围，行政指导的内容只能通过相对人的任意协力实现。

行政指导的实施者不得以相对人不遵从行政指导为理由而作出不利处理。

第 33 条 在行政指导要求撤回申请或变更内容后，申请人已表明不遵从行政指导
的意思时，行政指导实施者不得以继续实施行政指导等方式来妨碍申请人行使权利。

第 34 条 行政机关具有许可认可等的权限或基于许可认可等作出处分的权限，但
在不能行使该权限或没有行使的意思时却作出行政指导的，行政指导的实施者不得故意
表示其可以行使该权限，使相对人不得不遵从其行政指导。

前述各判例中展开的部分观点明文化。不过，如本书前文所述，[1]在解决行政指导的法的问题时，不仅是"纷争文化"的观点，"回避纷争文化"的观点也不可或缺，如果以此为前提出发点，那也必须对获得行政指导一方的态度表明某种规范性原则，这也是前述最高法院判例考虑过的其他侧面。在该法律中，从一开始就欠缺这种视角，实际上这些条文所禁止的行政机关行为大致可概括为"不当对待""不当利用地位"等解释问题，这种问题也就不得不再度登场。

　　《行政程序法》第 35 条在进行应予关注的程序法规制：它要求行政指导实施者必须明确向相对人说明该行政指导的旨趣、内容和责任人（第 1 款）；行政指导口头作出的，其相对人请求交付记载这些事项的书面文件时，只要没有行政上的特别障碍，行政指导的实施者必须交付（第 3 款）。对于以多数人为对象的行政指导，该法第 36 条规定事前设定并原则上应公布这些行政指导共通内容的事项。这些可谓将行政指导纳入传统法治主义的程序法框架内，当然是极为珍贵的尝试。不过，行政指导原本只在其"法外"的性质中才有其存在意义，在这种规定下，行政一方真正感到像过去那样有行政指导必要的案件，不是不可能向更为不明朗（亦即是否属于这里所说的"行政指导"已然并不明确）的活动形态逃避。[2]要言之，既然要对行政指导实施"法治主义"的控制，不仅是行政机关，还有广大的私人一方就要确立对"法治主义"必要性的意识，这是首要的不可或缺之事，必

---

〔1〕　前出第 373 页。

〔2〕　也就是说，例如，与第 380 页注〔3〕所引用的行政指导定义相比，算不上"要求"行为或不作为的暧昧行为、算不上向"特定人"要求的暧昧行为等。相对方私人从行政机关所说的行为中感到某种"信号""自发地"采取行动，通过制定法律也难以事实上排除这种类型。

顺便提及，对于《行政程序法》的上述定义，标准的评注书认为，"即使是行政机关基于其判断所作出的行为，如果不是使相对人积极地有所动作，而是客观提示制度的结构或事实的信息，或者提示法令的解释"，也不属于行政指导。但是，"在这种行为中，有必要斟酌的是，不是仅依其表达方法等外形的观察作出判断，也要在个别具体的场合中，实质地看相对人有没有积极动作"〔高木光＝常冈孝好＝须田守『条解行政手续法（第二版）』（弘文堂、2017 年）30 页〕。当然，有的案件未必容易判断有无"积极性"。

须说该法律设想的规制实效性最终也系于此处。

2. 另外，2014 年修改《行政程序法》，追加了第 36-2 条、第 36-3 条规定，针对"要求纠正违反法令行为的行政指导（限于法律中设置了其根据规定者）"打开了一条要求中止该行政指导及采取其他必要措施的通道（《行程法》第 36-2 条，这是行政指导相对方采取的手段）；在不进行行政指导时，为要求作出该行政指导打开了一条通道（《行程法》第 36-3 条，这是第三人采取的手段）。实质上，前者是一种事后救济制度，后者是事前的救济制度，与后述行政上的不服申诉制度[1]不同。这里的"要求"行为只是敦促行政厅启动职权的"申明"（《行程法》第 36-2 条第 1 款及第 36-3 条第 1 款），不具有依据"申请权"的"申请"或"不服申诉"的性质。收到申明的行政机关经必要的调查，在必要时，必须中止行政指导或消解不作为状态。在这种意义上，它并不在与要求者的关系上构成一种义务。

383

———————————

〔1〕　参见下卷第 168 页以下。

附　章
行政法学与行政的活动形式论

第一节　行政的活动形式论的问题

一、问题所在

384　　正如本书在开始的部分所述（第一编第一章第三节"行政的活动形式——三阶段构造模式"），传统行政法学，特别是行政法总论，对于复杂多样的所有行政活动，舍去其具体的目的和内容等，从总体上以本章之前所述种种活动形式的组合来把握。这种方法发展了"行政法"这一独立法领域的法原理、特别是其总论，如前所述，[1]存在相应的充分理由，在某种意义上说它是不可或缺的方法。

　　但在另一方面，通过过去的这种方法还能否充分把握今天日本行政法的整体呢？很早以前就有人不断提出种种质疑。对于这里所说的问题，本书在上文也时有触及分析，本编是在说行政活动及其法的规制，所以，最后以附章的形式来综合分析，希望以本书的方式来展望今后行政法学及行政法理论的动向。[2]

---

　　〔1〕　前文第 22 页以下。

　　〔2〕　另外，除了以下分析讨论之外，最近出现了极为跃跃欲试的理论，不仅对行政的活动形式论也对法治主义论从更为概括性的角度，重新评估行政法理论的整个理论体系。例如，山本隆司教授以德国公法学的主观性权利论为基础的"法关系论"〔山本隆司『行政上の主観法と法関係』（有斐閣、2000 年）〕；在其对角线上，仲野武志教授

二、活动形式论的"形式性"

对传统行政的活动形式论提出的疑问有，第一，将行政活动与其 385
具体目的、内容相分离，仅从形式上来看待，仅从观念上抽象把握，
能正确把握其实际状态吗？但是，该疑问应该说是以这种样子与所谓
行政法总论无用论关联起来。行政法总论是要考察贯穿行政所有领域
的共通法原理，只要以行政法总论的必要性为前提，通过发现行政活
动的形式共通性，先纳入共通的范畴来把握，就必须说已有相应的充
分意义。[1]问题反而应当说是，这种行政活动的形式性理解与其赖以
成立的法理基础（行政法总论），不要沦为对所有场合都当然有效的
生硬戒律。对具体场合应当有效的法理是什么，这要通过案件中的个
别情况与上述总论之间相互考虑（反馈）作业，才能得出适当的决
定。而这自身也一直是传统思考方法下的当然前提（这时，这种反馈
作业自然是对"行政法各论"抱以期待[2]）。

三、活动形式论的状态

第二个问题是，对于行政活动的形式性把握，过去的那种做法是 386
否真的适当呢？

对此，首先的问题是，行政的活动形式是否不限于传统学说所列
举的"行政行为""行政立法""行政契约"等古典形式？对于这一

以法国法、意大利法的客观法论为基础的"制度论"［仲野武志『公権力の行使概念の
研究』（有斐閣、2007 年）］，都是其代表。对于这些，希望进一步关注其基本思考在
行政法理论体系上的具体构成。

　　[1]　近来对此重新确认，畠山武道「行政介入の形態」新構想Ⅱ。该论文将其表
述为蓄积功能、秩序化功能、缩减复杂性功能和安定化功能（同第 5 页）。

　　[2]　对于行政法总论与各论的应有相互关系，参照、藤田宙靖「警察行政法学の
課題」警察政策 1 巻 1 号（1999 年）17 頁以下（藤田宙靖・基礎理論上 329 頁以下）。

点，正如本书所隐约所见的那样，[1]过去一直以来就在关注、深入考察以行政指导为代表的种种新行为形式。如后所述，今天不仅仅是"行为形式"，还进一步着眼于"制度""结构""体系"等，尝试着发展思考的空间。

与此相关，现在有一点必须想起的是前述"行政过程论"的一个批评：行政过程是让种种手法相互关联起来而展开的，过去的行为形式论只不过截取整个行政过程的某个横断面，在这一意义上，它无法理解行政的动态，而仅为静态的把握。[2]对于这一批评，正如已存在的兼子仁博士的反批评所指出的那样，[3]即使事实上（或者从行政学角度来理解）"行政过程"存在，对于作为法规范学的行政法学而言，也有必要阐明该过程具有怎样的"法的构造"，必须明确这一视角。[4]如此，被本书用作"标尺"的传统行政法理论"三阶段构造模式"，就是一个为了理解行政这种过程的法构造的古典模式。也就是说，以行使公权力为中心的行政基本过程，特别是在与"法律"的关系上具有怎样的法的结构，"三阶段构造模式"是从这一观点给出的一个图式。正如本书本章之前的分析所表明的那样，该图式在理论上表明了"行政行为""行政立法""行政上的强制执行""即时强制"等传统行为形式（或活动形式）所具有的法的性质（特别是在与"依法律行政原理"的关系上），因而（今天仍然）具有颇为有效的功能。但正如本书反复陈述的那样，行政的现实已经不是那般单纯，

---

〔1〕 前文第 364 页以下。

〔2〕 参见前文第 142 页以下。

〔3〕 参照、兼子仁·总论 88 页。

〔4〕 为了表示行政活动的动态性，今天除了说它是一个"过程"之外，还有强调它是"程序与判断的连锁"或"信息的流程"等（岩桥健定「法の情报分析と公共政策法学の可能性」小早川古稀 19 頁以下）。这些说明当然没有错误，但我自身认为，有一点始终需要明确：只要行政法学以法规范学为出发点，从法上来观察，那么，行政活动就不外乎是各种"法效果"的连锁，行政法学的所谓"理论构成"就是从何种角度选取连锁中的哪一部分来予以概念化的问题。对此，例如参照本书第 224 页〔2〕及注〔3〕、第 219 页注〔2〕（盐野宏分类论）、第 365 页注〔2〕（高木督促论）。

无法用这种模式就能适当地看透一切；也如本书前文所看到的那样，[1]"依法律行政原理"原本作为该模式有效性的前提，其自身在今天也被广泛认为有其界限。如果重视这一点，至少与过去的"三阶段构造模式"一起，提出其他的某种构造模式来在法上把握复杂的行政过程，必须说在理论上是充分可能的，在实际上也是有意义的。

在最近的日本行政法学中，站在这种角度，回应上述课题，出现了几个积极的尝试，值得关注。以下就介绍这些尝试，同时以这些尝试与本书前文内容之间处于怎样的关系为中心问题，对其作一点评论。

第二节　新动向及其探讨

一、"行为"与"制度""结构"

如前所述，[2]有观点认为，为了阐明行政全过程的构造，在过去作为活动形式或行为形式来把握的活动中，有必要区分"行为"与"制度"。例如，对于过去作为行政行为这种行为形式的法效果来说明的效果，也有主张认为，它不是"行为自身的效果"，而应理解为"制度或结构所赋予的效果"。[3]其中，必须在理论上阐明该意义上的"行为形式"与"制度""结构"有何不同、又处于怎样的关系。

1. 例如，盐野宏教授表明的见解是，有必要在理论上区分作为"行政活动的基本单位"的"行为形式"与作为"在各行政领域可能共通利用而准备了的法的结构"的"行政上的一般制度"，前者包括"行政立法""行政行为""行政上的契约""行政指导""行政计划"，后者包括"确保履行行政上义务的制度""即时执行""行政调

388

---

[1]　前文第 133 页以下。
[2]　前文第 201 页注〔1〕。
[3]　参见前文第 205 页注〔2〕。

查""行政程序"。〔1〕"制度"不同于作为"基本单位"的"行为形式",如果它是由这些行为形式的复合体构成,那么,通过分析这种复合体,的确要比分解理解各个构成要素更能明确其特征。过去诸如行政行为等与滞纳处分、代执行的这种复合程序,之所以作为复合程序来分析,可以说正是出于这一理由。不过在另一方面,对于前述的盐野宏教授见解,必须指出以下几点:第一,盐野宏教授所说的作为"基本单位"的"行政行为"等,其实它既是"制度"也是"结构",这是不容忽视的。也就是说,作出某行政行为就意味着,展开了自行政内部的意思形成开始、经通知相对人、到发生法效果的一连串过程。这样,如前所述,〔2〕行政行为的"命令性效果""形成性效果"等法效果也不外乎是在作出行政行为、采取一定措施之后过程的一定阶段,由种种法令赋予其效果。正如已经阐明的那样,〔3〕以"公定力"为首的所谓行政行为的特殊"效力",其实体是强制执行制度和行政争讼法上起诉期限以及其他制度的反射性效果。也就是说,在这一意义上,所谓"行政行为"的效果,其自身本来就是由法令设定、表达这里所说的一定"法的结构"的概念。〔4〕第二,这时的"法的结构"不外乎是"在各行政领域可能共通利用而(在理论上)准备了的法的结构"。或许如前所示,〔5〕"行政行为"等概念本来正是被设定为具有这种功能的"理论概念"。例如,某项目的"执照",就不仅能理解为"项目执照",还能理解为"行政行为",既然说及该行政行为的"效果",就已经不仅仅是"基本单位","在各行政领域可能共通利用而(在理论上)准备了的法的结构"也就登场了。在这一意义上,如果从理论上精确地看,盐野宏教授对"行为形式"与"制

389

---

〔1〕 塩野宏·Ⅰ(第六版)96 頁以下。

〔2〕 参见前文第 205 頁注〔2〕及第 224 頁注〔2〕、注〔3〕。

〔3〕 前文第 232 頁以下。

〔4〕 以盐野宏教授为代表的诸多学者已经暗示或指出了这一点。塩野宏『行政過程とその統制』(有斐閣、1989 年)31 頁、高木光『事実行為と行政訴訟』(有斐閣、1988 年)285 頁、小早川光郎「行政の過程と仕組み」高柳古稀 155 頁等。

〔5〕 前文第 204 頁。

度"的区分，至少不是那么截然不同。问题是，经过这种区分，过去不明确的变得明确了吗？至少从本书的立场——将以"依法律行政原理"为基轴的"近代法治国家原理"作为标尺，通过测量与标尺之间的偏差来把握日本行政法的制度和理论现状——来看，这种区分不能说具有决定性的重要意义。

2. 其中的问题必须说毋宁是在于，例如说到"行政行为"的概念，作为表示一定行为形式的一般概念，今后仍有必要在行政法学中维持吗？也就是说，被称作"行政行为"的实体，如果实际上如上所见，是由各法令设置的一定"结构"或体系，只是这些法令赋予的种种效果的复合体而已，那么，就会出现一个疑问：在法律学上，正是应当将其各个构成要素个别地取出来考察，而没有必要将目光转向只不过是其反射的"行政行为"。实际上，对于行政行为的特殊"效力"，特别是以"公定力"为中心，很早以前就有这种主张，我自身对此看法也表示赞同。[1] 在今天，行政行为的有关讨论均还原为行政争讼制度的状态，以此为理由，从正面否定"行政行为论"必要性和意义的学者也登场了。[2]

对此，我是这样理解的。行政行为的概念自身原本是用作表示一定法现象的理想类型概念，在这一意义上只不过是理论上的概念而已，[3] 因而，为了理解日本行政法，它并不是无论如何也不可或缺的概念。[4] 如此，若这一概念所表示的法现象的实体是上文所见的那样，即使不用这种概念而采用直接把握实体的思考模式，在理论上当然也不是不可能的。问题毋宁在于模式有效性的维度，亦即，基于怎

---

　　〔1〕　例如，参见前文第 224 页、第 235 页以下。
　　〔2〕　例如其典型有，远藤博也『実定行政法』（有斐閣、1989 年）、阿部泰隆・システム上。
　　〔3〕　参见前文第 204 页。
　　〔4〕　例如，兼子仁博士就一向主张，与德国的情况不同，日本的"行政行为"一词只是学术用语，而不是法律采用的概念，因而，在现行法制论上，毋宁应使用制定法上的"处分"概念（参照、兼子仁・総論 89 頁）。对此，像本书所述的那样，我将"行政行为"的概念理解为旨在把握各实定制度的一种"理想类型"概念。

391 样的目的、具有怎样的优势来那样变更思考方法？如果站在这种角度上，首先，在与发展史的关系上理解日本现在的行政法制度和理论概要及意义，正如本书之前所见，传统模式以行政行为概念为中心，以传统模式为抓手来考察，这已经被认为是有效的方法。而将现行制度作为其本身（剥离制度史、理论史）来看待时，要充分把握制度的实体，从各个法体系中作为上述意义上一般体系切出"行政行为"这一法体系，在综合把握法制上未必是没有意义的[1][2](但是，这与所谓行政行为论在整个行政法理论中今后应占多大程度的重要性问题则是不同的问题)。

二、"体系"的把握方式

392 1. 在理解行政的活动形式时，引入"结构"或"制度"（体系）的观念（这里将两者作为同义词来使用），的确是一个有效的方法。例如如上所述，将"行政行为"不是作为"行为形式"，而是作为一种"法制度"从正面来重新把握，使过去就行政行为所作的种种探讨（所谓行政行为论）也变得具有更为明确的理论意义，对于传统行为形式论的范畴不能完美把握的法现象，通过将其自身作为一个体系来

---

[1] 正如远藤博也前揭书、阿部泰隆前揭书所述，去除行政行为论后，仍用行政行为一词，过去在行政行为论中的说明现在分散到各个地方去说明。在我看来，这反而让说明变得繁杂了。至少作为行政法总论的状态，这能否更好地鸟瞰全体，仍有疑问。另外，对此的同一观点，参照、畠山武道·前揭「行政介入の形態」10 页以下。

[2] 对于过去一直以来对行政行为（或行政处分）所作的说明，例如，有批评认为，"不作特别说明，仅坦率地说明即可，亦即，行政被授权基于法律，不经合意，以其判断单方限制私人等权利、课予其义务，这就是行政行为。不过，也仅此而已。"（阿部泰隆·解釈 I 87 頁，另参照、中川丈久「行政法の体系における行政行為·行政処分の位置付け」阿部古稀87 頁。）从正文所述的"行政行为"概念性质来看，这种立场也是当然能成立的，对其结论也没有感到有必要去反驳［对于行政行为概念的上述说明，至少从文字上来看，其内容与"具体宣告何为法的公权力行使"（参见前文第204 页）这样的说明也并无不同]。但从本书的立场来看，我对于其中是否正确理解了"理想类型"行政行为概念的含义有一点疑虑；我也怀疑，它的前提是不是对所谓"行政行为论"意义和功能理解得有点过于僵硬？

把握，也让说明变成可能。在本书前文诸如与强制执行制度的关系中，可以看到这种例子。[1][2]

2. 最近，一种积极的尝试登场了，它所推进的思考是，将行政的活动形式整体分成几个"法体系"来把握，从这种角度在根本上替换过去的行政法总论。例如，阿部泰隆教授的尝试就是如此。

阿部博士认为，本书在本编处理的行政的活动形式，亦即"行政为了实现被赋予的政策目的而使用的手法"，[3]可作为"监督行政的体系""行政的服务和事业体系""土地利用规制的法体系""经济的手法""信息的收集管理保护体系""辅助手法""行政指导手法""提供信息和启发的手法"等法的体系来把握。从日本的行政和行政法现实来看，这些体系将各领域共通性内容进行类型化，因而，在这一意义上，它具备了"形式性"——本书认为，这是作为行政法总论不可或缺的前提，可以被定性为一种行政的活动形式论。但在另一方面，其中的各种行政活动有监督、服务、土地利用规制，这是在较为具体的行政目的的关联上进行类型化。因而，在这一意义上，从内容上来说，它毋宁是与传统行政法理论中的行政法各论层面相对应的。过去的行政法各论通过某种程度上将具体化的行政目的与行为形式联

393

---

〔1〕 在近来的教科书里，对这一意义上的"法的结构论"所作的说明示例如下："在行政作用法论上，传统是以'行政的行为形式论'为中心，而近来不仅仅限定于'行为'这种视角来把握各个行政决定等，例如，对于'许可'这种行政行为，重视从以一定行为为中心的体系或由法律关系展开的结构（法的结构）来把握，即通过罚则对'自由'的一般禁止→申请许可→对申请的程序规范→通过许可解除一般禁止状态→对获得许可者进行监督指导、许可更新制度→与此相关的行政事前和事后程序。"〔稲葉馨＝人見剛＝村上裕章＝前田雅子『行政法（第4版）』（有斐閣、2018年）22頁。〕

不过，这种"法的结构"论或"结构性解释"在具体纠纷中能导出怎样的法解释论、能不能导得出，仍有种种问题。例如参照、高木光「『法の仕組み』と『仕組み解釈』」自治実務セミナー2007年12月号4頁。与此相对比，参照、最判2005年10月25日判時1920号32頁中的藤田宙靖补充意见。对于所谓"行政过程论"的一般探讨，也请参见本书前文第145页以下。

〔2〕 参见前文第305～306页。

〔3〕 阿部泰隆・システム上53頁。

结起来的概念，将整个行政作用分为"警察行政""公企业""公用
负担""财政"等类型。[1]

　　日本行政法学未必充分综合展开了行政法各论研究。阿部博士将
目光投向整个行政活动，将其从"法体系"的角度加以把握，这种研
究是极为积极的。即使从本书所述的理由来看，也应该说今后必须进

394　一步推进这种研究。不过，如果从理论的角度来看，既然这种体系论
是作为行政法总论来展开的，那就必须对下述问题作出更为体系性的
说明：这种种法体系的分类，在与法理的关系上具有怎样的意义？因
体系的不同而在其适用上会产生怎样的差别？它与过去的行政法总论
有什么根本的不同？[2]

----

　　〔1〕　过去如正文所述那样的行政法各论未必属于严格意义上的各论，在性质上也
应该可谓"各论的总论"。另外，阿部博士认为，其"法体系"论拆除了行政法总论与
各论的"体系的藩篱"（阿部泰隆·システム上はしがきⅤ页）。

　　〔2〕　另外，阿部泰隆在其『解釈学』Ⅰ·Ⅱ中，将其视角再度置于"行政法总
论"，从"法治行政（依法律行政原理）"的观点"尝试对行政法总论的拆旧造新"
（该书序言第ⅲ页）。其意思应该很多，但要让如此操作成功，首先要对应当拆除的行
政法总论是什么、这种操作的基础（观点）"法治行政"是什么作出精密的理论分析。
本书关注的内容毋宁是面向这种问题的。

判例索引

（页码为本书边码）

■ **最高裁判所**

■ 高等裁判所

■ 地方裁判所

事项索引

(页码为本书边码)